Priv.-Doz. Dr. Charlotte Gaitanides
Prof. Dr. Stefan Kadelbach
Prof. Dr. Dr. h.c. Gil Carlos Rodriguez Iglesias (Hrsg.)

Europa und seine Verfassung

Festschrift für Manfred Zuleeg
zum siebzigsten Geburtstag

Nomos

Wir danken dem Gerichtshof der Europäischen Gemeinschaften, der Johann Wolfgang Goethe-Universität Frankfurt am Main sowie der Kanzlei Fritze Paul Seelig für die finanzielle Unterstützung.

Den Mitarbeitern des „Wilhelm-Merton-Zentrums für Europäische Integration" der Johann Wolfgang Goethe-Universität Frankfurt am Main sei für die technische Betreuung des Manuskripts gedankt.

Die Deutsche Bibliothek – CIP-Einheitsaufnahme

Die Deutsche Bibliothek verzeichnet diese Publikation in der Deutschen Nationalbibliografie; detaillierte bibliografische Daten sind im Internet über http://dnb.ddb.de abrufbar.

ISBN 3-8329-1219-3

1. Auflage 2005

Vorwort der Herausgeber

„Europa und seine Verfassung" stehen im Zentrum des wissenschaftlichen Werkes und Wirkens von Manfred Zuleeg. Sein Lebenswerk prägt ein leidenschaftliches Engagement für die Grundsatzfragen der europäischen Integration. Mit einer eindrucksvollen Zahl grundlegender Beiträge hat er den europäischen Einigungsprozess begleitet und sich für die Weiterentwicklung der europäischen Rechtsordnung eingesetzt. Nicht nur als Wissenschaftler, sondern auch als Richter am Gerichtshof der Europäischen Gemeinschaften wirkte er mit großem Einsatz an der Gestaltung des Europarechts mit. Ein Leitmotiv seines Werks ist die Betonung des Rechts als einigendes Band des Integrationsprozesses. Unter immer neuen Fragestellungen erweist sich für ihn Europa als verfasste Rechtsgemeinschaft. Die „Verfassung" Europas ist für Manfred Zuleeg, um es in seinen eigenen Worten zu sagen, seit langem „kein Phantom" mehr, sondern gleichermaßen Realität und geltendes Recht. Schon sehr früh wandte er sich den Prinzipien der Demokratie, der Rechtsstaatlichkeit, der Solidarität, des Marktes und des Wettbewerbs auf europäischer Ebene zu, bis hinein in deren konkreteste Ausformungen in Materien wie dem Arbeits- und Sozialrecht, dem Ausländerrecht, dem Gesundheits- und Verbraucherschutz sowie dem Umweltschutz. Seine besondere Aufmerksamkeit gilt dabei der Verzahnung der europäischen Rechtsordnung mit den Rechtsordnungen der Mitgliedstaaten.

Dieses Thema untersuchte er bereits in seinem Grundwerk „Das Recht der Europäischen Gemeinschaft im innerstaatlichen Bereich", mit dem er 1968, nach Studium in Erlangen, Hamburg und Bologna sowie einer Promotion auf dem Gebiet des Verwaltungsprivatrechts, an der Universität Köln habilitiert wurde. Nach einjährigem Forschungsaufenthalt in Berkeley nahm er im Jahre 1971 einen Ruf an die Universität Bonn an und wurde 1977 Professor für Öffentliches Recht einschließlich Europa- und Völkerrecht an der Universität Frankfurt am Main. Von 1988 bis 1994 war Manfred Zuleeg Richter am Gerichtshof der Europäischen Gemeinschaften. Zuvor hatte er die Bundesregierung wiederholt vor dem Gerichtshof vertreten. Seine richterliche Tätigkeit wurde 1994 mit der Zuerkennung des Großen Verdienstkreuzes der Bundesrepublik Deutschland gewürdigt. Nach der Rückkehr an die Universität Frankfurt am Main erhielt sein Lehrstuhl ab 1998 von der Europäischen Kommission eine Förderung als Jean-Monnet-Professur für Europarecht. Die Universität Athen verlieh ihm 2003 die Würde eines Ehrendoktors. Erst jüngst kam Manfred Zuleeg auf das juristische Fundament der europäischen Einigung, das bereits Gegenstand seiner Habilitationsschrift war, in einer grundsätzlichen Schrift zurück. Unter dem Titel „Der rechtliche Zusammenhalt der Europäischen Union" (2004) greift er das Thema seiner Habilitationsschrift wieder auf. Seine Analyse gründet nunmehr auf dem reichen Fundus seiner Erfahrungen als Richter am Gerichtshof der Europäischen Gemeinschaften.

Diese Festschrift aus Anlass seines 70. Geburtstages ist der Versuch von Freunden und Kollegen, dem bisherigen Lebenswerk des Jubilars gerecht zu werden. Ihre Beiträge bieten vielfältige, grundsätzliche und – ganz in seinem Sinne – auch kontroverse Perspektiven auf „Europa und seine Verfassung“. Sie befassen sich mit den Grundlagen der Integration mit ihren geistes- und rechtsgeschichtlichen Voraussetzungen, den Institutionen der Union, dem Verhältnis zwischen Union und Mitgliedstaaten, den Grund- und Menschenrechten und dem Spannungsfeld zwischen Gemeinsamem Markt und öffentlichem Interesse. Der Band soll eine umfassende Gesamtschau aktueller Fragen und Entwicklungslinien des europäischen Verfassungsrechts eröffnen und verleiht damit dem Wunsch der Herausgeber und Autoren Ausdruck, mit dem Jubilar noch lange – *ad multos annos!* – in regem Gedankenaustausch und freundschaftlicher Verbundenheit zu verbleiben.

Herzlichen Glückwunsch zum 70. Geburtstag!

Frankfurt am Main – Madrid – Hamburg, im März 2005

Stefan Kadelbach | Gil Carlos Rodriguez Iglesias | Charlotte Gaitanides

Inhaltsübersicht

I. Grundlagen

II. Institutionen

I. Grundlagen

Politische Theologie III
Anmerkungen zu Carl Schmitt und Leo Strauss

Walter Schmidt

> For both philosophy and the Bible proclaim something as the one thing needful, as the only thing that ultimately counts, and the one thing needful proclaimed by the Bible is the opposite of that proclaimed by philosophy: a life of obedient love versus a life of free insight[1].

I.

Die Religion drängt aus ihren gesellschaftlichen Nischen in die staatliche und internationale Politik zurück. Die der Säkularisierung verpflichtete Rechts- und Politiktheorie hat darauf noch keine Antwort. Denn: Was ist „die" Religion? Und wie ihr Verhältnis zur Politik ?

1. Nicht alle Anzeichen wurden bisher als solche wahrgenommen.

a) Die unmittelbare Umsetzung religiöser Gebote oder Verbote in rechtliche Regeln ist bei uns noch nicht zu beobachten – sie entspräche der Scharia. Hingegen gibt es Bemühungen, Glaubensinhalte in Freiräumen staatlicher Regeln (mittelbar) zur Geltung zu bringen. Den Ansatz liefert die Glaubensfreiheit als Grundrechtsschranke bei der Ausfüllung der von Rechtsnormen eröffneten Freiräume; solche Einbruchsstellen sind vorzugsweise die Interpretations- und Beurteilungsspielräume wie z.B. die Vereinbarkeit religiös geprägten persönlichen Verhaltens mit der „Eignung" für den öffentlichen Dienst. Das aktuelle Beispiel ist der sog. Kopftuchstreit. Die religiöse Pflicht für Frauen zum Tragen eines Kopftuchs in der Öffentlichkeit ist innerhalb des Islam umstritten; das veranschaulicht zugleich das ständige Begleitproblem konkurrierender Offenbarungstraditionen innerhalb derselben Offenbarungsreligion (von konkurrierenden Religionen hier noch nicht zu reden). Das mag vorerst auf sich beruhen. Jedenfalls schließt eine religiöse Pflicht dieses Inhalts eine bestimmte Auffassung vom Verhältnis der Geschlechter zueinander ein. Mit ihren Folgen für das richtige Verhalten in der gesellschaftlichen Öffentlichkeit überschrei-

1 *L. Strauss*, Natural Right and History, 1953, p. 74; dt. Übs. Naturrecht und Geschichte. Mit einem Vorwort von *Gerhard Leibholz*, 1956, S. 77; das englische Zitat auch in: *H. Meier,* Carl Schmitt, Leo Strauss und „Der Begriff des Politischen". Zu einem Dialog unter Abwesenden (1988). Erweiterte Neuausgabe 1998, S. 187; vgl. noch u. zu Fn. 67.

tet sie die Grenze zur Politik. Politisch wie rechtlich geht es im Kern nicht mehr um Freiheit, sondern um Zwang. Im Verhältnis zum Staat nimmt die Kopftuchträgerin einen grundrechtlichen Freiraum (die Glaubensfreiheit als äußere Freiheit, den Glauben zu bekunden und zu verbreiten) in Anspruch; im Verhältnis zu ihrer Religion unterwirft sie sich einer Pflicht – anders gesagt: Dem Staat gegenüber beruft sie sich auf Freiheit, die ihr die Religion (ihrer Glaubensüberzeugung zufolge) gerade nicht läßt. Wird die Glaubensfreiheit derart in das Recht des öffentlichen Dienstes ausgedehnt, so schützt der Staat die demonstrative Darstellung eines religiösen Zwangs. Die religiöse Norm wird durch diese Interpretation der staatlichen Norm als Pflichtenregelung für die Grundrechtsträgerin zusätzlich verstärkt: selbst im öffentlichen Dienst darf sie sich ihr nicht entziehen. Selbst hier muß sie eine Rollenverteilung zwischen den Geschlechtern demonstrieren, die der Gleichberechtigung der Frauen eklatant widerspricht. *Kemal Atatürk* hatte das verstanden, die Senatsmehrheit des Bundesverfassungsgerichts noch nicht.

b) Für den eben beschriebenen Konflikt liefert das Verfassungsrecht hinreichende Maßstäbe[2]. Grundsätzlichere rechts- oder politiktheoretische Überlegungen sind noch entbehrlich; für den Kopftuchstreit werden sie auch kaum bemüht.
Anders steht es mit der religiösen Begründung einer für sich genommen religiös neutralen Gesetzgebungs- und Außenpolitik, die aber die politische Entscheidung für die anstehenden rechtlichen Regelungen und Entscheidungen zusätzlich als unausweichlich verstärken soll. Beispiele liefern die Reaktionen des US-Präsidenten Bush auf den Terroranschlag vom 11. 9. 2001. Er hatte alsbald zu einem „Kreuzzug“ gegen die „Achse des Bösen“ aufgerufen (zu der an vorderster Stelle der Irak gezählt wurde). Zwar wurde das außenpolitisch alsbald zu einem „weltweiten Kampf gegen den Terrorismus“ säkularisiert (und so gegenüber dem gemäßigten Islam neutralisiert); innenpolitisch blieb ein fundamental-christlicher Duktus mit einer Aufteilung der Welt in „Gut“ und „Böse“ in öffentlichen Ansprachen des Präsidenten unüberhörbar, vor allem später im Kampf um seine Wiederwahl 2004. Diese Weltsicht wurde im bundesdeutschen Echo oft mit dem Freund-Feind-Gegensatz in *Carl Schmitts* spezifisch politischer Unterscheidung für politische Handlungen und Motive[3] in Verbindung gebracht, einem politiktheoretischen Ansatz, der (in Übereinstimmung mit Äußerungen seines Autors) als Bestandteil der politischen Theologie *Carl Schmitts* gelesen wird.
Die Ausgangsschrift zur politischen Theologie mit ihrer berühmten Eingangssentenz („Souverän ist, wer über den Ausnahmezustand entscheidet“)[4] wird von dem italienischen Philosophen *Giorgio Agamben* am Beispiel des USA Patriot Act des US-Kongresses vom 26. 10. 2001 und der Military Order des US-Präsidenten vom 13. 11. 2001 diskutiert[5]. Schon der USA Patriot Act hatte die Freiheitsrechte vor al-

2 Das grundgesetzlich Wesentliche steht in der Abweichenden Meinung zu BVerfGE 108, 282 (314).
3 *C. Schmitt,* Der Begriff des Politischen. Text von 1932 mit einem Vorwort und drei Corollarien, 1963 u.ö., S. 26.
4 *C. Schmitt,* Politische Theologie, Vier Kapitel zur Lehre von der Souveränität (1922), 2. Ausgabe 1934, S. 11.
5 *Agamben,* Ausnahmezustand (Homo sacer II.1), 2004, S. 7 ff.

lem der Privatsphäre deutlich eingeschränkt. Die Military Order hingegen ist ein radikaler Bruch mit dem bisher geltenden Völkerrecht der Genfer Konvention wie allgemein mit rechtsstaatlichen Grundsätzen für den Umgang mit Inhaftierten. Ihr zufolge ist bei Nicht-Staatsbürgern, die terroristischer Taten verdächtigt werden, unbeschränkte Haft („indefinite detention") zulässig; es kann (muß aber nicht) zu Verfahren vor einer „military commission" kommen, die nicht mit den im bisherigen Kriegsvölkerrecht vorgesehenen Militärgerichten zu verwechseln ist (von inzwischen bekannt gewordenen Geheimerlassen, die Verhöre unter Einsatz von Folter erlaubten, gar nicht weiter zu reden). *Agamben* vergleicht das „mit dem rechtlichen" (genauer wäre: rechtlosen) „Status der Juden in den Nazi-Lagern"; im Anschluß an *Judith Butler* stellt er fest, mit dem Häftling („detainee") von Guantanamo erreiche „das nackte Leben seine höchste Unbestimmtheit"[6]. Die Ersetzung des bisherigen Rechts durch Rechtlosigkeit durch die Unterwerfung unter „eine rein faktische Herrschaft" erinnert *Agamben* an *Carl Schmitts* Lehre vom Ausnahmezustand, die er in der Folge allerdings nur rechtstheoretisch abhandelt, ohne auf den beim Autor gegebenen Zusammenhang mit einer „Politischen Theologie" und die dazu gerade im letzten Jahrzehnt lebhaft geführte Diskussion einzugehen. Für die einseitige Aufkündigung des bisherigen Rechts und seine Ersetzung durch selbstgesetzte neue Regeln ließe sich inzwischen als weiteres Beispiel auch der Präventivkrieg (letztlich ohne Präventionsgrund) gegen den Irak vorbei am Kriegsvölkerrecht der Vereinten Nationen anführen, eine gerade im außenpolitischen Bereich besonders „souveräne" Entscheidung über einen angeblichen „Ausnahmezustand".

2. Die Frage bleibt, ob *Carl Schmitt* nur als Rechtstheoretiker zum Ausnahmezustand (wie bei *Agamben*) oder auch als paradigmatischer Vertreter einer politischen Theologie zum Verständnis der skizzierten rechtlichen und politischen Entwicklungen beitragen kann, wobei die politische Theologie gekennzeichnet ist durch die Letztbegründung ihrer theoretischen Prämissen aus der Religion, dies im Unterschied zur politischen Philosophie, beide verstanden als alternative Möglichkeiten der politischen Theorie.

a) *Carl Schmitt* als politischen Theologen diskutieren heißt, den programmatischen Titel seiner Schrift von 1922 und spätere Äußerungen in die gleiche Richtung beim Wort und damit ernst nehmen. Das ist immer wieder von Anhängern wie Kritikern in Frage gestellt worden. Einige Anhänger möchten erkennbar ihn (und vielleicht auch sich selbst) vor der Gefahr bewahren, durch die Offenlegung eines theologischen Untergrundes als Rechtstheoretiker selbst nicht mehr genügend ernst genommen zu werden[7]. Einige Kritiker möchten ebenso offenkundig die Theologie vor

6 *Agamben* (Fn. 5), S. 10.

7 So verstehe ich *Böckenförde*, wenn er den Begriff des Politischen nur als „Schlüssel zum staatsrechtlichen Werk Carl Schmitts" abhandelt (der 7. Abschnitt der Fassung 1932, S. 49-68, wird folgerichtig übergangen; zur Politischen Theologie wird nur der juristische Aspekt des Souveränitätsbegriffs erörtert), so in *Quaritsch* (Hg.), Complexio Oppositorum, 1988, S. 283 ff. (287 Fn. 9); entsprechend *Böckenförde*, Der verdrängte Ausnahmezustand, NJW 1978, 1881 ff. (dazu unten Fn. 17). *Quaritsch*, Souveränität und Ausnahmezustand, Der Staat 35 (1996), 1 ff., beschränkt sich aus der „Politischen Theologie" auf deren I. Kapitel.

Carl Schmitt bewahren[8]. Nun können in der Tat *Schmitts* theologische Positionen, wie sie sich in einigen seiner Schriften finden, nicht für „die" Theologie genommen werden, nicht einmal für die katholische Theologie. Ebenso ist zur Vermeidung von Mißverständnissen zu sagen, daß hier nicht etwa *Carl Schmitt* insgesamt theologisch interpretiert werden soll und kann. Im Schwerpunkt geht es nur um die beiden Schriften, die innerhalb wie außerhalb der Juristenzunft die stärkste Wirkung hatten und nach wie vor haben: die Politische Theologie von 1922 und den Begriff des Politischen in der zweiten (von drei) Fassung(en), die vom Autor selbst nachträglich zur Fassung letzter Hand gemacht worden ist. Und auch diese beiden Schriften changieren zwischen Rechtstheorie und politischer Theorie, wobei die theologischen Aspekte nur sehr skizzenhaft angedeutet sind – aber „es ist bekannt, daß andeutende Skizzen oft stärker wirken als vollendete Gemälde"[9].

b) Die verborgene (politische) Theologie in *Carl Schmitts* „Begriff des Politischen" hat unmittelbar nach Veröffentlichung der zweiten Fassung *Leo Strauss* herausgespürt[10]. Darauf ist noch zurückzukommen. Derselbe *Leo Strauss*, 1899 in Kirchhain bei Marburg geboren, 1921 bei *E. Cassirer* mit einer Arbeit über *Fr. H. Jacobi* zum Doktor der Philosophie promoviert, 1930 mit einer Monographie über „Die Religionskritik Spinozas als Grundlage seiner Bibelwissenschaft" hervorgetreten, ab 1932 mit einem Auslandsstipendium (das *Schmitt* mit einem Gutachten unterstützt hatte) zu Quellenstudien über *Th. Hobbes*[11] in England, durch den Rassenwahn der Nationalsozialisten (als deren Herold inzwischen auch *Schmitt* aufgetreten war) an der Rückkehr nach Deutschland gehindert und in die Emigration getrieben, seit 1949 schließlich Professor für Politische Philosophie in Chicago und 1973 in Annapolis/ Maryland (USA) gestorben, *Leo Strauss* also ist in den letzten Jahren von politischen Journalisten als geistiger Ahnherr einiger neokonservativer Mitglieder der Bush-Administration bezeichnet worden[12]. Was dazu auch immer zu sagen sein wird: Die Wege von *Carl Schmitt und Leo Strauss* kreuzen sich hier auf sehr eigenartige Weise posthum ein zweitesmal.

8 So z.B. *Staff*, Zum Begriff der Politischen Theologie bei Carl Schmitt, in: Dilcher/Staff, Christentum und modernes Recht, 1984, S. 182 ff. (205); dazu noch unten Fn. 39. – Die Kritik einiger Theologen an *Schmitts* „un-christlicher" Theorie bleibt hier beiseite; vgl. *Maschke*, La rappresentazione cattolica, Der Staat 28 (1989), 537 (573 m. Nachw.).

9 *P. Schneider*, Ausnahmezustand und Norm, 1957, S. 21; dazu *Maschke*, Carl Schmitt in den Händen der Nicht-Juristen, Der Staat 34 (1995), 104 (105).

10 *L. Strauss*, Anmerkungen zu Carl Schmitt, Der Begriff des Politischen, in: Archiv für Sozialwissenschaft und Sozialpolitik 67 (1932), 732 ff.; wiederveröffentlicht in: *Meier* (Fn. 1), S. 97 ff., und in: *L. Strauss*, Gesammelte Schriften, Bd. 3 (Hg. von *H. u. W. Meier*), 2001, S. 217 ff.

11 Die Dissertation ist jetzt in Bd. 2 der Gesammelten Schriften (Fn. 10), 1997, die Spinoza-Studie in Bd. 1, 2. Aufl. 2001, der Ertrag der Hobbes-Forschungen in Bd. 3 wieder zugänglich. Ein kurzer Lebenslauf ist (wie üblich) der Dissertation beigegeben, vgl. Bd. 2, S. 298; aufschlußreich zu Biographie und persönlichen Meinungen auch vier Briefwechsel 1928-1973, in Bd. 3, S. 375-772.

12 Beispiele in zeitlicher Abfolge: *H. Ritter*, Das Orakel von Chicago, in: Frankfurter Allgemeine Sonntagszeitung Nr. 26 vom 29.6.2003, S. 15; *G. Spörl*, Die Leo-Konversativen, in: Der Spiegel Nr. 32 vom 4.8.2003, S.142ff; *H. Leyendecker*, Die Lügen des Weißen Hauses, 2004, S. 84, 135. Wenn dazu angeführt wird, daß diese Politiker bei *Strauss* studiert haben und damals von ihm beeindruckt waren, bleibt zu fragen, ob wir einen Philosophen dafür verantwortlich machen wollen, was seine Seminar-Teilnehmer dreißig Jahre nach seinem Tod anstellen.

„Ich habe immer als Jurist gesprochen und geschrieben" – „ich bin ein Theologe der Jurisprudenz." *(Carl Schmitt 1947)*[13]

II.

Der theologische Untergrund *Carl Schmitts* kann verständlicher werden, wenn zuvor die juristische Oberfläche aufgehellt worden ist, die er tragen soll.

1. Beginnen wir mit der souveränen Entscheidung über den Ausnahmezustand. Rechtstheoretisch geht es um eine Begründung der Rechtsgeltung, konkreter: um Machtstrategien, sich als Recht zu behaupten[14]. *Schmitt* sagt es so: „Die Verbindung von faktisch und rechtlich höchster Macht ist das Grundproblem des Souveränitätsbegriffes"[15]. „Souverän" nennt er denjenigen/die Entscheidung, die/der das bisherige Recht suspendiert und durch anderes, von seinem Geltungsgrund her autoritäres ersetzt. Die Legitimität des neuen Rechts wird durch das Adjektiv „souverän" suggeriert. Die Reduktion des Souveränitätsbegriffs auf das Adjektiv „souverän" löst die Verbindung des alten mit dem neuen Recht und legitimiert den einseitigen Bruch. In dieser Aufhebung der alten Ordnung liegt die Parallele zum „Wunder für die Theologie"[16]. Juristisch liegt in ihr der Unterschied zur Diktatur (auch zur „souveränen" Diktatur), denn die Diktatur bleibt in ihrem herkömmlichen Begriff immer der alten Ordnung verhaftet[17]. Bei *C. Schmitt* wird das terminologisch allerdings nicht erkennbar; in seiner „Politischen Theologie" ist weiterhin auch dort von „Diktatur" die Rede, wo sie (eher einer Tyrannis vergleichbar) über die „souveräne Diktatur" hinausgeht[18]. Gedanklich läuft die Neudefinition des Souveränitätsbegriffs mittels Ersetzung des Substantivs („Souveränität") durch sein Adjektiv auf eine petitio principii hinaus, der petitio des Prinzips, zur Souveränität als rechtlich höchster Macht genüge die faktisch höchste, dann „souverän" genannte Entscheidungsmacht[19]. Anlaß und Gegenstand einer solchen „souveränen" Entscheidung ist der Ausnahmezustand. Er läßt sich *Schmitt* zufolge nicht abschließend definieren. Deshalb seien „Voraussetzung wie Inhalt" der Entscheidungskompetenz „hier notwendig unbegrenzt. Im rechtsstaatlichen Sinne" liege „daher überhaupt keine Kompetenz vor"[20].

13 *C. Schmitt*, Glossarium. Aufzeichnungen der Jahre 1947-1951, 1991, S. 17, 23 (23.9. und 3.10.47).
14 Dazu in neuerer Zeit wieder *Mehring*, Macht im Recht. Carl Schmitts Rechtsbegriff in seiner Entwicklung, Der Staat 43 (2004), S. 1 (2, mit der etwas zirkelhaften, das Ergebnis vorwegnehmenden Formulierung „Strategien souveräner Macht").
15 Politische Theologie (Fn. 4), S. 27.
16 Politische Theologie (Fn. 4), S. 49.
17 *C. Schmitt,* Die Diktatur (2. Aufl. 1928), 4. Aufl. 1976, S. 149 f., demgegenüber Politische Theologie (Fn. 4), S. 20; vgl. *Agamben* (Fn. 5), S. 36, 42 ff. Fast folgerichtig erörtert *Böckenförde* (Fn. 7), NJW 1978, 1881 ff., zum Thema „Ausnahmezustand" nur den Durchgangsbegriff der Diktatur, nicht den davon abgelösten der Politischen Theologie.
18 Vgl. z.B. Politische Theologie (Fn. 4), S. 80. Zum Unterschied zwischen Diktatur und Tyrannis (in Auseinandersetzung mit *Machiavelli* und *Xenophons* Hieron) *L. Strauss*, Naturrecht (Fn. 1), S. 4; Über Tyrannis, 1963, S. 34 ff., 197.
19 *Quaritsch* (Fn. 7), S. 20, nennt dies „eine idealtypische Definition".
20 Politische Theologie (Fn. 4), S. 12.

In der Schrift von 1922 bleibt es bei diesem „circulus vitiosus“[21]. Erst im „Begriff des Politischen“ findet sich die Antwort, worüber im Ausnahmezustand zu entscheiden ist: Es geht um die Entscheidung über den Feind.

2. Auch die Unterscheidung von Freund und Feind als spezifisch politische Unterscheidung wird auf ein sprachlich nur leicht verhülltes Adjektiv bezogen, das Politische, nicht die Politik. Diese Veradjektivierung spaltet das Politische begrifflich von der Politik ab und ermöglicht, die bisherige Politiktheorie zur Kunst des gesellschaftlichen und internationalen Miteinander auszublenden, ja letztlich beiseitezuschieben. „Das Politische“ in dieser erstmals bei *C. Schmitt* auftauchenden Begriffsumprägung[22] „bezeichnet kein eigenes Sachgebiet, sondern nur den *Intensitätsgrad* einer Assoziation oder Dissoziation von Menschen, deren Motive religiöser, nationaler (im ethnischen oder kulturellen Sinne), wirtschaftlicher oder anderer Art sein können und zu verschiedenen Zeiten verschiedene Verbindungen und Trennungen bewirken“[23]. Der neue Begriff ermöglicht, den Konflikt zwischen Gruppen von Menschen, den es immer gegeben hat und immer geben wird (– und nur darin besteht das „ohne weiteres einleuchtende“[24] der Unterscheidung von Freund und Feind), bis zum äußersten Extrem, der Feindschaft (mit der Bereitschaft, den Feind zu töten), zuzuspitzen und diese Feind-Beziehung zum alleinigen Gegenstand des Politischen und seiner Theorie zu erklären. Die friedliche Auseinandersetzung zwischen „Konkurrenten“ oder „Diskussionsgegnern“ wird mit deutlicher Geringschätzung als unpolitisch ausgeschieden; entsprechend wird gegen Völkerbund und Liberalismus polemisiert; „die beiden Prinzipien des bürgerlichen Rechtsstaates, Freiheit des einzelnen und Gewaltenteilung“ werden ebenfalls als „unpolitisch“ bezeichnet[25]. Demokratie ist für diese Theorie des Politischen negativ besetzt; *Kants* Vision „Vom ewigen Frieden“ ist ihr wesensfremd.
Mit der Verengung auf den Extremfall der existentiellen Feindschaft ergänzt *C. Schmitts* Begriff des Politischen seine Theorie von der „souveränen“ Entscheidung über den Ausnahmezustand – er selbst zieht die Verbindungslinien[26]. Der existentielle Freund-Feind-Konflikt entspricht dem „extremen Notfall“; zu dessen „Beseitigung“[27] bedarf es der Entscheidung über den Feind: wer er ist, wie gegen ihn vorgegangen werden soll. Veranschaulichungsbeispiel ist das „jus belli, d.h. die reale Möglichkeit, im gegebenen Fall kraft eigener Entscheidung den Feind zu bestimmen und ihn zu bekämpfen“[28] – mit dem jüngsten realen Beispiel: aus eigener Machtüberlegenheit („souverän“) den Irak zur terroristischen Bedrohung

21 *H. Hofmann*, Legitimität gegen Legalität (1964), 2. Aufl. 1992, S. 69.
22 Dazu *Vollrath*, Politisch, das Politische, in: *Ritter/Gründer* (Hg.), HistWbPhilos. Bd. 7, 1989, Sp. 1072 ff.
23 *C. Schmitt*, Begriff des Politischen (Fn. 3), S. 38 f. (Hervorhebung dort).
24 *C. Schmitt*, Begriff des Politischen (Fn. 3), S. 26.
25 *C. Schmitt*, Begriff des Politischen (Fn. 3), S. 28 f., 56 ff., 68 ff. In der 3. Ausgabe 1933, S.10, heißt es statt „Diskussionsgegner“ nur noch „Gegner im Allgemeinen“. Vgl. noch *Schmitt*, Der bürgerliche Rechtsstaat, in: Abendland, 1928, 201 ff.
26 *C. Schmitt*, Begriff des Politischen (Fn. 3), S. 35, 39 ff.
27 *C. Schmitt*, Politische Theologie (Fn. 4), S. 12.
28 *C. Schmitt*, Begriff des Politischen (Fn. 3), S. 45.

der eigenen Nation zu erklären, damit zum existentiellen Feind (in religiöser Rhetorik zum „Hort des Bösen") und ihn präventiv, am geltenden Völkerrecht vorbei, mit Krieg zu überziehen (begleitet von Regeln über den Umgang mit Gefangenen außerhalb der bisherigen Zivilisationsnormen). Muß, wen dies an die politische Theologie *Carl Schmitts* erinnert, ausdrücklich versichern, dieser hätte das mit seiner Theorie so erklären können, ohne es deshalb ausdrücklich zu billigen? Die eigentliche Frage ist doch, worauf das Erklärungsmodell der Politischen Theologie sich letztlich gründet.

> „... denn der Begriff des Politischen sei mit dem des Katholischen psychologisch verbunden ..." (*L. Naphta* 1924)[29]

III.

Wer *Carl Schmitt* ganz verstehen will, muß, wie *H. Hofmann* es schon früh formuliert hat, „letztlich die Frage nach der ‚metaphysischen Formel' Schmitts stellen"[30]. Die Antwort wird hier in der „Politischen Theologie" und im „Begriff des Politischen" gesucht, ergänzend in späteren Äußerungen, die frühere, für sich allein noch wenig ergiebige Andeutungen dieser Schriften in ein neues Licht rücken.

1. So umfangreich die Sekundärliteratur zur „Politischen Theologie" ist, so unergiebig ist sie in weiten Teilen zur Frage, was denn die Theologie dieser Rechts- und Politiktheorie ist. Gewöhnlich beschränkt sich die Diskussion auf das Säkularisierungstheorem, den Eingangssatz des (wie die Gesamtschrift) als „Politische Theologie" überschriebenen und so für das Gesamtthema augenfällig hervorgehobenen III. Kapitels[31]; den übrigen Aussagen wird dann nicht weiter nachgegangen.

29 *Th. Mann*, Der Zauberberg (6. Kapitel, Operationes spirituales), Große kommentierte Frankfurter Ausgabe, Bd. 5.1, 2002, S. 668; als weitere einschlägige Sentenz derselben Figur (Noch jemand) S. 566: „Die Welt feindlich gespalten sehen, das ist Geist" sowie die spätere (S. 891) Entgegnung *Settembrinis*. – Es darf unterstellt werden, daß der literarisch hoch gebildete und breit interessierte *Carl Schmitt* den Zauberberg alsbald nach dessen Veröffentlichung Ende 1924 zur Kenntnis nahm und daß ihn dann die Figur des *L. Naphta* besonders interessieren mußte. Der Begriff „das Politische" – im Unterschied zur „Politik" – taucht bei *Schmitt* erstmals 1925 auf; dazu *Maschke* (Fn. 8), S. 565 Fn. 23 (mit Nachw.), dort auch der Hinweis auf Álamo de Barrientos, 1614: „Lo politico es la distinción entre amigo e enemigo" – dem wiederum kommt sprachlich der Eingangssatz der 3. Ausgabe 1933, S. 7, am nächsten: „Die eigentlich *politische* Unterscheidung ist die Unterscheidung von *Freund* und *Feind*" (Hervorhebungen dort). *Maschke* vermutet für den Begriff des „Politischen" eine weitere Anregung durch *H. Hefele*, Das Gesetz der Form, 1919, S. 91 ff., doch kennt dieser pathetische Text keinen *„Begriff"* des Politischen, beschreibt das Politische (unter Berufung auf *Machiavelli*) als Gegensatz von Starken und Schwachen, aber nicht von „Freund und Feind" (auch diese Begriffe kommen nicht vor) und bestreitet ihm jede Herkunft „aus dem Bereich des Religiösen" (S. 100).

30 *Hofmann* (Fn. 21), S. 11.

31 *C. Schmitt*, Politische Theologie (Fn. 4), S. 49: „Alle prägnanten Begriffe der modernen Staatslehre sind säkularisierte theologische Begriffe."

a) Im I. Kapitel werden theologische Bezüge nur erst angedeutet. Seine berühmte dezisionistische Ausgangsthese („Souverän ist …") kommt zunächst ganz rechtstheoretisch daher, aber schon auf der übernächsten Seite wird auf die Abhängigkeit „von philosophischen, insbesondere geschichtsphilosophischen oder metaphysischen Überzeugungen" hingewiesen. Das Kapitel endet – nach einer Polemik gegen den Rationalismus – mit dem Zitat eines ungenannten „protestantischen Theologen des 19. Jahrhunderts", der alsbald als *Kierkegaard* identifiziert wurde[32].

Das II. Kapitel erörtert die seinerzeit (1922) aktuellen juristischen Positionen zum Souveränitätsbegriff und deren Defizite aus der Sicht des Autors; als „klassischer Vertreter" der dezisionistischen Gegenposition wird *Th. Hobbes* dargestellt.

Ergiebiger ist das III. Kapitel, und zwar nicht nur hinsichtlich der Kapitelüberschrift und den Ausführungen zum Säkularisierungstheorem. Hier im III. Kapitel (und nur hier) erscheint der Begriff „politische Theologie" (dreimal) auch im Text[33]. Zunächst wird „die politische Theologie der Restaurationszeit" der „Philosophie der Aufklärung" gegenübergestellt und so das zentrale Spannungsverhältnis von Philosophie und Theologie benannt. Das kehrt einige Seiten später in der Gegenüberstellung von politischer Theologie und „Metaphysik des 19. Jahrhunderts" wieder. Schließlich wird aus der Perspektive ihrer Gegner beschrieben, worum es der politischen Theologie geht: um „den Gottesglauben überhaupt als … den extremsten fundamentalen Ausdruck des Glaubens an eine Herrschaft und an eine Einheit". Das Kapitel endet mit dem Hinweis auf einen „der größten Repräsentanten dezisionistischen Denkens", den „katholischen Staatsphilosophen" *Donoso Cortes*, „der sich mit großartigem Radikalismus des metaphysischen Kernes aller Politik bewußt war"[34]. Das setzt sich im IV. Kapitel „Zur Staatsphilosophie der Gegenrevolution (de Maistre, Bonald, Donoso Cortes)" fort, und gerade aus diesem Kapitel wird sich noch einiges für die politische Theologie auch *Carl Schmitts* entnehmen lassen.

b) An dem oben wiedergegebenen Zitat vom „extremsten fundamentalen Ausdruck des Glaubens" läßt sich das von *Schmitt* in der „Politischen Theologie" (wie später im „Begriff des Politischen" und öfter[35]) geübte Verfahren einer Begriffsbildung beobachten, das vom Extremfall ausgeht. Das spiegelt sich am Ende des I. Kapitels (das von Souveränität und Ausnahmezustand handelt) in einem Spiel mit verdeckten und halbverdeckten Zitaten zum Verhältnis von Ausnahme und Regel. „Die Ausnahme ist interessanter als der Normalfall" heißt es dort in Umkehrung eines Satzes von *Nietzsche*. „… aber die Regel" (des „durchschnittlichen Menschen") „ist interessanter als die Ausnahme – als ich, die Ausnahme" (der „auserlesene Mensch") heißt es bei *Nietzsche*[36]. Und auch das halbverdeckte Zitat aus *Kierkegaards* „Wiederho-

32 Politische Theologie, S. 22; dazu noch u. b).

33 Politische Theologie, S. 56, 63, 64, dazu im folgenden.

34 Politische Theologie, S. 65 f. Mit diesem III. Kapitel endet die 1923 in der Erinnerungsgabe für Max Weber unter dem Titel „Soziologie des Souveränitätsbegriffes und politische Theologie" erschienene Erstfassung.

35 Dazu *Pasquino*, Bemerkungen zum „Kriterium des Politischen" bei Carl Schmitt, Der Staat 25 (1986), 385 (393 f.).

36 *Schmitt*, Politische Theologie (Fn. 4), S. 22; *Nietzsche*, Jenseits von Gut und Böse Nr. 26; dazu *H. Hofmann*, Ausnahme, in: HistWbPilosos. (Fn. 22) Bd. 1, 1971, Sp. 667 ff.

lung" handelt vom Verhältnis des Ausnahmemenschen (des Dichters) zum Durchschnittsmenschen – aus guten Gründen wird die Quelle des Zitats nicht genannt[37]. Was das Verhältnis von Ausnahme und Regel für seine Methode bedeutet, hat *Schmitt* in jenen Jahren deutlicher an eher verdeckter Stelle ausgeführt, in einer Rezension „Zu Fr. Meineckes ‚Idee der Staatsräson' (1926)"[38]; dort heißt es:

„Mir scheint die Frage nach der Normalität oder Abnormität der konkreten Situation von grundlegender Bedeutung zu sein. Wer davon ausgeht, daß ein abnormer Zustand vorliegt – sei es nun, daß er die Welt in einer radikalen Abnormität erblickt, sei es, daß er nur eine besondere Situation für abnorm hält – wird das Problem von Politik, Moral und Recht anders lösen, als wer von ihrer prinzipiellen, nur durch kleine Störungen getrübten Normalität überzeugt ist. Ob man den Menschen für von Natur gut oder von Natur böse hält, ist in der staatstheoretischen Literatur meistens nur eine Umschreibung oder eine besondere Anwendung dieses fundamentalen Gegensatzes. Aus der Annahme der abnormen Situation ergeben sich besonders geartete, dezisionistische Konsequenzen, ergibt sich ein Sinn für Durchbrechungen, für eine, fälschlicherweise sogenannte „Irrationalität" (im Religiösen z.B. für die Lehre von der Prädestination), Anerkennung außerordentlichen Handelns und Eingreifens, wie des a deo excitatus, ferner Diktatur, aber auch Begriffe wie Souveränität und Absolutismus ..."

So gelesen, erklärt das Zitatenspiel mit dem „protestantischen Theologen" doch einiges zu den voranstehenden Thesen zu Souveränität und Ausnahmezustand. Außerdem bereitet es mit dem Hinweis auf einen „Theologen" auf die politische Theologie vor, die im übernächsten Kapitel einsetzt. Und auch der Beginn dieses zentralen III. Kapitels mit dem Säkularisierungstheorem ist noch Vorbereitung auf das eigentliche Thema.

c) Das Säkularisierungstheorem, die von *C. Schmitt* behauptete strukturelle Analogie juristischer und theologischer Begriffe, hat ganz offensichtlich einen entsprechend zentralen Stellenwert. Das legt die Frage nahe, worum es in diesem Theorem eigentlich geht, worauf es strategisch zielt. Sieht man die Antwort nur in der Behauptung einer begriffsgeschichtlichen Entwicklungslinie vom 17. Jahrhundert bis in die Gegenwart, so ist das Ergebnis mager: es bleiben nicht mehr als einige begriffliche Analogien. *Hans Blumenberg* fand das „methodisch merkwürdig" und meinte, es „wäre" der „Intention" der „Politischen Theologie" *Schmitts* „näherliegend, ... den umgekehrten Begründungszusammenhang herzustellen". *Blumenberg* formulierte das im Irrealis, sprach der Schrift diese „Intention" ab, reduzierte ihre Aussage folgerichtig „auf den Begriff der strukturellen Analogie" und sah sich darin von einer späten Selbstinterpretation des Au-

37 *Kierkegaard*, Die Wiederholung (Übers. *E. Hirsch*), 1955, S. 92 ff. (93 f.). *Hofmann* (Fn. 21), S. 67 Fn. 38, weist darauf hin, daß *Schmitt* hier einen längeren Text unter Weglassung einer Zwischenpassage zu einem neuen Text anderen Inhalts zusammengezogen hat; in dem weggelassenen Zwischenstück verdeutlicht *Kierkegaard*, daß es ihm um die „berechtigte Ausnahme" geht, die „versöhnt" sei „in dem Allgemeinen".

38 Archiv für Sozialwissenschaft und Sozialpolitik 56 (1926), 226 ff. = Positionen und Begriffe. Im Kampf mit Weimar – Genf – Versailles, 1939, S. 45 ff. (danach S. 47 das oben im Text folgende Zitat; dazu auch *Pasquino*, Fn. 35, S. 394).

tors in einer Fußnote seiner letzten Schrift bestätigt[39]. Die Fußnote übergeht alle schon erörterten und auch die im folgenden noch zu untersuchenden anderen früheren Aussagen ihres Autors zur politischen Theologie – niemand sollte sich von diesem der Selbstverhüllung dienenden kontratextuellen Dementi verwirren lassen.

Nicht nur die Beschränkung der „Politischen Theologie“ auf ihr Säkularisierungstheorem, sondern auch dessen Reduktion auf eine begriffsgeschichtliche Entwicklungslinie mit der ausschließlichen Folge begriffsstruktureller Analogien ist zu kurz gegriffen. Denn bei genauerem Lesen ist der „umgekehrte Begründungszusammenhang“ (wie er sich schon *Blumenberg* aufdrängte) der eigentliche, dem ersten Blick noch verborgene Gehalt der politischen Theologie: der Widerruf der Säkularisierung, die Rückführung der Rechtstheorie auf ein theologisches Fundament. In einem dem „Begriff des Politischen“ beigegebenen Vortrag von 1929 über „Das Zeitalter der Neutralisierungen und Entpolitisierungen“ kommt *Schmitt* nochmals auf die Säkularisierung theologischer Begriffe und die Neutralisierung des Theologischen seit dem 16. Jahrhundert zurück; er verwirft das Ergebnis dieses Prozesses für die Gegenwart und wird in den letzten beiden Sätzen deutlicher als noch 1922. Denn wenn es jetzt heißt: „aus der Kraft eines integren Wissens entsteht die Ordnung der menschlichen Dinge. *Ab integro nascitur ordo*“[40], so steht hier das “integre Wissen” für den Glauben und aus dem Glauben soll die neue Ordnung entstehen

Diese neue Ordnung besteht nicht einfach, wie kaum noch – gegen voreilige Mißverständnisse – zu betonen ist, in der Restauration einer fernen geschichtlichen Ausgangslage wie etwa in der Rückkehr zu einem omnipotenten Gottesgnadentum. Die Vorstellungen *Carl Schmitts* von der „souveränen“ Entscheidung über den Ausnahmezustand entsprechen auch heute noch, wie sich gezeigt hat, durchaus modernen Regierungsformen. Jedoch kann die Verdeutlichung dieser Rechtstheorie als (auch) politische Theologie verstehen helfen, warum auf ihrem Untergrund (anders als auf dem Untergrund einer säkularen politischen Philosophie) mit den Begriffen „Souveränität“ und „Ausnahmezustand“ ein solches Modell dezisionistischer Rechtsbegründung errichtet wird. Denn ohne weiteres, ohne den Blick auf diesen Untergrund, einleuchtend ist das nicht. „Diktatur ist der Gegensatz zur Diskussion“ heißt es in der „Politischen Theologie“ (S. 80). Niemand wird dem widersprechen. Im „Begriff des Politischen“ wird *Schmitt* deutlicher: Er verwirft die Diskussion als unpolitisch und scheidet sie damit aus seiner politischen Theorie aus[41] – für diese bleibt sein Lebensthema, die Diktatur.

39 *Blumenberg*, Säkularisierung und Selbstbehauptung. Erweiterte und überarbeitete Neuausgabe von „Die Legitimität der Neuzeit“, erster und zweiter Teil, 1974, S. 106 ff.; *C. Schmitt*, Politische Theologie II. Die Legende von der Erledigung jeder Politischen Theologie (1970), 4. Aufl. 1996, S. 79 Fn. 1. Die Erstausgabe von „Die Legitimität der Neuzeit“, 1966, S. 18, 60 f., hatte *C. Schmitts* Politische Theologie und ihr Säkularisierungstheorem nur beiläufig gestreift. Darauf antwortete *C. Schmitt* im „Nachwort“ seiner „Politischen Theologie II“, S. 85 ff., mit einigen Anmerkungen, die jedoch für die von *Blumenberg* später (1974) vorgelegte Interpretation nichts hergeben. Auf *Blumenbergs* spätere Interpretation hat *Schmitt* öffentlich nicht mehr reagiert. Macht man sie sich zu eigen und reduziert man *Schmitts* „Politische Theologie“ von 1922 auf ein seinerseits (auf strukturelle Analogien) reduziertes Säkularisierungstheorem, so liegt das Ergebnis nahe, mit Theologie habe das „nichts zu tun“, so *Staff* (Fn. 8).

40 Begriff des Politischen (Fn. 3), S. 79 (95 – Hervorhebung dort); in der 3. Ausgabe 1933 fehlt diese Beigabe, hingegen findet sie sich in Positionen und Begriffe (Fn. 38), S. 120 ff.

41 Dazu schon oben II.2. bei Fn. 25.

2. Rechts- und Politiktheorie fragen nach dem richtigen Verhalten der Menschen im gesellschaftlichen Miteinander und ihrer Staaten untereinander. Eine Vorfrage ist, welche Anlagen und Möglichkeiten die Menschen von Natur dafür mitbringen. *Carl Schmitt* hat diesen theoretischen Zusammenhang immer wieder erörtert[42]. Seine Antwort ist der erbsündige, erlösungsbedürftige, von Natur „böse" Mensch – sie führt mitten in seine politische Theologie.

a) Die Gründung auf die Theologie der Erbsünde ist *Schmitts* „Politischer Theologie" und seinem „Begriff des Politischen" gemeinsam: in der früheren Schrift offener, aber gedanklich noch vorläufig gefaßt, später verdeckter, aber gedanklich schärfer ausgearbeitet. Die literarischen Bezugnahmen, die zugleich der Verhüllung dienen, sind die gleichen: es sind die Theoretiker der Gegenrevolution des 19. Jahrhunderts, vor allen anderen *Donoso Cortes.*
„Jede politische Idee", behauptet *Carl Schmitt* in dem ihm eigenen Stil ex cathedra, „nimmt irgendwie Stellung zur ‚Natur' des Menschen und setzt voraus, daß er *entweder* ‚von Natur gut' *oder* ‚von Natur böse' ist"[43]. „Es sind die Gegensätze von Gut und Böse, Gott und Teufel," hatte er zuvor angemerkt, „zwischen denen auf Leben und Tod ein Entweder-Oder besteht, das keine Synthese und kein ‚höheres Drittes kennt"[44]. Am Ende der „Politischen Theologie" fügt er mit Blick auf *Bakunin* „die Gegensätze" (sic!) „von Autorität und Anarchie", die „in absoluter Entschiedenheit einander gegenübertreten und die oben erwähnte klare Antithese bilden" hinzu; im „Begriff des Politischen" wird das zum „Gegensatz von sogenannten autoritären und anarchistischen Theorien" fortgeführt (mit ausdrücklichem Rückblick auf die „Politische Theologie" von 1922 und „Die Diktatur" von 1921)[45].
In der „Politischen Theologie" geht der „katholische Christ von dem Dogma der Erbsünde aus"; im „Begriff des Politischen" wird das dahin zugespitzt, daß ein Theologe aufhört, „Theologe zu sein, wenn er die Menschen nicht mehr für sündhaft oder erlösungsbedürftig hält und Erlöste von Nicht-Erlösten, Auserwählte von Nicht-Auserwählten nicht mehr unterscheidet", anschließend werden „das theologische Grunddogma von der Sündhaftigkeit der Welt und der Menschen" und „die Unterscheidung von Freund und Feind" aufeinander bezogen[46].

42 Vgl. nur das Zitat aus der Meinecke-Rezension oben nach Fn. 38.
43 Politische Theologie (Fn. 4), S. 72 (Hervorhebungen von mir).
44 Politische Theologie (Fn. 4), S. 71 f.
45 Politische Theologie (Fn. 4), S. 81 ff. (83); Begriff des Politischen (Fn. 3), S. 60 (in der 3. Ausgabe 1933, S. 42, fehlt der betreffende Satz). Begriff und Titel der „Politischen Theologie" hatte *Schmitt* von *Bakunin*, La Théologie politique de Mazzini et l'Internationale, 1871, übernommen, dessen anarchistische Auffassungen er als den äußersten Gegensatz zu seinen eigenen ansah; dazu *Meier* (Fn. 1), S. 84.
46 Politische Theologie (Fn. 4), S. 73; Begriff des Politischen (Fn. 3), S. 63 f. (= 3. Ausgabe 1933, S. 44 f.). Dementsprechend betont *Maschke* (Fn. 8), S. 574, die Abhängigkeit des Freund/Feind-Kriteriums von Sündenfall und Erbsünde; zurückhaltender *ders.* (Fn. 9), S. 108 (gegen *H. Meier*).

Der „von Natur böse“ Mensch wird als „gefährlich“ verstanden, als ein riskantes Wesen, der „von Natur gute“ als ein ungefährliches, ein harmlos nicht-riskantes[47]. Vor dem Hintergrund differenzierterer Betrachtung ist das zunächst nicht mehr als eine weitere Simplifizierung. Die „von Natur“ nur „guten“ Menschen sind ebenso selten wie die „von Natur“ nur „bösen“. Vorherrschend (in jeder Bedeutungshinsicht) sind die verführbaren Menschen, verführbar zum „Bösen“, aber eben auch zum „Guten“. Das wechselt je nach den politischen Rahmenbedingungen. Immer wieder bleibt erschreckend, wieviel an dumpfer Bösartigkeit oder auch nur Henkersmentalität unter einer Diktatur oder im Krieg bei denselben Menschen zu beobachten ist, die im befriedeten Rechtsstaat als unauffällige Nachbarn unter uns leben. Auf solche Erfahrungen gründet sich – man mag diese Trivialität kaum erneut aussprechen – die Notwendigkeit des Staates (wie auch der Zusammenschlüsse von Staaten) als (auch, nicht nur) einer Gefahrenabwehrorganisation. Die gleichen Erfahrungen legen nahe, die Gefahren zu bedenken, die von den herrschenden Menschen ausgehen, statt die Menschen als nur durch eine autoritäre Ordnung domestizierbare „gefährliche“ Wesen zu sehen[48].

b) Die Entscheidung für den „von Natur bösen“ Menschen wird im „Begriff des Politischen“ als „ein anthropologisches Glaubensbekenntnis“ angekündigt[49]. Hier setzt die Kritik des jungen *Leo Strauss* an: Die Gefährlichkeit des Menschen wird von *Schmitt* „nicht eigentlich gewußt“, sondern „nur geglaubt“. Worauf sich dieser Glaube letztlich gründet, nämlich auf „das theologische Grunddogma von der Sündhaftigkeit des Menschen und der Welt“, wird von *Strauss* vorsichtig angedeutet[50] – fast so vorsichtig wie von *Schmitt* selbst.

Wenn gefragt werden sollte, auch als Einwand gegen die hier vertretene Interpretation der politischen Theologie *Carl Schmitts*, warum ein so scharfsinniger und stilistisch so brillanter Autor diese Zusammenhänge derart undeutlich gezeichnet, sie im Gegenteil in einem gewissen Zwielicht gehalten und eher verwischt hat, so ist die Antwort nur auf den ersten Blick paradox: er wollte in der wissenschaftlichen Auseinandersetzung weiterhin als Rechts- und Politiktheoretiker ernstgenommen werden, deutlicher gesagt, er wollte „sich nicht selbst aus dem wissenschaftlichen

47 Begriff des Politischen (Fn.3), S. 59, ebenso S. 61. Wenn es dort heißt: „Demnach bleibt die merkwürdige und für viele sicher beunruhigende Feststellung, daß alle echten politischen Theorien den Menschen als ‚böse‘ voraussetzen … als ‚gefährliches‘ und dynamisches Wesen“, so sind, wie aus dem gesamten Kontext folgt, die von *Schmitt* als „echt“ akzeptierten Theorien nur diejenigen, die seiner Entgegensetzung von Freund und Feind entsprechen – die behauptete Allgemeingültigkeit beruht auf einem circulus vitiosus.

48 Es sei denn, man betrachtet den autoritären Herrscher als von Gottes Gnaden auserwählt, oder (pseudosäkularisiert) als Erfüllung eines Quasi-Naturgesetzes: „The king can do no wrong“ – „Die Partei hat immer recht“. Beides dürfte sich historisch erledigt haben und hier keiner weiteren Erörterung wert sein. Es bleibt die eigentümliche Weltsicht, der Mensch bedürfe, weil erbsündig, der Diktatur durch erbsündige Menschen. In dieser Verdoppelung hebt sich die Erbsünde auf, mit dem Ergebnis: Die Menschen bedürfen der Diktatur.

49 Begriff des Politischen (Fn. 3), S. 58 (= 3. Ausgabe 1933, S. 41). Dazu *H. Meier*, Die Lehre Carl Schmitts, 2. Aufl. 2004, S. 131: „Er bedient sich des anthropologischen Streites …, um die Erbsündenlehre ins Spiel zu bringen.“

50 *L. Strauss* (Fn. 10), Schriften Bd. 3, S. 228 (231) = *Meier* (Fn. 1), S. 113 (116). *Schmitt* hat in der 3. Ausgabe 1933 verdeckt auf die Kritik von *Strauss* reagiert; dazu grundlegend *Meier*, passim.

Verkehr ziehen"[51]. Hätte er offen dargelegt, daß er von einem religiösen Glaubensbekenntnis ausging und nicht von einer rechts- oder politikwissenschaftlichen Grundlagendiskussion, wären diese seine Schriften (und nicht nur sie) ungeachtet ihrer stilistischen Brillanz in der allgemeinen wissenschaftlichen Diskussion mit einem Achselzucken beiseitegeschoben worden (– auch heute ginge es ihm kaum besser). So beließ er es bei Andeutungen, die darauf angelegt waren, weitergedacht zu werden, die er selbst aber jederzeit relativieren, bei Bedarf auch schlicht verleugnen konnte[52]. Auf die gelegentlich eingestreuten Referate zur zeitgenössischen Philosophie und Soziologie (z.B. *Dilthey, Spranger, Plessner*) kam es für die eigene Position nicht an; letztlich blieben sie wissenschaftliches Feuilleton[53]. Die von ihm in den Mittelpunkt gerückten „Staatsphilosophen"[54] waren – wie er selbst – Staatstheologen. Begrifflich mag *Carl Schmitt* „als Jurist gesprochen und geschrieben" haben; Position bezogen hat er als „ein Theologe der Jurisprudenz"[55].

3. Ein weiterer theologischer Bezug, der zur Apokalypse, erscheint in der „Politischen Theologie" nur am Rande, im „Begriff des Politischen" so gut wie gar nicht. Einer seiner Aspekte wurde erst in den letzten Jahrzehnten aus späteren Äußerungen erschlossen. Dabei geht es um den Katechon, den Aufhalter aus 2. Thess. 2, 6-7.

a) Es gehöre, wird im IV. Kapitel der „Politischen Theologie" gesagt, „zum Dezisionismus der Geistesart von *Cortes*, immer den extremen Fall anzunehmen, das jüngste Gericht zu erwarten"[56]. Das ist noch wenig griffig und gibt allenfalls einen Richtungshinweis. Seine eigene Vorstellung von der Eschatologie hat *Schmitt* erst sehr viel später geäußert, vor allem in den Aufzeichnungen der Jahre 1947 bis 1951. Die zahlreichen Notate dort beginnen mit einem Bekenntnis: „ich glaube an den Katechon; er ist für mich die einzige Möglichkeit, als Christ Geschichte zu verstehen und sinnvoll zu finden"[57]. In seinen früheren Veröffentlichungen findet sich der Begriff erstmals 1942, in seinen späteren zuletzt in der „Politischen Theologie II"[58].

51 *Maschke* (Fn. 8), S. 564 und zuvor schon S. 558 (mit Hinweis auf *Meier*, o. Fn. 1) dazu, daß *Schmitt* „gezwungen war, zunächst die eigene Theologie zu verbergen und danach sein Werk selbst zu säkularisieren" – es darf angemerkt werden, daß diese Feststellungen von einem der gründlichsten Kenner *C. Schmitts* stammen.

52 Eine Mischung beider Strategien kennzeichnet *Schmitts* „Politische Theologie II" (Fn. 39). In einem Brief an *Ernst Jünger* vom 19. 10. 1971 nannte er sie eine „verzweifelt hermetische Schrift"; *E. Jünger/C. Schmitt*, Briefe 1930-1983, 1999, S. 379.

53 Vgl. *Schmitt*, Begriff des Politischen (Fn. 3), S. 59 f., zu den „zahllosen Modifikationen und Variationen dieser anthropologischen Unterscheidung von Gut und Böse".

54 *C. Schmitt*, Politische Theologie (Fn. 4), S. 65 ff.; Begriff des Politischen (Fn. 3), S. 64 ff.

55 Wie Fn. 13.

56 Politische Theologie (Fn. 4), S. 80. In einem Aufsatz „Der unbekannte Donoso Cortés", 1929, 491 ff. = Positionen und Begriffe (Fn. 39), 115 (118), bezeichnete er Cortés als einen „eschatologischen Propheten".

57 Glossarium (Fn. 13), S. 63 (19. 12. 1947); vgl. noch S. 70, 80, 153, 165, 272 f.

58 Einzelnachweise bei *Maschke* (Fn. 8), S. 565 Fn. 23; *Meier* (Fn. 49), S. 243 ff.; weitere Nachweise bei *Hekster/Hoogers*, Eine Ortung auf Rom, in: Siebzehnte Etappe, Herbst 2003, S. 51 ff. *Schmitt* selbst datierte seine Theorie des Katechon auf das Jahr 1932: Glossarium (Fn. 13), S. 80. Neben der Schreibweise „Katechon" findet sich in der Literatur auch „Kat-echon".

b) Der Katechon soll nach der allgemeinen Auslegung von 2. Thess. 2, 6-7 den Antichrist und dadurch die Wiederkunft Christi aufhalten. 2. Thess. 2, 2 widerruft 1. Thess. 4, 13-18; dort erwartet *Paulus* die Wiederkunft Christi schon und noch zu seinen Lebzeiten. Entsprechend umstritten ist die Echtheit des zweiten Thessalonicher-Briefs; überwiegend wird er einer nachpaulinischen Quelle zugeschrieben. Umstritten ist auch das Verhältnis von Vers 6 („was aufhält") zu Vers 7 („wer jetzt aufhält" – „qui tenet nunc"). *Schmitt* bezieht sich meist auf Vers 7; gelegentlich auf beide Verse[59], ein historisch-kritisches Textverständnis ist nicht erkennbar. Wer für die Gegenwart der Katechon sei, blieb ihm selbst ein Rätsel; für die Vergangenheit nannte er an unterschiedlichen Stellen „die großen Kaiser" und „das christliche Reich der Kaiser des Mittelalters"[60], zuletzt noch das Römische Imperium[61].

c) Zugespitzt ließe sich aus diesen verstreuten Andeutungen herauslesen, daß für *Carl Schmitt* jede politische Ordnung (auch die „nihilistische Zentralisierung und Satzung"), die sich (gegen ein „anarchisches Chaos")[62] durchgesetzt hat, die Stelle des Katechon einnehmen kann. Das würde die aus dem Dogma der Erbsünde folgende Herrschaftsbedürftigkeit des Menschen (bis hin zur einseitig dezisionistischen Herrschaft durch „souveräne" Entscheidung über den Ausnahmezustand) weiter verstärken[63]. Zwar bleibt, unbeschadet des Bekenntnisses vom 19. 12. 1947, dafür die Textgrundlage schwach, doch gehört auch der Katechon jedenfalls zum Umfeld der politischen Theologie *Carl Schmitts*.

4. Von der von ihm in der „Politischen Theologie" (und zwar in deren III. Kapitel!) vorgeschlagenen „radikalen Begrifflichkeit" sagt *Schmitt*, ihre Voraussetzung sei „eine bis zum Metaphysischen und zum Theologischen weitergetriebene Konsequenz"[64]. Bei ihm selbst wird sie, wie gezeigt, bis zum Theologischen weitergetrieben. Wenn er später *Donoso Cortés* damit kennzeichnet, dieser habe „die Theologie … als das einzige Fundament politischer Theorien" hingestellt[65], so kann darin ein versteckter Selbstbezug gesehen werden, denn auch er selbst sah sich als Vertreter einer politischen Theologie. Was er unter diesem Begriff verstand, faßte er noch einmal 1970 zusammen: „Politische Theologie ist ein überaus polymorpher Bereich; sie hat überdies zwei verschiedene Seiten, eine theologische und eine politische; jede orientiert sich an ihren spezifischen Begriffen. Das ist schon mit der Wortverbindung des Terminus gegeben. Es gibt viele politische Theologien, denn es gibt einerseits viele verschiedene Religionen und andererseits viele verschiedene Arten und Methoden der Politik"[66]. Dem kann auch zustimmen, wer den politischen Theologien fern steht.

59 Vgl.Glossarium (Fn. 13), S. 153.
60 Glossarium (Fn. 13), S. 63, 153; S. 70 wird über den Jesuitenorden spekuliert.
61 Politische Theologie II (Fn. 39), S. 64.
62 Vgl. Glossarium (Fn. 13), S. 165.
63 *Maschke* (Fn. 8), S. 556, 574, betont die Verbindungslinien vom Freund/Feind-Kriterium gleichermaßen zum Dogma der Erbsünde wie zum Katechon.
64 Politische Theologie (Fn. 4), S. 58 f.
65 Der unbekannte Donoso Cortés, in: Positionen (Fn. 56), S. 116.
66 Politische Theologie II (Fn. 39), S. 41. Beiläufig angemerkt: Auch die Scharia beruht auf einer politischen Theologie.

> Therefore, philosophy stands and falls by the contention that Philosophy is the One Thing Needful, or the highest possibility of man. Philosophy cannot claim less: it cannot afford being modest[67].

IV.

Die theologische Letztbegründung steht im Gegensatz zur philosophischen Letztbegründung, die politische Theologie damit im Gegensatz zur politischen Philosophie.

1. Diese Unterscheidungen hat *Leo Strauss* immer wieder herausgearbeitet. Für ihn bestanden in einem Leben aus gehorsamem Glauben einerseits und einem Leben aus freier Einsicht andererseits[68] die unterschiedlichen Möglichkeiten, auf die Frage nach der „richtigen Ordnung des menschlichen Zusammenlebens" zu reagieren, „ohne deren Beantwortung die politische Wissenschaft nicht Wissenschaft sein kann"[69]. *Strauss* selbst steht für die politische Philosophie.

a) *Strauss* vermied den Begriff „politische Theologie", vermutlich, weil er ihn von der Schrift *Carl Schmitts* aus 1922 besetzt sah; hingegen sprach er von „politischer Philosophie"[70]. Er unterschied eine „theologische Politik, die sich auf die Offenbarung beruft", von einer „philosophischen Politik"[71] und arbeitete durchweg mit der Entgegensetzung von Offenbarung (oder auch Glaube oder Religion) und Philosophie – sein Leben lang sah er sich (begrifflich in deutlicher Anlehnung an *Spinozas* „Tractatus theologico-philosophicus") „im Bannkreis des theologisch-philosophischen Dilemmas"[72]. Immer wieder betonte er den Unterschied zwischen dem, was „(philosophisch oder historisch) gewußt", und dem was „nur geglaubt" wird, „also nicht die eigentümliche Verbindlichkeit des Gewußten" hat[73].
Das „theologisch-philosophische Dilemma" ergab sich für *Strauss* aus seiner persönlichen Situation. Als Angehöriger eines Volkes, das sich primär über eine Offenbarungsreligion definiert, beharrte er auf der Möglichkeit, frei zu philosophieren, ohne deshalb seine Zugehörigkeit zum Judentum aufkündigen zu müssen. Aus der persönlichen Betroffenheit eines jüdischen Agnostikers[74] analysierte er zeit seines Lebens hi-

67 *L. Strauss*, Reason and Revelation, im ganzen noch unveröffentlichter Vortrag von 1947/48, in Auszügen mitgeteilt in: *H. Meier*, Das theologisch-politische Problem, Zum Thema von Leo Strauss, 2003, hier S. 40.
68 Vgl. oben zu Fn. 1.
69 *Strauss* in einer unveröffentlichten Fassung seines späteren Hobbes-Buches (vgl. Fn. 10), zitiert bei *H. Meier*, Die Denkbewegung von Leo Strauss, 1996, S. 29 Fn. 10.
70 Zu deren Entwicklung *Strauss*, Naturrecht (Fn. 1), S. 37 ff., 83 ff.
71 *Strauss*, Die Religionskritik des Hobbes (1933/1934), Schriften Bd. 3 (Fn. 10), S. 270.
72 *Strauss*, Die Religionskritik Spinozas, Schriften Bd. 1 (Fn. 11), Vorwort zur amerikanischen Ausgabe (1965/1968), S. 5.
73 *Strauss*, Philosophie und Gesetz. Beiträge zum Verständnis Maimunis und seiner Vorläufer (1935), Schriften Bd. 2 (Fn. 11), S. 19. Bei *Strauss* steht *Maimuni* für *Maimonides*.
74 In einem Brief an *G. Krüger* vom 7. 1. 1930 bezeichnete *Strauss* sich als Atheisten, Schriften Bd. 3 (Fn. 10, 11), S. 378 ff.; ähnlich im Jahr 1934 Briefe an *J. Klein* (S. 527) und *G. Scholem* (S. 711) und in den Jahren 1970-1973 an *Scholem* (S. 761, 765 und insbesondere 769).

storische Konflikte zwischen Philosophie und religiöser Orthodoxie, zu Beginn an den Beispielen *Spinoza* (der seine philosophische Eigenständigkeit mit der Exkommunizierung bezahlte)[75] und *Maimonides* (der gegen die Orthodoxie eine vom Glauben unabhängige Philosophie vertrat), dann am Beispiel *Hobbes* als einem (verrätselten bis zweideutigen)[76] Begründer der neuzeitlichen Aufklärung, später an dem „strategisch günstigen, nicht-jüdischen Gegenstand" des Problems des *Sokrates*[77].

b) Im selben Brief, dem dieses Zitat entnommen ist, stellt *Strauss* die Frage, „inwieweit man verantwortlicherweise diese Möglichkeit" (gemeint ist seine radikale Interpretation des Maimonides) „öffentlich exponieren darf – eine Frage, die ja das Problem der Esoterik sofort aktuell ... macht ... oder das Problem des Verhältnisses von Denken und Gesellschaft", also ein Konfliktpotential, das in jedem selbständig-kritischen Denken gegen Denktraditionen angelegt ist. Er sieht die Problemlösung „in den Mitteln einer exoterischen Lehre, die allgemein akzeptierten Ansichten nicht allzu offensichtlich widerspricht, sie aber doch in einer Weise untergräbt, die philosophisch Interessierte zur Wahrheit führt"[78]. In einem früheren Aufsatz mit dem beziehungsreichen Titel „Verfolgung und die Kunst des Schreibens" formulierte er das dahin, man müsse unter die Oberfläche einer philosophischen Lehre blicken, um ihre verborgene (esoterische), für die allgemein vertretenen Anschauungen nicht sehr schmeichelhafte Lehre wieder auszugraben, die zwischen den Zeilen angedeutet wird („which is indicated between the lines")[79]. Das Problem gibt es seit je und überall, es sollte bekannt sein: Man verletzt nicht ungestraft die jeweiligen Tabuierungen der political correctness. Ein allzu offenes Wort kann uns um jede Wirkung bringen (– von Weiterungen nicht zu reden), ein verhülltes nur um die verzichtbare.
Die Kunst des sorgfältigen (exoterisch-esoterischen) Schreibens kann bei weniger sorgfältigen Lesern zu der (bei ihnen in Kauf genommenen) Unsicherheit führen, welche Position der Autor denn nun eigentlich einnehme[80]. Manche seiner Äußerungen deuten auf einen politisch eher Konservativen. Mit *Spinoza* mag er „die Religion als notwendiges Mittel für den Bestand des Staates" angesehen haben[81] (– nur: welche Religion, in welcher Ausprägung und in welchem Verhältnis zum Staat?).

75 Auf ihn münzte *Strauss* das Wort vom „Atheismus aus intellektueller Redlichkeit", Die Religionskritik Spinozas (Fn. 72), S. 53, das er in anderem Zusammenhang auf die Aufklärung allgemein bezog; vgl. Philosophie und Gesetz (Fn. 73): „Das letzte Wort und die schließliche Rechtfertigung der Aufklärung ist der Atheismus aus Redlichkeit, der die Orthodoxie radikal überwindet, indem er, frei von der polemischen Bitterkeit der Aufklärung und von der zweideutigen Ehrfurcht der Romantik, sie radikal versteht."

76 Dazu *Strauss*, Die Religionskritik des Hobbes (Fn. 10, 71), S. 277 f; von *Hobbes'* „Sinn für esoterische Verhüllungen" sprach *C. Schmitt*, Der Leviathan in der Staatslehre des Thomas Hobbes, 1938, S. 43 f.

77 *Strauss*, Brief an *J. Guttmann* vom 20. 5. 1949, zitiert in: *Meier* 2003 (Fn. 67), S. 42 Fn. 32 (dort auch das nächste Zitat zu Beginn von b). Der Gegensatz von Glaube und Wissen wird auch schon in der Dissertation zu *Fr. H. Jakobi* erörtert; vgl. Schriften Bd. 2 (Fn. 11), S. 242, 249.

78 *Strauss*, Farabi's Plato, 1945, Originalzitat bei *Meier* (Fn.1), S. 96 Fn. 112: „by means of an exoteric teaching which, while not too flagrantly contradicting the accepted opinions, undermines them in such a way as to guide the potential philosophers toward the truth".

79 *Strauss*, Persecution and the Art of Writing, 1941, vollständiges Originalzitat bei *Meier* (Fn. 69), S. 43 Fn. 21.

80 Zu *Strauss* vgl. *Meier* (Fn. 69), S. 33; *ders*. (Fn. 67), S. 13.

81 *Strauss*, Die Religionskritik Spinozas (Fn. 11, 72), S. 145. *Meier* (Fn. 49), S. 180 Fn. 148 zufolge hatte *Carl Schmitt* sich diese Stelle in seinem Exemplar (von 1928) angestrichen.

Jedoch beharrte er (wie *Maimonides* und *Spinoza*) gegen die Orthodoxie auf dem Anspruch der Philosophie, „die Eine Notwendigkeit oder die höchste Möglichkeit des Menschen“ zu sein, und auf der Möglichkeit ständigen kritischen Fragens mit dem Ziel einer persönlichen Entscheidung aus freier Einsicht[82]. Das ist nicht mehr und nicht weniger als eine Umformulierung des berühmten „Sapere aude“ des *Horaz*, des *kantischen* „Habe Mut, dich deines *eigenen* Verstandes zu bedienen“[83], es erweist *Strauss* als einen modernen (wenn auch vielleicht konservativen) Aufklärer (– und es wäre töricht, den Konservatismus allein den Reaktionären zu überlassen).

2. Wie schon gesagt: Für *Strauss* ist ein Leben im Glaubensgehorsam eine eigenständige Möglichkeit *neben* dem philosophischen Leben.
Darin unterscheidet er sich von der herkömmlichen Aufklärung und berührt sich mit dem frühen *Heidegger*.
Die herkömmliche Aufklärung meinte, durch Philosophie die Religion aufheben und überflüssig machen zu können. Zwar wird das heute kaum jemand noch so hochgemut formulieren wie vor eineinhalb Jahrhunderten *Arthur Schopenhauer* („Sobald … endlich gar die Philosophie zum Worte kommen darf; da muß jeder auf Wunder und Offenbarung gestützte Glaube untergehn, worauf dann die Philosophie seinen Platz einnimmt.“)[84], doch ist diese Einschätzung unterschwellig noch verbreitet. Sie leugnet die Möglichkeit des Glaubens als dauerhafte menschliche Existenzform und sieht in ihr nicht mehr als einen Übergang.
Das greift, wie wir seit *Schopenhauer* gelernt haben, zu kurz. Offenbarungstraditionen antworten für viele Menschen auf eine Grundgestimmtheit, die sich nicht rational wegerklären läßt. Daneben steht die andere Grundgestimmtheit, sich des eigenen Verstandes zu bedienen. Dieses Nebeneinander ist eine Herausforderung für die politische Philosophie, und darauf in unserer Zeit wieder beharrlich hingewiesen zu haben, ist das Verdienst von *Leo Strauss*.
Die politische Philosophie wird sich allgemein dieser Herausforderung stärker als bisher stellen müssen; es wird nicht länger genügen, nur die Verdienste der neuzeitlichen Aufklärung für den freiheitlichen Verfassungsstaat herauszustellen. So wie der Offenbarungsglaube sich von seinem Selbstverständnis her nicht von Vernunftargumenten beeindrucken läßt, weil er sich als höher denn alle Vernunft versteht, sieht die Philosophie den Glauben in einem theologischen Zirkel gefangen. Beide Positionen stellen (idealtypisch verstanden) „grundlegende Alternativen“ dar, ihrem „Dilemma kann man weder durch Harmonisierung noch durch Synthese ausweichen“[85] (und, wie wir der Deutlichkeit halber inzwischen hinzufügen müssen, auch nicht durch Ignorierung). In dieser Beobachtung berührt sich *Strauss* mit *Heideggers* 1927/1928 getroffener Feststellung, „daß der *Glaube* in seinem innersten

82 Dazu schon die Zitate bei Fn. 1 und 67; vgl. auch das Zitat in Fn. 75.
83 *Kant*, Beantwortung der Frage: Was ist Aufklärung, in: Werke, Hg. von *Weischedel* , Bd. VI, 1964, S. 53 (Hervorhebung dort).
84 *Schopenhauer*, Parerga und Paralipomena II.15. Über Religion (1851), in: Sämtliche Werke, hg. von *Frhr. von Löhneysen* V, 1965, S. 408 – hier wie immer bei *Schopenhauer* lohnt sich auch die Lektüre des originalen Kontexts.
85 *Strauss*, Naturrecht (Fn. 1), S. 77.

Kern als eine spezifische Existenzmöglichkeit gegenüber der wesenhaft zur *Philosophie* gehörigen und faktisch höchst veränderlichen *Existenzform* der Todfeind bleibt"[86]. Bemerkenswert ist, daß *Heidegger* hier in einer gewissen (auch zeitlichen) Parallele zu *Carl Schmitt* (aber im Unterschied zu *Leo Strauss*) von „Todfeindschaft" spricht; doch dürfte es sich dabei um eine (aus unserer späteren Erfahrung sehr prekäre) Metapher handeln, die den „*existentielle(n) Gegensatz* zwischen Gläubigkeit und freier Selbstübernahme des ganzen Daseins" so scharf wie möglich zuspitzen soll. Ein politischer Inhalt (wie bei *Carl Schmitt*) ist aus dem Kontext nicht erkennbar.

3. Es wäre auch vorschnell und falsch, diese Zuspitzungen ohne weiteres und undifferenziert auf die Politik zu übertragen. Nur wenige Menschen verhalten sich so modellhaft wie von *Heidegger* und *Strauss* beschrieben. Hier wie sonst in der Politik geht es nicht darum, wie der Mensch leben soll, sondern wie er tatsächlich lebt[87]. Deshalb ist an die Thesen vom strikten Gegenüber des religiös fundierten und des philosophischen Lebens die Frage nach den Entsprechungen im politischen Alltag zu stellen, anspruchsvoller formuliert: die Frage nach dem Menschenbild. Sie ähnelt der Rückfrage an das anthropologische Bild eines „von Natur guten" oder „bösen" Menschen, und ähnlich wird die Antwort ausfallen müssen. Mit anderen Worten: Das modellhafte Entweder/Oder vom philosophischen oder glaubensgehorsamen Leben bedarf der Differenzierung. Nur wenige Menschen leben getreulich nach der Schrift (die dabei durchaus zeitgemäß ausgelegt werden kann); nur wenige folgen durchweg dem Kategorischen Imperativ. Die meisten orientieren sich je nach Situation an einem Traditionsgebräu von Alltagsphilosophie und Alltagsreligion, überzuckert von Tagesmoden. Einige allerdings nehmen zum Nachteil anderer auf die allgemein anerkannten Regeln keinerlei Rücksicht. Das Miteinander derart unterschiedlich orientierter Menschen in der politischen Gemeinschaft als Problem der politischen Theorie läßt sich somit nicht ohne weiteres auf den Gegensatz von (politischer) Philosophie und (politischer) Theologie bringen.
Ein Prüfstein für jede politische Theorie (sei sie politische Philosophie oder politische Theologie) ist ihre Brauchbarkeit für die auf Meinungs- und persönliche Entscheidungsfreiheit gegründete Demokratie. Das deutet auf eine (zumindest vorläufige) Antwort, denn der freiheitliche Verfassungsstaat (wie der des Grundgesetzes) ist auf die Autonomie des Individuums gegründet, auf den Gedanken der Selbstbestimmung (oder, mit *Leo Strauss* zu reden: ein Leben aus freier Einsicht) und damit auf Postulate der Aufklärungsphilosophie.[88] Das ist, wie unsere geschichtliche Er-

86 *Heidegger*, Phänomenologie und Theologie, 1970, S. 32 (Hervorhebungen original), dort auch das folgende Zitat; dazu *Meier* (Fn. 49), S. 136. Dem Vorwort von 1970 (S. 7) zufolge entspricht der Text einem Vortrag, der 1927 in Tübingen gehalten und 1928 in Marburg wiederholt wurde. Auch *Heidegger* wendet sich aaO (wie *Strauss* o. bei Fn. 85) gegen „schwächliche Vermittlungsversuche" und bezeichnet „so etwas wie eine christliche Philosophie" als „ein ‚hölzernes Eisen' schlechthin".

87 Vgl. *Strauss*, Naturrecht (Fn. 1), S. 184, am Beispiel *Machiavellis*.

88 Dazu jetzt wieder eindringlich *H. Dreier*, Kants Republik, JZ 2004, 745 (746, 749, 755). Wenn dort S. 746 Fn. 13 die Feststellung zitiert wird „Für die philosophische Zeitgeschichtsschreibung beginnt mit 1971 die Regenerationsphase der politischen Philosophie", so mag das für die Kant-Rezeption zutreffen. Es darf aber vielleicht doch daran erinnert werden, daß seit 1956 ein zentrales Werk von *Leo Strauss* zur politischen Philosophie auch in deutscher Übersetzung vorliegt (Fn. 1, 70).

fahrung lehrt, mit dem religiösen Selbstverständnis der meisten in einer Offenbarungsreligion (mehr oder minder) verwurzelten Menschen durchaus vereinbar (jedenfalls für Juden und Christen, vielleicht auch schon für die Mehrheit der in Deutschland lebenden Muslime – von ihnen wissen wir noch wenig). Das Konfliktpotential bilden erst die fundamentalistischen Gruppen (und auch sie gibt es auf allen drei Schriftgrundlagen). Das verschärft sich, wenn die Offenbarungstradition mit historisch älteren patriarchalisch-autoritären Traditionen vermengt wird.

Merkmale einer fundamentalistischen Religion sind der Glaube an eine verbalinspirierte Schriftgrundlage und das Beharren auf deren absoluter Irrtumslosigkeit. Daraus folgt eine unreflektierte Verhärtung gegen jede kritisch-historische Exegese; sie geht mit einem antimodernistischen Affekt einher (die Säkularisierung wird als Verfallserscheinung gesehen; verantwortlich dafür sei das naturwissenschaftliche Denken)[89]. Schließlich (ver)führt der Anspruch, im Besitz der einen göttlich offenbarten Wahrheit zu sein, rasch zu Vorstellungen einer moralischen Überlegenheit über alle Menschen, die den eigenen Glauben nicht teilen – daß es ebenso rasch zu konkurrierenden Offenbarungstraditionen auch auf derselben Schriftgrundlage kommt, ist bekannt; es verschärft das Problem noch einmal.

Solche Positionen können von ihren Vertretern nur bekannt und verkündet, nicht aber zur Diskussion gestellt werden. Das gilt auch für die aus der fundamentalistisch verstandenen Offenbarung abgeleiteten politischen Positionen, also, wenn man so will, die daraus abgeleitete spezifische politische Theologie. Sie ist argumentations- und diskussionsresistent; sie ist, um es ohne Rücksicht auf eine political correctness auszusprechen, demokratieunfähig und in letzter Konsequenz demokratiefeindlich, denn sie kann ganz allgemein nur in Freund-Feind-Unterscheidungen denken.

Die Toleranzzonen des freiheitlichen Verfassungsstaates wird eine fundamentalistische religiöse Gruppe nur in Anspruch nehmen, um ihn von dort her desto aggressiver zu bekämpfen. Selbst an der Macht, ist sie toleranzunfähig. Die Antwort darauf ist seit langem bekannt, zuletzt aus den Zeiten der Auseinandersetzung mit fundamentalistisch praktizierten politischen Ideologien, sie muß aber immer neu in Erinnerung gerufen werden: Eine schrankenlose Toleranz kann es so wenig geben wie eine schrankenlose Freiheit. Sie würde in letzter Konsequenz zur Intoleranz führen, „die, obwohl ein Produkt der Toleranz, diese verneint und mit Hilfe totalitärer Methoden schließlich vernichtet“[90].

Eine Konsequenz liegt auf der Hand. Um den Mißbrauch der staatlichen Toleranz abzuwehren, muß auf der Trennung von Staat und Religion bestanden werden. Das tradierte, staatskirchenrechtlich befestigte Wechselverständnis von Staat und Kirchen steht dem nicht entgegen. Es wurde in der Frühzeit der Bundesrepublik unter anderen geschichtlichen und politischen Verhältnissen entwickelt: auf einer Bevölkerungsbasis der Kirchen von weit über 90 % (das hat sich gründlich verschoben) und einem Selbstverständnis der Kirchen, das grundsätzlich auf Integration in den

89 *Gremmels*, Fundamentalismus, in: HistWbPhilos. (Fn. 22), Bd. 2, 1972, Sp. 1133, entwickelt diese und weitere Merkmale am Beispiel des christlichen Fundamentalismus der USA des 19. und beginnenden 20. Jahrhunderts und betrachtet diesen als inzwischen (1972) geschichtlich überholt – das jedenfalls müssen wir dreißig Jahre später wohl revidieren.

90 *Leibholz* (Fn. 1), S. IX.

freiheitlichen Verfassungsstaat ausgerichtet war (das hat sich eher noch verstärkt). Auf religiöse Minderheiten, die keine kirchenrechtlichen Strukturen haben und an deren verfassungsrechtlicher Integrationsbereitschaft begründete Zweifel bestehen, ist es nicht übertragbar.

Religion und Religionsfreiheit sind, für manche überraschend, zu einem neuen Problem des demokratischen Staates geworden, und zwar zum Problem der inzwischen errungenen anderen Freiheits- und Gleichheitsrechte, namentlich der Gleichberechtigung der Frauen. Mit Multikulti-Folklore oder Salonfeminismus ist den Gefährdungen der säkularen und egalitären Gesellschaft nicht mehr beizukommen. Das Verhältnis von Politik und Religion, damit von Staat und Religion hat sich geändert und mit ihm der Bedarf an Problemlösungen.

Der Nomos Europas
Anmerkungen zu Carl Schmitts Konzept einer Weltpolitik

Ilse Staff

A)

Manfred Zuleeg, dem dieser Beitrag gewidmet ist, hat sich mit dem ihm eigenen Temperament gegen die 1993 vom Bundesverfassungsgericht vertretene These gewehrt, Demokratie sei nicht nur ein „formales Zurechnungsprinzip", sie sei vom „Vorhandensein bestimmter vorrechtlicher Voraussetzungen abhängig", im demokratischen Willensbildungsprozeß müsse das rechtlich zum Ausdruck kommen, was das Staatsvolk „ – relativ homogen – geistig, sozial und politisch verbindet"[1]. *Zuleeg* sieht – entgegen der Behauptung des Bundesverfassungsgerichts, es beziehe sich auf *Hermann Heller*[2] – als „Ahnherrn" dieser Konzeption *Carl Schmitt* an, dessen Begriff des Politischen das Bundesverfassungsgericht „in beispielloser Radikalität" wieder aufleben lasse[3]. Die Stoßrichtung dieser Kritik am Maastricht-Urteil des Bundesverfassungsgerichts ist eindeutig: sie wendet sich gegen die von *Carl Schmitt* (zuerst 1927 im Archiv für Sozialwissenschaft und Sozialpolitik) propagierte Sicht des Staates als „einer in sich befriedeten, territorial in sich geschlossenen und für Freund und Feind undurchdringlichen, organisierten politischen Einheit"; „der äußerste Intensitätsgrad einer Assoziation oder Dissoziation ist die Unterscheidung von Freund und Feind"[4]. *Schmitts* Theorieentwürfe sich in Erinnerung zu rufen, findet ihre Rechtfertigung in der Tatsache, dass in der – wahrhaft unendlichen – Geschichte der *Carl Schmitt*-Rezeption eine neue Variante aufgetaucht ist, in deren Mittelpunkt vornehmlich die internationalrechtlichen Arbeiten Schmitts stehen. Diskutiert wird die Aktualität von Schmitts Einschätzung der weltpolitischen Konfliktlage mit ihren Verzahnungen ökonomischer und staatlicher Macht für die Lö-

1 BVerfGE 89, 155 (185 f.); dazu *Zuleeg*, Demokratie ohne Volk oder Demokratie der Völker? – Zur Demokratiefähigkeit der Europäischen Union, in: Drexl/Kreuzer/Scheunig/Sieber (Hg.), Europäische Demokratie, 1999, S. 11 ff. (16 ff.).

2 BVerfGE 89, 155 (186).

3 *Zuleeg* (Fn. 1), S. 17. Vgl. in gleichem Sinn *Weiler*, Der Staat „über alles". Demos, Telos und die Maastricht-Entscheidung des Bundesverfassungsgerichts, JöR 44 (1996), 91 (128 ff.); *Pernice*, Carl Schmitt, Rudolf Smend und die europäische Integration, AöR 120 (1995), 100 (103 ff.); *Bryde*, Die bundesrepublikanische Volksdemokratie als Irrweg der Demokratietheorie, Staatswissenschaften und Staatspraxis 1994, 305 (306 ff.); *Habermas*, Inklusion – Einbeziehen oder Einschließen? Zum Verhältnis von Nation, Rechtsstaat und Demokratie, in: *ders.*, Die Einbeziehung des Andern, 1996, S. 154 (180 ff.).

4 *C. Schmitt*, Der Begriff des Politischen, Text von 1932 mit einem Vorwort und drei Corrollarien, 1963, S. 47, S. 26 f. Vgl. zu den drei unterschiedlichen (deutschen) Fassungen von Schmitts „Begriff des Politischen": *H. Meier*, Carl Schmitt, Leo Strauß und „Der Begriff des Politischen". Zu einem Dialog unter Abwesenden, 1988, S. 14 f. , Anm. 5.

sung der Probleme, die sich heute durch die Prozesse der Globalisierung und der europäischen Einigung stellen. Auf diese Diskussion soll im folgenden eingegangen werden.

B)

Schmitts Gedankengang zum Verhältnis von Nationalstaatlichkeit und dem „Ökonomischen" sowie der „Technik"[5] läßt sich kurz folgendermaßen umreißen:
Die Einheit von Staatlichem und Politischem war für ihn durchaus keine begrifflich zwingende, sondern eine geschichtlich bedingte. Der Staat hat für *Schmitt* – wie er in seinem 1941 auf der Historiker-Tagung in Nürnberg gehaltenen Vortrag formulierte – einen „konkret-geschichtlichen und spezifischen Charakter"; die mit ihm verbundenen Ordnungsvorstellungen sind epochengebunden[6]. Der Staat als politische Einheit löste in Europa die feudalen, territorialen, ständischen und kirchlichen Ordnungen durch Zentralisierung ab; die völkerrechtliche Raumstruktur war staatsbezogen[7]. Dies änderte sich durch die Verschiebungen im weltpolitischen Verhältnis von Land und Meer, den Landmächten und den Seemächten[8]. Die „Grundlinie" „planetarischer Raumordnung" ergab sich aus dem Nebeneinander der souveränen europäischen Landstaaten und dem – zunächst – freien Meer, das durch die britische „Seenahme" der völkerrechtliche Gegenpol zu den kontinentalen Staaten wurde[9]. Im Gegensatz zu den Landstaaten war England primär an der Ausdehnung seiner maritimen Existenz durch Handel interessiert: Das 19. Jahrhundert ist für *Schmitt* „die Zeit der freien Entfaltung der industriellen und wirtschaftlichen Überlegenheit Englands" und damit eines Liberalismus[10], der auch die kontinentalen Staaten nicht unberührt ließ. Eine sich zunehmend radikalisierende, grenzübergreifende Industrialisierung, die „Wendung zum Ökonomischen", erschütterte die Stabilität der souveränen Staaten als politische Einheiten. Mit dem Sieg der „industriellen Gesellschaft" war eine neue Raumordnung zur Entstehung gebracht[11]. Bereits 1929 hatte *Schmitt* auf einer Tagung des „Verbandes für kulturelle Zusammenarbeit" in Barcelona auf die „geschichtliche Gesamtentwicklung" und die sich aus ihr ergebende Notwendigkeit des Zustandekommens homogener Wirtschaftsstaaten ver-

5 Vgl. zur Bedeutung von „Technik" und „Technizität" *C. Schmitt*, Der Begriff des Politischen (Fn. 4), S. 94 f.; *ders.*, Die Lage der europäischen Rechtswissenschaft (1943/44), 1950, S.30 f. Vgl. dazu *Ottmann*, Carl Schmitts Theorie der Neuzeit, in: Mehring (Hg.), Carl Schmitt, Der Begriff des Politischen. Ein kooperativer Kommentar, 2003, S. 156 (165 f.).

6 *C. Schmitt*, Staat als konkreter, an eine geschichtliche Epoche gebundener Begriff (1941), in: *ders.*, Verfassungsrechtliche Aufsätze aus den Jahren 1924-1954 (1958), 2. Aufl. 1973, S. 375 (376); *ders.*, Die geschichtliche Struktur des heutigen Welt-Gegensatzes von Ost und West. Bemerkungen zu Ernst Jüngers Schrift „Der gordische Knoten", FS für Ernst Jünger, 1955, S. 135 (147 ff.).

7 *C. Schmitt*, Der Nomos der Erde im Jus Publicum Europaeum (1950), 2. Aufl. 1974, S. 98 (99).

8 *C. Schmitt*, Land und Meer, 1942, S. 9 ff., 49 ff.; *ders.*, Der Nomos der Erde (Fn. 7), S. 143 ff.; *ders.*, Die geschichtliche Struktur (Fn. 6), S.142 ff..

9 *C. Schmitt*, Land und Meer (Fn. 8), S. 60 ff..

10 Vgl. zu Schmitts Liberalismuskritik *Gusy*, Entpolitisierter Liberalismus oder politische Einheit, in: Mehring (Hg.), Ein kooperativer Kommentar (Fn. 5), S. 139 ff.

11 *C. Schmitt*, Der Begriff des Politischen (Fn. 4), S. 73.

wiesen[12]. Schließlich gewinnen das „Ökonomische" und die Technik für *Schmitt* eine derartige Intensität, dass sie als neue Zentralgebiete die Substanz des Politischen bestimmen und die einstmals „höhere, neutrale Einheit" des Staatlichen verdrängen. Und so sagt *Schmitt* in seinem Vorwort von 1963 zur Neu-Ausgabe des „Begriff des Politischen" von 1932: „Die Epoche der Staatlichkeit geht jetzt zu Ende .... Der Staat als das Modell der politischen Einheit, der Staat als der Träger des erstaunlichsten aller Monopole, nämlich des Monopols der politischen Entscheidung ... wird entthront"[13].

Damit ist für *Schmitt* die völkerrechtliche Balance, die in „einem Gleichgewicht der Staaten" bestand, in Gefahr geraten[14]. Dies bedeutet für ihn auch, daß der bisherige nach europäischem Völkerrecht geltende Kriegsbegriff seiner Substanz beraubt wird. Der Krieg findet für *Schmitt* seine Rechtfertigung allein in der Tatsache, daß er Staatenkrieg ist: „Der Krieg hat nach überliefertem Völkerrecht sein Recht, seine Ehre und seine Würde darin, daß der Feind ... ein Staat und ein Völkerrechtssubjekt ist". Nur dann ist er – für *Schmitt* – ein „gerechter" Krieg. Er wird „diskriminiert", wenn nicht Staaten um ihre souveränen Rechte kämpfen, sondern wenn es um universalistische Herrschaftsansprüche geht, denen Gerechtigkeitsvorstellungen zugrunde liegen, die insbesondere im internationalen Recht durch partikulare Interessen geprägt sind, die den Frieden in einer Staatengemeinschaft zerstören[15]. *Schmitt* will in der Völkerrechtsordnung eine klare Abgrenzung politischer Einheiten wieder hergestellt sehen. Da der Staatsbegriff infolge der Dominanz universalistischer Wirtschaftsinteressen seine Konturen verloren hat, muß er als „Raumordnungsbegriff" abgelöst werden durch den „Begriff des *konkreten Großraums*"; das „*völkerrechtliche(n) Großraumprinzip(s)*" muß in die Völkerrechtswissenschaft eingeführt werden[16]. *Schmitt* ist sich bewußt, daß „Großraumvorstellungen ... zu allen Zeiten im Staatsrecht wie im Völkerrecht wirksam gewesen" sind[17]. Die „neuen völker-

12 *C. Schmitt*, Die europäische Kultur in Zwischenstadien der Neutralisierung, Europäische Revue 8 (1929), 517 (523 ff.); Abdruck dieses Beitrages unter dem Titel „Das Zeitalter der Neutralisierungen und Entpolitisierungen" auch in: *ders.*, Positionen und Begriffe im Kampf mit Weimar – Genf – Versailles 1923-1939, 1940, S. 120 ff. sowie in: *ders.*, Der Begriff des Politischen (Fn. 4), S. 79 ff.; nachfolgende Zitate nach dem Abdruck in „Der Begriff des Politischen".

13 *C. Schmitt*, Der Begriff des Politischen (Fn. 4), S. 10.

14 *C. Schmitt*, Völkerrechtliche Großraumordnung mit Interventionsverbot für raumfremde Mächte (1939), 4. Aufl. 1941, in: *ders.*, Staat, Großraum, Nomos. Arbeiten aus den Jahren 1916-1969, hg. von G. Maschke, 1995, S. 269 (301: „Das bisherige zwischenstaatliche Völkerrecht fand seine wirkliche Garantie nicht in irgendeinem inhaltlichen Gerechtigkeitsgedanken oder einem sachlichen Verteilungsprinzip, auch nicht in einem internationalen Rechtsbewußtsein, ... sondern ... in einem Gleichgewicht der Staaten").

15 *C. Schmitt*, Die Wendung zum diskriminierenden Kriegsbegriff, 1938, S. 42 ff.

16 *C. Schmitt*, Völkerrechtliche Großraumordnung (Fn. 14), S. 270 ff. (Hervorh. i. Orig.).

17 *C. Schmitt*, Völkerrechtliche Großraumordnung (Fn. 14), S. 270 ff.; *ders.*, Raum und Großraum im Völkerrecht (1940), in: ders. Staat, Großraum, Nomos (Fn. 14), S. 234 (235 ff.). Vgl. die ausführlichen Darlegungen zur Entstehung des Begriffs des Großwirtschaftsraumes und der völkerrechtlichen Großraumordnung bei *H. Dreier*, Wirtschaftsraum – Großraum – Lebensraum. Facetten eines belasteten Begriffs, in: Dreier/Forkel/Laubenthal (Hg.), Raum und Recht. FS 600 Jahre Würzburger Juristenfakultät, 2002, S. 47 (50 ff., 66 ff.); vgl. auch *Gruchmann*, Nationalsozialistische Großraumordnung. Die Konstruktion einer deutschen Monroe – Doktrin, 1962; *Schmoekel*, Die Großraumtheorie. Ein Beitrag zur Geschichte der Völkerrechtswissenschaft im Dritten Reich, insbesondere in der Kriegszeit, 1994.

rechtlichen Ordnungselemente“ Reich und Großraum sollen derart aufeinander bezogen sein, daß dem Reich bestimmte, seiner souveränen Einflußsphäre entzogene territoriale Bereiche völkerrechtlich zugeordnet werden[18]. Der Gedanke eines „konkret bestimmten Großraums“ wirkt als „ordnendes Rechtsprinzip“, das sich einem „die ganze Erde und Menschheit umfassenden(s) universalistischen(s) Weltprinzip, das zu einem „raummißachtenden“ universalistischen „Welt-Einmischungsanspruch“ führt, entgegenstellt[19]. *Schmitt* hält im europäischen Völkerrecht nur wenige Mächte für fähig, „Schöpfer und Gestalter der erdräumlichen Gesamtentwicklung“ zu sein. Zwischen den einzelnen Großräumen können unterschiedliche Beziehungen entstehen, auch solche, die über den ökonomischen Austausch hinausgehen, dies aber stets unter dem Vorbehalt des Interventionsverbotes für raumfremde Mächte“ und in Gegenwehr gegen das „unvölkische(n) Übergreifen eines universalistische(n) Weltrechts“[20]. Aus der „Geschichtsmächtigkeit“ des Deutschen Volkes als „echter politischer Größe“ folgert *Schmitt* eine deutsche Führungsrolle für einen europäischen Großraum. Da „unser Deutsches Reich wesentlich volkhaft bestimmt“ ist und seine „Lebenswirklichkeit“ in „Blut und Boden“ besteht, ist es imstande, sich gegen alle universalistischen Mächte zu wehren. Und so wird der „alte und ewige Zusammenhang von Ordnung und Ortung“ wieder hergestellt und es gelingt, dem Worte ‚Heimat‘ wieder den Charakter eines artbestimmenden Wesensmerkmals zu geben“[21].

Auch nach dem Ende des nationalsozialistischen Regimes ist es im Bereich des internationalen Rechts die Problematik epochaler Raumordnungen, die *Schmitt* vornehmlich beschäftigt. Den Begriff des Raumes will er als „magnetisches Kraftfeld aus menschlicher Energie und Arbeit“ verstanden wissen[22]. Bemerkenswert ist für *Schmitt*, daß die „allgemeine Entortung“, die die einst „europazentrische Welt aus den Angeln“ gehoben und sie „in andere Kraftfelder geleitet“ hat, nur höchst einseitig wahrgenommen worden ist: „Der Dualismus von zwischenstaatlich-politischem und international-wirtschaftlichem Recht“ blieb weitgehend unbeachtet[23]. In der industrialisierten Welt stehen bisher für ihn die endgültigen Entwicklungsräume noch nicht fest. Dies gilt insbesondere für alle Bereiche der Technisierung, weil die Technik als solche „kulturell blind“ ist und ihr politischer Funktionsradius von demjenigen abhängt, der sich ihrer bemächtigt. *Schmitts* Vorstellungen hinsichtlich der essentiellen Charakteristika einer europäischen Ordnung entsprechen denen, die er in der nationalsozialistischen Zeit für den „nationalen Raum“ aufgestellt hatte: Die Räume im Europa nach dem Zweiten Weltkrieg müssen „sinnvoll abgegrenzt und in

18 *C. Schmitt*, Völkerrechtliche Großraumordnung (Fn. 14), S. 296, 300.

19 *C. Schmitt*, Großraum gegen Universalismus (1939), in: *ders.*, Positionen und Begriffe (Fn. 12), S. 295 ff.; *ders.*, Raum und Großraum im Völkerrecht (Fn. 17), S. 260 f.

20 *C. Schmitt*, Völkerrechtliche Großraumordnung (Fn. 14), S. 305 f.; *ders.*, Raum und Großraum im Völkerrecht (Fn. 17), S. 260.

21 *C. Schmitt*, Völkerrechtliche Großraumordnung (Fn. 14), S. 295 ff., 306 ff., 320.

22 *C. Schmitt*, Die Ordnung der Welt nach dem Zweiten Weltkrieg (1962), in: *ders.*, Staat, Großraum, Nomos (Fn. 14), S. 592 (603 ff.).

23 *C. Schmitt*, Der Nomos der Erde (Fn. 7), S. 210.

sich homogen" sein[24]. Der Europäischen Wirtschafts-Gemeinschaft prophezeit *Schmitt* (im Jahre 1962) nur dann das Zustandekommen eines „einheitlichen und gut umrissenen Entwicklungsraum(es)", wenn sie zu einer homogenen und einheitlichen Politik fähig wird[25].

C I)

Die Bedeutung von *Schmitts* Raumordnungsvorstellungen wird in der derzeitigen politikwissenschaftlichen und rechtswissenschaftlichen Literatur darin gesehen, dass *Schmitt* zutreffend die „Entthronung" des Staates als „Modell politischer Einheit" und „die Entstehung einer neuen europäischen Raumordnung durch den Sieg der industriellen Gesellschaft"[26] unterstrichen hat[27]. *Llanque* und *Münkler* wollen darin eine Beschreibung der weltpolitischen Konfliktlage erkennen, die heute „aktueller" sei, „als sie zum Zeitpunkt ihrer Niederschrift durch *Carl Schmitt* gewesen sei"[28]. *Vesting* hält *Schmitts* These vom Ende des klassisch-europäischen Staates für „hochaktuell" und glaubt, *Schmitt* habe damit bereits den „Übergang von der Gesellschaft der Individuen" zur „Gesellschaft der Organisationen", die „Forderungen nach verstärkter gesellschaftlicher Selbstregulierung sowie eine Umstellung der Rechtsfunktion auf die Lernfähigkeit organisierter Subjekte" antizipiert. Das Denken *Carl Schmitts* sei anschlußfähig für denjenigen, der sich der Erfahrung öffne, daß „das Leben heute immer weniger von den politischen und rechtlichen Instanzen beherrscht und immer mehr von Vorgängen bestimmt" werde, „die sich außerhalb der staatlichen Organisationsformen im Kern der Gesellschaft selbst" abspielten[29]. *Horst Dreier* wertet *Schmitts* Aussagen zum Ende der Nationalstaaten und die von ihm – zumindest ansatzweise – gestellte Frage nach einer den Nationalstaat transzendierenden Hoheitsgewalt als interessantes Analysepotential, das „über die ‚irritierenden' konkreten Umstände der Genese der

24 *C. Schmitt*, Der neue Nomos der Erde (1955), in: *ders.*, Staat, Großraum, Nomos (Fn. 14), S. 513 (522). Vgl. dazu Schmitts Äußerungen aus dem Jahr 1936: Die siebente Wandlung des Genfer Völkerbundes (1936), in: *ders.*, Positionen und Begriffe (Fn. 12), S. 210 (213: „Ein echter Bund europäischer Völker kann sich nur auf die Anerkennung der völkischen Substanz gründen und von der nationalen und völkischen Verwandtschaft dieser europäischen Völker ausgehen ...").

25 *C. Schmitt*, Die Ordnung der Welt nach dem Zweiten Weltkrieg (Fn. 22), S. 606 ff.

26 *C. Schmitt*, Der Begriff des Politischen (Fn. 4), S. 10.

27 Zu den Reaktionen auf Schmitts internationale Konzepte in der NS-Zeit, die insbesondere um den „völkischen" Charakter der Schmittschen Großraumtheorie kreisen, vgl. *Dreier* (Fn. 17), S. 70 ff. Zur Frage, ob und inwieweit Schmitts in der nationalsozialistischen Zeit entwickelten internationalrechtlichen Konzepte nach 1945 Auswirkungen auf die rechtlichen Strukturen der Bundesrepublik und insbesondere auf diejenigen der Europäischen Union hatten und noch haben *Joerges/Navraj Singh Ghaleigh* (Hg.), Darker Legacies of Law in Europe. The shadow of national socialism and fascism over Europe and its legal tradition, with a prologue by Michael Stolleis and an epilogue by JHH Weiler, 2003.

28 *Llanque/Münkler*, Vorwort, in: Mehring (Fn. 5), S. 9 (20).

29 *Vesting*, Erosionen staatlicher Herrschaft. Zum Begriff des Politischen bei Carl Schmitt, AöR 117 (1992), 4 (29, 43 f.); *ders.*, Die Staatsrechtslehre und die Veränderung ihres Gegenstandes: Konsequenzen von Europäisierung und Internationalisierung, VVDStRL 63 (2004), 41 (60 Fn. 70).

Großraumtheorie" hinausgehe[30]. Die Bedeutung der „sich vom Staat lösenden Aspekte" in *Schmitts* Schriften wird gleichfalls von *Schönberger* hervorgehoben, der – allerdings nur mit einem knappen Fußnoten-Verweis auf *Friedrich Balke* – bei *Schmitt* Diagnosen der „Entwicklungssdynamik moderner Gesellschaften" zu sehen meint und *Schmitt* zubilligt, „über das theoretische Verständnis dieser Gesellschaften der radikalen Immanenz" mehr zu wissen als in seinem Werk gesagt wird, wobei offen bleibt, woher sich diese Kenntnis, wenn nicht aus *Schmitts* Werk, entnehmen lassen könnte[31].

II)

Diese vielfachen Bezugnahmen auf *Schmitts* These von der „Entthronung" des Staates und die Hervorhebung ihrer Aussagekraft für die derzeitige politische und rechtliche Situation referieren zwar die insoweit formulierten Schmittschen Aussagen, lassen aber – trotz der standardisierten Erwähnung des nationalsozialistischen Kontextes *Schmitt*scher Theorie – ihre dezidiert machtpolitische nationale Einbettung und den ihr immanenten Antiindividualismus unberücksichtigt, die ihre Übertragbarkeit auf die derzeitige politische Konfliktlage nicht eben empfiehlt.
Habermas hat darauf hingewiesen, dass der Rückgriff auf *Schmitts* Großraumtheorie im Rahmen der Diskussion um „alternative Visionen einer Neuen Weltordnung" einen „fatalen Zeitgeist-Appeal" gewinnen könnte. *Schmitt* führe vor, wie eine Weltordnung durch das Gleichgewicht imperialer Mächte gestaltet werden könnte, die nicht durch Recht, sondern durch jeweils homogene nationale Lebensformen ihren Zusammenhalt finden und von daher über Inklusion und Exklusion betroffener Individuen entschieden. Dieses Design berühre sich mit der Idee eines „Kampfes der Kulturen". *Schmitts* These hinsichlich einer Entstaatlichung der Politik berge die Gefahr in sich, regelloser Machtausübung zur Durchsetzung zu verhelfen. Die Verneinung einer Verallgemeinerungsfähigkeit von Gerechtigkeitsvorstellungen richte sich gegen jede interkulturelle Verständigungsmöglichkeit über eine allgemeine zustimmungsfähige Interpretation von Menschenrechten[32].
Ich möchte diese m.E. völlig zutreffenden Feststellungen von *Habermas* aufgreifen und versuchen, sie zusätzlich durch Rekurs auf weitere Elemente *Schmitt*scher Theorie zu beleuchten.

1) Werden *Schmitts* Aussagen hinsichtlich der Gestaltung einer neuen Weltordnung als „Analysepotential" verstanden, um Erkenntnisse über eine den Nationalstaat transzendierenden Hoheitsgewalt zu gewinnen (*Dreier*) oder „Suchbewegungen" über „funktionale Äquivalente hoheitlicher Steuerung" zu stützen (*Vesting*), so kann *Schmitts* grundlegende, alle von ihm herangezogenen historischen und rechtswis-

30 *H. Dreier*, Die deutsche Staatsrechtslehre in der Zeit des Nationalsozialismus, VVDStRL 60 (2001), 9 (64); *ders*. (Fn. 17), S. 69.
31 *Schönberger*, „Staatlich und Politisch", in: Mehring (Fn. 5), S. 21 (43 f.).
32 *Habermas*, Der gespaltene Westen, 2004, S. 174 ff.

senschaftlichen Details überhöhende Fragestellung, die ihn zu seinen Folgerungen hinsichtlich einer neuen Weltordnung geführt hat, nicht vernachlässigt werden, denn sie vermag Aufschluß über seinen theoretischen Standort zu vermitteln. Diese Fragestellung ist „die Frage eines neuen Nomos der Erde“[33]. Nachdem die Epoche der Staatlichkeit durch die grenzübergreifende ökonomische und technische Entwicklung ihr Ende gefunden hat, der Staat nicht mehr Träger der Raumstruktur ist, öffnen sich für *Schmitt* neue Räume für eine neue Ordnung und „der Nomos ist … die unmittelbare Gestalt, in der die politische und soziale Ordnung eines Volkes raumhaft sichtbar wird …“. Nomos ist nicht gleichzusetzen mit Gesetz oder Norm, es ist – so *Schmitt* – ein Urwort, das abgeleitet ist von „nemein“ und die Bedeutung von „Nehmen“, „Teilen“ und „Weiden“ hat. Es meint „die erste Messung und Teilung der Weide, d.h. die Landnahme und die sowohl in ihr liegende wie aus ihr folgende Ordnung …“[34]. Die Landnahme steht am Anfang jeder geschichtlichen Epoche; sie enthält die raumhafte Anfangsordnung, den Ursprung aller weiteren konkreten Ordnung und aller weiteren Rechte. Sie ist das „Wurzelschlagen im Sinnreich der Geschichte“. Mit ihr beginnt „ein neues Stadium menschlichen Raumbewußtseins und globaler Ordnung“[35]. Hinter dieser emphatischen Rhetorik verbirgt sich ein harter völkerrechtlicher Realismus: „In der geschichtlichen Wirklichkeit aber treten zu bestimmten Zeiten handlungsfähige und geschichtsmächtige Völker und Gruppen auf, die in geschichtlicher Freundschaft oder Feindschaft die Erde nehmen und teilen … So entsteht durch geschichtliche Verortungen der Nomos der Erde“[36]. Das Faktum der Landnahme ist „radical title“ für „alles folgende Recht und alles, was dann später noch an Setzungen und Befehlen ergeht und erlassen wird“. Sie bestimmt „die Struktur der politischen und sozialen Macht selbst und ihre Beziehung zu anderen Mächten“[37].

Wenn *Schmitt* von den „geschichtsmächtigen“ Völkern und Gruppen spricht, die die Landnahme vollziehen, so scheint dies auf ein aktives, autonomes Handeln zu verweisen, durch das eine epochale Ordnung zur Entstehung gebracht wird. *Schmitts* geschichtsphilophisches Verständnis ist jedoch ein anderes[38]. Eine neue Ordnung gestaltet sich nicht durch freien menschlichen Entschluß, ja, nicht einmal durch „menschliches Suchen“ nach der „richtigen“ Frage in geschichtlichen Situationen. Die Geschichte selbst ist es, die den Menschen die Frage stellt, und der Sinn jeder Frage folgt der „konkreten Situation, in der sie sich erhebt“. Indem die Menschen „die Frage und den Ruf der Geschichte vernehmen und durch ihr Verhalten und ihre Taten zu beantworten versuchen, wagen sie sich in die große Probe der Geschichtsmächtigkeit hinein“. Dies ist – für *Schmitt* – der Schritt, mit dem der Mensch „aus

33 *C. Schmitt*, Der Nomos der Erde (Fn. 7), Vorwort.

34 *C. Schmitt*, Der Nomos der Erde (Fn. 7), S. 39 f., 42: „ Der Nomos im ursprünglichen Sinne ist gerade die volle Unmittelbarkeit einer nicht durch Gesetze vermittelten Rechtskraft; er ist ein konstituierendes geschichtliches Ereignis …“.

35 *C. Schmitt*, Der Nomos der Erde (Fn. 7), S. 19; *ders.*, Land und Meer (Fn. 8), S. 49: „Am Anfang jeder großen Epoche steht daher eine große Landnahme“.

36 *C. Schmitt*, Die geschichtliche Struktur (Fn. 6), S. 148.

37 *C. Schmitt*, Der Nomos der Erde (Fn. 7), S. 19.

38 Vgl. zur Geschichtsphilosophie Schmitts die fundierten Ausführungen von *H. Hofmann*, Legitimität gegen Legalität. Der Weg der politischen Philosophie Carl Schmitts (1964), 2. Aufl. 1992, S. 226 ff.

dem Naturzustand in den Stand der Geschichtlichkeit" eintritt[39]. Er steht inmitten eines Prozesses der Entwicklung und dem „unaufhaltsam und unwiderstehlich" sich vollziehenden Wachsen eines neuen Nomos, der durch die in einer Epoche sich verändernden Verhältnisse menschlicher Existenz zwingend zur Entstehung kommt[40]. An den Menschen ergeht der „Anruf der Geschichte", der stets ein neuer, konkreter Anruf ist und sich nicht aus der Geschichte ableiten läßt: „... eine geschichtliche Wahrheit (ist) nur einmal wahr"[41].

In *Schmitts* Aussagen, der Nomos der Erde entstehe durch „geschichtliche Verortungen"[42], ein neuer Nomos realisiere sich nur, wenn sich das „Denken der Menschen" wieder auf die elementaren Ordnungen ihres terrestrischen Daseins richten"[43], finden sich noch einmal die Elemente, die seinen Begriff des Nomos prägen. Es sind Elemente auf der Seins-Ebene: die Landnahme und die geistige und geschichtliche Überlegenheit von Menschen, die den „Anruf der Geschichte" vernehmen[44]. *Schmitt* glaubt an eine Verbindung seiner Erkenntnisse „mit den mythischen Quellen rechtsgeschichtlichen Wissens", wie sie *Bachofen* „als legitime(r) Erbe *Savignys*" erschlossen habe[45]. *Savigny* dürfe nicht primär als Vertreter einer „von Historikern getragenen Geschichtswissenschaft" gesehen werden, sondern als Gegner eines Gesetzesstaates, dem er das „wissenschaftliche Rechtswahrertum eines europäischen Reiches" entgegengehalten habe, für den das „wahre Recht" nicht gesetzt wird, sondern „in einer absichtslosen Entwicklung" entsteht[46]. *Savignys* Bedeutung für die Gegenwart bestehe in der bewußten „Distanzierung zur Welt der Setzungen", während sein Begriff des Historischen starken Wandlungen unterliege und „durch einen neuen Sinn für anthropologische und mythologische Probleme" eine Vertiefung und damit auch eine Veränderung erfahren habe[47]. Die „Wandlung des Historischen", die *Schmitt* vornimmt, besteht in der Fokussierung auf Ereignisse, die nach seiner spezifischen geschichtsphilosophischen Sicht den Nomos einer Epoche zur Entfaltung bringen. Er stellt ab auf die „Dialektik des geschichtlich-Konkreten", die die Struktur einmaliger geschichtlicher Situationen und Epochen bestimmt, um den „Gesetzlichkeiten" eines „funktionalen Ablaufs" zu entgehen[48]. Daraus folgt für das Völkerrecht ein gleichsam fluktuierender Legitimitätsbegriff: seine „geschichtliche(n) und geistige(n) Besonderheit" liegt darin, daß der jeweils konkrete Akt der Landnahme für den „geistig und geschichtlich" Überlegenen einen Rechtstitel („radical title") verschafft und nur für ihn[49].

39 *C. Schmitt*, Die geschichtliche Struktur (Fn. 6), S. 150 ff.
40 *C. Schmitt*, Land und Meer (Fn. 8), S. 76.
41 *C. Schmitt*, Die geschichtliche Struktur (Fn. 6), S. 166.
42 *C. Schmitt*, Die geschichtliche Struktur (Fn. 6), S. 148.
43 *C. Schmitt*, Der Nomos der Erde (Fn. 7), Vorwort.
44 *C. Schmitt*, Der Nomos der Erde (Fn. 7), S. 19, 102; *ders.*, Der Begriff des Politischen (Fn. 4), S. 84: „Alle wesentlichen Vorstellungen der geistigen Sphäre des Menschen sind existentiell und nicht normativ".
45 *C. Schmitt*, Der Nomos der Erde (Fn. 7), Vorwort.
46 *C. Schmitt*, Die Lage der europäischen Rechtswissenschaft, 1950, S. 25.
47 *C. Schmitt*, Die Lage der europäischen Rechtswissenschaft (Fn. 46), S. 25 ff.
48 *C. Schmitt*, Die geschichtliche Struktur (Fn. 6), S. 147, 153.
49 *C. Schmitt*, Der Nomos der Erde (Fn. 7), S. 102 ff. *Hofmann* (Fn. 38), sagt zutreffend, Legitimität sei in diesem Zusammenhang bei Schmitt nur ein anderes Wort für Geschichtsmächtigkeit.

2 a) In seiner in der nationalsozialistischen Zeit verfaßten Großraumtheorie[50] werden die Folgerungen, die Schmitt aus dem Begriff des Nomos für die Raumstruktur einer „konkreten Ordnung" zieht[51] und der Kern *Schmitt*scher Geschichtsphilosophie deutlich. Großräume, die als „völkerrechtliche Größe" dem Reich zugeordnet werden, sollen jenen „Raum der ökonomischen Macht", der durch die territoriale Souveränität nicht mehr beherrscht werden kann, machtpolitisch ersetzen. Der Begriff des Großraums muß dem „bisherigen Zentralbegriff des Völkerrechts, dem Staat" als „durch seine Gegenwartsnähe überlegener höherer Begriff" entgegengesetzt werden. *Schmitt* nennt dies „planetarisches Raumdenken". Realiter handelt es sich um die Legitimierung der aggressiven nationalsozialistischen Ostpolitik (1939), was *Schmitt* auch deutlich zum Ausdruck bringt, wenn er von der „mächtigen Dynamik unserer außenpolitischen Entwicklung" spricht, deren völkerrechtlicher Klärung die „staats- und verfassungsrechtliche Bedeutung des Reichsbegriffs" zu dienen hat[52]. Das Deutsche Reich und seine Großräume sind Bereiche „völkischer" Freiheit, getragen von einer „neuen völkerrechtlichen Denkweise, die vom Volksbegriff ausgeht … , ohne, wie das imperialistische Völkerrecht der westlichen Demokratien … in ein universalistisch-imperialistisches Weltrecht zu steuern"[53]. Seine Überlegenheit, seine Ausstrahlung als „Leistungsraum" und „Kraftraum" ist dem Deutschen Reich durch die „Konkretheit" der geschichtlichen Situation zugewachsen[54]; sie ist Äußerung seines epochalen Nomos, der die Landnahme der vom Reich okkupierten Großräume legitimiert.

Nach 1945 geht *Schmitt* von der veränderten "konkreten Realität" der Raumstruktur einer neuen Weltordnung aus, in der für ihn die Existenz vereinigter, großer, kontinentaler, impermeabler Blöcke unausweichlich ist[55]. Das ist die Wiederholung des weltpolitischen Konzepts, das *Schmitt* 1939, also in der nationalsozialistischen Zeit, entworfen hatte und das er nunmehr (1955) auch für die Bundesrepublik Deutschland empfiehlt: ein Völkerrecht, das seine „Balance" nicht durch „irgendeinen inhaltlichen Gerechtigkeitsgedanken" oder durch ein „internationales(n) Rechtsbewußtsein", sondern durch gleichgewichtige „Machtverhältnisse" erhält[56].

b) Für die „neuen, in Bildung befindlichen Großräume" ist für *Schmitt* das „Hauptproblem" die „Unwiderstehlichkeit" der industriellen Entwicklung[57]. Im 19. Jahrhundert war „das Technische" als Industrialismus noch eng gekoppelt an „das Öko-

50 *C. Schmitt*, Völkerrechtliche Großraumordnung (Fn. 14).
51 *C. Schmitt*, Der Nomos der Erde (Fn. 7), S. 38.
52 *C. Schmitt*, Völkerrechtliche Großraumordnung (Fn. 14), S. 295, 298, 300.
53 *C. Schmitt*, Völkerrechtliche Großraumordnung (Fn. 14), S. 297, 306.
54 *C. Schmitt*, Völkerrechtliche Großraumordnung (Fn. 14), S. 291, 316, 319.
55 *C. Schmitt*, Die Ordnung der Welt nach dem Zweiten Weltkrieg (Fn. 22), S. 604, 593 f.: „Der Ausdruck „Nomos der Erde" hat den besonderen Sinn, die Aufmerksamkeit auf die konkrete Tatsache einer neuen Landnahme und auf die damit einhergehende Teilung, Verteilung und Aufteilung der Erde zu lenken. Dabei muß man in Rechnung stellen, daß der immense Prozeß einer neuen Nahme und Verteilung der Erde in seiner konkreten Realität zu wesentlichen Wandlungen der Raumstruktur führt, einschließlich zu Änderungen des Raumbegriffs"; vgl. dazu auch *ders.*, Der neue Nomos der Erde (1955), in: ders., Staat, Großraum, Nomos (Fn. 14), S. 518 ff.
56 Vgl. Fn. 14; vgl. dazu *Habermas* (Fn. 32), S. 192.
57 *C. Schmitt*, Die Ordnung der Welt nach dem Zweiten Weltkrieg (Fn. 22), S. 607.

nomische" und teilte gleichsam sein politisches Schicksal. Das 20. Jahrhundert ist das Zeitalter der Technik. Die Technik als solche ist neutral; „aus der Immanenz des Technischen" ergibt sich keine einzige menschliche und kulturelle Entscheidung[58]. Die Technik kann jeder als Mittel einsetzen, der sich ihrer zu bemächtigen weiß; insoweit stellt sich für *Schmitt* lediglich das alte Problem einer Freund/Feind-Unterscheidung, nämlich die Frage, „welches die eigentlichen Freund-und-Feind-Gruppierungen sind, die auf dem neuen Boden erwachsen"[59]. Diese Frage erhält jedoch erst ihre eigentliche Virulenz, wenn nicht die Technik, sondern die Technizität in das Blickfeld gerückt wird. Die Technik ist mechanistisch; Technizität ist für *Schmitt* Geist, der nicht der Technik zuzurechnen ist. Die „Religion der Technizität" hat zu dem „Massenglauben eines antireligiösen Diesseits-Aktivismus" geführt, der von einer grenzenlosen Macht und Herrschaft des Menschen ausgeht und gleichzeitig – hier wiederholt *Schmitt* seine Liberalismuskritik[60] – in der „Sekurität des status quo" verharrt, „jede Rückkehr zur reinen, nicht korrupten Natur" verweigert. Im „Zeitalter der Technik" geht es nicht mehr um die Antithese von Freund und Feind im Bereich des Politischen als Kriterium des Staatlichen, sondern um ein gnoseologisches Problem: Die Erkenntnis „alter" metaphysicher und theologischer Werte und die des „Neuen", das sich dem „Alten" entgegenstellt, um es zu überwinden. Es ist der Kampf von „Geist gegen Geist, Leben gegen Leben", aus dem „die Ordnung der menschlichen Dinge neu entstehen" soll[61]. In seiner 1970 publizierten „Politischen Theologie II", in der es *Schmitt* (wie bereits in seiner „Politischen Theologie. Vier Kapitel zur Lehre von der Souveränität" aus dem Jahre 1922) um die „Struktur – Identität der Begriffe theologischer und juristischer Argumentationen und Erkenntnisse" geht[62], formuliert er die Problematik, wie sie sich für ihn im „Zeitalter der Technik" angesichts einer „fortschrittliche(n), wissenschaftlich – technisch – industrielle(n), freie(n) Gesellschaft" stellt: „Die Kernfrage, die sich vom Politischen her für mich ergibt, betrifft die Wirklichkeit eines Feindes, dessen reale Möglichkeit ich auch in einem restlos enttheologisierten Gegenbild noch erkenne. Seine Umbesetzung aus der alten politischen Theologie in eine der Prätention nach total neue, reine Weltlichkeit und humane Menschlichkeit kritisch genau zu beobachten, bleibt in der Tat ein dauerndes Offizium jedes wissenschaftlichen Erkenntnisstrebens"[63]. *Schmitt* will dem „Prozeß-Progreß", in dem sich „die fortschrittliche, wissenschaftlich – technisch – industrielle, freie Gesellschaft" befindet, einheitliche metaphysische Werte als „Katechon" entgegensetzen. Werte sind für ihn Seins-Werte, die jenseits bloßer Sollens-Regelungen stehen. Beruht die Geltung von Werten nicht auf ihrem Sein, sondern auf Setzungen, so führt die subjektive Freiheit der Wertsetzung

58 *C. Schmitt*, Der Begriff des Politischen (Fn. 4), S. 91: „Die Entscheidung über Freiheit und Knechtschaft liegt nicht in der Technik als Technik. Sie kann revolutionär und reaktionär sein, der Freiheit und der Unterdrückung dienen, der Zentralisation und der Dezentralisation …").

59 *C. Schmitt*, Der Begriff des Politischen (Fn. 4), S. 94.

60 Vgl. Fn. 10.

61 *C. Schmitt*, Der Begriff des Politischen (Fn. 4), S. 95.

62 Vgl. dazu *Staff*, Zum Begriff der Politischen Theologie bei Carl Schmitt, in: Dilcher/Staff (Hg.), Christentum und modernes Recht, 1984, S. 182 ff.

63 *C. Schmitt*, Politische Theologie II. Die Legende von der Erledigung jeder Politischen Theologie, 1970, S. 124 f.

zwangsläufig zur „Tyrannei der Werte", weil jeder Wert als der höchste behauptet und durchzusetzen versucht wird[64]. Jede subjektive Wertsetzung ist eine unzulässige Selbst – Ermächtigung des Menschen, die polemisch gegen eine theologische Transzendenz gerichtet ist. Der vom „Geist der Technizität" getragene Mensch ist „aggressiv im Sinne des unaufhörlichen Fortschritts und unaufhörlicher Neu-Setzungen". Im technischen Zeitalter ist der Mensch zu seinem eigenen Feind geworden: „Nemo contra hominem nisi homo ipse"[65]. Aus diesem Dilemna führt menschliches Erkenntnisinteresse nicht heraus; sich darauf zu berufen ist purer „Autismus". Und so verweist *Schmitt* die Menschen unter Negierung jedes Individualismus und jedes gesellschaftlichen Pluralismus auf die angebliche Absolutheit metaphysischer Werte, eben jener Werte, die heute die weltpolitische Konfliktlage schüren.

D)

Schlußbemerkung

1991 hat *Bernhard Schlink* im Hinblick auf die juristische Kultur der Bundesrepublik Deutschland gefragt:„Why Carl Schmitt ?"[66] Für das im vorliegenden Beitrag thematisierte Problem, inwieweit angesichts der heutigen weltpolitischen Konfliktlage ein zureichender Grund bestehen könnte, auf *Schmitts* internationalrechtliche Schriften zurückzugreifen, bleibt *Schlinks* Frage aktuell und vielleicht auch eine seiner Antworten: Die Faszination *Schmitt*scher Theorie resultiere nicht aus ihrer Klarheit, sondern aus „der resoluten, schneidigen Entschiedenheit der Aussagen"[67]. Insofern ist es durchaus bezeichnend, dass die derzeitigen Beschreibungen der weltpolitischen Konfliktlage in permanenter Wiederholung in *Schmitts* Ausspruch von der „Entthronung des Staates" einmünden, obgleich Hasso Hofmann bereits 1964 angemerkt hat, diese These sei inzwischen „zum Gemeinplatz geworden"[68]. Wissenschaftlich und politisch wichtiger ist es, den Kern *Schmitt*scher Theorien von seinen ideologischen Verhüllungen zu befreien; nur dann vermag sich zu zeigen, ob ihm Elemente eigen sind, die über die Verstrickungen deutscher Staatsrechtswissenschaft in der Vergangenheit hinausweisen.

64 *C. Schmitt*, Die Tyrannei der Werte – Überlegungen eines Juristen zur Wert-Philosophie (1960), in: Säkularisation und Utopie – Ebracher Studien. Ernst Forsthoff zum 65. Geburtstag, 1967, S. 37 (54: „Die reine subjektive Freiheit der Wertsetzung führt aber zu einem ewigen Kampf der Werte und Weltanschauungen, einem Krieg aller mit allen …").Vgl. dazu *Staff*, Zum Begriff der Politischen Theologie (Fn. 62), S. 197 ff.; zustimmend dazu: *Hofmann* (Fn. 38), S. XVII Fn. 62.

65 *C. Schmitt*, Politische Theologie II (Fn. 64), S. 114, 124 ff.

66 *Schlink*, Why Carl Schmitt ?, Rechtshistorisches Journal 10 (1991), 160 ff.

67 *Schlink* (Fn. 66), S. 167: „Diese (Aussagen) kommen mit knallharten Stiefeln daher, dulden keinen Widerspruch, bieten keine Begründung".

68 *Hofmann* (Fn. 38), S. 223.

Die Auflösung der Union zwischen Norwegen und Schweden von 1905, ein Jahrhundert später

Michael Stolleis

I.

Norwegen, der felsige, von Fjorden durchschnittene westliche Rand der skandinavischen Halbinsel, das mit 1750 km längste Land Europas, ist aus der Perspektive des heutigen durchschnittlichen Mitteleuropäers ein Land mit großer Vergangenheit. Es gibt einige feste Klischees und Vorkenntnisse. Jeder weiß von den Nordmännern, den Wikingern, von ihren Fahrten bis nach Nordamerika, ihren Staatsgründungen in England und Frankreich und Sizilien, weiß von der Hanse in Bergen, von den berühmten Seefahrern und Entdeckern wie *Fridtjof Nansen* und *Roald Amundsen*, jeder hat eine gewisse Vorstellung von diesem Land und der Mentalität seiner Menschen, vermischt mit nationalromantischen Bildern aus der Literatur und Musik des 19. und frühen 20. Jahrhunderts, einer Literatur, Malerei und Musik, die südwärts ausstrahlten und besonders in Deutschland gefördert und verehrt wurden. *Edvard Grieg*, *Henrik Ibsen*, *Björnstjerne Björnson*, *Edvard Munch*, *Knut Hamsun* und *Sigrid Undset* sind hier ohne Zweifel die herausragenden Namen. Heute assoziieren die Europäer mit Norwegen eher das Land, das sich nicht in die EU integrieren will, sich dem Euro verweigert und dies auch kann, weil es seit der Entdeckung von Ekofisk (1969) mit Erdöl und Erdgas seinen eigenen ökonomischen Weg geht.
Würde man den fiktiven Mitteleuropäer fragen, ob er etwas von der Verfassung des Landes weiß, dann wüsste er, dass Norwegen eine Monarchie ist. Vielleicht wären sogar die Könige *Olaf V.* (1957-1991) und *Harald V.* (seit 1991) bekannt. Aber unter welcher Verfassung das Land lebt, wissen nur die Spezialisten. Wir müssen mit dieser Verfassung beginnen, um die völkerrechtlichen Vorgänge des Jahres 1905 und ihren Kontext in der Lehre des Völkerrechts um 1900 zu verstehen. Die Verfassung, das Grunnloven vom 17. Mai 1814, entstanden auf dem Anwesen des Konferenzrates *Carsten Tank Anker*, ist das juristische Gründungsdokument des modernen Norwegen[1]. Das Land war beim Kieler Friedensschluß vom 14. Januar 1814 von König *Frederik VI.* von Dänemark und Norwegen an Schweden übertragen worden[2]. Der Statthalter des Königs, der dänische Prinz *Christian Friedrich*, wollte dies verhindern, Norwegen in die Unabhängigkeit führen und selbst Monarch werden. Er verständigte sich am 16. Februar 1814 mit einer Notablenversammlung in Eidsvoll, die

1 *B. Morgenstierne*, Das Staatsrecht des Königreichs Norwegen, Tübingen 1911, S. 1 ff.; *F. Castberg*, Norges Statsforfatning, Oslo 1935, 60 ff., 73 ff.; *J. Andenaes*, Statsforfatningen i Norge, 1. Aufl. 1945, 9. Aufl. Oslo 2004; *G. Chr. von Unruh*, Die Eigenart der Verfassung des Königreichs Norwegen, JöR NF 38 (1989), 277 ff.

2 Castberg (Fn.1), S. 66 ff.

ihm riet, eine Nationalversammlung wählen und einberufen lassen. 112 Abgeordnete versammelten sich bald darauf in Eidsvoll, um in fünf Wochen die von einem fünfzehnköpfigen Ausschuß vorbereitete Verfassung zu beraten und zu beschließen. Am 15. Mai 1814 wurde das „Grunnlov" unterzeichnet und *Christian Frederik* zum norwegischen König gewählt.

Staatsrechtlich war dies der faktisch lange vorbereitete, nun aber rechtlich abgeschlossene Gründungsakt einer Nation. Der Regent sprach von „Nation" und „Vaterland", und er nahm – ganz im Stil der neuen Zeit nach der Französischen Revolution – die Krone als Gabe seines Volkes an. Er schwor, „das Königreich Norwegen übereinstimmend mit diesem von den erwählten Männern der Nation verfassten Grundgesetze zu regieren". Im europäischen Vergleich war dies ein besonders friedlicher Vorgang. Es wurde keine Dynastie gestürzt, es gab keine Straßenkämpfe, im Gegenteil: Monarch und Repräsentanten des Volkes vereinigten sich in einem durch Eid bekräftigten Vertrag. Wie in den Lehrbüchern des Naturrechts des 18. Jahrhunderts konstituierte sich das Volk, gab sich selbst (!) einen Monarchen, und dieser wiederum versprach, das Volk nach den Regeln der Verfassung zu regieren. Mit Recht ist deshalb der 14. Mai zum Nationalfeiertag Norwegens geworden.

Bekanntlich währte dieser freie Zustand aber nur einen Sommer. Schweden, unterstützt von England, besetzte das Land. König *Christian Frederik* wurde in der „Konvention von Moss" vom 14. August 1814 zum Thronverzicht gezwungen und verließ das Land[3]. Das Storting beschloss am 20. Oktober 1814, Norwegen sollte als selbständiges Reich mit Schweden unter einem König zusammengeführt werden. Das Land blieb also souverän, es behielt seine Verfassung von 1814 und wurde nun vom schwedischen Kronprinzen *Carl Johan* (*Bernadotte*) im Namen des Königs *Carl XIII.* regiert[4], genauer gesagt: Der norwegische Staatsrat regierte gem. §§ 42, 43 Grunnlov und verständigte sich mit der schwedischen Krone. Das Storting erklärte am 20. Oktober 1814: „Norwegen soll als selbständiges Reich mit Schweden unter einem Könige vereinigt werden, aber mit Beibehaltung seines Grundgesetzes..."[5]. Schweden reagierte hierauf durch das verfassungsändernde Gesetz (Reichsakte) vom 6. August 1815 und erkannte Norwegen als unabhängiges und gleichberechtigtes Land mit einem gemeinsamen Regenten an. Norwegen war deshalb von nun an „ein souveränes Königreich mit eigenem Parlament und Heer sowie eigener Gerichtsbarkeit, de jure autonom in allen innen- und wirtschaftspolitischen Entscheidungen. Damit war ein Maß an faktischer Souveränität erreicht, wie es für das Territorium zwischen Oslofjord und Nordkap seit dem 14. Jahrhundert nicht mehr bestanden hatte"[6].

In der Tat war Norwegen seit 1319 mit Schweden, seit 1380 mit Dänemark Teil einer Union gewesen. 1397 hatte die Kalmarer Union die drei Länder vereint, bis wieder-

3 *Y. Nielsen*, Der Vertrag von Moss und die schwedisch-norwegische Union, Kiel 1894; *Castberg* (Fn.1), S. 81 ff.

4 Zu den Details der Eidesleistung des schwedischen Königs (Carl XIII.), der Zustimmung des schwedischen Reichstags und der Zustimmung der auf dem Wiener Kongreß tagenden Großmächte am 8. Juli 1815 vgl. *Morgenstierne* (Fn.1), S. 1 ff.

5 *Morgenstierne* (Fn.1), S. 6.

6 *Fleck*, in: Das Parlament v. 22./26. Mai 1989, S.12.

um Schweden sich 1523 davon löste. So blieb Norwegen ab 1537 zwar dänische Provinz, behielt aber ein starkes Sonderbewusstsein, welches dann auch 1814 die Grundlage dafür bildete, dass der Kieler Vertrag von 1814, in dem Norwegen von Dänemark an Schweden abgetreten werden sollte, im Land auf Widerstand stieß[7].

Während des gesamten 19. Jahrhunderts war Norwegen mit Schweden verbunden. Der König residierte in Stockholm. Er war in einer Person zugleich König von Schweden und von Norwegen, bildete also die Spitze zweier separater Rechtsordnungen. Diese Rechtsordnungen hingen zwar in der Frage der Thronfolge zusammen, sahen eine Interims-Regierung für den Fall der Vakanz des Throns vor. Außerdem war über Krieg und Frieden nach dem Rigsakt von 1815 gemeinsam zu entscheiden, und dazu gab es zwei zusammengesetzte Staatsräte[8]. Hiervon abgesehen waren die Rechtsordnungen aber unterschiedlich. Als schwedischer König hatte sich der Monarch an die Regierungsform von 1809 zu halten, als norwegischer an das Grundgesetz von 1814. Seine Rechte in Norwegen waren insgesamt schwächer. Das liegt nicht nur an der Entwicklung der konstitutionellen Bewegung zwischen 1809 und 1814, sondern auch an der besonderen Konstellation in Eidsvoll 1814, als der Monarch größere Zugeständnisse machen musste, um das Volk zu gewinnen[9].

Im Laufe des 19. Jahrhunderts verschoben sich die Gewichte weiter. Da der König fern war, wuchs der Einfluß des Storting. Seine beiden Abteilungen (Odelsting, mit $3/4$ und Lagting mit $1/4$ der Abgeordneten)[10], wohl nach niederländischem Vorbild[11], entschieden mit Zweidrittel-Mehrheit über ein Gesetzesvorhaben. Faktisch war dies ein Zweikammersystem ohne ständische Untergliederung. Der König hatte im Gesetzgebungsverfahren lediglich ein suspensives Veto. Wichtig waren auch die institutionellen Sicherungen der Verfassung, etwa die Verfassungsgarantie der Prinzipien und des Geistes der Verfassung (§ 112)[12] sowie das „Reichsgericht" (Riksrett), das Minister- und Parlamentsanklagen verhandeln sollte[13]. Vor diesem Gericht spielten sich deshalb auch die Auseinandersetzungen zwischen liberaler Parlamentsmehrheit und konservativer Exekutive im 19. Jahrhundert ab. An die Stelle der ursprünglich dominierenden städtischen Honoratiorenschicht treten im Laufe der Jahrzehnte zunehmend die Bauernschaft und im letzten Drittel des Jahrhunderts die Industriearbeiterschaft als gewichtige Kräfte. Das Wahlrecht, zunächst in klassisch liberaler

7 Umfassend zur Entwicklung ab 1536 *L.M.B. Aubert*, Norges Folkeretsilge Stilling, udgivet ved E. Hertzberg, Kristiania 1897, S. 1 ff., zur völkerrechtlichen Stellung nach der Vereinigung mit Schweden S. 148 ff.; knappe Darstellung bei *H.L. Rydin*, Föreningen emellan Sverige och Norge fraan historik och statsrättlig synpunkt betraktat, Upsala 1863 (mit Anhang der Dokumente).

8 *J.L. Kunz*, Die Staatenverbindungen (Handbuch des Völkerrechts, hg.v. F. Stier-Somlo, Bd. 2, 4. Abt.), Stuttgart 1929, 407 m. w. N.

9 *Rydin* (Fn. 7); *O. Alin*, Den svenska-norska Unionen, Stockholm 1889; *T.H. Aschehoug*, Das Staatsrecht der Vereinigten Königreiche Schweden und Norwegen, Freiburg 1886; *N. Edén*, Die schwedische Union und der Kieler Frieden, Leipzig 1895; *N. Höjer*, Statsförbundet mellan Sverige och Norge, Stockholm 1895; *B. Morgenstierne*, Den unionelle Ret, Kristiania 1897.

10 Grunnlov Art. 49, 73, 76.

11 Verfassung der Batavischen Republik vom 23. April 1798, §§ 51 ff.

12 *Kochmann*, Über das Verbot des § 112 der norwegischen Verfassung, die Prinzipien und den Geist der Verfassung zu verändern, ZöR 15 (1935), 120 ff.

13 Siehe auch *Morgenstierne*, Die Befugnis des norwegischen Höchsten Gerichts, Gesetzesbestimmungen als verfassungswidrig außer Kraft zu setzen, in: Blätter für vergleichende Rechtswissenschaft und Volkswirtschaftslehre 9 (1913), 2 ff.

Weise auf das Besitz- und Bildungsbürgertum (Beamtenschaft) begrenzt, wurde 1884 auf ein – historisch schon damals veraltetes – Zensuswahlrecht umgestellt. 1898 kamen das allgemeine Männerwahlrecht und 1909/1913 das Frauenwahlrecht, womit Norwegen seinen skandinavischen Nachbarn Schweden und Finnland folgte. Die Legitimität wanderte, wenn man so sagen darf, wie in anderen Ländern auch, vom Monarchen zum Parlament. Aber noch am Ende des 19. Jahrhunderts wurde ausdrücklich festgehalten, Monarch und Storting seien gleichermaßen Repräsentanten des Volkes[14]. Seit 1884, also mit der Regierungsbildung durch *Johan Sverdrup* und seine Venstre-Partei, entfaltet sich in Norwegen die parlamentarische Demokratie. 1913 ist sie, nach unseren Maßstäben, mit dem Frauenwahlrecht erreicht. „Norwegen war in der letzteren Zeit der Union, im Gegensatz zu Schweden, ein rein parlamentarisch regiertes Land, Norwegen hatte den weit stärkeren Parlamentarismus“[15].

Die Gründe, die dann 1905 zur Auflösung der Union führten, sind vielfältig[16]. Während des gesamten 19. Jahrhunderts gab es Spannungen und entsprechende Versuche, entweder die Union besser zu justieren oder sie aufzulösen. Ein erstes Unionskomitee (1839-1844), ein zweites (1865-1867) und ein drittes (1895-1898) wurden tätig, alle erfolglos. 1895 kündigte Schweden den gemeinsamen Markt und das gemeinsame Zollgebiet zwischen beiden Ländern. 1898 provozierte Norwegen symbolisch, indem es das seit 1844 anerkannte Unionszeichen aus der norwegischen Handelsflagge nahm. Als man sich dann noch über der Frage zerstritt, ob es getrennte Konsulate geben solle[17], kündigte Norwegen am 7. Juni 1905 die Union und ließ dies in einer Volksabstimmung mit überwältigender Mehrheit bestätigen[18]. Schweden und sein König *Oscar II.* gaben nach. Man einigte sich staats- und völkerrechtlich (Konferenz von Carlstadt, Vertrag vom 23. September 1905), so auf die Beilegung von Streitigkeiten durch ein Schiedsgericht in Den Haag, auf eine neutrale 15-Kilometer-Zone zwischen beiden Ländern, man regelte die Frage der nomadisierenden Samen (Lappen), den Transitverkehr und grenzte die gemeinsamen Interessen an Seen und Flüssen ab[19]. Schweden teilte den ausländischen Regierungen mit, Norwegen sei aus der Union ausgeschieden. Norwegen seinerseits nahm eigene diplo-

14 Gutachten der Jur. Fakultät zu Christiania über das Sanktionsrecht des Königs bei Grundgesetzveränderungen, übs. u. hg. von E. Jonas, 1882.

15 *Kunz* (Fn.8), S. 406.

16 Umfassend hierzu *A. Aall/N. Gjelsvik*, Die norwegisch-schwedische Union, ihr Bestehen und ihre Lösung, Breslau 1912; *Castberg* (Fn.1), S. 91 ff.

17 *Morgenstierne*, Die schwedisch-norwegische Konsulatsfrage, in: Blätter für vergleichende Rechtswissenschaft und Volkswirtschaftslehre 1905, 20 ff.

18 Die Stimmberechtigten beteiligten sich mit 85,4%. Von den gültigen 368 392 Stimmen votierten nur 184 mit Nein. Die Auszählung der „consultation officieuse des femmes“ ergab 190 000 für die Trennung, keine dagegen. Siehe *A. Mérignhac*, Traité de Droit Public International, Paris 1907, S. 12 ; *Morgenstierne* (Fn.1), S. 23.

19 *Aall-Gjelsvik* (Fn. 16); *Bernatzik*, Der Verfassungsstreit zwischen Schweden und Norwegen, in: Grünhuts Zeitschrift XXVI (1899), 273 ff.; *A.C. Drolsum*, Das Königreich Norwegen als souveräner Staat, Berlin 1905; *N. Edén*, Schwedens Friedensprogramm und die skandinavische Krise, Halle 1905; *J.V. Heiberg*, Unionen Oplösning, Kristiania 1906; *L. Jordan*, La Séparation de la Suède et de la Norvège, Paris 1906; *F. Nansen*, Norwegen und die Union mit Schweden, Leipzig 1905; *K. Nordlund*, Die schwedisch-norwegische Krise in ihrer Entwicklung, Halle 1905; *G. Ringler*, La Norvegia e la Svezia dopo il 1814 e la crisi del 1905 in rapporto al diritto internazionale, Venezia 1910.

matische Beziehungen mit anderen Ländern auf. Schließlich regelte Norwegen auch noch die Frage eines neuen Staatsoberhaupts in der Person des vom Storting vorgeschlagenen dänischen Prinzen *Karl*. Eine Volksabstimmung billigte dies mit großer Mehrheit, das Storting beschloss es durch Wahl[20]. *Karl von Dänemark* akzeptierte und nannte sich als norwegischer König *Haakon VII.*[21].

II.

Die damit definitive Auflösung der Union – juristisch ist sie als „revolutionärer Akt Norwegens" bezeichnet worden[22] – ist ein Vorgang, der historisch mit dem Absolutismus verbunden ist. Beschreibt man den Absolutismus als eine monarchische Regierungsform, bei der es außer den Bindungen des *ius divinum*, des *ius naturale* und der *leges fundamentales* keine Begrenzungen der Macht des Herrschers gibt, dann gehören Land und Leute dem Monarchen wie „Eigentum". Sie werden ihm, wenn sein Vorgänger stirbt, nach Prinzipien des Erbrechts übertragen. Er kann sie kaufen und verkaufen, vertauschen oder verpfänden. Er kann das Land unter seine Söhne teilen. Aus diesen vielfältigen Möglichkeiten ergeben sich im Ancien régime typischerweise Kumulationen von Herrschaften. Ein Herrscher war meist nicht nur Herrscher *eines* Landes, sondern er addierte seine Herrschaftsrechte. Die Titulaturen zeigen es. Kaiser *Ferdinand I.* war 1559 „Kaiser" im Reich, „in Germanien, zu Hungarn, Böheim, Dalmatien, Croatien, Schlawonien etc. König, Infant in Hispanien, Ertz-Hertzog zu Oesterreich, Hertzog zu Burgund, Steyer, Kärnten, Crain, und Wirtemberg etc. Graf zu Tyrol…". Er vereinigte die Herrschaftsrechte über Territorien in seiner Person und konnte sie deshalb auch wieder aufgeben. Real- und Personalunionen und deren Auflösungen waren also etwas Alltägliches. Sie gehörten definitionsgemäß zur Vorstellung von „Land und Herrschaft" in Mittelalter und Früher Neuzeit[23].

Nun war 1905 – so könnte man meinen – der Absolutismus längst durch konstitutionelle Regierungsformen ersetzt worden. Der dominierende Nationalstaat hatte die alten dynastischen Strukturen weitgehend abgelöst. In Europa vor dem Ersten Weltkrieg galt der geschlossene und souveräne Nationalstaat als Ideal: Staatsgrenzen und ethnische Grenzen sollten sich decken. Die Zugehörigkeit zur Nation war identisch mit der Staatsbürgerschaft. Minderheiten sollte es möglichst ebensowenig geben wie doppelte Staatsbürgerschaften und geteilte Loyalitäten. Die geeinte Nation sollte im Parlament eine proportional verkleinerte „Repräsentation" erfahren.

20 Dies war das Ende der politischen Karriere von *Francis Hagerup* (1853-1921). Über ihn siehe *Michalsen*, in: Stolleis (Hg.), Juristen. Ein biographisches Lexikon, 2. Aufl. München 2001, S. 273 ff. Tiefere Einblicke in Hagerups Leben und Werk bei *S. Gagnér*, Hagerups Zeitschrift, in: ders., Aufsätze (hg. v. M. Kriechbaum u.a.), Goldbach 2005.

21 *Heiberg* (Fn.19) mit Wiedergabe der Aktenstücke; Nansen (Fn. 19).

22 *A. Mohn*, Une page d'histoire de la civilisation. La Suède et la révolution norvégienne, Paris – Genève 1906; *Jordan* (Fn. 19); *Kunz* (Fn. 8), S. 409.

23 *O. Brunner*, Land und Herrschaft. Grundfragen der territorialen Verfassungsgeschichte Südostdeutschlands im Mittelalter, 2. Aufl. Brünn München Wien 1942, S. 403 ff.

Die gewählten Abgeordneten bildeten das Volk ab und übten die vom Volk ausgehende Staatsgewalt aus.
Natürlich entsprach die politische Realität diesem Bild nicht. Die Lage war viel komplizierter. Nicht nur Staatsgrenzen und ethnische Grenzen deckten sich nicht, auch das Wahlrecht war generell von Allgemeinheit und Gleichheit noch deutlich entfernt. Noch gravierender war die historische Überlagerung von Absolutismus und Nationalismus. Als Relikt der Vergangenheit ragte in die Gegenwart immer noch die Vorstellung herein, ein Monarch könne mehrere Länder und Völker wie ein grundbesitzender Eigentümer beherrschen. In den Unionen von England und Schottland, Österreich und Ungarn, Schweden und Norwegen steckte diese alte Vorstellung, und es war natürlich kein Zufall, dass es Monarchien waren, die das Modell praktizierten. Zum Teil waren es nur Personalunionen, bei denen es keine Verbindung zwischen den Staaten gab außer der Person des Monarchen[24], überwiegend aber waren es Realunionen, bei denen unterschiedlich starke staatsrechtliche Verbindungen bestanden.
So wichtig der Antagonismus zwischen Absolutismus und Nationalbewegung war, er erklärt nicht vollständig, warum die Frage der „Staatenverbindungen" vor und nach 1900 in ganz Europa so viel Aufmerksamkeit fand[25]. Die Nationalismen lösten nicht nur die alten dynastischen Verbindungen auf, sie erschütterten auch die noch existierenden Imperien, in denen ein dominierender Staat, ein „Hegemon" im Sinne *Heinrich Triepels*[26], sich andere Staaten und Herrschaften unterordnete, sei es mit den Mitteln des damaligen Völkerrechts (unter Einschluß des Rechts, Kolonien zu schaffen), sei es mit Hilfe dynastisch ererbter Rechte, sei es in nichtrechtlichen „politischen" Formen der Einflussnahme oder Beherrschung. Um 1900 konnten als „Reiche" dieser Art das machtpolitisch schwächer gewordene Osmanische Reich und das Habsburgische Reich, das russische Zarentum sowie das britische Commonwealth gelten. In allen vier „Reichen" oder Einflusssphären gab es zahlreiche Versuche kleinerer Nationalstaaten (oder ethnischer Gruppen auf dem Weg zu Nationalstaaten), dem Zugriff der zentralen Macht zu entkommen. Überall dachten nationalistische Gruppen über Nationalstaat und Souveränität nach – und damit über die Auflösung der bisherigen „Staatenverbindungen". Wie im Laboratorium kann dies in Mittel-Südosteuropa und auf dem Balkan studiert werden, ebenso in Osteuropa am Rand der russischen Einflusssphäre wie in den voranschreitenden Nationbildungen innerhalb des englischen Commonwealth (Kanada, Australien, Indien).
Die Auflösung der Realunion von Schweden und Norwegen im Jahr 1905 muss also in einem doppelten Sinn verstanden werden. Sie ist einerseits ein Endpunkt des ehemals dominierenden Schweden, des Landes also, das in einem erstaunlichen Aufstieg seit dem 16. Jahrhundert bis zu Karl XII. eine europäische Großmacht gewesen war und das sich dann langsam wieder zum Nationalstaat zurückbildete, so 1814

24 Die streng rechtliche Auffassung zählte sie nicht zu den Staatenverbindungen, so *Jellinek*, der sie unter „Staatsfragmente" behandelt.
25 *H. Nawiasky*, Staatenverbindungen, in: Strupp/Schlochauer (Hg.), Wörterbuch des Völkerrechts, Bd. III, Berlin 1962, S. 315 m. w. N.
26 *H. Triepel*, Die Hegemonie. Ein Buch von führenden Staaten, Stuttgart 1938, Neudr. Aalen 1961. Hierzu nun *U.M. Gassner*, Heinrich Triepel. Leben und Werk, Berlin 1999, S. 333 ff.

durch den Verlust Finnlands[27] und 1905 durch die Trennung von Norwegen. Spätestens seit 1905 gab es also kein transnationales schwedisches Reich mehr. Andererseits ist das Jahr 1905 für Schweden und Norwegen auch der Sieg der nationalen parlamentarischen Demokratie über die letzten Reste des alten monarchischen Prinzips, das es dem Herrscher erlaubte, eine Vielzahl diverser Völker unter einer Krone zu vereinigen. Jede sich als Nation definierende ethnische Gruppe – so lautete nun die Botschaft – sollte sich einen Staat schaffen, und sie sollte sich durch ein selbst gewähltes Parlament regieren dürfen.

Meine These lautet deshalb, dass die Lehre von den „Staatenverbindungen" gerade im letzten Drittel des 19. und im ersten Drittel des 20. Jahrhunderts deshalb so intensiv diskutiert wurde, weil folgende Gründe zusammenkamen. Es ist (1.) die Epoche des erodierenden monarchischen Prinzips. Der Gedanke, dass ein König unterschiedliche Länder und Völker in der Art eines Grundeigentümers beherrschen könne, wird im demokratischen Kontext als illegitim empfunden. Es ist (2.) das Phänomen, dass gleich vier dynastisch entstandene Imperien (osmanisch, russisch, habsburgisch, englisch) durch nationalistische Gegenbewegungen beunruhigt und aufgebrochen wurden. Das Konzept, das sich für eine Überbrückung der daraus entstehenden Schwierigkeiten anbot, war die Lehre von den „Staatenverbindungen"; denn es erlaubte den Energien des Nationalismus einerseits die Bildung von Nationalstaaten, fügte diese aber andererseits in den größeren Zusammenhang eines Imperiums ein, in der Form von „Staatenverbindungen".

Ein dritter Grund für die Intensivierung der völkerrechtlichen Diskussion um 1900 liegt in der Wissenschaftsgeschichte selbst. Sie folgt gewiss den großen Linien des historisch-politischen Geschehens, sie erörtert die jeweils „aktuellen" Fragen, aber sie entfaltet auch originäre Dynamiken und zeigt sich sensibel für kommende Entwicklungen. Daneben bewahrt sie aber oft Fragen auf, die sich politisch längst erledigt haben. Wissenschaftsgeschichte hängt mit der sie umgebenden Geschichte zusammen, aber sie führt auch ein Eigenleben und entwickelt Eigensinn.

Fragt man deshalb nach dem Zentrum der damaligen staats- und völkerrechtlichen Diskussion, so lag es wohl nicht in England, trotz ganz bedeutender englischer Beiträge zum See-Völkerrecht und internationalen Handelsrecht; denn dort fand und findet die staats- und völkerrechtliche Debatte weniger an den Universitäten als im Foreign Office statt. Im zaristischen Russland lehrten Staats- und Völkerrechtler in St.Petersburg und Moskau, aber es gab keine dichte juristische Kultur. Der völkerrechtliche Gedankenaustausch mit dem Westen wurde im Wesentlichen über die deutschsprachige Universität Dorpat geführt[28]. Im osmanischen Reich konnte von einer Rechtskultur westlichen Stils gar keine Rede sein. Das völkerrechtliche Wissen konzentrierte sich bei den Diplomaten am Hof des Sultans[29]. Am intensivsten dachte und schrieb man über Staats- und Völkerrecht um 1900 tatsächlich in der Doppelmonarchie Österreich-Ungarn und im Deutschen Kaiserreich. Zentrum der

27 *C. Bornhak*, Russland und Finnland. Ein Beitrag zu der Lehre von den Staatenverbindungen, Leipzig 1900.

28 Von der Universität Dorpat/Tartu kam eine beachtliche Anzahl von Völkerrechtlern, so *Fedor Martens*, *Karl Bergbohm*, *August von Bulmerincq* und zuletzt *Alexander von Freytagh-Loringhoven*.

29 *N. Jorga*, Geschichte des Osmanischen Reiches, Bd. 5, Gotha 1913, S. 417 ff., 515 ff.

Debatten war Wien, die von Begabungen und „Schulen" aller Art überquellende Metropole. Vor allem jüdische Intellektuelle, die in latenter Opposition zu klerikalen und feudalen Verhältnissen standen, bildeten die Avantgarde[30]. In einem Milieu, in dem Tschechen und Slowaken, Ungarn, Ruthenen, Ukrainer, Polen, Galizier, Slowenen, Kroaten und Serben nach Wegen zu eigenen Nationalstaaten suchten und die habsburgische Monarchie, deren Stern im Sinken war, verlassen wollten, war das Thema der „Staatenverbindungen" besonders brisant[31]. Eine intelligente Konstruktion von Staatenverbindungen bot die Möglichkeit, dem eigenen Volk den ersehnten Staat zu verschaffen, diesen aber gleichzeitig in die Architektur eines Reiches einzufügen, ohne es zu zerstören. Wer über „Staatenverbindungen", über Real- und Personalunionen nachdachte, erfüllte also typische Juristenaufgaben, nämlich den politischen Kräften, die als Naturkräfte vorausgesetzt wurden, die richtige Form zu geben. Und „richtig" war eine Form, wenn sie Konflikte vermeiden half, wenn sie friedliche Koexistenz verschiedener Ethnien unter dem Dach eines „Imperiums" ermöglichte. Hier lag das Kernproblem von monarchisch geleiteten Imperien am Ende des 19. Jahrhunderts, die von den zentrifugalen Kräften der Nationalbewegungen auseinandergezerrt wurden[32].

In Deutschland war die Lage etwas anders. Dort stand nicht das Völkerrecht im Mittelpunkt, sondern zunächst die eigene Verfassung, also der neue, 1870/71 aus einem „Fürstenbund" entstandene Bundesstaat[33]. Die wesentlichen Fragen waren die nach dem Sitz der Souveränität, oder, wenn es auf diese nicht ankam, ob es Staaten ohne Souveränität geben könne. Das betraf die Stellung der ehemaligen Teilstaaten, deren Monarchien noch weiter existierten. Die Konstellation erinnerte an das Alte Reich vor 1806. Deshalb entstand nun eine ganze Reihe von historischen Studien zum Phänomen des Bundesstaates[34]. In ihnen befragte man die staatsrechtliche Literatur des 17. und 18. Jahrhunderts historisch, und es kamen dabei juristische Konstruktionsprobleme ans Licht, die nun aktuell waren. Insofern gab es in Deutschland wie in Österreich Impulse, sich mit den „Staatenverbindungen" auseinanderzusetzen, wenn auch aus unterschiedlichen Motiven.

30 *G.P. Baker*, Wittgenstein, Frege and the Vienna Circle, Oxford – New York 1988; *A. Janik/S. Toulmin*, Wittgenstein's Vienna, New York 1973.

31 *F. von Juraschek*, Personal- und Realunion, Berlin 1878; *S. Brie*, Theorie der Saatenverbindungen, Stuttgart 1886; *C. Bornhak*, Einseitige Abhängigkeitsverhältnisse unter den modernen Staaten, Leipzig 1896; *G. J. Ebers*, Die Lehre vom Staatenbunde. Erster Teil: Geschichte der Lehre vom Staatenbunde bis zum Jahr 1848, Breslau 1908; *Kunz* (Fn.8).

32 *L. Bussi*, Fra Unione Personale e Stato Sovranazionale, Milano 2003.

33 Dies war wohl mehr eine diplomatisch geschickte Reverenz vor dem monarchischen Prinzip in der Gründungsphase des Reichs als eine ernsthafte staatsrechtliche Qualifikation, die 1871 nicht in Bismarcks Absicht liegen konnte. Dennoch hat der Übergang vom Fürstenbund zum souveränen Bundesstaat wie kaum eine andere Frage die Staatsrechtler des Kaiserreichs beschäftigt, von *Max von Seydel* bis zu *Paul Laband*.

34 *C.Th. Welcker*, Bund, Bundesverfassung, Staaten- oder Völkervereine oder Föderativsysteme usw., in: Rotteck/Welcker (Hg.), Staatslexicon, Bd. 3, Altona 1836, S. 76 ff.; *S. Brie*, Der Bundesstaat I. Geschichte der Lehre vom Bundesstaat, Leipzig 1874; *L. Le Fur*, État fédéral et confédération d'États, Paris 1896; *ders./P. Posener*, Bundesstaat und Staatenbund. 1. Bd. Bundesstaat und Staatenbund in geschichtlicher Entwicklung, Breslau 1902; *Ebers* (Fn. 31).

III.

Der rechtsdogmatische Klärungsprozess im Staats- und Völkerrecht jener Zeit lässt sich im Rückblick als langsamer Abschied vom klassischen Begriff der Souveränität beschreiben. Dieser Abschied vollzieht sich in unterschiedlichen staats- und völkerrechtlichen Kontexten.

Zunächst gibt es in Deutschland noch bis weit in das 20. Jahrhundert hinein diejenigen Autoren, die sich dem geschlossenen Nationalstaat des 19. Jahrhunderts verpflichtet fühlen. Sie halten die Souveränität für ein Wesensmerkmal des Staates[35]. Fällt sie weg, dann gibt es auch keinen Staat mehr, allenfalls noch „Staatsfragmente" (*G. Jellinek*). In Deutschland sind dies etatistisch gesinnte Autoren, die den starken Staat wollen, sei es den Einheitsstaat (*Ph. Zorn*, *C. Bornhak*), sei es den Partikularstaat (*M. von Seydel*). Die ältere Meinung, es könne eine geteilte Souveränität geben, sei sie real, sei sie nach „Innehabung" und „Ausübung" geteilt (*G. Waitz*) wurde jetzt im Zeichen des jüngst errungenen Nationalstaats abgelehnt.

Als klügere, vermittelnde Lösung setzte sich allerdings die von *Paul Laband* begründete Sicht durch, es gebe auch nichtsouveräne Staaten. Entscheidend sei, ob sie ihre Herrschaft kraft eigenen Rechts ausüben. Diese Staaten können sich völkerrechtlich auf der Grundlage von Verträgen zu sehr unterschiedlichen „Staatenverbindungen" zusammenschließen. Sie bleiben dabei separate Staaten, die das Völkerrecht durch Selbstverpflichtung schaffen. Anders im Staatsrecht: Hier entsteht durch den Zusammenschluss ein neues korporatives Rechtssubjekt. Deshalb ist der Staatenbund kein Staat, wohl aber der Bundesstaat. Dem folgte die herrschende Meinung bis zum Ersten Weltkrieg fast ohne Ausnahme, so etwa Autoren wie *Georg Meyer*, *Edgar Loening*, *Georg Jellinek*, *Gerhard Anschütz* und viele andere[36]. Besonders pointiert und grundlegend für das Thema der „Staatenverbindungen" äußerte sich *Georg Jellinek*. Unter Souveränität verstand er die „Fähigkeit ausschließlicher rechtlicher Selbstbestimmung"[37]. Alle diese Autoren isolierten die juristische Frage von politischen und historischen Überlegungen, sie vertraten die sog. „juristische Methode". Sie waren in diesem Sinn Positivisten, aber gleichzeitig auch Erben der deutschen idealistischen Philosophie, von der sie den Glauben an ein kohärentes, von der Empirie unabhängiges Begriffssystem übernommen hatten. Ihre wissenschaftliche „Wahrheit" lag in der schrittweisen Entdeckung und Klärung jener Begriffe, die im Material steckten, aber „ans Licht gehoben" werden konnten.

35 *G. Meyer*, Lehrbuch des deutschen Staatsrechts, 4. Aufl. Leipzig 1895, § 1 m. w. N. *Meyer* selbst erklärte: „Souveränität ist kein notwendiges Element des Staatsbegriffs; es gibt souveräne und nichtsouveräne Staaten".

36 Zu den dadurch eingetretenen Verfestigungen der Dogmatik und zu den damit entstehenden Schwierigkeiten der rechtlichen Einordnung der Europäischen Union siehe *W. Pauly*, Souveräner Staat und Staatenverbindungen, Einleitung in seine Neuausgabe von Georg Jellinek, Die Lehre von den Staatenverbindungen, Goldbach 1996, S. VII ff.; *C. Schönberger*, Die Europäische Union als Bund. Zugleich ein Beitrag zur Verabschiedung des Staatenbund-Bundesstaats-Schemas, in: AöR 129 (2004), 81 ff.

37 *G. Jellinek*, Die Lehre von den Staatenverbindungen, Wien 1882, S. 34; *ders.*, Allgemeine Staatslehre, 3. Aufl., 6. Nachdr. Darmstadt 1959, S. 495.

Zu diesen grundlegenden Positionen, wie sie sich in den dreißig Jahren zwischen *Paul Laband* und *Georg Jellinek* entwickelten, kam bis zum Auftreten der Wiener Schule (*H. Kelsen, A. Verdross, J.L. Kunz*) nichts entscheidend Neues mehr hinzu. *Hermann Rehm*[38] etwa behielt sie ebenso bei wie *Julius Hatschek*, der die Perspektive allerdings durch Rechtsvergleichung erweiterte[39]. Ein historisch fundiert arbeitender Spezialist der Bundesstaatstheorie wie *Siegfried Brie*, der nicht auf die Souveränität, sondern auf den Staatszweck abstellte, blieb Außenseiter[40]. Die meisten an dieser Debatte beteiligten Autoren gingen von klaren Trennungen aus: Völkerrecht war das Recht zwischen den Staaten. Es erlangte seine Verbindlichkeit dadurch, dass die Staaten es kraft ihrer Souveränität anerkannten, sei es durch stillschweigende Übung, sei es durch spezielles Transformationsgesetz. Staatsrecht waren die vom Staat selbst gesetzten Regeln, die sich wiederum – einer klaren Trennung von Staat und Gesellschaft folgend – in Regeln des Zivilrechts und des öffentlichen Rechts aufteilten[41].

Diesen Prämissen entsprechend konnte auch die Frage der Staatenverbindungen klar zugeordnet werden. Es gab Staatenverbindungen unter zwei Rechtsregimen, dem des Völkerrechts oder dem des Staatsrechts. Im Völkerrecht wurden dazu Verträge geschlossen, die unter bestimmten Bedingungen auch wieder auflösbar waren, also gekündigt werden konnten. Im Staatsrecht führt die Staatenverbindung durch „Vereinbarung" zu einem neuen staatsrechtlichen Subjekt, dem Bundesstaat, die sich Vereinbarenden verlieren ihre Souveränität, eine Rückkehr zum status quo ante ist nicht mehr möglich, da sie nun unter einer Verfassung leben[42].

Im Grundsatz wurden diese Unterscheidungen ebenso in der italienischen und französischen, aber auch in der englischen Literatur getroffen. *Joseph Laurenz Kunz*, der Schüler *Kelsens*, hat hierzu einen ausgezeichneten europäischen Überblick gegeben[43]. Überall klassifizierte man nach Personal- und Realunion, Staatenbund und Bundesstaat, einfachen und zusammengesetzten Staaten (stati semplici o unitari), souveränen Staaten, halbsouveränen, Protektoraten und „états tributaires". Die angelsächsische Literatur ist, wie zu erwarten, pragmatischer und hält wenig von subtilen Klassifikationen. „It may be doubted, whether any such classification indicates with precision useful distinctions of legal value"[44].

Was die Stellungnahmen des frühen 20. Jahrhunderts mehr oder weniger deutlich miteinander verbindet, ist allerdings das Schwächerwerden des Dogmas der Souve-

38 *H. Rehm*, Allgemeine Staatslehre, Freiburg 1899.

39 *J. Hatschek*, Das Recht der Modernen Staatenverbindung, Berlin und Leipzig 1909 (russ. Übs. Riga 1912, 1913); *ders.*, Völkerrecht als System rechtlich bedeutsamer Staatsakte, Leipzig 1923.

40 So z. B. *Brie* (Fn. 31) wegen der Fundierung des Staates auf dem „Zweck".

41 Anders *M. Huber*, Beiträge zur Kenntnis der soziologischen Grundlagen des Völkerrechts und der Staatengesellschaft, JöR IV (1910), 56 ff., der wesentlich auf die außerrechtlichen Geltungsbedingungen des Völkerrechts abstellt. „So musste", sagt er, „die schwedisch-norwegische Union zerbrechen, weil in Norwegen durch die immer stärkere Ausbildung des Parlamentarismus das politische und schließlich auch das rechtliche Schwergewicht sich von dem gemeinsamen Organ des Königs auf ein rein norwegisches, das Parlament, verschoben hatte" (S. 73).

42 *W. Fischer*, Das Austrittsrecht aus Staatenverbindungen, Diss. Zürich 1957.

43 *Kunz* (Fn. 8), S. 61 ff., 76 ff.

44 *C.C. Hyde*, International Law, Chiefly as Interpreted and Applied by the United States, Boston 1922, Vol. I, p. 24 (zit. bei *Kunz*, Fn. 8, S. 76 f.).

ränität. Im Staatsrecht des „zusammengesetzten" Bundesstaates hatte die Souveränität schon immer Probleme bereitet, so dass man mit Abschwächungen oder Hilfskonstruktionen arbeiten musste. Bald wurden Stimmen laut, die den Souveränitätsbegriff für ein überflüssiges etatistisches Relikt erklärten (*H. Preuss*). Auch für die Völkerrechtler erwies sich die Souveränitätsfrage als eher hinderlich, wenn es um Real- oder Personalunion, états composés, états mi-souverains, Protektorate, um Fälle der Suzeränität oder Vasallenstaaten ging. In allen diesen Fällen konnte die Souveränität nicht klar zugeordnet werden oder man sprach von „imperfect independence", so dass die Frage nahelag, ob nicht besser von „rechtlicher Handlungsfähigkeit" als von Souveränität die Rede sein sollte.

So kann man sagen, dass das Dogma der Souveränität im Staats- und Völkerrecht zwar noch lange Zeit als typisierender Ordnungsbegriff verwendet wurde, aber doch immer mehr an unterscheidender Kraft verlor. Als dann die Wiener Schule mit einem ins Extrem verschärften Rechtspositivismus und rechtstheoretischer Kritik auftrat, neben *Kelsen* vor allem durch *Felix Somló*, *Alfred Verdross* und *Joseph L. Kunz*, geriet der Souveränitätsbegriff ganz grundsätzlich in die Kritik. Im monistisch verstandenen „Stufenbau" der Rechtsordnung, der die Unterscheidung von Völkerrecht und Staatsrecht wenigstens theoretisch aufhebt, wurde die Souveränität überflüssig[45]. Kein Zufall ist es deshalb auch, dass der in seine Gegnerschaft zu *Kelsen* geradezu verbissene *Hermann Heller* (1891-1933) 1927 ein die Souveränität verteidigendes Buch schrieb[46].

IV.

Diese staats- und völkerrechtliche sowie rechtstheoretische Debatte kann hier nicht weiter verfolgt werden. Aber es ist doch möglich, den konkreten Fall der Auflösung der Union zwischen Schweden und Norwegen im Jahr 1905 noch einmal im Licht der herrschenden Lehre jener Zeit zu betrachten. Durch den Vertrag von Kiel 1814 hatte Dänemark auf Norwegen verzichten müssen. Es verlor eine seit dem 14. Jahrhundert ihm zugehörige Provinz. Diese machte sich 1814 selbständig unter den Leitgedanken und in der Sprache der Aufklärung, der amerikanischen Unabhängigkeit, von Montesquieus und der Französischen Revolution. Ziel war eine national verfasste, konstitutionelle Monarchie mit einem starken Parlament. Dazu kam es aus machtpolitischen Gründen nicht. König *Christian Frederik* verzichtete auf den Thron zwar unfreiwillig, aber rechtswirksam. Sein Nachfolger wurde ebenso rechtswirksam vom Storting anerkannt[47]. Schweden und Norwegen bildeten nun eine *Real-*

45 *J. v. Bernstorff*, Der Glaube an das universale Recht. Zur Völkerrechtstheorie Hans Kelsens und seiner Schüler, Baden-Baden 2001. Die am meisten hörbare Stimme kam von *A. Verdross*, Zur neuesten Lehre von den Staatenverbindungen, ZIR 35 (1926), 257 ff.; *ders.*, Die Einheit des rechtlichen Weltbildes auf Grundlage der Völkerrechtsverfassung, Tübingen 1923. Künftig hierzu die Referate der Wiener Tagung über Kelsen und das Völkerrecht, Wien 2005.

46 *H. Heller*, Die Souveränität. Ein Beitrag zur Theorie des Staats- und Völkerrechts (1927), in: Ges. Schriften, 2. Aufl. Bd.2, Tübingen 1992, S. 31 ff.

47 *T.H. Aschehoug*, Das Staatsrecht der vereinigten Königreiche Schweden und Norwegen (Marquardsens Handbuch des Öffentlichen Rechts, IV, II, 2), Freiburg und Tübingen 1886.

union zweier souveräner Staaten; denn was sie verband, war mehr als nur die juristische Person des Staatsoberhaupts, „umgeben von seinem norwegischen und schwedischen Staatsrat“[48], es waren die Regeln über die Regentschaft, das Königs- und Thronfolgerkomitee (Carlstadtkomitee), das gemeinsame Außenministerium in Stockholm und das einheitliche Auftreten der Diplomaten nach außen. Der König regierte die beiden Länder getrennt – der norwegische Staatsrat hatte eine Abteilung in Stockholm, mit der die norwegischen Angelegenheiten besprochen und beschlossen wurden. In diesem Sinn konnte man von „the king's two bodies“ sprechen; der König war je nach staatsrechtlicher Situation schwedischer oder norwegischer König, und wenn er für die Union handeln wollte, brauchte er einen „zusammengesetzten“ Staatsrat[49].

Das war – nach allen kontinentalen Lehrbüchern – eine „Realunion“, auch im völkerrechtlichen Sinn[50], kein einseitiges Abhängigkeitsverhältnis in der Art einer Provinz, einer Kolonie oder eines Satellitenstaates[51]. Völkerrechtlich änderte sich 1905 für Norwegen im Prinzip fast nichts; denn es war ja während des ganzen 19. Jahrhunderts souveräner Staat gewesen[52]. Nur die völkerrechtliche Vertretung nach außen wurde von einer neuen Person wahrgenommen, nicht mehr von *Oskar II.* von Schweden, sondern vom norwegischen König *Haakon VII.* Das bedeutete den Eintritt eines neuen, bisher von Stockholm diplomatisch vertretenen Landes in die internationale Gemeinschaft. Die von Norwegen während des 19. Jahrhunderts separat geschlossenen völkerrechtlichen Verträge galten ohnehin weiter, ebenso aber auch die von der Stockholmer Regierung durch ihr Außenministerium geschlossenen, auf Norwegen bezüglichen Abkommen, die jeweils vom Storting bestätigt worden waren.

Die Auflösung der Union wurde zwar wegen der Konsulatsfrage einseitig von Norwegen eingeleitet[53], vollzog sich aber dann wie im Lehrbuch[54]. Das mit Schweden gleichberechtigte und souveräne Norwegen wurde freigegeben und wählte sich einen eigenen König nach den Regeln des Grunnlov. Der souveräne Verfassungsstaat Norwegen erhielt ein neues Staatsoberhaupt. Schweden gab „eine Krone“ auf und

48 *Morgenstierne* (Fn.1), S. 13.

49 *T.H. Aschehoug*, Norges Nuvaerende Statsforfatning (1879), 2. Aufl. Bd. 1, Christiania 1891, Bd. 2 1892, Bd. 3 1893, zum Unionsrecht Bd. 1, S. 49 ff.; *B. Morgenstierne*, Den unionelle Ret, Kristiania 1897; *ders.*, Laerebog i Den norske Statsforfatningsret, Kristiania 1900, S. 93 ff.

50 Für die Annahme einer Realunion zwischen Schweden und Norwegen *Aschehoug* (Fn. 49) in beiden Auflagen, 2. Aufl. Bd.1, S. 144; *Aubert* (Fn. 7), S. 148 ff.; Überblick über die Positionen bei *N. Höjer*, Statsförbundet mellan Sverige och Norge, Visby 1885, S. 171 ff.; *Aall/Gjelsvik* (Fn. 16), S. 60 ff.; zur nordischen Problematik, gesehen „till den tyska katedern“, wie sich *Höjer*, S. 173 ausdrückt, haben sich *Heffter* und *Geffcken*, *Juraschek*, *Jellinek*, *Bulmerincq*, *Oppenheim*, *Bluntschli*, *Gareis* und *Brie* geäußert, und zwar überwiegend im Sinn einer „Realunion“, verstanden als „verfassungsmäßige Personalunion“ (*Gareis*), während für eine „Personalunion“ wohl nur Oppenheim, Bluntschli und Geffken votierten. Vgl. dazu auch *Brie* (Fn. 31), S. 71 Fn. 2.

51 Bornhak (Fn. 31).

52 *B. Getz*, Norges folkeretslige stilling og statsforfatning, in: Norge i det 19de aarhundrede, Kristiania 1900, Bd. I; *Drolsum* (Fn. 19).

53 Sie war, nach damaligem Urteil, „rein juristisch, völkerrechtswidrig“, so *H. Geffcken*, Das Gesamtinteresse als Grundlage des Staats- und Völkerrechts, Leipzig 1908, S. 49.

54 Personalunionen, so die Lehrbücher (*Juraschek*, *Jellinek*, *Brie*, *Bornhak* u.a.), erlöschen durch Tod, Verzicht, Entthronung oder Aussterben der Dynastie. Realunionen benötigen dazu einen Vertrag.

behielt die eigene – das ist die alte dynastische Formel – oder es gab dem anderen Volk seine „Freiheit“ – das ist die nationalistisch-ethnische Formel des 19. Jahrhunderts. Für Schweden bedeutete der Vorgang den Abschied von der seit dem 16. Jahrhundert entstandenen Vorstellung einer nordischen „Großmacht“[55]. Für Norwegen hatte das Zeitalter des nationalen Verfassungsstaats zwar schon 1814 begonnen, aber vollendet wurde dieser Übergang erst 1905.

55 Zu den damit verbundenen bitteren Gefühlen nunmehr *N.Y. Agøy*, For konge og fedreland? Offiserer, politick, unionstried og nasjonalisme 1890-1905, Oslo 2004.

Nationale Interessen, Supranationalität und europäische Identität in historischer Perspektive

Wilfried Loth

A. Identität und Bewusstsein

Um den Stellenwert europäischer Identität in der heutigen Europäischen Union zu bestimmen, ist es sinnvoll zwischen „europäischer Identität“ und „europäischem Bewusstsein“ zu unterscheiden[1]. Europäische Identität steht hier für das Gefühl der Zugehörigkeit zu einer europäischen Zivilisation. Ein solches Bewusstsein existiert seit langer Zeit, im Prinzip seit dem christlichen Mittelalter. Es hat die Wellen starker Identifikation mit einer Nationalität im 19. und 20. Jahrhundert überlebt und manifestiert sich in zahlreichen Abgrenzungen gegenüber den „anderen“ (d.h. den „Nicht-Europäern“) ebenso wie in Überlegungen zur Rolle des historischen Erbes der Europäer bei der Gestaltung der Zukunft. Nach der Freiheit der griechischen Zivilisation und dem Rationalismus der römischen Zivilisation hat insbesondere das Christentum den europäischen Kontinent geprägt[2]. Das Prinzip der „Einheit in der Vielfalt“, das daraus hervorgegangen ist, wurde durch die emanzipatorische Kraft der Aufklärung bestärkt und führte zu jener produktiven Spannung zwischen Differenzierung und Institutionalisierung, die die modernen Gesellschaften kennzeichnet. In der Geschichte Europas sind vielfache Widersprüche, Entwicklungssprünge, Spaltungen und Sonderentwicklungen zu verzeichnen. Gleichwohl sprechen die Historiker von der „Existenz“ Europas, zumindest als „potentieller Realität“ (*Jacques Le Goff*)[3].

Dieses Gefühl der Zugehörigkeit zu einer europäischen Zivilisation wurde von der Herausbildung einer europäischen Gesellschaft begleitet. Transnationale Erfahrungen und eine verstärkte Kommunikation über nationale Grenzen hinweg trugen zur Entstehung einer pluralistischen interkulturellen Gemeinschaft bei[4]. Neue Wande-

1 Die folgenden Überlegungen beruhen auf einem internationalen Forschungsprojekt von Historikern, das *René Girault* (Paris-Sorbonne) im Jahr 1989 initiiert hat. Über 180 Historikerinnen und Historiker aus nahezu allen Ländern der Europäischen Union haben in Forschergruppen und Fachkonferenzen Arbeitsergebnisse zur Entwicklung der europäischen Identität im 20. Jahrhundert beigetragen. Vgl. als Überblickspublikationen *Girault* (Hg.), Identité et conscience européenne au XXe siècle, 1994; *Frank* (Hg.), Les identités européennes au XXe siècle, 2004. Eine abschließende Gesamtdarstellung ist in Vorbereitung.

2 Vgl. *Canavero/Durand*, Les phénomènes religieux et l'identification européenne, in: Frank (Fn. 1), S. 145 ff.

3 *Le Goff*, Die Geburt Europas im Mittelalter, 2004; vgl. *Vigezzi*, Histoire et historiens de l'Europe au XXe siècle, in: Frank (Fn. 1), S. 165 ff.; *Benzoni/Vigezzi* (Hg.), Storia e storici d'Europa nel xx secolo, 2001.

4 *Passerini/Kaelble*, European Identity, the European Public Sphere, and the Future of Europe, in: Frank (Fn. 1), S. 91 ff.

rungsbewegungen, wachsende Mobilität, Geschäftsreisen, Tourismus, Jugendaustausch, Auslandsstudien, aber auch die Prozesse der Individualisierung und Selbstbestimmung, die die traditionellen Loyalitäten gegenüber der Nation, der Kirche oder dem ideologischen Milieu geschwächt haben, sowie die Erfahrungen der beiden Weltkriege, der totalitären Systeme und der Schwäche der europäischen Nationen gegenüber den Weltmächten – alle diese Entwicklungen haben im Laufe des 20. Jahrhunderts zur Formierung einer europäischen Gesellschaft beigetragen, die zumindest implizit existiert. In extremen Situationen wird sie explizit, so in der Konfrontation mit nicht-europäischen Gesellschaften, bei tief greifenden Umwälzungen oder selbst in persönlichen Krisensituationen.

Die Herausbildung oder genauer gesagt: die Restrukturierung der europäischen Gesellschaft wurde von der allmählichen Entwicklung einer europäischen Öffentlichkeit begleitet. In diesem Prozess lassen sich drei Phasen unterscheiden: In der Zeit der Aufklärung bildete sich eine Öffentlichkeit der liberalen Mittelschichten und Aristokraten heraus, die sich den „absoluten" Monarchen widersetzten und einen regen Austausch zwischen Intellektuellen und Wissenschaftlern entwickelten. Es folgte die Zeit der nationalen Öffentlichkeiten der Massen, die auf der Alphabetisierung und der Urbanisierung der Gesellschaften beruhte. Gleichzeitig intensivierte sich der Austausch zwischen den Eliten, die sich auf zahlreichen Kongressen trafen, und es bildeten sich internationale politische Bewegungen wie der Sozialismus oder der Faschismus heraus. Nach dem Zweiten Weltkrieg begann schließlich, begünstigt durch das Auftreten der neuen Massenmedien und die europäischen und westlichen Institutionen, eine öffentliche Artikulation der Bürger Europas[5].

Das „europäische Bewusstsein" ist demgegenüber etwas anderes. Als Begriff mit moralischer und politischer Dimension steht es für das Wissen um die Notwendigkeit Europa zu *schaffen*, um die Notwendigkeit der „europäischen Konstruktion". Man kann sehr wohl Europäer sein und sich im alten Sinne des Wortes als Europäer fühlen ohne die Notwendigkeit zu verspüren, „Europa" zu schaffen. Umgekehrt kann man aber nicht Europa schaffen ohne sich als Europäer zu fühlen. Anders gesagt: Während die europäische Identität an eine Idee von Europa geknüpft ist, beinhaltet das europäische Bewusstsein darüber hinaus ein europäisches Projekt. Europa schaffen heißt eine politische Gemeinschaft zu errichten, die über gemeinsame Institutionen und Regulierungen verfügt, die von allen ihren Mitgliedern anerkannt werden. In dieser Hinsicht tritt die Schaffung Europas in Konkurrenz mit den Nationalstaaten: Sie begrenzt die absolute Souveränität, die man den modernen Staaten in der Theorie zugesprochen hatte; gleichzeitig schafft sie Räume gemeinsamen Handelns und überträgt Kompetenzen der Nationalstaaten auf die Ebene der europäischen Gemeinschaft.

Wer von „europäischer Konstruktion" spricht, spricht also gleichzeitig von einer supranationalen Konstruktion. Genauer gesagt spricht er von einer Konstruktion, die die Supranationalität impliziert. Häufig ist er sich dessen nämlich nicht bewusst, er

5 Vgl. auch *Kaelble*, Die europäische Öffentlichkeit in der zweiten Hälfte des 20. Jahrhunderts. Eine Skizze, in: Grüttner/Hachtmann/Haupt (Hg.), Geschichte und Emanzipation. FS Reinhard Rürup, 1999, S. 651 ff.

hat keine klaren Vorstellungen von den institutionellen Fragen, er kümmert sich nicht um solche Fragen oder er vernachlässigt sie aus taktischen Gründen. Die semantische Unklarheit, die daraus resultiert, stellt eine der größten Schwierigkeiten sowohl der Debatten über die europäische Einigung dar als auch der Analyse dieser Debatten durch die Historiker. Die verschiedenen Debatten zwischen Funktionalisten und Föderalisten, Verfechtern der intergouvernementalen Methode und Befürwortern der Integration, Anhängern der europäischen Föderation, der Konföderation oder der Union dürfen nicht beim Wort genommen werden. Um die Bedeutung der einen oder der anderen Position zu verstehen, muss man jeweils ihre Implikationen in einem gegebenen Kontext analysieren. Man kann mit funktionalistischen Methoden zu einem föderalistischen Resultat gelangen, man kann sich aus rein taktischen Gründen als Föderalist präsentieren usw. Für den Historiker ist es manchmal schwierig zwischen den verschiedenen möglichen Interpretationen einer dokumentierten Haltung zu entscheiden. Er sollte aber verpflichtet sein, die Unterschiede zwischen augenscheinlichem Bewusstsein, subjektivem Bewusstsein und objektiven Implikationen zu beachten.

Die Feldforschungen und exemplarischen Studien, die unter diesen Prämissen durchgeführt wurden, gelangen zu der Feststellung, dass das europäische Bewusstsein ein Phänomen des 20. Jahrhunderts ist, das auf drei globalen Wandlungsprozessen beruht: der Grausamkeit der Kriege im industriellen Zeitalter, die die modernen Friedensbewegungen hervorgerufen hat, der Notwendigkeit größerer Märkte, die aus der Entwicklung der Produktionsmittel, des Verkehrs und der Kommunikation hervorgegangen ist sowie dem Niedergang der europäischen Mächte angesichts des Aufstiegs der USA und – etwas später und nicht im gleichen Maße – der Sowjetunion. Man könnte zu diesen drei Antriebskräften europäischer Einigung die Notwendigkeit einer Regelung der deutschen Frage als eine vierte hinzufügen, allerdings handelt es sich hier um einen spezifischen Aspekt der Notwendigkeit, den Frieden zwischen den europäischen Nationen besser zu sichern. Ebenso könnte man die sowjetische Gefahr, die amerikanische Gefahr und die Gefahr einer Eskalation des Kalten Krieges erwähnen, doch handelt es sich hierbei um Probleme, die aus dem Niedergang der europäischen Mächte hervorgegangen sind, und die dringende Notwendigkeit einen neuen Weltkrieg zu vermeiden spielt hier ebenfalls eine beträchtliche Rolle[6].

B. Die Entwicklung des europäischen Bewusstseins

Die Rekonstruktion der Entwicklung des europäischen Bewusstseins im Laufe des 20. Jahrhunderts ist noch lange nicht vollständig gelungen. Es konnten aber beträchtliche Forschungsfortschritte erzielt werden. So kann für die wirtschaftlichen Milieus gesagt werden, dass die Entdeckung der Interdependenz der europäischen Volkswirtschaften tatsächlich schon in der Zeit zwischen den beiden Weltkriegen er-

6 Vgl. als zusammenfassende Analyse *Loth*, Der Prozeß der europäischen Integration. Antriebskräfte, Entscheidungen und Perspektiven, in: Jahrbuch für Europäische Geschichte 1/2000, S. 17 ff..

folgt. Sie führte zu vielfältigen Einigungsinitiativen der Wirtschafts- und Finanzwelt, vom Plädoyer eines Albert Thomas für die Schaffung eines gemeinsamen europäischen Marktes[7] bis zu dem Vorschlägen von *Richard Merton* zur Errichtung eines supranationalen europäischen Banksystems, das schließlich zur Entstehung einer gemeinsamen Währung führen sollte[8]. Das rasche Anwachsen der Instanzen und Institutionen, in denen eine europäische Kooperation gewünscht oder sogar schon verwirklicht wird, ist ein Charakteristikum der Zwischenkriegszeit. Während des Zweiten Weltkriegs werden die Schwierigkeiten der Zwischenkriegszeit nahezu überall bewusst und die Interdependenz wird durch regionale Kooperation verstärkt. Zahlreiche Pläne und Projekte werden erarbeitet, vom Projekt eines „lotharingischen" Europas bis zum Projekt der französisch-britischen Union, und mit der Benelux-Organisation wird ein erstes Projekt sogar schon verwirklicht[9].

Neuere Forschungen zur Entwicklung des Europabewusstseins in Frankreich zwischen den beiden Weltkriegen zeigen, dass einflussreiche französische Europakonzeptionen dieser Zeit mehr auf Vorstellungen einer Solidarität und Pluralität zwischen den Nationen beruhten als auf hegemonialen Ambitionen. Sie sahen daher eine Begrenzung der nationalen Souveränität vor und zielten mehr auf Aktionen in der Öffentlichkeit als auf herkömmliche diplomatische Manöver. Häufig setzten sie mehr auf wirtschaftliche Vereinbarungen als auf politische Verträge. Die Entstehung eines modernen Europabewusstseins und die Erarbeitung von Strategien zur Einigung Europas müssen danach wesentlich früher angesetzt werden, als dies bislang allgemein angenommen wurde[10].

Forschungen zum Europa-Bewusstsein der Intellektuellen zeigen, dass die europäische Idee in der Zeit vom Ersten Weltkrieg bis zu den Römischen Verträgen bei aller Widersprüchlichkeit, die die Welt der Intellektuellen für gewöhnlich kennzeichnet, von bekannten Persönlichkeiten verfochten wurde, die aufs Ganze gesehen allgemeine Zustimmung fanden. Europa erscheint hier als ein „Raum der Zivilisation, der sich von einem Raum der „Barbarei" abhebt. Seine Grenzen werden von der Achtung der Menschenrechte bestimmt. Gleichzeitig wird Europa als ein gesellschaftliches Projekt verstanden, ein Ziel, das sich Philosophen, Essayisten, Romanciers und Dichter zueigen machen. Bereits vor 1945 bildeten große intellektuelle Persönlichkeiten wie *André Gide*, *Paul Valéry*, *Stefan Zweig*, *Heinrich Mann*, *Thomas S. Eliot*, *José Ortega y Gasset* und *Denis de Rougement* ein Europa des Geistes. Nach den Erfahrungen des Zweiten Weltkriegs entwickelt sich ein leidenschaftlicher Dialog zwischen Intellektuellen und Politikern. Zum Haager Kongress der europäischen Einigungsbewegung im Mai 1948 gehört eine Sektion „Kultur", die von *Salvador de Madariaga* geleitet wurde und der *Denis de Rougement* die entschei-

7 Vgl. *Guérin*, Albert Thomas, inlassable promoteur de l'intégration européenne, in: Bussière/Dumoulin (Hg.), Milieux économiques et intégration européenne en Europe occidentale au XXe siècle, 1998, S. 307 ff.

8 *M. Schulz*, The Merton plan for a European central bank system: German commercial elites and the beginning of European integration (1947-1957), in: Bussière/Dumoulin (Fn. 7), S. 85 ff.

9 *Badel/Bussière/Dumoulin/Ranieri*, Cercles et milieux économiques, in: Frank (Fn. 1), S. 13 ff.

10 *Sick*, A Europe of Pluralist Internationalism: The Development of the French Theory of Interdependence from Emile Durkheim to the Circle around *Notre Temps* (1890-1930), in: Journal of European Integration History 8 (2002), N° 2, S. 45 ff.

denden Impulse gab. Sie führte zur Schaffung zahlreicher kultureller Netze, die die intellektuelle und politische Reflexion über Europa belegen[11].

Bei der Formierung des institutionellen Europas spielten die katholischen Intellektuellen eine herausragende Rolle. Das Nachdenken über die Ursachen der Weltkriege, die Zurückweisung des Nationalsozialismus und des Faschismus und die Furcht vor einem Vordringen des Kommunismus führten diese Intellektuellen dazu, sich mit der Restauration einer christlichen Zivilisation zu beschäftigen. Die politischen Projekte eines *Robert Schuman*, *Alcide de Gaspari* oder *Konrad Adenauer* schienen ein solches Projekt zu begünstigen. Zur gleichen Zeit engagierten sich aber auch protestantische Intellektuelle wie *André Philip*[12] und Agnostiker liberaler oder sozialistischer Tendenz in der Europabewegung. Die Intellektuellen marxistischer Prägung dagegen hielten sich häufig von jeder Diskussion über das europäische Projekt fern, nicht wenige marxistische Intellektuelle bekämpften gleichzeitig die konkreten Institutionen, die aus der Umsetzung der europäischen Idee im Kontext des Kalten Krieges hervorgingen. Die mehr oder weniger deutlich hervortretende Hegemonie der marxistischen Intellektuellen in den sechziger und siebziger Jahren ging mit einem generellen Nachlassen des intellektuellen Europa-Diskurses einher. Führende Intellektuelle, auch solche, die sich zunächst für das europäische Projekt engagiert haben, distanzierten sich häufig von einem Vorhaben, das die Ost-West-Spaltung des europäischen Kontinents noch vertiefte und eher die kapitalistische Ordnung als den erhofften „dritten Weg“ zwischen Kapitalismus und Kommunismus beförderte. Diese Distanz der Intellektuellen ließ das Europa der Römischen Verträge bemerkenswert farblos erscheinen; es war nicht in der Lage, in der öffentlichen Meinung Begeisterungsstürme auszulösen[13].

Für den politischen Bereich gilt dagegen, dass die Arbeit an der europäischen Konstruktion erst in den Jahren nach dem Zweiten Weltkrieg zur vorherrschenden Tendenz geworden ist. Zu den Arbeiten über die „Europäer der ersten Stunde“ wie *Léon Blum*, *Robert Schuman*, *Jean Monnet*, *Konrad Adenauer* und *Alcide de Gasperi*[14] sind in den letzten Jahren auch Studien zu Europapolitikern der mittleren Generation wie *Maurice Faure*, *Walter Hallstein*, *Paul-Henri Spaak* und *Pierre Harmel* gekommen[15]. Aus ihnen lassen sich zweierlei Beobachtungen zum Gang der europäischen Einigung ableiten: Zum einen lässt sich zeigen, dass die Motive dieser

11 *Bachoud/Cuesta/Trebitsch* (Hg.), Les Intellectuels et l'Europe de 1945 à nos jours, 2000; *Bachoud u.a.*, Les élites intellectuelles et l'Europe: espaces et représentations culturelles, in: Frank (Fn. 1), S. 69 ff.

12 *Loth*, André Philip und das Projekt eines sozialistischen Europas, in: Greschat/Loth (Hg.), Die Christen und die Entstehung der Europäischen Gemeinschaft, 1994, S. 189 ff.

13 Vgl. insbesondere *Frank*, Raymond Aron, Edgar Morin et les autres: le combat intellectuel pour l'Europe est-il possible après 1950?, in: Bachoud/Cuesta/Trebitsch (Fn. 11), S. 77 ff.

14 *Loth*, Sozialismus und Internationalismus. Die französischen Sozialisten und die Nachkriegsordnung Europas 1940-1950, 1977; *Poidevin*, Robert Schuman – homme d'État 1886-1963, 1986; *Roussel*, Jean Monnet 1888-1979, 1996; *Bossuat/Wilkens* (Hg.), Jean Monnet, l'Europe et les chemins de la Paix, 1999; *H.-P. Schwarz*, Adenauer und Europa, in: Vierteljahrshefte für Zeitgeschichte 27 (1979), 471 ff.; *Loth*, Konrad Adenauer und die europäische Einigung, in: *König/Schulz* (Hg.), Die Bundesrepublik Deutschland und die europäische Einigung 1949-2000, 2004, S. 39 ff.; *Pastorelli*, La politica europeistica di de Gasperi, in: ders., La politca estera italiana del dopoguerra, 1987, S. 145 ff.; *Magagnoli*, Italien und die Europäische Verteidigungsgemeinschaft, 1999.

Politiker stets komplex sind und zumeist als Erfordernisse des jeweiligen nationalen Interesses verstanden werden. Gleichwohl gehen daraus Aktionen zur Gemeinschaftsbildung hervor. Bestimmte Vorstellungen vom nationalen Interesse führen diese Politiker also zu europäischen Lösungen. Zweitens ist festzustellen, dass das europäische Bewusstsein sowohl in der öffentlichen Meinung als auch unter den Politikern häufig unbestimmt und vage ist. Das erlaubt es starken und geschickten Persönlichkeiten, den Gang der europäischen Einigung in entscheidender Weise zu beeinflussen. So hat etwa *Adenauer* die Option der Bundesrepublik Deutschland für die Westintegration nahezu im Alleingang durchgesetzt. *Maurice Faure* hat wesentlich zur Hinwendung Frankreichs zum Projekt des Gemeinsamen Marktes beigetragen, und *Hallstein* hat es verstanden, die Europäische Kommission zu einem Motor der Integration zu formieren.

C. Interessenkonkurrenz und supranationales Regime

Eine dritte Beobachtung folgt aus der Analyse der Konzeptionen von Politikern, die sich bestimmten Vorstellungen von Europa widersetzt haben. Sie zeigt, dass sich das europäische Bewusstsein häufig erst mit der Zeit entwickelt, so dass Politiker sich Lösungen zu eigen machen, die über ihre ursprünglichen Vorstellungen hinausgehen. So lässt sich etwa zeigen, dass britische Konservative, die traditionell gegen jedes föderalistische Schema eingestellt waren, zu Beginn der fünfziger Jahre sog. „funktionelle Agenturen“ auf der Ebene der Europäischen Gemeinschaft vorgeschlagen haben, die von einem Ministerrat überwacht und in gewisser Weise auch von einem europäischen Parlament kontrolliert werden sollten. Formal war das ein „intergouvernementaler“ Vorschlag; tatsächlich nahm er weitgehend vorweg, was heute in der Europäischen Union realisiert ist[16]. In ähnlicher Weise lehnt *Charles de Gaulle* die Integration „durch das Supranationale“ ab; gleichzeitig will er aber ein starkes europäisches „Ensemble“, das in mehreren Politikbereichen handlungsfähig sein soll. Zu gewissen Zeiten stimmt er der Abtretung eines beträchtlichen Teils nationaler Souveränität an die Europäische Gemeinschaft zu; und in einer Unterhaltung mit seinem Informationsminister *Alain Peyrefitte* im April 1963 nimmt er abermals die Zeit in den Blick, wo man im Ministerrat mit Mehrheitsbeschlüssen entscheiden wird: „Man muss mit der Einstimmigkeit beginnen, und dann wird man schon sehen“[17].

Aus der Ausbreitung des europäischen Bewusstseins, das man hier beobachten kann und das ein allgemeines Charakteristikum der Entwicklung der politischen Welt im

15 *Riondel*, Les institutions européennes dans la perspective de M. Faure, in: Bitsch/Loth/Poidevin (Hg.), Institutions européennes et identités européennes, 1998, S. 351 ff.; *Loth*, Les implications du conflit Hallstein – de Gaulle en 1965, ebd. S. 401 ff.; *Loth/Wallace/Wessels* (Hg.), Walter Hallstein – Der vergessene Europäer?, 1995; *Dumoulin*, Spaak, 1999; *Dujardin*, Pierre Harmel, 2004.

16 *Skär*, The Strasbourg Tories in the Council of Europe, in: Bitsch/Loth/Poidevin (Fn. 15), S. 73 ff.

17 *Peyrefitte*, C'était de Gaulle. Tome I, 1994, S. 430. Vgl. *Loth*, De Gaulle und Europa. Eine Revision, in: Historische Zeitschrift 253 (1991), S. 629 ff.; *ders.*, Français et Allemands dans la crise institutionnelle de 1965, in: Bitsch (Hg.), Le Couple France-Allemagne et les institutions européennes, 2001, S. 229 ff.

westlichen Europa nach dem Zweiten Weltkrieg darstellt, folgt nicht, dass es keine Konflikte zwischen nationalen Interessen und supranationalem Regime gibt. Während „überzeugte“ Europäer die europäische Konstruktion als eine Notwendigkeit betrachten, die in ihrem jeweiligen nationalen Interesse liegt, und daher eine Vereinbarkeit von nationalem Interesse und supranationalem Regime behaupten, wird diese Einstellung nicht von allen geteilt. Die Ausbreitung des europäischen Bewusstseins erfolgt nicht in konstanter Weise und linear; sie ist mit Blockaden, Umwegen und Rückschlägen verbunden. Hinzukommt, dass die europäische Konstruktion auf sehr unterschiedliche Weise aufgefasst werden kann: als liberales Europa, sozialistisches Europa, konservatives Europa usw. und als ein Europa nach französischem, britischem, deutschem, italienischem usw. Politikmodell. Daraus folgen unterschiedliche Visionen von Europa und, selbst ohne bewusste hegemoniale Tendenzen, Auseinandersetzungen zwischen unterschiedlichen nationalen Konzeptionen von Europa.

Es ist daher nicht erstaunlich, dass Studien zu den politischen Eliten zu dem Schluss gelangen, dass die Operationen, die zum Abschluss oder zur Revision von Verträgen führten, stets in einem Kontext intensiven Wettbewerbs und heftiger Kontroversen stattfanden. Konfrontationen gab es in jeder Hinsicht: zwischen Politikern und ihren Ratgebern, zwischen verschiedenen Ministerien und selbst innerhalb eines Ministeriums. Die Entscheidungsprozesse wurden von wirtschaftlichen und finanziellen Interessengruppen beeinflusst, von Gewerkschaften, ideologischen Gruppierungen und anderen. Gleichzeitig kann man die Bildung von Bündnissen mit anderen Staaten oder anderen Interessengruppen beobachten. Das Gelingen des einen oder anderen Vorschlags hing von der Beherrschung des außenpolitischen Prozesses ab und häufig auch von persönlichen Beziehungen auf der europäischen Ebene[18].

Ebenso betonen eine Reihe von Studien zu den europäischen Institutionen die Konfrontationen im Rahmen der Gemeinschaftsorgane, sei es zwischen mehreren Staaten oder Gruppen von Staaten, die unterschiedliche Positionen vertreten, oder zwischen einem Staat, der mehr oder weniger isoliert ist und der Gesamtheit der Partnerstaaten. Die europäischen Institutionen erscheinen teils als Partei in diesen Konflikten, zum Teil aber auch als Wegbereiter der Verständigung, manchmal auch als Opfer oder sogar als Sündenbock. Die Konflikte in den Gemeinschaften nehmen die gleiche Heftigkeit an wie die Konflikte in zwischenstaatlichen Organisationen. Im ersten Fall führen sie aber häufiger zu offenen Auseinandersetzungen, während im zweiten Fall zumeist Stillstand die Folge ist. Der Ausbreitung des europäischen Bewusstseins sind sie in keinem Falle förderlich[19].

Als der Völkerbund in seinen Bemühungen scheiterte, angesichts der divergierenden Wirtschafts- und Währungspolitiken der Staaten eine europäische Wirtschafts- und Währungsordnung zu schaffen, wurde er mit dem Fait accompli eines Auseinanderbrechens Europas in drei Zonen konfrontiert, zwischen denen die Kooperation

18 *Deighton/du Réau*, Elites, opinions et constructions européennes, in: Frank (Fn. 1), S. 47 ff.; *Deigthon* (Hg.), Building Postwar Europe. National Decision Makers and European Institutions 1948-1963, 1995; *du Réau* (Hg.), Europe des élites? Europe des peuples? La construction de l'espace européen, 1945-1960, Paris 1998.

19 *Bitsch/Loth/Poidevin*, Institutions européennes et identités européennes, in: Frank (Fn. 1), S. 125 ff.

schwierig wurde. Neben einem „atlantischen Europa“, das mit dem System der festen Wechselkurse gebrochen hatte, etablierte sich ein Europa der Kontrolle der Wechselkurse in der Mitte des Kontinents und auf dem Balkan. Der Völkerbund konnte danach nur noch der Entwicklung dieser Blöcke folgen und versuchen, die Verbindungen zwischen ihnen aufrecht zu erhalten[20]. In der hohen Behörde der Europäischen Gemeinschaft für Kohle und Stahl, die doch allgemein als mächtig und unabhängig galt, verhinderte der Widerstand einiger Regierungen, die ihre Zustimmung verweigerten, jede gemeinsame Entscheidung zur Überwindung der Bergbaukrise. In gleicher Weise verhinderte der Widerstand eines Landes, der Bundesrepublik Deutschland, und seiner Wirtschaftsorganisationen die Auflösung von Kartellen, auch wenn deren Existenz gegen die Regeln des Gemeinschaftsvertrages verstieß. Das Entscheidungsrecht der hohen Behörde wurde somit in Frage gestellt[21].

Als noch schwerwiegender erweist sich die „Krise des leeren Stuhls“ im Jahr 1965. Während sich hinsichtlich der meisten Probleme, die zur Entscheidung anstanden (die Errichtung des gemeinsamen Agrarmarkts, die Methoden seiner Finanzierung und die Reform der Institutionen) komplexe, aber durchaus nuancierte nationale Positionen entwickelten, mündeten die Spannungen in einen „Dialog der Taubstummen“ zwischen den Anwälten eines unabhängigen Europas um General *de Gaulle* und den Verfechtern einer Stärkung der Institutionen der Römischen Verträge um den Kommissionspräsidenten *Hallstein*. Für mehrere Monate folgte daraus eine Blockade der Gemeinschaft. Die Anhänger der Offensive Hallsteins beschäftigten sich zu keinem Zeitpunkt ernsthaft mit den Argumenten *de Gaulles* hinsichtlich der europäischen Sicherheit und der Autonomie Europas, die Anwälte eines unabhängigen Europas begnügten sich mit einem vagen „konföderalistischen“ Diskurs, in dem ungeklärt blieb, mit welchen Mitteln ihr Ideal erreicht werden sollte[22].

In diesen beiden Fällen hatte die gemeinschaftliche Institution die Kosten des Konflikts zu tragen. Sie ging geschwächt daraus hervor, indem ihr Spielraum für Initiativen eingeschränkt wurde. Die Solidarität zwischen den Sechs wurde zwar nicht aufgekündigt, doch war sie danach nicht mehr sehr sichtbar, weder für die öffentliche Meinung noch für die anderen Staaten. Konfrontationen zwischen Staaten oder zwischen Staaten und Institutionen können also schwerwiegende Konsequenzen hinsichtlich des inneren Zusammenhalts und der Außenwirkung nach sich ziehen. Sie sind freilich unvermeidlich, weil die europäische Konstruktion nicht ohne die Staaten verwirklicht werden kann und die europäische Identität sich letztlich über ihren Willen und ihre Fähigkeit definiert, Kompromisse oder gemeinsame Projekte zu erarbeiten.

Auf der anderen Seite gibt es aber auch zahlreiche Fälle, in denen es den Akteuren gelingt, Kompromisse zu finden oder eine enge und intensive Zusammenarbeit zu

20 *Schirmann*, La SDN et la coopération monétaire en Europe au début des années « trente », in: Bitsch/ Loth/ Poidevin (Fn. 15), S. 29 ff.

21 *Poidevin*, Le rôle de la CECA dans la prise de conscience d'une identité européenne, in: Bitsch/Loth/ Poidevin (Fn. 15), S. 155 ff.; vgl. auch *Spierenburg/Poidevin*, Histoire de la Haute Autorité de la CECA, 1993.

22 *Loth*, Implications (Fn. 15).

organisieren. Ein hervorragendes Beispiel hierfür ist die Vollendung des europäischen Binnenmarktes im Jahr 1992. Es macht deutlich, dass diese Art von Erfahrung erhebliche Fortschritte in der Ausweitung europäischer Identität begünstigt. Unter dem Einfluss von *Jacques Delors* verband die Kommission die Idee des gemeinsamen Marktes mit einem Symbol – dem Datum „1992", das die öffentliche Meinung beeindruckte – und sie ergänzte die Idee mit einem anderen Symbol – dem Schlagwort vom „sozialen Europa", das dem Prozess der europäischen Integration eine neue Orientierung gab[23]. Die gleichen Feststellungen gelten für jene Fälle, in denen es dem europäischen Bewusstsein einer Gruppe von Akteuren gelang, die Widerstände aus unterschiedlichen nationalen Kontexten zu überwinden. Hierzu zählt der Erfolg des Schuman-Plans, der sowohl in Frankreich als auch in Deutschland gegen vielfältige Widerstände in den nationalen Administrationen und seitens der Interessengruppen verteidigt werden musste[24]. Ähnliche Fälle stellen die schwierige Durchsetzung der Römischen Verträge dar[25] sowie die Einführung der gemeinsamen Währung gegen eine beachtliche Koalition von Partikularinteressen, feindlichen Experten und negativen Volksstimmungen, die die Umsetzung der Beschlüsse von Maastricht bekämpft hat. Der Entscheidungsprozess zur Durchsetzung des Euro, der besonders in Deutschland heftige Formen angenommen hat, harrt noch einer detaillierten Analyse.

D. Europäische Institutionen

Die Einstellung der kleineren Staaten zur Supranationalität entwickelte sich je nach Interpretation des jeweiligen nationalen Interesses. In den Verhandlungen, die zur Etablierung der Europäischen Gemeinschaft für Kohle und Stahl führten, verteidigten die drei Beneluxländer ihre souveränen Rechte mit großer Hartnäckigkeit; sie blieben bis zum Schluss darauf bedacht, nur ein absolutes Minimum ihrer Souveränität zu opfern. Es waren die Vertreter der Niederlande, die, sehr bald von Belgien und Luxemburg unterstützt, die Schaffung eines Ministerrats erzwangen, der nach ihrer Wahrnehmung ein Gegengewicht zur hohen Behörde bilden sollte. Bei der „Rélance européenne" nach dem Scheitern der EVG im August 1954 stellten sich die gleichen Staaten dagegen an die Spitze der Gemeinschaftsbewegung. Ebenso gaben sie sich in den Verhandlungen um den Fouchet-Plan 1961/62 außerordentlich gemeinschaftsfreundlich. Wie der Widerstand gegen supranationale Institutionen lässt sich auch ihre Unterstützung mit nationalen Interessen erklären: Bei den Römischen Verträgen ging es der niederländischen Regierung darum, bestimmte Vorstellungen von einem gemeinsamen Markt durchzusetzen; in den Fouchet-Verhandlungen wollte sie mit einer Stärkung des europäischen Parlaments eine Hegemonie

23 *Rometsch*, La Commission européenne dans l'ère de Jacques Delors, in: Bitsch/Loth/Poidevin (Fn. 15), S. 419 ff.; *ders.*, Die Rolle und Funktionsweise der Europäischen Kommission in der Ära Delors, 1999.

24 Vgl. *Wilkens* (Hg.), Le Plan Schuman dans l'histoire. Intérêts nationaux et projet européen, 2004.

25 Vgl. *Loth*, Deutsche und französische Interessen auf dem Weg zu EWG und Euratom, in: Wilkens (Hg.), Die deutsch-französischen Wirtschaftsbeziehungen 1945-1960, 1997, S. 171 ff.

Frankreichs oder ein deutsch-französisches Kondominium in der Europäischen Gemeinschaft verhindern. Das Beispiel macht deutlich, dass die Staaten hinsichtlich der Definition ihrer nationalen Interessen Entwicklungsprozessen unterliegen, manchmal sogar in sehr kurzer Frist[26].

Die europäischen Institutionen tragen auf zweierlei Art zur Stärkung des europäischen Bewusstseins bei. Zum einen weist das Handeln der Institutionen schon an sich eine formative Dimension auf. Indem auf europäischer Ebene diskutiert und entschieden wird, lassen sie „Europa" realer werden, schärfen sie das Profil der europäischen Realität und stärken sie seine Sichtbarkeit. Auf der anderen Seite betrachten die Institutionen die Stärkung der europäischen Identität als eine – mehr oder weniger wichtige – spezifische Aufgabe, die beständige Anstrengungen erfordert. Sie entwickeln das Gefühl der Zughörigkeit, bestärken den Willen zum Zusammenschluss und pflegen den Gemeinschaftsgeist.

Durch Initiativen, die sich an spezifische Gruppen oder an die allgemeine Öffentlichkeit richten, suchen die europäischen Organisationen die Kontakte zwischen den Europäern zu vervielfältigen, um so die wechselseitige Kenntnis und das Verstehen zu fördern. Bei den Europäern sollen auf diese Weise die Werte bewusst werden, die ihrer gemeinsamen Zivilisation zu Grunde liegen. Entsprechende Aktivitäten entwickelten sich vor allem im Bereich der Erziehung und der Kultur, und das schon in der Zwischenkriegszeit. Mit seinen speziellen Organen wie der Kommission für intellektuelle Zusammenarbeit spielte der Völkerbund eine Vorreiterrolle bei der Organisation von Begegnungen, beim Austausch insbesondere von Studenten, bei der Reform des Unterrichts und bei der Wahrung des kulturellen Erbes[27]. Von 1949 an wurden gleichermaßen voluntaristische und äußerst vielfältige Aktivitäten unter der Ägide des Europarates unternommen; in den letzten Jahren sind auch entsprechende Aktivitäten der Europäischen Union hinzu getreten[28]. Gleichzeitig unternahmen die europäischen Institutionen Anstrengungen, um sich stärker bekannt zu machen, sich eine größere demokratische Legitimation zu verschaffen und ein Maximum an Kompetenzen und Autorität zu erwerben.

Was die Wirkung dieser Aktivitäten betrifft, muss man einen gewissen Gegensatz zwischen der Fülle und dem Nachdruck der Initiativen und den Ergebnissen feststellen, die doch oft bescheiden ausfallen und häufig nur zu Ernüchterung führen. Hier werden offensichtlich die Grenzen einer Kommunikation sichtbar, die einseitig von oben nach unten verläuft, es wird mit anderen Worten das Defizit an Repräsentation auf europäischer Ebene deutlich. In den demokratischen Gesellschaften des 20. Jahrhunderts bedingen sich die Möglichkeiten der Repräsentation und die Fähigkeiten zur Mobilisierung in zunehmendem Maße wechselseitig. Während in der Zeit zwischen den Weltkriegen die Resonanz unter den intellektuellen Eliten noch als ein vernünftiges und hinreichendes Ziel erscheinen konnte, hat die Verwirklichung des

26 *Trausch*, La place et le rôle des petits pays en Europe, in: Frank (Fn. 1), S. 111 ff.; *Dumoulin/Duchenne/van Laer* (Hg.), La Belgique, les petits Etats et la construction européenne, 2003, S. 247 ff.

27 *Guillen*, La SDN et la coopération dans le domaine de l'éducation et de la culture, in: Bitsch/Loth/Poidevin (Fn. 15), S. 17 ff.

28 *Conçalves Martins*, Le Conseil de l'Europe et la défense de la culture européenne, in: Bitsch/Loth/Poidevin (Fn. 15), S. 123 ff.

Binnenmarktes und der Währungsunion den technokratischen Ansatz der europäischen Konstruktion illusorisch werden lassen. Sie ging keineswegs zufällig mit einer neuen Intensität der öffentlichen Debatte über die europäischen Angelegenheiten seit dem Ende der achtziger Jahre einher, aus der sowohl die Stärkung der Rolle des europäischen Parlaments als auch die stärkere Betonung der europäischen Bürgerrechte hervorgingen.
Die europäischen Institutionen können also in zweierlei Richtung als Katalysatoren wirken: Entweder stärken sie eine vage und latent vorhandene Identität oder sie akzentuieren eine Malaise, die bereits spürbar ist. Die Institutionen beeinflussen die allgemeine Konjunktur, in gewissem Maße hängen sie aber auch von ihr ab. Als die allgemeine Konjunktur zu Zeiten *de Gaulles* der Entwicklung der Gemeinschaft eher abträglich war, hatte die Kommission nur sehr begrenzte Möglichkeiten, an der Entwicklung der europäischen Identität mitzuwirken[29]. In einer Zeit einigungsfreudiger Konjunktur wie in der Phase der Einheitlichen Europäischen Akte konnte dagegen selbst eine Institution außerhalb der Gemeinschaft wie der Europarat zur Stärkung der europäischen Identität und des Europa-Bewusstseins beitragen[30]. Die lange und wechselvolle Geschichte des Projekts einer europäischen Universität zeigt den gleichen Einfluss wechselnder Kontexte[31].

E. Europäische Werte

Die Fortschritte des europäischen Bewusstseins stehen offensichtlich in einem Zusammenhang mit der Stärkung des Konsenses über die gemeinsamen politischen Werte der Europäer. Es zeigt sich, dass alle europäischen Organisationen, ob supranational oder intergouvernemental, sich auf die gleichen politischen Werte beziehen; und diese Werte werden auch von den Mitgliedsstaaten geteilt, sowohl in den Staaten, in denen sie eine lange Tradition aufweisen, als auch in denjenigen, die sich erst in jüngeren Jahren zu ihnen bekehrt haben. In der Präambel des EWG-Vertrages von 1957 war nur, auf das Wesentlichste konzentriert, die Notwendigkeit der Sicherung des Friedens und der Freiheit sowie die Orientierung an den Prinzipien der Charta der Vereinten Nationen betont worden. Anfang der siebziger Jahre entwickelte sich dann eine intensivere Diskussion um die Definition der politischen Identität der Europäischen Gemeinschaft. Eine Erklärung über die europäische Identität, die der Gipfel der Staats- und Regierungschefs im Dezember 1973 in Kopenhagen verabschiedete, unterstrich den Willen, die Prinzipien der repräsentativen Demokratie zu achten, den Rechtsstaat, die soziale Gerechtigkeit, das Ziel des wirtschaftlichen Fortschritts und die Menschenrechte, die „die elementaren Grundlagen der eu-

29 Vgl. *Ludlow*, Frustrated Ambitions. The European Commission and the formation of a European Identity, 1958-1967, in: Bitsch/Loth/Poidevin (Fn. 15), S. 307 ff.
30 *V. Constantinesco*, Le rôle du Conseil européen dans la formation d'une identité européenne, in: Bitsch/Loth/ Poidevin (Fn. 15), S. 435 ff.
31 Jean-Marie *Palayrat*, Une grande école pour une grande idée. L'Institut universitaire européen de Florence et les vicissitudes d'une identité « académique » de l'Europe (1948-1990), in: Bitsch/Loth/ Poidevin (Fn. 15), S. 477 ff.

ropäischen Identität darstellen". Danach wurden diese Prinzipien in der Erklärung zur Demokratie bestätigt, die der Europäische Rat von Kopenhagen im April 1978 beschlossen hat. Sie wurden in den Vertrag von Maastricht übernommen und im Vertrag von Amsterdam noch ausdrücklicher bekräftigt. Die Union, hieß es hier, „gründet sich auf die Prinzipien der Freiheit, der Demokratie, der Achtung der Menschenrechte und der Grundfreiheiten und des Rechtsstaats. Diese Grundsätze werden von den Mitgliedsstaaten geteilt"[32].

Das Bekenntnis zu diesen Grundsätzen stärkt den Zusammenhalt der europäischen Gesellschaft, deren demokratischer Charakter hier betont wird. Auf diese Weise entsteht eine relativ homogene demokratische Gesellschaft Europas, die dem Pluralismus, den Freiheiten, dem Vorrang des Rechtsstaats, den Menschenrechten und dem Schutz der Minderheiten verpflichtet ist. Man kann also das Vorhandensein eines gemeinsamen konstitutionellen Erbes feststellen, das zur Herausbildung eines Verfassungspatriotismus auf europäischer Ebene führt. Dieser „Europa-Patriotismus", in dem sich eher die Bindung an ein Wertesystem als eine gefühlsmäßige Zugehörigkeit spiegelt, kann zu dem „nationalen Patriotismus" hinzutreten, der durch die unterschiedlichen historischen Erfahrungen und die Unterschiede in den Sprachen und den Kulturen geprägt ist. Damit werden nationale und europäische Identität mehr und mehr als komplementär wahrgenommen, nicht mehr als Gegensätze, die sich ausschließen. Die Gefühle der Zugehörigkeit zu Gruppen unterschiedlicher Größenordnung, nationalen oder europäischen, können nicht nur nebeneinander bestehen, sie vermögen auch, sich gegenseitig zu stützen[33].

Diese doppelte Zugehörigkeit zur Nation und zur europäischen Gemeinschaft erlaubt und erleichtert die Verfolgung nationaler Interessen mit supranationalen Mitteln oder, um genauer zu sein, die Verfolgung von Interessen, die sowohl der Nation als auch der europäischen Gemeinschaft dienen. In dieser Hinsicht kann man durchaus von „europäischer Identität" im Singular sprechen. Freilich handelt es sich hier nicht um eine „identitäre" Konzeption von Identität, sondern um eine universalistische Konzeption, die die nationalen Identitäten und die Leistungen der Nationen achtet. Waren in der Vergangenheit häufig Konflikte zwischen nationalem und europäischem Bewusstsein zu konstatieren, so muss man jetzt zunehmend auch diesen neuen Typ einer doppelten Zugehörigkeit in die Betrachtung einbeziehen, einen Typ erweiterter Identität und erweiterten Bewusstseins[34].

Die Forschungen zur Entwicklung der Identitäten in Europa und zur Entstehung eines Europa-Bewusstseins korrigieren damit eine Tendenz der Geschichtsschreibung über die europäische Einigung, die nahezu ausschließlich die Rolle der Staaten im Einigungsprozess betont hat. In letzter Instanz sind es nicht die Staaten, die Europa

32 Zitiert nach *Constantinesco* (Fn. 30), S. 443.

33 Vgl. neben dem Beitrag von *Constantinesco* (Fn. 30) die Studien von *Gerkrath*, La Cour de Justice des Communautés européennes, la constitutionnalisation du traité de Rome et son impact sur l'émergence d'une identité européenne, in: Bitsch/Loth/Poidevin (Fn. 15), S. 451 ff.; *ders.*, L'émergence d'un droit constitutionnel dans l'Europe. Modes de formation et sources d'inspiration de la Constitution des Communautés et de l'Union européenne, 1997.

34 Vgl. *Loth*, Die Mehrschichtigkeit der Identitätsbildung in Europa. Nationale, regionale und europäische Identität im Wandel, in: Elm (Hg.), Europäische Identität: Paradigmen und Methodenfragen, 2002, S. 93 ff..

schaffen, es sind die Menschen. Sie schaffen Europa mit Hilfe der Staaten (weil die Schaffung Europas einen Reformprozess darstellt, nicht einen revolutionären Prozess), über die transnationalen Verbindungen und über die gemeinschaftlichen Institutionen, die so entstehen. Zwischen diesen Sektoren des Integrationsprozesses herrscht keine festgeschriebene Hierarchie.

Die Grenzen der Europäischen Union oder das Vierte Kopenhagener Kriterium

Thomas Oppermann

Nichts liegt näher, als *Manfred Zuleeg* mit einem „europäischen" Thema die Ehre zu erweisen. Die europäische Einigung steht im Zentrum des Lebenswerks des Jubilars, dem ich mich freundschaftlich verbunden fühle. Es bereitet auch keinerlei Schwierigkeit, sich die Thematik nach Belieben auszusuchen. *Zuleeg* ist seit Jahren ein „All-Rounder" der europäischen Integration. Nie nachlassendes wissenschaftliches Interesse und die Jahre als deutscher Richter am Gerichtshof der Gemeinschaften haben ihn in alle Bereiche des Europarechts ausgreifen lassen.
Ein Charakteristikum des reichen Lebenswerkes liegt im Engagement für die Grundfragen der Europäischen Gemeinschaft und Union. *Zuleeg* ist überzeugter „Europäer". Er will den dauerhaften Erfolg der europäischen Einigung, deren juristisches Fundament er mit immer neuen Fragestellungen umkreist. Einmal ist es die „Gestalt" oder der „Bestand" der Europäischen Gemeinschaft (1976/1981), dann der „Integrationsverband" (1984), die „Rechtsgemeinschaft" (1993), die „Supranationalität" (1998) oder die „Demokratiefähigkeit" (1999) und in jüngster Zeit natürlich die Frage nach der „Verfassung" der Union.
Ich möchte an den „Zusammenhalt der Union" anknüpfen, ein weiterer Begriff, mit dem sich *Zuleeg* mehrfach, zuletzt wieder 2004 auseinandergesetzt hat. Während ihn in erster Linie die rechtlichen Voraussetzungen dauerhafter Kohäsion interessierten, scheinen nach der großen Erweiterung der EU von 15 auf 25 Mitgliedstaaten 2004 und angesichts der Perspektive einer größeren Zahl weiterer Beitritte bestimmte Tatsachen in den Vordergrund zu treten, die über das Schicksal der Union im 21. Jahrhundert entscheiden. Immer öfter wird die Frage nach den „Grenzen der EU" gestellt. Nach welchen Kriterien lassen sie sich bestimmen?

A. Immer engere oder immer weitere Union?

Die Europäische Union steht in Gefahr, zu Beginn des 21. Jahrhunderts Opfer ihres eigenen Erfolges zu werden. Mit den Verträgen von Paris und Rom entstand in den fünfziger Jahren eine Gemeinschaft von sechs westeuropäischen Staaten mit 190 Millionen Bürgern. Über die Erweiterungen 1973 (Großbritannien, Dänemark und Irland), 1981 (Griechenland), 1986 (Spanien, Portugal), 1995 (Finnland, Österreich, Schweden) und 2004 (Estland, Lettland, Litauen, Malta, Polen, Slowakei, Slowenien, Tschechien, Ungarn, Zypern) sowie der Einbeziehung der DDR 1990 ist daraus 2004 eine gesamteuropäische Union von 25 Mitgliedern und einer Bevölkerung von 450 Millionen Unionsbürgern geworden.

Weitere Beitritte scheinen nur noch eine Frage der Zeit zu sein. Bulgarien und Rumänien sollen 2007 EU-Mitglied werden. Mit Kroatien beginnen 2005 Verhandlungen mit Blick auf ein Datum 2008. Auf dem EU/Balkan-Gipfeltreffen in Zagreb 2000 wurde bereits allen übrigen Balkanstaaten (Albanien, Bosnien-Herzegowina, Mazedonien, Serbien-Montenegro einschließlich des Kosovo) bei Erfüllung der „Kopenhagener Kriterien" eine Beitrittsperspektive zugesichert.

Die am 3. Oktober 2005 mit der Türkei beginnenden Beitrittsverhandlungen werden zum eigentlichen Prüfstein für die Möglichkeiten und Grenzen der Erweiterungsfähigkeit der Union.

Die EWR-Staaten Island, Liechtenstein und Norwegen sowie die Schweiz sind politisch und wirtschaftlich beitrittsfähig. Sie haben bisher aus unterschiedlichen Gründen verzichtet, sich der EU zu nähern oder sich, wie Norwegen, zweimal im letzten Augenblick abgewendet. Ein Beitrittsgesuch der Schweizer Regierung liegt wegen der ablehnenden Haltung der Bevölkerung seit 1993 „tiefgefroren" in Brüssel.

Wie immer man rechnet: Eine Europäische Union mit 30 bis 40 Mitgliedstaaten und weit über 500 Millionen Bürgern könnte in einer nicht zu fernen Zukunft im Bereiche des Möglichen liegen. Kann das immer so weitergehen?

Die Entwicklung des europäischen Einigungsprozesses spiegelt eindrucksvoll die Anziehungskraft der „europäischen Idee", wie sie nach dem zweiten Weltkrieg von *Jean Monnet, Robert Schuman, Konrad Adenauer, Alcide de Gasperi* und anderen in die Tat umgesetzt wurde. Die damalige Gründungsphilosophie zielte auf einen Europäischen Bundesstaat oder wenigstens auf die „Verwirklichung einer immer engeren Union der Völker Europas" (Art. 1 Maastrichter EU-Vertrag 1992). Die Schaffung des Binnenmarktes 1993 und der Währungsunion 1999 waren zuletzt wichtige Etappen auf diesem Wege.

Die „immer weitere Union" der Beitritte steht zwangsläufig in einem Spannungsverhältnis zum Ziel einer engen und dauerhaften Integrationsgemeinschaft im Sinne der Gründungsväter. Häufig wiederholte Beschwörungen, dass Erweiterung und Vertiefung der Europäischen Union Hand in Hand gehen müssen, vermögen hieran nichts zu ändern. Die Beitrittsmotive vieler Neumitglieder speisen sich weniger aus den „europäischen Idealen" der Nachkriegszeit als aus dem Wunsch, am wirtschaftlichen Wohlstand der EU teilzuhaben. Mit Großbritannien, Dänemark und Schweden gehören der EU seit längerem Staaten an, die einer „immer engeren Union" skeptisch gegenüberstehen.

B. Rettungsversuch: Die Europäische Verfassung 2004

Bei den Verantwortlichen hat sich allmählich herumgesprochen, dass die stürmisch wachsende Union einer durchgreifenden Reform bedarf, wenn sie unter 25 und mehr Mitgliedern handlungsfähig und regierbar bleiben soll. Die Antwort soll eine neue „EU-Verfassung" geben. Kann der 2002-2004 nach qualvollen Verhandlungen des „Konvents zur Zukunft Europas" und der anschließenden Regierungskonferenz am 29. Oktober 2004 in Rom unterzeichnete „Vertrag über eine Verfassung für Europa“ die Hoffnungen auf eine „große und enge Union“ erfüllen, wenn er in Kraft tritt?

Die EU-Verfassung hat sich den Problemen der „Mega-Union“ zu stellen gesucht. Die Einführung präsidialer Elemente in den Europäischen Rat der Staats- und Regierungschefs und an der Spitze der Europäischen Kommission sowie Stärkungen des Europäischen Parlaments und bei der Mehrheitsentscheidung im Ministerrat begreifen sich als Schritte zugunsten der Handlungsfähigkeit der heutigen EU. Bei näherer Betrachtung wird allerdings ebenso das Kompromißhafte vieler Verfassungsentscheidungen sichtbar, welche der Sacro Egoismo der Mitgliedstaaten erzwungen hat, vor allem der kleineren. Die Praxis der Verfassung – wenn sie das Licht der Welt erblickt – muß erweisen, ob sie zum Rettungsanker der 25er EU wird. Der Verfassungsvertrag ist jedoch kein Allheilmittel, mit dem eine beliebige Zahl weiterer Beitritte bewältigt werden kann. Die Frage nach den Grenzen der Union bleibt gestellt und damit nach den Kriterien für die Antwort.

C. Die „Kopenhagener Beitrittskriterien“ 1993

Der europäische Einigungsprozeß war von Anfang an gesamteuropäisch ausgerichtet. Der Eiserne Vorhang verhinderte lange Zeit die Verwirklichung. Die Präambel zum EWG-Vertrag 1957 enthielt die Aufforderung an die „anderen Völker Europas, die sich zu dem gleichen hohen Ziel bekennen, sich diesen Bestrebungen anzuschließen“. „Jeder europäische Staat“ sollte Mitglied werden können. Seit den siebziger Jahren wurde jedoch von Beitritt zu Beitritt sichtbarer, dass die Mitgliedschaft in der Gemeinschaft und Union angesichts ihrer Zielsetzung von der Erfüllung weiterer Voraussetzungen abhängig sein muss. 1993 sind sie von den Staats- und Regierungschefs als „Kopenhagener Kriterien“ zusammengefasst worden[1]. Sie bestimmen seither die Beitrittspraxis. Unausgesprochen schwingt in der Praktizierung der Kopenhagener Beschlüsse die Suche nach den Grenzen der Union mit.

D. Die Geographie : „Europäischer Staat“

Objektiv begrenzt der Vertrag in Art. 49 EUV die mögliche EU-Mitgliedschaft auf alle „europäischen Staaten“. Der jahrzehntelange Umgang der Gemeinschaft mit diesem scheinbar eindeutigen Kriterium offenbart die „Politisierung“ der Beitrittspraxis. Die Mitgliedstaaten schieben, wenn opportun, die Geographie beiseite und orientieren sich an anderen Gesichtspunkten. Algerien und die französischen überseeischen Departements waren seit Beginn 1958 Teile der „Europäischen“ Wirtschaftsgemeinschaft. Dagegen wurde ein Beitrittsantrag Marokkos 1987 von Brüssel nicht behandelt. Dasselbe Frankreich, dessen ferne Inseln Guadeloupe, Martinique und Réunion zur EWG gehören, verwarf 1963 aus militärstrategischen Gründen zunächst den Beitritt des zweifellos europäischen Großbritanniens. Das

1 Text: Bulletin der Bundesregierung 1993, S. 629 ff.

dänische Grönland war 1973 – 1982 Teil der Gemeinschaft, bis es aus eigenem Willen ausscherte.
Das Assoziierungsabkommen mit der Türkei enthielt 1963 eine verklausulierte Beitrittsperspektive, um diesen NATO-Partner nicht schlechter zu stellen als das zur gleichen Zeit assoziierte Griechenland. Der kleine Gebietszipfel um Istanbul reichte aus, um die Türkei zum „europäischen Staat" zu erklären. Ebenso galt die Asien zugehörige Insel Zypern bei der Erweiterung 2004 ohne Umstände als europäisch. Bei Israel liegen die Dinge wieder anders.
Geographisch reicht Europa vom Atlantik bis zum Ural. Der geographische Mittelpunkt Europas liegt in der Westukraine. Aber weder die Ukraine, Weißrußland, die Kaukasusstaaten oder gar die Russische Föderation wurden in die Osterweiterung der EU einbezogen. Anders als die Türkei erhielten diese europäischen Staaten keine Beitrittsperspektive.
Kann man aus diesem „Voluntarismus" der EU irgendwelche Schlüsse über die Grenzen Europas ziehen? Allenfalls den, dass Geographie Europas und „europäischer Staat" im Sinne von Art. 49 EUV wenig miteinander zu tun haben.

E. Achtung der gemeinsamen Werte

Die Europäische Gemeinschaft und später Union hat sich im Laufe der Zeit in ihrer Beitrittspraxis immer stärker als Wertegemeinschaft verstanden. Die „europäischen Ideale" des Europarates gehörten von Anfang an zu ihrer Identität. Die EG war verfassungsmäßig der Gegenentwurf zum kommunistischen Osteuropa und zu Diktaturen von rechts. Der Beitritt eines Staates jenseits des Eisernen Vorhangs war bis 1989 aus politischen Gründen ebenso ausgeschlossen wie derjenige Spaniens und Portugals bis Mitte der siebziger Jahre. Die EWG-Assoziierung Griechenlands ruhte 1967-1974 während der Militärdiktatur.
Die Kopenhagener Kriterien haben diese Praxis formalisiert. Die EU ist eine Gemeinschaft von Demokratien parlamentarischen oder präsidialen Typus (Art. 6 Abs.1 EUV). Der Beitrittsstaat muß sich zu denselben Leitprinzipen der parlamentarisch-rechtsstaatlichen Demokratie bekennen und sie praktizieren wie die EU und ihre Mitgliedstaaten in der eigenen Rechtsordnung. Freiheit und Demokratie werden vor allem durch die Achtung der Menschenrechte und Grundfreiheiten einschließlich freier politischer Wahlen verbürgt. Der Schutz von Minderheiten gehört dazu. Der europäische menschenrechtliche Standard verkörpert sich insbesondere in der Europäischen Menschenrechtskonvention von 1950 und neuerdings in der EU-Grundrechtecharta, die in den Entwurf der EU-Verfassung 2004 inkorporiert worden ist.
Das Bekenntnis eines Staates zu den gemeinsamen Werten ist Voraussetzung für den Beitritt zur EU. Es bedeutet jedoch kein „Recht auf Beitritt". Die Grenzen Europas laufen oftmals, aber nicht überall mit der rechtsstaatlichen Demokratie parallel. Australien und Neuseeland sind keine Anwärter zur Union. Die Fälle der Türkei und neuerdings der Ukraine zeigen allerdings ebenso wie die Einbeziehung der beiden iberischen Staaten nach 1975 und die erfolgreichen Verhandlungen mit Mittelosteu-

ropa seit den neunziger Jahren, dass sich aus der Demokratisierung „naher Staaten“ für die EU gewichtige Argumente ergeben, die Beitrittsperspektive zu eröffnen oder ernsthaft zu erwägen.

F. Wirtschaftliche Beitrittskriterien

Wirtschaftliche Kriterien treten neben die „ideellen“. Sie sind definierbar und unabdingbar. Die EU ist auf den Grundsatz einer offenen Marktwirtschaft mit freiem Wettbewerb verpflichtet (Art. 4 EGV). Ein Beitrittsstaat muß eine vergleichbare Wirtschaftsordnung aufweisen, um fähig zu sein, Teil des Binnenmarktes zu werden und dessen Wettbewerbsdruck standzuhalten. Auch wenn die Wirtschaftskriterien in der Beitrittspraxis mit einer gewissen Flexibilität gehandhabt werden, ist der marktwirtschaftliche Grundansatz aus praktischen Gründen unverzichtbar. Dazu gehört eine konvertible Währung, um sich am freien Waren- und Personenverkehr zu beteiligen. Währungspolitisch reicht die Beteiligung am Europäischen Wechselkursmechanismus aus. Wie die Beispiele Großbritanniens, Dänemarks und Schwedens zeigen, muß nicht jeder EU-Staat Mitglied der Währungsunion sein.

G. Vollmitgliedschaft

Aus dem Grundgedanken, daß ein Beitrittsstaat über gleiche Rechte wie „Altmitglieder“ verfügen soll, aber auch gleiche Pflichten übernehmen muß, folgen weitere Voraussetzungen. Der Beitrittsstaat muß bereit sein, Vollmitglied zu werden. Ein „Europa á la Carte“ soll es nicht geben. Das hat zweierlei Konsequenzen.
Mitgliedschaft in der EU bedeutet längst nicht mehr lediglich Teilnahme an einer Wirtschaftsgemeinschaft von der Art der früheren EWG. Die EU baut seit Maastricht einen „Raum der Freiheit, der Sicherheit und des Rechts“ im Sinne zunehmender Vergemeinschaftung der klassischen Innenpolitik auf. Ebenso wird die Zusammenarbeit im Rahmen der Gemeinsamen Außen- und Sicherheitspolitik (GASP) seit den neunziger Jahren verstärkt. Der Beitritt ist nur zur Union als Ganzem möglich (Art. 49 EUV). Das schließt in der Praxis die Mitgliedschaft bisher neutraler Staaten nicht aus (Finnland, Irland, Österreich und Schweden). Erwartet wird jedoch die Mitarbeit in der GASP. Sie soll zum allmählichen Zurücktreten der „Neutralitätsmythen“ führen.
Zweitens soll die innere Identität der Union durch Beitritte grundsätzlich unberührt bleiben. Sie stellt sich rechtlich als ein immenses, in Jahrzehnten gewachsenes Corpus primären und sekundären Gemeinschaftsrechts dar („Gemeinsamer Besitzstand“ oder „acquis communautaire“). Der Acquis steht in den Verhandlungen nicht zur Disposition. Seine Übernahme wird den Beitrittsstaaten durch Übergangsfristen bis zu ca. 10 Jahren erleichtert. Die Angleichung des nationalen Rechts an den europäischen Standard stellt gleichwohl eine große Herausforderung für Verwaltung und Justiz der Beitrittsstaaten dar.

H. Aufnahmefähigkeit der EU

Die noch lange nicht abgeschlossene Diskussion um einen Beitritt der Türkei hat ein weiteres Kopenhagener Kriterium (das sogenannte „vierte") in den Vordergrund gerückt. Es richtet sich an die Union selbst, ist objektiver Natur und hängt mit verschiedenen Faktoren wie Geographie, Demographie, Wirtschaft und Kultur zusammen. 1993 wurde in Kopenhagen formuliert, dass Beitritte ihre Grenze an der „Fähigkeit der Union finden, neue Mitglieder aufzunehmen und zugleich die Stoßkraft der europäischen Integration zu erhalten".
Zu prüfen ist hiernach die Kapazität der Union, Länder besonderer geographischer Lage oder demographischer Größenordnung, mit hohen Entwicklungsrückständen oder einer fremden Kultur aufnehmen zu können. In solchen Fällen werden „Ausdehnungsprobleme" befürchtet, welche die Zukunft einer engen Integrationsgemeinschaft in Frage stellen. Sie betreffen unter anderem die künftige Zusammensetzung der Institutionen (arbeitsfähige Größenordnungen von Rat und Kommission, ein legitimationsfähig zusammengesetztes Parlament), die finanziellen Konsequenzen für die großen Förderaktionen der EU (Agrar- und Strukturpolitik) und die soziale Homogenität der Union. Es geht mir anderen Worten um den „Zusammenhalt der Union" im Sinne von *Manfred Zuleeg*.
Man kann die Frage dahingehend vereinfachen, ob sich ein enger multinationaler Staatenverbund von der Art der EU jenseits einer bestimmten geographischen und demographischen Größe noch aufrechterhalten lässt. Heute 25 Staaten mit 450 Millionen Unionsbürgern und morgen gemäß den bereits eröffneten Perspektiven gut 30 Mitglieder und eine Bevölkerung von über 500 Millionen – ist das die äußerste Grenze oder bereits zu viel? Der Verweis auf die USA (50 Staaten/ bald 300 Millionen US-Bürger) oder Indien (28 Staaten, 7 Unterterritorien/ 1 Milliarde Inder) verfängt nicht. In beiden Fällen handelt es sich trotz aller Probleme um eine gemeinsame Nation, die sich in einem Bundesstaat mit einer effektiven Bundesgewalt zu vereinen wusste. In Europa haben alle Reformen der EG/EU bis zuletzt die „Verfassungsgebung" 2002-2004 zu keiner vergleichbaren Stärkung der Gemeinschaftsgewalt geführt. Europa ist in zahlreiche Nationalstaaten mit eigener Geschichte, Kultur und Sprache zersplittert. „Kleine Staaten sollen soviel gelten wie große", hatte *Winston Churchill* in Zürich 1946 prophetisch gesagt. Dabei ist es bis heute geblieben, mit anderen Worten bei einer „Rechtsgemeinschaft" mit immer wieder vergrößerten Institutionen, die auf den Befolgungswillen ihrer Mitglieder angewiesen ist und zur Durchsetzung ihrer Beschlüsse nötigenfalls auf das nationale Machtpotential zurückgreifen muß.

I. „Immer größere Union" oder Europäische Nachbarschaftspolitik ?

Kann man einen solch komplizierten und fragilen Staatenverbund beliebig vergrößern, ohne ihn im Wesen zu verändern? Dinosaurier sind an ihrer schieren Größe zugrundegegangen. Bei den Beitritten von 1995 und 2004 wurde das vierte Kopenhagener Kriterium noch einmal stillschweigend bejaht. Im Grunde auch bereits für die Beitrittsperspektive des „Restbalkans".

Die Union ist sich andererseits in den letzten Jahren der existentiellen Frage bewusst geworden, dass eine „immer größere Union" irgendwann in einen schleichenden inneren Erosionsprozeß übergehen muß. Die von der Europäischen Kommission entwickelte und in die künftige EU-Verfassung 2004 (Art. I-57) aufgenommene Europäische Nachbarschaftspolitik (ENP) stellt die erste offizielle Initiative dar, die Grenzen der Union zu bestimmen. Sie sieht nicht nur in der südlichen Mittelmeerregion von Marokko bis Syrien „Nachbarn" der EU und nicht potentielle Mitglieder, sondern ebenso in den Staaten des ferneren Osteuropas (Weißrußland, Ukraine, Moldawien, Kaukasusstaaten und die Russische Föderation).

Die Nachbarschaftspolitik bedeutet keine Abwendung der EU von ihren Anrainern. Doch braucht man nicht jeden Freund in der eigenen Wohnung aufzunehmen. Durch spezielle Übereinkünfte ohne Eröffnung einer Beitrittsperspektive soll bei den Nachbarn Frieden, Stabilität und Wohlstand und damit zugleich die Sicherheit der Union gefördert werden. Man kann die „privilegierte Partnerschaft", welche der Türkei anstelle einer Mitgliedschaft nach Auffassung wichtiger politischer Kräfte angeboten werden sollte, als Nachbarschaftsregelung für einen „besonders nahestehenden" Staat verstehen.

K. Die Türkei als „Schicksalsstaat" der Europäischen Union

In der andauernden Kontroverse über einen Beitritt der Türkei zur EU scheint sich wie in einem Brennglas die Frage nach Grenzen und Schicksal der EU zu bündeln. Das Spektrum der politischen Antworten reicht vom „Ende der EU" des Präsidenten des Europäischen Verfassungskonvents 2002-2003, *Giscard d'Estaing,* bis zur „strategischen Rekonstruktion des Westens", womit sich der deutsche Außenminister *Joschka Fischer* vom früheren Ziel einer „Föderation der Nationalstaaten" verabschiedete.

Längst sind beide Standpunkte ausbuchstabiert worden. In Deutschland haben Historiker wie *H.-A. Winkler* und *H.-U. Wehler* oder ein Staatsrechtler wie *E.W. Böckenförde* die historisch-kulturellen, geographischen, wirtschaftlich-sozialen und nicht zuletzt rechtlich-institutionellen Gründe gegen die Beitrittsfähigkeit der Türkei dargelegt (kein Bestandteil des geschichtlichen Europas, Grenzen zu Syrien, dem Irak und Iran, „Fremdheit" zwischen dem christlich/laizistischen Europa und dem Islam, ökonomische Rückständigkeit mit untragbarer Kostenbelastung für die EU, anatolischer Migrationsdruck nach Europa, Menschenrechtsprobleme – zusammenfassend die Verbiegung der inneren EU-Architektur durch den Beitritt eines „Randstaates" mit demnächst über 80 Millionen Einwohnern, d.h. Stillstand und Rückschritt des Integrationsprozesses).

Die meist politischen Befürworter des Beitritts setzen sich mit diesen Sorgen wenig auseinander. Sie argumentieren auf einer anderen Ebene (Chance eines gemäßigten Islamismus im Kampf gegen den Terrorismus, Bereicherung durch ein multikulturelles Europa, Vergrößerung des Binnenmarktes und historischer Verweis auf das Osmanische Reich als Teil des „Europäischen Konzerts" im 19. Jahrhundert).

Bei dieser Kontroverse ist von zweierlei Europa die Rede. Den einen geht es um die Fortsetzung des vor einem halben Jahrhundert begonnenen europäischen Einigungsprozesses. Mit EU-Verfassung 2004 und Nachbarschaftspolitik soll die Union enger Staatenverbund mit der Chance auf wachsende Gemeinsamkeiten bleiben. Der Europäische Bundesstaat ist zwar seit längerem Chimäre geworden. Die „Europäer" von heute einte erneut im Verfassungskonvent die Überzeugung, dass nur die bewährten Formen überstaatlicher Rechtsgemeinschaft Europa auf Dauer Frieden und Wohlstand im Inneren und die ihm gebührende globale Rolle nach außen zu sichern vermögen.

Für die Strategen der „Rekonstruktion des Westens" hat sich die Welt dagegen nach dem 11. September 2001 grundlegend geändert. Absolute Priorität gilt dem Kampf gegen den internationalen Terrorismus, mag auch die europäische Integration auf der Strecke bleiben. Fragwürdige Verbündete kommen aus dem Lager der Euroskeptiker in Großbritannien und anderwärts, welche die „Lockerung" der EU durch einen Türkeibeitritt nur allzu gerne sehen würden. Politics bring strange bed-fellows together. Unbelehrbaren „Integrationisten" wird die undeutliche Vision eines „Kerneuropas" innerhalb der Groß-EU empfohlen.

Wenn nicht Vieles täuscht, werden die Verhandlungen mit der Türkei ab dem Herbst 2005 zur Schicksalsfrage der Europäischen Union. Ein Europa, welches das vierte Kopenhagener Kriterium beiseite schiebt und seine Grenzen bis zu Euphrat und Tigris ausdehnt, hätte kaum noch etwas mit der „immer engeren Union" der Gründungsväter und ihrer Nachfolger gemeinsam. Vermutlich auch nicht mit dem „Zusammenhalt der Union" im Sinne von *Manfred Zuleeg*.

Nationales Verfassungsrecht, regionale „Staatenverbünde" und das Völkerrecht als universales Menschheitsrecht: Konvergenzen und Divergenzen

Peter Häberle

A. Problem, Aktualität

Das Thema sucht konstitutionelle Strukturen vielfacher Art auf unserem „blauen Planeten" Erde zusammenzudenken. Es kann sich nur um einen ersten Versuch, eine grobe Skizze handeln. Die Aktualität liegt angesichts der viel zitierten „Globalisierung" und „Internationalisierung" bzw. „Europäisierung" auf der Hand. Doch beobachten wir auch gegenläufige oder doch korrigierende Entwicklungen: die Wiederbesinnung auf die vor Ort, in der Heimat, im Kleinen, im überschaubaren Lebensraum gewachsene Kultur als Gegengewicht gegen den grenzenlosen „Weltmarkt" und die allgemeine Ökonomisierung, sodann die verschiedenen Regionalisierungen, etwa in Europa im engeren Sinne der EU und im weiteren Sinne des Europarates und der OSZE; daneben gibt es anderes: die Renationalisierung auf dem Balkan, die aber in einer Europäisierung mancher dortiger Kleinstaaten aufgefangen werden sollte, die Herausbildung alter und neuer Kleinstaaten; in Afrika sehen wir das leider meist noch „platonisch" bleibende Ringen um die „Afrikanische Einheit", in Südamerika beobachten wir die Integrationsbemühungen des „Mercosour", den Menschenrechtspakt der Andenstaaten (2002) und vielleicht das zum „Gemeineuropäischen Verfassungsrecht" eines Tages parallele „Gemein*amerikanische* Verfassungsrecht" (die Freihandelszone der FTAA von 2003 ist freilich zu wenig, die NAFTA vielleicht ein erster Teilansatz von der Wirtschaft her – man denke an Europa, wo die Europäische Wirtschaftsgemeinschaft erst in Jahrzehnten zur Europäischen Verfassungsgemeinschaft herangewachsen ist –, die regelmäßigen iberoamerikanischen Gipfeltreffen der Politiker, zuletzt die „Deklaration von Santa Cruz", und die der Verfassungsjuristen ermutigen; gleiches gilt für die Humboldtianer-Treffen aus Europa und Lateinamerika, 2003 in Montevideo). In und für Asien fragte ich schon vor etwa 10 Jahren nach der Möglichkeit von „gemeinasiatischem Verfassungsrecht", etwa zwischen Südkorea, Japan, und von Spanien aus wurde kürzlich in meinem Jahrbuch des Öffentlichen Rechts nach einem „gemeinislamischen Verfassungsrecht" (*E. Mikunda*) gesucht – eine vergleichende Betrachtung der mir kürzlich zur Begutachtung vorgelegten beiden ersten Entwürfe für Somalia (2002) wird einschlägig, wohl auch der Verfassungsentwurf für Afghanistan (2003). Kulturdifferenz als Schutz gegen uferlose Entgrenzung und Ökonomisierung ist ein Stichwort unseres Problems; ein Mindestmaß an konstitutionellen Strukturen, die von der Würde des Menschen *und* der Menschheit ausgehen ein anderes. Der kulturanthropologische Ansatz gehört zum „Vorverständnis" und zur „Methodenwahl" dieses Beitrags, die der kulturwissenschaftlich-rechtsvergleichenden Methode zu verdankende Gewinnung von Identität aus verfassungsrechtlichen Verfahren und Inhalten ebenso.

B. Die kulturwissenschaftlich-rechtsvergleichende Konturierung der im Thema genannten Trias: Verfassungsstaat, regionale Staatenverbünde und universales Menschheitsrecht

I. Das nationale Verfassungsrecht, der Typus Verfassungsstaat, Verfassung als „Kultur"

Die erste Säule unserer Trias ist relativ leicht zu skizzieren. Denn dank der in Raum und Zeit vergleichend arbeitenden Verfassungslehre kennen wir die in einem langen Entwicklungsweg gewordene, weltweit ausgreifende und sich weiter formende Struktur des *Typus* Verfassungsstaat, so offen er nach außen und in die Zeit hinein geworden ist. Der rechtliche Dichtegrad der verfassungsstaatlichen Verfassung ist groß. Es gibt einen gemeinsamen Kanon von Verfahren und Inhalten, etwa die Prozesse der Verfassunggebung und Verfassungsänderung bis hin zum verfassungsgerichtlichen Sondervotum, inhaltlich den Standard der Grundrechtskataloge, der Demokratieformen, des Rechts-, Sozialstaats- und Kulturstaatsprinzips, auch des Umweltschutzes. Gewaltenteilung im horizontalen Sinne *Montesquieus* und im vertikalen Sinne von Föderalismus und Regionalismus können hinzutreten. Neue Verfahren entstehen: so die „Wahrheitskommissionen" in Südafrika, San Salvador und Peru, ferner die Popularverfassungsbeschwerde in Kolumbien oder der Ombudsmann Mexikos und Skandinaviens. Altes kann absterben: etwa die geschlossene Staatlichkeit, revidiert wird die „Souveränität", z.T. auch die Immunität: vor allem im Blick auf die Menschenrechte. Hier ist die Völkerrechtslehre in die Pflicht genommen. Werden nach dem Irak-Krieg und angesichts einer globalen Bedrohung durch den Terrorismus das klassische Gewaltverbot und die Souveränitätsdoktrin auf den Prüfstand gestellt, so kann dieses Wagnis nur bei menschenrechtlicher Rückbindung gelingen. Ein auf den Menschen hin gedachtes, instrumentales Souveränitätsverständnis ist zukunftsweisend, nicht die „Souveränität des Stärkeren". Der Eigenart des Menschen gemäß gibt es „emotionale Konsensquellen" wie Flaggen, Hymnen, Feiertage, aber auch rationale wie den Rechtsstaat, die Begründungspflicht für richterliche Entscheidungen, die disziplinierende Kraft der Verfahren in Parlament, in der Judikative und in der Exekutive, die „gute Verwaltung", in Art. 41 der EU-Grundrechtecharta sogar zum subjektiven Recht geronnen. Das sog. Kulturverfassungsrecht, etwa in kulturellen Freiheiten, im Kulturgüterschutz, beim Verhältnis von Staat und Kirche bzw. vorweg der „nominatio/invocatio dei" greifbar, gehört zur „Seele" eines nationalen Verfassungsstaates, der durch den auch sprachlichen Minderheitsschutz toleranter geworden ist als in seinen „klassischen" Zeiten. Zu unterscheiden ist zwischen den Verfassungstexten im engeren Sinne der geschriebenen Verfassung und im weiteren Sinne der Klassikertexte eines *Aristoteles* (z.B. in Sachen Gleichheit bzw. Gerechtigkeit), eines *Montesquieu* (in Sachen Gewaltenteilung) und eines *H. Jonas* in Sachen Umweltschutz als in die Zeit und auf die ganze Welt erstreckten Kategorischen Imperativs im Sinne von *I. Kant*: Handele so, dass die *Nachwelt* menschenwürdig überlebt! Das Umweltvölkerrecht hat mit dem „sustainable development“ dafür eine treffende Formel gefunden.

Die angemessene Methode zur Erarbeitung dieses Verfassungsstaates ist aus meiner Sicht die kulturwissenschaftliche: Einbeziehung der wandelbaren kulturellen Kontexte von Verfassungen, Verfassung als Kultur, Freiheit als kulturelle Freiheit etc. Das offene pluralistische Kulturkonzept gehört hierher (Stichwort: „Hochkultur“, „Volkskultur“, Sub- bzw. Alternativkulturen). Im Übrigen sei daran erinnert, dass der Streit um das sog. „richtige“ Verfassungsverständnis zu entschärfen ist. Je nach Artikelgruppe und Normenensemble ist Verfassung bald „Schranke“ für Macht und „Ermächtigung“ zur Macht, bald „Norm und Aufgabe“, bald „Rahmen und Detail“, bald Sicherung eines freien Lebensprozesses, bald „öffentlicher Prozess“, um auf Konzepte des deutschen Schrifttums anzuspielen. So sei von einem „multifunktionalen Verfassungsverständnis“ gesprochen, ohne dass die Kultur instrumentalisiert werden dürfte.

II. Regionale Staatenverbünde: das Beispiel Europa

Der Begriff „Staatenverbund“ stammt vom deutschen BVerfG (Maastricht-Urteil von 1993), er ist umstritten und aus meiner Sicht durch das Wort „Verfassungsgemeinschaft“ der EU zu ersetzen. Für weniger dichtere regionale Vergemeinschaftungen aber kann das Wort „Staatenverbund“ m.E. gut tauglich sein. Für Europas enge Integration ist es jedoch angemessen, von „*Teil*verfassungen“ zu sprechen: So ist der Vertrag von Maastricht/Amsterdam/Nizza (1992/1997/2000) bis hin zur schon als „soft law“ (vor-)wirkenden Europäischen Grundrechtecharta (2000) eine Teil-Verfassung; im Europa im weiteren Sinne bildet die EMRK (1950) eine solche. Wir erleben in der EU den Übergang von Regierungskonferenzen zur „Konventsmethode“, eine qualitative Veränderung (Stichwort: vom Vertrag zur Verfassung), auch wenn der Rückschlag durch das Scheitern des EU-Gipfels am 13. Dezember 2003 schmerzhaft ist. Der Stabilitätspakt auf dem Balkan (seit 1999) gibt Anlass zu Hoffnungen.

Für andere Weltregionen, die auf ihren Kontinenten unterschiedlich intensiv um Vergemeinschaftung ringen, hat der Begriff „Staatenverbund“ Aussagekraft: Er meint ein besonders enges Zusammenwirken mehrerer Staaten: innerstaatlich in Sachen Grundrechte, gemeinsamer Umweltschutz und Wirtschaft, organisatorisch durch eine gemeinsame Gerichtsbarkeit wie in Gestalt der AMRK bzw. des Gerichtshofs in Costa Rica. Der „Mercosur“ im Süden und die amerikanische Freihandelszone im Norden (NAFTA) gehört hierher. Instrumente sind Klauseln zur grenzüberscheitenden Zusammenarbeit wie in Art. 24 Abs. 1 a GG und vor allem das nationale, auf Vergemeinschaftung gerichtete Verfassungsrecht, z.B. das „nationale Europaverfassungsrecht“ (etwa Art. 23 GG oder Art. 7 Abs. 5 und 6 Verf. Portugal) oder die Klauseln zur lateinamerikanischen Einheit. Hier ist noch viel im Werden. Doch wird erkennbar, wie berechtigt das Wort vom „kooperativen Verfassungsstaat“ (1978) ist. Nimmt man die Möglichkeit und (Teil)Wirklichkeit vom „Gemeinameri-

kanischen Verfassungsrecht“ hinzu, so darf der Begriff „regionale Staatenverbünde“ als eigenes neues, vielen Weltregionen gemeinsames „Gewächs“ angesehen werden. Ob der Islam die Kraft zum „gemeinislamischen Verfassungsrecht“ hat, ob er zum Respekt vor der Autonomie des Rechts gegenüber der Religion in der Lage ist, ob er die Menschenrechte aufrichtig garantieren kann, bleibe hier offen. (Der Verfassungsentwurf Afghanistans von 2003 stellt den Islam und die „Werte dieser Verfassung“ immer auf dieselbe Ebene: Art. 3, 35 Ziff. 1.)
Zu fragen wäre nach den geistesgeschichtlichen, kulturellen und wirtschaftlichen Hintergründen für das Entstehen solcher regionaler „Staatenverbünde“: die Vernetzung, das Ringen um ein Gegengewicht gegen etwaige „Weltmächte“, die Globalisierung, die dank der neuen Technologien vernetzte *eine* Welt. Immerhin darf gesagt werden, dass die AMRK (1969) und die AfrMRK (1981) eine Teilverfassung für die dortigen Regionen sind, wenigstens in nuce. Der Glaube an die Geltungskraft einer geschriebenen (Teil)Verfassung ist auch hier groß, vermutlich geht sie auf die drei geschriebenen Buchreligionen zurück. Der fast naive „Glaube“ an Verfassungen sollte uns Juristen aber auch Hoffnung geben und Anlass für wissenschaftlichen Optimismus sein: auch trotz der „Schurkenstaaten“ und zahlreichen Diktaturen weltweit; rein zahlenmäßig ist der Verfassungsstaat nur eine Minderheit.

III. Völkerrecht als universales Menschheitsrecht, Entwicklungstendenzen in Momentaufnahme

Hier sind nur Stichworte möglich, zu sehr ist das „Völkerrecht“ im Flusse, trotz aller Rückschläge durchaus in einem guten Sinne. Es mag noch keine Verfassungsgemeinschaft, aber sehr wohl eine „Society of communities in formation“ (*G. McGhee*) sein. Vorweg: Dürfen wir von „Verfassung“ der Völkergemeinschaft sprechen? Mit *A. Verdross* schon seit 1926 sehr wohl. Auch mit *R. Bindschedler, A. Ross* oder *C.W. Jenks*, der von einem „constitutional law of international organisations“ spricht. Die Grundlagen des Völkerrechts bilden heute schon eine Teilverfassung der Menschheit, man denke an die UN-Charta (Präambel von 1945: „Menschheit“; s. auch Präambel der Konvention in Sachen Völkermord von 1948, zuvor Präambel: Allgemeine Erklärung der Menschenrechte von 1948: „Gewissen der Menschheit“) und an die beiden universalen Menschenrechtspakte (1966) sowie den IGH. Neuerdings sind die Konstitutionalisierungsvorgänge im Völkerrecht in folgenden Entwicklungen greifbar: bei dem Seerechtsübereinkommen von 1982, bei der Einrichtung von internationalen ad hoc UN-Strafgerichtshöfen wie für Ex-Jugoslawien (in Den Haag seit 1993) und Ruanda sowie in Sierra Leone (2000), beim Internationalen Strafgerichtshof nach dem Statut von Rom (1998), bislang von 97 Staaten, leider nicht aber in den USA ratifiziert, sodann bei der Kodifizierung der Tatbestände „Verbrechen gegen die Menschlichkeit“, „Völkermord“, beim Weltrechtsprinzip, den wachsenden Minderheitenschutz, ein Weltraumrecht, den internationalen Kulturgüter- und Umweltschutzrecht, bei den NGOs, der WTO, die schrittweisen Anerkennungen einer subjektiven Rechtsstellung des Menschen (z.B. das Übereinkommen gegen Folter von 1984, gegen Rassendiskriminierung von 1966, die Rotkreuzabkommen, die Genfer Flüchtlingskonvention von 1951. Gewiss, das Völkerrecht ist ein „werdendes“, ein „schwaches“, ein „unfertiges“ Recht, es wird oft genug gebrochen. Doch ist dies kein Einwand. Auch und gerade nicht in der Wiederaufbauperiode nach dem Irak-Krieg. Die Völkerrechtsgemeinschaft darf hier nicht der Versuchung unterliegen, bewusst oder unbewusst der Schmitt'schen Formel vom Ausnahmezustand zu einer Renaissance zu verhelfen. Wenn der weltweite „Krieg gegen den Terror“ neu präventive Strategien, eine Neukonzeption des Gewaltverbots, ein instrumental auf den Menschen hin gedachtes Souveränitätskonzept erfordert, dann darf nicht die vermeintliche Legitimation durch einen unbestimmten Ausnahmezustand die Theoriebildung anleiten, sondern allein dank verfassender Strukturen und völkergemeinschaftlich wahrgenommener Verantwortung eröffnet sich ein gangbarer Weg. Eine Präventivschlagdoktrin vom Ausnahmezustand her entwickelt wäre das Ende, Prävention im Rahmen einer menschenrechtlich radizierten Souveränitätslehre ist die *Verfassungszukunft* der Völkerrechtsgemeinschaft. Vor allem aber ist das Völkerrecht nicht mehr einfach das Recht der Staaten bzw. Völker (“Zwischensouveränitätsrecht“). Es ist „*Menschheitsrecht*“, das alle Menschen friedlich zusammenführend Schutz verleiht, in ihnen bzw. den Menschenrechten den letzten Zurechnungspunkt hat. Es gibt eine „Einheit des Menschengeschlechtes“ – bei aller Differenz. Auch im Begriff „humanitäres Völkerrecht“ und „Weltkulturerbe“ klingt dies an. Das Völkerrecht ist, wie der Staat, „um des Menschen willen“ da. Die oft nur punktuelle, „launische“, aber durchaus vorhandene „Weltöffentlichkeit“ leistet ihren Beitrag zur normativen Kraft aller Grundsätze des sog. „Völkerrechts“, bei allen Irrtümern. So kann das „Menschheitsrecht“ durchaus schon als dritte Einheit in der Trias meines Beitrages gewertet werden: in der Intensität der Normen weniger dicht, in der Effektivität oft anfällig und schwächer als das nationale Verfassungsrecht und das regionale Staatenverbundsrecht, aber tendenziell doch normativ und effektiv. Freilich darf die „Entdeckerfreude“ in Sachen der hier propagierten Trias nicht zu vorschnell sein. Im Folgenden ist kritisch nach den „Konvergenzen“, aber auch nach den „Divergenzen“ der drei Strukturen bzw. Felder unserer Trias zu fragen.

C. Gemeinsamkeiten und Unterschiede, Konvergenzen und Divergenzen

Der Zweite Teil gilt den Gemeinsamkeiten und Unterschieden zwischen den drei (wenn man will) „Systemen“ bzw. Rechtsstrukturen auf nationaler, regionaler und universaler Ebene. Es geht um ihr Verhältnis untereinander, ohne dass man anmaßend einen „Überbau“, „Ebenen“ oder ein „Dach“ konstruieren könnte. Hierzu bedürfte es einer „neuen Schule von Salamanca“, eines „neuen (auch „grünen“) *Kant*“ und eines *Goethe* von heute. Wir sollten uns als Zwerge fühlen, können aber da und dort, weil „auf den Schultern von Riesen“ stehend, doch ein wenig weitersehen als diese Riesen. Gerade der Verfassungsstaat lebt in seiner Entwicklungsgeschichte immer neu von revitalisierten Klassikern, von alten als „juristischer Weltliteratur“, z.B. *Kants* „Ewigen Frieden“ (1795), von neuen, die auch aus den Reihen von Dichtern kommen können: man denke an Dicta von *B. Brecht*: „Alle Staatsgewalt geht vom Volk aus, aber wo geht sie hin?“, man denke an die Federalist Papers der werdenden USA (1787), mit denen sich manche EU-Konventsmitglieder des Jahres 2003 zu unrecht so gerne vergleichen! Im Ganzen ist der Verfassungsstaat nicht nur mit den „regionalen Staatenverbünden“ in Beziehung zu setzen, er ist auf Gemeinsamkeiten und Unterschiede auch im Verhältnis zum Völkerrecht als Menschheitsrecht hin zu befragen. Entsprechendes gilt für die Relation Staatenverbund/Völkergemeinschaft und umgekehrt. Stichworte wie allgemeiner, internationaler Menschenrechtsschutz, „humane Intervention“, unabhängige nationale, regionale und universale Gerichtsbarkeiten mögen die Verstrebungen andeuten. Im Einzelnen:

I. Gemeinsamkeiten, Konvergenzen

1. Die Expandierung des Verfassungsbegriffs: die Befreiung von der Fixierung auf den Staat

Der Verfassungsbegriff hat sich heute längst von seiner traditionellen Staatsfixiertheit gelöst. In Europa ist für die EU von „Verfassung“ die Rede (vom BVerfG bis zum Luxemburger EuGH); es gibt hier wie national nur so viel Staat, wie die Verfassung konstituiert. Man mag streiten, ob die EU schon eine „Vorform“ des Bundesstaates ist, sie beruht jedenfalls auf einem Ensemble von Teilverfassungen, wenn auch noch in der formalen Gestalt von paktierten „Verfassungsverträgen“. Mit anderen Worten: Der Verfassungsbegriff taugt auch für nichtstaatliche Gebilde. Bei den „kleinen Brüdern“ der EU, etwa dem Mercosour oder anderen lateinamerikanischen bzw. gesamtamerikanischen Zusammenschlüssen (jetzt der sog. „Alca“), mag man noch Mühe haben, den Konstitutionalisierungsprozess in den Verfahren und Inhalten genau zu präzisieren, doch sind Verfassungselemente durchaus erkennbar: etwa in Sachen Menschenrechte bzw. Rechtsstaat. Der Klassikertext zum Völkerrecht stammt von *Verdross* (1926): „Die Verfassung der Völkergemeinschaft“. Die UN-Charta (1945), die beiden Menschenrechtspakte (1966) bilden weitere Teilverfassungen. Kurz: Der Verfassungsbegriff ist eine Gemeinsamkeit aller drei Gebilde der hier postulierten „Trias“. Vor allem lassen sich die schon erwähnten einzelnen Funktionen der Verfassung auch auf das Völkerrecht als Menschheitsrecht projizieren: Das Moment der Beschränkung etwa findet sich im Gewaltverbot der UN-Charta, die Orientierungsfunktion in Gestalt der Ziele und Grundwerte, z.B. der EU, der AMRK oder der Afrikanischen Union; der öffentliche Prozesscharakter findet sich in Form von Öffentlichkeitsgeboten für die parlamentarischen Versammlungen bzw. die UN-Vollversammlung. Der den nationalen Verfassungen eigene Charakter von „Norm und Aufgabe“ (*U. Scheuner*) lässt sich ebenso auf die Staatenverbünde und – schwächer – auf die Prinzipien des Völkerrechts übertragen, etwa ihre „allgemeinen Rechtsgrundsätze“ i.S. des IGH-Statuts, eine Figur, die bekanntlich der EuGH auf die Verfassungsgemeinschaft der EU, damals der „EWG“, übertragen hat. Ein Stück „Ermächtigung zur Macht“ liegt in der Etablierung von bestimmten Verfassungs- oder Staatsorganen auf allen drei Ebenen – auch dies eine Gemeinsamkeit. Was hier als „Gemeinsamkeit“ bezeichnet wird, ist oft eine „Konvergenz“, erst eine werdende Gemeinsamkeit. Die Konstitutionalisierungsprozesse auf regionaler und universaler Ebene zeichnen sich heute durch eine große Dynamik aus. Was heute erst eine Tendenz zur „Konvergenz" ist, kann morgen schon zur Gemeinsamkeit werden: man denke an den Umwelt- und Kulturgüterschutz, an das Vordringen internationaler Gerichtsbarkeit. Der Staat ist nicht mehr der archimedische Punkt des Denkens über Verfassungen, weder auf nationaler/regionaler Ebene noch universal. Schon *W. v. Simson* sprach von „überstaatlicher Bedingtheit des Staates". Umgekehrt ist freilich auch von „verfassungsstaatlicher Bedingtheit" des Völkerrechts als Menschheitsrecht zu sprechen. Gerade das so konzipierte Völkerrecht mit seinen Basisnormen oder Menschenrechten bedarf durchsetzungsfähiger Instanzen: des Verfassungsstaates.

2. Differenzierte „Öffentlichkeiten": national, regional universal – die Weltöffentlichkeit

Eine zweite Gemeinsamkeit sei durch das Stichwort der „Öffentlichkeit" charakterisiert. Die Öffentlichkeit wurde innerverfassungsstaatlich durch *R. Smend* (1955) wiederentdeckt, es folgte das Grundlagenwerk von *J. Habermas* über den „Strukturwandel der Öffentlichkeit" (1962), bis 1969 der Zusammenhang „Öffentlichkeit und Verfassung" hergestellt wurde. Ausdrückliche Verfassungstexte liefern Belege, so wie Spaniens Verfassung von „öffentlichen Freiheiten" spricht. Die kulturgeschichtlichen Zusammenhänge sind älter: Das Ciceronische „res publica – res populi" zeigt dies, der alteuropäische Zusammenhang von öffentlichem Wohl, Öffentlichkeit, öffentliche Freiheit und Verfassung wird heute wiederbelebt; auch für die europäische Ebene: Öffentlichkeitspostulate ergeben sich aus den Normen des EU-Verfassungsrechts (z.B. Öffentlichkeit des Parlaments, der Berichte des Rechnungshofes etc.). Meine These lautet: Es gibt schon eine *europäische* Öffentlichkeit, vor allem aus Kunst und Kultur, zunehmend aber auch aus Politik und dem europäischen Verfassungsrecht. Kann dies nicht auch für Lateinamerika gesagt, gewagt werden? Die Integrierung der Indios bzw. der Schutz ihrer Identität wird ebenso wie der Umweltschutz als gemeinlateinamerikanische Frage greifbar: von Kolumbien und Peru bis Mexiko und Feuerland.

Schließlich gibt es schon mindestens punktuell eine „Weltöffentlichkeit" (Art. 46 IGH-Statut von 1945 rechnet mit ihr ebenso wie Sitzungen der Generalversammlung der UN). Sie ist gewiss meist nur punktuell, „launisch" wie die öffentliche Meinung, in der nach einem Wort von *Hegel* alles „Wahre und Falsche" zugleich liegt, aber sie ist vorhanden: man denke an die durch das Pro und Contra in Sachen Irak-Krieg 2003 hergestellte kritische Öffentlichkeit, an Themen- und Tätigkeitsfelder der Unesco und Ähnliches. Mag die Öffentlichkeit in ihrer normierenden, auch gerechtigkeitsstiftenden Kraft vom nationalen Verfassungsstaat über die regionalen Verbünde bis zur Welt hin schwächer werden: sie bleibt eine Gemeinsamkeit unserer Trias, mit sich verstärkender Konvergenz: Öffentlichkeit und Verfassung wird zum „Generalbass" auf den drei Ebenen.

3. Einzelne Verfassungselemente

Im Folgenden seien stichwortartig weitere Gemeinsamkeiten bzw. „Konvergenzen“ der drei konstitutionellen Rechtsgebilde aufgelistet. Es geht um einige *typische Verfassungselemente*:

Die Grund- und Menschenrechte bilden eine wechselseitig besonders dynamische Gemeinsamkeit auf allen drei Ebenen. Die Allgemeine Menschenrechtserklärung (1948) und die UN-Menschenrechtspakte liefern neuen Verfassungen viele Stichworte, etwa in Osteuropa. Umgekehrt speisen sich die internationalen und regionalen Menschenrechte aus nationalen Katalogen. Beispiele sind Legion. In Sachen Menschenrechte gleicht die Welt einer großen „Werkstatt“ mit intensiven Prozessen der Rezeption und Produktion: in Bezug auf die Trias von Texten, Rechtsprechung und Wissenschaft.

Das Gemeinwohl ist ein bislang typisch verfassungsstaatliches Element: von den konstitutionellen Grundwerten her inhaltlich und von bestimmten Verfahren her zu „finden“ („salus publica ex processu“). Neuerdings wächst in Europa das Bewusstsein für das „europäische Gemeinwohl“: sowohl in der Judikatur des EuGH und des EGMR als auch in der Wissenschaft. In den neuen Verfassungstexten bzw. Entwürfen in Sachen EU-Verfassung kommt das Gemeinwohl ebenfalls vor, etwa als Auftrag für die Kommission. Man darf die Frage stellen, ob auch andere „Staatenverbünde“ schon für die Gemeinwohlfrage sensibel geworden sind; mir scheint, dass es in der südamerikanischen Wertegemeinschaft durchaus Gemeinwohlaspekte gibt. Auf der Ebene des Völkerrechts mag es noch schwieriger sein, von „Gemeinwohl“ zu sprechen. Indes sprach schon *F. Suárez* von einem „bonum commune generis humani“, wagt die Präambel der UN-Charta eine „*common interest*-Formel“. Die Friendly Relations-Declaration (1971) formuliert gar: „The general welfare of nations“. Auch gehört das gemeinsame Natur- und Kulturerbe gewiss hierher, auch Aspekte des See- und Weltraumrechts, vor allem der „Weltfrieden“ (Art. 2 Ziff. 3, 6, Art. 24, 33, 39, 42, 52 Abs 1 UN-Charta). Die einzelnen Gemeinwohlelemente können hier nicht aufgelistet werden, indes sei die Funktion, begrenzende Titel für Menschenrechte zu sein (vgl. Art. 12 Abs. 3, 19 Abs. 3, 21 S. 2 bzw. Art. 4 der beiden Menschenrechtspakte von 1966), wenigstens genannt. Das Gemeinwohl gehört zur konstitutionellen Programmatik des Völkerrecht, schon heute zu seiner „Grammatik“.

Gerechtigkeitspostulate, oft sich mit Gemeinwohlkomponenten verbindend, seien mehr als ein bloßer „Merkposten“. Innerverfassungsstaatlich hat der neue Klassiker *J. Rawls* die Frage der Gerechtigkeit erneut auf die Tagesordnung gesetzt (z.B. mit seinem „Schleier des Nichtwissens“). Die klassischen Gerechtigkeitstheorien seit *Aristoteles* und *Cicero* sind wieder präsent. Die austeilende und ausgleichende Gerechtigkeit wurden durch den „due process“ fortgeschrieben; heute kommt die Frage nach der „Generationengerechtigkeit“ in Zeit und Raum hinzu: ein gedachter universaler Gesellschaftsvertrag, auch im Blick auf die „Produktionsfaktoren“ Arbeit, Kapital, Umwelt und Technik.

Im Staatenverbund der EU gibt es gewisse Gerechtigkeitselemente: dem Text nach und prätorisch, gemeinsam etwa im „europäischen Rechtsstaat“ greifbar, auch im sich verstärkenden Minderheitsschutz, im Ungarischen das gute Stichwort: Minderheitenschutz als „staatsbildender Faktor". Wie steht es aber um „Gerechtigkeit für die Welt"? Ist sie schon „Brot für die Welt" eine Utopie – mehr oder weniger? Die Menschenrechtsaspekte sind gewiss konkrete Direktiven der universalen Gerechtigkeit, es gibt noch andere: etwa in Sachen humanitäre Intervention, Mandatsgebiete der UN wie im Kosovo, kaum jedoch ein präventiver Angriffskrieg (nach US-amerikanischer Art); schmerzlich bleibt die Rechtsstaatslücke in Guantánamo. Gerechtigkeit und Krieg widersprechen einander. Den „bellum justum", den gerechten Krieg, kann es nicht geben, nur den „gerechtfertigten" Krieg.

Am Schluss dieses Abschnitts zur Sache nach Gemeinsamkeiten bzw. „Konvergenzen" unserer drei „Kandidaten" sei als *Merkposten* erwähnt: die Frage nach parallelen *Auslegungsmethoden*: etwa *nach* den vier klassischen *von Savigny* (1840) die „fünfte", die rechtsvergleichende (1989), jetzt vom Verfassungsgericht Liechtenstein übernommen; dabei dürfte im Völkerrecht die wirklichkeitsbezogene, an der Praxis spezifisch orientierte im Vordergrund stehen. Und: Wer schreibt das Völkerrecht fort, wer entwickelt es weiter? Wohl eine „offene Gesellschaft der Völkerrechtsinterpreten" und -gestalter (dazu der Inkurs).

Formale Strukturanalogien seien wenigstens schlagwortartig genannt: die Rechtsfigur der *Präambel*, kulturwissenschaftlich Prologen, Ouvertüren und Präludien vergleichbar, ist eine „Form", die national, regional und universal vorkommt. Im Völkerrecht, etwa beim Menschenrechtsschutz (*M.Kotzur*), ist sie besonders ergiebig: Gerade weil das Völkerrecht nicht so durchnormiert ist, greift es wohl gerne auf die offenere, weniger dichte Form der Präambel zurück. Parallelen gibt es bei den Vorsprüchen zu Teilverfassungen von Staatenverbünden (etwa in der OAS oder der EU): besonders erwähnt sei die EU-Grundrechtecharta von Nizza (2000). Das „Menschheitsrecht" des Völkerrechts hat seinen geheimen Präambelverfasser wohl in *I. Kant*, auch in *Goethe*.

Die Entwicklung bzw. Ausbildung von *„gemeinsamen Verfassungsrecht"* sei zuletzt thematisiert: auf der nationalen Ebene, etwa in Deutschland und der Schweiz, gibt es in Bundesstaaten „gemeines Verfassungsrecht"; auf der regionalen, vor allem europäischen Ebene wurde das „gemeineuropäische Verfassungsrecht" 1983 entdeckt und 1991 weiterentwickelt. Man darf vermuten, dass es die Kategorie des „gemeinen Rechts" auch auf der universalen Ebene gibt, mindestens Vorformen, wie werdende Prinzipien im Umweltschutz und bei der Konstitutionalisierung der NGOs. Oder ist das „gemeine Recht" als Kategorie auf der universalen Ebene überflüssig, weil das Völkerrecht als universales „Menschheitsrecht" begriffen von vorneherein „allgemein" im Sinne von „gemein" ist? Jedenfalls ist die „Erziehung des Menschengeschlechts zu Gerechtigkeit, Freiheit und Friedensliebe für die Würde des Menschen unerlässlich" (Präambel UNESCO-Satzung von 1945).

4. Inkurs: Wer entwickelt wie das Völkerrecht?

Der folgende „Inkurs" gelte der Frage, ob und wie sich das Völkerrecht „fortentwickelt". Dass es sich „entwickelt", lehrt schon ein flüchtiger Rückblick in die Geschichte des Völkerrechts. Dass es sich heute behutsam fortentwickeln kann, wird auch von aufgeklärten Politikern gefordert (*W. Schäuble*). Dass die hier verfochtene Konzeption vom Völkerrecht als universalem „Menschheitsrecht“ noch einen weiten Weg vor sich hat und eine Strukturierung in der Zeit und im Raum verlangt, liegt auf der Hand. Hier nur einige Stichworte: Aussagen zum sog. „Wesen“ des Völkerrechts“ dürfen nicht voreilig die erst noch zu beantwortenden Fragen vorwegnehmen. Immerhin seien aus den bisherigen Konzeptionen bezüglich des Verfassungsrechts einige Stichworte aufzugreifen: etwa der besondere Praxis- und Wirklichkeitsbezug (“pragmatic approach“), die (zu große) Nähe zur und Abhängigkeit von der Macht der Staaten, die „Unvollkommenheit“ des Völkerrechts, insofern es keine den Verfassungsstaat entsprechende Durchsetzungsinstanzen hat (Stichwort: Konsenstheorie). Zwei Fragen seien vordringlich behandelt: *Wer* entwickelt das Verfassungsrecht gerade heute? – die personale Frage – und *in welchen Formen* geschieht dies? – die formal/materielle Frage.

Wer ist an den Prozessen der Fortentwicklung des Völkerrechts beteiligt? Im Vordergrund standen die souveränen, meist mächtigen Staaten. Aber heute gibt es noch andere „Subjekte“, die als „Akteure“ gelten dürfen: neben der UN vor allem der Sicherheitsrat, auch die UN-Vollversammlung, die UN-Tribunale, etwa in Den Haag, vor allem zukünftig der neue Internationale Strafgerichtshof. Den NGOs dürfte ebenfalls ein Platz zukommen, vielleicht auch global agierenden Anwaltskanzleien, am Ende sogar dem Bürger als Inhaber von Menschenrechten. Die personale Frage nach dem „Wer“ soll bewusst an das 1975 entworfene Paradigma von der „offenen Gesellschaft der Verfassungsinterpreten“ erinnern. Dabei kommen auch die Völkerrechtsgelehrten in den Blick, so schon nach dem IGH-Statut (Art. 38 Abs. 1lit. d). Das Konzept vom Völkerrecht als universalem „Menschheitsrecht“ hat freilich noch einen langen Weg vor sich, um ein Stück normative Wirklichkeit zu sein. Die normierende Kraft der Weltöffentlichkeit, auch regionaler Öffentlichkeit, sollte dabei nicht gering geschätzt werden.

In welcher Form vollzieht sich die bzw. eine „Fortschreibung“ des Völkerrechts heute? Auch hier eine noch auf eine endgültige Systematik zu bringende Antwort: Neben den klassischen Verträgen (Stichworte: *world order*-Treaties, Überwindung der *pacta tertiis*-Regel), den Staaten als „Akteuren“ des Völkervertragsrechts und des Gewohnheitsrechts kommen vor allem die Internationalen Gerichtshöfe bzw. Richter ins Bild. Sie entwickeln Allgemeine Rechtsgrundsätze, im Ganzen die in der (wohl zu reformierenden) UN organisierte, freilich wohl nur teilrepräsentierte Menschheit. Man sollte nicht nur auf die Akteure der „Praxis“ verweisen, vor allem die nach wie vor übermächtigen souveränen Staaten. Auch kleine Staaten hatten und haben ihre Chance, in juristischen Dokumenten arbeitsteilig an der Fortentwicklung des Völkerrechts mitzuwirken. Wie im innerverfassungsstaatlichen Bereich ist auch auf der völkerrechtlichen Ebene das „Rechtsquellen“-Bild zu revidieren. Es geht nur zum Teil um vorgefundene Rechtsquellen, aus denen „fertig“ Vorhandenes entnommen wird. Die kreative Praxis, die Interpretation ist es, die das Völkerrecht entstehen läßt und fortentwickelt. „Law in public action“ auch hier!

II. Unterschiede, Divergenzen

Bei allem Bemühen, das Gemeinsame der drei Posten unserer Trias zu ergründen, darf der Blick für das Unterscheidende, Divergente, nicht verloren gehen. Gerade weil die Gefahren der Globalisierung, der entgrenzten Ökonomisierung, des Terrors beim Namen genannt worden sind, müssen die drei Gerüste, nationales Verfassungsrecht, regionales Staatenverbünderecht und Menschheitsrecht strukturiert werden, bei allen Wechselwirkungen und Abwandlungen, auch Osmoseverhältnissen. Stichworte müssen genügen:

1. Eigenkonturierte Identitäten

Der Verfassungsstaat bleibt ein unverzichtbares Element mit eigener kultureller Identität. Er ist eine „Heimstatt" für alle seine Bürger, so sehr es diese im Inneren föderal oder regional „verorten" mag; vor allem kulturell vorbildlich wirkt hier das System der Autonomien in Spanien. Die Öffnung zu regionalen Staatenverbünden unterschiedlicher nationaler Dichte bleibt aus den genannten Gründen ebenfalls unverzichtbar: im Zeichen der regionalen Friedensgebote, der ökonomischen Zusammenschlüsse und der kulturellen Gemeinsamkeiten (z.B. das „Europa der Kultur"). Es gibt eine „europäische Identität", auch eine iberoamerikanische. Die Weltgesellschaft (*N. Luhmann*), besser die Menschheit ist der „Humus" für alle Menschen i.S. des Weltbürgertums von *I. Kant*, auch *J.G. Herders* „Brief zur Beförderung der Humanität". Die Vorteile der „Internationalisierung" sind bekannt, an die Nachteile ist immer wieder zu erinnern. Zu den Vorteilen gehört, dass die Weltöffentlichkeit Diktaturen und Menschenrechtsverletzungen auf Dauer nicht hinnimmt und Gerichtshöfe etabliert (so in Ruanda). Defizite gibt es allerdings genug (z.B. Liberia, Elfenbeinküste). Die globale Internet-Öffentlichkeit kann hilfreich sein.

2. Vielfalt und Pluralität

Die *Vielfalt und Pluralität* ist bei allen gemeinsamen Menschheitsidealen konstituierend für das Zusammenleben auf unserem blauen Planeten: im Großen wie Kleinen. Dabei hat der Jurist eine spezifische Aufgabe: als „europäischer" oder „lateinamerikanischer" Jurist bzw. Staatsrechtslehrer, Völkerrechtswissenschaftler und Verfassungs- bzw. Europarechtler ist er auf Zusammenarbeit angewiesen. Das „Außen" und „Innen" wird relativiert. Man kann heute in Deutschland kein nationales Verfassungsrecht mehr lehren, ohne die Grundzüge des Europäischen Verfassungsrechts zu kennen. In Bezug auf das Völkerrecht besteht noch ein großer Nachholbedarf, vor allem ein Defizit: nicht zuletzt in Sachen Theorie. Wir warten auf eine neue „Schule von Salamanca", vielleicht auf einen lateinamerikanischen *Hugo Grotius*, einen Alexander von Humboldt der Juristen.

3. Konkurrenzverhältnisse

Es gibt durchaus gesunde *Konkurrenzverhältnisse* zwischen den drei Rechtsgebilden, den nationalen, universalen und regionalen, bei allen „Wahlverwandtschaften" im Sinne *Goethes*. Das Völkerrecht als universales Menschheitsrecht sollte z.B. um einen besseren Grundrechtsschutz ringen. Europa und Amerika müssten gerade bei diesem Thema miteinander wetteifern: so wie auch die einzelnen Verfassungsstaaten untereinander im Wettbewerb stehen, etwa in Sachen Regionalismus/Föderalismus: Belgien, Italien und vorbildlich Spanien.

4. Balance zwischen den Strukturen des Verfassungsstaates, der Staatenverbünde und der Weltgemeinschaft des Völkerrechts

Im Ganzen geht es um eine *Balance* zwischen der Struktur des *Verfassungsstaates*, der Staatenverbünde und der Weltgemeinschaft des Völkerrechts. Ein „Weltstaat" ist fragwürdig, eine „schlechte Utopie". Es geht um das tolerante *Miteinander unterschiedlicher* Verfassungsstaaten, Völker, Kulturen und Religionen. Die Besonderheit des Menschen in all seinen Stärken und Schwächen verlangt nach einem Verfassungsrecht für das „Besondere", auch im Blick auf Minderheiten aller Art. Der gemeinsame Kampf gegen die Armut sei nicht vergessen. Das Ideal der „internationalen Gerechtigkeit" (Präambel I. Haager Abkommen von 1907) ist kein leeres Wort.

D. Ausblick und Schluss

Dieser Entwurf ist mehr als vorläufig, er bleibt ein punktueller „Werkstattbericht". Versucht wurde, sich von Klassikertexten von *Aristoteles* bis *Kant* und *Rawls*, auch *H. Jonas*, von *Goethe* („Weltliteratur", 1827) bis *Brecht* inspirieren zu lassen. Dies ist aber nur dann saubere Werkstattarbeit, wenn die juristischen Handwerksregeln beachtet werden, etwa die sensible Systematisierung, die unentbehrliche Offenlegung von „Vorverständnis und Methodenwahl". Es gibt gewiss noch mehr „juristische Weltliteratur" als die von mir zitierte. Verfassung als Kultur, Weltbürgertum aus Kultur, *Goethes* „Orient und Okzident", sein „nord- und südliches Gelände" schenkt uns einen Orientierungsrahmen, auch Mut. Gewiss, Verfassunggebung hat eine theologische Dimension: wir denken an *Lykurgos* in Sparta und *Empedokles* in Agrigent. Uns bleibt heute nicht mehr oder weniger der Auftrag, ein nationales, regionales und universales Verfassungsrecht der Menschenwürde zu schaffen. Verfassungsstaaten sind sozusagen unser „Vaterland", die Kultur ist unser „Mutterland". Nicht der „homo oeconomicus" sei unser Ideal, sondern der „aufrechte", gebildete, ausgebildete Mensch: „Zurück zur Kultur" i.S. von *A. Gehlen*, nicht „zurück zur Natur" i.S. von *Rousseau*. Die internationale kosmopolitische Gelehrtenrepublik, auch in dieser Festschrift versammelt, mag zu all dem einen kleinen Beitrag leisten.

Europa in Form bringen – Innenansichten eines beispiellosen konstitutionellen Prozesses

Klaus Hänsch

I.

Der „Konvent zur Zukunft Europas" sollte und wollte die Europäische Union nicht neu erfinden. Er tagte nicht in einer revolutionären Situation. Sein Mandat hatte er von den Mitgliedstaaten der Union, ein Bruch mit dem alten Recht oder eine Staatsgründung kamen nicht in Frage. Er konnte seine Arbeit abschließen, aber ihr Ergebnis nicht beschließen. Vielmehr sollte er eine Empfehlungen an die Konferenz der Regierungen für Änderungen an den geltenden Verträgen richten oder ihr verschiedene Optionen vorlegen. Nach Zusammensetzung, Arbeitsweise und Mandat war er ohne Beispiel. Alle Vergleiche mit dem Konvent von Philadelphia, dem der Französischen Revolution oder dem Herrenchiemseekonvent erweisen sich schon beim ersten genaueren Hinsehen als haltlos.

Führungs-, Organisations- und Formulierungsgremium des Konvents war das von *Valéry Giscard d'Estaing* geleitete Präsidium. Seine Mitglieder waren von den vier Komponenten des Konvents entsandt, deren Vorstellungen sie selbstverständlich zu vertreten hatten. Eine Versammlung unabhängiger „weiser" Männer wie es sich *Giscard d'Estaing* gewünscht hatte, war das Präsidium gewiß nicht. Aber es war, mit elf Männern und einer Frau besetzt[1], immerhin klein genug, daß jedes Mitglied bei jeder Frage zu Wort kommen konnte. So entwickelte sich in den insgesamt 50 Sitzungen ein Diskussionsklima, das den Mitgliedern des Präsidiums jenseits einer enggeführten Vertretung der Komponenten-Interessen aus dem Konvent auch grundsätzlichere Erörterungen erlaubte – ja geradezu erzwang.

Das gilt insbesondere für die Diskussion über einige Grundsatzentscheidungen, durch die das Präsidium die Arbeit des Konvents orientiert und den Verfassungsentwurf geprägt hat. Dazu gehören die Rolle, die das Ergebnis der Konventsarbeit für den Reformprozeß spielen sollte, das Verhältnis zwischen großen und kleinen Staaten in der erweiterten Union, die Neuordnung der Kompetenzen zwischen Union und Mitgliedstaaten, die Institutionen und Instrumente für eine veränderte Rolle der Union in der Welt und nicht zuletzt die Stringenz des Verfassungsentwurfs. Ferner wurden durch einige Leitentscheidungen des Präsidiums Struktur und Inhalt des Verfassungsvertrages vorgezeichnet. Ein Blick auf einige dieser grundsätzlichen

1 Hinzu wurde als „ständiger Gast", aber völlig gleichberechtigt, der von den Parlamentariern aus den Beitrittsstaaten vorgeschlagene slowenische Abgeordnete *Alojz Peterle* kooptiert.

Überlegungen läßt eine Reihe von Festlegungen des Verfassungsentwurfs besser verstehen.

Der Europäische Rat von Laeken hatte dem Konvent die Wahl gelassen, der Regierungskonferenz „Optionen“ oder „im Konsens beschlossene Empfehlungen“ vorzulegen. Das Präsidium schloß in einer seiner ersten Sitzungen einvernehmlich die „Optionen-Option“ aus und entschied sich, den Entwurf eines in sich geschlossenen Verfassungsvertrages auszuarbeiten. Damit war für Arbeitsweise und Beschlußfassung des Konvents das Konsensprinzip festgelegt und folglich der Zwang, einen weitgreifenden Kompromiß zwischen unterschiedlichen Vorstellungen über die Struktur der Unionsverfassung zu finden. Dabei war immer zu beachten, daß der Entwurf noch durch das Nadelöhr der Regierungskonferenz gehen mußte.

Eine „Verfassung“ in ihrer klassisch beschränkten Begrifflichkeit konnte und sollte nicht zustande kommen, allenfalls ein „Vertrag über eine Verfassung für Europa“, kurz: ein „Verfassungsvertrag“. Daß er in der öffentlichen Diskussion zur „Verfassung“ weiter verkürzt werden würde, war dem Konvent bewußt und wurde von der Mehrheit seiner Mitglieder durchaus gern gesehen.

Die Frage, ob ein Gebilde wie die Europäische Union ohne ein europäisches „Staatsvolk“ und mit lediglich abgeleiteter Hoheitsgewalt überhaupt „verfassungsfähig“ ist, hat die Debatten sowohl im Präsidium als auch im Plenum des Konvents zu keiner Zeit beschwert. Schließlich verfügt die Union schon heute über ein Organisationsstatut, Aufgaben und Ziele, eine Aufteilung der Hoheitsgewalten, Grundsätze und Strukturmerkmale einer Verfassung. Zu Recht resümiert *Zuleeg*: Nicht die Rechtsform, sondern der Inhalt ist entscheidend[2]. Wie jede Verfassung regelt der Verfassungsvertrag der Europäischen Union die Legitimierung und Limitierung politischer Macht.

In einer weiteren Leitentscheidung legte sich das Präsidium darauf fest, für die Bestimmungen über die Grundlagen der Union einen neuen Text zu formulieren: Angesichts des Mandats des Konvents, des vorgegebenen Zeitlimits und der zahlreichen im alten Text der EU-Verträge verborgenen Fallstricke durchaus ein Wagnis. Damit es gelingen konnte, mußte, von Ausnahmen abgesehen[3], auf Änderungen am Inhalt der Politikbereiche der Union verzichtet werden. Sie sollten lediglich an die Vorgaben der grundlegenden Bestimmungen angepaßt und von überholten Artikeln gereinigt werden. Daraus ergaben sich die Gliederung des Verfassungsvertrages in zwei, später in drei und schließlich in vier Teile, sowie die Notwendigkeit, über deren rechtlichen Rang zu entscheiden.

Die europäischen Verträge in Bausch und Bogen abzuschaffen, war nicht möglich. Den neuen Grundlagenteil als eine „Superverfassung“ über den Rest der Verträge zu stellen, war weder akzeptabel noch ratsam. Nicht nur um zu vermeiden, daß neue

2 *Zuleeg* Der rechtliche Zusammenhalt der Europäischen Union, 2004, S. 165 und *ders.*, Die Vorzüge der europäischen Verfassung, in: von Bogdandy (Hg.), Europäisches Verfassungsrecht: Theoretische und dogmatische Grundzüge, 2003, S. 931 (932).

3 Ausnahmen sind insbesondere die neu in die Verfassung integrierten Titel über das „Auswärtige Handeln der Union“, den „Raum der Freiheit, der Sicherheit und des Rechts“, die Bestimmungen für die Mitglieder des Euro-Währungsgebiets sowie die neuen Kompetenzen Energie, Sport, Katastrophenhilfe, die vom Konvent inhaltlich diskutiert und nicht nur redaktionell geändert wurden. Im übrigen war die Hauptfrage, die im Zusammenhang mit den Politiken diskutiert wurde, welche Rechtsgrundlagen *nicht* in die Mehrheitsentscheidungen im Rat überführt werden sollten.

Kollisionsregeln nötig werden[4], sondern vor allem aus verfassungspolitischen Gründen. Dem Präsidium war rasch klar: Wenn der „Politikteil“ einen minderen rechtlichen Rang bekäme als der Grundlagenteil, würde wahrscheinlich schon im Konvent und ganz gewiß in der Regierungskonferenz versucht werden, eine Reihe von Artikeln aus dem Politikteil in den Grundlagenteil mit dem Ziel zu drücken, um sie „verfassungsfest“ zu machen. Damit wäre das Ziel einer größeren Überschaubarkeit der Verträge verfehlt worden.

Offen blieb nur der Weg, die Komplexität des Vertragskonglomerats durch die Gliederung des Verfassungsvertrages in rechtlich gleichrangige Teile, die Reinigung der übernommenen Texte von den zahlreichen obsolet gewordenen Bestimmungen sowie durch die Umgruppierung und Neuordnung der Politikbereiche zu reduzieren. Um Transparenz und Rechtssicherheit zu erhöhen, sollten ferner die Kernelemente des EuGH-Richterrechts geronnenes Verfassungsrecht werden. Das gilt u.a. für den Vorrang des Unionsrechts vor dem Recht der Mitgliedstaaten (Art. I–6 VV) und die Kongruenz der Außen- und Innenkompetenz der Union (Art. I-13 Abs. 2 VV).

Eine Überarbeitung der Europäischen Grundrechtecharta schloß das Präsidium von vornherein aus. Zur Debatte stand lediglich der Platz in der Verfassung. Die Mehrheit des Konvents wollte sie vor den Grundlagenteil stellen. Das Vereinigte Königreich und einige andere Mitgliedstaaten bestanden darauf, sie allenfalls als Zusatzprotokoll in die Verfassung aufnehmen. Das Konventspräsidium löste das Problem, indem es die Integration der Charta als eigenständigen Teil in den Verfassungsvertrag vorschlug und in ihr weitere Sicherungen gegen das Entstehen innerstaatlicher Rechtsansprüche verankerte.

II.

Die Verfassung errichtet keinen europäischen Bundesstaat. Nicht nur, weil die Regierungen aller Mitgliedstaaten und Beitrittsländer, die Mehrheit der nationalen Parlamentarier und letztlich wohl auch die Mehrheit der Europaabgeordneten im Konvent dazu nicht bereit waren. Auch real schließen die Zahl der Mitgliedstaaten, deren historisch geprägte Unterschiedlichkeit und die Verschiedenheit der politischen Leitvorstellungen in den europäischen Völkern die Gründung eines wie auch immer konstruierten „Staates“ aus. Der Nationalstaat des späten neunzehnten und frühen zwanzigsten Jahrhunderts läßt sich nicht auf die europäische Ebene transponieren. Das ist kein Mangel.

Europa definiert sich als eine „Union der Bürger und der Staaten“ (Art. I-1 VV). Damit bestätigt und bekräftigt die Verfassung den Charakter der Union als einer rechtlichen und politischen Organisation *„sui generis“*, die sowohl konföderale Elemente mit intergouvernementalen als auch föderale Elemente mit vergemeinschafteten Entscheidungsverfahren in sich vereint. Das Konföderale ist weder Durchlauferhitzer zum, noch Abirrung vom Föderalen. Der vergemeinschaftete Bereich ist nicht die „eigentliche Union“, die intergouvernementale Zusammenarbeit nicht der Ausdruck „nationaler Egoismen“ oder „gouvernementalen Eigensinns“. Vielmehr sind

4 *Zuleeg*, in: von Bogdandy (Fn. 2), S. 950 f.

für eine Union der Bürger und der Staaten sowohl das föderale als auch das konföderale Element gleichermaßen konstitutiv.

Keine der nationalstaatlichen Verfassungen innerhalb oder außerhalb Europas hat dem Konvent als Orientierung oder gar Vorlage gedient. Die Institutionen der Union sind nicht mißlungene Klone der nationalstaatlichen. Das Europäische Parlament ist nicht „auf dem Wege", ein „richtiges" Parlament (gemeint ist „wie die nationalen Parlamente") zu werden. Es kann und darf nicht ein allein- und alles-entscheidendes Parlament werden. Es muß ein mitentscheidendes bleiben, weil in ihm die Vertretung der Bürger notwendigerweise stark verzerrt ist. Die EU-Kommission ist nicht unterwegs zu einer EU-„Regierung". Sie spielt einerseits zwar als Exekutive mit Initiativmonopol längst eine immer stärker politische Rolle, kann aber andererseits durch ihre Funktion als „Hüterin der Verträge" und der sich aus ihrer multinationalen Zusammensetzung zwangsläufig ergebenden politischen Vielfarbigkeit nicht Ausdruck einer parlamentarischen „Regierungsmehrheit" sein. Der Ministerrat bleibt ein Legislativorgan, das aus Vertretern der nationalen Exekutiven zusammengesetzt ist – ein fundamentaler Pfeiler der *sui generis*-Struktur der Union, in der die Übertragung von Hoheitsgewalt auf die EU durch die Mitwirkung der Mitgliedstaaten an der Rechtssetzung der Union kompensiert wird[5]. Er wird so wenig zu einer „zweiten Kammer" des Europäischen Parlaments wie der Bundesrat die zweite Kammer des Bundestages ist. Die Institutionen der Union sind in ihren Kompetenzen, Zusammensetzungen und Beziehungen untereinander auf eine Union von demokratischen Staaten, nicht auf einen Bundesstaat zugeschnitten.

Die Aufteilung der Hoheitsgewalt gehört zu den unerläßlichen Kernelementen einer jeden Verfassung. Die Verträge von Rom binden die Kompetenzen an die Vertragsziele. Das hat die Europäischen Gemeinschaften entwicklungsfähig gemacht, aber auch einer, wenn nicht immer gewollten, so doch immer zugelassenen, Ausweitung ihrer Kompetenzen Vorschub geleistet. Die Auseinandersetzungen um Kompetenzübertragung, Kompetenzerschleichung und Kompetenzbegrenzung haben seit Beginn der 1980er Jahre ständig zugenommen. Der Ruf nach Abhilfe durch einen Kompetenzkatalog kam vor allem, aber bei weitem nicht allein, aus Deutschland.

Das Europäische Parlament hatte 1984 und 1994 vergeblich versucht, einen Kompetenzkatalog zu erstellen. Mit dieser Erfahrung waren seine Delegierten im Konvent eher unwillig, einen dritten Versuch zu wagen. Darüber hinaus fürchteten sie, wie übrigens auch eine Mehrheit der nationalen Parlamentarier und sogar die Vertreter einer größeren Zahl von Regierungen, daß zwar die Aufstellung eines Kompetenzkatalogs gefordert werde, in Wirklichkeit aber eine Rückübertragung von EU-Zuständigkeiten auf die Mitgliedstaaten und eine Kappung „finaler Kompetenzen" wie Art. 308 EGV und Binnenmarkt gemeint sei. Der Vertreter des Bundesrates im Konvent, der baden-württembergische Ministerpräsident *Erwin Teufel,* stieß denn auch mit der Forderung nach einem Kompetenzkatalog, der auch noch die „Residualrechte" der Mitgliedstaaten enthalten sollte, auf nahezu einhellige Ablehnung. Insgesamt führt die Verfassung weder zu der befürchteten Rückführung von Kompetenzen an die Mitgliedstaaten, noch zu ihrer unkontrollierbaren Ausweitung.

5 *Zuleeg*, in: von Bogdandy (Fn. 2), S. 955.

Die EU-Kompetenzen werden lediglich klarer als bisher in ausschließliche und geteilte Zuständigkeiten sowie Unterstützungs-, Koordinierungs- und Ergänzungsmaßnahmen geordnet und präziser zugeschnitten. Neue Kompetenzen erhält die Union nur in sehr begrenztem Umfang. In einigen Fällen werden bereits übertragene zurückhaltend verstärkt. Die Einordnung einzelner Politikbereiche in eine der drei Kategorien war umstritten und ist bestreitbar geblieben. Erschöpfend ist nur die Aufzählung der „ausschließlichen Zuständigkeiten" sowie der „Unterstützungs-, Koordinierungs- und Ergänzungsmaßnahmen". Die Liste der „geteilten Zuständigkeiten" ist dagegen lediglich indikativ. Sie erfaßt nicht alle übrigen im Teil III aufgeführten Rechtsgrundlagen. Die Gemeinsame Außen- und Sicherheitspolitik sowie die Verteidigungspolitik, aber auch die Entwicklungszusammenarbeit und humanitäre Hilfe, die Forschungspolitik oder die Koordination der Wirtschaftspolitiken fallen aus der Systematik. Gewiß kann man, wie vor allem einige der deutschen Länder oder der Präsident des Bundesverfassungsgerichts[6], eine noch „klarerer" Kompetenzabgrenzung fordern. Aber man kann auch mit *Zuleeg* feststellen, daß man „keine Verfassung eines Bundesstaates antrifft, die so genau abgegrenzte Kompetenzen aufweist wie die Verfassung der EU"[7].
Aus der alten Verbindung von Zielsetzung und Kompetenzzuweisung ist die Flexibilitätsklausel des Art. I-18 VV übrig geblieben – eine auf die Union und die Verfassungsziele insgesamt ausgeweitete, aber durch die neue Ordnung der Kompetenzen eingeschränkte Form des Art. 308 EGV. Sie entfaltet nur in Teil III Wirkung und darf ausdrücklich nicht zu einer Aufweichung der Kompetenzkategorien genutzt werden. Ihre Anwendung erfordert die Einstimmigkeit im Rat und unterliegt einer erheblich verstärkten Subsidiaritätskontrolle durch die Einbeziehung der nationalen Parlamente. Sie ist ein tragfähiger Kompromiß zwischen den Konventsmitgliedern, die überhaupt keine Flexibilitätsklausel wollten und denen, die in ihr ein unerläßliches Instrument zur weiteren Entwicklung der verfaßten Union sahen[8]. Der Kompromiß ist kein Rückschritt in die Unflexibilität, aber er verschiebt den Dreh- und Angelpunkt der europäischen Integration. Die Entwicklung der erweiterten Union ist nicht auf eine immer größere Machtfülle, sondern auf die konzentriertere Nutzung von Kernkompetenzen gerichtet.

III.

Zur Aufrechterhaltung und Verbesserung der Handlungsfähigkeit der erweiterten Union soll der Rat in der Gesetzgebung künftig mit qualifizierter Mehrheit entscheiden können. Das neu eingeführte „normale Gesetzgebungsverfahren" macht das zur Regel. Die gilt nicht ohne Ausnahmen, aber sie konnten immerhin auf wenige Fälle begrenzt werden[9]. Der Vorschlag des Präsidiums, Einstimmigkeit, von Sonderfällen

6 *Papier*, DER SPIEGEL, 39/2003 v. 22. 9. 2003.
7 *Zuleeg*, in: von Bogdandy (Fn. 2), S. 955.
8 So auch *Zuleeg* ebd.
9 Von den 109 Bereichen, in denen die EU rechtsetzend handeln kann, bleiben 19 in der Einstimmigkeit (bisher 73). Davon sind nur die Steuerharmonisierung, der Zugang von Drittstaatlern zu den nationalen Arbeitsmärkten und die Antidiskriminierungsgesetze politisch wirklich bedeutend.

wie Entscheidungen über militärische Einsätze, Beschlüssen über die Eigenmittel der Union oder Entscheidungen mit direkten Auswirkungen auf die sozialen Sicherungssysteme abgesehen, allein „Verfassungsentscheidungen“ vorzubehalten, erwies sich als nicht konsensfähig.

Rechtsetzung durch Mehrheitsentscheidung wirft in einer „Union der Bürger und der Staaten“ ein grundlegendes Legitimationsproblem auf: Das Staats- und Völkerrechtsprinzip der Gleichheit der Staaten kollidiert mit dem Demokratieprinzip der Gleichheit der Bürger. Beide Prinzipien stehen zueinander im Widerspruch und sind doch für eine Union der Bürger und Staaten gleichermaßen grundlegend. Dabei geht es nicht darum, Dominationsängste – hier vor der Größe, dort vor der Zahl der Staaten – zu dämpfen. Die sind nach aller Erfahrung unbegründet, weil es einen Block der „Kleinen“ gegen einen der „Großen“ zumindest in Sachfragen bisher nicht gegeben hat. Im Konventspräsidium ist es vielmehr darum gegangen, ein Gleichgewicht zwischen den beiden Legitimationssträngen „Union der Bürger“ und „Union der Staaten“ zu finden.

Die Gleichheit der Staaten in der Union ist rechtliche Fiktion, nicht politische Realität. Wo keine Gleichheit herrscht, muß Gleichgewicht hergestellt werden. Das ist ein Grundzug der europäischen Geschichte. Es ist auch ein Kernelement der europäischen Verfassung. Das alte Europa souveräner Staaten hat immer wieder versucht, das europäische Gleichgewicht auf dem Feld der Diplomatie durch Achsen und Allianzen und auf den Schlachtfeldern durch Blut und Eisen zu finden. Das neue Europa der Union stellt es durch gleiche Partizipation aller Staaten und eine als gerecht angesehene Gewichtung eines jeden von ihnen in gemeinsamen Institutionen her: „Balance of institutions“ und „balance of legitimations“ statt „balance of powers“.

Die Gleichheit der Staaten und die Gleichheit der Bürger miteinander zu verbinden, heißt, sowohl das eine wie das andere Prinzip zu verletzen. Das Ergebnis ist unbefriedigend, aber ohne Alternative. *Zuleeg*, immerhin, gibt eine rechtstheoretische Hilfestellung[10] mit dem Hinweis, daß „in föderativen Gemeinwesen Abweichungen von der strikten Gleichheit erlaubt, ja geboten sein können, um der Eigenständigkeit und dem Schutzbedürfnis einzelner Einheiten Genüge zu tun“. In der Verfassung wird dieses Gleichgewicht durch die Definition der qualifizierten Mehrheit im Rat, durch die degressive Proportionalität im Europäischen Parlament und letztlich auch durch das Prinzip der gleichen Rotation in eine verkleinerte Kommission gehalten.

Die drei großen und drei kleinen Gründerstaaten ließen sich 1957 noch verhältnismäßig einfach in ein Gleichgewicht bringen. Das Erfordernis der Einstimmigkeit bei zahlreichen Entscheidungen und die Zurückhaltung Deutschlands erleichterten es, bei der Stimmengewichtung im Rat, der Zahl der Kommissare, der Mandatsverteilung im Parlament, die Gleichheit zwischen den Großen zu akzeptieren und mit der angemessenen Repräsentanz der Kleinen zu kombinieren.

Dieses Gleichgewicht wurde durch die verschiedenen Erweiterungen von sechs auf zwölf Mitgliedstaaten nicht grundsätzlich gestört. Die Vergrößerung der Union beeinträchtigte es zwar, zerstörte es aber nicht. Erst durch das Anwachsen der Union auf 25 (und künftig noch mehr) Staaten, darunter sechs große und 19 kleinere und

10 *Zuleeg*, in: von Bogdandy (Fn. 2), S. 941.

kleinste, ist das immer fragiler gewordene ursprüngliche Gleichgewicht zerbrochen und war auch durch eine Fortschreibung der bisher geltenden Gewichtung der Stimmen im Rat nicht mehr zu halten. Die 19 „Kleinen" haben eine deutliche Mehrheit, vertreten aber nur etwa ein Viertel der EU-Bevölkerung. Die Relevanz dieser Verschiebung wird durch das wiedervereinigte Deutschland, dessen Bevölkerung nun erheblich größer ist als die des zweitgrößten Mitgliedstaates, noch verstärkt. In einer demokratischen Union, die für alle Bürger verbindliches Recht setzt, ist ein solches Ungleichgewicht zu Lasten der Bürger der größeren Mitgliedstaaten auf die Dauer nicht hinnehmbar.

Bei der Definition der qualifizierten Mehrheit im Rat hat sich der Konvent für die vom Europäischen Parlament schon lange geforderte „doppelte Mehrheit" entschieden. Die Regierungskonferenz ist ihm gefolgt. Dabei hat sie die ursprünglich vorgesehenen Schwellen von 50 und 60 Prozent auf 55 Prozent der Staaten, die eine Mehrheit der Bürger von mindestens 65 Prozent vertreten müssen, erhöht. Das durchbricht das Prinzip der doppelten Mehrheit genauso wenig wie die auf mindestens vier Mitgliedstaaten festgelegte „Sperrminorität", und die verkomplizierenden Einschränkungen durch die überarbeitete „Ioannina-Klausel". Einerseits brauchen die sechs großen Staaten für eine Mehrheit immer auch wenigstens neun der kleinen: Sie können die 19 kleinen nicht dominieren. Andererseits schaffen es die 19 kleineren Mitgliedstaaten zusammen nicht, das Bevölkerungskriterium zu erfüllen, wenn nicht wenigstens drei der großen dabei sind: Sie können die sechs großen nicht majorisieren.

Auch die Zusammensetzung von Parlament und Kommission ist Teil des durch die Verfassung geschaffenen neuen Gleichgewichts. Die Zahl der Mitglieder im Europäischen Parlament wird auf 750 begrenzt und nach dem Grundsatz der degressiven Proportionalität auf die Mitgliedstaaten verteilt. Die Mindestzahl der Mandate pro Land ist sechs, die Höchstzahl 96. Damit bleiben zwar die kleineren Mitgliedstaaten im Verhältnis zur Bevölkerungszahl weiterhin stärker im Parlament vertreten als die größeren, aber diese Verzerrung ist im Vergleich zur aktuellen „gesetzten" Mandatsverteilung gemildert. Die für 2014 vorgesehene Verringerung der Zahl der Kommissare auf zwei Drittel der Mitgliedstaaten wird durch ein gleichberechtigtes Rotationssystem zwischen allen Mitgliedstaaten kompensiert. Damit ist der Zugang zur Kommission, deren Mitglieder ja unabhängig von Weisungen aus ihrem jeweiligen Herkunftsland handeln sollen, für Große und Kleine gleich.

IV.

Für die Rechtsetzung durch die Union und die Legitimation der Exekutive erhält das Europäische Parlament die Kompetenzen, die der direkt gewählten Vertretung der Bürger in einer Staaten-Union angemessen sind. Bislang war die Alleinentscheidung des Rates die Regel und die Mitentscheidung des Parlaments die ausdrücklich genehmigte Ausnahme. Künftig ist die Mitentscheidung des Parlaments die Regel, die Alleinentscheidung des Rates die Ausnahme. Artikel I-34 VV ist ein Quantensprung für die Parlamentarisierung der EU-Gesetzgebung: „Europäische Gesetze und Rahmengesetze werden im ordentlichen Gesetzgebungsverfahren auf

Vorschlag der Kommission vom Europäischen Parlament und vom Rat gemeinsam erlassen“.
Statt wie bisher in etwa 35 entscheidet das Parlament künftig in über 90 Gesetzgebungsbereichen mit, darunter in der bisher von parlamentarischer Mitentscheidung „verschonten“ Agrarpolitik und in der erheblich ausgeweiteten Gesetzgebungskompetenz im „Raum der Freiheit, der Sicherheit und des Rechts“. Übrig bleiben 13 Bereiche. Bei einigen von ihnen, wie etwa der Steuerharmonisierung oder Teilen des Familienrechts, ist das aus der hohen mitgliedstaatlichen Relevanz begründet. Bei anderen handelt es sich um Grenzfälle zwischen Gesetzgebung und Verwaltungsentscheidungen.
Das Parlament wählt den Präsidenten der EU-Kommission. Das Verfahren gleicht auf den ersten Blick dem des Nizza-Vertrags, enthält allerdings drei Neuerungen von weitreichender Bedeutung: Der Europäische Rat muß bei seinem Kandidatenvorschlag das Ergebnis der Europawahl beachten: Nichts hindert die großen politischen Formationen in der Union daran, vor der Europawahl ihre Kandidaten für das Amt des Kommissionspräsidenten zu benennen. Die Relevanz dieser Wahlen steigt. Die Staats- und Regierungschefs werden vor der Nominierung ihres Kandidaten die wichtigsten Fraktionen im Parlament konsultieren müssen, um seine Wahl zu sichern: Das Parlament wird an der Nominierung des Kandidaten informell beteiligt. Wenn der Kandidat die Stimmen der Mehrheit der Mitglieder des Parlaments nicht erhält, kann der Europäische Rat seinen Kandidaten nicht etwa ein zweites Mal ins Rennen schicken, sondern muß einen neuen Vorschlag machen: Das Parlament hat tatsächlich die Wahl.
Aus der EU-Kommission kam der Vorschlag, den Kommissionspräsidenten im Parlament und im Rat jeweils mit einer Zweidrittel-Mehrheit zu wählen[11]. Das ist im Präsidium nicht einmal debattiert worden. Eine Wahl mit solchen Mehrheiten müßte jedes Ergebnis der Europawahl verwischen und wäre das Ende jeder politischen Unterscheidbarkeit. Schlimmer noch: Die Kommission, der ja vernünftigerweise nur mit der gleichen Mehrheit das Mißtrauen ausgesprochen werden könnte, wäre de facto vor jeder polischen Verantwortlichkeit „geschützt“. Eine Mehrzahl der Europaparlamentarier im Konvent, aber auch die Bundesregierung favorisierten eine Variante, nach der der Kommissionspräsident vom Parlament „gewählt“ und danach vom Europäischen Rat „bestätigt“ werden sollte. Das hätte bedeutet, daß das Parlament den Kandidaten vorschlägt und der Rat entscheidet. Es hätte darauf verzichtet, das letzte Wort zu haben. Das Konventspräsidium hat sich auf diese Selbstverharmlosung des Parlaments nicht eingelassen.
Das Gemeinschaftsorgan *par excellence*, die Kommission, behält alle bisherigen Trümpfe wie „Hüterin der Verträge“, Wahrung des Gemeinschaftsinteresses, Initiativmonopol, Exekutivbefugnisse. Neu ist, daß künftig der Kommissionspräsident die Richtlinien der Politik bestimmt, die Ressorts festlegt und die Organisationsgewalt über die Kommissions-Administration innehat. Bei der Benennung der Kom-

11 Durchführbarkeitsstudie, Beitrag zum Vorentwurf einer Verfassung der Europäischen Union, Arbeitspapier, Brüssel 2002 in: http://europa.eu.int/futurum/documents/offtext/const051202_de.pdf (sog. *Penelope-Entwurf*).

missare wird er nicht mehr nur „gehört“, sondern die Regierungen müssen sich mit ihm „ins Benehmen“ setzen. Er kann einzelne Kommissare zum Rücktritt zwingen. Der Präsident der Kommission kann wirklich zu ihrem Chef werden. Damit wird die Stärkung der Präsidentschaft des Europäischen Rates kompensiert.

Wie groß darf oder muß die EU-Kommission sein, die einen ihren Aufgaben entsprechenden Zuschnitt der Ressorts, breiten mitgliedstaatlichen Sachverstand, straffe Kollegialität und Handlungsfähigkeit in sich vereinen und zugleich nach außen Autorität, Kompetenz und regionale Ausgewogenheit zeigen soll? Das Prinzip „ein Kommissar pro Land“ sichert der Kommission zwar eine breite Kenntnis der Verhältnisse in den Mitgliedstaaten, kann aber auch einer schleichenden Intergouvernementalisierung der Kommission Vorschub leisten. Gewiß ist die Mitgliedschaft in der Kommission für die Öffentlichkeit, vor allem in den kleineren Staaten, von hohem Symbolwert. Zugleich verringert sich aber die Durchsetzungskraft eines Gremiums, in dem die sechs Kommissare aus den Nachfolgestaaten Jugoslawiens das gleiche Stimmgewicht haben würden wie die Kommissare aus den sechs Gründerstaaten. Immerhin begrenzt die Verfassung von 2014 an die Zahl der Kommissare auf zwei Drittel der Mitgliedstaaten.

Gegen eine Verkleinerung der Kommission ist im Konvent eingewandt worden, daß nationale Regierungen auch mit dreißig und mehr Ministern, Staatsministern und geschäftsbereichfreien Ministern funktionieren. Das läßt die innere Hierarchie in solchen Regierungen außer Acht. Vor allem aber übersieht es, daß eine Kommission nicht wie eine normale Regierung führbar ist. Der Kommissionspräsident verfügt nun einmal nicht über die Netzwerkloyalitäten und Disziplinierungsinstrumente, über die ein nationaler Regierungs- und Parteichef üblicherweise gebieten kann. Je größer die Kommission ist, desto größer wird die Gefahr, daß sich Substrukturen bilden, die in einem notwendigerweise national und parteipolitisch multiplen Gremium nicht mehr beherrschbar wären. Die systematisch „richtige“ Lösung wäre gewesen, keine Zahlen in die Verfassung zu schreiben, sondern es dem gewählten Präsidenten zu überlassen, mit wie vielen Kommissaren aus welchen Ländern er „seine“ Kommission besetzen will. Das wurde zwar bedacht, aber als (noch) nicht konsensfähig verworfen.

Der Europäische Rat besteht nach der Erweiterung aus mehr als 50 Personen[12]. Mit einer Halbjahresrotation im Vorsitz und in Kombination mit dem Amt des Regierungschefs ist ein solches Gremium nicht mehr zu organisieren, zu koordinieren und zu führen. Darauf haben selbst einige der Chefs hingewiesen. Deshalb hat das Konventspräsidium trotz erheblicher Kritik aus dem Konvent an seinem Vorschlag festgehalten, einen auf zweieinhalb Jahre gewählten, hauptamtlichen Präsidenten zu schaffen. Allerdings wurden seine Befugnisse ausdrücklich auf die Führung des Europäischen Rates begrenzt und Eingriffe in exekutive oder legislative Aufgaben ausgeschlossen. Der Schwerpunkt seiner Aufgaben liegt in der Koordinierung der nationalen Politiken im Bereich der Union und der Außenvertretung der Union „auf seiner Ebene“[13].

12 25 Staats- und Regierungschefs, 25 Außenminister, ein Kommissionspräsident und ein weiterer Kommissar, die Generalsekretäre von Rat und Kommission.

13 Art. I-22 Abs. 1 VV.

War es ein Fehler, das intergouvernementale Element der Union auf diesem Wege zu stärken? Die Antwort kann nur nach Abwägung möglicher Entwicklungen gegeben werden. Das Konventspräsidium befürchtete, daß sich, bliebe es bei Halbjahresrotation und nebenamtlicher Ratspräsidentschaft, innerhalb kurzer Zeit ein informelles Direktorium der Großen Drei oder Vier zur Vorbereitung und Durchsetzung der Entscheidungen des Europäischen Rates bilden würde. Die Folge wären Reibungsverluste durch Diskriminierungsängste, Prestigekonkurrenz und Informationsdivergenzen. Überdies würde das fragile Gleichgewicht zwischen „großen" und „kleinen" Mitgliedstaaten gefährdet. Zweifellos ist ein durch die Verfassung vorgesehener gewählter hauptamtlicher Präsident des Europäischen Rates die „unionsfreundlichere" Lösung.

Die Funktionsfähigkeit der Union ruht nicht nur auf ihren vergemeinschafteten, sondern auch auf ihren intergouvernementalen Elementen. Die Sorge, daß die Verstärkung des „intergouvernementalen" Elements durch das neu geschaffene Präsidentenamt zu Lasten des durch die Kommission und ihren Präsidenten wahrgenommenen „vergemeinschafteten" Elements gehen werde, ist unbegründet. Schließlich wird der Europäische Ratspräsident nicht mehr „seinen" Mitgliedstaat als „Hausmacht" haben. Er verfügt nicht mehr über das Instrumentarium „seiner" Regierung, sondern muß sich auf das Ratssekretariat stützen. Will der Präsident Erfolg haben, muß er eher zum Vertreter gemeinschaftlicher Positionen als nationaler Interessen werden. Seine Stärke liegt in der längeren Amtszeit und in seinem Mediationsgeschick.

V.

Die Bürger nehmen Institutionen, die europäischen zumal, als abstrakt und gesichtslos wahr. Orientierung, Führung und Verantwortlichkeit verbinden sie nicht mit ihnen, sondern mit Personen. Die Verfassung wird europäische Politik stärker personalisieren. Sie hebt drei Führungsämter durch größere Kompetenzen, breitere Legitimierung und längere Amtsdauer hervor und macht sie sichtbarer. Der auf zweieinhalb Jahre gewählte Präsident des Europäischen Rats wird im Sprachgebrauch und in der Wahrnehmung der Öffentlichkeit zum EU-Präsidenten werden. Am Rande sei vermerkt, daß wichtige Teile des Konvents in geradezu naiv-magischem Denken auf der Bezeichnung „Vorsitzender" statt „Präsident" bestanden, um ihn auf eine Funktion als Sitzungsleiter zu fixieren. Das scheiterte am Konventspräsidenten, der sich mit dem schlagenden (wenn auch falschen) Hinweis durchsetzte, auch der Präsident des Europäischen Parlaments sei schließlich nur Sitzungsleiter und heiße doch „Präsident".

Die Verfassung schreibt es nicht vor, aber das Nominierungs- und Wahlverfahren des Kommissionspräsidenten ist so gestaltet, daß nichts die großen europäischen Parteien daran hindert, mit Spitzenkandidaten für das Amt des Kommissionspräsidenten in die Europawahl zu gehen. Der vom Europäischen Parlament gewählte und durch die Richtlinienkompetenz gestärkte Präsident der EU-Kommission wird aus

der Reihe der von den europäischen Parteien vor der Europawahl designierten Kandidaten kommen. Daraus kann eine eigenständige Legitimation wachsen.
Der Europäische Außenminister vertritt die Union im Bereich der Gemeinsamen Außen- und Sicherheitspolitik nach außen und wird einen erheblichen Einfluß auf deren Gestaltung gewinnen. Als Vorsitzender des Außenministerrats hat er die Disposition über Zeit, Themen und Dossiers im Rat und amtiert, auf fünf Jahre bestellt, länger als die meisten seiner Kollegen. Als Vizepräsident der Kommission koordiniert er die vergemeinschafteten Bereiche der Auswärtigen Beziehungen der Union unter Einschluß der Entwicklungspolitik, des Außenhandels, der Humanitären Hilfe etc. und verfügt über die der Union für diese Politiken bereit gestellten finanziellen Ressourcen. Der neu zu schaffende Auswärtige Dienst der Union ist ihm unterstellt.
Die Funktionsfähigkeit der als „Doppelhut" bezeichneten Kombination von Zuständigkeiten aus dem intergouvernementalen und aus dem vergemeinschafteten Bereich der Außenbeziehungen, wird in hohem Maße von der Autorität, Arbeitsweise und Moderationsfähigkeit des ersten Inhabers dieses Amtes abhängen.
Ob aus dem Führungstrio – Präsident des Europäischen Rates, Präsident der EU-Kommission, Europäischer Außenminister – eine dominierende Figur herauswächst, bleibt offen. Natürlich sind Reibungsverluste nicht auszuschließen. Offen bleibt auch, ob dadurch die intergouvernementalen oder vergemeinschafteten Elemente der Union gestärkt werden. Die präsidiale Doppelspitze, Präsident des Europäischen Rates und Präsident der Kommission, ist ein sinnfälliger Ausdruck der bipolaren Natur der Union. Solange nicht wirklich starkes Unheil droht, müssen solche Dualismen nicht in einer Verfassung, sondern in der praktischen Politik ausgetragen werden[14]. Der Verfassungsvertrag läßt gewollt größere Gestaltungsräume als die geltenden EU-Verträge. Wie sie genutzt werden, wird vor allem an den Personen liegen, die als erste diese Ämter besetzen.

VI.

Die Europäische Union ist keine Weltmacht, aber sie hat die Verantwortung einer Weltmacht. Mit seinem ökonomischen und technologischen Potential beeinflußt Europa Entwicklungschancen, Ressourcentransfers und Stabilität überall in der Welt. So, wie sie bisher gebaut ist, kann die Union ihrer globalen Verantwortung nicht gerecht werden. Sie ist außen-, sicherheits- und verteidigungspolitisch nicht führbar, schon gar nicht in Krisensituationen. Ob es die in der Verfassung für das Auswärtige Handeln der Union vorgesehenen Verfahren und Instrumente der Union ermöglichen, in der Welt die Rolle zu spielen, die ihr zukommt und die von ihr erwartet wird, ist intensiv erörtert worden. Zweifel daran werden vor allem durch das (von einigen Ausnahmen abgesehen) fast durchgängige Festhalten am Prinzip der Einstimmigkeit im Rat genährt.
Im Rahmen des zur Zeit in Europa Möglichen können Kernfragen der Außen- und Sicherheitspolitik, wenn es nicht mehr nur um die Einschätzung von Risiken geht, son-

14 In diesem Sinne auch *Roman Herzog*, in „Die Welt", 23.01.2003

dern auch um die Bereitschaft, sie zu tragen, in der Union (noch) nicht mit Mehrheit entschieden werden. Das Zaudern der EU auf dem Balkan vor zehn Jahren und die Spaltung der EU über die Beteilung am Krieg gegen den Irak vor zwei Jahren sind dafür nur zwei besonders gravierende Beispiele. Gemeinsamkeit kann allerdings nicht mit Mehrheit beschlossen werden. Sie kommt nur als der Prozeß der schrittweisen Annäherung zwischen unterschiedlichen nationalen Sichtweisen und Erfahrungen zustande. Ihn in Gang zu setzen, in Gang zu halten und dabei neue Kommunikationsgewohnheiten zu schaffen und europäische Loyalitäten wachsen zu lassen, wird im Zentrum der Tätigkeiten des Außenministers und des Auswärtigen Dienstes der Union stehen.
Die Perspektive der Gemeinsamen Verteidigung, wenigstens aber die Definition einer gemeinsamen Verteidigungspolitik, wird realistischer. Die Union kann für Konfliktvorbeugung, Friedenssicherung, Krisenbewältigung und Wiederherstellung des Friedens operative Fähigkeiten entwickeln, die neben zivilen auch auf militärischen Mitteln beruhen. Die Mitgliedstaaten sind zum gegenseitigen Beistand und zur gegenseitigen Unterstützung mit allen Mitteln verpflichtet, wenn einer von ihnen einem bewaffneten Angriff auf sein Hoheitsgebiet ausgesetzt ist.
Die Mitgliedstaaten, die über die militärischen Fähigkeiten und den politischen Willen dazu verfügen, können sich im Rahmen der Union und auf der Grundlage der Verfassung im Bereich der Verteidigung an einer dauerhaften strukturierten Zusammenarbeit beteiligen. Die Union und ihre Mitgliedstaaten verpflichten sich, im Geiste der Solidarität gemeinsam zu handeln und, wenn darum gebeten wird, etwa bei Terrorangriffen, auch militärische Mittel zur Verfügung zu stellen. Die Rationalisierung der militärischen Fähigkeiten der Mitgliedstaaten, Koordinierung der Forschungstätigkeiten im Bereich der Verteidigungstechnologie und Effizienz der Militärausgaben sollen durch ein „Europäisches Amt für Rüstung, Forschung und militärische Fähigkeiten" verbessert werden. Trotz aller Einschränkungen und Sonderregelungen steht der Union das notwendige außen- und sicherheitspolitische Instrumentarium für weltweites Handeln zur Verfügung. Einen mangelnden politischen Willen der Mitgliedstaaten, es zu nutzen und einzusetzen kann die Verfassung allerdings nicht ersetzten.
Die gemeinsame Außen-, Sicherheits- und Verteidigungspolitik bleibt auch nach Überwindung der Pfeilerstruktur als Exekutivhandeln im Wesentlichen intergouvernemental. Daß das nicht Handlungsunfähigkeit bedeuten muß, zeigen der eigenständige EU-Einsatz „Artimis" im Kongo und die ALTHEA-Militärmission in Bosnien-Herzogowina. Die parlamentarische Kontrolle, insbesondere im Bereich der Sicherheitspolitik und militärischer Aktionen, findet weiterhin in den Mitgliedstaaten statt. Das Europäische Parlament wird, von Ausnahmen abgesehen, lediglich gehört. Allerdings vereint die Verfassung alle Bereiche des Auswärtigen Handelns der Union in einem eigenen Titel und fordert ausdrücklich zwischen allen Bereichen Kohärenz.
Fünfzig Jahre lang war die Einigung Europas nach innen auf Integration und Erweiterung gerichtet. In der veränderten Weltlage, in der die Blöcke aufgelöst, mit Terrorismus, Klimaveränderung, Migrationströmen neue Bedrohungen entstanden und die Wirtschaft durch Handel, Finanzen und Arbeit global vernetzt ist, muß sich die Einigung Europas nach außen richten. Statt Erweiterung und Vertiefung nach innen

wird künftig gemeinsames Handeln nach außen mit dem Ziel der Wahrung gemeinsamer Interessen zum Paradigma des Zusammenschlusses europäischer Staaten. Mit den Bestimmungen zum auswärtigen Handeln der Union antwortet – wenn auch vielleicht noch nicht ausreichend – die Verfassung auf diesen Paradigmenwechsel.

VII.

Am Ende der Konventsberatungen mußte sich das Präsidium entscheiden, ob die Verteidigung der Stringenz des Verfassungsentwurfs oder das Festhalten an der Strategie, ihn in der Substanz unverändert durch die Regierungskonferenz zu bringen, Vorrang haben sollte. Die Mehrheit der Konventsmitglieder war zweifellos dafür, an der Stringenz festzuhalten und, zum Beispiel, keine Ausnahmen vom normalen Gesetzgebungsverfahren zuzulassen, die Rolle der Kommission bei der Koordinierung der nationalen Wirtschaftspolitiken zu stärken oder in der Harmonisierung der Steuerpolitik und in der Gemeinsamen Außen- und Sicherheitspolitik das Tor zu Mehrheitsentscheidungen weiter zu öffnen.
Dagegen forderte eine wachsende Zahl der Regierungen, darunter auch die deutsche und die französische, weitere Annahme von der Mehrheitsregel in die Verfassung aufzunehmen, und drohte, die einzelnen Forderungen in die Regierungskonferenz zu tragen. Das Vereinigte Königreich, und durchaus nicht es allein, kündigte sogar an, aus Steuerharmonisierung und Gemeinsamer Außen- und Sicherheitspolitik in der Regierungskonferenz „KO-Fragen" für die Verfassung zu machen. Da es darum gehen mußte, den Konventsentwurf zur Verhandlungsgrundlage zu machen, reduzierte das Konventspräsidium die Konfliktpunkte durch ein Nachgeben gegenüber der deutschen und der französischen Regierung und entschied sich zwischen Stringenz und Strategie für letztere.
Damit wurde erreicht, daß der Europäische Rat im Juni 2003 den „Wortlaut" des Konventsentwurfs als „eine gute Ausgangsbasis" für die Regierungskonferenz bezeichnete. Aber Anfang Oktober, als die italienische Ratspräsidentschaft zu erkennen gab, daß sie die Verhandlungen auf der Grundlage des Konventstextes zu führen gedenke, versuchte eine von Österreich und Finnland geführte Minderheit unter dem abwartenden Schweigen der Mehrheit, die Konferenz zumindest für umstrittene Punkte zur Ausarbeitung eigener Beratungsgrundlagen zu treiben. Erst nach massiven Interventionen des französischen und des deutschen Außenministers in den Beratungen blieb der Konventsentwurf integral die Verhandlungsgrundlage [15].
Auch danach war nicht zu erwarten, daß die Regierungskonferenz den Konventsentwurf eins zu eins übernehmen und unverändert beschließen würde. Schließlich hatte der Konvent selbst bestimmte Fragen, zum Beispiel das Rotationsverfahren für den Vorsitz der Ministerräte oder die Schlußbestimmung in Teil IV, bewußt offen gelassen. Im übrigen war damit zu rechnen, daß fast alle Regierungen selbstverständlich

15 Zur deutsch-französischen Kooperation im Konvent und danach s.a. *Klaus Hänsch* „La France, l'Allemagne et la Convention", in: Documents – Revue des questions allemandes, Paris, 3/2003, S. 43-45.

die Gelegenheit nutzen würden, sich nachträglich noch den einen oder anderen Sonderwunsch zu erfüllen.

Daß dennoch mehr als 90 Prozent des Konventsentwurfs die Regierungskonferenz unverändert passiert haben, ist umso bemerkenswerter als der vom Konvent erarbeitete „Entwurf einer Verfassung für Europa“ weit über das Mandat von Laeken hinausgeht[16]. Er hatte aber eine so starke innere Kohärenz, daß jedes Herausbrechen eines der substantiellen Elemente des Konventsentwurfs zur Zerstörung des gesamten Gleichgewichts zwischen den Institutionen, den großen und kleinen Staaten, den föderalen und konföderalen Elementen der Union geführt hätte. Von den Änderungen am Entwurf selbst sowie von den Zusatzerklärungen und Protokollen sind manche klärend und sogar weiterführend, viele sind überflüssig, einige auch ärgerlich. Aber keine und keines verändert Substanz, Struktur oder Kohärenz des Konventsentwurfs.

Die Mitgliedstaaten werden Verfassungsänderungen auch künftig nur einstimmig beschließen können. Nicht nur aus verfassungspolitischen Gründen führt daran kein Weg vorbei. Die Forderung, Einstimmigkeit nur für weitere Souveränitätsübertragungen vorzusehen, mußte abgelehnt werden. Schon eine erste Prüfung ergab, daß eine Differenzierung von Verfassungsänderungen nach diesem Kriterium mit hinreichender Klarheit und Rechtssicherheit nicht möglich sein würde. Im übrigen wären in einigen Mitgliedstaaten, darunter Deutschland, beachtliche verfassungsrechtliche Probleme aufgeworfen worden[17].

Die Verfassung sieht aber für einige Änderungen ein erleichtertes Verfahren vor. Durch Beschluß des Europäischen Rates ohne langwierige nationale Ratifizierungsverfahren kann z.B. der Übergang von der Einstimmigkeit zur Mehrheitsentscheidung in weiteren Gesetzgebungsbereichen und vom besonderen zum normalen Gesetzgebungsverfahren beschlossen werden, wobei allerdings jedes nationale Parlament ein Vetorecht erhält. Er kann auch in Einzelfragen wie der Einsetzung der Europäischen Staatsanwaltschaft und der Erweiterung der Justiziellen Zusammenarbeit in Strafsachen einstimmig Änderungen beschließen.

Bestimmte Änderungen sieht die Verfassung selbst vor. Das gilt für den Aufschub der Reform der Zahl der Mandate im Europäischen Parlament und die Anwendung der doppelten Mehrheit im Rat auf den 1. 11. 2009, ferner die Verringerung der Zahl der Kommissare auf zwei Drittel der Zahl der Mitgliedstaaten mit gleichem Zugangsrecht für die Staatsbürger aller Mitgliedstaaten und die Abschaffung der *Ioannina-Regel* für die Abstimmungen im Rat auf 2014, den Übergang zu Mehrheitsentscheidungen bei der Festlegung des mehrjährigen Finanzrahmens und bei der Reform der Strukturfonds und des Kohäsionsfonds.

Häufig wird beklagt, daß die Beibehaltung der Einstimmigkeit für Veränderungen im Teil III dringend notwendige Reformen in den dort festgelegten Politikbereichen erschwere oder verhindere. Das ist nur auf den ersten Blick richtig. Bei genauerem

16 Vgl. *Klaus Hänsch* in „integration“ Vierteljahreszeitschrift des Instituts für Europäische Politik, 26. Jahrgang, Heft 4, 2003, S. 331-337 (334).

17 Siehe die Entscheidung des Bundesverfassungsgerichts vom 12. Oktober 1993 zum Vertrag von Maastricht, BverfGE 89,155 ff.

Hinsehen zeigt sich, daß die Verfassung (wie der EG-Vertrag) für die gemeinsame Agrarpolitik zum Beispiel zwar „eine gemeinsame Organisation der Agrarmärkte" vorsieht, aber keineswegs produktgebundene Garantiepreise oder Milchquoten usw., ja nicht einmal europäische Agrarmarktordnungen alternativlos vorschreibt. Über eine Reform der Agrarpolitik (und anderer Politiken) konnten bisher schon entsprechende Mehrheiten im Rat, künftig im Parlament und im Rat entscheiden – wenn sie denn zustande gekommen wären.

Wie alle Verfassungen wird natürlich auch die EU-Verfassung im Laufe der Zeit geändert werden. Der berühmten langlebigen amerikanischen Verfassung ist es so ergangen und dem deutschen Grundgesetz in seiner 55-jährigen Geschichte auch. Trotz ihrer beachtlichen Stringenz und Kohärenz enthält die EU-Verfassung durchaus eine Reihe von Unzulänglichkeiten und *ad-hoc*-Kompromissen, deren Korrektur sich früher oder später als notwendig erweisen wird. Daß politische Verschiebungen oder gesellschaftliche Entwicklungen in Europa Änderungen an der Verfassung nötig machen können ist selbstverständlich. Aber die im Verfassungsvertrag beschriebene Struktur der Europäischen Union wird Bestand haben – und sei es nur, weil nach den Schwierigkeiten, die zur Ratifizierung in einer ganzen Reihe von Mitgliedstaaten überwunden werden müssen, keine Regierung so bald das Risiko eines weiteren grundlegenden Reformprozesses eingehen wird.

Das wird auch nicht nötig sein. Der Verfassungsvertrag birgt ein größeres Potential an Offenheit und Flexibilität als die EU-Verträge. Das Instrument der verstärkten Zusammenarbeit – nun auch für die Gemeinsame Außen- und Sicherheitspolitik verfügbar – erlaubt es der Union, auf wachsenden Integrationsbedarf im Rahmen der Verfassung flexibel zu reagieren. Im übrigen hängen das Gewicht der Institutionen und die Beziehungen zwischen ihnen nicht allein vom Wortlaut der Verfassung ab. Gerade die größere Offenheit und Ausdeutbarkeit (Kritiker sagen: Unklarheit) läßt erwarten, daß an der Struktur und der Substanz der Verfassung der Europäischen Union längere Zeit nichts Wesentliches geändert werden muß.

Mit dem Beschluß vom 18. Juni 2004 in Brüssel halten die Staats- und Regierungschefs den Reformprozeß für abgeschlossen. Zwischen 1992 und 2004 sind die EU-Verträge dreimal reformiert (1992 in Maastricht, 1997 in Amsterdam, 2000 in Nizza) und zweimal den Erfordernissen der Beitritte von 1995 und 2004 angepaßt worden. In Maastricht, Amsterdam und Nizza hatten die Regierungen jeweils schon vor der Unterzeichung des Vertrages die weiteren Reformschritte angekündigt, ausdrücklich „left-overs" benannt oder eine „eingehendere und breiter angelegte Diskussion über die Zukunft der Europäischen Union" eingeleitet. Die Verfassung beendet ein zwölfjähriges Reformstakkato.

VIII.

Fördert die Verfassung die Bildung einer europäischen Identität? Vom Text her gewiß nicht – und nicht nur, weil er natürlich die Kürze, Stringenz und sprachliche Wucht der amerikanischen Verfassung bei weitem nicht erreicht. Im übrigen gibt es nur in Deutschland so etwas wie einen „Verfassungspatriotismus". Europäische

Identität bildet sich durch Erfolge und Mißerfolge gemeinsamen Handelns, aus der Erkenntnis des „Andersseins" durch Geschichte, Religion, Werthaltung, Kultur. Identität läßt Neues zu, ist aber immer auch Abgrenzung.

Die Frage nach den Grenzen der Europäischen Union beantwortet die Verfassung nicht. So gewiß Europa Grenzen hat, so ungewiß ist es, wo sie liegen. Sie wechseln je nach den Kriterien, nach denen man sie bestimmen will. Die geographischen Grenzen sind nicht die gleichen wie die historischen, die wiederum sind andere als die kulturellen und religiösen, die ihrerseits mit den wirtschaftlich-sozialen nicht übereinstimmen usw. Immerhin nennt die Verfassung zwei Grundbedingungen für die Mitgliedschaft in der Union: Es müssen „europäische Staaten" sein und sie müssen „die Werte der Union achten und sich verpflichten, ihnen gemeinsam Geltung zu verschaffen"[18]. Ferner impliziert die Mitgliedschaft die Verpflichtung zur Unterstützung ihrer Ziele sowie die Bereitschaft und die Fähigkeit, alle aus der Verfassung fließenden Rechte und Pflichten zu achten und zu erfüllen.

Die politischen Grenzen Europas können nur als Ergebnis politischer Abwägungen gezogen werden. Ob ein Staat „europäisch" ist, bestimmt nicht die Verfassung, sondern der Europäische Rat. Als er 1999 der Türkei den Status eines Beitrittskandidaten zuerkannte, hat er damit auch beschlossen, daß dieses Land ein europäisches ist. Ob ein Staat die Werte der Union achtet und ihnen Geltung verschafft oder nicht, entscheiden Europäischer Rat und Europäisches Parlament: Bei einem Beitritt durch Weigerung, den Beitrittsvertrag abzuschließen bzw. ihn zu ratifizieren, bei einer schwerwiegenden und anhaltenden Verletzung der in Artikel I-2 VV genannten Werte durch Sanktionen gegen den betreffenden Mitgliedstaat. Die Union kann sich durch Beitritte erweitern, aber auch durch Austritte verkleinern.

Anders als für einen Staat sind für die Union nicht Staatsvolk und Staatsgebiet konstitutiv, sondern „gemeinsame Werte und gemeinsame Ziele". Ohne sie kann die Union nicht existieren. Ihr bleibt ein latenter Begründungszwang inhärent. Man kann *Zuleeg* darin zustimmen, daß „die europäische Integration" auch mit der Verfassung „noch nicht an ihrem Ende angekommen"[19] ist. Sie ist eine noch immer „unfertige" Union. Allerdings taucht das Ziel, eine immer engere Union zu schaffen, in der Verfassung nicht mehr auf. Es wurde bewußt gestrichen. Damit ist zwar nicht ausgeschlossen, daß die Union sich bundesstaatlichen Strukturen weiter annähert, aber eine weitere Integration ist jedenfalls kein Verfassungsauftrag mehr. So gesehen beschreibt die Verfassung sehr wohl die Finalität der europäischen Einigung – wenn auch nicht so, wie mancher, der danach gerufen hat, sie gern beschrieben hätte. Sie ist in der politischen Realität der größeren Union in der veränderten Welt des 21. Jahrhunderts angekommen.

18 Art. I-1 Abs. 2 VV
19 *Zuleeg*, Der rechtliche Zusammenhalt der Europäischen Union (Fn. 2), S. 166.

Was ist neu am Verfassungsvertrag? Zum Vertrag von Rom über eine Verfassung für Europa vom 29. Oktober 2004

Rudolf Streinz

A. Einführung

I. Eine Verfassung für Europa?

Eine Verfassung für Europa? Nach dem Brüsseler Gipfel des Europäischen Rates vom 12./13. Dezember 2003 schien es zweifelhaft, ob diese Frage, soweit sie den Verfassungsvertrag betrifft[1], noch von praktischem Interesse ist. Denn die Staats- und Regierungschefs der Mitgliedstaaten konnten sich dort nicht auf der Basis des Entwurfs des Konvents über die Zukunft Europas („Zukunfts-“ oder „Verfassungskonvent“) auf den Text eines Vertrages über eine Verfassung für Europa einigen[2]. Dieser Entwurf war dem Europäischen Rat von Thessaloniki am 20. Juni 2003 und nach seiner Vervollständigung in einzelnen Teilen der damals italienischen Ratspräsidentschaft unter Ministerpräsident Berlusconi am 18. Juli 2003 vom Vorsitzenden des Konvents, dem früheren französischen Staatspräsidenten *Giscard d'Estaing*, übermittelt worden. Er wurde danach im Amtsblatt C der Europäischen Union publiziert[3]. Nach dem Scheitern des Brüsseler Gipfels vom Dezember 2003 traten zum 1. Mai 2004 zehn neue Mitgliedstaaten aus Mittel- und Osteuropa sowie dem Mittelmeerraum der Europäischen Union bei[4]. Der Beitritt Bulgariens und Rumäniens ist für 2007 vorgesehen. Über den Beitritt – oder eine „privilegierte Partnerschaft“ – der Türkei wird auch nach der vom Europäischen Rat am 17./18. Dezember 2004 beschlossenen Aufnahme von Beitrittsverhandlungen[5] heftig gestritten. Die in der Empfehlung der Kommission erwogenen Sonderregelungen, die auf dauerhafte Ausnahmen von Kernelementen der Integration wie den Grundfreiheiten (Freizü-

1 Dass sie sich darauf nicht beschränkt, die „Europäische Verfassung“ vielmehr schon lange kein „Phantom“ ist, wird von *Zuleeg*, Die Vorzüge der Europäischen Verfassung, in: von Bogdandy (Hg.), Europäisches Verfassungsrecht. Theoretische und dogmatische Grundzüge, 2003, S. 931 (931 ff.), eindrucksvoll dargelegt.
2 Vgl. EU-Nachrichten Nr. 44/2003, S. 1: „Verfassung nicht beschlossen“.
3 ABl. 2003 C 169/1.
4 In-Kraft-Treten des Beitrittsvertrages vom 16. 4. 2003 (ABl. L 236/17; BGBl. 2003 II S. 1408) am 1. 5. 2004.
5 Europäischer Rat (Brüssel), 16./17. 12. 2004, Schlussfolgerungen des Vorsitzes, EU-Nachrichten, Dokumentation Nr. 5/2004, S. 5 ff., Nr. 17 ff.

gigkeit der Arbeitnehmer) hinauslaufen[6], auf die der Europäische Rat Bezug genommen hat[7], zeigen ebenso wie die anvisierte Verhandlungszeit (ein weiteres – unzumutbares – Hinhalten der Türkei?), dass es sich hierbei um einen besonderen Fall handelt. Dies führt zur Frage, wo – quantitativ, qualitativ und geographisch – die „Grenzen" Europas verlaufen sollen, einschließlich Kroatiens, das einen Beitrittsantrag gestellt hat, der (aller?) Balkanstaaten, der Ukraine (nach der eben gezeigten „Demokratisierung von unten"), Weißrußlands (allenfalls nach grundlegenden Änderungen) oder gar Rußlands selbst? Ein Nachdenken über die „Verfassung" Europas ist notwendig.

Und es gibt daran keinen Mangel. Die „Europäische Verfassung" ist Thema einer fast schon unüberschaubaren Zahl von Aufsätzen und Büchern, der Reden von Politikern, auch in Universitäten, von Kongressen und Tagungen[8]. Aber „Visionen" in Sonntagsreden zu präsentieren ist das eine, sie in der politischen Praxis zu realisieren ist das andere. Dies erfordert Kompromisse, was sich bereits in der Gemeinschaft der sechs, neun, zwölf, 15 Mitgliedstaaten als schwierig erwiesen hat und was noch viel schwerer in der Union der 25 und noch mehr Mitgliedstaaten sein wird, zumal sich manche von diesen erst an die notwendige Beschränkung politischer Gestaltungsfreiheit in einer stark integrierten supranationalen „Union" gewöhnen müssen[9]. Dies hat gerade das Scheitern des Brüsseler Gipfels vom Dezember 2003 gezeigt, an dem die neuen Mitgliedstaaten bereits vor ihrem Beitritt teilnehmen und hinsichtlich der künftigen „Verfassung für Europa" mitstimmen konnten. Alles andere wäre angesichts des bereits feststehenden Beitritts auch nicht vertretbar gewesen. Polen und an seiner Seite, nicht notwendig aus gleicher Interessenlage, Spanien widersetzten sich einer Einigung auf der Basis des Entwurfs des Verfassungskonvents wegen der dort vorgesehenen Regeln über Mehrheitsabstimmungen im Rat, nämlich der doppelt qualifizierten Mehrheit, basierend auf der Mehrheit der Mitgliedstaaten und der Mehrheit der von diesen repräsentierten Bürger. Dies war zwar nicht der einzige Streitpunkt, jedenfalls nach außen hin war es aber der entscheidende.

6 Europäische Kommission, Empfehlung zur Türkei und Regelmäßiger Bericht über die Fortschritte der Türkei auf dem Weg zum Beitritt vom 6. 10. 2004, EU-Nachrichten, Dokumentation Nr. 3/2004, S. 8 („Leitlinien für die Führung von Beitrittsverhandlungen").

7 Vgl. Schlussfolgerungen (Fn. 5), S. 6, Nr. 23 („Verhandlungsrahmen").

8 Vgl. die Nachweise bei *Zuleeg* (Fn. 1), S. 956 f. Ferner z.B. die von *Pernice* (Walter-Hallstein-Institute for European Constitutional Law – WHI) herausgegebene European Constitutional Law Network-Series; zum Entwurf des Konvents bzw. zum Verfassungsvertrag z.B. *Schwarze* (Hg.), Der Verfassungsentwurf des Europäischen Konvents. Verfassungsrechtliche Grundstrukturen und wirtschaftsverfassungsrechtliches Konzept, 2004; *Herzog/Hobe* (Hg.), Die Europäische Union auf dem Weg zum verfassten Staatenverbund: Perspektiven der europäischen Verfassungsordnung, 2004; *Busek/Hummer* (Hg.), Der Europäische Konvent und sein Ergebnis. Eine Europäische Verfassung, 2004; *Beckmann/Dieringer/Hufeld* (Hg.), Eine Verfassung für Europa, 2004; *Streinz/Ohler/Herrmann*, Die neue Verfassung für Europa. Einführung mit Synopse, 2005.

9 Vgl. zu diesem Problem der „Akzeptanz" supranationaler Integration und ihrer Bedingungen und Folgen *Streinz*, „Gemeinschaftsrecht bricht nationales Recht". Verlust und Möglichkeiten nationaler politischer Gestaltungsfreiheit nach der Integration in eine supranationale Gemeinschaft, aufgezeigt am Beispiel des Lebensmittelrechts, insbesondere der sog. Novel Food-Verordnung, in: FS Alfred Söllner, 2000, S. 1139 (1149 ff.).

Aber: Braucht man wirklich eine (neue) geschriebene Verfassung für Europa? Diese Frage wurde nicht nur in Großbritannien mit seiner alten, auf mehreren geschriebenen und ungeschriebenen Quellen und nicht auf einem einheitlichen geschriebenen Text basierenden Verfassung gestellt, die Modell und sogar Ideal für den Konstitutionalismus in aller Welt ist (der „Westminster Parlamentarismus" wurde sprichwörtlich, allerdings auch als für manche Gegenden vielleicht weniger geeignetes Modell). Denn in der Europäischen Gemeinschaft und der Europäischen Union haben wir bereits eine „Verfassung" in Form der bestehenden Verträge[10]. Der EuGH bezeichnete den EWG-Vertrag als „Verfassungsurkunde"[11]. Der Europäische Rat war jedoch der Ansicht, dass eine neue Verfassung notwendig sei und präzisierte dies in einer dem Vertrag von Nizza beigefügten Erklärung[12] über bestimmte Themen, die bei der nächsten Regierungskonferenz behandelt werden sollten: Die Abgrenzung der Kompetenzen zwischen der Union und den Mitgliedstaaten; der Status der Europäischen Grundrechtecharta; die Vereinfachung der Verträge; die Rolle der nationalen Parlamente. Diese Themen wurden in der Erklärung des Europäischen Rates von Laeken vom 14./15. Dezember 2001 weiterentwickelt[13], die auch den Konvent einsetzte, der die Regierungskonferenz vorbereiten sollte, die gemäß Art. 48 Abs. 2 EUV über die Änderung der bestehenden Verträge (zunächst) entscheiden muss. Und nichts anderes als eine solche Änderung ist der Vertrag über eine Verfassung für Europa, ungeachtet dessen, dass er die bestehenden Verträge gemäß Art. IV-437 des Verfassungsvertrags (VV)[14] ersetzen soll. Die Erklärung von Laeken hob das Bedürfnis hervor, die europäischen Institutionen dem Bürger näher zu bringen und die Rolle der Europäischen Union in der neuen Weltordnung zu definieren, sowohl als stabilisierende Kraft als auch als ein Beispiel (Vorbild?) für andere Länder und Völker[15]. Sie forderte ferner mehr Demokratie, Transparenz und Effektivität innerhalb der Union. Mit diesen Themen sollte sich der Verfassungskonvent befassen. Als Konsequenz der allgemein als – gelinde gesagt – unbefriedigend empfundenen Regierungskonferenz von Nizza wurde eine neue Methode eingeführt, um den Entwurf eines Vertrages zur Änderung der bestehenden Verträge zu verfassen, der den Staats- und Regierungschefs als Entscheidungsgrundlage dienen sollte: Die „Konventsmethode"[16]. Diese Methode war erfolgreich bei der Erstellung der Charta der

10 Vgl. dazu *Zuleeg*, in: von der Groeben/Schwarze (Hg.), Kommentar zum Vertrag über die Europäische Union und zur Gründung der Europäischen Gemeinschaft, 6. Aufl. 2003, Art. 1 EG, Rn. 10.

11 EuGH, Parti écologiste Les Verts/Europäisches Parlament, Slg. 1986, 1339 Rn. 23. Eingehend EuGH, Europäischer Wirtschaftsraum I, Slg. 1991, I-6079 Rn. 21. Vgl. dazu *Zuleeg*, Die Verfassung der Europäischen Gemeinschaft in der Rechtsprechung des Europäischen Gerichtshofs, BB 1994, 582 (582 f.).

12 „Erklärung zur Zukunft der Union", Erkl. Nr. 23 zur Schlussakte der Konferenz der Regierungen der Mitgliedstaaten, ABl. 2001 C 80/85.

13 Europäischer Rat (Laeken), 14./15.12.2001, Schlussfolgerungen des Vorsitzes, Anlage 1, EU-Nachrichten, Dokumentation Nr. 3/2001, S. 16 (24 f.).

14 Vertrag über eine Verfassung für Europa vom 29. 10. 2004, ABl. C 310/1, in diesem Band abgekürzt „Verfassungsvertrag" (VV).

15 Insoweit hätte auch die Beibehaltung der Präambel, die der Entwurf des Konvents (Fn. 3) aus dem Epitaphios des Perikles in *Thukydides*, Geschichte des Peloponnesischen Krieges entnahm, liest man den Text selbst in seinem Kontext, einen spezifischen Sinn gehabt . Vgl. dazu *Streinz*, in: Streinz/Ohler/Herrmann (Fn. 8), § 3 II.

16 Vgl. zu dieser *Göler/Marhold*, Die Konventsmethode, integration 26 (2003), 317.

Grundrechte für die Europäische Union[17] „getestet“ worden, die von einem „Gremium“, das sich selbst „Konvent“ nannte, unter dem Vorsitz des früheren deutschen Bundespräsidenten *Roman Herzog* ausgearbeitet wurde.

II. Die Konventsmethode

„Konvent“: Hier bestand sicherlich eine Assoziation zum Konvent von Philadelphia von 1787, der die Verfassung der Vereinigten Staaten von Amerika entwarf, oder zumindest der Versuch oder die „Versuchung“, eine solche herzustellen[18]. Obwohl einige Parallelen dazu anklingen[19], bestehen gravierende und letztlich entscheidende Unterschiede. Zu allererst: Während der Konvent von Philadelphia eine verfassungs*gebende* Versammlung war, hatte der europäische Konvent nur ein beratendes Mandat. Dies bleibt auch nach seiner Eingliederung in den Prozess der Vertragsänderung nach dem („ordentlichen“) Verfahren gemäß Art. IV-443 VV so, das Art. 48 EUV ablöst, aber inhaltlich bis auf die Eingliederung eines Konvents als die Regierungskonferenz vorbereitendes Gremium übernimmt. Gleichwohl: Die Wahl der Konventsmethode mit der Einbeziehung von Mitgliedern des Europäischen Parlaments und der Parlamente der Mitgliedstaaten – einschließlich der damals noch künftigen bzw. der (vielleicht) künftigen, nämlich Bulgarien, Rumänien und der Türkei – bringt den Versuch zum Ausdruck, die Europäische Union den Bürgern näher zu bringen, sie demokratisch zurechenbar und durch eine offene Debatte[20] sowie die Möglichkeit für jedermann, an dieser via Internet teilzunehmen, transparenter zu machen. Freilich: Wenn und soweit letzteres keine reale Wirkung hat und auch gar nicht haben soll, können sich solche Alibiveranstaltungen durchaus kontraproduktiv auswirken. Und doch: Die symbolische Bedeutung der Konventsmethode für die Ausarbeitung einer „Verfassung“ ist unbestreitbar[21], darf aber über die realen Zuständigkeiten und die entsprechende Verantwortung nicht hinwegtäuschen. Auch erwies es sich als Illusion, zu glauben, dass der durch „Consensus“, d.h. ohne Schlussabstimmung angenommene Entwurf bereits einen tatsächlichen Konsens der Beteiligten oder gar der durch sie vertretenen Organe der Mitgliedstaaten (Regierungen und Parlamente) darstellt. Gerade wegen der Befürchtung von wenn nicht Gegenstimmen so doch erklärten Vorbehalten, um sich Optionen für die Regierungskonferenz offen zu halten, wurde auf eine formelle Abstimmung verzichtet, da man dadurch eher eine Schwächung als eine Stärkung des Entwurfs des Verfas-

17 ABl. 2000 C 364/1. Vgl. dazu die Kommentierungen in *J. Meyer* (Hg.), Kommentar zur Charta der Grundrechte der Europäischen Union, 2003; *Streinz*, in: ders. (Hg.), EUV/EGV-Kommentar, 2003; *Rengeling/Szczekalla*, Grundrechte in der Europäischen Union. Charta der Grundrechte und Allgemeine Rechtsgrundsätze, 2004.

18 Vgl. zu entsprechenden Ansätzen von Giscard d'Estaing *Göler/Marhold* (Fn. 16), S. 328.

19 Vgl. dazu *Rosenfeld*, The European Convention and Constitution Making in Philadelphia, International Journal of Constitutional Law, 2003, S. 373.

20 Vgl. zu den dazu entwickelten Entwürfen *Häberle*, Die Herausforderungen des europäischen Juristen vor den Aufgaben unserer Verfassungs-Zukunft: 16 Entwürfe auf dem Prüfstand, DöV 2003, 429 ff.

21 Vgl. dazu *Lenaerts/Desomer*, New Models of Constitution-Making in Europe: The Quest for legitimacy, CML Rev 39 (2002), 1217 (1217 ff.); *Kokott/Rüth*, The European Convention and its Draft Treaty establishing a Constitution for Europe: Appropriate answers to the Laeken questions?, CML Rev 40 (2003), 1315 (1316).

sungsvertrags befürchtete. Mögliche Probleme deuteten bereits einige Sondererklärungen von einzelnen Mitgliedern des Konvents an. Die beschränkte Kraft des Entwurfs des Konvents zeigte sich beim Scheitern der ersten Brüsseler Regierungskonferenz im Dezember 2003, obwohl der Europäische Rat von Thessaloniki den Entwurf des Konvents als „gute Grundlage" für die Regierungskonferenz bezeichnet hatte und obwohl (oder vielleicht gerade weil?) *Giscard d'Estaing* eindringlich davor gewarnt hatte, den Entwurf substanziell zu verändern[22].

Im folgenden wird zunächst auf die Frage nach dem Bedürfnis für eine (neue) „Verfassung für Europa" eingegangen, da dies mit der Frage nach dem „Neuen" am Verfassungsvertrag verbunden ist. Es folgt ein kurzer Überblick über den Verfassungsvertrag. Dass dies nur ein knapper Überblick sein kann wird deutlich, wenn man sich die in der endgültigen Fassung 448 Artikel zuzüglich der Anhänge und der zahlreichen Protokolle und Erklärungen vergegenwärtigt. Bereits hier sei die Frage erlaubt, ob ein solch komplexer Text (mit der gewöhnungsbedürftigen Durchnummerierung unter jeweiliger Voranstellung der römischen Ziffern der jeweiligen Teile, so dass die Grundrechtecharta mit Art. II-61 VV beginnt) dem Auftrag von Laeken gerecht wird, Transparenz für den „einfachen Bürger" (oder selbst für den einfachen oder zumindest für den spezialisierten Juristen) herzustellen und ihm die Europäische Union näher zu bringen. Freilich: Die Natur der Sache rechtlich verbindlicher Texte, zumal eines Organisationsstatuts mit Befugnisnormen, die dem Prinzip der begrenzten Ermächtigung (Art. I-11 Abs. 1 Satz 1 VV) genügen müssen, und die oft durch politische Kompromisse bestimmt sind, setzt hier gewisse Grenzen. Schließlich wird die Frage der integrativen Kraft einer Europäischen Verfassung gestellt und auf die Chancen des Verfassungsvertrags eingegangen, Realität zu werden, d.h. zum einen, zunächst in Kraft zu treten, zum anderen aber, die erhoffte Kraft dann auch in der politischen Wirklichkeit zu entfalten, aber auch auf die Risiken seines Scheiterns.

B. Das Erfordernis einer „Europäischen Verfassung"

I. Der Begriff „Verfassung"

Zunächst bedarf der Begriff der Verfassung einer Erklärung. Für einige war die Idee, Europa eine Verfassung zu geben, gleichbedeutend mit dem letzten Schritt zu einer Föderation, verstanden als Bundesstaat, zumindest der Ausdruck für eine in diesem Sinne föderative Zukunft der Union. Der Begriff „Verfassung" war daher für andere ebenso Tabu wie der Begriff „Föderal". Dieser Begriff, im Englischen „federal", wird freilich ziemlich unterschiedlich, ja sogar gegensätzlich verstanden: In Großbritannien, gemäß der amerikanischen Tradition der „Federalists" als Anhänger eines starken Zentralstaats[23], in Deutschland dagegen als das Gegenteil, als Ausdruck

22 Rede vor dem Europäischen Parlament vom 3. 9. 2003, EuGRZ 2003, S. 528.

23 Zur Kritik am Begriff „federal" im Vereinigten Königreich vgl. *Lord Bingham*, Dicey revisited, Public Law 2000, 39 (48 ff.).

starker Länder, wie dies auch in der Verfassungsgarantie des Art. 79 Abs. 3 GG zum Ausdruck kommt, und wo ein bayerischer Staatsminister bei seiner Rede im Deutschen Bundestag scherzhaft mit der durchaus kritisch, d.h. im Sinne einer für erforderlich gehaltenen starken Stellung des Bundes gemeinten Bemerkung begrüßt wurde: „Jetzt kommt der Großsiegelbewahrer des Föderalismus", worauf er nur knapp bemerkte: „So ist es"[24]. Für andere war die Europäische Union auf der Basis eines staatsorientierten Verfassungsverständnisses als ein „Staatenverbund" gar nicht verfassungsfähig[25]. Aber der Begriff „Verfassung" ist nicht notwendig an den herkömmlichen Staat gebunden und auf diesen beschränkt[26]. Der Völkerrechtler ist mit dem Begriff der „Verfassung der Völkerrechtsgemeinschaft", um den Titel des Buches von *Alfred Verdroß* aus dem Jahr 1926 zu zitieren, vertraut. Bedenkt man, dass eine Verfassung die Ausübung öffentlicher Gewalt rechtlich begründen und beschränken soll und sieht man, dass die Europäische Union in ihrem wichtigsten Pfeiler, der Europäischen Gemeinschaft, einen großen Teil von herkömmlichen Staatsfunktionen ausübt und dass diese Ausübung von Staatsfunktionen in einer auf das Recht gegründeten Gemeinschaft („Rechtsgemeinschaft") an die Prinzipien der Grundrechte und des Rechtsstaats gebunden ist (Art. 6 Abs. 2 EUV; künftig Art. I-9 Abs. 3 VV neben der in Abs. 1 angeordneten Bindung an die in Teil II übernommene Grundrechtecharta und der unmittelbaren Bindung an die EMRK nach dem in Abs. 2 ausdrücklich vorgesehenen Beitritt der Union zu dieser) kann und muss das bestehende primäre Gemeinschaftsrecht funktionell als „Verfassung" der Gemeinschaft bzw. Union angesehen werden. Die Ausarbeitung des Entwurfs eines Verfassungsvertrags durch den Konvent war daher nicht die Ausübung verfassungsgebender Gewalt, wozu bereits die Kompetenz fehlte[27], und auch nicht Verfassungsgebung, sondern ein Akt der Neufassung bestehender Verfassungstexte[28], selbst wenn diese durch den neuen Text ersetzt werden (vgl. Art. IV-437 und Art. IV-438 VV).

Verwendet man den Begriff „Verfassung" für alle Formen der Ausübung politischer Gewalt, darf man gleichwohl nicht die strukturellen Unterschiede zwischen den betreffenden Systemen außer Acht lassen, dem herkömmlichen Nationalstaat und den internationalen Organisationen, selbst wenn sie so stark integriert und „supranational" sind wie die Europäische Gemeinschaft. Deshalb ist auch die Unterscheidung zwischen „Verfassung" und „Verfassungsvertrag" nicht nur eine „querelle allemande", wie dies von einigen behauptet wird[29], sondern von erheblicher, ja entschei-

24 Vgl. Deutscher Bundestag, Stenographischer Bericht über die 246. Sitzung der 10. Wahlperiode, S. 18979 ff.

25 Vgl. *C. Koenig*, Ist die Europäische Union verfassungsfähig?, DöV 1998, 268 m.w.N.

26 Vgl. dazu *Zuleeg* (Fn. 10), Art. 1 Rn. 10; *Streinz*, (EG-)Verfassungsrechtliche Aspekte des Vertrags von Nizza, ZöR 58 (2003), 137 (138 f.), jew. m.w.N. Diese Ansicht setzt sich durch und führt die „Verfassungsdiskussion" zu inhaltlichen Fragen. Vgl. insbesondere die Referate (speziell *Pernice* und *P.M. Huber*) und Diskussionen der Tagung der Vereinigung der Deutschen Staatsrechtslehrer 2000 in Leipzig zum Thema „Europäisches und nationales Verfassungsrecht", VVDStRL 60 (2001), 148 ff. Diskussionsbeitrag von *Zuleeg*, ebd., S. 363 f.: „Die beiden Referenten ... haben das Verdienst, die Zweifel an der Verfassung der Europäischen Union zu zerstreuen".

27 Zur Rolle der Mitgliedstaaten als „Verfassungsgeber der Gemeinschaft" vgl. *Zuleeg*, Die europäische Gemeinschaft als Rechtsgemeinschaft, NJW 1994, 545 (546).

28 *Kokott/Rüth* (Fn. 21), S. 1320.

29 Vgl. *Hirsch*, Nizza. Ende der Etappe, Beginn einer Epoche?, NJW 2001, 2677 (2678).

dender Bedeutung. Die „Verfassung für Europa“ ist nicht das Produkt eines autonomen pouvoir constituant européen. Dies ist ein entscheidender Unterschied zum Konvent von Philadelphia von 1787. Die „Verfassung für Europa“ wird durch einen völkerrechtlichen Vertrag als Ausdruck einer volonté constituante zwischen den Mitgliedstaaten als den „Herren der Verträge“ begründet[30], die ihrerseits wiederum auf der Souveränität ihrer jeweiligen Völker beruht. Dies ist auch das Konzept des Verfassungsvertrags selbst, der in Art. IV-443 VV den Art. 48 EUV inhaltlich mit der Einfügung der Konventsmethode zur Ausarbeitung von Vorschlägen für die Regierungskonferenz für künftige Änderungen des Verfassungsvertrags im „ordentlichen Verfahren“ (die Regierungskonferenz fügte zwei „vereinfachte“ Verfahren an) übernimmt. Daher werden nicht nur dieser Verfassungsvertrag, sondern auch seine künftigen Änderungen im „ordentlichen Verfahren“ der Ratifikation durch alle Mitgliedstaaten gemäß ihren jeweiligen verfassungsrechtlichen Vorschriften bedürfen.

II. Braucht man eine (neue) „Europäische Verfassung“?

Wenn der Verfassungsvertrag „nur“ ein Überarbeiten und eine Neufassung der bestehenden „Verfassung“ ist, warum braucht man ihn dann? In den 50 Jahren ihres Bestehens erfuhren die Europäischen Gemeinschaften grundlegende Veränderungen. Von einer internationalen Organisation, die sicherlich wegen ihrer Supranationalität einzigartig war, weshalb der EuGH den früheren EWG-Vertrag zu Recht von „herkömmlichen völkerrechtlichen Verträgen“ unterschied[31], die aber von einem rein wirtschaftlichen Ziel bestimmt wurde, nämlich der Errichtung des Gemeinsamen Marktes, die auch heute noch (als Binnenmarkt[32]) das Hauptziel ist, entwickelten sich die Gemeinschaften zu einer Union von Staaten und Bürgern (vgl. Art. I-1 Abs. 1 Satz 1 VV)[33] mit breiten Zuständigkeiten auf wirtschaftlichen, sozialen und politischen Feldern. Von einer Gemeinschaft mit sechs Mitgliedern wurde sie auf 15, seit 1. Mai 2004 25, bald 27 oder noch mehr (Türkei, Kroatien) Staaten erweitert und umfasst heute den größten Teil des geographischen Europa. Dieses Wachstum, mag es ungeachtet der Anlage in den Verträgen selbst erwartet gewesen sein oder nicht, sowohl in der Größe (Erweiterung) als auch materiell (Vertiefung), erfolgte nicht ohne Probleme. Diese Probleme wurden in der Erklärung von Laeken aufgeführt, die dem „Zukunftskonvent“ ein entsprechendes Mandat zur Erarbeitung von Lösungsvorschlägen erteilte. Die Fortentwicklung der Gemeinschaften durch eine Aneinanderreihung von Vertragsergänzungen haben das Vertragswerk unübersichtlich gemacht, sowohl in der Form als auch inhaltlich, insbesondere hinsichtlich der

30 Vgl. *Hobe*, Bedingungen, Verfahren und Chancen europäischer Verfassungsgebung, EuR 38 (2003), 1 (7 f.) m.w.N.; *Kokott/Rüth* (Fn. 21), S. 1320. Vgl. dazu allgemein *Zuleeg* (Fn. 10), Art. 1 EG Rn. 8:

31 EuGH, van Gend & Loos, Slg. 1963, 1.

32 Der Verfassungsvertrag verwendet durchgehend nur noch diesen Begriff.

33 Der Verfassungsvertrag bringt diesen Aspekt der Union der Staaten *und der Bürger* an prominenter Stelle zutreffend zum Ausdruck. Auf die Union der Bürger als besonderes Merkmal der Europäischen Gemeinschaft hat *Zuleeg* stets Wert gelegt, vgl. nur z.B. *Zuleeg*, Der rechtliche Zusammenhalt der Europäischen Gemeinschaft, ZEuP 1993, 475 (484 ff.) – neben der Rolle der Mitgliedstaaten, vgl. ebd. S. 477 ff. – und den Diskussionsbeitrag in VVDStRL 60 (2001), 363 f.

Abgrenzung der Kompetenzen zwischen den Mitgliedstaaten und der Gemeinschaft und auch zwischen den Gemeinschaftsinstitutionen selbst. Bis zur Umbenennung in EG-Vertrag durch den Unionsvertrag von Maastricht von 1992 war der frühere EWG-Vertrag 14mal geändert worden, insbesondere durch die Beitrittsverträge von 1972 (Vereinigtes Königreich, Irland und Dänemark), 1979 (Griechenland) und 1985 (Portugal und Spanien), durch den Beschluss und Akt vom 20. September 1976 über die Direktwahlen zum Europäischen Parlament und die Einheitliche Europäische Akte von 1986. Der Vertrag von Maastricht wurde geändert durch den Beitrittsvertrag von 1994 (Österreich, Schweden und Finnland), die Verträge von Amsterdam (1997) und Nizza (2000/2001) sowie zuletzt durch den Beitrittsvertrag von 2003 (Estland, Litauen, Lettland, Polen, Tschechische Republik, Slowakei, Slowenien, Ungarn, Zypern und Malta), der am 1. Mai 2004 in Kraft trat. Die „Drei-Säulen"-Struktur, die Frage, wer die Europäische Union bzw. die Europäische Gemeinschaft nach außen vertritt – der damalige US-Außenminister *Henry Kissinger* fragte einmal ironisch nach der Telefonnummer des für die Außenpolitik Verantwortlichen – sowie die unklare Abgrenzung der Kompetenzen haben zu einem Zustand der Verwirrung geführt. Zuletzt machte die vor allem auch in ihren Folgen für die Institutionen massive Erweiterung Überlegungen unerlässlich, ob die Gemeinschaft bzw. Union in der gegenwärtigen „Verfassung" überhaupt fähig sein konnte, die gestellten Aufgaben zu bewältigen. All dies sprach für eine grundlegende Reform der Union, wozu ergänzende Verträge wie die von Amsterdam und Nizza nicht genügten, sondern ein Instrument erforderlich sei, das das Gewicht und die Dauerhaftigkeit einer „Verfassung" habe und das nicht nur die grundlegende Struktur und das Rechtssystem der Union sondern auch die Werte der Gesellschaften, die sie repräsentiert, zum Ausdruck bringe. Die Union sollte eine Verfassung bekommen zum einen, um ihre Errungenschaften in der Vergangenheit zu systematisieren und den erheblichen Wandel in ihrem politischen, Gesellschafts- und Rechtssystem wiederzugeben, zum anderen, um solide und dauerhafte Grundlagen für ihre künftige Entwicklung zu haben. Dies ist daher der Maßstab, an dem der Verfassungsvertrag gemessen werden soll.

C. Hauptpunkte des Verfassungsvertrags

Anhand der vier Aufgaben, die im Auftrag der Erklärung von Laeken enthalten waren, soll im folgenden ein Überblick über die Hauptpunkte des Verfassungsvertrags gegeben und insbesondere auf die Frage der jeweiligen Neuerungen gegenüber der bestehenden „Verfassung" eingegangen werden.

I. Die „Fusion" der Verträge und der EG und der EU

Zuvörderst sollte mit dem Ziel größerer Transparenz das bestehende Vertragssystem vereinfacht und neu geordnet werden. Um dieses Ziel zu erreichen gab es mehrere Ansätze[34]. Schließlich wurde der Weg gewählt, den EU-Vertrag und den EG-Vertrag sowie die jeweiligen Änderungsverträge in einen einzigen Verfassungsvertrag zusammenzufassen. Dass die daraus nach der Beseitigung der „Drei-Säulen"-Struktur als einziges Rechtssubjekt hervorgehende „Union" (vgl. Art. I-1 und Art. IV-438 Abs. 1 VV) ausdrücklich Rechtspersönlichkeit[35] erhält (Art. I-7 VV) ist nur konsequent, da ansonsten die EG ihre bisherige Rechtspersönlichkeit (Art. 281 EGV) verlöre.

Dieses Ziel einer Vereinheitlichung wird aber nicht vollständig erreicht. Die Fusion erstreckt sich nicht auf die EAG (Euratom), die ein eigenes Völkerrechtssubjekt, basierend auf einem eigenen, durch ein Protokoll zum Verfassungsvertrag[36] geänderten und in Bezug genommenen Vertrag bleibt. Darüber hinaus verbleiben weitere 35 Protokolle[37] und zwei Anhänge[38] sowie Erklärungen zum Verfassungsvertrag und zu einzelnen Protokollen, wobei die Protokolle und Anhänge Bestandteil des Vertrages sind (Art. IV-442 VV).

Obwohl die „Drei-Säulen"-Struktur sowohl im institutionellen wie auch im materiellen Recht abgeschafft wurde, ist fraglich, ob tatsächlich durchgehend von einer Vereinheitlichung gesprochen werden kann[39]. Hier besteht offenbar ein Unterschied zwischen der Integration der „Dritten Säule", der nach der Vergemeinschaftung von „Visa, Asyl, Einwanderung und andere Politiken betreffend den freien Personenverkehr" durch den Vertrag von Amsterdam verbliebenen Polizeilichen und Justitiellen Zusammenarbeit in Strafsachen (PJZS), und der „Zweiten Säule", der Gemeinsamen Außen- und Sicherheitspolitik (GASP). Die PJZS wurde in die bereits vergemeinschafteten Materien im Kapitel über einen „Raum der Freiheit, der Sicherheit und des Rechts" (so lautete übrigens vor der Eingliederung in die jeweiligen Bereiche der entsprechende Titel des Vertrages von Amsterdam)[40] als Teil III, Titel III (Art. III-257 bis Art. III-277 VV) eingefügt. Darin kann wohl, ungeachtet auch auf diesem Gebiet fortbestehender Unterschiede, cum grano salis eine nicht nur formelle sondern materielle Fusion mit der „Ersten Säule" gesehen werden. Dies gilt freilich kaum für die Zweite Säule, die GASP, die mit den Bestimmungen über die unterschiedlichen Felder auswärtiger Politik der EG bzw. Union unter dem gemeinsamen Titel „Auswärtiges Handeln der Union" (Teil III, Titel V, Art. III-292 bis Art. III-315 VV) verbunden wurde. Diese Verbindung kann nicht über die Tatsache hinwegtäuschen, dass grundlegende Unterschiede zwischen der Gemeinsamen Handelspolitik und der Gemeinsamen Außen- und Sicherheitspolitik einschließlich der Ansätze einer Gemeinsamen Verteidigungspolitik bestehen, und zwar sowohl

34 Vgl. *de Witte*, Simplification and Reorganization of the European Treaties, CMLRev 39 (2002); S. 1255 (1255 ff.).

35 Zur Frage der Rechtspersönlichkeit der gegenwärtigen EU vgl. *Tomuschat*, in: von der Groeben/Schwarze (Fn. 10), Art. 281 EG Rn. 66 m.w.N.; vgl. auch *Zuleeg* (Fn. 10), Art. 1 EG Rn. 5.

36 Protokoll zur Änderung des Vertrags zur Gründung der Europäischen Atomgemeinschaft, ABl. 2004 C 310/391.

37 ABl. 2004 C 310/203-390.

38 Anhang I: Liste zu Art. III-226 der Verfassung – Landwirtschaftliche Produkte (ABl. 2004 C 310/396); Anhang II: Überseeische Länder und Hoheitsgebiete, auf welche Teil III Titel IV der Verfassung Anwendung findet (ABl. 2004 C 310/400).

39 Skeptisch zur tatsächlichen Überwindung des Säulenmodells (Tempelkonstruktion) auch *Wessels*, Der Verfassungsvertrag im Integrationstrend. Eine Zusammenschau zentraler Ergebnisse, integration 26 (2003), 284 (286 ff.).

40 Vgl. dazu *Streinz*, Aufbau, Struktur und Inhalt des Vertrags von Amsterdam, in: Hummer (Hg.), Die Europäische Union nach dem Vertrag von Amsterdam, 1998, S. 47 (49 ff.).

hinsichtlich des Verfahrens als auch hinsichtlich der materiellen Dichte der Kompetenzen. Innerhalb der GASP findet das allgemeine Entscheidungsverfahren der Union keine Anwendung (Art. I-40 Abs. 2, 3, 7). Einstimmigkeit bleibt die allgemeine Abstimmungsregel (Art. I-40 Abs. 7; Art. III-312 Abs. 6 VV). Vorgesehen sind hier Europäische Beschlüsse, nicht Europäische Gesetze und Rahmengesetze (vgl. Art. III-294 VV). Die Zuständigkeit des EuGH ist insoweit ausgeschlossen (Art. III-376 Abs. 1 VV). Die Rolle der Kommission wird zumindest nicht gestärkt. Daher bleibt auch die augenfällige Neuerung im Bereich der GASP, die Zusammenfassung der Funktionen des Kommissars für Auswärtige Beziehungen und des Hohen Vertreters der GASP im einheitlichen Amt eines „Europäischen Außenministers" (Art. I-28 VV), zumindest zunächst ohne neuen materiellen Gehalt. Ohne den tatsächlichen politischen Willen, eine wirkliche *gemeinsame*, d.h. Unions- Außenpolitik zu verfolgen, bleibt zweifelhaft, welche Politik der kommende EU-Außenminister nach außen vertreten soll. Die Nachfolger *Henry Kissingers* und seiner Kollegen aus anderen Drittstaaten werden sich weiterhin fragen, ob sie in Brüssel, in der Downing Street, am Quai d'Orsay oder in Berlin oder am besten gleich überall vielleicht mit einer Konferenzschaltung anrufen sollen. Die Unfähigkeit der Union zu gemeinsamem außenpolitischen Handeln, wenn unterschiedliche nationale Interessen auf dem Spiel stehen, was gerade hinsichtlich des unseligen Irakkriegs[41] dokumentiert wurde, kann nicht durch institutionelle Reformen überwunden werden, wenn diese nicht durch entsprechende politische Übereinstimmung unterstützt werden. Doch dies ist die Realität: Weder London noch Paris und wohl auch nicht Berlin, Madrid, Rom, Warschau oder Prag werden bereit sein, die Kompetenz zu an jeweiligen nationalen Interessen orientierten Entscheidungen in der Außenpolitik aufzugeben, wie es andererseits hinsichtlich der Gemeinsamen Handelspolitik geschehen ist, wie die Mitgliedschaft der EG in der WTO zeigt. Oder kann man sich vorstellen, dass Frankreich oder Großbritannien ihre Sitze als ständige Mitglieder des UN-Sicherheitsrats zugunsten eines gemeinsamen Sitzes der Europäischen Union aufgeben?

II. Die Einfügung der Europäischen Grundrechtecharta

Gemäß dem Mandat der Erklärung von Laeken diskutierte der Konvent verschiedene Optionen zur Eingliederung der Charta der Grundrechte der Europäischen Union in den Verfassungsvertrag. Diese war von einem sich selbst als „Konvent" bezeichnenden Gremium ausgearbeitet und vom Europäischen Rat von Nizza am 8. Dezember 2000 „begrüßt" worden. Sie ist bis jetzt rechtlich nicht verbindlich, wird aber von den Generalanwälten des EuGH und auch von einigen Verfassungsgerichten der Mitgliedstaaten – grundsätzlich aber nicht vom EuGH selbst – zitiert. Gegen anfänglichen britischen Widerstand wurde sie als Teil II in den Verfassungsvertrag übernommen. Eine erneute grundsätzliche und inhaltliche Diskussion wurde nicht eröffnet. Allerdings nahm der Konvent einige doch bemerkenswerte Änderungen und Ergänzungen vor. So wurden in Art. II-112 VV (Tragweite und Auslegung der

41 Vgl. dazu *Streinz*, Wo steht das Gewaltverbot heute? Das Völkerrecht nach dem Irak-Krieg, JöR n.F. 52 (2004), 219.

Rechte und Grundsätze) durch den Konvent drei neue Absätze angefügt, wobei insbesondere die Justiziabilität der „Grundsätze" limitiert werden sollte (Art. II-112 Abs. 5 VV), denen die Regierungskonferenz einen weiteren Absatz hinzufügte, wonach die vom Präsidium des Charta-Gremiums ausgearbeiteten und von der Regierungskonferenz überarbeiteten Erläuterungen zur Auslegung der Charta „von den Gerichten der Union und der Mitgliedstaaten gebührend zu berücksichtigen" sind[42]. Der Begriff „Person" wurde in der deutschen Fassung, soweit es auf den (spezifischen) Schutz natürlicher Personen ankommt, durch den Begriff „Mensch" ersetzt. Gemäß Art. I-9 Abs. 2 VVE soll die Union der EMRK beitreten (eigentlich als Verpflichtung formuliert: „tritt bei"), was bislang nach einem Gutachten des EuGH mangels Verbandskompetenz der EG nicht möglich war[43] und auch Änderungen der EMRK erfordert, die bislang nur Mitglied*staaten* des Europarats offen steht[44].

III. Die Reform der Institutionen

Die Erklärung von Laeken beauftragte den Konvent mit der Prüfung von drei Hauptfragen: Wie kann die demokratische Legitimation[45], die Transparenz und die Effektivität der Institutionen verbessert werden? Wie können die nationalen Parlamente in die europäische Integration einbezogen werden, um die demokratische Legitimation der Union weiter zu verbessern? Wie sollen der Entscheidungsprozess und die Arbeitsweise der Institutionen, vor allem im Hinblick auf die (damals anstehende) Erweiterung, verbessert werden? Das Thema der Reform der Institutionen war innerhalb und außerhalb des Konvents heftig umstritten und führte auch zum Scheitern der ersten Regierungskonferenz von Brüssel im Dezember 2003.

Die grundsätzliche Stellung und die Kompetenzen des Europäischen Parlaments wurden weiter gestärkt. Das Mitentscheidungsverfahren von Europäischem Parlament und Rat, das bereits jetzt gemäß Art. 251 EGV in den meisten Fällen zur Anwendung kommt, wird weiter ausgedehnt und wird ausdrücklich zum „ordentlichen Gesetzgebungsverfahren" erklärt. Gemäß Art. I-34 Abs. 1 VV werden Europäische Gesetze und Rahmengesetze nach den in Art. III-396 VV festgelegten Einzelheiten des ordentlichen Gesetzgebungsverfahrens auf Vorschlag der Kommission vom Europäischen Parlament und vom Rat gemeinsam erlassen. Gleichwohl verbleiben wichtige Ausnahmen (vgl. Art. I-34 Abs. 2 VV). Im Bereich der bisherigen „Ersten Säule" ist dies vor allem Art. III-172 Abs. 2 VV, der Art. 95 Abs. 2 EGV übernimmt und für die Herstellung des Binnenmarkts in den Bereichen Steuern, Freizügigkeit

42 Art. II-112 Abs. 7 VV. Diese Erläuterungen sind in der Erklärung betreffend die Erläuterungen zur Charta der Grundrechte (Erkl. Nr. 12), ABl. 2004 C 310/424-459, enthalten.

43 EuGH, Beitritt der Gemeinschaft zur EMRK, Slg. 1996, I-1763 Rn. 23 ff.

44 Vgl. dazu *W. Karl*, Der Beitritt der Europäischen Union zur Europäischen Menschenrechtskonvention, in: Busek/Hummer (Fn. 8), S. 89 (99 f.).

45 Zur gebotenen Differenzierung zwischen den für einen Nationalstaat und den für die Europäische Union adäquaten Strukturen vgl. bereits *Zuleeg*, Die Anwendbarkeit des Parlamentarischen Systems auf die Europäischen Gemeinschaften, EuR 1972, 1 (13 ff.). Diesen Ansatz hat das BVerfG im Maastricht Urteil im Prinzip (wohl mit Unterschätzung der Rolle des Europäischen Parlaments) zutreffend erkannt und daraus auch die gebotenen verfassungsrechtlichen Konsequenzen gezogen, vgl. BVerfGE 89, 155 (182 ff.).

und Rechte und Interessen der Arbeitnehmer an die Stelle des Verfahrens der Mitentscheidung das Verfahren der Anhörung des Europäischen Parlaments bei einstimmiger Beschlussfassung des Rates treten lässt (Art. 94 EGV, übernommen in Art. I-173 VV). Die aus Art. 308 EGV übernommene Lückenschließungskompetenz gemäß Art. I-18 VV, dort als sog. „Flexibilitätsklausel" bezeichnet, sieht zwar nach wie vor die Einstimmigkeit des Rates vor, fordert aber jetzt statt der bloßen Anhörung die Zustimmung des Europäischen Parlaments. Offenbar war die Kritik am „Dinosaurier" der ursprünglichen Beteiligungsform der bloßen Anhörung des Europäischen Parlaments an der Rechtsetzung im Bereich der Agrarpolitik gemäß Art. 37 Abs. 2 UAbs. 2 EGV nicht folgenlos: Art. III-231 Abs. 2 VV enthält keine Sonderregelung, so dass das „ordentliche Gesetzgebungsverfahren" der Mitentscheidung zur Anwendung kommt. Lediglich die mehr technischen Bereiche des Art. III-231 Abs. 3 VV regelt der Rat allein auf Vorschlag der Kommission. Im Bereich der bisherigen „Zweiten Säule", der GASP, verbleibt es bei der sehr beschränkten Rolle des Europäischen Parlaments (vgl. Art. III-294 ff. VV; Art. III-304 VV, der Art. 21 EUV übernimmt). Im Bereich der bisherigen „Dritten Säule", die ja schon weitgehend vergemeinschaftet war, bestehen unterschiedliche Beteiligungsformen des Europäischen Parlaments (vgl. z.B. das Anhörungsverfahren gemäß Art. III-263 VV).
Der Europäische Rat wird zu einem der fünf Organe der Union (Art. I-19 Abs. 1 VV). Zur Gewährleistung der Kontinuität und Effektivität seiner Arbeit wird das bisherige Rotationsverfahren mit der „Präsidentschaft" eines Mitgliedstaates unter Leitung von dessen Staats- bzw. Regierungschef durch die Wahl eines Präsidenten für einen Zeitraum von zweieinhalb Jahren bei einmalig möglicher Wiederwahl ersetzt. Der Präsident des Europäischen Rates darf kein einzelstaatliches Amt innehaben. Seine Aufgabe ist u.a. die Vertretung der Europäischen Union nach Außen im Bereich der GASP, zusammen mit dem Europäischen Außenminister (Art. I-22 VV).
Das bisherige Rotationssystem bleibt aber für den Rat (in der Überschrift des Art. I-23 VV als „Ministerrat" bezeichnet) erhalten, mit Ausnahme des Rates für Auswärtige Angelegenheiten (Art. I-24 Abs. 7 VV). Der Rotationszeitraum wird von sechs Monaten auf ein Jahr ausgedehnt. Generell soll der Rat mit qualifizierter Mehrheit beschließen. Jedoch besteht in einer Reihe wichtiger Bereiche das Einstimmigkeitsprinzip, das auf ein Vetorecht hinausläuft, fort: Unionsbürgerschaft, Steuern, bestimmte Aspekte der sozialen Sicherheit, bestimmte Aspekte der Umweltpolitik. Hier werden offenbar nationale Interessen als besonders berührt angesehen.
Eine gravierende und daher auch lange umkämpfte Neuerung liegt in der Definition der qualifizierten Mehrheit, sowohl im Europäischen Rat als auch im Ministerrat. Nach dem auf der zweiten Regierungskonferenz von Brüssel im Juni 2004 gefundenen Ergebnis „gilt" als „qualifizierte Mehrheit" „eine Mehrheit von mindestens 55% der Mitglieder des Rates, gebildet aus mindestens fünfzehn Mitgliedern, sofern die von diesen vertretenen Mitgliedstaaten zusammen mindestens 65% der Bevölkerung der Union ausmachen". Für eine Sperrminorität sind mindestens vier Mitglieder des Rates erforderlich, andernfalls gilt die qualifizierte Mehrheit als erreicht (Art. I-25 Abs. 1 VV). Dies gilt insbesondere für die Beschlüsse im „ordentlichen Gesetzgebungsverfahren" auf Vorschlag der Kommission. Beschließt der Rat *nicht* auf Vorschlag der Kommission oder des Außenministers der Union, so gilt als qua-

lifizierte Mehrheit eine Mehrheit von 72% der Mitglieder des Rates, sofern die von diesen vertretenen Mitgliedstaaten zusammen mindestens 65% der Bevölkerung der Union ausmachen (Art. I-25 Abs. 2 VV). Für den Europäischen Rat gilt all dies, wenn er nach dem Verfassungsvertrag mit qualifizierter Mehrheit beschließt. An den Abstimmungen im Europäischen Rat nehmen der Präsident des Europäischen Rates und der Präsident der Kommission nicht teil (Art. I-25 Abs. 4 VV). Damit wurde nach dem Scheitern der Regierungskonferenz vom Dezember 2003 ein differenzierender Kompromiss gefunden, der wohl die Vermutung belegt, dass es den opponierenden Staaten weniger um das demographische Element, das ja bereits im Vertrag von Nizza (62% der Bevölkerung der Union auf Verlangen eines Mitgliedstaats) enthalten war, als um die Sperrminorität ging. Dies wird auch in der die Sperrminorität betreffenden Regelung im Entwurf des Beschlusses des Europäischen Rates deutlich, der der Erklärung der Regierungskonferenz zu Art. I-25 VV beigefügt ist[46]. Daraus geht auch hervor, dass die Abstimmungsregeln des Vertrags von Nizza bis zum 31. Oktober 2009 weitergelten sollen und erst am 1. November 2009 durch die Regelung des Art. I-25 VV ersetzt werden.

Ein heftig umstrittener Punkt war auch die Zusammensetzung der Kommission. Einerseits bestand wohl Übereinstimmung in der Erkenntnis, dass ein arbeitsfähiges Kollegialgremium nicht aus jetzt 25 und bald 27 und noch mehr Mitgliedern bestehen kann, andererseits wollte kein Mitgliedstaat auf „seinen“ Kommissar verzichten. Immerhin sahen die „großen“ Mitgliedstaaten ein, dass sie auf „ihren“ zweiten Kommissar verzichten mussten. Der im Verfahren des „Kuhhandels“ gefundene Kompromiss des Konvents mit im Rotationsverfahren der „bedienten“ Mitgliedstaaten zu wählenden 15 stimmberechtigten Mitglieder der Kommission einschließlich des Präsidenten und des europäischen Außenministers als Vizepräsidenten und weiteren zehn „beratenden“ Mitgliedern wurde zu Recht als die schlechteste aller Lösungen bewertet. Nach den Ergebnissen der Regierungskonferenz 2004 soll die erste Kommission, „die in Anwendung der Verfassung ernannt wird“, zunächst einschließlich ihres Präsidenten und des Außenministers der Union, der einer der Vizepräsidenten der Kommission sein wird, aus einem Staatsangehörigen jedes Mitgliedstaats bestehen (Art. I-26 Abs. 6 VV). Letzteres entspricht der derzeitigen Kommission unter dem Präsidenten *Barroso*, die gemäß Art. 45 der Beitrittsakte 2003 ernannt wurde. Ab dem Ende der Amtszeit dieser Kommission entspricht die Zahl der Mitglieder der Kommission zwei Dritteln der Anzahl der Mitgliedstaaten, sofern der Europäische Rat nicht einstimmig eine Änderung dieser Zahl beschließt (Art. I-26 Abs. 6 UAbs. 1 VV). Sie werden unter den Staatsangehörigen der Mitgliedstaaten nach einem durch den Europäischen Rat unter Beachtung der in der Verfassung festgelegten Grundsätze zu fassenden Beschluss nach einem System der gleichberechtigten Rotation zwischen den Mitgliedstaaten ausgewählt (Art. I-26 Abs. 6 UAbs. 2 VV). Die bereits durch den Amsterdamer Vertrag im Sinne einer politischen Führung gestärkte Position des Präsidenten der Kommission (vgl. Art. 217 EGV) wird in Art. I-27 VV verfestigt (vgl. dessen Befugnisse gem. Art. I-27 Abs. 3 VV).

46 Erklärung Nr. 5, ABl. 2004 C 310/421-422

Hinsichtlich des EuGH und des EuG wurden einige Änderungen vorgenommen. Für eine grundsätzlich gravierenden Änderung im Sinne einer signifikanten Stärkung der individuellen Klagerechte konnte man sich nicht entscheiden. Der weitestgehende Vorschlag war die Einführung einer „Chartabeschwerde" nach Art einer Verfassungsbeschwerde bei Verletzungen der Europäischen Grundrechtecharta. In Anlehnung an die Rechtsprechung des EuG, das die Voraussetzungen der Individualklage im Fall Jégo Quéré gemäß Art. 230 Abs. 4 EGV lockern wollte[47], vom EuGH im Revisionsverfahren aber aufgehoben wurde[48], sollte wenigstens der Rechtsschutz bei Direktklagen ausgeweitet werden. Art. III-365 Abs. 4 VV trägt dem jedoch ungeachtet der durchaus auf Erweiterung angelegten Änderungen gegenüber Art. 230 Abs. 4 EGV wohl nicht hinreichend Rechnung.

Um das demokratische Element in der Union zu stärken, werden ausdrücklich die nationalen Parlamente in die Tätigkeiten der Union einbezogen, zwar allgemein nicht im Text des Vertrages selbst, aber im Protokoll über die Rolle der nationalen Parlamente der Mitgliedstaaten in der Europäischen Union[49], das gemäß Art. IV-442 VV Bestandteil des Verfassungsvertrags ist. Eine unmittelbare Einflussmöglichkeit auf den Rechtsetzungsprozess besteht erstmals und insoweit auch ausdrücklich im Text des Vertrages selbst erwähnt (vgl. Art. I-11 Abs. 3 UAbs. 2 Satz 2 VV) aufgrund des „Frühwarnsystems", das zur Wahrung des Subsidiaritätsprinzips im Protokoll über die Anwendung der Grundsätze der Subsidiarität und der Verhältnismäßigkeit[50] festgelegt wurde.

IV. Die Kompetenzverteilung zwischen Union und Mitgliedstaaten

Die Frage der Kompetenzabgrenzung war von Anfang an, insbesondere aber seit dem Bewusstwerden der Kompetenzverluste durch die Einheitliche Europäische Akte von 1986, ein Schwerpunktthema der europarechtlichen Verfassungsdiskussion. Ihr wurde daher auch im Post-Nizza-Prozess und im Mandat von Laeken besondere Bedeutung zugemessen. Die Zuständigkeitsverteilung zwischen der Union und den Mitgliedstaaten sollte verdeutlicht und ggf. auch inhaltlich angepasst werden. Ziel war zum einen die Klarstellung, um vor allem auch die jeweilige Verantwortlichkeit deutlich zu machen, zum anderen ein Verhindern des Ausgreifens der Gemeinschaftskompetenzen in alle Bereiche und die Sicherung der Beachtung des Subsidiaritätsprinzips. Generell ist die Kompetenzfrage in mehrfacher Hinsicht ein, wenn nicht das Schlüsselthema für die Struktur der Europäischen Union, der „Königsweg zu einem adäquaten Verständnis der Europäischen Integration"[51].

Der Verfassungsvertrag schreibt die Kompetenz-Kompetenz der Mitgliedstaaten fest und betont, dass die Mitgliedstaaten in der Verfassung die Kompetenzen der Union übertragen. Damit wird dem Vorhaben, die Verfassung als kompetenzbegründend im

47 EuG, Jégo Quéré, Slg. 2002, II-2365 Rn. 51.
48 EuGH, Urteil v. 1. 4. 2004, Rs. C-263/02 P, Jégo-Quéré, noch nicht in Slg., abgedr. EuZW 2004, 343 Rn. 36.
49 Protokoll Nr. 1, ABl. 2004 C 310/204.
50 Protokoll Nr. 2, ABl. 2004 C 310/207.
51 *Nettesheim*, Kompetenzen, in: von Bogdandy (Fn. 1), S. 415 (415).

Sinne einer „verfassungsgebenden Gewalt“ erscheinen zu lassen, eine Absage erteilt. Art. I-11 VV bestätigt die bisherigen Grundprinzipien der begrenzten Einzelermächtigung, der Subsidiarität und der Verhältnismäßigkeit. Art. I-6 VV schreibt erstmals ausdrücklich den Vorrang des primären und sekundären Unionsrechts fest, was nach einer Erklärung dazu die bisherige Rechtsprechung des EuGH bestätigen soll.[52]
Die Kompetenzzuweisung bleibt „eindimensional“, d.h. es werden allein der Union Kompetenzen zugewiesen, nicht den Mitgliedstaaten bestimmte Kompetenzen als „unionsfest“ ausdrücklich vorbehalten. Art. I-11 Abs. 2 Satz 2 VV stellt lediglich fest, dass alle der Union nicht in der Verfassung übertragenen Zuständigkeiten bei den Mitgliedstaaten verbleiben. Dies unterscheidet sich im Wesentlichen nicht notwendig von der Verfassung eines Bundesstaats, wie ein Vergleich mit Art. 30, 70 ff. GG zeigt, die zwar im Gegensatz zum Verfassungsvertrag Kompetenzkataloge enthalten, aber allein für den Bund, während den Ländern wie den Mitgliedstaaten „das Übrige“ verbleibt. Es dürfte angesichts der Auswirkungen der Grundfreiheiten auch auf in der Kompetenz der Mitgliedstaaten verbliebene Bereiche schwer fallen, wirklich „unionsfeste“ Bereiche festzulegen. Wichtiger wäre es, die sog. „offene Koordinierung“ in die Schranken zu weisen, sie aber zugleich im Rahmen des Zulässigen effektiver zu machen.
Statt den von manchen geforderten, aber durchaus gerade im Hinblick auf die Wahrung der Kompetenzen der Mitgliedstaaten problematischen Kompetenzkatalogen, enthält Art. 11 VV eine Differenzierung nach Kompetenztypen. Dies entspricht entsprechenden Systematisierungen in der Literatur. Die Kompetenztypen treffen zum einen Aussagen über die Kompetenzverteilung zwischen der Union und den Mitgliedstaaten, zum anderen hinsichtlich der Kompetenzdichte, d.h. Art (Handlungsformen) und Inhalt (materielle Limitierungen) der Unionskompetenzen. Die Materien der Unionskompetenz werden diesen Kompetenztypen durch die Nennung einzelner Bereiche zugeordnet, wobei hinsichtlich der konkreten Unionskompetenzen auf Teil II des Verfassungsvertrags verwiesen wird. Art. 11 VV unterscheidet zwischen ausschließlichen Zuständigkeiten der Union und solchen, die sie mit den Mitgliedstaaten teilt. Letzteres ist der Regelfall (Art. 14 Abs. 1 VV). Als dritte Kategorie besteht die Kompetenz zu Unterstützungs-, Koordinierungs- und Ergänzungsmaßnahmen bei verbleibender Kompetenz der Mitgliedstaaten. In den Bereichen der ausschließlichen Zuständigkeit kann nur die Union gesetzgeberisch tätig werden und rechtlich verbindliche Rechtsakte erlassen. Die Mitgliedstaaten dürfen in einem solchen Fall nur dann tätig werden, wenn sie von der Union dazu ermächtigt worden sind, oder um von ihr erlassene Rechtsakte durchzuführen (Art. I–37 Abs. 1 VV). Letzteres macht deutlich, dass die Verwaltungskompetenz grundsätzlich (vgl. Art. I-37 Abs. 2–4 VV) bei den Mitgliedstaaten verblieben ist. In den Bereichen der geteilten Zuständigkeit haben die Union und die Mitgliedstaaten die Befugnis, gesetzgeberisch tätig zu werden und rechtlich verbindliche Rechtsakte zu erlassen. Allerdings nehmen die Mitgliedstaaten ihre Zuständigkeit nur wahr, wenn und soweit die Union ihre Zuständigkeiten nicht ausgeübt hat oder entschieden hat, diese nicht mehr auszuüben. Ungeachtet der abweichenden Terminologie entspricht dies den konkurrierenden Zuständigkeiten im Sinne des Art. 72 Abs. 1 GG, freilich

52 Erklärung Nr. 1 ABl. 2004 C 310/420.

mit dem wichtigen Unterschied, dass eine das Subsidiaritätsprizip schärfende Kompetenzsperre wie in Art. 72 Abs. 2 GG fehlt. In den Bereichen der Koordinierungs-, Unterstützungs- und Ergänzungskompetenz tritt die Zuständigkeit der Union nicht an die Stelle der Kompetenz der Mitgliedstaaten, die insoweit ungeschmälert bleibt. Vielmehr dürfen die rechtlich bindenden Rechtsakte, die von der Union aufgrund der jeweiligen in Teil III des Verfassungsvertrags enthaltenen Kompetenznormen erlassen werden, keine Harmonisierung der rechts- und Verwaltungsvorschriften der Mitgliedstaaten beinhalten. Den einzelnen Zuständigkeitsbereichen werden in Art. I-13 VV (ausschließliche Zuständigkeiten, z.B. Zollunion), Art. I-14 VV (geteilte Zuständigkeit, Regelfall, daher nicht erschöpfende Aufzählung; wichtig ist aber die Nennung des umstrittenen Bereichs Binnenmarkt in Abs. 2 lit. a), Art. I-17 VV (Unterstützungs-, Koordinierungs- und Ergänzungsmaßnahmen), ferner in Art. I-15 VV (Wirtschafts- und Beschäftigungspolitik) und Art. I-16 VV (GASP) aufgeführt. Diese Kategorisierung und Zuordnung ist „neu" am Verfassungsvertrag. Eine materielle Kompetenzeinschränkung fand nicht statt. Eher wird in Teil III die Tendenz zu Kompetenzerweiterungen der Union gesehen, wobei auch die Ausweitung des Mehrheitsprinzips zu beachten ist. Der Vorschlag, ein Kompetenzgericht zu errichten, wurde ebenso zurückgewiesen wie die Festlegung von Kompetenzkatalogen, beides zu Recht. Zur Wahrung der Kompetenzordnung wird hauptsächlich auf organisatorische und prozedurale Vorkehrungen, wie sie das Subsidiaritätsprotokoll enthält, gesetzt. Daneben muss der EuGH seiner Rolle als Verfassungsgericht[53] gerecht werden.

V. Verfahren der Vertragsänderung

Das Verfahren der Vertragsänderung bestätigt den (besonderen) völkerrechtlichen Charakter der Union, indem Art. 48 EUV übernommen wird[54]. Aufgrund der Erfahrungen mit Nizza wird das Konventsverfahren ergänzend eingeführt. Bemerkenswert ist, dass neben diesem „ordentlichen Verfahren zur Änderung des Vertrages" (Art. IV-433 VV) durch die Regierungskonferenz zwei „Vereinfachte Verfahren" für bestimmte Bereiche angefügt wurden. Art. IV-444 VV betrifft den Übergang zur qualifizierten Mehrheit bzw. den Übergang zum ordentlichen Gesetzgebungsverfahren. Eine Erweiterung der Verbandskompetenz der Union ist damit nicht verbunden. Auch ist diese Vertragsänderung insoweit nicht autonom, als jedes nationale Parlament dagegen ein Veto einlegen kann (Art. 444 Abs. 3 VV). Das in Art. IV-445 VV vorgesehene vereinfachte Verfahren zur Änderung des Verfassungsvertrags, betreffend die internen Politikbereiche der Union, darf ausdrücklich nicht zu einer Ausdehnung der der Union im Rahmen des Verfassungsvertrags übertragenen Zuständigkeiten führen. Der entsprechende Europäische Beschluss tritt erst nach Zustimmung der Mitgliedstaaten im Einklang mit ihren jeweiligen Verfassungsbestimmungen in Kraft. Insoweit handelt es sich auch hier nicht um eine autonome Vertragsänderung.

53 Vgl. dazu *Rodriguez Iglesias*, Der Gerichtshof der Europäischen Gemeinschaften als Verfassungsgericht, EuR 1992, 225; *Zuleeg* (Fn. 10), Art. 1 EG Rn. 10 m.w.N.

54 Vgl. dazu *Zuleeg* (Fn. 10), Art. 1 Rn. 17, 19.

VI. Austrittsrecht aus der Union

Eine Neuerung ist die ausdrückliche Verankerung eines Recht zum (geordneten) Austritt eines Mitgliedstaats aus der Union (Art. I-60 VV). Damit würde diese Streitfrage[55] ausdrücklich geregelt. Die Einführung dieser Bestimmung wurde kritisiert, weil sie innenpolitisch missbraucht werden könnte[56]. Dies und damit verbundene Risiken für die europäische Integration sind sicher nicht von der Hand zu weisen. Vor allem darf sich die Union nicht durch entsprechende Androhungen erpressen lassen, sondern muss gegebenenfalls Reisewillige ziehen lassen. Andererseits wurde diese Bestimmung gerade von den neu beigetretenen Mitgliedstaaten gefordert. Dies nicht deshalb, weil sie gleich wieder aus der Union austreten wollen, sondern wohl in erster Linie zur Beruhigung nach innen, dass man sich nicht einem selbst nicht mehr steuerbaren, unumkehrbaren Prozess anheim gibt. Dies dürfte auch das BVerfG im Maastricht-Urteil zu seiner Konstruktion eines Austrittsrechts bei Abkehr von der „Stabilitätsgemeinschaft" bewogen haben[57]. Das Verlangen der neuen Mitgliedstaaten könnte Überlegungen zu einem Wandel des Verständnisses der Integrationsgemeinschaft, vor allem bei neuen Erweiterungen, sowie zum Verhältnis von Erweiterung und Vertiefung anregen.

D. Integration durch (Europäisches) Verfassungsrecht?[58]

Der Europäische Rat misst dem Verfassungsvertrag offensichtlich einen erheblichen integrativen Effekt zu. In der Tat haben Verfassungen einen integrativen Effekt, wie die Verfassung der Vereinigten Staaten von Amerika, die in die späteren Verfassungen übernommenen Teile der Verfassung der französischen Revolution, das Bonner Grundgesetz oder auch die nicht auf einer Verfassungsurkunde beruhende englische Verfassung zeigen. Das englische Beispiel zeigt aber auch, dass die tatsächliche Verfassung, d.h. die, unter der ein Land lebt und in der es sich befindet, bedeutsamer ist als die formelle, ungeachtet der Bedeutung von geschriebenen Dokumenten, wie wiederum das englische Beispiel mit der Magna Charta oder der Bill of Rights zeigt. Geradezu sprichwörtlich sind „verbriefte" Rechte[59]. Institutionen sind notwendig. Symbole wie die Flagge oder die Hymne sind wichtige integrationsstiftende Elemente. Jedoch dürfte nicht nur in Deutschland die Nationalhymne am häufigsten bei Sportveranstaltungen gesungen werden, die selbst eine stärkere Integrationswirkung haben dürften als geschriebene Verfassungen, wenngleich das „Wunder von Bern" von 1954, das noch 2003 für einen Erfolg an den Kinokassen sorgt, ein Son-

55 Vgl. dazu *Zuleeg* (Fn.10), Art. 1 EG Rn. 15 m.w.N. zu den kontroversen Standpunkten.

56 Vgl. *Schwarze*, Der Verfassungsentwurf des Europäischen Konvents – Struktur, Kernelemente und Verwirklichungschancen, in: Schwarze (Fn. 8), S. 489 (496).

57 Vgl. BVerfGE 89, 155 (190). Ablehnend dazu *Zuleeg* (Fn. 10), Art. 1 EG Rn. 15 m.w.N.

58 Näher dazu *Streinz*, Europäische Integration durch Verfassungsrecht, in: Auf dem Weg zu einer europäischen Wissensgesellschaft, Villa Vigoni Mitteilungen VIII/2004, S. 20 (32 ff.).

59 Vgl. zur Bedeutung einer „Verurkundlichung" *C. Möllers*, Verfassung – Verfassungsgebende Gewalt – Konstitutionalisierung, in: von Bogdandy (Fn. 1), S. 1 (38 ff.).

derfall sein dürfte. Gleichwohl: Der Vertrag über eine Verfassung für Europa enthält in Art. I-8 VV die Symbole der Union: Die Flagge, einen Kreis von zwölf goldenen Sternen auf blauem Hintergrund; die Hymne, die Ode an die Freude aus der Neunten Symphonie von Ludwig van Beethoven; die Devise „In Vielfalt geeint"; die Währung, der Euro, wenngleich bislang nur für zwölf der 25 Mitgliedstaaten, der Europatag, als welcher der 9. Mai festgesetzt wurde, an dem im Jahr 1951 die Schuman-Erklärung, die zur EGKS führte, verkündet wurde.

E. Die Zukunft des Verfassungsvertrags

I. Unterzeichnung nach Überarbeitung der vorläufigen konsolidierten Fassung

Nach dem Scheitern des Brüsseler Gipfels im Dezember 2003 gingen die Arbeiten am Verfassungstext weiter. Die entscheidende Frage aber war, ob der seit 1. Januar 2004 amtierenden irischen Präsidentschaft eine Kompromisslösung gelingen würde. Zwei wichtige Ereignisse, die man mit dem Verfassungsvertrag in Verbindung gebracht hatte, gingen auch ohne ihn vorüber: Die Erweiterung um zehn Mitgliedstaaten am 1. Mai 2004 und die Wahlen zum Europäischen Parlament am 13. Juni 2004. Angesichts dessen wurde erwogen, ob man sich damit nicht mehr Zeit lassen sollte, um ein gründlich überarbeitetes, gediegenes und dauerhaftes Dokument zu bekommen. Bei zu langem Zuwarten hätte jedoch der Elan, soweit überhaupt vorhanden, nachgelassen. Die zwar durchaus in den Mitgliedstaaten unterschiedliche, insgesamt und in einigen (gerade auch neuen) Mitgliedstaaten bedenklich geringe Beteiligung bei den Wahlen zum Europäischen Parlament[60] und die alles andere als europäisch orientierten Wahlkämpfe und Wahlentscheidungen gaben vielleicht auch einen Anstoß dazu, die nach dem Regierungswechsel in Spanien sich eröffnende Chance zu nutzen und sich bei der zweiten Regierungskonferenz beim Brüsseler Gipfel vom 17./18. Juni 2004 auf einen Text zu einigen. Dieser wurde nach einer redaktionellen Überarbeitung am 29. Oktober 2004 von den Staats- und Regierungschefs in Rom, im Anklang an die Römischen Verträge von 1957, unterzeichnet[61].

II. Ratifikation und Inkrafttreten

Gemäß Art. IV-447 Abs. 1 VV bedarf der Vertrag der Ratifikation durch alle Mitgliedstaaten gemäß ihren jeweiligen verfassungsrechtlichen Vorschriften. Während in Deutschland die Zwei-Drittel-Mehrheit von Bundestag und Bundesrat, die angesichts der Unterstützung durch alle Fraktionen ungeachtet einiger „Dissenter" nicht zweifelhaft sein dürfte, genügt und eine meist selbst von den politisch Verantwortlichen, die sie eröffnen, nicht ernst gemeinte Debatte über eine Volksabstimmung geführt wird, sind solche Volksabstimmungen in elf bis dreizehn Mitgliedstaaten der Europäischen Union erforderlich oder als fakultative Volksabstimmungen angekün-

60 Vgl. die Übersicht in EU-Nachrichten Nr. 23/2004, S. 1, S. 8 ff.
61 Vgl. EU-Nachrichten Nr. 39/2004, S. 1: „Feierliche Unterzeichnung".

digt, so z.B. auch im Vereinigten Königreich oder in Frankreich, wo die erste „Zitterpartie“ im Sommer 2005 eröffnet werden soll. Bei Volksabstimmungen weiß man bekanntlich nie, was dabei herauskommt. Viel hängt von der Tagesaktualität ab. Auch geht es nie um den Verfassungsvertrag und seinen Inhalt allein, sondern auch um damit mehr oder weniger verbundene oder politisch zu verbindende Themen (z.B. Beitritt der Türkei), wenn nicht generell um „Denkzettel“ für die jeweils Regierenden. So ist ungewiss, ob der Verfassungsvertrag in Kraft treten wird. Droht ein Scheitern, muss sich der Europäische Rat gemäß der Erklärung zur Ratifikation des Vertrags über eine Verfassung für Europa[62] mit dieser Situation auseinandersetzen. Das im Vertrag selbst angesetzte Datum des 1. November 2006 (Art. IV-447 Abs. 2 VV) dürfte eher ein sehr frühes sein.

III. Bewährung in der Praxis

Sollte der Vertrag tatsächlich in Kraft treten, so muss er sich in der Praxis bewähren. Maßstab dafür sind die Kriterien von Laeken, zu denen freilich stets weitere Herausforderungen hinzukommen können. Die Bewährungsprobe gilt vor allem für das wirklich „Neue“, so die Neuerungen bei den Institutionen, aber auch für den Versuch der Wahrung des Kompetenzgefüges. Fehlende Erfolge einer wirklichen GASP sind dem politischen Willen, nicht dem Vertrag anzulasten. Andere Probleme sind rechtlich nur schwer fassbar, wie gerade die Probleme des Stabilitäts- und Wachstumspakts und der dafür grundlegenden Vertragsbestimmungen zeigen. Und die Zukunft der europäischen Integration wird letztlich davon abhängen, wie die Union und die in ihr verbundenen Mitgliedstaaten mit *der* innenpolitischen Aufgabe (national wie europäisch, als Frage „europäischer Innenpolitik“) der Gegenwart und Zukunft fertig werden, nämlich der Bewahrung des sozialen Friedens durch Gewinnung der notwendigen sozialen Balance ohne den Leistungswillen zu untergraben.

IV. Risiken des Verfassungsvertrags

Manfred Zuleeg stand dem Projekt Verfassungsvertrag eher skeptisch gegenüber. Nicht weil er eine Fortentwicklung des europäischen Verfassungsprozesses und die entsprechende Diskussion ablehnte. Im Gegenteil, dies hielt er für erforderlich und räumte dem Konvent auch einen Vertrauensvorschuss ein[63]. Er befürchtete aber angesichts von ihm als solche eingeschätzter Tendenzen zur Abkehr von der Integration (mit einem Fragzeichen versehen)[64], dass durch die Beschneidung der Kompetenzen der Union die Vorzüge der jetzigen Verfassung Schaden leiden könnten. Der Verfassungsvertrag hat aber die Kompetenzen der Union eher erweitert als geschmälert, was umgekehrt Bedenken hervorgerufen hat[65]. Ein anderes Bedenken *Zuleegs* besteht aber fort, nämlich die negative politische Wirkung eines Scheiterns des

62 Erklärung Nr. 30.
63 *Zuleeg* (Fn. 1), S. 956.
64 *Zuleeg* (Fn. 1), S. 955 f.
65 Vgl. z.B. *Götz*, Kompetenzverteilung und Kompetenzkontrolle in der Europäischen Union, in: Schwarze (Fn. 8), S. 43 (45 ff.).

Verfassungsvertrags, unabhängig davon, ob man seine Neuerungen im Vergleich zur bestehenden Verfassung wirklich braucht oder nicht. Insoweit ist der nicht nur mit obligatorischen, sondern auch bewusst mit fakultativen Volksabstimmungen verbundene Verfassungsvertrag in der Tat ein Risiko.

II. Institutionen

Demokratisches Europa und Europäische Demokratie*

Brun-Otto Bryde

Manfred Zuleeg hat früher als andere das europäische Demokratiedefizit entdeckt[1] und später trotzdem die europäische Integrationsgemeinschaft entschlossener als andere gegen die Behauptung fehlender Demokratiefähigkeit verteidigt[2]. Das ist kein Widerspruch. Man kann als Anhänger der europäischen Integration eine fehlgeleitete Kritik an der demokratischen Qualität des europäischen Integrationsprozess zurückweisen und trotzdem an der Unvollkommenheit des europäischen demokratischen Willensbildungsprozesses leiden. Die Antwort auf Defizite ist aber nicht eine Theorie der Unmöglichkeit europäischer Demokratie, sondern das entschlossene Arbeiten am demokratischen europäischen Projekt.

A. Europäische Demokratiefähigkeit

Die These von der Demokratieunfähigkeit Europas ist stark ethnozentrisch bestimmt. Sie geht von einem historisch überkommenen, (jeweils) national geprägten Demokratieverständnis aus und kann dessen Voraussetzungen zwangsläufig jenseits des Nationalstaats nicht finden. Ein großer Teil dieser Kritik würde wohl schon relativiert, wenn die Verfassungsvergleichung gerade in deutscher Lehre und Forschung nicht ein Schattendasein neben der Zivilrechtsvergleichung führen würde, so dass jedes kontingente Element des bundesrepublikanischen Systems gleich zur unabdingbaren Demokratievoraussetzung gemacht wird[3]. Noch weniger tragfähig ist solche Kritik, weil transnationale Demokratie sich zwangsläufig nicht in denselben Formen und Institutionen verwirklichen kann wie im Nationalstaat.

* Für Hilfe und kritische Anmerkungen danke ich Dr. Astrid Wallrabenstein und Johannes Bryde.

1 *Zuleeg*, The Parliamentary System and the European Communities, in: *Dagtoglou* (ed.), Basic Problems of the European Community, 1975, S. 110 ff.
2 *Zuleeg*, Demokratie ohne Volk oder Demokratie der Völker? Zur Demokratiefähigkeit der Europäischen Union, in: *Drexl/Kreuzer/Scheuing/Sieber* (Hg.), Europäische Demokratie, 1999, S. 11 ff.
3 Positives Gegenbeispiel ist der konsequente Einsatz der Verfassungsvergleichung bei der Bestimmung der Grenzen der Verfassungsänderung bei *Hain,* in: v. Mangoldt/Klein/Starck, GG, 4. Aufl. 2001, Art. 79 Abs. 3 Rn. 58 ff.

I. Der volksdemokratische Kurzschluss

Das gilt vor allem für die Position, die Weiler als „no-demos-These“[4] und ich selbst noch etwas polemischer als „volksdemokratisch“[5] beschrieben und kritisiert haben, nämlich die Reduktion von Demokratie auf die Herrschaft eines Staatsvolks, die die Demokratiefähigkeit der europäischen Integrationsgemeinschaft kategorisch verneint.

Gegen diese Position habe ich so oft angeschrieben[6], und dafür die nachdrückliche Unterstützung des Jubilars gefunden[7], dass ich mich kurz fassen kann.

Auch wenn diese Auffassung sich häufig als schlichte Wortlautauslegung gibt – ausgehend vom Begriff der Demokratie als kratos des demos wird Demokratie definiert als Herrschaft eines kollektiven Staatsoberhaupts namens „Volk“ – ist sie schon begrifflich nicht überzeugend: Der Ursprung der Formel „Alle Staatsgewalt geht vom Volke aus“ liegt im Virginia Bill of Rights, wo – in der üblichen englischen Verwendung des Begriffes „people“ als Plural – von Menschen, nicht einem Kollektiv namens „Volk“ die Rede ist („That all power is vested in, and consequently derived from, the people; that magistrates are *their* trustees and servants and at all times amenable to *them.*“). Aus diesen semantischen Gründen ist die deutsche Diskussion auf Englisch auch nicht recht verständlich (wohl aber auf Französisch oder Italienisch). Sie ist aber vor allem mit dem Anspruch der Demokratie und ihrer Verankerung im Gedanken der Menschenwürde nicht vereinbar: Demokratie ist die menschenwürdigste, weil auf die größtmögliche Selbstbestimmung Gleicher verpflichtete Staatsform. Ihre Grundlage ist nicht ein Kollektiv, sondern der einzelne Mensch. In einer Zeit, in der wichtige Entscheidungen über das Schicksal von Menschen jenseits des Nationalstaates getroffen werden, ist daher die demokratische Verfassung auch transnationaler Regierungssysteme unabweisbar.

Die Behauptung der nationalstaatlichen Begrenzung der Demokratie scheint im Übrigen auch die herrschende Stellung, die sie nach den Ausländerwahlrechtsentscheidungen des 2. Senates[8] in der deutschen Lehre erlangt hat, zu verlieren[9]. Schon die Maastricht-Entscheidung hütete sich, einem Teil der Lehre in das Verbot europäischer Demokratie als logischer Konsequenz der Ausländerwahlrechtsentscheidungen zu folgen[10]. Gerade in der Diskussion um die Möglichkeit transnationaler Demokratie wird der offenen Prinzipiencharakter des Demokratieprinzips als Gebot,

4 *Weiler,* Der Staat „über alles“, JöR 44 (1996), 91 ff.

5 *Bryde,* Die bundesrepublikanische Volksdemokratie als Irrweg der Demokratietheorie, in: Staatswissenschaft und Staatspraxis 1994, 305 ff.

6 *Bryde* (Fn. 5) ; *ders.,* Le peuple européen and the European People, in: Auer/Flauss (ed.), Le Référendum Européen, 1997, S. 251 ff.; *ders.* Das Demokratieprinzip des Grundgesetzes als Optimierungsaufgabe, in: Demokratie und Grundgesetz, Sonderheft der Kritischen Justiz, 2000, S. 59 ff.; *ders.,* Konstitutionalisierung des Völkerrechts und Internationalisierung des Verfassungsrechts, Der Staat 42 (2003), 61 ff.; *ders.,* Demokratie und Global Governance – Regieren jenseits des Nationalstaats, in: Jahrbuch der Juristischen Gesellschaft Bremen 2004, S. 89 ff.

7 *Zuleeg* (Fn. 2), S. 16 ff.

8 BVerfGE 83, 37; 83, 60.

9 Gute Zusammenfassung der neueren Diskussion bei *Hanebeck,* Bundesverfassungsgericht und Demokratieprinzip, DÖV 2004, 901 ff.

10 BVerfGE 89, 155 (182 ff.).

Selbstbestimmung von durch politische Entscheidung Betroffener zu optimieren, wieder entdeckt[11].

II. Ponderierte Vertretung der Mitgliedstaaten im Parlament

Ein weiterer naturgemäß vor allem im unterrepräsentierten Deutschland oft genannter Defekt europäischer Demokratie ist die Verletzung des Grundsatzes „one man one vote“ durch den ponderierten Schlüssel bei der Verteilung der Mandate im Europaparlament[12]. Auch hier wird die Vielgestaltigkeit demokratischer Organisation, wie sie die Verfassungsvergleichung lehrt, übersehen. Bei genauer Analyse gilt der Grundsatz „one man one vote“ in keinem einzigen Bundesstaat. Die Annahme des Gegenteils ist eine optische Täuschung, da in Zwei-Kammer-Systemen regelmäßig eine der Kammern mehr oder weniger (häufig aber auch hier nicht exakt) diesem Prinzip folgt, die zweite aber überhaupt nicht. Da erst beide zusammen die Gesetzgebungsfunktion (wo ein echtes Zwei-Kammer Parlament besteht, auch weitere Parlamentsfunktionen) ausüben, wiegen im Ergebnis die Stimmen der Einwohner kleiner Teilstaaten überall stärker, oft extrem[13].
Das Zwei-Kammer-System war eine geniale Erfindung der amerikanischen Revolution als Kompromiss zwischen einer Vertretung nach Einwohnerzahl und gleicher Vertretung der Teilstaaten (Connecticut-compromise) und hat mit guten Gründen viel Nachfolger gefunden. Logisch notwendig ist dies für eine föderale Ordnung, in der man die beiden Prinzipien zur Konkordanz bringen will, nicht. Ein Kompromiss innerhalb eines Einkammersystems, bei dem die unterschiedliche Größe der Teile zwar Gewicht, aber keinen absoluten Vorrang hat, damit alle Mitgliedseinheiten angemessen vertreten sind, wäre genauso denkbar (und ist aus vielen Satzungen öffentlicher Körperschaften oder privater Vereine geläufig). Wären die amerikanischen Verfassungsväter auf diese Lösung für ihr Problem gekommen, hätten wir heute vielleicht überall Bundesstaaten mit ponderierten Einkammersystemen. Im Übrigen ist das Prinzip „one man one vote“ auch für die größere, nach Bevölkerungszahl zusammengesetzte Kammer nicht in allen Bundesstaaten mathematisch rein verwirklicht. Da alle Mitglieder eine Mindestvertretung beanspruchen können[14], sind die kleinsten oft überrepräsentiert. Und selbst in Nicht-Bundesstaaten

11 *Lübbe-Wolff,* Europäisches und nationales Verfassungsrecht, VVDStRL 60 (2001), 246; *von Bogdandy,* Demokratie, Globalisierung, Zukunft des Völkerrechts – eine Bestandsaufnahme, ZaöRV63 (2003), 853 ff.; *A. Peters*, Elemente einer Theorie der Verfassung Europas, 2001, S. 651 ff.; *Giegerich*, Europäische Verfassung und deutsche Verfassung im transnationalen Konstitutionalisierungsprozess, 2003, S. 906 ff.; *Kokott*, Die Staatsrechtslehre und die Veränderung ihres Gegenstandes: Konsequenz von Europäisierung und Internationalisierung, VVDStRL 63 (2004), 7, 28 ff.; *P.M. Huber,* in: Drexl/Kreuzer/Scheuing/Sieber (Fn. 2), S 33, wobei man sich bei diesem Wandel der h.L. gelegentlich mehr Anerkennung für diejenigen wünschen würde, die sich für diese Position vor wenigen Jahren noch als Außenseiter prügeln lassen mussten.

12 *König/Harratsch, Europarecht*, 4. Aufl. 2003, Rn. 113; *Herdegen,* Europarecht, 4. Aufl. 2002, Rn. 143; *Streinz*, Europarecht, 5. Aufl. 2001, Rn. 306; *Lübbe-Wolff* (Fn. 11), S. 248.

13 Z.B. in den USA und der Schweiz, wo Senat und Ständerat (noch) viel größeres Gewicht haben als der Bundesrat in Deutschland und die einzelnen Staaten nicht ponderiert, sondern gleich vertreten sind, obwohl die Größenverhältnisse noch viel extremer differieren als zwischen den Bundesländern.

14 Vgl. Art. 149 Abs. 4 Schweizerische Bundesverfassung, Art. 1 Section 2 US-Verfassung.

findet sich gelegentlich eine historisch oder politisch begründete Verteilung der Parlamentssitze auf unterschiedliche Landesteile, die nicht exakt proportional ist[15]. Man kann daher die konkrete Sitzverteilung im Europaparlament kritisieren, grundsätzlich demokratiewidrig ist sie nicht. Sie ist aber auch de constitutione ferenda nicht unvernünftig. Einerseits brauchen auch die kleinsten Mitgliedstaaten eine Mindestvertretung, die zur Repräsentation unterschiedlicher politischer Kräfte größer als 1 sein sollte, andererseits wäre ein Parlament, das von dieser Basis aus mathematisch exakt die Mitgliederzahl für die größten Staaten berechnet, viel zu groß, um arbeitsfähig zu sein.

Im Übrigen gelten die Grundsätze, die für Bundesstaaten entwickelt worden sind, für eine transnationale demokratische Ordnung erst recht. Eine angemessene Vertretung der einzelnen Mitgliedstaaten wird hier immer als konkurrierendes Prinzip zur proportionalen Berücksichtigung der Bevölkerungszahl hinzutreten – und das führt zwangsläufig zu einer überproportionalen Vertretung der Kleinen. Was uns in Deutschland als derzeit größtem Unionsmitglied als ungerecht erscheinen mag, würden wir mit Sicherheit für die Zusammensetzung eines Weltparlaments verlangen. Schon für die parlamentarische Versammlung des Europarates würden wir das Prinzip „one-man-one-vote" kaum akzeptieren.

III. Unvollkommene Parlamentarisierung

Eine dritte Kritiklinie orientiert sich an einem Vergleich der Befugnisse des Europaparlaments mit denen nationaler Parlamente[16]. Bei einer solchen Betrachtung findet man zum Beispiel eine eingeschränktere Gesetzgebungskompetenz, ein fehlendes Gesetzesinitiativrecht, vor allem aber eine fehlende parlamentarische Abhängigkeit der Kommission vom Parlament und fehlende Kontrollmöglichkeiten gegenüber dem Rat. Auch wenn die Rechte des Parlaments über Einheitliche Europäische Akte, Maastricht, Amsterdam und Nizza jeweils entscheidend gesteigert worden sind und mit der neuen Verfassung weiter in Richtung einer Parlamentarisierung gesteigert werden würden[17], hat das Parlament nach wie vor nicht die Fülle der Kompetenzen eines Parlaments in einem parlamentarischen System. Es gibt die Tendenz, das europäische Demokratiedefizit solange als nicht behoben anzusehen, wie dieser Zustand nicht erreicht ist. Das ist zweifelhaft.

Kritisierbar ist schon die dem zugrunde liegende Gleichsetzung von Demokratie und parlamentarischem System sowie die Annahme, Parlamente seien im parlamentarischen System besonders stark. Das ist nur richtig, so lange man sich allein auf die verfassungsrechtliche Kompetenzausstattung konzentriert, nach der die unmittelbar gewählte Volksvertretung sowohl in der Rechtsetzung wie der Kreation und

15 In Großbritannien ist die Zahl der Mandate auf England, Wales, Schottland und Nordirland verteilt und Schottland und Wales sind dabei deutlich überrepräsentiert: *McEldowney*, Public Law, 2. Aufl. 1998, Rn. 6-32.

16 *Lübbe-Wolff* (Fn. 11) S. 248.

17 *Schwarze*, Ein pragmatischer Verfassungsentwurf, EuR 2003, 535 (548 ff.); *P.M. Huber*, Das institutionelle Gleichgewicht zwischen Rat und Parlament in der künftigen Verfassung für Europa, ebd. 574 ff.

Kontrolle der Exekutive die zentrale Stellung im Regierungssystem hat. Aber in der politischen Praxis ist die Volksvertretung gerade im parlamentarischen System nach der Logik eben dieses Systems besonders schwach. Da sie die Regierung wählt, besteht diese aus den Führern der Mehrheitsparteien, die in der Regel von der parlamentarischen Mehrheit bei der Durchsetzung ihres Gesetzgebungsprogramms Gefolgschaft erwarten können und auch keine ernsthafte Kontrolle zu befürchten haben. Die Volksvertretung in nicht-parlamentarischen Demokratien, z.B. dem Präsidialsystem, kann ihre Legislativ- wie Kontrollfunktion viel unabhängiger und kräftiger ausüben. Betrachtet man das Europaparlament ohne Vorurteile, ist die landläufige Meinung, es sei schwächer als nationale Parlamente, durchaus hinterfragbar. Hinsichtlich der Aufdeckung und Sanktion der Missstände in der Santer-Kommission wird gelegentlich eher die Schwäche des Parlaments – erfolgloser Versuch, nur die belasteten Kommissionsmitglieder zum Rücktritt zu zwingen, Scheitern des Misstrauensvotums gegen die Gesamtkommission – betont[18], wichtiger scheint mir, dass das Parlament den Rücktritt faktisch erzwungen hat, vor allem aber, dass von der regierungstreuen Mehrheit der meisten nationalen Parlamente viel weniger Kontrolle zu erwarten gewesen wäre. Solche Mehrheiten hätten auch – anders als das Europäische Parlament im Falle der Barroso-Kommission – ungeeignete Ministerkandidaten eines von ihnen gewählten Regierungschefs geschluckt. Bei der Besetzung der Barroso-Kommission zeigte sich unter anderem auch, dass sich die Europaabgeordneten ihren nationalen Parteiführern überhaupt nicht so selbstverleugnend unterordnen, wie es Abgeordnete in parlamentarischen Systemen typischerweise tun[19] und auch nicht so eindimensional parteitaktisch agieren[20]. Nostalgiker des klassischen Parlamentarismus könnten im Europaparlament vieles finden, was sie bei nationalen Parlamenten vermissen, z. B. eine Willensbildung ohne Fraktionszwang, bei der Sachargumente etwas zählen und der Ausgang von Abstimmungen nicht nach der Entscheidung der Führung feststeht. Während die Labour-Abgeordneten im Unterhaus Tony Blair gegen die Haltung von Bevölkerung, Parteibasis und eigene Überzeugung in den Irak-Krieg folgten, hätte das Europäische Parlament Vergleichbares auf gar keinen Fall getan.

Das Europaparlament wird aber nicht nur unterschätzt, sondern wiederum ist auch de constitutione ferenda fraglich, ob eine Parlamentarisierung der Union ein Fortschritt wäre.

Zweifellos würde sie auf einen Schlag dem politischen Prozess in Europa einen völlig anderen Charakter geben. Europawahlen mit europaweitem Wahlkampf zwischen links und rechts, an deren Ende eine der beiden Seiten die Kommission stellt, könnten weder von den europäischen Medien noch den Wählern ignoriert werden. Auch die europäischen Parteiverbünde müssten kohärenter und schlagkräftiger werden. Es ist aber zweifelhaft, wie geeignet parlamentarische Mehrheitsherrschaft für

18 Vgl. *Magnette*, Appointing and Censuring the European Commission, ELJ 2001, 292 (305).

19 Jedenfalls wird berichtet, dass sowohl Schröder wie Blair vergeblich versucht haben, die Abgeordneten ihrer Parteien auf eine Bestätigung der Kommission zu verpflichten.

20 Die nur nationale Politik gewöhnten Journalisten gingen davon aus, dass die liberale Fraktion angesichts der Tatsache, dass die Liberalen in der Gesamtkommission weit überproportional vertreten waren, ihre Bedenken zurückstellen würden.

sehr pluralistische politische Systeme ist. Die Rechtfertigung der demokratischen Mehrheitsregel, nach der in einer Herrschaftsordnung von Gleichen die Präferenzen von 51 mehr wiegen als die von 49[21], ist wirklich zwingend nur in homogenen Systemen, in denen sich die Lebenssituation der 51%, die die Mehrheit bilden, nicht wesentlich von derjenigen der Überstimmten unterscheidet. Verfassungsstaatliche und bundesstaatliche Schranken parlamentarischer Mehrheitsherrschaft ziehen die Konsequenzen daraus, dass diese Voraussetzung anders als in Rousseaus idealtypischer Lokaldemokratie tatsächlich nirgends gegeben ist und Minderheiten – einschließlich der „minority of one" des Individuums – des Schutzes gegen Mehrheitsentscheidungen bedürfen. Homogenität kann man zwar schon deshalb nicht zur Demokratievoraussetzung machen[22], weil dann fast alle Staaten der Welt demokratieunfähig wären, denn der ethnisch und kulturell homogene Staat ist weltweit die absolute Ausnahme und sozial homogen ist kein einziger. Aber für die Form der Verwirklichung von Demokratie ist das Maß an Homogenität durchaus wichtig. Je inhomogener ein politisches System ist, desto weniger eignet es sich für ein rein parlamentarisches System. Schon die Schweiz, die die mit ihren vier Sprachgruppen sehr viel weniger heterogen als die Union ist, hat nicht ohne gute Gründe ein Konkordanzsystem entwickelt. Sie würde eine allein auf den deutschsprachigen Landesteil gestützte strukturelle Regierungsmehrheit, die in einem parlamentarischen System angesichts des numerischen Übergewichts dieses Teils (über 70%) leicht entstehen könnte, kaum überleben. Noch weniger ist vorstellbar, wie die Europäische Union damit fertig werden würde, wenn in einem parlamentarisierten System parlamentarische Mehrheiten, die dann auch die gesamte Kommission stellen würden, auf der Grundlage einer Europawahl entstünden, bei der der Süden rechts und der Norden links (oder umgekehrt) gewählt hätte (statt Nord und Süd könnte man auch Ost und West, reich und arm oder alt und neu setzen).

In einem trans- und multinationalen politischen System ist keine Modellreinheit möglich. Die von vielen vor dem Hintergrund idealisierter Parlamentarismusvorstellungen kritisierte europäische Verhandlungsdemokratie ist kompliziert, fehleranfällig und verbesserungsfähig, dürfte aber das adäquate Modell für ein solches politisches System sein.

B. Demokratiereform in Europa

Die Zurückweisung einer verfehlten Kritik an der europäischen Demokratie bedeutet keinen Verzicht darauf, über eine Verbesserung der demokratischen Qualität des

21 *Dahl,* Democracy and its Critics, 1989, S. 135 ff.

22 In diese Richtung aber das Maastricht Urteil BVerfGE 89, 155 (186), in deutlichem Anschluss an *Böckenförde* (Demokratie als Verfassungsprinzip, in: Isensee/Kirchhof [Hg.], HStR Bd. 3, hier nach 3. Aufl. 2004, § 24 Rn. 47) und *C. Schmitt* (Verfassungslehre, 6. Aufl. 1983, S. 231 ff.); die Berufung auf *H. Heller*, a.a.O., ist zwar ein Fehlzitat, da es Heller an der zitierten Stelle um die Überwindung sozialer Inhomogenität durch Überwindung des Kapitalismus geht (*H. Heller*, Politische Demokratie und soziale Homogenität, in Gesammelte Schriften II, 1971, S. 421 ff.), aber auch in der Hellerschen Variante ist die These von der Homogenität als Demokratievoraussetzung nicht haltbar.

europäischen Politikprozesses nachzudenken. Dabei sind die verfassungsrechtlichen Reformmöglichkeiten begrenzt, europäische Parteien und Medien werden einen größeren Betrag zu erbringen haben, die Hauptarbeit aber werden die europäischen Demokraten selbst zu leisten haben.

I. Verfassungsrechtliche Reformmöglichkeiten

Wenn man wie hier geschehen die europäischen Institutionen gegen eine Kritik verteidigt, die in jedem Unterschied zum Nationalstaat demokratische Defizite zu erkennen glaubt, macht man sich die Suche nach Möglichkeiten, die europäische Demokratie zu verbessern, nicht unbedingt einfacher. Es wäre sehr viel leichter, eine demokratischere Zukunft für Europa zu entwerfen, wenn dafür konkrete institutionelle Veränderungen wie die Wahl der Kommission durch das Parlament nötig wären, für die man sich rechtspolitisch einsetzen könnte. Tatsächlich ist der Spielraum, die europäische Demokratie durch institutionelle Änderungen weiter zu verbessern, beschränkt.

Das heißt nicht, dass nicht auch insofern noch Verbesserungen möglich wären. Institutionelle Reformen sind jedoch nur dann sinnvoll, wenn sie sich nicht am Modell eines nationalstaatlichen parlamentarischen Systems orientieren, sondern von den spezifischen Bedürfnissen einer transnationalen Konkordanzdemokratie ausgehen. Diese hat ihre eigene Leistungsfähigkeit, die oft unterschätzt wird, aber auch ihre eigenen Schwächen. Der Verzicht auf die klare Alternative von Regierung und Opposition verunklart Verantwortung, gefährdet Kontrolle und kann zur Erstarrung des politischen Systems durch negative Koordination führen. Als Gegengewicht sollten insbesondere Kontrollfunktion und Initiativmöglichkeiten des Parlaments weiter gestärkt werden.

1. Kompetenzentflechtung

Die wichtigste Reform liegt aber gar nicht auf der institutionellen Ebene.

Wie lebendig die Demokratie in Europa ist, hängt nämlich nicht nur von den Rechten des Europaparlaments oder der Qualität des europäischen politischen Prozesses ab, auf die sich die Diskussion konzentriert, sondern auch von der Aufgabenteilung auf die verschiedenen Ebenen des politischen Systems[23]. Das Subsidiaritätsprinzip hat auch eine demokratische Komponente. Gerade wenn man die von Kritikern behaupteten Defizite auch de constitutione ferenda nicht für behebbar hält, dürfen nicht mehr Entscheidungen als nötig auf die europäische Ebene verlagert werden. Vor allem, wenn man von einem Ideal partizipativer Demokratie ausgeht, spricht grundsätzlich mehr für kleine Entscheidungseinheiten[24]. Die Stimme des einzelnen in der Gemeinde wiegt mehr als im Land und im Bund oder in Europa. Vor allem

23 In dieser Hinsicht richtig das Maastricht Urteil: BVerfGE 89, 155 (186): in den Mitgliedstaaten muss eine „lebendige Demokratie" erhalten bleiben.

24 *Bryde*, Auf welcher politischen Ebene sind welche Probleme vorrangig anzugehen, in: Sitter-Liver (Hg.), Herausgeforderte Verfassung, 1999, S. 230 ff., *H. Seiler*, Die nationale Verfassung im Kontext von inter- und supranationalen Regelwerken, ebd. S. 283 ff.

besteht in kleineren Entscheidungseinheiten eine größere Chance, dass der Einfluss der einzelnen auf Gesamtentscheidungen nicht formal bleibt.

Auf der anderen Seite verlangt das Demokratieprinzip, dass die Betroffenen an den Entscheidungen beteiligt werden, und das erfordert Inklusion der Betroffenen und damit die demokratische Verfassung auch transnationaler Regierungssysteme. Soweit auf europäischer Ebene Entscheidungen getroffen werden, die wegen des grenzüberschreitenden Kreises der Betroffenen oberhalb des Nationalstaats getroffen werden sollten, führt ihre Verschiebung auf die europäische Ebene daher zunächst einmal nicht zu einem Demokratiedefizit, sondern zu einem Gewinn an Demokratie, selbst wenn der europäische Willensbildungsprozess den Bürgerinnen weniger Einflussmöglichkeiten gibt, als nationale oder lokale Demokratie[25]. Das gilt aber nur, soweit Entscheidungen tatsächlich besser grenzüberschreitend getroffen werden können. Aufgaben dürfen daher im Interesse einer Optimierung der gegenläufigen Ideale größtmöglicher Partizipation und Betroffeneninklusion nicht unnötig auf die weniger partizipative europäische Ebene abwandern.

Bei allen institutionellen Fortschritten für die europäische Demokratie, die die neue Verfassung bringt, ist es daher bedauerlich, dass bei einer am Subsidiaritätsprinzip orientierten Neuordnung der Kompetenzen keine Fortschritte erzielt worden sind.

2. Kontrolle

Es ist nicht zweifelhaft, dass der Rat und Kommission der Union intensiver Kontrolle bedürfen. Ich bin nicht bereit, mich am europaweiten Spiel des Schimpfens auf die „Brüsseler Bürokraten“ zu beteiligen, aber auch ohne Rücksicht auf die chronique scandaleuse bekannt gewordener Verfehlungen ist ein Verwaltungsapparat von der Größe und Komplexität der Unionsorgane offensichtlich überwachungsbedürftig.

Die Union hat sich dieses Problems durchaus angenommen. An die Seite klassischer Kontrollorgane wie den Rechnungshof und die europäische Gerichtsbarkeit sind innovative institutionelle Lösungen wie Bürgerbeauftragter[26] und OLAF[27] getreten und die vom EuGH geschützten Informationsrechte der Unionsbürger helfen, die europäische Verwaltung transparenter zu machen, als es in vielen Mitgliedstaaten (Deutschland durchaus eingeschlossen) der Fall ist[28], wenn auch lange noch nicht transparent genug.

Trotzdem ist eine intensive parlamentarische Kontrolle unabdingbar. Für die Erfüllung der Kontrollfunktion ist das Europaparlament strukturell in mancher Hinsicht besser geeignet als nationale Parlamente, da die politische Unterordnung der Mehrheit unter die Regierung fehlt. Sein Instrumentarium ist aber verbesserungsbedürftig. Insbesondere fehlt für Einsatz der Kontrollinstrumente ein ausreichender Minderheitenschutz[29]. Dieser ist zwar nicht ganz so unabdingbar wie in einem par-

25 Kritisch zu diesem Argument *Lübbe-Wolff* (Fn. 11), S. 254.

26 Art. 195 EGV; *Guckelberger*, Das Petitionsrecht zum Europäischen Parlament sowie das Recht zur Anrufung des Europäischen Bürgerbeauftragten im Europa der Bürger, DÖV 2003, 829 ff.

27 *Kuhl/Spitzer*, Das Europäische Amt für Betrugsbekämpfung (OLAF), EuR 2000, 671 ff.

28 *Lübbe-Wolff* (Fn. 11), S. 276 ff.

29 *Beckedorf*, Das Untersuchungsrecht des Europäischen Parlaments, 1996, S. 336 ff.

lamentarischen System, in dem die Kontrolle der Regierung im Wesentlichen nur von der Opposition getragen wird und daher ohne Minderheitsrechte leer laufen würde. Aber auch im Europarlament bestehen kontrollhemmende parteipolitische Verschränkungen zwischen europäischen Organen und Parlament, so dass für die effektive Mobilisierung der Kontrollfunktion bessere Minderheitsrechte von erheblicher Bedeutung sind.

Vor allem aber würde es der Effektivität der Kontrolle helfen, wenn trotz der grundsätzlich zu wahrenden kollektiven Verantwortung der Kommission auch einzelne Kommissare zur Verantwortung gezogen werden könnten.

Überhaupt nicht zufrieden stellend gelöst ist schließlich die Kontrolle des Rates. Der Rat ist nicht nur Gesetzgeber – in dieser Funktion kontrollieren Rat und Parlament sich bei der gemeinsamen Gesetzgebungstätigkeit gegenseitig –, sondern er hat auch Regierungs- und Exekutivfunktionen, und in dieser Hinsicht bedarf er der parlamentarischen Kontrolle.

3. Initiativrecht

Das fehlende Initiativrecht des Europaparlaments steht wohl auf den meisten Listen, die Demokratiedefizite in Europa aufzählen[30]. Eine solche Kritik ist zwar wiederum falsch, wenn man sie aus dem Vergleich mit dem parlamentarischen System gewinnt. Gerade im parlamentarischen System liegt die Gesetzesinitiative faktisch ja ganz bei der Regierung.

Es geht daher nicht um den Versuch einer Annäherung an ein parlamentarisches System, sondern es sind ganz im Gegenteil die Funktionsbedingungen eines Verhandlungs- und Konkordanzsystems, die verbesserte Initiativmöglichkeiten des Parlaments verlangen. Zur Überwindung von Blockaden und als Ausgleich der Gefahr von Einigungen auf dem kleinsten gemeinsamen Nenner auf der Grundlage negativer Koordination ist die Möglichkeit politischer Initiativen, die nicht aus den Bürokratien stammen, gerade in Konkordanzsystemen wichtig. Die schweizer Konkordanzdemokratie entgeht diesen Gefahren durch ihre Ergänzung durch die direkte Demokratie. Eine vergleichbare Ergänzung der europäischen Demokratie durch ein europäisches Referendum wäre daher durchaus systemgerecht[31], Art. I-47 der Verfassung macht einen bescheidenen Anfang. Daneben bleibt ein parlamentarisches Initiativrecht wünschenswert. Wahrscheinlich kann ein sinnvoller Gebrauch der mittelbaren Initiativmöglichkeiten[32] einen Teil des Problems auffangen, ein Ersatz für ein echtes Initiativrecht ist dies nicht.

4. Parlamentssitz

Ein letzter Merkposten für institutionelle Änderungsmöglichkeiten ist die Beendigung der disfunktionalen Trennung von Parlamentssitz und Sitz von Rat und Kom-

30 *Lübbe-Wolff* (Fn. 11), S. 248.
31 *Epiney,* Le référendum europeén, in Auer/Flauss; (Fn. 6) S. 287 ff.; *Lübbe-Wolff* (Fn. 11), S. 275 f.
32 Vor allem Art. 192 Abs. 2 EGV.

mission. Das Parlament gehört aus vielen Gründen in die Hauptstadt. Nur so kann es in vollem Umfang am europäischen Willensbildungsprozess teilnehmen und hinreichend wahrgenommen werden[33].

II. Entstehung einer europäischen politischen Kultur

Die zentralen Probleme der europäischen Demokratie liegen aber nicht in institutionellen Defiziten. Der europäische Willensbildungsprozess leidet vor allem an fehlendem Engagement der europäischen Bürgerinnen und Bürger für das europäische Projekt, der sich in geringer Beteiligung an den Europawahlen und geringem Interesse an den Aktivitäten der Unionsorgane einschließlich des Parlaments widerspiegelt. Ohne Resonanz in der Öffentlichkeit kann aber das Europaparlament seine Funktionen schlecht erfüllen, seine Kontrollfunktion hängt zum Beispiel ganz davon ab, dass Kritik an Kommission oder Rat in der Öffentlichkeit wahrgenommen wird. Unzureichend entwickelt sind bisher auch ein grenzüberschreitender politischer Diskurs und die europaweite Integration von Parteien und Verbänden. Während inzwischen ein durchaus kräftig ausgestattetes demokratisches Institutionengefüge besteht, das bei Erfolg der Verfassung weiter gestärkt werden würde, ist die soziologische und kulturelle Infrastruktur der europäischen Demokratie noch nicht zufrieden stellend entwickelt.
Auch die hier im Prinzip richtig ansetzende Kritik[34] am faktischen Zustand der europäischen Demokratie ist allerdings teilweise fehlgeleitet. Nicht selten werden nämlich realistisch geschilderte Defizite der europäischen Demokratie mit einem idealisierten Bild nationalstaatlicher Demokratie verglichen: Die Wahlbeteiligung zum Beispiel geht auf allen Ebenen zurück und das gleiche gilt für Interesse, Informiertheit und Engagement von Bürgerinnen und Bürgern für politische Themen. Auch die Distanz zwischen Bürgern und Volksvertretung ist ein europaweites Problem[35]. Wenn in Großbritannien als Mutterland des Parlamentarismus 93% der Befragten ihre Abgeordneten für Lügner halten[36], dann ist fast kein Raum mehr, in dem das Ansehen des Europaparlaments noch schlechter sein kann, als das nationaler Parlamente. Vor allem in Deutschland ist die These vom fehlenden Interesse der Bürger an Europa und fehlenden Ansehen der europäischen Institutionen wohl auch in einem solchen Maße zu einem sich selbst perpetuierenden Topos (das Europaparlament als die Institution, von der jeder weiß, dass sie keiner kennt) geworden, dass Fortschritte teils übersehen, teils aber auch verhindert werden.
An der Notwendigkeit, die Demokratie auf europäischer Ebene zu verbessern, kann der Hinweis auf Gefährdungen der kulturellen und sozialen Voraussetzungen von Demokratie auch in Nationalstaaten allerdings nichts ändern. Die Verteidigung mit einer ähnlich trostlosen Lage in vielen westlichen Demokratien ist ein denkbar unzureichendes Argument. Den wichtigsten Beitrag zu einer Verbesserung des euro-

33 Soweit Zeitungen überhaupt Europakorrespondenten haben, sitzen diese in Brüssel, nicht in Straßburg.
34 *Grimm*, Braucht Europa eine Verfassung, JZ 1995, 581 ff.
35 Richtig zu Demokratiedefiziten als generellem, nicht europaspezifischem Problem *Lübbe-Wolff* (Fn. 11), S. 265 ff.
36 Guardian vom 25. 11. 2004.

päischen demokratischen Prozesses in dieser Hinsicht müssen allerdings die Europäer selbst leisten. Niemand kann sie zwingen, sich mehr als bisher für Europa zu interessieren und zu engagieren. Trotzdem braucht man die Diskussion nicht mit einem Appell an die Unionsbürger, bessere Europäer zu werden, zu beenden. Vielmehr lassen sich gesellschaftliche und politische Verantwortlichkeiten feststellen und auch Handlungsimperative bestimmen.

1. Parteiversagen

Dass die Hoffnungen, direkte Europawahlen würden ein Forum europapolitischer Auseinandersetzung schaffen, sich bisher in vielen (keinesfalls allen Mitgliedstaaten) nicht erfüllt haben, liegt nicht nur am Wähler, sondern vor allem an den Parteien, die diese Wahlen nur bedingt ernst nehmen und häufig lediglich als nationale Stimmungstests betrachten. Wiederum ist die Situation in Deutschland (wo ja auch Landtags- und inzwischen sogar Kommunalwahlen stets als Stimmungstests für den „Bundestrend" behandelt werden) vielleicht noch ein wenig schlimmer als in anderen Ländern. Man hat den Eindruck, dass nicht nur keinerlei Versuch gemacht wird, den Wähler mit den europapolitischen Alternativen vertraut zu machen, sondern ganz im Gegenteil bewusst verschleiert wird, um welche Weichenstellungen es dabei auch geht. Das Europaparlament hat sich zum Beispiel in der Vergangenheit in besonderem Maße im Verbraucherschutz und Umweltschutz auch gegen Kommission und Rat profiliert. Das kann man für gut oder schädlich halten, es wurde jedenfalls kaum ein Versuch gemacht, den Wählern zu verdeutlichen, dass die Europawahlen in dieser Hinsicht für ihre eigenen Interessen von erheblicher Bedeutung waren. Die Wahl eines Parlaments ist eben nicht nur dann eine politische Entscheidung, wenn die gewählte Mehrheit die Exekutive bestimmt. Genauso wenig wird dem Wähler erläutert, in welcher europäischen Aufstellung die jeweilige nationale Partei agiert, obwohl die politische Verortung der europäischen Parteienbünde tendenzielle Unterschiede zu ihren nationalen Mitgliedern aufweist, aber vielleicht gerade deshalb nicht transparent gemacht wird. Die Juso-Parole bei der letzten Europawahl: „wer CDU wählt, wählt Berlusconi", hatte da schon fast aufklärerischen Charakter.

2. Medienversagen

Wenn die Parteien die Bürger nicht über europäische Politik aufklären wollen, müssten es die Medien tun. Es ist aber wenig zweifelhaft, dass ein Großteil der europäischen, aber wiederum besonders der deutschen Medien vor der Aufgabe, eine europäische Öffentlichkeit herzustellen, versagt. Jede Auswertung auch anspruchsvoller deutscher Zeitungen macht deutlich, dass selbst wichtigste politische Vorgänge in Straßburg schlicht unerwähnt bleiben – und gleichzeitig wird die Dauerklage über die fehlende Resonanz des Europaparlaments bei den Bürgern wiederholt, für die man selbst die Hauptverantwortung trägt. Vor allem die Unterschätzung des Europaparlaments hat sich in den deutschen Medien in einer Art und Weise verselbständigt, dass sie sich von Fakten kaum noch erschüttern lässt. Als das Europaparlament sich gegen alle Vorurteile und Vorhersagen bei der Besetzung der Barroso-Kommission als handlungsfähig erwies, wurde dies jedenfalls in der deutschen Presse teils als ungehörig, teils als ungenügend kritisiert, statt als Durchbruch für eine verstärkte Position des Parlaments gewürdigt zu werden.

Für diese Ignoranz kann man keine mangelhafte Informationspolitik der Unionsorgane verantwortlich machen. Es dürfte zum Beispiel gar nicht leicht sein, in Europa ein nationales Parlament zu finden, das eine bessere Internetpräsenz hat als das Europaparlament. Und Berichte über das Europaparlament wären auch nicht langweilig, und zwar nicht nur, weil die Tätigkeit des Parlaments für das Leben der Unionsbürger immer wichtiger ist, sondern auch, weil es ein einzigartiges internationales Forum ist. Die meisten politischen Systeme tendieren zu einer soziologischen Homogenisierung ihrer Volksvertretungen. Je nach dem Typ Parlamentarier, den Wahlsystem und politisches System privilegieren, bestehen sie überwiegend aus reichen Anwälten, Public School-Absolventen, Beamten oder Funktionären. Das Europaparlament ist da viel bunter.

Mangelnde Transparenz der europäischen Politik wegen mangelnder Vermittlungsarbeit der Medien weist auf ein generelles Problem westlicher Politik hin. Demokratie ist abhängig davon, dass die Medien helfen, einen unabhängigen und pluralistischen Diskurs zu organisieren, und schützt diese Funktion, indem sie sie grundrechtlich sichert. Das bedeutet aber keine Sicherung dagegen, dass die Medien ihre Funktion für die Demokratie nicht erfüllen, denn auch Medienversagen ist grundrechtlich geschützt (und von diesem Grundrecht wird lebhaft Gebrauch gemacht). In einer Reihe von Ländern mit demokratischer Verfassungsordnung sind die Voraussetzungen einer pluralistischen und gleichgewichtigen Repräsentation unterschiedlicher politischer Meinungen und gesellschaftlicher Interessen als Voraussetzung für einen demokratischen Willensbildungsprozess durch die Zusammenballung und den politisch einseitigen Einsatz privater Medienmacht jedenfalls akut bedroht. Dabei sind nicht nur politisch einseitige Medienmächte für die Demokratie gefährlich. Für unser Thema vielleicht noch entscheidender sind Entpolitisierungsstrategien von Medienmonopolen, die an Konsumenten, nicht mündigen Bürgern interessiert sind.

Ein zunehmendes Medienversagen bei der Erbringung von für funktionierende Demokratie notwendigen Leistungen in vielen westlichen Demokratien bedeutet für das europäische Projekt keine Entwarnung. Ein komplexes politisches System wie das der Union, das zur Herstellung eines europaweiten politischen Diskurses auf Vermittlung besonders angewiesen ist, ist hier noch stärker betroffen, als nationale Politik, vor allem wenn auch solche Medien, die die Funktion in ihren nationalen Systemen noch erfüllen, wie die deutsche Qualitätspresse, ihren Beitrag zum europäischen politischen Diskurs nicht leisten.

Andererseits kann man allerdings die typischen Vorteile eines gemeinsamen Marktes, dass man nämlich bei mangelnden inländischen Angeboten grenzüberschreitend Leistungen nachfragen kann, auch auf diesem Gebiet nutzen. Obwohl die Union aus Demokratien besteht, sind demokratiegefährdende Entwicklungen der Medienmärkte in einzelnen Mitgliedstaaten möglich (und mindestens in einem erfolgt)[37], in

37 *Umberto Eco*, Wer zuletzt spricht, SZ v. 27. 1. 2004: Wenn es heute eine Diktatur gibt, wird es eine mediale und keine politische sein.

der Union insgesamt sind sie ausgeschlossen. Und nicht in allen Mitgliedstaaten ist die Ignorierung der europäischen Institutionen so groß wie in Deutschland. Die hierzulande vermissten Berichte über das Europaparlament kann man daher in britischen oder französischen Zeitungen lesen oder im französischen Frühstücksfernsehen sehen.

3. Verfassungsdiskussion als Chance

Die ständige Wiederholung des Topos von der fehlenden Resonanz europäischer Politik bei den Unionsbürgern wird der Dynamik der tatsächlichen Entwicklung nur noch bedingt gerecht. Ganz so groß kann das europapolitische Desinteresse der Unionsbürger nicht sein, wenn sich an einer internen Abstimmung der französischen Sozialisten über die neue europäische Verfassung in feierabendlicher Urnenwahl[38] über 80% der Mitglieder beteiligen (und die unterlegenen „No"-Befürworter nicht zu viel, sondern zu wenig Unionskompetenzen beklagen)[39]. Die europaweite Auseinandersetzung über die neue europäische Verfassung mit der Perspektive von erbitterten Referendumsschlachten in einer Reihe von Mitgliedstaaten und ungewissem Ausgang mag viele Integrationsbefürworter schrecken, sie sollte aber vor allem als Chance für eine europaweite Auseinandersetzung über die Zukunft der Union gesehen werden. Auch wenn ein transnationaler europäischer Diskurs noch nicht so fortgeschritten ist, wie man es sich wünschen würde, ist er längst viel weiter entwickelt, als die ständige Wiederholung der Rede von seinem Fehlen vermuten lässt. Das Hauptverdienst dabei kommt ironischerweise den Euroskeptikern zu. Sie nehmen Europa ernster und sind teilweise auch stärker transnational aktiv als die Anhänger der europäischen Einigung. Das haben letztere zu lange ignoriert. Sie haben sich zu sehr auf die funktionalistische These verlassen, nach der der wirtschaftlichen Integration die politische und soziale Integration zwangsläufig folgen muss. Das ist durch nichts garantiert. Francois Mitterand hat einmal mit Recht gesagt, dass die nationalistischen Dämonen in Europa nur schlafen. Die Blutbäder auf der Balkanhalbinsel nach dem Zerfall Jugoslawiens haben gezeigt, wie schnell sie sich auch in Europa wieder wecken lassen. Über die wirtschaftlichen Erfolge der Union haben die Europäer völlig vergessen, dass ihr wichtigster, ex ante ganz unwahrscheinlicher, nirgendwo auf der Erde bisher wiederholter Erfolg, die Überwindung des Nationalismus, die Organisation friedlicher, demokratischer und rechtsstaatlicher Zusammenarbeit von Todfeinden war, deren Feindschaft in einem Jahrhundert zweimal die Welt in Brand gesetzt hat. Die Größe dieser Leistung kann man nur dann ermessen, wenn man sich vorstellt, wie realistisch die Perspektive ist, dass im Nahmen Osten Israelis, Araber und Iraner oder in Südasien Indien und Pakistan etwas ähnliches leisten. Trotz gemeinsamer Sprache und Geschichte waren bisher nicht einmal die Lateinamerikaner in der Lage, ihren Nationalismus im Interesse eines gemeinsamen kontinentalen Projekts hinter sich zu lassen. Die Bereitschaft von Euroskeptikern,

38 Die Abstimmenden mussten an einem Abend zwischen 18 und 22 Uhr ihre Stimme in ihrem Parteilokal abgeben.
39 Le Monde vom 2. 12. 2004.

dieses gigantische Werk im Interesse kleinstaatlicher Ressentiments aufs Spiel zu setzen, ist erstaunlich und zeigt nur, wie geschichtsvergessen Konservative sein können.

Aber die defensive Verzagtheit der Europhilen ist nicht weniger kritikbedürftig. Diese haben die Verteidigung der europäischen Integration krämerhaft völlig auf die Behauptung wirtschaftlicher Erfolge zurück genommen. Damit wird der Kampf um die europäische Verfassung nicht zu gewinnen sein. Die Behauptung, dass immer alle gleichermaßen von jedem Integrationsschritt profitieren, ist schwer zu verifizieren. Bemerkenswerterweise hatte ein Europareferendum im europaskeptischen Großbritannien den größten Erfolg, als Ted Heath nicht berechenbare ökonomische Vorteile, sondern ganz idealistisch die Beteiligung am europäischen Einigungsprozess in den Mittelpunkt stellte. Nur eine Rückbesinnung auf die über ökonomische Vorteile hinausgehenden Erfolge und Finalität der Europäischen Union wird der Verfassung zum Erfolg verhelfen und damit das europäische Einigungswerk sichern, das keinesfalls unumkehrbar ist.

Dass Europabefürworter damit mehr als bisher gefordert sind, ist gut. Eine anspruchsvolle Form politischer Organisation entsteht nicht, wenn nicht für sie gekämpft wird. Von *Jean Monnet* wird das Wort berichtet, Europa müsse sowohl mit Herz wie Verstand gebaut werden. Gerade die Europafreunde haben es in letzter Zeit an Herz fehlen lassen. Es gäbe zwar kein größeres Missverständnis des europäischen Einigungsprozesses, als sein Ziel in der Errichtung eines neuen, größeren und mächtigeren Nationalstaats zu sehen. Seine Leistung ist die Überwindung des Nationalismus, nicht dessen Ersetzung durch Supranationalismus. Aber ein wenig mehr europäisches Selbstbewusstsein, das die Unvollkommenheiten der Integrationsgemeinschaft nicht übersieht, aber sie in Relation zur völlig unwahrscheinlichen Leistung setzt, mit der auf diesem ausgebluteten Kontinent eine Union geschaffen wurde, die mit Sicherheit die fortgeschrittenste Form übernationaler politischer Organisation ist, die die Menschheit bisher gesehen hat, wäre nicht verkehrt[40].

Selbstkritik an einer zu großen Selbstverleugnung der Europabefürworter erlaubt einen optimistischen Schluss dieses Beitrags. Eine Verbesserung der europäischen Demokratie ist nicht auf die angewiesen, von denen wenig zu erwarten ist, sondern auf die, von denen man eine Erneuerung des Engagements erwarten kann, das die Gründer motiviert hat. Die Europäische Einheit wird sich nicht von selbst weiter entwickeln, sie braucht den entschlossenen Einsatz derjenigen, die das Projekt befürworten. Auf die Mitarbeit des Jubilars können wir uns dabei verlassen.

40 Wenn ein amerikanischer Beobachter wie *Jeremy Rifkin* die Europäer auf ihre Leistung hinweist, darf er sich jedenfalls in Deutschland auf hämische Kritik einstellen: *A. Hoffmann,* Europa für Phantasten, SZ vom 4./5. 12. 2004.

Diskontinuität und Europäisches Recht
Legitimitätsprobleme im Europäischen Verfassungsverbund

Ingolf Pernice

A. Einleitung

Manfred Zuleeg hat in seiner langjährigen wissenschaftlichen Arbeit, aber auch bei seiner praktischen Tätigkeit als Richter am Gerichtshof der Europäischen Gemeinschaft die Verfassung dieses neuen politischen Gemeinwesens[1] als Rechtsgemeinschaft[2] immer wieder in den Mittelpunkt seiner Überlegungen gestellt. Schon in der Form der Gründungsverträge der Europäischen Gemeinschaft und der Europäischen Union ist die Verfassung Bedingung und Bezugspunkt ihres rechtlichen Zusammenhalts[3], so wie für *Zuleeg* auch die Demokratie den Zusammenhalt der Union sichert und damit Grundlage ihrer Legitimation ist[4]. In ihrer engen Verzahnung[5] oder – wie man heute sagen könnte – im „Verbund" mit den Verfassungen der Mitgliedstaaten legen die Verträge und, deutlicher noch, die künftige „Verfassung für Europa"[6] fest, wie demokratische Willensbildung, Legitimation und Kontrolle bei der Gesetzgebung und Politik auf der europäischen Ebene organisiert ist und damit möglich wird. Indessen äußert sich in der öffentlichen Diskussion ein offenbar unverändert empfundenes Unbehagen gegenüber „Souveränitätsverlusten" an die europäische Ebene und damit einhergehenden Einbußen an Legitimität anhand konkreter Einzelfragen, wie jüngst den Folgen der Einführung des europäischen Haftbefehls. Die Geltendmachung der Verletzung von Grundrechten erscheint dabei reflexhaft als naheliegendste Strategie[7], das Bundesverfassungsgericht wird erneut zum Rettungsanker[8] gegenüber Verschiebungen von Macht und Verantwortung, deren Bedeutung oft erst

1 Vgl. etwa: *Zuleeg*, Die Verfassung der Europäischen Gemeinschaft in der Rechtsprechung des Europäischen Gerichtshofs, BB 1994, 581 ff.; *ders.*, Die Vorzüge der Europäischen Verfassung, in: v. Bogdandy (Hg.), Europäisches Verfassungsrecht, 2003, S. 931 ff.

2 Siehe *Zuleeg*, Die Europäische Gemeinschaft als Rechtsgemeinschaft, NJW 1994, 545 ff. Zu Ursprung und Bedeutung des Konzepts bei *Walter Hallstein* vgl. auch *ders.*, Der unvollendete Bundesstaat: Vision oder Realität?, in: ders., (Hg.), Der Beitrag Walter Hallsteins zur Zukunft Europas. Referate zu Ehren von Walter Hallstein, 2003, S. 97, 101 f.; s. auch *Pernice*, Begründung und Konsolidierung der Europäischen Gemeinschaft als Rechtsgemeinschaft, ebd., S. 56 ff.

3 *Zuleeg*, Der rechtliche Zusammenhalt der Europäischen Union, 2004, S. 22 f., 41; *ders.*, What holds a Nation Together? Cohesion and Democracy in the United States of America and in the European Union, The American Journal of Comparative Law, 45 (1997), 505 ff.; *ders.*, Der unvollendete Bundesstaat (Fn. 2) S. 97.

4 *Zuleeg*, Zusammenhalt (Fn. 3), S. 134.

5 So *Zuleeg*, im Vorwort zu: *ders.*, Zusammenhalt (Fn. 3), S. 5, mit Verweis auch auf *ders.*, Das Recht der Europäischen Gemeinschaften im innerstaatlichen Bereich, 1969.

6 ABl. 2004 C 310.

7 Symptomatisch etwa *Prantl,* Ach Europa!, in: Süddeutsche Zeitung vom 7. 7. 2003.

8 BVerfG, 2 BvR 2236/04 vom 24. 11. 2004.

nachträglich und am konkreten Fall sichtbar wird. Es erscheint für die Annahme der Union durch die Bürgerinnen und Bürger wichtig, Gründe für mögliche Irritationen und Ablehnung frühzeitig zu erkennen und ihnen gegenzusteuern. Der vorliegende Beitrag befaßt sich mit einem Sachverhalt, der in der Praxis bislang noch nicht zu offenen Konflikten führte, aber ein zunehmendes die Legitimität des europäischen Rechts betreffendes Konfliktpotential birgt.

Es geht um die Verschiebung von Verantwortung und politischer Kontrollmöglichkeit durch Zeitablauf im Mehrebenensystem, in dem weittragende politische Festlegungen auf der europäischen Ebene getroffen werden, die Umsetzung indessen primär auf der staatlichen Ebene erfolgt. Paradigmatisch dafür ist die zweistufige Rechtsetzung durch Richtlinien, aber im Bereich der Politik auch die offene Methode der Koordinierung[9]: Werden auf europäischer Ebene – durch Rat und Parlament, bzw. durch den Europäischen Rat – konkrete Ziele rechtsverbindlich festgelegt bzw. politisch vereinbart, so sind diese regelmäßig innerhalb eines oft erheblichen Zeitrahmens durch den nationalen Gesetzgeber umzusetzen. Zwar beziehen solche europäischen Vorgaben ihre Legitimation mittelbar über die nationalen Parlamente und – im Falle der Richtlinien – auch direkt über das Europäische Parlament, doch bis Jahre später die Umsetzung tatsächlich erfolgt, können sich die politischen Verhältnisse in jedem Mitgliedstaat grundlegend geändert haben. Die Regierungen, die heute in Brüssel beschließen, binden den politisch möglicherweise völlig anders denkenden nationalen Gesetzgeber von morgen. Eine Politik, die zuvor und im Wahlkampf von der Opposition frontal bekämpft und von den Wählern verworfen wurde, muss gleichwohl später von der Regierung und den Abgeordneten, die den Wahlsieg errungen haben, ggf. im Widerspruch zum eigenen politischen Programm loyal ins Werk gesetzt werden.

Damit stellt sich ein Legitimationproblem in einer Weise, die innerstaatlich aus der Debatte um den Grundsatz der Diskontinuität bekannt ist: In welchem Umfang kann das Parlament bzw. die Regierung von heute die neugewählten Institutionen von morgen rechtlich und politisch binden? Wodurch ist eine Gesetzgebung legitimiert, die dem – neuen –Wählerwillen klar widerspricht? Was in Großbritannien unter dem Stichwort der „Supremacy of Parliament" alte Tradition und Grundlage des Verfassungssystems ist und was in Deutschland jedenfalls der parlamentarischen Praxis entspricht und gewährleistet, dass der Wählerwille in jeder Legislaturperiode im größtmöglichen Umfang die Politik neu bestimmt, scheint unter den Bedingungen der Integration Europas zumindest teilweise in Frage gestellt zu sein.

Für eine verfassungsrechtliche Würdigung dieser „übergreifenden Politikbindung" im europäischen Mehrebenensystem liegt es nahe, zunächst den Grundsatz der Diskontinuität auf seinen verfassungsrechtlichen Gehalt zu untersuchen (dazu B.). Seine Legitimität sichernde Funktion steht unter den neuen Bedingungen einer europäischen Dimension des Rechtsetzungsprozesses und politischer Richtungsent-

9 Siehe den Beschluss des Europäischen Rates etwa zum „Lissabon-Prozeß" (2000) und die auch im Konvent diskutierte Methode der Umsetzung, die als „Offene Methode der Koordinierung" bezeichnet wird, dazu etwa *Bodewig*, Die offene Methode der Koordinierung in der EU, der Lissabon-Prozess und der Verfassungskonvent, Gastkommentar EuZW 2003, 513.

scheidungen besonderen Herausforderungen gegenüber (dazu C.). Die Frage nach der Vereinbarkeit mit dem Demokratieprinzip führt zum Versuch einer Rekonstruktion der Legitimation mehrstufiger Rechtsetzung im europäischen Verfassungsverbund und einer Neubewertung der Umsetzungspflichten bei Richtlinien (dazu D.).

B. Der Grundsatz der Diskontinuität unter dem Grundgesetz

Von Diskontinuität oder einem entsprechenden Grundsatz ist im Grundgesetz ausdrücklich nicht die Rede. Gleichwohl ist die Geltung des Grundsatzes der Diskontinuität im deutschen Parlamentsrecht weitgehend unbestritten. Er bedeutet[10],

> „dass mit dem Ablauf der Wahlperiode die bei dem alten Bundestag eingebrachten Gesetzesvorlagen, Anträge, Anfragen usw. automatisch ihre Erledigung finden, und dass der neue Bundestag mit ihnen nur befaßt werden kann, wenn sie bei ihm formgerecht neu eingebracht werden".

Zweck und Begründung liegen darin, den durch die Neuwahl und die ggf. veränderte Zusammensetzung des Parlaments zum Ausdruck gebrachten Wählerwillen vor Entscheidungen des Vorgängers zu schützen. Er ist eine Spezifizierung des demokratischen Prinzips der „Herrschaft auf Zeit"[11]. Im Einzelnen besteht über seine Grundlage und seinen Gehalt ebenso wenig Einigkeit (dazu I.), wie über seine interinstitutionellen Wirkungen (dazu II.).

I. Ausformungen und Rechtsnatur des Diskontinuitätsprinzips

Unterschieden wird zunächst zwischen der personellen, formellen und der materiellen Diskontinuität. Die personelle Diskontinuität ist insofern unstreitig, als mit der Auflösung des Bundestags der Mandatsverlust der Abgeordneten verbunden ist. Das ergibt sich unmittelbar aus Art. 39 Abs. 1 GG. Auch die formelle Diskontinuität in dem Sinne, dass mit der Auflösung des Bundestages auch alle seine Gremien, Organe und Unterorgane[12] ebenso wie die der nichtobligatorischen Ausschüsse enden[13], ist unproblematisch. Während hier allerdings z.T. auch von „institutioneller Diskontinuität" gesprochen wird[14], bezeichnen andere gerade das Fortbestehen des Bundestages als Institution als „institutionelle Kontinuität"[15].

Die materielle oder sachliche Diskontinuität findet ihren Niederschlag in § 125 GOBT: Am Ende der Wahlperiode gelten alle Vorlagen als erledigt, mit Ausnahme derjenigen, die keiner Beschlussfassung bedürfen. Inwieweit es sich dabei um einen Ver-

10 So *Jekewitz*, Der Grundsatz der Diskontinuität in der parlamentarischen Demokratie. Zugleich eine Untersuchung auf rechtshistorischer und rechtsvergleichender Grundlage, JÖR NF 22 (1973), 75 (79), mit Zitat Maunz /Dürig/Herzog/Scholz, Grundgesetz, Art. 39 Rn. 16, jetzt für die „sachliche Diskontinuität" wortgleich: *H.H. Klein*, in: Maunz /Dürig /Herzog (Hg.), Grundgesetz Kommentar, Stand 2003, Art. 39 Rn. 53.

11 So *Morlok*, in: H. Dreier (Hg.), Grundgesetz Kommentar, 1998, Art. 39 Rn. 2, 10, 20.

12 Vgl. *Versteyl*, in: von Münch/Kunig (Hg.), Grundgesetz Kommentar, 3. Aufl. 2003, Art. 39 Rn. 25.

13 *Klein* (Fn. 10), Rn. 49.

14 So *Morlok* (Fn. 11), Rn. 22.

15 So etwa *Klein* (Fn. 10), Rn. 51.

fassungsgrundsatz handelt, wird unterschiedlich beurteilt. Die Einordnung hängt von dem ihm jeweils zugemessenen Sinngehalt ab[16]: Nach einer Auffassung handelt es sich um Verfassungsgewohnheitsrecht. Begründet wird dies aus der Entstehungsgeschichte[17] und aus seiner Bedeutung für das „Prinzip der sich periodisch erneuernden Repräsentation bzw. Legitimation“[18]. Abgesehen davon, dass das Institut des Verfassungsgewohnheitsrechts als solches schon problematisch ist[19], erscheinen die Bedingungen seiner Anerkennung bereits in der preußischen Tradition zumindest ambivalent[20].

Eine andere Ansicht leitet den Grundsatz der sachlichen Diskontinuität unmittelbar aus dem Prinzip der personellen Diskontinuität nach Art. 20 Abs. 2, 38 Abs. 1 und 39 Abs. 1 S. 2 GG ab[21], wobei insbesondere *Jekewitz* darauf hinweist, dass es nicht nur als „Verbot der Vorgreiflichkeit“ verstanden werden kann, sondern auch eine „organexterne“ Wirkung hat[22]:

> „Die Legitimations- und Handlungseinheit der Wahlperiode ist die Schranke für alle politischen Entscheidungen, die vom Parlament ausgehen und auf das Parlament ausgerichtet sind, sofern sie nicht eine auf der Verfassung beruhende Eigenständigkeit gewonnen haben“.

Wegen der grundlegenden Bedeutung des periodisch jeweils neu artikulierten Wählerwillens für die parlamentarische Demokratie nach Art. 20 Abs. 2 GG spricht mangels alternativer Formen für die Ausübung „aller Staatsgewalt“ vom Volke her im Grundgesetz Vieles dafür, im Grundsatz der Diskontinuität eine wesentliche Absicherung des Demokratieprinzips und damit einen Verfassungsgrundsatz zu sehen.

16 Vgl. dazu *Ossenbühl*, in: Isensee/Kirchhof, Handbuch des Staatsrechts der Bundesrepublik Deutschland, Band III, 2. Aufl. 1996, § 63 Rn. 41.

17 Eine ausdrückliche Verankerung findet sich jedoch in keiner deutschen Verfassung, vgl. *Hilf*, Durchbrechung der Diskontinuität der parlamentarischen Diskontinuität, in: ZaöRV 27 (1967), 742, 745.

18 *Klein* (Fn. 10), Rn. 61, hinsichtlich der „lang hergebrachten Tradition“ unter Bezug auf *Jekewitz*, Diskontinuität (Fn. 10), der jedoch den Rang des Verfassungsgewohnheitsrechts mit *Tomuschat*, Verfassungsgewohnheitsrecht?, 1972, passim ablehnt; ähnlich *Magiera* in: Sachs (Hg.), Grundgesetz Kommentar, 3. Aufl. 2003, Art. 39 Rn. 16; *Stern*, Staatsrecht II, 1980, § 26 III 4; etwas differenzierter *Achterberg/Schulte*, in: von Mangoldt/F. Kein /Starck (Hg.), Das Bonner Grundgesetz: Kommentar, 4. Aufl. 2000, Art. 39 I Rn. 13; für Gewohnheitsrecht im Rang einfachen Gesetzesrechts dagegen *Scheuner*, Vom Nutzen der Diskontinuität zwischen Legislaturperioden, DÖV 1965, 510 (512); *Versteyl*, Wider den Grundsatz der Diskontinuität der Parlamente, DVBl. 1973, 161 (162).

19 Vgl. überzeugend *Tomuschat*, Verfassungsgewohnheitsrecht (Fn. 18), passim, sowie ebd., S. 29 ff., 85 ff., 88, speziell zum Grundsatz der Diskontinuität, der wie anderes vorkonstitutionelles Gewohnheitsrecht „nicht kraft eigenen Geltungswillens Bestandteil der gegenwärtigen Verfassungsordnung sein kann. Der Zugang muß stets über das Grundgesetz führen“.

20 Es wurde als Mittel der Machteinschränkung des Parlaments zugunsten der Krone entwickelt, vgl. z.B. *K. Müller*, Kontinuierliche oder intervallierte Gesetzgebung, DÖV 1965, 505 (506 f.), und vor allem *Jekewitz*, Diskontinuität (Fn. 10), S. 117 f. Anders *Scheuner*, Wider den Grundsatz der Diskontinuität der Parlamente, DÖV 1965, 510 (511 f.).

21 *Maassen*, Zur Einschränkung des Grundsatzes der Diskontiuität, in: FS Hubert Schorn, 1966, S. 70 f.; zustimmend *Jekewitz*, Diskontinuität (Fn. 10), S. 152; i.E. wohl auch *Morlok*, in: H. Dreier (Hg.), Grundgesetz Kommentar, 2. Aufl. 2004, Art. 39 Rn. 22; ähnlich schon *Anschütz*, Die Verfassung des Deutschen Reiches, 6. Aufl. 1927, Art. 24 Rn. 8.

22 *Jekewitz*, Diskontinuität (Fn. 10), S. 154 f.

II. Interinstitutionelle Wirkungen des Diskontinuitätsprinzips

Hinsichtlich der Reichweite des Grundsatzes der Diskontinuität ist unbestritten, dass es vor allem das Gesetzgebungsverfahren betrifft und nur in diesem Zusammenhang auch die anderen Bundesorgane. Für den Bundesrat hat es keine Geltung, da dieser als kontinuierliche Vertretung der Länder keine Wahlperioden kennt. Auch die Bundesregierung ist nach h.M. vom Grundsatz der sachlichen Diskontinuität nicht berührt[23]. Im Blick auf den Legitimationszusammenhang der Bundesregierung dürfte indessen insofern von einer Diskontinuität verschiedener Kabinette auszugehen sein, als nach dem Ende des Amtes des vorhergehenden Kanzlers spätestens mit Zusammentritt des neuen Bundestages gemäß Art. 69 Abs. 2 GG der neue Kanzler nur dem neuen Bundestag gegenüber politisch verantwortlich ist[24].
Demgemäß können bereits gefasste Gesetzesbeschlüsse von den anderen Organen weiterbehandelt werden und unterfallen nicht der sachlichen Diskontinuität[25]. Streitig ist dagegen, ob Gesetzentwürfe der Bundesregierung und des Bundestages, die das Verfahren nach Art. 76 GG schon durchlaufen haben, bei veränderter Zusammensetzung des Bundestages einer erneuten Beschlussfassung bedürfen[26]. Da vor allem die zeitliche Begrenzung des dem jeweiligen Parlament gegebenen Auftrags und damit des Entscheidungsfreiheit des neu gewählten Parlaments Zweck des Diskontinuitätsprinzip sind, dürfte eine erneute Beschlußfassung jedenfalls dann entbehrlich sein, wenn es nur noch um die Ausfertigung des Gesetzes geht.
Als „tragender Gedanke des Verfassungssystems“ (*Jeckewitz*)[27] macht der Grundsatz der Diskontinuität damit die zeitliche Begrenztheit des politischen Auftrags vor allem des Parlaments und der von ihm getragenen Regierung im demokratischen System deutlich. Er stellt sicher, dass jedes Parlament unbelastet durch „vorgreifliche“ Festlegungen vorangehender Parlamente seine eigene Politik machen und gegenüber den Wählern als solche verantworten kann und sichert damit die Funktionsfähigkeit der parlamentarischen Demokratie in Deutschland.

C. Diskontinuität und „übergreifende Politikbindung“ in der EU

Die Europäische Union und ihre Institutionen sind für den Bundestag kein „vorangehendes Parlament“. Vorgreifliche Festlegungen und die rechtliche Bindung der nationalen Parlamente durch die Institutionen der Union folgen aus dem zugrunde liegen-

23 *Versteyl* (Fn. 12), Art. 39 Rn. 28.
24 Vgl. auch *Herzog* in: Maunz/Dürig/Herzog (Fn. 10)), Art. 69 Rn. 43; vgl. dazu auch die sog. Diskontinuitätsthese von *Häberle*, „Landesbrauch“ oder parlamentarisches Regierungssystem?, JZ 1969, 613 (615 f.), der insofern eine direkte Abhängigkeit der Regierung vom Bundestag als dem parlamentarischen Prinzip immanent ansieht.
25 *Klein* (Fn. 10), Art. 39 Rn. 54.
26 Dagegen *Klein* (Fn. 10), Art. 39 Rn. 58; *Hömig/Stoltenberg*, Probleme der sachlichen Diskontinuität, DÖV 1973, 689 (692 f.); dafür *Leinemann*, Die parlamentarische Diskontiuität und ihre Wirkungen im Gesetzgebungsverfahren, JZ 1973, 618 (622), der den Gesetzesentwurf als „auf den Bundestag in seiner konkreten und präsenten Zusammensetzung bezogen“ ansieht.
27 *Jekewitz*, Diskontinuität (Fn. 10), S. 166; dagegen etwa *Versteyl*, Diskontinuität (Fn. 18), S. 162, der nicht davon ausgeht, dass es sich um einen verfassungsrechtlichen Grundsatz handelt.

den EU- bzw. EG-Vertrag, künftig aus der Verfassung für Europa. Insofern könnte die Zeit- und Legislaturperioden übergreifende Wirkung dieser Verpflichtungen wie sonst bei völkerrechtlichen Verträgen schlicht als Folge der Vertragsbindung Deutschlands hingenommen werden. Dass das Problem der Diskontinuität im europäischen Kontext überhaupt aufgeworfen wird, beruht indessen auf den spezifischen Rechtsetzungsbefugnissen und der Bindungsintensität der europäischen Entscheidungen für die innerstaatlichen Stellen in der Europäischen Union. Das System der zweistufigen Rechtsetzung durch Richtlinien weist den nationalen Parlamenten sowohl bei der Beschlußfassung auf europäischer Ebene als auch bei der innerstaatlichen Umsetzung eine besondere Verantwortung zu (dazu I.). Die hier auftretenden Zeitverschiebungen eröffnen bei dem ohnehin bestehenden Demokratiedefizit hinsichtlich der europäischen Gesetzgebung ein zusätzliches Legitimationsproblem (dazu II.), das unter Zugrundelegung des vom Bundesverfassungsgericht im Maastricht-Urteil entwickelten Ansatzes nur schwer zu bewältigen ist (dazu III.).

I. Beteiligung der nationalen Parlamente bei der Rechtsetzung durch Richtlinien

Die sehr umfangreiche Rechtsetzung der Europäischen Union erfolgt in großem Umfang durch Richtlinien. In diesem Prozess sind die Parlamente der Mitgliedstaaten in zweifacher Hinsicht beteiligt, auf der europäischen Ebene indirekt durch die Mitwirkung bei der Willensbildung im Rat (1.) und bei der Umsetzung, soweit diese ein Tätigwerden der innerstaatlichen Gesetzgeber fordert (2.).

1. Mitwirkung bei der Willensbildung im Rat

In unterschiedlichem Umfang wirken die Parlamente der Mitgliedstaaten bei der Festlegung der Positionen, die die Regierungen im Rat vertreten, mit und können deren Tätigkeit kontrollieren. Ihnen kommt eine wichtige Funktion bei der Legitimation europäischer Rechtsetzung zu[28]. Der EG-Vertrag sagt allerdings über diese Funktion der nationalen Parlamente nichts aus. Seit dem Vertrag von Amsterdam gibt es immerhin das Protokoll über die Rolle der einzelstaatlichen Parlamente in der Europäischen Union, nach dem deren Unterrichtung und Zusammenarbeit verbessert werden soll, und dies

> „eingedenk dessen, dass die Kontrolle der jeweiligen Regierungen durch die einzelstaatlichen Parlamente hinsichtlich der Tätigkeiten der Union Sache der besonderen verfassungsrechtlichen Gestaltung und Praxis jedes Mitgliedstaats ist".

In Art. I-46 Abs. 2 S. 2 VV wird diese Verantwortlichkeit der Vertreter der Mitgliedstaaten im Europäischen Rat und im Rat vor den jeweiligen nationalen Parlamenten bzw. ihren Bürgerinnen und Bürgern als Element der repräsentativen Demokratie

28 Vgl. *Kluth*, Die demokratische Legitimation der Europäischen Union, 1995, S. 79; eingehend *Pernice*, The Role of National Parliaments in the European Union, WHI-Paper 5/01, abrufbar unter: http://www.whi-berlin.de/pernice-parliaments.html, 5 f.; vgl. auch *Pernice/ Dutheil de la Rochère*, EU Law and National Constitutions, Abschlussbericht zur FIDE Konferenz 2002, abrufbar unter http://www.fide2002.org/pdfs/euroreportgeneral.pdf, S. 34.

noch deutlicher zum Ausdruck gebracht. Im wesentlichen aber bleibt es Sache der Mitgliedstaaten, hierfür die notwendigen Dispositionen zu treffen. In Deutschland sieht Art. 23 Abs. 2 und 3 GG i.V.m. dem Gesetz über die Zusammenarbeit von Bundesregierung und Deutschem Bundestag in Angelegenheiten der Europäischen Union vom 12. 3. 1993[29] die Unterrichtung des Bundestages durch die Bundesregierung und die Berücksichtigung seiner Stellungnahmen derart vor, dass sie diese „ihren Verhandlungen zugrunde" legt (§§ 4 und 5). Eine wirkliche Kontrolle der konkreten Tätigkeit des jeweiligen Ministers im Rat findet allerdings weder statt noch ist sie wegen der Vertraulichkeit der Ratssitzungen gegenwärtig überhaupt möglich. Erst wenn die Vertraulichkeit der legislativen Sitzungen des Rates aufgehoben wird, so wie es jetzt Art. I-24 Abs. 6 und I-50 Abs. 2 VV vorsehen, kann sich das ändern.

Vor diesem Hintergrund ist der Einfluß der nationalen Parlamente auf den Inhalt der Richtlinien, die von Parlament und Rat gemeinsam beschlossen werden, gegenwärtig relativ gering. Die Legitimation der Ratsbeschlüsse von den Völkern der Mitgliedstaaten her über ihre Parlamente ist daher eher formal. Noch schwieriger lässt sie sich in all den Fällen der Ratsbeschlüsse mit qualifizierter Mehrheit begründen, in denen der betreffende Minister im Rat überstimmt wird. Die Legitimation beruht dann vorwiegend darauf, dass die Bundesregierung insgesamt ihr Verhalten im Rat gegenüber dem Bundestag nicht anders verantwortet als ihre Politik im übrigen. Wegen der entscheidenden Macht des Rates im Prozeß der europäischen Rechtsetzung trotz des wachsenden Einflusses des Europäischen Parlaments bleibt es indessen dabei, dass in jeder Wahlperiode der Bundestag mit dem von ihm gewählten Kanzler und seiner Regierung die Politik (mit-)verantwortet, die auf europäischer Ebene vom Rat beschlossen wird.

2. Legislative Umsetzung der Richtlinien

Die vom Rat zusammen mit dem Europäischen Parlament erlassenen Richtlinien bedürfen regelmäßig der Umsetzung durch die gesetzgebenden Körperschaften der Mitgliedstaaten. Die Umsetzungspflicht der Mitgliedstaaten folgt unmittelbar aus Art. 249 Abs. 3 i.V.m. Art. 10 EGV[30] bzw. künftig für Rahmengesetze aus Art. I-32 Abs. 1 UAbs. 3 i.V.m. Art. I-5 Abs. 2 Uabs. 2 VV. Ein Verstoß gegen die Umsetzungspflicht kann im Wege des Vertragsverletzungsverfahrens gem. Art. 226 EGV verfolgt werden und bei Fortdauer nach Art. 228 Abs. 2 EGV zu empfindlichen Sanktionen führen. Er kann darüber hinaus Schadensersatzansprüche auslösen[31]. Soweit Richtlinienbestimmungen auf Rechte einzelner zielen, eindeutig sind und keinen weiteren Bedingungen unterworfen sind, können sich nach der vom EuGH entwickelten Rechtsprechung zur unmittelbaren Wirkung[32] Einzelne vor Gericht

29 BGBl. I, S. 311.

30 *Nettesheim*, in: Grabitz/Hilf (Hg.), Das Recht der Europäischen Union: Kommentar, Stand. 23. Lfg. 2004, Art. 249 Rn. 134, hält eine Berufung auf Art. 10 EGV nicht für erforderlich.

31 EuGH, Francovich, Slg. 1991, I-5357; EuGH, Faccini Dori, Slg. 1994, I-3325.

32 Schrittweise entwickelt beginnend mit EuGH, Leberpfennig, Slg. 1970, 585; Van Duyn, Slg. 1974, 1337; Ratti, Slg. 1979, 1629. Seither ständige Rechtsprechung, ausdrücklich anerkannt in BVerfGE 75, 223 – Kloppenburg.

darauf berufen, auch gegenüber widersprechendem nationalem Recht. Im übrigen ist nach Ablauf der Umsetzungsfrist jede staatliche Stelle unmittelbar zur Anwendung der Richtlinie verpflichtet[33], und die Gerichte der Mitgliedstaaten haben das innerstaatliche Recht soweit möglich richtlinienkonform auszulegen[34]. In diesen rechtlichen Instrumenten, ggf. mit Hilfe des einzelnen die effektive Anwendung der Richtlinien sicherzustellen, äußert sich die Bindungskraft des europäischen Rechts gegenüber den Mitgliedstaaten und ihren Institutionen.

Gegenüber ihrer Umsetzungspflicht können sich die Mitgliedstaaten nicht zur Rechtfertigung von Verzögerungen oder Abweichungen vom Ziel der Richtlinie auf innerstaatliche Probleme berufen[35]. Die Verpflichtung zur Umsetzung verdrängt jegliche entgegenstehenden Bestimmungen innerstaatlichen Rechts, „auch wenn diese Verfassungsrang haben“[36]. Damit setzt die Richtlinie ohne weiteren Ratifikationsakt die innerstaatlich zuständigen Gesetzgebungsorgane einem praktisch unabdingbaren Handlungszwang aus, wobei jede Verletzung durch Geldbußen und Zwangsgelder bzw. durch die Haftungsregelung einerseits sanktioniert, andererseits über die unmittelbare Wirkung und die Pflicht der Gerichte zur konformen Auslegung so weit wie möglich übergangen wird. Die Bindung und damit politische Entmachtung der nationalen Parlamente wird dadurch akzentuiert, dass bei Sekundärrecht in Richtlinienform detaillierte Vorgaben die Gestaltungsspielräume der nationalen Legislative regelmäßig stark einschränken[37].

II. Legislative Zeitverschiebungen als Legitimitätsproblem

Mitgliedstaaten haben nach den Schlußbestimmungen der Richtlinien regelmäßig zwei Jahre Zeit für die Umsetzung. In der Praxis brauchen sie allerdings oft viel länger, z.T. dauert es weit über zehn Jahre, bis das nationale Recht nach einem, gelegentlich sogar zwei sukzessiven Vertragsverletzungsverfahren an die Vorgaben der Richtlinien angepasst ist[38]. Wie dieses Verhalten von Regierungen und Parlamenten mit dem Rechtsstaatsprinzip und mit dem Anspruch gegenüber dem Bürger auf die

33 Zur „objektiven Wirkung“ s. EuGH, Großkrotzenburg, Slg. 1995, I-2189.

34 St. Rspr. spätestens seit EuGH, von Colson und Kamann/Land Nordrhein-Westfalen, Slg. 1984, 1891; sehr kritisch hierzu *Di Fabio*, Richtlinienkonformität als oberstes Auslegungsprinzip? Überlegungen zum Einfluß des indirekten Gemeinschaftsrechts auf die nationale Rechtsordnung, NJW 1990, 947; zum Ganzen auch *Ruffert*, in: Calliess/Ruffert, Kommentar des Vertrages der Europäischen Union und des Vertrages zur Gründung der Europäischen Gemeinschaft, 2. Aufl. 2002, Art. 249 Rn. 68.

35 Vgl. im einzelnen *Pernice*, Kriterien der normativen Umsetzung von Umweltrichtlinien der EG im Lichte der Rechtsprechung des EuGH, EuR 1994, 325 (329 f.); *Ruffert* (Fn. 34), Art. 249 Rn. 47.

36 EuGH, Kommission/Italien (Meßgeräte), Slg. 1978, 879.

37 Krit. hierzu *M. Kaufmann*, Europäische Integration und Demokratieprinzip, 1997, 379; *Bleckmann*, Die Umsetzung von Gemeinschaftsbeschlüssen in nationales Recht im Licht der Beziehungen zwischen den nationalen Parlamenten und dem europäischen Parlament, ZfParl 1991, 572 (574) meint gar, die nationalen Parlamente würden „zu reinen Befehlsempfängern degradiert“. Siehe auch *Ingolf Pernice*, Kriterien der normativen Umsetzung von Umweltrichtlinien der EG im Lichte der Rechtsprechung des EuGH, EuR 1994, 325 ff.

38 Einen Eindruck vermittelt die Europäische Kommission in ihren Berichten über die Umsetzung des Europäischen Umweltrechts, etwa: *European Commission*, Fifth Annual Survey on the implementation and enforcement of Community environmental law, 2003, insbes. S. 35 ff., wo darauf hingewiesen wird, dass praktisch alle Mitgliedstaaten die Umsetzungsmaßnahmen nach Ablauf der Frist nicht übermittelt haben.

Achtung des Rechts zu vereinbaren ist, mag hier dahin gestellt sein. Politische Gründe gibt es viele, angefangen mit Wettbewerbsvorteilen für die heimische Wirtschaft, die von der mit dem Ziel der Richtlinie verbundenen Kostenbelastung für eine längere Zeit verschont bleibt, als die ausländische Konkurrenz, bis hin zu der für die vorliegende Fragestellung relevantere Möglichkeit, innenpolitisch wenig opportune Gesetze auf die Zeit nach den etwa bevorstehenden Wahlen zu verschieben. Bei einem Regierungswechsel würde die undankbare Aufgabe der Umsetzung dann der nachfolgenden Regierung zufallen und ihre Glaubwürdigkeit gegenüber dem Bürger untergraben („Kuckucksei-Effekt").

Bedeutender als der politische Schaden ist hierbei die Tatsache, dass aufgrund dieser zeitlichen Verschiebung der normale demokratische Zurechnungs- und Legitimationszusammenhang für die Umsetzungsmaßnahmen nicht mehr besteht. Das betreffende Gesetz ist nicht auf den dieses Parlament tragenden Wählerwillen gestützt, sondern beruht auf Exekutivakten der vom vorangehenden Parlament gewählten Regierung im Rat. Dass es auf das Staatsvolk als Ausgangspunkt der Legitimationskette zurückführbar sei, bleibt zwar formal richtig, läßt sich aber politisch gesehen kaum mehr behaupten.

III. Bewertung auf der Grundlage der „Maastricht"-Doktrin

Wesentlicher Ausgangspunkt demokratischer Legitimation auf EU-Ebene ist nach der Auffassung von *Paul Kirchhof* der durch demokratische Legitimationserfordernisse gebundene souveräne Nationalstaat[39]. Dabei soll die Mitwirkung und Kontrolle der nationalen Parlamente bei der europäischen Rechtsetzung Legitimationsdefizite beheben, die sich u.a. aus der Durchbrechung der Gewaltenteilung auf der europäischen Ebene ergeben[40], die auf das innerstaatliche Verhältnis von Legislative und Exekutive nicht ohne Einfluss ist. Hergeleitet wird diese Funktion überwiegend aus einer auf das Staatsvolk als Ursprung der Staatsgewalt zurückführenden Legitimationskette über das Parlament zur Regierung und deren Vertretern im Rat[41]. Insbesondere nach dem hierzu grundlegenden Urteil des Bundesverfassungsgerichts zur Vereinbarkeit des Vertrags von Maastricht mit dem Grundgesetz[42] erfolgt demnach die Legitimation im „Staatenverbund" der Europäischen Union in erster Linie durch die „Staatsvölker der Mitgliedstaaten, die dies über die nationalen Parlamente demokratisch zu legitimieren haben"[43]. Grundlage hierzu ist der Satz[44]:

> „Zu dem gemäß Art. 79 III GG nicht antastbaren Gehalt des Demokratieprinzips gehört, daß die Wahrnehmung staatlicher Befugnisse sich auf das Staatsvolk zurückführen lassen und grundsätzlich ihm gegenüber verantwortet werden".

39 *P. Kirchhof*, in: Isensee/Kirchhof (Fn. 16), Band VII, 1992, § 183 Rn. 24.

40 Hierzu *Weiler/Haltern/F. Mayer*, European Democracy and Its Critique, W. Eur. Politics 8 (1995), 3 (5, 7).

41 *Böckenförde*, in: Isensee/Kirchhof (Fn. 16), Band II, 3. Aufl. 2004, § 24 Rn. 16; BVerfGE 89, 155 – Maastricht.

42 BVerfGE 89, 155 – Maastricht.

43 BVerfGE 89, 155 (LS 3a) – Maastricht.

44 BVerfGE 89, 155 (182) – Maastricht.

Ausgangs- und Bezugspunkt jeder Staatsgewalt bleiben nach der Auffassung des Gerichts die „relativ homogen" zusammengesetzten Staatsvölker[45]. Der Gedanke der ununterbrochenen Legitimationskette tritt besonders deutlich in der folgenden Feststellung zutage[46]:

„Soll eine solche Gemeinschaftsgewalt auf der von dem je einzelnen Volk vermittelten, insofern demokratischen Willensbildung beruhen, setzt das voraus, daß sie von einem Organ ausgeübt wird, das von den mitgliedstaatlichen Regierungen beschickt wird, die ihrerseits demokratischer Kontrolle unterstehen".

Dieser Ansatz konstruiert Legitimität auch für die Gesetzgebung der Europäischen Union nach dem für Staaten angenommenen Demokratiemodell. Für die spezifische Konstellation einer über die jeweilige Legislaturperiode weit hinausreichenden Verlängerung der Einflußmacht des Parlaments bzw. der Regierung auf dem Weg „über Brüssel" kann er eine Lösung des Diskontinuitätsproblems aber nicht bieten. Die übergreifende Bindungswirkung findet weder in der effektiv schwachen Kontrolle der Rechtsetzung durch die nationalen Parlamente eine tragfähige Stütze, noch findet jedenfalls eine Zeitverschiebung über die Umsetzungsfrist von idR. zwei Jahren hinaus im Recht der Union eine Stütze.

D. Versuch einer Rekonstruktion: Legitimation im Verfassungsverbund

Im Blick auf das Legitimationsproblem stellt sich die grundsätzliche Frage, inwieweit nationalstaatliche Demokratiemodelle auf die Europäische Union übertragbar sind[47]. Gerade im Blick auf die Demokratie legt etwa *von Bogdandy* überzeugend dar, dass für die Europäische Union insbesondere wegen des Fehlens einer „politischen Einheit" nur ein modifiziertes, nach seiner Terminologie das „unionale Demokratieprinzip" gelten kann[48]. Der „duale(n) Legitimationsstruktur", auf der die Union beruht, entspricht ein Verzicht auf politische Gleichheit der Unionsbürger[49]. Diese Modifikation berührt allerdings nicht den Grundsatz der Rückführbarkeit jeglicher Herrschaft auf den Willen der Betroffenen, der in der Union durch die zwei Legitimationsstränge – über das Europäische Parlament bzw. über die nationalen, innerstaatlich durch die Parlamente oder unmittelbar vom Bürger her legitimierten

45 BVerfGE 89, 155 (186) – Maastricht. Besonders krit. hierzu *Zuleeg*, Zusammenhalt (Fn. 3), S.128 f. Siehe auch *Pernice*, Carl Schmitt, Rudolf Smend und die europäische Integration, AöR 120 (1995), 100 (103 ff.); kritisch zum „volksdemokratischen" Demokratiebegriff hier schon *Bryde,* Die bundesrepublikanische Volksdemokratie als irrweg der Demokratietheorie, Staatswissenschaften und Staatspraxis 1994, 305 (320 f.), der auch von einem „Legitimationskettenfetischismus" spricht, ebd. 324.

46 BVerfGE 89, 155 (183) – Maastricht.

47 Krit. schon *Badura*, Bewahrung und Veränderung demokratischer und rechtsstaatlicher Verfassungsstruktur in den internationalen Gemeinschaften, VVdStRL 23 (1966), 34 (38).

48 *von Bogdandy*, Zur Übertragbarkeit staatsrechtlicher Figuren auf die Europäische Union. Vom Nutzen der Gestaltidee supranationaler Föderalismus anhand des Demokratieprinzips, FS für Peter Badura, 2004, S. 1033 (1043 ff., 1051).

49 Ebd. S. 1046, 1051.

Regierungen – umgesetzt ist. Dass die Besonderheit der europäischen Konstruktion eine Modifikation des Demokratieprinzips auch im Blick auf das Diskontinuitätsproblem impliziert, ist insofern nicht anzunehmen, da die sich aus der Streckung der Umsetzungsfrist ergebenden Legitimationsdefizite nicht zwingend auf der Mehrebenenstruktur der Union beruhen, sondern auf einen Rechtsbruch des betreffenden Mitgliedstaates.

Eine andere Sicht könnte sich aus den (neo-)funktionalistischen Ansätzen ergeben, wie sie z.B. von *Ipsen*[50] oder *Majone* vertreten werden[51]. Sie halten demokratische Legitimation im Rahmen der europäischen Gemeinschaften überhaupt für nicht notwendig. Dem liegt allerdings eine Qualifizierung der EG als Zweck- bzw. Wirtschaftsgemeinschaft zugrunde, und nach *Majone* ist das Demokratiedefizit der „non-majoritarian institutions" nur so lange gerechtfertigt, wie es in der EU lediglich um „far-reaching economic integration", nicht aber um politische Integration geht und die Zuständigkeiten der europäischen Ebene auf wenige klar umrissene Felder begrenzt sind. Darüber ist die Europäische Union heute als politische Union weit hinaus. Im übrigen folgt aus dem Verzicht auf demokratische Legitimation der europäischen Rechtsakte keine Rechtfertigung der durch sie verursachten Verletzung des Diskontinuitätsprinzips.

Eine Kombination aus input- und outputorientiertem Ansatz im Sinne von *Scharpf* vertritt *Anne Peters*, die in ihrem Konzept der „Legitimation durch Bewährung" davon ausgeht, dass sich die Legitimität der europäischen Herrschaft darin begründet, dass sie den Bedürfnissen ihrer Bürger zu dienen geeignet ist[52]. Der Wahlakt sei nicht nur Ausgangspunkt einer Legitimationskette, sondern auch Kontrolle des Outputs des politischen Systems, durch den Bürger: eine Rückkoppelung, in der es sich bewährt oder eben nicht; diese Kontrolle müsse jedoch auch nicht zwangsläufig durch Wahlen erfolgen[53]. Im Fall der zeitlich gestreckten Umsetzung von Richtlinien wäre diese Kontrolle des Outputs aber gerade nicht möglich, weil sich die Wirkungen einer bestimmten Politik ggf. erst aus dem Handeln der nachfolgenden Koalition ergeben. Diese würde am Ende für etwas abgestraft, was die Vorgänger zu verantworten haben.

Entscheidend muss der Rückbezug der Legitimation auf den Bürger und die Selbstbestimmung des Individuums als Legitimationssubjekt sein, sowohl für die nationale Verfassung und Gesetzgebung, als auch für die Verfassung der Europäischen Union und deren Rechtsetzung, die der Bürger mittelbar über sein nationales Parlament bzw. seine Regierung, unmittelbar über die von ihm als Unionsbürger gewählten Abgeordneten des Europäischen Parlaments verantwortet[54]. Die Bürgerinnen und Bürger der Mitgliedstaaten gemeinsam als Unionsbürgerinnen und -bürger sind alleinige Legitimationsquelle und Zurechnungssubjekt jeder öffentlichen Gewalt in

50 *H.P. Ipsen*, Europäisches Gemeinschaftsrecht, 1972, S. 1044

51 *Majone*, Europe's „Democratic Deficit": The Question of Standards, ELJ 1998, 5.

52 *A. Peters,* Elemente einer Theorie der Verfassung Europas, 2001, S. 647.

53 *Peters* (Fn. 52), S. 649 f.

54 *Pernice*, Europäisches und nationales Verfassungsrecht, VVdStRL 60 (2001), 148 (160 f.); *ders.*, The Role of National Parliaments in the European Union, WHI-Paper 5/01, abrufbar unter: http://www.whi-berlin.de/pernice-parliaments.html, S. 10.

der Europäischen Union als Verfassungverbund[55]. In dieser Perspektive bilden europäisches und nationales Verfassungsrecht eine materielle Einheit und die Organe der Mitgliedstaaten, insbesondere auch ihre Parlamente handeln im Rahmen ihrer europäischen Loyalitätspflichten (Art. 10 EGV) auch als „europäische" Institutionen[56]. Dabei verkehren sich die Funktionen: Die nationalen Regierungen werden auf europäischer Ebene im Rat Teil der Legislative, die nationalen Parlamente nähern sich – abgesehen von ihrer Kontrollfunktion gegenüber den Regierungen – im Blick auf die europäischen Richtlinien funktionell Organen der Exekutive an. Diese Funktionsumkehrung folgt aus dem System der die Autonomie der Mitgliedstaaten schonenden gestuften Rechtsetzung, vordergründige Legitimationsverluste können durch eine aktivere Ausübung der Kontrolle der Regierungsvertreter im Rat kompensiert werden.

Dabei ist die europäische Richtlinie als Ausdruck einer politischen Entscheidung zu werten, die von den Unionsbürgern aus allen Mitgliedstaaten gemäß den Bestimmungen des nationalen Verfassungsrechts (Position des Regierungsvertreters im

55 Siehe erstmals: *Pernice*, Bestandssicherung der Verfassungen: Verfassungsrechtliche Mechanismen zur Wahrung der Verfassungsordnung, in: Bieber/Widmer (Hg.), L'espace constitutionnel européen. Der europäische Verfassungsraum. The European constitutional area, 1995, S. 225 (261 ff.), sowie *ders.*, Die dritte Gewalt im europäischen Verfassungsverbund, EuR 1996, 27 ff. Aufbauend auf diesem Ansatz und weiterführend etwa *Peters* (Fn. 52), insbes. S. 205 ff.; *Kingreen*, Das Sozialstaatsprinzip im europäischen Verfassungsverbund. Gemeinschaftsrechtliche Einflüsse auf das deutsche Recht der gesetzlichen Krankenversicherung, 2003, insbes. S. 381 ff., 386 ff., mwN.; *Hölscheidt*/Mund, Religionen und Kirchen im europäischen Verfassungsverbund, EuR 2003, 1083; *Thym*, European Constitutional Theory and the Post-Nice Process, in: Andenas/Usher (eds.), The Treaty of Nice and Beyond. Enlargement and Constitutional Reform, 2003, S. 147 (156 ff.); *Shaw*, Law of the European Union, 3. Aufl., 2000, S. 178 ff., 188 ff; vgl. auch *Grabenwarter*, Staatliches Unionsverfassungsrecht, in: von Bogdandy (Hg.), Europäisches Verfassungsrecht, 2003, S. 293 (335 f.); *Oeter*, Föderalismus, ebd. S. 59 (117); *Zuleeg*, Die Vorzüge der Europäischen Verfassung, ebd. S. 931 (956); *Schorkopf*, Homogenität in der Europäischen Union – Ausgestaltung und Gewährleistung durch Art. 6 Abs. 1 und Art. 7 EUV, 2000, S. 220, 231; *Hilf*, Der Grundrechtsschutz von Unternehmen im Europäischen Verfassungsverbund, NJW 2003, 1; *Nehl*, Europäisches Verwaltungsverfahren und Gemeinschaftsverfassung, Berlin 2002, S. 24; *Ruffert*, Schlüsselfragen der Europäischen Verfassung der Zukunft. Grundrechte – Institutionen – Kompetenzen – Ratifizierung, EuR 2004, 165 (170, 181, 187, 197 f.). Zur Würdigung: *von Bogdandy*, A Bird's Eye View on the Science of European Law: Structures, Debates and Development Prospects of Basic Research on the Law of the European Union in a German Perspective, ELJ 6 (2000), 208 (226 f.); *Eijsbouts*, Review Essay: Classical and baroque constitutionalisms in the face of Europe, CML Rev. 37 (2000), 213 (218); *M. Jestaedt*, Der Europäische Verfassungsverbund – Verfassungstheoretischer Charme und rechtstheoretische Insuffizienz einer Unschärferelation, in: GS für Wolfgang Blomeyer, 2004, S. 637 (641 f.), mit anschließender grundsätzlicher Kritik, ebd., S. 645 ff. Mit krit. Einwänden auch: *Nettesheim*, EU-Recht und nationales Verfassungsrecht. Deutscher Bericht für die XX. FIDE-Tagung 2002, in: British Institute of International and Comparative Law BIJCL (ed.), F.I.D.E. – XX Congress London 30 October-2 November 2002, vol. 1 National Reports, 2002, S. 81 (106 f.), und *P. Kirchhof*, Die rechtliche Struktur der Europäischen Union als Staatenverbund, in: von Bogdandy (Hg.), Europäisches Verfassungsrecht, 2003, S. 893 (897). In einem anderen Sinne, vom Staat her gedacht, wird der Begriff verwendet bei *P. M. Huber*, Europäisches und nationales Verfassungsrecht, VVDStRL 60 (2001), 194 (199 ff., 208 f.). Eher unspezifisch ist die Verwendung bei *Merli*, Funktionen des europäischen Grundrechtsschutzes, in: FS Ludwig Adamovich, 2002, S. 449 (450). Dass, wie *Schönberger*, Die Europäische Union als Bund. Zugleich ein Beitrag zur Verabschiedung des Staatenbund-Bundesstaat-Schemas, AöR 129 (2004), 81 (118), bemerkt, die Formel vom Verfassungsverbund auf die europäische Integration einen „bundesrepublikanisch überhöhten ‚postnationalen' Verfassungsbegriff" projiziere und eine „deutsche Sonderperspektive auf die europäische Integration" sei, bedürfte ebenso weiterer Begründung wie die Qualifikation der Verwendung des Begriffs Verfassung auf die EG und der Betrachtung der nationalen zusammen mit ihr als „einheitliche Rechtsordnung", als „verzerrt" (ebd. S. 110).

Rat), verbunden mit den Bestimmungen des EG-Vertrags und künftig der Verfassung für Europa (Entscheidungsprozeß auf europäischer Ebene) getragen und auf diese zurückführbar ist. Dass eine solche, gemeinsam im politischen Prozess der Union gebildete Norm die nationalen Parlamente bindet und ggf. zeitlich in die Verantwortung eines mittlerweile neu gewählten nationalen Parlaments hineinragt und auch dieses in die – europäische – Pflicht nehmen kann, findet seine Legitimation im Willen der Unionsbürger, wie er durch den Entscheidungsprozeß auf europäischer Ebene artikuliert wurde. Es geht, mit anderen Worten um die Vorgreiflichkeit des auf der breiteren europäischen Basis artikulierten und demokratisch legitimierten Willens im Rahmen der im EG-Vertrag vereinbarten Bindungswirkung der Richtlinie. In dem durch sie festgelegten Zeitraum setzt der nationale Gesetzgeber unter Nutzung der ihm belassenen Handlungsspielräume die Ziele der Richtinie innerstaatlich verbindlich um und führt damit das europäische Recht aus.

Das Prinzip der Diskontinuität unterliegt hiernach einer im System der zusammengesetzten Verfassung Europas liegenden Einschränkung, deren Legitimation von denselben Bürgerinnen und Bürgern ausgeht, die von der Richtlinie betroffen sind. Allerdings bedarf es noch einiger Anstrengung, bis dass Bürger und Politiker sich wirklich bewußt werden, welche Politik auf welcher Ebene mit welchen (Langzeit-)Wirkungen auch und gerade mit den nationalen Wahlen legitimiert wird. Mit dem Frühwarnsystem, das in der neuen Verfassung für Europa vorgesehen ist, und mit der Öffentlichkeit der Sitzungen des Rates, soweit er als Gesetzgeber tätig wird, werden nicht nur die Kontrollrechte der nationalen Parlamente gestärkt, sondern könnte auch dieses Bewußtsein lebendiger werden.

Das möglicherweise aus der Durchbrechung der Diskontinuität resultierende Unbehagen sollte schon auf diese Weise weitgehend abgebaut werden. Die ursächlichen Zeitverschiebungen könnten allerdings auch durch kürzere Umsetzungsfristen, eine frühzeitigere, öffentliche Umsetzungsplanung in den Mitgliedstaaten schon während des Entscheidungsprozesses auf der europäischen Ebene und insbesondere durch eine höhere Umsetzungsdisziplin vermieden werden. Zu berücksichtigen wäre insbesondere, dass die Vernachlässigung der Pflicht zur Umsetzung innerhalb des in der jeweiligen Richtlinie festgelegten Zeitraums und damit die Verschiebung der Verantwortung auf nachfolgende Legislaturperioden nicht nur eine Verletzung des europäischen Rechts, sondern auch einen schwerwiegenden Verfassungsverstoß darstellen. Letzteres zeigt sich an dem Diskontinuitätsproblem in besonderer Klarheit: Verletzt ist nicht nur das rechtsstaatliche Gebot der Rechtstreue, sondern wegen der Verschiebung der Verantwortung auch das Demokratieprinzip, wie es im Grundgesetz verankert ist.

56 *Pernice,* Verfassungsrecht (Fn. 54), S. 172.; *ders.*, National Parliaments (Fn. 54), S. 11.

Mehrheitsabstimmung im Rat der EU nach dem Verfassungsvertrage – Rückkehr zu Luxemburg und Ioannina?

Ulrich Everling

A. Gegenstand der Untersuchung

Manfred Zuleeg befasst sich seit Jahren mit der Europäischen Verfassung. Nach seiner Ansicht besteht sie bereits in der Form der Verträge über Union und Gemeinschaft und des Richterrechts der Gerichte der EG[1]. Bei dem Verfassungsvertrag[2], den der vom Europäischen Rat in Laeken eingesetzte Konvent[3] ausgearbeitet und die anschließend einberufene Regierungskonferenz teilweise überarbeitet hat[4], geht es aus seiner Sicht nicht darum, eine Verfassung zu schaffen, sondern die bestehende, noch unvollkommene Verfassung nach rechtsstaatlichen Grundsätzen fortzuentwickeln[5].

Das gilt insbesondere für die Regeln über die Abstimmung im Rat. Es erscheint als ein angemessener Beitrag zu Ehren *Manfred Zuleegs,* deren Neuordnung durch den Entwurf des Verfassungsvertrages näher zu behandeln. Dabei soll die Frage, wann mit Mehrheit beschlossen werden kann und wann Einstimmigkeit weiter erforderlich sein wird, außer Betracht bleiben[6]. Vielmehr soll die Stimmgewichtung im Rat mit den Vorbehalten und Ergänzungen, die von der Regierungskonferenz in den Konventsentwurf eingefügt wurden, behandelt werden.

1 Zuletzt *Zuleeg,* Die Vorzüge der Europäischen Verfassung, in: von Bogdandy (Hg.), Europäisches Verfassungsrecht, 2003, S. 933.

2 Vertrag über eine Verfassung für Europa, unterzeichnet von den 25 Mitgliedstaaten der Europäischen Union am 29. Oktober 2004 in Rom (im Folgenden VV). Er tritt erst nach der Ratifizierung durch alle Mitgliedstaaten in Kraft. Der umfangreiche Text mit Protokollen und Erklärungen, der bei Fertigung dieses Beitrags nur über das Internet zugänglich war, ist nunmehr im Amtsblatt 2004 Nr. C 310 vom 16. 12. 2004 veröffentlicht.

3 Siehe *N. Riedel,* Der Konvent zur Zukunft Europas – Die Erklärung von Laeken zur Zukunft der Europäischen Union, ZRP 2002, 241.

4 Aus der bereits reichen Lit. zum Konventsentwurf siehe die Übersichten von *Oppermann,* Eine Verfassung für die Europäische Union – Der Entwurf des Europäischen Konvents, DVBl. 2003, 1165 und 1234; *Schwarze,* Ein pragmatischer Verfassungsentwurf, EuR 2003, 535; ferner instruktive Beiträge in: Sonderheft Integration 4/2003. Zu den Änderungen durch die Regierungskonferenz *W. Wessels,* Die institutionelle Architektur der EU nach der Europäischen Verfassung: Höhere Entscheidungsdynamik – neue Koalitionen? Integration 2004, 161.

5 *Zuleeg* (Fn. 1), S. 950.

6 Dazu nimmt der Verfasser gesondert Stellung; siehe *Everling*, Zur Mehrheit und Einstimmigkeit in der Europäischen Union, in: FS Volkmar Götz, 2005 (im Druck).

B. Die Regelung der Stimmgewichtung im Rat

I. Ausgangslage

Grundlage der gegenwärtigen Debatte über die Stimmverhältnisse im Rat ist die Regelung, die beim Beitritt Finnland, Österreichs und Schwedens zur Union in der Beitrittsakte vom 24. 6. 1994 getroffen wurde. Sie knüpft an die seit der ersten Erweiterung in den siebziger Jahren geltende und bei der Süderweiterung in den achtziger Jahren fortgeschriebene Regelung des Art. 148 Abs. 2 EGV i. d. F. des Maastrichter Vertrages an und erweitert sie nach den bis dahin angewandten Kriterien um die Zahlen für die neuen Mitgliedstaaten. Sie sind in Art. 205 EGV i. d. F. des Amsterdamer Vertrages übernommen worden (unten Spalte 1).

Der Vertrag von Nizza übernimmt diese Fassung, legt aber in dem ihm beigefügten Protokoll über die Erweiterung der Europäischen Union eine neue Stimmverteilung unter Einbeziehung der osteuropäischen Staaten und Mittelmeerinseln, deren Beitritt beschlossen wurde, mit Wirkung vom 1. 1. 2005 fest. Dabei schreibt er die bestehende Regelung nicht nach den bisherigen Maßstäben fort, sondern nimmt insgesamt eine neue, stärker differenzierte Gewichtung vor (unten Spalte 3)[7]. Art. 12 der Beitrittsakte für die genannten neuen Mitgliedstaaten wiederholt diese Stimmverteilung und verlegt den Zeitpunkt auf den 1. 11. 2004 vor, um ihn dem Beginn der neuen Wahlperiode des Europäischen Parlaments und dem Amtsantritt der neuen Kommission anzupassen.

Um eine etwaige Lücke zwischen dem Inkrafttreten des Beitritts der Oststaaten und der Neuordnung der Stimmverhältnisse zu überbrücken, sieht Art. 26 der Beitrittsakte eine Übergangsregelung vor, die vom 1. 5. 2004 bis zum 31. 10. 2004 galt. Sie geht von der Regelung des Art. 205 Abs. 2 EGV aus und ergänzt sie um die nach den gleichen Maßstäben berechneten Zahlen für die neuen Mitgliedstaaten (unten Spalte 2). Damit ergibt sich folgendes Bild:

Übersicht über die Stimmverhältnisse

	30.4.2004	Bis 31.10.2004	Ab 1.11.2004
Belgien	5	5	12
Tschech.Rep.		5	12
Dänemark	3	3	7
Deutschland	10	10	29
Estland		3	4
Griechenland	5	5	12
Spanien	8	8	27
Frankreich	10	10	29
Irland	3	3	7
Italien	10	10	29
Zypern		2	4

7 Dazu *H. Wallace,* Stimmen und Stimmungen aus Nizza: Entscheidungen der Regierungskonferenz 2000 zum Rat, Integration 2001, 124.

Lettland		3	4
Litauen		3	7
Luxemburg	2	2	2
Ungarn		5	12
Malta		2	3
Niederlande	5	5	13
Österreich	4	4	10
Polen		8	27
Portugal	5	5	12
Slowenien		3	4
Slowakei		3	7
Finnland	3	3	7
Schweden	4	4	10
Verein.Königr.	10	10	29
Summe	87	124	321

Dieses ohnehin unübersichtliche Bild wird noch undurchsichtiger, wenn die Anforderungen an die Mehrheitsverhältnisse berücksichtigt werden. Bis zur Osterweiterung (Spalte 1) waren von der Gesamtzahl von 87 Stimmen zur qualifizierten Mehrheit 62 Stimmen (71, 26 %) erforderlich. Eine Mindestzahl zustimmender Mitglieder des Rates wurde für den Regelfall nicht gefordert, sondern nur, nämlich 10, wenn der Beschluss nicht auf Vorschlag der Kommission ergehen musste. In der Übergangszeit (Spalte 2) erforderte die qualifizierte Mehrheit 88 von 124 Stimmen (70, 96 %), wobei auch hier eine Mindestzahl von zustimmenden Ratsmitgliedern, nämlich zwei Drittel, nur gefordert wurde, wenn der betreffende Beschluss nicht auf Vorschlag der Kommission zu fassen war.
Für die Anwendung der Regeln, die seit dem 1. 11. 2004 in Kraft sind und bis 2009 gelten sollen (Spalte 3), sind noch kompliziertere Rechnungen erforderlich. Die qualifizierte Mehrheit bedarf nunmehr 232 von insgesamt 321 Stimmen (72, 27 %), welche die Hälfte, wenn der betreffende Beschluss auf Vorschlag der Kommission zu fassen ist, andernfalls zwei Drittel der Ratsmitglieder einschließen. Eine weitere Hürde errichtet der neu eingefügte Absatz 4 des Art. 205 EGV. Jedes Ratsmitglied kann die Prüfung beantragen, ob die Mitgliedstaaten, welche die qualifizierte Mehrheit bilden, mindesten 62 % der Gesamtbevölkerung der Union repräsentieren; andernfalls kommt der Beschluss nicht zustande. Diese Klausel ist ein Relikt der Debatte von Nizza, in der erfolglos über eine „doppelte Mehrheit“ aus der Zahl der Mitgliedstaaten und einem Anteil der repräsentierten Bevölkerung gestritten wurde[8].

II. Bewertung der Stimmverhältnisse

Nach welchen Kriterien die Stimmverhältnisse und die erforderlichen Mehrheiten im Einzelnen festgesetzt wurden, lässt sich rational schwer nachvollziehen. Ver-

8 Siehe dazu näher unten bei Fn. 16.

schiedene Parameter, in erster Linie wohl die Bevölkerungszahl, ferner Größe sowie politisches und wirtschaftliches Gewicht der Mitgliedstaaten dürften als Orientierung gedient haben, aber auch Prestigedenken und verhandlungstaktische Positionen mögen eine Rolle gespielt haben. Durch die Kalkulation sollte ausgeschlossen werden, dass bestimmte Gruppen wie große oder kleine, alte oder neue, nördliche oder südliche sowie höher oder geringer entwickelte Mitgliedstaaten die jeweils andere Gruppe dominieren könnten. Doch dieses Ziel ist allenfalls annähernd und nur auf Kosten der Beschlussfähigkeit des Rates zu erreichen. Das wenig überzeugende Ergebnis spiegelt das Bestreben der Mitgliedstaaten wider, ungeachtet des Gesamtinteresses an einer handlungsfähigen Union eine möglichst starke Stellung im Rat zu erhalten, um die eigenen Interessen wahren zu können.

Die Diskussion über die Stimmverhältnisse geht bis in die Gründerjahre zurück. In der EWG wurde mit dem Verhältnis von 4:2:1 eine klare und einfache Lösung vorgesehen (Art. 148 Abs. 2 EWGV). Die Gewichtung zwischen den drei großen Mitgliedstaaten und den kleineren Beneluxstaaten, die gemeinsam eine relativ starke Stellung erhielten, wurde im allgemeinen als ausgewogen angesehen[9]. Auf dieser Basis wurden die Stimmverhältnisse bei den Beitritten nördlicher und südlicher Staaten in den siebziger und achtziger Jahren sorgfältig austariert und fortgeschrieben, obwohl damals auf Grund der Luxemburger Protokolle außer in Randfragen keine Mehrheitsbeschlüsse gefasst wurden[10]. Leitlinie waren die Gleichstellung der vier großen, eine überproportionale Mindestzahl für die kleinen und kleinsten und eine angemessene Mittelposition für die zwischen diesen Polen liegenden Mitgliedstaaten.

Diese Grundsätze bildeten die Grundlage für die noch überschaubare Gewichtung in der Gemeinschaft mit 15 Mitgliedstaaten nach den Beitritten in den neunziger Jahren. Sie folgt mit ihrer Zahlenfolge zwischen 10 und 2 Mitgliedstaten einem relativ einfachen Schema. Es gibt die Größenverhältnisse zwar nicht streng proportional wider, sorgt aber für Ausgewogenheit zwischen den verschiedenen Positionen und wahrt die Handlungsfähigkeit des Rates. Die Übergangslösung gliedert die Oststaaten und Mittelmeerinseln konsequent in diese Gliederung ein (oben Spalte 2). Die Übersicht wird bei ihr weniger durch übertriebene Differenzierung als durch die große Zahl von 25, überwiegend kleineren Mitgliedstaaten beeinträchtigt, ist aber immer noch einigermaßen transparent.

Das ist bei der in Nizza festgelegten, seit Anfang November 2004 geltenden Gewichtung anders, mit der einige der alten Mitgliedstaaten ihre Stellung wahren wollten (oben Spalte 3). Sie ist mit ihrer Gesamtzahl von 321 Stimmen und reichlich differenzierten Zahlenreihen undurchsichtig und für die Medien und die Bürger nicht mehr nachzuvollziehen. Sie fordert die Akteure geradezu heraus, sich in Gedankenspielen über positive und negative Abstimmungsbündnisse zu versuchen[11], die sich aber wohl in der täglichen Praxis als wenig praktikabel erweisen dürften. Die große Zahl von Stimmen deutet daraufhin, dass eine stärkere Differenzierung nach den

9 Siehe *Wohlfarth*, in: Wohlfahrt/Everling/Glaesner/Sprung, Die Europäische Wirtschaftsgemeinschaft, Kommentar zum Vertrag, 1960, Art. 148 Anm. 5.

10 Dazu näher unten bei Fn. 27 ff.

11 Siehe etwa *Wessels* (Fn. 4), sowie: *ders.*, Die Vertragsreformen von Nizza – zur institutionellen Erweiterungsreife, Integration 2001, 8, mit instruktiven Tabellen.

Größenverhältnissen beabsichtigt war[12]. Die großen Mitgliedstaaten forderten einen Ausgleich für den Verlust an Einfluss durch den Wegfall ihres zweiten Kommissars und durch die erhebliche Zunahme der relativ großzügig eingestuften kleineren Mitgliedstaaten, und diese befürchteten eine Dominanz der großen Mitgliedstaaten. Im Ergebnis führte die Auseinandersetzung nicht zu einer besseren Ausgewogenheit.
Die vier großen Mitgliedstaaten werden weiterhin gleich behandelt, obwohl Deutschland mit etwa 82 Mio. Einwohnern erheblich über den drei anderen mit jeweils etwas unter 60 Mio. Einwohnern liegt. Das lässt sich nur mit dem prestigeträchtigen Festhalten an der bisherigen Machtverteilung erklären. Dafür können politische Gründe besonders im deutsch-französischen Verhältnis sprechen[13], doch deren Erörterung veranlasste offenbar andere Mitgliedstaaten zu eigenen Forderungen. So ist sachlich nicht zu verstehen, dass Spanien und Polen unmittelbar hinter den vier großen Mitgliedstaaten eingestuft wurden, obwohl sie weniger als die Hälfte der Einwohner Deutschlands haben. Verwunderlich ist auch die hohe, noch dazu „krumme" Ausgangszahl von 29 Stimmen für die großen Mitgliedstaaten, an der sich alle anderen ausrichten, so dass sich eine aufgeblähte Skala ergibt. Am anderen Ende der Reihe erhält Luxemburg eine Stimme mehr als Malta bei gleicher Bevölkerung. Das hängt wohl mit der Bewertung der Benelux -Staaten und ihrem umstrittenen Verhältnis untereinander zusammen. Die kleinen Mitgliedstaaten sind immer noch relativ großzügig berücksichtigt, und bis zu einem gewissen Grade ist das berechtigt, denn jeder von ihnen muss sich in der Union wiederfinden, doch wegen ihrer großen Zahl gewinnt das eine neue Dimension.

III. Bedeutung für die föderale Struktur der Union

Wenn die Stimmengewichtung im Rat, wie gezeigt wurde, den Macht- und Größenverhältnissen nur unvollkommen entspricht und ihnen wohl auch nicht entsprechen kann, stellt sich die Frage, ob sie überhaupt den Stellenwert im föderalen Mehrebenensystem der Union besitzt, der ihr in den Verhandlungen und in der Öffentlichkeit zugemessen wird. In dieser Hinsicht ist ein Blick auf die Bedeutung lehrreich, die der Stimmenverteilung in zweiten Kammern von Staaten, insbesondere in Länderkammern von Bundesstaaten zugemessen wird.
Dazu sei nur an die Regelungen von Bundesrat und Reichsrat in den deutschen Verfassungen seit 1871 erinnert. Das Grundgesetz sieht in Art. 51 Abs. 2 nur eine Staffelung der Länder zwischen 3 und 6 Stimmen vor, was den Größenverhältnissen auch nicht annähernd gerecht wird[14]. Das entspricht dem Selbstverständnis des demokratischen Bundesstaates, in dem in erster Linie der Bundestag als Repräsentant

12 Zu den Verhandlungen siehe *K. H. Fischer,* Der Vertrag von Nizza, Text und Kommentar, 2001, S. 190; *Bradley,* Institutional design in the Treaty of Nice, CML Rev. 38 (2001), 1095; *Wallace* (Fn. 7), S. 124.

13 Die von *Wallace* (Fn. 7), S. 129, wegen der scharfen Auseinandersetzungen befürchtete dauerhafte Schädigung des deutsch-französischen Verhältnisses wurde durch die Vorgänge um den Irak-Krieg überlagert.

14 Zum Bundesrat siehe *R. Herzog,* in: Maunz/Dürig (Hg.), Grundgesetz Kommentar, Bearb. 1996, Art. 51 Rn. 3.

der Gesamtbevölkerung für die wesentlichen Entscheidungen legitimiert ist. Der Bundesrat ist zwar nicht nur Vertretung der Länder und hat als Bundesorgan auch bei gesamtstaatlichen Entscheidungen oft großen Einfluss. Aber im Kern ist er doch ein föderales Organ, und wegen dieser Funktion haben alle Länder annähernd gleiches Gewicht und stimmen auch stets mit Mehrheit ab.

In der Union, die kein Bundesstaat ist und ihre vertragliche Herkunft von den Mitgliedstaaten noch nicht abgelegt hat, ist die Situation komplexer. Der Rat, der aus in den Mitgliedstaaten gewählten Ministern besteht, ist trotz der Stärkung des Europäischen Parlaments immer noch zentrales Rechtsetzungsorgan der Union, allerdings meist gemeinsam mit dem Parlament. Beide zusammen legitimieren die Rechtsetzung der Union[15]. Das Parlament kann diese Funktion nicht allein erfüllen, denn das Stimmengewicht der einzelnen Bürger ist durchaus unterschiedlich. Das Parlament repräsentiert kein Volk, sondern 25 Völker, und deshalb werden den Mitgliedstaaten in Art. 190 EGV Quoten von zur Zeit zwischen 99 und 6 Abgeordneten zugewiesen. Sie orientieren sich zwar an der Bevölkerungszahl, können ihr aber nicht entsprechen, weil sonst die kleinen Mitgliedstaaten nicht oder kaum noch vertreten wären. Unter diesen Umständen ist festzustellen, dass der Stimmverteilung im Rat größeres Gewicht zukommt, als es regelmäßig in Länderkammern der Staaten der Fall ist. Ihre Bedeutung ist aber durchaus begrenzt, weil im Rat durchgesetzte Positionen durch das Parlament im Mitentscheidungsverfahren wieder in Frage gestellt werden können, so dass sich der einzelne Minister ungeachtet seines Stimmenanteils im Endergebnis nur schwer behaupten kann. In der Praxis wird immer zunächst ein Konsens angestrebt[16], und sofern es doch zur Abstimmung kommt, werden wohl geringfügige Stimmenunterschiede nur selten den Ausschlag geben. Wenn die Mitgliedstaaten gleichwohl erbittert um die Stimmenanteile stritten, so dürfte es ihnen nicht nur um die Wahrung ihrer Interessen, sondern vor allem auch um die Selbstdarstellung und Geltung in der Union, um die Betonung ihrer in Art. 6 EUV respektierten Identität und um die Darstellung ihrer Verhandlungserfolge in der Innenpolitik gegangen sein.

Als Ausweg wurden in Nizza Lösungen diskutiert, die eine Stimmgewichtung dadurch entbehrlich machen sollten, dass sie die Mehrheit der Ratsmitglieder mit der Mehrheit der durch sie repräsentierten Bevölkerung kombinierten. Diese doppelte Mehrheit konnte in Nizza noch nicht durchgesetzt werden, vielmehr verbiss sich die Konferenz in einen langen und harten Streit über die Stimmgewichtung[17]. Er wurde von der Öffentlichkeit als würdeloses Schauspiel und als Ausdruck mangelnder Bereitschaft der Beteiligten zur Übernahme europäischer Verantwortung gewertet[18].

15 *F. Brosius-Gerdorf,* Die doppelte Legitimationsbasis der Europäischen Union, EuR 1999, 133. Siehe dazu Art. I-46 Abs. 2 VVE.

16 *U. Everling,* Zur konsensualen Willensbildung in der föderal verfassten Europäischen Union, in: FS Peter Badura, 2004, S. 1053 (1071 f.).

17 Zum Ablauf der Konferenz siehe die Hinweise bei *Wallace* (Fn. 7) und *Fischer* (Fn. 12), ferner *Wiedmann*, Der Vertrag von Nizza – Genesis einer Reform, EuR 2001, 185.

18 Siehe die Kritik von *Pescatore,* Guest editorial: Nice – Aftermath, CMLRev. 38 (2001), 265; ferner die Hinweise bei *Bradley* (Fn. 12), S. 1119.

Die Konferenz von Nizza wurde deshalb allgemein als gescheitert angesehen, und es wurde nach neuen Wegen für künftige Verhandlungen gesucht[19].

C. Die Stimmgewichtung im Verfassungsvertrag

1. Die vorgesehene Neuregelung

Der unter dem verheerenden Eindruck der Beratungen von Nizza vom Europäischen Rat in Laeken nach dem Vorbild des Konvents, der die Grundrechtscharta ausgearbeitet hatte, eingesetzte Konvent wurde beauftragt, „im Hinblick auf eine möglichst umfassende und möglichst transparente Vorbereitung der nächsten Regierungskonferenz“ über die Vereinfachung und Neuordnung der Verträge zu beraten und dem Bürger „ein klares, transparentes, wirksames, demokratisch bestimmtes gemeinschaftliches Konzept“ zu bieten[20]. Unter den zahlreichen Problemen, die der Konvent prüfen sollte, wurden auch die institutionellen Verfahren und insbesondere die Arbeitsweise des Rates genannt. Dabei wurden zwar die Stimmverhältnisse im Rat nicht ausdrücklich erwähnt, doch über die Notwendigkeit einer Neufestsetzung bestand angesichts der unbefriedigenden Ergebnisse von Nizza im Konvent alsbald Einigkeit.

Bei den Beratungen wurde der bereits in Nizza erörterte Vorschlag einer doppelten Mehrheit wieder aufgegriffen, nach dem neben der Zahl der zustimmenden Mitgliedstaaten auch der Anteil der durch sie erfassten Bevölkerung berücksichtigt werden soll. Er hatte seinen Niederschlag bereits in Art. 205 Abs. 4 EGV gefunden, doch die nach diesem vorgesehene Prüfung. ob die zustimmenden Mitgliedstaaten 62 % der Bevölkerung umfassen, ist wegen der Kumulierung mit der Berechnung der Stimmenmehrheit nach dem Schema von Nizza besonders kompliziert und wegen des erforderlichen besonderen Prüfungsantrags wenig effektiv.

Im Konvent setzte sich das System der doppelten Mehrheit ohne Bindung an eine Stimmenmehrheit durch. Nach Art. I-24 des Konvents-VVE sollte zur qualifizierten Mehrheit die Zustimmung der einfachen, numerischen Mehrheit der Mitglieder des Rates erforderlich sein, und diese sollten mindestens drei Fünftel, also 60 % der Gesamtbevölkerung der Union repräsentieren. Wenn der betreffende Beschluss keines Vorschlags der Kommission bedurfte, sollte die Zustimmung von mindestens zwei Dritteln der Mitglieder des Rates vorliegen. Die Regelung sollte nach Art. I-24 Abs. 3 Konvents-VVE am 1. 11. 2009 in Kraft treten.

19 Diese Bewertung mag für den hier behandelten Teil zutreffen, ist aber in seiner Allgemeinheit überzogen, denn der Vertrag von Nizza setzte die Reihe schrittweiser Fortentwicklung der Union fort und brachte vor allem eine umfassende Reform der Gerichtsbarkeit. Siehe dazu den Beitrag des *Verfassers* in: Everling/Müller-Graff/Schwarze (Hg.), Die Zukunft der Europäischen Gerichtsbarkeit nach Nizza, EuR Beiheft 1/2003, S. 7.

20 Siehe *Riedel* (Fn. 3).

Die Regelung war, wie vom Europäischen Rat gefordert, klar und vom Bürger leicht nachzuvollziehen. Die Schwelle von 60 % bedeutete, dass von der Gesamtbevölkerung der Union von ca 450 Mio etwa 270 Mio. erfasst sein sollten[21]. Die vier großen Mitgliedstaaten erreichen allein diesen Anteil nicht, vielmehr bedürfen sie der Unterstützung anderer Mitgliedstaaten. Zur Sperrminorität genügen dagegen bereits drei Mitgliedstaaten. Diese Berechnungen sind bereits deshalb recht realitätsfern, weil sich die großen Mitgliedstaaten selten einig sind und es in der Union keine ständige Konfrontation zwischen großen und kleinen Mitgliedstaaten gibt. Gleichwohl stritten einige Mitgliedstaaten, die durch die Nizza-Regelung begünstigt waren, gegen das System der doppelten Mehrheit. Vor allem daran scheiterte Ende 2003 eine Einigung über den Konventsentwurf auf der ersten Regierungskonferenz. Sie wurde erst auf der zweiten Regierungskonferenz am 22. Juni 2004 erzielt, nachdem das im Konvents-Entwurf vorgesehene Abstimmungsverfahren erheblich geändert worden war.

II. Die Regelung der Regierungskonferenz

Die Regierungskonferenz änderte sowohl die Anforderung an die Zustimmung der Mitgliedstaaten als auch den Anteil der durch sie erfassten Bevölkerung. Nach Art. I-25 VV in der von ihr angenommenen Fassung erfordert die qualifizierte Mehrheit „55 % der Mitglieder des Rates, gebildet aus mindestens 15 Mitgliedstaaten, sofern die von diesen vertretenen Mitgliedstaaten mindestens 65 % der Bevölkerung der Union ausmachen". Diese an sich einfache Grundregel gilt jedoch nur mit einigen Ergänzungen und bedarf vor allem der Erläuterung, soweit sie vom Konvents-Entwurf abweicht.
Zunächst wird die im Konvents-Entwurf für einen Mehrheitsbeschluss geforderte Zustimmung einer einfachen Mehrheit der Mitglieder des Rates auf 55 % angehoben. Die einfache Mehrheit erfordert mehr als die rechnerische Hälfte der zur Zeit 25 Mitglieder, also 13 gegenüber 12 Mitgliedern. Die nunmehr vorgesehenen 55 % ergeben nach Aufrundung 14 Mitglieder; die Zustimmung wird also erschwert. Der Zusatz „gebildet aus mindestens 15 Mitgliedern" bezieht sich nach dem deutschen Text auf den Rat, doch dieser dürfte nicht gemeint sein, denn die Vertragsparteien dürften kaum unterstellen, dass einige Mitglieder, und zwar bis zu 10, dem Rat wie in den sechziger Jahren fernbleiben, Nach den französischen und englischen Texten gilt die Klausel eindeutig für die Mitglieder des Rates, wodurch sich der Prozentsatz von 55 % der zustimmenden Mitglieder, solange die Union aus 25 Mitgliedstaaten besteht, auf 60 % erhöht. Das dürfte jedoch kaum erheblich sein, denn bis zum Inkrafttreten im Jahre 2009, auf das noch einzugehen ist, dürfte die Zahl der Mitgliedstaaten auf 27 wachsen, so dass 55 % der Mitglieder des Rates ohnehin aufgerundet 15 umfassen[22].

21 Unklar ist nach den Texten, ob diese Richtgrößen nach der Zahl der Staatsangehörigen jedes Mitgliedstaates, der Zahl der Unionsbürger, also einschließlich der Angehörigen eines anderen Mitgliedstaates, oder nach der Zahl der Einwohner, also einschließlich der Drittlandsangehörigen, zu beurteilen sind. Die Unterschiede dürften allerdings kaum so groß sein, dass sie für die Berechnung der Bevölkerungsanteile relevant werden.

22 Die Geschäftsordnung des Rates vom 22. 3. 2004, ABl. Nr. L 106/22, fordert in Art. 11 Abs. 4 bei Abstimmungen die Anwesenheit der Mehrheit der stimmberechtigten Mitglieder, also 13 nach dem gegenwärtigen Stand.

Bemerkenswert ist ferner, dass der Prozentsatz der von der Zustimmung umfassten Bevölkerung von den im Konventsentwurf vorgesehenen 60% und den in Art. 205 Abs. 4 EGV vorgesehenen 62 % auf 65 % angehoben wird. Dadurch wird das Risiko für die einzelnen Mitgliedstaaten geringer, überstimmt zu werden, und die großen Mitgliedstaaten bedürfen der Unterstützung durch kleinere. Umgekehrt wird es damit aber auch den größeren Mitgliedstaaten erleichtert, eine Sperrminorität zu bilden. Bei einer Gesamtbevölkerung von ca. 450 Mio. beträgt sie ca. 160 Mio, was drei der großen Mitgliedstaten erreichen könnten. Wenn auch die Erfahrung dagegen spricht, dass sie sich jemals in dieser Weise einig sind, sieht Absatz 2 des Art. I-25 VV vor, dass eine Sperrminorität nur von mindestens vier Mitgliedstaaten gebildet werden kann[23]. Ist das nicht der Fall, so kommt der betreffende Beschluss zustande, selbst wenn die erforderliche Bevölkerungsmehrheit durch die zustimmenden Ratsmitglieder nicht repräsentiert wird.

Anzumerken ist noch, dass auch hier wie bei den anderen Abstimmungsvarianten die Anforderungen an die Mehrheit erhöht werden, wenn der betreffende Vorschlag nicht auf Vorschlag der Kommission ergehen muss. Der Vertrag geht davon aus, dass die Kommission das Gemeinschaftsinteresse und damit auch die Belange der jeweiligen Minderheit wahrt, so dass dieser eher zugemutet werden kann, überstimmt zu werden, wenn ein Kommissionsvorschlag vorgeschrieben ist. Andernfalls ist daher nach Art. I-25 Abs. 3 VV die Zustimmung von mindestens 72 % der Mitglieder des Rates, bei 25 Mitgliedern also 18, erforderlich.

Für die Anwendung der Regelung ist das 34. Protokoll zum VV über die Übergangsbestimmungen für die Organe und Einrichtungen der Union maßgebend. Danach tritt die geschilderte Regelung des Art. I-25 VV wie nach dem Konventsentwurf erst am 1. November 2009 „nach Durchführung der Wahlen zum Europäischen Parlament 2009" in Kraft. Offenbar soll das neue Abstimmungssystem mit der neuen Sitzverteilung im Europäischen Parlament wirksam werden, die nach Art. 20 VV für die Wahlperiode ab 2009 festzulegen ist. Sie soll eine Staffelung zwischen 96 und 6 Abgeordneten für jeden Mitgliedstaat vorsehen, was eine Verminderung von 3 Sitzen für Deutschland bedeutet[24]. Ein Grund für diese Koppelung ist nicht ersichtlich; beide Regelungen hängen nicht von einander ab.

Schließlich ist noch auf den Beschlussentwurf einzugehen, der einer Erklärung zu Art. I-25 VV beigefügt ist. Er erinnert in bedenklicher Weise an vergangene Zeiten eines praktizierten Vetorechts und bedarf besonderer Betrachtung.

23 Nicht klar ist nach dem Wortlaut, ob auch ein Ratsmitglied, das sich der Stimme enthält, der Sperrminorität zugerechnet wird. Dem Sinn dürfte es entsprechen, eine ausdrückliche Ablehnung zu fordern.

24 Dass auf diese Sitze zur Erleichterung des Kompromisses klaglos verzichtet wurde, während um die Erhöhung der Stimmen im Rat erbittert gerungen wurde, sei nur angemerkt. Dem Anliegen, die demokratischen Elemente zu stärken, hätte eine umgekehrte Strategie entsprochen.

III. Der Beschlussentwurf zur Anwendung des Art. I-25 VVE

In der Erklärung Nr. 5 zu Art. I-25, die bei der Unterzeichnung des Verfassungsvertrages in das Schlussprotokoll aufgenommen worden ist, heißt es, dass am Tage des Inkrafttretens des Verfassungsvertrages vom Rat der Europäische Beschluss über die Anwendung des Art. I-25 VV angenommen wird, der der Erklärung bereits als Entwurf beigefügt ist. Nach diesem Beschluss soll sich der Rat nachdrücklich um eine einvernehmliche Lösung bemühen, wenn eine qualifizierte Minderheit seiner Mitglieder, die mindestens drei Viertel des Anteils der Bevölkerung oder der Mitgliedstaaten des Rates, die für die Bildung einer Sperrminorität erforderlich sind, erklärt, sie lehne die Annahme eines Beschlusses durch den Rat ab. Wenn dies geschieht, wird sich der Rat nach dem Beschlussentwurf innerhalb einer angemessenen Zeit und ungeachtet der zwingend vorgeschriebenen Fristen nachdrücklich um eine Lösung der von diesen Mitgliedern des Rates vorgebrachten Anliegen bemühen. Der Beschluss soll vom 1.11.2009, also von der Anwendung des neuen Abstimmungsmodus des Art. I 25-VV an wirksam werden und bis mindestens 2014 gelten (siehe Wortlaut unten)[25].

Der Beschlussentwurf lässt den Leser zunächst ratlos. Sein wesentlicher Inhalt fordert ein Vorgehen, zu dem die Mitglieder des Rates nach dem Grundsatz der Loyalität und Solidarität, der dem bekannten Grundsatz der Gemeinschaftstreue entspricht, ohnedies gemäß Art. 10 EGV schon jetzt und künftig nach Art. I-5 Abs. 2 VV verpflichtet sind. Es ist seit jeher Praxis des Rates, sich nicht rigoros über die Standpunkte und Interessen der einzelnen Mitgliedstaaten hinwegzusetzen, sondern sich durch Ausschöpfung aller Kompromissmöglichkeiten um eine möglichst breite Zustimmung zu bemühen, bevor er Mehrheitsentscheidungen trifft. Anders ist der Zusammenhalt der Union angesichts der unterschiedlichen Traditionen und Strukturen der Mitgliedstaaten nicht zu gewährleisten[26].

Der Beschluss muss also weitergehende Bedeutung haben, denn er will sicher nicht besagen, dass vor 2009 oder dann, wenn keine ausreichend qualifizierte Minderheit

25 „Artikel 1
Wenn Mitglieder des Rates, die
a) mindestens drei Viertel der Bevölkerung, oder
b) mindestens drei Viertel der Anzahl der Mitgliedstaaten vertreten,
die für die Bildung einer Sperrminorität erforderlich sind, wie sie sich aus der Anwendung von Art. I-25 Absatz 1 Unterabsatz 1 oder Absatz 2 ergibt, erklären, dass sie die Annahme eines Rechtsaktes durch den Rat mit qualifizierter Mehrheit ablehnen, wird die Frage im Rat erörtert.
Artikel 2
Der Rat wird im Verlauf dieser Erörterungen alles in seiner Macht Stehende tun, um innerhalb einer angemessenen Zeit und ungeachtet der zwingenden Fristen, die durch das Recht der Union vorgeschrieben sind, eine zufrieden stellende Lösung für die von den Mitgliedern des Rates nach Artikel 1 vorgebrachten Anliegen zu erreichen.
Artikel 3
Zu diesem Zweck unternimmt der Präsident des Rates mit Unterstützung der Kommission unter Einhaltung der Geschäftsordnung des Rates alle erforderlichen Schritte, um im Rat eine breitere Entscheidungsgrundlage zu ermöglichen. Die Mitglieder des Rates unterstützen ihn hierbei.
Artikel 4
Dieser Beschluss wird am 1. November 2009 wirksam. Er bleibt bis mindestens 2014 in Kraft. Danach kann der Rat einen Europäischen Beschluss zu seiner Aufhebung erlassen."

26 *U. Everling* (Fn. 16), S. 1071.

besteht, keine Bemühung um einen breiten Konsens erforderlich ist. Nach seiner Präambel soll der Beschluss einen „reibungslosen Übergang“ von dem in Nizza festgelegten Beschlussverfahren zu dem zu Art. I-25 VV im Jahre 2009 ermöglichen. Damit ist offenbar gemeint, dass die Mitgliedstaaten die Möglichkeiten zur Interessenwahrnehmung, die sie auf Grund der Stimmverteilung von Nizza haben oder zu haben glauben, nicht verlieren sollen, ohne dass sie die Gewissheit haben, ihre Anliegen auch weiterhin wirksam vertreten zu können.

Das kommt schon durch die relativ geringe Voraussetzung für die Anrufung des Verfahrens zum Ausdruck, die in seltsamer Weise als Mehrheit einer als Sperrminorität qualifizierten Minderheit der Ratsmitglieder formuliert ist. Bei einer regelmäßigen Sperrminorität von 45 % Mitgliedern des Rates, also nach heutigem Stand 12 bei Entscheidung auf obligatorischen Kommissionsvorschlag, können bereits $^3/_4$ von diesen, nämlich 9 Mitgliedstaaten, den Mechanismus auslösen. Die Sperrminorität bei der durch die Ratsmitglieder repräsentierten Bevölkerung liegt im Regelfall bei 35 % der Gesamtbevölkerung von ca. 450 Mio., also bei ca. 157 Mio., von denen bereits $^3/_4$, also ca. 117 Mio. ausreichen, was der Bevölkerung von zwei großen Mitgliedstaaten entspricht. Die Regel, dass die Sperrminorität mindestens vier Mitglieder des Rates umfassen muss, dürfte die Beteiligung von $^3/_4$, also drei Mitgliedern erfordern. Beide Kriterien sind alternativ aufgeführt, so dass bereits die Erfüllung einer von ihnen genügt.

Doch fragt sich, welchen Wert die Anrufung des Beschlusses überhaupt besitzt. Die Fortsetzung der Verhandlungen kann nach dem Beschluss nicht unbegrenzt verlangt werden. Sie wird einerseits eingeengt durch die zwingenden Fristen im Gemeinschaftsrecht. Damit werden vor allem die Fristen im Mitentscheidungsverfahren nach Art. III-396 VV angesprochen, so dass die Wirkungen des Beschlusses im Gesetzgebungsverfahren begrenzt sind. Die Suche nach dem Kompromiss führt im übrigen in diesem Fall auch nicht weiter, wenn sie nicht das Parlament einbezieht. Andererseits wird der Beschluss dadurch begrenzt, dass die Dauer der Verhandlungen nur „angemessen“ ausgedehnt werden soll. Darüber dürfte im Einzelfall gestritten werden, wobei besonders die Dringlichkeit des betreffenden Beschlusses maßgebend sein dürfte. Jedenfalls kann eine unbegrenzte Fortsetzung der Beratungen nicht verlangt werden. Der Beschluss gewährt also der qualifizierten Minderheit der Ratsmitglieder allenfalls ein aufschiebendes, nicht aber ein endgültiges Vetorecht.

Der Beschluss verlangt von der Mehrheit auch keineswegs, dass sie sich der Minderheit anschließt. Lediglich die gründliche Beratung ist vorgeschrieben. Der Präsident des Rates soll mit Unterstützung der Kommission eine aktive Rolle spielen, womit wohl die Vermittlung durch Kompromissvorschläge gemeint ist, und auch die Mitglieder des Rates sollen sich an der Suche nach einer Lösung beteiligen. Der Hinweis auf die – an sich selbstverständliche – Beachtung der Geschäftsordnung des Rates dürfte sich wohl weniger auf die Bestimmungen über die Öffentlichkeit der Ratsitzungen beziehen, denn durch den Druck der öffentlichen Meinung würde der Einigungszwang kaum erhöht, und die Vorstellung, dass ein Kompromiss auf offener Bühne erzielt werden könnte, wäre reichlich weltfremd. In erster Linie dürfte Art. 11 GeschO gemeint sein, nach dem der Präsident die Abstimmung veranlassen kann und, wenn sie mit Zustimmung der Mehrheit des Rates verlangt wird, veranlassen muss.

Die praktische Bedeutung des Beschlusses muss daher bei bloßer Prüfung des Textes bezweifelt werden. Wichtiger ist aber seine Signalwirkung, die er für die künftige Praxis des Rates haben könnte, wenn er auf dem Hintergrund der Geschichte der Union betrachtet wird.

C. Rückkehr zum praktizierten nationalen Veto?

I. Vorbild „Luxemburg"?

Der Beschluss zu Art. I-25 VV ist auf den ersten Blick besonders deshalb erschreckend, weil er nach Wortlaut und Tendenz an die Luxemburg Erklärung von 1966 und ihre Folgen erinnert. Das Luxemburger Protokoll enthielt bekanntlich entgegen einer schier unausrottbaren Legende keinen „Kompromiss" und erst Recht keinen Beschluss über ein „Vetorecht" jedes Ratsmitglieds gegen Mehrheitsbeschlüsse[27]. Dazu sei der Wortlaut in Erinnerung gerufen, nach dem dann, wenn bei Beschlüssen, die mit Mehrheit gefasst werden können,

> „sehr wichtige Interessen eines oder mehrerer Partner auf dem Spiel [stehen], sich die Mitglieder des Rates innerhalb eines angemessenen Zeitraums bemühen [werden], zu Lösungen zu gelangen, die von allen Mitgliedern des Rates unter Wahrung ihrer gegenseitigen Interessen und der Interessen der Gemeinschaft gemäß Artikel 2 des Vertrages angenommen werden können."

Dazu ist, wie es weiter heißt,

> „die französische Delegation der Meinung, dass bei sehr wichtigen Interessen die Erörterung fortgesetzt werden muss, bis ein einstimmiges Einvernehmen erzielt worden ist. Die sechs Delegationen stellen fest, dass in der Frage, was geschehen sollte, wenn keine vollständige Einigung zustande kommt, weiterhin unterschiedliche Meinungen bestehen."

Deutlicher kann ein Dissens, also ein „agreement to not agree", wohl nicht ausgedrückt werden.[28] In der Praxis führte die Erklärung freilich dazu, dass nur noch in Verfahrens- und Haushaltsfragen mit Mehrheit abgestimmt wurde. Mitglieder des Rates, die einen Beschluss aus welchen Gründen auch immer ablehnten, beriefen sich auf „sehr wichtige Interessen", und selbst wenn sie den anderen Mitgliedern weniger wichtig erschienen, genügte meist schon die Befürchtung eines Konfliktes, um eine Mehrheitsabstimmung zu vermeiden. Wenn sie doch versucht wurde, solidarisierten sich diejenigen Ratsmitglieder, die Mehrheitsabstimmungen grundsätzlich ablehnten, mit dem opponierenden Ratsmitglied und bildeten mit diesem, oft gegen ihre eigenen Interessen, eine Sperrminorität[29].

27 Siehe *Lahr,* Die Legende vom „Luxemburger Kompromiss", EA 1983, 223.

28 Aus der umfangreichen Lit. siehe die überzeugende Analyse von *Mosler,* National- und Gemeinschaftsinteressen im Verfahren des EWG-Ministerrats – Die Beschlüsse der außerordentlichen Tagung des EWG-Rates in Luxemburg vom 29. Januar 1966, ZaöRV 26 (1966), 1; *Kaiser,* Das Europarecht in der Krise der Gemeinschaften, EuR 1966, 4; *Schweitzer,* Die Stellung der Luxemburger Vereinbarung im Europäischen Gemeinschaftsrecht, FS Hubert Armbruster, 1976, S. 75; *Streinz,* Die Luxemburger Vereinbarung, 1984; *Nicoll,* The Luxemburg Compromise, JCM Studies 23 (1984), 35.

29 Zur Praxis ausführlich *Götz,* Mehrheitsbeschlüsse des Rates der Europäischen Union, in: FS Ulrich Everling, 1995, S. 339.

Das von einigen Mitgliedstaaten und Autoren daraus abgeleitete „Vetorecht" war also weder durch einen Beschluss festgelegt noch wurde das im Vertrag vorgesehene Verfahren geändert, vielmehr wurde die skizzierte Praxis im Rahmen der geltenden Verfahrensregeln angewendet. Aber im Laufe der fortschreitender Entwicklung der Gemeinschaft, vor allem angesichts der Vermehrung der Mitgliedstaaten durch mehrfache Erweiterungen, der Einführung der Verfahren der Zustimmung und Mitentscheidung mit dem Europäischen Parlament und des sprunghaft steigenden Entscheidungsbedarfs ließ sich die praktizierte Einstimmigkeit nicht mehr halten, ohne die Entscheidungsfähigkeit der Gemeinschaft zu gefährden[30]. Der Rat ging deshalb in den achtziger Jahren zunehmend zu Mehrheitsabstimmungen über[31].

Heute dürfte der Luxemburger Erklärung allenfalls in der politischen Diskussion verwendet werden, aber praktisch bedeutungslos sein[32]. Wichtiger ist der Grundsatz gegenseitiger Loyalität und Solidarität. Seine Anwendung führt dazu, dass dann, wenn ein Rechtsakt ausnahmsweise wirklich existentielle Bedeutung für einen Mitgliedstaat hat, gar nicht erst versucht wird, ihn zu überstimmen[33]. Nunmehr stellt sich die Frage, ob der Beschluss zu Art. I-25 VV dazu geeignet ist, die Praxis der Luxemburger Erklärung wieder zu beleben.

Dazu ist zunächst auf die beträchtlichen Unterschiede hinzuweisen. So kann sich, anders als nach der Luxemburger Erklärung, kein Ratsmitglied einzeln auf den Beschluss zu Art. I-25 VV berufen, vielmehr bedarf er der Unterstützung anderer. Ob er sie in einem Gremium von 25 Mitgliedern ohne weiteres erhält, in dem der Zusammenhalt eher geringer ist, erscheint zweifelhaft. Vor allem wird es in einem so großen Organ einem einzelnen Mitglied auch schwerer fallen, eine isolierte Position aufrecht zu erhalten. Das hat sich schon nach der Erweiterung in den achtziger Jahren gezeigt. Andererseits brauchen die opponierenden Ratsmitglieder keine „sehr wichtigen Interessen" geltend zu machen, wie es die Luxemburger Erklärung verlangte. Doch da insoweit der Einschätzung eines Mitgliedstaates ohnehin nicht widersprochen werden konnte, wurde auf dieses Kriterium verzichtet.

Die nach dem Beschluss gebotenen Verhandlungen sind anders als nach der Luxemburger Erklärung von vornherein durch den Hinweis auf die zwingenden Fristen nach dem Vertrage beschränkt, und wenn diese nicht bestehen, ist eine zeitlich unbegrenzte Frist nicht mehr „angemessen". Dafür sorgen auch die erwähnten Abstimmungsregeln der Geschäftsordnung. Von der Konfliktdrohung eines einzelnen, noch so bedeutenden Mitgliedstaates lässt sich ein Rat von 25 Ratsmitgliedern sicher

30 Angemerkt sei, dass sich im Laufe der Zeit gerade die französische Regierung bemühte, die inflationäre Berufung auf die „sehr wichtigen Interessen" zu begrenzen, gewissermaßen wie der Zauberlehrling, der den von ihm entfesselten Besen nicht mehr beherrschen konnte; s. *Götz* ebd., S. 343.

31 Siehe die Darstellung bei *Götz* ebd., ferner *Jacqué,* in: von der Groeben/Schwarze (Hg.), Vertrag über die Europäische Union und Vertrag zur Gründung der Europäischen Gemeinschaft, Kommentar, 6. Aufl. 2004, Art. 205 Rn. 16 ff.; *Tesdale,* The Life and Death of the Luxembourg compromise, JCM Studies 31, 1993, 567; *Vasey,* Decision-Making in the Agricultural Council and the Luxembourg compromise, CML Rev. 25 (1988), 725.

32 So *Jacqué* (Fn. 31), Rn. 20.

33 So hat die Gemeinschaft niemals ernsthaft versucht, in einer Frage, die das deutsch-deutsche Verhältnis betraf, gegen die Bundesregierung vorzugehen, und das gleiche gilt bei anderen Mitgliedstaaten für Maßnahmen im Rahmen der Dekolonisierung, des Nordirland-Konflikts oder der Bekämpfung des Terrorismus.

nicht so leicht beeindrucken wie frühere kleinere Räte. Der Beschluss zu Art. I-25 VV weist demnach zwar Ähnlichkeiten mit der Luxemburger Erklärung auf, es erscheint aber eher unwahrscheinlich, dass er in der Praxis vergleichbare Folgen hat.

II. Vorbild „Ioannina"?

Der Beschluss zu Art. I-25 VV weist aber auch Ähnlichkeiten zu dem Beschluss auf, der 1994 vom Rat im Anschluss an die Tagung des Europäischen Rates von Ioannina im Zusammenhang mit der Festlegung der neuen Stimmverhältnisse für den Beitritt Finnlands, Österreichs und Schwedens gefasst wurde (oben Spalte 1 der Übersicht). Einige Mitgliedstaaten forderten Sicherheiten dagegen, dass sie wegen der Vermehrung der Gesamtstimmen durch die beitretenden Mitgliedstaaten leichter überstimmt werden könnten. Die von ihnen geforderte Neujustierung der Stimmen wurde zwar vom Europäischen Rat abgelehnt und in einer Erklärung auf spätere Verhandlungen vertagt, was schließlich zur Regelung von Nizza führte[34]. Aus dieser Erklärung wurde aber ein Teil herausgelöst und als förmlicher Beschluss des Rates veröffentlicht[35]. Er weist in die Richtung der Luxemburger Erklärung, weicht aber doch von ihr ab, wie der Wortlaut zeigt:

> „Falls Mitglieder des Rates, die über insgesamt 23 bis 26 Stimmen verfügen, erklären, dass sie beabsichtigen, sich einem Beschluss des Rates, für den eine qualifizierte Mehrheit erforderlich ist, zu widersetzen, so wird der Rat alles in seiner Macht Stehende tun, um innerhalb einer angemessenen Zeit und ungeachtet der zwingenden Fristen, die durch die Verträge und durch das abgeleitete Recht, so zum Beispiel durch die Artikel 189b und 189c [EWGV] vorgeschrieben sind, eine zufrieden stellende Lösung zu finden, die mit mindestens 68 Stimmen angenommen werden kann. Während dieser Zeit unternimmt der Präsident mit Unterstützung der Kommission jeweils unter Einhaltung der Geschäftsordnung des Rates alle erforderlichen Schritte, um im Rat eine breitere Einigungsgrundlage zu ermöglichen. Die Mitglieder des Rates unterstützen ihn hierbei".

Auch durch diesen Beschluss wird kein Vetorecht begründet, sondern lediglich eine nachdrückliche Bemühung um einen Konsens verlangt[36]. Anders als nach dem Luxemburger Modell, aber ebenso wie nach dem Beschluss zu Art. I-25 VV, in den einige Formulierungen des Beschlusses von Ioannina übernommen wurden, kann ein einzelnes Ratmitglied, das damals über höchstens 10 Stimmen verfügte, das Verfahren allein nicht auslösen, sondern es bedarf der Unterstützung durch mindestens zwei weitere Mitglieder. Die Spanne von 23 bis 26 Stimmen bezeichnet die Sperrminorität vor und nach der Einbeziehung der Beitrittsländer[37]. Nur auf diese Veränderung bezieht sich der Beschluss.

34 Siehe *Editorial Comments*, The Ioannina Compromise – Towards a wider and a weaker European Union?, CML Rev. 31 (1994), 453.

35 Beschluss des Rates über die Beschlussfassung des Rates mit qualifizierter Mehrheit v. 29. 3. 1994, ABl. C 105/1.

36 Zum Beschluss ausführlich *Poensgen*, Das Paradox von Ioannina: Betrachtungen zu einem Ratsbeschluss, in: FS Ulrich Everling, 1995, S. 1133; *Jacqué* (Fn. 31), Rn. 21 f.; *Editorial Comments* (Fn. 34).

37 Die Zahlen stimmen mit Spalte 1 der Übersicht nicht überein, weil in Ioannina noch mit dem Beitritt Norwegens gerechnet wurde, das aber den Beitrittsvertrag nicht ratifizierte. Der Beschluss wurde nicht berichtigt.

Darauf beruht es, dass sich der Rat anders als nach den beiden anderen Verfahren nur um eine Lösung bemühen soll, die für eine Mehrheit von 68 Stimmen annehmbar ist – eine seltsame Begrenzung, denn muss sich der Rat nicht immer um einen möglichst breiten Konsens bemühen? Die genannte Anzahl der Stimmen ist erforderlich, um die vor dem Beitritt geltende Sperrminorität auch nach Berücksichtigung der Stimmen der neuen Mitglieder zu überwinden. Die bisherige Stellung der Mitgliedstaaten sollte auf diese Weise gewahrt werden.

Allerdings sind die Möglichkeiten, die der Beschluss dafür bietet, doch beschränkt. Die Bemühungen um ein Einvernehmen müssen nicht unbegrenzt fortgesetzt werden, sondern nur während einer angemessenen Dauer und unter Beachtung der durch die Verfahren der Zusammenarbeit und Mitentscheidung mit dem Europäischen Parlament vorgesehenen Fristen. Da diese Begrenzung anders als in Luxemburg, wo ein Mitgliedstaat widersprach, einstimmig in einem förmlichen Beschluss festgelegt wurde, dürfte kein Mitglied des Rates aus dem Beschluss die Forderung ableiten können, dass die Beratungen unbegrenzt fortgesetzt werden, und auf diese Weise ein Vetorecht begründen. Bisher ist ein solcher Versuch auch nicht gemacht worden. Der Präsident kann auch, ebenso wie bei den anderen Verfahren, nach Art. 11 der Geschäftsordnung des Rates eine Abstimmung veranlassen, und wenn das mit Zustimmung der Mehrheit des Rates verlangt wird, ist er dazu verpflichtet.

Der Beschluss von Ioannina, der formell immer noch besteht, ist wegen seiner engen Formulierung wenig praktikabel. In Deutschland wie in den meisten anderen Mitgliedstaaten blieb er nahezu unbeachtet und wurde in den Medien kaum erwähnt. In der Praxis spielt er, soweit es der Verfasser übersieht, keine Rolle, und er wird allenfalls angerufen, um eine Vertagung zu erreichen[38]. Deshalb dürfte die Ähnlichkeit des Beschlusses zu Art. I-25 VV mit dem Beschluss von Ioannina geringeren Bedenken begebnen als die mit der Luxemburger Erklärung.

III. Verbindlichkeit des Beschlusses zur Mehrheitsabstimmung?

Auch die rechtliche Bedeutung des vorgesehenen Beschlusses zu Art. I-25 VV weist Parallelen zu den beiden anderen Verfahren auf, denn er soll wie diese in eigenartiger Weise außerhalb des Rahmens der Verträge beschlossen werden. Er soll zwar als „Europäischer Beschluss" ergehen, also „ein Rechtsakt ohne Gesetzescharakter" sein, „der in allen seinen Teilen verbindlich ist" (Art. I-33 Abs. 1 UAbs. 5 VV). Doch ob diese Verbindlichkeit erreicht wird, ist wegen der formellen Mängel zweifelhaft.

Der Beschlussentwurf ist zwar dem Vertrag durch eine Erklärung zum Schlussprotokoll der Regierungskonferenz angehängt, nimmt aber – anders als die Protokolle und Anhänge nach Art. IV-442 VV – nicht an seiner Geltung als Primärrecht teil. Er soll vom Rat „am Tage des Inkrafttretens des Verfassungsvertrages" verabschiedet werden und ist dann abgeleitetes Recht. Er steht daher im Rang unterhalb des Vertrages und ist an dessen formelle und materielle Bestimmungen gebunden. Deshalb

38 Siehe *Jacqué* (Fn. 31), Rn. 23.

kann er auch nicht wirksam ausschließen, dass ihn der Rat vor 2014 durch einen *actus contrarius* aufhebt.

Als Rechtsakt eines Organs bedarf der Beschluss nach dem Grundsatz der begrenzten Einzelermächtigung einer Rechtsgrundlage im Verfassungsvertrag (Art. I-11 VV), und diese ist nicht ersichtlich. Sie wird auch in der Präambel des Beschlussentwurfs, anders als es die in Art. 38 Abs. 2 VV vorgeschriebene Begründung erfordert, nicht angegeben. Der Beschluss könnte daher vor dem Gerichtshof wegen Verletzung wesentlicher Formvorschriften und Rechtswidrigkeit mit der Nichtigkeitsklage nach Art. III-365 Abs. 1 VV angegriffen werden[39]. Die Mitgliedstaaten, die dem Beschluss im Rat zustimmen, und die Kommission und wohl auch das Parlament, die den Entwurf als Teil des Kompromisspakets der Regierungskonferenz akzeptiert haben, werden aber kaum Klage erheben. Es ist auch keine Konstellation ersichtlich, bei der die Frage nach der Gültigkeit des Beschlusses den Gerichtshof durch die Vorlage eines nationalen Gerichts erreichen könnte.

Das rechtfertigt das vertragswidrige Verfahren des Rates aber nicht und wirft die Frage auf, warum die Regierungskonferenz es gewählt hat. Eine sofortige Beschlussfassung schied aus, weil der Beschluss erst im Zusammenhang mit dem Verfassungsvertrag einen Sinn erhält. Die Regierungskonferenz hätte ohne Schwierigkeiten eine Ermächtigung in den Vertrag oder in ein Protokoll aufnehmen können, doch darauf wollten sich offenbar einige Mitgliedstaaten nicht einlassen. Andere sahen den Beschluss offenbar wegen seiner Nähe zu den Vorläufern selbst als fragwürdig an und wollten ihn ebenso wie diese einstufen. Doch sie gingen darüber hinaus, indem sie ihm als Europäischem Beschluss Verbindlichkeit zusprechen wollten. Insgesamt handelt es sich um einen widersprüchlichen Kompromiss mit unklarem Ergebnis, durch den die Unterzeichnung des Vertrages ermöglicht werden sollte.

Die Parallele zu den beiden Vorläuferverfahren ist frappierend. Auch dort wurden Beschlüsse ohne vertragliche Grundlage außerhalb der vertragsgemäßen Verfahren gefasst. In Luxemburg wurden Erklärungen zu Protokoll gegeben, die nicht einmal der Form nach den Anschein vertragsgemäßer Beschlüsse erweckten. Der Beschluss von Ioannina ist in mancher Hinsicht förmlicher und präsentiert sich als Rechtsakt. Er sieht sogar die Veröffentlichung im Amtsblatt vor, was nicht in dem für verbindliche Rechtsakte vorgesehenen Teil L, sondern in dem für „nichtveröffentlichungsbedürftige Rechtsakte“ bestimmten Teil C geschehen ist. Aber auch ihm fehlt die Rechtsgrundlage.

Überwiegend werden die Beschlüsse wohl als außervertragliche politische Absprachen über die Anwendung der im Vertrage vorgesehenen Verfahren angesehen, aber rechtlich begründet das keine Bindungen, die über den Vertrag hinausgehen[40]. Den Beschlüssen kann eine den Vertrag überlagernde Geltung auch nicht auf Grund der verbreiteten These zuwachsen, dass die Mitgliedstaaten „Herren der Verträge“ seien[41]. Diese Auffassung besagt lediglich, dass sie Vertragsänderungen unter Anwendung der vorgeschriebenen Verfahren vereinbaren können, die nach Maßgabe der

39 Klagen durch Private nach Absatz 4 der Bestimmung sind offensichtlich ausgeschlossen.
40 Siehe die Lit. oben Fn. 28, insbesondere *Mosler,* S. 18.
41 BVerfGE 89, 155 (190).

verfassungsrechtlichen Vorschriften, also vor allem nach Zustimmung der Parlamente oder nach Volksentscheiden, ratifiziert werden müssen[42]. Sie bedeutet aber nicht, dass der Rat oder die in ihm vertretenen Mitgliedstaaten beliebig mit dem Gemeinschaftsrecht und den vorgesehenen Verfahren umspringen können.

Auch als Gewohnheitsrecht können die Beschlüsse nicht gelten, denn bei der Luxemburger Erklärung fehlt es an der gemeinsamen Rechtsüberzeugung, da einige Regierungen ihre Rechtsgültigkeit stets bestritten haben[43], und bei dem Beschluss von Ioannina an der ständigen Übung, denn er wurde kaum angewendet[44]. Für die Rechtmäßigkeit und Verbindlichkeit des vorgesehenen Europäischen Beschlusses zu Art. I-25 VV kann also aus den beiden Vorgängern nichts hergeleitet werden.

Allenfalls könnte der Beschluss zu Art. I-25 VV als formell gültig angesehen werden, wenn er innerhalb der für eine Nichtigkeitsklage vorgesehenen Fristen nicht angefochten wird, so dass er rechtskräftig wird. Diese Folge tritt jedoch nicht ein, wenn die rechtsförmlichen Mängel als so schwerwiegend beurteilt werden sollten, dass der Beschluss als „Nichtakt" und „inexistent" angesehen werden müsste[45]. Falls sich eine solche weitgehende Einschätzung durchsetzt, kann der Beschluss nur als politische Absprache gelten, die allenfalls im Rahmen gegenseitiger Loyalität rechtliche Bedeutung erlangen könnte. Das gilt auch für einzelne Verpflichtungen wie den Ausschluss der Aufhebung vor 2014.

E. Abschließende Würdigung

Wenn versucht wird, das Abstimmungsverfahren nach dem Entwurf des Verfassungsvertrages zusammenfassend zu würdigen, so fällt das Urteil zwiespältig aus. Das institutionelle System von Gemeinschaft und Union hat sich durch die zahlreichen Beitritte seit den siebziger Jahren, die von der Gemeinschaft der Sechs zur Union der Fünfundzwanzig führten, so weitgehend verändert, dass die Stimmverteilung nach den anfangs angewandten Kriterien, vor allem nach der Bevölkerungszahl, an seine Grenzen stößt. Das haben die hartnäckigen Auseinandersetzungen in Nizza mit ihren unausgewogenen und nicht mehr transparenten Ergebnissen gezeigt. Aus dieser Sackgasse hat der Konvent mit dem Einbau eines demographischen Faktors, der in Art. 205 Abs. 4 EGV bereits durch die Konferenz von Nizza vorgebildet worden war, einen Ausweg gewiesen. Die Kombination des Erfordernisses der Zustimmung eines Prozentsatzes der Ratsmitglieder mit einem Prozentsatz der durch sie vertretenen Bevölkerung an der Gesamtbevölkerung ist klar, einfach und praktikabel.

42 Siehe *Everling*, Zur Stellung der Mitgliedstaaten der Europäischen Union als „Herren der Verträge", in: FS Rudolf Bernhardt, 1995, S. 1161.

43 Dazu gehörte lange Zeit auch die Bundesregierung, die sich dann aber entgegen der bisherigen Haltung bei der Festsetzung der Agrarpreise 1985 als eine der letzten auf „sehr wichtige Interessen" berief, worauf die Kommission die Preise auf Grund einer angenommenen Notkompetenz festsetzte; siehe *Vasey* (Fn. 31), S. 727.

44 Siehe *Jacqué* (Fn. 31), Rn. 23.

45 Siehe *Gaitanides*, in: von der Groeben/Schwarze (Fn. 31), Art. 230 Rn. 18.

Leider wurde die Regelung aber durch die Regierungskonferenz verwässert, um den Mitgliedstaaten entgegenzukommen, die eine Schwächung ihrer in Nizza durchgesetzten Stellung befürchteten. Dazu hat sie den Prozentsatz der Ratsmitglieder, deren Zustimmung jeweils erforderlich ist, sowie den Anteil der durch sie umfassten Bevölkerung an der Gesamtbevölkerung der Union erhöht. Damit die großen Mitgliedstaaten davon nicht profitieren, wurden die Anforderungen an die Sperrminorität auf vier Ratsmitglieder erhöht.

Bereits der Konvent hatte eine Anwendung der Neuregelung erst von 2009 an vorgesehen. Eine Verzögerung tritt zwar ohnedies durch die Dauer der Ratifizierung des Verfassungsvertrages ein, doch dafür, dass das Inkrafttreten bis zum Beginn der neuen Legislaturperiode hinausgezögert wird, ist kein Grund ersichtlich. Die Union wird also noch einige Jahre mit der unbefriedigenden Abstimmungsregelung von Nizza leben müssen.

Ein Unsicherheitsfaktor ist der vorgesehene Beschluss zu Art. I-25 VV. Er ermöglicht es einer qualifizierten Minderheit von Ratsmitgliedern, einer Abstimmung zu widersprechen und weitere Beratungen zu verlangen, um zu einem Einvernehmen zu kommen. Diese Befugnis ist durch die vertraglich vorgesehenen Fristen im Gesetzgebungsverfahren erheblich eingeschränkt, so dass sich daraus wohl kaum, wie auf Grund der Luxemburger Erklärung, ein praktiziertes Vetorecht entwickeln kann. Viel hängt von der sachgerechten Anwendung des Beschlusses ab. Wenn er nur dazu führt, dass sich die Ratsmitglieder nachhaltig um einen Kompromiss bemühen und dafür eine begrenzte Verzögerung in Kauf nehmen, besagt er lediglich, was ohnehin die nach Art. 10 EGV und Art. I-5 VV gebotene wechselseitige Loyalität erfordert. Äußerst bedenklich wäre der Beschluss aber ungeachtet seines begrenzten Inhalts, wenn er Signalwirkung dahin entfalten würde, dass die Interessen der einzelnen Mitgliedstaaten künftig gegenüber den gemeinsamen Interessen stärker in den Vordergrund treten sollen. Die Praxis wird erweisen, ob die Union gefestigt genug ist, um derartigen Tendenzen zu widerstehen.[46]

46 Die nach Fertigung des Beitrags erschienene Ausgabe des vollständigen Textes mit Kommentar von *K. H. Fischer,* Der Europäische Verfassungsvertrag, 2005, konnte nicht mehr berücksichtigt werden. Auf die Darstellung der Entstehung des Art. I-25 VV, insbesondere des Bezugs zum Beschluss von Ioannina (S. 167 ff.), sei besonders hingewiesen.

The 2004 Treaty Establishing a Constitution for Europe and Foreign Policy: A New Constitutional Paradigm?

Ernst-Ulrich Petersmann

Throughout his academic and judicial career, *Manfred Zuleeg* remained very interested in the manifold interrelationships between national constitutional law, European integration law and international law. This contribution to the *Festschrift für Manfred Zuleeg* deals with a subject which, following the terrorist attacks in September 2001 and the ensuing transatlantic tensions in responding to the threat of international terrorism and "failed states", moved to the centre of the debates in the European Convention on the needed constitutional reforms for an enlarged European Union (EU) including 25 states: How can the diverse national foreign policies of EU member states be transformed into a more coherent and more effective common foreign and security policy? The 2004 Treaty Establishing a Constitution for Europe envisages far-reaching constitutional reforms for the external relations of the EU, such as a merger of the separate EC, EU and EURATOM treaties; a merger of their institutions; a single legal personality of the EU; new institutions (such as the European Minister for Foreign Affairs); and a new legal and institutional framework for the Common Foreign and Security Policy (CFSP, e.g. new general framework rules for all areas of the EU's external action) as well as for the Common Security and Defence Policy (CSDP). This new legal framework raises a host of new legal questions, for example relating to the common security policy which forms a component of both the CFSP as well as of the CSDP. This contribution focuses on the inherent tensions between the "constitutional mandate" for a more coherent external relations policy of the EU and its commitment to respect "for international law in accordance with the principles of the United Nations Charter" (Article III-292).

A. *A Global Constitutional Strategy for the EU?*

The 2004 Treaty Establishing a Constitution for Europe calls upon the EU and its member states "to strive for peace, justice and solidarity throughout the world ... in awareness of their responsibilities towards future generations and the Earth" (Preamble). Article I-3(4) prescribes uniform objectives for all areas of the EU's external relations: "In its relations with the wider world, the Union shall uphold and promote its values and interests. It shall contribute to peace, security, the sustainable development of the earth, solidarity and mutual respect among peoples, free and fair trade, eradication of poverty and protection of human rights, in particular children's rights, as well as to strict observance and the development of international law, including respect for the principles of the United Nations Charter." According to Article I-15(1), the "Union's competence in matters of common foreign and security policy shall cover all areas of foreign policy and all questions relating to the Union's security, including the progressive framing of a common defence policy, which might lead to a common defence." The specific provisions for implementing the common foreign and security policy emphasize the need to respect international legal obligations, for instance under NATO (cf. Article I-41), to "promote multilateral solutions to common problems, in particular in the framework of the United Nations", and to "work for a high degree of cooperation in all fields of international relations" (Article III-292) and coordinate the actions of EU member states in international organizations (cf. Article III-305).

Article III-292, by projecting the EU's internal constitutional principles as guidelines and objectives for the EU's external action, can be read as a mandate for "constitutionalizing and globalizing European policies":

> "The Union's action on the international scene shall be guided by the principles which have inspired its own creation, development and enlargement, and which it seeks to advance in the wider world: democracy, the rule of law, the universality and indivisibility of human rights and fundamental freedoms, respect for human dignity, the principles of equality and solidarity, and respect for the principles of the United Nations Charter" (para.1).

Article III-292 requires, more specifically, the EU's external policies to, *inter alia*,

> "(b) consolidate and support democracy, the rule of law, human rights and the principles of international law;"
>
> "(c) preserve peace, prevent conflicts and strengthen international security, in conformity with the purposes and principles of the United Nations Charter;"
>
> "(d) foster the sustainable economic, social and environmental development of developing countries, with the primary aim of eradicating poverty;"
>
> "(e) encourage the integration of all countries into the world economy, including through the progressive abolition of restrictions on international trade;"
>
> "(f) help develop international measures to preserve and improve the quality of the environment and the sustainable management of global natural resources, in order to ensure sustainable development;"
>
> "(g) assist populations, countries and regions confronting natural or man-made disasters;"
>
> "(h) promote an international system based on stronger multilateral cooperation and good governance."

Chapter B of this paper contrasts this constitutional foreign policy mandate with the prevailing post-war paradigm of "embedded international liberalism". *Chapters B and C* conclude that neither "embedded international liberalism" nor the existing United Nations (UN) system offer an appropriate legal framework for realizing the foreign policy goals prescribed in the European Treaty Constitution. *Chapter D* explains why the European Constitution has not, and cannot, effectively "constitutionalize" the foreign policies of the EU *unilaterally* without corresponding constitutional restraints on multi-level governance outside the EU (e.g. in UN and WTO bodies): the collective supply of global public goods requires to "build partnerships with third countries, and international, regional or global organizations which ...

support democracy, the rule of law, human rights and international law", as rightly envisaged in Article III-292. *Chapter E* concludes with policy recommendations for "constitutionalizing and globalizing European policies" by aiming at full EU membership in worldwide UN bodies (e.g. the UN) and by using EU membership (e.g. in the WTO) for "constitutionnalizing" worldwide governance institutions and policies. After having succeeded in stabilizing Europe through progressive extension of the citizen-oriented European integration law protecting human rights and fundamental freedoms, Europe should aim at replicating this success in its wider neighborhood. This contribution presumes that, even if the new Treaty Establishing a Constitution for Europe should not enter into force within the next few years, its constitutional objectives will continue to serve as a blueprint and "constitutional challenge" for the future law and policies of the EU.

B. The U.S. Foreign Policy Paradigm of 'Embedded International Liberalism' and the Limits of Hegemonic Unilateralism

The UN Charter, the Bretton Woods Agreements and the GATT were all initiated by the United States (US) and negotiated on the basis of US drafts aiming at "embedded international liberalism"[1]: Governments should negotiate reciprocal, multilateral agreements on the liberalization of international relations (e.g. trade and finance) subject to approval and domestic implementing legislation by national parliaments. The reciprocal liberalization commitments and non-discrimination requirements (e.g. in GATT and IMF law) would offer reciprocal advantages (e.g. for export industries) which would help governments to overcome domestic protectionist pressures and liberalize their welfare-reducing, discriminatory border barriers. The successful conclusion of eight "GATT Rounds" on reciprocal trade liberalization were seen as proof for the "constitutional functions" of international guarantees of freedom, non-discrimination, reciprocity and rule of law: international public goods (like a liberal trade and monetary system, democratic peace) can be provided without a world government through multilateral agreements and intergovernmental organizations with limited powers, supported by the hegemonic leadership of the US as the world's most powerful constitutional democracy and national economy[2].

The 'National Security Strategy of the United States', signed by US President *Bush* on 17 September 2002, reflects the continuing US strategy of relying on US leadership for "coalitions of the willing" to "create a balance of power that favors human freedom" and brings "the hope of democracy, development, free markets and free

1 The term "embedded liberalism" was coined by *Ruggie*, International Regimes, Transactions and Change: Embedded Liberalism in the Postwar Economic Order, in: Krasner (ed), International Regimes, 1983, at 195-231. On the decisive role of US Secretary of State *Cordell Hull*, who was described by President *Roosevelt* as "the father of the United Nations" and of the postwar international trading system and was awarded the Nobel Peace Prize in 1945, see: *Hull*, The Memoirs of Cordell Hull, 1948.

2 Cf. *Petersmann*, Constitutional Functions and Constitutional Problems of International Economic Law, 1991, chapter VII.

trade to every corner of the world." "The United States is committed to lasting institutions like the United Nations, the World Trade Organization, the Organization of American States and NATO". Yet, President *Bush* has also made clear in numerous speeches the need for "defending the United States, the American people, and our interests at home and abroad by identifying and destroying the threat before it reaches our borders. While the United States will constantly strive to enlist the support of the international community, we will not hesitate to act alone, if necessary, to exercise our right of self-defense by acting preemptively against such terrorists, to prevent them from doing harm against our people and our country"[3]. "Hard military power" as the basis for "realist policies", supplemented by "soft power" in the form of economic assistance and the "attractive power" of liberal values and democracy, are complementary tools of the distinctively *national* US security strategy.

The numerous "policy failures" of "embedded international liberalism" are viewed by many third countries as undermining the legitimacy of the power-oriented US foreign policy and security strategies: unnecessary widespread poverty, health pandemics and related disregard for economic and social human rights in the world; "realist" US support for numerous undemocratic governments (e.g. in oil-producing countries); frequent US "unilateralism" in international economic and political relations (e.g. exclusion of agricultural, cotton and textiles trade from GATT rules in response to US interest group pressures to the detriment of developing countries); non-democratic decision-making in worldwide organizations; non-participation of the US in numerous worldwide environmental, human rights and humanitarian treaties (e.g. on the International Criminal Court). The democratic distrust by the "sole super-power" vis-à-vis international law, and the US perception of international organizations as mere frameworks for intergovernmental bargaining that may be disregarded for the sake of national US interests, are widely seen as weakening US legitimacy and US leadership for protecting human rights, "democratic peace" and rule of law around the world. Notwithstanding the US military power to destroy "rogue governments", nationalist foreign policies lack the international legitimacy which only democratically agreed multilateralism and respect for human rights can offer.

C. The 'European Security Strategy' and the Limits of the UN System

The 'European Security Strategy' adopted by the European Council on 12 December 2003[4] reflects a more "multilateral" approach by the world's sole "international democracy" with comparatively more focus on "civilian power" than on "military power". The unique strategic position of the US is frankly acknowledged: "The end of the Cold War has left the United States in a dominant position as a military actor.

3 All citations are from the US National Security Strategy, with the exception of the last quotation from the speech by US President *Bush* on September 14, 2001 at Washington D.C.

4 A Secure Europe in a Better World, 12 December 2003.

However, no single country is able to tackle today's complex problems on its own." The global responsibilities of the EU are admitted: "As a union of 25 states with over 450 million people producing a quarter of the world's Gross National Product, ... the European Union is inevitably a global player ... it should be ready to share in the responsibility for global security and in building a better world."

The European Security Strategy focuses on the poverty-related causes of international insecurity: "Almost 3 billion people, half the world's population, live on less than 2 Euros a day. 45 million die every year of hunger and malnutrition... AIDS contributes to the breakdown of societies... Security is a precondition of development." Similar to the US Security Strategy, the European strategy identifies terrorism, proliferation of weapons of mass destruction, regional conflicts, "failed states" and organized crime as key threats; the EU measures for tackling these threats are described. Yet, "none of the new threats is purely military, nor can any be tackled by purely military means. Each requires a mixture of instruments ... The European Union is particularly well equipped to respond to such multi-faceted situations." The EU's integrated "neighborhood policies" (e.g. vis-à-vis the Mediterranean countries) and the EU initiatives for an "international order based on effective multilateralism" and on "upholding and developing international law" are described as examples: "Spreading good governance, supporting social and political reform, dealing with corruption and abuses of power, establishing the rule of law and protecting human rights are the best means of strengthening the international order. Trade and development policies can be powerful tools for promoting reform. As the world's largest provider of official assistance and its largest trading entity, the European Union and its Member States are well placed to pursue these goals."

The Strategy draws, *inter alia*, the following policy conclusions for Europe: "We need to develop a strategic culture that fosters early, rapid, and when necessary, robust intervention... This applies to the full spectrum of instruments for crisis management and conflict prevention at our disposal, including political, military and civilian, trade and development activities." "The EU should support the United Nations as it responds to threats to international peace and security." The European Defence Agency, subsequently established in July 2004[5], is welcomed as an important element towards the development of more flexible and efficient European military resources. As "in almost every major intervention, military efficiency has been followed by civilian chaos", the EU needs "greater capacity to bring all necessary civilian resources to bear in crisis and post-crisis-situations" and must "pursue our objectives both through multilateral cooperation in international organizations and through partnerships with key actors", notably the US, other democracies and all neighboring countries around the EU. An active and capable EU could "contribute to an effective multilateral system leading to a fairer, safer and more united world."

Compared with the National US Security Strategy, the EU strategy appears:

- more international and multilateral in character based on the belief that, as stated by the EU High Representative for the Common Foreign and Security Policy (CFSP), "the security of the EU in the face of global threats can only be safe-

5 Council Joint Action 2004/551/CFSP of 12 July 2004, OJ 2004 L 245/17.

guarded if the fundamental values enshrined in the UN Charter and other international regimes and treaties are woven into an extensive web of multilateral instruments"[6];
- in view of the limited military capabilities of the EU and the frequently divergent foreign policy priorities of EU member states, "NATO is and will remain key to safeguarding our security": the transatlantic partnership remains "irreplaceable"[7];
- Europe's more comprehensive view of security, as reflected also in the three baskets of the Helsinki Final Act and in numerous statements by the Organization for Security and Cooperation (OSCE) in Europe, considers "the protection and promotion of human rights and fundamental freedoms, along with economic and environmental cooperation …, to be just as important for the maintenance of peace and stability as politico-military issues"[8].

Yet, for a number of reasons, the EU's focus on the UN principles and UN security system run counter to the obligation to "advance in the wider world" the EU's own constitutional principles (cf. Article III-292). It appears doubtful whether the UN principles offer an effective framework for realizing the EU's human rights objectives in view of the fact that, for instance:
- Despite the UN's commitment to protection of "human security" of individuals and their communities rather than only of the State[9], the widespread disregard for the human rights obligations under UN law in a large number of non-democratic UN member states undermines the democratic legitimacy and effectiveness of UN institutions, UN law and the UN's collective security system.
- Europe's historically unique contribution to "democratic security" (based on the Kantian assumption that armed conflict between democracies is unlikely) has become effective through the progressive extension of European treaty systems (e.g. of the Council of Europe) rather than through UN law.
- The state-centered UN agencies have proven incapable of supplying global public goods like democratic peace, rule of law, respect for human rights, protection of the environment, eradication of unnecessary poverty and poverty-related diseases, and a mutually beneficial worldwide division of labor. The UN principle of "sovereign equality of states" and the permanent veto rights of the victorious powers of World War II in the UN Security Council have contributed to the UN's inability to prevent civil wars (e.g. in Rwanda, Somalia, the former Yugoslavia, Afghanistan, Iraq, Sudan) and "state failures" with dangerous repercussions for third states (such as terrorism and organized crime).

6 *Javier Solana*, Speech on 12 November 2003 at Berlin.
7 *Id.* note 6. The US perceives NATO rather as a « strategic option » : The mission defines the US coalition, not *vice versa* (as stated by US Defence Secretary *Rumsfeld*).
8 OSCE Handbook, OSCE 2000, at 1-3.
9 Cf. Human Security Now, Report by the Commission on Human Security, UN 2003.

- Even though the EU is the by far largest contributor to the regular UN budget (ca 38%) and to voluntary UN funds (e.g. for development assistance, humanitarian aid and peacekeeping operations), the EU is neither a UN member nor has it a permanent seat in the UN Security Council or a coherent "UN security policy" that is consistently defended by all EU member states in the Security Council.
- Proposals for replacing the state-centered existing UN – either by a human-rights-centered new UN (e.g. following the precedent of the replacement of GATT by the WTO)[10] or by a new "Alliance of Democracies" limited to the about 60 existing democracies[11] – lack political support also by England and France who fear that renouncing their privileged powers in the UN Security Council might further increase the political imbalance in favor of the US.

D. Multilevel Governance Requires Multilevel Constitutionalism: Time for Extending Citizen Rights and 'International Constitutionalism' Beyond the EU

Europe's unique historical experience has been that, while military victories produce temporary peace at best, the EU's peaceful integration model has made the EU treaty constitution the most successful, progressively expanding peace-building treaty in international relations. EU membership and accession are limited to "any European State which respects the principles set out in Article 6(1)" (Article 49 EU). The EU's basic constitutional principles are, however, universalizable, notably

- the foundation of the EU "on the principles of liberty, democracy, respect for human rights and fundamental freedoms, and the rule of law, principles which are common to the Member States (Article 6(1) EU); and
- Jean Monnet's insight that European integration becomes effective through mutually beneficial cooperation among individuals and people (rather than only among state representatives); its ultimate goal is to help individuals and people to live a better life through citizen-oriented, constitutional change in Europe and in the world without creating a new kind of Great Power and new sources of international conflicts.

Proposals for a "new transatlantic complementarity"[12] relying on American military power (e.g. for coercing regime change) and on European civilian power (e.g. for the multilateral reconstruction and legitimization of new regimes) cannot hide the fact that – in order to remain an autonomous and politically credible, regional and worldwide NATO partner and defender of democratic peace – Europe needs its own military capacities. NATO rests on shared values (such as human rights, democracy, open markets, social justice) and mutual defence commitments. Yet, as illustrated by

10 Cf. *Petersmann*, How to Reform the UN System? Constitutionalism, International Law and International Organizations, in: Leiden Journal of International Law 1997, 421-474. See also the proposals for far-reaching UN reforms in the recent report by the UN High Level Panel on *Threats, Challenges and Change*, UN December 2004.

11 This proposal has been made by *Daalder/Lindsay* in: Divided on being united, Financial Times 7 November 2004, at W18.

12 Cf. *Moravcsik*, Striking a New Transatlantic Bargain, in: Foreign Affairs July/August 2003, 74-89.

the Iraq war, European and American strategic priorities may diverge. As the sole "international constitutional democracy", the EU has strategic options – such as the progressive extension of the constitutional structures of European integration and "democratic peace" through the EU's accession, association and "partnership" agreements with European, Mediterranean and other neighboring states – which the US does not have. Europe and NATO, as the most powerful alliance of democracies, could be mutually strengthened by elaborating a new "Atlantic Charter" committing all NATO countries to a more precise, common security strategy (e.g. on the progressive expansion of NATO to other democracies), including a common "UN policy" vis-à-vis governments whose violations of human rights, support for terrorism or acquisition of weapons of mass destruction grossly violate UN law and threaten democratic peace[13].

In its Laeken Declaration of December 2001 on the Future of the EU, the European Council called for an examination of "how to develop the Union into a stabilizing factor and a model in the new multi-polar world." The 2004 Treaty Establishing a Constitution for Europe provides for numerous constitutional reforms strengthening the EU's foreign policies[14], such as:

- merger of the EC and EU Treaties, reorganization of EU primary law and codification of so far unwritten EU constitutional law in a single Constitution providing for a single legal personality of the EU;
- merger of the EC and EU institutions, other institutional reforms (e.g. extension of qualified majority voting in the Council, use of "decisions" as the main legal act in the EU's common foreign and security policy, additional assent powers of the European Parliament for international agreements) and creation of new EU institutions (such as the long-term President of the European Council, the Union Minister of Foreign Affairs, the European External Action Service, the EU Defence Agency) with a view to improving the foreign policy decision-making capacity of the EU and of its Foreign Affairs Council;
- extension of the EU's foreign policy powers (e.g. for the common commercial policy, humanitarian aid, common security and defence policies, accession to the European Convention on Human Rights) and of the EU rules on "Union External Action" to all fields of external relations;

13 Cf. *Petersmann*, Now is the Time to Devise a New Atlantic Charter, in: Financial Times, April 24, 2003:

14 For details see e.g.: *de Witte*, The Constitutional Law of External Relations, in: Pernice/Poiares Maduro (eds), A Constitution for the European Union: First Comments on the 2003 Draft of the European Convention, 2004, 95-106; *Cremona*, The Union as a Global Actor: Roles, Models and Identity, in: Common Market Law Review 2004, 553-573; *id.*, The Draft Constitutional Treaty: External Relations and External Action, in: Common Market Law Review 2003, 1347-1366; *Griller*, External Relations, in: de Witte (ed), Ten Reflections on the Constitutional Treaty for Europe, 2003, 133-162.

- more coherent general objectives, common principles and procedures (e.g. for binding decisions by the European Council on the "strategic interests and objectives" of the EU's external relations, the conclusion of international agreements, the representation of the EU abroad) for the different subsystems of the EU's external policies so as to promote more unity and consistency in the EU's external relations.

The legal integration of the previously separate "pillars" of the EU remains, however, incomplete in many ways. In a world of power politics and widespread disregard for human rights and rule of law, the EU cannot unilaterally "constitutionalize" the external policies of the EU for the benefit of European citizens without simultaneous constitutional reforms in the international organizations where the EU exercises its foreign policy powers (e.g. by providing for EU membership in the UN and other UN Specialized Agencies). For instance:

- the diverse responses by EU member states to foreign power politics (e.g. in Iraq and Iran) illustrate that uniform EU rules and EU institutions are no substitute for the diversity of national foreign policy interests and capacities among EU members[15];
- the degree of "constitutionalization" of EU foreign policies is therefore inevitably lower for policies carried out in power-oriented institutions (like the UN Security Council) than for multilevel governance in rules-based institutions subject to (quasi)judicial international review (like the WTO);
- the "community method" applicable to e.g. foreign trade and environmental policies is not provided in the EU Constitution for the common foreign and security policy (CFSP) and the common security and defence policy (CSDP), whose predominantly intergovernmental procedures remain largely exempted from parliamentary co-decision and control by the European Parliament and judicial review by the European Court of Justice;
- the "exceptional political character" of the CFSP and CSDP is likewise reflected in the fact that these external competences are not part of the three general categories of EU competences (exclusive, shared, complementary), but are listed separately in the EU Constitution as a special category of competences *sui generis* (Article I-16) whose constitutional regulation remains imprecise in many ways (e.g. as regards security policy which forms part of both the CFSP as well as the CSDP)[16];
- the legal and political differences among the various subsystems of the EU's external relations entail different internal implementing rules and procedures: whereas e.g. the customs union law and environmental law of the EU are subject to the ordinary "legislative co-decision procedure" and assert legal primacy and direct applicability inside the EU for the benefit of EU citizens, the legal "decisions" on the implementation of the CFSP and CSDP remain intergovernmental

15 Cf. *Griller* (note 14): integration of legal functions and institutional structures does not of itself lead to integration of policies.

16 *Griller* (note 14) rightly points out that the CFSP could be perceived as a special type of shared competence.

in nature and largely exempted from judicial review so that it remains doubtful whether they will confer direct rights on EU citizens[17].

Marise Cremona[18] has distinguished five different roles of the EU as a global actor, i.e. as (1) a model and laboratory of regional integration "in the Community way"; (2) a "market player" and facilitator of a worldwide liberal trade regime; (3) a "rule generator" and promoter of a worldwide network of partnership, association and co-operation agreements linking the EU with more than one hundred third countries; (4) a "stabilizer" exporting EU values (such as respect for human rights, democracy, cultural diversity, rule of law, open markets) to third countries; and (5) as a "magnet and neighbor" using its attraction and the incentive of EU membership as a policy instrument for promoting EU values abroad and building a ring of stability and safety around EU borders. The common core of these diverse internal and external policy dimensions of the EU are "the Union's values" (Article 2) which, as stipulated in Article 4 of the Constitution, the EU must uphold and promote at home and abroad. These common values – i.e. "respect for human dignity, freedom, democracy, equality, the rule of law and respect for human rights" (Article I-2) – are constitutional in nature and can be realized only to the extent that multilevel governance is subjected to multilevel constitutionalism at home and abroad. The two central policy conclusions of this contribution are that, first, the EU as a "contitutionalizer" of formerly national and increasingly European foreign policies has so far been Europe's most successful political role; and, second, the EU Constitution's mandate of further "constitutionalizing" multilevel governance in the wider Europe and in worldwide institutions remains Europe's most important foreign policy challenge.

The – since 1997 only three – "common strategies" adopted by the European Council (i.e. in respect of Russia, Ukraine and the Mediterranean) are another illustration of the fact that the "constitutional foreign policy project" called for in the EU Constitution is far from being realized in the EU's incoherent foreign policy practices. It remains to be seen which of the above-mentioned roles of the EU will be prioritized by the future European Minister of Foreign Affairs who – as a member of the European Council and Chair of the Foreign Affairs Council – is expected to "conduct" the CFSP and – as a Vice-President of the EU Commission – will have responsibilities for initiating and coordinating also the other EU external policies. Pragmatic and incremental efforts at progressively extending "multilevel constitutionalism" for the benefit of citizens and their rights in Europe and worldwide – in contrast to the state-centered unilateralism and power politics characteristic of other foreign powers – should become the defining hallmark of the EU's external policies.

Chapter E concludes this paper by using the EU participation in the World Trade Organization (WTO) as an example for the needed "constitutionalization" of multilev-

17 Article 10(1) of the 2003 Draft Constitution, which was not retained in the final 2004 text, provided: "The Constitution, and law adopted by the Union's institutions in exercising competences conferred on it, shall have primacy over the law of the Member States". This seemed to apply also to acts adopted in the context of the CFSP. The exclusion of the CFSP from the jurisdiction of the EC Court (cf. Article III-376) will entail legal uncertainty concerning many legal aspects of CFSP decisions.

18 *Cremona*, The Union as a Global Actor : Roles, Models and Identity, in: CML Rev. 2004, 553-573.

el governance in worldwide institutions and for what EU leadership for "constitutionalizing" the state-centered and power-oriented UN practices could imply.

E. Why 'Constitutionalizing the WTO' and State-Centered UN Practices Should be an Important Foreign Policy Goal of the EU

According to the EU High Representative for the CFSP, *Javier Solana*, the EU requires "an effective multilateral approach to international order with well-functioning international institutions and rules that are enforced. That means that the international order is based on agreed rules, and that we are prepared to ensure the respect of these rules when they are broken"[19]. The main conclusion of this paper has so far been that EU foreign policies should focus on more effective constitutional protection of human rights and "democratic peace", including the right of the EU to become a full member of all UN institutions in which the EU exercises foreign policy powers and tends to be the most important financial contributor. This final section uses the example of EU membership in the WTO because – thanks to the EC's exclusive common commercial policy competence and "mixed membership" in the General Agreement on Tariffs and Trade (GATT) – the EU played a decisive role in the transformation of the power-oriented GATT trading system into the more rules-based WTO legal and dispute settlement system. The structural coherence between the EU's internal customs union law and its external GATT/WTO customs union obligations, and the higher legal rank of these WTO obligations vis-à-vis unilateral EC Regulations inside the Community legal system, illustrate how EU membership in worldwide organizations can lead to multilevel governance and multilevel constitutionalism for the benefit not only of EU citizens, but also of citizens from third countries.

I. Multilevel Governance Requires Multilevel Constitutionalism

Most national constitutions are characterized by an asymmetry between strict constitutional restraints on *domestic* policy powers and broad *foreign policy discretion* for defending the national interest in the "Machiavellian arena" of power-oriented international relations. As foreign policy powers operate by taxing and restricting domestic citizens (e.g. by means of import restrictions and export subsidies), ineffective constitutional restraints on discretionary foreign policy powers risk to undermine also *internal* constitutional restraints[20]. It is only through reciprocal international guarantees of freedom, non-discrimination and rule of law that most states, and also the EU, are willing to limit their own foreign policy discretion by more precise, legal and judicial restraints of a higher legal rank.

19 *Solana*, note 6 above.
20 On this "Lockean dilemma" see *Petersmann* (note 2), chapter VII.5 and VIII.5.

The "real new world order"[21] is based on ever more extensive multilevel governance (e.g. of international competition, trade, finance, product and production standards, risk regulation, telecommunications, protection of the environment, protection of human rights, collective security) through networks of international treaties and national and international authorities, regulatory bodies, courts and other law enforcement agencies. International integration reveals that national constitutions are incomplete, partial constitutions that can protect citizen rights, democracy and rule of law in *transnational* relations only by empowering governments to conclude reciprocal international agreements protecting individual rights, democratic governance and rule of law across frontiers. Yet, outside Europe, most worldwide agreements do not provide for effective individual rights and judicial remedies that can be directly invoked and enforced by individuals, as in the case of the EC Treaty, the European Economic Area Agreement and the European Convention on Human Rights.

II. Constitutional Elements of WTO Law

National constitutions and international treaty constitutions (like the EU Treaty and the UN Charter) make use of three basic, constitutional techniques: (1) distinction between "constitutional choice" and "post-constitutional choices" (e.g. by delegating only limited powers to legislative, executive and judicial bodies); (2) constitutional recognition of a higher legal rank of constitutional rules over post-constitutional rules (as e.g. in Article 103 of the UN Charter); and (3) the general and abstract nature of constitutional rules which should be binding on all without discrimination. 'Democratic constitutionalism' is characterized by five additional constitutional principles: (4) the rule of law requirement; (5) respect for human dignity and human rights; (6) democratic self-government; (7) separation of powers and other horizontal and vertical "checks and balances" (e.g. subsidiarity requirements); and (8) "social justice" as a precondition for maintaining the needed social consensus over time[22]. WTO law meets not only the three *formal criteria* characteristic of "constitutional rules":

- The distinction between long-term "constitutional rules" and "post-constitutional" decision-making is reflected in the more stringent WTO requirements for the entry into force and amendments of the WTO Agreement (Articles XXIV) than for normal decision-making by consensus or majority-voting (Article IX WTO Agreement).
- The WTO Agreement asserts legal primacy over conflicting provisions in the Multilateral Trade Agreements annexed to the WTO Agreement (cf. Article XVI:3), as well as over conflicting implementing "laws, regulations and administrative procedures" inside WTO members (Article XVI:4), and legally limits the scope for decision-making by WTO bodies (Articles IX,X).

21 Cf. *Slaugther*, The Real New World Order, 2004.

22 Cf. *Petersmann*, Theories of Justice, Human Rights and the Constitution of International Markets, in : Symposium on the Emerging Transnational Constitution, Loyola Law Review of Los Angeles 2003, 407-460.

- WTO rules are of a general nature protecting freedom of trade (e.g. Articles II, XI GATT, XVI GATS), most-favoured-nation treatment (e.g. Articles I GATT, II GATS, 4 TIPS Agreement), national treatment (e.g. Article III GATT, XVII GATS), private property rights (cf. the TRIPS Agreement) and rule of law for the benefit of private traders, investors, producers and consumers.

Although only an intergovernmental, functionally limited "world trade constitution" covering about 95% of world trade, the WTO Agreement also imposes far-reaching *substantive limits* on national and intergovernmental trade policy powers to tax and restrict citizens. Four out of the five substantive criteria used above for defining "constitutionalism" in a more substantial manner, are reflected in WTO law, albeit only in imperfect ways:

- The WTO Agreement (e.g. Article XVI) and its Dispute Settlement Understanding (DSU) aim at rule of international law by protecting "the rights and obligations of Members under the covered agreements" and "providing security and predictability to the multilateral trading system" (Article 3 DSU).
- The WTO protects freedom and non-discrimination in international trade and is committed to "sustainable development" (Preamble of the WTO Agreement) and to (quasi)judicial interpretation of WTO law "in accordance with customary rules of interpretation of public international law" (Article 3 DSU), which requires (pursuant to the customary rules codified in Article 31 of the Vienna Convention on the Law of Treaties) respect for the universal human rights obligations of WTO members.
- Horizontal and vertical separation of powers is protected by the compulsory WTO dispute settlement system and by the power of WTO members to reject dispute settlement rulings or adopt authoritative interpretations (Article IX WTO Agreement).
- The WTO objectives of "raising standards of living, ensuring full employment", promoting "sustainable development" and "positive efforts designed to ensure that developing countries, and especially the least developed among them, secure a share in the growth of international trade commensurate with the needs of their economic development" (Preamble), reflect a concern for "social justice", albeit inadequately defined.

Many "constitutional safeguards" of the WTO were deliberately introduced and designed so as to overcome the "constitutional failures" of the "embedded liberalism" model underlying GATT 1947, for example so as to promote rule of law through compulsory WTO adjudication and appellate review, and enhance transparent, rules-based trade policy-making through the WTO Trade Policy Review Mechanism. Obviously, the WTO's "embedded international trade constitutionalism" could be further developed by linking WTO obligations to domestic constitutionalism in order to promote stronger compliance with, and democratic control of WTO obligations in domestic legal systems where producers, investors, traders and consumers operate and depend on rule of law. Yet, using constitutional discourse for the existing imperfect WTO law helps to identify, *inter alia,*

- the lack of input-legitimacy of the WTO (e.g. in terms of explicit respect for human rights and democratic procedures);

- the numerous "constitutional problems" of WTO rule-making and adjudication (e.g. non-transparent dispute settlement proceedings, inadequate legal protection of the autonomy of dispute settlement panels); and
- the functional interrelationships and potential synergies between the different levels of constitutional rules.

For instance, the EC Treaty guarantees of free movement of goods, services, persons, capital, freedom of establishment and non-discrimination have evolved into "fundamental freedoms" of EU citizens (cf. Article 4 EU Constitution). WTO rights of WTO members may become obligations under human rights law (e.g. to promote access to essential medicines). WTO obligations of WTO members may justify individual rights under domestic constitutional rules, such as intellectual property rights and the legal protection across frontiers of the "freedom to conduct a business in accordance with Union law", as provided for in the EU Charter of Fundamental Rights and Article II-16 of the EU Constitution. Protection of property rights and non-discrimination requirements under WTO rules may become relevant legal context for the interpretation and application of domestic constitutional guarantees of property and non-discrimination.

III. Should Multilevel Governance in the WTO Be Further 'Constitutionalized'?

The focus of the "Union's values" on "respect for human dignity, liberty, democracy, equality, the rule of law and respect for human rights" (Article 2 EU Constitution) reflects the constitutional insight that "state interests", "state consent" and state-centred international law rules can no longer be properly evaluated and interpreted without regard to the today universal human rights obligations of states. As WTO rules directly impact on individual freedom and human welfare in more than 150 countries, the UN High Commissioner for Human Rights has rightly emphasized in a number of recent reports on the human rights dimensions of WTO law that

- each WTO member has human rights obligations under international treaty law as well as under general international law; and
- there is need for clarifying to what extent human rights are "relevant legal context" for interpreting and further developing WTO rules and institutions[23].

The negotiation, application and (quasi)judicial interpretation – in the intergovernmental, administrative and (quasi)judicial bodies of the WTO – of worldwide rules for trade in goods, services, international movements of persons, trade-related investments and intellectual property rights has far-reaching repercussions on national law, individual rights and social welfare. The US Congress tends to perceive worldwide organizations as mere frameworks for bureaucratic bargaining whose legal acts become binding on the US only after their approval by the US Congress and only to the extent WTO obligations have been incorporated through federal legislation into the US system. EU law (Article 300 EC), by contrast, recognizes international

23 Cf. *Petersmann*, The Human Rights Approach Advocated by the UN High Commissioner for Human Rights and by the ILO: Is it Relevant for WTO Law and Policy? In: Journal of International Economic Law 2004, 603-625.

agreements as an "integral part of the Community legal system" with a higher rank so that – in contrast to the "later-in-time rule" in US constitutional law (which enables the US Congress to deviate from international treaty obligations through later laws) – the EC and every EC institution "must respect international law in the exercise of its powers"[24]. In view of these stronger effects of international law inside the Community and the only weak parliamentary control of trade policy-making inside the EU, it is not surprising that the EU has proposed more effective "checks and balances" at the international WTO level (e.g. an advisory parliamentary WTO body, a permanent WTO dispute settlement panel) in order to subject WTO rule-making and WTO adjudication to additional, international legal and political constraints[25].

Yet, democratic processes in distant worldwide organisations cannot replicate the representative, parliamentary forms of democratic self-government practiced inside national democracies. From a citizen perspective, the legitimacy of international organizations depends more on respect for, and promotion of, individual constitutional rights than on direct participation of citizens and their elected representatives in worldwide organisations. "Constitutionalizing" international organizations like the WTO should – following the model of the EU, the European Economic Area (EEA) and the Council of Europe – aim at strengthening the human rights dimensions and democratic "input-legitimacy" of WTO rules and policies and at promoting synergies between WTO rules and domestic constitutional rules. The focus should be on

- promotion of more transparency in all WTO procedures;
- participation of citizens and members of parliaments in advisory WTO bodies in order to enhance better informed, democratic discussions about trade policy-making;
- empowerment of citizens to directly invoke and enforce, under reciprocally agreed conditions, WTO rules in domestic courts (following the example of Article XX of the WTO Agreement on Government Procurement);
- interpretation of existing WTO rules (e.g. on "sustainable development" and protection of human health) in conformity with the existing human rights obligations of WTO members for the benefit of individual citizens; and
- transformation of the existing *ad hoc* WTO dispute settlement panels into a more independent, permanent Panel so as to further strengthen judicial review and rule of law.

From the perspective of the US and other constitutional democracies which do not protect market freedoms as "fundamental individual rights" and whose parliaments effectively control trade policy-making, "constitutionalizing the WTO" has been criticized as "a step too far", and a "return to non-constitutional approaches to reviving the multilateral trading system as an interstate bargain" may appear preferable[26].

24 See e.g. Case C-162/96, Racke, [1998] ECR I-3655, para. 45.

25 See e.g. the contribution by *Erika Mann*, Member of the European Parliament, in *Petersmann* (ed.), Preparing the Doha Development Round: Challenges to the Legitimacy and Efficiency of the World Trading System, 2004, at 99-109.

26 Cf. *Howse/Nicolaidis*, Legitimacy and Global Governance: Why Constitutionalizing the WTO is a Step too Far, in: Porter et al. (eds.), Efficiency, Equity, Legitimacy: The Multilateral Trading System at the Millenium, 2001, 227, at 230.

From the perspective of EU citizens, however, the lack of parliamentary control and of judicial review of WTO rules inside the EU entails not only that additional "constitutional checks and balances" of intergovernmental rule-making and adjudication in the WTO would be desirable. As WTO guarantees of freedom, non-discrimination and rule of law extend the corresponding EC market freedoms across frontiers, and neither the EC Council nor the EC Commission have been granted powers to violate WTO rules, it would also appear desirable to empower citizens to invoke and enforce precise and unconditional WTO obligations of the EC institutions in domestic courts so as to ensure a more effective rule of law, broader citizen rights, and the prevention of intergovernmental WTO disputes by decentralized enforcement of precise and unconditional WTO obligations in domestic courts.

WTO obligations have been recognized as an "integral part of the Community legal order" inside the EC, with a legal rank superior to EC secondary law (e.g. regulations and decisions), and have been explicitly referred to in several EC implementing regulations (e.g. on anti-dumping procedures)[27]. But the EC Court of Justice – like the domestic courts of other WTO members – has concluded from the intergovernmental structures and reciprocity principles of WTO law that the "purpose of the WTO agreements is to govern relations between States or regional organizations for economic integration and not to protect individuals" who, as a consequence, "cannot rely on them before the courts and ... any infringement of them will not give rise to non-contractual liability on the part of the Community"[28]. In its Biret judgment of 30 September 2003, the Court summarized its WTO jurisprudence in the following terms:

> "It is clear from case-law which is now firmly established that in view of their nature and structure the WTO Agreement and its annexes, in the same way as (GATT 1947), do not in principle form part of the rules by which the Court of Justice and the Court of First Instance review the legality of acts adopted by Community institutions..., that individuals cannot rely on them before the courts and that any infringement of them will not give rise to non-contractual liability on the part of the Community".[29]

In view of this long-standing opposition by EU institutions against judicial review and democratic accountability for violating their WTO/EU obligations vis-à-vis EU citizens, it may be more "realist" to use reciprocal free trade areas and customs union agreements for progressively extending the EU's citizen-oriented approach to international trade to ever more third countries. As inside the EU and the EEA, judicial protection of individual market freedoms as fundamental rights is beneficial not only on economic and democratic grounds, but offers the most effective foreign

27 For details see: *van den Bossche*, The EC and the Uruguay Round Agreements, in: *Jackson/Sykes* (eds.), Implementing the Uruguay Round, 1997, 23-102.

28 According to the same judgment, "it is only where the Community intended to implement a particular obligation assumed in the context of the WTO, or where the Community measure refers expressly to the precise provisions in the WTO agreements, that it is for the Community judicature to review the legality of the Community measure in question in the light of the WTO rules", cf. Court of First Instance Case T-210/00, Biret, [2002] ECR II-47, paras. 71-73.

29 ECJ Case C-94/02, Biret, [2003] ECR I-10497, para. 71.

policy strategy for promoting "democratic peace" and individual as well as social self-development with due regard to human rights.

IV. Constitutionalism and International Law: A Fundamental Challenge for the EU's Foreign Policies

Similar to the struggles for de-colonization, promotion of a citizen-oriented "human rights approach" to international law and international relations is an uphill-battle that is often ridiculed by "realist" diplomats (notably from non-democratic countries) who fear democratic accountability and publicity and benefit from the power-oriented structures of international law (e.g. in case of sale of oil, diamonds and other natural resources by non-democratic governments for the benefit of their rulers). Also WTO members avoid human rights discourse in WTO bodies and are likely to disagree even on the most basic human rights concepts, such as respect for human dignity and human liberty. While WTO diplomats prefer to leave clarification of the human rights dimensions of WTO rules to other *fora*, WTO dispute settlement bodies may be legally required under Article 3:2 DSU and the customary methods of international treaty interpretation (cf. Article 31 of the Vienna Convention on the Law of Treaties) to take into account the human rights obligations of WTO members in interpreting WTO rules.

The lack of in-put legitimacy of WTO law entails that national parliaments, courts and citizens rightly distrust WTO decision-making processes and, in many countries, do little to ensure its effective implementation in domestic legal systems. In order to further strengthen the "constitutional functions" of WTO guarantees of freedom, non-discrimination, rule of law and social safeguard measures for the benefit of citizens, the EU could propose, for example,

- a WTO Declaration pledging respect for the existing, universal human rights obligations of WTO members;
- additional WTO agreements empowering individuals and domestic courts to enforce precise and unconditional WTO guarantees of freedom, non-discrimination, rule of law and social safeguards in domestic legal systems; and
- an explicit WTO obligation committing domestic courts to interpret domestic laws in conformity with relevant WTO obligations.

The emerging *international constitutional law* remains functionally limited and, even inside monist legal system like EU law, is often not yet legally protected as part of the multilevel constitutional order. It calls for interpreting multilevel constitutional rules as a functional unity for protecting and promoting freedom and human rights at home and abroad. The universal recognition of human rights does not only *limit* the powers of states and of intergovernmental organizations. Respect for human rights can also *enhance* their "power of legitimacy", democratic ethos and political ability to transform power-oriented, state-centred structures into more citizen-oriented, democratic and cosmopolitan structures for worldwide poverty reduction, protection of individual rights and of the environment, and enhancement of individual and social welfare (e.g. through trade). The democratic right of EU citizens to be represented by the EU in all worldwide organizations where the EU exercises common foreign policy powers, should become a central objective of a rights-based EU foreign policy strategy – not only for economic, legal and constitutional reasons, but also because respect for human rights and for new forms of democratic governance must be part of a comprehensive security strategy aimed at addressing the "root causes" of conflicts[30] by promoting conflict prevention, democracy building and "sustainable development" through constitutional protection of human rights and "democratic peace."

This paper focused on the universal and "indivisible" human rights obligations of all WTO members which call for transforming the intergovernmental WTO law into a cosmopolitan "constitution of liberty" and rights-based "social market economy". The EU's foreign policy constitution calls for a "constitutional approach" also to foreign policy areas other than the common commercial policy. The today universal recognition of human rights in more than one hundred human rights treaties and other human rights instruments has far-reaching implications for the interpretation of many international law rules (e.g the right of suppressed minorities to political autonomy vis-à-vis a governments that consistently fail to protect the human rights of the minority concerned). Based on its own high standards of constitutional protection of human rights, the EU should become the world's leader for protecting human rights in intergovernmental rule-making, including the democratic right of EU citizens to be represented by the EU in all UN and other institutions in which the EU exercises its foreign policy powers. The EU's "power of democratic legitimacy" and other "soft power", including its "power of the purse" as the main financier of many UN bodies and its worldwide networks of cooperation treaties with "human rights clauses" committing more than one hundred third states, offer plenty of instruments for advancing rights-based, democratic and other constitutional reforms of international organizations as well as a broad EU security strategy focussing on "human security" and respect for human rights. As "none of the new threats is purely military; nor can any be tackled by purely military means", conflict prevention and pre-emptive engagement – by strengthening respect for human rights and challenging bad governance and unnecessary poverty – cannot start too early[31].

Multilevel constitutionalism helps to better understand, use and strengthen the functional interrelationships between international and domestic constitutional rules. Just as democracies are not sustainable over time without "constitutional democracy", market economies cannot properly function without respect for human rights and "economic constitutions" that protect non-discriminatory, consumer-driven competition and social justice. The legal ordering of the spontaneous cooperation among billions of producers, investors, traders and consumers in 148 WTO member countries cannot be effectively secured and efficiently guided through WTO law unless WTO rights and obligations are more strongly embedded in multilevel consti-

30 Cf. the Communication of the EU Commission on 'Conflict Prevention'. COM (2001) 211 final, at 10.

31 *Biscop/Coolsaet*, The World is the Stage – A Global Security Strategy for the EU, Policy Paper No.8, Notre Europe, December 2003.

tutionalism at home and abroad. More active parliamentary participation in the negotiation, adoption and implementation of international rules, and the vigilance of self-interested traders, producers, investors and consumers in promoting rule of law and open markets across discriminatory border restrictions, offer the most democratic and most effective, decentralized mechanisms for transforming state-centred intergovernmental rules into mutually beneficial cooperation among citizens based on respect for rule of law and citizen rights. All these historical "European experiences" are of crucial importance for the needed reforms of the international order and are "founded on the values of respect for human dignity, liberty, democracy, equality, the rule of law and respect for human rights" (Article I-2 EU Constitution), values which the EU is constitutionally required to promote also in its external policies (cf. Article 11 EU Treaty and Article I-3(4) EU Constitution).

Nach der Reform ist vor der Reform. Zum Gerichtssystem der Europäischen Union

Hans-Jürgen Rabe

I.

Wohl kaum ein Organ der Europäischen Gemeinschaften ist so lang anhaltend Gegenstand von **Reformdiskussionen** gewesen wie der Europäische Gerichtshof. Darin spiegelt sich die – quantitative wie qualitative – Dynamik des Gemeinschaftsrechts. Schon im April 1963 ging es um Rechtsschutz und System der Gerichtsbarkeit auf dem vom Institut für das Recht der europäischen Gemeinschaften der Universität Köln veranstalteten Kongress „10 Jahre Rechtsprechung des Gerichtshofes der Europäischen Gemeinschaften". Man geht wohl nicht fehl in der Annahme, dass einer der Organisatoren dieses Kongresses *Manfred Zuleeg* war, damals Assistent bei *Bodo Börner*. Es ist nicht ohne Reiz, die dort behandelten Probleme und die Vorschläge zu ihrer Lösung auf dem Hintergrund der seither geführten Diskussion zu sehen, etwa den von *Walter Strauß* gemachten Vorschlag, der Belastung des Gerichtshofs mit Dienstrechtsverfahren nach dem Beamtenstatut dadurch Herr zu werden, dass eine verwaltungsgerichtliche Instanz als zugleich Güte- und Entscheidungsinstanz eingerichtet wird, gegen deren Entscheidung eine Rechtsbeschwerde an den Gerichtshof möglich sein soll[1]. Nach über 40 Jahren ist dieser Vorschlag Wirklichkeit geworden mit dem Beschluss des Rates zur Errichtung des Gerichts für den europäischen öffentlichen Dienst vom 2. 11. 2004[2].

Über Jahrzehnte verblieb es bei der Analyse der Probleme, Vorschläge zu ihrer Lösung wurden bestenfalls in marginalen Änderungen der Verfahrensordnung aufgenommen. Die Errichtung des Gerichts erster Instanz im Jahr 1988 war der erste bedeutsame Schritt, um die Schwierigkeiten zu beheben, denen sich der EuGH in seiner Funktion und damit in seiner Rechtsprechung ausgesetzt sah. Erst im Vorfeld des Vertrages von Nizza wurde offen von einer Krise der Gerichte in Luxemburg gesprochen. Es setzte eine breite, intensive Diskussion ein, die z.T. weitreichende Vorschläge zur Änderung und Verbesserung des Gerichtssystems hervorbrachte.

Die Ergebnisse dieser Diskussion, wie sie sich im Nizza-Vertrag niedergeschlagen haben, sind eher bescheiden und weit von der Radikalität der Umgestaltung des Gerichtssystems entfernt, die nicht zuletzt im Blick auf eine Union mit 25 Mitgliedern für erforderlich gehalten wurde. Der Vertrag von Nizza und die kurz vorher beschlossenen Änderungen der Verfahrensordnungen beider Gerichte brachten für den EuGH die Einführung der großen Kammer als Entscheidungsgremium anstelle des

1 Vgl. *Rabe*, Über den Rechtsschutz innerhalb der Europäischen Gemeinschaften, EuR 1966, 69 (72).
2 ABl. 2004 L 133/7.

Plenums, das nur noch in besonderen Ausnahmefällen tätig wird. Entscheidungen eines Plenums mit 25 Richtern wären problematisch, können nach mehr als 50 Jahren Rechtsprechung aber auch kaum mehr die ursprüngliche Notwendigkeit beanspruchen. Erleichterung und Beschleunigung des Verfahrens vor dem EuGH soll bieten, dass Urteile ohne Schlussanträge der Generalanwälte ergehen können, wenn sie keine neuen Rechtsfragen aufwerfen (Art. 20 Abs. 5 der Satzung). Das schließt freilich in jedem Einzelfall nicht die Notwendigkeit sorgfältiger Prüfung aus, ob der Fall eine neue Rechtsfrage aufwirft. Die Möglichkeit einer Entscheidung ohne mündliche Verhandlung wurde über die Rechtsmittelverfahren hinaus erweitert (Art. 44 a VerfO), und zwar auch für das EuG bei offensichtlicher Unzulässigkeit oder Unbegründetheit der Klage (Art. 111 VerfO). Entscheidungen in Vorlageverfahren durch Beschluss sind vorgesehen, wenngleich in engem Rahmen (Art. 104 § 3 VerfO). Verkürzte und beschleunigte Verfahren (Art. 39 der Satzung bzw. Art. 62 a und 104 a VerfO EuGH, Art. 76 a VerfO EuG) sollen die Verfahren beschleunigen und verschlanken; in der Praxis wird dies freilich nur in sehr engem Rahmen möglich sein. Die letzte Errungenschaft ist die Einrichtung des Dienstgerichtes, das in absehbarer Zeit das Gericht erster Instanz nicht nur entlasten wird, sondern auch die Forderung nach einem wirklichen Fachgericht in diesem Bereich erfüllt.

Die Problematik der bisherigen Diskussion ebenso wie der Änderungen im System der europäischen Judikative liegt vor allem darin, dass sie weithin nur unter dem Aspekt der Entlastung geführt und verwirklicht wurden. Die ja doch wohl immer noch vorrangige Frage des Rechtsschutzes blieb im Schatten. Gerade ihr ist jedoch erhöhte Aufmerksamkeit zuzuwenden, und dies nicht nur im Hinblick auf das Beharren des EuGH auf seiner Plaumann-Rechtsprechung zur unmittelbaren und individuellen Betroffenheit des Einzelnen als Voraussetzung der Klagbefugnis gegen Normativakte. Die Ausdehnung der Kompetenzen der Union vor allem im Bereich Innen- und Justizpolitik, aber auch die in den Verfassungsvertrag aufgenommene Grundrechtscharta müssen die Diskussion auf die Schwachstellen des Rechtsschutzes lenken, der in vielen Bereichen nicht mehr als umfassend und – einschließlich der zeitlichen Komponente – effektiv angesehen werden kann.

Es nimmt daher nicht Wunder, dass die Diskussion um eine Reform des Gerichtssystems in der europäischen Union alsbald „nach Nizza" wieder aufgenommen wird – und aufgenommen werden muss. Die Diskussion über die "Architektur der europäischen Gerichtsbarkeit" hat kürzlich insbesondere der Rat der europäischen Anwaltschaften (CCBE) auf einem Kolloquium Mitte November 2004 in Brüssel fortgeführt. Auf den Beiträgen zu diesem Kolloquium beruhen verschiedene der folgenden Überlegungen[3].

3 Die Beiträge und Diskussionen auf dem Kolloquium der CCBE unterlagen den Chatham House Rules, die die Verwendung der Informationen erlauben, aber die Identifizierung der Redner verbieten.

II.

Bei der Diskussion um Verbesserung und Beschleunigung der Verfahren muss die **Belastung** beider Gerichte zusammen gesehen werden. Sie ist sowohl beim EuGH als auch beim EuG nach wie vor erheblich.
Der EuGH wird im Jahre 2004 etwa 600 Fälle durch Urteil oder Beschluss erledigt haben. Dem stehen gegenüber 560 neue Fälle, davon 210 Vorlageverfahren und 205 Vertragsverletzungsverfahren. Die Tendenz wird mit ziemlicher Sicherheit steigend sein angesichts des wachsenden Umfangs des Gemeinschaftsrechts, der Erweiterung auf 25 Mitgliedstaaten und der Auswirkungen, die die Europäische Verfassung – wenn sie denn Wirklichkeit wird – haben wird. In Vorabentscheidungsverfahren kommt es erst nach durchschnittlich 25,5 Monaten zu einem Urteil – eine für die nationalen Gerichte nicht mehr hinnehmbare zeitliche Verzögerung ihrer Verfahren. Die Vermehrung der Richter durch den Beitritt der zehn neuen Mitgliedstaaten wird bestenfalls vorübergehend eine Verbesserung bringen.
Beim Gericht erster Instanz sieht es nicht besser aus. Die Belastung hat sich seit 1998 verdoppelt, vor allem durch die Zahl der Verfahren in Beihilfe-, Wettbewerbs- und Warenzeichensachen. Im Jahre 2003 sind 210 neue Fälle hinzugekommen, in den ersten zehn Monaten des Jahres 2004 234. Eine erhebliche Vermehrung ist vorherzusehen, auch durch die zunehmende Rechtsetzung der Union in den Bereichen Justiz und Inneres. Entsprechend ist die Dauer der Bearbeitungszeiten: für Beamtenklagen 17,8 Monate, für Warenzeichensachen 16,2 Monate, für Direktklagen (Beschlüsse und Urteile) 20,5 Monate, in durch Urteil abgeschlossenen Sachen 30 Monate.
Weitere Verfahrensänderungen dürften keine Verbesserungen bringen. Trotz der Entlastung durch das Dienstgericht und das zu erwartende Markengericht (die Kommission arbeitet derzeit an einem Vorschlag) ist auch im Interesse der Beschleunigung eine Spezialisierung der Kammern des Gerichts angezeigt. Das beschleunigte Verfahren werden beide Gerichte nur sehr begrenzt für dringende Fälle einsetzen können, da sie zu Lasten der übrigen Verfahren gehen.

III.

Angesichts dieser nach wie vor unbefriedigenden und sich auch in naher Zukunft kaum bessernden Lage hat insbesondere der EuGH verschiedene **organisatorische Maßnahmen** ergriffen. Für jeden Fall wird zu Beginn ein detaillierter Zeitrahmen vorgegeben, von dem nur in besonderen Fällen abgewichen werden darf. Der Bericht für die mündliche Verhandlung wird im Hinblick auf die nach wie vor höchst begrenzten Übersetzungskapazitäten verkürzt. In Fällen, in denen keine mündliche Verhandlung stattfindet, wird kein Bericht erstellt. Nach einem Vorschlag an den Rat sollen in Vorlagesachen nur noch die Fragen des vorlegenden Gerichts übersetzt und den Mitgliedstaaten übermittelt werden, nicht mehr, wie es in Art. 104 § 1 VerfO vorgesehen ist, mit einer Übersetzung in der Sprache jedes Mitgliedstaates. Dieser Vorschlag wird sicherlich Diskussionen im Rat auslösen. Dies wäre – und das mit Recht – auch dann zu erwarten, wenn Überlegungen reifen, die Urteile des Gerichts-

hofes, auch in Vorlagesachen, nur noch selektiv zu veröffentlichen, selbst wenn man für die Selektion konkrete, nachvollziehbare Kriterien vorgibt.
Beschleunigungen durch Verfahrensmaßnahmen haben jedoch ihre Grenzen dort, wo Klarheit und Verständlichkeit der Urteile des Gerichtshofes oder des Verfahrens tangiert sind. Diese Grenzen erscheinen durch die Maßnahmen erreicht, die bisher getroffen wurden.

IV.

Von jeher hat das **Sprachenproblem** vor allem den Gerichtshof belastet. Bei nunmehr 20 Amtssprachen sind 380 Sprachkombinationen denkbar. Eine Reduzierung der Verfahrenssprachen steht offenbar so lange nicht zur Diskussion, wie das Recht auf Benutzung der eigenen Sprache als eine Verfassungsfrage angesehen wird. In diesem Zusammenhang ist sicherlich auch der Europäische Menschenrechtsgerichtshof mit nur zwei Verfahrenssprachen (Englisch/Französisch) kein Beispiel; die Funktionen beider Gerichte sind zu unterschiedlich. Auf der anderen Seite sollte aber auch bedacht werden, dass unzulängliche Übersetzungen weniger hinnehmbar sind als die Benutzung einer begrenzten Zahl von Hauptsprachen, von denen die eine oder die andere in jedem Mitgliedstaat akzeptabel ist. In diese Richtung geht eine Überlegung, in Vorlageverfahren den Mitgliedstaaten nur das Original der Vorlageentscheidung und eine Übersetzung in der Sprache ihrer Wahl zu übersenden.
An dem von Anbeginn an ehernen Grundsatz, dass Beratungssprache nur das Französische ist, scheint der Gerichtshof ungeachtet der damit verbundenen Bindung von Übersetzungskapazitäten festhalten zu wollen. Ob dies sinnvoll ist, kann wohl nur derjenige beurteilen, der wie *Manfred Zuleeg* den geheimsten Bereich der Tätigkeit des Gerichtshofes kennt.

V.

Die **mündliche Verhandlung** wird beim Gerichtshof – anders als beim Gericht erster Instanz – nicht gerade geliebt, ihre Erträge werden als eher marginal angesehen. Aus der Sicht des Anwalts ist dies, wenn es denn zutrifft, auch auf das Verhalten der Richterbank zurückzuführen. Anders als beim Gericht erster Instanz ist ein offener Dialog mit den Richtern eher selten. Dort sind Verbesserungen jedoch vor allem dadurch möglich, dass das Gericht Fragen stellt und dies vor der mündlichen Verhandlung mit dem implizierten Hinweis, dass es dem Gericht für die Entscheidung auf diese Fragen ankommt. Auch die Akzeptanz der Urteile durch die – in der mündlichen Verhandlung anwesenden – Parteien würde erheblich gefördert werden.
Die Tendenz des Gerichtshofes, nach Möglichkeit ohne mündliche Verhandlung zu entscheiden, ist offensichtlich. Dies ist keine gute Entwicklung. Vor allem in Vorlageverfahren, die auf dem Hintergrund des nationalen Rechts und eines Verfahrens vor dem nationalen Gericht stattfinden, gebietet die Gefahr unvollständiger Information oder eines Missverständnisses den Dialog in der mündlichen Verhandlung.

Abgesehen davon haben die Vertreter der Parteien des nationalen Verfahrens nur in der mündlichen Verhandlung Gelegenheit, auf die Stellungnahmen insbesondere von Kommission und Mitgliedstaaten einzugehen.

Ertragreicher würde die mündliche Verhandlung wohl auch dann, wenn die Prozeßvertreter dort die Wahl der Verfahrenssprache haben. Andernfalls besteht die Gefahr, dass die Auswahl der Prozeßvertreter nach deren vom Verfahren geforderter sprachlichen Kompetenz erfolgt. Es sollte nicht so sein, ist der Verhandlung nicht förderlich, wenn der Prozeßvertreter die Sprache, nicht jedoch die Sache beherrscht, der hinter ihm sitzende Fachmann mit anderen Sprachkompetenzen jedoch nicht reden darf. Es sollte nicht von den vom Gerichtshof eng gehandhabten Ausnahmegenehmigungen abhängen, ob von der Verfahrenssprache in der mündlichen Verhandlung abgewichen werden darf.

In diesem Zusammenhang stellt sich auch ein grundsätzliches Problem. Dass die Prozeßbevollmächtigten nicht die Möglichkeit haben, zu den – regelmäßig höchst bedeutsamen – Schlußanträgen des Generalanwalts Stellung zu nehmen, ist nicht nur immer wieder beklagt worden, es stellt sich hier auch die Frage, ob der Grundsatz des rechtlichen Gehörs verletzt wird. Diese Frage zu beantworten könnte jedenfalls dann dem Europäischen Menschenrechtsgerichtshof zukommen, wenn die Gemeinschaft der EMRK beitritt.

VI.

Dem Petitum, alle **Direktklagen** gegen Rechtsakte der Organe dem Gericht erster Instanz zuzuweisen, wurde bisher nicht gefolgt. Art. 225 EG-Vertrag sieht diese Möglichkeit ausdrücklich vor. Die Satzung privilegiert jedoch in Art. 51 nach wie vor die Mitgliedstaaten, die sich in der 12. Protokollerklärung der Schlussakte zum Nizza-Vertrag nur dazu durchringen konnten, den Gerichtshof und die Kommission zur Überprüfung der Zuständigkeitsverteilung zwischen EuGH und Gericht erster Instanz insbesondere in Bezug auf direkte Klagen zu ersuchen. Es ist an der Zeit, dass diese sachlich kaum zu rechtfertigende „Privilegierung" beseitigt wird. Die Unsinnigkeit des Nebeneinanders liegt vor allem dort auf der Hand, wo Rechtsakte sowohl von Mitgliedstaaten und Gemeinschaftsorganen als auch von Privaten angefochten werden können, etwa Beihilfeentscheidungen der Kommission oder Anti-Dumping-Verordnungen des Rates. Aber auch die Schadensersatzklagen sollten bei einem Gericht konzentriert werden. In dieser Frage bestand übrigens bei nahezu allen Gremien, die sich im Vorfeld des Nizza-Vertrages äußerten, Einigkeit. Wenige Ausnahmen für Streitigkeiten mit Verfassungscharakter etwa zwischen Mitgliedstaaten und Organen oder in Fällen schwerwiegender Beeinträchtigung für das ordnungsgemäße Funktionieren der Gemeinschaftsorgane wären sicherlich hinnehmbar.

VII.

Die **Übertragung von Zuständigkeiten** auf das Gericht erster Instanz ist bisher als die offensichtlich wirksamste Maßnahme zur Entlastung des EuGH angesehen und benutzt worden. Weitergehende Vorschläge hierzu sind ungeachtet der erwähnten 12. Protokollerklärung zur Schlussakte der Nizza-Konferenz bisher nicht gemacht worden. Das dürfte einmal daran liegen, dass im Gerichtshof die Übertragung weiterer Zuständigkeiten auf das Gericht umstritten ist. Zum anderen – und das fällt ungleich stärker ins Gewicht – ist das Gericht erster Instanz selbst erheblich belastet, wenn nicht überlastet. Ohne eine – mögliche – Erhöhung der Zahl der Richter wird das Gericht selbst nach der Verstärkung durch die Richter der neuen Mitgliedstaaten kaum in der Lage sein, weitere Lasten so zu schultern, dass seine Rechtsprechung nicht leidet.

Für eine Verlagerung der Zuständigkeit auf das Gericht erster Instanz kommen nur zwei Verfahrensarten in Betracht: die Vertragsverletzungsverfahren und die Vorlageverfahren, wenn man einmal von dem beim EuGH verbliebenen Bestand an Direktklagen absieht. Für die Übertragung der Zuständigkeit für Vertragsverletzungsverfahren wird ins Feld geführt, dass Gegenstand des Rechtsstreits meist die Feststellung von Tatsachen und Verwaltungsmaßnahmen ist oder es lediglich um Zeitüberschreitungen der Mitgliedstaaten bei der Umsetzung von Richtlinien geht. Vor allem im Hinblick auf diese Fälle hat die sogenannte Reflexionsgruppe, bestehend aus früheren Richtern und Generalanwälten, im Vorfeld des Nizza-Vertrages vorgeschlagen, dass die Kommission nach dem im Vertrag vorgesehenen Verfahren abschließend über die Vertragsverletzung entscheidet und der Mitgliedstaat gegen die Entscheidung Nichtigkeitsklage vor dem EuGH erheben kann. Dass dieser Vorschlag den Beifall der Kommission hatte, liegt auf der Hand. Die Gemeinschaftsgerichte haben ihn nicht aufgenommen und die Mitgliedstaaten sind ihnen gefolgt. Die dahinter stehenden Überlegungen mögen gewesen sein, dass der Entlastungseffekt nicht groß wäre, auch weil die Mitgliedstaaten es sich in den meisten Fällen kaum nehmen lassen würden, gegen die Entscheidung der Kommission Nichtigkeitsklage zu erheben. Gegen die generelle Übertragung der Vertragsverletzungsverfahren auf das Gericht erster Instanz wird geltend gemacht, dass sie grundsätzlich Verfassungselemente enthalten, die die Mitgliedstaaten berechtigen sollen, den „obersten" Gerichtshof anzurufen. Wenig wäre wahrscheinlich gewonnen, wenn für den Fall der Übertragung der Zuständigkeit den Mitgliedstaaten eingeräumt würde, die Verweisung des Verfahrens an den EuGH zu beantragen. Das gleiche würde gelten, wenn auch das Gericht in dringenden, schwierigen oder grundsätzlichen Fällen diese Möglichkeit hätte. Die weitere Diskussion wird wohl wesentlich davon abhängen, in die Zuständigkeit welchen Gerichts die Vorlageverfahren fallen sollen.

Ob die Vorlageverfahren beim Gerichtshof verbleiben sollen oder ganz oder teilweise auf das Gericht erster Instanz übergehen sollen, ist die wohl umstrittenste Frage. Abgesehen davon, dass das Gericht erster Instanz gegenwärtig keine ausreichende Kapazität für diese Verfahren hat, wird vor allem die Einheit der Anwendung und der Auslegung des Gemeinschaftsrechts beschworen, die vom EuGH sicherzustellen sei. Deren Gefährdung mag man als übertrieben bezeichnen, vor allem dann, wenn zur Überprüfung der Entscheidungen des Gerichts nach dem Vorbild des Art. III-263 Abs. 3 Unterabs. 2 des Verfassungsvertrages die Möglichkeit gegeben wird, eine Rechtssache, die eine Grundsatzentscheidung erfordert, die die Einheit oder die Kohärenz des Unionsrechts berühren könnte, an den EuGH zu verweisen.

Skeptisch wird auch beurteilt die Übertragung einzelner Fallgruppen, wie etwa der Vorlagefragen zur Auslegung des Gemeinsamen Zolltarifs – einer überwiegend technischen Materie. Eine spürbare Entlastung würde angesichts der offenbar abnehmenden Zahl dieser Fälle beim EuGH kaum eintreten. Nicht nur nahe liegend, sondern auch sachgemäß wäre es allerdings, dass das Gericht erster Instanz über Vorlagefragen in den Rechtsgebieten entscheidet, wo es wegen der Zuständigkeit eines Fachgerichts Rechtsmittelinstanz ist. In naher Zukunft kommen dafür nur die Markensachen, später auch europäische Patentsachen in Betracht. Man sollte allerdings nicht ausschließen, dass ein Fachgericht (gerichtliche Kammer) auch für Wettbewerbssachen eingerichtet wird. Auch in diesen Fällen könnte der Gefahr uneinheitlicher Anwendung und Auslegung des Gemeinschaftsrechts durch die in Art. III-263 Abs. 2 VV vorgesehene Verweisungsmöglichkeit begegnet werden. Bei all diesen Überlegungen sollte die Frage der Entlastung des EuGH weniger im Vordergrund stehen als die besonderer Sachkenntnis aufgrund der Zuständigkeit für Direktklagen.

VIII.

Unabhängig von der Frage der Übertragung von Zuständigkeiten auf das Gericht erster Instanz kommt den **Vorlageverfahren** in der Diskussion die größte Aufmerksamkeit zu. Ihre Bedeutung für die Anwendung und Auslegung, aber vor allem auch für die Entwicklung des Gemeinschaftsrechts ist evident. Ebenso bedeutsam ist das Verfahren für den Dialog zwischen den Gerichten der Mitgliedstaaten und dem EuGH. Auf der anderen Seite ist unbestritten, dass die zu lange Dauer der Vorlageverfahren eine große Gefahr für ihre Institution darstellt. Sie sollten innerhalb eines Jahres abgeschlossen sein. Das jedoch kann der EuGH gegenwärtig offensichtlich nicht und wohl noch weniger in der Zukunft leisten, zumal dann nicht, wenn der EuGH in Art. 234 Abs. 3 EGV ein Recht der Partei des nationalen Verfahrens auf Vorlage an den Gerichtshof sehen würde mit der Folge eines gemeinschaftsrechtlichen Schadensersatzanspruches gegen den Mitgliedstaat des nicht vorlegenden Gerichts im Sinne seines Köbler-Urteils[4]. Schließlich wird auch geltend gemacht, dass vielen Urteilen in Vorlagesachen eine größere Klarheit und detailliertere Erörterung zu wünschen sei, etwa wenn es um eine Änderung der Rechtsprechung des Gerichtshofes geht, wie – möglicherweise – im Urteil vom 5. 10. 2004 zur Direktwirkung der Richtlinie[5] oder in den freien Warenverkehr betreffenden Fällen zur Frage, was der EuGH und was die nationalen Gerichte zu entscheiden haben. Eine Eindämmung der Vorlageverfahren ist grundsätzlich weder wünschenswert noch voraussichtlich dadurch zu erreichen, dass der EuGH die sich aus seinem CILFIT-Urteil ergebende Vorlagepflicht reduziert.

4 Vom 30. 11. 2003, Rs. C-224/01, noch nicht in Slg., EuZW 2003, 718.
5 Rs. C-397/01 bis C-403/01, Pfeiffer/Deutsches Rotes Kreuz, noch nicht in Slg., abgedr. EuZW 2004, 691.

Im Vorfeld der Regierungskonferenz, die zum Nizza-Vertrag führte, sind eine Reihe von Vorschlägen zur Reduzierung der Vorlageverfahren gemacht worden, die aber weder aufgenommen wurden noch in der weiteren Diskussion eine Rolle spielen dürften:

- Die Beschränkung des Vorlagerechts auf die letztinstanzlichen Gerichte;
- Ein Nichtannahmerecht des EuGH, verbunden mit der Pflicht der nationalen Gerichte zu einem Entscheidungsvorschlag;
- Die Befassung des EuGH nur nach einer Entscheidung des nationalen Gerichts im Kassationsverfahren aufgrund eines Rechtsmittels der Parteien;
- Die Einführung (höchster) nationaler Gerichte zur Beantwortung von Vorlagefragen mit einem Vorlagerecht an den EuGH.

Beachtung finden wird allerdings sicherlich ein Vorschlag, den Generalanwalt *Jacobs* zur Reform der Vorlageverfahren kürzlich gemacht hat[6]. Seine Überlegungen beruhen auf der Annahme, dass die Übertragung von Zuständigkeiten für Vorlageverfahren auf das Gericht erster Instanz nicht zu empfehlen ist, die Zahl der durch Urteil des EuGH zu entscheidenden Verfahren jedoch zu limitieren ist, nicht jedoch in einer Entmutigung der nationalen Gerichte zur Vorlage bestehen sollte.

Jacobs nennt seinen Vorschlag in Anlehnung an entsprechende Überlegungen anderer Autoren das „Grüne-Licht-Verfahren“ (green light procedure). Im Kern läuft dieses Verfahren darauf hinaus, dass den nationalen Gerichten entweder das Recht gegeben oder die Pflicht auferlegt werden soll, dem Gerichtshof mit ihrer Frage eine begründete Antwort vorzulegen. Der Berichterstatter des Gerichtshofs würde dann nach Abstimmung mit dem Generalanwalt oder weiteren Richtern entscheiden, ob dem nationalen Gericht „grünes Licht“ für die von ihm vorgeschlagene Entscheidung gegeben werden kann. Kriterien hierfür würden sein Übereinstimmung mit der vorgeschlagenen Antwort des nationalen Gerichts oder geringe Bedeutung der Frage für das Gemeinschaftsrecht. Eine solche Entscheidung des Gerichtshofs könnte ergehen entweder vor Übermittlung des Vorlagebeschlusses an die Mitgliedstaaten (und vor Übersetzung in die Amtssprachen!) oder nach Beendigung des schriftlichen Verfahrens, jedoch vor der mündlichen Verhandlung. Dem nationalen Gericht wird der Gerichtshof in einem solchen Falle entweder nur mitteilen, dass angesichts seines Vorschlages es keines Vorlageverfahrens bedürfe, oder nach dem Verfahren des (zu ergänzenden) Art. 104 § 3 VerfO einen Beschluss erlassen mit der Bestätigung, dass die vorgeschlagene Antwort auf die Vorlagefrage zutreffend sei. Alle Vorlagebeschlüsse oder jedenfalls solche, in denen „grünes Licht“ gegeben wurde, wären im Internet zu veröffentlichen. Noch weitergehend wäre die Möglichkeit, zu einem „rotes-Licht-Verfahren“ überzugehen, bei dem das nationale Gericht sein Urteil erlassen und dieses wirksam würde, sofern der Gerichtshof innerhalb eines bestimmten Zeitraumes keine Antwort auf die gegebene Frage gegeben hätte.

Diese Vorschläge sollen den Charme haben, ohne Änderung der Satzung oder des Vertrages verwirklicht werden zu können. Das ist jedoch mehr als zweifelhaft. Immerhin hat der Gerichtshof bisher Art. 234 EGV so verstanden, dass er – von Ausnahmefällen abgesehen – verpflichtet ist, auf alle Vorlagefragen durch Urteil zu ant-

6 Anlässlich des oben Fn. 3 erwähnten Kolloquiums, s. dessen Beitrag in dieser Festschrift.

worten. Abgesehen von der mit diesem Verfahren angestrebten Verringerung der Belastung des Gerichtshofes und der Verbesserung seiner Effektivität, insbesondere hinsichtlich der Dauer der Vorlageverfahren, mag ein positiver Aspekt der sein, dass die Mitwirkung der nationalen Gerichte bei der verantwortlichen Anwendung und Auslegung des Gemeinschaftsrechts verstärkt würde. Dem stehen jedoch erhebliche Nachteile, wenn nicht Bedenken entgegen. Verbindliche Feststellungen zur Auslegung und Geltung des Gemeinschaftsrechts sollten nicht durch bloße Bezugnahme auf Vorlagen nationaler Gerichte getroffen werden. Die Bedeutung solcher Feststellungen für die Union ist zu groß als dass auf das gegebene Verfahren vor dem Gerichtshof verzichtet werden könnte. Gleichermaßen ist die vom Gerichtshof ausgehende Begründung der Entscheidungen wichtig. Die Gefahr der Rechtsunsicherheit ist groß, wenn Vorlagefragen mit Entscheidungsvorschlag, im Grünes-Licht-Verfahren abgesegnet, nur im Internet erscheinen. Die Bereitschaft der nationalen Gerichte zur Vorlage würde wohl auch dann vermindert, wenn sie nicht zu einem Entscheidungsvorschlag verpflichtet würden. Welches Gericht hat es schon gerne, wenn ihm bescheinigt wird, dass es mit seinem Verständnis des Gemeinschaftsrechts „daneben liegt“. Vor allem die mit Vorlagefragen tendenziell ohnehin zurückhaltenden obersten Gerichte (im Jahre 2004 kamen nur 35 % der Vorlagesachen von dort) werden sich noch weniger veranlasst sehen, sich an den Gerichtshof zu wenden.

Statt das bisherige Verfahren zu manipulieren oder umzugestalten sollte man nicht zuletzt im Interesse ausgewogener und transparenter Verfahren sowie effektiven Rechtsschutzes auf Gemeinschaftsebene ein „Vorlagegericht“ errichten. Dieses Gericht sollte die ausschließliche und endgültige Zuständigkeit für alle Vorlageverfahren nach Art. 234 EGV haben. Seine rechtsprechende Tätigkeit sollte primär in auf das jeweilige Sachgebiet spezialisierten Kammern erfolgen. Eine Verweisung an das Plenum wäre vorzusehen für grundsätzliche Fragen des Gemeinschaftsrechts. Auch ein solches Gericht sollte unterstützt werden von Generalanwälten.

IX.

Auf diese Weise wäre es möglich, den Europäischen Gerichtshof zu dem zu machen was er sein sollte: ein wirkliches **Verfassungsgericht** der Union, das zuständig ist für Verfassungsstreitigkeiten zwischen den Organen sowie den Organen und den Mitgliedstaaten, insbesondere in Fragen der Kompetenzabgrenzung, für Grundrechte, für die Grundsätze des Gemeinschaftsrechts. Auch Vertragsverletzungsverfahren mögen dann beim Gerichtshof verbleiben. In einer sich möglicherweise noch weiter vergrößernden Union werden die Verfassungsfragen nach Zahl und Bedeutung zunehmen. Insbesondere diese zu entscheiden erfordert nicht nur Zeit „zum Nachdenken“, sondern auch Flexibilität in der zeitlichen Gestaltung der Verfahren.

Man mag diese Überlegungen als unausgegoren ansehen und sie sind es sicherlich auch. Die künftige Diskussion sollte sich jedoch von Notmaßnahmen ab- und einer Konzeption zuwenden, die den Anforderungen an eine nahezu das gesamte Europa umfassende und ihre Integration hoffentlich vorantreibende Union entspricht.

Further reform of the preliminary ruling procedure – towards a “green light” system?

Francis G. Jacobs

It is a pleasure to contribute this paper to the book in honour of *Manfred Zuleeg*, my colleague at the European Court of Justice from 1988 to 1994. The subject of this contribution seems appropriate, since, as I recently learnt, *Manfred Zuleeg*, when a judge at the Court, had a particular interest in the “green light” system.

A. Introduction

The central importance of the preliminary reference procedure to the development of Community law has been widely and rightly emphasised. The Due Report[1] characterised it as the keystone of the Community’s legal order, permitting a direct dialogue between each national court and the Court of Justice. Its reform has been described as undoubtedly the most important issue currently confronting the Community Courts. In its 1995 Report, the Court of Justice stressed the importance of the procedure to the operation of the internal market, on account of its role in ensuring the uniform application and interpretation of Community law throughout the Union[2].

The continued effectiveness of the procedure is, however, particularly vulnerable to the delays that result from the increasing size and sophistication of the Court’s caseload. The willingness of national courts other than those of final instance to exercise their discretion to refer questions to the Court of Justice may partly depend on the speed with which an answer is likely to be offered. Even those courts which are obliged to refer may err in favour of finding a given issue to be *acte clair* in order to avoid having to make a reference. The parties to litigation before national courts may seek to avoid a reference because of the resultant delays[3]. In addition to such

1 ‘Rapport du Groupe de Réflexion sur l’Avenir du Système Juridictionnel des Communautés Européennes’ (the ‘Due Report’), January 2000, p. 11.

2 ‘Report of the Court of Justice on Certain Aspects of the Application of the Treaty on European Union’, May 1995, pp. 6-7.

3 It is noteworthy that the number of preliminary references in fact fell year on year between 1998 and 2003 (from 264 in 1998 to 210 in 2003). The fall could be attributable to a number of factors, including greater familiarity with and confidence in the application of Community law on the part of national lawyers and judges, and greater self-restraint by national courts exercising their discretion to refer and selecting only those cases where a reference is most appropriate. It is also possible, as *Kapteyn* suggests, that the delays involved may have served to deter some references which would otherwise have been made. See *Kapteyn*, ‘Reflections on the symposium’, in The Uncertain Future of the Preliminary Rulings Procedure – Symposium of the Council of State, the Netherlands, 30 January 2004, at p 42 of the published proceedings.

practical considerations, the fact that individual rights will frequently be in contention in national proceedings involving Community law heightens the need for expedition.

In recognition of the problem, some measures have already been introduced. Whilst such reforms have produced beneficial results, it appears doubtful that they will be sufficient to meet the scale of the challenge facing the Court in the coming years. The number of preliminary references received is likely to increase as questions are referred from courts in the new Member States, and as new legislative initiatives generate litigation across the Union, even without taking account of the substantial increase in the Court's jurisdiction which might arise under the proposed Constitution. It therefore appears timely to consider again what other options might be available.

Reforms aimed at preserving the efficient operation of the preliminary reference procedure can be broadly classified into two categories. First, there are those which aim to control the number of references which arrive at the Court, thereby limiting the demand for the Court's services. Secondly, there are those measures which aim to increase the efficient handling of references once received, effectively increasing the supply of such services.

In each case, care must be taken not to undermine the features of the preliminary reference procedure which have made it so successful as an instrument in the development of the Community legal order. This renders reform a difficult and delicate task, given that the problems with that procedure arise directly out of the features which have been central to its success to date.

For example, the high level of demand for the Court's services is attributable in part to the basic structure of the preliminary ruling procedure, and in particular, (1) the fact that any national court can refer, broadly, any question of Community law and, as a rule, the Court of Justice must answer all those questions, and (2) the obligation upon final courts to refer such questions. That structure has served as an extremely effective conduit for dialogue between national courts and the Court of Justice.

Equally, some of the problems of supply are an inevitable corollary of the fact that all cases are dealt with by one central body, which is limited in its size. If the body were to be expanded or if cases were to be transferred away from it, the quality and consistency of the case-law might be jeopardised.

The present paper first examines the steps taken to date to reform the preliminary ruling procedure, and then canvasses the merits of possible further measures. One such measure, which appears particularly deserving of consideration, is the so-called green light system, whereby national courts would be encouraged, or required, to supply their own proposed responses to the questions referred, enabling the Court of Justice to expedite proceedings where the national court has arrived at the correct solution.

The purpose of this paper is not to make any proposals or recommendations, but to promote discussion by outlining a number of options and making a preliminary assessment of some of the considerations which might be useful in evaluating them.

B. Steps taken to date

In its interpretation of the third paragraph of Article 234 EC, the Court of Justice has consistently identified limits to the obligation upon national courts of final instance to refer all relevant questions of Community law that arise before them. Such courts need not make a reference where the answer to their questions is apparent from previous cases or is in any event obvious[4]. Similarly, the Court of Justice has asserted its authority to refuse to admit references which are inadequate in various respects[5]. Such doctrinal developments have limited unnecessary or inappropriate demand for the Court's services. The Court has summarised the relevant case-law in an information note on references by national courts for preliminary rulings.

The Court's rules of procedure have also been reformed in an effort to improve its efficiency in supplying answers to questions referred. Since 2000, Article 104(3) of the Rules of Procedure permits the Court to respond to a question referred by means of reasoned order where that question is identical to a question on which the Court has already ruled, where the answer to such a question may be clearly deduced from existing case-law or where the answer to the question admits of no reasonable doubt. The advantage of such an order is that it dispenses with the need for an Advocate General's Opinion, and may also be made without a hearing. A new rule has also been introduced, in Article 104a, which permits an accelerated procedure to be applied, in exceptional cases, at the request of the national court.

In addition an amendment to the Statute of the Court introduced by the Treaty of Nice enables the Court to proceed to judgment without an Advocate General's Opinion where a case raises no new point of law; the decision to use that procedure is taken however after hearing the Advocate General.

Finally, the Court has recently conducted a comprehensive review of its practice, procedure and working methods with a view to improving its efficiency. As a result, many reforms are now being implemented which, while individually of a relatively minor character, are having collectively a significant impact.

The developments outlined above are already having a substantial beneficial effect in streamlining the Court's procedures, avoiding the waste of judicial resources on straightforward references, and allowing a case to be considered urgently where necessary. Further reforms would nonetheless appear to be necessary. In 2003, for the first time, the average time taken to respond to a reference for preliminary ruling passed the two year mark. Although in the wake of recent reforms that may prove to be a high water mark, any reduction in the time taken might increase still further the demand for preliminary rulings, which seems set to increase for other reasons also, if only because of references from the courts of the ten new Member States and because of the continuing expansion of both Community legislation and Community

4 See in particular Joined Cases 28-30/62, Da Costa, [1963] ECR 31 at 38 and Case 238/81 CILFIT [1982] ECR 3415, at paragraphs 14 to 20 of the judgment.

5 See, for example, Joined Cases C-320-322/90, Telemarsicabruzzo, [1993] ECR I-393; Case C-157/92, Banchero, [1993] ECR I-1085.

litigation – even without taking account of the potential impact of the Constitutional Treaty which would substantially extend the jurisdiction of the Court of Justice.
It is therefore appropriate to consider what further measures might be introduced to deal with the delays which risk undermining the preliminary reference procedure. Three possibilities may be identified. First, there is the option of putting into effect the transfer of some references for preliminary ruling to the Court of First Instance which was made possible by the Treaty of Nice. Secondly, there are various more radical reforms which would require further amendment to the Treaty to put into effect. Finally, there are measures which would reform the present system less radically and without the need for Treaty amendment, including in particular different versions of a "green light" system.

C. A transfer of competence to the Court of First Instance?

The Due Report concluded that it should basically still be for the Court of Justice to give preliminary rulings, at least while the development of the Union so permits[6]. It recommended, however, that at some stage in the future the power to deliver such rulings might need, in certain special categories of case, to be transferred either to the Court of First Instance or to specialised Community tribunals. It cited in particular cases involving the competition rules, judicial cooperation in civil matters, cooperation in the fields of police and home affairs, and those concerned with visas, asylum and immigration[7]. Similarly, in its contribution to the Intergovernmental Conference prior to Nice, the Commission proposed that the Court of First Instance should be given exceptional jurisdiction to give preliminary rulings in specialised areas of Community law, such as intellectual property[8].
In the event Article 225(3) of the EC Treaty as amended by the Treaty of Nice provides that the Court of First Instance may be given jurisdiction to rule on preliminary references in specific areas laid down by the Statute of the Court. Provision is made for the Court of First Instance to refer to the Court of Justice cases requiring a decision of principle likely to affect the unity or consistency of Community law. Decisions of the Court of First Instance would also be subject to exceptional review by the Court of Justice, but such a review could be set in motion by the Court of Justice only on a proposal from the First Advocate General of the Court of Justice where he considers that there is a serious risk to the unity or consistency of Community law[9].
It is questionable whether it would currently be opportune to exercise the power conferred at Nice to transfer parts of the jurisdiction to the Court of First Instance. It is by no means easy to determine which categories of cases are appropriate for transfer. Indeed it would not be easy to define water-tight categories. Cases frequently raise questions in different areas, and even where a reference appears to be confined to a

6 *Supra*, note 1, at p. 22.
7 Id. at pp. 29-37.
8 'Additional Commission contribution to the Intergovernmental Conference on institutional reform – Reform of the Community courts', p. 3.
9 Article 62 of the Statute.

particular topic, it may raise much more wide-ranging and fundamental problems. Moreover, since the Court of First Instance is itself over-burdened, the transfer of cases might simply shift the problems of delay from one Court to the other. It is true that the membership of the Court of First Instance, unlike the Court of Justice, could be expanded, but only at some risk to the uniformity of Community law.

Transfer of cases to the Court of First Instance would not bring with it the advantages which accompanied the transfer of direct actions – and which justified the establishment of that Court – namely a closer scrutiny of the facts, improved judicial protection, and the availability of a right of appeal.

Finally, it may be thought that one of the most serious problems with the system of preliminary rulings – and one which may become more serious in the future – is an excess on the demand and supply side, resulting in some areas in an unmanageably large body of case-law, and threatening the quality of the system. The output of the Court of Justice is now very great – some 12 000 pages in the Reports in 2002. The difficulties are greater now that the Reports have to be published in no fewer than 20 languages. It would seem that such problems can better be resolved by limiting the demand and supply rather than by transfer of cases to the Court of First Instance.

D. Reforms involving further amendment to the Treaty

In the process leading up to Nice, a number of other, more radical, proposals for the reform of the preliminary reference procedure were canvassed, the implementation of which would involve further amendment to the EC Treaty.

I. Limiting the courts and tribunals which may refer

One such proposal, advanced in particular by the German government, would restrict the demand for the Court's services by limiting references to courts of final instance. However, the objections identified to such a measure in the Due Report appear compelling. The Report referred to 'the perverse effect at national level of encouraging litigants, or at least the richer ones, to pursue their cases right through to the very highest courts in order to gain access to the Court of Justice by referring a question for a preliminary ruling'[10], thereby causing delay and creating congestion in appellate courts at the national level. It would also close off a significant part of the dialogue between national courts and the European Court of Justice made possible under Article 234 EC as it stands. Many important questions have been referred by national courts at lower levels of the national judicial hierarchy, sometimes enabling errors of interpretation to be corrected which might otherwise not have arisen before the Court of Justice.

10 *Supra*, note 1, at pp. 12-14.

II. An appeal system

More radical still was the suggestion that national courts should lose the power to refer altogether, and that the parties to national litigation be permitted instead to bring the national judgment before the Court of Justice in a sort of longstop appeal claiming breach of Community law. The proposal would in effect replace the current system of dialogue, which has proven its worth over the last five decades, with a hierarchical model, and was for that reason rejected by the Due Report[11].

III. A filtering system

A third demand-limiting solution would involve granting to the Court of Justice the power to determine which references it wished to take, akin to the system of *certiorari* which operates in the United States. By that method, the Court could confine its work to those preliminary questions which it considered were sufficiently important for Community law. All others would be remitted to the referring courts, possibly with observations to assist them. Again, however, the proposal was seen to undermine the cooperation and dialogue between Community and national courts, and was therefore ruled out by the Due Report[12]. A filtering system is also difficult to accommodate within a preliminary ruling procedure, where ex hypothesi the national court has not yet given judgment but has stayed its own proceedings to no purpose, if the reference were rejected by the Court of Justice. A filtering system works better where a lower court has given judgment, which becomes definitive when the higher court decides not to review it.

IV. The devolution of the preliminary rulings jurisdiction to specialist national or regional courts

A fourth proposal, which sits somewhere between a demand-limiting and a supply-boosting measure, would involve the establishment of national or regional Community courts which would respond to preliminary references, only passing on to the European Court of Justice those which were of special interest and importance. One important difficulty with such a proposal lies in the risks which it entails for the uniform application of Community law[13]. Moreover, in the important cases, delay would be exacerbated by the establishment of an additional stage to the judicial process.

It is therefore apparent that all the main, more radical proposals considered prior to the Treaty of Nice have their drawbacks, and it is perhaps unsurprising that they were neither adopted by the drafters of that Treaty nor revisited by the subsequent Constitutional Convention. In addition to their specific shortcomings, such proposals share an additional disadvantage which arises from the very fact that they require

11 *Supra*, note 1, at pp. 12-14.
12 Id. at p. 21.
13 Due Report, *supra* note 1, p. 21.

Treaty amendment, with all the risks, delays and uncertainties which that brings with it.

E. Possibilities for reform not requiring Treaty amendment: the green light procedure

It may, therefore, be preferable to consider possible reforms of a less radical nature, which could be introduced without the need for Treaty amendment, with the aim of enlisting the help of national judges in improving the preliminary ruling procedure. The Due Report clearly perceived great merit in proposals of that kind, emphasising the need to help national courts to be bolder in applying Community law themselves[14].

One such possibility would be to provide further and more forceful indication to national courts of the benefits of self-restraint when considering whether to refer questions to the Community courts. A proposal to amend the text of Article 234 EC with a view to encouraging national courts to refer only those questions giving rise to reasonable doubt and/or of importance to the Community legal order was made in the Due Report but ultimately not adopted. Nonetheless, the possibility remains that at some stage the Court might be minded to develop further its case-law limiting the obligation of courts of final instance to refer, or to expand it to incorporate guidance applicable to other courts when exercising their discretion whether to refer. Any risk that such doctrinal development might undermine the uniformity of Community law may have been lessened by recent case-law confirming the possibility of infringement proceedings in respect of judicial acts[15], and recognising the possibility under Community law of claiming damages in the national courts in respect of such acts[16]. However, it is arguable that at the present time, some caution may be needed when encouraging judicial self-restraint. It would clearly be inappropriate too strongly to discourage national courts in the new Member States from taking advantage of the dialogue with the Court of Justice which courts elsewhere in the Community have long enjoyed.

A more promising possibility may be to institute a system, sometimes referred to as the 'green light' procedure, whereby national courts would give their own views on the questions which they are referring. The Court of Justice, if it agreed with the views expressed by the national court, or alternatively if it saw no objection to them, could give a 'green light' to the national court, without needing to proceed to judgment itself, or in any event without having to follow the full procedure. It is to this idea that the remainder of this paper is devoted.

There is at present much variety in the form which preliminary references take. Some national courts, in particular those in Germany, already often give an indication of their own thinking on the Community legal issues raised in the main proceed-

14 Id. at p. 14.

15 Case C-129/00, Commission v. Italy, judgment of 9 December 2003.

16 Case C-224/01, Köbler, judgment of 30 September 2003.

ings[17]. The system under examination would aim to generalise that practice, and to use it in selecting those cases deserving of more detailed and thorough consideration before the Court of Justice.

A number of different versions of the green light system have been proposed at various times and by various authors[18]. The configuration of such a system would vary depending on how it combined various of the following elements:

1) It could either be confined to courts of final instance, or it could extend to all referring courts;
2) Referring courts could either be encouraged to provide answers, or alternatively they could be required to do so;
3) National courts could simply append to the order for reference the proposed answers, or (more realistically) could also supply an indication of the reasoning whereby they arrived at those answers;
4) The decision to give a green light could be made by the Reporting Judge in consultation with the Advocate General or by a group of members;
5) The Court of Justice might give a green light to the national court whenever it agreed with the answer proposed by the referring court; or when it considered that the issue was not one of sufficient importance to the Community legal order to require a ruling by the Court of Justice; in the latter case, the green light would not of course imply that the Court of Justice endorsed the national court's interpretation;
6) The decision to give a green light might be taken before the order for reference had been translated into the various official languages of the Community and sent out to the Member States; alternatively, it might be taken after the written procedure but prior to the oral phase;
7) In cases in which the Court of Justice gave a green light, the national court could be told that there was no need to proceed with the reference, or alternatively the Court of Justice could proceed to give a brief ruling, confirming that the national court’s proposed solution was correct, possibly in the form of a reasoned order under (an amended) Article 104(3) of the Rules of Procedure;
8) Orders for reference might be published on the internet either in all cases, when received, or in those cases in which a green light had been given, especially if no formal decision of the Court of Justice resulted;
9) It might even be possible to envisage at some stage switching to a 'red light' system, whereby the national court would issue a judgment *nisi* at the same time as

17 It may be that German courts are influenced by the domestic procedure for referring questions to the Bundesverfassungsgericht, under which the referring court apparently supplies proposed answers to the questions which it refers. See *Schermers*, ‘Problems and Prospects’, in Dashwood/Johnston eds., *The Future of the Judicial System of the European Union*, 2001, at p. 34.

18 See for an early reference *Weiler* in Schermers and Others, Article 177 EEC: Experiences and Problems, 1987, 366 at 375. For later developments see, for example, *Dashwood/Johnston*, 'Synthesis of the Debate', in Dashwood/Johnston (note 17), at pp. 68-9; *Meij*, ‘Thème: La qualité de la législation communautaire, sa mise en oeuvre et son application dans l’ordre juridique national’, paper presented at the Colloque 2004 de l’Association des Conseils d’Etat et des Juridictions administratives suprêmes de l’Union Européenne.

it made its reference. The judgment would then become absolute after a certain time limit if the Court of Justice failed to respond to the reference[19].

There are therefore many points open for discussion in implementing such a system. In principle, however, it does appear to offer a number of advantages, which would be felt on both the 'demand' and 'supply' sides of the equation.

The advantages of the system would arise at different stages in the procedure. First, upon analysing in detail the Community legal issues raised before them, national courts having a discretion to refer might feel more confident of their own capacity to apply Community law without the need for a reference in the first place.

Secondly, the national court's analysis would be likely to assist those submitting observations - especially the Member States and the Community Institutions - to address the relevant issues.

Thirdly, some of those references which were made, and in which the national court's analysis appeared correct, could be dealt with rapidly, either by informing the national court that the proceedings need advance no further, or alternatively by reasoned order. Such a possibility would be particularly helpful, perhaps, in dealing with the reasonably straightforward questions which courts of final instance are nonetheless obliged to refer.

Fourthly, the green light system would enable national courts to contribute more directly and substantially to the development of Community law by encouraging them not merely to identify and pass on the relevant questions of Community law which arise before them, but also to contribute their own analysis of those questions which might then be endorsed by the Court of Justice. That would be a particular advantage in the case of the highest national courts, which might be able to contribute substantially to the development of Community law but which may currently see themselves as having merely the role of a judicial post-box.

By contrast with the other, more radical reforms, considered above, such benefits could be gained without either restricting or subverting the dialogue between national courts and the Court of Justice which is generally agreed to have been central to the success of the preliminary ruling procedure to date. Unlike an appeal system, it would still be for national courts to decide whether to make a reference and which questions to refer. Unlike the filtering system discussed above, the Court of Justice would not turn away references unanswered. Unlike either an appeal or a filtering system, all courts would retain the facility to refer, while courts of final instance would still be bound to do so. The core structural features of the preliminary ruling procedure to date would therefore be preserved intact. But those cases in which the national court had already supplied a satisfactory answer would be dealt with more rapidly.

As regards the 'supply' side of the equation, the 'green light' system would allow the Court to increase the efficiency of its working practices by winnowing out at an early stage those cases in which national courts clearly did not require more detailed assistance. The Court could thus boost the supply of its services whilst retaining its own central position as guardian of the uniformity of Community law.

19 That possibility is mentioned in Dashwood and Johnston, cited in note 18.

It is arguable that the 'green light' system represents a logical extension of the trend, already apparent, towards a greater flexibility in the procedures available to the Court. Preliminary ruling cases may now be dealt with, as outlined above, by reasoned order, or by judgment without an Advocate General's Opinion, or, exceptionally, under the accelerated procedure.

The system might be thought to have certain disadvantages, depending upon how it was implemented. First, doubts have been raised as to how much work the Court would actually be saved[20]. This would vary according to the stage of the proceedings at which the green light was given and the method by which a reference was then disposed of. Substantial time and work would be saved where the Court's decision not to proceed further with a reference was taken prior to circulation for observations by the Member States. Even if some such references were dealt with by reasoned order, without a hearing or an Advocate General's Opinion, significant savings would follow. It is true that some additional time would need to be devoted to the task of sorting references, on their arrival at the Court, into those which could receive a green light and those which would require further attention. However, the benefits of omitting the later stages of the procedure would more than compensate for the relatively slight initial delay. Moreover the work saved by using the green light would enable the Court to expedite its other cases.

A second potential disadvantage concerns the reaction of national courts to a green light system. Some such courts may not feel sufficiently confident in matters of Community law to offer their own assessments. They might even be more reluctant to exercise their discretion to refer, despite the uncertainties raised in a given set of proceedings.

Such a difficulty could be avoided however if national courts were only encouraged, rather than required, to express their own view as to how the questions which they were referring should be answered.

Another aspect of the same problem concerns the possible adverse impact on the attitude of a national court in a case where the Court of Justice disagreed with its view. This should not however cause serious difficulties. All judges are accustomed to differences of view, even at the highest judicial level. It would be generally understood that any case in which a national court considered a reference to be appropriate would necessarily involve uncertainties. No criticism could attach to a court whose view was not shared by the Court of Justice, which uniquely enjoys the Community perspective on a given legal problem.

A third possible disadvantage of the green light system is the risk which it might be thought to pose to the uniformity of Community law. If the outcome of the Court's approval of the answers proposed in a reference were to be the withdrawal of the reference, those answers would not be generally available for other national courts to consult.

20 See the Report of the EC Advisory Board of the British Institute of International and Comparative Law chaired by *Lord Slynn of Hadley*, 'The Role and Future of the European Court of Justice', 1996, at p. 82.

One solution to that difficulty would be for the Court of Justice to give a brief judgment, confirming the national court's solution, at least in those cases which were of more general importance. It may be doubted however whether it would be appropriate for the Court of Justice to endorse by a brief judgment – almost, it might be thought, by a "rubber stamp" – the views of the national court. Any ruling by the Court of Justice should contain its own self-standing reasoning. A better solution might therefore be to publish the orders for reference received by the Court on the Internet with an indication of those in which the green light procedure had been used. This would have the added advantage of informing national courts of each other's case-law. It would also be possible to see where there were serious divergences in the approaches of different national courts, so that a ruling by the Court of Justice might be particularly useful.

It remains to consider whether one or another version of the green light system could be implemented without the need for Treaty amendment. For some versions, changes would be needed to the Court's rules of procedure and perhaps to its Statute. Amendments to the former would now require only a qualified majority in Council[21], whilst the latter would need unanimous support[22]. However, there is nothing obviously in the Treaty which would stand in the way of introducing a green light procedure. The Court has, it is true, taken the view that, subject to certain well-known but limited conditions, it is obliged to rule on any question within its jurisdiction. But that view can properly be explained on the ground that there is no provision in the Rules of Procedure enabling the Court to respond to such a question other than by a formal ruling. The position would of course be different if the Rules were amended to that effect. At least some versions of the system could probably be introduced merely by way of amendments to the Rules of Procedure.

F. Conclusion

Whilst there are many possible permutations to the green light system, a version along the lines outlined above would seem to have significant advantages in managing the demand for the Court's services, in increasing the available supply of such services, and in directing them in the most appropriate way, by requiring the Court of Justice to give a ruling only where such a ruling was truly useful. It accomplishes those goals without either restricting the scope for dialogue between national courts and the Court of Justice or risking the uniformity of Community law by transferring competence away from that Court. It could probably also be implemented without the need for Treaty amendment, thereby allowing the Court to take the initiative.

It has several other advantages, outlined earlier in this paper, both in relation to national courts having a discretion to refer, and in relation to national courts under an obligation to refer; there would be obvious advantages, also, in urgent cases, where a rapid response was required from the Court of Justice, if a green light proved ap-

21 Article 223 EC.
22 Article 245 EC.

propriate. There would also be consequential advantages in limiting the output of the Court of Justice to rulings which were in its view necessary, and allowing national courts to decide other cases. By limiting output in that way, and giving national courts a greater role, the green light system would also give effect to the much desired, but not easily attainable, principle of subsidiarity.[23]

23 I am indebted to Josh Holmes for his assistance with the first draft of this paper, and to others for helpful comments on successive drafts. All views expressed are my own.

III. Union und Mitgliedstaaten

Vorrang und Verfassung: Das Recht der Europäischen Union im innerstaatlichen Bereich

Stefan Kadelbach

A. Einleitung

Ein Thema, das *Manfred Zuleeg* seit nahezu vier Jahrzehnten beschäftigt, ist das Recht der Europäischen Gemeinschaft im innerstaatlichen Bereich. In seiner gleichnamigen Schrift aus dem Jahre 1969 leitete er aus der Finalität des Gemeinschaftsrechts und aus Ansatzpunkten im EWG-Vertrag „einfache Kollisionsregeln" ab und zeichnete deren Konsequenzen für die subjektiven Rechte und Pflichten, die Auslegung, den Verwaltungsvollzug, die Rechtsetzung und das gerichtliche Verfahren nach[1]. Entscheidendes Element der einfachen Kollisionsregeln ist der Anwendungsvorrang des europäischen vor dem nationalen Recht. Durch das von diesem Ausgangspunkt entfaltete System wurde der Vorrang des Gemeinschaftsrechts, für das bis zu diesem Zeitpunkt nur verlangt worden war, dass ihm „keine wie immer geartete innerstaatliche Rechtsvorschrift" vorgehen dürfe[2], auf eine systematisch-dogmatische Grundlage gestellt. Die Leitidee ist, dass es sich nicht um einen Geltungsvorrang mit vernichtender Wirkung zu Lasten des nationalen Rechts handelt[3], sondern dass die mit dem Gemeinschaftsrecht kollidierende Norm lediglich im Einzelfall nicht angewendet werden darf. In einem Urteil des Europäischen Gerichtshofs (EuGH) in der Rs. Nimz, das in die Amtszeit des Jubilars an diesem Gericht fällt, wird diesem Gedanken in einer Form Ausdruck verliehen, die an die Schrift aus dem Jahre 1969 erinnert[4]:

> „Ferner ist nach ständiger Rechtsprechung des Gerichtshofs ... das nationale Gericht, das im Rahmen seiner Zuständigkeit die Bestimmungen des Gemeinschaftsrechts anzuwenden hat, gehalten, für die volle Wirksamkeit dieser Normen Sorge zu tragen, indem es erforderlichenfalls jede entgegenstehende Bestimmung des nationalen Rechts aus eigener Entschei-

1 *Zuleeg*, Das Recht der europäischen Gemeinschaften im innerstaatlichen Bereich, 1969, bes. S. 136 ff.; am Bsp. des Verwaltungsrechts *ders.*, Deutsches und europäisches Verwaltungsrecht – Wechselseitige Einwirkungen, VVDStRL 53 (1994), 154 (159 ff.); s. zuletzt *Jarass/Beljin*, Die Bedeutung von Vorrang und Durchführung des EG-Rechts für die nationale Rechtsetzung und Rechtsanwendung, NVwZ 2004, 1 ff.

2 EuGH, Costa, Slg. 1964, 1251 (1270); zur Grundlegung s. *H.P. Ipsen*, Das Verhältnis des Rechts der europäischen Gemeinschaften zum nationalen Recht, in: Aktuelle Fragen des europäischen Gemeinschaftsrechts, Europarechtliches Kolloquium 1964, ZHR Beih. 29, 1965, S. 1 ff.; *ders.*, Europäisches Gemeinschaftsrecht, 1972, S. 61 ff.

3 In diesem Sinne *Grabitz*, Gemeinschaftsrecht bricht nationales Recht, 1966; missverständlich noch EuGH, Simmenthal, Slg. 1978, 629 Rn. 17/18: „... Folge, ... dass ein wirksames Zustandekommen neuer staatlicher Gesetzgebungsakte insoweit verhindert wird, als diese mit Gemeinschaftsnormen unvereinbar wären."

4 EuGH, Nimz, Slg. 1991, I-297 Rn. 19.

dungsbefugnis unangewendet lässt, ohne dass es die vorherige Beseitigung dieser Bestimmung auf gesetzgeberischem Wege oder durch irgendein anderes verfassungsrechtliches Verfahren beantragen oder abwarten müsste."

Dass dieser Vorrang auch gegenüber dem staatlichen Verfassungsrecht einschließlich der Grundrechte des Grundgesetzes beansprucht wird, ist eine Folge, die *Manfred Zuleeg* – insoweit nicht unähnlich dem Bundesverfassungsgericht – erst im Laufe der weiteren Entwicklung des europäischen Verfassungsrechts akzeptiert hat[5]. Das Bundesverfassungsgericht erhält indessen gegenüber einem unbedingten Vorrang des europäischen Rechts einige Vorbehalte aufrecht. Zum einen soll ein dem Grundgesetz im Wesentlichen vergleichbarer Grundrechtsschutz durch die Union eine Bedingung für den beanspruchten Vorrang sein[6]; dieser Forderung verdankt sich auch Art. 23 Abs. 1 S. 1 GG, dessen Sinn es war, die sog. Solange-Rechtsprechung zu positivieren[7]. Zum anderen hat sich das Bundesverfassungsgericht auch eine Prüfung vorbehalten, ob die Europäische Union ihre Kompetenzen einhalte. Rechtsakte, die aus deren Kompetenzgefüge ausbrechen, seien in Deutschland nicht verbindlich[8], könnten folglich auch keinen Vorrang reklamieren. Der EuGH hält derartigen Prüfansprüchen seit jeher entgegen, dass nach Sinn und System der Verträge allein er selbst als Kontrollinstanz für die Kompetenzgrenzen vorgesehen sei[9]. Der Antagonismus der Verfassungsgerichte auf nationaler und auf europäischer Ebene hat sich in den Folgejahren in der Praxis erheblich entschärft, doch besteht er im Grundsatz fort, da er auf unterschiedlichen Vorstellungen vom Geltungsgrund des Gemeinschaftsrechts im innerstaatlichen Bereich beruht. Dies hat dazu beigetragen, dass das Verhältnis zwischen dem Grundgesetz und anderen Verfassungen einerseits und dem Unionsrecht andererseits – entgegen dem überwiegend durch Kooperation geprägten Rechtsalltag – oft unter dem Aspekt einer möglichen Normenkollision gesehen wird. Den verfassungsrechtlichen Grundlagen dieser Sichtweise ist im Folgenden nachzugehen (B.). Der am 29. Oktober 2004 von den 25 Mitgliedstaaten der Europäischen Union unterzeichnete Vertrag über eine Verfassung für Europa sieht hingegen nunmehr ausdrücklich den Vorrang des Unionsrechts vor (Art. I-6 VV). Dies gibt Anlass, die Frage zu untersuchen, ob der Verfassungsvertrag mit seinem Inkrafttreten an dieser konzeptionellen Kollisionslage etwas ändern würde (C.).

5 EuGH, Internationale Handelsgesellschaft, Slg. 1970, 1125 Rn. 3; vgl. ferner *Zuleeg* (Fn. 1), S. 106 f., 110, 122 f., 134, 161 ff. mit *dems.*, Der Schutz der Menschenrechte im Gemeinschaftsrecht, DÖV 1992, 937 (942).

6 BVerfGE 37, 271 – Solange I; 73, 339 – Solange II.

7 *Wilhelm*, Europa im Grundgesetz: Der neue Art. 23, BayVBl. 1992, 705 (707) m.w.N.

8 Im Zusammenhang mit der These des Gerichts, es werde für eine zu weitgehende Auslegung dieser Zuständigkeiten eingetreten, wird *Manfred Zuleeg* zitiert (E 89, 155, 210); dazu seine Gegendarstellung in JZ 1993, 1112.

9 EuGH, Simmenthal, Slg. 1978, 629 Rn. 21/23.

B. Die Verbindung zwischen staatlichem und europäischem Verfassungsrecht

Das Primärrecht, das man ohne weiteres bereits jetzt als Verfassung bezeichnen kann[10], betrachtet das Verhältnis der Rechtsordnungen nicht in einem Verhältnis der Konkurrenz, sondern der Komplementarität. Nach geltendem Unionsrecht gibt es nur wenige Verweise auf die Verfassungen der Mitgliedstaaten, doch sind diese fundamentaler Art. Zu diesen Verbindungen zählt das Bekenntnis des Art. 6 EUV zu Demokratie, Rechtsstaatlichkeit und den Grundrechten. Ausdrücklich verweist der Unionsvertrag hier auf die Verfassungstraditionen und die Identität der Mitgliedstaaten (Art. 6 Abs. 2 und 3, Art. 7 Abs. 1 EUV). Eine weitere Verknüpfung stellen die Bestimmungen des EG-Vertrages über die Unionsbürgerschaft her, die einen der Staatsangehörigkeit komplementären Bürgerstatus versprechen (Art. 17 Abs. 1 S. 2 EGV).

Selten korrespondieren diesen Anknüpfungspunkten, wie in Art. 23 Abs. 1 S. 1 GG, ausdrückliche Verweise in den mitgliedstaatlichen Verfassungen. Das Verhältnis zum Europäischen Recht wird in vielen Mitgliedstaaten durch Kompetenznormen zur auswärtigen Gewalt bestimmt, die allgemein das Verhältnis zum Völkerrecht festlegen. Auch das Grundgesetz folgte zunächst diesem Modell. Vor Einfügung des Art. 23 GG bildete Art. 24 Abs. 1 GG die Basis für die Übertragung von Hoheitsrechten an die Europäischen Gemeinschaften, doch galt für das nach dieser Bestimmung erforderliche Gesetz zusätzlich Art. 59 Abs. 2 GG, der die Ratifikation von Staatsverträgen regelt. Auch nach Neufassung des Art. 23 GG wird das nach Art. 23 Abs. 1 S. 2 GG erforderliche Gesetz als Geltungsgrund des Unionsrechts im innerstaatlichen Bereich angesehen. Es ist zugleich Bezugspunkt der verfassungsrechtlichen Kontrolle; überschreitet nämlich die Union den Umfang der hierdurch erteilten Ermächtigung, fehlt einem solchen Akt die legitimierende Grundlage, so dass er unverbindlich ist. Dies entspricht der Konstruktion der sog. völkerrechtlichen Theorie. Dieser völkerrechtlichen Konzeption folgend sehen auch andere Verfassungsrechtsordnungen die Legitimation des Unionsrechts im jeweiligen Zustimmungsgesetz zu den Gründungsverträgen[11].

Blickt man auf die sechs Gründungsstaaten der Gemeinschaft, ist dieser Befund noch nicht so offensichtlich. Am deutlichsten ist die Parallele zu Italien, was mit der Rolle des italienischen Verfassungsgerichtshofs zusammenhängt. Er hat den Anwendungsvorrang auch vor der italienischen Verfassung zwar anerkannt, doch gilt dies nur, soweit deren fundamentale Grundsätze nicht verletzt werden. Zudem nimmt er für sich die Kompetenz für die Prüfung in Anspruch, ob sich ein Akt der

10 BVerfGE 22, 293 (296); EuGH, Parti écologiste „Les Verts", Slg. 1986, 1339 Rn. 23; EWR I, Slg. 1991-I, 6079 Rn. 21; *Zuleeg*, Die Vorzüge der europäischen Verfassung, in: von Bogdandy (Hg.), Europäisches Verfassungsrecht, 2003, S. 931 ff.; *ders.*, Der rechtliche Zusammenhalt der Europäischen Union, 2004, S. 125 ff.

11 Übersichten zum Folgenden bei *N. Lorenz*, Die Übertragung von Hoheitsrechten auf die Europäischen Gemeinschaften, 1990, S. 7 ff.; *Fédération Internationale pour le Droit Européen* (Hg.), 17. F.I.D.E. Kongress, Bd. I, Le droit constitutionnel national et l'intégration européenne, 1996; *Rideau* (Hg.), Les Etats membres de l'Union Européenne, 1997; *Chatiel*, Droit constitutionnel et droit communautaire, RTDE 1999, 395 ff.; *F.C. Mayer*, Kompetenzüberschreitung und Letztentscheidung, 2000, S. 140 ff.; *Kellermann/de Zwaan/Czuczai* (Hg.), EU Enlargement, 2001.

Gemeinschaft im Rahmen der ihr übertragenen Kompetenzen bewegt. Ist dies nicht der Fall, ist der Anwendungsbefehl zur Ausführung des Gemeinschaftsrechts verfassungswidrig[12]. Komplizierter stellt sich die Situation in Frankreich dar. Dem Conseil constitutionnel ist eine Überprüfung völkerrechtlicher Verträge nur vor deren Inkrafttreten möglich, so dass eine Kontrolle sekundären Gemeinschaftsrechts am Maßstab der französischen Verfassung zu einem späteren Zeitpunkt verfahrensrechtlich nicht in Betracht kommt. Der Conseil d'Etat hat in der Vergangenheit der Rechtsprechung des EuGH im Einzelfall die Gefolgschaft mit dem Argument verweigert, die von diesem festgestellte unmittelbare Anwendbarkeit von Richtlinien ergebe sich „offensichtlich" („clairement") nicht aus dem EG-Vertrag[13]. Die rechtliche Konstruktion ist nicht ganz eindeutig, doch lag ihr wohl die erst kürzlich durch den Conseil constitutionnel bestätigte Vorstellung zugrunde, dass die Geltung des Gemeinschaftsrechts nicht auf dessen Autonomie, sondern auf verfassungsrechtlicher Ermächtigung beruht, die deren Fortentwicklung zugleich begrenzt[14]. Die Benelux-Staaten bieten ein uneinheitliches Bild, das die Abhängigkeit derartiger Modelle von der Einrichtung einer Verfassungsgerichtsbarkeit deutlich macht. In Belgien existiert für die Mitgliedschaft in der Europäischen Union seit einiger Zeit eine besondere Grundlage in der Verfassung; die Gerichte haben bisher den Anwendungsvorrang anerkannt, doch gilt als unsicher, ob sich dieser auch auf das Verfassungsrecht erstreckt und ob die für verfassungsrechtliche Streitigkeiten zuständige Cour d'arbitrage dies ggf. nachprüfen würde[15]. Dagegen ist dies in den Niederlanden aufgrund der monistisch strukturierten Außenverfassung und mangels gerichtlicher Nachprüfungskompetenzen ausgeschlossen[16]. Ähnlich liegen die Dinge in Luxemburg, wo die Gerichte für Justizkonflikte bisher keinen Anlass gesehen haben[17].

Betrachtet man die Staaten, die in den verschiedenen Erweiterungsrunden beigetreten sind, wird indes erkennbar, dass der vom EuGH beanspruchte Vorrang selten ganz vorbehaltlos garantiert wird. Nach der dänischen Verfassung können zwischenstaatlichen Einrichtungen wie der Europäischen Union „in bestimmtem Umfang" durch Gesetz Befugnisse übertragen werden (§ 20 Grundloven); der Oberste Gerichtshof behält den dänischen Gerichten das Recht vor, in besonderen Fällen EG-Recht wegen Kompetenzüberschreitungen für verfassungswidrig zu erklären[18]. Das irische Recht ordnet zwar den Vorrang des Gemeinschaftsrechts ausdrücklich an, doch hat der Supreme Court Leitprinzipien wie die Eigenständigkeit und Volkssou-

12 Corte Costituzionale, Frontini, Giur. Cost. 1973, 2401 (2403), dt. Übs. 1974, 261; Fragd, Riv. Dir. Int. 1989, 103; zur verfassungsrechtlichen Grundlage der Geltung des Gemeinschaftsrechts Granital, Giur. Cost. 1984, 1098 (1116).

13 Conseil d'Etat, Cohn-Bendit, Rec. 524, dt. Übs. EuR 1979, 293 m. Anm. *Bieber*.

14 Conseil constitutionnel, Gutachten v. 19. 11. 2004 zum Verfassungsvertrag, Déc. No. 2004-505 DC, Rn. 13; *Fromont*, Das Verhältnis zwischen dem nationalen Recht und dem EG- bzw. Völkerrecht in Frankreich, EuZW 1992, 46 ff.; *Gundel*, Die Einordnung des Gemeinschaftsrechts in die französische Rechtsordnung, 1997, S. 70 f., 76 ff.

15 Siehe Cour de cassation, Fromagerie Fanco-Suisse Le Ski, dt. EuR 1971, 261; *Brouwers/Simonart*, Le conflit entre la Constitution et le droit international conventionnel dans la jurisprudence de la Cour d'arbitrage, CDE 1995, 7 ff.

16 Vgl. *Alkema*, Foreign Relations in the Netherlands Constitution, NILR 1984, 307 ff.

17 *Frieden*, Rapport luxembourgeois, in: F.I.D.E. (Fn. 11), S. 344 ff.

18 Højesteret, Urt. v. 6. 4. 1998, Carlsen v Rasmussen, dt. Übs. in EuGRZ 1999, 49.

veränität der Republik, die ausschließlichen Rechte des Parlaments bei der Gesetzgebung und die Autonomie der Rechtsprechung für unverfügbar erklärt. Zudem sollen die Grundrechte der irischen Verfassung auch den Maßstab für Handlungen der Gemeinschaftsorgane bilden[19]. In Großbritannien ist das Prinzip, aus dem sich die Folgen für das Verhältnis der Rechtsebenen ableiten, die Souveränität des Parlaments. Man geht davon aus, dass dem European Communities Act 1972 eine Auslegungsregel zu entnehmen sei, die es den Gerichten ermögliche, dem Gemeinschaftsrecht zur Durchsetzung zu verhelfen. Britisches Recht soll nicht so ausgelegt werden, dass es mit dem Gemeinschaftsrecht in Widerspruch stehe, da das Parlament einen derartigen Konflikt im Zweifel nicht beabsichtige. Für den (bisher theoretischen) Fall, dass einmal ausdrücklich und bewusst von europäischem Recht abgewichen werden sollte, wird jedoch angenommen, dass sich die Sovereignty of Parliament durchsetzt[20]. Die Geltung des Unionsrechts beruht also auch dort nicht auf dessen Autonomie, sondern allein auf dem Gesetz.

Noch klarer sind die Verhältnisse aus Sicht der Verfassungsgerichte in Griechenland und Spanien. Der griechische Staatsrat billigt dem Gemeinschaftsrecht zwar Vorrang gegenüber dem einfachen Recht zu, nicht jedoch gegenüber der griechischen Verfassung[21]. Das Gutachten des Spanischen Verfassungsgerichtshofs zum Vertrag von Maastricht wird in der Literatur dahingehend interpretiert, dass es eine Überprüfung selbst primären Gemeinschaftsrechts am Maßstab der spanischen Verfassung reklamiert[22]. In Portugal kommt den von den zuständigen Organen internationaler Organisationen gesetzten Rechtsnormen innerstaatlich unmittelbare Rechtswirkung zu, sofern dies in den entsprechenden Gründungsverträgen niedergelegt ist (Art. 8 III port. Verf.). Zum einen indiziert dies womöglich die Prüfung der Kompetenzmäßigkeit des EG-Sekundärrechts[23], zum anderen lässt sich daraus schließen, dass sich der Vorrang nicht auf die portugiesische Verfassung selbst erstreckt; Grenzen dürfte auch der revisionsfeste Kern der Verfassung ziehen (Art. 288 II)[24].

In Österreich gilt der Beitritt zur Europäischen Union als Gesamtänderung der Bundesverfassung, die deren sog. Baugesetze, dem Bestand des Art. 79 Abs. 3 GG vergleichbare Fundamentalprinzipien, berührt; die Folge war das Erfordernis einer Volksabstimmung für den Beitritt zur Union. Werden diese Bauprinzipien erneut verändert, wird auch ein neues Referendum notwendig. Zwar wird davon ausgegangen, dass die Union auf den Bauprinzipien der Bundesverfassung vergleichbaren

19 Supreme Court, Crotty, IR 1987, 713; Society for the Protection of Unborn Children v Grogan, IR 1989, 753.

20 House of Lords, Macarthys Ltd. v Smith, All ER 1979, 325 (329, per Lord Denning); All ER 1981, 111 (120).

21 Staatsrat, Vagias u.a. v DI.K.A.T.S.A., wiedergegeben bei *Maganaris*, The principle of supremacy of Community law – The Greek challenge, ELR 1998, 179 ff.

22 Tribunal constitucional, Erklärung 108/1992, Boletín de jurisprudencia constitucional 135 (1992), 5; dt. Übs. EuGRZ 1993, 285; dazu *Liñan Nogueras/Roldán Barbero*, The judicial application of Community law in Spain, CML Rev 1993, 1135 (1142 f.).

23 *Chancerelle de Machete*, Rapport portugais, in: F.I.D.E. (Fn. 11), S. 394 (397 f.).

24 *Gonçalves*, Quelques problèmes juridiques que pourra poser l'application du droit communautaire dans l'ordre juridique portugais face à la Constitution de 1976, RTDE 1980, 662 (679); *Tavares de Pinho*, L'application du droit communautaire dans l'ordre juridique portugaus, RMC 1983, 35 (38).

Grundlagen beruht; gleichwohl ist die Beitrittsermächtigung durch den Inhalt des Beitrittsvertrages beschränkt, so dass allen Staatsorganen eine Überprüfung des Sekundärrechts auf schwerwiegende und offensichtliche Kompetenzüberscheitungen möglich bleibt[25]. Eine ähnliche völkerrechtliche Konstruktion liegt auch den Verfassungen Schwedens und Finnlands zugrunde. Die schwedische Verfassung enthält in Kapitel 10, § 5 Bestimmungen, die bewusst an den vom deutschen Bundesverfassungsgericht reklamierten Kontrollvorbehalten orientiert sind. Die Übertragung von Hoheitsrechten ist insbesondere nur zulässig, solange die Union einen der schwedischen Verfassung und der EMRK vergleichbaren Grundrechtsschutz garantiert[26]. Weniger explizit ist hier die finnische Verfassung, die zwar vorsieht, dass internationale Verpflichtungen die demokratischen Grundlagen der Republik nicht verletzen dürfen (§ 94 Abs. 4), sich in dieser Bestimmung aber in erster Linie an das Parlament als Zustimmungsgesetzgeber richtet. Auch ordnet ein Verfassungsgesetz die Geltung des Gemeinschaftsrechts so an, wie dies unter den Mitgliedstaaten vereinbart wird, was sich als Anerkennung eines unbedingten Anwendungsvorrangs deuten lässt[27]. Da aber das Beitrittsgesetz zur Europäischen Union die rechtliche Verbindung zwischen Unionsrecht und innerstaatlichem Recht herstellt, ist es auch hier nicht ganz ausgeschlossen, dass Vorbehalte noch erhoben werden[28].

Zu den neuen Mitgliedstaaten lässt sich vorläufig noch wenig sagen. Zum einen finden sich in ihren Verfassungen nicht immer Bestimmungen, die speziell die Mitgliedschaft in der Europäischen Union betreffen, zum anderen liegt oft noch keine Rechtsprechung zum Verhältnis zwischen den rechtlichen Ebenen vor. Meist gelten die Vorschriften über den innerstaatlichen Rang des Völkerrechts, das in der Regel zwar über den Gesetzen, aber unter der Verfassung steht[29]. Ist dies nicht der Fall, bedeutet dies gleichwohl nicht zwingend die unbedingte Anerkennung des Vorrangs. Die Verfassungslage in Estland scheint der Österreichs vergleichbar zu sein[30]. In Ungarn hat sich das Verfassungsgericht schon vor dem Beitritt auf das Maastricht-Urteil des BVerfG gestützt[31]. Eine Sonderstellung nimmt die Slowakei ein, deren Verfassung den Vorrang des Gemeinschaftsrechts jedenfalls vor den staatlichen Gesetzen ausdrücklich anordnet (Art. 7)[32].

25 Näher *Schäffer*, Österreichischer Landesbericht, in: Schwarze (Hg.), Die Entstehung einer neuen Verfassungsordnung, 2000, S. 339 (351 ff.).

26 Im Einzelnen *Lysén*, Swedish Report, in: F.I.D.E. (Fn. 11), S. 427 ff.; *Bernitz*, Swedish Report, in: Schwarze (Fn. 25), S. 389 (417 ff.).

27 Im Einzelnen *Scheinin/Ojanen*, Finlande, in: Rideau (Fn. 11), S. 185 ff.; *Pohjolainen*, Finnish Report, in: F.I.D.E. (Fn. 11), S. 399 ff.

28 So auch *Mayer* (Fn. 11), S. 248.

29 Vgl. im Einzelnen die – allerdings im Einzelfall durch Verfassungsänderung überholten – Beiträge von *Xuereb* (Malta), *Emiliou* (Zypern), *Bala* (Tschechien), *Justynski* (Polen), *Uacka* (Lettland), *Vadapalas* (Litauen) und *Vehar* (Slowenien), alle in: Kellermann/de Zwaan/Czuczai (Fn. 11), EU Enlargement, 2001.

30 Vgl. *Kerikmäe*, Estonian Constitutional Problems in Accession to the EU, ebd. S. 291 (297) mit Text bei Fn. 25.

31 *Harmathy*, Constitutional Questions of the Preparation of Hungary to Accession to the European Union, ebd. S. 315 (325).

32 *Kunová*, Constitutional Aspects of the Accession of the Slovak Republic to European Union, ebd. S. 327 (335).

Dieser kursorische Überblick mag immerhin deutlich machen, dass ein unproblematischer Vorrang des europäischen Rechts vor dem innerstaatlichen Recht eher die Ausnahme als die Regel ist, wenn man die verfassungsrechtliche Ausgangslage der einzelnen Mitgliedstaaten betrachtet. Vor diesem Hintergrund ist die Frage, ob der in Art. I-6 VV vorgesehene ausdrückliche Vorrang des Unionsrechts eine Grundlage schafft, auf der das Verhältnis des europäischen zum innerstaatlichen Recht neu konstruiert werden muss, sowohl für das Grundgesetz von Belang als auch von gemeineuropäischem Interesse.

C. Die Bestimmungen des Verfassungsvertrages

I. Der Vorrang nach dem Vertrag über eine Verfassung für die Europäische Union

Art. I-6 VV ordnet in folgender Formulierung den Vorrang des Unionsrechts an:

„Die Verfassung und das von den Organen der Union in Ausübung der der Union übertragenen Zuständigkeiten gesetzte Recht haben Vorrang vor dem Recht der Mitgliedstaaten."

Die Reichweite des Vorrangs wird aufgrund der vorgesehenen Fusion der Union mit der Gemeinschaft zu einer einheitlichen Rechtspersönlichkeit auch auf das Recht der sog. Zweiten und Dritten Säule erweitert, soweit dies unmittelbare Wirkung entfaltet; denn auch die Maßnahmen, die im Rahmen der Gemeinsamen Außen- und Sicherheitspolitik (GASP) sowie der Polizeilichen und Justiziellen Zusammenarbeit in Strafsachen (PJZS) ergriffen werden, zählen zum von der Union gesetzten Recht. Die Bestimmung könnte Prüfvorbehalte der mitgliedstaatlichen Verfassungsgerichte gleichwohl hinfällig machen. Dafür spricht, dass der Vorrang bisher auf der Rechtsprechung des EuGH beruht, abgeleitet aus Funktionalität und Effektivität des Gemeinschaftsrechts. Gegenüber diesem richterlich erhobenen Vorranganspruch konnte im Einzelfall der Vorwurf erhoben werden, es bestehe die Gefahr, dass der EuGH seinerseits die Grenzen seiner Zuständigkeit überschreite. In diesem Sinne lässt sich auch das Maastricht-Urteil des Bundesverfassungsgerichts verstehen:

„Wenn eine dynamische Erweiterung der bestehenden Verträge sich bisher auf eine großzügige Handhabung des Art. 235 EWGV [heute Art. 308 EGV – Verf.] im Sinne einer „Vertragsabrundungskompetenz", auf den Gedanken der inhärenten Zuständigkeiten der Europäischen Gemeinschaften („implied powers") und auf eine Vertragsauslegung im Sinne einer größtmöglichen Ausschöpfung der Gemeinschaftsbefugnisse („effet utile") gestützt hat (vgl. Zuleeg in: von der Groeben/Thiesing/Ehlermann, EWG-Vertrag, 4. Aufl. 1991, Art. 2 Rdnr. 3), so wird in Zukunft bei der Auslegung von Befugnisnormen zu beachten sein, dass der Unions-Vertrag grundsätzlich zwischen der Wahrnehmung einer begrenzt eingeräumten Hoheitsbefugnis und der Vertragsänderung unterscheidet, seine Auslegung deshalb in ihrem Ergebnis nicht einer Vertragserweiterung gleichkommen darf; eine solche Auslegung von Befugnisnormen würde für Deutschland keine Bindungswirkung entfalten"[33].

33 BVerfGE 89, 155 (210).

Wird nunmehr der Vorrang primärrechtlich abgesichert, könnte das bedeuten, dass nur die im Verfassungsvertrag selbst vorgesehenen Wege der Kompetenzausübungskontrolle beschritten werden dürfen. Hierzu ist nach wie vor der EuGH berufen. Nach Art. III-365 VV „überwacht" er, wie zurzeit nach Art. 230 Abs. 1 EGV, „die Rechtmäßigkeit der Europäischen Gesetze und Rahmengesetze" sowie der Handlungen der Organe der Union. Doch ist auch den nationalen Parlamenten in diesem Zusammenhang eine Rolle zugedacht.

Das Subsidiaritätsprotokoll schafft ein sog. Frühwarnsystem, das deren Rechte stärken soll, so dass sie einer übermäßigen Beanspruchung der Unionskompetenzen entgegenwirken können[34]. Zu diesem Zweck haben die Kommission und die anderen zur Gesetzesvorlage berechtigten Institutionen ihre Entwürfe für Gesetzgebungsakte im Hinblick auf die Grundsätze der Subsidiarität und der Verhältnismäßigkeit zu begründen, mit Angaben zu den voraussichtlichen finanziellen Folgen und den zu erlassenden Rechtsvorschriften zu versehen (Art. 5 SP) und dem Europäischen Parlament sowie den staatlichen Parlamenten frühzeitig zuzuleiten (Art. 4 SP). Die nationalen Parlamente können binnen sechs Wochen darlegen, warum ein Rechtsakt ihrer Ansicht nach ggf. gegen das Subsidiaritätsprinzip verstößt (Art. 6 SP). Werden derartige Gegenvorstellungen von mindestens einem Drittel der Parlamente erhoben[35], muss die Vorlage überprüft werden. An dem Entwurf kann dann zwar festgehalten werden, doch ist dies erneut zu begründen. Für Klagen wegen eines Verstoßes gegen das Subsidiaritätsprinzip ist der EuGH zuständig (Art. 8 SP, III-365 VV). Diese Klagen können von einem Mitgliedstaat, auch im Namen seines Parlaments, sowie, wenn dessen Anhörung vorgesehen war, vom Ausschuss der Regionen erhoben werden (Art. 8 SP). Zwar ist es nicht das prinzipale Ziel dieses Verfahrens, die Einhaltung der Kompetenzen zu überprüfen[36]. Doch scheint der Zusammenhang zum Subsidiaritätsprinzip hinreichend eng, dass sich derartige Fragen im Zuge des Verfahrens nahezu zwangsläufig inzident stellen müssen.

Dem Bild, das sich aus der Gesamtbetrachtung dieses Systems ergibt, liegt die Sicht zugrunde, dass die verbreiteten Befürchtungen gegenüber intensiven Eingriffen in die den Mitgliedstaaten vorbehaltene Sphäre weniger von einem strikt gehandhabten Anwendungsvorrang als von einer als unzureichend empfundenen Kompetenzabgrenzung genährt worden sind[37]. Die ausdrückliche Anerkennung des Anwendungsvorrangs steht in unmittelbarem Zusammenhang mit den Regelungen des Vertrages über die Abgrenzung der Zuständigkeiten zwischen den Ebenen. Für diese Lesart lässt sich auch die Entstehungsgeschichte der Bestimmung im Konvent anführen. Sie wurde von der Arbeitsgruppe V („Ergänzende Zuständigkeiten") in den Teil des Verfassungsentwurfes aufgenommen, der die Abgrenzung der Zuständig-

34 Protokoll über die Anwendung der Grundsätze der Subsidiarität und der Verhältnismäßigkeit – SP.

35 Genauer: Von Parlamenten, die über mindestens ein Drittel der den Parlamenten zugewiesenen Stimmen verfügen; jedes nationale Parlament hat zwei Stimmen, die intern ggf. auf die beiden Kammern verteilt werden können, Art. 7 SP.

36 Dies betont *Götz*, Kompetenzverteilung und Kompetenzkontrolle in der Europäischen Union, in: Schwarze (Hg.), Der Verfassungsentwurf des Europäischen Konvents, 2004, S. 43 (59 f.).

37 Siehe etwa Europäisches Parlament, Ausschuss für konstitutionelle Fragen, Bericht über die Typologie der Rechtsakte und die Hierarchie der Normen in der Europäischen Union v. 3. 12. 2002, Dok. PE 313.407, S. 20.

keiten zwischen den Ebenen und die allgemeinen Grundsätze zur Wahrnehmung der Kompetenzen durch die Union enthielt[38].

Allerdings hat die Formulierung des Art. I-6 VV auch zu Bedenken Anlass gegeben. Im Zuge der Verhandlungen wurde verschiedentlich vorgeschlagen, die Bestimmung aus dem Entwurf zu streichen. Einige Konventsmitglieder brachten Änderungsanträge mit dem Ziel ein, die Kompetenzgrenzen der Union deutlicher als Grenze des Anwendungsvorrangs herauszustellen. Andere machten geltend, dass eine ausdrückliche Vorrangklausel die Verhältnisse zu sehr vereinfache; sie entsprechend der Rechtsprechung des Gerichtshofs genauer zu definieren, erfordere einen Grad an Präzision, der für eine Verfassung nicht geeignet sei[39]. Aus dem Kreise der deutschen Länder wurde mit Blick auf das Grundgesetz eine Protokollnotiz angeregt, der zufolge die sog. Ewigkeitsklausel des Art. 79 Abs. 3 GG auch gegenüber dem Vorrang Bestand habe[40]. Der Konvent ist diesen Einwänden nicht gefolgt. Auf der Regierungskonferenz hat aber insbesondere Großbritannien die bereits im Konvent vorgetragenen Bedenken wegen der Formulierung des Vorrangs wiederholt[41]. Auf der Abschlusskonferenz im Juli 2004 wurde die Bestimmung des Konventsentwurfs[42] zwar neu gefasst, in der Sache aber unverändert verabschiedet. Zusätzlich wurde indessen mit Blick auf Art. I-6 VV folgende Erklärung angenommen, die ebenfalls Bestandteil des Vertrages ist (Art. IV-442 VV)[43]:

„Die Konferenz stellt fest, dass Artikel I-6 die geltende Rechtsprechung des Gerichtshofs der Europäischen Gemeinschaften und des Gerichts erster Instanz zum Ausdruck bringt“.

In den anderen Sprachen ergibt die Bestimmung einen vergleichbaren Sinn; meist verwenden sie einen Begriff, der sich am ehesten mit „widerspiegeln“ oder „abbilden“ übersetzen lässt[44]. Nach der Vorgeschichte liegt es nahe, sie als deklaratorischen Verweis auf die Rechtsprechung zu verstehen[45].

Was folgt daraus für die Prüfungskompetenz der Gerichte der Mitgliedstaaten? Wie sich gezeigt hat, werden aus der völkerrechtlichen Lösung drei Konsequenzen abge-

38 CONV 375/1/02 v. 4. 11. 2002, S. 13.

39 Siehe etwa die Stellungnahme des Konventsmitglieds *Roche*, Plenartg. v. 28. 2. 2003, Prot. 5-038; ebenso den Änderungsantrag von *Hain*; Anträge im Sinne einer präziseren Beschränkung auf kompetenzgemäß gesetztes Sekundärrecht stellten *Hjelm-Wallén/Lekberg* und *McAvan*; ausdrückliche Formulierung im Sinne eines Anwendungsvorrangs in der Fassung des Urteils Nimz (Fn. 4) im Antrag *Hübner*; im Sinne der Solange-Rechtsprechung und der schwedischen Verfassung der Antrag *Lennmarker*, völlige Streichung schlugen *Ernan Lopes* und *Heathcoat-Amory* vor; s. auch Übermittlungsvermerk des Sekretariats für den Konvent – Reaktionen auf den Entwurf der Artikel 1 bis 16 des Verfassungsvertrags v. 26. 2. 2003, CONV 574/1/03 REV 1.

40 Bayerischer Staatsminister für Bundes- und Europaangelegenheiten, Bericht über die Ergebnisse des EU-Konvents v. 11. 9. 2003, S. 7.

41 Nur kursorisch mitgeteilt in Konferenzdokument CIG 37/03, Nichtinstitutionelle Fragen, einschließlich von Änderungsvorschlägen zum Bereich Wirtschaft und Finanzen v. 24. 10. 2003, S. 3 und Add. 1, S. 5.

42 Art. I-10 VVE lautete: Die Verfassung und das von den Organen in Ausübung der ihnen zugewiesenen Zuständigkeiten gesetzte Recht haben Vorrang vor dem Recht der Mitgliedstaaten.

43 Über die Erklärung wurde auf der Klausurtagung der Minister Einvernehmen erzielt, s. Vermerk des Vorsitzes v. 25. 11. 2003, CIG 52/03, S. 3; ferner Vermerke des Vorsitzes v. 9. 12. 2003, CIG 60/03, Add. 1, S. 7 und v. 29. 4. 2004, CIG 74/04, S. 10.

44 Dänisch „afspejler“, englisch „reflects“, griechisch „δντικατοπτςιζει“, italienisch „rispecchia“, litauisch „atspindi“, maltesisch „jirrifletti“, niederländisch „een afspiegeling is“, polnisch „odzwierciedlają,“, portugiesisch „reflecte“, schwedisch „återspeglar“, spanisch „refleja“ usw.

leitet: Die subsidiäre Maßstäblichkeit nationalen Verfassungsrechts, die Rückholbarkeit europäischer Hoheitsgewalt durch die nationalen Parlamente und eine am Zustimmungsgesetz zu den Gründungsverträgen orientierte Überprüfung der Kompetenzmäßigkeit abgeleiteten Unionsrechts. Um die Konsequenzen des Verfassungsvertrages für die mitgliedstaatlichen Verfassungsvorbehalte einzuschätzen, muss sowohl sein Regelungssystem insgesamt (II.) als auch dessen Stellenwert nach dem Recht der staatlichen Verfassungen (III.) betrachtet werden.

II. Der Verfassungsvertrag vor dem Hintergrund staatlicher Verfassungsvorbehalte

1. Strukturnormen der Verfassung

Soweit Verfassungsgerichte oder die Verfassung selbst an den Zustimmungsgesetzen zu den Gründungsverträgen anknüpfen und diese nebst dem auf sie gestützten Sekundärrecht unter Verfassungsvorbehalt stellen, bezieht sich dieser auf den Kernbestand der staatlichen Ordnung. Dabei handelt es sich, wie in der Bundesrepublik, Irland, Österreich oder Schweden um Strukturnormen, die in vergleichbarer Weise auch auf der Ebene der Union wirken können. Insbesondere Art. 23 Abs. 1 GG fordert von der Union eine Verpflichtung auf demokratische, rechtsstaatliche, soziale und föderative Grundsätze, das Subsidiaritätsprinzip und einen im Wesentlichen vergleichbaren Grundrechtsschutz.

Alle diese Elemente finden sich auch im Verfassungsvertrag wieder. Für die Rechtsprechung des Bundesverfassungsgerichts hat insbesondere der Grundrechtsschutz eine wichtige Rolle gespielt. Dieser Prüfungsvorbehalt wurde in der Maastricht-Entscheidung gegenüber der Solange-Rechtsprechung aufgewertet[46] und war zuvor dahin gehend erläutert worden, dass er sich auf die Fälle beziehen solle, in denen die Grundrechte auf Unionsebene „schlechthin und generell" nicht anerkannt würden, ein bestimmtes Einzelgrundrecht gar nicht erst den Maßstab der Rechtsprechung des EuGH bilde oder Grundrechtsschutz vor der europäischen Gerichtsbarkeit prozessual nicht zu erlangen sei[47]. Die ersten beiden dieser Fälle werden durch die Inkorporierung der Grundrechtscharta in den Verfassungsvertrag so weit ausgeschlossen, wie dies auf rechtlichem Wege nur möglich ist. Die europäische Gerichtsbarkeit ist an sie nicht mehr nur durch die eigene Rechtsprechung, sondern durch den Vertrag gebunden, auf dem ihr Bestand und ihre Kompetenz beruht. Der Grundrechtskatalog umfasst alle Garantien, die auch im Grundgesetz und in der Europäischen Menschenrechtskonvention enthalten sind. Prozessual ist der Grundrechtsschutz durch die Möglichkeit, im Wege der Nichtigkeitsklage gegen Rechtsnormen vorzu-

45 Vgl. auch *K.H. Fischer*, Konvent zur Zukunft Europas, 2003, S. 132: „inhaltlich keine Neuerung", der „schon bestehende Stufenbau der EU-Rechtsordnung" werde „expressis verbis in das Primärrecht aufgenommen"; von einer Kodifizierung bzw, Bestätigung der Rspr. des EuGH sprechen auch *Epping*, Die Verfassung Europas?, JZ 2003, 821 (826); *Oppermann*, Eine Verfassung für die Europäische Union, DVBl. 2003, 1165 (1172); *Obwexer*, Die neue Verfassung für Europa, EB 2004, 172 (174) („inhaltlich nichts Neues").

46 BVerfGE 89, 155 (174 f.), unter Aufgabe von BVerfGE 58, 1 (27) – Eurocontrol.

47 *Kirchhof*, Deutsches Verfassungsrecht und Europäisches Gemeinschaftsrecht, EuR Beih. 1/1991, 11 (24).

gehen, durch den Verfassungsvertrag immerhin weiter gestärkt worden (Art. III-365 Abs. 4 VV)[48]. Es war denn auch das erklärte Ziel des Verfassungsvertrages, die Legitimationsgrundlage der supranational ausgeübten Hoheitsgewalt an verfassungsstaatlichen Leitbildern auszurichten (Art. I-2 VV). Einer Aktivierung der auch bisher schon kaum in Anspruch genommenen verfassungsrechtlichen Vorbehalte mit der Begründung, es fehle an der strukturellen Gleichwertigkeit mit den europäischen Verfassungsstaaten, dürfte er die Grundlage weitgehend entzogen haben.

2. Rückholbarkeit der übertragenen Hoheitsgewalt

Für den irischen Supreme Court ist die Eigenständigkeit der Republik, nach britischem Verfassungsrecht die Souveränität des Parlaments jedenfalls nach geltendem Verfassungsrecht Grenze der Integration. Auch das Bundesverfassungsgericht hat betont, dass die Mitgliedstaaten „Herren der Verträge" seien, die Bundesrepublik könne ihre Mitgliedschaft in der Union auch wieder aufheben[49]. War dies in der Vergangenheit zumindest umstritten, so räumt der Verfassungsvertrag eine derartige Austrittsmöglichkeit ausdrücklich ein (Art. I-60 VV). Sollte künftig ein Mitgliedstaat die Befürchtung hegen, aufgrund seiner Mitgliedschaft in der Union seine Identität zu verlieren, so kann er mit der Union ein entsprechendes Austrittsabkommen schließen. Wer innerstaatlich die Kompetenz besitzt, darüber zu entscheiden, ob ein Austritt angezeigt ist, kann und soll durch den Verfassungsvertrag nicht vorgeschrieben werden. Doch handelt es sich um einen Akt der politischen Selbstbestimmung, dessen Ausübung nicht in den Händen der Gerichte liegen kann. Entscheidend ist, dass die staatlichen Parlamente als den Trägern der Volkssouveränität oder, wenn dies die staatlichen Verfassungen vorsehen, das Volk selbst im Wege des Referendums erreichen können, dass ihnen ein Verbleiben in der Union gegen deren Willen nicht aufgezwungen wird. Damit haben sich eventuell in Anspruch genommene Wächterrollen der Verfassungsgerichte über das zumutbare Maß der Beschränkung der Staatlichkeit erledigt.

Allerdings sind Fälle vorstellbar, in denen derartige Fragen in weniger grundsätzlicher Weise aufgeworfen werden. So bleibt es denkbar, dass ein staatliches Parlament einem Rechtsakt der Union offen die Gefolgschaft verweigert und eine Vertragsverletzung bewusst in Kauf nimmt. Über die Folgen kann das Europarecht dann nach wie vor nicht allein entscheiden. Auch die Europäische Verfassung begründet, wie sich hinreichend deutlich aus der Protokollerklärung zu Art. I-6 VV ergibt, anders als Art. 31 GG („Bundesrecht bricht Landesrecht") keinen Geltungsvorrang. Sie bedarf zur Herstellung vertragsgerechter Verhältnisse nach wie vor des innerstaatlichen Rechts und der mit seiner Anwendung betrauten Staatsorgane. Ob es bei der „Soverignty of Parliament" oder ähnlichen Konstruktionen bleiben kann, wird auf Basis der staatlichen Verfassungen entschieden.

48 Reaktion auf EuG, Jégo-Quéré, Slg. 2002, II-2365, aufgehoben durch EuGH, Urteil v. 1. 4. 2004, Rs. C-263/02 P, noch nicht in Slg., abgedr. NJW 2004, 2006; ebenso schon EuGH, Unión de Pequeños Agricultores, Slg. 2002, I-6677 Rn. 59 ff.

49 BVerfGE 89, 155 (190).

3. Kompetenzwidrige Akte

Es wurde bereits darauf hingewiesen, dass es eines der zentralen Anliegen des Verfassungskonvents war, für eine transparentere Kompetenzabgrenzung zwischen der Union und den Mitgliedstaaten zu sorgen. Titel III des ersten Teiles des Verfassungsvertrages versucht sich an einer Kategorisierung und Definition von Unionszuständigkeiten (Art.I-11 bis I-17 VV). Auch wenn sich für die hier gebildeten Kategorien im dritten Teil des Verfassungsvertrages, der die einzelnen Ermächtigungsgrundlagen enthält, kaum ausdrückliche Rückbezüge finden, so ist doch im Vertrag insgesamt das Bestreben deutlich erkennbar, die Grenzen der Zuständigkeit der Union explizit zu machen. Darauf lässt die große Zahl von Bestimmungen schließen, die auf die Identität der Mitgliedstaaten hinweisen, die Kompetenzschranken der Europäischen Union betonen oder eine Harmonisierung für bestimmte Sachbereiche ausdrücklich untersagen[50].

Vor dem Hintergrund dieser gegenüber der bisherigen Rechtslage strikteren Betonung der Kompetenzgrenzen der Union ist, wie ausgeführt, die ausdrückliche Kodifizierung des Anwendungsvorrangs zu verstehen. Verfahrensrechtlich hat der Verfassungsvertrag als Wächter der Kompetenzgrenzen neben den Europäischen Gerichtshof im sog. Subsidiaritätsprotokoll die nationalen Parlamente gestellt[51]. Wie ausgeführt, soll es ihnen ermöglicht werden, Einwände geltend zu machen, wenn sie den Grundsatz der Subsidiarität verletzt sehen. Dies gibt ihnen zugleich ein Instrument an die Hand, auf eventuelle Kompetenzprobleme frühzeitig aufmerksam zu machen. Allerdings erledigt sich dadurch der Anspruch nicht, die Reichweite der durch das Zustimmungsgesetz zum Verfassungsvertrag erteilten Ermächtigung verfassungsgerichtlich nachzuprüfen. Denn zum einen ist die Erhebung einer Kompetenzrüge nur ein möglicher Nebeneffekt des Kontrollverfahrens, zum anderen unterliegt auch das jeweilige Parlament selbst, sofern dies vorgesehen ist, der staatlichen Verfassungsgerichtsbarkeit. Auf die Bundesrepublik bezogen bedeutet dies: Nur wenn der Bundestag einem Rechtsakt der Union, dessen Kompetenzmäßigkeit zweifelhaft ist, ausdrücklich oder konkludent seine Zustimmung erteilt, kommt überhaupt die Heilung eines eventuellen Mangels an demokratischer Legitimation in Betracht. Selbst dann kann sich noch die Frage stellen, ob er hierzu befugt war; denn für das Bundesverfassungsgericht kommt eine Kompetenzerweiterung einer Vertragsänderung gleich[52], für die bestimmte Mehrheiten und die Beteiligung des Bundesrates erforderlich sind (Art. 23 Abs. 1 S. 3, 79 Abs. 2 GG). Widerspricht der

50 Art. I-3 V; I-4 Abs. 1; I-5 Abs. 1; I-6; I-9 Abs. 2; I-19 Abs. 2; I-21 Abs. 1 S. 2; I-28 Abs. 4 S. 3; I-30 Abs. 4 S. 2; I-30 Abs. 5; I-33 Abs. 2; I-35 Abs. 1 und 2; II-Präambel Abs. 5;Art. II-111 Abs. 1 S. 2 und Abs. 2; II-112 Abs. 2, 5 und 6; III-115; III-124; III-185 Abs. 4; III-194 Abs. 1; III-205 Abs. 1 S. 2; III-210 Abs. 5; III-233 Abs. 4; III-265 Abs. 3; III-267 Abs. 5; III-276 Abs. 3 S. 2; III-278 Abs. 7; III-282 Abs. 1; III-283 Abs. 1; III-308; III-315 Abs. 6; III-319 Abs. 3; III-321 Abs. 4; III-323 Abs. 1; III-337; III-397; III-417; III-425; III-436. Der Ausschluss von Harmonisierungsmaßnahmen wird angeordnet in Art. III-207; III-267 Abs. 4; III-272; III-278 Abs. 5; III-279 Abs. 3 S. 2; III-280 Abs. 5; III-281 Abs. 2; III-283 Abs. 3; III-284 Abs. 2; III-285 Abs. 2 S. 3.

51 Siehe o. C. I.

52 Oben Fn. 33.

Bundestag dagegen einem Vorhaben, besteht diese Möglichkeit von vornherein nicht[53]. Auch dies ist nichts Neues. Als Ergebnis ist damit festzustellen, dass der Verfassungsvertrag den Vorbehalt der Kompetenzüberprüfung, den das Bundesverfassungsgericht geltend gemacht hat, nicht wird erledigen können. Nimmt man dessen Perspektive ein, ist es weiterhin nicht allein Sache des EuGH, über die Kompetenzmäßigkeit und damit über die Unbedingtheit des Vorrangs zu entscheiden.

Die Autonomie des Unionsrechts kann nur hergestellt werden, wenn sie ihm auch durch das staatliche Verfassungsrecht zugeschrieben wird. Dies gibt Anlass, nach dem verfassungsrechtlichen Stellenwert des Verfassungsvertrages zu fragen.

III. Der Verfassungsvertrag: Vertrag oder Verfassung?

Nach der beschriebenen völkerrechtlichen Lösung beruht die Geltung des Unionsrechts in den Verfassungen der meisten Unionsstaaten nicht auf dessen Autonomie, sondern auf einem innerstaatlichen Transformations-, Adoptions- oder Vollzugsakt. Der Anwendungsbefehl wird in allen Fällen durch das Ratifikationsgesetz erteilt oder aus ihm abgeleitet. Wird der Verfassungsvertrag nun, wie die anderen Gründungsverträge zuvor, jeweils in Gestalt eines Staatsvertrages ratifiziert und durch Zustimmungsgesetz transformiert, ändert sich auch an den Voraussetzungen des völkerrechtlichen Modells nichts. Handelt es sich dagegen um eine Verfassung in dem Sinne, dass sie den Bezugspunkt einer autonomen und durch die mitgliedstaatlichen Verfassungen nicht mehr bedingten Rechtsordnung bildet, wäre die völkerrechtliche Theorie überholt[54].

Mit dieser Frage rückt das Verfahren in den Blick, in dem der Verfassungsvertrag angenommen werden soll. Würde die europäische Verfassung einem wie immer berufenen *pouvoir constituant*, sei es dem Volk insgesamt, sei es einer eigens in dieser Funktion gewählten Delegiertenversammlung, zur Zustimmung vorgelegt, bestünde Anlass, die völkerrechtliche Konstruktion zu überdenken. Denn dann hätte die Verfassung von Anfang an einen nicht mehr bestreitbaren, authentischen, selbständigen Geltungsgrund, der von seiner völkerrechtlichen Grundlage nicht mehr abhängig wäre. Anderenfalls käme eine Entwicklung zur Verfassung erst im Nachhinein in Betracht[55]. Insoweit bestünden dann keine Unterschiede zur bestehenden Rechtslage.

Was den Verfassungsvertrag von seinen Vorgängern unterscheidet, ist das Konventsverfahren, d.h. das Entwurfsstadium. Im Verfassungskonvent waren die Parlamenta-

53 Zur weiteren Aktualität des Kompetenzvorbehalts auch *Görlitz*, Europäischer Verfassungsvertrag und künftige EU-Kompetenzen, DöV 2003, 374 (383), mit Blick auf den Entwurf.

54 Zu den Konsequenzen des europarechtlichen und des völkerrechtlichen Ansatzes im Einzelnen *Kadelbach*, Allgemeines Verwaltungsrecht unter europäischem Einfluss, 1999, Kapitel 3.

55 Zu dieser Möglichkeit *H. Hofmann*, Repräsentation, 3. Aufl. 1998, S. 406 ff. Die verfassungsgebende Gewalt entzieht sich einer bestimmten Form, denn wie die Verfassung angenommen werden soll, entscheidet ebenfalls der nicht weiter gebundene Souverän selbst, s. *C. Schmitt*, Verfassungslehre, 1928, hier nach Nachdr. 1970, S. 75 ff. Empirisch ist das verfassungsgebende Referendum der Ausnahmefall, s. *Loewenstein*, Verfassungslehre, 1957, hier nach 3. Aufl. 2000, S. 268 ff. Vgl. im gegebenen Zusammenhang *Möllers*, Verfassungsgebende Gewalt – Verfassung – Konstitutionalisierung, in: von Bogdandy (Fn. 10), S. 1 (5 f.).

rier mit 46 Mitgliedern gegenüber den 17 Vertretern der Exekutiven der Mitgliedstaaten und der Kommission in der Mehrheit[56]. Nach eigenem Selbstverständnis sollte er eine Zwischenform zwischen *pouvoir constituant* und Regierungskonferenz sein[57]. Die Grundordnung der Union sollte sich vom Modell des völkerrechtlichen Vertrages lösen, ohne ihre völkerrechtliche Herkunft zu leugnen[58]. Seinen Vorarbeiten folgte, wie beim Abschluss der Gründungsverträge und ihrer Revisionen, die Annahme durch die Regierungskonferenz, die noch eine Reihe von Änderungen vorgenommen hat.

Der Verfassungsvertrag will also eine doppelte Legitimation erreichen: zum einen, repräsentiert durch den Konvent, durch die Bürger, zum anderen, vermittelt durch die Regierungsvertreter, durch die Mitgliedstaaten. Der Vorgang der Verfassungsgebung ist damit mehrdeutig[59]. Er lässt sich, ähnlich den durch die Begriffswahl „Konvent" suggerierten Vorbildern, als Akt der Verfassungsgebung verstehen, dem die konstitutionelle Legitimation durch die Anwendung im politischen Alltag nachfolgen kann[60]. Er kann aber auch nach wie vor völkerrechtlich gedeutet werden[61]. Die Konventsmitglieder hätten danach als Bevollmächtigte zur Aushandlung eines Vertragstextes gehandelt. Damit ist es immerhin möglich, aus der Binnenperspektive des staatlichen Verfassungsrechts an der völkerrechtlichen Lösung festzuhalten. Der Wortlaut des Art. I-6 VV bietet hierfür eine auslegungsmethodisch zureichende Brücke. Er kann ohne weiteres so gelesen werden, dass es, wo die Mitgliedstaaten zuständig sind, bei den Kompetenzen der Verfassungsgerichte bleiben soll. Nur das „in Ausübung der der Union übertragenen Zuständigkeiten gesetzte Recht" hätte Vorrang. Danach wäre zwar der Vorrang des Verfassungsvertrages unbedingt, der des Sekundärrechts hingegen wie bisher vor der Beachtung der Zuständigkeitsgrenzen der Union abhängig. Damit wird auch der Verfassungsvertrag die Kontroverse zwischen europarechtlicher und völkerrechtlicher Theorie nicht erledigen.

D. Schluss

Der Verfassungsvertrag fügt sich in die Abfolge der Änderungen zu den Gründungsverträgen von Gemeinschaft und Union ein. Er nähert die Union weiter ihren verfas-

56 Je zwei Mitglieder aus den Parlamenten der 15 bisherigen Mitgliedstaaten und 16 Mitglieder des Europäischen Parlaments, zzgl. weiterer Delegierter aus 13 aktuellen oder künftigen Beitrittsländern. Neben je einem Repräsentanten der 15 Regierungen entsandte die Kommission zwei weitere Vertreter.

57 *Oppermann,* Vom Nizza-Vertrag 2001 zum Europäischen Verfassungskonvent 2002/2003, DVBl. 2003, 1 (2); vgl. aber auch die Vorbehalte bei *Magiera*, Die Arbeit des europäischen Verfassungskonvents und der Parlamentarismus, DöV 2003, 578 ff.

58 *Pache,* Eine Verfassung für Europa – Krönung oder Kollaps der europäischen Integration?, EuR 2002, 767 (776).

59 Vgl. auch *Petersen*, Europäische Verfassung und europäische Legitimität, ZaöRV 64 (2004), 429 ff.

60 So bereits für die bestehende Verfassungslage *Pernice*, Europäisches und nationales Verfassungsrecht, VVDStRL 60 (2001), 148 (167: „Ausdruck eines europäischen *contrat social*").

61 So Conseil constitutionnel, Gutachten v. 19. 11. 2004 zum Verfassungsvertrag, Déc. No. 2004-505 DC, Rn. 9; vgl. auch *Badura*, Das Konventsverfahren bei der Europäischen Verfassungsreform, in: Schwarze (Fn. 36), S. 439 (446 ff.).

sungsstaatlichen Leitbildern und Grundsätzen und reichert das Primärrecht in einem bisher nicht gekannten Ausmaß um Bezüge zur Demokratie, zur Rechtsstaatlichkeit und zu den Grundrechten an. Zugleich ist er von dem Bestreben getragen, die Zuständigkeitsgrenzen der Union klar zu definieren. Dies hat es erst möglich gemacht, den Vorrang in der vom EuGH entwickelten Form in den Vertrag aufzunehmen. So nimmt die Überzeugungskraft für Vorbehalte weiter ab, die aus den mitgliedstaatlichen Verfassungen abgeleitet werden. Doch zwingen weder Gehalt noch Zustandekommen des Verfassungsvertrages dazu, die völkerrechtliche Konstruktion vom Geltungsgrund des Unionsrechts im innerstaatlichen Bereich ganz aufzugeben. So können sowohl die europäische als auch die mitgliedstaatliche Verfassungsgerichtsbarkeit an ihren Autonomieansprüchen festhalten. Sie bilden keine einheitliche rechtliche Ordnung, sondern einen „Verbund" von Verfassungsordnungen, deren beide Ebenen jeweils auf ihre Eigenständigkeit pochen. Für die Entscheidung darüber, welche der beiden Rechtsebenen die anwendbare Norm stellt, bedarf es nach wie vor – möglichst – einfacher Kollisionsregeln[62]. Ernstliche Konflikte zwischen beiden sind im Falle des Inkrafttretens des Verfassungsvertrages noch unwahrscheinlicher als bisher, können aber der Idee nach auch weiterhin nur politisch gelöst werden. Der beiderseitig bindende Grundsatz der Unionstreue (Art. I-5 Abs. 2 VV) verpflichtet dazu, einen solchen Ausgleich zu suchen.

62 *Zuleeg* (Fn. 1).

„An die Gewährleistungen der Konvention gebunden" Zum Urteil des Bundesverfassungsgerichts in der Rechtssache Görgülü

Carl Otto Lenz

Das Bundesverfassungsgericht (BVerfG) hat am 14. Oktober 2004[1] in der Familienrechtssache Görgülü einen Beschluss erlassen, der wohl kaum Aufmerksamkeit erregt hätte, wenn es sich auf die Entscheidung der anstehenden Rechtsfrage beschränkt hätte (I.). Das hat es aber nicht getan, sondern es hat umfangreiche Ausführungen zur Berücksichtigung der Entscheidung des Europäischen Gerichtshofes für Menschenrechte durch innerstaatliche Organe, insbesondere deutsche Gerichte, gemacht und diesen Umstand auch durch die Überschrift über die betreffende Pressemitteilung besonders hervorgehoben. Zu diesen Ausführungen soll im Teil II. Stellung genommen werden. Teil III enthält die Schlussfolgerung.

I.

Der Entscheidung des BVerfG lag folgender Sachverhalt zugrunde: Der türkische Beschwerdeführer ist der Vater eines 1999 nicht ehelich geborenen Kindes. Die Kindesmutter gab das Kind einen Tag nach der Geburt zur Adoption frei und erklärte ihre Einwilligung zur Adoption durch die Pflegeeltern, bei denen das Kind seit seiner Geburt lebt.

Seit Oktober des gleichen Jahres bemüht sich der Kindesvater in verschiedenen gerichtlichen Verfahren erfolglos um die Übertragung des Sorgerechts und die Einräumung eines Umgangrechts. Auf seine Individualbeschwerde erklärte eine Kammer des 3. Senats des Europäischen Gerichtshofes für Menschenrechte (EGMR) mit Urteil vom 26. Februar 2004 einstimmig, dass die Sorgerechtsentscheidung unter Ausschluss des Umgangrechts eine Verletzung von Art. 8 der Europäischen Menschenrechtskonvention (EMRK) darstelle. Der Staat habe in Fällen, in denen nachweislich Familienbande zu einem Kinde bestünden, die Pflicht auf die Zusammenführung eines leiblichen Elternteils mit seinem Kind hinzuwirken. Dem Beschwerdeführer müsse mindestens der Umgang mit seinem Kind ermöglicht werden. Darauf übertrug das Amtsgericht dem Beschwerdeführer antragsgemäß die elterliche Sorge und räumte ihm im Wege einer einstweiligen Anordnung von Amts wegen ein Umgangsrecht ein. Das Oberlandesgericht (OLG) hob die einstweilige

1 2 BvR, 1481/04, hier zit. nach Pressemitteilung Nr. 92/2004 vom 19. 10. 2004; abgedr. NJW 2004, 3407. Der Beschluss 1 BvR 2790/04 vom 28.12.2004 enthält keine neuen Gesichtspunkte.

Anordnung zum Umgangsrecht des Beschwerdeführers auf. Mit einer dagegen gerichteten Verfassungsbeschwerde rügt der Beschwerdeführer die Verletzung seiner Grundrechte aus Art. 1, Art. 3 und Art. 6 GG, sowie das Recht auf ein faires Verfahren. Das Oberlandesgericht habe das Völkerrecht missachtet und die Bindungswirkung einer Entscheidung des EGMR verkannt. Die Verfassungsbeschwerde hatte im wesentlichen Erfolg. Der 2. Senat des BVerfG hat den angegriffenen Beschluss des OLG Naumburg aufgehoben, weil er den Beschwerdeführer in seinem Grundrecht nach Art. 6 GG in Verbindung mit dem Rechtsstaatprinzip verletzt. Die Sache wurde zur erneuten Entscheidung an einen anderen Zivilsenat des OLG Naumburg zurückverwiesen, wobei dieses Gericht im Ergebnis nicht festgelegt wird. Es muss sich lediglich um die einschlägigen Konventionsbestimmungen in der Auslegung des EGMR in dem vom Bundesverfassungsgericht näher bestimmten Umfang auseinandersetzen.

Das OLG hatte laut Ziffer 17 des Urteils die Auffassung vertreten, der Urteilsspruch des EGMR binde nur die Bundesrepublik Deutschland als Völkerrechtssubjekt, nicht hingegen deren Organe, Behörden und die nach Art. 97 Abs. 1 GG unabhängigen Organe der Rechtssprechung.

Es hätte meines Erachtens genügt, wenn das BVerfG sich damit begnügt hätte, festzustellen, dass diese Auffassung rechtsirrig ist, weil alle Träger der deutschen öffentlichen Gewalt, einschließlich der deutschen Gerichte, grundsätzlich an die Entscheidung des Gerichtshofes gebunden seien. Weil das OLG dies verkannt habe, müsse das Urteil aufgehoben und zur erneuten Entscheidung an das OLG zurückverwiesen werden.

II.

Stattdessen hat sich das BVerfG in Teil C I in den Ziffern 30 bis 63, das heißt in mehr als der Hälfte der gesamten Länge seiner Entscheidung, mit der Bindungswirkung von Entscheidungen des EGMR und darüber hinaus sogar mit den Wirkungen des Gemeinschaftsrechts (Ziffer 6 und 3, Nr. 36) und sogar mit dem Urteil des EGMR vom 24. Juni, Caroline von Hannover gegen Deutschland[2], beschäftigt. Das letztgenannte Urteil liegt ausweislich des zitierten Entscheidungsdatums nach der Entscheidung des OLG Naumburg vom 30. März 2004 und damit nach dem vom BVerfG zu beurteilenden Sachverhalt. Schon diese Umstände legen den Schluss nahe, dass es dem 2. Senat des BVerfG bei seiner Entscheidung nicht nur um den zu entscheidenden Sachverhalt, sondern um die Wirkungen des Europarechts (im weiteren Sinne) in der deutschen Rechtsordnung ging. Deswegen sollen diese Teile des Urteils näher betrachtet werden.

Nach Auffassung des BVerfG sind die Europäische Menschenrechtskonvention und ihre Zusatzprotokolle völkerrechtliche Verträge, die ordnungsgemäß in das deutsche Recht transformiert worden sind und deshalb von deutschen Gerichten wie anderes Gesetzesrecht des Bundes zu beachten seien. Später (Nr. 35) heißt es, das Grundge-

2 EuGRZ 2004, 404 ff.

setz erstrebe die Einführung Deutschlands in die Rechtsgemeinschaft friedlicher und freiheitlicher Staaten, „verzichtet aber nicht auf die in dem letzten Wort der deutschen Verfassung liegende Souveränität".

Ich behaupte, dass es dem Parlamentarischen Rat nicht, jedenfalls nicht in erster Linie, um die Wiederherstellung staatlicher Souveränität ging – das Wort kommt im Grundgesetz nicht vor – sondern um die Eröffnung eines neuen Weges zur Wiederherstellung von Frieden und Wohlstand in Europa, nämlich der Eingliederung Deutschlands „als *gleichberechtigtes Glied in einem vereinten Europa*". Ein Blick auf die Lage Deutschlands bei der Ausarbeitung und Verabschiedung des Grundgesetzes mag dies verdeutlichen.

Deutschland war damals vielfach geteilt und besetzt. Die Gebiete östlich der Oder- und Neiße-Linie waren unter polnischer bzw. sowjetischer Verwaltung. Dem deutschen Volk und den deutschen Behörden in der sowjetischen Besatzungszone war die Mitwirkung bei der Ausarbeitung des Grundgesetzes versagt. Berlin bzw. West-Berlin stand unter Sonderstatut. In den drei westlichen Besatzungszonen war die amerikanische und die britische Zone zum vereinigten Wirtschaftsgebiet (Bi-Zone) zusammengeschlossen, die französische Zone machte zwar die Währungsreform mit, aber gehörte nicht zum Vereinigten Wirtschaftsgebiet; das Saarland war in das französische Wirtschaftsgebiet eingegliedert worden. Die Währungsreform lag gerade erst einige Monate zurück, die oberste Gewalt in Deutschland lag bei den Besatzungsmächten, im Westen bei Amerikanern, Briten und Franzosen, die jedenfalls die exekutive und legislative Tätigkeit der deutschen Behörden genauestens überwachten. Die Einberufung des Parlamentarischen Rates ging auf einen Beschluss der Londoner Konferenz der Außenminister vom Frühjahr 1948 zurück, aus den drei westlichen Besatzungszonen einen Bundesstaat zu bilden.

Die wirtschaftliche Lage war zwar nicht mehr so schlecht wie vor der Währungsreform, aber weit davon entfernt der Bevölkerung einen an den Zwischenkriegsverhältnissen orientierten Lebensstandard zu bieten. Der Ausweg aus dieser Situation konnte nur mit amerikanischer Hilfe (European Recovery Programme ERP) und durch die Wiederherstellung normaler Handelsverhältnisse in Europa gefunden werden. Die Amerikaner knüpften ihre Hilfe an diese Bedingung. Außerdem hatte seit der berühmten Rede Winston Churchills in Zürich von 1946 der Gedanke eines politischen Zusammenschlusses in Europa Boden gewonnen. Deutschland den Weg zur Beteiligung an diesem Prozess zu eröffnen war ein Anliegen des Parlamentarischen Rates. Er bestand nicht in der Rückkehr zu dem Konzept nationaler Souveränität, sondern in der Eröffnung des Weges zur Vereinigung Europas. All dies geht klar und eindeutig aus der Präambel des Grundgesetzes hervor. Es ging um die Wahrung der nationalen und staatlichen Einheit und darum, dem staatlichen Leben für eine Übergangszeit eine neue Ordnung zu geben, nicht um die Wiederherstellung nationaler Souveränität. Das wäre ja unter den geschilderten Verhältnissen eine reine Utopie gewesen. Und außerdem ging es darum, dem deutschen Volk in den westdeutschen Ländern einen Platz als gleichberechtigtes Glied in einem vereinten Europa zu sichern. Von Hoheitsrechten ist zwar die Rede (in Art. 24 Abs. 1 und 2 GG) aber nur in dem Zusammenhang, dass diese Rechte übertragen oder eingeschränkt werden sollen.

Dieses auszusprechen fiel natürlich umso leichter, weil das Deutschland von 1948 überhaupt keine Hoheitsrechte besaß. Diese waren vielmehr in den Händen der Alliierten. Aus damaliger Sicht ging es darum, die Hoheitsrechte, die die Alliierten ausübten, auf europäische Institutionen zu übertragen, an denen Deutschland gleichberechtigt beteiligt war. Dieser Weg ist dann auch mit dem Abschluss des Montanvertrages (Europäische Gemeinschaft für Kohle und Stahl, EGKS) erfolgreich gegangen worden. Die Kontrolle der europäischen Kohle- und Stahlindustrie ging auf die hohe Behörde der Montanunion über und die alliierte Ruhrbehörde wurde aufgelöst.

Dies ist der Hintergrund, vor dem die Bundesrepublik Deutschland weniger als ein Jahr nach Konstituierung der Bundesrepublik Deutschland dem Europarat im Juli 1950 beitrat und ebenso der Konvention zum Schutz der Menschenrechte im August 1952. Die Bundesrepublik Deutschland hat die Gerichtsbarkeit des Europäischen Gerichtshofes für Menschenrechte ohne weiteres und ohne besondere Abkommen für alle Angelegenheiten, die sich auf die Auslegung oder die Anwendung dieser Konvention beziehen, als obligatorisch anerkannt (Art. 46 und 64 EMRK). Mit dieser Rechtslage ist es nicht vereinbar, wenn das BVerfG sagt, der Gesetzgeber könne ausnahmsweise Völkervertragsrecht nicht beachten. Nach der Konvention hat er das zu beachten. Das BVerfG fügt hinzu: sofern nur „auf diese Weise ein Verstoß gegen tragende Grundsätze der Verfassung abzuwenden ist“. Inwiefern ein solcher Verstoß im vorliegenden Fall vorliegen könnte, wird nicht weiter angegeben.

In diesem Zusammenhang ist zu bemerken, dass die Europäische Menschenrechtskonvention zur gleichen Zeit wie der Grundrechtskatalog des Grundgesetzes entstanden ist und sich ihrerseits auf die universelle Erklärung der Menschenrechte der Vereinten Nationen vom Dezember 1948 bezieht. Aus allen diesen Dokumenten ergibt sich der Wunsch nach einer universellen Gültigkeit der Menschenrechte, nachdem die jüngste Vergangenheit durch ihre universelle Missachtung geprägt worden war. Durch ihren Beitritt zur EKMR wollte die Bundesrepublik Deutschland die Geltung der EMRK in ihrem Gebiet sicherstellen. Für entgegenstehende Rechtsvorschriften gleich welcher Art, Verwaltungsakte oder Gerichtsentscheidungen war da kein Raum. Im Gegenteil, man könnte in der EMRK eine Verstärkung der innerstaatlichen Grundrechte und ihre Absicherung auf europäischer Ebene sehen.

Natürlich kann man die Frage aufwerfen, ob die damaligen Erwägungen fünfzig Jahre später noch Gültigkeit haben und ob derartige Beschränkungen der nationalen Souveränität nach der Entlassung der Bundesrepublik Deutschland in die Selbständigkeit 1955 und der Wiedervereinigung 1990 noch in Kraft sind. Die Antwort gibt das Gesetz zur Änderung des Grundgesetzes aus dem gleichen Jahr. Darin wurde die Beschreibung Deutschlands als gleichberechtigtes Glied in einem vereinten Europa beibehalten und ebenso die Möglichkeit der Übertragung von Hoheitsrechten. Diese wurde zwar für die Zukunft eingeschränkt, nicht aber für die Vergangenheit, so dass die bis dahin vorgenommenen Übertragungen von Hoheitsrechten nach wie vor ihre bisherige Gültigkeit behalten. Daraus folgt m.E., dass sich die Bundesrepublik Deutschland nach wie vor von (Verfassungs-)Rechts wegen als Teil eines größeren Ganzes, des „vereinten Europa“, betrachtet und dass dort, wo diese Eingliederung

rechtsgültige Formen angenommen hat, die rechtmäßig zustande gekommen Akte des Ganzen Vorrang vor dem innerstaatlichen Recht haben.
Noch ein Wort zu „grundgesetzwidrigen“ Entscheidungen des Europäischen Gerichtshofes für Menschenrechte. Hier wird abzuwarten sein, bis das BVerfG eine den Grundrechten der deutschen Verfassung widersprechende Entscheidung des Europäischen Menschenrechtsgerichthofes (oder einer anderen Instanz) identifiziert. Auch dann wird jedoch davon auszugehen sein, dass „die Gewährleistungen der (Europäischen Menschenrechts-) Konvention die Auslegung der Grundrechte und rechtsstaatlichen Grundsätze des Grundgesetzes (beeinflussen). Der Konventionstext und die Rechtsprechung des Europäischen Gerichtshofes für Menschenrechte dienen auf der Ebene des Verfassungsrechts als Auslegungshilfe für die Bestimmungen von Inhalt und Reichweite von Grundrechten und rechtsstaatlichen Grundsätzen des Grundgesetzes, sofern dies nicht zu einer von der Konvention nicht gewollten – (vgl. Art. 53 EMRK) – Einschränkung oder Minderung des Grundrechtsschutzes nach dem Grundgesetz führt“[3]. Das BVerfG schließt daraus, dass die verfassungsrechtliche Bedeutung eines völkerrechtlichen Vertrages, der auf regionalen Menschenrechtsschutz zielt, Ausdruck der Völkerrechtsfreundlichkeit des Grundgesetzes ist, das die *Betätigung staatlicher Souveränität* (Hervorhebung durch den Verfasser) durch Völkervertragsrecht und internationale Zusammenarbeit, sowie die Einbeziehung der allgemeinen Regeln des Völkerrechts fördert und deshalb nach Möglichkeit so auszulegen ist, dass ein Konflikt mit völkerrechtlichen Verpflichtungen der Bundesrepublik Deutschland nicht entsteht. Das Grundgesetz hat die deutsche öffentliche Gewalt programmatisch auf die internationale Zusammenarbeit (Art. 26 GG) und auf die europäische Integration (Art 23 GG) festgelegt. Es hat den allgemeinen Regeln des Völkerrechts Vorrang vor dem einfachen Gesetzesrecht eingeräumt (Art. 25 Satz 2 GG) und das Völkervertragsrecht durch Art. 59 Abs. 2 GG in das System der Gewaltenteilung eingeordnet. Es hat zudem die Möglichkeit der Einfügung in Systeme gegenseitiger kollektiver Sicherheit eröffnet (Art. 24 Abs. 2 GG), den Auftrag zur friedlichen Beilegung zwischenstaatlicher Streitigkeiten im Wege der Schiedsgerichtsbarkeit erteilt (Art. 24 Abs. 3 GG) und die Friedensstörung, insbesondere den Angriffskrieg, für verfassungswidrig erklärt (Art. 26 GG). Mit diesem Normenkomplex zielt die deutsche Verfassung, auch ausweislich ihrer Präambel, darauf, die Bundesrepublik Deutschland als friedliches und gleichberechtigtes Glied in eine dem Frieden dienende Völkerrechtsordnung der Staatengemeinschaft einzufügen[4]. Dass das BVerfG hier von einer „dem Frieden dienenden Völkerrechtsordnung der Staatengemeinschaft spricht“ anstatt wie die Präambel des Grundgesetzes vom „vereinten Europa“, ist auffällig. Aus alledem schließe ich im Gegensatz zum BVerfG[5], dass nicht nur der Gesetzgeber, sondern auch Verwaltung und Gerichtsbarkeit an die EMRK in der Auslegung durch den EGMR gebunden sind. Auch bei einem Konflikt zwischen EGMR und BVerfG würde zunächst einmal der Grundsatz gelten, dass das Grundgesetz nach den vom BVerfG entwickelten

3 Siehe Nr. 32 der Entscheidung m. w. N.
4 Nr. 33 der Entscheidung m. w. N.
5 Ebd. Nr. 34 – 37.

Auslegungsregeln, das heißt also völkerrechtsfreundlich, das heißt also: im Zweifel für den Europäischen Gerichtshof für Menschenrechte, auszulegen ist[6]. Sollte dieses (ausnahmsweise) nicht möglich sein, hätte der EGMR das letzte Wort.

III.

Der britische Historiker *Arnold Toynbee* schreibt in seinem Buch „A Study of History“[7]: Durch die Entwicklung der hellenischen Welt im VII. und VI. Jahrhundert vor Christus

> „machte die alte Absonderung des einen Stadtstaates gegen den anderen einer wechselseitigen Abhängigkeit auf der wirtschaftlichen Ebene Platz, und als einmal eine Anzahl von Stadtstaaten wirtschaftlich untereinander abhängig geworden war, konnten sie hinfort nicht mehr ohne Katastrophe in ihren früheren Zustand der Isolierung auf der Ebene der Politik verharren … Das Hindernis auf dem Wege der Schaffung internationaler Sicherheit, die der hellenische internationale Handel erforderte, war die überkommene politische Institution der stadtstaatlichen Souveränität. Vom Beginn des V. Jahrhunderts an kann der Rest der hellenischen politischen Geschichte in Ausdrücken eines Bemühens, die stadtstaatliche Souveränität zu überwinden, und des Widerstandes, den dieses Bemühen hervorrief, formuliert werden. Noch vor Ende des V. Jahrhunderts hatte die Hartnäckigkeit des Widerstandes der hellenischen Kultur ihren Niederbruch gebracht.“

Die Väter und Mütter des Grundgesetzes haben aus dieser Erkenntnis die Konsequenzen gezogen, indem sie die oben genannten Artikel in das Grundgesetz eingefügt haben. Es ist zu wünschen und zu hoffen, dass auch das BVerfG aus diesen Bestimmungen die erforderlichen Konsequenzen zieht.

6 Siehe ebd. Nr. 32 und 33.
7 Dt. Übs. „Der Gang der Weltgeschichte“, hier nach: 2. Aufl. 1952, S. 293 f.

Das soziale Wirken der Bundesrepublik bei der Entwicklung der Europäischen Union gem. Art. 23 Abs. 1 GG

Anne Lenze

Der Jubilar hat seine wissenschaftliche Laufbahn dem Europarecht zu einer Zeit gewidmet, als es noch zu einem derart apokryphen Rechtsgebiet zählte, dass sich alle Vertreter dieser Zunft in Europa persönlich kannten. Dass seine Habilitationsschrift aus dem Jahr 1969 „aufgefrischt" im Jahr 2004 neu erschien[1], zeigt allerdings sehr deutlich, dass er schon früh die Zeichen der Zeit erkannt hatte. Er hat sich immer für den Prozess der europäischen Integration in seiner ganzen Tiefe und Breite eingesetzt und gehört zu den wenigen Juristen, die sich nicht scheuen, über die wirtschaftliche Integration hinaus auch eine Harmonisierung der europäischen Sozialrechtssysteme anzudenken. Daran versuchen die folgenden Ausführungen anzuknüpfen.

Die europäische Integration wird in der Regel als Gefahr für den nationalen Sozialstaat beschrieben. Nur selten wird sie auch als Chance wahrgenommen. Noch seltener allerdings ist der deutsche Einfluss bei der Gestaltung des europäischen Sozialmodells Gegenstand des wissenschaftlichen Interesses. Dies muss erstaunen, denn immerhin liefert Art. 23 Abs. 1 S. 1 GG eine eindeutige Vorgabe dahingehend, dass die Bundesrepublik Deutschland zur Verwirklichung eines vereinten Europas bei der Entwicklung der Europäischen Union mitwirkt, die u.a. auch sozialen Grundsätzen verpflichtet ist. Während die Zahl der Abhandlungen vor allem über die in Art. 23 Abs. 1 GG genannten demokratischen und rechtsstaatlichen Grundsätzen ins Unendliche tendiert, ist die Abstinenz der Literatur hinsichtlich einer Beschäftigung mit den sozialen Grundsätzen gleichsam ein rechtswissenschaftliches Déjà-vu-Erlebnis aus den Anfangsjahren der Bonner Republik, denn auch seinerzeit musste der Sinngehalt des sozialen Bundesstaates (Art. 20 Abs. 1 GG) und des sozialen Rechtsstaates (Art. 28 Abs. 1 GG) erst mühselig konstruiert werden[2].

Im Folgenden soll daher zunächst dem Schicksal der nationalen Sozialstaatlichkeit im Prozess der europäischen Integration nachgespürt werden (A.). Sodann werden die Chancen und positiven Anstöße des europäischen Einigungsprozesses auf den deutschen Sozialstaat beleuchtet (B.), um abschließend Kriterien für die Bestimmung des sozialen Wirkens der Bundesrepublik bei der weiteren Entwicklung der Europäischen Union zu entwickeln. Hier wird am Beispiel der sog. Unisex-Tarife vorgeführt, dass es durchaus möglich wäre, die negativen Auswirkungen der euro-

1 *Zuleeg*, Der rechtliche Zusammenhalt der Europäischen Union, 2004.

2 *Abendroth*, Zum Begriff des demokratischen und sozialen Rechtsstaates im Grundgesetz der Bundesrepublik Deutschland, in: Forsthoff (Hg.), Rechtsstaatlichkeit und Sozialstaatlichkeit, 1968, S. 114 (117).

päischen Integration auf die nationalen Sozialsysteme auf europäischer Ebene gleichheitsrechtlich aufzufangen und damit zu re-sozialisieren (C.).

A. Das Schicksal nationaler Sozialstaatlichkeit in Europa

Der sozialpolitische Gestaltungsrahmen des nationalen Gesetzgebers wird durch vielfältige europäische Impulse beeinflusst. Das europäische Wettbewerbsrecht liefert Vorgaben, bei deren Nichtbeachtung die Monopolstellung der Rentenversicherung verlustig gehen könnte, der ökonomische Wettbewerb innerhalb des gemeinsamen Binnenmarktes verbietet es, die Lohnnebenkosten zur Finanzierung der Sozialversicherung unbegrenzt zu erhöhen, und die Maastricht-Kriterien engen den fiskalischen Spielraum der Regierung ein, die Liquiditätsschwierigkeiten der sozialen Sicherungssysteme immer weiter durch eine Erhöhung des Bundeszuschusses zu lindern. Damit führt die europäische Integration als Form einer „regionalen Globalisierung" durch die Übertragung entsprechender Kompetenzen auf die Institutionen der Europäischen Gemeinschaft zu rechtlichen Souveränitätseinbußen. Gleichzeitig kommt es aber zu einem „Verlust an faktischer Handlungsautonomie der Mitgliedstaaten als Nationalstaaten auch im Bereich der Sozialpolitik"[3].
Diese schleichende Europäisierung der nationalen Sozialpolitiken stellt eine erhebliche Herausforderung für die Demokratie dar. Schon wurde ernsthaft die Frage erörtert, ob es sich überhaupt noch lohnt, an nationalen Wahlen teilzunehmen, wenn Politik vorwiegend von den Staats- und Regierungschefs auf ihren halbjährlichen Gipfeltreffen hinter verschlossenen Türen gestaltet wird[4]. Die demokratische Legitimität von Entscheidungen, die formal in die nationale Zuständigkeit fallen, jedoch faktisch mehr und mehr den Meinungsbildungsprozessen innerhalb der Europäischen Kommission und den Entscheidungen des Europäischen Rates unterliegen, ist ein ernst zu nehmendes politisches Problem. Dies gilt insbesondere für die Souveränitätsverflechtungen im Bereich der sozialen Sicherheit, denn es handelt sich hierbei um ein Thema, mit dem bislang Wahlen gewonnen oder verloren worden sind. Wenn sich in diesem Bereich die nationale Zuständigkeit schleichend auflöst, wird dies zu erheblichen Legitimitätseinbußen der nationalen Regierungen führen. Die ideelle Überzeugungskraft des europäischen Einigungsprozesses aber steht auf dem Spiel, wenn sich die europäische Integration lediglich als ein neoliberales Projekt darstellt mit dem Ziel, Europa zur schlagkräftigen Wirtschaftsmacht zu machen und sich im globalisierten Wettbewerb eine bessere Ausgangsposition zu verschaffen, während die Verschärfung der sozialen Missstände in den Nationalstaaten, die durch

3 *Schulte*, EG-rechtliche Rahmenbedingungen für nationale Sozialpolitik, in: Schmähl (Hg.), Möglichkeiten und Grenzen einer nationalen Sozialpolitik in der Europäischen Union, 2001, S. 9, 22 f.

4 *Cassen*, Est-il encore utile de voter après le sommet de Barcelone?, Le Monde Diplomatique, April 2002, S. 4 f. Sie bezog sich darauf, dass die Kandidaten der französischen Präsidentschaftswahlen *Jospin* und *Chirac* sich auf dem Gipfeltreffen in Barcelona am 15./16. März 2002 mit ihren Kollegen auf die Verlängerung der Lebensarbeitszeit um fünf Jahre geeinigt hatten, ohne dass dieses für die Bürger zentrale Thema Gegenstand des Wahlkampfes oder der Wahlprogramme des Jahres 2002 gewesen war.

die Verlagerung staatlicher Souveränität auf die europäische Ebene eintritt, als Mittel zum Zweck hingenommen wird. Die Legitimität Europas im Bewusstsein seiner Bürger hängt deshalb elementar davon ab, ob es gelingt, aus den verschiedenen sozialen Sicherungssystemen der Mitgliedstaaten ein europäisches Modell auf hohem Niveau zu kondensieren, das wirksam gegen die Wechselfälle des modernen Lebens sichert.

In der deutschen Sozialstaatsdiskussion wird zunehmend die These geäußert, dass die tradierten sozialpolitischen Leitmotive der Gleichheit und der Solidarität mit der Auflösung des souveränen Nationalstaats ausgedient hätten. Die zukünftige ethnische und kulturelle Heterogenisierung der Gesellschaft könne dazu führen, dass bedingungslos gewährte Sozialleistungen mit Grundsicherungscharakter künftig auf erhöhte Legitimierungsprobleme stoßen[5]. Es wird ferner darauf hingewiesen, dass das Ideal der Gleichheit in einer internationalen offenen Gesellschaft zweifelhaft geworden sei, weil es wegen der „Internationalität der Lebensbedingungen" und der „Inhaltsleere des Ideals" kaum zu orientieren vermöge. Auch sei der Bezugsrahmen der nationalen Gesellschaft entfallen, seitdem gesellschaftliche Lebensformen nationale Grenzen überschreiten[6]. Außerdem wird beschrieben, dass die internationale Integration und die als Folge von Mobilität zunehmende Heterogenität lokaler Lebenszusammenhänge zur Folge hätten, dass die Grenzen und der distinkte Charakter der Gemeinschaft, der gegenüber der Einzelne zu Solidarität verpflichtet sei und von der er Solidarität erwarten dürfe, undeutlich werde. Mit jedem Erweiterungsschritt nehme die nationale Heterogenität der europäischen Wirtschaftsbevölkerung zu, während zugleich die Chancen der Konstruktion einer sich selbst als solche erfahrenden politischen Solidargemeinschaft entsprechend zurückgingen[7]. Die gegenwärtigen Bemühungen fast aller europäischen Regierungen, die Steuerlast der örtlich ansässigen Unternehmen und der „Besserverdienenden" zu senken, seien ein Zeichen dafür, dass offene Nationalstaaten sich bei der Herstellung von Solidarität schwerer tun als geschlossene und dass eine „Gesellschaft mit Bleibezwang tiefer in die Verteilung der Lebenschancen ihrer Mitglieder eingreifen kann als eine, die für ihre Sozialpolitik zunehmend auf freiwillige Loyalität angewiesen ist"[8]. Damit löse sich auch das Solidaritätskonzept auf. Die überkommene Umverteilungssolidarität, der es um Abmilderung der ungleichen Erfolge am Markt gehe, werde zunehmend ersetzt durch die Wettbewerbssolidarität, deren Ziel das Überleben der Gemeinschaft im internationalen Markt durch Verstärkung bestehender komparativer Vorteile und Besserung ihrer Fähigkeit und der ihrer Mitglieder sei, sich im Wettbewerb zu behaupten. Dabei werde Gerechtigkeit in Fairness und diese wiederum in die Ermöglichung aussichtsreicher Beteiligung am Markt umgedeutet. Eine solche von der Ethik des Marktes durchtränkte und überformte Sozialpolitik strebe nicht mehr

5 *Albers*, Modernisierung als Peripetie des Sozialstaats?, Berliner Journal für Soziologie, Heft 1, 2002, S. 5.

6 *Eichenhofer*, Was legitimiert soziale Sicherheit morgen: Staat, Gleichheit oder Freiheit?, VSSR 2003, 57 (73).

7 *Streeck*, Wohlfahrtsstaat und Markt als moralische Einrichtungen: Ein Kommentar, in: Mayer (Hg.), Die Beste aller Welten? Marktliberalismus versus Wohlfahrtsstaat, 2001, S. 135 (156).

8 *Streeck*, (Fn. 7), S. 158.

an, die Resultate des Marktprozesses umzuverteilen, sondern wolle die für das Bestehen im Markt erforderliche Ressourcenausstattung sichern[9].

B. Europäisierung als Chance für den deutschen Sozialstaat

Da niemand ernsthaft die durch die Wirtschaft- und Währungsunion erreichte europäische Integration zurücknehmen will, ist es illusorisch, dass die nationalen Parlamente ihre faktische Verfügungsgewalt über die Sozialpolitik zurückgewinnen werden. Deshalb bleibt gar nichts anderes übrig, als nach europäischen Antworten für die sozialen Fragen der Gegenwart zu suchen. Die wirtschaftliche Verflechtung der Mitgliedstaaten, ihre Einbeziehung in die globalisierte Ökonomie und der zunehmende Druck auf die nationalen Sozialordnungen durch die Erweiterung der EU nach Mittel- und Osteuropa hin lassen nur noch europäische Lösungen als sinnvoll erscheinen. Auch spricht vieles dafür, dass bestimmte Probleme ohnehin nur noch europäisch oder global gelöst werden können. Für den Umweltschutz ist es naheliegend, dass der Schutz der natürlichen Lebensgrundlagen nicht an der nationalen Grenze halt machen kann und Art. 20a GG nur auf dem Weg des europäischen oder internationalen Kompromisses erfolgversprechend zu realisieren ist. Insofern kann „Grundrechtsschutz ein Argument für die Übertragung von Hoheitsrechten werden“[10]. Nichts anderes gilt für den Bereich der Steuer- und Sozialpolitik. Hier besteht die Gefahr, dass die Mitgliedstaaten in einen Wettbewerb um die niedrigsten Lohnkosten und die geringst mögliche Regulierung des Arbeitsverhältnisses eintreten. Soziale Errungenschaften lassen sich mit Verweis auf die europäischen Wettbewerber nicht länger halten, neuer Gestaltungsbedarf lässt sich gar nicht mehr realisieren. Die einzelstaatlichen Sicherungssysteme verkommen letztlich zum schlichten Kostenfaktor im internationalen Standortwettbewerb[11]. Das gleiche gilt für die Besteuerung der Unternehmensgewinne, die im Steuerwettlauf der Mitgliedstaaten insbesondere durch den Beitritt der mittel- und osteuropäischen Länder zwangsläufig in eine Abwärtsspirale gerät[12]. Grundsätzlich ist auch höchsten europäischen Repräsentanten klar, dass die Steuerpolitik zumindest soweit harmonisiert werden muss, dass die Besteuerung allein Unternehmen und Menschen nicht dazu bringen darf, von einem Land in ein anderes zu ziehen und damit enorme wirtschaftliche Verwerfungen zu provozieren[13].

9 *Streeck*, (Fn. 7), S. 159.

10 *Michael*, Die Wiedervereinigung und die europäische Integration als Argumentationstopoi in der Rechtsprechung des Bundesverfassungsgerichts, AöR 124 (1999), 583 (609).

11 *Terwey*, Sozialversicherung und Europäische Integration, DRV 2003, S. 320.

12 „Deutschland fällt im Steuerwettlauf zurück. Bundesamt für Finanzen: Kein Land in Europa belastet die Gewinne stärker“, FAZ von 2. 2. 2004, S. 13.

13 Vgl. Interview mit dem ersten Präsidenten der Europäischen Zentralbank, *Wim Duisenberg*, FAZ vom 12. 11. 2004, S. 12. Ähnlich: Bericht der Hochrangigen Sachverständigengruppe unter Vorsitz von *Wim Kok*, Die Herausforderung annehmen. Die Lissabon-Strategie für Wachstum und Beschäftigung, November 2004, S. 16

I. Die europäische Vergleichsperspektive als Chance für den deutschen Sozialstaat

Außerdem trifft es nicht zu, dass durch den Prozess der europäischen Integration die Leitmotive der nationalen Sozialstaatlichkeit abhanden gekommen sind. Vielmehr hat sich lediglich der Maßstab für Gleichheit und Solidarität vergrößert. Das Bundesverfassungsgericht hat in seiner Maastricht-Entscheidung darauf hingewiesen, dass sich durch den europäischen Einigungsprozess „insbesondere der räumliche Anwendungsbereich der Freiheitsrechte und die Vergleichsperspektive bei der Anwendung des Gleichheitssatzes" erweitert[14]. Wenn die Problemlagen in den Mitgliedstaaten der Europäischen Union sich so stark ähneln, wie dies z.B. für die Arbeitslosigkeit und die Alterssicherung zutrifft, dann kann auf Dauer die Erwartungshaltung der Bevölkerung Druck aufbauen, den Vergleich zu anderen Sicherungssystemen zu ziehen, die die Probleme offensichtlich besser bewältigen können. Das wachsende Bewusstsein von der unterschiedlichen Gestaltung der sozialen Leistungen in den verschiedenen Ländern hat wichtige langfristige Auswirkungen auf die sozialen Sicherungssysteme in Europa. War früher der internationale Rechtsvergleich ein Forschungsthema für Rechtssoziologen, so sind heute alle politisch interessierten Bürgerinnen und Bürger zu eigenen Experten in Sachen Ländervergleich geworden. Für den internationalen Schulvergleich hat sich bereits gezeigt, welche innenpolitische Wucht die internationale Diagnose eines nationalen Versagens haben kann. Auch in Bezug auf die öffentliche Kinderbetreuung ist in der sozialpolitischen Diskussion überaus präsent, dass andere europäische Mitgliedstaaten den Eltern bessere Bedingungen bieten als dies in Deutschland der Fall ist. Arbeitsmarktpolitisch beeindrucken die Erfolge der skandinavischen Länder, die ihr hohes Niveau an Lohnersatzleistungen mit einem aktiven Förder-Konzept verbinden[15] und damit die verbreitete These widerlegen, dass die Höhe der Sozialleistungen indirekt zur Arbeitslosigkeit beiträgt. Ein europäischer Rentenvergleich steht allerdings noch aus. Aber auch der könnte dahingehend ausfallen, dass sich im europäischen Vergleich der deutsche Weg zum Wohlfahrtsstaat im nachhinein als Irrweg erweist. Denn die deutsche Variante des arbeitnehmerzentrierten Wohlfahrtsstaates scheint alle denkbaren Nachteile in sich zu vereinen: Sie hat zu einer der niedrigsten Geburtenraten der Welt geführt, weist eine geringe Beschäftigungsquote und eine hohe Arbeitslosigkeit auf und stellt eine Alterssicherung bereit, die zwar für einzelne, besonders männliche Arbeitnehmer hervorragende Ergebnisse erzielt, jedoch für immer mehr Menschen nur unterdurchschnittliche Renten erbringt. Gleichzeitig untergräbt das deutsche Sozialversicherungsmodell die eigenen Funktionsbedingungen, indem es die Erosion der versicherungspflichtigen Tätigkeiten beschleunigt. Es legt ökonomisch Kinderlosigkeit nahe, indem es die Kosten der Alterssicherung sozialisiert und die Kosten der Kindererziehung privatisiert. Die Rentenversicherung sichert nicht nur – wie ursprünglich intendiert – das Risiko des Al-

14 So das BVerfG in seiner Maastricht-Entscheidung: BVerfGE 89, 155 (174).
15 Vgl. *Kaufmann*, Varianten des Wohlfahrtsstaates. Der deutsche Sozialstaat im internationalen Vergleich, 2003. S. 178. 189 f.

ters, sondern mehr und mehr auch das der Kinderlosigkeit ab, ohne dafür allerdings zusätzliche Beiträge zu verlangen.

II. Die Vorgaben des europäischen Sozialstaats als Chance

Es verhält sich auch keinesfalls so, dass sich das Wirken der Bundesrepublik Deutschland bei der Entwicklung der Europäischen Union gleichsam in einer sozialen Diaspora vollziehen müsste. Vielmehr sind die europäischen Verträge durchdrungen von sozialen Zielen und Aufgaben[16], die europäische Kommission tritt immer wieder mit neuen sozialpolitischen Gestaltungsvorschlägen hervor und der Europäische Gerichtshof ist gerade im Bereich des Sozialrechts Wegbereiter für fortschrittliche rechtsdogmatische Weiterentwicklungen gewesen, die ihm nicht zuletzt aus deutscher Sicht den Vorwurf des Überschreitens seiner Kompetenzen eingebracht haben[17]. Die Grundrechte-Charta, die nunmehr integraler und rechtsverbindlicher Bestandteil des Vertrags über eine Verfassung für Europa ist, auf die sich die Staats- und Regierungschefs am 18. Juni 2004 in Brüssel geeinigt haben[18], stellt einen weiteren Mosaikstein auf dem Weg zu einem sozialen Europa dar. Zwar enthält die Charta im Wesentlichen keine neuen Grundrechte, sondern stellt eine Kodifikation der in den europäischen Verträgen angelegten und in der Rechtsprechung des EuGH entwickelten Verfassungsgrundsätze dar. Ihre Bedeutung wird jedoch darin gesehen, die europäischen Grundrechte den Bürgern bekannt zu machen[19]. In der Europäischen Grundrechte-Charta sind die sozialen Grundrechte enthalten, die der deutschen Verfassung fehlen. Besonders interessant sind die im dritten Kapitel erfassten Gleichheitsrechte, zu denen neben einem umfassenden Diskriminierungsverbot (Art. 21) und der Gleichheit von Männern und Frauen (Art. 23) auch die Rechte des Kindes (Art. 24) und die Rechte älterer Menschen (Art. 25) gehören. Hinzu kommen die im Kapitel Solidarität ausdrücklich erwähnten Rechte auf soziale Sicherung und soziale Unterstützung (Art. 34). Zwar gilt die Grundrechte-Charta nur für die Organe und Einrichtungen der Union unter Einhaltung des Subsidiaritätsprinzips und für die Mitgliedstaaten ausschließlich bei der Durchführung des Rechts der Union (Art. 51 Abs. 1). Durch sie werden weder neue Zuständigkeiten noch neue Aufgaben für die Gemeinschaft begründet, noch die in den Verträgen festgelegten Zuständigkeiten geändert (Art. 51 Abs. 2). Jedoch sollte die Ausstrahlungskraft der Kodifizierung europäischer Grundrechte nicht unterschätzt werden: Immerhin benennen sie die zentralen gesellschaftlichen Herausforderungen der Gegenwart und stellen die Architektur eines europäischen Sozialmodells dar. Auch wird der EuGH die Charta zusätzlich zu den bislang benutzten Grundlagen des Richterrechts heranziehen[20] und könnte damit

16 Vgl. hierzu ausführlich: *Schulte*, (Fn. 3), S. 24 ff.

17 Vgl. *Borchardt*, Der Gerichtshof der EG als Ersatzgesetzgeber?, in: Eichenhofer/Zuleeg (Hg.), Die Rechtsprechung des Europäischen Gerichtshofs zum Arbeits- und Sozialrecht im Streit, 1995, S. 53 ff.

18 Die Tatsache, dass der erste Versuch nicht gelang, lag nicht an der fehlenden Akzeptanz für die sozialen Grundrechte. Vielmehr ist die Annahme der europäischen Verfassung bei dem EU-Gipfeltreffen am 12. und 13. Dezember 2003 in Brüssel an dem Streit über die zukünftige Stimmgewichtung zwischen kleinen, mittleren und großen Mitgliedstaaten im Europäischen Rat und der Vertretung der Länder in der Europäischen Kommission gescheitert

19 *Zuleeg*, Die Vorzüge der Europäischen Verfassung, Der Staat 2002, 359 (374).

eine ungeahnte neue Grundrechte-Dynamik entfesseln. Denn der EuGH hat ähnlich weiche Bestimmungen, denen ursprünglich ebenfalls nur ein proklamativer Charakter zugedacht war, zu eigenständigen Grundlagen gemeinschaftsrechtlicher Ansprüche ausgebaut. Mit seiner Rechtsprechung zur Unionsbürgerschaft ist er dabei, die Art. 17 und 18 EGV zu einem Anspruch auf soziale Grundsicherung der Unionsbürger in allen Mitgliedstaaten der Europäischen Union zu entwickeln, und zwar unabhängig vom Vorliegen der Arbeitnehmereigenschaft[21]. Dies wird als Verstoß gegen sekundäres Gemeinschaftsrecht kritisiert[22], aber auch als Ausdruck der Vollintegration der Unionsbürger begrüßt[23].

C. Das soziale Wirken der Bundesrepublik Deutschland auf europäischer Ebene

Da für die großen sozialen Herausforderungen nur noch europäische Lösungen in Frage kommen, ist im Folgenden zu untersuchen, nach welchen sozialpolitischen Kriterien die Bundesrepublik Deutschland den europäischen Einigungsprozess zukünftig zu gestalten hat. Entsprechende Vorgaben finden sich in der neuen Fassung des Art. 23 GG, der durch Gesetz zur Änderung des Grundgesetzes vom 21. Dezember 1992 eingefügt worden und am 25. Dezember 1992 in Kraft getreten ist[24]. Der Aufruf zur Wiederherstellung der „nationalen Einheit“ war mit dem Beitritt der Ländern der ehemaligen DDR „konsumiert“[25], so dass die freigewordene Position des Art. 23 genutzt werden konnte, eine gesonderte Regelung zum Prozess der europäischen Einigung in das Grundgesetz aufzunehmen. Gleichzeitig konnte damit politisch die deutsche Einigung in den Kontext der europäischen Einigung gestellt werden[26]. Gemäß Art. 23 Abs. 1 GG wirkt die Bundesrepublik Deutschland bei der Entwicklung der Europäischen Union mit, die demokratischen, rechtsstaatlichen, *sozialen* und föderativen Grundsätzen und dem Grundsatz der Subsidiarität verpflichtet ist und einen diesem Grundgesetz vergleichbaren Grundrechtsschutz gewährleistet. Schon im Verfassungstext kommt der dynamische Charakter der europäischen Integration zum Ausdruck. Offensichtlich ist damit nicht die Bewahrung des Erreichten gemeint, sondern der „Fortgang“ der europäischen Einigung[27]. Der Verfassungsauftrag in Art. 23 Abs. 1 Satz 1 GG statuiert ein Entwicklungsgebot[28]. Ein Stillstand oder gar eine Rückbildung der europäischen Integration wäre nicht im Sinne der Verfassung[29]. Dies muss auch für die Weiterentwicklung des Sozialen in Europa gelten. Mit

20 *Zuleeg*, Zum Verhältnis nationaler und europäischer Grundrechte. Funktionen eine EU-Charta der Grundrechte, EuGRZ 2000, S. 511, 514.
21 EuGH, Grzelczyk, Slg. 2001, I-6193; Baumbast, Slg., 2002, I-7091; Carpenter, Slg. 2002, I-6279.
22 Kritisch insbesondere in Bezug auf die Nachvollziehbarkeit der juristischen Methodik: *Hailbronner*, Die Unionsbürgerschaft und das Ende rationaler Jurisprudenz durch den EuGH?, NJW 2004, 2185 ff.
23 *Borchardt*, Der sozialrechtliche Gehalt der Unionsbürgerschaft, NJW 2000, 2057 (2060).
24 BGBl. I, S. 2086.
25 *Volkmann*, Solidarität – Programm und Prinzip der Verfassung, 1998, S. 356.
26 *Scholz*, in: Maunz/Dürig (Hg.), Grundgesetz, Bearbeitung 1996, Art. 23 Rn. 1.
27 BVerfGE 89, 155 (172).
28 *Rojahn*, in: von Münch/Kunig (Hg.), Grundgesetz, Bd. II, 5. Aufl. 2001, Art. 23 Rn. 10.
29 *Zuleeg*, in: AK-GG, 3. Aufl. 2001, Art. 23 Rn. 10.

Art. 23 Abs. 1 GG ist die europäische Einigung zum weiteren Staatsziel der Bundesrepublik erklärt worden[30]. Die durch Art. 23 GG bewirkte Intensivierung der Integrationsverpflichtung in Hinblick auf die Europäische Union wurde durch eine Einschränkung der Bewegungsfreiheit der nationalen Integrationsgewalt erkauft. Denn es werden verbindliche Leitlinien vorgegeben, wodurch verfassungsrechtlich erstmals Einfluss auf die Art der Ausgestaltung des supranationalen Gebildes genommen wird[31]. Die Norm zeichnet einen Weg vor, auf dem einerseits der Universalanspruch des nationalen Staates aufgegeben werden soll, jedoch nur unter der Bedingung, dass sich andererseits ein europäisches Verfassungsrecht entwickelt[32]. Für die deutschen Staatsorgane entfaltet sie eine „Einwirkungsfunktion", insofern für sie die Pflicht besteht, auf die genannten Grundsätze und den Grundrechtsschutz hinzuwirken, wenn sich die Gelegenheit dazu bietet, vor allem bei der Mitwirkung im Rat[33].

Eine ausführliche Auseinandersetzung mit dem Begriff des Sozialen im Rahmen des Art. 23 Abs. 1 GG betritt Neuland. Der Gesetzesbegründung zu Art. 23 GG ist nichts Genaueres zu entnehmen, als dass der neue Grundrechtsartikel nach innen sowie gegenüber den Partnerstaaten dokumentieren wolle, welche Strukturen die Bundesrepublik Deutschland im vereinten Europa anstrebe. Es komme darin zum Ausdruck, dass die Bundesrepublik Deutschland die Europäische Union nach bestimmten inhaltlichen Kriterien ausgestalten möchte, welche die durch Art. 79 Abs. 3 GG besonders geschützten grundlegenden Strukturprinzipen des Grundgesetzes bilden[34]. Hinsichtlich des sozialen Staatsziels wird lediglich ausgeführt, dass aus der Verpflichtung auf das Sozialstaatsprinzip keine Verpflichtung der Europäischen Union auf das weitgehend durch den einfachen Gesetzgeber gestaltete Niveau der Sozialstaatlichkeit in der Bundesrepublik Deutschland abgeleitet werden könne[35].

Auch die Kommentare zum Grundgesetz streifen die „sozialen Grundsätze" des Art. 23 Abs. 1 GG eher pflichtbewusst und lakonisch. So wird darauf hingewiesen, dass die Bundesrepublik Deutschland nicht verlangen könne, ihr verfassungsrechtliches Verständnis der demokratischen, rechtsstaatlichen, sozialen und föderativen Grundsätze den anderen Mitgliedstaaten überzustülpen. Dies gelte ganz besonders für das Sozialstaatsprinzip, das in Deutschland nur durch den einfachen Gesetzgeber geprägt sei[36]. Es wird immer wieder festgestellt, dass die sozialen Grundsätze ihrem konkreten Gehalt nach kaum bestimmbar seien. Wie in Art. 20 Abs. 1 GG ziele das Sozialstaatsprinzip auf die Ausgestaltung der Union auch als Sozialunion, ohne damit allerdings justiziable Kriterien vorzugeben. Es könne insbesondere nicht darum gehen, die in Art. 2 und 3 sowie in Art. 136 EGV gegebenen Ansätze einer europäischen Sozialpolitik festzuschreiben. Unter dem Gesichtspunkt der Subsidiarität müsse der geforderte Ausbau der sozialen Dimension der Gemeinschaft die gewach-

30 *Sommermann*, Staatsziele und Staatszielbestimmungen, 1997, S. 280 ff.
31 *Sommermann*, Staatsziel „Europäische Union" – Zur normativen Reichweite des Art. 23 Abs. 1 Satz 1 GG n.F., DöV 1994, S. 596, 603.
32 *Michael* (Fn. 10), S. 611.
33 *Zuleeg* (Fn. 29), Rn. 20.
34 Bt.-Ds. 12/3338, S. 4.
35 Bt.-Ds. 12/3338, S. 7.
36 *Schmidt-Bleibtreu,* in: Schmidt-Bleibtreu/Klein, Grundgesetz, 9. Aufl. 1999, S. 587 f.

senen Sozialordnungen in den Mitgliedstaaten berücksichtigen[37]. An anderer Stelle wird zumindest konzediert, dass in der verfassungsrechtlichen Verankerung der sozialen Grundsätze des Art. 23 Abs. 1 GG eine Aufwertung der sozialen Dimension der Europäischen Union liege, die in ihrer verbindlichen Kraft allerdings auf entsprechende Förderungspflichten deutscher Organe beschränkt bleibe und auch diesen keinesfalls ein bestimmtes Sozialstaatsmodell vorschrieben[38]. Das Grundgesetz erwarte aber, dass die Europäische Union soziale Züge trage[39]. Wiederholt wird darauf hingewiesen, dass sich aus dem Sozialstaatsprinzip des Grundgesetzes keine detaillierten bzw. in entsprechender Detaillierung verbindlichen Rechtsgewährleistungen oder automatischen Politikprogramme ableiten ließen. Dies müsse auch für die Struktursicherungsklausel des Art. 23 Abs. 1 GG gelten. Deren Grenzen wären erst dann verletzt, wenn sich die Europäische Union jedweder Integration und Gestaltungs- wie Leistungsverpflichtung im Bereich der Sozialpolitik entsagen würde[40]. Die rechtswissenschaftliche Literatur schweigt sich über die Bedeutung des sozialen Aspektes des staatlichen Handelns auf europäischer Ebene fast vollständig aus[41]. *Merten* weist darauf hin, dass Deutschland wegen der Struktursicherungsklausel des Art. 23 Abs. 1 GG und des unabdingbaren Staatsziels des Sozialen in zulässiger Weise die Mitgliedschaft in der Europäischen Union einseitig kündigen müsse, wenn sich die Europäische Union sozialer Grundsätze entledigte[42]. Dies ist allerdings eine eher restriktive Perspektive, die keinen Aufschluss über die positive Einflussnahme Deutschlands bei der Gestaltung eines europäischen Sozialmodells gibt. Eine ebenfalls beschränkende Auslegung trägt *Pitschas* vor, dem es dabei auch nicht um das deutsche Wirken auf europäischer Ebene geht, sondern um die Rückwirkung des Art. 23 Abs. 1 GG auf die deutsche Sozialstaatsdogmatik. Er zieht aus der Erwähnung des Subsidiaritätsprinzips in Art. 23 Abs. 1 GG die Schlussfolgerung, dass sich der gesamtdeutsche Verfassungsgeber damit für ein neues nationales Sozialstaatsmodell entschieden habe. Dieser habe den Übergang vom aktiven zum subsidiären Sozialstaat vollziehen bzw. einen „distanzierten Sozialstaat" markieren wollen[43]. Diese Interpretation überzeugt jedoch nicht. Der Wortlaut des Art. 23 Abs. 1 GG erwähnt den Grundsatz der Subsidiarität gleichberechtigt mit den vier anderen Grundsätzen. Es gibt keinen Anhaltspunkt dafür, dass die Subsidiarität allein den sozialen Grundsätzen ihren Stempel aufdrückte[44]. Außerdem ist anzunehmen, dass der Verfassungsgeber – sollte er eine so grundlegende Revision des Sozialstaatsprinzips im Auge gehabt haben – dies in Art. 20 Abs. 1 GG deutlich gemacht hätte, etwa indem er dort einen modifizierten sozialsubsidiären Bundesstaat festgeschrieben hätte.

37 *Pernice*, in: Dreier (Hg.), Grundgesetz, Bd. II, 1998, Art. 23 Rn. 67 f.
38 *Sachs*, in: Streinz, Grundgesetz, 1999, Art. 23 Rn. 30 f.
39 *Zuleeg* (Fn. 29), Rn. 27.
40 *Scholz* (Fn. 26), Rn. 60.
41 Es konnte nicht ein einziger Beitrag gefunden werden, der explizit den Aspekt der „sozialen Grundsätze" des Art. 23 Abs. 1 GG zum Gegenstand hatte.
42 *Merten*, Grenzen des Sozialstaats, VSSR 1995, 155 (166 f.).
43 *Pitschas*, Der „neue" soziale Rechtsstaat. Vom Wandel der Arbeits- und Sozialverfassung des Grundgesetzes, in: FS Hans Zacher, 1998, S. 755 (763 f.).
44 Vgl. zur kritischen Auseinandersetzung mit der deutschen Rezeption des Subsidiaritätsprinzips: *Zuleeg* (Fn. 19), S. 383 sowie *ders.* (Fn. 29), Rn. 38 ff.

I. Das deutsche Dilemma

Auf den ersten Blick offensichtlich ist das *rechtspolitische* Dilemma, dass ausgerechnet die Bundesrepublik Deutschland, deren soziale Sicherungssysteme sich in einer tiefgreifenden Strukturkrise befinden, verfassungsrechtlich gehalten ist, positive soziale Akzente auf europäischer Ebene zu setzen. Während es in der Europäischen Union durchaus Vorbilder gibt, von denen sich Anregungen für die Gestaltung des Sozialen gewinnen lassen, sind in Deutschland bislang grundlegende Reformen unterblieben. Die eingeleiteten Rechtsänderungen enthalten lediglich Maßnahmen zur kurzfristigen Abmilderung der Finanzierungskrise. Das Problem der Kopplung der sozialen Sicherheit an das versicherungspflichtige Arbeitsverhältnis ist nicht einmal ansatzweise gelöst. Es ist deshalb einleuchtend, dass sich das deutsche Wirken im europäischen Einigungsprozess nicht darauf richten kann, das nationale Sozialstaatsmodell zu exportieren. Da die „sozialen" Grundsätze nicht der überlieferten Rechtstradition entnommen werden können, müssen sie aus der Verfassung selbst gewonnen werden. Auf der *verfassungsrechtlichen* Ebene kommt jedoch erschwerend hinzu, dass ein einfacher Rekurs auf die Art. 20 Abs. 1 und 28 Abs. 1 GG zur inhaltlichen Bestimmung des Sozialen in Art. 23 Abs. 1 GG ausscheidet, weil ein verbindlicher Theoriegehalt des sogenannten Sozialstaatsprinzips schlichtweg nicht existiert. Die rechtliche Bedeutung der Sozialstaatsklausel steht vielmehr im umgekehrten Verhältnis zur Häufigkeit ihrer Invokation[45]. Hinzu kommt, dass die sozialwissenschaftlichen und verfassungsrechtlichen Diskurse über das „Sozialstaatsprinzip" keinerlei gemeinsame Berührungspunkte aufweisen. Während in der Sozialwissenschaft das Sozialstaatsprinzip vor allem zur Verteidigung des sozialrechtlichen status quo ins Feld geführt wird, müssen Verfassungsjuristen konzedieren, dass das Soziale im Grundgesetz in der Rechtsprechung des BVerfG – wenn es überhaupt jemals zu den tragenden Entscheidungsgründen herangezogen wird – mindestens ebenso häufig gesetzgeberische Eingriffe in individuelle Rechtspositionen in Hinblick auf das soziale Ganze rechtfertigt wie es zur Verteidigung sozialer Rechte herangezogen wird[46]. Der magere Theoriegehalt des Sozialstaatsprinzips, wonach als Minimum die Gewährung von Sozialhilfe und als Maximum der gegenwärtig erreichte soziale status quo gelten darf, reicht in der Tat nicht aus, um Kriterien für die sozialen Grundsätze des Art. 23 Abs. 1 Satz 1 GG zu entwickeln. Auch in der Rechtsprechung des BVerfG hatte das Sozialstaatsprinzip so viele unterschiedliche Facetten angenommen[47], dass es an Propheterie grenzen würde, daraus auch nur einigermaßen verbindliche „soziale Grundsätze" abzuleiten. Die sozialen Kriterien lassen sich nicht abstrakt, sondern nur für bestimmte Fragestellungen entwickeln. Es ist zu vermuten, dass sich die neuen sozialen Fragen als gleichheitsrechtliche Forderungen in den Debatten um den allgemeinen Gleichheitssatz Bahn brechen werden. Es bestätigt sich eine alte Beobachtung, dass gesellschaftspolitische Prozesse, die den Abbau von Ungleichheiten und die Annäherung

45 *Schnapp*, in: von Münch/Kunig (Fn. 28), Art. 20 Rn. 38.
46 Vgl. zuletzt BVerfGE 100, 271 (284); 102, 254 (311); 103, 293 (307).
47 *Lenze*, Rentenreformen zwischen Eigentumsschutz, Gleichheitssatz und europäischer Integration, 2005, 3. Teil, Abschn. II. 3.

zur Gleichheit betreiben, jeweils zu „Teilaktualisierungen der Sozialstaatlichkeit“ führen und neue Phasen der Radikalität des Gleichheitssatzes normalerweise auch solche der Sozialstaatlichkeit einleiten[48].

II. Die Konkretisierung der sozialen Kriterien am Beispiel der Altersicherung

Die Riester´sche Rentenreform des Jahres 2001 mit den Anfängen einer bedarfsabhängigen Grundsicherung einerseits und dem Einstieg in die private, kapitalfundierte Altersvorsorge andererseits ist als erste Annäherung an ein europäisches Rentenmodell interpretiert worden[49]. Die eingeleiteten Rechtsänderungen sollen helfen, die zukünftigen Belastungen der Rentenkasse zu mildern, indem ein Teil der staatlichen Verantwortung für die Alterssicherung abgegeben und in die private Verantwortung einer individuellen Vorsorge ausgelagert wird. Die Reformen basieren außerdem auf der auch im internationalen Kontext vorherrschenden Annahme, dass die kapitalgedeckte Alterssicherung auf lange Sicht günstigere Renditen erwirtschaftet als das Umlageverfahren[50]. Dies ist allerdings Spekulation auf hohem Niveau. Aufgrund der seit März 2000 zu verzeichnenden mehrjährigen Börsenschwäche wird zunehmend sogar von den Banken selbst in Betracht gezogen, dass der Kapitalmarkt die in ihn gesetzten Hoffnungen gerade dann nicht erfüllen kann, wenn eine große Zahl von Berechtigten in den demographischen Spitzenjahren das akkumulierte Kapital aufzehren muss, weil dann einer großen Zahl von Verkäufern eine gering besetzte Schicht potenzieller Käufer gegenüberstehen wird[51]. Allerdings besteht der gegenüber dem staatlichen Umlageverfahren unbestrittene Vorteil des Kapitaldeckungsverfahrens darin, dass das Kapital in die bevölkerungsstarken dynamischen Nationen der Welt transferiert werden und dort Gewinne erzielen kann. Ob allerdings genügend gewinnträchtige Anlagemöglichkeiten in der Welt existieren, ob der Zugriff auf die dort erzielten Renditen gesichert bleibt und ob die Gelder genau zu dem Zeitpunkt zur Verfügung stehen, in dem die Gesellschaften der westlichen Hemisphäre diese für die Versorgung ihrer alten Generation brauchen, ist alles andere als garantiert. Die große Hoffnung der westlichen Alterssicherung basiert im Übrigen unausgesprochen auf der Annahme, die „Ausbeutung des einen Teils der Welt durch den anderen sei ein aussichtsreiches Zukunftsprojekt“[52].

Mit der staatlichen Förderung der kapitalgedeckten privaten Altersvorsorge durch das Altersvermögensgesetz vom 26. Juni 2001 ist dieser Weg auch in der Bundesre-

48 *Ipsen*, Fragwürdiges zur Sozialstaatlichkeit, in: Ansprachen aus Anlaß des 25jährigen Bestehens des Bundessozialgerichts, 1979, S. 39 (44).

49 *Boeckh*, Rentenpolitik im Spannungsfeld zwischen nationalem Gestaltungsanspruch und europäischen Adaptionserfordernissen, Politische Vierteljahresschrift 2000, 550.

50 Vgl. die Vorschläge der *Weltbank*, Averting the Old Age Crisis. World Bank Policy Research Report, 1994 und die OECD-Konferenz über die sozialpolitische Agenda nach dem Jahr 2000, Beyond 2000 – The New Social Policy Agenda, 1997. Im deutschen Kontext*: Wissenschaftlicher Beirat beim Bundesministerium für Wirtschaft und Technologie*, Gutachten vom Februar 1998 bis Juli 2000, Grundlegende Reform der gesetzlichen Rentenversicherung, 2000.

51 Vgl. *Deutsche Bundesbank*: Alternde Bevölkerung, Finanzmärkte und Geldpolitik, in: Monatsberichte der Deutschen Bundesbank 2001, Heft 6: *Deutsche Bank* Research, Die demographische Herausforderung, Juli 2002, S. 43 ff.; sowie *Hypo Vereinsbank*, Age-Wave – Zur Demografieanfälligkeit von Aktienmärkten. Policy Brief Nr. 4 vom 26. 6. 2001.

52 *Blüm*, Alt ist nicht blöd, FAZ vom 11. 10. 2003, S. 8.

publik einschlagen worden. Deshalb ist der Blick auf die sozialen und verfassungsrechtlichen Konsequenzen dieser Entscheidung zu richten. Zunächst ist deutlich herauszustellen, dass in der kapitalfundierten Alterssicherung Konzepte von Gerechtigkeit oder Solidarität nicht zum Tragen kommen. Der Teil der Alterssicherung, der auch zukünftig noch den Lebensstandard im Alter sichern soll, wird privatrechtlich und in globalem Maßstab abgewickelt. Ein sozialer Ausgleich findet darin keinen Platz mehr, weil im Weltmaßstab von einem solidarischen Generationenverhältnis nicht mehr ausgegangen werden kann[53]. So führt die unterschiedliche Lebenserwartung von Männern und Frauen dazu, dass Frauen in der privaten Altersvorsorge höhere Beiträge zahlen als Männer bzw. für gleiche Beiträge niedrigere Leistungen erhalten. Das bedeutet, dass Frauen neben einer geschlechtsspezifischen Entgeltdiskriminierung[54] und entsprechend niedrigeren Renten[55] außerdem noch bei gleicher Beitragsleistung in der privaten Vorsorge ca. zwischen 11,46% und 13,44% weniger an Privatrente beziehen werden als Männer[56]. Hinzu kommt, dass andere für die Lebenserwartung relevante Kriterien wie Rauchen, ungesunde Ernährung, mangelnde Bewegung oder die Ausübung gefährlicher Sportarten nicht zu einer Erhöhung der Versicherungsprämien führen. Denn diese Kriterien, die weitaus gravierendere Auswirkungen auf die Lebenserwartung haben, lassen sich verwaltungstechnisch nicht so einfach feststellen wie die Geschlechtszugehörigkeit. Neben den unterschiedlichen Risiken von Männern und Frauen trägt in der privaten Altersvorsorge auch jeder das Risiko für seinen Gesundheitszustand und für das seiner beruflichen Tätigkeit entsprechende Erwerbsunfähigkeitsrisiko. Im Fall der Einschränkung der Erwerbsfähigkeit durch Krankheit, Arbeitslosigkeit oder Kindererziehung trägt der Einzelne – anders als in der gesetzlichen Rentenversicherung – die Ausfälle bei der privaten Vorsorge selbst[57]. Die Vorteile der staatlichen Förderung können zudem selektiv durch Einkommensstärkere genutzt werden, während Einkommensschwächere tendenziell zu Gunsten des Gegenwartskonsums auf den Aufbau der privaten Altersvorsorge verzichten müssen[58]. Vermutlich werden sich durch den Ausbau der privaten Altersvorsorge die faktischen Einkommensunterschiede im Alter erheblich verstärken[59].

53 *Rürup*, Solidarität im Rentensystem, in: Iben/Kemper/Maschke (Hg.), Ende der Solidarität?: Gemeinsinn und Zivilgesellschaft, 1999, S. 43 (48).

54 Frauen verdienen als Vollzeit-Angestellte 30 % weniger als männliche Angestellte und als Arbeiterinnen rund 26 % weniger als Arbeiter (FAZ v. 4. 3. 2004, S. 11).

55 Der durchschnittliche Zahlbetrag der Altersrente betrug bei Männern im Jahr 2002 998 Euro und bei Frauen 466 Euro (VDR, Rentenversicherung in Zahlen, 2003, S. 32 f.).

56 *Lindecke*, Auswirkungen von geschlechterdifferenzierten Tarifen in der privaten Altersvorsorge (Nicht-Anwendung von Uni-Sex-Tarifen) vor dem Hintergrund der Rentenreform / Riester-Rente, Kurzexpertise für das Wirtschafts- und Sozialwissenschaftliche Institut (WSI) in der Hans-Böckler-Stiftung, 2004, S. 25.

57 *Ebert* ist der Meinung, dass zumindest der Risikoausgleich zwischen Männern und Frauen und zwischen Beschäftigten mit unterschiedlichem Gesundheitszustand hätte erhalten werden können, wenn sich der Gesetzgeber verstärkt für den Ausbau der betrieblichen Altersvorsorge eingesetzt hätte, Rentenreform 2001: Sozialverträgliche Modernisierung?, Sozialer Fortschritt 2001, 182 (186).

58 *Ebert* (Fn. 57), S. 185.

59 *Hauser/Becker*, Zur Entwicklung von Armut und Wohlstand in der Bundesrepublik Deutschland – Eine Bestandsaufnahme, in: Butterwege/Klundt (Hg.), Kinderarmut und Generationengerechtigkeit, 2002, S. 25, 34 f.

Nicht minder einschneidend sind die verfassungsrechtlichen Konsequenzen des eingeschlagenen Weges. Durch den Ausbau der privaten Altersvorsorge wird zugleich die Verantwortung des Staates und der Arbeitgeber für die Alterssicherung reduziert. Wenn die private Alterssicherung in den Zeiten der größten demographischen Verwerfungen nach 2020 nicht die erwartete Rendite abwirft, so kann der Staat weder aus Art. 14 GG noch aus dem rechtsstaatlichen Vertrauensschutzprinzip in die Pflicht genommen werden. Wenn die Rendite des privat angelegten Kapitals im Alter gegen Null geht, dann wird sich der Gang vor das BVerfG erübrigen, denn die mangelnde Performance des Kapitalmarktes entzieht sich den grundrechtlichen Forderungen nach Gleichheit und Gerechtigkeit[60]. Allenfalls ist das eigene Versagen der Versicherungsnehmer angesprochen, die ihr Geld dem falschen Pensionsfond oder dem falschen Versicherungsunternehmen anvertraut haben. Für diesen Teil der Alterssicherung sind weder der Staat noch die Arbeitgeber zukünftig verantwortlich. Allenfalls trifft den Staat die gesetzliche Verpflichtung, die Versicherungswirtschaft zu kontrollieren sowie mit einem bedürftigkeitsabhängigen Grundsicherungssystem die ärgsten Folgen missglückter individueller Geldanlage abzumildern. Der Sozialstaat bleibt zwangsläufig der „letzte Bürge" um Leistungszusagen zu sichern, wenn private Versicherungen durch demographische Ungleichgewichte destabilisiert werden[61]. Aber er kann nicht dafür haftbar gemacht werden, dass keine sicheren und renditestarken Anlagemöglichkeiten für das angesparte Kapital gefunden worden sind. Auch unter demokratischen Gesichtspunkten ist die kapitalbasierte, private Altersvorsorge nicht unproblematisch: Nur für das Umlageverfahren werden die Entscheidungen im politisch-demokratischen Prozess getroffen, „bei kapitalgedeckten Systemen über „anonyme" Marktprozesse hinter dem Rücken der Akteure"[62].

Durch die Einführung der privaten Altersvorsorge kommt es außerdem zu einer grundlegenden Verschiebung des Verhältnisses von Versicherungsprinzip und sozialem Ausgleich. Es ist kein Zufall, dass die Staaten, die als Vorbild für das europäische Rentenmodell fungierten, wie z.B. die Niederlande, als erste Säule der Alterssicherung eine starke Umverteilung in Form einer Staatsbürgerversicherung für alle durchführen[63]. Der Ausbau der privaten Altersvorsorge in Deutschland ist im Zusammenhang mit einer arbeitnehmerzentrierten Rentenversicherung, deren Basis im Übrigen durch die Abnahme des Normalarbeitsverhältnisse immer weiter erodiert, problematisch, weil das bestehende Gleichgewicht zwischen sozialem Ausgleich und Versicherungsprinzip und damit zwischen Gleichheit und Freiheit erheblich

60 BVerfGE 105, 17: Staatliche Regelungen, die den Tauschwert von Wertpapieren reduzieren, stellen keinen Eingriff in die Eigentumsfreiheit dar. Der Tauschwert vermögenswerter Rechte unterfalle für sich genommen nicht dem Schutzbereich der Eigentumsfreiheit. „Dies gilt grundsätzlich auch für den Marktwert von Wertpapieren. Er wird vom Finanzmarkt, insbesondere von der Renditeerwartung und dem Nachfrageverhalten potenzieller Anleger bestimmt."

61 *Leisering*, Alternde Bevölkerung – veraltender Sozialstaat ?, Aus Geschichte und Politik 35 (1996), 13 (16).

62 *Bäcker*, Generationengerechtigkeit im Sozialstaat: Generationenvertrag und Alterssicherung, in: Schweppe (Hg.), Generation und Sozialpädagogik, 2002, S. 125 (141 f.).

63 *Pöhler*, Alterssicherung in der Europäischen Union V. Alterssicherung in den Niederlanden, 1997, S. 125 ff. sowie *Brombacher-Steiner*, Das Drei-Säulen-Modell der Schweiz, DRV 1998, 433 ff.

verändert wird[64]. Damit ist die Frage aufgeworfen, ob die eingeschlagene Entwicklung den sozialen Ausgleich in der gesetzlichen Rentenversicherung nicht auf ein kaum mehr hinnehmbares Maß beschränkt, was nicht nur unter sozialstaatlichen, sondern vor allem auch unter dem Gesichtspunkt des europäischen Wettbewerbsrechts problematisch ist. Denn um die sozialen Sicherungssysteme der Mitgliedstaaten von den Regeln des europäischen Wettbewerbsrechts zu suspendieren, verlangt der EuGH, dass diese eine solidarische Umverteilung von besser zu gering Verdienenden oder kranken zu gesunden Versicherungsteilnehmern und von Männern zu Frauen realisieren. Ein irgendwie gearteter sozialer Ausgleich, der zudem noch durch einen staatlichen Steuerzuschuss kompensiert wird, reicht aber mit Sicherheit nicht aus, um einem Sozialversicherungssystem den Grundsatz der Solidarität zu attestieren[65].

III. Unisex-Tarife als Möglichkeit der Re-Sozialisierung auf europäischer Ebene

Wenn der Ausbau der privaten Altersvorsorge in Deutschland Konsens ist, so ist dafür Sorge zu tragen, dass in seinem Kontext grundlegende verfassungsrechtliche Anforderungen erfüllt werden. Neben einer stark umverteilenden, alle Staatsbürger in die Versicherung einbeziehenden ersten Säule der Alterssicherung muss die zweite Säule, die kapitalfundierte Altersvorsorge, die verfassungsrechtliche Gleichberechtigung von Frauen und Männern realisieren. Es ist nicht hinnehmbar, dass der Gesetzgeber durch eine Neugewichtung von staatlichen und privatrechtlichen Bestandteilen der sozialen Sicherung Grundrechtssubstanz einschmilzt, indem Bereiche, die ehedem im Einzugsbereich des Grundgesetzes lagen, nunmehr in ein verfassungsrechtliches Niemandsland ausgelagert werden. Zwar hat der bundesdeutsche Gesetzgeber für die zulagefähige Altersvorsorge ab dem 1. Januar 2004 die sogenannten Unisex-Tarife eingeführt[66]. Das bedeutet, dass nur diejenigen Versicherungsprodukte für die staatliche Förderung zertifiziert werden, die einheitliche Tarife für Frauen und Männern vorsehen. Es spricht aber alles dafür, dass eine derartige Regulierung im nationalen Alleingang nur noch schwer möglich ist. Zum einen könnten Versicherungsunternehmen auf die Idee kommen, sich auf ihre europarechtlich garantierte Dienstleistungsfreiheit zu berufen und die Einschränkung ihrer Vertragsfreiheit durch Unisex-Tarife als Wettbewerbsnachteil gegenüber anderen europäischen Anbietern zurückzuweisen. Zum anderen aber werden sich die Unisex-Versicherungen vermutlich ohnehin nicht durchsetzen, weil sie für Männer wirtschaftlich unattraktiv sind. Diese werden vielmehr auf die staatlichen Zulagen verzichten und stattdessen auf nicht zertifizierte Vorsorgeprodukte mit geschlechterdifferenzierenden Tarifen zurückgreifen, was ihnen rechtlich unbenommen ist. Im Ergebnis wird es auf faktische Frauenversicherungen mit hohen Beitragssätzen hinauslaufen. Dies könnte nur verhindert werden, wenn gemeinschaftsrechtliche Vor-

64 Das BVerfG hat es bislang offengelassen, welche Prinzipien zum unbedingten Kern der gesetzlichen Rentenversicherung gehören (BVerfGE 59, 36, 50 m.w.N.) Es legt sich auch nicht gern fest, welche Prinzipien überwiegen oder als vorrangig zu bewerten sind (BVerfGE 39, 169, 186 f.).

65 Zuletzt sehr deutlich: EuGH, Cisal, Slg. 2002, I-691.

66 § 1 Abs. 1 Nr. 2 AltZertG i.d.F. durch das Alterseinkünftegesetz.

gaben eine geschlechtsspezifische Kalkulation für alle Versicherungsverträge in Europa ausschließen würden[67]. Eine kurze Zeit sah es fast so aus, als ob die negativen Auswirkungen des Ausbaus der privaten Altersvorsorge auf europäischer Ebene gleichheitsrechtlich wieder aufgefangen werden würden. Ziel des am 5. November 2003 von der Europäischen Kommission angenommenen Richtlinienvorschlags zur Gleichbehandlung von Männern und Frauen war es, europaweit das Prinzip der Geschlechtsneutralität beim Erwerb von Waren und Dienstleistungen durchzusetzen[68]. Gemäß Art. 4 der Richtlinie hätten die Mitgliedstaaten mit einer sechsjährigen Übergangsfrist dafür Sorge tragen müssen, dass „die Anwendung des Faktors Geschlecht bei der Berechnung von Prämien und Leistungen im Bereich des Versicherungswesens und verwandter Finanzdienstleistungen in allen neu abgeschlossenen Verträgen verboten ist“[69]. Davon hätten Frauen beim Abschluss von Lebens- und Krankenversicherungen, Männer beim Abschluss von Autohaftpflichtversicherungen profitiert. Wäre die Richtlinie in dieser Form einstimmig im Ministerrat verabschiedet worden, so wäre dies ein Beweis dafür gewesen, dass der europäische Einfluss auf die nationale Rentenpolitik – die Verstärkung der privaten Altersvorsorge bei gleichzeitiger Entlastung des staatlichen Umlageverfahrens – auf europäischer Ebene wieder re-sozialisiert werden kann, indem bestimmte Gerechtigkeitsvorstellungen für den Bereich der Europäischen Union für verbindlich erklärt werden. Das soziale Wirken der Bundesrepublik, das Art. 23 Abs. 1 GG für den Fortgang des europäischen Einigungsprozesses verpflichtend fortschreibt, hätte es erfordert, dass sich die Vertreterinnen und Vertreter der Bundesrepublik mit ganzer Kraft für die Verabschiedung dieser Richtlinie eingesetzt hätten, um den Bedeutungsverlust des Gleichberechtigungsgrundsatzes des Art. 3 Abs. 2 GG auf europäischer Ebene aufzufangen. Leider hat sich der vorsichtige Optimismus hinsichtlich der Chancen einer europäischen Sozialpolitik[70] in diesem Punkt nicht bewahrheitet; denn der Ministerrat hat sich am 4. Oktober 2004 auf einen Richtlinienvorschlag geeinigt, der unterschiedliche, geschlechtsspezifische Versicherungsbedingungen zulässt, wenn diese auf „relevanten und exakten versicherungsmathematischen und statistischen Daten“ beruhen[71]. Diese Formulierung findet sich in § 21 Nr. 5 des Gesetzentwurfs zum Antidiskriminierungsgesetz vom 16.12.2004 wieder.[72] In der Begründung heißt es dazu, dass die „auch im Interesse der Versicherten erforderliche Differenzierung nach dem ex ante beurteilten Risiko“ weiterhin möglich sein sollte, dass jedoch die Versicherungen eine gesteigerte Darlegungs- und Beweislast treffe.[73]

67 *Becker*, Private und betriebliche Altersvorsorge zwischen Sicherheit und Selbstverantwortung, JZ 2004, 846 (853).

68 „Europa soll Vorreiter für Unisex-Tarife werden“, FAZ v. 6. 11. 2003, S. 16.

69 Kommission der Europäischen Gemeinschaften, Vorschlag für eine Richtlinie des Rates zur Verwirklichung des Grundsatzes der Gleichbehandlung von Frauen und Männern beim Zugang zu und bei der Versorgung mit Gütern und Dienstleistungen: http://europa.eu.int/comm/employment_social/news/2003/nov/article13-proposal_de.pdf.

70 *Scharpf*, „Regieren in Europa. Effektiv und demokratisch?“, 1999, S. 140 ff.; *Steinberg*, „Grundgesetz und Europäische Verfassung“, ZRP 1999, 365 (372).

71 Unisex-Tarife sind in der EU vom Tisch, FAZ v. 4. 10. 2004, S. 11; Einigung über Unisex-Richtlinie, FAZ v. 5. 10. 2004, S. 13.

72 Bundestag-Drucksache 15/4538, S. 8

73 Bundestag-Drucksache 15/4538 S. 42 f.)

Damit bleibt es bei der beschriebenen Entwicklung: Der soziale Ausgleich und die Gleichberechtigung der Geschlechter beschränkt sich fürderhin auf den immer engeren Bereich der staatlichen Altersvorsorge, während in der privaten, kapitalgedeckten Altersvorsorge das Prinzip des versicherungsmathematischen Äquivalenzprinzips voll zum Tragen kommt. Letzte Hoffnungen richten sich nun darauf, dass der EuGH die unterschiedlichen Leistungszusagen der privaten Altersvorsorgeunternehmen an Männer und Frauen als unvereinbar mit Art. 141 Abs. 1 und 2 EGV qualifizieren wird[74].

D. Fazit

Auf der Suche nach den inhaltlichen Kriterien für die Bestimmung des Sozialen im Rahmen von Art. 23 Abs. 1 GG steht der Gleichheitssatz des Grundgesetzes im Vordergrund. Ganz im Gegensatz zum gegenwärtig vorherrschenden Trend der Orientierung an den Freiheitsrechten sind es eben doch die zentralen Auseinandersetzungen im Rahmen des Art. 3 GG, die die zukünftige Struktur der Sozialstaatlichkeit maßgeblich bestimmen werden[75]. Steiner weist zu Recht darauf hin, dass die Gleichheit vor dem Gesetz zu den wenigen Grundwerten unserer Gesellschaft gehört, auf die sich alle einigen können[76]. Wenn das BVerfG das Gleichheitsversprechen des Art. 3 GG herstelle, stärke es einen zentralen Gerechtigkeitswert der Gesellschaft und trage zu deren Integration bei. Das Gericht habe die Aufgabe, durch seine Rechtsprechung zu verhindern, dass der Einzelne willkürlich und ohne ausreichenden Grund aus der sozialstaatlichen Bürgergemeinschaft ausgeschlossen werde[77]. Dies hat aber auch Folgen für die aktive Gestaltung des weiteren europäischen Einigungsprozesses. Damit die europäischen ökonomischen Fliehkräfte am Ende nicht eine solche Kraft entwickeln, dass sie das Soziale im Grundgesetz derogieren, bleibt nichts anderes übrig, als auch im Sozialrecht verstärkt auf europäische Lösungen zu dringen. Wer für die Unionsbürger auch zukünftig noch einen leistungsfähigen Sozialstaat will, der „muss dafür sorgen, dass dieser auf Gemeinschaftsebene „neu begründet" und verankert wird"[78]. Die deutschen Regierungsvertreter sind gem. Art. 23 Abs. 1 GG verpflichtet, Verluste an nationalstaatlicher Grundrechtssubstanz beim Fortgang der europäischer Integration auf europäischer Ebene wieder wettzumachen.

74 Deutscher Juristinnenbund, aktuelle informationen 2004 Heft 1 (http://www.djb.de/content.php/ai_2004-1a8.html).

75 Über die Frage der Gleichbehandlung der Geschlechter hinaus lassen sich für den Bereich der Alterssicherung weitere soziale Grundsätze des Art. 23 Abs. 1 GG aus den gleichheitsrechtlichen Debatten um Art. 3 Abs. 1 GG gewinnen: Es handelt sich dabei zum einen um Gleichbehandlung von Eltern und Kinderlosen im Steuersystem und in der Alterssicherung in Bezug auf ihre unterschiedlichen Beiträge zu den Solidarsystemen. Zum anderen geht es zukünftig um eine angemessene Verteilung der von der mittleren Generation erwirtschafteten gesellschaftlichen Ressourcen zwischen den Generationen. Außerdem besteht ein brisantes Gerechtigkeitsdefizit in dem Ausschluss großer Teile der erwerbsfähigen Personen von der bezahlten Arbeit. Vgl. ausführlicher: *Lenze* Fn. (47), Teil II.

76 Ähnlich *Isensee*, Das Grundrecht als Abwehrrecht und als staatliche Schutzpflicht, in: Isensee/Kirchhof (Hg.), HStR Bd. V, 1992, § 111 Rn. 31 sowie *Brohm*, Soziale Grundrechte und Staatszielbestimmungen in der Verfassung, JZ 1994, 213 (217).

77 *Steiner*, Reform des Sozialstaats – Spiel ohne Verfassungsgrenzen, DVP 2003, 385 (389).

78 *Terwey*, (Fn. 11), S. 328.

Der deutsche Bundesstaat in der EU
Die Mitwirkung der deutschen Länder in EU-Angelegenheiten als Gegenstand der Föderalismus-Reform

Rudolf Hrbek

Im Zuge des europäischen Integrationsprozesses stellt sich ganz generell die Frage, wie sich die Mitgliedschaft der Bundesrepublik Deutschland in der EG (seit 1992/93: der EU) auf den deutschen Föderalismus und insbesondere auf Stellung und Rolle der deutschen Länder in ihrer Eigenschaft als Gliedstaaten auswirkt[1]. Die Integrationsgemeinschaft hat Mitverantwortung und Mitgestaltungsmöglichkeiten in immer mehr Politikbereichen erhalten. Die erste Herausforderung für die deutschen Länder ergab sich daraus, dass einige dieser Politikbereiche nach der innerstaatlichen Kompetenzverteilung ihnen vorbehalten sind. Aktivitäten der EU auf diesen Gebieten und die Einbindung der deutschen Länder in diesen größeren Verflechtungszusammenhang schränkten ihren eigenständigen Gestaltungsspielraum entsprechend ein. Die zweite Herausforderung der europäischen Integration für die deutschen Länder lag in den Modalitäten des Entscheidungsverfahrens in EU-Angelegenheiten. Im Rat, dem nach wie vor wichtigsten Entscheidungsorgan, war die Bundesrepublik allein durch die Bundesregierung vertreten und bei der innerstaatlichen Behandlung von EU-Angelegenheiten hatten die Länder zunächst nur marginale Mitwirkungsmöglichkeiten.

Seit Mitte der 80er Jahre haben die deutschen Länder versucht, sich auf diese für sie neue Situation einzustellen. Ihr Vorgehen basierte auf der Prämisse, dass es sich bei der Integrationsgemeinschaft – im Sinne der „doppelten Politikverflechtung"[2] – um ein Verbundsystem mehrerer Ebenen handeln würde, mit den Ländern als eigenständiger „regionaler" Ebene, und dass es für die Länder deshalb notwendig und zugleich legitim sei, sich in dem immer mehr ausdifferenzierenden Entscheidungsgefüge als aktive Mitspieler zu etablieren. Sie haben dabei unterschiedliche Strategien verfolgt und waren im Ergebnis erfolgreich:

- Zum einen haben sie mehr Zurückhaltung seitens der mit einem Initiativmonopol ausgestatteten Europäischen Kommission und in diesem Zusammenhang die strikte Einhaltung des seit dem Vertrag von Maastricht (1992/93) dort veranker-

1 Vgl. dazu *Hrbek,* Die Auswirkungen der EU-Integration auf den Föderalismus in Deutschland, in: Aus Politik und Zeitgeschichte B24/1997, S. 12 ff.

2 *Hrbek*, Doppelte Politikverflechtung: Deutscher Föderalismus und europäische Integration. Die deutschen Länder im EG-Entscheidungsprozess, in: Hrbek/Thaysen (Hg.), Die deutschen Länder und die Europäischen Gemeinschaften, 1986, S. 17 ff.

ten Subsidiaritätsprinzips verlangt[3]. Durch eine solche Abwehr europäischer Initiativen und Aktivitäten wollten sie eigene Handlungsmöglichkeiten erhalten bzw. wieder erwerben.

- Zum zweiten haben sich die Länder darum bemüht, ihre Mitwirkungsmöglichkeiten bei der Behandlung von Angelegenheiten der EU auszubauen und zu stärken. Das bezog sich einmal auf innerstaatliche Mitwirkungsmöglichkeiten, was durch eine Verfassungsänderung mit dem neuen Europa-Artikel 23 GG erreicht wurde[4]; die dort festgelegten Regeln wurden durch das Gesetz über die Zusammenarbeit von Bund und Ländern in Angelegenheiten der Europäischen Union[5] sowie durch die Vereinbarung zwischen der Bundesregierung und den Regierungen der Länder über diese Zusammenarbeit[6] ergänzt. Das Bemühen der Länder bezog sich zum zweiten auf Mitwirkungsrechte am Entscheidungsprozess auf Gemeinschaftsebene. Hier ist die Mitwirkung im 1994 konstituierten Ausschuss der Regionen zu nennen, der allerdings auf konsultative Funktionen beschränkt ist. Von besonderer Bedeutung ist sodann, dass die Länder bei der Behandlung von Fragen, die in ihre exklusive Kompetenz fallen, die Bundesrepublik Deutschland im Rat vertreten können.
- Drittens haben sich die Länder erfolgreich um Aufbau und Entwicklung eigenständiger EU-Aktivitäten bemüht; dabei ging und geht es um Direktkontakte verschiedenster Art mit Institutionen und Akteuren auf Gemeinschaftsebene[7]. Deutlichstes Beispiel dieser Strategie sind die Informationsbüros der Länder in Brüssel, die in der Zwischenzeit den Status und auch die Bezeichnung von Vertretungen der Länder bei der EU haben.

Innerhalb relativ kurzer Zeit haben sich die Länder damit als Akteure im gemeinschaftlichen Entscheidungsgefüge etabliert und sie werden auch als solche aktive Mitspieler in der Brüsseler Arena wahrgenommen.

Zur Frage, wie sich diese erkennbar verstärkte Mitwirkung der Länder ausgewirkt hat und wie sie deshalb künftig – und das heißt insbesondere in einer zunächst um zehn Mitgliedstaaten erweiterten EU – ausgestaltet werden sollte, werden ganz unterschiedliche, ja entgegengesetzte Auffassungen vertreten. Die Länder, insbesondere die großen, leistungsfähigen und deshalb entsprechend selbstbewusst auftretenden unter ihnen, möchten ihre Mitwirkung im EU-System stärken und verbessern. Der Ausbau einzelner Landesvertretungen in Brüssel ist ein deutliches Indiz dafür. Dem steht die Auffassung des Bundes gegenüber, wonach die Stimmenvielfalt der deutschen Länder in der Brüsseler Arena, insbesondere begünstigt durch fehlende

3 Vgl. dazu *Hrbek*, Das Subsidiaritätsprinzip in der EU – Bedeutung und Wirkung nach dem Vertrag von Amsterdam, in: Europäisches Zentrum für Föderalismus-Forschung Tübingen (Hg.), Jahrbuch des Föderalismus 2000. Föderalismus, Subsidiarität und Regionen in Europa, 2000, S. 510 ff.

4 Art. 23 GG wurde im Zusammenhang mit der Ratifizierung des Vertrags von Maastricht in die Verfassung eingefügt; er trat am 21. 12. 1992 in Kraft.

5 Das Gesetz trat am 12. 3. 1993 in Kraft.

6 Die Vereinbarung datiert vom 29. 10. 1993.

7 Diese Aktivitäten werden vielfach als Lobbying bezeichnet und verstanden; in Gesamtdarstellungen über Lobbying im EU-System findet sich stets ein Abschnitt über entsprechende Aktivitäten von Regionen, im deutschen Fall also der Länder. Vgl. etwa *Greenwood,* Interest Representation in the European Union, 2003, Kap. 7 ("Territorial Interests"), S. 230 ff.

oder mangelhafte Koordinierung untereinander und mit der Bundesregierung, die wirksame Vertretung deutscher Interessen im EU-Verbund erschwere bzw. beeinträchtige. So war es nur folgerichtig, dass die Frage der künftigen Mitwirkung der deutschen Länder in EU-Angelegenheiten im Rahmen der Beratungen über die Modernisierung der bundesstaatlichen Ordnung auf den Prüfstand kommen und einen der wichtigeren Beratungspunkte darstellen würde.
Im Folgenden sollen zunächst die Ausgangspositionen von Bund und Ländern sowie das Mandat der Kommission zur Modernisierung der bundesstaatlichen Ordnung dargelegt werden (A). Darauf folgt die Darstellung und Erörterung der Kritik an der bisherigen Mitwirkung der deutschen Länder (B), sodann die Darstellung und Erörterung der Forderungen nach einer Verstärkung und Verbesserung der Länder-Mitwirkung (C). Da die Beratungen der Reformkommission nach über einem Jahr im Dezember 2004 ergebnislos beendet wurden, kann lediglich der Beratungs- und Diskussionsstand zum Zeitpunkt des (vorläufigen) Scheiterns der Bemühungen um eine Föderalismus-Reform zusammengefasst werden (D). Der abschließende Ausblick gilt der Stellung des deutschen Bundesstaates in der erweiterten EU unter der möglichen Geltung des EU-Verfassungsvertrags, sollte dieser nach erfolgreicher Ratifikation in allen 25 EU-Mitgliedstaaten bis Ende 2006 in Kraft treten (E).

A. Ausgangspositionen für das Vorhaben einer Föderalismus-Reform

Seit Mitte der neunziger Jahre setzte eine breite Diskussion über die Reform der bundesstaatlichen Ordnung in Deutschland ein[8]; sie spiegelte das wachsende Unbehagen über den Zustand des deutschen Föderalismus. Ausgangspunkt für Reformforderungen und -vorschläge war die immer pointierter vorgetragene Kritik an Merkmalen, Begleiterscheinungen und Folgen des aktuellen bundesstaatlichen Systems, das mit den Schlagworten Unitarisierung, Politikverflechtung und Beteiligungs-Föderalismus (der Exekutiven) zusammenfassend gekennzeichnet wurde. Kritisiert wurden die Unbeweglichkeit und Erstarrung des auf Konsensfindung ausgerichteten Entscheidungsprozesses; die Instrumentalisierung des Bundesrates durch die miteinander konkurrierenden großen Parteien mit der – angesichts einer immer größer werdenden Zahl von zustimmungspflichtigen Gesetzen – Folge von gegenseitigen Blockaden, wodurch eine Reihe von übereinstimmend als wichtig an-

8 Beispielhaft wird dazu auf folgende Veröffentlichungen verwiesen: *Männle* (Hg.), Föderalismus zwischen Konsens und Konkurrenz. Tagungs- und Materialienband zur Fortentwicklung des deutschen Föderalismus, 1998; *Benz*, Der deutsche Föderalismus, in: Ellwein/Holtmann (Hg.), 50 Jahre Bundesrepublik Deutschland, 1999, S. 135-153; *Münch*, Entwicklung und Perspektiven des deutschen Föderalismus, in: Aus Politik und Zeitgeschichte B 13/1999, S. 3 ff.; *dies.*, Konkurrenzföderalismus für die Bundesrepublik: Eine Reformdebatte zwischen Wunschdenken und politischer Machbarkeit, in: Europäisches Zentrum für Föderalismus-Forschung Tübingen (Hg.), Jahrbuch des Föderalismus 2001. Föderalismus, Subsidiarität und Regionen in Europa, 2001, S. 115 ff.; sowie *Th. Fischer/Große Hüttmann*, Aktuelle Diskussionsbeiträge zur Reform des deutschen Föderalismus. Modelle, Leitbilder und die Chancen ihrer Übertragbarkeit, in: Jahrbuch des Föderalismus 2001, S. 128 ff.; *Margedant*, Die Föderalismus-Diskussion in Deutschland, in: Aus Politik und Zeitgeschichte B 29-30/ 2003, S. 6 ff.

gesehenen Politikprojekten unerledigt bleiben würden; die Intransparenz des von Regierungen und Verwaltungen dominierten Entscheidungsprozesses mit der Folge unklarer Verantwortlichkeit und damit mangelnder demokratischer Qualität; die Dysfunktionalität des Finanzausgleichssystems, das allen Bundesländern 99,5 % der durchschnittlichen Finanzausstattung garantiert und damit keinerlei Anreize zu erhöhten eigenen Anstrengungen – also zu innovativen Schritten in Richtung auf einen moderaten Wettbewerb – gibt. Die Schlagworte der Reformforderungen lauteten: Entflechtung (der Kompetenzen und der finanziellen Verantwortlichkeit) und Wettbewerbsföderalismus als neues Leitbild, wodurch insbesondere die einzelnen Länder mehr autonomen Gestaltungsspielraum haben würden.

Nachdem in dieser Diskussion um eine Modernisierung der bundesstaatlichen Ordnung in Deutschland immer wieder Reformvorschläge, teilweise sehr detailliert und sorgfältig begründet, vorgelegt worden waren, bekundeten schließlich auch die politisch Hauptverantwortlichen, die Länder einerseits und die Bundesregierung andererseits, ihre Bereitschaft und Entschlossenheit, konkrete Reformmaßnahmen einzuleiten[9]. Sie vereinbarten, bis Frühjahr 2003 ihre jeweiligen Positionen für Verhandlungen in einer Bund-Länder-Arbeitsgruppe zu bestimmen. Ende März 2003 verabschiedeten die Ministerpräsidenten der deutschen Länder „Leitlinien für die Verhandlungen mit dem Bund“ mit dem Ziel einer „Modernisierung der bundesstaatlichen Ordnung“, und Anfang April 2003 hatte die Bundesregierung ihre Position formuliert[10]. Am 26. Juni 2003 begrüßten die Ministerpräsidenten auf ihrer Zusammenkunft, an der auch der Bundeskanzler teilnahm, den Fortgang der Verhandlungen mit dem Bund zu allen anstehenden Fragen, und am 8. Juli 2003 wurde Einvernehmen zwischen den beiden großen Bundestagsfraktionen der SPD und der CDU/CSU erzielt, im Herbst eine gemeinsame Kommission von Bundestag und Bundesrat einzusetzen, die Vorschläge zur Reform der Bundesstaatlichkeit in Deutschland ausarbeiten sollte. Am 16. und 17. Oktober 2003 beschlossen nacheinander der Bundestag und der Bundesrat die Einsetzung einer solchen gemeinsamen Kommission, die mit ihrer konstituierenden Sitzung am 7. November 2003 ihre Arbeiten aufnahm. Der Abschluss der Beratungen war für das Ende des Jahres 2004 vorgesehen; wie bereits erwähnt, kam es nicht zur Vorlage eines Reformvorschlags. Beide Seiten, Bund und Länder, stimmten in der Zielsetzung einer Entflechtung überein. Das bedeutete, dass der Bund durch eine Reduzierung der Zahl der zustimmungspflichtigen Gesetze größeren eigenständigen Entscheidungs- und Gestaltungsspielraum erhalten sollte; im Gegenzug sollten die Länder ihrerseits mehr eigenständige Gestaltungsmöglichkeiten erhalten, sei es durch Rückübertragung von Befugnissen, sei es durch sogenannte Zugriffsrechte oder Öffnungsklauseln, wobei sich bereits hier andeutete, dass eine Einigung in Detailfragen nicht einfach sein würde. Und natürlich stellte sich die Frage, die allerdings in den Grundlagenpapieren nicht thematisiert wurde, was eine Ausweitung eigenständiger Länderzuständig-

9 Vgl. dazu *Hrbek,* Der deutsche Föderalismus im Herbst 2003: Mängeldiagnose und Reformkonzepte – zur Einführung, in: Hrbek/Eppler (Hg.), Deutschland vor der Föderalismus-Reform. Eine Dokumentation, Occasional Papers Nr. 28 (hg. vom Europäischen Zentrum für Föderalismus-Forschung Tübingen), 2004, S. 7 ff.

10 Beide Texte sind abgedruckt in der in Fn. 9 genannten Dokumentation.

keiten für deren Mitwirkung in Angelegenheiten der EU bedeuten würde. Da seitens des Bundes immer wieder Kritik an zu weitgehenden Mitwirkungsrechten der Länder vorgetragen worden war und eine Reform der entsprechenden Regeln angeregt wurde, zeichneten sich Meinungsverschiedenheiten über diesen Gegenstand ab. Differenzen zeigten sich auch in zwei weiteren auf die EU bezogenen Fragen:

- Bezüglich des EU-Stabilitätspakts forderte die Bundesregierung, die Regelungen für die Finanzverantwortung von Bund und Ländern klarer zu fassen. Dazu würden konkrete Empfehlungen des Finanzplanungsrates an einzelne Länder, Sanktionen bei Nichteinhaltung der Empfehlungen und vor allem die Verpflichtung der Länder, sich an etwa fälligen Sanktionszahlungen an die EU zu beteiligen, gehören. Das wurde von Seiten einzelner Länder mit dem Argument zurückgewiesen, dass sie es ablehnen würden, für eine verfehlte Haushaltspolitik des Bundes in Mitverantwortung genommen zu werden.
- Auch eine weitere Forderung des Bundes, ihm allein die Umsetzung von Richtlinien der EU zu übertragen, wurde von den Ländern nicht akzeptiert. Sie sahen darin Tendenzen in Richtung auf eine weitergehende Zentralisierung, die mit dem Anliegen der Föderalismus-Reform, wie sie sie verstanden, unvereinbar sein würde.

Die Landesparlamente waren an den Verhandlungen zwischen Bundesregierung und Landesregierungen zur Föderalismus-Reform nicht beteiligt. Mit dem „Föderalismus-Konvent der deutschen Landesparlamente“, an dem die Präsidenten und die Fraktionsvorsitzenden der deutschen Landesparlamente teilnahmen, versuchten sie sich in die Diskussion einzuschalten und ihre spezifischen Forderungen zu artikulieren[11]. In ihrer Lübecker Erklärung vom 31. 3. 2003[12] kritisierten sie die zunehmende Zentralisierung und Verflechtung politischer Entscheidungen, sowie die Entwicklung zum Exekutiv-Föderalismus mit dem Hinweis auf die Kriterien demokratischer Legitimität und Effektivität des Handelns. Bei der Reform des Föderalismus müssten die Landesparlamente gestärkt werden; ausdrücklich wurde in der Erklärung mehr Mitwirkung der Landesparlamente in Angelegenheiten der EU verlangt.
Im Beschluss von Bundestag und Bundesrat zur Einsetzung der gemeinsamen Kommission zur Modernisierung der bundesstaatlichen Ordnung wurde es als Ziel der Kommissionsarbeit bezeichnet, „die Handlungs- und Entscheidungsfähigkeit von Bund und Ländern zu verbessern, die politischen Verantwortlichkeiten deutlicher zuzuordnen sowie die Zweckmäßigkeit und Effizienz der Aufgabenerfüllung zu steigern.“ Ausdrücklich wurde der Kommission aufgetragen, „die Fragen zur Modernisierung der bundesstaatlichen Ordnung auch vor dem Hintergrund der Weiterentwicklung der Europäischen Union und der Situation der Kommunen (zu) beleuchten.“ Damit wurde erneut bekräftigt, dass bei der Ausgestaltung des Föderalismus auch seine „Europa-Fähigkeit“ berücksichtigt werden müsse. Das schließt die Prüfung der Frage ein, wie im Zuge der Europäisierung grundlegender Struktu-

11 Vgl. dazu *Thaysen*, Die Konventsbewegung zur Föderalismus-Reform in Deutschland: Ein letztes Hurra der Landesparlamente zu Beginn des 21. Jahrhunderts? In: Jahrbuch des Föderalismus 2004, S. 123 ff.

12 Das Dokument ist in der in Fn. 9 genannten Dokumentation abgedruckt.

ren der Mitgliedstaaten – hier: des Bundesstaats Bundesrepublik – der Kerngehalt solcher Grundprinzipien gewahrt werden kann. Konkret bedeutete das für Deutschland, den Bundesstaat europatauglich zu machen und gleichzeitig die föderale Ordnung zu gewährleisten.

B. Die Kritik an der Mitwirkung der deutschen Länder in EU-Angelegenheiten

Die Hauptkritik des Bundes an der (bisherigen) Ländermitwirkung lautete, dass dadurch die Handlungsfähigkeit und die erfolgreiche Wahrnehmung gesamtstaatlicher Interessen der Bundesrepublik in der EU beeinträchtigt würden. Im Einzelnen wurden dazu die folgenden Argumente vorgebracht[13]:

- Die gemäß den Regeln über die Ländermitwirkung erfolgenden internen Abstimmungsprozesse seien viel zu mühsam und langwierig, wodurch Handlungsfähigkeit und wirksame Interessenwahrnehmung strukturell behindert würden.
- Die Ergebnisse solcher internen Abstimmungsprozesse würden zu Vorab-Festlegungen führen, was die für ein erfolgreiches Agieren im EU-Entscheidungsgefüge erforderliche Flexibilität verhindere, mindestens stark erschwere. Verhandlungen seien aber im EU-System der vorrangige Interaktionsmodus.
- Die Länder seien nicht fähig, in einem ganz frühen Stadium des Entscheidungsprozesses, wenn nämlich Konzepte erdacht und ausgearbeitet werden, Einfluss zu nehmen und sich in solche Beratungen wirkungsvoll einzubringen. Die Erfahrung zeige aber, dass Einflussbemühungen um so eher Erfolg versprächen, je früher sie erfolgten.
- Die deutschen Länder seien auch nicht im Stande, die für erfolgreiche Interessenvertretung notwendige Koalitionsbildung erfolgreich zu betreiben. Da bereits jetzt, aber noch mehr in der Zukunft, viele Entscheidungen mit qualifizierter Mehrheit getroffen werden, sei es unverzichtbar, sich rechtzeitig und systematisch um Verbündete zu bemühen, also mit anderen EU-Mitgliedstaaten entsprechende Koalitionen oder ad hoc-Allianzen zu bilden. Für erfolgreiche Koalitionsbildung seien aber verschiedene Voraussetzungen erforderlich, die die deutschen Länder nicht oder nur in ganz geringem Umfang erfüllen würden: insbesondere eine überzeugende fachliche Kompetenz, ein hohes Maß an personeller Kontinuität, die geschickte Nutzung diplomatischer Kanäle, politisches Gewicht und Prestige, nicht zuletzt auch Legitimität.
- Wenn die Bundesregierung, wie es die innerstaatlichen Regeln vorschreiben, gezwungen sei, sich mit den Ländern abzustimmen, werde sie daran gehindert, ihrerseits frühzeitig auf Entwicklungen einzuwirken.
- Die Ländermitwirkung in den verschiedenen Beratungsgremien von Rat und Kommission auf europäischer Ebene sowie in den Weisungs-Sitzungen auf nationaler Ebene, wirke sich für die Bundesrepublik negativ aus. Unterschiedliche,

13 Vgl. dazu Beiträge, die auf der am 17. 1. 2004 stattgefundenen Fachtagung der Friedrich-Ebert-Stiftung zum Thema „Modernisierung der bundesstaatlichen Ordnung“ gehalten wurden (hg. von der Arbeitsgruppe „Modernisierung der bundesstaatlichen Ordnung“ der SPD-Bundestagsfraktion).

zum Teil gegenläufige Interessen der Länder führten zu einem uneinheitlichen Auftreten deutscher Akteure in der Brüsseler Arena und verhinderten die erforderliche Wahrnehmung gesamtstaatlicher Interessen. Es erweise sich immer wieder, dass die Selbst-Koordination der Länder mangelhaft sei. Durch die Möglichkeit der Länder, durch ein Votum des Bundesrates Vorbehalte zu einzelnen Entscheidungsvorlagen zu machen und der Bundesregierung damit eine Art imperatives Mandat zu erteilen, würde diese am erfolgreichen Verhandeln im Rat, gemäß der Devise „do ut des", gehindert.

- Wenn ein Mitglied einer Landesregierung die Bundesrepublik vertrete, sei letztlich unklar, welcher Instanz gegenüber es verantwortlich sei; ihm fehle damit ausreichende Legitimation. Wenn die parteipolitische Zugehörigkeit eines Landesministers nicht mit der politischen Ausrichtung der Bundesregierung übereinstimme, komme ein zusätzlicher, das einheitliche Handeln beeinträchtigender Faktor hinzu.
- Bei der Umsetzung von EU-Vorgaben in innerstaatliches Recht würde es immer wieder zu Verzögerungen kommen, da die Kompetenzen hierfür in Deutschland zwischen Bund und Ländern aufgespalten seien.

Folgende Forderungen ergeben sich als Schlussfolgerungen aus der eben referierten Kritik: Die Bundesregierung vertritt die Bundesrepublik in Brüssel allein und ist auch alleiniger Verhandlungspartner in den verschiedenen Gremien der EU. Die Koordination mit den Ländern müsse vorher intern erfolgen. Die Bestimmungen von Art. 23 Abs. 2-7 GG sollten deshalb gestrichen werden. Die Befugnis zur Umsetzung von EU-Recht sollte ausschließlich beim Bund liegen.

Diese Position wird auch in einer Äußerung der Bundesregierung erkennbar, die diese mit Schreiben vom 3. 5. 2004 in die Reform-Kommission eingebracht hat[14]. Darin wendet sich die Bundesregierung gegen die von Länderseite im Rahmen der Reform-Beratungen erhobene Forderung nach einer Totalentflechtung auch auf europäischer Ebene – danach wären die Länder auf Gebieten ihrer Kompetenz auch auf EU-Ebene allein handlungsberechtigt –, weil dies die einheitliche Vertretung deutscher europapolitischer Interessen verhindern würde und mit dem alleinigen Recht des Bundes zur Außenvertretung unvereinbar wäre. Demgegenüber wird erneut gefordert, dass Deutschland auf EU-Ebene mit einer Stimme sprechen müsse; diese Stimme müsste dann auch Länderbelange und Länderkompetenzen zur Geltung bringen.

Zusätzlich zu den bisher schon vorgetragenen Kritikpunkten enthält das Votum der Bundesregierung noch weitere Argumente:

- Ein Dissens zwischen Bund und Ländern über den jeweiligen Grad der Länder-Mitwirkung bedeute internen Streit, der den Verhandlungsprozess belasten und die Handlungsfähigkeit beeinträchtigen würde.
- Erfolge die Verhandlungsführung durch einen Ländervertreter, dann habe das negative Konsequenzen, weil er sozusagen nur „einmalig" auftrete und insofern auf EU-Ebene nicht angemessen als Vertreter deutscher Interessen wahrgenommen werde. Zu diesem Nachteil für die Außenwahrnehmung komme noch hinzu,

14 Das Positionspapier der Bundesregierung liegt als Kommissionsdrucksache 0041 der Kommission von Bundestag und Bundesrat zur Modernisierung der bundesstaatlichen Ordnung vor.

dass ein Ländervertreter als Verhandlungsführer stets auch als Vertreter seines eigenen Landes, dessen (europapolitische) Positionen sich von denen anderer Länder unterscheiden können, fungieren werde.

- Entgegen den Feststellungen der Länder, dass sich ihre Mitwirkung in EU-Angelegenheiten in der Praxis bewährt habe, wird daran erinnert, dass die Länder ihre ihnen eingeräumten Rechte nicht ausgeschöpft hätten, dass sich die Praxis insofern europapolitischen Erfordernissen angepasst habe. Beide Seiten hätten bislang meist einen Modus Vivendi gefunden.

Die Bundesregierung plädiert deshalb gegen eine Ausweitung der Länder-Mitwirkung, fordert die Vereinfachung der Verfahren durch eine „Verschlankung" oder völlige Streichung von Art. 23 Abs. 3-7 GG, und unterstreicht die Notwendigkeit, dass der Bund auf EU-Ebene mit einer Stimme spreche, in die die Interessen der Länder und auch ihre fachliche Kompetenz eingebunden sein sollten.

Gegen diese Kritik und die sich daraus ergebenden Schlussfolgerungen und konkreten Forderungen lässt sich eine Reihe von Argumenten vortragen. Die Kritik verkennt – und dabei handelt es sich um ein ganz grundsätzliches Argument – Grundzüge der deutschen Bundesstaatlichkeit, die gemäß Art. 79 Abs. 3 GG „verfassungsfest" ist:

- Die Bundesrepublik wurde von den Ländern geschaffen; sie sind Konstitutionselemente der Bundesrepublik als Bundesstaat.
- Der Bundesrat ist ein Bundes-Organ und vertritt als solches die Gesamtheit der Länder, nicht das Interesse eines einzelnen Landes.
- Die Länder haben einen verfassungsrechtlich fundierten Anspruch auf Mitwirkung an der Rechtsetzung (und Verwaltung) des Bundes. Wenn diese Befugnisse im Zuge der fortschreitenden EU-Integration auf die EU übergehen, sind entsprechende Mitwirkungsrechte der Länder in Angelegenheiten der EU unverzichtbar.
- Das „gesamtstaatliche" Interesse wird nicht lediglich von der Bundesregierung definiert. Die Länder, die im übrigen zur Rücksichtnahme auf die Belange des Bundes verpflichtet sind, definieren dieses gesamtstaatliche Interesse aus ihrer Sicht, wie im übrigen politisch unterschiedliche Bundesregierungen es nach ihrer jeweiligen politischen Grundausrichtung definieren.
- Beim Zusammenwirken von Bundesregierung und Ländern gilt für beide Seiten der Grundsatz der Bundestreue, sie sind also zur gegenseitigen Rücksichtnahme verpflichtet. Beide Seiten bestätigen im übrigen, dass ihr Verhalten diesem Prinzip entspricht.

Die Kritik verkennt, dass EU-Angelegenheiten keine Außenpolitik mehr ist, bei der die Bundesregierung zweifellos einen Vorrang beanspruchen könnte. Auch daraus folgt ein Anspruch der Länder auf Mitwirkung.

Eine Information der Landesregierung von Rheinland-Pfalz zur Ländermitwirkung in EU-Angelegenheiten, die Ministerpräsident *Beck* den Vorsitzenden der Reformkommission am 24. März 2004 übermittelt hat, stützt mit ganz konkreten Angaben die Auffassung der Länder, dass sich Art. 23 GG bislang bewährt hat und dass die Behauptung negativer Wirkungen in den Fakten keine Bestätigung findet[15]. In dieser

15 Dieses Dokument wurde als Kommissionsdrucksache 0034 der Kommission von Bundestag und Bundesrat zur Modernisierung der bundesstaatlichen Ordnung veröffentlicht.

Stellungnahme wird im übrigen auch darauf hingewiesen, dass die Handlungsfähigkeit Deutschlands durch mangelhafte Koordination zwischen einzelnen Ressorts der Bundesregierung sowie durch Mängel in der Kommunikation zwischen Bundesregierung und Ländern bzw. Bundesrat (z.B. verspätete Informationen) beeinträchtigt und gefährdet werde. Die Stellungnahme kommt auch zu dem sehr klaren Befund, dass der Vorwurf eines „imperativen Mandats" der Länder an die Adresse der Bundesregierung in den Fakten keine Bestätigung finde.

Den Ländern ist sehr wohl bewusst, dass ihre Position um so stärker und wirkungsvoller ist, je einheitlicher sie auftreten. Das ist dann auch der Grund, dass in aller Regel Konsens – auf Beamtenebene – festgestellt werden kann. Wo es Divergenzen gibt, geht das auf sachliche Unterschiede bzw. Unterschiede in der Prioritätensetzung zurück, oder auch auf parteipolitische Differenzen, wie das ganz generell für den Bereich der Innenpolitik gilt.

Der Vorwurf fehlender oder mindestens mangelnder Legitimität von in Formationen des Rats oder der Kommission auftretenden Landesministern verkennt, dass sich die Legitimität keineswegs nur im Verhältnis zum Bundestag ergibt, sondern aus der Position der Länder als konstituierende Elemente der Bundesrepublik; aus der Verwaltungserfahrung der Länder, die ein ganz spezifisches Merkmal des deutschen Föderalismus ist; aus ihrer Rückbindung an die Landes-Parlamente (deren Stellung in EU-Angelegenheiten allerdings zu stärken wäre) und insbesondere an den Bundesrat.

Schließlich verkennen die Kritik und die sich darauf stützenden Forderungen des Bundes, dass es einen untrennbaren Zusammenhang zwischen der Modernisierung des deutschen Föderalismus und dem Projekt des EU-Verfassungsvertrages gibt, dem – wie noch zu zeigen sein wird – innerstaatlich angemessen Rechnung getragen werden muss, wenn es nach Ratifizierung um die innerstaatliche Umsetzung geht.

C. Forderungen nach Verbesserung und Verstärkung der Mitwirkung der deutschen Länder in EU-Angelegenheiten[16]

Grundlage für die Argumentation der Länder war, dass die ihnen in Art. 23 GG eingeräumten Mitwirkungsrechte in Angelegenheiten der EU als Kompensation für die auf die EU übertragenen Rechtsetzungsbefugnisse unverzichtbar seien und sie insofern Forderungen auf eine Verschlankung oder gar Streichung wesentlicher Einzelbestimmungen von Art. 23 GG als nicht verhandelbar betrachteten. Nach ihrer Auffassung hatte sich Art. 23 GG bewährt. Aufgrund der in der Praxis gemachten Erfahrungen vertraten sie allerdings die Auffassung, dass einzelne Bestimmungen des Verfassungsartikels sowie des Ausführungsgesetzes verbesserungsbedürftig seien. Das gelte insbesondere mit Blick auf das Ziel der Föderalismus-Reform, zu einer innerstaatlichen Entflechtung zu kommen. Wenn diese erreicht würde, müssten kon-

16 Die Forderungen finden sich in einer Reihe von Dokumenten aus den dafür zuständigen Staatskanzleien einzelner Länder bzw. von Koordinierungsgremien der Länder (wie etwa Europaminister-Konferenz und Ministerpräsidenten-Konferenz).

sequenterweise auch die Mitwirkungsrechte der Länder in EU-Angelegenheiten verbessert und verstärkt werden.

Auf dieser Grundlage wurden im Rahmen der Kommissionsberatungen von Länderseite zwei Optionen eingebracht:

- Als eine Art Maximalposition der Länder wurde für eine vollständige Entflechtung plädiert[17]. Dieses Modell würde bedeuten, dass den Ländern für die Bereiche ihrer legislativen Zuständigkeit grundsätzlich das alleinige Handlungsrecht zustehen würde. Das würde dann auch die eigenverantwortliche Vertretung durch die Länder in Brüssel beinhalten; hier verwiesen die deutschen Länder auf die insofern vergleichbare Regelung in Belgien. Da Ländervertreter fachlich kompetent seien, wäre auch sichergestellt, dass die Verhandlungsposition Deutschlands durch eine eigenverantwortliche Vertretung durch die Länder nicht beeinträchtigt würde.
- Die zweite von den Ländern in die Diskussion gebrachte Option könnte als Modell „Status quo plus“ bezeichnet werden. Art. 23 GG würde beibehalten, aber in seinem Wortlaut verbessert und präzisiert. Entsprechende Anpassungen würden dann auch im Ausführungsgesetz sowie in der Bund-Länder-Vereinbarung vorzunehmen sein. Solche Verbesserungen bzw. Präzisierungen sollten sich auf folgende Punkte beziehen:
  - Der Begriff der „maßgeblichen Berücksichtigung“ einer Bundesrats-Stellungnahme (gemäß Art. 23 Abs. 5 S. 2 GG) sollte durch eine Formulierung ersetzt werden, die die uneingeschränkte Bindung des Bundes deutlich macht.
  - Bezüglich des Begriffs der „gesamtstaatlichen Verantwortung des Bundes“ sollte präzisiert werden, dass jedes Bundesorgan, also auch der Bundesrat, diese Verantwortung übernimmt, sofern es in der EU für Deutschland als Ganzes spricht und handelt.
  - Was den Begriff „Schwerpunkt der Gesetzgebungsbefugnisse“ betrifft, von dem in Art. 23 Abs. 5 S. 2 GG die Rede ist, sollten im Rahmen eines „Prüfrasters“ von Bund und Ländern Kriterien dafür erarbeitet werden, wie der Schwerpunkt eines Vorhabens zu ermitteln sei.
  - Beim Begriff „EU-Vorhaben“ müsste klargestellt werden, dass sich dies nicht nur auf legislative Akte der EU bezieht, sondern auch auf vorbereitende Maßnahmen, Aktionsprogramme und insbesondere Festlegungen im Rahmen der neu eingeführten Methode der Offenen Koordinierung; letztere begegnet bei den Ländern dem Argwohn und der Befürchtung, dass damit de facto neue Gemeinschaftskompetenzen geschaffen werden könnten, ohne eine ausdrückliche Vertragsänderung.
  - Außerdem müsste unzweideutig klargestellt werden, dass sich die Bundesregierung bei Vorhaben, die auf Art. 308 EGV gestützt sind, nicht enthalten darf, wenn das erforderliche Einvernehmen mit dem Bundesrat nicht hergestellt wurde.

17 Diese Position wurde insbesondere von Baden-Württemberg in die Diskussion eingebracht.

- Schließlich verwiesen die Länder darauf, dass bei der innerstaatlichen Umsetzung von Bestimmungen des EU-Verfassungsvertrags die Rechte der Länder gebührend beachtet werden müssten.

Es zeichnete sich schon sehr früh ab, dass eine Realisierung der Maximalposition der Länder (Option 1), nicht erreichbar sein würde; die Bemühungen der Länder konzentrierten sich deshalb schon bald auf Maßnahmen im Sinne von Option 2. Ihre Forderungen und Vorschläge zielten, wie sich seit Frühjahr 2004 deutlich abzeichnete, auf Anpassungen von Art. 23 GG, vor allem aber auch auf Anpassungen unterhalb der verfassungsrechtlichen Ebene. Ergänzend wurden Vorschläge für Verbesserungen im operativen „Europageschäft" gemacht; in informellen Gesprächen war ganz offensichtlich erkennbar geworden, dass solche ganz pragmatischen Maßnahmen deshalb zwischen Bund und Ländern vereinbart werden könnten, weil sie mit den beiden zentralen Hauptforderungen vereinbar wären: die Handlungs- und Entscheidungsfähigkeit Deutschlands im EU-Rahmen zu verbessern und zugleich die Position der Länder als Gliedstaaten des Bundesstaats Bundesrepublik Deutschland zu beachten und zu gewährleisten. Entsprechende Vorschläge wurden im Mai 2004 in einer Länder-Arbeitsgruppe (Baden-Württemberg, Rheinland-Pfalz, Bremen, Nordrhein-Westfalen, Schleswig-Holstein) erarbeitet. Die bestehende Rechtslage, also Art. 23 GG, sollte bestehen bleiben, allerdings in verschiedener Hinsicht präzisiert werden. Das betraf diejenigen Punkte, bei denen es in der Vergangenheit zu Meinungsverschiedenheiten zwischen Bund und Ländern gekommen ist, die das Mitwirkungsverfahren verzögert, aber auch Rechte der Länder beeinträchtigt haben:

- Was den Begriff der „maßgeblichen Berücksichtigung" von Stellungnahmen des Bundesrates betrifft, so wurde vorgeschlagen, solche Stellungnahmen als verbindlich zu bezeichnen.
- Was den Begriff der „gesamtstaatlichen Verantwortung des Bundes" betrifft, so wurden zwei Varianten in die Diskussion gebracht: Entweder sollten auch die Länder als Träger dieser Verantwortung ausdrücklich genannt oder, in Anlehnung an eine in Österreich gefundene Lösung, der ganze Passus gestrichen und durch eine Formel ersetzt werden, wonach der Bundesregierung „eine Abweichung nur aus zwingenden außen- und integrationspolitischen Gründen" erlaubt sein solle.
- Was den Begriff „Vorhaben" oder „Angelegenheiten" der EU betrifft, so sollte deutlich gemacht werden, dass sich dies nicht auf förmliche Handlungsinstrumente der EU beschränkt, sondern auch weitere Maßnahmen, wie etwa vorbereitende Akte, Aktionsprogramme und Maßnahmen im Rahmen der Methode der Offenen Koordinierung einschließt.
- Da es bislang noch keine Kriterien gab, ob bei einer Maßnahme der EU im „Schwerpunkt" Gesetzgebungsbefugnisse der Länder oder des Bundes betroffen sind, wurde vorgeschlagen, im Rahmen der Bund-Länder-Vereinbarung vorzusehen, sich hierbei auf ein gemeinsames Prüfschema zu stützen.
- Das Recht der Länder, in informellen Ratssitzungen und anderen Beratungsgremien der EU teilzunehmen, sollte im Gesetz über die Zusammenarbeit zwischen Bund und Ländern oder in der Bund-Länder-Vereinbarung festgeschrieben werden.

- Ebenfalls festgeschrieben werden sollte die Beteiligung der Länder an Sitzungen des Europäischen Rates (Regierungskonferenzen) sowie in zukünftigen Konventen. Damit würde lediglich die bisherige Praxis sanktioniert werden.
- Schließlich bestanden die Länder darauf, dass sich die Bundesregierung bei Vorhaben, die auf Art. 308 EGV gestützt werden, nicht enthalten darf, wenn das Einvernehmen mit dem Bundesrat nicht hergestellt wurde.

Was das sogenannte operative „Europageschäft" betrifft, machten die Länder eine Reihe von Vorschlägen:

- Die Europakammer des Bundesrates, die bislang kaum tätig geworden war, soll künftig stärker genutzt werden, um insbesondere kurze Fristen einhalten zu können. Zu diesem Zweck wird die Möglichkeit eines Umfrageverfahrens angeregt, mit dessen Hilfe Terminschwierigkeiten der Beteiligten keine negativen Auswirkungen mehr hätten.
- Die deutschen Länder möchten auch bei der Ernennung der deutschen Richter und Generalanwälte im EuGH mitwirken. Verfahrensmäßig könnte man sich an der Bestellung der Mitglieder des Bundesverfassungsgerichts orientieren.
- Angeregt wird eine Aufwertung der Ländervertretungen in Brüssel; deren Leiter sollten als Bevollmächtigte der Länder möglichst frühzeitig in die Abstimmungs- und Koordinierungsverfahren zwischen Bund und Ländern einbezogen werden. In diesem Zusammenhang wurde auch an die Einrichtung eines Länderbeirats beim Ausschuss der Ständigen Vertreter (AStV) gedacht, der aus dem Vorsitzenden der Europa-Kammer des Bundesrates und den Leitern der Ländervertretungen bestehen soll. Dieses Gremium sollte sich möglichst regelmäßig (wöchentlich) mit dem Ständigen Vertreter der Bundesrepublik treffen.
- Vorgeschlagen wird weiterhin die institutionalisierte Vertretung der Länder in der Ständigen Vertretung; dabei würde es sich um eine dem Bundesrat verantwortliche Länderabteilung in der Ständigen Vertretung handeln. Details müssten in der Bund-Länder-Vereinbarung geregelt werden.
- Weiterhin wird die bessere Beteiligung der Landesparlamente in Angelegenheiten der EU angeregt. Sie sollten regelmäßig unterrichtet werden und die Möglichkeit erhalten, Stellungnahmen abzugeben, die dann wiederum von den jeweiligen Landesregierungen zu berücksichtigen wären.
- Schließlich wird die Einrichtung eines gemeinsamen Ausschusses von Bundestag und Bundesrat in die Liste der Vorschläge und Anregungen aufgenommen.

Die Länder-Arbeitsgruppe thematisiert sodann auch innerstaatliche Umsetzungsmaßnahmen, die nach Ratifizierung und Inkrafttreten des EU-Verfassungsvertrags erforderlich werden und bei denen die Rechte der Länder angemessen berücksichtigt werden müssen. Auf diesen Punkt wird abschließend einzugehen sein.

D. Der Beratungsstand zum Zeitpunkt des (vorläufigen) Scheiterns der Föderalismus-Reform

In der Sitzung der Kommission zur Föderalismus-Reform am 17. Dezember 2004 sollten die Beratungen der Kommission mit der Annahme eines Reformvorschlags abgeschlossen werden. Dieses Vorhaben konnte nicht realisiert werden, da kein mehrheitsfähiger Vorschlag erreicht wurde. Die Kommissionsmitglieder beschlossen deshalb auf Vorschlag der beiden Vorsitzenden, die Kommissionsarbeit für beendet zu erklären[18]. Für die Mitwirkung der deutschen Länder in EU-Angelegenheiten bleibt damit zunächst alles beim Alten. Es ist nicht absehbar, ob und wenn ja wann ein neuer Anlauf zur Reform der bundesstaatlichen Ordnung unternommen wird. Falls dies, wann immer in näherer Zukunft, erfolgt, liegen dafür zu einer ganzen Reihe von Fragen Zwischenergebnisse vor, bei denen sich die Beteiligten auf einen gemeinsamen Nenner geeinigt haben oder wo deutlich ist, wo es mehr oder weniger unverrückbare Gegensätze und damit unvereinbare Positionen gibt. Das gilt auch für die Frage der Mitwirkung der Länder in EU-Angelegenheiten. Der dafür erreichte Zwischenstand der Beratungen soll im folgenden kurz zusammengefasst werden.

In der neunten Sitzung der Reform-Kommission am 14. Oktober 2004 wurde über die Verständigung der Mitglieder einer speziell für diesen Gegenstand eingerichteten Projektgruppe berichtet. Es handelt sich um die folgenden vier Punkte, die allerdings, bevor endgültige Entscheidungen möglich sind, noch im Detail ausgearbeitet werden müssten:

- Die Vorfeld-Koordinierung zwischen Bund und Ländern sollte durch praktische Maßnahmen verbessert werden; dazu gehöre auch, die interne Handlungsfähigkeit des Bundesrates, insbesondere die seiner Europa-Kammer, zu stärken.
- Es sollte im einzelnen auf Fachebene geprüft werden, welche Maßnahmen durch einfachgesetzliche Regelungen oder im Rahmen der Bund-Länder-Vereinbarung möglich sind.
- Die Beteiligten der Projektgruppe hätten auch zur Kenntnis genommen, dass es der Bund für wichtig, ja unabdingbar hält, „insbesondere für die Schlussphase von Verhandlungen in Brüssel auf Länderseite einen handlungsfähigen Ansprechpartner zu erhalten.“ Die Länder ihrerseits haben dazu verdeutlicht, dass sie zunächst kaum Möglichkeiten sehen würden, dies zu realisieren. Alle Beteiligten erklärten sich aber bereit, die Frage ernsthaft weiter zu verfolgen.
- Schließlich bezog sich die Verständigung darauf, Art. 23 GG in die Gesamtprüfung einzubeziehen. Es gehe also um eine Paketlösung.

Der Co-Vorsitzende der Kommission, Ministerpräsident *Stoiber*, unterstrich, dass nach Auffassung der Ministerpräsidenten an der bestehenden Rechtslage festgehalten werden müsse. Damit war absehbar, dass eine Änderung von Art. 23 GG im Sinne der Vorstellungen des Bundes nicht erreichbar sein würde und dass sich ein mehrheitsfähiger Vorschlag deshalb auf Formulierungs-Verbesserungen sowie praktische Regelungen und Vereinbarungen unterhalb verfassungsrechtlicher Festlegungen beschränken müsste.

In der zehnten und, was inhaltliche Diskussionen betrifft, abschließenden Sitzung der Reform-Kommission wurden die Positionen des Bundes einerseits, der Länder andererseits – hier wurden allerdings zu Einzelfragen Positionsvarianten sehr deutlich – klar herausgearbeitet. Der Kommission lagen zwei Dokumente vor: ein Eck-

18 Stenographischer Bericht der 11. Sitzung der Kommission, S. 282.

punktepapier von Vertretern des Bundestages[19] und eine Arbeitsunterlage der Länder Bayern, Bremen und Nordrhein-Westfalen. Was Art. 23 GG betrifft, bleiben die gegensätzlichen Positionen unverändert.

Das Eckpunktepapier der Bundestagsvertreter stimmt einzelnen Anregungen von Länderseite, jedenfalls in der Tendenz, zu. Das gilt beispielsweise für die Bereitschaft zur gegenseitigen möglichst frühzeitigen Information von Ländern und Bund, um für beide Seiten relevante EU-Vorhaben zu identifizieren und dann gemeinsame Positionen zu erarbeiten. Auch die schriftliche Befassung im Europa-Ausschuss wird befürwortet. Gleiches gilt für die Beteiligung der Länder an informellen Ratssitzungen. Zwei andere Punkte wiederum zeigen unverändert starke Gegensätze; sie werden von Repräsentanten der Länder deshalb auch deutlich zurückgewiesen:

- Im Eckpunktepapier der Bundestagsvertreter war angeregt worden, dass die Länder handlungs- und entscheidungsfähige Ansprechpartner benennen sollten, die in Brüssel, bei Ratssitzungen, wenn dort kurzfristig eine neue Verhandlungssituation entsteht, „die Interessen der Länder interpretieren und verfahrensleitende Anregungen geben können".
- Auch wenn beide Seiten unter Beachtung des Grundsatzes der Bundestreue Einvernehmen anstreben, müsse der Bund das Letztentscheidungsrecht behalten; dieses sollte an eine Rechenschaftspflicht gegenüber dem Bundesrat gekoppelt werden.

Die Arbeitsunterlage der Länder wiederholt die Anregungen zur Präzisierung der Rechtslage, wobei erneut auf der uneingeschränkten Bindungswirkung der Stellungnahmen des Bundesrates gegenüber der Bundesregierung insistiert wird. Unverändert bleiben auch die Anregungen, wie die Kooperation zwischen Bund und Ländern verbessert werden könnte (stärkere Nutzung der Europa-Kammer des Bundesrates, Einbau von Vertretern der Länder in die Ständige Vertretung und Beteiligung an informellen Ratssitzungen). Ebenfalls unverändert bleibt die Forderung, bei der Ernennung von Richtern und Generalanwälten des EuGH mitzuwirken. Das Papier zeigt im übrigen die Entschlossenheit im Kreis der Länder, künftig stärker an EU-Angelegenheiten mitzuwirken. Eine Stellungnahme des Bundesrates sei künftig „maßgeblich" von der Bundesregierung zu berücksichtigen, wenn das entsprechende EU-Vorhaben für die Länder mit finanziellen Aufwendungen verbunden ist. Und ganz neu ist der Vorschlag, bereits die Entscheidung über die Aufnahme von Beitrittsverhandlungen mit Kandidatenstaaten an eine qualifizierte Mehrheit im Bundesrat zu binden. Unterschiedliche Reaktionen der Länder gab es zur Forderung, dass einzelne oder einige wenige Vertreter der Länder in kurzfristig auftretenden schwierigen Verhandlungssituationen in Brüssel für die Gesamtheit der Länder sprechen und votieren sollten. Während dies nach Auffassung Bayerns nicht akzeptabel ist, scheinen Bremen und Nordrhein-Westfalen bereit, in dieser Frage dem Bund ggf. entgegenzukommen.

Ministerpräsident *Stoiber* nannte in der abschließenden 11. Sitzung der Reform-Kommission am 17. Dezember 2004 drei weitere Punkte, in denen Einvernehmen zwischen Bund und Ländern erreicht zu sein schien:

19 Es handelt sich um die Abgeordneten *Schwall-Düren* (SPD), *Steenblock* (Bündnis 90/Grüne) und *Funke* (FDP).

- Die Länder sind zum Abschluss eines nationalen Stabilitätspakts bereit, in dem dann festgelegt werden sollte, dass die Länder bei einer Verletzung der Maastricht-Kriterien 35 Prozent der eventuell gegen die Bundesrepublik verhängten Strafzahlungen übernehmen würden.
- Zweitens deutete er an, dass die Länder auch bereit gewesen wären, sich an Bußgeld-Zahlungen im Fall einer nicht angemessenen oder verspäteten Umsetzung von EU-Richtlinien zu beteiligen. Es sei diskutiert worden, „ob der Bund 15 oder 20 Prozent übernimmt, das verursachende Land 50 Prozent und die übrigen Länder 30 Prozent."
- Schließlich wären die Länder auch bereit gewesen, eine Neuformulierung von Art. 23 Abs. 6 GG zu akzeptieren, nämlich eine Einschränkung des Außenvertretungsrechts der Länder gegenüber der EU und EU-Mitgliedstaaten.

Stoiber unterstrich allerdings, dass eine Einigung nur im Rahmen einer Paketlösung möglich sein würde. Das gelte auch für die Zukunft.

Als Fazit aus den vorstehenden Darlegungen über die Beratungen zur künftigen Mitwirkung der deutschen Länder in EU-Angelegenheiten in der Föderalismus-Reform-Kommission ergibt sich folgendes: Erstens insistieren die Länder nicht nur auf der Beibehaltung ihrer Mitwirkungsrechte und damit auf der Weitergeltung von Art. 23 GG, sondern fordern eine Stärkung und Verbesserung ihrer Rechte; insbesondere auch im Gefolge von innerstaatlichen Entflechtungen im Kompetenzgefüge von Bund und Ländern als einem Ziel der Föderalismus-Reform. Sie stützen ihre Position auf ihre Qualität als Gliedstaaten. Diese Argumentation, die auf Hauptmerkmale der föderalen Ordnung abhebt, ist konsistent und überzeugend und lässt nur geringe Spielräume für das Eingehen auf zentrale Forderungen des Bundes. Solche Spielräume liegen, das ist die zweite Schlussfolgerung, im Bereich praktischer Verbesserungen der Bund-Länder-Zusammenarbeit. Die Beratungen in der Reform-Kommission galten deshalb in weiten Teilen praktischen Modalitäten dieser Zusammenarbeit und zeigten Möglichkeiten einer Verständigung zwischen Bund und Ländern, die allerdings überwiegend unterhalb verfassungsrechtlicher Regelungen festgehalten werden sollten. Drittens ist davon auszugehen, dass Maßnahmen zur Reform des deutschen Föderalismus nur als Paketlösung erreichbar sein werden.

Schließlich unterstrichen die Länder durchgehend und konsequent, dass die Beantwortung der Frage ihrer (künftigen) Mitwirkung in EU-Angelegenheiten auch die sich aus den Bestimmungen des EU-Verfassungsvertrags ergebenden Schlussfolgerungen für ihre innerstaatliche Umsetzung berücksichtigen müsse. Das ist angesichts der immer engeren Durchdringung nationalen und europäischen Rechts plausibel und zwingend. Da für die Ratifizierung des EU-Verfassungsvertrags eine Zwei-Drittel-Mehrheit in Bundestag und Bundesrat erforderlich ist, haben die Länder für die Durchsetzung ihrer Forderungen, was Aspekte der innerstaatlichen Umsetzung betrifft, eine starke Position[20]. Im letzten Abschnitt sollen deshalb die entsprechenden Forderungen der Länder zusammengefasst werden.

20 Das galt bereits anlässlich der Ratifizierung des Vertrags von Maastricht im Jahr 1992, für die gleichfalls eine Zwei-Drittel-Mehrheit auch des Bundesrates erforderlich war. Der neue Art. 23 GG mit seinen recht weitgehenden Mitwirkungsrechten des Bundesrates wurde in diesem Kontext beschlossen.

E. Ausblick: Der deutsche Bundesstaat in der erweiterten EU unter der Geltung des EU-Verfassungsvertrags

In unserem Zusammenhang sind für die deutschen Länder diejenigen Bestimmungen des EU-Verfassungsvertrags interessant, die prozedurale Aspekte der Kontrolle zur Einhaltung der Prinzipien der Subsidiarität und Verhältnismäßigkeit betreffen. Sie sind im „Protokoll über die Anwendung der Prinzipien der Subsidiarität und Verhältnismäßigkeit“ enthalten[21].

- Erstens enthält das Protokoll Regeln, die die Institutionen im Rahmen des Rechtsetzungsverfahrens bezüglich des Subsidiaritätsprinzips beachten sollen. Vor allem der Kommission wird auferlegt, umfangreiche Anhörungen durchzuführen, bevor sie einen Gesetzgebungsakt vorschlägt: „Dabei ist ggf. der regionalen und lokalen Dimension der in Betracht gezogenen Maßnahmen Rechnung zu tragen.“ Die Kommission muss ihren Vorschlag im Hinblick auf die beiden Prinzipien ausführlich begründen: „Jeder Gesetzgebungsvorschlag sollte einen Bogen mit detaillierten Angaben enthalten, die es ermöglichen zu beurteilen, ob die Grundsätze der Subsidiarität und der Verhältnismäßigkeit eingehalten wurden.“ Insbesondere geht es um Angaben zu voraussichtlichen finanziellen Auswirkungen, zu den von den Mitgliedstaaten zu erlassenden Rechtsvorschriften und damit um den zu erwartenden Verwaltungsaufwand der Behörden auf allen Ebenen.
- Zweitens wird ein politisches Frühwarnsystem vorgeschlagen, wonach die nationalen Parlamente Einwände gegen Kommissionvorschläge geltend machen können (dafür ist eine Frist von sechs Wochen vorgesehen). Ausdrücklich wird auf die Möglichkeit verwiesen, dabei auch regionale Parlamente mit Gesetzgebungsbefugnissen zu konsultieren. Falls ein Drittel der nationalen Parlamente Einwände geltend macht, muss die Kommission ihren Entwurf überprüfen.
- Neben diese politische Ex-ante-Kontrolle tritt, drittens, nach Abschluss des Rechtsetzungsverfahrens, die Möglichkeit, den Europäischen Gerichtshof anzurufen, wobei dies die nationalen Parlamente über ihre jeweiligen Regierungen tun können.

Die Vorschläge, die von Länderseite zu diesen drei Stufen bei der Beachtung und Anwendung des Subsidiaritätsprinzips gemacht wurden[22], illustrieren ganz deutlich die Entschlossenheit der Länder, auf allen Stufen des Entscheidungsprozesses eine aktive europapolitische Rolle zu spielen.

21 Vgl. dazu *Hrbek*, Föderalismus sui generis – der Beitrag des Konvents zur Verfassungsstruktur der erweiterten EU, ZSE 2003, 430 ff., hier insbes. S. 444.

22 Diese Vorschläge sind in einem Arbeitspapier der Länder Baden-Württemberg und Nordrhein-Westfalen vom 4. 11. 2004 für die Ministerpräsidentenkonferenz enthalten; sie spiegeln zusammenfassend den Stand der Beratungen im Kreis der deutschen Länder.

- Die Länder unterstreichen, dass es wichtig sei, sich bereits in der Phase der Ausarbeitung einer EU-Vorlage einzuschalten. Dafür sei, neben der Lobby-Aktivität der Länder – einzeln und gemeinsam – die Phase der Konsultationen durch die Kommission wichtig. Angeregt wird eine Optimierung der gemeinsamen Subsidiaritätsprüfung durch die Länder, wofür an die Einrichtung einer „Clearing-Stelle“ gedacht wird, wofür entweder der EU-Ausschuss des Bundesrates (ggf. in politischer Besetzung, also auf Ministerebene) oder eine ständige Arbeitsgruppe der Europaminister-Konferenz (ggf. diese selbst) in Frage kommt.
- Für die Abgabe der Subsidiaritätsrüge, den eigentlichen Kern des Frühwarnsystems, favorisieren die Länder die Nutzung bestehender Strukturen des Bundesrates. Mit Blick auf die Sechs-Wochen-Frist sollte zunächst nur zur Subsidiaritätsverletzung, nicht unbedingt auch gleich zu inhaltlichen Fragen Stellung genommen werden.
- Was das Klagerecht der nationalen Parlamente, in der dritten Stufe, angeht, reklamiert der Bundesrat dieses Recht auch für sich. Als Klageberechtigter müsse er auch allein über den Inhalt bestimmen; der Bund habe die Klage lediglich zu übermitteln. Folgerichtig würde auch der Bundesrat selbst vor dem EuGH erscheinen und hierfür einen eigenen Prozessbevollmächtigten beauftragen. Innerstaatlich klärungsbedürftig ist in diesem Zusammenhang die weitere Frage, ob und in welcher Form ein einzelnes Land klageberechtigt sein soll, beispielsweise in der Form, dass der Bundesrat ein solches Begehren automatisch übernimmt.

Da das Votum eines einzelnen Parlaments, also auch des Bundesrates, in seiner Wirksamkeit im Rahmen der EU nur ganz gering wäre, spielt die Koordination mit anderen nationalen Parlamenten, zunächst aber mit dem Bundestag, eine wichtige Rolle. Für die Koordination mit Parlamenten anderer EU-Mitgliedstaaten bietet sich nach Auffassung der Länder die Konferenz der Europa-Ausschüsse der Parlamente (COSAC) an, ohne dass es hier schon konkrete Vorstellungen gäbe. Bei der Abstimmung mit dem Bundestag können ggf. parteipolitische Gesichtspunkte eine Rolle spielen, sodass in einem Abstimmungsverfahren seitens des Bundesrates sowohl Vertreter der A- als auch der B-Länder vertreten sein müssten. Schon diese wenigen Hinweise zeigen, die Umsetzung von Bestimmungen des EU-Verfassungsvertrags vielfältige Probleme aufwirft.

Weil das Subsidiaritätsprotokoll auch die Möglichkeit vorsieht, Parlamente von Regionen mit Gesetzgebungsbefugnissen zu konsultieren, stellt sich die Aufgabe, die Beteiligung der Landesparlamente zu bedenken. Hier spricht das Positionspapier der Länder davon, diese Frage landesspezifisch zu regeln. Schließlich erinnern die Länder an die Notwendigkeit, Prüfkriterien zu entwickeln, anhand derer Verstöße gegen das Subsidiaritätsprinzip festgestellt werden könnten.

Die Ratifizierung des EU-Verfassungsvertrags wird Bundestag und Bundesrat in der ersten Jahreshälfte 2005 beschäftigen. Man kann davon ausgehen, dass die Länder – jedenfalls eine Mehrheit von ihnen – ihre Zustimmung (mit 2/3-Mehrheit) von einer für sie befriedigenden Regelung der verschiedenen Umsetzungsmaßnahmen abhängig machen werden. Und die Länder werden, wie bereits gesagt, die Möglichkeit nutzen, auch dabei ihre Mitwirkungsrechte bei der Behandlung von EU-Angelegenheiten zu stärken, was dann wiederum Rückwirkungen auf erneute Bemühungen um eine (innerstaatliche) Föderalismus-Reform haben würde[23]. Wenn der Verfassungsvertrag nicht in Kraft treten könnte, weil nicht alle EU-Mitgliedstaaten im Ratifizierungsverfahren bis Ende 2006 zugestimmt haben, würden die im Zusammenhang mit der Ratifizierung in Deutschland gefundenen Regeln mindestens für die Phase der Vorbereitung einer EU-Vorlage Wirkung entfalten, ggf. auch im Fall einer Klage, zu der bereits nach jetziger Rechtslage die Bundesregierung befugt wäre; sie könnte also bei der Ausübung ihres Klagerechts Forderungen des Bundesrates und der Länder folgen und zur Grundlage einer Klage machen.

Unsere Überlegungen haben ergeben, dass die Länder auch weiterhin eine maßgebliche Rolle im EU-Entscheidungsprozess spielen werden. Es spricht viel dafür, dass sie ihre Mitwirkungsrechte verbessern und verstärken werden. Bei diesen Bemühungen können sie sich auf gute und überzeugende Argumente stützen. In der politischen Praxis wird sich an dem bisher schon zu beobachteten engen Zusammenwirken zwischen Bundesregierung und Ländern letztlich nicht viel ändern, wenn beide Seiten, wie die bisherigen Erfahrungen zeigen, das Prinzip der Bundestreue beachten.

23 Zum Jahreswechsel 2004/05 werden zwar zahlreiche Forderungen zur Fortsetzung der Bemühungen um eine Föderalismus-Reform vorgetragen, weil in der Reformkommission zu einer Reihe von Fragen einvernehmliche Lösungen vorbereitet worden waren. Auf der anderen Seite äußern maßgebliche politische Akteure Zweifel, dass ein unverzüglicher neuer Anlauf unternommen werden könnte, weil die Ausgangspositionen von Bundesregierung einerseits, Ländern andererseits insbesondere in der Frage der Kompetenzen im Bereich der Bildungspolitik noch zu weit auseinander liegen würden. Da die Länder in dieser Frage an ihrer Position, die für sie von zentraler Bedeutung ist, festhalten werden, ist mit einer Neuauflage förmlicher Verhandlungen über eine Föderalismus-Reform nicht vor Ende 2006, also nach der nächsten Bundestagswahl, zu rechnen, es sei denn, die Bundesregierung würde in der Frage der Bildungspolitik Abstriche von ihrer zuletzt vertretenen Position machen, so dass beide Seiten vor der Wiederaufnahme förmlicher Verhandlungen Einvernehmen erzielen würden.

Zur nationalen Handlungsfähigkeit in der Europäischen Union
Oder: Die notwendige Reform des Art. 23 GG

Rupert Scholz

I.

Im Zusammenhang mit der Ratifikation des Maastricht-Vertrags wurde durch die Verfassungsreform nach der Wiedervereinigung – über die damalige *Gemeinsame Verfassungskommission von Bundestag und Bundesrat*[1] – der heutige Art. 23 GG mit verfassungsänderndem Gesetz vom 21. 12. 1992[2] in das GG eingefügt. Dieser sog. Europa-Artikel regelt nicht nur in seinem Absatz 1 die Grundlagen der deutschen Europapolitik, sondern er regelt in seinen Absätzen 2 bis 7 auch die Einzelheiten der innerstaatlichen Verfahren bei der Umsetzung von Vorgaben des europäischen Gemeinschaftsrechts in das nationale Recht[3]. In der Regel vertritt die Bundesregierung die Bundesrepublik Deutschland nach außen und damit auch in den Organen der Europäischen Union, namentlich im Ministerrat. Auf der anderen Seite müssen der Deutsche Bundestag und der Bundesrat an der Europapolitik, wie sie von der Bundesregierung innerhalb der Europäischen Union vertreten wird, beteiligt sein[4]. Dies entspricht den Selbstverständlichkeiten des demokratischen und des bundesstaatlichen Prinzips. In diesem Sinne verfügt Art. 23 Abs. 2 GG, daß „in Angelegenheiten der Europäischen Union der Bundestag und durch den Bundesrat die Länder mitwirken" (S. 1). „Die Bundesregierung hat den Bundestag und den Bundesrat umfassend und zum frühestmöglichen Zeitpunkt zu unterrichten" (S. 2). Nach Art. 23 Abs. 3 GG „gibt die Bundesregierung dem Bundestag Gelegenheit zur Stellungnahme vor ihrer Mitwirkung an Rechtssetzungsakten der Europäischen Union" (S. 1). Solche „Stellungnahmen des Bundestages berücksichtigt die Bundesregierung bei den Verhandlungen" (S. 2). Das nähere Verfahren wird gesetzlich geregelt (S. 3). In der Fol-

1 Vgl. näher Bericht der *Gemeinsamen Verfassungskommission*, in: Deutscher Bundestag (Hg.), Zur Sache 5/93, 1993, S. 37 ff.

2 BGBl. I, S. 2086.

3 Vgl. im Einzelnen hierzu *Scholz*, in: Maunz/Dürig, Grundgesetz Kommentar, Stand 43. Lfg. 2004, Art. 23 Rn. 36 ff., 92 ff.

4 Siehe näher dazu u.a. *Lang*, Die Mitwirkungsrechte des Bundesrates und des Bundestages in Angelegenheiten der Europäischen Union gemäß Art. 23 Abs. 2 – 7 GG, 1997; *Hansmeyer*, Die Mitwirkung des Deutschen Bundestages an der europäischen Rechtsetzung, 2001; *Geiger*, Zur Beteiligung des Gesetzgebers gemäß Art. 23 I GG bei Änderung und Erweiterrung der Europäischen Union, ZG 2003, 193 ff.; *Görlitz*, Europäische Verfassung und Artikel 23 GG, ZG 2004, 249 ff; *Kabel*, Die Mitwirkung des Deutschen Bundestages in Angelegenheiten der Europäischen Union, GS Eberhard Grabitz, 1995, S. 241 ff.; *Scholz* (Fn. 3), Art. 23 Rn. 92 ff.

ge wurde hierzu das Gesetz über die Zusammenarbeit von Bundesregierung und Deutschen Bundestag in Angelegenheiten der Europäischen Union vom 12. 3. 1993 erlassen (EUZBG)[5]. Nach Art. 23 Abs. 4 GG „ist der Bundesrat an der Willensbildung des Bundes zu beteiligen, soweit er an einer entsprechenden innerstaatlichen Maßnahme mitzuwirken hätte oder soweit die Länder innerstaatlich zuständig wären“. Art. 23 Abs. 5 GG konkretisiert diese Aussage weiter, indem es dort heißt, dass die „Stellungnahme des Bundesrat“ von der Bundesregierung zu berücksichtigen ist, soweit der Bund im Rahmen eigener (ausschließlicher) Zuständigkeiten handelt, dabei aber die „Interessen der Länder berührt sind“ (S. 1). Sind dagegen „im Schwerpunkt Gesetzgebungsbefugnisse der Länder, die Einrichtung ihrer Behörden oder ihre Verwaltungsverfahren betroffen, ist bei der Willensbildung des Bundes insoweit die Auffassung des Bundesrates maßgeblich zu berücksichtigen; dabei ist die gesamtstaatliche Verantwortung des Bundes zu wahren“ (S. 2). Nach Art. 23 Abs. 6 GG ist schließlich „die Wahrnehmung der Rechte, die der Bundesrepublik Deutschland als Mitgliedstaat der Europäischen Union zustehen, vom Bund auf einen vom Bundesrat benannten Vertreter der Länder zu übertragen“, „wenn im Schwerpunkt ausschließliche Gesetzgebungsbefugnisse der Länder betroffen sind“ (S. 1). Bei der Wahrnehmung solcher Länderrechte ist die Bundesregierung zu beteiligen bzw. sind mit ihr Abstimmungen vorzunehmen, wobei „die gesamtstaatliche Verantwortung des Bundes zu wahren ist“ (S. 2). Nach Art. 23 Abs. 7 GG ist das nähere Verfahren wiederum einfach-gesetzlich zu regeln, was in Gestalt des Gesetzes über die Zusammenarbeit von Bund und Ländern in Angelegenheiten der Europäischen Union vom 12. 3. 1993 geschehen ist (EUZLG)[6]. Hinzu kommt die Vereinbarung zwischen der Bundesregierung und den Regierungen der Länder über die Zusammenarbeit in Angelegenheiten der Europäischen Union vom 29. 10. 1993[7].

Im Grundsatz sind diese Regelungen zutreffend, da sie nicht nur die demokratische Verantwortung des Bundestages, sondern auch die bundesstaatlichen Kompetenzunterschiede zwischen Bund und Ländern im Rahmen der Beteiligung an Rechtsakten der Europäischen Union bzw. in der Europapolitik insgesamt zu wahren suchen. Die Bundesrepublik Deutschland ist kein Einheitsstaat. Als Bundesstaat muß sie auch die innerstaatlich unterschiedlichen Kompetenzen von Bund und Ländern im Rahmen der Europapolitik wahren. Andererseits haben sich die nach Maßgabe der vorstehenden Regelungen des Art. 23 GG entwickelten Verfahren als außerordentlich kompliziert erwiesen. Die Bundesrepublik Deutschland kann auf der Ebene der Europäischen Union in vielen Fällen nicht, wie es zweckmäßig, wenn nicht geboten wäre, „mit einer Stimme“ sprechen. Ihre Europapolitik leidet unter den innerstaatlichen Vorgaben, beispielsweise dann, wenn es um bestimmte Kompromisse, um bestimmte kompetenzübergreifende Planungen o.ä. geht. Die Kompetenzsystematik der Europäischen Union ist mit der von Bundesstaaten naturgemäß nicht deckungsgleich und wirft folgerichtig für diese entsprechende Probleme auf. Dies gilt ebenso für die innerstaatliche Verteilung von Teilnahmekompetenzen an den Prozessen wie

5 BGBl. I, S. 311.
6 BGBl. I, S. 313.
7 I.d.F. vom 8. 6. 1998, BAnz Nr. 226/1993, S. 10425 und BAnz Nr. 123/1998, S. 9433.

Organschaften der Europäischen Union wie für die innerstaatlichen Verantwortungszusammenhänge bei der Umsetzung von Rechtsakten der Europäischen Union, einschließlich der Verantwortlichkeiten bei fehlerhaften oder verzögerten Umsetzungsmaßnahmen.

Der Gesamtprozeß der europäischen Einigung untersteht rechtlich unverändert den völkerrechtlichen und damit außenpolitischen Regelungszusammenhängen; in der Realität hat der Prozeß der europäischen Einigung aber längst auch die Dimensionen der Innenpolitik erreicht; und dieser Trend verstärkt sich bekanntlich mit großer Geschwindigkeit. Demgemäß muß gerade die nationale Verfassungsordnung eines Bundesstaates ebenso rechtlich adäquate wie funktionstüchtige Kompetenz- und Verfahrensmuster entwickeln, die dieser Konstellation und damit auch der innerstaatlichen Zukunftsfähigkeit des Prozesses der europäischen Einigung gerecht werden. Die Regelung des Art. 23 GG stellt in ihrer geltenden Fassung sicherlich einen wichtigen Schritt hierzu dar; und dieser wird vor allem von Seiten der Bundesländer auch durchaus als unverändert funktionstüchtig beurteilt[8]. Für die Bundesseite gilt dagegen nur bedingt Vergleichbares. Gerade von Seiten der Bundesregierung wird sehr deutlich darauf hingewiesen, dass die Handlungsfähigkeit der Bundesrepublik Deutschland auf der Ebene der Europäischen Union nur von sehr begrenzter Effektivität ist, dass es mit anderen Worten einer Reform der gegebenen Verfahrens- und Kompetenzmuster, so wie sie heute in Art. 23 GG niedergelegt sind, bedarf[9]. Dieser Auffassung bzw. den dieser zugrunde liegenden politisch-tatsächlichen Einschätzungen ist nach hiesiger Auffassung eindeutig zuzustimmen.

Reformerfordernisse haben sich im übrigen nicht nur aus der Sicht des nationalen Verfassungsrechts, sondern auch aus der Sicht des europäischen Gemeinschaftsrechts, namentlich im Zusammenhang mit dem Europäischen Verfassungsvertrag ergeben[10]. Dieser zielt – mit Recht – auch darauf ab, die nationalen Parlamente besser und effektiver an der Politik der Europäischen Union zu beteiligen. Dies gilt vor allem für die Überwachung der Einhaltung des Subsidiaritätsprinzips (vgl. Art. I–9, III–160 VV). Hier soll nach Maßgabe des neuen Protokolls über die Anwendung der Grundsätze der Subsidiarität und der Verhältnismäßigkeit gewährleistet werden, dass die nationalen Parlamente rechtzeitig über Rechtsetzungsvorhaben der Europäischen Union nicht nur informiert werden, sondern auch das Recht erhalten, binnen sechs Wochen nach dem Zeitpunkt der Übermittlung eines Gesetzgebungsvorschlages der Kommission in einer „begründeten Stellungnahme" darzulegen, weshalb der Vorschlag unter Umständen nicht mit dem Subsidiaritätsprinzip zu vereinbaren ist. Des weiteren wird nach diesem Protokoll ein Klagerecht der nationalen Parlamente eingeführt, mit dem diese vor dem EuGH mögliche Verstöße gegen das

8 Vgl. näher die Stellungnahmen von Baden-Württemberg (Arbeitsunterlage 0080) und von Bayern/Bremen/Nordrhein-Westfalen (Arbeitsunterlage 0092) in der Kommission von Bundestag und Bundesrat zur Modernisierung der bundesstaatlichen Ordnung (Föderalismus-Kommission).

9 Vgl. die Stellungnahme vom Auswärtigen Amt und Bundesfinanzministerium „‚Europatauglichkeit'. Artikel 23 GG und Umsetzung von EU-Recht" vom 27.09.2004, Projektgruppe 1 der Kommission von Bundestag und Bundesrat zur Modernisierung der bundesstaatlichen Ordnung (PAU-1/0016. Anlage 45 zum Protokollvermerk über die 7. Sitzung der Arbeitsgruppe 1 vom 06.10.2004).

10 Vgl. näher bes. *Görlitz* (Fn. 4).

Subsidiaritätsprinzip rügen können (vgl. Art. III–270 VV)[11]. Hinzu kommen schließlich Informationspflichten der Organe der Europäischen Union gemäß Art. I–17 Abs. 2, I–24 Abs. 4, III–162 und IV–7 Abs. 1 VV. Dies sind sämtlich wichtige Fortschritte, die aber korrespondierender Maßnahmen auf der nationalen Ebene bedürfen. Mit anderen Worten: Die Verfahren der innerstaatlichen Beteiligung der nationalen Parlamente, hier also Bundestag und Bundesrat, an der Europapolitik insgesamt wie auf staatsinterner Ebene im Verhältnis zur Bundesregierung müssen gestrafft und intensiviert werden – eine Forderung, der die jetzige Fassung des Art. 23 GG (noch) nicht zu genügen vermag.

Als regelungsbedürftig hat sich des weiteren die Frage erwiesen, wie im Verhältnis von Bund und Ländern im Falle von Defiziten bei der Umsetzung von europäischem Gemeinschaftsrecht sowie bei Vertragsverletzungen zu verfahren ist (vgl. Art. 10, 104 Abs. 9 ff., 228 EGV). Auch in diesem Bereich stellt sich die Bilanz Deutschlands derzeit durchaus bedenklich dar. Nur gegenüber Spanien, Frankreich und Italien sind derzeit mehr Vertragsverletzungsverfahren anhängig als gegenüber Deutschland. In aller Regel geht es dabei um Verstöße bei der Rechtsumsetzung. Hierzu stellen sich zwei Fragen: Zum einen die Frage, ob dem Bund gegenüber den Ländern bestimmte Zwangsmittel zu eröffnen sind, wenn ein Land seiner Umsetzungspflicht nicht oder nicht rechtzeitig genügt; zum anderen die Frage, wer die Kosten bei Zwangsgeldforderungen etc. der Europäischen Union auf innerstaatlicher Ebene zu tragen hat. Gerade über die letztere Frage streiten Bund und Länder seit längerem. Von der Bundesseite wird vor allem auf den Grundsatz der Bundestreue verwiesen, demzufolge das ein Zwangsgeld verursachende Bundesland für dieses auch finanziell einstehen muß. Dem ist im Prinzip sicherlich und durchaus zuzustimmen. Andererseits ist jedoch festzuhalten, dass der Grundsatz der Bundestreue seinerseits außerordentlich unscharf und konkretisierungsbedürftig ist, weshalb es sich eher empfiehlt, eine ausdrückliche Regelung in das GG aufzunehmen – eine Regelung, die die Finanzverantwortung von Bund wie Ländern im Verhältnis zur Europäischen Union auch ausdrücklich feststellt.

Im weiteren Zusammenhang mit einer solchen bundesstaatlichen Aufteilung von finanziellen Verpflichtungen des Bundes wie der Länder im Verhältnis zur Europäischen Union stehen die Bestrebungen, Vorgaben des Gemeinschaftsrechts zur Haushaltsdisziplin, also namentlich die des Stabilitätspakts, auch verfassungsrechtlich zu verankern. In diesem Sinne hat das Bundesministerium der Finanzen in die – allerdings im Dezember 2004 zunächst gescheiterten – *Kommission von Bundestag und Bundesrat zur Modernisierung der bundesstaatlichen Ordnung* (sog. Föderalismus-Kommission) den Vorschlag eingebracht, Art. 109 GG durch einen weiteren Abs. 5 zu erweitern, demzufolge „Verpflichtungen der Bundesrepublik Deutschland aus Rechtsakten der Europäischen Gemeinschaft aufgrund Artikel 104 EGV zur Einhaltung der Haushaltsdisziplin von Bund und Ländern gemeinsam zu erfüllen sind.

11 Siehe dazu z.B. *F. Kirchhof*, Zur indirekten Klagebefugnis eines deutschen Bundeslandes beim Europäischen Gerichtshof in Subsidiaritätsfragen über einen Antrag des Bundesrates, DÖV 2004, 893 ff; *Görlitz* (Fn. 4), S. 253 ff.

Durch Bundesgesetz, das der Zustimmung des Bundesrates bedarf, wird festgelegt, zu welchen Anteilen Sanktionsmaßnahmen der Europäischen Gemeinschaft zwischen Bund und Ländern verteilt werden"[12]. Vergleichbare Vorschläge liegen von der FDP-Bundestagsfraktion seit dem 24.9.2004[13] sowie auch von sachverständiger Seite innerhalb der Föderalismus-Kommission vor[14].

Eine verfassungsrechtlich-unmittelbare Regelung dieser Haftungsfragen sollte unbedingt in das GG aufgenommen werden. Diese könnte etwa – so ein eigener Vorschlag innerhalb der Föderalismus-Kommission[15] – wie folgt bzw. in Gestalt eines neuen Abs. 6 zu Art. 104 a GG lauten:

„Wird von Organen der Europäischen Union gegen die Bundesrepublik Deutschland im Zuständigkeitsbereich der Länder ein Zwangsgeld, ein Pauschalbetrag oder eine Geldbuße verfügt, kann der Bund bei dem verantwortlichen Land Rückgriff nehmen. Das Nähere regelt ein Bundesgesetz, das der Zustimmung des Bundesrates bedarf".

Wenn es um die Umsetzung von Rechtsakten der Europäischen Union in das nationale Recht geht, so bleibt es nach der bundesstaatlichen Struktur der Bundesrepublik Deutschland naturgemäß bei der Unterscheidung zwischen den Zuständigkeiten des Bundes und den Zuständigkeiten der Länder. Auf der anderen Seite muß man jedoch erkennen, dass die Bundesrepublik Deutschland als Ganzes, und dies bedeutet in der Außenwirkung der Bund, der Europäischen Union für die rechtzeitige und ordnungsgemäße Umsetzung von Rechtsakten der Europäischen Union haftet. Folgerichtig bedarf es innerstaatlich eines Verfahrens, das dem Bund die Möglichkeit verschafft, seiner Verpflichtung im Außenverhältnis, d.h. im Verhältnis zur Europäischen Union, gerecht zu werden. Folgerichtig bietet es sich an, für die rechtzeitige und ordnungsgemäße Umsetzung von Rechtsakten der Europäischen Union durch die Länder eine Form der Bundesaufsicht einzuführen – ähnlich der gegebenen Konstellation gemäß Art. 84, 85 GG bei der Ausführung von Bundesgesetzen durch die Länder als eigene Angelegenheit oder im Auftrage des Bundes[16].

II.

Über alle diese Fragen hat die Föderalismus-Kommission diskutiert, die mit Recht auch die hiesigen Fragen zum Verhältnis des Bundesstaats Bundesrepublik Deutschland zur Europäischen Union mit in ihre Diskussions- bzw. Reformagenda aufgenommen hat. Dennoch, betrachtet man den gegebenen Diskussionsstand in dieser

12 Vgl. Stellungnahme zur Thematik „Reform der bundesstaatlichen Ordnung und Europäische Union, vorgelegt zur Sitzung am 14. 5. 2004 (Komm. – Ds.0040); zur aktuellen Grundproblematik s. namentlich EuGH, Urteil v. 13. 7. 2004, Rs. 27/04, Kommission/Rat, noch nicht in Slg., abgedr. JZ 2004, 1069 ff.; *Nicolaysen*, Der EuGH zum Defizitverfahren nach Art. 104 EGV und dem Stabilitätspakt, DVBl. 2004, 1321 ff.

13 Vgl. Stellungnahme „Nationaler Stabilitätspakt" (PAU-6/0020).

14 Vgl. BT-Drucks. 15/3721 und Komm.- Ds. 0084 (Antrag *Burgbacher*).

15 Siehe den Vorschlag von *F. Kirchhof* (Komm.-Ds. 0052) sowie aus dem Kreis des Deutschen Bundestags den Vorschlag von *V. Kröning* (Komm.-Ds. 0054).

16 Vgl. hierzu den eigenen Vorschlag des *Verfassers* (Nachw. Fn. 12).

Kommission, so zeichnen sich leider gerade zur hiesigen Thematik kaum erfolgversprechende Einigungs- und damit auch erfolgversprechende Reformansätze ab.

Dies beginnt schon mit der bisher kaum diskutierten Beteiligung des Bundestages gemäß Art. 23 Abs. 2 und 3 GG in Verbindung mit dem EUZBG. Diese heutige Beteiligung des Bundestages ist vor allem unter demokratiestaatlichen Aspekten definitiv nicht ausreichend. Die Bundesregierung soll zwar Stellungnahmen des Bundestages „berücksichtigen". In der Realität spielt dieses Recht des Bundestages aber keine wesentliche Rolle, was ganz entscheidend schon daran liegt, dass entsprechende „Stellungnahmen" des Bundestages verfahrensmäßig kaum in der Zeit und in der Form zu realisieren sind, wie dies für eine wirksame Berücksichtigung notwendig wäre. Nach wie vor hat der Deutsche Bundestag – leider – von der Ermächtigung des Art. 45 S. 2 GG keinen Gebrauch gemacht, derzufolge dem Europaausschuß des Bundestages die Funktion eines anstelle des Plenums des Bundestages entscheidungsbefugten Beschlussorgans („Hauptausschuß") zugewiesen werden kann. Diese Regelung des Art. 45 S. 2 GG wurde im Rahmen der Verfassungsreform von 1992 ganz bewusst in das GG aufgenommen, um die Beteiligung des Bundestages an der Europapolitik der Bundesregierung effizienter zu gestalten[17]. Aber nicht zuletzt die Egoismen der Fachausschüsse des Deutschen Bundestages haben es bisher noch stets zu verhindern gewusst, dem Europaausschuß eine solche „Hauptausschuß"-Funktion einzuräumen. Die Folge hiervon war und ist jedoch, dass eine wirklich effektive Teilnahme des Bundestages an den Verhandlungen wie Entscheidungen namentlich auf der Ebene des Ministerrates der Europäischen Union nicht möglich wurde.

Die Position des Bundesrates ist vor allem gemäß Art. 23 Abs. 5 und 6 GG ungleich stärker als die des Bundestages ausgestaltet, bestehen doch insoweit auch verbindliche Pflichten der Bundesregierung, Auffassungen des Bundesrates zu berücksichtigen, und ist der Bundesrat darüber hinaus sogar ermächtigt, über von ihm bestellte Vertreter im Ministerrat der Europäischen Union auch selbst an der Außenvertretung der Bundesrepublik Deutschland teilzunehmen. Die Beteiligungsrechte von Bundestag und Bundesrat stehen nach Art. 23 Abs. 3 GG einerseits und Art. 23 Abs. 4 bis 6 GG andererseits recht unabhängig nebeneinander; und auch dies hat sich nach hiesiger Auffassung als nicht sehr zweckmäßig erwiesen. Dies liegt zum einen an den zwangsläufig eintretenden zeitlichen Abstimmungsproblemen; und dies liegt zum anderen – und dies ist noch wesentlicher – daran, dass die vom Bundestag einerseits wahrzunehmenden bundesrechtlichen Kompetenzen und die vom Bundesrat andererseits wahrzunehmenden Länderkompetenzen sehr häufig auf europäischer Ebene nicht mit derjenigen Stringenz voneinander getrennt und unterschieden werden können, wie dies für ein Verfahren der gegebenen Art eigentlich notwendig wäre. Nur allzu häufig vermischen sich auf der europäischen Ebene Regelungskomplexe, die innerstaatlich zwischen Bund und Ländern aufzuteilen sind – angefangen von entsprechenden „Misch-Komplexen" innerhalb bestimmter Rechtsakte der Europäischen Union bis hin zu konkreten „Verhandlungspaketen" auf der europäischen Ebene, die auf der innerstaatlichen Ebene wiederum auseinander zu halten

17 Vgl. Bericht der Gemeinsamen Verfassungskommission (Fn. 1), S. 47 f.

wären; man denke nur an bestimmte Kompromissnotwendigkeiten auf europäischer Ebene, bei denen der Bund das eine oder andere bundesrechtliche Ziel nur mittels Nachgebens im Hinblick auf die eine oder andere landesrechtliche Zuständigkeit zu erreichen vermöchte, oder auch umgekehrt. Alles dies führt zu der zwingenden Schlussfolgerung, dass die heute (noch) so strikte Trennung zwischen den Verfahren der bundesrechtlichen Beteiligung des Bundestages und der landesrechtlichen Beteiligung des Bundesrates an der Europapolitik der Bundesrepublik bzw. der Bundesregierung besser miteinander koordiniert und damit – in der letztendlichen Konsequenz – auch institutionell zusammengeführt werden sollten.

III.

In der Föderalismus-Kommission sind zur Reformbedürftigkeit des Art. 23 GG bisher nur elementar unterschiedliche bzw. gegensätzliche Positionen deutlich geworden. Von Seiten der Bundesregierung wird geltend gemacht, dass das in Art. 23 Abs. 3 bis 7 GG vorgesehene Verfahren zur innerstaatlichen Koordinierung der Ländermitwirkung zu kompliziert und die Vertretung deutscher Positionen innerhalb der Europäischen Union allzu schwach sei. Demgemäß wird die Streichung der Vorschriften des Art. 23 Abs. 3 bis 7 GG befürwortet, um ein Letztentscheidungsrecht und die Verhandlungsführung des Bundes in künftig effektiverer Weise zu wahren, wobei die Beteiligung der Länder im Vorfeld der auf der Ebene der Europäischen Union zu treffenden Entscheidungen in der Form gewahrt werden soll, dass die Länderseite dem Bund jeweils einen Ansprechpartner zur Verfügung stellt, der sich in laufenden Verhandlungen verbindlich für die Länder äußern kann. Von Seiten der Länder wird dagegen bestritten, dass es mit den gegebenen Regelungen des Art. 23 GG ernsthafte Probleme gegeben habe. Man ist im Gegenteil sogar der Auffassung, dass die Position der Länder im Rahmen des Art. 23 GG eher bzw. besser noch gestärkt werden sollte[18]. So wird beispielsweise vom Land Baden-Württemberg gefordert, Art. 23 Abs. 5 S. 2 GG dahingehend neu zu fassen, dass die Auffassung des Bundesrates bei der Willensbildung des Bundes insoweit verbindlich zu sein habe, wenn im Schwerpunkt Gesetzgebungsbefugnisse der Länder betroffen sind; hinsichtlich der „gesamtstaatlichen Verantwortung" sei insoweit ausschließlich der Bundesrat zuständig.[19] Für eine solchen Vorschlag spricht nach hiesiger Auffassung indessen allenfalls eines: nämlich dass die bisherige Regelung des § 5 Abs. 2 S. 4 EUZLG abgelöst würde, derzufolge beim Streit zwischen Bund und Ländern über die Frage der „gesamtstaatlichen Verantwortung" „die Auffassung des Bundesrates" dann „maßgebend" sein soll, wenn der Bundesrat seine Auffassung „mit einem mit zwei Dritteln seiner Stimmen gefassten Beschluß" zum Ausdruck gebracht hat. Diese Bestimmung war schon bisher im Lichte des Art. 23 GG hochproblematisch, möglicherweise sogar verfassungswidrig. Jedenfalls hat diese Bestimmung aber ein

18 Vgl. schon die Nachw. Fn. 8 und 9.
19 Vgl. den Nachw. Fn. 8.

so hohes Maß an Rechtsunsicherheit und verfahrensmäßiger Kompliziertheit begründet, dass von ihr sehr rasch wieder Abschied genommen werden sollte.
Geeignet wäre deshalb sicherlich die von Baden-Württemberg vorgeschlagene Neufassung des Art. 23 Abs. 5 2 GG. Andererseits spricht gegen diesen Regelungsvorschlag, dass die „gesamtstaatliche Verantwortung" zunächst eine Zuständigkeit des Bundes und nicht der Länder zu sein hat; ungeachtet der Tatsache, dass die Länder als Teil des Bundesstaates Bundesrepublik Deutschland natürlich auch ein Stück „gesamtstaatliche Verantwortung" zu tragen haben. Die primäre Verantwortung für den Gesamtstaat ist aber und wesensgemäß Sache des Bundes.
Ein weiterer Vorschlag lag von den Bundestagsabgeordneten *Schwall-Düren* (SPD), *Steenblock* (Bündnis 90/Die Grünen) und *Funke* (FDP) vor[20]. Dieser Vorschlag zielt zunächst auf eine Konzentration des Art. 23 GG. Die bisherigen Regelungen des Art. 23 Abs. 2 bis 7 GG sollen auf einen bloßen Art. 23 Abs. 2 GG konzentriert werden, der die Mitwirkungsbefugnisse von Bundestag und Bundesrat in Angelegenheiten der Europäischen Union festschreibt, die Bundesregierung zur umfassenden, fortlaufenden und frühestmöglichen Information verpflichtet und des weiteren die Bundesregierung verpflichtet, die Stellungnahmen von Bundestag und Bundesrat bei ihren Verhandlungen zu berücksichtigen sowie hierüber Rechenschaft abzulegen. Dieser Vorschlag ist insoweit konsistent, wie er die Außenvertretung der Bundesrepublik Deutschland innerhalb der Europäischen Union eindeutig bei der Bundesregierung konzentriert. Andererseits lässt dieser Vorschlag die schwierigen innerstaatlichen Fragen der bundesstaatlichen Kompetenzordnung und ihrer Wahrung außer acht. Begründungsmäßig führen die genannten Bundestagsabgeordneten aus, dass auf der Ebene des einfachen Gesetzes ein „Einigungsgebot zwischen Bund und Ländern" zu verankern sei, das auf der Wahrung des Grundsatzes der Bundestreue beruhe und in denjenigen Fällen, in denen kein Einvernehmen zwischen Bund und Ländern herzustellen sei, dem Bund die Möglichkeit eröffne, seinerseits eine Entscheidung zu treffen. Dieser Vorschlag würde wiederum die Bundesregierung in ihrer Außenvertretung auf der Ebene der Europäischen Union unbestreitbar stärken. Andererseits blieben damit aber die Fragen ungelöst, wie die Länder gerade bei der Umsetzung von solchen Rechtsakten der Europäischen Union zu beteiligen sind, die – innerstaatlich gesehen – in die Gesetzgebungszuständigkeit der Länder fallen. Ob der Bund auch insoweit ein Letztentscheidungsrecht erhalten soll, ließe sich natürlich diskutieren. Dies müsste aber auf der Ebene der Verfassung selbst, also bereits im Rahmen des Art. 23 GG festgelegt werden, da dem Bund damit ja ein Recht eröffnet würde, auch über von Verfassungs wegen innerstaatliche Länderzuständigkeiten mittels seiner Beteiligung an der europäischen Rechtsetzung zu disponieren. Eine rein einfach-gesetzliche Ermächtigung würde hierfür nicht genügen.

20 Vgl. Komm.-Ds. 0093.

IV.

Dieser Diskussionsstand bzw. die vorstehend skizzierten Reformvorschläge offenbaren jedenfalls eines: nämlich den unverändert fortbestehenden, sehr grundlegenden Dissens zwischen Bund und Ländern und zum anderen die Tatsache, dass die Frage einer Reform des Art. 23 GG noch längst nicht in wirklich zukunftsweisender Form erörtert worden ist. Die ebenso bundesstaatliche wie europarechtliche Diskussion wird jedoch weiterzuführen sein.

Für eine wirklich durchgreifende Reform des Art. 23 GG, wie sie nach hiesiger Auffassung notwendig ist, liegen im übrigen durchaus ebenso diskussions- wie umsetzungsfähige Vorschläge innerhalb der Föderalismus-Kommission von Seiten der dort als beratende Mitglieder zugezogenen Sachverständigen vor. Den weitgehendsten Vorschlag hierzu hat der Verfasser mit seiner Stellungnahme zur Thematik „Reform der bundesstaatlichen Ordnung und Europäische Union" am 14.05. 2004 vorgelegt[21], der im Folgenden wiedergegeben werden soll und der im übrigen die weitgehende Zustimmung des 65. Deutschen Juristentages (Bonn 2004) gefunden hat[22].

Der Verfasser hat die Föderalismus-Kommission zunächst darauf aufmerksam gemacht, dass die bundesstaatliche Problematik der Bundesrepublik Deutschland durchaus eine vergleichbare Konstellation im österreichischen Bundesstaatssystem findet. Dort hat man in den Regelungen der Art. 23 a – 23 f B-VG außerordentlich detaillierte Regelungen für die Vertretung Österreichs innerhalb der Europäischen Union entwickelt, die zum Teil ganz andere Wege als die Bundesrepublik Deutschland in Art. 23 GG beschreiten, die aber gerade in ihrer bundesstaatlichen Vergleichbarkeit auch für die Bundesrepublik Deutschland durchaus vorbildlich sein können[23].

Für das dem Verhältnis von Bundestag und Bundesregierung vergleichbare Verhältnis von österreichischer Bundesregierung und Nationalrat bestimmt Art. 23 e Abs. 2 1 B-VG, dass „eine Stellungnahme des Nationalrates zu einem Vorhaben im Rahmen der Europäischen Union" verbindlich ist, sofern das „Vorhaben durch Bundesgesetz umzusetzen ist oder auf die Erlassung eines unmittelbar anwendbaren Rechtsaktes gerichtet ist". Damit wird die Legislativhoheit des Nationalrates bewahrt, wird diesem – mit Recht – eine ungleich stärkere Stellung eingeräumt, als dies gemäß Art. 23 Abs. 2 und 3 GG für den Bundestag in Deutschland gilt. Auf der anderen Seite wird gemäß Art. 23 e Abs. 2 S. 2 B-VG festgehalten, dass „die Bundesregierung davon (sc. von einer solchen Stellungnahme des Nationalrates) nur aus zwingenden außen- und integrationspolitischen Gründen abweichen darf". Vorbildlich erscheint des weiteren die österreichische Rechtslage insoweit, als gemäß Art. 23 e Abs. 5 B-VG die Wahrnehmung der Zuständigkeiten des Nationalrates „grundsätzlich dessen Hauptausschuß" obliegt. Gerade damit wird das nötige Maß an zeitlicher wie funktioneller Handlungsfähigkeit Österreichs auf der Ebene der Europä-

21 Vgl. die Stellungnahme des Verfassers (Fn. 12).

22 Vgl. Beschlüsse II 6, VIII 40 – 42 (Europa-Verfassungsrecht), abgedr. NJW 2004, 3241 (3245, 3248).

23 Zur österreichischen Rechtslage, zum Vergleich mit der deutschen Rechtslage sowie auch zum Folgenden s. bereits *Scholz*, Bundesstaaten in der Europäischen Union – Deutschland und Österreich im Vergleich, FS Günter Winkler, 1997, S. 1013 ff.

ischen Union gewahrt. Wie bereits oben ausgeführt, fehlt es an einer vergleichbaren Rechtslage in Deutschland, nachdem man sich bisher nicht darauf verständigen konnte, von der Ermächtigung des Art. 45 S. 2 GG zugunsten des Europaausschusses des Bundestages Gebrauch zu machen. Nach dem Vorbild des Art. 23 e Abs. 5 B-VG sollte dem Europaausschuß durch eine entsprechende Änderung des Art. 45 GG ebenfalls in verbindlicher Weise die Funktion eines Hauptausschusses eingeräumt werden.

Das Verhältnis von Bundesregierung und Bundesrat ist in Österreich ebenfalls etwas anders und klarer geregelt als in Deutschland. Dem österreichischen Bundesrat ist ebenso wie dem deutschen Bundesrat das Recht zu Stellungnahmen in Angelegenheiten der Europäischen Union eröffnet (vgl. Art. 23 d Abs. 2 S. 1 B-VG). Andererseits ist der österreichischen Bundesregierung wiederum – analog dem Verhältnis zum Nationalrat – das Recht eingeräumt, von solchen (prinzipiell verbindlichen) Stellungnahmen des Bundesrates abzuweichen, wenn „zwingende außen- und integrationspolitische Gründe" vorliegen (Art. 23 d Abs. 2 S. 2 B-VG). Das österreichische Recht besitzt damit gegenüber der deutschen Rechtslage drei grundlegende Vorzüge: Zum einen werden Nationalrat und Bundesrat rechtlich gleich behandelt, was für das Verhältnis von Bundestag und Bundesrat nach der geltenden Fassung des Art. 23 GG nicht gilt. Zum anderen wird in sehr klarer Weise festgehalten, dass die Stellungnahmen von Nationalrat und Bundesrat, je nach deren innerstaatlicher Legislativkompetenz, für die Bundesregierung prinzipiell verbindlich sind. Drittens wird der Bundesregierung ein Recht zur abweichenden Entscheidung dann eröffnet, wenn „zwingende außen- und integrationspolitische Gründe" vorliegen. Damit wird zum einen klargestellt, dass die österreichische Bundesregierung für die Außenvertretung Österreichs auf der Ebene der Europäischen Union allein zuständig ist und zum anderen wird klargestellt, dass ein Letztentscheidungsrecht der Bundesregierung nur im Falle der genannten „außen- und integrationspolitischen Gründe" gegeben sein kann. Dieses österreichische Modell wahrt damit ebenso die Voraussetzungen einer funktionsfähigen Vertretung Österreichs innerhalb der Europäischen Union wie es zugleich die notwendigen demokratie- und bundesstaatlichen Voraussetzungen nach Maßgabe der innerstaatlichen Ordnung wahrt.

Als erstes und wichtigstes Reformerfordernis ist festzuhalten, dass die Außenvertretung der Bundesrepublik Deutschland in der Europäischen Union, also namentlich die im Rat, ausschließlich der Bundesregierung zugewiesen werden sollte. Dies bedeutet allerdings den Verzicht auf die Regelung des Art. 23 Abs. 6 GG, derzufolge bei innerstaatlich-auschließlichen Gesetzgebungsbefugnissen der Länder die Außenvertretung der Bundesrepublik „auf einen vom Bundesrat benannten Vertreter der Länder" zu übertragen ist. Diese Regelung teilt die Außenvertretung der Bundesrepublik Deutschland in nicht vertretbarer und für die Gesamtposition der Bundesrepublik innerhalb der Europäischen Union nicht verträglicher Weise auf. Deshalb sollte auf diese Regelung definitiv verzichtet werden – eine Feststellung, der sich beispielsweise auch der 65. Deutsche Juristentag angeschlossen hat[24]. Das Erfordernis einer solchen einheitlichen, allein bei der Bundesregierung konzentrierten

24 Vgl. Beschluß VIII 42, NJW 2004, 3248.

Außenvertretung der Bundesrepublik ergibt oder ergab sich auch auf der Grundlage des EU-Verfassungsvertrages. Denn nach Art. I–22 Abs. 2 VV in der Fassung, wie sie vom Europäischen Verfassungskonvent verabschiedet wurde, sollte sich der Ministerrat künftig „aus je einem von jedem Mitgliedstaat auf Ministerebene ernannten Vertreter für jede seiner Zusammensetzungen“ zusammensetzen und soll (sollte) „dieser Vertreter als einziger befugt sein, für den Mitgliedstaat, den er vertritt, verbindlich zu handeln und das Stimmrecht auszuüben“. Diese Regelung war absolut sachgerecht, insbesondere im Hinblick darauf, dass der Rat künftig eine Zweite Kammer im Gesetzgebungsverfahren der Europäischen Union darstellt. Leider haben die Staats- und Regierungschefs der Mitgliedstaaten am 17./18.06. 2004 in Brüssel von dieser Regelung wieder Abstand genommen und in Art. I–23 Abs. 1 VV (wieder) festgelegt, dass „der Rat in verschiedenen Zusammensetzungen tagt“. Damit ist die bisherige, schon seit langem außerordentlich intransparente und wenig funktionsgerechte Regelung zur Zusammensetzung, Funktion und Organisation des Rates leider wieder aufgenommen und perpetuiert worden. Für die weitere Zukunft spricht jedoch alles dafür, dass zum Regelungsvorschlag des Europäischen Verfassungskonvents zurückgekehrt werden muß; und dies bedeutet in der weiteren Konsequenz, dass auch die Bundesrepublik Deutschland nur von *einem* Vertreter im Rat repräsentiert werden kann; und dies kann naturgemäß nur ein Mitglied der Bundesregierung (beispielsweise ein Europaminister) sein. Hierauf gilt es sich auch nach der gegenteiligen Entscheidung der Staats- und Regierungschefs vorzubereiten; und dies heißt wiederum, dass von der Regelung des Art. 23 Abs. 6 GG wieder Abschied zu nehmen und die Außenvertretung der Bundesrepublik Deutschland ausschließlich der Bundesregierung zuzuweisen ist.

Innerstaatlich muß die Bundesregierung naturgemäß an die demokratiestaatliche Verantwortung gegenüber dem Bundestag und an die bundesstaatliche Kompetenzverteilung zwischen Bund und Ländern gebunden bleiben. Deshalb ist es richtig, dass die Bundesregierung prinzipiell an die entsprechenden Stellungnahmen von Bundestag und Bundesrat gebunden wird. Der Bundesregierung muß andererseits aber ein Letztentscheidungs- bzw. Abweichungsrecht dann eingeräumt werden, wenn dies gerade aus außen- und integrationspolitischen Gründen unabweisbar ist. Insoweit erweist sich wiederum die österreichische Regelung zum Abweichungsrecht bei Vorliegen „zwingender außen- und integrationspolitischer Gründe“ als vorbildlich. Diese Formel ist ungleich besser als die von der „gesamtstaatlichen Verantwortung“, wie sie heute in Art. 23 Abs. 6 S. 2 GG vorgegeben ist. Der Begriff der „gesamtstaatlichen Verantwortung“ ist auf der einen Seite zu unbestimmt und zu weit und auf der anderen Seite gerade im Verhältnis zu den maßgebenden Fragen der außenpolitisch-europäischen Integrationspolitik nicht hinlänglich justitiabel. Deshalb sollte die österreichische Formel übernommen werden. Dieser Forderung des Verfassers hat sich im übrigen und wiederum der 65. Deutsche Juristentag in seinem Vorschlag in seiner Neufassung des Art. 23 Abs. 3 GG angeschlossen. Der Deutsche Juristentag hat mit Recht in der von ihm vorgeschlagenen Neufassung des Art. 23 Abs. 3 GG die Verbindlichkeit von Stellungnahmen des Bundestags, soweit innerstaatlich Zuständigkeiten des Bundes betroffen sind, betont und des weiteren, entsprechend dem hiesigen Vorschlag der Bundesregierung dann ein Recht zur Abweichung eingeräumt, wenn „zwingende außen- und integrationspolitische Gründe" dies erfordern[25]. In der von ihm vorgeschlagenen Verfassung des Art. 23 Abs. 4 GG hat der Deutsche Juristentag das gleiche für das Verhältnis von Bundesregierung und Bundesrat vorgeschlagen[26]. Innerstaatlich ist an der gegebenen Regelung des Art. 23 GG insoweit festzuhalten, wie Rechtsakte der Europäischen Union von Bund und Ländern je nach innerstaatlicher Kompetenzordnung umzusetzen sind. Andererseits ändert dies nichts daran, dass es auch hier eine ganze Reihe von Schnittflächen gibt, die auch und wiederum zwischen Bund und Ländern zu kompetentiellen Problemen führen können. Dies gilt beispielsweise für solche Richtlinien der Europäischen Union, die innerstaatlich in die Kompetenzbereiche der zwischen Bund und Ländern aufgeteilten Gesetzgebungszuständigkeiten, angefangen von der Rahmengesetzgebung gemäß Art. 75 GG bis hin zur konkurrierenden Gesetzgebung gemäß Art. 74 GG, fallen. Hier besteht innerstaatlich gesehen eine doppelte bzw. gestufte Umsetzungskompetenz, die zwangsläufig zwischen Bund und Ländern manchen Abstimmungsbedarf begründet. Für diesen Abstimmungsbedarf fehlt es in Art. 23 GG an jeder adäquaten Regelung, d.h. an einer Regelung, die in ebenso rascher wie funktionstüchtiger Weise für die nötige Koordinierung sorgen könnte. Daß es hieran in Deutschland nach wie vor, über die genannten Kompetenzschnittflächen sogar hinaus, fehlt, belegt beispielsweise die Tatsache, dass Deutschland gerade bei der Umsetzung von EU-Richtlinien eine deutlich negative Bilanz aufweist. Nach den Angaben der EU-Kommission vom 21. 1. 2004 liegt Deutschland hier an drittletzter Stelle aller Mitgliedstaaten der Europäischen Union; und auch dem muß schnell und wirksam begegnet werden.

Aus diesen Gründen hat der Verfasser der Föderalismus-Kommission ein gemeinsames Gremium von Bundestag und Bundesrat nach dem Vorbild des Gemeinsamen Ausschusses gemäß Art. 53 a GG empfohlen. Hiernach könnten Bundestag und Bundesrat einen paritätisch besetzten *Gemeinsamen Ausschuß für Angelegenheiten der Europäischen Union* bilden, zusammengesetzt z.B. aus Mitgliedern des Europaausschusses des Bundestages und der Europakammer des Bundesrates[27]. Dieser Gemeinsame Ausschuß könnte zum einen alle nötigen kompetenzrechtlichen Koordinierungsmaßnahmen treffen und hätte überdies den Vorzug, dass die Bundesregierung ihre Informationspflichten gemäß Art. 23 Abs. 2 bis 5 GG in paralleler bzw. gemeinschaftlicher Form nicht Bundestag und Bundrat gegenüber gesondert, sondern gegenüber diesem Gemeinsamen Ausschuß gemeinschaftlich erfüllen könnte. Der Gemeinsame Ausschuß könnte gemeinsam beraten und der Bundesregierung (auch) gemeinsame Stellungnahmen übermitteln (soweit nicht Bundestag und Bundesrat auf ihrem Recht zur gesonderten Stellungnahme beharren). Von solchen Stellungnahmen des Gemeinsamen Ausschusses dürfte die Bundesregierung wiederum nur bei Vorliegen „zwingender außen- und integrationspolitischer Gründe" abweichen. Die Erörterung solcher „zwingenden außen- und integrationspolitischen Gründe" könnte wiederum in durchaus effektiver Form in einem Gremium nach Art eines sol-

25 Vgl. Beschluß VIII 40, NJW 2004, 3248.
26 Vgl. Beschluß VIII 41, NJW 2004, 3248.
27 Vgl. die Stellungnahme des *Verfassers* (Fn. 12)

chen Gemeinsamen Ausschusses vorgenommen werden. Das Modell eines solchen Gemeinsamen Ausschusses von Bundestag und Bundesrat für Angelegenheiten der Europäischen Union empfiehlt sich im übrigen auch deshalb, weil über ein solches Gremium die nötige Handlungsfähigkeit der Bundesregierung auf der Ebene der Europäischen Union ebenso wie die demokratie- und bundesstaatlich gebotenen Beteiligungsrechte von Bundestag und Bundesrat leichter und effektiver gewahrt werden könnten. Ein Hauptproblem der deutschen Europapolitik liegt ja gerade darin, dass die Bundesregierung bei ihren Verhandlungen, ihren Planungen und ihren Verhaltensweisen im Rahmen laufender Entwicklungsprozesse auf europäischer Ebene oft nicht imstande ist, rechtzeitig und wirksam die nötigen Rückkopplungen zum Bundestag und Bundesrat vorzunehmen; und umgekehrt sind Bundestag und Bundesrat nicht hinlänglich imstande, ihre Auffassungen in solche Planungs-, Beratungs- und Verhandlungsprozesse rechtzeitig einzubringen. Aus allen diesen Gründen sollte das Modell eines solchen Gemeinsamen Ausschusses verfassungsrechtlich innerhalb des Art. 23 GG vorgesehen werden.

V.

Zusammengefasst hat der Verfasser der Föderalismus-Kommission zum 14.05. 2004 die im Folgenden wiedergegebene Neufassung des Art. 23 GG vorgeschlagen:[28]

Art. 23 GG
(1) Unverändert
(2) In Angelegenheiten der Europäischen Union vertritt die Bundesregierung die Bundesrepublik Deutschland. In solchen Angelegenheiten der Europäischen Union wirken der Bundestag und durch den Bundesrat die Länder mit. Die Bundesregierung hat den Bundestag und den Bundesrat umfassend und zum frühestmöglichen Zeitpunkt zu unterrichten.
(3) Die Bundesregierung gibt dem Bundestag und dem Bundesrat Gelegenheit zur Stellungnahme vor ihrer Mitwirkung an Rechtssetzungsakten der Europäischen Union. Die Stellungnahmen des Bundestages und des Bundesrates sind für die Bundesregierung verbindlich, soweit es um Rechtsakte der Europäischen Union geht, die durch die innerstaatliche Gesetzgebung umzusetzen sind. Im übrigen berücksichtigt die Bundesregierung die Stellungnahmen des Bundestages und des Bundesrates bei den Verhandlungen. Stellungnahmen des Bundestages und des Bundesrates sind für die Bundesregierung nur dann nicht verbindlich oder nicht zu berücksichtigen, wenn hierfür zwingende außen- und integrationspolitische Gründe sprechen.
(4) Unverändert
(5) Bundestag und Bundesrat können einen Gemeinsamen Ausschuß für Angelegenheiten der Europäischen Union bilden. Der Ausschuß setzt sich aus der gleichen Anzahl von Mitgliedern des Bundestages und des Bundesrates zusammen. Wird ein solcher Gemeinsamer Ausschuß von Bundestag und Bundesrat gebildet, so erfüllt

28 Vgl. die Stellungnahme des *Verfassers* (Fn. 12).

die Bundesregierung ihre Pflichten gemäß Abs. 2 und 3 gegenüber diesem Ausschuß. Der Gemeinsame Ausschuß berät die Bundesregierung in Angelegenheiten der Europäischen Union und klärt, welche Rechtsakte der Europäischen Union vom Bund oder von den Ländern umzusetzen sind. Für Stellungnahmen des Gemeinsamen Ausschusses gilt Abs. 2 entsprechend.

(6) Die Umsetzung von Rechtsakten der Europäischen Union obliegt dem Bund, soweit innerstaatlich Gesetzgebungsbefugnisse des Bundes betroffen sind, sowie den Ländern, soweit innerstaatlich Gesetzgebungsbefugnisse der Länder betroffen sind. In Angelegenheiten, die zu Ausgabenerhöhungen oder Einnahmenminderungen für den Bund führen können, ist die Zustimmung der Bundesregierung erforderlich.

(7) Die Bundesregierung übt die Aufsicht darüber aus, daß die Länder Rechtsakte der Europäischen Union rechtmäßig und rechtzeitig umsetzen, sofern die Umsetzung solcher Rechtsakte innerstaatlich in die Zuständigkeit der Länder fällt.

(8) Das Nähere zu den Absätzen 3 bis 5 und 7 regelt ein Gesetz, das der Zustimmung des Bundesrates bedarf.

Zur Gestalt der Regionen

Dian Schefold

Seit Assistentenzeiten fiel *Manfred Zuleeg* als der Kollege – und bald Freund, dem ich für Rat und Hilfe auch in schwierigen Lebensphasen dankbar bin – auf, der sich am intensivsten mit der europäischen Einigung befasst hat, aus wissenschaftlichem Interesse, aber auch aus persönlichem Engagement für die Sache. Zu fast allen Grundfragen des Europarechts hat er Stellung genommen, als Wissenschaftler und Praktiker, aus der Sicht des Rechts der Mitgliedstaaten und der Gemeinschaft, auf Seiten Beteiligter und als Richter.

Für *Manfred Zuleeg* ist Europa zunächst, auf Grund der Genese durch die Verträge, ein Zusammenschluss von Nationalstaaten[1]. Aber verbunden werden nicht nur diese als Partner völkerrechtlicher Verträge im traditionellen Sinn, sondern die europäischen Völker in ihrer jeweiligen Existenz[2]. Daraus ergibt sich die Relevanz innerstaatlicher Gliederungen, namentlich der Länder und Regionen[3]. Allerdings hat sich deren Rolle in Deutschland verschiedentlich, vor allem beim Streit um die Fernseh-Richtlinie, als eher bremsend erwiesen[4]. Dennoch verdient die Stellung der Länder im Integrationsprozess Beachtung[5]. Sie bildet den Unterbau zu den föderativen Grundsätzen der Europäischen Union[6] und ist damit die Grundlage einer föderativen Ordnung, wie sie jetzt im Vertrag über eine Verfassung für Europa[7] angedeutet wird. Einige ihrer Probleme sollen im Folgenden, ausgehend vom geltenden Gemeinschaftsrecht und unter Einbeziehung des Rechts des Europarats, skizziert werden.

1 Manfred *Zuleeg*, Europa und der Nationalstaat, ZERP-Diskussionspapier 2/86 – der Auftakt einer fruchtbaren Kooperation Zuleegs mit dem Bremer Zentrum für Europäische Rechtspolitik, das sich ihm daher dankbar verbunden weiß.

2 So *Zuleeg*, Die Stellung der Länder und Regionen im europäischen Integrationsprozess, DVBl. 1992, 1329, der schon damals von der Präambel zum EWG-Vertrag und dem Willen, die Grundlagen für einen immer engeren Zusammenschluss der europäischen Völker zu schaffen, spricht; in diesem Sinn jetzt konkreter Art. 1 Abs. 2 EUV, an den die Präambel der Grundrechte-Charta (Abs. 1) anknüpft.

3 *Zuleeg* (Fn. 2), S. 1337; *ders.*, Selbstverwaltung und Europäisches Gemeinschaftsrecht, in: FS Georg Christoph von Unruh, 1983, S. 91 ff.

4 Vgl. BVerfGE 92,203 (230 ff.) und dazu die Anm. *Zuleeg*, JZ 1995, 673 (676).

5 Vgl. nächst Fn. 2 *Zuleeg*, Die Stellung des Landes Hessen in der Europäischen Union, in: Eichel/Möller (Hg.), FS 50 Jahre Verfassung des Landes Hessen, 1996, S. 383 ff.

6 Dazu *Zuleeg*, Die föderativen Grundsätze der Europäischen Union, NJW 2000, 2846 ff.

7 Schon hier sei auf Art. I-5 Abs. 1, 11 Abs. 3 VV verwiesen, dazu näher u. A III, C. I.

A. Die Regionen im geltenden Gemeinschaftsrecht

I. Auf dem Wege zu einem Europa der Regionen

Eine supranationale Einigung der Nationalstaaten relativiert deren Stellung und macht sie von der Einordnung in das Gesamtsystem der Gemeinschaft und später Union abhängig. Es liegt nahe, dass diese Einbettung zugleich die unteren Organisations-, Verwaltungs- und Selbstverwaltungsebenen in ihrer Bedeutung stärker hervortreten lässt[8]. Das Grenzen überschreitende Nachbarschaftsgefühl wird neben dem Zusammenschluss der Nationalstaaten zum Integrationsinstrument und entwickelt ihm eigene rechtliche Formen[9], bis hin zu deren verfassungsrechtlicher Anerkennung[10].

Diese Anerkennung hat sich auch auf das Gemeinschaftsrecht ausgewirkt, auf zwei Wegen. Einerseits hat sich die Gemeinschaft mit der Einheitlichen Europäischen Akte dazu entschieden, das Ziel der harmonischen, ausgewogenen und nachhaltigen Entwicklung des Wirtschaftslebens (Art. 2 EGV) auch durch eine Förderung des wirtschaftlichen und sozialen Zusammenhalts zu verfolgen, die namentlich an die Unterschiede der verschiedenen Regionen anknüpft[11]. Neben einer Verpflichtung der Staaten zu einer darauf ausgerichteten Wirtschaftspolitik werden bestimmte Maßnahmen vorgeschrieben, die „die Unterschiede im Entwicklungsstand der verschiedenen Regionen" (Art. 130a II EWGV, heute Art. 158 II EGV) verringern sollen. Dem dienen der Europäische Regionalfonds und andere Fonds zur Finanzierung von Maßnahmen zur Förderung rückständiger Gebiete[12]. Damit ist erstmals die Region als territoriale Gliederung ins Gesichtsfeld der Gemeinschaft getreten, und die Gemeinschaft bietet von ihrer Seite an, bei der Bearbeitung der daraus resultierenden Probleme mitzuwirken. Vor allem das Europäische Parlament hat diese Paradigmen-Erweiterung durch einen bewussten Grundsatzbeschluss postuliert[13]. Das gibt zum Ausdruck, dass die Mitgliedstaaten nicht als impermeable Einheiten, sondern mit ihren inneren Differenzierungen und daraus resultierenden Problemen der Gemeinschaft angehören. Allerdings betraf diese Regelung noch nicht die Regionen als

8 Schöner Problemaufriss bei *Beutler*, Bringt das Konzept des „Europa der Regionen" mehr Selbstverwaltung und Demokratie?, in: FS Dian Schefold, 2001, S. 19 ff.; vgl. auch *Knemeyer* (Hg.), Europa der Regionen – Europa der Kommunen, 1994.

9 Als Beispiel liegt dem Verfasser die Regio Basiliensis besonders nahe; dazu *Speiser*, Europa am Oberrhein, 1993, kurz auch bei *Fürst/Müller/Schefold*, Weiterentwicklung der Gemeinsamen Landesplanung Bremen/Niedersachsen, 1994, S. 94 ff.; vgl. auch allgemein die beiden Sammelbände: Le droit appliqué à la coopération interrégionale en Europe, 1995, und La coopération décentralisée, 1997.

10 Art. 24 I a GG i.d.F. v. 21.12.1992 (BGBl. I, S. 2086).

11 Zum oszillierenden Regionalismus-Begriff in diesem Zusammenhang jetzt die eingehende Darstellung und Problematisierung durch *Gamper*, Die Regionen mit Gesetzgebungshoheit, 2004, S. 69 ff.

12 Überblick über die Maßnahmen bei *Thränhardt,* Die Kommunen und die EU, in: Wollmann/Roth (Hg.), Kommunalpolitik, 2. Aufl. 1998, S. 361 (370 ff.); *Beutler/Bieber/Pipkorn/Streil*, Die Europäische Union, 5. Aufl. 2001, S. 637 ff.

13 Entschließung zur Regionalpolitik der Gemeinschaft und zur Rolle der Regionen – Dok. A 2 – 218/88, ABl. 1988 C 326/289, unter Verabschiedung einer Gemeinschaftscharta der Regionalisierung, ebd. S. 296 ff.

politische Faktoren, die einen eigenen möglicherweise für die Gemeinschaft relevanten Willen bilden und verkörpern könnten. Der Begriff der Region, bewusst als solcher benutzt, war trotzdem noch weithin mit dem der „Gebiete" austauschbar und in seinen Dimensionen völlig unbestimmt. Die Region diente als Objekt, Anknüpfungspunkt für Fördermaßnahmen und insofern charakterisierende Bezeichnung für ein Politikfeld der Gemeinschaft, aber nicht als deren auch gemeinschaftsrechtlich relevante politische Untergliederung.

Aber damit waren, andererseits, die Weichen gestellt, um den Regionen auch diese Funktion zuzuerkennen. Besonders deutlich wurde dieser Zusammenhang in Deutschland. Schon das ursprüngliche Zustimmungsgesetz zum EWG-Vertrag[14] hatte die Informationspflichten der Bundesregierung nicht nur gegenüber dem Bundestag, sondern auch dem Bundesrat normiert. Das Zustimmungsgesetz zur Einheitlichen Europäischen Akte[15] konkretisierte und ergänzte diese Pflicht zu ihr entsprechenden Mitwirkungsrechten, die im Wesentlichen die im heutigen Art. 23 GG und der Ausführungsgesetzgebung dazu enthaltenen Regelungen vorwegnahmen[16], die Länder also im Gegenzug zur Erwähnung der Regionen im Vertrag an der Willensbildung zu beteiligen suchten. Den entscheidenden Schritt in diese Richtung tat jedoch der Vertrag von Maastricht. Durch die Schaffung des Ausschusses der Regionen, der „regionalen und lokalen Gebietskörperschaften", traten diese auch für die Entscheidungsfindung der Union ins Blickfeld und erhielten – wenn auch sehr begrenzte und keine Stellung des Ausschusses als Organ der Gemeinschaft begründende – Rechte. Aber der entscheidende Schritt zur Anerkennung auch der innerstaatlichen Gebietskörperschaften als Elemente der Union und ihrer Integration ist damit getan und die Aufgabe, diese Ebene sinnvoll in die Entscheidungsprozesse einzubeziehen, als solche sichtbar und Gegenstand weiterer Arbeit.

Dazu hat vor allem die erwähnte deutsche Konkretisierung des Maastricht-Vertrags beigetragen. Aber parallel dazu haben auch andere Mitgliedstaaten die Rolle der innerstaatlichen Gebietskörperschaften bei der Vorbereitung und Durchführung europäischer Regelungen anerkannt und ausgebaut[17]. Die Regelung des Vertrags von Maastricht dürfte ein entscheidender Schritt zur Anerkennung, Ausweitung und Stärkung der Rolle der Regionen in Europa gewesen sein. Regionalisierung wie in Italien, Spanien, teilweise auch in Frankreich und weiteren Staaten, „devolution" in Großbritannien, eigentliche Föderalisierung in Belgien: Die Richtung auf eine innere Ausdifferenzierung der Mitgliedstaaten, wenn auch bei unterschiedlicher Ausge-

14 Vom 27. 7. 1957 (BGBl. II, S.753).

15 Vom 19. 12. 1986 (BGBl. II, S. 1102), Art. 2.

16 Vgl. schon damals *Schütz*, Die EG-Kammer, NJW 1989, 2160 ff. Folgerichtig hob § 15 des Gesetzes über die Zusammenarbeit von Bund und Ländern in Angelegenheiten der EU vom 12. 3. 1993 (BGBl. I, S. 313) die in der letzten Fn. genannte Bestimmung auf.

17 Dazu die frühe vergleichende Darstellung unter Leitung von *Pérez Gonzales* (Hg.), La acción exterior y comunitaria de los Länder, Regiones, Cantones y Comunidades Autónomas, 1994; neuerdings *D'Atena* (Hg.), L'Europa delle autonomie, 2003.

staltung im Einzelnen, ist erkennbar und als Tendenz unverkennbar, so dass traditionelle Unterschiede zwischen den verschiedenen Dezentralisierungsformen, wenn auch nach wie vor vorhanden, an Trennschärfe verlieren[18]. Die aktuelle Diskussion in Italien über die Frage, ob die 2001 verfassungsrechtlich festgelegte Stärkung der Regionen den Schritt zu einem Föderalismus getan habe[19], ist insofern typisch.

II. Die Offenheit des Begriffs der Region

Aber eine Achillesferse der unionsrechtlichen Regelung bleibt, dass der Begriff der regionalen und lokalen Gebietskörperschaften durch diese Regelung kaum determiniert ist. Das gilt nicht nur für den Bereich der Regionalförderung. Insofern hat die Kommission zwar eine Klassifikation der „NUTS" (Nomenclature des Unités Territoriales Statistiques) entwickelt, die zugleich eine Bestimmung der Fördergebiete und eine gewisse Flexibilität erlaubt; sie ist mit ihren methodischen Grundlagen kürzlich als Verordnung erlassen worden[20]. Das kann im Interesse der Problemlösung – Umschreibung der am stärksten benachteiligten Gebiete im Sinn von Art. 158 Abs. 2 EGV und Konzentration auf sie – sinnvoll sein, impliziert freilich kaum Kriterien, die Wesen, Gestalt und Rechtsstellung der Regionen über die statistisch-quantitative Definition hinaus bestimmen; „Region" bleibt insofern ein Synonym für „Gebiet". Aber auch hinsichtlich der Zusammensetzung des Ausschusses der Regionen lässt die gemeinschaftsrechtliche Regelung die nähere Umgrenzung und Abgrenzung der vertretenen Gebietskörperschaften und den Grad der Autonomie, den ihre Organe als lokale Vertretungen genießen müssen, kaum erkennen. Die Ernennung der Mitglieder des Ausschusses der Regionen erfolgt durch den Rat; von einer Wahl ist nicht die Rede, und selbst das Vorschlagsrecht kommt nicht den zu vertretenden Körperschaften, sondern den Mitgliedstaaten als solchen zu. Von einer lokalen Vertretung kann daher nur sehr bedingt und eingeschränkt gesprochen werden. Einen gewissen Fortschritt hat der Vertrag von Nizza wenigstens insofern gebracht, als die Mitglieder des Ausschusses gewählte Vertreter der lokalen oder regionalen Gebietskörperschaften sein müssen[21].

18 So der Befund der interessanten und originellen Arbeit von *Gamper* (Fn. 11), insb. S. 461 (466 f.).

19 Dazu etwa auf der Grundlage von *Pace* (Hg.), Quale, dei tanti federalismi?, 1997, *D'Atena*, L'Italia verso il „federalismo", 2001; *Anzon*, I poteri delle regioni nella transizione dal modello originario al nuovo assetto costituzionale, 2003; vgl. den Befund bei *Gamper* (Fn. 11), S. 464 (bejahend) einerseits, *Barbera/Fusaro*, Corso di diritto pubblico, 3. Aufl. 2004, S. 308 (verneinend) andererseits.

20 Vgl. Fn. 13; jetzt Verordnung 1059/2003 des Europäischen Parlaments und des Rates über die Schaffung einer gemeinsamen Klassifikation der Gebietseinheiten für die Statistik (NUTS) v. 26. 5. 2003, ABl. 2003 L 154/1.

21 Art. 263 I EGV i.d.F. des Vertrags von Nizza vom 26. 2. 2001, vgl. Gesetz vom 21. 12. 2001 (BGBl. II, S. 1666).

Aber die geringe Prägekraft der gemeinschaftsrechtlichen Regelung lässt sich gerade auch an der deutschen Konkretisierung ablesen. § 14 des Gesetzes über die Zusammenarbeit von Bund und Ländern in Angelegenheiten der EU[22] erwähnt schlicht „die von den Ländern benannten Vertreter", die von der Bundesregierung dem Europäischen Rat vorzuschlagen sind, ohne die Verteilung auf die Länder, das Wahl- oder Benennungsverfahren durch diese und eine rechtsförmliche Regelung vorzusehen. Dass Art. 263 (früher Art. 198a) EGV auch die lokalen Gebietskörperschaften einzubeziehen gebietet, wurde erst im Vermittlungsverfahren berücksichtigt, aber auch dort nur durch Verweis darauf, dass „die Länder … ein Beteiligungsverfahren für die Gemeinden und Gemeindeverbände (regeln), das sichert, dass diese auf Vorschlag der kommunalen Spitzenverbände mit drei gewählten Vertretern im Regionalausschuss vertreten sind". Also 21 Vertreter für die Länder, drei für die Kommunen; Vertretung jedes Landes, teilweise – ohne gesetzliche Regelung – sogar durch zwei Vertreter, völlige Offenheit des Wahlmodus. Umgekehrt keinerlei Vertretung einzelner Kommunen und Wahrnehmung ihrer spärlichen Mandate ausschließlich durch die Vertreter der Spitzenverbände, wiederum nach rechtlich in keiner Weise qualifizierter Regelung durch die Länder. Es liegt nahe, dies als unzureichend und gemeinschaftsrechtswidrig zu kritisieren[23]. Aber dieser Kritik kann man damit begegnen, dass das Gemeinschaftsrecht seinerseits eine bestimmte Regelung weder trifft noch fordert.

Andererseits rechtfertigt diese dünne Regelung, dass der Ausschuss der Regionen, auch insofern anknüpfend an die seit der Gründung der EWG geltende Regelung für den Wirtschafts- und Sozialausschuss, eben kein Organ der Gemeinschaft ist, sondern nur „mit beratender Aufgabe unterstützt"[24]. Das begrenzt den Einfluss auf das Rechtsetzungsverfahren. Namentlich in den Regelungen über das Verfahren der Mitentscheidung (Art. 251 EGV) und das Verfahren der Zusammenarbeit (Art. 252 EGV) kommt der Ausschuss als selbständiger Beteiligter nicht vor; seine Aufgaben beschränken sich auf die in Art. 265 genannten und die dort in Bezug genommenen Artikel, namentlich die auf die Regionalförderung bezogenen Art. 161 Abs. 1 und 162 Abs. 1 EGV.

Gerade aus der Sicht des Maastrichter Vertragswerks, zu dem ja die Schaffung des Ausschusses der Regionen gehört, lässt sich diese Begrenzung auch rechtfertigen. Nach Art. 6 Abs. 3 EUV achtet die Union die nationale Identität ihrer Mitgliedstaaten, lässt also unterschiedliche Verfassungsordnungen und –konzepte zu. Gewiss, diese Achtung der Differenz wird durch Grundsätze begrenzt, die allen Mitgliedstaaten gemeinsam sind, folglich von allen zu achten sind und deren Verletzung die schwer wiegenden Sanktionen des Art. 7 EUV nach sich zieht. Aber zu diesen

22 Vgl. Fn. 16.

23 So eher beiläufig *Schaffarzik,* Handbuch der Europäischen Charta der kommunalen Selbstverwaltung, 2002, S. 660 These 31; eingehend *M. W. Schneider*, Kommunaler Einfluss in Europa, 2004, S. 99 ff., 109, 114; die von ihm gestützt auf *Faber*, Die Zukunft kommunaler Selbstverwaltung, DVBl. 1991, 1126 (1132) beklagte „Kommunalblindheit" der EU ist daher eher oder zumindest auch dem deutschen Gesetzgeber zur Last zu legen.

24 Art. 7 EGV, in der Literatur (z.B. *Schneider*, Fn. 23, S. 139 ff.) wird deshalb von einem „Nebenorgan" gesprochen.

Grundsätzen gehören die regionale Gliederung und die Selbstverwaltung regionaler und lokaler Gebietskörperschaften nicht[25]. Das Vertragswerk differenziert somit zwischen den rechtsstaatlichen, freiheitlichen Grundsätzen des Art. 6 Abs. 1 EUV einerseits und den Rechten regionaler und lokaler Gebietskörperschaften, die im Ausschuss der Regionen zum Ausdruck kommen, andererseits. Allenfalls im Kommunalwahlrecht kann ein Ansatz gefunden werden, auch die kommunale Mitwirkung unter die Grundsätze der Demokratie und der Menschenrechte zu subsumieren[26]. Aber auch dieses Recht ist (individuelles) Bürgerrecht, nicht Recht regionaler oder kommunaler Gebietskörperschaften, und daher für die Stellung der Regionen nicht von unmittelbarer Bedeutung.

III. Konkretisierungsansätze im Verfassungsvertrag

Dieser Befund wird allerdings durch den jetzt unterzeichneten Vertrag über eine Verfassung für Europa leicht, aber möglicherweise folgenschwer modifiziert. Zur nationalen Identität der Mitgliedstaaten – offenbar in Anlehnung an Art. 6 Abs. 3 EUV – wird hier die verfassungsrechtliche Struktur „einschließlich der regionalen und kommunalen Selbstverwaltung" gezählt[27]. Damit erhält das ebenfalls erwähnte Kommunalwahlrecht[28] auch aus der Verfassung für Europa seine Rechtsgrundlage. Mehr noch, auch die Formulierung des Subsidiaritätsprinzips wird, insofern in deutlicher Abweichung von Art. 5 EGV, der es ausschließlich auf das Verhältnis von Gemeinschaft und Mitgliedstaaten bezieht, zusätzlich auf das Verhältnis der Mitgliedstaaten „auf regionaler oder lokaler Ebene" bezogen[29].

Nimmt man diese Regelungen zusammen, lässt sich daraus eine dreifache Garantie herleiten. Zunächst setzt der Verfassungsvertrag als gemeinsame Grundsätze der Identität der Mitgliedstaaten regionale und kommunale Selbstverwaltung voraus, garantiert diese also. Sodann gewährleistet der Verfassungsvertrag mit dem Kommunalwahlrecht die eigenständig kommunale, nicht vom Mitgliedstaat oder einer sonstigen anderen Ebene abhängige demokratische Legitimation dieser Selbstver-

25 Vgl. *Beutler*, in: von der Groeben/Schwarze (Hg.), Vertrag über die EU und Vertrag zur Gründung der EG, Kommentar, 2003, Art. 6 EUV Rn. 20 ff., der, in Anknüpfung an seine früheren Ausführungen (Fn. 8), in Rn. 33 auch die Regionalwahlen erwähnt, die Selbstverwaltung der Regionen und Gemeinden aber nicht; in ähnlichem Sinn *Zuleeg*, FS von Unruh (Fn. 3), S. 93. Auch die kommunalrechtliche Literatur ist in ihren Hoffnungen auf Gewährleistung der Selbstverwaltung auf der Ebene der EU skeptisch, vgl. etwa *Hobe/Biehl/Schroeter*, Europarechtliche Einflüsse auf das Recht der deutschen kommunalen Selbstverwaltung, 2004, S. 80 ff.; *Schmidt-Eichstaedt*, Autonomie und Regelung von oben, in: Wollmann/Roth (Fn. 12), S. 323 (335); *Heberlein*, in: J. Ipsen/ Rengeling (Hg.), Gemeinden und Kreise in einem vereinten Europa, 1999, S. 55 (65 ff.); *Schoch*, in: Henneke (Hg.), Kommunen und Europa, 1999, S. 11 (25 ff.); zur abweichenden Position *von Schaffarzik* (Fn. 23), S. 620 ff.; ähnlich schon *Kaltenborn*, Der Schutz der kommunalen Selbstverwaltung im Recht der EU, 1996, insb. S. 104 ff., die angesichts des Entwurfs des Verfassungsvertrags an Bedeutung gewinnt, vgl. unten C. I.

26 Art. 19 Abs. 1 EGV, auf den Art. 40 der Grundrechte-Charta Bezug nimmt. Insoweit darf sei auf den Beitrag verwiesen, den *Zuleeg*, Kommunalwahlrecht für Unionsbürger, in: FS Dian Schefold (Fn. 8), S. 117 ff. verfasst hat.

27 Art. I-5 Abs. 1 VV. Dazu und zum Folgenden *Pernice*, Der Verfassungsentwurf als gemeineuropäisches Verfassungsrecht, in: Institut für Europäische Verfassungswissenschaften (Hg.), Die Europäische Union als Verfassungsordnung, im Erscheinen, S. 113 (123 f.) im Anschluss an *Häberle*.

28 Art. I-11 Abs. 2, Art. II-100 VV, insofern in Anlehnung an das bisherige Recht, vgl. Fn. 26.

waltung. Schließlich wendet der Verfassungsvertrag das Subsidiaritätsprinzip auch auf die Zuständigkeitsverteilung zwischen den Mitgliedstaaten und ihren regionalen und lokalen Untergliederungen an, garantiert diesen also einen Bereich eigener Angelegenheiten zur Selbstverwaltung. Damit nähert sich die europarechtliche Gewährleistung dem dreifachen Garantieverständnis an, das die Auslegung des Art. 28 Abs. 2 GG bestimmt[30].

Auf solche Art auf lokale und regionale Gebietskörperschaften gestützt, die von der Verfassung in Existenz, Legitimation und Aufgabenbereich gewährleistet werden, könnte der Ausschuss der Regionen nunmehr eine besser gesicherte und damit stärkere Stellung einnehmen. Allerdings geht der Verfassungsvertrag diesen Schritt nicht. Nach wie vor zählt der Ausschuss der Regionen nicht zu den eigentlichen Organen der Union, sondern nur zu den sonstigen Organen und Einrichtungen als eine der „beratenden Einrichtungen“[31]. Zusammensetzung und Zuständigkeiten sind eher weniger präzis geregelt als im bisherigen Recht[32]. Auch die gemeinsamen Vorschriften für die Organe, namentlich über das Verfahren beim Erlass von Rechtssätzen[33], präzisieren die Stellung des Ausschusses der Regionen nicht. Allenfalls die prozessuale Stellung in Verfahren vor dem Europäischen Gerichtshof ist etwas verbessert worden[34]. Ganz offen lässt aber auch die neue Ordnung das Konzept der Regional- und Kommunalgliederung. Insofern hat es nach wie vor bei der auf die Regionalförderung ausgerichteten „NUTS“-Definition sein Bewenden.

29 Art. I-11 Abs. 3 VV, entsprechend alten Forderungen, z.B. *Faber* (Fn. 23), S. 1133 ff.; *Hoffschulte*, in: Ipsen/ Rengeling (Fn. 25), S. 29 (31 ff.). Vgl. im VV Protokoll über die Anwendung der Grundsätze der Subsidiarität und der Verhältnismäßigkeit, das zwar die Subsidiarität im Verhältnis zwischen zentraler, regionaler und lokaler Ebene der Mitgliedstaaten nicht regelt, aber offenbar bereits beeinflusst: BVerfG NJW 2004, 2362 (2364) bemängelt das Vorliegen einer Erforderlichkeit nach Art. 72 Abs. 2 GG für ein bundeseinheitliches Ladenschlussgesetz, weil „in den Gesetzesmaterialien zur Novellierung des Ladenschlussgesetzes im Jahre 1996 … sich keine Darlegung zum Vorliegen dieser Voraussetzungen“ findet. Bekennt sich hier der *praeceptor Europae* als gelehriger Schüler und Rezipient des VV? Das wäre ein neues Kapitel im von *Zuleeg*, Die Rechtsprechung des EuGH zum Europarecht im Lichte des GG und seiner Dogmatik, in: Battis u.a. (Hg.), Das Grundgesetz im internationalen Wirkungszusammenhang der Verfassungen, 1990, S. 227 ff. dargestellten Wirkungszusammenhang.

30 Dafür statt aller *Stern*, Staatsrecht Bd. 1, 2. Aufl. 1984, S. 409.

31 Art. I-32 Abs. 1 im Gegensatz zu Art. I-19 VV; vgl. o. Fn. 24.

32 Art. III-386 bis 388 VV; wohl ein Versehen, jedenfalls eine Inkonsequenz angesichts von Art. I-5 Abs. 1 und Art. I-32 Abs. 2 VV ist, dass hier von lokalen Gebietskörperschaften nicht mehr die Rede ist. Auch die Bestimmungen über den wirtschaftlichen und sozialen Zusammenhalt, Art. III-220 bis 224 VV, die die Anhörung des Ausschusses der Regionen in weitem Ausmaß vorschreiben, bilden die bisher geltende Regelung fort.

33 Art. III-395 bis 401 VV.

34 Art. III-365 Abs. 3 VV, Protokoll über die Anwendung der Grundsätze der Subsidiarität und der Verhältnismäßigkeit Nr. 7 Abs. 2.

B. Der Beitrag des Europarats

I. Die Europäische Charta der kommunalen Selbstverwaltung

In dieser ambivalenten Situation liegt es nahe, das Augenmerk europäischen Entwicklungen zuzuwenden, die sich außerhalb des organisatorischen Rahmens der Union, aber in Nachbarschaft mit ihr vollzogen haben und vollziehen[35]. In Verbindung mit dem Europarat haben seit seiner Gründung auch die Gemeinden, nach 1945 selbstbewusster geworden mit den Versuchen, demokratische Strukturen auf Selbstverwaltung zu gründen[36], organisatorische Zusammenarbeit gesucht und geschaffen[37]. Dabei hat sich auch eine Verbindung mit den Regionen ergeben, die in ähnlicher Weise eine europäische Dachorganisation wünschten. Seit 1975 existiert diese in Form einer *Conference,* seit 1994 in der Form eines *Congress of Local and Regional Authorities of Europe (CLRAE)*, der teils als Plenum, teils getrennt in Kammern der Regionen und der Gemeinden tagt und weitere Unterorganisationen gebildet hat.

Hauptergebnis dieser Einbeziehung der kommunalen Ebene in die europäische Integration durch den Europarat war die Erarbeitung einer Europäischen Charta der kommunalen Selbstverwaltung (im folgenden ECh), zunächst, nach Vorschlägen der Konferenz (Vorläufer des heutigen Kongresses) der lokalen und regionalen Behörden, durch ein Expertengremium des Ministerkomitees[38]. Vom 15. Oktober 1985 an wurde die Charta zur Unterzeichnung durch die Mitgliedstaaten des Europarats ausgelegt. Deutschland gehörte zu den Erstunterzeichnern[39]. Gemäß Art. 15 ECh trat diese nach Erklärung der Zustimmung zur Bindung durch vier Staaten – darunter Deutschland – in Kraft, am 1.9.1988. Das war zunächst wenig spektakulär, zumal in Deutschland die Frage der Zuständigkeit des Bundes, eine solche Charta zu unterzeichnen und ihr zuzustimmen, nicht unumstritten war[40].

35 So nunmehr umfassend die während der Arbeit am vorliegenden Beitrag erschienene Dissertation von *Schneider* (Fn. 23), die ihren Schwerpunkt freilich stärker in der kommunalen als in der regionalen Selbstverwaltung sieht.

36 Mein Basler Geschichtslehrer *Adolf Gasser* hatte „Gemeindefreiheit als Rettung Europas", 1943, 2. Aufl. 1947 verfasst und war, wie wir Schüler am freitags oft in die Schule mitgebrachten Köfferchen mit herausschauendem Nachthemd-Zipfel konstatieren konnten, um 1950 viel gefragter Referent vor Kommunalpolitikern. Von der Fortdauer seines Einflusses zeugt jetzt die Aufsatzsammlung *Gasser*, Gemeindefreiheit in Europa. Der steinige Weg zu mehr Selbstverwaltung, 2004.

37 Dazu und zum Folgenden *Schaffarzik*, (Fn. 23); dort S. 701 ff. auch die Resolution des Ministerkomitees (2000) 1 über den CLRAE/ CPLRE; *Schneider*, (Fn. 23), S. 178 ff.; vgl. auch *Weiß*, Einführung und Umsetzung der Europäischen Charta der kommunalen Selbstverwaltung in Deutschland, 1996. Reichhaltige Dokumentation jetzt auch bei *Knemeyer*, Kommunale Selbstverwaltung in Ost und West, 2003.

38 So die amtlichen Ausgaben der ECh (in englischer und französischer Sprache) mit erläuterndem Bericht, 1986 (zahlreiche Neudrucke). Vgl. die detaillierte Darstellung durch *Schaffarzik* (Fn. 23), S. 31 ff. mit Abdruck des erläuternden Berichts S. 710 ff.; *Schneider* (Fn. 23), S. 281 ff., der (S. 273 ff.) auch frühere Bestrebungen erwähnt, sowie frühzeitig *Knemeyer*, Die Europäische Charta der kommunalen Selbstverwaltung, 1989.

39 Gesetz zu der Europäischen Charta vom 15. Oktober 1985 der kommunalen Selbstverwaltung vom 22. Januar 1987 (BGBl. II, S. 65); zum Inkrafttreten und Geltungsbereich die Bekanntmachung BGBl. 1988 II, S. 653.

Aber schon der Text der Charta zeigt, dass hier die Selbstverwaltung in äußerst eingehender, substantieller Weise gewährleistet wird. Zwar fehlt das Universalitätsprinzip, das für Art. 28 Abs. 2 GG und für die deutsche Dogmatik essentiell ist. Aber die an seine Stelle tretende Gewährleistung, „im Rahmen der Gesetze einen wesentlichen Teil der öffentlichen Angelegenheiten in eigener Verantwortung zum Wohl ihrer Einwohner zu regeln und zu gestalten" (Art. 3 Abs. 1 ECh), vermeidet die mit Universalitätsprinzip und Örtlichkeitsprinzip verbundenen Abgrenzungsschwierigkeiten und konkretisiert das – natürlich ebenfalls ausfüllungsbedürftige – Wesentlichkeitskriterium: zunächst durch einen Verfassungs- und Gesetzesvorbehalt für die Zuständigkeitsverteilung (Art. 4 Abs. 1, 4 ECh, mit dem Befassungsrecht nach Art. 4 Abs. 2 als Konsequenz), dann ein dem Subsidiaritätsprinzip nahe kommendes Prinzip der Bürgernähe (Art. 4 Abs. 3, 5, auch Art. 6 Abs. 1 ECh) sowie weite Anhörungs- und Beteiligungsrechte (Art. 4 Abs. 6, Art. 5, 9 Abs. 6 ECh). Speziell gewährleistet die Charta, Jahre vor den noch immer unzureichenden Regelungen des Art. 28 Abs. 2 S. 3 GG, in eingehenden Vorschriften den Anspruch der kommunalen Gebietskörperschaften auf angemessene Finanzmittel (Art. 9 ECh in acht ins Detail gehenden Absätzen)[41]. Im Gegenzug dazu wird die Staatsaufsicht begrenzt, im Wesentlichen auf Rechtsaufsicht (Art. 8 ECh), und die Gewährleistung eines effektiven Rechtsschutzes der Selbstverwaltung gefordert (Art. 11 ECh). Vor allem aber steht diese funktionelle Gewährleistung im Zusammenhang einer organisatorisch-demokratischen Fundierung kommunaler Verwaltung, gestützt auf gewählte Vertretungskörperschaften oder unmittelbare Demokratie (Art. 3 Abs. 2 ECh) mit bestimmten Funktionsgarantien (Art. 7 ECh) und Organisationshoheit (Art. 6 Abs. 1 ECh). Die „Exekutivorgane" der Körperschaften müssen den Räten gegenüber verantwortlich (Art. 3 Abs. 2 S. 1 ECh) und qualifiziert ausgestaltet sein (Art. 6 Abs. 2 ECh). Zusätzlich tragen die Anhörungsrechte bei Gebietsänderungen (Art. 4 Abs. 6, Art. 5 ECh) und ein Vereinigungsrecht, auch über die Grenzen hinweg (Art. 10 ECh), zu angemessenen kommunalen Gliederungsstrukturen bei.

Angesichts dieses Befunds ist es merkwürdig, dass die Charta in Deutschland teils wenig bekannt ist, teils in ihrer Bedeutung gering eingeschätzt wird[42]. Gewiss, die zunächst zögerlich eingehenden Ratifikationen der Charta[43], vor allem die Tatsache,

40 Der Bund beanspruchte zwar die Kompetenz, vgl. das in der letzten Fn. zitierte Zustimmungsgesetz, gestützt auf Bericht und (einstimmige) Beschlussempfehlung des Innenausschusses des Bundestags, BT-Drs. 10/6661, aber die Zweifel der Literatur bestehen fort, vgl. etwa *von Schwanenflügel*, Entwicklungszusammenarbeit als Aufgabe der Gemeinden und Kreise, 1993, S. 143 f. m. N. und die Kritik an *Schaffarzik* (Fn. 23), der diese Zweifel S. 183 ablehnt, in der Rezension durch *Th. I. Schmidt*, JZ 2003, 674 f.

41 Zur Bedeutung dieser Garantien für Deutschland schon früh *Marauhn*, Selbstverwaltungsrechte und angemessene Finanzausstattung kommunaler Gebietskörperschaften in Europa, in: M. Hoffmann u.a. (Hg.), Kommunale Selbstverwaltung im Spiegel von Verfassungsrecht und Verwaltungsrecht, 1995, S. 71 ff.; vgl. auch *Heberlein* (Fn. 25), S. 62 f.

42 Charakteristisch die Einschätzung eines der internationalen Einbindung Deutschlands gegenüber ja nicht negativ positionierten Kommentars: *Dreier*, in: ders. (Hg.), Grundgesetz-Kommentar, Bd. 2, 1998, zu Art. 28 Rn. 27 m. N., die leicht zu erweitern wären; neuerdings etwa *Hobe/Biehl/Schroeter* (Fn. 25), S. 92 ff.

43 Dazu *Schneider* (Fn. 23), S. 357 ff.; nachzutragen ist die Ratifikation durch Belgien (25. 8. 2004) und die Unterzeichnung durch die Schweiz (21. 1. 2004).

dass Frankreich als einer der ersten Unterzeichner-Staaten die Charta bislang nicht ratifiziert hat, die Möglichkeit, sich nur an bestimmte Teile der Charta gebunden zu betrachten (Art. 12 ECh), die in der Charta schwach ausgestaltete Berichtspflicht[44] und die Verfassungsproblematik in Bundesstaaten mit gliedstaatlicher Kompetenz für das Kommunalrecht wie Deutschland mahnen zur Vorsicht.

Aber weit eindrücklicher ist doch die Erfolgsgeschichte der Charta[45]. Nicht nur praktisch alle westeuropäischen Staaten, sondern nach der Wende in Osteuropa fast alle Staaten dieses Bereichs haben die Charta unterzeichnet und ratifiziert, viele sogar ohne jede Einschränkung[46]. Die Bereitschaft dazu und die Schaffung der Charta entsprechender kommunaler Strukturen ist eines der Kriterien für die Aufnahme in den Europarat, die Mitgliedschaft darin daher zugleich Ausweis entsprechender kommunaler Strukturen geworden. Wichtiger noch als diese formelle Ausdehnung ist, dass die Einhaltung der Charta durch den Kongress und seine Unterorganisationen begleitet, dokumentiert und überwacht wird. Entsprechend hat der CLRAE durch einzelne beauftragte Mitglieder unter Mitarbeit unabhängiger juristischer Experten und der Mitarbeiter des Europarats über alle Mitgliedstaaten – vor allem auch die Aufnahmekandidaten und die neu aufgenommenen – eingehende, auf Dokumente, Besuche und Gespräche mit den unterschiedlichen Akteuren vor Ort gestützte *Monitoring Reports* erarbeitet. Diese stellen den Stand der kommunalen Selbstverwaltung dar, bewerten ihn und legen Probleme der Vereinbarkeit mit der Charta kritisch, gipfelnd in Empfehlungen und Resolutionen, dar[47]. Dabei wird jeweils die Charta als Ganzes als Prüfungsmaßstab herangezogen. Das versteht sich von selbst bei Staaten, die die Charta noch nicht ratifiziert haben, gilt aber auch im Fall der auf Grund von Erklärungen gem. Art. 12 beschränkten Bindung an die Charta. Gewiss, diese Kontrolle kann nicht flächendeckend sein, nicht sämtliche Probleme offen legen und schon gar nicht lösen; unmittelbare Zwangsmittel stehen nicht zur Verfügung. Aber durch die Berichte kommen die Probleme auf den Tisch[48]. Diskussionen im Kongress und, wenn nötig, letztlich auch im Ministerkomitee des Europarats können einigen Einfluss ausüben. Praktisch führt dies selbst zur Vorlage einzelner – auch individueller – Beschwerden an den CLRAE. Die Charta ist daher unmittelbar anwendbar[49] und erhält dadurch

44 Art. 14 ECh, dazu die zutreffende Kritik durch *Schaffarzik* (Fn. 23), S. 113 ff.; vgl. dazu jedoch sogleich im Text.

45 So neben den zitierten größeren Darstellungen in neuerer Zeit etwa *Hoffschulte*, in: Ipsen/Rengeling (Fn. 25), S. 29 (38 f.); *Bohner*, Entstehung und Bedeutung der ECh, in: Knemeyer (Fn. 37), S. 17 ff.

46 Nach dem Stand vom 31. 8. 2004 fehlen einzig die Unterschriften der Zwergstaaten Andorra und San Marino sowie Serbien-Montenegros, zusätzlich die (möglicherweise bald folgenden) Ratifikationen Frankreichs, Georgiens und der Schweiz.

47 Dazu *Schaffarzik* (Fn. 23, vgl. Fn. 44), S. 133 ff.; *Schneider* (Fn. 23), S. 346 ff.; sowie die bei *Knemeyer* (Fn. 37), S. 157 wiedergegebenen Rechtsquellen und Dokumente sowie die Erläuterungen durch *Bohner* (Fn. 45), S. 17 ff. Dem dort erwähnten Group of Independent Experts on the European Charter of Local Self-Government gehört der Verfasser dieses Beitrags an. Die hier geäußerten Ansichten sind jedoch nur ihm, nicht der Organisation zuzurechnen.

48 Beispiel: Belgien, einer der Erstunterzeichner-Staaten der Charta, hatte diese nicht ratifiziert, vor allem wegen der mit dem Sprachenproblem und der Föderalisierung zusammenhängenden Probleme. Ein *Monitoring Report*, vorgelegt im Mai 2004, stellte diese Problematik dar. Am 25. 8. 2004 wurde die Ratifikationsurkunde hinterlegt. Eine Parallele hinsichtlich Deutschlands deutet *Schneider* (Fn. 23), S. 350 Fn. 345 an.

49 Überzeugende Begründung bei *Schaffarzik* (Fn. 23), S. 292.

eine Funktion, die sogar mit der der Europäischen Menschenrechtskonvention verglichen werden kann. Freilich obliegt ihr Schutz – wohl auch sinnvoller Weise – keinem Gerichtshof als Entscheidungsinstanz, und natürlich ist der Schutz der kommunalen Selbstverwaltung, die seinerzeit bewusst nicht in die EMRK aufgenommen wurde, dem der Menschenrechte nicht zu vergleichen[50]. Aber für die spezifische Kontrolle der Einhaltung der Charta hat sich das geltende System – das natürlich im Einzelnen verbessert werden könnte – als durchaus effizient erwiesen.

II. Der Ansatz zur Einbeziehung der Regionalebene

Aber das hier dargestellte Schutzinstrumentarium ist ausgerichtet auf die Kommunen, die *collectivités locales* oder *local authorities*[51]. Allerdings zählen dazu nicht nur in Deutschland, sondern auch in Staaten französischer Tradition wie Belgien, Griechenland, Italien Verwaltungsstufen der nächst höheren Ordnung wie Kreise oder Provinzen, die als Körperschaften mit Selbstverwaltung ausgestaltet sein können und dies heute meist sind[52]. Nach Art. 13 ECh gilt die Charta grundsätzlich auch für diese, lässt jedoch den Signatarstaaten Spielräume: Sie können den Anwendungsbereich der Charta auf eine Ebene beschränken, auf eine oder mehrere Ebenen ausdehnen. In der Tat ergeben sich hier Probleme mit dem für die Gemeinden, wie gesehen, gewährleisteten Aufgabenbereich: Wie kann man für zwei Selbstverwaltungsebenen „einen wesentlichen Teil der öffentlichen Angelegenheiten in eigener Verantwortung" (Art. 3 Abs. 1 ECh) gewährleisten? Die Frage ist heikel, jedoch aus der deutschen Kommunalrechtsdiskussion als Problem der Abgrenzung von Gemeinde- und Kreisaufgaben[53] wohl bekannt. Für die obere Selbstverwaltungsebene lässt sich ein Überwiegen der Fremdverwaltungsaufgaben, die von der Charta in Art. 8 Abs. 2 S. 2 ebenfalls erwähnt werden, schwerlich vermeiden; aber es muss auch für die Kreise ein Bereich der Eigenverantwortung bleiben[54]. Nichts anderes hat für den Anwendungsbereich der Charta zu gelten.

50 So wenig wie sich die Bedeutung der Verfassungsbeschwerde nach § 91 BVerfGG mit der der Verfassungsbeschwerde nach § 90 vergleichen lässt.

51 Art. 2 ECh; dabei fällt auf, dass der (neben dem französischen) authentische englische Wortlaut entsprechend dem Sprachgebrauch von den „authorities" spricht, nicht von den Gebietskörperschaften (Kommunen, collectivités locales) als solchen, was zu Ungereimtheiten zwischen beiden Originalfassungen führt, etwa beim Verhältnis von Art. 4 Abs. 6 und Art. 9 Abs. 6 zu Art. 5 (wer ist anzuhören?).

52 Gute Übersicht bei *Schneider* (Fn. 23), S. 54 ff.

53 Entsprechende Probleme stellen sich zwar noch nicht bei der Untergliederung von Gemeinden in Stadtbezirke, Teilorte und ähnliche Gemeindeteile, die nicht unter Art. 28 Abs. 2 GG fallen, und auch nicht für administrative Gemeindezusammenschlüsse wie insb. die Ämter, die ebenfalls keinen Gemeindecharakter haben, wohl aber, wo das Kommunalrecht zwei Kommunalebenen vorsieht und über den als Gemeinden mit eigener Volksvertretung ausgestatteten Ortsgemeinden zentrale Verwaltungsbefugnisse in ebenfalls als Gemeinden mit eigener Volksvertretung ausgestatteten Samtgemeinden (Niedersachsen) oder Verbandsgemeinden (Rheinland-Pfalz) konzentriert. Hier muss wohl beiden Ebenen Gemeindecharakter zuerkannt werden; vgl. dazu *Hlépas*, Unterschiedliche rechtliche Behandlung von Großgemeinden und Kleingemeinden, 1990, S. 274 ff.; *Bovenschulte*, Gemeindeverbände als Organisationsformen kommunaler Selbstverwaltung, 2000, insb. S. 317 ff., 442 ff., unter Offenlegung der damit verbundenen dogmatischen Probleme. Vgl. auch *Schefold/Neumann*, Entwicklungstendenzen der Kommunalverfassungen in Deutschland, 1996, S. 255 ff., 315 ff.

54 Vgl. *Dreier* (Fn. 42), Art. 28 GG Rn. 158 ff., der unter Hinweis auf *Schoch* (Hg.), Selbstverwaltung der Kreise in Deutschland, 1996, S. V, von einer „wenig komfortablen Lage" spricht.

Darin findet sich eine im Zusammenhang des Regelungsgegenstands der Charta überraschende Formulierung. Als zusätzliche Ebenen kommen nämlich „Arten von kommunalen oder regionalen Gebietskörperschaften" (*categories of local or regional authorities, catégories de collectivités locales ou régionales*) in Betracht. Neben und im gleichen Atemzug mit der zweiten Kommunalebene wird also die Regionalebene erwähnt. Würde diese generell in die Charta einbezogen, so erlangte damit die Charta zugleich die Funktion einer Charta der regionalen Selbstverwaltung. Über die Gemeindeebene und die Ebene der Gemeindeverbände hinaus könnte das Gesamtsystem der territorialen Selbstverwaltung unter die Charta subsumiert werden. In diese Richtung gehen Verfassungsregelungen, in denen solche Vorstellungen anklingen. Besonders explizit ist insofern die neue italienische Regelung[55].

In der Tat sieht der erläuternde Bericht[56] diese Möglichkeit vor, soweit eine Regionalebene existiert. Diese wird also nicht gefordert und kann gegebenenfalls, aber muss nicht einbezogen werden. Als Gegengrund wird ausdrücklich die verfassungsrechtliche Sonderstellung der Regionalebene, vor allem in Bundesstaaten, erwähnt – ein offenkundiger und für den deutschen Leser gewiss zunächst beruhigender Hinweis auf Deutschland; denn nach dem Konzept deutscher Bundesstaatlichkeit beschränkt sich diese auf die zwei Ebenen von Bund und Ländern und ist die Frage der kommunalen Selbstverwaltung davon zu unterscheiden.

Selbst wer jedoch diese Verfassungsrechtslage zugrunde legt, wird deshalb eine stärkere Stellung der deutschen Länder im Vergleich zu regionalen Körperschaften betonen, aber bei genauerem Hinsehen gegen Art. 13 der Charta keine weiter gehenden Bedenken anmelden müssen. Die hier geregelten Merkmale der Selbstverwaltung geben zwar von der föderalen Eigenständigkeit der deutschen Länder kein vollständiges Bild, werden aber bei der Regelung der Stellung der deutschen Länder allesamt berücksichtigt, sowohl was den Bereich der Länderzuständigkeit, als auch deren rechtlichen Schutz, wie schließlich die organisatorisch-demokratischen Folgerungen betrifft. Insofern greifen Art. 28 Abs. 1 und 2 GG ineinander, und Art. 13 ECh kann als eine Bestätigung dieser Rechtslage gelesen werden. Seine Anwendung auf die deutschen Länder brächte zwar wenig zusätzliche Anforderungen[57], wäre aber zumindest unschädlich und könnte überdies an ein Selbstverwaltungsverständnis anknüpfen, wie es etwa von *Hugo Preuß*[58] entwickelt und für die deutsche Entwicklung vorbildlich geworden ist[59].

55 Art. 114 Abs. 2 ital.Verf. in der Fassung der legge costituzionale 18-10-2001 n. 3: „I Comuni, le Province, le Città metropolitane e le Regioni sono enti autonomi con propri statuti, poteri e funzioni secondo i princìpi fissati dalla Costituzione"; schon die frühere Fassung des Art. 114 ging in diese Richtung. Wie stark dies von in Deutschland vorherrschenden Konzepten abweicht, wird aus der Darstellung von *Schneider* (Fn. 23), insb. S. 68 ff. deutlich.

56 Zit. Fn. 38, zu Art. 13.

57 Zu denken müsste allerdings Art. 4 Abs. 4 ECh geben, der die Zuständigkeiten der Gebietskörperschaften „in der Regel umfassend und ausschließlich" verstanden wissen will – eine angesichts des Exekutivföderalismus auch für die deutschen Länder nur unzureichend erfülltes Requisit. Aber die Probleme auf diesem Gebiet sind gerade die, mit denen sich die Kommission zur Reform der föderalistischen Ordnung (Bundesstaats-Kommission) befasst hat. Das Prinzip des Art. 4 Abs. 4 ECh gilt also auch für die deutschen Länder, vgl. statt aller *P. M. Huber*, Klarere Verantwortungsteilung von Bund, Ländern und Kommunen? Gutachten zum 65. DJT 2004, S. D 17 ff., 53 ff., und zu seiner Abstützung wäre die Charta (die von *Huber* gar nicht erwähnt wird!) durchaus hilfreich.

III. Eine europäische Charta der regionalen Selbstverwaltung?

Nach der Schaffung der Charta der kommunalen Selbstverwaltung und angesichts ihrer Erfolgsgeschichte bot es sich allerdings an, auch für die Regionalebene ein ähnliches Instrument zu entwickeln. Das lag schon im Interesse der – wie dargestellt, gleichrangigen – Vertretung der Regionen im CLRAE, und erst recht, nachdem durch den Ausschuss der Regionen auch im EG-Recht eine Artikulationsebene der Regionen geschaffen war. 1997 schlug daher der CLRAE dem Ministerkomitee des Europarats die Ausarbeitung einer Charta der Regionen vor[60]. Unter Federführung eines dafür eingerichteten Ausschusses des Ministerkomitees[61] wurde ein Entwurf erarbeitet und in mehreren Phasen auf verschiedenen Ebenen beraten[62]. Der Entwurf lehnt sich weitgehend an die Charta der kommunalen Selbstverwaltung an und bekennt sich dazu auch in der Präambel, trägt freilich den besonderen Problemen der Regionalisierung Rechnung. Grundlegend ist namentlich die Bestimmung (Art. 2 Abs. 1), dass die Schaffung, Änderung und Abschaffung von Regionen den Mitgliedstaaten überlassen bleibt. Soweit es keine Regionalebene gibt, bleibt die Charta daher gegenstandslos. Soweit es dagegen eine Ebene zwischen Zentralregierung und lokaler Selbstverwaltung gibt – das ist die Definition der Regionalebene – (Art. 3), soll dafür Selbstverwaltung gewährleistet werden, wobei die dafür einschlägigen Anforderungen wieder weitgehend der Charta der kommunalen Selbstverwaltung nachgebildet sind. Ähnlich wie diese (Art. 12 ECh), sieht auch Art. 17 des Entwurfs vor, dass die Signatarstaaten eine bestimmte Zahl von Bestimmungen der Charta zu bezeichnen haben, denen sie sich unterwerfen; dabei wird ein Minimum vorgeschrieben. Alternativ dazu wird die Möglichkeit geboten, im Hinblick auf die Regionen Art. 13 der Charta der kommunalen Selbstverwaltung und damit deren Regelung auch für die Regionen zugrunde zu legen (Art. 1 Abs. 2 des Entwurfs, konkretisiert in den folgenden Absätzen). Damit wäre – das ist als positives Ergebnis zunächst festzuhalten – auch für die Regionalebene ein europaweiter Garantiemodus vorhanden und eine Struktur vorgezeichnet, die auch im Hinblick auf

58 Grundlegend schon in *Preuß*, Gemeinde, Staat und Reich als Gebietskörperschaften, 1889; vor allem dann in der Begründung zur Weimarer Verfassung, wo *Preuß* von „höchstpotenzierten Selbstverwaltungskörperschaften" sprach, vgl. die Denkschrift zum Entwurf des allgemeinen Teils der Reichsverfassung vom 3. 1. 1919 bei *Preuß*, Staat, Recht und Freiheit, 1926, S. 368 (379).

59 Zu Hugo Preuß insofern *Gillessen*, Hugo Preuß, 2000; *Lehnert*, Verfassungsdemokratie als Bürgergenossenschaft, 1998, insb. S. 191 ff.; *Lehnert/Müller* (Hg.), Vom Untertanenverband zur Bürgergenossenschaft, 2004 (darin S. 87 ff., 108 ff. mein Beitrag zur Bedeutung des Preuß'schen Selbstverwaltungsverständnisses); zur Einordnung in eine Selbstverwaltungstheorie *Bovenschulte*, (Fn. 53), insb. S. 46 ff., 481 ff., 495 f.

60 *Rabe/Semmelroggen*, Der Kongress der Gemeinden und Regionen des Europarates und seine „Europäische Charta der regionalen Selbstverwaltung", NdsVBl. 1998, 105 (107 ff.); der Text des Entwurfs 1997 bei *Knemeyer* (Fn. 37), S. 205 ff. Vgl. neuerdings, auch zum Folgenden, den Bericht „Les garanties des droits fondamentaux des collectivités locales et régionales dans les 45 États membres du Conseil de l'Europe en vertu des conventions du Conseil de l'Europe: la Charte européenne de l'autonomie locale et le projet de Convention sur l'autonomie régionale », vorgelegt von *Stöckling/Mans/Andreotti*, CPLRE, CG/INST (11)3 und (11)5, 2004, S. 10 ff.

61 Des *Comité directeur pour la démocratie locale et régionale (CDLR)*, zu dessen Zusammensetzung, Funktion und Bedeutung *Schaffarzik* (Fn. 23), S. 59 f.

62 Zugrunde gelegt wird hier die – weiter in Beratung befindliche – Fassung CDLR (2003)31 Appendix 2 vom 21. 10. 2003, vgl. die Resolution des CLRAE 186 (2004).

die Europäische Union von Bedeutung sein könnte. Insofern ist jedenfalls der Tendenz und Richtung des Entwurfs zuzustimmen und besteht Anlass zur Hoffnung, dass die für die lokalen und regionalen Selbstverwaltungskörperschaften zuständigen Minister auf ihrer Budapester Konferenz am 24./25. Februar 2005 den Entwurf als Text einer Konvention, die – wie 1985 die Charta der kommunalen Selbstverwaltung – vom Europarat zur Unterzeichnung vorgelegt werden kann, billigen werden.

IV. Probleme, Schwächen, Gegenkräfte

Allerdings zeigen schon die lange Vorgeschichte und die komplizierte Struktur des Entwurfs, dass durch ihn Probleme aufgeworfen werden. Zunächst liegt auf der Hand, dass angesichts eines ganz unterschiedlichen Stands der Regionalisierung in den Mitgliedstaaten eine einheitliche Regelung allenfalls um den Preis sehr großer Variationsbreiten der zur Verfügung gestellten Lösungen in Betracht kommt.
Das gilt schon in quantitativer Hinsicht. Für viele der heute dem Europarat und auch der EU angehörenden Kleinstaaten ist Regionalisierung entweder praktisch ausgeschlossen, oder doch wenig sinnvoll, bedenkt man, dass die Einwohnerzahl etlicher Staaten unter der durchschnittlicher deutscher Länder, italienischer Regionen oder spanischer autonomer Gemeinschaften liegt. Praktisch kommt daher Regionalisierung nur für einen Teil der Mitgliedstaaten in Betracht, und auch bei diesen gibt es eine Grenzzone, in denen die Sinnhaftigkeit einer Untergliederung in Regionen fraglich, jedenfalls zu evaluieren ist; daher drängt sich eine Regelung wie die erwähnte in Art. 2 des Entwurfs auf, die auch die Abschaffung einmal gebildeter Regionen gestattet.
Auch qualitativ kann Regionalisierung, insofern vor allem von den unterschiedlichen Traditionen geprägt, ganz Verschiedenes bedeuten. Als Modelle seien hier Staaten mit föderalistischer Tradition und Bildung aus vorbestandenen Gliedstaaten, Regionalisierung als Antwort auf sprachliche, religiöse oder ethnische Differenzen, Wiederanknüpfung an frühere unterschiedliche politische Zugehörigkeiten neben der reinen Dezentralisation einheitlicher Staaten genannt[63]. Diese Formen lassen sich für einzelne Staaten auch konkurrierend feststellen; dann ergeben sich asymmetrische oder in anderer Weise hoch komplexe Lösungen[64]. Umgekehrt können gerade die erwähnten inneren Differenzen Anlass geben, ihnen nicht durch regionale Differenzierung entgegen zu kommen, um den Zusammenhalt des Staates nicht zu gefährden[65]. Regionalisierung gerät daher einerseits zwangsläufig in die Nachbar-

63 Zur Klassifizierung und Systematisierung *Gamper* (Fn. 11), S. 15 ff.

64 Klassisches Beispiel ist insofern heute wohl Spanien, wo ein Regionalisierungsmodell zugleich sprachlich-ethnischen Differenzen Rechnung tagen will und daher einen asymmetrischen Föderalismus begründet, vgl. *Tura*, Das politische Modell des Staates Autonomer Gebietskörperschaften, in: López Pina (Hg.), Spanisches Verfassungsrecht, 1993, S. 249 ff.; ferner insb. die Beiträge von *García Morillo, Blanco Valdés, López Aguilar*, in: Gambino (Hg.), Stati nazionali e poteri locali, 1998, S. 103 ff., 121 ff., 151 ff. Aber auch die Regionen mit Spezialstatut nach Art. 116 der italienischen Verfassung – mit dem Sonderfall der autonomen Provinzen Bozen und Trient – gehören in diesen Zusammenhang.

65 Charakteristisch gegenwärtig die brüske Ablehnung der „Propuesta de Estatuto político de la Comunidad de Euskadi" vom 25. 10. 2003 durch das spanische Justizministerium vom 30. 10. 2003.

schaft zu föderativen Staatsmodellen und wird dadurch, umgekehrt, den Verteidigern der einen und unteilbaren Staatsgewalt suspekt. Diese Konfliktsituation, ungleich schärfer als bei der Gewährleistung lokaler Selbstverwaltung, befrachtet denkbare Gewährleistungen mit Problemen.

Daraus erklärt sich, andererseits, das hoch differenzierte Angebot an Lösungen, die der Entwurf bereithält. Zunächst: es handelt sich um den Entwurf einer Konvention, so dass jedem Mitgliedstaat des Europarats die Freiheit bleibt, die Konvention anzunehmen oder ihr fern zu bleiben. Sodann lässt die Konvention, wie erwähnt, den Signatarstaaten die Möglichkeit, Regionen zu bilden, davon abzusehen oder auch bestehende Regionalisierungen wieder zu beseitigen. Entscheidet sich ein Signatarstaat zugunsten der Bildung von Regionen, kann er, drittens, deren Rechte nach Art. 13 der Charta der kommunalen Selbstverwaltung oder nach den – sachlich ähnlichen – Bestimmungen der Charta der regionalen Selbstverwaltung gewährleisten. Beide Gewährleistungsformen lassen schließlich, viertens, den Signatarstaaten eine (wenn auch begrenzte) Auswahl, welche Bestimmungen der jeweiligen Charta sie als für sich verbindlich anerkennen wollen. Zu Recht ist von einem „système à la carte“ die Rede[66].

Das soll eine möglichst breite Unterzeichnung und Ratifikation der Charta ermöglichen, macht jedoch zugleich den Entwurf der Charta angreifbar und mindert seinen Wert. Wer ein bestimmtes Konzept der Regionalisierung verfolgt, wird es in dem Entwurf allenfalls als Variante, kaum aber als verbindliche Lösung finden. Das lädt förmlich dazu ein, Nachbesserungen einzufordern, das Werk in seiner gegenwärtigen Gestalt zu kritisieren. In diese Richtung sollen sich, dem Vernehmen nach, deutsche Stimmen hören lassen, während umgekehrt Zentralstaaten, die Separierungstendenzen einzelner Regionen befürchten, in dieser Situation die Charta als wenig hilfreich empfinden werden. – Im Übrigen jedoch bleibt zu fragen, ob ein Gewährleistungsmodus mit so vielen Varianten wirklich geeignet ist, die Struktur eines Europas der Regionen vorzugeben und als Richtschnur für die Regionalisierung jedenfalls der dafür faktisch in Betracht kommenden Staaten zu dienen. Gewiss lässt sich dafür ins Feld führen, dass eine staatsvertragliche Bindung nur nach dem Willen der vertragschließenden Staaten begründet werden kann und daher deren gegenläufigen Interessen Rechnung tragen muss. Immerhin hat sich diese Methode bei der Charta der kommunalen Selbstverwaltung als gangbar erwiesen, und sie funktioniert, wie gezeigt, recht ordentlich. Aber dies garantiert für die entsprechende Garantie der regionalen Selbstverwaltung noch keinen Erfolg. Ihm stehen nächst den gegenläufigen Interessen, die sich in der Kompliziertheit des Entwurfs niederschlagen, auch die dadurch hervorgerufene Intransparenz, eben das „système à la carte“ entgegen. Für welches Menu soll sich ein neu beigetretener Staat entscheiden; soll er – bei nicht allzu hoher Einwohnerzahl – nicht lieber auf das Ganze verzichten? Da eine der von dem Entwurf angebotenen Lösungen in der Sicherung auch der regionalen Selbstverwaltung durch die eingeführte und bewährte Regelung des Art. 13 ECh besteht[67], könnte ein Appell an die Signatarstaaten, von diesem Instrument Gebrauch

66 Vgl. den Bericht Fn. 60, S. 11 Rn. 45.
67 Vgl. *Bohner* (Fn. 45), S. 30.

zu machen, zugleich einfacher, transparenter und wirksamer sein als die neue, umstrittene und komplizierte Gewährleistungsebene der Regionalcharta.

C. Perspektiven

I. Ein europäischer Kodex der Subsidiarität und der lokalen und regionalen Selbstverwaltung

Die dargestellten Probleme, Unklarheiten und Varianten negieren den Wert einer Konvention zum Schutz der regionalen Selbstverwaltung nicht, und der Sinn der hier entwickelten Überlegungen ist nicht, der Beschlussfassung über eine solche Konvention und gegebenenfalls später deren Unterzeichnung und Ratifikation entgegenzutreten. Wohl aber soll auf die Schwierigkeit des Unterfangens hingewiesen und deshalb voreiliger, durch die Erfahrungen mit der Charta der kommunalen Selbstverwaltung genährter Optimismus gedämpft werden. Wie seinerzeit bei der Erarbeitung dieser Charta, liegt auch jetzt die Hauptaufgabe darin, ein Konzept regionaler Selbstverwaltung, eine Gestalt der Regionen zu entwickeln, die von den europäischen Organisationen der Regionen getragen wird, Überzeugungskraft hat und daher diejenigen Staaten beeinflussen kann, für die eine Regionalisierung in Betracht kommt, aber noch mit Zweifeln behaftet ist.

Zu diesem Zweck war und ist die Diskussion über den Entwurf einer Charta der regionalen Selbstverwaltung in jedem Fall von Bedeutung und Nutzen; insofern ist zunächst der Weg das Ziel. Aber auch wenn dieses erreicht, ein – wie gezeigt, notwendigerweise hoch komplexer – Konventionstext beschlossen und zur Unterzeichnung ausgelegt wird, bleibt die Aufgabe, diesen als Modell für die in Betracht kommenden Staaten handhabbar zu machen und in den Zusammenhang der Prinzipien zu stellen, die die Charta der kommunalen Selbstverwaltung geprägt haben und die sich auch im Recht der Europäischen Union, vor allem im Verfassungsvertrag, ausprägen.

Umgekehrt: Kommt es nicht zur Unterzeichnung einer Charta der regionalen Selbstverwaltung, bleibt diese dennoch als Problem auf der Tagesordnung, normativ legitimiert durch die Existenz des CLRAE, durch Art. 13 ECh, durch den Ausschuss der Regionen und die Regionalpolitik der Gemeinschaft und die Art. I-5 Abs. 1, I-11 Abs. 3 VV mit den Ausformungen des Subsidiaritätsprinzips. Dann erst recht gilt es, die Leitgedanken der Selbstverwaltung darzustellen und wie dem Europarat, so auch der Europäischen Union und den Mitgliedstaaten nahe zu legen.

Von hier aus ergibt sich eine gemeinsame Aufgabe, auf europäischer Ebene ein Modell der Regionalisierung zu entwickeln, das die geltenden Ansätze zusammenführt, systematisch darstellt und daraus Folgerungen ableitet, die im noch nicht gesicherten Bereich der Gewährleistung regionaler Autonomie zu handhabbaren Ergebnissen führen. Die Aufgabe stellt sich in gleicher Weise dem Europarat mit seinen Unterorganisationen, namentlich dem CLRAE, und der Europäischen Union, dort speziell dem Ausschuss der Regionen, aber auch allen, die an der Konkretisierung des Subsidiaritätsprinzips in der Ausgestaltung, die es durch den Verfassungsvertrag erhalten hat, beteiligt sind[68].

In der Tat hat sich in den letzten Jahren, seit 1998, eine Zusammenarbeit des Ausschusses der Regionen mit dem CLRAE eingespielt. Bei einer Konferenz in Prag am 21. September 2004 zum zehnjährigen Bestehen, das zugleich der Ausschuss der Regionen und der Kongress in seiner gegenwärtigen Form begehen konnten, ist diese Zusammenarbeit bekräftigt und die Bedeutung der Gewährleistung regionaler Autonomie durch eine europäische Konvention bestätigt worden. Aber zugleich hat die Darstellung des Entwicklungsstands die hier festgestellte Komplexität und Unschärfe möglicher Inhalte einer solchen Konvention hervortreten lassen. In dieser Situation haben, entsprechend einem Vorschlag der Berichterstatter, Ausschuss der Regionen und CLRAE als gemeinsame Aufgabe herausgestellt, « d'intégrer les dispositions existantes relatives à l'autonomie locale et régionale et aux principes de subsidiarité et de proportionnalité contenues, respectivement, dans *la Charte européenne de l'autonomie locale, le Traité instituant une Constitution pour l'Europe et le projet de convention sur l'autonomie régionale*, dans un document unique, à caractère politique, commun au Congrès et au Comité des régions ». Auf diese Weise wäre ein *« Code européen de la subsidiarité et de l'autonomie locale et régionale »*[69] zu entwickeln, der, ohne Gegenstand eines förmlichen Vertragsschlusses zwischen den Staaten zu sein, Sichtweise und Tätigkeit der europäischen Institutionen dokumentieren und damit den Mitgliedstaaten eine Orientierungshilfe bei der Ausgestaltung und Gewährleistung von Selbstverwaltung und deren Schutz für lokale und regionale Gebietskörperschaften geben könnte. Ein solches Dokument könnte die Funktion haben, die die Charta der kommunalen Selbstverwaltung in den letzten anderthalb Jahrzehnten vor allem in Osteuropa erfüllt hat. Es wäre als solches nicht verbindlich, aber als Einflussfaktor, vielleicht sogar Richtschnur für die einzelstaatliche Rechtspolitik dennoch bedeutsam und ein Schritt zur Formung der Gestalt der Regionen. Zugleich wäre es ein Weg, regionale und kommunale Selbstverwaltung in die allgemeinen Grundsätze des Gemeinschaftsrechts zu integrieren und damit, in Weiterentwicklung des Art. 6 EUV, das von Art. I-5 Abs. 1 VV aufgestellte Prinzip mit Leben zu erfüllen[70].

II. Europäische Rechtsbildung

Über den konkreten Gegenstand hinaus haben die geschilderten Probleme, Entwicklungen und Lösungsversuche eine exemplarische Bedeutung. Zunächst zeigen sie neben den Möglichkeiten vor allem die Grenzen einer vertraglichen Harmonisierung. War diese im Bereich der kommunalen Selbstverwaltung – ähnlich wie in Form der EMRK im grundrechtlichen Bereich – noch möglich, liegt der Konflikt zwischen nationaler Einheit und regionaler Besonderheit in einem in vielen Staaten

68 Für eine solche Kooperation auch *Schneider* (Fn. 23), S. 451 ff., allerdings vorrangig unter dem Blickwinkel der Gemeinden.

69 Beide Zitate aus dem Bericht (Fn. 60), S. 15 Rn. 61.

70 Vgl. o. A II am Ende mit Fn. 25, insb. die Argumentation von *Schaffarzik* (Fn. 23), S. 620 ff., dessen Überlegungen jetzt durch Art. I-5 Abs. 1 VV unterstützt werden.

nach wie vor so delikaten und mit der Verfassungsstruktur entscheidend verknüpften Umfeld, dass der Preis staatsvertraglicher Einigung deren weitgehende Unbestimmtheit wäre und auch dann noch abzuwarten bliebe, ob die Erfolgsgeschichte der Kommunalcharta sich bei einer Regionalcharta wiederholen würde.

Dennoch ist nicht zu bestreiten, dass auch im Bereich regionaler Selbstverwaltung eine Annäherung der einzelstaatlichen Regelungen dringlich ist. Sie ist schon die natürliche Konsequenz europäischer Regionalpolitik, aber auch des Artikulationswunschs mancher Regionen – darunter besonders der deutschen Länder – auf europäischer Ebene. Daraus hat sich ein *acquis européen*, wenn auch in diesem Fall nicht in erster Linie ein *acquis communautaire*, der Selbstverwaltung entwickelt, in Ergänzung und bereichsspezifischer Abwandlung des europäischen Grundrechtsschutzes und zur Verwirklichung der Demokratie auch auf unteren Ebenen[71]. Durch die Ansätze im Verfassungsvertrag haben diese Anerkennung der regionalen und lokalen Ebene und die Erstreckung des Subsidiaritätsprinzips auf sie zusätzliche Bedeutung erlangt. Gerade von der Union her besteht Regelungsbedarf – ohne dass der Verfassungsvertrag ihm in seiner Einzelausgestaltung Rechnung trägt.

Man wird ihn deshalb kaum tadeln dürfen. Die gleichen Argumente, die eine staatsvertragliche Lösung erschweren, ließen sich auch gegen Absichten ins Feld führen, die Binnengliederung der Union in Regionen und kommunale Körperschaften durch Rechtsakte, namentlich durch Europäisches Gesetz oder auch Rahmengesetz[72], zu regeln. Insofern ist die ausschließliche gliedstaatliche Regelungszuständigkeit für Bundesstaaten charakteristisch[73] und eine auch durch das Subsidiaritätsprinzip legitimierte Hürde, die für die Unionsebene kaum zu überwinden wäre. Mehr als ein Bekenntnis zur regionalen und lokalen Ebene und zur Anwendung des Subsidiaritätsprinzips auch auf sie ist von der Union nicht zu erwarten.

Also Bedürfnis nach einer einheitlichen, zumindest harmonisierten Regelung einerseits, aber kein dafür geeignetes, verbindliches Instrument andererseits! Als Behelf bleibt, praktisch zu kooperieren und in Anwendung und Konkretisierung der teils im Bereich der Union, teils im Bereich des Europarats bestehenden Ansätze eine Praxis zu entwickeln, die sich allmählich zu Recht verdichten kann. Der Vorgang erinnert an die Herausbildung von Rechtssätzen durch die Praxis des Europäischen Gerichtshofs, zu der der Jubilar beigetragen hat, oder auch durch die Praxis der Kommission, die durch die Entwicklung ihrer Politiken auch über die eigentliche Rechtsanwendung hinaus zur Fortbildung des Europarechts beiträgt. Aber während dies bei Gerichtshof und Kommission Nebenwirkung bei der Ausübung der ihnen kraft Primärrechts zustehenden Kompetenzen ist, sind sowohl Ausschuss der Regionen in der Union, wie auch CLRAE im Europarat „unterstützende", „beratende" Gremien[74]. Auch ihre Tätigkeit, das lehrt die Genese europaweiten Schutzes kommunaler und regionaler Selbstverwaltung, kann zur Rechtsbildung, zur Entstehung von gemein-

71 Dazu eindrücklich *Beutler* (Fn. 8), S. 19 ff.

72 Art. I-33 Abs. 1, 34 VV.

73 Vgl. Art. 28 GG und, für das föderalisierte Belgien, Art. 162 Verf. i.V.m. loi spéciale vom 13. 7. 2001, Art. 6 § 1 Abs. 8 und dazu *Brassinne de La Buissière*, La régionalisation des lois communale et priviciale, 2002, S. 11 ff.

74 Art. 7 Abs. 2 EGV, Art.I-32 Abs. 1 VV, vgl. o. A II.

europäischem Verfassungsrecht[75] beitragen und das Handeln der Akteure bestimmen, auch wenn auf Grund der existierenden Zuständigkeiten keine verbindliche Regelung erfolgt[76]. Langfristig kann sie die *opinio iuris* europaweit derart beeinflussen, dass eine verbindliche Regelung möglich wird. Rechtsbildung und Erlass von Rechtssätzen schließen sich nicht aus, sondern ergänzen, ja bedingen sich, und das ganz besonders in multipolaren, vor allem supranationalen Gebilden, die sich insofern von den traditionellen, *more geometrico* konstruierten Einheitsstaaten unterscheiden.

Gewiss, der Preis solcher Rechtsbildung liegt in ihrer Langsamkeit und ihrer Abhängigkeit von einer gemeinsamen, verbindenden Bewusstseinsbildung. Kompromisse, Einigungen sind unvermeidlich und – wenn überhaupt – nur in geringem Ausmaß durch Mehrheitsentscheidungen zu vermeiden. Es geht also um Einigungszwänge, wie sie in Deutschland zurzeit durch die Kommission zur Reform der bundesstaatlichen Ordnung mit dem Ziel einer Vermeidung ins Visier genommen werden[77]. Aber gerade der Befund der Bundesrepublik zeigt, und der Blick auf Europa bestätigt, dass wir nicht im Zeitalter des autarken, souveränen, mit einem einzigen Zentrum operierenden Staates leben, sondern dass Gemeinwesen heute Integration, Einigung auf vielen Ebenen und entsprechend zwischen vielen Akteuren erfordert.

75 *Pernice* (Fn. 27), S. 113 ff. im Anschluss an *Häberle*, Gemeineuropäisches Verfassungsrecht, EuGRZ 1991, 261 ff.

76 Dies scheinen mir *Hobe/Biehl/Schroeter* (Fn. 25) zu unterschätzen, wenn sie (S. 162) nur eine förmliche institutionelle Garantie für ausreichend halten.

77 Vgl. nur die Darstellung durch *P.M. Huber* (Fn. 57), S. D 11 ff.

IV. Grund- und Menschenrechte

Unionsbürgerschaft und Diskriminierungsverbot Zur wechselseitigen Beschleunigung der Schwungräder unionaler Grundrechtsjudikatur

Armin von Bogdandy und Stephan Bitter

A. Umfassende Gleichheit für die cives europaei?

Im beeindruckenden Œuvre des Jubilars spielten schon früh Fragen des Status von Ausländern in Deutschland eine bedeutende Rolle[1]. Ebenso früh erkannte er die Bedeutung des Gemeinschaftsrechts für diesen Status. *Manfred Zuleeg* sah im Anschluss an *Eberhard Grabitz'* Schrift zum Europäischen Bürgerrecht[2] in den Personenfreizügigkeiten ein Mittel zur Überwindung des „gespaltenen Rechtsstaats": der vollen Rechtsstaatlichkeit für Inländer und der nur teilweisen Rechtsstaatlichkeit für Ausländer[3]. Der Gemeinschaftsbürger sei „der eigentliche Träger des europäischen Integrationsverbands. In einem solchen Verband muss sich die Stellung des Ausländers der des Inländers immer mehr annähern"[4].

Damit formulierte *Manfred Zuleeg* einen Gedanken, den Generalanwalt *Francis Jacobs* in der Rechtssache Konstantinidis 1992 weiter trug: Die Staatsangehörigen der Mitgliedstaaten sollten als cives europaei bei der Ausübung ihrer Freizügigkeit im Gebiet der Europäischen Gemeinschaft davon ausgehen dürfen, dass sie im Aufnahmestaat dieselben Rechte genössen wie im Heimatstaat, da hier wie dort derselbe Codex fundamentaler Werte gelte[5].

Zunächst folgte der Europäische Gerichtshof diesem Verständnis nicht. Im Jahre 1998 setzte jedoch eine beeindruckende Rechtsprechungslinie ein, die dem Unionsbürger Diskriminierungsfreiheit garantiert, sobald er von seiner Freizügigkeit Gebrauch macht. Für den Jubilar stellt diese Rechtsprechung einen weiteren Schritt bei der Entwicklung einer europäischen Sozialgemeinschaft dar[6]. Der vorliegende Beitrag zeigt, wie sich mittels dieser Rechtsprechung der Status der EU-Staatsangehö-

1 Siehe nur *Zuleeg*, Zur staatlichen Stellung der Ausländer in der Bundesrepublik Deutschland: Menschen zweiter Klasse?, DÖV 1973, 361 ff.

2 *Grabitz*, Europäisches Bürgerrecht zwischen Marktbürgerschaft und Staatsbürgerschaft, 1970, insbes. S. 99 f.

3 *Zuleeg*, Grundrechte für Ausländer: Bewährungsprobe des Verfassungsrechts, DVBl. 1974, 341 (342).

4 *Zuleeg*, Die Bedeutung des europäischen Gemeinschaftsrechts für das Ausländerrecht, NJW 1987, 2193 (2198 f.); auch schon *ders*. (Fn. 1), 364.

5 GA *Jacobs*, Schlussanträge in EuGH, Konstantinidis, Slg. 1993, I-1191 Rn. 46; hierzu demnächst *Haltern*, On Finality, in: von Bogdandy/Bast (Hg.), Principles of European Constitutional Law, 2005, im Erscheinen, unter IV.1.a).

6 *Zuleeg*, Der rechtliche Zusammenhalt der Europäischen Union, 2004, S. 159.

rigen in den anderen Mitgliedstaaten durch die Unionsbürgerschaft dem der Staatsangehörigen des Empfängerstaates immer mehr angleicht (B.). Der EuGH spricht dem Diskriminierungsverbot durch die Kopplung an die Unionsbürgerschaft einen Anwendungsbereich zu, der kaum einen Bereich des nationalen Rechts nicht erfassen dürfte. Wenn Unionsbürger ihre Freizügigkeit in der Europäischen Union nutzen, sind sie im Zweifel durch das Diskriminierungsverbot geschützt, welches ihnen einen Anspruch auf Inländergleichbehandlung verschafft. Das Bestehen dieser *Vermutungsregel*, welche Argumentationslasten umverteilt, ist die erste These dieses Beitrags. Die zweite These lautet, dass diese Ausweitung ein erhebliches Konfliktpotenzial birgt, zum einen wegen des Eingriffs in die Autonomie nationaler Solidarität, zum anderen wegen entstehender Harmonisierungserfordernisse, die auf einen expansiven Gebrauch der unionalen Kompetenzen drängen.

Im Anschluss wird diese Entwicklung mit der jüngsten Rechtsprechung des EuGH zur Bindung der Mitgliedstaaten an die unionalen Grundrechte verbunden (C.). Der dank der Unionsbürgerschaft massiv erweiterte Anwendungsbereich des Gemeinschaftsrechts wirkt sich erheblich auf den Grundrechtsschutz in den Mitgliedstaaten aus. Die Staaten sind potentiell in jedem Bereich, der bei der Ausübung der unionalen Freizügigkeit auf ihrem Territorium von Relevanz ist, an europäische Rechtsgrundsätze gebunden. Das entstehende Konfliktpotenzial wegen der Überlagerung der Wertungen der nationalen Grundrechtssysteme liegt auf der Hand. Die einschlägige Rechtsprechung erscheint umso angreifbarer, als ihr Telos – anders als bei der Binnenmarktrechtsprechung – nur schemenhaft deutlich ist. Die dritte These lautet, dass am ehesten die bürgerschaftliche Freizügigkeit einen tragfähigen Anknüpfungspunkt für die Expansion des unionalen Grundrechtsschutzes gegen mitgliedstaatliche Maßnahmen bietet.

B. Die Begründung der Vermutungsregel

Nach Art. 12 EGV ist im Anwendungsbereich des EG-Vertrags jede Diskriminierung aus Gründen der Staatsangehörigkeit verboten. Die dogmatischen Eckpunkte dieser Gewährleistung sind seit zwanzig Jahren etabliert. Die Anbindung an eine „gemeinschaftsrechtlich geregelte Situation“[7] erweist diese Norm als Instrument akzessorischer Freiheitssicherung[8]. Der „Anwendungsbereich des EG-Vertrages“ wird allerdings vage definiert als „nicht außerhalb des Gemeinschaftsrechts“ liegend[9]. Hierunter fallen alle Sachverhalte, die der Tatbestand einer Norm des Gemeinschaftsrechts in irgendeiner Weise erfasst[10]. Weitsichtige Autoren sahen alsbald,

7 So EuGH, Cowan, Slg. 1989, 195 Rn. 10.

8 Hierzu näher *Streinz*, in: Streinz (Hg.), EUV/ EGV, 2003, Art. 12 Rn. 21; *Holoubek*, in: Schwarze (Hg.), EU-Kommentar, 2000, Art. 12 Rn. 29; *von Bogdandy*, in: Grabitz/Hilf (Hg.), Das Recht der Europäischen Union, Stand 7. Lfg. 1994, Art. 6 EGV Rn. 43 ff.

9 EuGH, Gravier, Slg. 1985, 593 Rn. 19.

10 *Streinz* (Fn. 8), Rn. 18; *Holoubek* (Fn. 8), Rn. 28 ff.; *von Bogdandy* (Fn. 8), Rn. 38; differenziert *Zuleeg*, in: von der Groeben/Schwarze (Hg.), Kommentar zum Vertrag über die Europäische Union und zur Gründung der Europäischen Gemeinschaft, 6. Aufl. 2003, Art. 12 Rn. 11 f.; *Epiney*, in: Calliess/ Ruffert (Hg.), EUV/EGV, 2. Aufl. 2002, Art. 12 Rn. 22 f.

dass die 1993 eingeführte Unionsbürgerschaft den so definierten Anwendungsbereich und damit den Wirkungsgrad des Diskriminierungsverbots massiv ausdehnen könnte[11]. Ihnen folgte alsbald der Gerichtshof.

I. Ein unsicherer Beginn: die Rechtssache Martínez Sala

In der Rechtssache Martínez Sala aus dem Jahre 1998 war der EuGH mit der Frage konfrontiert, ob das Gemeinschaftsrecht die Zahlung von Erziehungsgeld an eine rechtmäßig in Deutschland wohnhafte spanische Staatsangehörige gebietet. Der Zahlung stand nach deutschem Recht allein ihre Staatsangehörigkeit entgegen. Der Gerichtshof kam zu dem Schluss, dass zu den mit der Unionsbürgerschaft gemäß Art. 8 Abs. 2 (jetzt Art. 17 Abs. 2) EGV vorgesehenen Rechten auch das Diskriminierungsverbot des Art. 6 (jetzt Art. 12) EGV gehöre[12]. Da das Erziehungsgeld in den sachlichen Anwendungsbereich des Gemeinschaftsrechts falle, könne sich ein Unionsbürger gegenüber einem anderen Mitgliedstaat auf das Diskriminierungsverbot des Art. 6 EGV berufen, unabhängig davon, ob er von einer der Grundfreiheiten Gebrauch macht oder nicht.

Konzeptionell ist dies ein großer Schritt: Die Geltendmachung eines Anspruchs auf Gleichbehandlung ist nicht mehr von einer wirtschaftlichen Tätigkeit abhängig[13]. Die Staatsangehörigen der Mitgliedstaaten treten endgültig aus dem gemeinschaftsrechtlichen Status bloßer Marktbürger heraus[14]. Selbst wenn seit Beginn der europäischen Integration dies nicht die einzig zutreffende Qualifizierung des Status der EG-Staatsangehörigen war[15], so birgt doch diese Entscheidung eine bedeutende Aufwertung der Rechte der Unionsbürger.

Allerdings ist ihre Argumentation problematisch. Der EuGH geht von der Annahme aus, das Erziehungsgeld falle in den Anwendungsbereich des Vertrages, weil es von den Verordnungen über die Freizügigkeit der Arbeitnehmer erfasst sei[16]. Nun können aber Unionsbürger, die die Voraussetzungen der Verordnungen (Arbeitnehmer- oder Selbständigeneigenschaft bzw. deren Angehörige) nicht erfüllen, diese verord-

11 Grundlegend zur Unionsbürgerschaft die beiden Beiträge mit dem Titel „Staatsbürgerschaft – Unionsbürgerschaft – Weltbürgerschaft" von *Tomuschat* und *Kadelbach*, in: Drexl/Kreuzer/Scheuing/Sieber (Hg.), Europäische Demokratie, 1999, S. 73 und 89; weiter *Borchardt*, Der sozialrechtliche Gehalt der Unionsbürgerschaft, NJW 2000, 2057; a. A. *Weiler*, The Selling of Europe, Jean Monnet Working Paper 3 (1996), 11: die Einführung der Unionsbürgerschaft sei nur "little more than a cynical exercise in public relations". Auch der EuGH zögerte lange, bis er die unmittelbare Anwendbarkeit des Art. 18 Abs. 1 EGV ausdrücklich anerkannte; EuGH, Baumbast, Slg. 2002, I-7091 Rn. 84 ff., 94.

12 EuGH, Martínez Sala, Slg. 1998, I-2691 Rn. 62.

13 *Zuleeg* (Fn. 6), S. 159 f.; *Bode*, Von der Freizügigkeit zur sozialen Gleichstellung aller Unionsbürger?, EuZW 2003, 552 (553); *Barnard*, The Substantive Law of the EU: The Four Freedoms, 2004, S. 410.

14 *Eichenhofer*, Unionsbürgerschaft – Sozialbürgerschaft?, ZIAS 2003, 404 (407).

15 Näher *Kadelbach*, Unionsbürgerschaft, in: von Bogdandy (Hg.), Europäisches Verfassungsrecht, 2003, S. 539 (541 ff.).

16 Martínez Sala (Fn. 12), Rn. 28: Das Erziehungsgeld ist eine Familienleistung i.S.v. Art. 4 Abs. 1 lit. h) der Verordnung (EWG) 1408/71 des Rates zur Anwendung der Systeme der sozialen Sicherheit auf Arbeitnehmer und deren Familien, die innerhalb der Gemeinschaft zu- und abwandern, ABl. 1971, L 149/2, sowie eine soziale Vergünstigung i.S.v. Art. 7 Abs. 2 der Verordnung (EWG) 1612/68 des Rates über die Freizügigkeit der Arbeitnehmer innerhalb der Gemeinschaft, ABl. 1968, L 257/2.

nungsbasierten Rechte nicht geltend machen. Der EuGH, der Erziehungsgeld gleichwohl vom Anwendungsbereich des Gemeinschaftsrechts erfasst sieht, durchbricht diese Zuordnung der betreffenden Verordnungen, die ausschließlich die Rechte der Arbeitnehmer (bzw. im Falle der VO 1408/71 der pflichtversicherten Erwerbstätigen) betreffen. Damit entzieht er seiner Argumentation zugleich die rechtliche Grundlage. Überzeugender wäre eine Begründung, dass bereits die Ausübung des bürgerschaftlichen Freizügigkeitsrechts (Art. 18 Abs. 1 EGV) den Anwendungsbereich des Vertrages i.S.v. Art. 12 EGV eröffnet und den Anspruch auf Nichtdiskriminierung auch in Bezug auf Sozialleistungen verschafft[17].
Dieser Argumentation sollte sich der EuGH jedoch erst 2001 anschließen.

II. Der Durchbruch: Unionsbürgerschaft als grundlegender Status

1. Der Zugriff auf das nationale Sozialrecht

In seinem richtungweisenden Urteil in der Rechtssache Grzelczyk entschied der Gerichtshof im Jahr 2001, dass es mit dem Diskriminierungsverbot nicht vereinbar ist, einem Studenten aus einem anderem Mitgliedstaat die Gewährung eines beitragsunabhängigen Existenzminimums zu verweigern, wenn ein inländischer Student ein solches bei ansonsten gleichen Voraussetzungen erhält[18].
Der EuGH stützt dieses Urteil nicht mehr auf den akzessorischen Schutz der passiven Dienstleistungsfreiheit[19], sondern nur noch auf die Sicherung des Freizügigkeitsrechts der Unionsbürger (Art. 18 EGV) durch das Diskriminierungsverbot des Art. 12 EGV. Obwohl es sich bei der Gewährung eines Existenzminimums um eine Sozialleistung handele, die nach der Verordnung 1612/68 Staatsangehörigen anderer Mitgliedstaaten nur gewährt werden muss, wenn sie erwerbstätig sind, sei im vorliegenden Fall der Anwendungsbereich des Vertrags i.S.v. Art. 12 Abs. 1 EGV dadurch eröffnet, dass es sich bei dem Studenten um einen Unionsbürger handele. Damit wird das Diskriminierungsverbot immer anwendbar, wenn ein Unionsbürger von seinem Freizügigkeitsrecht Gebrauch macht. Denn, so der EuGH in folgenschweren Worten[20]:
„Der Unionsbürgerstatus ist nämlich dazu bestimmt, der grundlegende Status der Angehörigen der Mitgliedstaaten zu sein, der es denjenigen unter ihnen, die sich in der gleichen Situation befinden, erlaubt, unabhängig von ihrer Staatsangehörigkeit und unbeschadet der insoweit ausdrücklich vorgesehenen Ausnahmen die gleiche rechtliche Behandlung zu genießen."
Erkennbar wird aus dieser Rechtsprechung, dass Diskriminierungsverbot und Unionsbürgerschaft in einem eigentümlichen Wechselverhältnis zueinander stehen[21]:

17 In diesem Sinne GA *La Pergola*, in: Martínez Sala (Fn. 12), Rn. 20; *Tomuschat*, Case note, CML Rev. 37 (2000), 449 (453); *Scheuing*, Freizügigkeit als Unionsbürgerrecht, EuR 2003, 744 (782).
18 EuGH, Grzelczyk, Slg. 2001, I-6193 Rn. 46.
19 Dies war noch das vorrangige Argument in EuGH, Bickel und Franz, Slg. 1998, I-7637 Rn. 15 (Anspruch auf Strafverfahren in einer anderen als der offiziellen Amtssprache, wenn dieser auch Inländern eingeräumt ist).
20 Grzelczyk (Fn. 18) Rn. 31.

Zum einen gewährt Art. 17 Abs. 2 EGV den Unionsbürgern „die in diesem Vertrag vorgesehenen Rechte und Pflichten", also auch das Recht auf Diskriminierungsfreiheit. Dagegen erfordert das Diskriminierungsverbot, dass die fragliche Maßnahme im Anwendungsbereich des Vertrags liegt. Dieser wird wiederum durch die Ausübung der unionsbürgerrechtlichen Freizügigkeit eröffnet. Schließlich ist jedoch diese Freizügigkeit gem. Art. 18 Abs. 1 EGV nur gewährt unter den „in diesem Vertrag und in den Durchführungsvorschriften vorgesehenen Beschränkungen und Bedingungen". Solche Bedingungen könnten in den betreffenden Vorschriften des Sekundärrechts zu finden sein, welche die Gewährung eines Aufenthaltsrechts an die Voraussetzung knüpfen, dass der Unionsbürger über ausreichende Existenzmittel und einen umfassenden Krankenversicherungsschutz verfügt[22], solange er nicht als Arbeitnehmer einen Beitrag zum ökonomischen Leben des Aufnahmemitgliedstaats erbringt[23]. Entsprechende sekundärrechtliche Vorschriften stellen zusammen mit den Schranken des Art. 39 Abs. 3 und 46 Abs. 1 EGV die „Beschränkungen und Bedingungen" auf, denen die Ausübung des unionsbürgerlichen Freizügigkeitsrechts unterworfen ist.

Allerdings unterliegen diese Beschränkungen und Bedingungen den allgemeinen Grundsätzen des Unionsrechts, namentlich dem Verhältnismäßigkeitsgrundsatz[24]. So ist es auch im Fall des Herrn *Grzelczyk* entscheidungserheblich gewesen, dass er sich drei Jahre lang selbst finanziert hatte und nun für das vierte Jahr die Gewährung eines Existenzminimums beantragte. Die Inanspruchnahme der Sozialhilfe dürfe keinen Automatismus auslösen, der zum Entzug der Aufenthaltserlaubnis eines Studenten führe. Insoweit bestünde zwischen den Angehörigen der Mitgliedstaaten eine „bestimmte finanzielle Solidarität"[25]. Dies ist nun sekundärrechtlich bestätigt, da Art. 14 Abs. 3 der Richtlinie 2004/38 diese Rechtsprechung kodifiziert[26].

Sogar Inländer sind durch das gemeinschaftliche Diskriminierungsverbot geschützt, wenn eine staatliche Maßnahme sie benachteiligt, weil sie von ihrer Freizügigkeit Gebrauch gemacht haben[27]. Die Inanspruchnahme einer wirtschaftlichen Freiheit ist

21 Zum Folgenden *Kadelbach* (Fn. 15), 562 ff.; sowie demnächst *ders.*, Union Citizenship, in: von Bogdandy/Bast (Fn. 5), unter III.3.

22 Dies trifft auf die aktuelle Rechtslage unter den einschlägigen Richtlinien zu und wird auch in Zukunft gelten, nachdem die die fragmentierte Rechtslage vereinheitlichende Richtlinie (EG) 2004/38 des Europäischen Parlaments und des Rates über das Recht der Unionsbürger und ihrer Familienangehörigen, sich im Hoheitsgebiet der Mitgliedstaaten frei zu bewegen und aufzuhalten, ABl. 2004 L 158/77, berichtigt durch ABl. 2004, L 229/35, umgesetzt wurde, siehe Art. 7 Abs. 1 der Richtlinie. Die Mitgliedstaaten müssen ihrer Umsetzungspflicht gem. Art. 40 bis zum 30. 4. 2006 nachkommen.

23 *Tomuschat* (Fn. 17), 453 ff.

24 Baumbast (Fn. 11), Rn. 91; Urteil v. 19. 10. 2004, Rs. C-200/02, Zhu und Chen, Slg. 2004, S. I-0000, Rn. 32, noch nicht veröff.; näher *Dougan/Spaventa*, Educating Rudy and the (non-)English Patient: A Double-Bill on Residency Rights under Article 18 EC, EL Rev. 28 (2003), 699 (705 ff.); *Flauss*, Les Droits de l'Homme dans l'Union Européenne, SZIER 2003, 143 (163); *Reich/Harbacevica*, Citizenship and Family on Trial: A Fairly Optimistic Overview of Recent Court Practice with Regard to Free Movement of Persons, CML Rev. 40 (2003), 615 (629 ff.).

25 Grzelczyk (Fn. 18), Rn. 43 f.; Urt. vom 7. 9. 2004, Rs. C-456/02, Trojani, Slg. 2004, S. I-0000, Rn. 45, noch nicht veröff.; *Kadelbach* (Fn. 15), 563 f.; kritisch *Hailbronner*, Die Unionsbürgerschaft und das Ende rationaler Jurisprudenz durch den EuGH?, NJW 2004, 2185 (2186 f.).

26 Siehe Fn. 22. Kritisch dazu *Hailbronner*, Neue Richtlinie zur Freizügigkeit der Unionsbürger, ZAR 2004, 259 (261 f.).

27 *Zuleeg* (Fn. 10), Rn. 14; *Streinz* (Fn. 8), Rn. 60; *von Bogdandy* (Fn. 8), Rn. 54.

nicht mehr erforderlich. Eine Regelung, welche die Zahlung eines Überbrückungsgeldes für arbeitslose Schulabgänger an die Vorlage eines nationalen Abschlusszeugnisses knüpft, kann einer Inländerin nicht entgegengehalten werden, wenn diese ihren Schulabschluss in einem anderen Mitgliedstaat erlangt hat[28]. Ebenso wenig kann einer Pflegeperson die Leistung der Pflegeversicherung verweigert werden, wenn der Pflegebedürftige im Inland, die Pflegeperson aber im Ausland ihren Wohnsitz hat[29]. Der Status des Unionsbürgers umschließt eine „Garantie gleicher rechtlicher Behandlung bei Ausübung der Freizügigkeit“[30]. Zusammenfassend erweist sich die Unionsbürgerschaft als ein vom politischen Prozess autonomisiertes Schwungrad zur Entwicklung der unionalen Sozialgemeinschaft[31].

Damit wird auf spektakuläre Weise der Zugriff des Gemeinschaftsrechts auf die nationalen sozialen Sicherungssysteme vertieft. Wenn sich ein Unionsbürger rechtmäßig in einem anderen Mitgliedstaat aufhält, hat er im Grundsatz einen Anspruch auf alle Sozialleistungen, die der Aufnahmestaat seinen Staatsangehörigen gewährt[32]. Allerdings ist dem Unionsbürger durch das Diskriminierungsverbot kein vollumfängliches Teilhaberecht eingeräumt[33]. So kann ein Mitgliedstaat die Bewilligung einer Beihilfe für Arbeitssuchende davon abhängig machen, dass eine *tatsächliche Verbindung* zwischen dem Arbeitssuchenden und dem nationalen Arbeitsmarkt vorliegt, was in einer Mindestaufenthaltsdauer des Unionsbürgers im betreffenden Staat zum Ausdruck kommen kann, die allerdings – es greifen die unionsrechtlichen Schranken – nur ein *verhältnismäßig* kurzer Zeitraum sein darf[34]. Darüber hinaus soll es einem Mitgliedstaat auch nicht durch Art. 12 i.V.m. Art. 18 EGV verwehrt sein, die Leistung einer Unterstützung für ehemalige Kriegsgefangene davon abhängig zu machen, dass der Antragsteller zum Zeitpunkt der Antragstellung Staatsangehöriger des betreffenden Staats ist[35]. Dieses Ergebnis mag angesichts der ansonsten sehr weiten Auslegung des unionsbürgerlichen Diskriminierungsschutzes durch den EuGH verwundern, insbesondere nachdem der Generalanwalt diese Regelung im

28 EuGH, D’Hoop, Slg. 2002, I-6191 Rn. 30 f.

29 EuGH, Urt. vom 8. 7. 2004, verb. Rs. C-502/01 und C-31/02, Gaumain-Cerri, Slg. 2004, S. I-0000, Rn. 34 f., noch nicht veröff.; bereits vorbereitet durch *Zuleeg*, Die Einwirkung des europäischen Gemeinschaftsrechts auf die deutsche Pflegeversicherung, DVBl. 1997, 445 (448). Ähnliches gilt für die Anrechnung von außerhalb des Heimatstaats erbrachten Kindererziehungszeiten für die Gewährung der Altersrente, EuGH, Elsen, Slg. 2000, I-10409 Rn. 34.

30 D’Hoop (Fn. 28), Rn. 35.

31 Näher *Zuleeg* (Fn. 6), 153 ff.; *Borchardt* (Fn. 11), 2058 ff.; *Kanitz/Steinberg*, Grenzenloses Gemeinschaftsrecht? Die Rechtsprechung des EuGH zu Grundfreiheiten, Unionsbürgerschaft und Grundrechten als Kompetenzproblem, EuR 2003, 1013 (1024), zu den Perspektiven einer politischen Sozialunion ebd., 1028 ff.; sowie *Zacher*, Wird es einen europäischen Sozialstaat geben?, EuR 2002, 147 (159 ff.).

32 *Borchardt* (Fn. 11), 2058; vgl. aber differenzierend *ders.*, Kosten, nichts als Kosten?, EuZW 2001, 321; *Eichenhofer* (Fn. 14), 407; *Kanitz/Steinberg* (Fn. 31), 1018.

33 GA *Alber*, Schlussanträge v. 11. 11. 2004, in: EuGH, Rs. C-209/03, Bidar, Rn. 32, noch nicht veröff.; *Ziekow*, Die Freizügigkeit des Unionsbürgers, in: Dörr (Hg.), Ein Rechtslehrer in Berlin. Symposium für Albrecht Randelzhofer, 2004, S. 101 (108 f.); *Verhoeven*, The European Union in Search of a Democratic and Constitutional Theory, 2002, S. 185.

34 EuGH, Urt. vom 23. 3. 2004, Rs. C-138/02, Collins, Slg. 2004, S. I-0000, Rn. 69 ff., noch nicht veröff.; dazu *Meulman/de Waele*, Funding the Life of Brian: Jobseekers, Welfare Shopping and the Frontiers of European Citizenship, LIEI 2004, 275 (285 f.); s. auch schon D’Hoop (Fn. 28), Rn. 38; kritisch *Hailbronner* (Fn. 26), 265.

35 EuGH, Urt. vom 16. 9. 2004, Rs. C-386/02, Baldinger, Slg. 2004, S. I-0000, Rn. 21, noch nicht veröff.

konkreten Fall für gemeinschaftsrechtswidrig gehalten hatte, da sie eine „offensichtliche Ungerechtigkeit" darstelle[36].

Diese Entscheidung in Fall Baldinger mag eine Reaktion des EuGH auf die Kritik an seiner extensiven Auslegungspraxis in dieser Hinsicht sein[37]. Sie zeigt, dass der Gerichtshof nicht das Recht der Mitgliedstaaten beschränken möchte, eigenständig über Voraussetzungen und Wirkungen der Erlangung und des Verlustes ihrer Staatsangehörigkeit zu befinden und damit über das Bestehen eines politischen Bandes zwischen ihren Staatsbürgern; dieses „innerste Band der staatlichen Gemeinschaft" bleibt derzeit noch „unionsrechtsfrei"[38]. Der Fall Baldinger dürfte angesichts seiner Besonderheiten jedoch kaum den Beginn einer stärkeren allgemeinen Zurückhaltung des Gerichtshofs in Bezug auf das Diskriminierungsverbot markieren.

Diese Rechtsprechungslinie könnte dazu führen, dass die Mitgliedstaaten restriktivere Aufnahme- und Aufenthaltsbestimmungen einführen[39]. Es bleibt nämlich dabei, dass ein Mitgliedstaat über die Beendigung bzw. Versagung des Aufenthaltsrechts aufgrund der Vorbehalte des ordre public und der sozialen Absicherung dem Unionsbürger den Zugang zu den sozialen Sicherungssystemen verschließen kann[40]. Wenn eine bestimmte soziale Vergünstigung einen dauerhaften Aufenthalt im Aufnahmestaat voraussetzt, kann der Mitgliedstaat auch über die Festlegung von Voraussetzungen für eine solche unbefristete Aufenthaltserlaubnis für drittstaatsangehörige Ehegatten von Unionsbürgern den Zugang zu dieser sozialen Leistung beschränken[41]. Hier setzt jedoch das Gemeinschaftsrecht Grenzen im Sinne von „Schranken-Schranken"[42]. Besonders deutlich zeigt sich dies bei der Ausweisung von Unionsbürgern aus Gründen der Sicherheit und Ordnung[43]. Betrachtet man die Umsetzung dieser Vorgaben etwa in der Rechtsprechung des Bundesverwaltungsgerichts, so dürfte kaum eine Ausländerbehörde noch in der Lage sein, eine den materiellen und prozessualen Voraussetzungen genügende Ausweisung zu verfügen[44].

2. *Primärrechtlicher Anspruch und Sozialrechtsharmonisierung*

Diese Ausweitung des unionsbürgerlichen Rechts auf Diskriminierungsfreiheit birgt kritische Implikationen für das unionale Kompetenzgefüge. Die eingeräumten Ansprüche können nur schwerlich allein auf einer primärrechtlichen Grundlage wahrgenommen werden; die Materie ruft nach harmonisierender sekundärrechtlicher Ausgestaltung, deren Kompetenzgrundlage zu kritischen Nachfragen führen wird.

36 GA *Ruiz-Jarabo Colomer*, in: Baldinger (Fn. 35), Rn. 16, 38 ff.

37 Die Zurückhaltung des EuGH zeigt sich in Rn. 14 des Urteils.

38 Zhu und Chen (Fn. 24), Rn. 37; vgl. hierzu Baldinger (Fn. 35), Rn. 17: Die Entschädigung werde gewährt, um „einen Beweis der nationalen Anerkennung für die erduldeten Prüfungen zu geben, und wird daher als Gegenleistung für die ihrem Land erwiesenen Dienste gezahlt".

39 *Tomuschat* (Fn. 17), 456; *Toner*, Judicial Interpretation of European Union Citizenship – Transformation or Consolidation?, MJ 2 (2000), 158 (180).

40 *Scheuing* (Fn. 17), 767 ff.; *Bode* (Fn. 13), 555.

41 EuGH, Kaba, Slg. 2000, I-2623 Rn. 31 ff.

42 *Kadelbach* (Fn. 15), 563.

43 EuGH, Urt. vom 29. 4. 2004, verb. Rs. C-482/01 und C-493/01, Orfanopoulos, Slg. 2004, S. I-0000, Rn. 65 ff., noch nicht veröff.

44 BVerwG, 1 C 30.02, Urteil vom 3. August 2004.

Art. 42 EGV ermächtigt lediglich zu Maßnahmen für die Herstellung der Freizügigkeit der Arbeitnehmer. Die Martínez Sala-/Grzelczyk-Rechtsprechung öffnet aber die nationalen Sozialsysteme für Unionsbürger gerade unabhängig von ihrer Eigenschaft als Arbeitnehmer. Die Ermächtigungsgrundlage des Art. 137 Abs. 1 lit. k) EGV kann jedoch nicht zur Harmonisierung herangezogen werden, wie Abs. 2 des Artikels zeigt[45]. Ebenso schließt Art. 18 Abs. 3 EGV die Harmonisierung der Vorschriften betreffend der sozialen Sicherheit aufgrund Art. 18 Abs. 2 EGV aus. So wird man Art. 12 Abs. 2 EGV, einen schlafenden Giganten in der unionalen Kompetenzordnung[46], für eine entsprechende Harmonisierung bemühen müssen[47]. Ungeachtet dieser Problematik ist festzuhalten, dass die Rechtsprechung des Gerichtshofs zur Unionsbürgerschaft im Sozialrecht eine im Lichte der Ziele des EG-Vertrags im Prinzip überzeugende Entwicklung darstellt, da hiermit das Freizügigkeitsrecht der Unionsbürger wirklichkeitsmächtig wird[48]. Wichtigstes Element der Mobilität des Einzelnen ist eine ausreichende soziale Versorgung. Die Unionsbürgerschaft stellt diese Versorgung nicht selbst her, gewährleistet aber, dass der Unionsbürger in dieser Hinsicht nicht benachteiligt wird, wenn er die Binnengrenzen der Union überschreitet. Es ist noch ungeklärt, wie dem resultierenden Harmonisierungsdruck auf die nationalen Sicherungssysteme in schonender Weise genügt werden kann.

3. *Das expandierende Universum der Unionsbürgerschaft*

Unionsbürgerschaft und Diskriminierungsverbot schlagen nicht nur im Sozialrecht dem Unionsrecht neue Breschen, sondern auch in anderen wichtigen Bereichen. Wenn allein aus dem Umstand, dass ein Unionsbürger sein Recht auf Freizügigkeit nutzt, ein Anspruch auf Inländerbehandlung folgt, sind breiteste Sphären des nationalen Rechts erfasst[49], das Strafrecht ebenso wie das Familienrecht, die klassischem Verständnis zufolge im Kernbereich nationaler Souveränität liegen[50].

45 Dazu *Dougan*, Free Movement: The Workseeker as Citizen, The Cambridge Yearbook of Legal Studies 4 (2001), S. 93 (104 ff.); *Kanitz/ Steinberg* (Fn. 31), 1031.

46 *Sundberg-Weitman*, Discrimination on Grounds of Nationality, 1977, S. 38.

47 Zur sonstigen Problematik dieser proaktiven Judikatur *Kanitz/Steinberg* (Fn. 31), 1023 f.

48 *Iliopoulou/Toner*, Case note, CML Rev. 39 (2002), 609 (620), zu Grzelczyk (Fn. 18); ähnlich auch *Fuchs*, Koordinierung oder Harmonisierung des europäischen Sozialrechts?, ZIAS 2003, 379 (386 f.).

49 *Eeckhout*, The EU Charter of Fundamental Rights and the Federal Question, CML Rev. 39 (2002), 945 (961); *Kingreen*, Gleichheitsrechte, in: Ehlers (Hg.), Europäische Grundrechte und Grundfreiheiten, 2003, § 17 Rn. 25; *Kadelbach*, Die Unionsbürgerrechte, ebd. § 20 Rn. 89; *Epiney*, Neuere Rechtsprechung des EuGH in den Bereichen institutionelles Recht, allgemeines Verwaltungsrecht, Grundfreiheiten, Umwelt- und Gleichstellungsrecht, NVwZ 2004, 555 (560).

50 Für das Strafrecht ausführlich und differenziert *Satzger*, Die Europäisierung des Strafrechts, 2001, S. 152 ff., der aus Art. 6 Abs. 3 EUV und Art. 10 EGV – lediglich – ein „strafrechtsspezifisches Schonungsgebot" (ebd. S. 166) herleitet.

Dass das nationale Strafverfahren im Anwendungsbereich des Diskriminierungsverbots liegt, ist ständige Rechtsprechung[51]. Die Entscheidung Bickel und Franz erweitert diesen Anwendungsbereich durch seine Entkopplung von der Ausübung einer wirtschaftlichen Grundfreiheit zur Sicherung des allgemeinen Freizügigkeitsrechts des Unionsbürgers[52]. Ebenso muss das nationale Namensrecht dem gemeinschaftlichen Diskriminierungsverbot entsprechen. Indem das Unionsrecht bestimmt, dass in Fragen der individuellen Namensgebung unionale Grundsätze zu beachten sind, nimmt es mittelbar sogar auf die individuelle Identität der Unionsbürger Einfluss. So mussten im Fall Garcia Avello die belgischen Behörden eine Namensänderung für Kinder mit doppelter, nämlich belgischer und spanischer Staatsangehörigkeit nach spanischem Namensrecht zulassen, da die Kinder andernfalls Nachteile in dem zweiten Mitgliedstaat in Kauf nehmen müssten, dessen Staatsangehörigkeit sie besitzen[53]. Bemerkenswerterweise hatten die Antragsteller keinen Gebrauch von ihrer Freizügigkeit als Unionsbürger gemacht. Sie beriefen sich lediglich darauf, als Doppeltstaatler durch das Diskriminierungsverbot geschützt zu sein, unabhängig von jedweder Grenzüberschreitung.

Der EuGH stellte fest, dass es zwar nicht Zweck der Unionsbürgerschaft sei, „den sachlichen Anwendungsbereich des Vertrages auf interne Sachverhalte auszudehnen, die keinerlei Bezug zum Gemeinschaftsrecht aufweisen“. Die doppeltstaatlichen Kinder würden sich jedoch als Unionsbürger rechtmäßig in einem anderen Mitgliedstaat aufhalten und könnten sich demnach auf Art. 12 EGV berufen[54].

Diese Aussagen lassen sich im Prinzip auf jedes Rechtsgebiet erweitern, welches an sich in der Zuständigkeit der Mitgliedstaaten verblieben ist. Grundsätzlich bleibt die Zuständigkeitsordnung unangetastet. Jedoch gerät über die Unionsbürgerfreizügigkeit jeder Bereich nationaler Politik in den Anwendungsbereich des Gemeinschaftsrechts, sobald ein Unionsbürger bei der Ausübung seiner Freizügigkeit in irgendeiner Weise tangiert ist; dann gilt das Gebot, ihn rechtlich gleich einem Inländer zu behandeln[55].

Weiteste Bereiche des nationalen Rechts sind somit über Unionsbürgerschaft und Diskriminierungsverbot in den Zugriff des Gemeinschaftsrechts gelangt. Es gibt mithin in der Europäischen Union kaum noch unionsfreie Rechtsgebiete, da potentiell fast jedes nationale Rechtsgebiet Berührungspunkte zum Unionsrecht aufweisen kann. Daraus kann die Vermutungsregel hergeleitet werden, dass ein Unionsbürger, sobald er der Rechtsordnung eines anderen Mitgliedstaates unterfällt, durch das Diskriminierungsverbot des Art. 12 Abs. 1 EGV geschützt ist.

51 Siehe nur Cowan (Fn. 7), Rn. 19.

52 Siehe Bickel und Franz (Fn. 19), Rn. 15 ff.

53 EuGH, Urt. vom 2. 10. 2003, Rs. C-148/02, Garcia Avello, Slg. 2003, S. I-0000, Rn. 45, noch nicht veröff.

54 Ebd. Rn. 26 ff.

55 *Iliopoulou/Toner* (Fn. 48), 616, nennen dies den „perfect assimilation“-Ansatz.

III. Die Verschmelzung von Diskriminierungsverbot und Freizügigkeitsrecht

Konsequenz der geschilderten Rechtsprechung zu Unionsbürgerschaft und Diskriminierungsverbot ist, dass sich das Freizügigkeitsrecht des Art. 18 EGV zu einer eigenständigen Bestimmung neben den bisherigen Grundfreiheiten entwickelt. Wenn Art. 12 EGV die Funktion akzessorischer Freiheitssicherung – auch für Art. 18 EGV – hat, ist es folgerichtig, dass letzterer als „besondere Bestimmung" i.S.d. Art. 12 EGV zu verstehen ist. Deswegen ist es zukünftig nicht mehr zwingend erforderlich, unionsbürgerliche Gleichbehandlungsansprüche auf Art. 12 i.V.m. Art. 18 EGV zu stützen. Vielmehr ist hierfür das unionsbürgerrechtliche Freizügigkeitsrecht ausreichend[56]. Die eigenständige Bedeutung des Art. 12 EGV wird dadurch offensichtlich geschwächt; eine Entwicklung, die jedoch durch die Entwicklung zu Art. 18 EGV mehr als aufgewogen wird. Gleichzeitig ermöglicht diese Stützung auf Art. 18 EGV, die ausufernde Konstruktion der passiven Dienstleistungsfreiheit wieder auf dogmatisch sichereren Boden zurückzuführen[57].

Der EuGH hat mit der Rechtsprechung zu Unionsbürgerschaft und Diskriminierungsverbot einen großen Schritt in Richtung der Anerkennung eines gemeinsamen Bürgerstatus in der Union getan[58]. Die Unionsbürgerschaft begründet ein „umfassendes subjektives Recht auf Schutz vor Diskriminierungen in anderen Mitgliedstaaten"[59]. Praktisch ist die Rechtsprechung zu den Wirkungen im Sozialrecht weiterhin quantitativ am bedeutendsten und wird es wohl auch bleiben, da Fragen der sozialen Absicherung wohl das entscheidende Moment bei der Ausübung der unionsbürgerlichen Freizügigkeit darstellen. Symbolisch kaum weniger wichtig ist allerdings die Teilhabe auch an bürgerlichen Rechten, die bei der Ausübung ihrer Freizügigkeit relevant werden. Damit sind in Deutschland Deutschengrundrechte für Unionsbürger geöffnet[60]. *Manfred Zuleegs* diesbezügliche Forderung ist spätestens jetzt erfüllt[61]. Allerdings geht die Entwicklung über seine Konzeption hinaus, was erhebliche Probleme birgt.

56 Vorhergesehen von *Zuleeg* (Fn. 29), 448. So auch *Scheuing* (Fn. 17), 783; *Timmermans*, Lifting the Veil of Union Citizens' Rights, in: FS Gil Carlos Rodríguez Iglesias, 2003, S. 195 (201 f.); siehe dementsprechend nun EuGH, Urt. vom 29. 4. 2004, Rs. C-224/02, Pusa, Slg. 2004, S. I-0000, Rn. 17 f.; verb. Rs. C-502/01 und C-31/02, Gaumain-Cerri (Fn. 29), Rn. 34; Urt. vom 15. 7. 2004, Rs. C-365/02, Lindfors, Slg. 2004, S. I-0000, Rn. 35 f., noch nicht veröff., die nur noch Art. 18 EGV erwähnen.

57 *Scheuing* (Fn. 17), 764 f.; *Dougan/ Spaventa* (Fn. 24), 703; s. hierzu o. Fn. 19, und Text zu Fn. 68.

58 Dazu demnächst *Haltern*, Das Janusgesicht der Unionsbürgerschaft, Schweizerische Zeitschrift für Politikwissenschaft 2005, Heft 1, im Erscheinen, insbesondere unter II.3.

59 *Zuleeg* (Fn. 10), Rn. 11.

60 *Scheuing* (Fn. 17), 786,

61 Dagegen *Störmer*, Gemeinschaftsrechtliche Diskriminierungsverbote versus nationale Grundrechte?, AöR 123 (1998), 541.

C. Expansion des Grundrechtsschutzes ohne Leitidee?

I. Der expandierende Anwendungsbereich europäischer Grundrechte

Die beschriebenen Entwicklungen der Unionsbürgerschaft führen zur verfassungsrechtlichen und verfassungspolitischen Schlüsselfrage, ob und in welchem Umfang der Unionsbürger bei der Ausübung seines Freizügigkeitsrechts unionsrechtlich gegen staatliche Eingriffe in seine unionalen Grundrechte geschützt ist. Der Anwendungsbereich der europäischen Grundrechte ist durch den EuGH jüngst stark erweitert worden[62]. Seit *Manfred Zuleegs* Zeit als Richter am EuGH ist es etablierte Rechtsprechung, dass europäische Grundrechte anwendbar sind, wenn die Mitgliedstaaten von Ausnahmebestimmungen Gebrauch machen[63]. Zunehmend aber geht der EuGH weit darüber hinaus. In einigen Fällen scheint sein Raisonnement ganz auf die allgemeine Verhinderung von Grundrechtsverletzungen ausgerichtet zu sein, da die Verbindung zum Anwendungsbereich des Unionsrechts (insbesondere der Marktfreiheiten) in diesen Fällen überaus künstlich ist. Im wohl bekanntesten Fall Carpenter soll die nach den Standards des Unionsgrundrechts nicht zulässige Ausweisung einer mit einem Unionsbürger verheirateten Drittstaatsangehörigen ein Hindernis für die Ausübung der Dienstleistungsfreiheit dieses Unionsbürgers darstellen, weil es sein europäisches Grundrecht auf Achtung des Familienlebens verletze[64]. Dieses Urteil ist in der Literatur auf deutliche Kritik gestoßen, da die Verbindung zu den Grundfreiheiten als allzu lose angesehen wird und die bisherige „Arbeitsteilung" zwischen unionalem und nationalem Grundrechtsschutz verloren zu gehen droht[65]. Selbst bei einem expansiven Verständnis ist zu berücksichtigen, dass Herr *Carpenter* durch die Ausweisung seiner Ehefrau in seinem Familienleben ebenso beeinträchtigt gewesen wäre, wenn er seine Dienstleistungen nur in seinem Heimatstaat erbracht hätte. Diese Situation hätte nach weiterhin allgemeiner Meinung nicht unter dem Regime der europäischen Grundrechte gestanden. Das Gemeinschaftsrecht will jedoch nur solche Beschränkungen der Dienstleistungsfreiheit verhindern, die sich negativ auf die grenzüberschreitende Dienstleistungser-

62 Siehe zunächst EuGH, Wachauf, Slg. 1989, 2609 Rn. 19, wo die Mitgliedstaaten auf die europäischen Grundrechte bei der Durchführung des Rechts der Union verpflichtet wurden; so jetzt auch Art. II-111 VV. Vgl. aber jüngst die Anwendung von europäischen Grundrechten auf rein innerstaatliche Sachverhalte, die von einer zur Umsetzung gemeinschaftlicher Harmonisierung ergangenen nationalen Maßnahme erfasst sind, EuGH, ORF, Slg. 2003, I-4989 Rn. 41 f., 68 ff.; Urt. v. 6. 11. 2003, Rs. C-101/01, Lindqvist, Slg. 2003, S. I-0000, Rn. 87, noch nicht veröff. Skeptisch zu einem weiten Anwendungsbereich der Gemeinschaftsgrundrechte *Eeckhout* (Fn. 49), 969, allerdings noch vor der Entscheidung in der Rechtssache ORF.

63 EuGH, ERT, Slg. 1991, I-2925 Rn. 42; Familiapress, Slg. 1997, I-3689 Rn. 24, zu Art. 55 i.V.m. 46 Abs. 1 bzw. zu Art. 30 EGV.

64 EuGH, Carpenter, Slg. 2002, I-6279 Rn. 39 ff.; in Anlehnung an Singh, Slg. 1992, I-4265 Rn. 19 f.

65 *Puth*, Die unendliche Weite der Grundfreiheiten des EG-Vertrags, EuR 2002, 860 (867 ff.); *Mager*, Urteilsanmerkung, JZ 2003, 204 (206 f.); *Jadoul/Vanneste*, Case note, Columbia Journal of European Law 9 (2003), 447 (450 ff.); *Britz*, Bedeutung der EMRK für nationale Verwaltungsgerichte und Behörden – Erweiterte Bindungswirkung nach EuGH, Slg. 2002, I-6279 – Carpenter?, NVwZ 2004, 173 (175); *Kingreen*, Theorie und Dogmatik der Grundrechte im europäischen Verfassungsrecht, EuGRZ 2004, 570 (573, 576).

bringung im Vergleich zur rein inländischen Dienstleistung auswirken[66]. Die Beschränkung der Möglichkeit, eine Dienstleistung zu erbringen, durch die Verletzung des Rechts auf Achtung des Familienlebens läge also im Fall Carpenter nicht im Anwendungsbereich des Gemeinschaftsrechts.

Es gibt einen besseren Weg für eine Expansion unionalen Grundrechtsschutzes mit Augenmaß. Die unionsbürgerliche Freizügigkeit kann den Grundgedanken der Carpenter-Rechtsprechung überzeugender zur Anwendung bringen. Soweit dieses Recht tangiert ist, hat eine Beeinträchtigung des Familienlebens gerade im Vergleich zu rein innerstaatlichen Sachverhalten eine stärkere und spezifischere negative Wirkung auf die Ausübung der Freizügigkeit. Anknüpfungspunkt ist dann der Unionsbürger selbst, und nicht eine Ware oder Dienstleistung. So überzeugt es, dass der EuGH in einem ähnlich gearteten Fall, der aber eine Beeinträchtigung der Arbeitnehmerfreizügigkeit betraf, seine diesbezügliche Rechtsprechung bestätigte. Einem ursprünglich nicht aufenthaltsberechtigten Drittstaatsangehörigen wurde ein Aufenthaltsrecht eingeräumt, um eine mit ihm verheiratete Unionsbürgerin nicht von ihrem Recht auf Arbeitnehmerfreizügigkeit abzuhalten[67]. Wenn die Mitgliedstaaten eine Personenfreizügigkeit behindern, sind sie an die europäischen Grundrechte gebunden, sie müssen die Grundrechte des Freiheitsberechtigten bei ihrer Entscheidung miteinbeziehen.

II. Das Freizügigkeitsrecht als Grundlage der Expansion der unionalen Grundrechte

Die Problematik der Rechtssache Carpenter beruht nicht zuletzt darauf, dass der EuGH eine Beschränkung der Dienstleistungsfreiheit als gemeinschaftsrechtlichen Anknüpfungspunkt wählte. Die Grenzenlosigkeit dieses Anknüpfungspunktes zeigt die Rechtssache Bickel und Franz: Schon die Möglichkeit der Inanspruchnahme einer Dienstleistung im Aufnahmestaat eröffnet den Anwendungsbereich der Grundfreiheit[68]. Dies in Verbindung mit den Carpenter-Grundsätzen bedeutet, dass sogar im Falle der passiven Dienstleistungsfreiheit europäische Grundrechte anwendbar werden könnten und das nationale Recht in überaus expansiver Weise, aber auf wenig überzeugender Grundlage, durch unionale Grundrechte überlagert wird[69]. Mit der neuen Rechtsprechung zur Unionsbürgerschaft bietet sich ein alternativer Anknüpfungspunkt, welcher der berechtigten dogmatischen Kritik an der allzu weiten Ausdehnung des Anwendungsbereichs der Gemeinschaftsgrundrechte im Fall Carpenter entgegenkommt.

Da Art. 18 EGV ein unionsbürgerliches Freiheitsrecht ist, bietet sich an, es – wie andere Freiheiten des EG-Vertrags – nicht nur als Diskriminierungsverbot, sondern im

66 *Pache*, Dienstleistungsfreiheit, in: Ehlers (Fn. 49), § 11 Rn. 51; *Mager* (Fn. 65), 206; näher *Puth* (Fn. 65), 872 ff.

67 EuGH, Akrich, Slg. 2003, I-9607 Rn. 58 f.; dazu kritisch *Borrmann*, Rechte drittstaatsangehöriger Ehegatten wandernder Unionsbürger, ZAR 2004, 61 (66 f.).

68 Bickel und Franz (Fn. 19), Rn. 15; dazu *Verhoeven* (Fn. 33), S. 181; besonders deutlich immer noch GA *Léger*, Schlussanträge vom 21. 10. 2004, in: EuGH, Rs. C-215/03, Oulane, Rn. 39, noch nicht veröff.

69 *Nic Shuibhne*, Free Movement of Persons and the Wholly Internal Rule: Time to Move on?, CML Rev. 39 (2002), 731 (758); *Acierno*, The Carpenter Judgment: Fundamental Rights and the Limits of the Community Legal Order, EL Rev. 28 (2003), 398 (403 f.).

Lichte systematischer Kohärenz als Behinderungsverbot zu interpretieren[70]. Dieser Gedanke wird gestützt durch die Urteile, die bei der Anwendung des Art. 18 nicht mehr auf Art. 12 EGV rekurrieren, sondern den Gleichbehandlungsanspruch direkt aus Art. 18 EGV folgern und ihn damit in seinem Gehalt verselbständigen[71]. Liest man Art. 18 EGV als ein Behinderungsverbot, so stellt die Beeinträchtigung einer unional geschützten grundrechtlichen Position, soweit sie zugleich das Freizügigkeitsrecht des Art. 18 EGV beeinträchtigt, eine potenzielle Verletzung desselben dar. Angesichts des hohen konstitutionellen Stellenwerts des in Art. 18 EGV niedergelegten Rechts bietet es einen überzeugenderen und nicht so weit reichenden Anknüpfungspunkt für die Expansion der unionalen Grundrechte als die Dienstleistungs- oder Warenverkehrsfreiheit. In diese Richtung deutet das Urteil in der Rechtssache Chen und Zhu, welches der drittstaatsangehörigen Mutter einer minderjährigen Unionsbürgerin ein Aufenthaltsrecht im Aufnahmestaat zusprach. Zwar wurde nicht explizit das Grundrecht auf Achtung des Familienlebens in bezug genommen. Jedoch bezieht sich der Gerichtshof auf seine Ausführungen im Urteil Baumbast und macht die praktische Wirksamkeit des unionsbürgerlichen Aufenthaltsrechts des Kindes von einem Aufenthaltsrecht der für das Kind sorgenden Person abhängig, was mit dem Recht auf Achtung des Familienlebens begründet wird[72]. Der EuGH bedarf angesichts begründeter Kritik dringend eines überzeugenden Anknüpfungspunkts für seine expandierende Grundrechtsjudikatur. Es muss vor allem erkennbar bleiben, dass das unionale Primärrecht eine Teilverfassung im europäischen Verfassungsraum bleibt und nicht gleich einer Staatsverfassung alle Rechtsverhältnisse zu durchdringen beansprucht[73]. Die Erweiterung des Anwendungsbereichs des Vertrages durch die Unionsbürgerschaft könnte zu einer weitreichenden Einbindung der Mitgliedstaaten in die europäischen Grundrechte führen[74]. Zwar ist festzuhalten, dass bislang fast alle bedeutenden Entscheidungen zu dem Grundrecht auf Achtung des Familienlebens ergangen sind. Dieses nimmt als zentrales Erfordernis für ein effektives Freizügigkeitsrecht zu Recht eine besondere Stellung ein, was auch in den Freizügigkeitsrichtlinien anerkannt wird. Jedoch gibt es keine Gesichtspunkte, warum nicht alle anderen Grundrechte ebenfalls relevant werden können. Es zeichnet sich eine Entwicklung der Europäischen Union zu einer Grundrechtsgemeinschaft ab, welche die nationalen Grundrechtssysteme beschädigen könnte[75]. Dies würde die durch Art. 6 Abs. 3 EU geschützte Verfassungsautonomie

70 *Kadelbach* (Fn. 49), § 17 Rn. 41; *Frenz*, Handbuch Europarecht, Bd. 1: Europäische Grundfreiheiten, 2003, Rn. 2994; *Ziekow* (Fn. 33), 106. Hinweise auch schon in Bickel und Franz (Fn. 19), Rn. 16; D'Hoop (Fn. 28), Rn. 31; ausführlich dazu *Iliopoulous/Toner*, A New Approach to Discrimination against Free Movers? D'Hoop v Office National de l'Emploi, EL Rev. 28 (2003), 389 (394 f.); eine wohl argumentierte grundsätzliche Kritik dieses Ansatzes findet sich bei *Kingreen*, Grundfreiheiten, in: von Bogdandy (Fn. 15), S. 631 (656 ff.).

71 So in den in Fn. 56 genannten Urteilen.

72 Zhu und Chen (Fn. 24), Rn. 45, mit Bezug auf Baumbast (Fn. 11), Rn. 72. Dieser Zusammenhang findet sich ausdrücklich bei GA *Tizzano*, Schlussanträge in Zhu und Chen (Fn. 24), Rn. 94 f.; vgl. auch die Ausführungen von GA *Geelhoed*, Schlussanträge in Akrich (Fn. 67), Rn. 106 ff.

73 Zur Kritik *Kingreen* (Fn. 65), 576; zur Konzeption *von Bogdandy*, Zweierlei Verfassungsrecht, Der Staat 39 (2000), 163, 167; *ders.*, Europäische Prinzipienlehre, in: ders. (Fn. 15), S. 149 (184 ff.).

74 Zur spezifischen Problematik der Inländerdiskriminierung *Borchardt*, Unionsbürgerschaft und soziale Ansprüche, in: von Bogdandy/Kadelbach (Hg.), Solidarität und Integration, 2002, S. 9 (15).

der Mitgliedstaaten beeinträchtigen[76]. Nun kann man den Fall Omega als Anzeichen werten, dass der EuGH derartige Bedenken ernst nimmt[77]. Eine Konzeption ist jedoch nicht zu erkennen. Daher zeigt diese Entscheidung vielleicht auch nur, dass der Rechtsprechung des EuGH eine allgemeine Leitlinie fehlt und je nach Materie, zuständigem Richter und konkretem Sachverhalt unterschiedliche und unabgestimmte Konzepte verfolgt werden.

D. Erste rechtliche Konturen des civis europaeus

Wenn ein Unionsbürger sich rechtmäßig in einem anderen Mitgliedstaat aufhält, kommt er in den Genuss weitestgehender rechtlicher Gleichbehandlung mit den Inländern[78]. Zudem ist jede mitgliedstaatliche Behinderung seines Freizügigkeitsrechts an den unionalen Grundrechten zu messen[79]. Dem entspricht die Aufnahme des unionsbürgerlichen Freizügigkeitsrechts in die Grundrechtscharta in Art. II-105 Abs. 1 VV[80]. Das Freizügigkeitsrecht wird explizit zu einem Grundrecht. Damit folgt die Rechtsentwicklung einem Gedanken, den *Manfred Zuleeg* schon 1987 formuliert[81] und der Generalanwalt in seinen Schlussanträgen zu *Konstantinidis* verfochten hat[82]. Wie in so vielen anderen Fragen wies *Manfred Zuleeg* den Weg.

75 Zu den Implikationen näher *von Bogdandy*, Grundrechtsgemeinschaft als Integrationsziel, JZ 2001, 157 (163 ff.).

76 Ebd. 162, 169 f.; *Mager* (Fn. 65), 207; ähnlich *Kanitz/Steinberg* (Fn. 31), 1023.

77 EuGH, Urt. vom 14. 10. 2004, Rs. C-36/02, Omega, Slg. 2004, S. I-0000, Rn. 37 f., noch nicht veröff.; dazu vorab bereits *Schorkopf*, Nationale Grundrechte in der Dogmatik der Grundfreiheiten, ZaöRV 64 (2004), 125, 141 f.

78 *Eeckhout* (Fn. 49), 961; demnächst *Kadelbach* (Fn. 21), unter III.6; skeptisch *Kühling*, Grundrechte, in: von Bogdandy (Fn. 15), S. 583, 609 f.

79 Kritisch zu den Konsequenzen einer so weiten Interpretation *Eeckhout* (Fn. 49), 970 ff.; *Verhoeven* (Fn. 33), S. 186 f.

80 Die „Beschränkungen und Bedingungen" des Art. 18 Abs. 1 EGV wurden nicht in den Grundrechtsteil übernommen, blieben jedoch in Art. I-10 Abs. 2 UAbs. 2 VV erhalten.

81 Siehe Text zu Fn. 4.

82 Vgl. dazu nun GA *Jacobs*, Schlussanträge in Garcia Avello (Fn. 32), Rn. 72.

Die Gleichberechtigung von Mann und Frau – besser aufgehoben beim Europäischen Gerichtshof oder beim Bundesverfassungsgericht?

Ute Sacksofsky

Manfred Zuleeg gehört zu den Juristen, die sich nicht davor scheuen, sich mit der Gleichberechtigung von Männern und Frauen wissenschaftlich auseinanderzusetzen[1]. Dies verdient Anerkennung, wird doch allzu oft die Gleichberechtigung als „Frauenthema“ klassifiziert und von Männern ignoriert – mit allen Abwertungen und Ausgrenzungen, die dabei mitschwingen. Auch in der Art, in der *Manfred Zuleeg* das Thema angeht, unterscheidet er sich erfreulich von manchen seiner Geschlechtsgenossen, die Frauen in Diskussionen über Gleichberechtigung Befangenheit vorwerfen, während sie sich selbst ganz selbstverständlich als objektiv und neutral einschätzen. Schon *Simone de Beauvoir* hat diesen Mechanismus kritisiert: „Oft habe ich mich geärgert, wenn im Verlaufe ganz theoretischer Diskussionen Männer zu mir sagten: ‚Sie denken so, weil Sie eine Frau sind‘; ich aber war mir bewusst, dass ich mich nur durch die Antwort rechtfertigen konnte: ‚Ich denke so, weil es wahr ist‘, d.h. indem ich meine subjektive Situation ausschaltete; beileibe hätte ich nicht antworten dürfen: ‚Und Sie denken das Gegenteil, weil Sie ein Mann sind‘; denn es steht allgemein fest, dass ein Mann zu sein keine Besonderheit darstellt; ein Mensch ist im Recht, wenn er ein Mann ist; die Frau ist die, die im Unrecht ist“[2].

1995 hat *Manfred Zuleeg* einen Vortrag gehalten und ihn im Jahr darauf publiziert, der den Titel trägt „Die Rechtsprechung des Europäischen Gerichtshofs zur Chancengleichheit: Rückschritt oder Fortschritt für die Frauen in der EU?“[3]. Trotz Kritik an einzelnen Entscheidungen des EuGH kam er zu dem Schluss: „Das so geschaffene Gemeinschaftsrecht zur Gleichberechtigung von Männern und Frauen unterscheidet sich nicht grundlegend vom deutschen Verfassungsrecht und übertrifft dieses noch an Wirksamkeit“[4]. Diese These gibt den Anlass für den vorliegenden

1 *Zuleeg*, Gender Equality and Affirmative Action Under the Law of the European Union, in: Columbia Journal of European Law 5 (1999), 319; *ders.*, Frauen in die Bundeswehr, DÖV 1997, 1017; *ders.*, Gleicher Zugang von Mann und Frau zum Arbeitsleben als europarechtliches Problem. Vorträge, Reden und Berichte aus dem Europa-Institut des Saarlandes Nr. 50, 1985; *ders.*, Anmerkung zu BAG vom 13.11.1985 – 4 AZR 234/84, AP Nr. 136 zu Art. 3 GG; *ders.*, Gleicher Zugang von Männern und Frauen zu beruflicher Tätigkeit – Anmerkung zu den Urteilen des Europäischen Gerichtshofs in den Rechtssachen 14 und 79/83, RdA 1984, 325; siehe auch Fn. 3.

2 *Beauvoir*, Das andere Geschlecht. Sitte und Sexus der Frau, 1968, S. 10.

3 *Zuleeg*, Die Rechtsprechung des Europäischen Gerichtshofs zur Chancengleichheit: Rückschritt oder Fortschritt für die Frauen in der EU?, in: Piepenschneider (Hg.), Frauenpolitik in der Europäischen Union. Beiträge einer Tagung des Arbeitskreises Europäische Integration e.V. und der Vertretung der Europäischen Kommission in der Bundesrepublik Deutschland, 6. bis 7. April 1995 in Bonn, 1996, S. 31 ff.

Beitrag. Untersucht werden soll, wo Unterschiede und wo Parallelen in der rechtlichen Durchsetzung der Gleichberechtigung von Männern und Frauen im Gemeinschaftsrecht und im deutschen Verfassungsrecht liegen. Wenden sich Frauen besser an den Europäischen Gerichtshof oder an das Bundesverfassungsgericht?

Die Beantwortung dieser Frage ist nicht ganz einfach. Die gleichberechtigungsrelevante Rechtsprechung des Bundesverfassungsgerichts umfasst etwa hundert Entscheidungen, beim Europäischen Gerichtshof sind es noch mehr. Die sich durch diese Fülle von Entscheidungen herausgebildeten Verästelungen der Gleichberechtigungsdogmatik können im Rahmen dieses Beitrags nicht alle nachvollzogen werden. Der Schwerpunkt wird daher auf die Problemkonstellationen gelegt, die heute aus frauenpolitischer Perspektive noch aktuell sind.

Der Beitrag geht in drei Schritten vor. Am Anfang steht eine Analyse der Rahmenbedingungen der Gleichberechtigungsrechtsprechung auf nationaler und europäischer Ebene (A.). Sodann folgt ein Vergleich der Rechtsprechung von Europäischem Gerichtshof und Bundesverfassungsgericht zu den beiden zentralen Grundkonstellationen gleichberechtigungsrelevanter Regelungen: Entweder eine Regelung oder Maßnahme knüpft ausdrücklich an das Merkmal Geschlecht an (B.) oder die Regelung ist geschlechtsneutral formuliert (C.). Ein Fazit bildet den Abschluss (D.).

A. Rahmenbedingungen

I. Gegenständliche Reichweite

Während der Gleichberechtigungssatz in Art. 3 Abs. 2 GG umfassend formuliert ist und für alle Bereiche des Rechts gilt, ist die gegenständliche Reichweite der Bestimmungen im Europarecht beschränkt; dies gilt zumal bis zu den Veränderungen durch den Amsterdamer Vertrag vom 2. 10. 1997.

In der ursprünglichen Fassung des Vertrages zur Gründung der Europäischen Wirtschaftsgemeinschaft aus dem Jahr 1957 fand sich lediglich eine Vorschrift zur Gleichberechtigung: Art. 119 EWGV (heute Art. 141 EGV), der den Grundsatz des gleichen Entgelts für gleiche Arbeit normierte. Hintergrund dieser Vorschrift war nicht der menschenrechtliche Aspekt der Gleichbehandlung, sondern das Interesse Frankreichs, welches dem Grundsatz der Lohngleichheit aufgrund seiner nationalen Rechtsordnung verpflichtet war und befürchtete, Wettbewerbsnachteile durch „Billiglöhne“ für Frauen in anderen Mitgliedstaaten zu erleiden[5]. Diese Beschränkung auf die Entgeltgleichheit hat sich allerdings mit dem Amsterdamer Vertrag erheblich verändert, denn es wurde eine Reihe von neuen gleichberechtigungsrelevanten Vor-

4 *Zuleeg* (Fn. 3), S. 35. Die besonders wichtige Rolle des EuGH für die Durchsetzung der Gleichberechtigung betont auch *Kokott*, Zur Gleichstellung von Mann und Frau – Deutsches Verfassungsrecht und europäisches Gemeinschaftsrecht, NJW 1995, 1049 (1050).

5 *Langenfeld*, Die Gleichbehandlung von Mann und Frau im Europäischen Gemeinschaftsrecht, 1990, S. 30 ff. Heute kommt diesem Umstand aber für die Auslegung keine Bedeutung mehr zu, vgl. EuGH, Sievers und Schrage, Slg. 2000, I-929 Rn. 54 ff.

schriften in den EG-Vertrag eingeführt[6]. In Art. 2 EGV ist als Ziel die Gleichstellung von Männern und Frauen ausdrücklich aufgenommen worden. Zudem regelt Art. 3 Abs. 2 EGV, dass die Gemeinschaft bei all ihren Tätigkeiten darauf hinwirkt, Ungleichheiten zu beseitigen und die Gleichstellung von Männern und Frauen zu fördern. Diese Querschnittsklausel normiert die inzwischen auch in Deutschland verbreitet eingesetzte Strategie des Gender Mainstreaming[7], die deshalb so vielversprechend erscheint, weil sie verlangt, dass alle Entscheidungen oder Maßnahmen die (gegebenenfalls unterschiedlichen) Folgen für Männer und Frauen berücksichtigen. Ferner sieht Art. 13 EGV vor, dass der Rat geeignete Vorkehrungen treffen kann, um Diskriminierungen u.a. auch aus Gründen des Geschlechts zu bekämpfen. Nicht zuletzt wurde die zentrale Vorschrift zur Gleichbehandlung im EG-Vertrag, der jetzige Art. 141 EGV, novelliert und erhielt zwei neue Absätze[8]. Mit diesen Änderungen wurde die Gleichberechtigung von Männern und Frauen im Gemeinschaftsrecht erheblich verstärkt.

Auch in der am 7. Dezember 2000 in Nizza vom Europäischen Rat proklamierten Charta der Grundrechte der Europäischen Union ist die Gleichberechtigung von Männern und Frauen verankert: Art. 21 verbietet die Diskriminierung wegen des Geschlechts (neben anderen Merkmalen) und Art. 23 verlangt, die Gleichheit von Männern und Frauen in allen Bereichen sicherzustellen.

Hinzu kommt eine ganze Reihe sekundärrechtlicher Regelungen. Es gibt inzwischen[9] über zehn gleichberechtigungsrelevante Richtlinien, deren Wichtigste die RL 76/207/EWG des Rates vom 9. Februar 1976 zur Verwirklichung des Grundsatzes der Gleichbehandlung von Männern und Frauen hinsichtlich des Zugangs zur Beschäftigung, zur Berufsbildung und zum beruflichen Aufstieg sowie in Bezug auf die Arbeitsbedingungen (Gleichbehandlungsrichtlinie)[10] ist[11]. Andere Richtlinien betreffen die Beweislast bei Diskriminierung wegen des Geschlechts (RL 97/80)[12], den Schutz von Schwangeren, Wöchnerinnen und stillenden Arbeitnehmerinnen (RL 92/85)[13], den Elternurlaub[14], Teilzeitbeschäftigte[15] und die soziale Sicherheit (RL 79/7[16], 86/378[17]).

6 Dazu *Dieball*, Gleichstellung der Geschlechter im Erwerbsleben – neue Vorgaben des EG-Vertrages, EuR 2000, 274; *Epiney/Abt*, Das Recht der Gleichbehandlung von Mann und Frau, 2003, S. 40 ff.

7 Siehe dazu *Bothfeld/Gronbach/Riedmüller* (Hg.), Gender Mainstreaming – eine Innovation in der Gleichstellungspolitik. Zwischenberichte aus der politischen Praxis, 2002.

8 Auch Art. 137 Abs. 1 EGV nennt die Chancengleichheit von Männern und Frauen auf dem Arbeitsmarkt und die Gleichbehandlung am Arbeitsplatz. Da nach Art. 137 Abs. 1 EGV aber nur Mindestvorschriften erlassen werden können, ist die Vorschrift gegenüber Art. 141 Abs. 3 EGV, der zu Maßnahmen zur Gewährleistung der Chancengleichheit und Gleichbehandlung ermächtigt, überflüssig, vgl. *Epiney/Abt* (Fn. 6), S. 47 f.

9 Die erste war die Richtlinie 75/117/EWG des Rates zur Angleichung der Rechtsvorschriften der Mitgliedstaaten über die Anwendung des Grundsatzes des gleichen Entgelts für Männer und Frauen vom 10. 2. 1975, ABl. L 45/19.

10 ABl. 1976 L 39/40, geändert durch die RL 2002/73/EG, ABl. 2002 L 269/. Diese Richtlinie ist nach Art. 2 Abs. 1 RL 2002/73 bis zum 5. 10. 2005 umzusetzen.

11 Siehe auch: Richtlinie 86/613/EWG des Rates zur Verwirklichung des Grundsatzes der Gleichbehandlung von Männern und Frauen, die eine selbständige Erwerbstätigkeit – auch in der Landwirtschaft – ausüben, sowie über den Mutterschutz vom 11. 12. 1986, ABl. L 359/56.

12 Richtlinie 97/80/EG des Rates über die Beweislast bei Diskriminierung aufgrund des Geschlechts v. 15. 12. 1997, ABl. 1998 L 14/6; siehe auch Richtlinie 98/52/EG des Rates zur Ausdehnung der Richtlinie 97/80/EG zur Beweislast in Fällen geschlechtsbedingter Diskriminierung auf das Vereinigte Königreich Großbritannien und Nordirland v.13. 7. 1998, ABl. L 205/66.

Die Maßnahmen der Europäischen Union beschränken sich damit auf den Bereich der Beschäftigung und der damit zusammenhängenden sozialen Sicherheit. Versuche, die rechtliche Durchsetzung der Gleichbehandlung auch in weiteren Bereichen von Europa aus voranzutreiben, sind bisher noch nicht zur Wirksamkeit gelangt. Zwar hat die Kommission bereits am 5. 11. 2003 den Vorschlag für eine Richtlinie des Rates zur Verwirklichung des Grundsatzes der Gleichbehandlung von Frauen und Männern beim Zugang zu und bei der Versorgung mit Gütern und Dienstleistungen vorgelegt[18], doch ist diese bisher nicht verabschiedet. Zudem wird ihr zentrales Anliegen, nämlich die Gleichbehandlung im Versicherungswesen, voraussichtlich nicht in absehbarer Zeit zur Geltung kommen.

Die (noch) vorhandene Beschränkung der europäischen Gleichbehandlungsgarantien auf den Bereich des Arbeitslebens und der sozialen Sicherung führt dazu, dass wesentliche Bereiche für Frauen daher ausschließlich vom nationalen Verfassungsrecht abgedeckt werden[19]. Zum Beispiel bietet das Europarecht für Fragen der Gleichheit im Familienrecht, beim Schwangerschaftsabbruch oder beim Schutz vor sexueller Gewalt keine Hilfe.

II. Geltung zwischen Privaten

Gemeinschaftsrecht und Verfassungsrecht gemeinsam ist die Geltung der Gleichbehandlungsgarantien im Verhältnis zwischen (Mitglied-)Staat und Einzelnem. Schwieriger ist demgegenüber die Frage zu beantworten, inwieweit sich die Gewährleistungen auch auf das Verhältnis zwischen Privaten beziehen. Dabei ist diese Dimension im Bereich der Gleichbehandlung von Frauen besonders wichtig. Denn eine Vielzahl der Frauen treffenden Diskriminierungen finden im gesellschaftlichen Raum, im „Privaten" statt. Feministinnen haben daher schon seit langem die herkömmliche Trennung zwischen „öffentlich" und „privat" kritisiert[20].

13 Richtlinie 92/85/EWG des Rates über die Durchführung von Maßnahmen zur Verbesserung der Sicherheit und des Gesundheitsschutzes von schwangeren Arbeitnehmerinnen, Wöchnerinnen und stillenden Arbeitnehmerinnen am Arbeitsplatz (zehnte Einzelrichtlinie im Sinne des Artikels 16 Absatz 1 der Richtlinie 89/391/EWG) v. 19. 10. 1992, ABl. L 348/1.

14 Richtlinie 96/34/EG des Rates zu der von UNICE, CEEP und EGB geschlossenen Rahmenvereinbarung über Elternurlaub v. 3. 6. 1996, ABl. L 145/4, geändert und ausgedehnt auf das Vereinigte Königreich durch Richtlinie 96/34/EG, ABl. 1998 L 10/241.

15 Richtlinie 97/81/EG des Rates zu der von UNICE, CEEP und EGB geschlossenen Rahmenvereinbarung über Teilzeitarbeit v. 15. 12. 1997, ABl. 1998 L 14/9, ausgedehnt auf das Vereinigte Königreich durch Richtlinie 98/23/EG des Rates v. 7. 4. 1998, ABl. L 131/10.

16 Richtlinie 79/7/EWG des Rates zur schrittweisen Verwirklichung des Grundsatzes der Gleichbehandlung von Männern und Frauen im Bereich der sozialen Sicherheit v. 19. 12. 1978, ABl. 1979 L 6/24.

17 Richtlinie 86/378/EWG des Rates zur Verwirklichung des Grundsatzes der Gleichbehandlung von Männern und Frauen bei den betrieblichen Systemen der sozialen Sicherheit vom 24. 6. 1986, ABl. L 225/40, geändert durch Richtlinie 96/97/EG des Rates v. 20. 12. 1996, ABl. 1997 L 46/20.

18 KOM(2003) 657 endgültig.

19 Hinzu kommt freilich der Schutz durch die Europäische Menschenrechtskonvention, der im vorliegenden, ganz auf den Vergleich von Gemeinschaftsrecht und Grundgesetz fokussierten Beitrag jedoch keine Berücksichtigung findet.

20 Siehe z.B. *Olsen*, The Family and the Market: A Study of Ideology and Legal Reform, Harvard Law Review 96 (1983), 1497.

1. Europarecht

Seinem Wortlaut nach richtet sich Art. 141 EGV an die Mitgliedstaaten; diese sollen die Entgeltgleichheit „sicherstellen“. Dennoch hat der EuGH in einem „kühnen Schritt“[21] dieser Regelung schon in den siebziger Jahren unmittelbare Wirkung gegenüber privaten Arbeitgebern zuerkannt[22].

Hinzu kommt die Geltung zwischen Privaten im Sekundärrecht. Richtlinien betreffen typischerweise (zumindest auch) Verhältnisse zwischen Privaten; jedenfalls nach richtlinienkonformer Umsetzung ist daher die Geltung zwischen Privaten durch nationales Recht angeordnet. Hat ein Staat die Richtlinie nicht fristgemäß oder nur unzulänglich in nationales Recht umgesetzt, kann sich der Einzelne nach ständiger Rechtsprechung des Gerichtshofs in all den Fällen, in denen die Bestimmungen der Richtlinie inhaltlich unbedingt und hinreichend bestimmt sind, gegenüber dem Staat auf diese Bestimmungen berufen[23]. Auch in Bezug auf gleichbehandlungsrelevante Richtlinien hat der Gerichtshof eine solche unmittelbare Wirkung bei fehlerhafter Umsetzung durch den Mitgliedstaat bejaht[24].

Freilich hat der Gerichtshof die unmittelbare Wirkung von Richtlinien bisher auf das Verhältnis zwischen Einzelnem und Staat beschränkt und eine horizontale unmittelbare Wirkung von Richtlinien zwischen Privaten – trotz kritischer Stimmen in der Literatur[25] – in ständiger Rechtsprechung abgelehnt[26]. Möglicherweise kündigt sich insoweit aber eine Veränderung durch die Entscheidung vom 5. 10. 2004 an[27]. Indem der Gerichtshof den Anwendungsbereich der – bisher schon geforderten[28] – richtlinienkonformen Auslegung nationalen Rechts deutlich erweitert, kommt er der Sache nach einer unmittelbaren Anwendung von Richtlinien auch zwischen Privaten schon sehr nahe.

2. Verfassungsrecht

Im Verfassungsrecht wird eine unmittelbare Drittwirkung aus Grundrechten abgelehnt; grundsätzlich schützt der Gleichberechtigungssatz daher nur gegenüber dem Staat. Doch in dieser Absolutheit gilt der Grundsatz schon lange nicht mehr, wobei nicht nur auf die – ohnehin anerkannte – mittelbare Drittwirkung hinzuweisen ist.

21 *Colneric*, Verbot der Frauendiskriminierung im EG-Recht – Bilanz und Perspektiven, in: FS für Albert Gnade, 1992, S. 627 (632).

22 EuGH, Defrenne II, Slg. 1976, 455 Rn. 21/24.

23 EuGH, Becker, Slg. 1982, 53 Rn. 25; Francovich, Slg. 1991, I-5357 Rn. 11; Marks & Spencer, Slg. 2002, I-6325 Rn. 25; st. Rspr.

24 Siehe z.B. EuGH, Marshall, Slg. 1986, 723 Rn. 52; Foster, Slg. 1990, I-3313 Rn. 21; Borrie Clarke, Slg. 1987, 2865 Rn. 9 ff.; Ruzius-Wilbrink, Slg. 1989, 4311 Rn. 19; ausführlich dazu *Langenfeld* (Fn. 5), S. 184 ff.

25 *S. Richter*, Die unmittelbare Wirkung von EG-Richtlinien zu Lasten Einzelner, EuR 1988, 394; *G. Winter*, Direktwirkung von EG-Richtlinien, DVBl. 1991, 657; *Sacksofsky*, Europarechtliche Antworten auf Defizite bei der Umsetzung von Richtlinien, in: v. Danwitz u.a. (Hg.), Auf dem Wege zu einer Europäischen Staatlichkeit, 1993, S. 91.

26 EuGH, Marshall, Slg. 1986, 723 Rn. 48; Faccini Dori, Slg. 1994, I-3325 Rn. 20; st. Rspr.

27 EuGH, Urteil v. 5. 10. 2004, Rs. C-397/01, Pfeiffer, noch nicht in Slg., abgedr. NJW 2004, 3547.

28 EuGH, von Colson und Kamann, Slg. 1984, 1891 Rn. 26; Marleasing, Slg. 1990, 4135 Rn. 8; st. Rspr.

Denn der Sache nach führt der im Zuge der Verfassungsreform 1994 in Art. 3 Abs. 2 Satz 2 GG aufgenommene Verfassungsauftrag zur Herstellung tatsächlicher Gleichberechtigung zu einer – vermittelten – Geltung des Gleichberechtigungssatzes zwischen Privaten. Nach Art. 3 Abs. 2 Satz 2 GG ist der Staat verpflichtet, die tatsächliche Durchsetzung der Gleichberechtigung von Männern und Frauen zu fördern und auf die Beseitigung bestehender Nachteile hinzuwirken. Das Bundesverfassungsgericht hatte einen solchen Verfassungsauftrag schon vor der Verfassungsreform aus Art. 3 Abs. 2 Satz 1 GG abgeleitet: Das Gleichberechtigungsgebot wolle nicht nur Rechtsnormen beseitigen, die Vor- oder Nachteile an Geschlechtsmerkmale anknüpfen, sondern für die Zukunft die Gleichberechtigung der Geschlechter durchsetzen. Art. 3 Abs. 2 GG ziele auf die Angleichung der Lebensverhältnisse[29]; damit sind gerade auch zivilrechtliche Rechtspositionen betroffen. Die Anerkennung eines grundrechtlichen Schutzauftrages ist aus frauenpolitischer Sicht sicherlich ein Gewinn, wird der Gesetzgeber dadurch doch zum Tätigwerden verpflichtet. Dennoch ist ein solcher mittelbar wirkender Verfassungsauftrag bei weitem weniger bestimmt, als es eine unmittelbare Geltungsanordnung zwischen Privaten wäre; die Intensität der verfassungsgerichtlichen Kontrolle ist damit deutlich geringer[30].
Das Bundesverfassungsgericht hat sich bisher nicht die Frage gestellt, ob es spezifische, auf Art. 3 Abs. 2 GG bezogene Gründe gibt, jedenfalls für einen Teilbereich der Gleichberechtigungsgarantie eine unmittelbare Drittwirkung anzuerkennen. Die Entstehungsgeschichte des Art. 3 Abs. 2 GG gäbe hierfür Anlass. Eines der im Parlamentarischen Rat immer wieder diskutierten Themen war die Lohngleichheit. Auf eine ausdrückliche Aufnahme der Lohngleichheitsgarantie, wie sie etwa in Art. 33 der Hessischen Verfassung verbürgt ist, wurde im Grundgesetz nur deshalb verzichtet, weil der Grundsatz nach allgemeiner Auffassung des Hauptausschusses bereits in der Festlegung der Gleichberechtigung enthalten sei[31]. Die Lohngleichheit bezieht sich aber immer auch auf private Arbeitgeber.

3. Folgerungen

Im Hinblick auf die Geltung zwischen Privaten ist das Europarecht bei weitem effektiver als das Verfassungsrecht. Doch sind auch im Verfassungsrecht Ansätze vorhanden, die Gleichberechtigung über die Beziehung zwischen Staat und Bürgerin hinaus auszudehnen.

III. Folgen eines Gleichberechtigungsverstoßes

Verstöße gegen den Gleichberechtigungsgrundsatz können für die Zukunft auf zwei Weisen behoben werden: Entweder kann eine günstige Regelung auf alle ausgedehnt oder sie kann für alle beseitigt werden. Sehr viel schwieriger stellt sich die Be-

29 BVerfGE 85, 191 (207).

30 Freilich hat der Verfassungsauftrag bereits in zwei Entscheidungen eine tragende Rolle gespielt: BVerfGE 89, 276 (286 ff.); 109, 64 (89 ff.).

31 Dies wurde ausdrücklich ins Protokoll aufgenommen: Stenographisches Protokoll der Sitzung des Hauptausschusses vom 18. 1. 1949, S. 543.

seitigung einer Ungleichbehandlung für die Vergangenheit dar. Schon aus Gründen des Vertrauensschutzes ist es fast nie möglich, eine Begünstigung rückwirkend zu entziehen, etwa gezahlte Leistungen zurückzufordern. Theoretisch müsste dies immer zur Folge haben, die Begünstigung auf die bisher Ausgeschlossenen auszudehnen. Vor solchen Folgen, die zu erheblichen Verwerfungen führen könnten, schrecken aber der Europäische Gerichtshof[32] wie das Bundesverfassungsgericht[33] – außer in Extremfällen und manchmal im Hinblick auf den Ausgangsfall – zurück. Im Vordergrund der Rechtsprechung steht daher die Beseitigung der gleichheitswidrigen Benachteiligung für die Zukunft. Hier gehen die Gerichte unterschiedliche Wege.

Im Verfassungsrecht ist die normale Folge der Verfassungswidrigkeit eines Gesetzes nach § 82 Abs. 1 i.V.m. § 78 Abs. 1 BVerfGG die Nichtigerklärung des Gesetzes. Nach ständiger Rechtsprechung sieht das Bundesverfassungsgericht aber mit Rücksicht auf die Gestaltungsmöglichkeiten des Gesetzgebers von einer Nichtigerklärung ab, wenn mehrere Möglichkeiten zur Beseitigung der Verfassungswidrigkeit bestehen. Bei Verstößen gegen den Gleichheitssatz sei dies regelmäßig der Fall[34]. Das Gericht begnügt sich daher üblicherweise mit einer Unvereinbarerklärung und setzt dem Gesetzgeber eine Frist, bis zu deren Ablauf er eine Neuregelung vorzunehmen hat; bis zum Ablauf der Frist bleibt es beim bisherigen Recht[35].

Demgegenüber dehnt der EuGH grundsätzlich die Begünstigung auf die Gruppe der Frauen aus[36]. Solange der Staat den Gleichheitsverstoß nicht beseitigt hat, haben die Mitglieder der benachteiligten Gruppe Anspruch auf Anwendung der gleichen Regelung wie die übrigen Leistungsberechtigten[37]. Der EuGH trägt insoweit zu einer wesentlich effektiveren Durchsetzung der Gleichberechtigung bei.

B. Unmittelbare Benachteiligung

Unmittelbare Benachteiligung wegen des Geschlechts liegt dann vor, wenn eine Regelung ausdrücklich das Merkmal Geschlecht verwendet. Analysiert man die Auswirkungen der geschlechtsdifferenzierenden Regelung lassen sich drei Fallgruppen unterscheiden: die traditionelle unmittelbare Benachteiligung von Frauen (I.), die traditionellen Privilegien von Frauen (II.) und – zumeist neuere – Frauenfördermaßnahmen (III.).

32 EuGH, Defrenne II, Slg. 1976, 455 Rn. 74/75; Barber, Slg. 1990, I-1889 Rn. 40 ff.

33 Beim Bundesverfassungsgericht ist das eine zwingende Konsequenz angesichts dessen, dass das Gericht das geltende Recht häufig noch weiter gelten lässt, dazu sogleich.

34 BVerfGE 85, 191 (211 f.); 99, 280 (298).

35 Siehe z.B. BVerfGE 109, 64 (95).

36 EuGH, Federatie Nederlandse Vakbeweging, Slg. 1986, 3855 Rn. 23. In EuGH, Avdel Systems, Slg. 1994, I-4435 verbietet der EuGH sogar rückwirkend, die bisher bevorzugte Gruppe schlechter zu stellen.

37 Vgl. EuGH, Ruzius-Wilbrink, Slg. 1989, 4311 Rn. 20.

I. Überkommene unmittelbare Benachteiligung von Frauen

Das paradigmatische Bild einer gleichberechtigungswidrigen Norm ist die unmittelbare Benachteiligung von Frauen, die auf traditionelle Vorstellungen über die Rollenverteilung der Geschlechter zurückzuführen ist. Diese Konstellation spielte nur in der frühen Phase der Rechtsprechung beider Gerichte eine wesentliche Rolle. So verwarf das Bundesverfassungsgericht den väterlichen Stichentscheid[38], den Vorrang des männlichen Geschlechts bei der Bestimmung des Hoferben[39] oder den Erwerb der deutschen Staatsangehörigkeit für eheliche Kinder allein durch einen deutschen Vater, nicht hingegen durch eine deutsche Mutter[40]. Vor allem erkannte es in der ersten zentralen Entscheidung dem Gleichberechtigungssatz des Art. 3 Abs. 2 GG unmittelbare rechtliche Wirkung zu, nachdem es der Gesetzgeber versäumt hatte, in der ihm nach Art. 117 Abs. 1 GG gesetzten Übergangsfrist ein gleichberechtigungskonformes Familienrecht zu schaffen[41].

Auch beim Europäischen Gerichtshof befassten sich die ersten wichtigen Gleichberechtigungsentscheidungen, die Defrenne-Entscheidungen[42], mit der traditionellen Diskriminierung von Frauen: Frau Defrenne war als Stewardess bei der Fluglinie Sabena beschäftigt; ihr Arbeitsverhältnis endete automatisch mit der Vollendung ihres vierzigsten Lebensjahres, während (männliche) Purser, die die gleiche Arbeit verrichteten, länger arbeiten konnten[43].

Inzwischen sind solche Fälle unmittelbarer Diskriminierung der Frauen selten geworden, denn die meisten Regelungen, die so eindeutig Frauen benachteiligen, sind aus der Rechtsordnung verschwunden. Übrig bleiben seit den neunziger Jahren allenfalls noch Nachzügler[44], wie etwa – vor dem Europäischen Gerichtshof – der Ausschluss von Frauen aus der Armee[45] oder – vom Bundesverfassungsgericht verworfen – der zwar subsidiäre, aber für den Nichteinigungsfall angeordnete Vorrang des männlichen Namens bei der Wahl des Ehenamens[46].

38 BVerfGE 10, 59. Nach § 1628 BGB i.d.F. des Gleichberechtigungsgesetzes von 1957 entschied der Vater, wenn sich die Eltern nicht einigen konnten.

39 BVerfGE 15, 337.

40 BVerfGE 37, 217.

41 BVerfGE 3, 225.

42 EuGH, Defrenne I, Slg. 1971, 445; Defrenne II, Slg. 1976, 455; Defrenne III, Slg. 1978, 1365; dazu *Rust*, in: von der Groeben/Schwarze (Hg.), Kommentar zum Vertrag über die Europäische Union und zur Gründung der Europäischen Gemeinschaft, Bd. 3, 6. Aufl. 2003, Art. 141 EGV Rn. 34 ff.

43 Der EuGH sah sich freilich auf die Prüfung der finanziellen Folgen dieser unmittelbaren Diskriminierung beschränkt.

44 Eine besondere Fallgruppe bildet der Umgang mit Schwangerschaft, der – entgegen der Entscheidung des U.S. Supreme Court im Fall Geduldig v Aiello, 417 U.S. 484 (1974) – durchaus als unmittelbare Benachteiligung begriffen werden kann. Diese Fallgruppe bleibt hier ausgeklammert, dazu: *Epiney/Abt* (Fn.6), S. 166 ff.; *Mohr*, Schutz vor Diskriminierungen im Europäischen Arbeitsrecht, 2004, S. 253 ff.

45 Der EuGH hielt den Ausschluss von Frauen von einer Eliteeinheit für rechtfertigbar: Sirdar, Slg. 1999, I-740; den generellen Ausschluss von dem bewaffneten Dienst in der Armee hielt er hingegen für einen Verstoß gegen die Gleichbehandlungsrichtlinie, Kreil, Slg. 2000, I-69. Der Beschränkung der Wehrpflicht auf Männer steht Gemeinschaftsrecht nicht entgegen, Dory, Slg. 2003, I-2479.

46 BVerfGE 84, 9.

Trotz einiger problematischer Fälle[47] haben insgesamt gesehen beide Gerichte zum Abbau dieser traditionellen Diskriminierung von Frauen wesentlich beigetragen. Doch für Frauen in Deutschland war wohl das Bundesverfassungsgericht insoweit noch wichtiger[48]. Denn gerade die fünfziger bis frühen siebziger Jahre des vorigen Jahrhunderts bildeten die Phase, in der solche eklatanten Diskriminierungen besonders wirkungsmächtig waren; danach wurden sie ohnehin schon aufgrund der neuen Frauenbewegung und der damit verbundenen gesellschaftlichen Veränderungen abgeschafft. In dieser Zeit aber hat der EuGH noch keine so zentrale Rolle für die Gleichberechtigung gespielt.

II. Überkommene Privilegien von Frauen

Die traditionelle Diskriminierung von Frauen führte nicht nur zu Regelungen, die Frauen eindeutig benachteiligten, sondern auch zu solchen, die ihnen Vorteile verschafften bzw. verschaffen sollten: Bestimmte Arbeitsbedingungen waren für Frauen günstiger, wie etwa der ursprünglich auf Frauen beschränkte Hausarbeitstag[49], die Möglichkeit des früheren Renteneintritts[50], die günstigeren Voraussetzungen für die Rente von Witwen gegenüber Witwern[51]. Dem besonderen Schutz von Frauen diente das Nachtarbeitsverbot[52], und das Sorgerecht für ein nicht-eheliches Kind ebenso wie Urlaub nach der Geburt[53] standen allein der Mutter zu[54]. Der krasseste Fall der überkommenen Privilegien von Frauen ist immer noch ihr Ausschluss von der Wehrpflicht, der in Art. 12a GG verfassungsrechtlich angeordnet und vom EuGH als in die Zuständigkeit der Mitgliedstaaten fallend keinen gemeinschaftsrechtlichen Restriktionen unterworfen wurde[55].

Auf den ersten Blick erscheinen diese Regelungen als Benachteiligung von Männern. Männer müssen mehr Voraussetzungen erfüllen, um als Witwer eine Rente zu

47 Beim Bundesverfassungsgericht ist vor allem BVerfGE 43, 213 zu nennen, in der das Gericht die Zuordnung niedrigerer Verdienste für rentenberechtigte Frauen im Fremdrentengesetz billigte, freilich schon mit deutlich „schlechtem Gewissen". Die Regelung sei „allein deshalb verfassungsrechtlich hinnehmbar, weil ein außerordentliches Problem zu bewältigen war"(so im Rückblick: BVerfGE 57, 335 [345]). Beim EuGH ist beispielsweise zu nennen der Fall Johnston (Slg. 1986, 1651), in dem der EuGH billigte, in einer innenpolitischen Situation, die durch häufige Anschläge gekennzeichnet sei, die allgemeinen polizeilichen Aufgaben mit Schusswaffen ausgerüsteten Männern vorzubehalten (Rn. 40); erinnert sei auch an den Fall Sirdar (Slg. 1999, I-740).

48 Ausführlich dazu: *Sacksofsky*, Das Grundrecht auf Gleichberechtigung, 2. Aufl. 1996, S. 23 ff.

49 BVerfGE 52, 369 – Verstoß gegen Gleichberechtigungsgarantie.

50 BVerfGE 74, 163 – kein Verstoß. Wegen der ausdrücklichen Ausnahme in Bezug auf die Festsetzung unterschiedlichen Rentenalters in Art. 7 Abs. 1 Buchstabe a der Richtlinie 79/7 EWG hatte sich der EuGH nur mit Folgewirkungen des unterschiedlichen Rentenalters zu beschäftigen, s. dazu insbesondere: Barber, Slg. 1990, I-1889; Buchner, Slg. 2000, I-3625.

51 BVerfGE 17, 1 – kein Verstoß; BVerfGE 39, 169 – Verstoß für die Zukunft; vgl. auch BVerfGE 21, 329 – Verstoß bei Beamtinnen.

52 EuGH, Stoeckel, Slg. 1991, I-4047 – Verstoß; BVerfGE 85, 191 – Verstoß; s. auch *Schiek*, Nachtarbeitsverbot für Arbeiterinnen, 1992.

53 EuGH, Hoffmann, Slg. 1984, 3047 – kein Verstoß; EuGH, Kommission/Italien, Slg. 1983, 3273 – kein Verstoß bei entsprechender Regelung für Adoptiveltern.

54 BVerfGE 56, 363 – kein Verstoß; 107, 150 – grundsätzlich kein Verstoß.

55 EuGH, Dory, Slg. 2003, I-2479. Den Ausschluss von Frauen von der Feuerwehrpflicht (bzw. die daran geknüpfte Feuerwehrabgabe) verwarf das Bundesverfassungsgericht hingegen: BVerfGE 92, 91.

bekommen, sie müssen nachts und auch länger arbeiten. Doch die meisten dieser „Privilegien" für Frauen sind ambivalent, sie begünstigen Frauen nicht nur, sondern benachteiligen sie auch. Das Nachtarbeitsverbot schließt Frauen von besser bezahlten Arbeitsstellen aus, die erwerbstätige Frau sieht ihren hinterbliebenen Ehegatten schlechter versorgt als ein erwerbstätiger Mann. Selbst Regelungen, die eindeutig nur vorteilhaft für Frauen sind, wie etwa die Verschonung von der Wehrpflicht, verstärken patriarchale gesellschaftliche Vorstellungen über die Unterschiede zwischen den Geschlechtern.

Entsprechend der Ambivalenz der Wirkungsrichtung dieser Privilegien war auch der Umgang der Gerichte mit ihnen. Manche dieser Regelungen wurden für gleichberechtigungskonform gehalten, viele wurden verworfen. Die Gleichberechtigungswidrigkeit wurde insbesondere dann festgestellt, wenn das jeweilige Gericht die in den Bevorzugungen „versteckte" Benachteiligung von Frauen sah[56].

III. Frauenfördermaßnahmen

Frauenfördermaßnahmen in dem hier behandelten Sinne knüpfen ebenfalls zugunsten von Frauen an das Merkmal Geschlecht an. Anders als die eben diskutierten Fälle der überkommenen Privilegien von Frauen dienen sie aber nicht der Absicherung der traditionellen Rollenverteilung, sondern bezwecken den Einschluss von Frauen in Bereichen, aus denen sie traditionell ausgeschlossen blieben. Bekanntestes Beispiel für diese Fallgruppe sind die Quotenregelungen.

Der EuGH hat bisher vier Entscheidungen zu Quotenregelungen gefällt[57]. Zweimal hat er die in Frage stehenden nationalen Regelungen gebilligt[58], zweimal verworfen[59]. Nach der Rechtsprechung des Gerichtshofs ist eine Maßnahme, nach der weibliche Bewerber in Bereichen des öffentlichen Dienstes, in denen Frauen unterrepräsentiert sind, vorrangig befördert werden sollen, mit dem Gemeinschaftsrecht vereinbar, wenn sie weiblichen Bewerbern, die die gleiche Qualifikation wie ihre männlichen Mitbewerber besitzen, keinen automatischen und unbedingten Vorrang einräumt, und wenn die Bewerbungen Gegenstand einer objektiven Beurteilung sind, bei der die besondere persönliche Lage aller Bewerber berücksichtigt wird[60]. Diese Rechtsprechung ist jedoch äußerst problematisch[61]. Denn deutlicher als im Gemeinschaftsrecht kann ein Normgeber die Zulässigkeit von Frauenfördermaßnahmen kaum formulieren. Art. 141 Abs. 4 EGV lautet seit dem Amsterdamer Ver-

56 Instruktiv hierfür sind insbesondere beim Bundesverfassungsgericht die beiden Entscheidungen zum Nachtarbeitsverbot: 1956 wurde die Verfassungsbeschwerde eines Mannes als offensichtlich unbegründet verworfen, 1991 hatte die Verfassungsbeschwerde einer Arbeitgeberin Erfolg (BVerfGE 85, 191), wobei das Gericht hier erstmals die Benachteiligung von Frauen sieht (S. 209 f.). Entsprechend unterscheiden sich auch die beiden Entscheidungen zur Witwerrente (oben Fn. 51).

57 Zudem hatte der EuGH über andere Formen von Frauenfördermaßnahmen zu entscheiden, s. etwa: Lommers, Slg. 2002, I-2891; Griesmar, Slg. 2001, I-9383; Urteil v. 30. 9. 2004, Rs. C-319/03, Briheche, noch nicht in Slg.

58 EuGH, Marschall, Slg. 1997, I-6383; Badeck, Slg. 2000, I-1902.

59 EuGH, Kalanke, Slg. 1995, I-3069; Abrahamsson, Slg. 2000, I-5562.

60 EuGH, Badeck, Slg. 2000, I-1902 Rn. 23; Abrahamsson, Slg. 2000, I-5562 Rn. 43.

61 Ausführlich dazu: *Sacksofsky*, Die Rechtsprechung des Europäischen Gerichtshofs zu Frauenfördermaßnahmen – ein Puzzle aus vier Teilen, RdJB 2002, 193.

trag: „Im Hinblick auf die effektive Gewährleistung der vollen Gleichstellung von Männern und Frauen im Arbeitsleben hindert der Grundsatz der Gleichbehandlung die Mitgliedstaaten nicht daran, zur Erleichterung der Berufstätigkeit des unterrepräsentierten Geschlechts oder zur Verhinderung bzw. zum Ausgleich von Benachteiligungen in der beruflichen Laufbahn spezifische Vergünstigungen beizubehalten oder zu beschließen“. Die Erklärung Nr. 28 zu Art. 141 Abs. 4 des Vertrags zur Gründung der Europäischen Gemeinschaft stellt darüber hinaus fest, dass Maßnahmen der Mitgliedstaaten nach Art. 141 Abs. 4 EGV in erster Linie der Verbesserung der Lage der Frauen im Arbeitsleben dienen sollen. Eine Ausnahme zugunsten der Frauenförderung enthält auch Art. 2 Abs. 4 der Gleichbehandlungsrichtlinie 76/207[62].

Das Bundesverfassungsgericht hat dagegen über Quotenregelungen bisher nicht entschieden. Nach seinem neueren Maßstab[63] zur Prüfung der Gleichberechtigung hat es aber den dogmatischen Weg für eine Billigung von Quotenregelungen vorgezeichnet: Das Gleichberechtigungsgebot des Art. 3 Abs. 2 GG berechtige den Gesetzgeber, faktische Nachteile, die typischerweise Frauen treffen, durch begünstigende Regelungen auszugleichen[64].

Vermutlich wäre der Spielraum für Frauenfördermaßnahmen vom Bundesverfassungsgericht größer bemessen worden als in der sehr restriktiven Auslegung des Gemeinschaftsrechts durch den EuGH[65]; doch angesichts des Vorrangs des Gemeinschaftsrechts wird dies wohl nie mehr eindeutig herausgefunden werden. Derzeit ist der Streit um Quotenregelungen freilich ohnehin nicht mehr von großer frauenpolitischer Bedeutung. Die existierenden Quotenregelungen haben sich als ausgesprochen ineffektiv erwiesen. Es ist daher aus frauenpolitischer Perspektive fraglich, ob als Gebote formulierte Quotenregelungen die tatsächliche Gleichberechtigung von Frauen wirklich fördern. Denn den – praktisch sehr geringen – Vorteilen durch Quotenregelungen stehen erhebliche Nachteile für die Schaffung der Gleichberechtigung gegenüber. Quotenregelungen können das überkommene Bild der schutzbedürftigen Frau verstärken und lösen zudem Ressentiments bei Männern aus, die in keinem Verhältnis zu den tatsächlich erzielten Vorteilen für Frauen stehen. Sinnvoller ist es daher, intelligentere Formen der Frauenförderung im Wege von Anreizen zu entwickeln. Für solche, rechtlich gesehen „weicheren“, da nicht an Ge- und Verbot, sondern an Anreizen ausgerichtete Formen der Frauenförderung ist nach der Rechtsprechung beider Gerichte Raum.

62 Zumindest diese hätten auch die Entscheidungen, die vor dem Inkrafttreten des Amsterdamer Vertrages lagen, berücksichtigen müssen. Außerdem bestätigt der EuGH in Abrahamsson, Slg. 2000, I-5539 Rn. 54 ff. seine Rechtsprechung trotz der Veränderungen im Vertrag.

63 Zum Wandel des Maßstabs seit 1991: *Sacksofsky* (Fn. 48), S. 386 ff.

64 BVerfGE 92, 91 (109); 85, 191 (207).

65 Vor der Kalanke-Entscheidung des EuGH war eine Vorlage an den EuGH noch mit dem Ziel gefordert worden, gemeinschaftsrechtlich klarzustellen, dass Quotenregelungen durch nationales Recht nicht verboten werden *dürften*, *Colneric*, Vorlagepflicht nach EG-Recht bei Normenkontrolle über Frauenquote, BB 1991, 1118.

C. Mittelbare Benachteiligung

Die Rechtsfigur der mittelbaren Benachteiligung ist das innovativste Produkt der modernen Gleichberechtigungsrechtsprechung. Nachdem der U.S. Supreme Court schon in den siebziger Jahren des vorigen Jahrhunderts „disparate impact" als eine Form der Diskriminierung anerkannte[66], wurde diese als „mittelbare" Benachteiligung seit den achtziger Jahren vom EuGH als gemeinschaftsrechtswidrig angesehen (I.). Das Bundesverfassungsgericht hat erst seit kurzem das Verbot der mittelbaren Benachteiligung als Bestandteil von Art. 3 Abs. 3 GG akzeptiert (II.).

I. Europäischer Gerichtshof

Die erste Entscheidung, in der der EuGH die Rechtsfigur der mittelbaren Benachteiligung im Rahmen der Gleichberechtigung anerkannte[67], stammt aus dem Jahr 1981[68]; seitdem hat der EuGH in einer Vielzahl von Fällen das Vorliegen einer mittelbaren Benachteiligung geprüft[69]. Nach ständiger Rechtsprechung liegt ein Fall mittelbarer Benachteiligung vor, wenn eine Maßnahme oder Regelung zwar neutral gefasst ist, jedoch tatsächlich prozentual erheblich mehr Frauen als Männer benachteiligt, es sei denn, dass diese unterschiedliche Behandlung durch objektive Faktoren gerechtfertigt ist, die nichts mit einer Diskriminierung aufgrund des Geschlechts zu tun haben[70]. Insbesondere in sozialpolitischen Entscheidungen sah der EuGH eine Rechtfertigung dann gegeben, wenn der betreffende Mitgliedstaat dartun könne, dass die gewählten Mittel einem legitimen Ziel seiner Sozialpolitik dienten und zur Erreichung des mit ihr verfolgten Ziels geeignet und erforderlich seien[71]. Häufig wird die erste Formulierung inzwischen durch eine Verhältnismäßigkeitsprüfung ergänzt[72].

Die Prüfung der Rechtfertigung überlässt der EuGH grundsätzlich dem nationalen Gericht: „Es ist Sache des vorlegenden Gerichts, das für die Beurteilung des Sachverhalts und die Auslegung des innerstaatlichen Rechts allein zuständig ist, festzustellen, ob und inwieweit eine gesetzliche Regelung, die zwar unabhängig vom Geschlecht der Arbeitnehmer angewandt wird, im Ergebnis die Frauen jedoch stärker trifft als die Männer, aus objektiven Gründen, die nichts mit einer Diskriminierung aufgrund des Geschlechts zu tun haben, gerechtfertigt ist"[73]. Doch gibt der Gerichts-

66 Ausführlich dazu: *Sacksofsky* (Fn. 48), S. 225 ff; *Schlachter*, Wege zur Gleichberechtigung, 1993, S. 221 ff.

67 Siehe aber schon zuvor die Anerkennung der mittelbaren Benachteiligung wegen der Staatsangehörigkeit: EuGH, Sotgiu, Slg. 1974, 153 Rn. 11.

68 EuGH, Jenkins, Slg. 1981, 911.

69 Siehe dazu insbesondere *Fuchsloch*, Das Verbot der mittelbaren Geschlechtsdiskriminierung, 1995; *Bieback*, Die mittelbare Diskriminierung wegen des Geschlechts, 1997.

70 EuGH, Jorgensen, Slg. 2000, I-2447 Rn. 29; Rinner-Kühn, Slg. 1989, 2743 Rn. 12; Kirsammer-Hack, Slg. 1993, I-6185 Rn. 22.

71 Siehe z.B.: Freers und Speckmann, Slg. 1996, I-1165 Rn. 28; Roks, Slg. 1994, I-571 Rn. 34; Molenbroek, Slg. 1992, I-5943 Rn. 13.

72 Vgl. EuGH, Urteil v. 27. 5. 2004, Rs. 285/02, Elsner-Lakeberg, noch nicht in Slg., Rn. 18; Steinicke, Slg. 2003, I-9027 Rn. 64; Kutz-Bauer, Slg. 2003, I-2741 Rn. 58; Lewark, Slg. 1996, I-243 Rn. 38.

73 EuGH, Rinner-Kühn, Slg. 1989, 2743 Rn. 15; in diesem Sinne auch: EuGH, Kowalska, Slg. 1990, I-2591 Rn. 15; Lewark, Slg. 1996, I-243 Rn. 32; Seymour-Smith und Perez, Slg. 1999, I-623 Rn. 67 ff.

hof immer wieder – mehr oder minder explizit – Hinweise darauf, was als Rechtfertigung aus gemeinschaftsrechtlicher Perspektive akzeptabel ist. Stimmige dogmatische Linien darin zu finden, wann der Gerichtshof durchentscheidet und wann er die Frage an das nationale Gericht zurückgibt, sind kaum zu erkennen[74]. Dieser Frage soll hier indes nicht weiter nachgegangen werden, sondern der Schwerpunkt soll auf einige Aspekte der inhaltlichen Rechtfertigungen, soweit sich der EuGH überhaupt dazu äußert, gelegt werden.

Einen wesentlichen Schwerpunkt der Rechtsprechung des Gerichtshofs[75] bildet die Beendigung der Diskriminierung der Teilzeitarbeitenden[76]. Der EuGH hat in einer Vielzahl von Fällen dazu beigetragen, die Diskriminierung der Teilzeitarbeitenden abzubauen[77]. So hat der EuGH etwa klargestellt, dass der Ausschluss der geringfügig Beschäftigten von der Lohnfortzahlung im Krankheitsfall nicht damit gerechtfertigt werden könne, geringfügig Beschäftigte seien nicht in einem anderen Arbeitnehmern vergleichbaren Maße in den Betrieb eingegliedert und mit ihm verbunden; solchen lediglich verallgemeinernden Aussagen zu bestimmten Kategorien von Arbeitnehmern ließen sich keine objektiven Kriterien entnehmen, die nichts mit einer Diskriminierung aufgrund des Geschlechts zu tun hätten[78].

Doch gab es auch problematische Rechtfertigungen. Das Grundproblem der Benachteiligung der Teilzeitarbeitenden liegt in der Fortwirkung der gesellschaftlichen Arbeitsteilung zwischen Männern und Frauen. Als (erstrebenswertes) Normalarbeitsverhältnis wird das Vollzeitarbeitsverhältnis begriffen, also ein Normalarbeitnehmer vorausgesetzt, der seine gesamte Arbeitskraft dem jeweiligen Unternehmen zur Verfügung stellt; Reproduktionsaufgaben, wie etwa Haushalt und Kinderbetreuung, übernehmen andere – typischerweise Frauen – für ihn. Auch der EuGH löst sich nicht immer von diesem Bild. So hielt der Gerichtshof in seiner frühen Rechtsprechung noch eine mögliche Rechtfertigung insbesondere dann für möglich, wenn der Arbeitgeber „aus objektiv gerechtfertigten wirtschaftlichen Gründen das Ziel verfolgt, unabhängig vom Geschlecht des Arbeitnehmers einen Anreiz zur Vollzeitarbeit zu geben“[79]. Ähnlich problematisch ist angesichts der häufig unterbrochenen Berufsbiographien von Frauen die – ohne Bezug zu den spezifischen Aufgaben der Stelle – anerkannte Anciennität für Zulagen innerhalb einer Lohngruppe[80]. Teils ver-

74 *Krebber*, in: Calliess/Ruffert (Hg.), Kommentar EUV/EGV, 2. Aufl. 2002, Art. 141 Rn. 62.

75 So ist es durchaus passend, dass es schon im ersten Fall mittelbarer Benachteiligung um Teilzeitarbeit ging: Im Fall Jenkins wurde Teilzeitarbeit um 10% niedriger entlohnt als Vollzeitarbeit, wobei sehr viel mehr Frauen als Männer teilzeitbeschäftigt waren, EuGH, Jenkins, Slg. 1981, 911.

76 Ausführlich zur Teilzeitarbeit: *M. Schmidt*, Teilzeitarbeit in Europa. Eine Analyse der gemeinschaftsrechtlichen Regelungsbestrebungen auf vergleichender Grundlage des englischen und deutschen Rechts, 1995; *Biermann*, Die Gleichbehandlung von Teilzeitbeschäftigten bei entgeltlichen Ansprüchen, 2000.

77 Siehe z.B. EuGH, Jenkins, Slg. 1981, 911; Bilka, Slg. 1986, 1607; Rinner-Kühn, Slg. 1989, 2743 Rn. 13 f.; Ruzius-Wilbrink, Slg. 1989, 4311; Kowalska, Slg. 1990, I-2591; Nimz, Slg. 1991, I-297; Bötel, Slg. 1992, I-3589; Freers und Speckmann, Slg. 1996, I-1165; Gerster, Slg. 1997, I-5253; Hill und Stapleton, Slg. 1998, I-3759; Krüger, Slg. 1999, I-5127.

78 EuGH, Rinner-Kühn, Slg. 1989, 2743 Rn. 13 f.

79 EuGH, Jenkins, Slg. 1981, 911 Rn. 12; vgl. auch (schon etwas schwächer formuliert): Arbeitgeber kann damit rechtfertigen, dass er „möglichst wenige Teilzeitkräfte beschäftigen will, sofern festgestellt wird, dass die zu diesem Zweck gewählten Mittel einem wirklichen Bedürfnis des Unternehmens dienen und zur Erreichung dieses Ziels geeignet und erforderlich sind“, EuGH, Bilka, Slg. 1986, 1607 Rn. 37.

kennt der EuGH das Problem der mittelbaren Benachteiligung sogar gänzlich, wie etwa in der Helmig-Entscheidung[81]. Der EuGH hatte hier die Frage zu beurteilen, ob Teilzeitbeschäftigte Überstundenzuschläge erhalten müssten, wenn sie über die mit ihnen vereinbarte Arbeitszeit hinaus arbeiten, aber nicht die Regelarbeitszeit erreichen[82]. Der EuGH verneinte das Vorliegen einer Ungleichbehandlung mit der Begründung, dass die Teilzeitarbeitende für ihre Überstunde gleich viel Geld erhalte wie ihr vollzeitbeschäftigter Kollege für die gleiche Arbeitsstunde des Tages[83]. Dies ist für sich genommen logisch; das Problem liegt in der Wahl des Vergleichspunktes. Nimmt man als Maßstab nämlich nicht den Vollzeitbeschäftigten, sondern geht von der individuell vereinbarten Arbeitszeit aus, ist die Ungleichbehandlung offensichtlich. Die Einbuße an Verfügbarkeit über nicht dem Arbeitgeber geschuldete Zeit ist bei jeder zusätzlich geleisteten Stunde identisch, darüber hinaus geht es bei der Überstunde des Vollzeitarbeitnehmers typischerweise um bloßen Verzicht auf Freizeit, bei der Überstunde der Teilzeitarbeitnehmerin hingegen um eine Zeit, in der sie für die Kinderbetreuung zuständig ist, über die anders zu disponieren zusätzlichen organisatorischen Aufwand erfordert.

Im Bereich der sozialen Sicherheit[84] betont der EuGH immer wieder den Spielraum der Mitgliedstaaten bei der Gestaltung der Sozialpolitik. Dennoch hat der Gerichtshof erfreulich klar gestellt, dass Haushaltserwägungen eine Ungleichbehandlung von Männern und Frauen nicht rechtfertigen können. Haushaltserwägungen könnten sozialpolitischen Entscheidungen eines Mitgliedstaats zwar zugrunde liegen und die Art oder das Ausmaß der sozialen Schutzmaßnahmen, die er treffen möchte, beeinflussen, sie stellten als solche jedoch kein mit dieser Politik verfolgtes Ziel dar und könnten daher eine Diskriminierung eines der Geschlechter nicht rechtfertigen. Andernfalls wäre die Folge, dass „die Anwendung und die Tragweite einer so grundlegenden Regel wie der der Gleichheit von Männern und Frauen zeitlich und räumlich je nach dem Zustand der Staatsfinanzen der Mitgliedstaaten unterschiedlich sein könnten“[85].

II. Bundesverfassungsgericht

Das Bundesverfassungsgericht hat die mittelbare Benachteiligung erst seit Ende der neunziger Jahre als Problem der speziellen Gleichheitssätze anerkannt[86]: Eine nach

80 EuGH, Handels- og Kontorfunktionaerernes Forbund i Danmark, Slg. 1989, 3199 Rn. 24; kritisch auch *Colneric* (Fn. 21), S. 641; *Krebber* (Fn. 74), Art. 141 Rn. 45.

81 EuGH, Helmig, Slg. 1994, I-5727.

82 Um die Konstellation zu verdeutlichen: Frau A ist vier Stunden täglich beschäftigt und wird aufgefordert, eine fünfte Stunde im Betrieb zu bleiben. Für diese Stunde bekommt sie nach dem geltenden Tarifvertrag keinen Überstundenzuschlag; den bekommt man – eine Regelarbeitszeit von 8 Stunden unterstellt – erst ab der 9. Stunde.

83 EuGH, Helmig, Slg. 1994, I-5727 Rn. 28.

84 Ausführlich dazu: *Bieback* (Fn. 69).

85 EuGH, Roks, Slg. 1994, I-571 Rn. 35 f.

86 Erstmals in der Entscheidung vom 27. 11. 1997, BVerfGE 97, 35 (43). Dort lehnte es das Vorliegen einer mittelbaren Benachteiligung jedoch ab, weil ausweislich des statistischen Materials der Frauenanteil in der Gruppe der unterhalbzeitig Beschäftigen – die im zu beurteilenden Fall benachteiligt war – nicht höher als in der Gruppe der übrigen Teilzeitkräfte und der Vollzeitbeschäftigten sei.

Art. 3 Abs. 3 Satz 1 GG verbotene Anknüpfung an das Geschlecht könne auch vorliegen, wenn eine geschlechtsneutral formulierte Regelung im Ergebnis überwiegend Angehörige eines Geschlechts, etwa Frauen, betreffe und dies auf natürliche oder gesellschaftliche Unterschiede zwischen den Geschlechtern zurückzuführen sei[87]. Unter welchen Umständen eine mittelbare Benachteiligung von Frauen gerechtfertigt ist, hat das Bundesverfassungsgericht noch nicht ausgearbeitet. Geprüft hat es die mittelbare Benachteiligung bisher ohnehin nur in einer einzigen Entscheidung. In dieser ging es um den gesetzlichen Ausschluss des Doppelnamens für Kinder, deren Eltern keinen gemeinsamen Ehenamen führen; diese Eltern wählen für das Kind zu weit über 90% den Vaternamen. Statt allgemeine Kriterien für Rechtfertigungsanforderungen zu formulieren, beschränkt sich das Gericht in dieser Entscheidung auf den konkreten Sachverhalt und weicht – dogmatisch nicht überzeugend – auf die Begründung aus, der Auftrag des Art. 3 Abs. 2 GG, die tatsächliche Durchsetzung der Gleichberechtigung zu fördern, verlange nicht, die Wahl des Kindesdoppelnamens zu ermöglichen. Das Konzept mittelbarer Benachteiligung schließlich gründlich missverstehend stellt das Gericht zudem darauf ab, dass sich die vorrangige Wahl des Mannesnamens zum Namen des Kindes „vorwiegend nicht auf eine nachteilige Situation von Frauen, sondern auf vorfindliche Einstellungen" gründe[88].

Ohnehin ist auffällig, dass das Gericht generell eine konkrete Prüfung der mittelbaren Benachteiligung auch dann nicht vornimmt, wenn es eigentlich angebracht wäre. So hat es in der Entscheidung zur Finanzierung des Mutterschutzes zwar zu Recht das Problem der mittelbaren Benachteiligung für Frauen auf dem Arbeitsmarkt gesehen, hat aber dennoch die Lösung nicht über die Rechtsfigur der mittelbaren Benachteiligung, sondern über den Verfassungsauftrag aus Art. 3 Abs. 2 GG gesucht[89]. Auch in der Entscheidung zur Einbringung eines angeheirateten Namens in eine neue Ehe sieht es durchaus die Gleichberechtigungsdimension, verwendet diese aber nur als Argument im Rahmen der Prüfung des Persönlichkeitsrechts[90].

So ist es zwar begrüßenswert, dass das Bundesverfassungsgericht inzwischen die Rechtsfigur der mittelbaren Benachteiligung grundsätzlich übernommen hat, doch in der Anwendung bestehen noch erhebliche Defizite.

III. Kritik

Dass die mittelbare Benachteiligung überhaupt als Bestandteil der Diskriminierungsverbote anerkannt wurde, ist aus frauenpolitischer Sicht uneingeschränkt zu begrüßen. Nachdem einerseits unmittelbar an das Geschlecht anknüpfende Regelungen kaum mehr in der Rechtsordnung vorhanden sind, andererseits die tatsächliche Gleichberechtigung der Geschlechter bei weitem noch nicht erreicht ist, kommt

87 BVerfGE 104, 373 (393).
88 BVerfGE 104, 373 (394); dazu *Sacksofsky*, Grundrechtsdogmatik ade – Zum neuen Doppelnamen-Urteil des Bundesverfassungsgerichts, FPR 2002, 121.
89 BVerfGE 109, 64 (89).
90 BVerfGE 109, 256 (271 f.); dazu *Sacksofsky*, Das Ehenamensrecht zwischen Tradition und Gleichberechtigung – zum neuen Ehenamensurteil des BVerfG, FPR 2004, 371.

der Eliminierung der mittelbaren Benachteiligung eine zentrale Rolle zu. Der Verdienst dafür, die mittelbare Benachteiligung in der Rechtsordnung der Mitgliedstaaten zu verankern, kommt dem Europäischen Gerichtshof zu. Das Bundesverfassungsgericht hat diese Rechtsfigur, wie gezeigt, erst spät aufgegriffen und bisher in keiner Entscheidung zum tragenden Gesichtspunkt gemacht.

Doch bei der Anwendung der Kategorie der mittelbaren Benachteiligung ist auch der EuGH noch weit von einem perfekten Ergebnis entfernt. Weder dem EuGH noch dem Bundesverfassungsgericht ist es bisher gelungen, die Rechtsfigur der mittelbaren Benachteiligung dogmatisch überzeugend zu konstruieren. Insbesondere die Formulierung, die der EuGH in ständiger Rechtsprechung verwendet, eine Maßnahme mit unterschiedlichen Auswirkungen sei gemeinschaftsrechtskonform, wenn sie durch objektive Faktoren gerechtfertigt sei, die nichts mit einer Diskriminierung aufgrund des Geschlechts zu tun hätten, kann nicht überzeugen. So sind die Ergebnisse dieser Rechtsprechung außer in eng umgrenzten Bereichen wenig vorhersehbar und vermitteln nicht hinreichend Rechtssicherheit.

Inhaltlich mag diese Unklarheit über die dogmatische Struktur Resultat dessen sein, dass sich beide Gerichte nicht hinreichend über die Unterschiede der zugrundeliegenden Gleichheitskonzepte von unmittelbarer und mittelbarer Diskriminierung gewiss sind. Bei beiden Gerichten scheint mittelbare Diskriminierung sozusagen als Fortsetzung der unmittelbaren Diskriminierung begriffen zu werden. Nachdem nicht mehr unmittelbar an das Geschlecht angeknüpft werden kann, wird sozusagen verdeckt ein anderes Merkmal verwendet, was den gleichen „Erfolg“ hat, nämlich Frauen von bestimmten Dingen auszuschließen. Daraus folgt die Tendenz nach einer diskriminierenden Absicht zu suchen, was etwa erklären könnte, weshalb der EuGH so sehr auf „objektiven“ Faktoren besteht. Doch die „verdeckte Diskriminierung“ ist nur ein Sonderfall der mittelbaren Benachteiligung. Mittelbare Benachteiligung kann als Phänomen nur adäquat begriffen werden, wenn man sich die Unterschiede verschiedener Formen der Diskriminierung deutlich macht. Hier lassen sich – vereinfachend und idealisierend gesprochen – drei Phasen unterscheiden, die sich freilich in gewissem Umfang überlappen können. Diese entsprechen der historischen Entwicklung, wie sie sich bei der Frauendiskriminierung in Europa beobachten lässt; auch die Rassendiskriminierung in den USA verlief in ähnlichen Phasen.

In der ersten Phase wird das Merkmal Geschlecht bzw. Rasse in der Rechtsordnung eingesetzt, um Menschen erster und Menschen zweiter Klasse zu unterscheiden. Ausdruck solcher Regelungen ist die Aberkennung des Bürgerstatus, wie er sich etwa in Apartheid, im Ausschluss vom Wahlrecht oder in der Unterordnung unter den Ehemann, wie sie etwa das BGB in seiner ursprünglichen Fassung vorsah[91], ausdrückt. In dieser – menschenrechtlich besonders problematischen – Phase ist Diskriminierungsabbau im Wege des Verbots der Verwendung des betroffenen Merkmals sinnvoll und hinreichend. Ein Verständnis der besonderen Gleichheitssätze als Differenzierungsverbot ist angemessen.

91 Zur Kritik der (alten) Frauenbewegung am BGB: *Limbach*, Die Frauenbewegung und das Bürgerliche Gesetzbuch, in: Battis/Schultz (Hg.), Frauen im Recht, 1990, S. 1 ff.

In einer zweiten Phase, die vor allem im Zusammenhang mit der Frauendiskriminierung zu beobachten ist, geht es um den Abbau von weniger gravierenden Differenzierungen: Es gibt in dieser Phase noch eine Reihe von Rechtsnormen, die an das Merkmal Geschlecht anknüpfen, aber für eine Übergangsphase gerechtfertigt erscheinen, weil sie für typische Konstellationen zutreffen. Zur Bekämpfung dieser Diskriminierungen kann ebenfalls ein Verständnis des Gleichheitssatzes als Differenzierungsverbot dienen. Indem es die Verwendung des Merkmals Geschlecht untersagt, verbietet es Geschlechtsstereotypisierungen. Denn das Geschlecht ist kein präzises Merkmal für die Vorhersage über menschliche Fähigkeiten. Will man körperlich Schwache von bestimmten Arbeiten verschonen, ist es verboten, dafür das Merkmal Geschlecht einzusetzen, auch wenn es stimmt, dass viele Frauen weniger Körperkräfte aufweisen als viele Männer. Aber eben nicht alle: Es gibt starke Frauen und schwache Männer. Das Differenzierungsverbot nützt in dieser zweiten Phase des Abbaus von Diskriminierung daher primär „untypischen Frauen", also denen, die die typischen Merkmale ihrer Geschlechtsgenossinnen nicht aufweisen, sondern eher den jeweiligen männlichen Standards entsprechen. Diese Einsicht ist einer der Gründe für den innerhalb der Feministinnen immer wieder geführten Streit um Differenz oder Gleichheit[92].
Nach der Beseitigung aller ausdrücklich nach dem Geschlecht differenzierenden Regelungen geht es in einer dritten Phase um die Frage, inwieweit die typischen Institutionen der Gesellschaft gleichheitskonform ausgelegt sind. In dieser Phase befinden wir uns derzeit. Jetzt geht es um strukturelle Veränderungen. Wiederum am Beispiel der Geschlechterverhältnisse: Die Gesellschaft hat sich entsprechend der traditionellen Rollenverteilung zwischen Mann und Frau eingerichtet. Deutliches Beispiel dafür ist etwa die lange währende Benachteiligung von Teilzeitarbeitenden im Wesentlichen aus dem Grund, dass der „normale Arbeitnehmer" als Vollzeitarbeitnehmern gedacht wird. Diese Diskriminierung ist mit Hilfe des EuGH weitgehend beseitigt worden, freilich mit Wirkung nur für die Länder, in denen Teilzeitarbeit ein verbreitetes Phänomen ist; in anderen Mitgliedstaaten, die solche Formen weiblich geprägter Erwerbsarbeit nicht kennen, entwickelte die Rechtsfigur der mittelbaren Benachteiligung demgegenüber keine oder nur wenig Sprengkraft[93]. Überkommene patriarchale Strukturen beschränken sich aber nicht auf das Verhältnis von Vollzeit- zu Teilzeitarbeitenden. Mittelbare Benachteiligung findet sich in fast allen Bereichen der Gesellschaft und damit auch der Rechtsordnung: Politik, Wirtschaft, Kunst und Wissenschaft. Um nur einige wenige Beispiele zu nennen: Im Steuerrecht sind das Ehegattensplitting[94] und die nur sehr eingeschränkt mögliche Absetzbarkeit von Kinderbetreuungskosten zu nennen, im Sozialrecht gibt es vielfältige Regelungen, die auf die Alleinverdienerschaft des Haushaltsvorstandes ausgerichtet sind[95],

92 Dazu: *Maihofer*, Gleichheit und/oder Differenz? Zum Verlauf einer Debatte, in: Kreisky/Sauer (Hg.), Geschlechterverhältnisse im Kontext politischer Transformation, 1997, S. 155 ff.
93 Dies hat vor allem *Döse*, Frauenarbeit in Europa und Gemeinschaftsrecht, 2000, herausgearbeitet.
94 *Mennel*, Frauen, Steuern, Staatsausgaben. Subventionen für das Patriarchat, in: Gerhard/Schwarzer/Slupik, 1988, S. 79 ff.; *Vollmer*, Das Ehegattensplitting, 1998; *Sacksofsky*, Steuerung der Familie durch Steuern, NJW 2000, 1896.
95 *Scheiwe*, Männerzeiten und Frauenzeiten im Recht, 1993.

im Strafrecht lässt es sich etwa bei den Tötungsdelikten[96] zeigen. Die strukturverändernde Kraft der Rechtsfigur der mittelbaren Benachteiligung haben beide Gerichte noch nicht hinreichend ausgelotet. Mittelbare Benachteiligung lässt sich nur begreifen, wenn auch das zugrundeliegende Gleichheitskonzept neu durchdacht wird[97]. Mittelbare Benachteiligung ist keine bloße „Fortsetzung" des Differenzierungverbots mit anderen Mitteln, sondern erfordert das Verständnis besonderer Gleichheitssätze als Dominierungsverbote[98]. Anders als das Bundesverfassungsgericht und manchmal auch der EuGH anklingen lassen, ist mittelbare Benachteiligung nicht symmetrisch, tritt also nicht manchmal zu Lasten von Männern und manchmal zu Lasten von Frauen auf, sondern ist Ausdruck und Fortwirkung des patriarchalen Systems. Das patriarchale System ist durch einen Vorrang des Mannes bzw. eine einseitige Orientierung an männlichen Standards geprägt. Damit ist strukturelle Benachteiligung, die mithilfe der Rechtsfigur der mittelbaren Benachteiligung bekämpft werden soll, nur zu Lasten der ursprünglich benachteiligten Gruppe denkbar. Erst wenn endgültig von einem Verständnis der besonderen Gleichheitssätze als Differenzierungsverbote Abschied genommen wird, wird es auch gelingen, mittelbare Benachteiligung dogmatisch angemessen zu konstruieren.

D. Fazit

Die Schaffung der Gleichberechtigung von Männern und Frauen gleicht einem Marathonlauf, der nicht – wie manche glauben – schon kurz vor dem Ziel ist; allenfalls zwei Drittel des Weges sind zurückgelegt. Europäischer Gerichtshof und Bundesverfassungsgericht haben beide nicht unwesentlich zur Beschleunigung des Laufes beigetragen gegenüber dem Gang, den der Gesetzgeber eingeschlagen hat – der EuGH insbesondere im Bereich der Beschäftigung, das Bundesverfassungsgericht in den fünfziger und sechziger Jahren und jetzt wieder durch die Betonung des Verfassungsauftrags. Freilich haben beide Gerichte in einigen Entscheidungen auf der Stelle getreten oder gar den Rückwärtsgang eingelegt; erinnert sei an die Frauenförderungsrechtsprechung des EuGH und die restriktive Fassung der mittelbaren Benachteiligung durch das Bundesverfassungsgericht.

Manfred Zuleeg als Anhänger des Ausdauersports ist einen Teil des Weges mitgelaufen; dafür gebührt ihm Dank.

96 *Oberlies*, Tötungsdelikte zwischen Männern und Frauen, 1995.

97 Kritisch zum Gleichheitsverständnis des EuGH auch: *Fenwick/Hervey*, Sex Equality in the Single Market: New Directions for the European Court of Justice, CML Rev. 1995, 442.

98 Aufbauend auf *MacKinnon* (Sexual Harassment of Working Women, 1979; *dies.*, Feminism Unmodified, 1987; *dies.*, Toward a Feminist Theory of the State, 1989), ausführlich dazu: *Sacksofsky* (Fn. 48), S. 312 ff. und *Baer*, Würde oder Gleichheit, 1995.

Das Verbot der Altersdiskriminierung – ein Diskriminierungsverbot zweiter Klasse?

Doris König

A. Einführung in die Problematik der Altersdiskriminierung

Was ist unter Altersdiskriminierung zu verstehen? Um einem weit verbreiteten Missverständnis vorzubeugen: Es geht nicht allein um die Zurücksetzung älterer bzw. alter Menschen, sondern um die Benachteiligung bzw. Schlechterstellung von Menschen aufgrund ihres jeweiligen Lebensalters. Das bedeutet, dass sowohl ältere als auch jüngere Menschen, z.B. durch feste Altersgrenzen für die Aufnahme oder Beendigung eines Arbeits- oder Dienstverhältnisses, Opfer von Altersdiskriminierung werden können.[1] In der sozialen Wirklichkeit sind allerdings wesentlich mehr ältere als jüngere Menschen von den negativen Auswirkungen der Altersdiskriminierung betroffen. Manche mögen sich fragen, ob sich die Rechtswissenschaft und Praxis nach den Erfahrungen mit den Auseinandersetzungen um die Diskriminierung von Frauen nun auch noch mit dem Phänomen der Altersdiskriminierung beschäftigen müssten. Ist die Bekämpfung von Benachteiligung und Ausgrenzung wegen des Alters wirklich notwendig oder handelt es sich lediglich um eine weitere Pflichtübung im Dienste der „political correctness", die ihre rechtlichen Ursprünge in den USA hat und über das europäische Gemeinschaftsrecht nun Einlass in die deutsche Rechtsordnung begehrt?[2] Stellt Altersdiskriminierung überhaupt ein gesellschaftlich und rechtlich relevantes Problem dar?

Bereits ein kurzer Blick in die Stellenanzeigen der NJW genügt, um eine Facette des Problems zu verdeutlichen. Eine große Anwaltskanzlei sucht selbstverständlich „*junge*, hochqualifizierte Rechtsanwältinnen und Rechtsanwälte" zur Unterstützung ihrer Beratungsteams; ein Personalberatungsunternehmen stellt sich den idealen Kandidaten als jemanden von Mitte dreißig vor, der bereits einige Jahre Berufserfahrung aufweisen kann.[3] Bisher werden solche Stellenanzeigen überwiegend als „normal" oder „sozialadäquat" empfunden. Anders als im Fall der Geschlechtsdiskriminierung fehlt sowohl dem Inserenten als auch dem Leser das Bewusstsein dafür, dass hier eine Benachteiligung wegen des Alters vorliegt, weil ältere Menschen

1 Ausf. zum Altersbegriff *Kummer*, Umsetzungsanforderungen der neuen arbeitsrechtlichen Antidiskriminierungsrichtlinie (RL 2000/78/EG), 2003, S. 65 ff.; a.A. wohl *Bauer*, Europäische Antidiskriminierungsrichtlinien und ihr Einfluss auf das deutsche Arbeitsrecht, NJW 2001, 2672 (2673), nach dessen Auffassung die Richtlinie 2000/78/EG die Benachteiligung älterer Arbeitnehmer verhindern soll.

2 Vgl. z.B. den polemischen Beitrag von *F.-J. Säcker*, „Vernunft statt Freiheit" – Die Tugendrepublik der neuen Jakobiner, ZRP 2002, 286 (287).

3 NJW 39/2004, LXVII, und 40/2004, LIII.

von vornherein von einer Erfolg versprechenden Bewerbung ausgeschlossen werden. Die weit verbreitete Vorstellung der deutschen Arbeitgeber, nur mit jungem Personal – wobei Jugend mit Tatkraft, Leistungsvermögen und Belastbarkeit gleichgesetzt wird – produktiv und profitabel arbeiten zu können, hat, im Zusammenspiel mit staatlichen Maßnahmen zur Frühverrentung, zu einer „Aussteuerung" älterer Menschen aus dem aktiven Arbeitsleben geführt. Ihnen werden häufig negative Eigenschaften wie geringere Leistungsfähigkeit, schwindende Belastbarkeit und mangelnde Flexibilität sowie ein erhöhtes Krankheitsrisiko zugeschrieben.[4] Seit einigen Jahren ist ein Paradox zu beobachten: Obwohl einerseits das Durchschnittsalter sowohl der Bevölkerung insgesamt als auch der Erwerbsbevölkerung zunimmt, sinkt andererseits der Anteil der über Fünfzigjährigen, die einer Erwerbsarbeit nachgehen. Menschen über 55 Jahre zählen auf dem Arbeitsmarkt als „Problemgruppe", d.h. sie sind kaum noch vermittelbar. In der Altersgruppe der 60 bis 65-Jährigen hat sich seit 1970 die Erwerbsquote bei Männern und Frauen gleichermaßen nahezu halbiert.[5] Diese Entwicklung, die von manchen älteren Arbeitnehmerinnen und Arbeitnehmern begrüßt, von anderen dagegen als ein vorzeitiges Abschieben auf das Altenteil empfunden wird, ist durch staatliche Maßnahmen forciert worden. Die Frühverrentung wurde – und wird teilweise noch immer – als gezieltes arbeitsmarktpolitisches Instrument eingesetzt, um in Zeiten andauernder hoher Arbeitslosigkeit im Sinne einer „Generationensolidarität" Platz für jüngere Erwerbstätige zu schaffen.[6] Ein weiteres Problem stellen feste Altersgrenzen dar, aufgrund derer Erwerbstätige bei Erreichen eines bestimmten Lebensalters automatisch aus dem Arbeitsverhältnis ausscheiden, und dies, obwohl sie vielleicht gern noch weitergearbeitet hätten. Diese wenigen Beispiele mögen genügen, um deutlich zu machen, dass gerade im Arbeitsleben das Problem der Altersdiskriminierung eine gewichtige Rolle spielt. Hinzu kommen weitere Benachteiligungen, etwa im Bereich des Gesundheitswesens und der Pflege, im öffentlichen Raum, z.B. im öffentlichen Nahverkehr oder im Straßenverkehr, und bei der Vergabe von Krediten, der Vermietung von Wohnraum usw.,[7] auf die hier nicht näher eingegangen werden kann.

Altersdiskriminierung ist folglich keine zu vernachlässigende Randerscheinung, deren Regelung man den gesellschaftlichen Kräften selbst überlassen sollte. Sie kann vielmehr insbesondere im Arbeitsleben gravierende Auswirkungen auf das Leben der Betroffenen haben. Es bedarf daher gesetzlicher Maßnahmen zu ihrer Verhinderung und Bekämpfung. *Spiros Simitis* hat bereits vor zehn Jahren von der Altersdiskriminierung als einer „verdrängte[n] Benachteiligung" gesprochen.[8] Auch heute noch ist das Bewusstsein für Benachteiligungen infolge von Altersdiskriminierung

4 Vgl. zu Altersstereotypen den Dritten Bericht zur Lage der älteren Generation in der Bundesrepublik Deutschland (2000), BT-Drs. 14/5130, S. 64 ff.; ähnlich *S. Simitis*, Die Altersgrenzen – ein spät entdecktes Problem, RdA 1994, 257 (258).

5 Ebenda, S. 163 ff.; vgl. auch den Schlussbericht der Enquête-Kommission „Demographischer Wandel" (2002), BT-Drs. 14/8800, S. 59 ff., jeweils m.w.N.

6 Ebenda, S. 61.

7 Zahlreiche Beispiele für Alterdiskriminierungen finden sich in: Büro gegen Altersdiskriminierung e.V., Köln (Hrsg.), Lebensalter und Diskriminierung – Dokumentation und Auswertung des ersten bundesweiten Beschwerdetages zum Thema Alterdiskriminierung, Köln 2002, S. 35 ff.

8 *S. Simitis*, Altersdiskriminierung – die verdrängte Benachteiligung, NJW 1994, 1453 f.

in Deutschland unterentwickelt. Demgegenüber ist beispielsweise in den USA nach dem „Age Discrimination in Employment Act (ADEA)“ bereits seit 1967 eine Benachteiligung älterer Arbeitnehmerinnen und Arbeitnehmer (ab 40 Jahren) grundsätzlich verboten. Dies hat z.B. zur Folge, dass das Alter – anders als in Deutschland – eine betriebsbedingte Kündigung mit dem Ziel, Aufstiegsmöglichkeiten für jüngere Mitarbeiter oder eine ausgewogene Altersstruktur im Betrieb zu erhalten, nicht rechtfertigen kann. Altersgrenzen, die automatisch zur Beendigung des Arbeitsverhältnisses führen, sind unzulässig.[9] Auch im irischen und im schwedischen Arbeitsrecht ist die Altersdiskriminierung ausdrücklich verboten.[10] Nunmehr enthält die Richtlinie 2000/78/EG des Rates vom 27.11.2000 zur Festlegung eines allgemeinen Rahmens für die Verwirklichung der Gleichbehandlung in Beschäftigung und Beruf (sog. Rahmenrichtlinie) ein Verbot der Alterdiskriminierung, das spätestens bis zum 2.12.2006 in deutsches Recht umgesetzt werden muss.[11] Außerdem enthält Art. 21 Abs. 1 der noch nicht rechtsverbindlichen Grundrechte-Charta ein umfangreiches Diskriminierungsverbot, das das Merkmal „Alter“ einbezieht. Wird dieser „Rechtsimport“ aus Brüssel zu einer Veränderung des deutschen Rechts in Richtung auf einen besseren Schutz vor Alterdiskriminierung beitragen?

B. Das Verbot der Altersdiskriminierung in der Rahmenrichtlinie

Bevor das Verbot der Altersdiskriminierung näher beleuchtet wird, sollen zunächst Hintergrund, Regelungszusammenhang und Inhalt der Rahmenrichtlinie skizziert werden.[12]

I. Hintergrund und Regelungszusammenhang der Rahmenrichtlinie

Die Rahmenrichtlinie ist die zweite von insgesamt drei EG-Antidiskriminierungsrichtlinien, die bisher in Kraft getreten sind. Sie ist – genauso wie die wenige Monate zuvor beschlossene Antirassismusrichtlinie[13] – auf Art. 13 EG gestützt worden, der mit dem Vertrag von Amsterdam (1997) Eingang in das Gemeinschaftsrecht ge-

9 *G. Thüsing*, Der Fortschritt des Diskriminierungsschutzes im Europäischen Arbeitsrecht, ZfA 32 (2001), 397 (409 f.); ausführlich *A. Fenske*, Das Verbot der Altersdiskriminierung im US-amerikanischen Arbeitsrecht, 1998, S. 301 ff.; zu Entstehungsgeschichte und Inhalt des ADEA *J.P. Hebel*, Age Discrimination in Employment, 1992, S. 12 ff.; *J.T. Thau/T. Pusch,* Arbeitsrecht in den USA, 1998, S. 97 ff.

10 Vgl. zu den ausländischen Vorläufern *Wiedemann/Thüsing*, Der Schutz älterer Arbeitnehmer und die Umsetzung der Richtlinie 2000/78/EG, NZA 2002, 1234 (1235); zum irischen Employment Equality Act 1998 mit illustrativen Beispielen *M. Reid*, The Prohibition of Age Discrimination in Employment: Issues Arising in Practice, Conference Paper: The Race and Framework Employment Directives, Academy of European Law, Trier, March 2003, 7 ff., abrufbar unter: http://www.era.int/www/anti-discrimination/index_de.htm.

11 ABl. EG 2000 L 303/16.

12 Vgl. für einen guten Überblick über die Rahmenrichtlinie *M. Schmidt*, Das Arbeitsrecht der Europäischen Gemeinschaft, 2001, S. 195 ff.

13 Richtlinie 2000/43/EG des Rates vom 29.6.2000 zur Anwendung des Gleichbehandlungsgrundsatzes ohne Unterschied der Rasse oder ethnischen Herkunft, ABl. EG 2000 L 180/22.

funden hat. Diese Kompetenznorm ermöglicht eine Ausweitung des gemeinschaftsrechtlichen Diskriminierungsschutzes, der sich zuvor auf den Schutz vor Diskriminierungen wegen der Staatsangehörigkeit (Art. 12 EG) und wegen des Geschlechts (Art. 141 EG) beschränkte. Dass beide Richtlinien bereits ein Jahr nach Vorlage entsprechender Vorschläge durch die Kommission im Rat verabschiedet worden sind, ist wohl der Tatsache zu verdanken, dass *Jörg Haider* in die österreichische Regierung eintrat und die übrigen mitgliedstaatlichen Regierungen ein entschiedenes Vorgehen gegen ausländerfeindliche und andere Diskriminierungen für erforderlich hielten.[14] Von diesem politischen Momentum profitierte die Rahmenrichtlinie, die Diskriminierungen wegen der Religion oder der Weltanschauung, einer Behinderung, des Alters oder der sexuellen Ausrichtung verbietet. Sie beschränkt sich in ihrem sachlichen Anwendungsbereich auf Beschäftigung und Beruf (Art. 1 RL 2000/78/EG), während sich die Antirassismusrichtlinie darüber hinaus auf den Sozialschutz einschließlich der sozialen Sicherheit und der Gesundheitsdienste, soziale Vergünstigungen, Bildung und den Zugang zu sowie die Versorgung mit Gütern und Dienstleistungen erstreckt, die öffentlich angeboten werden (Art. 3 Abs. 1 RL 2000/43/EG). Abgesehen von dem eingeschränkten Anwendungsbereich, orientiert sich die Rahmenrichtlinie inhaltlich weitgehend an den Vorgaben der Antirassismusrichtlinie. Dies gilt sowohl für die Legaldefinitionen der Begriffe der unmittelbaren und der mittelbaren Diskriminierung sowie der Belästigung als auch für die Bestimmungen zum Rechtsschutz einschließlich einer prozessstandschaftlichen Wahrnehmung individueller Rechte durch Verbände sowie zu Beweiserleichterungen und Sanktionen. Im Jahr 2002 ist schließlich die Änderungsrichtlinie zur Gleichbehandlungsrichtlinie von 1976 verabschiedet worden, die sich ebenso wie die Rahmenrichtlinie auf den Bereich von Beschäftigung und Beruf beschränkt und die Bestimmungen der alten Richtlinie an die Rechtsprechung des EuGH zur Geschlechtsdiskriminierung und an die Vorgaben der beiden anderen Antidiskriminierungsrichtlinien anpasst.[15] Angesichts ihrer Entstehungsgeschichte überrascht es nicht, dass alle drei Richtlinien starke Ähnlichkeiten aufweisen.[16] Am 13.12.2004 ist eine weitere Richtlinie verabschiedet worden, die das Verbot der Diskriminierung wegen des Geschlechts über Beschäftigung und Beruf hinaus auf andere Regelungsbereiche ausdehnt und – nach dem Vorbild der Antirassismusrichtlinie – insbesondere öffentlich angebotene Güter und Dienstleistungen einbezieht.[17]

14 *Mahlmann*, Gerechtigkeitsfragen im Gemeinschaftsrecht, in: Rust u.a. (Hrsg.), Die Gleichbehandlungsrichtlinien der EU und ihre Umsetzung in Deutschland, Loccumer Protokolle 40/03, 2003, 47 (54).

15 Richtlinie 2002/73/EG des Europäischen Parlaments und des Rates vom 23.9.2002 zur Änderung der Richtlinie 76/207/EWG des Rates zur Verwirklichung des Grundsatzes der Gleichbehandlung von Männern und Frauen hinsichtlich des Zugangs zur Beschäftigung, zur Berufsbildung und zum beruflichen Aufstieg sowie in Bezug auf die Arbeitsbedingungen, ABl. EG 2002 L 269/15. Dazu *Rust*, Änderungsrichtlinie 2002 zur Gleichbehandlungsrichtlinie von 1976, NZA 2003, 72 ff.

16 Vgl. zu den Ähnlichkeiten und Unterschieden die von *Plettmann* erstellte Synopse und vergleichende Übersicht, in: Loccumer Protokolle (Fn. 14), 407 ff. und 455 ff.

17 Richtlinie 2004/113/EG des Rates zur Verwirklichung des Grundsatzes der Gleichbehandlung von Frauen und Männern beim Zugang zu und bei der Versorgung mit Gütern und Dienstleistungen, ABl. EG 2004 L 373/37.

Die Antirassismusrichtlinie war bis zum 19. Juli 2003, die Rahmenrichtlinie bis zum 2. Dezember 2003 in mitgliedstaatliches Recht umzusetzen. Allerdings räumt die Rahmenrichtlinie den Mitgliedstaaten in Bezug auf die Bestimmungen über eine Diskriminierung wegen des Alters und einer Behinderung die Möglichkeit ein, die Umsetzungsfrist um weitere drei Jahre zu verlängern. Von dieser Möglichkeit hat die Bundesrepublik Deutschland Gebrauch gemacht. Da bisher auch in Bezug auf die übrigen Diskriminierungsverbote kein Gesetz zu deren Umsetzung in deutsches Recht erlassen worden ist, hat die Kommission im Juli 2004 gegen Deutschland und fünf weitere Mitgliedstaaten ein Vertragsverletzungsverfahren eingeleitet.[18] Die Umsetzungsfrist für die Änderungsrichtlinie zur Gleichbehandlungsrichtlinie läuft am 5. Oktober 2005 ab. Zurzeit arbeitet die Bundesregierung an einem Gesetzentwurf, mit dem die drei bisher in Kraft getretenen Antidiskriminierungsrichtlinien und die o.a. Gleichbehandlungsrichtlinie bzgl. öffentlich angebotener Güter und Dienstleistungen zugleich umgesetzt werden sollen. Es liegt jetzt ein Gesetzentwurf vom 14. Dezember 2004 vor, auf den im Folgenden Bezug genommen wird.[19]

II. Das Verbot der Alterdiskriminierung und seine Ausnahmen

1. Besonderheit des Diskriminierungsmerkmals „Alter“

Das Diskriminierungsmerkmal „Alter“ unterscheidet sich von anderen, in Art. 1 der Rahmenrichtlinie genannten Kriterien dadurch, dass es nicht die Angehörigen einer nach einem festen Unterscheidungsmerkmal abgrenzbaren Gruppe charakterisiert, sondern jeden einzelnen im Laufe seines Lebens betreffen kann. Personen jeden Alters, seien sie nun im Hinblick auf einen bestimmten Sachverhalt zu jung oder zu alt, können Opfer von Altersdiskriminierung werden. Hinzu kommt, dass es in der deutschen und auch in den Rechtsordnungen der übrigen Mitgliedstaaten zahlreiche Altergsrenzen gibt, die traditionell akzeptiert werden, ohne ihre Berechtigung im Einzelfall zu überprüfen. Gerade im Arbeitsleben gibt es viele Bestimmungen, die auf das Alter Bezug nehmen und bisher aus verschiedenen Gründen für gerechtfertigt gehalten wurden. Die Gründe hierfür reichten vom Schutz älterer Arbeitnehmer und Arbeitnehmerinnen im Falle betriebsbedingter Kündigungen bis zur Sicherung einer ausgewogenen betrieblichen Altersstruktur bei der Personalauswahl und dem bereits erwähnten Aspekt der „Generationensolidarität“ bei der frühzeitigen Beendigung des Arbeitsverhältnisses. Die Mitgliedstaaten hatten ein Interesse daran, möglichst viele dieser allgemein akzeptierten und von den Gerichten für zulässig befundenen Regelungen zu erhalten. Dies erklärt die umfangreichen Ausnahmebestimmungen, die die Rahmenrichtlinie gerade in Bezug auf das Verbot der Altersdiskriminierung vorsieht.

18 Bei den anderen fünf Mitgliedstaaten handelt es sich um Belgien (nur bzgl. der Rahmenrichtlinie), Finnland, Griechenland, Luxemburg und Österreich.

19 Entwurf eines Gesetzes zur Umsetzung europäischer Antidiskriminierungsrichtlinien (Antidiskriminierungsgesetz – ADG), Stand: 14.12.2004, abrufbar unter http://bmj.bund.de.

2. Persönlicher und sachlicher Anwendungsbereich

Vom persönlichen Anwendungsbereich der Rahmenrichtlinie werden gemäß Art. 3 Abs. 1 alle Personen in öffentlich-rechtlichen und privaten Arbeits- bzw. Dienstverhältnissen erfasst. Folglich fallen darunter auch Beamte und Beamtinnen, Richter und Richterinnen und Soldaten und Soldatinnen. Der sachliche Anwendungsbereich erstreckt sich gemäß Art. 3 Abs. 1 lit. a)-d) auf alle Phasen des Arbeits- bzw. Dienstverhältnisses von der Bewerbung um eine Arbeitsstelle über den Zugang zu unselbständiger und selbständiger Erwerbstätigkeit, den beruflichen Aufstieg, Beschäftigungs- und Arbeitsbedingungen einschließlich des Entgelts bis zu den Entlassungsbedingungen. Außerdem wird der Zugang zu Berufsberatung, Berufsausbildung, beruflicher Weiterbildung und Umschulung sowie Berufspraktika einbezogen. Damit folgt der Anwendungsbereich der Rahmenrichtlinie demjenigen der Gleichbehandlungsrichtlinie von 1976, die hier als Muster gedient hat.[20] Darüber hinaus gelten die Diskriminierungsverbote auch für die Mitgliedschaft und Mitwirkung in einer Arbeitnehmer- oder Arbeitgeberorganisation oder einer anderen berufsständischen Vereinigung. Damit werden durch den weiten persönlichen und sachlichen Anwendungsbereich jegliche Arbeits- und Dienstverhältnisse in allen ihren Facetten erfasst. Von vornherein ausgenommen sind allerdings gemäß Art. 3 Abs. 3 die Leistungen seitens der staatlichen Systeme der sozialen Sicherheit oder des sozialen Schutzes.

3. Umfang des Diskriminierungsverbots

Die Diskriminierungsverbote der Rahmenrichtlinie beziehen sich auf unmittelbare, d.h. offen und direkt an das verpönte Merkmal anknüpfende Diskriminierungen, und mittelbare Diskriminierungen sowie Belästigungen. Im Bereich der Altersdiskriminierung sind unmittelbare Diskriminierungen, z.B. durch Altersgrenzen, häufiger als in anderen Bereichen. Dies mag daran liegen, dass bisher sowohl dem Gesetzgeber als auch den gesellschaftlichen Kräften weitgehend die Sensibilität für das Phänomen der Altersdiskriminierung fehlt. Es bleibt abzuwarten, ob sich dieser Befund nach der Umsetzung der Richtlinie in deutsches Recht spürbar ändern wird. Eine mittelbare Diskriminierung liegt nach der Legaldefinition in Art. 2 Abs. 2 lit. b) vor, wenn dem Anschein nach neutrale Vorschriften, Kriterien oder Verfahren Personen eines bestimmten Alters oder mit einem der übrigen verpönten Merkmale gegenüber anderen Personen in besonderer Weise benachteiligen können. Während unmittelbare bzw. offene Diskriminierungen grundsätzlich nicht rechtfertigungsfähig sind, kann die Anknüpfung an scheinbar neutrale Kriterien sachlich gerechtfertigt sein, wenn sie einem legitimen Ziel dient und verhältnismäßig ist. Eine mittelbare Diskriminierung wegen des Alters kann z.B. vorliegen, wenn an die Dauer des Beschäftigungsverhältnisses oder Eigenschaften wie hohe Mobilität und Belastbarkeit angeknüpft wird. Dies kann im ersten Fall zu einer besonderen Benachteiligung

20 *M. Schmidt/Senne*, Das gemeinschaftsrechtliche Verbot der Altersdiskriminierung und seine Bedeutung für das deutsche Arbeitsrecht, RdA 2002, 80 (82).

jüngerer, im zweiten Fall zu einer Ausgrenzung älterer Arbeitnehmer und Arbeitnehmerinnen führen.
Darüber hinaus ist auch die Belästigung verboten, worunter gemäß Art. 2 Abs. 3 unerwünschte Verhaltensweisen fallen, die mit einem der verpönten Diskriminierungsmerkmale im Zusammenhang stehen „und bezwecken oder bewirken, dass die Würde der betreffenden Person verletzt und ein von Einschüchterungen, Anfeindungen, Erniedrigungen, Entwürdigungen oder Beleidigungen gekennzeichnetes Umfeld geschaffen wird". Eine an diesen Vorgaben ausgerichtete Definition bleibt den Mitgliedstaaten überlassen. Der Tatbestand der Belästigung macht den engen Zusammenhang zwischen den Diskriminierungsverboten und dem Schutz der Menschenwürde besonders deutlich. Sie haben die Aufgabe, eine Abwertung von Menschen aufgrund bestimmter Eigenschaften oder Einstellungen zu verhindern und auf diese Weise den aus der Menschenwürde fließenden Achtungsanspruch jedes Menschen und den Schutz des allgemeinen Persönlichkeitsrechts zu gewährleisten. Eine Belästigung wegen des Alters liegt sicher noch nicht vor, wenn gelegentlich unerwünschte Anspielungen auf das Lebensalter einer Person gemacht werden. Wird aber z.B. eine junge weibliche Führungskraft von einem älteren Kollegen im Kreis der Mitarbeiterinnen und Mitarbeiter ständig als das „dumme kleine Mädchen" bezeichnet und damit ihre Autorität untergraben, so ist ein Fall der verbotenen Belästigung wegen des Alters *und* des Geschlechts gegeben.[21] Schließlich ist gemäß Art. 2 Abs. 4 auch die Anweisung zur Diskriminierung verboten. Dies betrifft z.B. Fälle, in denen sich Unternehmen bei der Personalsuche einer Personalberatung bedienen und einen diskriminierenden Anzeigentext vorgeben.

4. Regel-Ausnahme-Verhältnis

Die Rahmenrichtlinie geht bei dem Verbot von Diskriminierungen in Beschäftigung und Beruf nach einem Regel-Ausnahme-Verhältnis vor,[22] das im Fall der Altersdiskriminierung besonders ausgeprägt ist:
Zunächst einmal gibt es die generelle „ordre public"-Ausnahme in Art. 2 Abs. 5, der zufolge die Mitgliedstaaten Ungleichbehandlungen zur Gewährleistung der öffentlichen Sicherheit, zur Verteidigung der Ordnung und Verhütung von Straftaten, zum Schutz der Gesundheit und zum Schutz der Rechte und Freiheiten anderer beibehalten oder vornehmen dürfen. Sie gilt für alle verpönten Diskriminierungsmerkmale. Diese Ausnahme ähnelt den Ausnahmebestimmungen zu den Grundfreiheiten (z.B. Art. 30 und Art. 46 Abs. 1 EG), bei deren Vorliegen ebenfalls unmittelbar diskriminierende Maßnahmen gerechtfertigt werden können, soweit sie den Verhältnismäßigkeitsgrundsatz beachten. Letzterer muss als allgemeiner Rechtsgrundsatz des Gemeinschaftsrechts auch im Rahmen des Art. 2 Abs. 5 der Rahmenrichtlinie eingehalten werden. In den Anwendungsbereich dieser Ausnahmebestimmung könnten

21 Dieses Beispiel findet sich bei *Reid* (Fn. 10), S. 13. Der Betroffenen, die schließlich gekündigt hatte, wurde ein Schmerzensgeld von € 6.500 zugesprochen.

22 Vgl. dazu *Linsenmaier*, Das Verbot der Diskriminierung wegen des Alters, RdA 2003, Sonderbeilage Heft 5, 22 (25 f.).

z.B. Altersgrenzen bei der Polizei, im Justizvollzug oder bei den Notfalldiensten fallen, die die Einsatzbereitschaft dieser Dienste sichern sollen.[23] Einige Fragen bleiben angesichts der weiten Formulierung dieser Ausnahme offen. So ist der Vorschrift nicht eindeutig zu entnehmen, ob es sich immer um staatliche oder dem Staat zurechenbare Maßnahmen handeln muss[24] oder ob auch Maßnahmen in Tarifverträgen, Betriebvereinbarungen oder individuellen Arbeitsverträgen erfasst werden[25]. Für die erstere Auffassung spricht, dass Ausnahmevorschriften nach der ständigen Rechtsprechung des EuGH eng auszulegen und auch im Rahmen der Grundfreiheiten grundsätzlich nur auf staatliche oder dem Staat zurechenbare Maßnahmen bezogen sind. Ferner wird nicht deutlich, ob tatsächlich jede verhältnismäßige Maßnahme zum Schutz der Rechte und Freiheiten anderer nach Art. 2 Abs. 5 gerechtfertigt ist. Dies würde zu einem sehr weiten Anwendungsbereich führen, was dem Sinn und Zweck einer Ausnahmebestimmung widerspräche. Hier wird letztlich dem EuGH die Aufgabe zufallen, für Klarheit zu sorgen.

Eine weitere generelle Ausnahme, die ebenfalls für alle Diskriminierungsmerkmale gilt, ist in Art. 4 Abs. 1 normiert. Dem zufolge ist eine Ungleichbehandlung keine Diskriminierung, wenn das betreffende Merkmal wie z.B. ein bestimmtes Lebensalter aufgrund der Art einer bestimmten beruflichen Tätigkeit oder der Bedingungen ihrer Ausübung eine „wesentliche und entscheidende berufliche Anforderung" darstellt. Zudem muss die Regelung einem legitimen Zweck dienen und verhältnismäßig sein. Diese Ausnahmevorschrift lehnt sich eng an die Ausnahmebestimmung in Art. 2 Abs. 2 der Gleichbehandlungsrichtlinie von 1976 an. Die hierzu ergangene restriktive Rechtsprechung des EuGH[26] ist daher bei der Auslegung und Anwendung des Art. 4 Abs. 1 der Rahmenrichtlinie zu beachten. Unter diese Ausnahme können z.B. Altersgrenzen in der Modebranche, am Theater und beim Film oder bei Polizei, Feuerwehr, Piloten und Fluglotsen fallen.[27] Unter Umständen könnten auch Berufe in der Werbebranche oder der Kundenbetreuung betroffen sein, sofern die Konzentration auf eine altersmäßig begrenzte Konsumentengruppe wesentlicher Teil des Unternehmenskonzepts ist.[28] Im Einzelfall wird man über die Frage, ob Jugend oder ein reiferes Alter tatsächlich eine wesentliche und entscheidende Voraussetzung für eine bestimmte berufliche Tätigkeit ist, trefflich streiten können. Auch hier wird der EuGH Grundsätze für die Interpretation der Richtlinie aufstellen müssen.

In den beiden bisher genannten Fällen muss der Mitgliedstaat plausibel darlegen, dass eine Ausnahmeregelung den jeweiligen Tatbestandsvoraussetzungen entspricht, einen legitimen Zweck verfolgt und verhältnismäßig ist. Um nicht in Argumentationsnöte zu gelangen, haben sich die Mitgliedstaaten darauf verständigt, in

23 Vgl. dazu die Erwägung 18 der Präambel.

24 So *Linsenmaier* (Fn. 22), S. 26.

25 So *Schlachter*, Altersgrenzen angesichts des gemeinschaftlichen Verbots der Altersdiskriminierung, in: GS Wolfgang Blomeyer, 2003, S. 355 (357).

26 So z.B. in der Rs. C-285/98, Tanja Kreil/Bundesrepublik Deutschland, EuGH Slg. 2000-I, 69 (104 ff.), Rz. 20 ff.

27 Beispiele bei *M. Schmidt/Senne* (Fn. 20), S. 83; *Thüsing* (Fn. 9), S. 408; *Wank*, Diskriminierung in Europa – Die Umsetzung der europäischen Antidiskriminierungsrichtlinien aus deutscher Sicht, NZA Sonderbeilage zu Heft 22/2004, 16 (23).

28 *Linsenmaier* (Fn. 22), S. 26, m.w.N.

Bezug auf Diskriminierungen wegen einer Behinderung oder wegen des Alters eine Bereichsausnahme zuzulassen. Jeder Mitgliedstaat kann gemäß Art. 3 Abs. 4 die Geltung der Rahmenrichtlinie für seine Streitkräfte ausschließen. Diese Bereichsausnahme mag man als Reaktion der Mitgliedstaaten auf das Urteil des EuGH in der Rechtssache *Tanja Kreil*/Bundesrepublik Deutschland deuten, in der der EuGH entgegen der Rechtsauffassung der beteiligten Staaten das Diskriminierungsverbot wegen des Geschlechts auch auf Arbeits- bzw. Dienstverhältnisse in den Streitkräften angewendet hat.[29] In der Folge ist der deutsche Gesetzgeber nicht verpflichtet, die im Soldatengesetz festgelegten Altersgrenzen – das Dienstverhältnis der Piloten von Kampfjets endet z.B. bereits mit Vollendung des 41. Lebensjahrs – zu ändern.[30]

Schließlich enthält Art. 6 der Rahmenrichtlinie eine Reihe von Ausnahmen, die nur für den Bereich der Altersdiskriminierung gelten. Gemäß Art. 6 Abs. 1 stellen Ungleichbehandlungen wegen des Alters keine Diskriminierung dar, „sofern sie objektiv und angemessen sind und im Rahmen des nationalen Rechts durch ein legitimes Ziel … gerechtfertigt sind und die Mittel zur Erreichung dieses Ziels angemessen und erforderlich sind". Als rechtmäßige Ziele werden beispielhaft („insbesondere") beschäftigungs- und arbeitsmarktpolitische sowie Ziele aus dem Bereich der beruflichen Bildung aufgeführt. Es fällt auf, dass diese Ziele dem Gemeinwohl dienen. Daraus ließe sich ableiten, dass legitime Ziele im Sinne des Art. 6 Abs. 1 Satz 1 der Richtlinie nur solche sein können, die die Interessen der Allgemeinheit fördern. Folglich reichten die Interessen einzelner Unternehmen, z.B. an einer ausgewogenen Altersstruktur der Belegschaft, nicht aus, um eine Benachteiligung wegen des Alters zu rechtfertigen.[31] Dieser Schluss ist allerdings nicht zwingend.[32] Gegen eine Rechtfertigung allein durch Allgemeininteressen spricht, dass in Art. 6 Abs. 1 nicht zwischen unmittelbaren und mittelbaren Diskriminierungen wegen des Alters unterschieden wird. Die Rechtfertigungsmöglichkeiten gelten für beide Diskriminierungsformen gleichermaßen. Das bedeutet aber, dass für die mittelbare Diskriminierung der gleiche Rechtfertigungsmaßstab wie in Art. 2 Abs. 2 lit. b i) herangezogen werden muss, bei dem jedes rechtmäßige Regelungsziel ausreicht und die Maßnahme im Übrigen verhältnismäßig sein muss. Hiergegen könnte man zwar einwenden, dass Art. 6 als *lex specialis* im Bereich der Altersdiskriminierung strengere Maßstäbe aufstellen könnte. Dies widerspräche aber der Regelungsintention des Art. 6, dessen Sinn und Zweck es gerade ist, für den Fall der Altersdiskriminierung erweiterte Rechtfertigungsmöglichkeiten für die Mitgliedstaaten zu schaffen. Hierfür spricht auch die Entstehungsgeschichte der Norm. Im Regelungsvorschlag der Kommission waren ursprünglich ohnehin nur Ausnahmen von einer unmittelbaren Diskriminierung wegen des Alters vorgesehen. Zudem wurde lediglich auf ein „legitimes Ziel" abgestellt, ohne dies näher zu erläutern.[33] Im Ergebnis können mithin auch andere als Gemeinwohlziele, wie z.B. die Sicherung einer ausgewogenen Altersstruktur in

29 EuGH Slg. 2000-I, 69 (103 f.), Rz. 15 ff.
30 Vgl. *Kummer,* (Fn. 1), S. 50.
31 Vgl. *Thüsing* (Fn. 9), S. 409; *Wiedemann/Thüsing* (Fn. 10), S. 1237 f.; *Kummer* (Fn. 1), S. 59.
32 So auch *Linsenmaier* (Fn. 22), S. 26.
33 KOM (1999) 565 endg., in: ABl. EG 2000 C 177 E/42, Art. 5.

einem Unternehmen, in Betracht kommen, soweit sie im Hinblick auf den Regelungsgegenstand legitim bzw. sachgerecht sind.

Anschließend werden in Art. 6 Abs. 1 Satz 2 lit. a) – c) beispielhaft Fallgestaltungen aufgelistet, in denen Ungleichbehandlungen wegen des Alters gerechtfertigt sein können. Zulässig ist nach lit. a) die Festlegung besonderer Bedingungen für den Zugang zur Beschäftigung und beruflichen Bildung sowie besonderer Beschäftigungsbedingungen einschließlich der Bedingungen bei Entlassung und Entlohnung, wenn sie das Ziel verfolgen, die berufliche Eingliederung von „Problemgruppen" am Arbeitsmarkt, nämlich von Jugendlichen, älteren Arbeitnehmern und Personen mit Fürsorgepflichten, die sich z.B. um die Erziehung von Kindern oder die Pflege von Angehörigen kümmern, zu fördern oder deren Schutz sicherzustellen. Dieses Ziel lässt sich ohne weiteres unter die in Art. 6 Abs. 1 Satz 1 genannten Ziele subsumieren. In diese Kategorie dürften in erster Linie positive bzw. Fördermaßnahmen fallen. Insoweit ist Art. 6 Abs. 1 Satz 2 lit. a) *lex specialis* im Verhältnis zu Art. 7, der allgemein die Möglichkeit positiver Maßnahmen eröffnet, um Benachteiligungen wegen eines verpönten Differenzierungsmerkmals zu verhindern oder auszugleichen.

Art. 6 Abs. 1 Satz 2 lit. b) erlaubt die Festlegung von Mindestanforderungen an das Alter, die Berufserfahrung oder das Dienstalter für den Zugang zur Beschäftigung oder für bestimmte mit der Beschäftigung verbundene Vorteile. Hierunter könnten Mindestaltersgrenzen für den Zugang zu bestimmten Berufen sowie an das Lebensalter gekoppelte Gehaltserhöhungen und Urlaubsansprüche fallen. Voraussetzung ist allerdings wiederum, dass solche Regelungen den in Art. 6 Abs. 1 Satz 1 genannten Zielen dienen und verhältnismäßig sind. Soweit es um Mindestaltersgrenzen für den Zugang zu bestimmten qualifizierten Berufen geht, kommt als Gemeinwohlbelang der Schutz der Rechtsgüter derjenigen Dritten in Betracht, die mit der Arbeitsleistung in Berührung kommen. Auch vermehrte Urlaubsansprüche für ältere Arbeitnehmer und Arbeitnehmerinnen lassen sich unter dem Gesichtspunkt des Gesundheitsschutzes durch angemessene Erholungszeit rechtfertigen. Demgegenüber ist für die Staffelung des Gehalts nach Lebensaltersstufen, wie sie z.B. in § 27 BAT vorgesehen ist, kein den in Art. 6 Abs. 1 Satz 1 genannten Zielen vergleichbarer legitimer Zweck ersichtlich. Weder eine damit erstrebte Honorierung des – ohnehin kaum messbaren – Zuwachses an Lebenserfahrung noch die pauschal unterstellte Annahme, dass ältere Arbeitnehmer familiär bedingte weitergehende finanzielle Verpflichtungen als jüngere Arbeitnehmer haben, können als legitimes öffentliches Interesse angesehen werden. Daher können solche an das Lebensalter gekoppelten automatischen Gehaltserhöhungen nicht gemäß Art. 6 Abs. 1 Satz 2 lit. b) gerechtfertigt werden und stellen, da auch die übrigen Ausnahmebestimmungen nicht erfüllt sind, einen Fall der verbotenen Altersdiskriminierung dar.[34] Anders sind Regelungen zu beurteilen, die ein höheres Entgelt an die Berufs- oder Beschäftigungsdauer knüpfen oder die Betriebstreue honorieren. Die Anknüpfung an diese Kriterien, die in der Regel ältere Arbeitnehmer und Arbeitnehmerinnen begünstigen, könnte zwar zu einer mittelbaren Diskriminierung der jüngeren Mitarbeiter führen.

34 So zu Recht *M. Schmidt/Senne* (Fn. 20), S. 88; *Linsenmaier* (Fn. 22), S. 29.

Grundsätzlich ist die Honorierung von Berufserfahrung und/oder Betriebstreue aber ein legitimes Ziel. Bei der Berufserfahrung kann eine bessere Arbeitsleistung, die ein höheres Entgelt rechtfertigt, allerdings nicht pauschal unterstellt werden. Vielmehr muss im Einzelnen geprüft werden, ob sie in Bezug auf eine bestimmte berufliche Tätigkeit wirklich zu einer besseren Leistung führt. Dies ist bei qualifizierten Tätigkeiten eher anzunehmen als bei rein mechanischen.[35]

Art. 6 Abs. 1 Satz 2 lit. c) lässt schließlich die Festsetzung eines Höchstalters für die Einstellung zu, wenn für einen bestimmten Arbeitsplatz spezifische Ausbildungsanforderungen erfüllt sein müssen oder eine angemessene Beschäftigungszeit vor dem Eintritt in den Ruhestand erreicht werden muss. Der Zulässigkeit einer Höchstaltersgrenze bei der Einstellung liegt die Überlegung zugrunde, dass einer längeren Ausbildungs- bzw. Einarbeitungszeit, die aufgrund der besonderen Anforderungen einer bestimmten beruflichen Tätigkeit erforderlich ist, aus wirtschaftlichen Gründen eine genügend lange Zeit produktiver Arbeit gegenüberstehen muss. Dies wäre bei älteren Arbeitnehmern und Arbeitnehmerinnen, deren Eintritt in den Ruhestand bereits absehbar ist, nicht mehr der Fall.[36]

In Art. 6 Abs. 2 werden schließlich die Festsetzung von Altersgrenzen in der betrieblichen Altersversorgung und die Heranziehung von Alterskriterien für versicherungsmathematische Berechnungen im Rahmen dieser Sicherungssysteme für zulässig erklärt, solange dies nicht zu einer Diskriminierung wegen des Geschlechts führt. Es handelt sich um eine weitere Bereichsausnahme, bei der eine Prüfung anhand des Verhältnismäßigkeitsgrundsatzes im Einzelfall nicht erforderlich ist. Damit wird ein besonders kritischer Bereich vollständig von der Geltung des Altersdiskriminierungsverbots ausgenommen. Allerdings können solche Bestimmungen zumindest mit der Behauptung angegriffen werden, dass sie eine Diskriminierung wegen des Geschlechts oder eines der anderen verpönten Merkmale darstellten. Insoweit müsste eine Überprüfung anhand der einschlägigen restriktiven Ausnahmebestimmungen in der Gleichbehandlungsrichtlinie oder anhand der enger gefassten generellen Ausnahmen in der Rahmenrichtlinie erfolgen.

In der Zusammenschau der kurz skizzierten Ausnahmebestimmungen bleibt festzuhalten, dass die Ungleichbehandlungen wegen des Alters wesentlich leichter gerechtfertigt werden können als solche wegen der übrigen in Art. 1 der Rahmenrichtlinie aufgeführten Merkmale. Deshalb könnte man das Verbot der Altersdiskriminierung durchaus als Stiefkind der gemeinschaftsrechtlichen Diskriminierungsverbote oder als „Diskriminierungsverbot zweiter Klasse"[37] bezeichnen. Eine Differenzierung zwischen Diskriminierungsverboten hinsichtlich der Anforderungen an die Rechtfertigung von Ungleichbehandlungen ist allerdings weder im Völkerrecht noch im Verfassungsrecht ungewöhnlich.[38] So gibt es beispielsweise im

35 *Linsenmaier* (Fn. 22), S. 29; *M. Schmidt/Senne* (Fn. 20), S. 88.

36 So auch die Begründung zu § 10 Nr. 3 des Gesetzentwurfs zu einem Antidiskriminierungsgesetz (ADG) (Fn. 19), 83, der die Formulierung des Art. 6 Abs. 1 Satz 2 lit. c) wörtlich übernimmt.

37 So *M. Schmidt/Senne* (Fn. 20), S. 89 unter Hinweis auf *Bell*, ILJ 2000, 79 (80); zweifelnd auch *O'Hare*, Enhancing European Equality Rights: A New Regional Framework, MJ 2001, 135 (153).

38 Kritisch zu einer „Hierarchisierung" der Diskriminierungsverbote *Schiek*, A New Framework on Equal Treatment of Persons in EC Law?, ELJ 8 (2002), 290 (308 ff.).

Völkerrecht in Bezug auf die Rassendiskriminierung und die Diskriminierung von Frauen eigene internationale Konventionen,[39] was den Schluss nahe legt, dass Diskriminierungen wegen dieser beiden Merkmale mit einem besonderen Unwerturteil belegt und vorrangig bekämpft werden sollen. Auch der Europäische Gerichtshof für Menschenrechte (EGMR) in Straßburg legt bei der Auslegung des in Art. 14 der Europäischen Menschenrechtskonvention enthaltenen Diskriminierungsverbots unterschiedliche Maßstäbe an. So führt er in Bezug auf Ungleichbehandlungen wegen des Geschlechts, der sexuellen Orientierung, der nichtehelichen Geburt, der Religion und der nationalen Herkunft eine besonders strenge Verhältnismäßigkeitsprüfung durch.[40] Damit werden die Rechtfertigungsmöglichkeiten der Mitgliedstaaten des Europarats im Vergleich zu anderen Differenzierungsmerkmalen eingeschränkt und dem Schutz vor Diskriminierungen wegen der genannten Merkmale ein höheres Gewicht beigemessen. Auch im deutschen Verfassungsrecht kommt den in Art. 3 Abs. 3 GG aufgeführten Merkmalen ein besonderes Gewicht zu, wohingegen Diskriminierungen wegen des Alters oder der sexuellen Orientierung lediglich im Rahmen des allgemeinen Gleichheitssatzes gemäß Art. 3 Abs. 1 GG überprüft werden.

Eine unterschiedliche Gewichtung der Diskriminierungsverbote erscheint insofern sachgerecht, als einzelne Differenzierungsmerkmale wie z.B. Rasse oder ethnische Herkunft, Geschlecht und sexuelle Orientierung wegen ihrer besonderen Nähe zum Kern der Menschenwürde einen besonderen Schutz verlangen, während Ungleichbehandlungen wegen des Alters, die potentiell jeden im Laufe seines Lebens treffen können, einer Rechtfertigung aus sachlichen Gründen und unter Wahrung der Verhältnismäßigkeit eher zugänglich sind. Beim Merkmal „Alter" ist deshalb, anders als bei den zuvor genannten Merkmalen, die Rechtswidrigkeit der Differenzierung nicht bereits indiziert.[41] Das heißt allerdings nicht, dass die weitreichenden Ausnahmen bezüglich der Altersdiskriminierung in der Rahmenrichtlinie völlig unbedenklich wären. Denn auch das Alter ist, wie jedes verpönte personenbezogene Differenzierungsmerkmal, Teil der Identität jedes Menschen. Daher müssen die Ausnahmen einer strengen Verhältnismäßigkeitsprüfung unterzogen werden. Der Eindruck, der in einigen Mitgliedstaaten wie z.B. in Deutschland vorzuherrschen scheint, dass eigentlich alles beim Alten bleiben könne, trügt daher. Vielmehr ist es Aufgabe jedes Mitgliedstaats und dort, wo sie über Normsetzungskompetenz verfügen, auch der Tarifpartner, alle an das Alter anknüpfenden Bestimmungen, die nicht von einer der Bereichsausnahmen abgedeckt sind, auf den Prüfstand zu stellen. Der damit verbundene Arbeitsaufwand rechtfertigt die bereits erwähnte Option der Mitgliedstaaten, den Umsetzungszeitraum um drei weitere Jahre zu verlängern. Macht ein Mitgliedstaat von dieser Option Gebrauch, so kann er sich nicht zugleich auf Arbeitsüberlastung berufen, um die Nichtdurchführung

39 Internationales Übereinkommen zur Beseitigung jeder Form von Rassendiskriminierung vom 7.3.1966, BGBl.1969 II, 961; Übereinkommen zur Beseitigung jeder Form von Diskriminierung der Frau vom 18.12.1979, BGBl. 1985 II, 647.

40 Vgl. dazu *König/Peters*, Art. 14 EMRK Rn. 178 ff., in: Marauhn/Grote (Hrsg.), Konkordanzkommentar zum europäischen und deutschen Grundrechtsschutz, (erscheint voraussichtlich Anfang 2005), m.w.N. Der EGMR verlangt hier für die Rechtfertigung „very weighty reasons" bzw. „particularly convincing and weighty reasons".

41 So *Schlachter* (Fn. 25), S. 367.

von Überprüfungen einzelner Vorschriften zu erklären. Inwieweit das Altersdiskriminierungsverbot zu Änderungen der bisherigen Rechtspraxis führen müsste, soll im Folgenden schlaglichtartig beleuchtet werden.

C. Handlungsbedarf im deutschen Recht

Sowohl im privaten Arbeitsrecht als auch im öffentlichen Dienstrecht gibt es eine Vielzahl von Bestimmungen, die Altersgrenzen für Beginn und Ende des Arbeits- bzw. Dienstverhältnisses festsetzen oder in anderer Weise unmittelbar an das Lebensalter anknüpfen. Hinzu kommen Regelungen, die, wie bereits erwähnt, scheinbar neutrale Kriterien wie Berufserfahrung oder Beschäftigungsdauer verwenden, faktisch aber zu einer mittelbaren Diskriminierung führen können. Im Rahmen dieses Beitrags ist es nicht möglich, auf alle diese Bestimmungen einzugehen und sie einer Prüfung zu unterziehen. Das ist Aufgabe des Gesetzgebers bei der Umsetzung des Verbots der Altersdiskriminierung und letztlich auch der Gerichte, wenn solche Regelungen von Einzelnen angegriffen werden. Deshalb werden hier nur einige wenige Beispiele genannt.

I. Der Bereich des Arbeitsrechts

Für den Bereich des privaten Arbeitsrechts ist im Schrifttum bereits eine umfängliche Bestandsaufnahme durchgeführt worden. Es besteht – bei manch unterschiedlicher Bewertung im Detail – weitgehend Einigkeit darüber, dass die bisherigen Rechtsvorschriften nicht ausreichen, um den von der Rahmenrichtlinie geforderten Schutz vor Altersdiskriminierung zu gewährleisten.[42] Es fehlt bisher insbesondere an einer den §§ 611 a und 611 b BGB entsprechenden Bestimmung, die eine Diskriminierung wegen des Alters bei der Ausschreibung und Begründung eines Arbeitsverhältnisses verbietet.[43] Eine solche Änderung, die sich auf alle in der Rahmenrichtlinie genannten Differenzierungsmerkmale bezieht, ist in dem bereits erwähnten Gesetzentwurf[44] vorgesehen.

42 Vgl. z.B. *Eichenhofer*, Umsetzung der Richtlinie gegen Diskriminierung wegen der Rasse, ethnischen Herkunft, des Alters, der Behinderung und der sexuellen Ausrichtung in Deutschland, ZESAR 2003, 349 (354); *Högenauer*, Die europäischen Richtlinien gegen Diskriminierung im Arbeitsrecht, 2002, S. 161 ff.; *Leuchten*, Der Einfluss der EG-Richtlinien auf das deutsche Arbeitsrecht, NZA 2002, 1254 (1256 ff.); *Linsenmaier* (Fn. 22), S. 24; *Schiek*, Gleichbehandlungsrichtlinien der EU – Umsetzung im deutschen Arbeitsrecht, NZA 2004, 873 (878 ff.); *Thüsing*, Handlungsbedarf im Diskriminierungsrecht, NZA 2001, 1061 (1063 f.); *ders.*, Das Arbeitsrecht der Zukunft? – Die deutsche Umsetzung der Antidiskriminierungsrichtlinien im internationalen Vergleich, NZA Sonderbeilage zu Heft 22/2004, 3 (12 f.); *Wiedemann/Thüsing* (Fn. 10), S. 1242; *C. Weber*, Das Verbot altersbedingter Diskriminierung nach der Richtlinie 2000/78/EG – eine neue arbeitsrechtliche Dimension, AuR 2002, 401 (403 ff.).

43 Dazu ausführlich *Linsenmaier* (Fn. 22), S. 27 f.; *Weber* (Fn. 42), S. 403 f.

44 Siehe oben Fn. 19, §§ 2, 6, 7, 11 und 15 ADG.

Außerdem ist im Schrifttum vorrangig der Frage nachgegangen worden, ob Altersgrenzen, die automatisch zu einer Beendigung des Arbeitsverhältnisses führen, mit der Rahmenrichtlinie vereinbar sind.[45] Es ist zunächst bereits zweifelhaft, ob Altersgrenzen für den Eintritt in den Ruhestand überhaupt von der Rahmenrichtlinie erfasst werden. Dagegen spricht die in der Präambel enthaltene Aussage, die Richtlinie berühre nicht „die einzelstaatlichen Bestimmungen über die Festsetzung der Altersgrenzen für den Eintritt in den Ruhestand".[46] Da diese weitreichende Ausnahme allerdings keinen Eingang in die Bestimmungen der Richtlinie gefunden hat und diese gemäß Art. 3 Abs. 1 lit. c) auch auf Entlassungsbedingungen anwendbar ist, gilt das Verbot der Altersdiskriminierung auch für solche Altersgrenzen. Zu Recht wird darauf hingewiesen, dass eine Erwägung in der Präambel, die sich nicht im normativen Teil der Richtlinie wiederfindet, nicht geeignet ist, ihren Anwendungsbereich einzuschränken.[47] Nach überwiegender Auffassung verstoßen pauschale Altersgrenzen, deren Erreichen automatisch zur Beendigung des Arbeitsverhältnisses führt, gegen das Verbot der Altersdiskriminierung. Soweit es nicht um Berufe mit besonders belastenden Anforderungen geht, dient eine Regelaltersgrenze von 65 Jahren angesichts der gestiegenen Lebenserwartung und des medizinischen Fortschritts nicht mehr dem Schutz älterer Arbeitnehmer und Arbeitnehmerinnen i.S.v. Art. 6 Abs. 1 Satz 2 lit. a) der Richtlinie. Ebenso wenig sind Höchstaltersgrenzen geeignet, die Eingliederung von Jugendlichen oder Personen mit Fürsorgepflichten in den Arbeitsmarkt zu fördern. Die Ausgliederung älterer Menschen aus dem Arbeitsprozess erhöht bestenfalls die Einstellungschancen aller Arbeitsuchenden, allerdings nur, wenn der freiwerdende Arbeitsplatz überhaupt wieder besetzt wird.[48] Auch eine beschäftigungs- oder arbeitsmarktpolitische Bedeutung kann man ihnen nicht ohne weiteres unterstellen. Zum einen ist angesichts des Anspruchs auf Bezug einer Altersrente nicht zu erwarten, dass ältere Arbeitnehmer und Arbeitnehmerinnen in nennenswertem Umfang über das 65. Lebensjahr hinaus weiterarbeiten werden.[49] Zum anderen fallen erfahrungsgemäß viele freiwerdende Arbeitsplätze vollständig weg, um Personalkosten einzusparen. Zudem geht es, selbst wenn Arbeitsplätze in größerem Umfang wiederbesetzt würden, nicht um eine Neuschaffung von Arbeitsplätzen, sondern nur um eine Umverteilung vorhandener Arbeitsplätze allein zu Lasten älterer Arbeitnehmer und Arbeitnehmerinnen.[50] Wollte man

45 Linsenmaier (Fu. 22), S. 30 f.; *Boecken*, Wie sollte der Übergang vom Erwerbsleben in den Ruhestand rechtlich gestaltet werden?, Gutachten B zum 62. Deutschen Juristentag, Bremen 1998, S. 19 ff.; *M. Schmidt/Senne* (Fn. 20), S. 86 ff.; *Schlachter* (Fn. 25), S. 359 ff.; *Waltermann*, Übergang vom Erwerbsleben in den Ruhestand und arbeitsrechtliche Altersgrenzen, in: GS Wolfgang Blomeyer, 2003, S. 495 (499 ff.); *Wiedemann/Thüsing* (Fn. 10), S. 1238 f.; *Zöllner*, Altersgrenzen beim Arbeitsverhältnis jetzt und nach Einführung eines Verbots der Altersdiskriminierung, in: GS Wolfgang Blomeyer, 2003, S. 517 (520 ff.).

46 Erwägungsgrund 14 der Präambel.

47 So auch *M. Schmidt/Senne* (Fn. 20), S. 84 f.; *Wiedemann/Thüsing* (Fn. 10), S. 1238 f.; *Schlachter* (Fn. 25), S. 362 ff.; *Mohr*, Schutz vor Diskriminierungen im europäischen Arbeitsrecht: Die Rahmenrichtlinie 2000/78/EG vom 27. November 2000 – Religion, Weltanschauung, Behinderung, Alter oder sexuelle Ausrichtung, 2004, S. 278; *Linsenmaier* (Fn. 22), S. 30; a.A. *Kummer* (Fn. 1), S. 60.

48 Vgl. *Schlachter* (Fn. 25), S. 368 f.

49 *M. Schmidt/Senne* (Fn. 20), S. 85.

50 *Wiedemann/Thüsing* (Fn. 10), S. 1239.

diesen Argumenten nicht folgen und hielte man eine Regelaltersgrenze von 65 Jahren wegen der wirtschaftlichen Absicherung der Betroffenen grundsätzlich für zulässig, so müsste diese jedenfalls vom Gesetzgeber selbst festgelegt werden. Denn Art. 6 Abs. 1 der Rahmenrichtlinie wendet sich an die mitgliedstaatlichen Gesetzgeber. Diese sind aufgefordert, die notwendige Abwägung zwischen Arbeitgeber- und Arbeitnehmerinteressen sowie Gemeinwohlbelangen selbst vorzunehmen. Diese Aufgabe kann der demokratisch legitimierte Gesetzgeber nicht den Tarifpartnern, den Betrieben oder den Einzelnen überlassen.[51]

Soweit es um tarifvertraglich vereinbarte Altersgrenzen geht, die deutlich vor der Vollendung des 65. Lebensjahrs liegen und sich auf besonders anstrengende berufliche Tätigkeiten beziehen, wird es weitgehend bei der jetzigen Rechtslage bleiben können. Solche vorgezogenen Altersgrenzen sind grundsätzlich nur gerechtfertigt, wenn der Arbeitgeber plausibel darlegen kann, dass die berufliche Tätigkeit so hohe Anforderungen an die körperliche und geistige Reaktionsfähigkeit stellt, dass die hundertprozentige Leistungsfähigkeit ab einem bestimmten Alter nicht mehr vorausgesetzt werden kann. Potentielle altersbedingte Leistungsschwächen können einen sachlichen Grund für eine Altersgrenze darstellen, wenn mit der Tätigkeit ein erhebliches Sicherheitsrisiko verbunden ist. So hat das Bundesarbeitsgericht festgestellt, dass die Gefahr altersbedingter Ausfallerscheinungen eine Altersgrenze vor allem dann rechtfertigen kann, wenn durch Ausfall oder Fehlreaktionen des Arbeitnehmers wichtige Rechtsgüter des Arbeitgebers, anderer Arbeitnehmer oder Dritter gefährdet sind. Daher hat es eine Altersgrenze von 60 Jahren für Piloten von Großflugzeugen für zulässig gehalten,[52] während es eine Altersgrenze von 55 Jahren für das Kabinenpersonal als nicht gerechtfertigt und damit unwirksam angesehen hat.[53] Legt man die Bestimmungen der Rahmenrichtlinie zugrunde, so sind im ersten Fall die Voraussetzungen für eine Ausnahme gemäß Art. 4 Abs. 1 erfüllt, im zweiten Fall dagegen nicht. Der deutsche Gesetzgeber wird diese Ausnahmevorschrift aller Voraussicht nach nahezu wortwörtlich in das deutsche Recht übernehmen.[54] Damit bleibt es auch künftig den Tarifvertragsparteien überlassen, berufsspezifische Altersgrenzen festzulegen, wenn das Alter bzw. die mit einem bestimmten Alter erfahrungsgemäß verbundene Leistungs- und Reaktionsfähigkeit „eine wesentliche und entscheidende berufliche Anforderung“ darstellt. Im Streitfall werden die Arbeitsgerichte überprüfen müssen, ob eine solche Altersgrenze dem Verhältnismäßigkeitsgrundsatz entspricht.

II. Der Bereich des Beamtenrechts

Im Beamtenrecht hat – anders als im Arbeitsrecht – eine Diskussion über die Auswirkungen des gemeinschaftsrechtlichen Verbots der Altersdiskriminierung, soweit ersichtlich, noch nicht begonnen. Das mag daran liegen, dass die Gesetzgeber in

51 So *Linsenmaier* (Fn. 22), S. 31.
52 BAG NZA 2002, 789 (792).
53 BAG NZA 2002, 1155 (1157 f.).
54 So § 8 des Gesetzentwurfs zum ADG (Fn. 19), S. 29, und Begründung, S. 79 f.

Bund und Ländern angesichts der zahlreichen Ausnahmebestimmungen in der Rahmenrichtlinie davon ausgehen, dass es bei den im Beamtenrecht geltenden Regelungen bleiben kann. Dies gilt sowohl für die am Lebensalter orientierte Beamtenbesoldung, die aus den oben genannten Gründen gegen das Verbot der Altersdiskriminierung verstoßen dürfte, als auch für die beamtenrechtlichen Altersgrenzen für den Eintritt in den Ruhestand. Bisher ist in den Beamtengesetzen des Bundes und der Länder eine Regelaltersgrenze von 65 Jahren vorgesehen. Es ist zweifelhaft, ob diese pauschale Altersgrenze ohne weiteres beibehalten werden kann. Der Gesetzgeber müsste zumindest plausibel darlegen, dass eine solche Altersgrenze aus den in der Rahmenrichtlinie genannten Gründen gerechtfertigt und im Übrigen verhältnismäßig ist. Hier kämen insbesondere die in Art. 6 Abs. 1 aufgeführten Rechtfertigungsgründe, also beschäftigungs- und arbeitsmarktpolitische Gründe, in Betracht. Allerdings dürfte es nicht ausreichen, pauschal darauf zu verweisen, dass die Beibehaltung der Altersgrenze bessere Einstellungs- und Beförderungschancen für Jüngere gewährleiste. Vielmehr müsste anhand genauer Statistiken dargelegt werden, dass die Stellen tatsächlich wieder besetzt und nicht einfach eingespart werden.

III. Die Rechtsprechung des Bundesverfassungsgerichts zu Altersgrenzen

Das Bundesverfassungsgericht hatte sich bisher überwiegend mit gesetzlichen Altersgrenzen für das Ausscheiden aus freien Berufen zu befassen. So ging es z.B. um die Altersgrenze von 68 bzw. 70 Jahren für Bezirksschornsteinfeger, Hebammen, Prüfingenieure für Baustatistik und Vertragsärzte.[55] In all diesen Fällen wurden die Altersgrenzen vorrangig am Maßstab des Art. 12 Abs. 1 GG gemessen. Sie wurden alle als zulässig angesehen, weil sie nach Auffassung des Gerichts dem Schutz wichtiger Gemeinschaftsgüter dienten. Exemplarisch für die Argumentation des Gerichts ist die 1998 ergangene Entscheidung zur Altersgrenze von 68 Jahren für Vertragsärzte, die 1992 in § 95 Abs. 7 SGB V eingeführt wurde und am 1. Januar 1999 in Kraft trat. Das Bundesverfassungsgericht qualifiziert Altersgrenzen in ständiger Rechtsprechung als subjektive Zulassungsvoraussetzungen. Diese werden im Rahmen der sog. Drei-Stufen-Theorie, auf deren Grundlage das Gericht seit dem Apothekenurteil[56] Eingriffe in die Berufsfreiheit überprüft, auf der zweiten Stufe angesiedelt. Sie sind zulässig, wenn sie als Voraussetzung zur ordnungsgemäßen Erfüllung des Berufes oder zum Schutz eines besonders wichtigen Gemeinschaftsguts erforderlich sind. Das Gericht geht davon aus, dass Altersgrenzen, die die Berufsausübung im höheren Alter beschränken, immer einem besonders wichtigen Gemeinschaftsgut, nämlich dem Schutz der Rechtsgüter Dritter, dienen, weil sie bezwecken, „die Gefährdungen, die von älteren, nicht mehr voll leistungsfähigen Berufstätigen ausgehen, einzudämmen".[57] Zur Begründung dieser Einschätzung

55 BVerfGE 1, 264 (274 f.) – Bezirksschornsteinfeger; 9, 338 (345 ff.) – Hebammen; 64, 72 (82) – Prüfingenieure für Baustatistik, und BVerfG, NJW 1998, 1776 ff.
56 BVerfGE 7, 377 (397 ff.).
57 BVerfG, NJW 1998, 1776 (1777).

wird in einem Satz darauf verwiesen, dass es der Lebenserfahrung entspreche, dass die Gefahr einer Beeinträchtigung der Leistungsfähigkeit auch heute noch mit zunehmendem Alter größer werde. Damit wird die Erreichung eines fortgeschrittenen Lebensalters stereotyp mit dem Abbau der Leistungsfähigkeit einer Person gleichgesetzt. Gerontologische und andere Studien zur Arbeitsproduktivität älterer Menschen, denen zufolge der Faktor „Alter" nur wenig über die Leistungsfähigkeit der betreffenden Person aussagt,[58] werden nicht zur Kenntnis genommen. Stattdessen wird dem Gesetzgeber zugestanden, auf der Grundlage – nicht näher belegter – Erfahrungswerte generalisierende Regelungen zu erlassen.

Neben der ohne weiteres angenommenen altersbedingten Abnahme der Leistungsfähigkeit spielt in einigen Entscheidungen auch der bereits erwähnte Aspekt der „Generationensolidarität" bei der Rechtfertigung von Altersgrenzen eine Rolle. In der Vertragsarztentscheidung ließ das Bundesverfassungsgericht offen, ob das vom Gesetzgeber ausdrücklich genannte Ziel der Regelung, die zur Finanzierbarkeit der gesetzlichen Krankenversicherung für erforderlich gehaltene Beschränkung der Vertragsarztzahlen nicht nur zu Lasten der jüngeren Ärzte durch Zulassungsbeschränkungen zu verwirklichen, allein zur Rechtfertigung der Altersgrenze ausgereicht hätte. In einer früheren Entscheidung, in der die gesetzliche Herabsetzung des Emeritierungsalters von 68 auf 65 Jahre angegriffen worden war, sah das Gericht dagegen die Förderung des wissenschaftlichen Nachwuchses als hinreichend gewichtig an, die Vorverlegung der Altersgrenze zu rechtfertigen. Prüfungsmaßstab war hier Art. 33 Abs. 5 GG. Mit dem Argument des Beschwerdeführers, dass das Land Nordrhein-Westfalen infolge einer Verschlechterung der Haushaltslage freigewordene Stellen gar nicht wiederbesetzt, sondern eingespart habe, setzte sich das Gericht nicht auseinander. Es konstatierte vielmehr ohne nähere Begründung, dass dies keinen Einfluss auf das Abwägungsergebnis habe.[59]

Ein Verstoß gegen den Gleichheitssatz in Art. 3 Abs. 1 GG wird regelmäßig mit dem Argument verneint, dass für eine Ungleichbehandlung ein sachlicher Grund vorliege, wenn die Regelung mit Blick auf Art. 12 Abs. 1 GG zum Schutz eines besonders wichtigen Gemeinschaftsguts gerechtfertigt sei. Das Alter als rechtfertigungsbedürftiges Differenzierungsmerkmal wird in den meisten Entscheidungen nicht problematisiert. Dabei würde die Rechtsprechung zu Art. 3 Abs. 1 GG durchaus eine strengere Überprüfung von Altersgrenzen nahe legen. Denn nach der sog. „neuen Formel", die das Bundesverfassungsgericht seit 1980 bei Art. 3 Abs. 1 GG zugrunde legt, ist eine besonders strenge Prüfung geboten, wenn die Ungleichbehandlung auf einem in der Person des Beschwerdeführers liegenden Differenzierungsmerkmal beruht, das den in Art. 3 Abs. 3 GG aufgeführten Kriterien nahe kommt, und wenn

58 Vgl. z.B. *Fenske* (Fn. 9), S. 23 f., die auf entsprechende gerontologische Studien verweist; ebenso *Nussberger*, Altersgrenzen als Problem des Verfassungsrechts, JZ 2002, 524 (531 f.). Vgl. zu den Studien zur Arbeitsproduktivität älterer Menschen den Dritten Bericht zur Lage der älteren Generation (Fn. 4), S. 176 f., wo es in der Zusammenfassung (177) heißt: „Von einer generellen Abnahme der Leistungsfähigkeit älterer Arbeitnehmer kann keine Rede sein. Kompensatorische Faktoren wie etwa Berufserfahrung spielen eine erhebliche Rolle bei der Aufrechterhaltung beruflicher Leistungsfähigkeit.".

59 BVerfGE 67, 1 (17 f.); kritisch dazu *Nussberger* (Fn. 58), S. 528.

sie sich auf die Ausübung grundrechtlich geschützter Freiheiten nachteilig auswirkt.[60] Beide Voraussetzungen sind bei einer Ungleichbehandlung wegen des Alters erfüllt. Das Alter ist ebenso wie etwa Geschlecht oder ethnische Herkunft von der Natur vorgegeben und durch den Einzelnen nicht zu beeinflussen. Es ist unveränderbarer Teil seiner Identität. Zudem wirken sich Altersgrenzen nachteilig auf die Berufsfreiheit aus. Deshalb müsste das Gericht eigentlich eine sorgfältige Prüfung anhand der „neuen Formel" vornehmen, statt pauschal auf den Prüfungsmaßstab zu Art. 12 Abs. 1 GG zu verweisen.[61] In einer jüngeren Entscheidung aus dem Jahr 2001, bei der es um die Höchstaltersgrenze von 55 Jahren für die erstmalige Zulassung als Vertragsarzt ging, hat das Bundesverfassungsgericht denn auch erstmals die „neue Formel" zur Überprüfung einer Altersgrenze herangezogen. Es sah diese Grenze als gerechtfertigt an, weil ältere Bewerber um einen Vertragsarztsitz im Vergleich zu jüngeren Bewerbern erfahrungsgemäß höhere Ausgaben für die gesetzliche Krankenversicherung verursachten, um die von ihnen getätigten Investitionen in der noch verbleibenden kurzen Zeit bis zum Ruhestand amortisieren zu können.[62]

Insgesamt ist festzustellen, dass das Bundesverfassungsgericht trotz formal hoher Voraussetzungen für die Rechtfertigung von Altersgrenzen – dem Schutz eines besonders wichtigen Gemeinschaftsguts im Rahmen der Berufsfreiheit bzw. der Notwendigkeit einer strengen Prüfung im Rahmen des allgemeinen Gleichheitssatzes – faktisch keine allzu hohen Anforderungen stellt. Bisher ist noch jeder vom Gesetzgeber angeführte Gemeinwohlbelang als hinreichend gewichtig angesehen worden. Die Beendigung der Berufstätigkeit des Einzelnen wird insbesondere deshalb als verhältnismäßig angesehen, weil Menschen über 65 Jahre in der Regel materiell abgesichert sind.[63] Auf die Bedeutung der Berufstätigkeit für die Persönlichkeit und Identität des Einzelnen – für viele, insbesondere alleinstehende Menschen ist der Beruf zum wichtigsten Lebensinhalt geworden – geht das Gericht dagegen nicht ein.[64] Gleiches gilt für den Aspekt der Altersdiskriminierung. Der enge Zusammenhang zwischen Diskriminierungsverboten aufgrund personenbezogener Merkmale und dem Schutz der Menschenwürde wird, wenn es um das Lebensalter geht, nicht gesehen oder zumindest nicht erörtert.

Es bleibt abzuwarten, ob das Bundesverfassungsgericht und auch die übrigen Gerichte nunmehr nach In-Kraft-Treten der Rahmenrichtlinie ihre Abwägung überdenken werden. Die Gerichte sind verpflichtet, die einfachen Gesetze und auch die Verfassung im Einklang mit dem Europarecht anzuwenden und auszulegen. Das bedeutet, dass im Einzelfall geprüft werden muss, ob die Voraussetzungen einer der oben dargelegten Ausnahmebestimmungen erfüllt sind. Pauschale Annahmen in Bezug auf altersbedingte Leistungsschwächen, die sich nicht durch wissenschaftliche

60 BVerfGE 88, 87 (96 ff.) – Namensänderung bei Transsexuellen.

61 So auch *Nussberger* (Fn. 58), S. 531; *Linsenmaier* (Fn. 22), S. 24.

62 BVerfGE 103, 172 (193 f.).

63 *Nussberger* (Fn. 58), S. 527, m.w.N.

64 In anderem Zusammenhang hat das BVerfG dagegen selbst einmal formuliert: „Der „Beruf" wird in seiner Beziehung zur Persönlichkeit des Menschen im ganzen verstanden, die sich erst darin voll ausformt und vollendet, daß der Einzelne sich einer Tätigkeit widmet, die für ihn Lebensaufgabe und Lebensgrundlage ist und durch die er zugleich seinen Beitrag zur gesellschaftlichen Gesamtleistung erbringt.", BVerfGE 50, 290 (362).

Untersuchungen untermauern lassen, oder die Heranziehung des Gesichtspunkts der „Generationensolidarität" ohne Überprüfung, ob es tatsächlich zu einer Umverteilung der Arbeitsplätze an Jüngere kommt oder ob es sich lediglich um Einsparungsmaßnahmen handelt, werden den Anforderungen der Richtlinie nicht gerecht. In Zweifelsfällen müssen Auslegungsfragen dem EuGH gemäß Art. 234 EG vorgelegt werden. Hierdurch, so steht zu hoffen, werden die deutschen Gerichte allmählich eine größere Sensibilität für das Verbot der Altersdiskriminierung entwickeln, die zurzeit noch weitgehend fehlt. Um diesen Prozess zu fördern, bedarf es auch im Schrifttum, insbesondere im Bereich des öffentlichen Dienstrechts, einer kritischen Bestandsaufnahme bestehender Vorschriften.

IV. Bisherige Umsetzungspläne des deutschen Gesetzgebers

Der Gesetzentwurf vom 14. Dezember 2004[65] zeigt, dass geplant ist, die das Verbot der Altersdiskriminierung betreffenden Vorschriften der Richtlinie und insbesondere die Ausnahmebestimmung des Art. 6 nahezu wortwörtlich in das deutsche Recht zu übernehmen. Dies hat zur Folge, dass die weiten und unbestimmten Formulierungen der Richtlinie nicht durch konkrete Regelungen des nationalen Gesetzgebers ausgefüllt, sondern schlicht beibehalten werden. Eine Überprüfung der bisherigen Rechtsvorschriften, die an ein bestimmtes Lebensalter anknüpfen, ist allenfalls kursorisch durchgeführt worden. Denn in dem Entwurf wird keine einzige diesbezügliche Änderung bestehender Vorschriften vorgeschlagen. Die einzige im Bundesbeamtengesetz vorgesehene Änderung, der zufolge die Auswahl „nach Eignung, Befähigung und fachlicher Leistung ohne Rücksicht auf Geschlecht, Abstammung, Rasse oder ethnische Herkunft, Behinderung, Religion oder Weltanschauung, politische Anschauungen, Herkunft, Beziehungen oder sexuelle Identität" vorzunehmen ist, berücksichtigt das Differenzierungskriterium „Alter" gerade nicht.[66] Daraus lässt sich schließen, dass die bisherige Altersgrenze für die Ernennung in das Beamtenverhältnis als mit der Richtlinie vereinbar beibehalten werden soll.[67] Ebenso werden die Altersgrenzen für den Eintritt in den Ruhestand nicht in Frage gestellt. Damit hat der Gesetzgeber, salopp formuliert, seine Hausaufgaben bisher nicht ordnungsgemäß gemacht. Die Verantwortung für die richtlinienkonforme Anwendung der Umsetzungsvorschriften wird auf die Tarifparteien und die Gerichte abgeschoben. Bleibt es im Großen und Ganzen bei diesem Entwurf, so wird in erster Linie den Gerichten die Aufgabe zufallen, die Zweifelsfragen im Einzelfall unter Vorlage an den EuGH zu klären. Dieses Ergebnis ist unbefriedigend, weil hier eine Chance verpasst wird, die einschlägigen Rechtsvorschriften auf den Tatbestand der unmittelbaren oder mittelbaren Altersdiskriminierung hin zu überprüfen und gegebenenfalls zu ändern. An anderer Stelle geht der Gesetzentwurf allerdings über die

65 Siehe oben Fn. 19, § 10 ADG-Entwurf.
66 Ebenda, Änderung des § 8 Abs. 1 BBG, S. 36.
67 Gemäß § 9 Abs. 1 Nr. 2 BBG darf Beamter auf Lebenszeit nur werden, wer das 27. Lebensjahr vollendet hat.

Vorgaben der Rahmenrichtlinie hinaus, indem er die Diskriminierungsverbote auf bestimmte privatrechtliche Verträge erstreckt.[68]

D. Zusammenfassung und Ausblick

Die eingangs gestellte Frage, ob es sich bei dem Verbot der Altersdiskriminierung um ein Diskriminierungsverbot zweiter Klasse handelt, lässt sich nicht mit einem schlichten „Ja" oder „Nein" beantworten. Für eine solche plakative Charakterisierung als nicht vollwertiges Diskriminierungsverbot spricht, dass die Rahmenrichtlinie in Bezug auf eine Ungleichbehandlung wegen des Alters zahlreiche Ausnahmen zulässt, die für die übrigen Diskriminierungsverbote nicht gelten. Bei der Altersdiskriminierung wird insbesondere von dem Prinzip abgewichen, dass unmittelbar an ein verpöntes Merkmal anknüpfende Ungleichbehandlungen die Unrechtmäßigkeit der Differenzierung indizieren und grundsätzlich nicht rechtfertigungsfähig sind.[69] Denn Art. 6 Abs. 1 der Rahmenrichtlinie lässt auch bei unmittelbar an das Alter geknüpften Ungleichbehandlungen eine Rechtfertigung zu, wenn sie einem legitimen Ziel dienen und verhältnismäßig sind. Damit werden unmittelbare und mittelbare Diskriminierungen, entgegen der bisherigen Rechtsprechung des EuGH zu Diskriminierungsverboten, gleich behandelt.

Diese weitergehenden Rechtfertigungsmöglichkeiten allein machen das Verbot der Altersdiskriminierung aber nicht zu einem Diskriminierungsverbot zweiter Klasse. Denn das Differenzierungsmerkmal „Alter" unterscheidet sich in seiner Wirkungsweise von traditionell verpönten Merkmalen wie Rasse oder ethnische Herkunft und Geschlecht, die von Alters her zur Stigmatisierung und Benachteiligung bestimmter Bevölkerungsgruppen dienten. An das Lebensalter und damit verbundene Eigenschaften können, je nach Lebensphase des Einzelnen, zum einen Vorteile und zum anderen Nachteile geknüpft sein. Ungleichbehandlungen wegen des Alters tragen die Unrechtmäßigkeit bzw. die Missachtung eines anderen sozusagen nicht, wie etwa solche wegen der Rasse oder der ethnischen Herkunft, der Religion, des Geschlechts oder der sexuellen Orientierung, „auf der Stirn", sondern können aus vielerlei Gründen sachgerecht sein. Deshalb sind die Ausnahmebestimmungen akzeptabel, solange sie eng ausgelegt und einer strengen Verhältnismäßigkeitsprüfung unterzogen werden.

Ob dies allerdings in der Praxis der Fall sein wird, ist zweifelhaft. Sowohl dem Gesetzgeber als auch den Gerichten fehlt offenbar die notwendige Sensibilisierung für das Phänomen der Altersdiskriminierung. Der Gesetzgeber hat es bisher versäumt, die einschlägigen Bestimmungen in Bezug auf Beschäftigung und Beruf auf den Prüfstand zu stellen und Änderungen vorzunehmen. Stattdessen überlässt er die

68 Die privatrechtlichen Diskriminierungsverbote gelten für sog. Massengeschäfte und alle Versicherungsverträge. Vgl. §§ 20–22 ADG-Entwurf (Fn. 19), S. 16 ff.

69 *M. Schmidt/Senne* (Fn. 20), S. 85.

Aufgabe, die in der Rahmenrichtlinie vorgesehenen Ausnahmen zu konkretisieren, den Tarifparteien und letztlich den Gerichten. Doch auch deren Bewusstsein für die Problematik der Altersdiskriminierung scheint noch unterentwickelt zu sein. So greifen die Gerichte, allen voran das Bundesverfassungsgericht, gern auf stereotype Begründungen zurück, bei denen Menschen ab einem bestimmten Lebensalter ohne wissenschaftliche Untermauerung positive oder negative Eigenschaften zugeschrieben werden. Die Interessen des oder der einzelnen Betroffenen müssen in der Regel den vom Gesetzgeber angeführten Gemeinwohlbelangen weichen, ohne dass ihnen das für die Persönlichkeitsentwicklung und Identität der betroffenen Person zukommende Gewicht beigemessen wird. Daher lässt sich das Verbot der Altersdiskriminierung in der Rechtswirklichkeit durchaus als ein Diskriminierungsverbot zweiter Klasse bezeichnen. Es bleibt zu hoffen, dass die Rahmenrichtlinie und ihre Umsetzung in das deutsche Recht einen Anstoß dazu liefern, durch einen entsprechenden Bewusstseinswandel allmählich zu einem Abbau von Altersdiskriminierungen zu gelangen.

Europäisierung des Ausländerrechts – rechtshistorische, grundrechtliche und gemeinschaftsrechtliche Tendenzen

Klaus Sieveking

A. Einleitung

Nach Veröffentlichungen von Eurostat leben unter den knapp 375 Mio. Menschen in der Europäischen Gemeinschaft (EU 15) ca. 19 Mio. Ausländer, davon 70%, also mehr als 13 Mio. aus Nicht-EU-Ländern und 6 Mio. aus Ländern der EU. Betrachtet man die Entwicklung der Bundesrepublik Deutschland von der Zeit der Gründung der EWG 1957 bis heute, so hat sich allein die Zahl der hier lebenden Ausländer von 1960 mit ca. 686 000 bis Ende 2002 auf 7,335 Mio. (davon 54% männlich und 46% weiblich) erhöht. Das entspricht 8,9% der Gesamtbevölkerung (ca. 82,55 Mio.). Deutschland liegt mit diesem Ausländeranteil innerhalb der Europäischen Union nach Luxemburg und Belgien an dritter Stelle. Die Zahl der in Deutschland lebenden Unionsbürger beträgt 1.86 Mio. (25,4 %), die der Türken ca. 1,91 Mio. (26,1%). Letztere sind die größte Gruppe der ausländischen Bevölkerung in Deutschland. Danach kommen die Italiener mit 610 000 (8,3 %) und die Jugoslawen (Serbien, Montenegro) mit 591 000 (8,1 %). Ungefähr 359 000 (4,9%) besitzen die griechische, 318 000 (4,3 %) die polnische und 231 000 (3,1 %) die kroatische Staatsangehörigkeit. Die durchschnittliche Aufenthaltsdauer von Ausländern in Deutschland beträgt 15,6 Jahre (Ende 2002)[1].

Die hier wiedergegebenen Zahlen zur Ausländerpopulation spiegeln wider, in welch intensiver Weise sich Ausländer Deutschland als Wanderungsziel auserwählt haben. Grundlage des Zugangs nach Deutschland sind die Regelungen des Ausländerrechts, deren Geschichte in Deutschland eine markante Entwicklung genommen hat, seit 1945 bis zur Gründung der Europäischen Wirtschaftsgemeinschaft vor allem durch internationales Recht (z.B. UN-Konventionen, EMRK, ILO-Konventionen) geprägt war und später immer stärker in den Sog der Gesetzgebung der EG geriet. Mit dieser Entwicklung verbunden war noch bis zur Wende des 21. Jahrhunderts die Vorstellung der meisten Deutschen, dass die Bundesrepublik Deutschland – wie dies die Einbürgerungsrichtlinien von 1977[2] einprägsam formulierten – kein Einwanderungsland ist. Demgegenüber entwickelte sich vor allem unter Soziologen, Politologen und Historikern seit Anfang der Siebziger Jahre die Meinung, dass Deutschland sich zu einem Einwanderungsland ge-

1 Einwanderung und Beschäftigung in der EU, in: Europäische Kommission, Beschäftigung in Europa 2003. Jüngste Tendenzen und Ausblick in die Zukunft, Brüssel 2004, 185; Sonstige Angaben nach Integrationsbeauftragte/ Statistisches Bundesamt/ Bundesagentur für Arbeit, vgl. http://www.integrationsbeauftragte. de/gra/daten/daten.php. Neuere Daten (EU 25) liegen nicht vor.

2 Einbürgerungsrichtlinien vom 1978, GMBl. S. 16.

wandelt habe[3]. Dass die juristische Diskussion und Rechtspraxis diesem gesellschaftlichen Wandel Rechnung zu tragen habe, wurde nachdrücklich von Zuleeg[4] gefordert. Er setzte sich dafür ein, dass die veränderten gesellschaftlichen Realitäten auch ihren Niederschlag in den Rechtsnormen und Verwaltungsvorschriften finden müssten. Hierauf ist zurückzukommen. Zunächst soll die Entwicklung des Ausländerrechts seit dem Beginn des 19. Jahrhunderts und dann die Europäisierung des Ausländerrechts in großen Zügen nachgezeichnet werden. Danach wird der Frage nachgegangen, wer Ausländer ist. Anschließend werden Instrumente der Ausländerintegration auf nationaler und europäischer Ebene angesprochen. Abschließend werden die neueren Rechtsentwicklungen in ihrer zukünftigen Perspektive reflektiert.

B. Zur Geschichte des Ausländerrechts

I. Ausländerrecht im 19. Jahrhundert bis zum Ersten Weltkrieg

Auf dem Hintergrund der Herausbildung nationaler Arbeitsmärkte und souveräner Verfassungsstaaten spricht man seit Anfang des 19. Jahrhunderts in Deutschland von Fremden als Ausländern. Das Merkmal der Staatsangehörigkeit wurde wesentlicher Anknüpfungspunkt für die Ausgestaltung der besonderen Rechtsstellung von Ausländern. Ausländerrecht ist die Gesamtheit von staatlichen Sonderregelungen, die den Status von Staatsfremden gegenüber den eigenen Staatsangehörigen betreffen[5]. Das bezieht sich auf den Zugang zum Staatsgebiet, den Aufenthalt und die Arbeitsmöglichkeiten sowie auf die soziale und politische Rechtsstellung.

Baden regelte mit dem Konstitutionsedikt vom 27. 6. 1808 als erster deutscher Staat die Staatsangehörigkeit[6]. In der folgenden Zeit der Verfassungsstaatsentwicklung kam es in zahlreichen Staaten zu ähnlichen verfassungsrechtlichen Regelungen der Staatsangehörigkeit. Fremde wie eigene Bürger zu behandeln, wenn der fremde Staat dies ebenso tut, war als Grundsatz bereits im Preußischen Allgemeinen Landrecht von 1794 verankert. Dieses „Gegenseitigkeitsprinzip" (Reziprozitätsprinzip) wurde Bestandteil des heutigen Völkerrechts und hat das fremdenrechtliche Völkervertragsrecht maßgeblich beeinflusst.

Das Ausländerrecht regelte zunächst das Ausmaß an Freizügigkeit der Fremden und diente später immer mehr als Instrument der Steuerung der Ausländerbeschäftigung. In der zweiten bayerischen Verfassung von 1818 wurden erstmals Grundsätze über

3 Heckmann, Die Bundesrepublik: Ein Einwanderungsland? Zur Soziologie der Gastarbeiterbevölkerung als Einwanderungsminorität, 1981; Bade, Vom Auswanderungsland zum Einwanderungsland?, 1983; Oberndörfer, Die offene Republik. Die Zukunft Deutschlands und Europas, 1991.

4 Zuleeg, Einwanderungsland Bundesrepublik Deutschland, JZ 1980, 425; ders., Zur Bedeutung des Ausländerrechts, in: Barwig/Mieth (Hg.), Migration und Menschenwürde. Fakten, Analysen und ethische Kriterien, 1987, S. 100.

5 Friederichsen, Die Stellung des Fremden in deutschen Gesetzen und völkerrechtlichen Verträgen seit dem Zeitalter der Französischen Revolution, 1967; Renner, Ausländerrecht in Deutschland, 1998, § 14 Rn. 1 ff.

6 Regierungsblatt für Baden 18 (1808), S. 152.

die Rechtsstellung von Ausländern formuliert. 1842 kodifizierte Preußen das Freizügigkeitsrecht im Gesetz über die Aufnahme neu zuziehender Personen. 1867 folgte das Gesetz des Norddeutschen Bundes über die Freizügigkeit, das mit der Gründung des Deutschen Reiches 1871 erweiterte Bedeutung erhielt[7].

Nach Art. 3 Abs. 1 der Verfassung des Deutschen Reiches von 1871 wurden Angehörige eines jeden Bundesstaates in jedem anderen Bundesstaat als Inländer behandelt[8]. Damit wurde die Gleichstellung der Staatsangehörigen eines jeden Bundesstaates mit den Einwohnern eines jeden anderen Bundesstaates hinsichtlich der bürgerlichen Rechte hergestellt (sog. Indigenat). Ein Reichsgesetz über den Aufenthalt von Ausländern im Reichsgebiet wurde seinerzeit nicht verabschiedet; es blieb insoweit bei den landesrechtlichen Bestimmungen, die – in wesentlichen Punkten übereinstimmend – den Aufenthalt von Ausländern gestatteten, sofern diese sich über ihre Staatsangehörigkeit ausweisen konnten und keine besonderen Versagungsgründe vorlagen (kein Rechtsanspruch auf Aufenthalt; Ausweisung aus dem Staatsgebiet „aus Rücksicht auf das öffentliche Wohl").

Die Anfang der Achtziger Jahre des vorletzten Jahrhunderts mit dem industriellen Aufschwung und Landarbeitermangel („Leutenot") vor allem aus Russisch-Polen und Galizien ins Deutsche Reich wandernden ausländischen Arbeitskräfte bedrohten die Germanisierungspolitik in den östlichen Provinzen Preußens[9]. So kam es zu den Ausweisungsverordnungen vom 26. 3 und 26. 7. 1885, die als Grundlage für Massenausweisungen gegenüber den (nicht naturalisierten) „Auslandspolen" dienten (derartige Massenausweisungen wären heute völkerrechtswidrig) – die im östlichen Preußen rekrutierten Polen hatten Inländer-Status („Inlandspolen"). Kritik an diesen Entscheidungen blieb nicht aus; besonders die ostdeutschen Großagrarier forderten eine lediglich saisonale Zuwanderungserlaubnis mit strenger staatlicher Reglementierung; zugleich galt es, die Sesshaftmachung und die Weiterwanderung in die Industrie des preußischen Westens zu verhindern. Widersprüchliche Interessen führten zum Verbot der Heranziehung von Ausländern zur Gesindearbeit und zur Zulassung von Saisonarbeitern, die außerhalb (wechselnder Spannen) von Karenzzeiten für begrenzte Zeiten im Jahr (1. 4. bis 15. 11.) einreisen durften („antipolnische Abwehrpolitik"). In den Erlassen des preußischen Innenministers vom 20. 11. 1890 (betreffend Russisch-Polen) und vom 18. 12. 1890 (betreffend Galizien) wurde die Saisonarbeit in den landwirtschaftlichen und industriellen Betrieben der preußischen Ostprovinzen rechtlich fixiert. Nach dem Erlass vom 18. 4. 1891 durften Auslandspolen in den mittleren und den Westprovinzen Preußens nur in der Landwirtschaft beschäftigt werden. Die Beschäftigung von Polen im Ruhrgebiet betraf überwiegend „Inlandspolen".

Die zahlreichen ausländerpolizeilichen Erlasse sind Ausdruck eines Kompromisses und spiegeln den Interessenkonflikt zwischen dem gleichzeitigen Wunsch nach Minimierung von Arbeitskräftekosten („Lohndruckfunktion") und nach vorzugsweiser

7 Vgl. Bundesgesetzblatt für den Norddeutschen Bund 1867, S. 55.
8 Siehe Bundesgesetzblatt für den Deutschen Bund 1871, Nr. 16, S. 63.
9 Hierzu und zum Folgenden Bade, (Fn. 3), S. 17 ff.; Herbert, Geschichte der Ausländerbeschäftigung in Deutschland 1880-1980. Saisonarbeiter, Zwangsarbeiter, Gastarbeiter, 1986, S. 25, 71 ff.

Berücksichtigung der einheimischen Arbeitskräfte („Prinzip des Inländerprimats“) wieder. Sie sind auch Vorläufer der späteren Verstaatlichung der Ausländeranwerbung.

Wachsender Bedarf an Ausländerbeschäftigung und zahllose Kontraktbrüche durch die ausländischen Wanderarbeitnehmer, die durch Ausweisungen ohne gesetzliche Grundlage geahndet wurden, verlangten immer stärkere staatliche Reglementierungen. Durch Verordnung des preußischen Innenministers „betr. die Zulassung ausländischer Arbeiter zur Arbeit in der Landwirtschaft und in den gewerblichen Betrieben in Deutschland“ vom 21. 12. 1907 wurde der „Inlandslegitimationszwang“ geschaffen: Ausländischen Arbeitern wurden in den Grenzämtern der Deutschen Feldarbeiterzentrale (Koordinationsstelle für die Anwerbung/Vermittlung ausländischer Arbeitskräfte) in Verbindung mit der Ortspolizei Legimitationskarten (zur Verhinderung unerlaubten Arbeitsplatzwechsels) ausgestellt. Diese Regelungen wurden teilweise auch in anderen deutschen Bundesstaaten übernommen. Darüber hinaus verhinderte die unbegrenzte Ausweisungskompetenz des preußischen Staates in Verbindung mit einzelstaatlichen Vereinsgesetzen (z.B. das Erfordernis deutscher Sprachkenntnisse) eigene Organisationsversuche und die Beteiligung von Ausländern an Arbeitskämpfen. Hiervon blieben die Ruhr-Polen unberührt, da sie als preußische Staatsangehörige den Status von Reichsdeutschen hatten. Wer als Deutscher anzusehen war, bestimmte § 1 des Reichs- und Staatsangehörigkeitsgesetzes von 1913[10].

II. Weimarer Republik und Nationalsozialismus

Unter der Geltung der Weimarer Reichsverfassung von 1919 wurden zahlreiche Ausländerrechtsvorschriften erlassen. Weitreichende Bedeutung erhielt der aufgrund der polizeilichen Generalklausel in § 14 des preußischen Polizeiverwaltungsgesetzes ergangene Erlass der preußischen Polizeiverordnung von 1932[11]. Infolge der Beseitigung der Eigenstaatlichkeit der Länder nach 1933 wurde z.B. die bis dahin landesrechtlich geregelte Landesverweisung durch die Reichsverweisung abgelöst. 1937 folgte das Gesetz über das Pass-, das Ausländerpolizei- und das Meldewesen sowie das Ausweiswesen[12]. Von der darin vorgesehenen Verordnungsermächtigung hatte der Reichsinnenminister durch den Erlass der Ausländerpolizeiverordnung von 1938 Gebrauch gemacht[13]. Während die Ausländerpolizeiverordnung von 1938 die unbegrenzte aufenthaltsrechtliche Dispositionsbefugnis über Ausländer festschrieb, schuf die „Verordnung über die Behandlung von Ausländern“ vom 5. 9. 1939 des Reichsministeriums des Innern die ausländerpolizeilichen Voraussetzungen für den Arbeitseinsatz der „Angehörigen der Feindstaaten“ nach den deutschen Kriegsinteressen[14]. Ausländer wurden damit vollständig den Herrschaftsinteressen der Nationalsozialisten unterworfen (Zwangsarbeit; Deportation

10 Reichs- und Staatsangehörigkeitsgesetz vom 22. 7. 1913, RGBl. S. 583.
11 Preußische Gesetzessammlung 1932, S. 179.
12 RGBl. 1937 I, S. 589.
13 RGBl. 1938 I, S. 1054.
14 RGBl. 1939 I, S. 1667.

und Vernichtung in Konzentrationslagern). Kennzeichnend war die Beseitigung eines rechtsförmigen Status der Ausländer überhaupt[15].

III. Bundesrepublik Deutschland

Nach 1945 galt die überkommene Ausländerpolizeiverordnung von 1938 (mit Modifikationen) zunächst fort. Aufgrund von Anwerbevereinbarungen, die von 1955 bis 1965 zwischen der bundesdeutschen Regierung und den Regierungen einiger europäischer Länder und zahlreicher Anrainerstaaten des Mittelmeeres geschlossen wurden[16], wanderten Hunderttausende von ausländischen Arbeitskräften in das Bundesgebiet[17]. Damit einhergehende Fragen machten veränderte ausländerrechtliche Regelungen erforderlich, die mit dem Ausländergesetz von 1965 geschaffen wurden[18]. Nach dem Anwerbestop von 1973 (Regierungsentscheidung) und dem Gesetz zur Förderung der Rückkehrbereitschaft[19] kamen Ausländer vor allem im Rahmen des Familiennachzugs (und seit 1980 verstärkt als Asylbewerber) ins Bundesgebiet. Dies machte erneut veränderte Rechtsvorschriften für Ausländer erforderlich. Das 1969 erlassene Aufenthaltsgesetz/EWG (und die 1997 ergänzte Freizügigkeitsverordnung)[20] markieren Schritte der Übernahme des Gemeinschaftsrechts, insbesondere des gemeinschaftsrechtlichen Sekundärrechts in die bundesdeutsche Ausländerrechtsordnung. Das neue Ausländergesetz von 1990[21] sollte ausdrücklich einer kontrollierten Begrenzung des Ausländerzuzugs und der Integration der eingewanderten Ausländer dienen. Erstmals gewährte das Ausländerrecht neben der Ermessenseinbürgerung einen Einbürgerungsanspruch (für Ausländer mit längerem Aufenthalt und Miteinbürgerung für Ehegatten und minderjährige Kinder) und eröffnete den Weg zur Akzeptanz von Mehrstaatigkeit[22].
Die nach der Vereinigung Deutschlands 1990 modifizierten ausländerrechtlichen Regelungen der früheren DDR galten nur vorübergehend. Ab 1991 waren die Vorschriften des neuen Ausländergesetzes für das gesamte Gebiet Deutschlands ver-

15 Näheres bei Dohse, Ausländische Arbeitnehmer und bürgerlicher Staat, 1981, S. 124 ff.; Herbert (Fn. 9), S. 129 ff.; siehe auch Majer, „Fremdvölkische" im Dritten Reich. Ein Beitrag zur nationalsozialistischen Rechtsetzung und Rechtspraxis in Verwaltung und Justiz unter besonderer Berücksichtigung der eingegliederten Ostgebiete und des Generalgouvernements, 1981; Schminck-Gustavus, Zwangsarbeit und Faschismus (Teil 1 u. 2), KJ 1980, 1 und 185.
16 So die Anwerbevereinbarungen mit Italien (1955), Spanien, Griechenland, Türkei (1961), Marokko (1963), Algerien, Portugal, Türkei, (1964), Tunesien (1966), Jugoslawien (1969) und Korea (1970).
17 Herbert, Geschichte der Ausländerpolitik in Deutschland, 2001, S. 191 ff.
18 Ausländergesetz vom 28. 4. 1965, BGBl. I, S. 353.
19 Dieses Gesetz (BGBl. 1983 I, S. 1377) zielte mit seinen sozialpolitischen Anreizen („Abschiebeprämien") vor allem auf die türkischen Gastarbeiter, vgl. Sieveking, Wirtschafts- und sozialrechtliche Wechselwirkungen der Rückkehrförderung, ZAR 1984, 12.
20 Vgl. AufenthaltsG/EWG vom 22. 7. 1969 i. d. F. vom 31. 1. 1980, BGBl. I, S. 116; Verordnung über die allgemeine Freizügigkeit von Staatsangehörigen der Mitgliedstaaten der Europäischen Union i. d. F. vom 17. 7. 1997, BGBl. I, 1810. Siehe auch: Sieveking, Die Bedeutung des Gesetzes zur Neuregelung des Ausländerrechts für in der Bundesrepublik lebende EG-Bürger, in: Barwig/Huber/Lörcher/Schumacher/Sieveking (Hg.), Das neue Ausländerrecht, 1991, S. 75.
21 BGBl. 1990 I, S. 1354; dazu Barwig u.a. (Fn. 20), Das neue Ausländerrecht.
22 Zur Diskussion darüber Zuleeg, Doppelstaatsangehörigkeit – ein gangbarer Weg? Rechtliche und politische Hemmnisse – völkerrechtliche Aspekte, in: Barwig/Lörcher/Schumacher, (Hg.), Aufenthalt – Niederlassung – Einbürgerung. Stufen rechtlicher Integration, 1987, S. 255.

bindlich. Die für die früheren Vertragsarbeitnehmer der DDR geltenden Aufenthaltstitel wurden in das neue Aufenthaltsgenehmigungsrecht überführt[23].
Die Diskussion über ein zeitgemäßes Verständnis von der politischen Bedeutung der Wanderungsprozesse innerhalb der Europäischen Union, besonders innerhalb Deutschlands prägt die jüngste Phase der Ausländerpolitik und der ausländerrechtlichen Gesetzgebung in Deutschland. Bei der Diskussion über erneut notwendige Neuregelungen gab es vor allem vier zentrale Punkte, die als Angelpunkt veränderter Sichtweisen der Ausländerfrage angesehen werden können: Die Frage nach der Zulässigkeit des Kommunalwahlrechts für Ausländer[24], die Änderung des Staatsangehörigkeitsrechts (insbesondere der Erwerb der deutschen Staatsangehörigkeit und die Zulässigkeit der doppelten Staatsangehörigkeit) und die Erforderlichkeit von rechtlichen Regelungen zur Ausländerintegration sowie schließlich der wiederholte Streit darüber, ob die Bundesrepublik Deutschland ein Einwanderungsland ist.
1. Die Frage des Kommunalwahlrechts entschied das Bundesverfassungsgericht 1990[25]. Es erklärte das Wahlrecht von Drittstaatsangehörigen auf kommunaler Ebene wegen der fehlenden Zugehörigkeit der Ausländer zum deutschen Volk unter Hinweis auf Art. 20 GG und das staatsrechtliche Homogenitätsprinzip für unvereinbar mit dem Grundgesetz. Für Unionsbürger allerdings hielt das Gericht nach Maßgabe des Europarechts eine solche Möglichkeit offen. Das Kommunalwahlrecht für Unionsbürger wurde dann nach Erlass der Kommunalwahlrichtlinie der EG von 1994[26] eingeführt[27]. Die verfassungsrechtlichen Voraussetzungen zur Richtlinienumsetzung waren bereits 1992 im Zusammenhang mit der Ratifizierung des Maastrichter Vertrages über eine Europäische Union mit der Ergänzung von Art. 28 Abs. 1 Satz 3 GG geschaffen worden[28].
2. Das noch auf dem Gesetz von 1913 beruhende, durch Geltung des Abstammungsprinzips gekennzeichnete Staatsangehörigkeitsrecht wurde 1999[29] geändert: Seit

23 Beschluss der Innenministerkonferenz „Bleiberechtsregelung für Werkvertragsarbeitnehmer der ehemaligen DDR/Anordnung gemäß § 32 AuslG für Vertragsarbeitnehmer der ehemaligen DDR" vom 14. 5. 1993. Zu den Ausländerrechtsvorschriften des Einigungsvertrages und der DDR von 1990 s. in: Barwig u.a. (Fn. 20), S. 376 und 381.

24 Rittstieg, Wahlrecht für Ausländer, 1981; Zuleeg, Die Vereinbarkeit des Kommunalwahlrechts für Ausländer mit dem deutschen Verfassungsrecht, in: ders. (Hg.), Ausländerrecht und Ausländerpolitik in Europa, 1987, S. 153; ders., Juristische Streitpunkte zum Kommunalwahlrecht für Ausländer in: Sieveking,/Barwig/Lörcher/Schumacher (Hg.), Das Kommunalwahlrecht für Ausländer, 1989, S. 113 ff.

25 BVerfGE 83, 37 (Kommunalwahlrecht in Schleswig-Holstein) und BVerfGE 83, 60 (Kommunalwahlrecht zu den Bezirksversammlungen in Hamburg); im zuerst genannten Urteil befindet sich die „Öffnungsklausel" für ein mögliches Kommunalwahlrecht für Unionsbürger. Siehe auch Isensee/Schmidt-Jortzig, (Hg.), Das Ausländerwahlrecht vor dem Bundesverfassungsgericht. Dokumentation der Verfahren, 1993

26 Richtlinie 94/80/EG des Rates über die Einzelheiten der Ausübung des aktiven und passiven Wahlrechts bei den Kommunalwahlen für Unionsbürger mit Wohnsitz in einem Mitgliedstaat, dessen Staatsangehörigkeit sie nicht besitzen vom 19. 12. 1994, ABl. L 368.

27 Zu Umsetzungsproblemen Näheres bei Pieroth/Schmülling, Die Umsetzung der Richtlinie des Rates zum Kommunalwahlrecht der Unionsbürger in den deutschen Ländern, DVBl. 1998, 365; Sieveking, Europäisches Gemeinschaftsrecht und Stadtstaaten, DÖV 1993, 450.

28 Gesetz zur Änderung des Grundgesetzes vom 21. 12. 1992, BGBl. I, S. 2086.

29 Reichs- und Staatsangehörigkeitsgesetz vom 22. 7. 1913, RGBl. 583 i.d.F. des Staatsangehörigkeitsgesetzes vom 15.7.1999, BGBl. I, S. 1818.

dem 1. 1. 2000 können in Deutschland geborene Kinder ausländischer Eltern die deutsche Staatsangehörigkeit durch Geburt erwerben[30]. Diese Regelung trägt vor allem der zunehmenden Anzahl der Neugeborenen von länger ansässigen ausländischen Eltern Rechnung. Das Prinzip des „ius sanguinis" (Abstammung) wurde teilweise durch Anerkennung des Prinzips des „ius soli" (Geburtsort) ergänzt. Auch Mehrstaatigkeit kann unter bestimmten Voraussetzungen hingenommen werden[31].

3. Die Frage der Integration[32] hat je nach politischer Wertung vielfältige Auswirkungen auf das Staatsangehörigkeitsrecht und ebenso darauf, mit welchen weiteren rechtlichen Instrumenten eine Integration erreicht werden kann. Hier stehen Fragen der Sprachförderung, insbesondere der gleichberechtigten Teilhabe am Bildungssystem (Kindergarten, Schule, Berufsausbildung) im Vordergrund. Rechtliche Ansatzpunkte im Ausländerrecht sind dafür erst in jüngster Zeit deutlicher zu sehen[33].

4. Die Formulierung „Deutschland ist kein Einwanderungsland" wurde angesichts der Realitäten zunehmend als wirklichkeitsfremd empfunden. Die seit Mitte der Achtziger Jahre jährlich anwachsenden Einwanderungszahlen (Höchstzahl 1992: Zuzüge: 1,2 Mio.; Wanderungssaldo 782 000[34]) standen in krassem Gegensatz zu dieser politischen Wertung. Ein Großteil der Einwanderer setzte sich aus Aussiedlern, Juden aus der Sowjetunion und den Familienangehörigen von Eingewanderten zusammen, deren Zahl seit dem in ganz Europa Anfang der 80er Jahre eingeführten Anwerbestop infolge der möglichen Familienzusammenführungen angewachsen war (ebenso wie die Zahl der Asylbewerber).

IV. Das neue Zuwanderungsrecht

Die auf diesem Hintergrund geführte kontroverse Diskussion über eine geregelte Einwanderung brachte mit der Ankündigung von Bundeskanzler *Schröder* im Frühjahr 2000, ausländische Computer-Spezialisten mit einer Green-Card nach Deutschland zu holen, eine Wende. Es entwickelte sich eine lebhafte Diskussion über die Rolle der neuen „Green-Card" und die möglichen Folgen einer geänderten rechtlichen Steuerung des Zugangs von Ausländern auf den deutschen Arbeitsmarkt. Im Juli 2000 setzte die Bundesregierung eine Unabhängige Kommission „Zuwande-

30 Voraussetzung ist, dass ein Elternteil seit mindestens 8 Jahren seinen rechtmäßigen Wohnsitz im Bundesgebiet hat und eine Aufenthaltsberechtigung oder seit 3 Jahren eine unbefristete Aufenthaltserlaubnis besitzt. Wenn er bis zum 18. Lebensjahr erklärt, dass er die ausländische Staatsangehörigkeit behalten will, geht die deutsche Staatsangehörigkeit verloren („Option"). Sie geht auch dann verloren, wenn bis zum 23. Lebensjahr keine Erklärung abgegeben wurde.

31 Siehe dazu ausführlich die Beiträge in: Barwig/Brinkmann/Hailbronner/Huber/Kreuzer/Lörcher/Schumacher, Neue Regierung - neue Ausländerpolitik?, 1999, S. 69 ff.

32 Denninger, Integration und Identität. Bitte um etwas Nachdenklichkeit, Kritische Justiz 2001, 442.

33 Zu Konzepten und Grenzen einer Politik der Integration von Einwanderern ausführlich: Barwig/Davy, Auf dem Weg zur Rechtsgleichheit?, 2004.

34 Migrationsbericht der Beauftragten der Bundesregierung für Migration, Flüchtlinge und Integration (Migrationsbericht 3), Berlin 2003, S. 7. Zur Gesetzgebungsdiskussion siehe Hailbronner, Was kann ein Einwanderungsgesetz bewirken?, APUZ B 46/97, 39 der faktische Einwanderung anerkennt und zurückhaltend von wirksamer Steuerung der Zuwanderung durch ein Einwanderungsgesetz spricht. Der ehemalige Bundesminister des Innern Kanther hält eine gesetzliche Regelung für überflüssig, vgl. Deutschland ist kein Einwanderungsland, ZFSH/SGB 1997, 67.

rung" unter dem Vorsitz der früheren Bundestagspräsidentin Süßmuth ein, die bereits ein Jahr später ihren Bericht „Zuwanderung gestalten – Integration fördern" vorlegte. Der Bericht kam zu dem Ergebnis, dass Zuwanderung in den Arbeitsmarkt aus ökonomischen Gründen und teilweise auch wegen der drohenden Überalterung erforderlich sei[35].

In Abänderung des von Bundesinnenminister *Schily* vorgelegten Referentenentwurfs für ein neues Zuwanderungsgesetz und nach Verhandlungen zwischen den Regierungs- und Oppositionsparteien verabschiedete der Bundestag das Gesetz im März 2002 mit den Stimmen der Regierungsparteien. Der Bundesrat stimmte dem Bundestagsbeschluss in einer turbulenten Sitzung am 22. März 2002 zu[36]. Wegen der unklaren Verfahrensabläufe klagte die Opposition beim Bundesverfassungsgericht mit Erfolg: Das Gericht erklärte im Dezember 2002 das Gesetz aus Verfahrensgründen für verfassungswidrig[37]. Anfang 2003 wurde ein neues Gesetzgebungsverfahren durch die Bundesregierung mit der Vorlage des alten Entwurfs vom März 2002 in Gang gesetzt, das allerdings ab Juli 2003 im Vermittlungsausschuss von Bundestag und Bundesrat wieder ins Stocken geriet. Angesichts hoher Arbeitslosenzahlen und den Ereignissen vom 11. 9. 2003 in New York und dem 11. 3. 2004 in Madrid entstand neuer Streit zwischen den Parteien, Kirchen, Gewerkschaften und Arbeitgebervereinigungen über die Größenordnung der künftigen Aufnahme von Ausländern in den Arbeitsmarkt, über die Integrationsbedingungen und über die Behandlung von Terrorverdächtigen. Nach über mehrere Monate andauernden Verhandlungen kam es am 17. Juni 2004 zu einer überparteilichen Einigung. Der Vermittlungsausschuss beschloss am 30. Juni 2004 den erneut abgeänderten Gesetzentwurf und am 1. Juli 2004 entschied der Bundestag mehrheitlich über das „Gesetz zur Steuerung und Begrenzung der Zuwanderung und zur Regelung des Aufenthalts und der Integration von Unionsbürgern und Ausländern"[38]. Mit diesem Gesetz soll die Zuwanderung zum Zweck der Erwerbstätigkeit erleichtert werden, der Zuzug von Ausländern besser gesteuert und begrenzt werden und schließlich sollen Ausländer mit Daueraufenthalt stärker integriert werden. Zusätzlich soll das Ausländerrecht und das Aufenthaltsrecht von Unionsbürgern vereinfacht werden.

35 Unabhängige Kommission „Zuwanderung" („Süssmuth-Kommission") (2001): Zuwanderung gestalten, Integration fördern. Berlin, Bericht vom 4. Juli 2001; Heilemann/von Löffelholz/Sieveking, Arbeitsmarktgesteuerte Zuwanderung – Szenarien der Zuwanderung sowie rechtliche und institutionelle Aspekte ihrer Steuerung, Schriftenreihe des Rheinisch-Westfälischen Instituts für Wirtschaftsforschung 68. Berlin 2002. Siehe auch Migrationsreporte 2000, 2002 und 2004, jeweils unter dem Titel Fakten – Analysen – Perspektiven -, Für den Rat für Migration hg. von Bade/Münz.

36 Gesetz zur Steuerung und Begrenzung der Zuwanderung und zur Regelung des Aufenthalts und der Integration von Unionsbürgern und Ausländern (Zuwanderungsgesetz) vom 20. 6. 2002, BGBl I S. 1946. Dazu Davy, Das neue Zuwanderungsrecht: Vom Ausländergesetz zum Aufenthaltsgesetz, ZAR 2002, 171.

37 BVerfGE 106, 310.

38 Gesetz zur Steuerung und Begrenzung der Zuwanderung und zur Regelung des Aufenthalts und der Integration von Unionsbürgern und Ausländern (Zuwanderungsgesetz) vom 30. 7. 2004, BGBl. I S. 1951. Darin u.a. Artikel 1: Gesetz über den Aufenthalt, die Erwerbstätigkeit und die Integration von Ausländern im Bundesgebiet (Aufenthaltsgesetz – AufenthG) und Artikel 2: Gesetz über die allgemeine Freizügigkeit von Unionsbürgern (Freizügigkeitsgesetz/EU – FreizügG/EU).

C. Die Europäisierung des Ausländerrechts

Betrachtet man die hier skizzenhaft nachgezeichnete Ausländerrechtsentwicklung, so fällt schon terminologisch ein Wandel des Ausländerrechts zum Aufenthaltsrecht auf. Gleichzeitig wurde aus dem Aufenthaltsgesetz für Unionsbürger jetzt ein Freizügigkeitsgesetz. Für Ausländer aus Gebieten außerhalb der EU gibt es Aufenthaltsrechte als Drittstaater: Sie erhalten nationalen Zugang zu einem Mitgliedstaat der EU ins Gebiet der EU. Die Unionsbürger können sich freizügig innerhalb des EU-Raumes bewegen. Eine neue Schnittstelle bedeutet die Rechtsposition von langfristig zum Aufenthalt berechtigten Drittstaatsangehörigen. Welche Bedeutung mit dieser Entwicklung verbunden sein wird, kann man wohl nur mit dem Begriff der Integration in den EU-Raum beschreiben: Daueraufenthalt von Ausländern aus Drittstaaten in den Mitgliedstaaten führt allmählich zur Freizügigkeit innerhalb der EU. Ganz allmählich wachsen ihnen Rechtspositionen gleichberechtigt mit den Unionsbürgern zu[39].

I. Veränderungen der Außenbeziehungen der EU, vor allem gegenüber der Türkei

Das Verhältnis der EG insbesondere zu den Anrainerstaaten des Mittelmeers ist durch ein abgestuftes System von Assoziationsbeziehungen gekennzeichnet. Beitritts-Assoziations-, Kooperations- (neuerdings Europa-Mittelmeer-Assoziations-) und Europaabkommen sind die geläufigen Vertragsformen, die die EWG/EG mit Staaten, die ehemals Anwerbestaaten von einzelnen Mitgliedstaaten oder Staaten Ostmitteleuropas nach dem Fall des Eisernen Vorhangs waren und jetzt zum größten Teil Mitglieder der EU geworden sind (Erweiterungsstaaten), abgeschlossen hat. Mit der Schweiz wurde 2000 ein Freizügigkeitsabkommen vereinbart, in dem Übergangsfristen für die Freizügigkeit von Arbeitnehmern – ähnlich den Übergangsfristen im Rahmen der Beitrittsakte für Arbeitnehmer aus den Beitrittsstaaten – festgelegt wurden. Je nach Abkommenstyp existieren unterschiedlich integrierende Rechtspositionen der Drittstaatsangehörigen aus diesen Staaten[40].

39 Vgl. nur: Zuleeg, Die Bedeutung des europäischen Gemeinschaftsrechts für das Ausländerrecht, NJW 1987, 2193

40 Assoziationsabkommen bzw. Europa-Mittelmeer-Abkommen mit der Türkei, Algerien, Marokko, Tunesien und weiteren Staaten des Mittelmeerraumes, Europaabkommen mit den heutigen Erweiterungsstaaten und z.B. Bulgarien, Kroatien, Rumänien. Zum Ganzen: Sieveking, Drittstaatsangehörige in der Europäischen Union – die „neuen" Gastarbeiter, in: Recht und soziale Arbeitswelt, FS Wolfgang Däubler, 1999, S. 805; siehe im Übrigen Beitrittsakte v. 16. 4. 2003, ABl. L 236, Anhänge; dazu: Sieveking, Personenverkehrs- und Dienstleistungsfreiheiten im Rahmen des Europaabkommens EG-Polen im Lichte des Beitritts zur EU, ZAR 2003, 342; Fehrenbacher, Die Freizügigkeitsregelungen Rahmen der EU-Erweiterung und ihre ausländerrechtlichen Folgen, ZAR 2004, 22, und das Abkommen zwischen der Europäischen Gemeinschaft und ihren Mitgliedstaaten einerseits und der Schweizerischen Eidgenossenschaft andererseits über die Freizügigkeit vom 21. 6. 1999, BGBl. II 2001, S. 810. Zu den Folgen der Europaabkommen für ausländerrechtliche Kompetenzen der Mitgliedstaaten siehe die Urteile des EuGH vom 27.9. und 20.11.2001: EuGH Slg. 2001 I, 6369, Rs. 63/99 – *Gloczszuk*; EuGH, Slg. 2001 I, 6427, Rs. 235/99 – *Kondova*; EuGH Slg. 2001 I, 6557, Rs. 257/99 – *Barkoci und Malik*; EuGH Slg. 2001 I, 8615, Rs. 268/99 – *Jany*.

Seit dem Assoziationsabkommen EWG-Türkei 1963 und den dazugehörigen Assoziationsratbeschlüssen des Jahres 1980 kann man von einer weiteren Überlagerung des bundesdeutschen Ausländerrechts durch Europäisches Gemeinschaftsrecht sprechen. Die Entwicklung wurde durch eine Reihe von Entscheidungen des EuGH beschleunigt, in denen zunächst das Assoziationsrecht als Bestandteil der Gemeinschaftsrechtsordnung anerkannt und damit die Jurisdiktion des Gerichtshofs für Rechtsstreitigkeiten von Türken bei der innerstaatlichen Anwendung des Assoziationsrechts bestätigt wurde. Die Rechtsstellung von Türken ist vom EuGH immer weiter konkretisiert worden[41]. Instrument dieser Rechtskonkretisierung ist das immer stärker hervortretende Gleichbehandlungsprinzip in der Rechtsprechung des EuGH im Rahmen des Arbeits- und Aufenthaltsrechts bis hin zum Recht der sozialen Sicherheit[42]. Die Türken in Deutschland sind nicht nur gemeinschaftsrechtlich geschützt und privilegiert; ihr sozialer Rechtsstatus wird ergänzend auch durch das bilaterale Sozialversicherungsabkommen geprägt. Dies hat innerstaatlich eine weitgehende Gleichstellung mit den Deutschen, insbesondere auch im Sozialrecht[43] zur Folge gehabt. Unerfüllt geblieben ist bislang der gleichberechtigte politische Bürgerstatus durch die fehlende Anerkennung des Rechtes auf politische Mitwirkung auf kommunaler, Länder- und Bundesebene.

II. Das Schengensystem

Einen starken Europäisierungsschub erhielt das Ausländerrecht durch die intergouvernementalen Beschlüsse im Rahmen des sog. „Schengensystems" zur Öffnung der Grenzen innerhalb der den Schengenvereinbarungen beigetretenen Staaten der EU[44]. Diese Entwicklung, die ihren Ausgang in dem deutsch-französischen Abkommen über den schrittweisen Abbau der Kontrollen an der deutsch-französischen Grenze von 1984 hat und mit dem gleichnamigen Schengener Übereinkommen zwischen den Regierungen der Staaten der Benlux-Wirtschaftsunion, Deutschland und Frankreich von 1985 bis hin zum Schengener Durchführungsabkommen von 1990[45] fortging, wurde begleitet von einer immer stärkeren Sicherung der Außengrenzen der EU im Rahmen des sogenannten Dubliner Abkommens. Die früher durch gouvernementale Abstimmungen der Mitgliedsländer vorgenommene Vereinheitlichung der Visaerteilung fand ihre gemeinschaftsrechtliche Fortsetzung durch die Übernahme des Schengensystems

41 Siehe Gutmann, Die Assoziationsfreizügigkeit türkischer Staatsangehöriger, 2. Aufl. 1999.

42 Zuleeg, Die Rechtsprechung des Europäischen Gerichtshofs zur Stellung der Staatsangehörigen von Drittstaaten in der Europäischen Gemeinschaft, in: FS für Fritz Franz und Gert Müller, 1994, S. 448; ders., Ausweisung von Türken und Assoziationsvertrag EG-Türkei, in Barwig/Brinkmann/Huber/Lörcher/Schumacher, Ausweisung im demokratischen Rechtsstaat, 1996, S. 193.

43 Vgl. Sieveking, Freizügigkeit und soziale Sicherung – Elemente eines europäischen Bürgerrechts, in: Liber amicorum Norbert Reich, 1997, 483; Hänlein, Sozialrechtliche Probleme türkischer Staatsangehöriger in Deutschland, 2000; siehe auch Zuleeg, Das Urteil Taflan-Met des Europäischen Gerichtshofs, ZAR 1997, 170.

44 Vgl. Taschner, Schengen, 1997.

45 Übereinkommen zur Durchführung des Übereinkommens von Schengen vom 14. Juni 1995 zwischen den Regierungen der Staaten der Benelux-Wirtschaftsunion, der Bundesrepublik Deutschland und der Französischen Republik betreffend den schrittweisen Abbau der Kontrollen an den gemeinsamen Grenzen, ABl. 2000 L 239/19.

in den Amsterdamer Vertrag von 1997 und die Verabschiedung der Verordnung von 2001 zur Aufstellung der Liste der Drittländer, deren Staatsangehörige beim Überschreiten der Außengrenzen im Besitz eines Visums sein müssen, sowie der Liste der Drittländer, deren Staatsangehörige von dieser Visumspflicht befreit sind[46].

III. Maastricht und neue Einwanderungskompetenzen der EG

Seit dem Vertrag von Maastricht 1992 hat die Gemeinschaft erstmals eine eigenständige Kompetenz zur Regelung von Einwanderungsfragen bekommen (Art. 61 ff. EGV). Die früheren Abstimmungsverfahren zwischen den Mitgliedstaaten wurden nun ersetzt durch Einräumung der Möglichkeit, gemeinschaftseigene Regelungen über Wanderungsfragen zu erlassen. Der Europäische Rat hat in Tampere Mitte Oktober 1999 erstmals die Entwicklung eines Systems der Wanderungspolitik für die EG gefordert[47]. Entsprechende Bekundungen sind in verschiedenen Mitteilungen der Europäischen Kommission von Ende 2000 erfolgt[48]. Seitdem sind auch zahlreiche Vorschläge für Richtlinien vorgelegt worden, die im Rat kontrovers behandelt wurden und nach Stellungnahmen des Europäischen Parlaments nach und nach verabschiedet wurden[49]. Die markanteste Richtlinie betrifft das Recht auf Familienzusammenführung vom 22. September 2003[50]. Des weiteren ist die Richtlinie vom 25. November 2003 betreffend die Rechtsstellung der langfristig aufenthaltsberechtigten Drittstaatsangehörigen zu nennen[51]. Eine umfassende Neuregelung der Freizügigkeit aller Unionsbürger hat schließlich die Richtlinie vom 29. April 2004 über das Recht der Unionsbürger und ihrer Familienangehörigen, sich im Hoheitsgebiet der Mitgliedstaaten frei zu bewegen und aufzuhalten, gebracht, mit der die Freizügigkeitsregelungen, insbesondere die Richtlinien von 1990 (Richtlinie für aus dem Erwerbsleben Ausgeschiedene und Allgemeine Freizügigkeitsrichtlinie) und von 1993 (betreffend Studenten) abgelöst wurden[52].

46 Verordnung (EG) Nr. 539/2001 (sog. Visaverordnung), ABl. L 81.

47 Schlussfolgerungen des Vorsitzes. Europäischer Rat (Tampere) v. 15./16. 10.1999, abgedr. ZAR 1999, 284.

48 Mitteilungen der Kommission über eine Migrationspolitik der Gemeinschaft, KOM(2000)757 endg.); Mitteilungen der Kommission über einen Offenen Koordinierungsmechanismus für die Migrationspolitik der Gemeinschaft, KOM(2001) 387 endg.; Mitteilung der Kommission – Einbeziehung von Migrationsbelangen in die Beziehungen der Europäischen Union zu Drittländern, KOM (2002) 703 endg.

49 Sieveking, Europäische Einwanderungs- und Flüchtlingspolitik: neue Perspektiven nach Amsterdam, ZSR 2001, 3. Siehe auch Mitteilung der Kommission: Anzeiger der Fortschritte bei der Schaffung eines Raumes der Freiheit, der Sicherheit und des Rechts in der Europäischen Union, KOM (2003) 812 endg. und „Erster Jahresbericht über Migration und Integration", KOM (2004) 508 endgültig.

50 Richtlinie 2003/86/EG des Rates betreffend das Recht auf Familienzusammenführung vom 22. 9. 2003, ABl. L 251/12.

51 Richtlinie 2003/109/EG des Rates betreffend die Rechtsstellung der langfristig aufenthaltsberechtigten Drittstaatsangehörigen v. 25. 11. 2003, ABl. 2004 L 16/44.

52 Richtlinie 2004/38/EG des Europäischen Parlaments und des Rates über das Recht der Unionsbürger und ihrer Familienangehörigen, sich im Hoheitsgebiet der Mitgliedstaaten frei zu bewegen und aufzuhalten v. 29. April 2004, zur Änderung der Verordnung (EWG) Nr. 1612/68 und zur Aufhebung der Richtlinien 64/221/EWG, 68/360/EWG, 72/194/EWG, 73/148/EWG, 75/34/EWG, 75/35/EWG, 90/364/EWG, 90/365/EWG und 93/96/EWG, ABl. 2004 L 158/77, berichtigt ABl. L 229/35.

Diese Tendenz der Europäisierung des Ausländerrechts wird durch die jüngste gemeinschaftsrechtliche Entwicklung mit der Einräumung von Freizügigkeitsangeboten für Daueraufenthaltsberechtigte (nach fünf Jahren rechtmäßigem Aufenthalt) unterstrichen. Der Ausdehnung von Freiheitsrechten (Freizügigkeit) und dabei möglicher Erhaltung von sozialen Rechtsansprüchen (Einbeziehung von Drittstaatsangehörigen in die Koordinierung von sozialen Rechtsansprüchen[53]) folgt allerdings immer noch keine Anerkennung von politischen Rechten. Die bislang fehlende Gleichstellung auch in Bezug auf politische Rechte steht im Gegensatz zu der von der Gemeinschaft angestrebten Integration der länger in der Gemeinschaft sich aufhaltenden Ausländer/Drittstaatsangehörigen.

D. Wer sind Ausländer?

Ausländer ist jede Person mit einer fremden Staatsangehörigkeit, die nicht Deutscher ist. Diejenigen, die neben der deutschen Staatsangehörigkeit noch eine weitere (sog. Doppelstaater) oder mehrere Staatsangehörigkeiten haben, werden nach dem Ausländerrecht nicht als Ausländer behandelt. Das bundesdeutsche Ausländerrecht spricht davon, dass jeder Ausländer ist, der *nicht Deutscher* im Sinne von Art. 116 Abs. 1 GG ist (so auch der neue § 2 Abs. 1 AufenthG). Diese *negative* Bestimmung des Begriffs Ausländer verweist zunächst auf die grundgesetzliche Definition des Deutschen. Dieses unterscheidet wiederum zwei Kategorien von Deutschen. Das sind zum einen diejenigen, die die deutsche Staatsangehörigkeit besitzen, zum anderen die sog. Statusdeutschen ohne deutsche Staatsangehörigkeit, die einen Rechtsanspruch auf Einbürgerung haben.

Unter *Statusdeutschen* – früher Heimatvertriebene, dann Aussiedler und heute Spätaussiedler genannt – versteht man die Personen, die als Flüchtling oder Vertriebener deutscher Volkszugehörigkeit oder als dessen Ehegatte oder Abkömmling im Gebiet des Deutschen Reiches nach dem Stande vom 31. 12. 1937 regulär Aufnahme gefunden haben[54]. Spätaussiedler müssen in einem Verfahren an ihrem Wohnort beweisen, dass sie deutscher Abstammung sind, kulturell deutsch sozialisiert wurden und sich in den Herkunftsgebieten zum deutschen Volkstum bekannt haben. Ob dies tatsächlich zutrifft, ist gegebenenfalls nach Merkmalen wie Abstammung, Sprache, Erziehung oder Kultur nachzuweisen. Nach erfolgreichem Abschluss des Verfahrens erhalten sie (ebenso ihre Ehegatten und Kinder) einen Aufnahmebescheid. Dieser berechtigt mit dem gleichzeitig erteilten Visum zur Einreise nach Deutschland. Infolge dieser rechtlichen Qualifikation konnten nach dem Zweiten Weltkrieg zahllose deutsche Flüchtlinge, Vertriebene und Aussiedler u.a. aus der SBZ/DDR, Polen, Rumänien und der Sowjetunion in das Bundesgebiet ziehen, ohne dabei ein Asylverfahren in Anspruch nehmen zu müssen. Das Merkmal deutscher Volkszu-

53 Verordnung (EG) Nr. 859/2003 des Rates zur Ausdehnung der Bestimmungen der Verordnung (EWG) Nr. 1408/71 und der Verordnung (EWG) Nr. 574/72 auf Drittstaatsangehörige, die ausschließlich aufgrund ihrer Staatsangehörigkeit nicht bereits unter diese Bestimmungen fallen v. 14. 5. 2003, ABl. L 124/1.

54 Vgl. Art. 116 Abs. 1 GG.

gehörigkeit wird danach bestimmt, wer sich in seiner Heimat zum deutschen Volkstum bekannt hat. Im Zuwanderungsgesetz von 2004 ist festgelegt, dass auch Familienangehörige deutsche Sprachkenntnisse nachweisen müssen. Mit dem Gesetz zur Reform des Staatsangehörigkeitsrechts von 1999 (§ 40a StAG) wurden alle, die am 1. 8. 1999 den Status des Statusdeutschen innehatten (z.B. Vertriebene und Spätaussiedler) eingebürgert, während sie vorher noch einen Antrag auf Einbürgerung stellen mussten. Seitdem erwerben Spätaussiedler die deutsche Staatsangehörigkeit mit der Aushändigung der Spätaussiedlerbescheinigung (§ 7 StAG). Die praktische Bedeutung der Figur des sog. Statusdeutschen ist seitdem nur noch gering.

Versucht man, den Begriff des Ausländers *positiv* zu bestimmen, dann müssten unterschiedliche Gruppen genannt werden, deren jeweiliger Status durch spezielle ausländerrechtliche Sondervorschriften ausgestaltet ist. Zu diesen „nichtdeutschen Personen" gehören zunächst die *Unionsbürger* (Personen, die die Staatsangehörigkeit eines Mitgliedstaates der EU haben) und deren Familienangehörige sowie *EWR-Staater.* Dieser Begriff umfasst neben den Unionsbürgern auch Staatsangehörige aus Island, Liechtenstein und Norwegen. Beide Gruppen sind nach dem Freizügigkeitsrecht der EU gegenüber anderen Ausländern aufenthalts- und arbeitsrechtlich privilegiert. Eine demgegenüber abgestufte Privilegierung genießen Staatsangehörige aus Ländern, die mit der EU Assoziierungsabkommen abgeschlossen haben – *Ausländer mit Assoziationsstatus.*

Weiterhin sind bei der positiven Umschreibung des Begriffs Ausländer die *Asylbewerber* und andere Gruppen von Flüchtlingen zu nennen, also Ausländer, die Schutz vor politischer Verfolgung suchen. Diese Gruppe bleibt bei den vorliegenden Überlegungen außer Betracht. Schließlich sind *Ausländer mit Sonderstatus* zu erwähnen. Dazu zählen Personen ausländischer diplomatischer und konsularischer Vertretungen, über die die Bundesrepublik Deutschland keine Gebietshoheit hat. Angehörige der NATO-Truppen genießen ebenfalls einen Sonderstatus. Ausländer mit ungeklärter Staatsangehörigkeit werden bis zur endgültigen Klärung dieser Frage als Ausländer behandelt. Bei Findelkindern wird bis zum Beweis des Gegenteils die deutsche Staatsangehörigkeit angenommen. Als *heimatlose Ausländer* werden diejenigen Personen bezeichnet, die während der Zeit der nationalsozialistischen Herrschaft aus den osteuropäischen Staaten zur Zwangsarbeit nach Deutschland verschleppt wurden, nach dem Kriege unter dem Schutz der Vereinten Nationen standen und dann nach dem Heimatloseausländergesetz einen Sonderstatus erhielten. Schließlich sind *Staatenlose* zu nennen.

Unter den zahlreichen positiv als Ausländer zu nennenden Personen sind je nach Heimatstaat diejenigen zu unterscheiden, die aus Staaten kommen, die bereits Mitgliedsstaaten der EU sind (Erweiterungsstaaten), oder Schweizer sind und die Übergangsfristen bis zur vollständigen Freizügigkeit zu beachten haben, oder die aus Staaten kommen, mit denen die EG andere Assoziationsabkommen geschlossen hat. Die engste Verknüpfung mit dem Unionsbürgerstatus haben türkische Staatsangehörige, denen weitgehend Gleichbehandlung gewährt wird. Weniger privilegiert sind Bürger aus Staaten mit Kooperationsabkommen bzw. den erneuerten Europa-Mittelmeerabkommen, für die in den Abkommen eine Nichtdiskriminierungsklausel im Aufenthaltsstaat existiert. Personen aus Staaten, mit denen Europaabkommen existieren, erhalten bevorzugten Arbeitsmarktzugang im Rahmen mitgliedstaatlicher Entscheidungen. Schließlich kann man noch nach Staatsangehörigen von Staaten unterscheiden, die – aus historisch-politischen Gründen – einen bevorzugten Zugang zum bundesdeutschen Arbeitsmarkt erhalten (z.B. Israel, USA, Kanada).

E. Ausländer und Statusdifferenzierung

Betrachtet man die zahlreichen Ausländergruppen, die je nach Generationenzugehörigkeit und ihrer Integration in die bundesrepublikanische Gesellschaft ganz verschiedene Formen des sozialen Status innehaben, so ist hinsichtlich ihres rechtlichen Status festzustellen, dass sie im großen und ganzen zwei unterschiedlichen Rechtsregimen unterfallen, die vom Völkerrecht, insbesondere der Europäischen Menschenrechtskonvention überlagert werden: Sind sie Angehörige von Mitgliedstaaten der EU (Unionsbürger) oder Bürger mit Assoziationsstatus, gilt für sie das Europäische Gemeinschaftsrecht, das für Unionsbürger in Deutschland durch das Gesetz über die allgemeine Freizügigkeit von Unionsbürgern (Freizügigkeitsgesetz/EU) umgesetzt wurde, und sie genießen das Recht auf Gleichbehandlung. Sind sie Angehörige sonstiger Staaten (Drittstaaten), wird das bundesdeutsche Ausländerrecht angewendet. Letzteres ist eine Art Sonderrecht für fremde Staatsangehörige, das in Verbindung mit etwaigen bilateralen Abkommen zwischen der Bundesrepublik Deutschland und anderen Drittstaaten anzuwenden ist. Allerdings unterfallen auch die Unionsbürger dem Ausländerrecht, soweit ihre Rechtsstellung nicht durch das Europäische Gemeinschaftsrecht überformt ist.

Für Angehörige aus Staaten, mit denen die Europäische Gemeinschaft Assoziationsabkommen abgeschlossen hat, ergeben sich die oben (unter D am Ende) erwähnten Sonderrechtsstellungen. In diesen Fällen gilt primär das Recht der Assoziationsverträge (z.B. für Türken das Assoziationsabkommen EWG-Türkei). Besonderheiten gab es in der Vergangenheit vor allem auch deshalb, weil ehemalige Anwerbestaaten in der Zwischenzeit Mitgliedstaaten der EG wurden, und weil für Angehörige dieser Staaten Sonderregelungen anzuwenden waren, die sich aus dem jeweiligen Recht der Beitrittsvereinbarungen dieser Staaten mit der EG ergaben (so die unterschiedlichen Übergangsregelungen von z. B. Griechenland, später Portugal und Spanien und jüngst der Erweiterungsstaaten). Ihr Sonderstatus (Gastarbeiterstatus oder Assoziationsstatus) hat sich in den Rechtsstatus von Unionsbürgern mit Anspruch auf Gleichbehandlung transformiert.

Aufgrund dieser Überlagerung bzw. Vermischung von unterschiedlichen internationalen, gemeinschaftlichen und nationalen Rechtsnormen erklärt sich die komplizierte Rechtslage bei der Beurteilung von Rechten der Ausländer. Sie ist nur verständlich vor dem Hintergrund der Vielfalt von rechtlichen Statuszuweisungen gegenüber den Ausländern. Der Anwendungsbereich sonstiger Rechtsvorschriften auf Ausländer hängt von ihrem Aufenthaltsstatus ab. Hier spielt die internationalrechtliche Einbindung des nationalen Rechts eine zunehmend maßgebliche Rolle, z. B. Übereinkommen der ILO, die Europäische Menschenrechtskonvention und anderes Völkerrecht, etwa das Verbot von Rassendiskriminierung. Dementsprechend enthält das gegenwärtige Ausländerrecht (wie seine Vorgänger) sowohl in Bezug auf den Gebietszugang als auch hinsichtlich des Zugangs zum Arbeitsmarkt staatsangehörigkeitsbezogene und qualifikationsbezogene Privilegierungen (einschließlich völkervertraglich festgelegter Wohlwollensklauseln für eine bevorzugte Behandlung bestimmter Ausländergruppen: z. B. USA, Australien, Israel). Schließlich enthalten das Grundgesetz und zahlreiche (einfache) Gesetze Regelungen, die den jeweiligen Status von Ausländern demjenigen der Inländer annähern, gleichstellen oder ihn diskriminieren. Bezieht man die zahlreichen der Durchführung des Ausländerrechts dienenden Rechtsverordnungen und die für die behördliche Anwendungspraxis üblichen erläuternden bzw. interpretierenden Verwaltungsvorschriften sowie die Rechtsprechung des EuGH[55], des EGMR, des Bundesverfassungsgerichts und der Fachgerichtsbarkeiten (z. B. Verwaltungsgerichte, Arbeitsgerichte) mit ihren jeweiligen Instanzen ein, lässt sich nachvollziehen, wie der rechtliche Status von Ausländern teilweise genau und umfassend, gelegentlich unklar geregelt, teilweise aber auch schwer überschaubar ist. Von der Staatsangehörigkeit einerseits und den gemeinschaftsrechtlichen Abkommensregelungen, die in Deutschland unmittelbar gelten, andererseits betrachtet, ergibt sich folgende Stufung:

Stufen im Rechtsstatus von Ausländern – hinsichtlich der Gleichstellung mit Deutschen von oben nach unten abnehmend
Unionsbürger und Staatsangehörige der EWR-Staaten (Norweger, Isländer, Liechtensteiner)
Unionsbürger aus Beitrittstaaten (2003)
Staatsangehörige der Schweiz (nach Freizügigkeitsabkommen 2001)
Staatsangehörige der Türkei (Assoziationsabkommen von 1963)
Staatsangehörige der Staaten, die mit der EG Kooperationsabkommen abgeschlossen haben (z. B. Algerier, Marokkaner, Tunesier)
Staatsangehörige der Staaten, die mit der EG Europaabkommen abgeschlossen haben (z. B. Bulgarien, Kroatien, Rumänien)
Staatsangehörige der sonstigen Drittstaaten

© Übersicht: Klaus Sieveking

55 Zuleeg, Die Rolle der rechtsprechenden Gewalt in der europäischen Integration, JZ 1994, 1.

Aus gemeinschaftsrechtlicher Sicht ist die Statusstufung der Drittstaatsangehörigen noch differenzierter:

Rechtsstellung von Drittstaatsangehörigen in der EU

Persönlicher Status	*Rechtsstatus nach EU-Recht*	*Aufenthalts- und arbeitserlaubnisrechtlicher Status. Sozialrechtsposition in der Interpretation des EuGH*	*Konflikte*
Arbeitnehmer und Selbständige mit 5 Jahren rechtmäßigem Aufenthalt	Daueraufenthaltsstatus: Teilweise geschützt	Nur langjährig (5 Jahre) aufenthaltsberechtigte Drittstaatsangehörige Arbeitnehmer und Selbständige	Nachweis der notwendigen Bedingungen zur Anerkennung des Status als Daueraufenthalter
Familienangehörige von EU-Arbeitnehmern und Selbständigen	Familienstatus: weitgehend geschützt	Vom Familienstatus abgeleitete Rechte für Ehegatten und Kinder von Unionsbürgern, die von ihren Freizügigkeitsrecht Gebrauch machen	Export von Familienleistungen
Entsandte Arbeitnehmer aus Drittstaaten	Entsendestatus: teilweise geschützt	Vom Beschäftigtenstatus bei einem EU-Unternehmen abgeleiteter Rechtsstatus von Arbeitnehmern im Rahmen grenzüberschreitender Dienstleistungen	– Werkvertragsarbeitnehmer in doppelter Abhängigkeit: Zugangsrecht und Beschäftigungen eines EU-Staates sowie den fortexistierenden; Arbeitsbeziehungen nach Heimatstaatsrecht; – Übergang in illegale Beschäftigung
Programm-AN wie Saison-AN, Gast-AN, Krankenpfleger, Studenten	Programm-AN-Status: teilweise geschützt	Status nach nationalem oder bilateral vereinbartem Recht	Übergang in illegale Beschäftigung

Staatsanghörige aus Assoziationsabkommensstaaten	Assoziationsrechtsstatus je nach Assoziationsrecht geschützt	Gestufte arbeits- und aufenthaltsrechtliche sowie sozialrechtliche Positionen, keine EU-Freizügigkeit, aber abgestufte Aussicht darauf.	Garantie gleicher Arbeits- und Sozialrechtsschutzbedingungen
		1. EWR-Abkommen (EWG/EFTA)	– Gleichbehandlung
		2. Assoziationsabkommen EWG/Türkei: Arbeits- und Aufenthaltsrechte, soziale Rechte	– Nichtdiskriminierung
		3. Kooperationsabkommen EGW/ EU mit Maghreb Staaten (Europa-Mittelmeer-Assoziationsabkommen): z.B. Marokko	– Nichtdiskriminierung
		4. Europaabkommen (z.B. Bulgarien)	– Nichtdiskriminierung
		5. EG-Schweiz: Freizügigkeitsabkommen	– Ende der Übergangszeit

© Übersicht: Klaus Sieveking

Unter dem Gesichtspunkt, der Inklusion beziehungsweise der Exklusion (*Luhmann*[56]) lassen sich Drittstaatsangehörige und Unionsbürger wie folgt charakterisieren:

Der Rechtsstatus von Drittstaatsangehörigen und Unionsbürgern in der Bundesrepublik Deutschland: *Inklusions- und Exklusionstendenzen*

Rechtsstatus	*Eher Inklusion*	*Eher Exklusion*
Aufenthalt und Freizügigkeit	• Unionsbürger und Bürger aus EWR-Staaten, USA, Kanada, Israel (Grenze Sozialhilfebedürftigkeit) • Drittstaatsangehörige mit Daueraufenthaltsrecht	• Sonstige Drittstaatsangehörige
Soziale Sicherung	• Unionsbürger • Drittstaatsangehörige mit Daueraufenthalt • Staatsangehörige aus Assoziationsstaaten oder Staaten von bilateralen völkerrechtlichen Verträgen sind privilegiert	• Sonstige Drittstaatsangehörige
Bildung	• Unionsbürger und Drittstaatsangehörige im Aufenthaltsstaat geboren	• Sonstige Drittstaatenangehörige
Politische Teilhabe	• Unionsbürger auf kommunaler Ebene	• Unionsbürger auf Länder- und Bundesebene • Drittstaatsangehörige

© Übersicht: Klaus Sieveking

F. Instrumente der Ausländerintegration – nationale und EU-Ebene

I. Grundrechtliche Stellung der Ausländer

Auf verfassungsrechtlicher Ebene bestehen Unterschiede in der Bewertung des Status von Ausländern gegenüber Deutschen. Das Grundgesetz, unterscheidet einerseits nach sog. Jedermann-Grundrechten und andererseits nach Deutschen-Grundrechten. Anfang der Siebziger Jahre befasste sich die Vereinigung der deutschen Staatsrechtslehrer mit dem Thema der Rechtsstellung von Ausländern. Aus gegebenem Anlass plädierte *Zuleeg* für eine auch grundrechtlich geschützte Rechtsstellung

56 Luhmann, Politische Theorie im Wohlfahrtsstaat, München 1981, S. 25 ff

von Ausländern[57]. In einer Einwanderungsgesellschaft mit langandauernd hier lebenden und zahlreichen als Ausländer in Deutschland geborenen Bürgerinnen und Bürgern bedarf es einer verfassungskonformen Auslegung der Grundrechte. Diese wird nicht nur durch tatsächliche Entwicklungen (dauerhafter Verbleib eingewanderter Ausländer), sondern auch durch internationale Rechtsentwicklungen (völkerrechtliches Fremdenrecht, Menschenrechtsnormen) bewirkt[58].

Es gibt inzwischen eine bedeutsame Rechtsprechung des Bundesverfassungsgerichts zum Grundrechtsschutz von Ausländern. Darin vertritt das Gericht die These, dass sich die Rechtsstellung des Ausländers zunehmend verfestigt, je länger er im Land weilt (sog. Inder-Entscheidung von 1978[59]). Schon 1973 hatte das Gericht den Rechtsschutz auch für Ausländer betont und Art. 2 Abs.1 GG im Anwendungsbereich der Grundrechte für Deutsche auch auf Ausländer erstreckt (sog. Palästinenser-Entscheidung von 1973[60]). In einem neueren Urteil zu Fragen der Zulässigkeit von Familiennachzugsregelungen der Länder ist die Einbeziehung von Ausländern in den Anwendungsbereich der verfassungsrechtlichen Gewährleistung des Art. 6 GG und damit die Anerkennung eines Grundrechtsstatus bestätigt worden[61]. Danach ist eine weite, bereichsspezifisch orientierte Anwendung aller Grundrechte gegenüber Ausländern gewährleistet[62]. Ausländer können sich insbesondere auf das „Auffanggrundrecht" des Art. 2 Abs. 1 GG in den Freiheitsbereichen berufen, in denen die Spezialgrundrechte (z. B. die Freizügigkeit, Art. 11 GG[63], oder die Berufsfreiheit, Art. 12 GG) nur Deutschen vorbehalten sind. Diese Rechtsprechung hat zur Folge, dass Ausländer mit zunehmender Dauer ihres rechtmäßigen Aufenthalts, also der Verfestigung ihres aufenthaltsrechtlichen Status, eine materiale Grundrechtsstellung erhalten, die sich derjenigen der Deutschen annähert. Zum anderen müssen gesetzliche Regelungen, die in den grundrechtlich geschützten Bereich von Ausländern eingreifen, dies im Gesetz erwähnen.

Die Verfestigungsstufen nach dem Ausländergesetz von 1990 erfolgten zunächst mit der auf ein Jahr oder später auf zwei Jahre befristeten Aufenthaltserlaubnis mit der Möglichkeit mehrmaliger Verlängerung, dann nach mindestens fünf Jahren der unbefristeten Aufenthaltserlaubnis und nach mindestens acht Jahren der Aufenthaltsberechtigung. Vor diesem Hintergrund wird man bei Ausländern mit mehr als achtjährigem rechtmäßigen Aufenthalt eine Gleichstellung mit Deutschen anerkennen müssen. Selbst wenn man darin keine materielle Grundrechtsposition sehen will, bleibt festzuhalten, dass der Grundrechtsschutz von Ausländern zu einem die Ge-

57 Zuleeg, Zur staatsrechtlichen Stellung der Ausländer in der Bundesrepublik Deutschland. Menschen 2. Klasse?, DÖV 1973, 361; ders., Grundrechte für Ausländer: Bewährungsprobe des Verfassungsrechts, DVBl. 1974, 341.

58 So auch Schwerdtfeger, Welche rechtlichen Vorkehrungen empfehlen sich, um die Rechtsstellung von Ausländern in der Bundesrepublik Deutschland angemessen zu gestalten? (Teilgutachten Ausländerintegration) Gutachten A zum 53. DJT., 1980.

59 BVerfGE 49, 168.

60 BVerfGE 35, 382.

61 BVerfGE 76, 1

62 Zur Diskussion siehe Stern, Das Staatsrecht der Bundesrepublik Deutschland, Band III/1, 1988, S. 1033 ff.; Pieroth/Schlink,, Grundrechte Staatsrecht II, 2001, S. 29 ff.

63 Zuleeg, Freizügigkeit für Ausländer?, RdA 1975, 221.

setzgebung und die Verwaltung bindenden Rechtsprinzip ausgebaut worden ist. Sofern nicht spezielle Grundrechte als Schranke gegenüber Eingriffen in den Lebensbereich von Ausländern wirken, bleibt die rechtsstaatliche Gewähr auf Beachtung der Menschenwürde und die freie Entfaltung der Persönlichkeit garantiert. Gleiches gilt für die Verfahrensgarantien bei behördlichen Eingriffen. Einschränkungen von Grundrechtspositionen bedürfen der Begründung; Maßstab ist eine Abwägung im Rahmen des Grundsatzes der Verhältnismäßigkeit unter Beachtung von Menschenwürde und des Sozialstaatsprinzips im Rahmen des Art. 2 GG.

II. Gemeinschaftsrechtliche Integration durch Gemeinschaftsgrundrechte

Für Unionsbürger ist der Grundsatz der Nichtdiskriminierung Art. 12 EGV und als grundrechtsähnliches Recht die gemeinschaftsrechtlich garantierte Freizügigkeit mit dem Recht auf gleichberechtigten Zugang zum Erwerbsleben aufgrund von Art. 39 ff. EGV zu beachten. Der in Art. 6 Abs. 2 EUV primärrechtlich verankerte Grundrechtsschutz, wonach die Union die Grundrechte achtet, wie sie in der EMRK gewährleistet sind und wie sie sich aus den gemeinsamen Verfassungsüberlieferungen der Mitgliedstaaten ergeben, hat den Gerichtshof der Europäischen Gemeinschaften zu einer umfangreichen Rechtsprechung zu den Gemeinschaftsgrundrechten (einschließlich rechtsstaatlicher Verfahrensgarantien) veranlasst[64]. In diesen Zusammenhang gehört auch das *Zuleeg* wiederholt interessierende Recht auf Gleichbehandlung von Mann und Frau nach Art. 141 EGV[65]. Der EuGH hat dieses Recht wie auch das Freizügigkeitsrecht in einer umfangreichen Rechtsprechung konkretisiert und einen umfassenden Katalog von Gemeinschaftsgrundrechten[66] entwickelt. Seine Legitimation hierzu bezieht der Gerichtshof aus Art. 220 EGV. Die Organe der EG haben die Zuständigkeit des EuGH zur Grundrechtssprechung in ihrer Gemeinsamen Erklärung zum Grundrechtsschutz von 1977 ausdrücklich anerkannt.

Diese Entwicklung führte u.a. auch nach Beschlüssen des Europäischen Rats 1999 in Köln und Tampere zur Entstehung eines geschriebenen Grundrechtskatalogs, der „Charta der Grundrechte der Europäischen Union"[67]. Diese Grundrechtscharta wurde auf dem Gipfel von Nizza beschlossen und hat nunmehr Eingang in den Entwurf eines Vertrages für eine Verfassung für Europa[68] gefunden, den der Europäische Rat in Rom 2004 angenommen hat und dessen Ratifizierung durch die Mitgliedstaaten noch aussteht.

64 Vgl. den Überblick bei Kingreen, Gemeinschaftsgrundrechte, JuS 2000, 857. Auf den Zusammenhang von gemeinschaftsrechtlichem Grundrechtskatalog und institutionellem Entscheidungsmechanismus sowie demokratischer Legitimation verweist Denninger, Anmerkungen zur Diskussion um Europäische Grundrechte, in: KritV 2000, 145; vgl. auch Zuleeg, Zum Verhältnis nationaler und europäischer Grundrechte, EuGRZ 2000, 511.

65 Vgl. nur Zuleeg, Gleicher Zugang von Mann und Frau zum Arbeitsleben als europäisches Problem, 1985.

66 Kritisch von Bogdandy, Die Grundrechtsgemeinschaft als Integrationsziel?, JZ 2001, 157.

67 Vgl. Meyer (Hg), Kommentar zur Charta der Grundrechte der Europäischen Union, 2003.

68 Entwurf: Vertrag Über eine Verfassung für Europa, ABl..2003 C 169 vom 18.7.2003.

G. Neuere Entwicklungen und Perspektiven

Das neue Zuwanderungsrecht und das Gemeinschaftsrecht stehen infolge der EU-Erweiterung einerseits und der immer stärkeren Abgrenzung der Union nach außen andererseits vor folgenden Schwierigkeiten: Welchen Status sollen Ausländer innerhalb der EU haben und welche Folgen hat die tendenzielle Einbindung der langfristig hier lebenden Ausländer für das Normgefüge der Union und die nationalen Ausländerrechtsordnungen? Die Anerkennung der grundrechtlichen Rechtsstellung gegenüber Ausländerbehörden auf nationaler Ebene und die Herausbildung von Gemeinschaftsgrundrechten für Unionsbürger gegenüber den Gemeinschaftsorganen haben immer noch nicht zur Einbindung der Drittstaatsangehörigen, die sich auf Dauer innerhalb der Gemeinschaft aufhalten, in die Gewährleistung vollständiger politischer Rechte geführt. Lediglich Unionsbürger haben ein Recht auf Beteiligung an Kommunalwahlen im nicht heimatlichen Aufenthaltsstaat. Sie nehmen teil an den Wahlen zum Europaparlament unabhängig davon, in welchem Mitgliedstaat sie sich aufhalten. Ihnen stehen keine Wahlrechte zu Wahlen der Repräsentationsorgane auf nationaler Ebene zu, selbst wenn sie dort dauerhaft leben. Dagegen genießen Drittstaatsangehörige bei Daueraufenthalt zwar weitgehende Gleichstellung in arbeits- und sozialrechtlichen Rechtspositionen[69], aber nur wenige politische Rechte, jedenfalls keine Wahlrechte zu politischen Repräsentationsorganen im Aufenthaltsstaat. Es ist m. E. gerade diese fehlende politische Rechtsstellung, die sowohl die Unionsbürgerschaft wie auch die Rechtsstellung von Drittstaatsangehörigen als unzureichend kennzeichnen. Hierin mag auch der Grund für die Entwicklung der seit Mitte der Neunziger Jahre aufkeimenden Antidiskriminierungspolitik liegen. Das auf Gleichstellung ausgerichtete gemeinschaftsrechtliche Diskriminierungsverbot des Art. 12 EGV wurde mit dem durch den Amsterdamer Vertrag von 1997 eingefügten Art. 13 EGV auf zusätzliche Diskriminierungen ausgedehnt. Danach kann der Rat unter bestimmten Voraussetzungen Vorkehrungen treffen, um Diskriminierungen aus Gründen des Geschlechts, der Rasse, der ethnischen Herkunft, der Religion und der Weltanschauung, einer Behinderung, des Alters oder der sexuellen Ausrichtung zu bekämpfen. Die auf dieser Grundlage bereits erlassenen Antidiskriminierungsrichtlinien von 2000 und 2002 stehen derzeit zur Umsetzung in das bundesdeutsche Recht an[70]. Auf mögliche Gefahren zwischen europäischer Grundrechtspolitik und dem Schutz individueller Freiheiten wurde in diesem Zusammenhang bereits kritisch hingewiesen[71].

69 Zuleeg, Die Europäische Gemeinschaft auf dem Weg zur Sozialgemeinschaft, NDV 1991, 20; ders., Der Schutz sozialer Rechte in der Rechtsordnung der Europäischen Gemeinschaft, EuGRZ 1992, 329; Eichenhofer/Zuleeg (Hg)., Die Rechtsprechung des Europäischen Gerichtshofs zum Arbeits- und Sozialrecht im Streit, 1995.

70 Richtlinie 2000/43/EG des Rates zur Anwendung des Gleichbehandlungsgrundsatzes ohne Unterschied der Rasse oder der ethnischen Herkunft v. 29..6. 2000, ABl. L 180/22; Richtlinie 2000/78/EG des Rates zur Festlegung eines allgemeinen Rahmens für die Verwirklichung der Gleichbehandlung in Beschäftigung und Beruf vom 27. November 2000, ABl. Nr. L 303/16; Richtlinie 2002/73/EG zur Änderung der Richtlinie aus dem Jahr 1976 zur Verwirklichung des Grundsatzes der Gleichbehandlung von Männern und Frauen hinsichtlich des Zugangs zur Beschäftigung, zur Berufsbildung und zum beruflichen Aufstieg sowie in Bezug auf die Arbeitsbedingungen, ABl. 2002 L 269.

71 von Bogdandy (Fn. 66), 164.

Hier zeichnen sich Dimensionen der unerfüllten (unerfüllbaren?) Integrationspolitik der Gemeinschaft[72] ab: Mit der zunehmenden Unzufriedenheit der Zuwanderer über ihre Ausgrenzung im Bereich der politischen Rechte wachsen ihre Ansprüche auf vollständigen Abbau jeglicher Ungleichbehandlungen im gesellschaftlichen Leben der Aufnahmegesellschaften. Anzeichen für derartige Verhaltensweisen zeigen sich in zunehmendem kulturellen Selbstbewusstsein und den daraus für die Aufnahmegesellschaften entstehenden Gegenreaktionen. Es entstehen Auseinandersetzungen über „Grundrechte im Kulturkonflikt" (*Kälin*). Der in den Aufnahmegesellschaften bestehende Wertekonsens[73] gerät in den Sog kultureller Streitigkeiten, wie sie z. B. im Zusammenhang mit der Errichtung von Moscheen, im Bildungsbereich[74] oder bei der Beschäftigung von Musliminnen mit Kopftuch[75] bekannt geworden sind. Das Instrument der Antidiskriminierungspolitik in seiner rechtlichen Ausformung erscheint wenig geeignet, die durch mangelnde Anerkennung politischer Rechte bestehenden Lücken zu schließen. Insofern bietet die von *T.H. Marshall*[76] Mitte des letzten Jahrhunderts entwickelte Theorie von der allmählichen Erweiterung ziviler, politischer und sozialer Bürgerrechte Anknüpfungspunkte für eine zeitgemäße Deutung des Ineinandergreifens von nationaler und gemeinschaftlicher Rechtsstruktur. *Marshall* betrachtet die Verfassungsentwicklung als eine Stufenfolge von liberalem Verfassungsstaat, demokratischem Staat und Sozial- oder Wohlfahrtsstaat. Für ihn ist die Staatsangehörigkeit ein Status, der den Zugang zu verschiedenen Ansprüchen und Berechtigungen eröffnet. Das Konzept der Staatsangehörigkeit hat nach ihm drei Komponenten: eine zivile, eine politische und eine soziale. Angesichts unserer heutigen „Staatlichkeit im Wandel" mit seiner „Denationalisierung" einerseits und der Herausbildung von Mehrebenensystemen „jenseits des Nationalstaats" (*Zürn*) andererseits greift das von *Marshall* entwickelte System nicht mehr passgerecht. Die für die dritte Phase gesellschaftlicher Entwicklung charakteristische Suche nach Erfüllung des Prinzips der Gleichbehandlung bricht sich am Widerspruch zwischen gemeinschaftlicher Grundrechtspolitik für Unionsbürger und ihrer hinreichenden politischen Legitimation. *Habermas* hat in seiner Theorie des Kommunikativen Handelns von 1981 vier epochale Verrechtlichungsprozesse unterschieden: Zum bürgerlichen Staat, zum Rechtsstaat, zum demokratischen Rechtsstaat und zum sozialen und demokratischen Rechtsstaat[77]. Aus heutiger Sicht müsste wohl ergänzend

72 Vgl. Groenendijk, Rechtliche Konzepte der Integration im EG-Migrationsrecht, ZAR 2004, 123.

73 Zu den mit der Europäisierung verbundenen Gefährdungen des gesellschaftlichen Grundkonsenses siehe von Bogdandy, Zweierlei Verfassungsrecht, Der Staat 2000, 163 (171 ff.).

74 Vgl. schon Zuleeg, Teilnahme von Ausländern an den nationalen Bildungsangeboten aufgrund von europäischem Gemeinschaftsrecht, Referat anlässlich der Tagung: Bildungs- und Kulturpolitik in der Europäischen Gemeinschaft des AEI vom 8.-10. 9. 1988 in Augsburg (unveröffentlichtes Manuskript).

75 Bergmann, Vom Umgang des deutschen Rechtsstaats mit dem Islam, ZAR 2004, 135; Zur Frage, welches migrations- und integrationspolitische Konzept z.B. der französischen und deutschen Rechtsordnung zugrunde liegt, siehe Gusy, Kopftuch – Laizismus – Neutralität, in: Barwig/Davy (Fn. 33), S. 413 ff. aus Anlass des Kopftuch-Urteils des Bundesverfassungsgerichts, abgedr. NJW 2003, 3111. Siehe jetzt auch BVerwG, NJW 2004, 3581.

76 Marshall, Citizenship and Social Class, in: Class, Citizenship, and Social Development, Essays by.Marshall, With an Introduction by Lipset, 1964, S. 71 ff.

77 Habermas, Theorie des kommunikativen Handelns, Bd. 2, Zur Kritik der funktionalistischen Vernunft, 1981, S. 524 ff.

von einem weiteren Prozess, nämlich dem der internationalisierten Wohlfahrtsstaatlichkeit im Mehrebenenstaat gesprochen werden.

Das sichtbare „System widerstreitender Werte“ (*Marshall*) müsste neu konturiert werden. Im Mehrebenensystem der Europäischen Union widerstreiten so gesehen partiell die auf kommunaler Ebene eingeräumten politischen Mitwirkungerechte der Unionsbürger nach bereits dreimonatigem Aufenthalt im Aufenthaltsstaat mit dem Ausschluss von jeglichen politischen Wahlrechten für auf Dauer eingewanderte Drittstaatsangehörige. Das Instrument des Antidiskriminierungsrechts ist jedenfalls kein Äquivalent für fehlende politische Mitwirkungsrechte. Insofern erscheint der „Rechtliche Zusammenhang“[78] der EU nachvollziehbar, aber brüchig. Es bleibt – wie von *Zuleeg* im Ansatz schon aufgezeigt – weiterhin erforderlich, die Rechtsstellung von Ausländern und Unionsbürgern in Bezug auf ihre politischen Mitwirkungsrechte dem Rechtszustand des 21. Jahrhunderts zeitgemäß anzupassen. Das Wahlvolk von Ausländern, Unionsbürgern wie Drittstaatsangehörigen mit Daueraufenthalt erscheint als eine relativ homogene Gruppe, deren grundrechtliche Stellung in Bezug auf politische Mitwirkung innerhalb des Mehrebenensystems Europäische Union anerkannt werden sollte.

78 Zuleeg, Der rechtliche Zusammenhang der Europäischen Union, 2004.

Das Verbot der Diskriminierung gemäß den internationalen Menschenrechtsabkommen

Rüdiger Wolfrum

A. Vorbemerkung

Praktisch alle internationalen Abkommen zum Schutze von Menschenrechten enthalten Vorschriften gegen Diskriminierung, wobei durchaus wesentliche Unterschiede zwischen ihnen bestehen. Verwiesen sei insofern auf Art. 2 Abs. 2 des Internationalen Paktes über wirtschaftliche, soziale und kulturelle Rechte (1966)[1], Art. 2 und 26 des Internationalen Paktes über bürgerliche und politische Rechte (1966)[2], Art. 1, 2 und 5 des Internationalen Übereinkommens zur Beseitigung jeglicher Form von Rassendiskriminierung (1966)[3], auf das ihm nachgebildete Übereinkommen zur Beseitigung jeder Form der Diskriminierung der Frau (1979)[4] (Art. 1, 2 und 10), auf Art. 2 des Übereinkommens über die Rechte des Kindes (1989)[5], Art. 14 der Europäischen Konvention zum Schutz der Menschenrechte und Grundfreiheiten (1950)[6], und Art. 2 der Banjul Charta der Menschenrechte und Rechte der Völker (1981)[7]. Diese Liste könnte erweitert werden.

Die folgenden Ausführungen sollen sich mit der Frage beschäftigen, ob das Diskriminierungsverbot eine selbständige Bedeutung hat oder ob mit ihm nur die Diskriminierung in der Ausübung bestimmter Rechte verboten wird (Akzessorietät), welches die Kriterien sind, die nicht für eine Unterscheidung herangezogen werden dürfen, ob lediglich direkte oder auch indirekte Formen der Diskriminierung untersagt werden und schließlich, welche Bedeutung das Diskriminierungsverbot im Privatrechtsverkehr entfaltet.

Dies sind Elemente, aus denen sich ein Rückschluss auf die Bedeutung des Diskriminierungsverbots für die Gestaltung des Individualschutzes bzw. auf sein Potential in dieser Hinsicht ziehen lässt.

1 BGBl. 1973 II, 1569.
2 BGBl. 1973 II, 1553.
3 BGBl. 1969 II, 961.
4 BGBl. 1985 II, 648.
5 BGBl. 1992 II, 121.
6 BGBl. 2002 II, 1054.
7 Menschenrechte: Dokumente und Deklarationen, 4. Aufl. 2004, S. 532.

B. Das Diskriminierungsverbot – eine selbständige oder eine akzessorische Norm

In der Regel ist das Diskriminierungsverbot als eine akzessorische Norm formuliert. Typisch ist insoweit der Wortlaut von Art. 14 der Europäischen Menschenrechtskonvention (EMRK)[8].

„The enjoyment of the rights and freedoms set forth in the Convention shall be secured without discrimination on any ground such as sex, race, colour, language, religion, political or other opinion, national or social origin, association with a national minority, property, birth or other status."

Das heißt, wird strikt von dem Wortlaut ausgegangen, so verbietet das Diskriminierungsverbot in dieser Form ausschließlich den diskriminierenden Ausschluss von dem Genuß bestimmter Rechte, auf die verwiesen wird. Steht nicht die Inanspruchnahme eines dieser Rechte im Raum, kann das Diskriminierungsverbot nicht greifen[9]. Allerdings hat das Diskriminierungsverbot gemäß Art. 14 EMRK insoweit eine eigenständige Bedeutung, als es nicht erforderlich ist, dass die Konventionsgarantie, die im Zusammenhang mit dem Diskriminierungsverbot Anwendung findet, verletzt ist. Es ist noch nicht einmal notwendig, dass ein Eingriff in den Regelungsbereich des Konventionsrechts festgestellt werden muss. Ausreichend, aber auch notwendig ist, dass der Sachverhalt, auf dessen Basis eine Verletzung des Diskriminierungsverbots geltend gemacht wird, in den Regelungsbereich eines oder mehrerer Konventionsrechte fällt[10]. Besonders weit geht der Europäische Gerichtshof für Menschenrechte bei möglichen Bezügen zum Recht auf Eigentum gemäß Art. 1 Erstes Zusatzprotokoll. Es ist insgesamt festzustellen, dass sich die Anforderungen an die Akzessorietät des Diskriminierungsverbots in der jüngsten Zeit verringert haben. Dennoch ist festzuhalten, dass in seiner derzeitigen Fassung das Diskriminierungsverbot von Art. 14 EMRK nicht gegen Diskriminierungen in Bezug auf wirtschaftliche und soziale Rechte eingesetzt werden kann.
Einem anderen Ansatz als Art. 14 EMRK folgt demgegenüber Art. 26 des Internationalen Paktes für Bürgerliche und Politische Rechte (IPBPR)[11]:

8 Eine ähnliche Formulierung findet sich in Art. 1 der Amerikanischen Konvention über Menschenrechte (1969): „The States Parties to this Convention undertake to respect the rights and freedoms recognized therein and to ensure to all persons subject to their jurisdiction the free and full exercise of those rights and freedoms, without any discrimination for reasons of race, color, sex, language, religion, political or other opinion, national or social origin, economic status, birth, or any other social condition." Dem gleichen Ansatz folgen Art. 5 des Übereinkommens zur Beseitigung jeglicher Form von Rassendiskriminierung, Art. 10 des Übereinkommens zur Beseitigung jeder Form von Diskriminierung der Frau sowie Art. 2 des Übereinkommens über die Rechte des Kindes.

9 *Peukert*, in: Frowein/Peukert, Europäische Menschenrechtskonvention, EMRK-Kommentar, 2. Aufl. 1996, Art. 14 Rn. 2 f.; *Arnardottir*, Equality and Non-Discrimination under the European Convention on Human Rights, 2003, 35 ff.; betont wird diese Akzessorietät von *Villiger*, Handbuch der Europäischen Menschenrechtskonvention, 2. Aufl. 1999, Rn. 431.

10 Vgl. dazu *Grabenwarter*, Europäische Menschenrechtskonvention, 2003, S. 427 f.; *Peukert* (Fn. 9), Art. 14 Rn. 7 ff.

11 Dabei ist zu bemerken, dass Art. 2 des Paktes das Diskriminierungsverbot strikt akzessorisch, und zwar bezogen auf die Rechte des Paktes, formuliert.

„All persons are equal before the law and are entitled without any discrimination to the equal protection of the law. In this respect, the law shall prohibit any discrimination and guarantee to all persons equal and effective protection against discrimination on any ground such as race, colour, sex, language, religion, political or other opinion, national or social origin, property, birth or other status."

Aber auch dieses Verbot der Diskriminierung steht nicht uneingeschränkt selbständig; darauf verweist die Verwendung der Worte „of the law".
Trotz der verbalen Unterschiede in den beiden Texten liegen die Rechtsprechung der Straßburger Menschenrechtsorgane und die Praxis des Menschenrechtsausschusses weniger weit auseinander, als zu vermuten wäre. Auch der Menschenrechtsausschuss hat in Bezug auf Art. 26 IPBPR die Frage nach der Akzessorietät des Diskriminierungsverbots bzw. seiner normativen Selbständigkeit aufgeworfen. In der Entscheidung zu der Individualbeschwerde Breks v. The Netherlands[12] führte der Menschenrechtsausschuss aus:

„Although Art. 26 requires that legislation should prohibit discrimination, it does not of itself contain any obligation with respect to the matters that may be provided for by legislation. Thus it does not, for example, require any state to enact legislation to provide for social security. However, when such legislation is adopted in the exercise of a State's sovereign power, then such legislation must comply with Art. 26 of the Covenant."

Was der Menschenrechtsausschuss damit im Grunde genommen sagt, ist folgendes: Das Diskriminierungsverbot kann nicht dazu dienen, neue Ansprüche zu kreieren. Wenn aber der Staat Leistungen bereitstellt, so hat er bei der Zuweisung dieser Leistungen Diskriminierungen zu vermeiden.
Diese Entscheidung wurde in dem General Comment Nr. 18 des Ausschusses bestätigt:

„12. While Art. 2 limits the scope of the rights to be protected against discrimination to those provided for in the Covenant, Art. 26 does not specify such limitations. That is to say, Art. 26 provides that all persons are equal before the law and are entitled to equal protection of the law without discrimination, and that the law shall guarantee to all persons equal and effective protection against discrimination on any of the enumerated grounds. In the view of the Committee, Art. 26 does not merely duplicate the guarantee already provided for in Art. 2 but provides in itself an autonomous right. It prohibits discrimination in law or in fact in any field regulated and protected by public authorities. Art. 26 is therefore concerned with the obligations imposed on states parties in regard to their legislation and the application thereof. Thus, when legislation is adopted by a State party, it must comply with the requirement of Art. 26 that its content should not be discriminatory. In other words, the application of the principle of non-discrimination contained in Art. 26 is not limited to those rights which are provided for in the Covenant"[13].

12 Individual Communication 172/1984.
13 UN Doc. HRI/GEN/1/Rev. 2, 12 May 2004, 146.

In der jüngsten Zeit wurde das Diskriminierungsverbot von dem Menschenrechtsausschuss dazu genutzt, um Entschädigungsregelungen für den Entzug von Eigentum zu hinterfragen[14], obwohl der Pakt keinen Eigentumsschutz kennt.

Eine gesonderte Auseinandersetzung verdient das Diskriminierungsverbot nach dem Recht der EU, die ein allgemeines Diskriminierungsverbot (Art. 12 EGV) vorsieht, das in Einzelheiten in den Grundfreiheiten des Binnenmarktes eine nähere Ausgestaltung findet. Zusätzlich ist auf Art. 21 der Charta der Grundrechte der Europäischen Union vom 18. Dezember 2000[15] zu verweisen. Nach Art. 12 EGV ist „... unbeschadet besonderer Bestimmungen dieses Vertrages ... in seinem Anwendungsbereich jede Diskriminierung aus Gründen der Staatsangehörigkeit verboten." Durch die Worte „in seinem Anwendungsbereich" wird deutlich, dass eine Verbindung zu Sachverhalten bestehen muss, die zumindest punktuell im EG-Vertrag geregelt sind[16]. Demgegenüber ist Art. 21 der Charta der Grundrechte zweigeteilt. Art. 21 Abs. 1 der Charta verbietet die Diskriminierung schlechthin, soweit sie sich auf das Geschlecht, die Rasse, die Hautfarbe, die ethnische oder soziale Herkunft, die genetischen Merkmale, die Sprache, die Religion oder die Weltanschauung, die politische oder sonstige Anschauung, die Zugehörigkeit zu einer nationalen Minderheit, das Vermögen, die Geburt, eine Behinderung, das Alter oder die sexuelle Ausrichtung bezieht. Hier fehlt jeder Hinweis auf eine mögliche Akzessorietät.

Etwas anderes gilt dagegen für Art. 21 Abs. 2 der Charta; hier wird die Akzessorietät aus Art. 12 EGV wieder aufgenommen.

Der EuGH hat aus dem Diskriminierungsverbot weit reichende Konsequenzen abgeleitet, die auf der Grundidee beruhen, dass sich Unionsbürger, die sich rechtsmäßig im Gebiet eines Unionsstaates aufhalten, in allen vom sachlichen Anwendungsbereich des EG-Vertrages erfassten Fällen auf Art. 12 EGV berufen können[17]. Dabei hat der Europäische Gerichtshof seinen Ansatz wesentlich ausgedehnt[18], ohne allerdings – zumindest theoretisch – seinen dogmatischen Ansatz zu verlassen. Damit wird in der Rechtsprechung des EuGH das Diskriminierungsverbot zum Hebel, um auch Bereiche in einer Weise zu harmonisieren, die nicht mehr von auf die betreffende Rechtsmaterie bezogenen Primär- oder Sekundärnormen des Europarechts gedeckt werden.

14 Vgl. dazu *Choudhury*, Interpreting the Right to Equality under Article 26 of the International Covenant on Civil and Political Rights, European Human Rights Law Review 8 (2003), 24 (26).

15 ABl. C 364/7.

16 Vgl. dazu *von Bogdandy*, in: Grabitz/Hilf (Hg.), Das Recht der Europäischen Union, Art. 6 EGV Rn. 43 f.; *Regelsberger/Kugelmann*, in: Streinz (Hg.), EUV/EGV, Kommentar, 2003, Art. 12 EGV Rn. 18 ff.

17 EuGH, Martínez Sala, Slg. 1998, I-2691; *Kadelbach*, Unionsbürgerschaft, in: von Bogdandy (Hg.), Europäisches Verfassungsrecht, 2003, S. 539 (562 f.).

18 EuGH, Urteil v. 2. 10. 2003, Rs. C-148/02, Garcia Avello, noch nicht in Slg. In diesem Fall ging es letztlich um die Frage, ob Kinder mit doppelter Staatsangehörigkeit (belgischer und spanischer) das Recht auf einen Nachnamen nach dem spanischen Namenssystem haben, wonach sich der Name der Kinder aus dem ersten Namen des Vaters und dem ersten Namen der Mutter zusammensetzt. Dies hat der EuGH bejaht. Der Bezug zum Gemeinschaftsrecht wird in dem Recht auf Freizügigkeit gesehen.

Insgesamt ist festzuhalten, dass deutliche Tendenzen auf regionaler wie auch auf universeller Ebene bestehen, die Akzessorietät des Diskriminierungsverbots abzumildern oder sogar abzulösen; Tendenzen, die sich auch in der Rechtsprechung des EuGH andeuten. Besonders betont wird diese Entwicklung in dem 12. Zusatzprotokoll zur Europäischen Menschenrechtskonvention. Das hier verankerte Diskriminierungsverbot bezieht sich nicht auf die in der Konvention garantierten Rechte, sondern auf solche, die durch die Rechtsordnungen der Mitgliedstaaten gewährleistet werden. Zudem wird statuiert, dass niemand durch die Ausübung der öffentlichen Gewalt diskriminiert werden darf[19]. Was den ersten Punkt anbetrifft, würde dies heißen, dass der europäische Menschenrechtsschutz mit den internationalen Menschenrechtsstandards gleich zöge. Problematischer ist der zweite Aspekt. Hier scheint die Konnexität mit dem geltenden Recht gelöst zu werden. Dies ist aber nicht der Fall; vielmehr erfasst dieses Element die Eingriffsverwaltung und stellt damit das logische Äquivalent zu der Statuierung des Diskriminierungsverbots in der Leistungsverwaltung dar. Das Problem liegt vielmehr in dem auf der europäischen Ebene besonders ausgeprägten Gerichtsschutz. Praktisch wird damit dem Europäischen Gerichtshof für Menschenrechte die Aufgabe übertragen, eine Verletzung des Diskriminierungsverbots hinsichtlich nationalrechtlicher Verbürgungen zu prüfen bzw. Eingriffe der nationalen Exekutiven an einem Diskriminierungsverbot zu messen. Dies brächte den Europäischen Gerichtshof für Menschenrechte in Bezug auf Deutschland in direkte Konkurrenz zur Verwaltungs- und Finanzgerichtsbarkeit. Ob eine derartige Aufgabe nicht den Europäischen Menschenrechtsgerichtshof überfordert, wird abzuwarten sein.

C. Inkriminierte Unterscheidungsgründe

Die Gründe, die nicht für eine unterschiedliche Behandlung herangezogen werden dürfen, variieren durchaus. Dies ist u.a. darauf zurückzuführen, dass mit einzelnen Abkommen Mitglieder bestimmter Personengruppen geschützt werden sollen und sich die entsprechenden Kataloge danach ausrichten.

Nach Art. 26 des Internationalen Paktes für wirtschaftliche, soziale und kulturelle Rechte darf nicht unterschieden werden nach Rasse, Hautfarbe, Geschlecht, Sprache, Religion, der politischen oder sonstigen Anschauung, der nationalen oder sozialen Herkunft, des Vermögens, der Geburt oder des sonstigen Status. Damit stimmt wörtlich überein Art. 26 IPBPR sowie Art. 2 Abs. 1 der Allgemeinen Erklärung der Menschenrechte vom 10. Dezember 1948. Das Übereinkommen zum Schutz des Kindes übernimmt den Katalog ebenfalls, bezieht ihn allerdings sowohl auf das Kind selbst sowie die Familie, der es entstammt. Dies ist zweifelsohne sachgerecht. Der Katalog von Art. 14 EMRK fügt die Zugehörigkeit zu einer nationalen Minderheit hinzu. Die Kataloge des Übereinkommens zur Beseitigung jeder Form von Rassendiskriminierung bzw. zur Beseitigung jeder Form der Diskriminierung von Frauen sind enger, da auf ein bestimmtes Vertragsziel fixiert[20].

19 Vgl. dazu *Arnardottir* (Fn. 9), S. 37 ff.

Diese Kriterienkataloge werfen, soweit sie umfassend formuliert sind, in der Praxis keine Probleme auf. Etwas anderes gilt für den Katalog des Übereinkommens zur Beseitigung jeder Form von Rassendiskriminierung[21]. Hier machte Indien u.a. geltend, die Unterscheidung nach Kasten sei rein religiösen Ursprungs und werde nicht von dem Übereinkommen erfasst. Dem begegnete der Ausschuss unter Hinweis darauf, dass man in eine Kaste hineingeboren werde und deshalb zumindest der Grund „Abstammung" erfüllt sei. In lateinamerikanischen Staaten wurde behauptet, sie seien alle Mestizen und deshalb könne es keine ethnische Unterscheidung geben, ein ähnliches Argument wurde aus afrikanischen Staaten vorgetragen. Dies gilt selbst für die Berichte aus Ruanda und Burundi, wo sogar die Relevanz der Unterscheidung zwischen Hutus und Tutsis vor und auch unmittelbar nach dem Bürgerkrieg in Frage gestellt wurde.

Insgesamt ist festzuhalten, dass die mit den Abkommen befassten Menschenrechtsinstitutionen, die eine Diskriminierung allgemein untersagen, sowie der Europäische Gerichtshof für Menschenrechte die jeweiligen Kataloge mit inkriminierten Unterscheidungsgründen weit auslegen und vor allem diese Kataloge als eine Einheit sehen.

Die genannten Abkommen verbieten in aller Regel eine Schlechterstellung, wohingegen Art. 1 des Internationalen Übereinkommens zur Beseitigung jeder Form von Rassendiskriminierung ausdrücklich auch eine Bevorzugung ausschließt. Es ist auffallend, dass Art. 1 des Übereinkommens zur Beseitigung jeder Form von Diskriminierung der Frau demgegenüber das Verbot der Bevorzugung nicht ausspricht. Die Gründe hierfür sind darin zu sehen, dass, um eine Gleichstellung von Frauen zu erreichen, Diskriminierungen von Männern zwangsläufig notwendig sind. Hier hätte man sich besser an Art. 1 (4) des Internationalen Übereinkommens zur Beseitigung jeder Form von Rassendiskriminierung orientiert, wonach Fördermaßnahmen zulässig, aber zu beenden sind, sobald das erstrebte Ziel, d.h. die Gleichstellung der betreffenden Gruppe, erreicht ist.

Eine Unterscheidung in der Behandlung von Personen ist, auch wenn die normativen Diskriminierungsverbote hierauf nicht explizit verweisen, nicht a limine ausgeschlossen. Dies gilt allerdings nicht für eine gezielte Diskriminierung, sondern ausschließlich – und auch dann nur unter Einschränkungen – wenn die Diskriminierung rein faktischer Natur ist.

20 Art. 13 des Europäischen Grundrechtskatalogs verbietet zudem die Diskriminierung auf der Basis des Alters und der geschlechtlichen Orientierung.

21 Art. 1 Abs. 1 – auf Rasse, Hautfarbe, Abstammung, nationalem Ursprung oder dem Volkstum beruhende Unterscheidung.

D. Direkte oder indirekte Diskriminierung

Problematischer ist, ob die genannten Menschenrechtsabkommen nur eine direkte oder auch eine indirekte Diskriminierung verbieten. Der Rassendiskriminierungsausschuss hat hierzu Stellung genommen[22]. Auf europäischer Ebene hat in erster Linie der EuGH diesen Ansatz entwickelt, in erster Linie im Zusammenhang mit der Diskriminierung von Frauen[23]. Indirekte Diskriminierung liegt vor, wenn die angegriffene Maßnahme von ihrem Ansatz her neutral ist, aber von den Auswirkungen her gesehen einen diskriminierenden Effekt ausübt. Letztlich gehen hiervon alle Menschenrechtsgremien, d.h. die entsprechenden Vertragsgremien (Ausschüsse) sowie der Europäische Menschenrechtsgerichtshof aus. Geprüft wird in diesen Fällen, ob mit der diskriminierend wirkenden Maßnahme ein legitimer Zweck verfolgt wurde. Der von dem Europäischen Gerichtshof für Menschenrechte im belgischen Sprachenstreit angewandte Test, ob eine „... reasonable relationship of proportionality between the means employed and the aim sought to be realized ...“ besteht[24], deutet in die Richtung einer Verhältnismäßigkeitsprüfung.

Vor allem die Frage nach dem legitimen Zweck wirft dabei entscheidende Probleme auf. Denn naturgemäß verfolgen Staaten mit den angegriffenen Maßnahmen stets bestimmte Ziele und letztlich muss doch eine Abwägung dazu stattfinden, ob diese Ziele unter den genannten Abkommen verfolgt werden dürfen und ob sie möglicherweise nicht antizipierte Auswirkungen auf bestimmte Bevölkerungsgruppen rechtfertigen[25]. Der Rassendiskriminierungsausschuß deutet daher an, dass letztlich entscheidend die Schwere des Eingriffs oder des Verstoßes gegen das Diskriminierungsverbot sein muss[26]. Diesen Weg scheint, wenn auch nicht mit letzter dogmatischer Klarheit, der Europäische Gerichtshof für Menschenrechte zu gehen. Im Falle

22 General recommendation XIV (1993): „1. Non-discrimination, together with equality before the law and equal protection of the law without any discrimination, constitutes a basic principle in the protection of human rights. The Committee wishes to draw the attention of States parties to certain features of the definition of racial discrimination in article 1, paragraph 1, of the International Convention on the Elimination of All Forms of Racial Discrimination. It is of the opinion that the words “based on” do not bear any meaning different from “on the grounds of” in preambula paragraph 7. A distinction is contrary to the Convention if it has either the purpose or the effect of impairing particular rights and freedoms. This is confirmed by the obligation placed upon States parties by article 2, paragraph 1 (c), to nullify any law or practice which has the effect of creating or perpetuating racial discrimination.
2. The Committee observes that a differentiation of treatment will not constitute discrimination if the criteria for such differentiation, judged against the objectives and purposes of the Convention, are legitimate or fall within the scope of article 1, paragraph 4, of the Convention. In considering the criteria that may have been employed, the Committee will acknowledge that particular actions may have varied purposes. In seeking to determine whether an action has an effect contrary to the Convention, it will look to see whether that action has an unjustifiable disparate impact upon a group distinguished by race, colour, descent, or national or ethnic origin.
3. Article 1, paragraph 1 of the Convention also refers to the political, economic, social and cultural fields; the related rights and freedoms are set up in article 5.” (UN Doc. HRI/GEN/1/Rev. 7 (2004), 206).

23 EuGH, Hartz, Slg. 1986, 1607.

24 Belgian Linguistics, 23. 7. 1968, para. 10.

25 Kritisch insoweit *Partsch*, Discrimination, in: Macdonald/Matscher/Petzold (Hg.), The European System for the Protection of Human Rights, 1993, S. 571 (586).

26 Siehe General recommendation XIV.

Cha'are Shalom Ve Tsedek v. France[27] prüfte der Gerichtshof die Maßnahme – die Verweigerung einer Genehmigung für rituelle Schlachtungen – unter Art. 9 Abs. 2 EMRK und stellte fest, dass diese Maßnahme weder extrem noch unverhältnismäßig gewesen sei. Der Gerichtshof stellte des weiteren fest, dass die unterschiedliche Behandlung ein bestimmtes und gerechtfertigtes Ziel gemäß Art. 14 EMRK verfolgt habe. Diese Rechtsprechung ist in der Folgezeit in vielen Fällen aufrechterhalten worden[28], eine wirklich konsistente Rechtsprechung zu diesem Punkt hat sich bislang hierzu aber nicht entwickelt.

Auf der Ebene des europäischen Gemeinschaftsrechts hat sich zu diesem Fragenkomplex ebenfalls für Art. 12 EGV noch keine Dogmatik entwickelt[29].

E. Drittwirkung

Die Frage nach einer möglichen Drittwirkung des in internationalen Übereinkommen gewährleisteten Diskriminierungsverbots scheint im Grunde genommen an dem Wortlaut der genannten Normen vorbei zu gehen, denn diese richten sich an Staaten, nicht an Private. Dennoch ist die Frage der Drittwirkung des Diskriminierungsverbots von Relevanz. Zumindest drei Ansätze sind denkbar, um das Verbot der Diskriminierung im Privatrechtsverkehr zur Geltung zu bringen – entweder eine Verpflichtung des Staates zu einer entsprechenden Regelung privater Beziehungen, durch eine direkte Bindung Privater oder durch eine Übernahme des Diskriminierungsverbots in Blankettvorschriften der Rechtsnormen des Privatrechts. Diese Frage wird in der Regel eher abstrakt diskutiert. Es ist aber zunächst entscheidend, ob die betreffende Konvention einen Fingerzeig in die Richtung der Drittwirkung enthält. Art. 2 (1) (d) des Internationalen Übereinkommens enthält folgende Verpflichtung:

> „... verbietet und beendigt jeder Vertragsstaat jede durch Personen, Gruppen oder Organisationen ausgeübte Rassendiskriminierung mit allen geeigneten Mitteln einschließlich der durch die Umstände erforderlichen Rechtsvorschriften..."

Diese zentrale Vorschrift des Übereinkommens enthält zwei Aussagen. Zum einen belegt sie, dass das Diskriminierungsverbot auch im Privatrechtsverkehr wirkt, und zum anderen, dass es Aufgabe des Staates ist, dieses Verbot im Privatrechtsverkehr zur Geltung zu bringen. Allerdings enthält das Übereinkommen insoweit auch eine Einschränkung. Das Verbot der Rassendiskriminierung ist lediglich für den Bereich des „öffentlichen Lebens" gegeben. Extrem umstritten ist, was dies bedeutet. Es schließt Gaststätten, Bars, Banken, Schwimmbäder, Geschäfte, Verkehrsmittel und wohl auch die Vermietung von Wohnraum mit ein. Das heißt, zur „Rechtfertigung" einer Diskriminierung können sich die Handelnden weder auf die Vertrags-, Vereinigungs- oder

27 Cha'are Shalom Ve Tsedek v. France, 27. 6. 2000.
28 Vgl. dazu *Arnardottir* (Fn. 9), S. 46 ff.
29 Vgl. dazu *Regelsberger/Kugelmann*, in: Streinz (Fn. 16), Art. 12 EGV Rn. 47 ff.; *von Bogdandy* (Fn. 16), Rn. 15 ff.

allgemeine Handlungsfreiheit berufen. Dagegen entfaltet das Rassendiskriminierungsverbot in der reinen Privatsphäre keine Wirkung. Niemand würde sich z.B. durch eine Weigerung, eine Person zu heiraten, die sich einer anderen Ethnie zurechnet, wegen einer Rassendiskriminierung staatlichen Sanktionen aussetzen[30].

Der Europäische Gerichtshof für Menschenrechte hat nach anfänglichem Schwanken[31] anerkannt, dass es zur Verantwortung der Vertragsstaaten gehört, die Menschenrechte und Grundfreiheiten auch im Privatrechtsverkehr zur Geltung zu bringen. Dabei ist der primäre Adressat der Gesetzgeber. Entsprechende Verpflichtungen bestehen aber auch auf Seiten der Exekutive[32]. Von Relevanz wird dies z.B. bei einem aus rassendiskriminierenden Gründen verweigerten Zutritt zu Gaststätten. Hier ist die Exekutive zum Einschreiten verpflichtet, bis hin zur Schließung der betreffenden Gaststätte[33].

F. Zusammenfassung

Das Diskriminierungsverbot, wie es in internationalen Abkommen zum Schutze der Menschenrechte normiert ist, entfaltete in zunehmendem Umfang sein Potential, eine Öffnungsklausel für die Zuerkennung von Rechten zu werden, die in dieser Ausgestaltung in den bestreffenden Abkommen nicht angelegt sind. Besonders augenfällig ist diese Entwicklung für den europäischen Akzessorietäts-Rechtsraum. Grund hierfür ist es, dass geringere Anforderungen an die Klauseln gestellt werden, wie sie beispielsweise Art. 14 EMRK enthält oder auf diese – wie in Art. 21 Abs. 1 der Charta der Grundrechte der Europäischen Union bzw. in dem 12. Zusatzprotokoll zur Europäischen Menschenrechtskonvention – ganz verzichtet wird. Diese Entwicklung scheint nicht mehr revidierbar zu sein.

Unter diesen Umständen ist es geboten, sich hinsichtlich der Normierung und Anwendung des allgemeinen Diskriminierungsverbots auf die Unterscheidung zwischen direkter und indirekter Diskriminierung zurück zu besinnen. Für spezifische Diskriminierungsverbote, wie z.B. das Verbot der Diskriminierung gemäß Art. 43 EGV wird etwas anderes zu gelten haben. Art. 21 Abs. 1 der Charta der Grundrechte der Europäischen Union ließe sich in diese Richtung verstehen; er verbietet die gezielte Diskriminierung aus den dort genannten Gründen absolut und ohne Ausnahmemöglichkeit. Würde er dagegen auf indirekte Diskriminierungen bezogen und daraus die Verpflichtung des Staates hergeleitet, alle Normen abzubauen, die möglicherweise von einer der genannten Gruppen im Ergebnis als beeinträchtigend empfunden werden, so würde dies das normative Ziel des Diskriminierungsverbots deutlich überfordern.

30 Vgl. dazu eingehend *Fries*, Die Bedeutung von Artikel 5 (f) der Rassendiskriminierungskonvention im deutschen Recht, 2004, S. 37 ff., die zu Recht von einem Gleichlauf von „öffentlichen Leben" und „öffentlicher Zulänglichkeit" spricht.

31 Vgl. dazu *Dröge*, Positive Verpflichtungen der Staaten in der Europäischen Menschenrechtskonvention, 2003, S. 72 m. w. N.

32 *Dröge* (Fn. 31), S. 72 ff.

33 Vgl. dazu *Fries* (Fn. 30), S. 315 ff.

V. Gemeinsamer Markt und öffentliches Interesse

Schnittstellen von Wettbewerb und Regulierung im europäischen Recht

Ernst-Joachim Mestmäcker

A. Fragestellungen

Das Verhältnis des Gemeinschaftsrechts zum mitgliedstaatlichen Recht gehört zu den Fragen, die *Manfred Zuleeg* und den Verfasser unabhängig voneinander aber in weitgehender Übereinstimmung beschäftigt haben[1]. Es mag ein Indiz für das Fortschreiten des Gemeinschaftsrechts sein, dass es sich nicht lohnt, diese Fragen erneut aufzugreifen. Auch der Entwurf eines Verfassungsvertrages gibt dazu gegenwärtig allenfalls Anlass zu höchst spekulativen Überlegungen.

Das Verhältnis von Wettbewerb und Regulierung, das Gegenstand der folgenden Überlegungen sein soll, ist in der EU nicht mehr nur ein Problem der Ordnungspolitik. Im Gemeinschaftsrecht ist es im letzten Jahrzehnt zu einer durchgängigen Abgrenzungsfrage zwischen den primärrechtlichen Wettbewerbsregeln und der durch Richtlinien normierten Regulierung in der Telekommunikation und der Energiewirtschaft geworden. Die Klammer, die beide Bereiche zusammenhält, ist der Vorrang des primären Gemeinschaftsrechts vor dem sekundären Gemeinschaftsrecht. Es gilt mithin nicht die einfache, im Recht der Mitgliedstaaten selbstverständliche Regel, dass die spezialgesetzliche Regulierung Vorrang hat vor allgemein geltenden Normen gegen Wettbewerbsbeschränkungen. Diese Rechtslage kann dazu führen, dass sich die kategorialen Unterschiede von Wettbewerb und Regulierung verwischen, zumal Wettbewerbsregeln und sektorspezifische Regulierungen mit Hilfe ähnlicher verwaltungsrechtlicher Verfahren durchgesetzt werden. Zwei kürzlich ergangene Entscheidungen des EuGH und des US-Supreme Court gestatten es, diese Grundsatzfragen in Begrenzung auf die den Entscheidungen zugrunde liegenden Sachverhalte exemplarisch zu erörtern[2].

1 *Zuleeg*, Das Recht der Gemeinschaften im innerstaatlichen Bereich, 1969; *ders.*, Der Rang des europäischen im Verhältnis zum nationalen Wettbewerbsrecht, EuR 1990, 123-134; *Mestmäcker*, Die Vermittlung von europäischem und nationalem Recht im System unverfälschten Wettbewerbs, Wirtschaftsrecht und Wirtschaftspolitik, Bd. 3, 1969.

2 EuGH, Urteil v. 29. 4. 2004, Rs. C-418/01, IMS Health GmbH, noch nicht in Slg., abgedr. in WuWE EU-R 804; US-Supreme Court, Urteil v. 13. 1. 2004, Verizon Communications Inc. v. Law Offices of Curtis v Trinko; Slip Opinion im Folgenden zitiert als Urteil Trinko.

B. Übergänge vom Wettbewerb zur Regulierung

Der Gegensatz von Wettbewerb und Regulierung setzt sich fort im Gegensatz von Normen gegen Wettbewerbsbeschränkungen und Regulierung. Er lässt sich rechtstatsächlich zunächst dadurch kennzeichnen, dass Normen gegen Wettbewerbsbeschränkungen überwiegend verbietenden Charakter haben, also negativ wirken, ohne das zukünftig gebotene Verhalten positiv vorzuschreiben. Das Ziel besteht darin, von Wettbewerbsbeschränkungen unbeeinflusste Marktverhältnisse herzustellen. Deshalb müssen die materiellrechtlichen Beurteilungskriterien und die ihrer Durchsetzung dienenden Maßnahmen ihrerseits den Erfordernissen unverfälschten Wettbewerbs entsprechen. Ein Kriterium der Regulierung ist es dagegen, das unternehmerisch gebotene Verhalten inhaltlich zu normieren und mit Hilfe einer ex ante Kontrolle von Anfang an und auf Dauer zu beaufsichtigen[3]. Übergänge zum Wettbewerbsrecht ergeben sich einmal in den Bereichen, in denen schrittweise die Regulierung durch Wettbewerb und Wettbewerbsregeln ersetzt werden soll. So gilt für die Regulierung der Telekommunikation das Prinzip, dass Unternehmen nur dann besondere Pflichten auferlegt werden dürfen, wenn auf dem relevanten Markt kein wirksamer Wettbewerb besteht und die betroffenen Unternehmen über beträchtliche Marktmacht verfügen[4]. Die beträchtliche Marktmacht wird in Art. 14 der Rahmenrichtlinie als eine der Beherrschung gleichkommende Stellung definiert[5]. Bei Fehlen beträchtlicher Marktmacht tritt an die Stelle der Regulierung grundsätzlich das allgemeine Wettbewerbsrecht. Dieser Übergang steht jedoch unter dem Vorbehalt, dass die nationalen Regulierungsbehörden dem Zugang zu Netzkomponenten und zugehörigen Einrichtungen auf Antrag stattgeben können, „wenn die Verweigerung des Zugangs oder unangemessene Bedingungen mit ähnlicher Wirkung die Entwicklung eines nachhaltig wettbewerbsorientierten Marktes auf Endverbraucherebene behindern oder den Interessen der Endnutzer zuwiderlaufen würden“[6]. Der deutsche Gesetzgeber sieht in § 19 Abs. 1 TKG eine solche Ermessensentscheidung der Regulierungsbehörden über Zugangsverpflichtungen auch in den Fällen vor, in denen das Unternehmen über beträchtliche Marktmacht verfügt[7]. Diese kurzen Hinweise lassen die ganze Vielfalt der Abgrenzungsfragen im Verhältnis zu den Wettbewerbsregeln erkennen, mit denen im Übergang von Regulierung zu Wettbewerb zu rechnen ist[8]. Der Übergang von einem Staatsmonopol zum Wettbewerb durch Regu-

3 Näher dazu *Möschel*, Regulierung und Deregulierung, Versuch einer theoretischen Grundlegung, in: Fuchs/Schwintowski/Zimmer (Hg.), Wirtschafts- und Privatrecht im Spannungsfeld von Privatautonomie, Wettbewerb und Regulierung, FS Ulrich Immenga, 2004, S. 277-289.

4 Richtlinie 2002/19/EG über den Zugang zu elektronischen Kommunikationsnetzen und zugehörigen Einrichtungen sowie deren Zusammenschaltung (Zugangsrichtlinie) v. 7. 3. 2002, ABl. L 108/7 Art. 7/8; auch Richtlinie 2002/22/EG über den Universaldienst und Nutzerrechte bei elektronischen Kommunikationsnetzen und –diensten (Universaldienstrichtlinie) v. 7. 3. 2002, ABl. L 108/51 Art. 16-19.

5 Richtlinie 2002/21 EG über einen gemeinsamen Rechtsrahmen für elektronische Kommunikationsnetze und –dienste, (Rahmenrichtlinie) v. 7. 3. 2002, ABl. L 108/33.

6 Zugangsrichtlinie (Fn. 4), Art. 12.

7 Kritisch dazu Monopolkommission, 15. Hauptgutachten, Wettbewerbspolitik im Schatten nationaler Champions, 2002/2003, Einl. Rn. 64.

8 Die Kommission hat zur fortdauernden Anwendbarkeit der Wettbewerbsregeln im Telekommunikationssektor Leitlinien veröffentlicht, ABl. 1991 Nr. C 223/2.

lierung ist dadurch gekennzeichnet, dass auch nach Aufhebung der Ausschließlichkeitsrechte Märkte für Dienstleistungen unter Inanspruchnahme des Netzes nur im Wettbewerb mit den Monopolisten und nur durch erzwingbaren Zugang zum Netz entstehen[9]. Das Netz ist für die Zugang begehrenden Unternehmen immer ein Folgemarkt, der vom Netzbetreiber beherrscht wird.

Vom Übergang der Regulierung zu Wettbewerb zu unterscheiden sind die Übergänge zur Regulierung, die im Wettbewerbsrecht auftreten, wenn wettbewerbsrechtliche Verbote durch Gebote zu einem bestimmten Verhalten gegen Einzelunternehmen durchgesetzt werden sollen. Der Supreme Court hat für diese Tatbestandsgruppe in Trinko die Gefahren hervorgehoben, die für den Wettbewerb aus fehlgeleiteten positiven Geboten („false positives") folgen können. Positive Gebote sind die regelmäßige Folge, wenn das Antitrust-Recht in die Handlungsfreiheit von Einzelunternehmen in der Wahl ihres Vertragspartners oder in deren Preispolitik eingreift. Unter Berücksichtigung der Gefahren von „false positives" grenzt das Gericht den Regelungsanspruch der Antitrustgesetze von der Regulierung im Telecommunication's Act 1996 ab. Die enge Auslegung des Monopolisierungsverbots in Section 2 Sherman Act, dessen Geltung der Telecommunication's Act 1996 (section 601 (b) (1)) vorbehält, wird jedoch gleichzeitig mit dem auf Herstellung von Wettbewerb gerichteten Zweck der Regulierung in Telecommunication's Act begründet.

Ähnliche Fragen stellen sich im Gemeinschaftsrecht hauptsächlich bei der Anwendung des Missbrauchsverbots in Art. 82 EGV auf beherrschende Einzelunternehmen. Hier entscheidet über die Rechts- und Pflichtenstellung beherrschender Unternehmen der Zweck des Missbrauchsverbots. Beherrschende Unternehmen werden zu regulierten Unternehmen, wenn man den vorrangigen Zweck des Missbrauchsverbots in der Preiskontrolle sieht. Diese Position wurde von René Joliét, der später Richter am EuGH war, in Parallele zur amerikanischen Public Utility Regulation vertreten[10]. Im Gegensatz zum Antitrust-Recht sei Art. 86 (heute Art. 82) EGV ein Instrument des Verbraucherschutzes, der durch Preiskontrolle zu verwirklichen sei. *René Joliét* wandte sich damit explizit gegen die vom Verfasser vertretene These, dass Art. 86 EGV in Parallele zum Monopolisierungsverbot in Art. 2 Sherman Act auszulegen sei und hauptsächlich dem Schutz des Restwettbewerbs auf dem beherrschten Markt diene: Auch beherrschende Unternehmen sind selbständige Teilnehmer am System unverfälschten Wettbewerbs[11]. Seit dem Continental Can Urteil des EuGH[12] gehört der Schutz des Restwettbewerbs auf dem beherrschten Markt zu den Grundsätzen, von denen sich die Rechtsprechung der Europäischen Gerichte in

9 *Möschel*, Monopole und Wettbewerb in der Telekommunikation, in: Mestmäcker (Hg.), Kommunikation ohne Monopole II, 1995, S. 397 ff.; auch *Mestmäcker*, Über den Einfluß von Ökonomie und Technik auf Recht und Organisation der Telekommunikation und der elektronischen Medien, ebd., S. 13 (54 ff.).

10 *Joliét*, Monopolisation and Abuse of dominant position. A comparative study of the American and European approaches to the control of economic power, 1970, S. 247 ff.

11 *Mestmäcker*, Die Beurteilung von Unternehmenszusammenschlüssen nach Art. 86 EWGV in: von Caemmerer/Schlochhauer/Steindorff, Probleme des europäischen Rechts, FS Walter Hallstein, 1966, S. 322 ff.; auch in *ders.*, Wirtschaft und Verfassung in der europäischen Union, Beiträge zu Recht, Theorie und Politik der europäischen Integration 2003, S. 597 ff.

12 EuGH, Europe Emballage und Continental Can/Kommission, Slg. 1973, 215 Rn. 21.

der Auslegung von Art. 82 EGV leiten lässt[13]. Auch bei dieser Praxis ergeben sich jedoch Übergänge zur Regulierung. Das gilt insbesondere für die Fälle, in denen die Geschäftsverweigerung von beherrschenden Einzelunternehmen missbräuchlich sein kann. Diese Tatbestandsgruppe wird in der Regel mit dem Begriff der Essential Facilites Doctrine gekennzeichnet[14]. Diese Lehre ist von der EG-Kommission und vom Schrifttum aus dem US-amerikanischen Antitrust-Recht übernommen worden. Sie hat jedoch im Gemeinschaftsrecht eine größere Bedeutung gewonnen als in ihrem Ursprungsland. Ein wichtiger Grund dafür ist die bereits hervorgehobene unstreitige Anwendbarkeit des primären Gemeinschaftsrechts und insbesondere von Art. 82 EGV auch in den heute regulierten Bereichen der Telekommunikation und der Energie. Solange es keine sekundärrechtlichen Zugangspflichten gab, lag es nahe, in der Verweigerung des Zugangs zu den Netzen der Telekommunikation und der Energie einen Missbrauch im Sinne von Art. 82 EGV zu sehen, der zum Kontrahierungszwang führt. Die EG-Kommission ist darüber jedoch wesentlich hinausgegangen. Temple Lang hat als Beamter der EG-Kommission das allgemeine Zusammentreffen von Regulierung und Art. 82 EGV schon 1994 als Prinzip formuliert:

> „Where the duty to provide non-discriminatory access to an essential facility applies, denial of access and discrimination are in themselves unlawful. Except in the case of intellectual property rights, the duty to provide access is not merely a remedy to be imposed if and when some other kind of abuse occurs"[15].

Ausdrücklich zurückgewiesen wird mithin die Unterscheidung von Gesetzesverstoß und Sanktion in allen Fällen der Essential Facilities. „Wesentliche Einrichtungen" sind jedoch nicht nur in den Netzwerkindustrien anzutreffen. Die Fälle, in denen der EuGH die Geschäftsverweigerung von Einzelunternehmen als missbräuchlich i.S.v. Art. 82 EGV beurteilt, weisen erhebliche rechtstatsächliche und wirtschaftliche Unterschiede auf[16]. Die EG-Kommission vertritt auf der Grundlage dieser Rechtsprechung eine weite Auslegung des Missbrauchsverbots in Art. 82 EGV. Wo eine Monopolstellung besteht, insbesondere, wenn sich eine Produktionsstruktur als Industriestandard durchgesetzt hat, soll es eine Verpflichtung des beherrschenden Unternehmens geben, Wettbewerb auf dem eigenen Markt durch Förderung neuen Wettbewerbs zu schaffen. Ist der Standard urheberrechtlich geschützt, so soll eine Verpflichtung zur Lizenzierung bestehen[17]. Die als einstweilige Anordnung ergan-

13 Überblick bei *Mestmäcker/Schweitzer*, Europäisches Wettbewerbsrecht, 2. Aufl. 2004, § 18.

14 Umfassend *Hohmann*, Die Essential Facilityies' Doctrine im Recht der Wettbewerbsbeschränkungen, Eine Untersuchung der allgemeinen Zugangsregelung zu Netzen und anderen Infrastruktureinrichtungen gemäß § 19 Abs. 4 Nr. 4 GWB unter Berücksichtigung US-amerikanischer, europäischer und sektorspezifischer Erfahrungen, 2001; *Heinemann*, Immaterialgüterschutz in der Wettbewerbsordnung, 2002, S. 93 ff.; auch *Engel/Knieps*, Die Vorschriften des Telekommunikationsgesetzes über den Zugang zu wesentlichen Leistungen, Eine juristisch-ökonomische Untersuchung, 1998.

15 In: B. Hawk (Hg.), Defining Legitimate Competition: Companies' Duties to Supply Competitors, and Access to Essential Facilities, Fordham Corporate Law Institute, 1994, S. 245 (280).

16 EuGH, Commercial Solvents, Slg. 1974, 223 Rn. 25; CBEM/CLT und IPB ("Telemarketing"), Slg. 1985, 3261 Rn. 26; RTE und ITP/Kommission (Magill), Slg. 1995, I-743 Rn. 50; Bronner, Slg. 1998, I-7789.

17 Kommissionsentscheidung v. 3. 7. 2001, Case COMP D 3/38.004, NDC Health/IMS Health: Interim measures Rn. 180 f.

gene Entscheidung IMS Health wurde von den Präsidenten der Europäischen Gerichte aufgehoben[18]. In dem vom Präsidenten des EuGH bestätigten Beschluss des Präsidenten des EuG werden die folgenden Unterschiede zum Fall Magill und zur Essential Facilities Doctrine hervorgehoben:

- Der Zugang zum Markt soll zugunsten der direkten Wettbewerber des beherrschenden Unternehmens erzwungen werden;
- Es gibt keinen zweiten Markt, auf dem das beherrschende Unternehmen Wettbewerb behindert oder verhindert;
- Der Schutzgegenstand des Urheberrechts ist identisch mit den Leistungen, die das beherrschende Unternehmen auf dem Markt erbringt;
- Die Lizenzierung entspricht dem legitimen unternehmerischen Eigeninteresse des Rechtsinhabers, ohne dass die Entstehung eines neuen Produkts verhindert wird.

Danach lagen die „besonderen Umstände" nicht vor, welche die Anwendung von Art. 82 EGV auf die durch Urheberrecht geschützte beherrschende Stellung voraussetzen. Die Kommission stellte ihre Verwaltungsverfahren nach diesen Entscheidungen ein. Das Landgericht Frankfurt, bei dem derselbe Sachverhalt auf Grund einer Privatklage anhängig war, legte dem EuGH die Frage vor, ob die Lizenzverweigerung von IMS Health gegen Art. 82 EGV verstoßen könne. Die Vorlagefrage führte zu dem hier im Mittelpunkt stehenden Urteil des EuGH vom 29. 4. 2004. Der US Supreme Court hatte im Trinko Fall über ähnliche Fragen zu entscheiden. Im Schrifttum haben beide Urteile zu einer erneuten Diskussion über Grundsatzfragen in der Auslegung von Art. 82 EGV geführt[19].

C. Refusal to deal oder Essential Facilities im US amerikanischen Recht

Angesichts der Bedeutung, welche die Essential Facilities Doctrine auf der Grundlage des US-amerikanischen Rechts im Gemeinschaftsrecht gewonnen hat, ist vorab ein Missverständnis der Rechtsvergleichung aufzuklären. Im Schrifttum gilt der vom US Supreme Court entschiedene Fall Terminal Railroad Association v. United States als Ursprung der Essential Facilities Doctrine und als Begründung eines Sondertatbestandes der Monopolisierung im Sinne von Section 2 Sherman Act[20]. Dem Urteil wird der Grundsatz entnommen, dass die Kontrolle einer wesentlichen Einrichtung oder Infrastruktur durch ein marktbeherrschendes Unternehmen nach der Essential Facilities Doctrine dazu führe, dass die bloße Zugangsverweigerung als solche einen kartellrechtlich verbotenen Machtmissbrauch begründe[21]. Die verbrei-

18 EuG, IMS Health/Kommission, Beschluss des Präsidenten v. 26. 10. 2001, Slg. 2000, II-3193; bestätigt EuGH, NDC Health/IMS Health und Kommission, Beschluss des Präsidenten v. 11. 4. 2002, Slg. 2002, I-3405.

19 *Körber*, Geistiges Eigentum, essential facilities und „Innovationsmissbrauch". Überlegungen zum Microsoftfall im Lichte der EuGH Entscheidung IMS Health, RIW 2004, 881-891; *Drexl*, Intellectual Property and Antitrust Law, IIC International Review of Intellectual Property and Competition Law, Special Issue in Honour of Professor William A. Cornish, 2004, 788 ff.; *Spindler/Apel*, Urheber versus Kartellrecht – Auf dem Wege zur Zwangslizenz? Im Druck.

20 US Supreme Court, US v. Terminal Railroad Association, 224 US 383 (1912).

tete Annahme, der Supreme Court habe in diesen und späteren Urteilen die Verweigerung des Zugangs zu einer wesentlichen Einrichtung als Monopolisierungsverstoß beurteilt, ist jedoch unzutreffend. Der Supreme Court hat diese Annahme wiederholt, zuletzt im Trinko Urteil vom 13. Januar 2004, zurückgewiesen[22]. Die Erklärung für diese Fehlinterpretation liegt darin, dass man den Unterschied von materiellrechtlichem Verstoß und Abhilfe im Verfahren der Equity (Remedy) nicht beachtet hat. Der Ursprungsfall Terminal Railroad ist in dieser Hinsicht eindeutig. Ein Gemeinschaftsunternehmen von 14 Eisenbahngesellschaften kontrollierte den Bahnhof von St. Louis, die dazugehörigen Streckenanlagen sowie die Fähr- und Brückenverbindungen über den Mississippi. Der Supreme Court entschied, der Zusammenschluss verstoße gegen Section 1 und 2 Sherman Act. Als mögliche Abhilfen kamen in Betracht die Auflösung des Gemeinschaftsunternehmens oder eine Verpflichtung, diskriminierungsfreien Zugang zu den gemeinsam kontrollierten Einrichtungen zu gewähren. Das Gericht entschied sich für den diskriminierungsfreien Zugang. Es behielt sich jedoch die Befugnis vor, die Auflösung des Gemeinschaftsunternehmens anzuordnen, falls sich die genannte Zugangsregelung als nicht wirksam erweisen sollte. Damit wendete das Gericht die Grundsätze an, die im Verfahren der Equity für Abhilfen (Remedies) bei einem festgestellten Verstoß gegen die Antitrust-Gesetze gelten[23]. Die gerichtlichen Verfügungen, die im Abhilfeverfahren ergehen, stellen selbstverständlich die Art des Gesetzesverstoßes in Rechnung; aber die Abhilfe ist kein Spiegelbild des Verstoßes. Dies erklärt, warum sich der Supreme Court in Trinko erneut geweigert hat, die in der Rechtsprechung der Instanzgerichte anerkannte Essential Facilities Doctrine zu bestätigen oder zu verwerfen.

In Trinko ging es um die Frage, ob das Monopolisierungsverbot neben dem Telecommunications Act 1996 auf die Verweigerung des Zugangs zu Telekommunikationsnetzen anwendbar ist. Der Kläger machte geltend, ein Local Exchange Carrier (LEC) weigere sich unter Verstoß gegen Section 2 Sherman Act, entbündelten Zugang zum Ortsnetz zu gewähren. Die grundsätzliche Anwendbarkeit des Sherman Act wird durch den Telecommunications Act eindeutig und zwar positiv beantwortet (Section 601 (b (1)). Gleichwohl kam der Supreme Court zu dem Ergebnis, dass die Verweigerung des Zugangs zum Ortsnetz nicht gegen das Monopolisierungsverbot verstößt. Dies folgt aus einer umfassend begründeten engen Auslegung des Monopolisierungsverbots in seiner Anwendung auf das Verhalten von Einzelunternehmen: Das Antitrust-Recht respektiert den Grundsatz der freien Wahl des Geschäftspartners, insbesondere sind Unternehmen nicht verpflichtet, ihren Wettbewerbern zu Hilfe zu kommen. Ausnahmen von diesen Grundsätzen sind eng auszulegen. Das gilt insbesondere dann, wenn die Regulierung die Verhaltensweisen zum Gegen-

21 Repräsentativ zuletzt *Körber* (Fn.19), S. 885.
22 Zur vorausgehenden Rechtsprechung *Mestmäcker/Schweitzer* (Fn.13), § 18 Rn. 33.
23 Einen nicht überholten Überblick über den Zusammenhang von materiellem Gesetzverstoß und Abhilfen mit Blick auf die Entflechtung nach festgestellter Monopolisierung gibt US v. Aluminum Co. of America D.C. New York, CCH Trade Cases 1950/51; 62, 646.

stand hat – hier Zugang zum Netz – die auch den Antitrust-Verstoß begründen sollen. Das Urteil ist als Rückkehr oder Rückschritt zur traditionellen Chicago School of Antitrust kritisiert worden[24]. Insoweit ist jedoch angesichts eines Urteils, das ohne dissenting votes ergangen ist, Vorsicht geboten.
Zu der Grundsatzfrage, unter welchen Voraussetzungen das Monopolisierungsverbot in die wettbewerbliche Handlungsfreiheit von Einzelunternehmen eingreift, hat sich der US Supreme Court wie folgt geäußert:

> „The mere possession of monopoly power, and the concommittant charging of monopoly prices, is not only not unlawful; it is an important element of the free market system. The opportunity to charge monopoly prices – at least for a short period – is what attracts „business acumen“ in the first place; it induces risk taking that produces innovation and economic growth".

Der Supreme Court erstreckt den Gedanken der Belohnungs- und Anreizwirkung, die von Patenten und Urheberrechten ausgehen soll, auf nicht regulierte Monopole. Mit dem „business acumen“, der Findigkeit von Unternehmen, wird auf das Alcoa-Urteil und die dortige Charakterisierung rechtmäßig erworbener Monopolstellungen hingewiesen. Zu dem Wettbewerb, den die Antitrustgesetze gewährleisten sollen, gehört auch der Wettbewerb um rechtmäßige Monopole. Das ist pre-Chicago und folgt aus dem von der Chicago School im übrigen hart kritisierten Alcoa-Urteil von Richter *Learned Hand*: „The successful competitor, having been urged to compete, must not be turned upon when he wins“[25]. Der Gewinn kann auch eine rechtmäßig erworbene Monopolstellung sein. Im übrigen orientiert sich die enge Auslegung des Monopolisierungsverbots in seiner Anwendung auf refusal to deal durch Einzelunternehmen an gefestigten tradierten Grundsätzen: Die freie Wahl des Geschäftspartners gehört ebenso wie die Preisfreiheit zum Wesen des Wettbewerbs. Eingriffe in diese Erscheinungsformen der Wettbewerbsfreiheit nötigen zu positiven Verhaltensgeboten und sind mit besonderen Risiken verbunden: Für die Funktionsfähigkeit des Wettbewerbs und für die Gerichte, die solche Gebote als „zentrale Planungsinstanz“ überwachen müssen und dazu wenig geeignet sind. Betroffen ist mit den potentiell „false positives“ zugleich das Verhältnis zur Regulierung.
In der Entscheidung über die parallele Anwendbarkeit von Antitrust und Regulierung ist zu berücksichtigen, ob die Regulierung zugleich dem Schutz des Wettbewerbs dient und wirksam angewendet wird. Trifft dies zu, so sind diese Wirkungsmöglichkeiten der Regulierung in Rechnung zu stellen und gegebenenfalls abzuwägen gegenüber den Wirkungsmöglichkeiten des gerichtsförmig anzuwendenden Antitrust-Rechts. Die höchst wechselvolle und teilweise dramatische Geschichte des Verhältnisses von Antitrust und Regulierung in der Telekommunikation sprechen für eine pragmatische gegenseitige Reservezuständigkeit, über die anhand des Lösungspotentials und der Wirksamkeit der zur Entscheidung berufenen Institutionen zu urteilen ist. Die Entflechtung von American Telephone and Telegraph Co aufgrund eines consent decree und die daraus folgende weitgehende Regulierung einer ganzen Industrie durch das für die Anwendung des Vergleichsurteils zuständige

24 *Drexl* (Fn. 19), S. 794 ff.
25 US v. Aluminum Co. of America 148 Fed (2d) 416 = CCH Trade Cases 1944-45, 57/342 (57/684).

Gericht sind dafür das wichtigste Beispiel[26]. In den Worten von Judge *Green*: "If regulation would effectively prevent these anti-competitive practices there would be no need for the AT &T action"[27]. In Trinko nimmt das Gericht ausführlich zur Anwendung des Telecommunications Act 1996 auf die Öffnung des Netzes für Wettbewerber durch die Federal Communications Commission Stellung. Es ist dieser Teil des Urteils, der für seine begrenzte Reichweite spricht. Derselbe Sachverhalt wäre anders, und zwar zugunsten der Anwendbarkeit des Monopolisierungsverbots zu entscheiden, wenn es die Regulierung nach dem Telecommunications Act 1996 nicht gäbe. Das Gesetz hatte u.a. den Zweck, die erwähnte umfassende gerichtliche Regulierung der Telekommunikationsindustrie zu beenden.

D. Übergänge zur Regulierung im Gemeinschaftsrecht

Auch im Gemeinschaftsrecht gilt der Grundsatz, dass beherrschende Unternehmen berechtigt sind, ihre Eigeninteressen gegenüber Wettbewerbern, Abnehmern und Lieferanten zur Geltung zu bringen[28]. Sie trifft jedoch eine besondere Verantwortung, „dass sie durch ihr Verhalten einen wirksamen und unverfälschten Wettbewerb nicht beeinträchtigen". Dieser Grundsatz gilt auch zugunsten von Wettbewerbern[29]. Maßgeblich ist, ob eine Struktur des tatsächlichen Wettbewerbs gefährdet wird. Diese Interessenabwägung, die stets das auf den Schutz wirksamen Wettbewerbs gerichtete Ziel von Art. 82 EGV zu berücksichtigen hat, steht auch im Mittelpunkt der Beurteilung von Geschäftsverweigerungen durch beherrschende Unternehmen. In der Rechtsprechung des EuGH betreffen zwei der maßgeblichen Urteile beherrschende Stellungen, die ganz oder teilweise auf Urheberrechten beruhen (Magill, IMS Health). Hier gilt der Grundsatz, dass der Inhaber des Urheberrechts nicht verpflichtet ist, Dritten eine Lizenz zu erteilen[30]. Der Grundsatz schließt die Anwendbarkeit von Art. 82 EGV auf eine Lizenzverweigerung nicht aus, wenn „außergewöhnliche Umstände" gegeben sind. In Bronner, das den Anspruch eines Zeitungsverlegers auf Zugang zum Hauszustellungssystem eines Konkurrenten betraf[31], hat der EuGH auf den urheberrechtlichen Fall Magill Bezug genommen, ohne die Besonderheiten des Urheberrechts zu erwähnen. Eine Erklärung könnte darin liegen, dass in Magill die urheberrechtlichen Fragen im Ergebnis von nur untergeordneter Bedeutung waren. Der EuGH hat die Voraussetzungen, unter denen die Zugangsverweigerung einen Missbrauch im Sinne von Art. 82 EGV begründet, im Bronner-Urteil zusammengefasst:

„Die Zugangsverweigerung zur Einrichtung (hier dem Vertriebssystem) muss geeignet sein, jeglichen Wettbewerb auf dem nachgeordneten Markt (hier dem Tageszeitungsmarkt) durch

26 Näher dazu *Haar*, Marktöffnung in der Telekommunikation, Wirtschaftsrecht der internationalen Telekommunikation, Bd. 25, 1995, S. 155 ff.; zur neueren Entwicklung *Geradin/Kerf*, Controlling Market Power in Telecommunications, Antitrust vs Sector-specific Regulation, Oxford 2002, S. 67 ff.
27 US v. AT & T, 552 F. Supp. 131, 187 (1982).
28 EuGH, United Brands, Slg. 1978, 207 Rn. 184/94, 233.
29 Hervorgehoben vom EuGH, NDC Health, Slg. 2002, I-3401 Rn. 84.
30 EuGH, Volvo/Veng, Slg. 1988, 6211 Rn. 8; übereinstimmend EuGH, Cira/Renault, Slg. 1988, 6039 Rn. 11.
31 EuGH, Bronner, Slg. 1998, I-7789 Rn. 39.

denjenigen, der die Dienstleistung begehrt, auszuschalten; die Verweigerung darf nicht objektiv gerechtfertigt sein; und es darf kein tatsächlicher oder potentieller Ersatz für die Einrichtung bestehen (Rn. 51)".

Die danach erfassten Sachverhalte schienen in dem Sinne eindeutig zu sein, dass zwischen dem Zugang zu der nicht duplizierbaren Einrichtung und dem nachgeordneten Markt ein enger Zusammenhang bestehen muss, es sich also notwendig um verschiedene Märkte handelt. Nur wenn auch der nachgeordnete Markt, wie es Generalanwalt Jacobs formuliert hat, sich fest im Griff des beherrschenden Unternehmens befinde, komme ein Verstoß gegen Art. 82 in Betracht (Bronner Rn. 65). Der nachgeordnete Markt, zu dem der Antragsteller Zugang begehrt, kann auch ein potentieller Markt sein. Das trifft zu, wenn der Zugang das Angebot eines neuen Produkts ermöglichen soll und nach diesem Produkt eine wesentliche Nachfrage besteht (Magill). Nicht entschieden ist damit, ob es auf einen vorgeordneten Markt überhaupt ankommt oder unter welchen Voraussetzungen ein vorgeordneter Markt, zu dem Zugang begehrt wird, anzunehmen ist. Das ist eindeutig, wenn das beherrschende Unternehmen einen bereits eröffneten Geschäftsverkehr abbricht (Commercial Solvents, Telemarketing) oder ein Gemeinschaftsunternehmen in der Gewährung des Zugangs diskriminiert (Terminal Railroad Case). Im Urteil IMS Health hat der EuGH entschieden, dass ein vorgelagerter Markt schon durch die Nachfrage nach dem Zugang zum Markt entsteht.
Dem Verfahren liegt der folgende Sachverhalt zugrunde: IMS Health hat ein urheberrechtlich geschütztes Informationssystem für die pharmazeutische Industrie entwickelt. Die sogenannte Brick Structure 1860 knüpft an regional gegliederte Bereiche (Bricks) an. Dieses Informationssystem dient der pharmazeutischen Industrie zur Organisation und Kontrolle ihrer eigenen Vertriebssysteme. Die teilnehmenden Untenehmen haben sich an der Entwicklung und der Verbesserung des Informationssystems beteiligt. Potentielle Wettbewerber haben vergeblich versucht, mit Hilfe eines anderen Systems in diesen Markt einzudringen und begehren deshalb eine Zwangslizenz. Die Kommission stellte zusammenfassend fest: Das Unternehmen habe eine Brick Structure entwickelt, die in der Bundesrepublik zu einem de facto Industriestandard für das Angebot von Datensystemen geworden sei. Der Urheberschutz schließe jeden Wettbewerb aus. Das Unternehmen sei deshalb zu verpflichten, Lizenzen für die Nutzung ihres Systems zu erteilen. Auf einem vom beherrschten Markt verschiedenen Markt komme es nicht an (Rn. 70 und Rn. 180). Wörtlich heißt es (Rn. 180):

„IMS has created, in collaboration with the pharmaceutical industry over a long period of time, a brick structure which has become the de facto industry standard for the presentation of regional data services and which the Frankfurt court has found is its intellectual property right. IMS is now excluding all competition from the market for regional data services by refusing, without objective justification, to licence this structure to competitors".

Im Vorlageverfahren hat der EuGH zwar an dem Erfordernis von zwei getrennten Märkten festgehalten, in Übereinstimmung mit dem Generalanwalt[32], aber ange-

32 Siehe Fn. 2, Schlussanträge abgedr. in WuWE EU-R 708 ff.

nommen, es reiche aus, dass für die Erzeugnisse oder Dienstleistungen, die für die Ausübung einer bestimmten Tätigkeit unerlässlich sind, ein potentieller oder auch nur hypothetischer Markt bestimmt werden könne. Ein solcher Markt sei anzunehmen, wenn eine tatsächliche Nachfrage nach diesen Erzeugnissen oder Dienstleistungen seitens der Unternehmen bestehe, für deren Tätigkeit die fragliche Dienstleistung unerlässlich sei. Die Nachfrage des Unternehmens, für das die Dienstleistungen oder Erzeugnisse unerlässlich sind, schafft den Markt. Dieser hypothetische oder potentielle Markt wird vom EuGH auch als gesonderte Produktionsstufe bezeichnet (Rn. 44). Im IMS-Fall handelt es sich um den Markt für Urheberrechtslizenzen an der Brick Structure 1860. Davon zu unterscheiden ist sodann der Folgemarkt für das Angebot der Datendienste, auf dem so im Interesse der Verbraucher Wettbewerb geschaffen werden soll.

Legt man die Formulierung des EuGH zugrunde, entscheidend sei, dass zwei verschiedene Produktionsstufen vorliegen, die dadurch miteinander verbunden sind, dass das vorgelagerte Erzeugnis ein für die Lieferung des nachgelagerten Erzeugnisses unerlässliches Element sei, so ist der relevante Tatbestand nicht auf urheberrechtlich geschützte Dienstleistungen oder Erzeugnisse begrenzt. Auch für faktische Monopole käme die Anwendung von Art. 82 EGV in Betracht. Es zeichnet sich ein Anwendungsbereich von Art. 82 EGV ab, der im Ansatz der regulierten Marktöffnung in der Telekommunikation oder im Energiebereich entspricht. Zu erinnern ist jedoch an grundlegende Unterschiede. Sie folgen nicht zuletzt daraus, dass es sich insbesondere in der Telekommunikation, teilweise auch im Energiebereich, darum handelt, Märkte zu öffnen, die bisher durch staatliche Regulierungen oder Privilegierungen geschlossen waren. Das IMS-Health-System ist dagegen, wie die Kommission selbst sagt, über eine lange Zeitspanne entwickelt worden und beruht auf Seiten des Unternehmens auf unternehmerischer Leistung. Die Mitwirkung der pharmazeutischen Industrie erklärt sich durch deren Eigeninteresse an einer übersehbaren Vertriebsorganisation. Das sind Entwicklungen, die Markt und Wettbewerb hervorbringen sollen. Die Ernte von Früchten, die andere gesät haben, kann schwerlich eine allgemeine Maxime des Wettbewerbsrechts sein.

Es ist deshalb geboten im Einzelnen zu prüfen, unter welchen Voraussetzungen eine Geschäfts- oder Lizenzverweigerung gegen Art. 82 EGV verstoßen kann. Wenn schon die Nachfrage interessierter Unternehmen nach Produkten oder Dienstleistungen unabhängig von deren getrennter Vermarktung einen „Markt" im Verhältnis zum beherrschenden Unternehmen begründet, dann ist für die Anwendung von Art. 82 EGV maßgeblich, ob die begehrten Produkte oder Dienstleistungen unerlässlich sind, um auf dem Folgemarkt tätig zu werden und ob ohne den Zugang jeglicher Wettbewerb auf dem Folgemarkt ausgeschlossen bleiben würde. In IMS Health war nach der Vorlage des Landgerichts Frankfurt zu entscheiden, ob zu den Umständen, welche die Missbräuchlichkeit der Lizenzverweigerung begründen können, der Grad der Einbeziehung der Nutzer in die Entwicklung der Bausteinstruktur gehört. Diese Frage wurde vom Generalanwalt und vom EuGH bejaht: Die intensive Einbeziehung der pharmazeutischen Industrie habe Abhängigkeiten, insbesondere technischer Art begründet (Generalanwalt Rn. 83, 84). Der Anbieter einer Alternativstruktur könne deshalb gezwungen sein, finanzielle Konditionen zu offerieren, welche die Tätigkeit zwangsläufig unrentabel werden lasse (Rn. 29). Dies ist eine Aussage von großer wirtschaftlicher und ökonomischer Tragweite. Kein Unternehmen, das technisch anspruchsvolle Produkte oder Dienstleistungen anbietet, kann einen Markt ohne Mitwirkung der Kunden entwickeln. Es war das Privileg der Deutschen Bundespost zu Zeiten des Fernmeldemonopols, eine Einheitstechnik ohne Mitwirkung der Nutzer durchsetzen und weiter entwickeln zu können[33]. Dies ist ein Indiz für einen besonders hohen Grad von Monopolisierung. Deshalb ist die Einbeziehung der pharmazeutischen Industrie in die Entwicklung der Bausteinstruktur kein Indiz für Monopolmacht. Sie entspricht vielmehr Marktkräften und ist gleichzeitig geeignet, die Marktmacht von IMS Health im Vertikalverhältnis zu begrenzen.

E. Folgerungen

Die im Rahmen von Art. 82 EGV stets gebotene Interessenabwägung lässt sich nicht auf den Gegensatz zwischen den Eigeninteressen des beherrschenden Unternehmens und dem öffentlichen Interesse am Wettbewerb zurückführen. Der US Supreme Court hat in Trinko auf die Risiken hingewiesen, die in Rechnung zu stellen sind, wenn das Wettbewerbsrecht die Wahlfreiheit beherrschender Unternehmen einschränkt. Zu diesen Risiken gehören gesamtwirtschaftliche Verluste, die bei ungerechtfertigten Einschränkungen der individuellen Wettbewerbsfreiheit entstehen. Die Marktmachtschwelle setzt diese Risiken herab, ohne sie jedoch auszuschließen[34]. Wichtige Kriterien für die wettbewerbliche Bewertung unternehmerischer Eigeninteressen folgen aus den rechtlichen und wirtschaftlichen Grundlagen der beherrschenden Stellung. Die Rechtsprechung trägt dem Rechnung, indem sie nach den objektiven Gründen fragt, die eine Geschäftsverweigerung erklären und rechtfertigen oder nicht rechtfertigen (Magill Rn. 54, 55, 56). Der Inhaber eines Urheberrechts ist auch als beherrschendes Unternehmen berechtigt, sein Recht durch Eigennutzung auf dem Markt auszuüben. Er ist jedoch nicht berechtigt, eine Lizenz zu verweigern, wenn er dadurch das Auftreten eines neuen Produkts verhindert, das er selbst nicht anbietet (Magill Rn. 54), und das seine vom Urheberrecht unabhängigen Interessen nicht beeinträchtigt (Magill Rn. 55). Dem entspricht das Urteil IMS Health, wonach der Urheberrechtsschutz die Lizenzverweigerung rechtfertigt, wenn der potentielle Lizenznehmer sich darauf beschränken will, Erzeugnisse und Dienstleistungen anzubieten, die vom Inhaber des geistigen Eigentums bereits auf dem abgeleiteten Markt angeboten werden (IMS Health Rn. 49)[35]. Das Urheberrecht setzt sich mithin auch dann durch, wenn seine Ausübung zum Ausschluss des Substitutionswettbewerb geführt hat[36].

33 Näher *Mestmäcker*, Fernmeldemonopole und Nachfragemacht – Wirtschaftsrechtliche und ordnungspolitische Probleme der hoheitlichen und unternehmerischen Funktionen der GBP, in: ders., Recht und ökonomisches Gesetz, 2. Aufl. 1984, S. 764 (774 ff.).

34 Dazu *Mestmäcker*, Der verwaltete Wettbewerb, 1984, S. 34.

35 In IMS-Health bestand von Anfang an kein Zweifel, dass die Wettbewerber gerade dies erreichen wollten. Die Lizenzverweigerung ist somit nicht missbräuchlich.

Für beherrschende Unternehmen gilt unabhängig vom Urheberrecht der Grundsatz der freien Wahl der Geschäftspartner. Es gibt keine allgemeine Pflicht potentiellen Wettbewerbern die Nutzung intern genutzter Ressourcen zu gestatten. Einschränkungen gelten, wenn das beherrschende Unternehmen den Geschäftsverkehr mit einem bisherigen Kunden abbricht, um den Markt zu übernehmen (Commercial Solvents) oder die Geschäftsverweigerung den Wettbewerb auf einem verbundenen Markt durch die Verknüpfung verschiedener Leistungen, für die es gesonderte Märkte gibt, ausschließt (Telemarketing).

Wenn schon die Nachfrage nach der Gewährung von Zugang zu einer Einrichtung einen hypothetischen „Markt" begründet, wie es der EuGH im IMS Health Fall angenommen hat, bleiben die Folgerungen zu bedenken, die sich ergeben, wenn man sodann beherrschende Stellungen als „wesentliche Einrichtungen" auf einem verbundenen Markt qualifiziert. Es geht um die Voraussetzungen, unter denen potentielle Wettbewerber damit rechnen können, Zugang zu den Ressourcen des beherrschenden Unternehmens zu erlangen, wenn das zu mehr Wettbewerb auf einem Folgemarkt führen würde. Der Gewinn für den Wettbewerb würde in aller Regel gering sein. Haben potentielle Wettbewerber eines beherrschenden Unternehmens die Chance, den unmittelbaren Zugang zur Nutzung von dessen Ressourcen zu erlangen, allenfalls mit Hilfe der EG-Kommission, so wird der Wettbewerb um die Marktstellung in der Regel nicht mehr lohnend sein. Der im Interesse der Verbraucher auf dem Folgemarkt zu schaffende Wettbewerb, der dort Preiskontrollen überflüssig machen soll, führt jedoch zu Preiskontrollen auf dem vorgeordneten Markt, nämlich zur behördlichen oder gerichtlichen Festsetzung des Entgelts, welches das beherrschende Unternehmen für die Nutzung seiner Einrichtung fordern darf[37].

Die Lehre aus Trinko und IMS Health besteht hauptsächlich darin, dass die Freiheit der Wahl des Geschäftspartners eine Erscheinungsform der Wettbewerbsfreiheit ist. Auch ein Unternehmen, das einen bestreitbaren Markt beherrscht, hat mit Wettbewerb zu rechnen. Dieser Wettbewerb sollte ermutigt und vor Missbräuchen des beherrschenden Unternehmens geschützt werden. Nur in eng begrenzten Ausnahmefällen kann es gerechtfertigt sein, den Wettbewerb um einen beherrschten Markt auszuschließen, indem man das beherrschende Unternehmen verpflichtet, seine intern genutzten Ressourcen Wettbewerbern zur Verfügung zu stellen, und so Wettbewerb auf dem beherrschten Markt zu ermöglichen. Es trägt zur Rechtsklarheit und Rechtssicherheit bei, wenn in der Anwendung von Art. 82 EGV zwischen der Tatbestandsmäßigkeit und Rechtswidrigkeit des Missbrauchs auf der einen Seite und der Rechtsfolge des Kontrahierungszwangs auf der anderen Seite unterschieden wird. Eine solche differenzierende Betrachtungsweise ist insbesondere unerlässlich, wenn schon das Zugangsbegehren eines potentiellen Wettbewerbers einen „Markt" begründet. Welche Einrichtung in Verbindung mit einer beherrschenden Stellung so wesentlich ist, dass ihr Inhaber verpflichtet sein sollte, Dritten Zugang zu gewähren,

36 Übereinstimmend *Casper*, Die wettbewerbsrechtliche Begründung von Zwangslizenzen, ZHR 166 (2002), 685 (703); auch *Körber* (Fn.19), S. 887, 888; kritisch dagegen *Drexl* (Fn. 19), S. 807. Die hier vertretene Meinung steht nicht im Gegensatz zu der Lehre, die komplementäre Ziele für Wettbewerbsrecht und geistiges Eigentum annimmt. Dazu *Mestmäcker/Schweitzer* (Fn. 13), § 28 Rn. 7 ff.

37 Sehr klar dazu Generalanwalt *Jacobs* in Bronner, Slg. 1998, I-7789 Rn. 66 und 69.

wiederholt nur die Frage nach der Anwendbarkeit des Missbrauchsverbots. Dabei sind stets die Erfordernisse des Wettbewerbssystems und des Binnenmarkts in Beziehung zu setzen zur Marktstruktur und zu den konfligierenden Interessen der beteiligten Unternehmen. Zur Marktstruktur gehören insbesondere der Grad der Marktmacht, ihre Dauer und die Gründe ihrer Entstehung. Diese Umstände beeinflussen die berechtigten Interessen des beherrschenden Unternehmens, die gegen die auf Geschäftseröffnung und Zugang gerichteten Interessen Dritter abzuwägen sind.

Gemeinschaftsrecht, „neutrale" Entscheidungsträger und Demokratieprinzip

Georg Hermes

A. Die europäische Liberalisierungspolitik auf der Suche nach unabhängigen Entscheidungsträgern

Die Öffnung wichtiger Dienstleistungssektoren für den Wettbewerb bleibt auf der Tagesordnung europäischer Politik. Dies gilt ungeachtet der zwischenzeitlich gewachsenen Einsicht in die Notwendigkeit, Marktmechanismen im öffentlichen Interesse regulatorisch zu modifizieren oder zu ergänzen[1]. In ihrem Bemühen, die Kräfte des Marktes auch in bislang staatsnahen Sektoren der Daseinsvorsorge oder des „service public" wirksam werden zu lassen, trifft die europäische Liberalisierungspolitik regelmäßig auf staatliche Organisationseinheiten oder auf Unternehmen unter starkem staatlichem Einfluss, die bestimmte Einrichtungen und Dienste unter Ausschluss von Wettbewerbern anbieten. Solange die Mitgliedstaaten an solchen Unternehmen beteiligt sind, stellt sich dann regelmäßig die schwierige Frage, welcher „Stelle" oder Organisationseinheit diejenigen Entscheidungsbefugnisse zugewiesen werden sollen, die für einen funktionsfähigen Wettbewerb wesentlich sind und die deshalb Neutralität und Unparteilichkeit gegenüber allen beteiligten Wettbewerbern erfordern. Denn wegen seiner gleichzeitigen Rolle als Unternehmer wird dem Staat verständlicherweise die Funktion des neutralen Regulierers, der die Bedingungen fairen Wettbewerbs zwischen seinen eigenen Unternehmen und neuen Konkurrenten gewährleisten soll, nicht zugetraut. Hinzu kommt die Gefahr, dass staatseigene oder staatsnahe Unternehmen für fiskalische und/oder außerökonomische Politikziele durch intransparente Interventionen instrumentalisiert werden könnten[2]. Auf diese Weise erklärt sich die zwischenzeitlich auch vom sekundären Gemeinschaftsrecht favorisierte Tendenz zu unabhängigen, vom politischen Prozess entkoppelten fachspezifischen Regulierungsbehörden, deren Vereinbarkeit mit den demokratisch begründeten Prinzipien der Verwaltungsorganisation in Deutschland allerdings alles andere als sicher ist (dazu unten C).

1 Zu dem Konzept kontrollierter Liberalisierung siehe nur das Grünbuch zu Dienstleistungen von allgemeinem Interesse v. 21. 5. 2003, KOM(2003) 270 endg. sowie das Weißbuch zu Dienstleistungen von allgemeinem Interesse vom 12. 5. 2004, KOM(2004) 374 endg.

2 So *Schneider*, Flexible Wirtschaftsregulierung durch unabhängige Behörden in deutschen und britischen Telekommunikationsrecht, ZHR 2000, 513 (537).

Dieser Bedarf an „neutralen“ und „unabhängigen“ wettbewerbsrelevanten Entscheidungen und somit die Schwierigkeit der Suche nach geeigneten Entscheidungsträgern steigt mit der Dominanz und dem Diskriminierungspotential des etablierten öffentlichen Unternehmens in dem jeweiligen Sektor. Er wird prekär, wenn nur Teile eines Dienstleistungssektors liberalisierungsfähig sind, während andere Teile aufgrund ihrer natürlichen Monopoleigenschaft den Regeln des Marktes nicht unterworfen werden können, und wenn eben diese Monopolbereiche in die Hand eines öffentlichen Unternehmens gegeben werden, das zugleich als Wettbewerber in dem liberalisierten Sektor agiert. Die daraus resultierenden Schwierigkeiten betreffen insbesondere die Liberalisierung der netzgebundenen Infrastrukturen. Sie lassen sich deutlich an den aktuellen Entwicklungen des europäischen Eisenbahnrechts zeigen, die die bereits im Telekommunikations- und im Energierecht erkennbare Tendenz fortsetzen, (wettbewerbs-)neutrale Entscheidungen in die Hände unabhängiger (Regulierungs-)Behörden zu legen (dazu unten B).

B. Das europäische Eisenbahnrecht zwischen neutralem Netzbetreiber und unabhängiger Regulierungsbehörde

Wie in anderen netzgebundenen Infrastruktursektoren so kann auch im Eisenbahnwesen Wettbewerb nur dadurch hergestellt werden, dass allen konkurrierenden Anbietern von (Verkehrs-)Diensten die gleichen Zugangsmöglichkeiten zu dem (Schienen-)Netz offen stehen. Da das Netz ein natürliches Monopol darstellt und somit nicht den Marktgesetzen unterliegt, bedarf es besonderer rechtlicher Vorkehrungen, die diesen diskriminierungsfreien Netzzugang sicherstellen. Wenn der Staat das Netz – anders als im traditionellen System des Straßenwesens – nicht selbst betreibt, sondern einem privaten Unternehmen überlässt, so räumt er diesem zwangsläufig eine dauerhafte und mit den Mitteln des allgemeinen Wettbewerbsrechts nicht angemessen zu kontrollierende Monopolstellung ein. Angesichts der technischen Komplexität kann dieses Monopol auch nicht angemessen dadurch kontrolliert werden, dass die Netzzugangsbedingungen durch Gesetz oder Rechtsverordnung festgelegt werden. Vor diesem Hintergrund hat sich zwischenzeitlich die Erkenntnis durchgesetzt, dass es auch und vor allem organisationsrechtlicher Sicherungen bedarf, die die Neutralität desjenigen sichern, der die normativ nur rudimentär determinierten Netzzugangsentscheidungen zu treffen hat.

I. Organisationsmodelle für den Umgang mit dem Netzmonopol

Die wesentlichen Funktionen, die dabei verschiedenen Organisationseinheiten zugewiesen und in ein stimmiges Verhältnis gesetzt werden müssen, sind die eigentlichen Dienstleistungsfunktionen, hier also die Erbringung von Verkehrsleistungen, die Bereitstellung der Verkehrsinfrastruktur (Schienennetz), die Entscheidungsbefugnis über die Gewährung des Netzzugangs und über dessen Bedingungen sowie schließlich hoheitlich wahrzunehmende Funktionen der Regulierung und Kontrolle. Um die Missbrauchsgefahren, die sich insbesondere im Zusammenhang mit der Gewährung des Netzzugangs ergeben[3], einzudämmen, kann einerseits ein von den Nutzern des Netzes weitgehend unabhängiger Infrastrukturbetreiber vorgesehen werden, der Netzzugangsentscheidungen selbst trifft, die ggf. von einer staatlichen Beschwerdeinstanz überprüft werden können. Andererseits können bestimmte, im Hinblick auf Diskriminierungen besonders sensible Aspekte der Zugangsentscheidung auf eine neutrale dritte – typischerweise staatliche[4] – Stelle ausgelagert werden, womit gleichzeitig die Anforderungen an die Unabhängigkeit des Infrastrukturbetreibers von den Verkehrsunternehmen reduziert werden. Die erste und wichtigste Grundentscheidung, die ein konsistentes Wettbewerb ermöglichendes Organisationsmodell zu treffen hat, ist also diejenige betreffend das Ausmaß der organisatorischen Isolierung und Neutralisierung des Netzbetreibers. Erst auf der Basis dieser Grundentscheidung lässt sich beurteilen, in welchem Umfang diesem Betreiber wettbewerbsrelevante Entscheidungen anvertraut werden können oder ob diese nicht vielmehr auf einen „neutralen Dritten" verlagert werden müssen.

II. Das Sekundärrecht zur Neutralität netzzugangsrelevanter Entscheidungen

Das europäische Eisenbahnrecht enthält zu eben dieser Grundfrage nach dem neutralen Status des Netzbetreibers keine klare Entscheidung zugunsten eines der genannten Modelle. Deutlich wird dies bereits daran, dass es in den Erwägungsgründen der maßgeblichen Richtlinie[5] heißt, ein gerechter und nichtdiskriminierender Zugang zur Infrastruktur sei durch die „Trennung bestimmter wesentlicher Funktionen und/oder durch die Einrichtung einer Eisenbahn-Regulierungsstelle, die für die Kontrolle und Verwirklichung des Zugangs sorgt", zu gewährleisten. Wie insbesondere die Formulierung „und/oder" zeigt, ist das umstrittene Verhältnis zwischen der Neutralität des Infrastrukturbetreibers einerseits und den von einer Regulierungsstelle wahrzunehmenden Funktionen andererseits und damit die Grundentscheidung für ein überzeugendes wettbewerbsförderndes Organisationsmodell teilweise offen geblieben. Verständlich wird dies vor dem Hintergrund der Entstehungsgeschichte des sog. Ersten EU-Eisenbahninfrastrukturpaketes[6], in deren Rahmen die Regelun-

3 Vgl. dazu etwa die Beispiele in der Stellungnahme zum Entwurf des Dritten Gesetzes zur Änderung eisenbahnrechtlicher Vorschriften vom 10. Dezember 2003 im Auftrag der Connex Regiobahn GmbH, Frankfurt a.M., Potsdam zur Vorlage beim Bundesministerium für Verkehr, Bau- und Wohnungswesen erarbeitet von *Bremer* u.a. (unveröff. Fassung v. 31. März 2004), S. 4 ff.

4 Zum Problem, dass es „dem" Staat, der selbst an Eisenbahnunternehmen beteiligt ist, an der erforderlichen Neutralität fehlt, s. u. C.

5 Erwägungsgrund 2 der RL 2001/12/EG des Europäischen Parlaments und des Rates zur Entwicklung der Eisenbahnunternehmen der Gemeinschaft v. 26. 2. 2001, ABl. L 75/1.

6 Dieses „Paket" umfasst neben der Änderung der RL 91/440/EWG durch die in Fn. 5 erwähnte Richtlinie die Neufassung der RL 95/18/EG des Rates v. 19. 6. 1995 durch die RL 2001/13/EG des Europäischen Parlaments und des Rates über die Erteilung von Genehmigungen an Eisenbahnunternehmen v. 26. 2. 2001, ABl. L 75/26, sowie die RL 2001/14/EG des Europäischen Parlaments und des Rates über die Zuweisung von Fahrwegkapazität der Eisenbahn, die Erhebung von Entgelten für die Nutzung von Eisenbahninfrastruktur und die Sicherheitsbescheinigung v. 26. 2. 2001, ABl. L 75/29.

gen zur Trennung von Netz und Betrieb sehr umstritten und Gegenstand zahlreicher Änderungen waren[7]. Die alles andere als klaren Regelungen zum Status des Netzbetreibers und vor allem zur Sicherung von Wettbewerb durch Trennungs- und Unabhängigkeitsgebote stellen sich als das Ergebnis eines Kompromisses zwischen gemeinschaftsrechtlicher Wettbewerbssicherung einerseits und der organisatorischen Gestaltungsfreiheit von Mitgliedstaaten und Unternehmen andererseits dar[8].

Während sich das Gemeinschaftsrecht zuvor darauf beschränkte, eine getrennte Rechnungsführung für die Bereiche Netz und Betrieb innerhalb desselben Unternehmens vorzuschreiben[9] und den Umgang mit Problemen der Diskriminierung beim Netzzugang mitgliedstaatlicher Regelung überließ, wendete sich das Infrastrukturpaket 2001 verstärkt der Problematik der Diskriminierung zu und schreibt für die Wahrnehmung bestimmter sensibler Funktionen bei der Gewährung des Netzzugangs eine über die Rechnungsführung hinausgehende, auch organisatorische Trennung vor. Hierzu enthält Art. 6 III 1 RL 91/440/EWG die Vorgabe, dass bestimmte Funktionen, die „für einen gerechten und nichtdiskriminierenden Zugang zur Infrastruktur ausschlaggebend" sind[10], auf Stellen oder Unternehmen übertragen werden, die selbst keine Eisenbahnverkehrsleistungen erbringen. Welches Maß an organisatorischer, rechtlicher und sachlicher Unabhängigkeit diese Stellen oder Unternehmen aufweisen müssen, lässt die Richtlinie allerdings nicht ohne weiteres erkennen[11].

7 Der erste Vorschlag der Kommission zur Änderung der RL 91/440/EWG enthielt noch nichts zur Frage, ob bestimmte Funktionen mit besonderer Unabhängigkeit wahrgenommen werden müssen, sondern begnügte sich mit dem Gebot getrennter Rechnungsführung (KOM[1998] 480 endg.). Der geänderte Richtlinienvorschlag (KOM[1999] 616 endg.) sah dann auf Initiative des Parlaments eine sehr weit gehende Trennungsregelung vor, wonach die Mitgliedstaaten getrennte Einrichtungen mit eigener Rechtspersönlichkeit für die Erbringung von Verkehrsleistungen und für den Betrieb der Eisenbahninfrastruktur schaffen sollten.

8 Vgl. dazu den gemeinsamen Standpunkt des Rates, ABl. C 288 v. 11. 10. 2000.

9 In der ursprünglichen Fassung der RL 91/440/EWG war in Art. 6 Abs. 1 nur die obligatorische Trennung der Rechnungsführung in Bezug auf das Erbringen von Eisenbahnverkehrsleistungen und den Betrieb der Infrastruktur vorgegeben.

10 Dabei handelt es sich nach Anhang II der RL, auf den Art. 6 Abs. 3 S. 1 RL 91/440/EWG verweist, um: Vorarbeiten und Entscheidungen über die Zulassung von Eisenbahnunternehmen, einschließlich der Gewährung einzelner Genehmigungen; Entscheidungen über die Trassenzuweisung, einschließlich sowohl der Bestimmung als auch der Beurteilung der Verfügbarkeit und der Zuweisung von einzelnen Zugtrassen; Entscheidungen über die Wegeentgelte; Überwachung der Einhaltung von Verpflichtungen zur Bereitstellung bestimmter Dienstleistungen für die Allgemeinheit.

11 Diese Unklarheit wird verstärkt durch Art. 6 Abs. 3 S. 2 RL 91/440/EWG, wonach es sich bei der Vorgabe des Satzes 1 lediglich um ein „Ziel" handelt, dessen Erreichung „ungeachtet der Organisationsstrukturen" nachzuweisen ist. Immerhin ergibt ein Vergleich zwischen Art. 6 Abs. 2 und 3 RL 91/440/EWG, dass die „wesentlichen" Funktionen nicht an einen nur organisatorisch getrennten „Unternehmensbereich" innerhalb „desselben Unternehmens" übertragen werden dürfen, welches (auch) Eisenbahnverkehrsleistungen erbringt.

Jenseits dieser in ihrer Reichweite unklaren Bestimmung ergeben sich allerdings aus einer Reihe spezieller Normen des Infrastrukturpaketes genauere und weiter reichende Anforderungen an die Unabhängigkeit derjenigen Stelle, der die Mitgliedstaaten die für einen funktionierenden Wettbewerb maßgeblichen Entscheidungsbefugnisse übertragen[12]. Die wichtigste dieser speziellen Regelungen findet sich in der Richtlinie über die Zuweisung von Fahrwegkapazität der Eisenbahn, die Erhebung von Entgelten für die Nutzung von Eisenbahninfrastruktur und die Sicherheitsbescheinigung[13]: Wenn sich ein Mitgliedstaat nicht für das Modell eines Betreibers der Infrastruktur entscheidet, der rechtlich, organisatorisch und in seinen Entscheidungen von Eisenbahnverkehrsunternehmen unabhängig ist, müssen gem. Art. 4 Abs. 2 dieser Richtlinie alle Aufgaben, die Relevanz für die Berechnung und Festsetzung von Wegeentgelten haben, von einer Stelle wahrgenommen werden, die „rechtlich, organisatorisch und in ihren Entscheidungen von Eisenbahnunternehmen unabhängig" ist. Entsprechende Anforderungen gelten gem. Art. 14 Abs. 2 der Richtlinie für alle Regelungs- und Entscheidungsaufgaben, die in Zusammenhang mit der Zuweisung von Fahrwegkapazität stehen.

Deutlich erkennbar ist, dass im Ergebnis die Entscheidungen mit hohem Diskriminierungspotential – die Festsetzung der Trassenentgelte und die Zuweisung von Trassen – einer neutralen, nämlich rechtlich, organisatorisch und in ihren Entscheidungen von Eisenbahnverkehrsunternehmen unabhängigen Stelle zugewiesen sein müssen. Dies kann entweder der in diesem Sinne neutrale Netzbetreiber selbst oder eine andere neutrale Stelle sein, auf die die wesentlichen Entscheidungsbefugnisse dann auszulagern sind. Die entscheidende Frage lautet dann, was genau unter dieser rechtlichen, organisatorischen und entscheidungsbezogenen Unabhängigkeit zu verstehen ist. Zwar ist ersichtlich, dass die organisatorische Trennung des Netzbetriebs als „Unternehmensbereich" innerhalb desselben Unternehmens – eine nach Art. 6 Abs. 2 RL 91/440/EWG für die nicht wettbewerbsrelevanten Aufgaben grundsätzlich zulässige Option – diesen Unabhängigkeitsanforderungen nicht genügt. Wenn man allerdings in Deutschland einerseits eine „integrierte Konzernstruktur" der DB AG aufrechterhalten und Synergieeffekte zwischen „Rad und Schiene" nutzen will, andererseits aber nicht die Konsequenz besitzt, die wettbewerbssensiblen Entscheidungsbefugnisse vollständig von der DB Netz AG auf eine neutrale dritte Stelle (Trassenagentur) auszulagern, dann sind Auslegungsprobleme und Konflikte mit den dargestellten gemeinschaftsrechtlichen Anforderungen vorprogrammiert[14].

12 Hierher gehört zunächst Art. 7 Abs. 2 RL 91/440/EWG, der eine Reihe von Aufgaben (Festlegung der Sicherheitsnormen und –vorschriften, Zertifizierung des rollenden Materials und der Eisenbahnunternehmen, Untersuchung von Unfällen) bestimmt, die von Stellen oder Unternehmen wahrzunehmen sind, die selbst keine Eisenbahnverkehrsleistungen erbringen und unabhängig von Stellen oder Unternehmen sind, die solche Leistungen erbringen. Entsprechend muss nach Art. 3 S. 2 RL 95/18/EG die Erteilung von Genehmigungen für Eisenbahnunternehmen von einer Stelle vorgenommen werden, die „selbst keine Eisenbahnverkehrsleistungen erbringt und von Stellen oder Unternehmen, die dies tun, unabhängig ist".

13 RL 2001/14/EG (Fn. 6).

14 Die wesentlichen Meinungsverschiedenheiten über die Vereinbarkeit des deutschen Holding-Modells mit dem Gemeinschaftsrecht sind zusammengefasst in: Beschlussempfehlung und Bericht des Ausschusses für Verkehr, Bau- und Wohnungswesen zum Entwurf eines Dritten Gesetzes zur Änderung eisenbahnrechtlicher Vorschriften v. 1. 12. 2004, BT-Drs. 15/4419, S. 13 ff.

Jedenfalls steigt der Bedarf nach unabhängigen „dritten“ Stellen in dem Masse, in dem die Mitgliedstaaten sich nicht zu einer vollständigen und konsequenten Neutralisierung des Schienennetzbetreibers durchringen können.

III. Die staatliche Regulierungsstelle und ihre Mindestaufgaben

Unabhängig von den beiden zuvor erwähnten organisatorischen Varianten für die Sicherung neutraler Netzzugangsentscheidungen verpflichtet das sekundäre Gemeinschaftsrecht die Mitgliedstaaten dazu, eine Regulierungsstelle einzurichten und dieser definierte Kernfunktionen zuzuweisen[15]. Die Unabhängigkeit dieser Regulierungsbehörde wird unter vier Aspekten ausdrücklich normiert: organisatorisch, bei ihren Finanzierungsbeschlüssen, rechtlich und in ihrer Entscheidungsfindung[16]. Dabei bezieht sich das Unabhängigkeitsgebot nicht nur auf die Betreiber der Infrastruktur und die Eisenbahnverkehrsunternehmen, sondern auch auf die neutralen dritten Stellen, die für den Fall eines nicht unabhängigen Infrastrukturbetreibers vorgeschrieben sind. Was die Mindestaufgaben und -befugnisse der Regulierungsstelle angeht, so ist sie gemeinschaftsrechtlich als Streitschlichtungs- und Entscheidungsorgan konzipiert, das auf Antrag über alle potentiell diskriminierungsrelevanten Netzzugangsfragen zu entscheiden hat[17]. Abgesehen von der Möglichkeit der gerichtlichen Kontrolle, welche die Mitgliedstaaten zu gewährleisten haben[18], sind die Entscheidungen der Regulierungsbehörde mit Verbindlichkeit für alle Betroffenen auszustatten[19].

Gravierende Probleme wirft diese Unabhängigkeit der Regulierungsbehörde von dem Betreiber der Infrastruktur und von den Eisenbahnverkehrsunternehmen allerdings dann auf, wenn der Staat als Träger dieser Behörde zugleich Eigentümer dieser Unternehmen ist oder diese kontrolliert[20]. Wenn in der politischen Spitze die beiden staatlichen Funktionen – Eigentümer von Eisenbahn(verkehrs)unternehmen

15 Nach Art. 30 Abs. 1 RL 2001/14/EG (Fn. 6) muss es sich dabei entweder um das für Verkehrsfragen zuständige Ministerium oder um eine andere Behörde handeln; vgl. auch Erwägungsgrund 11 der RL 2001/12/EG (Fn. 5), sowie *Holst*, in: Frohnmeyer/Mückenhausen, EG-Verkehrsrecht – Kommentar (Stand: Dezember 2003), 23 Rn. 20; nach *Ronellenfitsch*, Die Umsetzung des Eisenbahninfrastrukturpakets, DVBl. 2002, 657 (667), existieren mit dem Eisenbahnbundesamt und dem Bundeskartellamt in Deutschland bereits de lege lata Behörden, die die Anforderungen an Regulierungsstellen erfüllen.

16 Art. 30 Abs. 1 RL 2001/14/EG (Fn. 6).

17 Nach Art. 30 Abs. 2 RL 2001/14/EG (Fn. 6) sind dies insbesondere die diskriminierungsanfälligen Entscheidungen des Betreibers der Infrastruktur betreffend die Schienennetz-Nutzungsbedingungen, die darin enthaltenen Kriterien, das Zuweisungsverfahren und dessen Ergebnis, die Entgeltregelung, die Höhe oder Struktur der Wegeentgelte, die der Antragsteller zu zahlen hat oder hätte, die Sicherheitsbescheinigung sowie die Durchsetzung und Überwachung der Sicherheitsnormen und -regeln. Darüber hinaus ergibt sich aus Satz 1 des Absatzes 2, dass der Regulierungsstelle über diese explizit aufgelisteten Problembereiche hinaus die Entscheidungsbefugnis für jeden substantiiert vorgetragenen Diskriminierungsvorwurf zukommen muss.

18 Art. 30 Abs. 6I RL 2001/14/EG (Fn. 6).

19 Art. 30 Abs. 5 Uabs. 2 RL 2001/14/EG (Fn. 6).

20 In ihrem Grünbuch zu Dienstleistungen von allgemeinem Interesse (Fn. 1), Rn. 34, weist die Kommission vorsichtig darauf hin, dass sich die Möglichkeit der Zuweisung der Regulierungsfunktionen an das zuständige Ministerium, von der nur wenige Mitgliedstaaten Gebrauch gemacht hätten, in Bezug auf die Unabhängigkeit der Regulierungsbehörden als problematisch erwiesen habe. Die Favorisierung eines Konzepts unabhängiger Regulierungsbehörden ist hier deutlich erkennbar.

und Regulierungsinstanz für funktionierenden Wettbewerb im Eisenbahnwesen – miteinander koordiniert, harmonisiert und gesteuert werden können, fehlt es an einer unabhängigen Regulierungsstelle im Sinne der genannten Richtlinie. Die Unvereinbarkeit zwischen Eigentümer- und Reguliererfunktion kann gemeinschaftsrechtlich nur dadurch aufgelöst werden, dass die Mitgliedstaaten entweder zu einer echten – materiellen – Privatisierung ihrer Eisenbahnunternehmen oder zu einer Verselbständigung und Loslösung der Regulierungsbehörden von der politischen Spitze verpflichtet werden.

C. Unabhängige nationale Regulierungsbehörden als gemeinschaftsrechtliche Lösung des Neutralitätsproblems

Derzeit scheint die gemeinschaftsrechtliche Lösung des Neutralitätsproblems in den Bereichen, in denen ein staatlich beherrschtes Unternehmen über eine Monopol- oder marktbeherrschende Position verfügt, in der Einrichtung unabhängiger nationaler Regulierungsbehörden zu liegen. So schreibt insbesondere Art. 3 Abs. 2 S. 2 der Rahmenrichtlinie für elektronische Kommunikationsnetze und -dienste[21] vor, dass die Mitgliedstaaten, wenn sie weiterhin an Unternehmen beteiligt sind, die elektronische Kommunikationsnetze und/oder -dienste bereitstellen, oder diese kontrollieren, eine wirksame strukturelle Trennung der hoheitlichen Funktion von Tätigkeiten im Zusammenhang mit dem Eigentum oder der Kontrolle sicherstellen müssen. Sehr viel allgemeiner formulieren Art. 23 Abs. 1 S. 2 der Elektrizitätsbinnenmarkt-Richtlinie[22] und Art. 25 Abs. 1 S. 2 der Erdgasbinnenmarkt-Richtlinie[23], dass die Regulierungsbehörden von den Interessen der Elektrizitäts- bzw. Erdgaswirtschaft „vollkommen unabhängig" sein müssen. Angesichts dieser neueren Richtlinien scheint es nur eine Frage der Zeit, dass auch im Eisenbahnwesen und in anderen Sektoren die Mitgliedstaaten strengen Vorgaben hinsichtlich der Unabhängigkeit ihrer Regulierungsbehörden unterworfen werden.

I. Der neue Typus unabhängiger Regulierungsbehörden in Europa

Solche „unabhängigen" Behörden als Erscheinungsformen einer sich ausdifferenzierenden Verwaltungsorganisation existieren seit langem in allen Mitgliedstaaten der Europäischen Union[24]. Besondere Aufmerksamkeit haben solche Einrichtungen auf sich gezogen, seit sie in Gestalt von „Regulierungsbehörden" zu einem festen Bestandteil der institutionellen Arrangements geworden sind, die die Neuordnung der privatisierten, liberalisierten und (re-)regulierten Sektoren der „Daseinsvorsor-

21 Richtlinie 2002/21/EG des Europäischen Parlaments und des Rates v. 7. 3. 2002, ABl. L 108/33.

22 Richtlinie 2003/54/EG des Europäischen Parlaments und des Rates v. 26. 6. 2003, ABl. L 176/37.

23 Richtlinie 2003/55/EG des Europäischen Parlaments und des Rates vom 26. 6. 2003, ABl. L 176/57, berichtigt durch ABl. 2004 L 16/74.

24 Vgl. etwa die – ältere und verselbständigte Verwaltungseinheiten in einem weiteren Sinne betreffende – Bestandsaufnahme in *Hood/Schuppert* (Hg.), Verselbständigte Verwaltungseinheiten in Westeuropa, 1988.

ge" (Post, Telekommunikation, Energie, Eisenbahn) prägen[25]. Insbesondere im Vereinigten Königreich haben die mit der Privatisierung verknüpften Liberalisierungsstrategien von Beginn an zur Herausbildung stark personalisierter Regulierungsinstanzen geführt, die darüber hinaus durch ihre relative Unabhängigkeit von der Ministerialverwaltung gekennzeichnet sind[26]. In Italien haben die „autorità amministrative independenti" seit geraumer Zeit eine intensive Diskussion über ihren Standort im System der öffentlichen Verwaltung ausgelöst[27]. Ähnliche Einrichtungen finden sich beispielsweise in Frankreich in Gestalt der „autorités administratives indépendantes"[28], in den Niederlanden als „autonomous governing bodies"[29] und in Schweden[30]. In Deutschland sind jüngst die beim Bundeskartellamt und bei der Regulierungsbehörde für Telekommunikation und Post gebildeten Beschlussabteilungen bzw. Beschlusskammern mit besonderer Aufmerksamkeit betrachtet worden, deren Unabhängigkeit von ministeriellen Einzelweisungen rechtlich zwar umstritten, in der Praxis aber weitgehend anerkannt ist[31].

Was solche unabhängigen Regulierungsbehörden prägt, ist ihre mehr oder weniger große Unabhängigkeit von politischen Interventionen des zentralen Exekutiv- bzw. Regierungsorgans[32] und vor allem der politisch-ministeriellen Spitze der Exekutive[33]. Die Unabhängigkeit von solchen politischen Interventionen findet im deutschen Recht ihren konkreten rechtlichen Ausdruck typischerweise in der ausdrücklichen Anordnung der Weisungsfreiheit der jeweiligen Verwaltungseinheit im Verhältnis zum Ministerium[34]. Eine personelle Ausstattung, die durch spezifischen Sachverstand geprägt ist, und eine kollegiale Organstruktur sind weitere typische Merkmale, die die Unabhängigkeit von der politischen Spitze begleiten. Diese institutionell-organisatorische Ausstattung wird regelmäßig mit dem Hinweis auf die gebotene Objektivität und Neutralität des Entscheidungsträgers begründet[35]. Jenseits einer allgemein zu beobachtenden verwaltungsorganisationsrechtlichen Tendenz zu einer ausdifferenzierten und gegenüber der zentralen politischen Spitze verselbständigten Verwaltungsorganisation erscheinen unabhängige Regulierungsbehörden un-

25 *Oertel*, Die Unabhängigkeit der Regulierungsbehörde nach §§ 66 ff. TKG, 2000; *Eisenblätter*, Regulierung in der Telekommunikation, 2000; *Holoubek*, Aufgaben, Organisation und Verfahren von „Regulierungsbehörden" vor dem Hintergrund verfassungsrechtlicher Anforderungen, in: Duschanek (Hg.), Beiträge zur Ausgliederungsdiskussion, 2002, S. 48 ff.

26 *Prosser*, Law and the Regulators, 1997; *Schneider*, Flexible Wirtschaftsregulierung (Fn. 2), S. 527 ff.

27 Vgl. nur die Beiträge in *Francario* (Hg.), Diritti, interessi ed amministrazioni indipendenti, 2003, sowie *Franchini*, in: Cassese (Hg.), Trattato di diritto amministrativo, Bd. 1, 2. Aufl. 2003, S. 310 ff.

28 Dazu etwa *Gentot*, Les autorités administratives indépendantes, 1994; *OECD*, Sigma Paper No. 32, Financial Control and Management of Public Agencies, Paris 2001, S. 47 ff.

29 OECD, Sigma Paper No. 32 (Fn. 28), S. 84 ff.

30 OECD, Sigma Paper No. 32 (Fn. 28), S. 152 ff.

31 Nachweise dazu bei *Mayen*, Verwaltung durch unabhängige Einrichtungen, DÖV 2004, 45 (46).

32 So auch das von *Schneider*, Flexible Wirtschaftsregulierung (Fn. 2), S. 536, neben der Unabhängigkeit gegenüber Beeinflussungsversuchen durch die regulierten Unternehmen in den Vordergrund gestellte zweite Kriterium der Unabhängigkeit.

33 Zur deutschen Diskussion um „ministerialfreie Räume" jüngst *Mayen* (Fn. 31), S. 45 ff.

34 Dazu – bezogen auf die Regulierungsbehörde für Post und Telekommunikation – *Oertel* (Fn. 25), S. 187 ff.

35 Für Prüfungsausschüsse vgl. etwa BVerwGE 12, 359 (363); 14, 31 (34); vergleichbare Erwägungen finden sich in Bezug auf das Bundeskartellamt und die Regulierungsbehörde für Telekommunikation und Post – ausführlich dazu *Oertel* (Fn. 25), S. 104 ff.

abweisbar, wo es um die spezifischen Funktion der Wettbewerbsregulierung (auch) „staatsnaher" Monopol- oder marktbeherrschender Unternehmen geht.

II. Probleme der demokratischen Legitimation unabhängiger Regulierungsbehörden

Vor allem aus der deutschen Perspektive einer vermeintlich durch das Demokratieprinzip gebotenen hierarchischen Verwaltungsorganisation[36] sehen sich solche unabhängigen Regulierungsbehörden allerdings gravierenden verfassungsrechtlichen Bedenken ausgesetzt.

1. Legitimationsbedürftigkeit

Dabei lässt sich noch relativ schnell Einigkeit darüber erzielen, dass unabhängige Behörden sowohl nach europäischem Recht wie auch nach den Verfassungsordnungen der Mitgliedstaaten jedenfalls dann demokratischer Legitimation bedürfen, wenn sie über echte Entscheidungsbefugnisse[37] verfügen[38]. Allerdings erscheint die Überzeugungskraft der in diesem Zusammenhang häufig strapazierten Unterscheidung zwischen „politischen" und „technischen" Entscheidungsgegenständen oder -inhalten mehr als zweifelhaft. Die politische Dimension vermeintlich technischer Fragen ist in der Vergangenheit immer wieder deutlich zu Tage getreten[39]. Eine genauere empirische Analyse des tatsächlichen Einflusses unabhängiger Behörden auf Entscheidungsprozesse würde kaum einen anderen Schluss erlauben als denjenigen, dass alle von solchen Behörden wahrgenommenen Tätigkeiten unabhängig davon demokratischer Legitimation bedürfen, ob sie vorbereitender Natur sind oder Entscheidungscharakter haben, ob sie als „technisch" oder als „politisch" einzustufen sind, ob sie Einzelfälle betreffen oder regelsetzend wirken, ob sie normativ „ge-

36 Siehe dazu nur *H. Dreier*, Hierarchische Verwaltung im demokratischen Staat, 1991; *M. Jestaedt*, Demokratieprinzip und Kondominialverwaltung, 1993.

37 Zu der Auffassung, nach der eine auf die Sammlung und Aufbereitung von Informationen, auf die Beratung entscheidungsbefugter Organe oder auf die Mitwirkung bei der Vorbereitung von Entscheidungen anderer Stellen beschränkte Tätigkeit keiner oder geringerer demokratischer Legitimation als die eigentliche Entscheidungstätigkeit mit Verbindlichkeit nach außen bedarf, s. exemplarisch *Jestaedt*, Demokratieprinzip (Fn. 36), S. 261, der alle Betätigungen der öffentlichen Hand aus dem Begriff der „Ausübung von Staatsgewalt" ausscheiden will, die ausschließlich vorbereitender, beratender oder rein technischer Art sind; ähnlich, wenn auch den Entscheidungsgehalt im Rahmen gestufter Verwaltungsverfahren weiter fassend, BVerfGE 47, 253 (273); 83, 60 (73); 93, 37 (68). Derartige Vorstellungen ignorieren allerdings die Erkenntnisse über die Bedeutung von Informationen für Entscheidungsvorbereitung und Entscheidungsfindung; siehe dazu nur *Shapiro*, The problems of independent agencies in the United States and the European Union, JEPP 1997, 276 (284 f.).

38 Nachweise dazu bei *Mayen* (Fn. 31), S. 49; vgl. auch *Remmert*, Die Gründung von Einrichtungen der mittelbaren Gemeinschaftsverwaltung, EuR 2003, 134 (142).

39 So mit dem Verweis auf das Beispiel der Altautorichtlinie *Roller*, Komitologie und Demokratieprinzip, KritV 2003, 249 (251) m.w.N. Für Beispiele aus den Bereichen des Gesundheits- und Verbraucherschutzes vgl. exemplarisch den Bericht des „BSE-Untersuchungsausschusses" des Europäischen Parlamentes, EP-Dok. A4-0020/97 vom 7. 2. 1997. Auch in der amerikanischen Diskussion um die Grundlagen für die Unabhängigkeit von Regulierungsbehörden ist man sich der Problematik rein „technisch-professioneller" Verwaltungstätigkeiten, wie sie zu Beginn in Gestalt der Festsetzung von Eisenbahn-Frachtraten durch die ICC im Mittelpunkt stand, durchaus bewusst; vgl. nur *Shapiro* (Fn. 37), S. 280.

bunden“ oder gestaltend, konkretisierend und abwägend zu treffen sind. Den genannten Differenzierungen mag maßgebliches Gewicht zukommen für die konkrete Ausgestaltung legitimierender Organisationsformen und Verfahren. Die grundsätzliche Legitimationsbedürftigkeit der Tätigkeit unabhängiger Behörden stellen sie dagegen nicht in Frage.

2. Das Modell politisch-hierarchischer Steuerung und seine Grenzen

Lässt sich also ein grundsätzlicher Bedarf an demokratischer Legitimation für die Tätigkeit des neuen Typs unabhängiger Regulierungsbehörden nicht leugnen, so führt dies in Deutschland zu einer Konfrontation mit dem vor allem die Rechtsprechung des Bundesverfassungsgerichts beherrschenden „volksdemokratischen“[40] Modell der Ausübung von Staatsgewalt „durch das Volk“ mit Hilfe so genannter „Legitimationsketten“[41]. Obwohl sich Formen und Verfahren personeller Legitimation einerseits und sachlich-inhaltlicher Legitimation andererseits partiell gegenseitig substituieren können, verlangt dieses Modell für die Legitimation unabhängiger Behörden, dass ihre Tätigkeit nicht nur normativ, sondern auch durch Aufsicht und Weisung des zuständigen – parlamentarisch verantwortlichen – Regierungsorgans gesteuert wird. Die erforderliche sachlich-inhaltliche demokratische Legitimation setzt nämlich voraus, „daß die Amtsträger im Auftrag und nach Weisung der Regierung – ohne Bindung an die Willensentschließung einer außerhalb parlamentarischer Verantwortung stehenden Stelle – handeln können und die Regierung damit in die Lage versetzen, die Sachverantwortung gegenüber Volk und Parlament zu übernehmen“[42]. Dass es sich bei diesem Konzept – jedenfalls in seinen Grundzügen – keinesfalls um einen deutschen „Sonderweg“ handelt, zeigt die Rechtsprechung des Europäischen Gerichtshofes[43]. Auch auf europäischer Ebene gilt also, dass die weit reichenden Entscheidungsbefugnisse unabhängiger Stellen mit den herkömmlichen Vorstellungen sachlich-inhaltlicher Steuerung und personeller Legitimation durch Rat und Parlament nicht ausreichend begründbar sind[44].

40 So – bewusst polemisch und in der kritischen Analyse unübertroffen – *Bryde*, Die bundesrepublikanische Volksdemokratie als Irrweg der Demokratietheorie, Staatswissenschaft und Staatspraxis 1994, 305 ff.

41 Zusammenfassend m.w.N. *H. Dreier*, in: ders. (Hg.), Grundgesetz-Kommentar, Bd. II, 1998, Art. 20 (Demokratie) Rn. 104 ff.

42 BVerfGE 93, 37 (67).

43 Dieser hatte in den Meroni-Fällen aus dem Jahr 1958 der Hohen Behörde der Europäischen Gemeinschaft für Kohle und Stahl zwar die Befugnis zugestanden, Einrichtungen zu schaffen und diesen „gewisse Befugnisse zu übertragen“ – allerdings nur unter der Voraussetzung, dass diese unter ihrer Aufsicht stehen und „unter Bedingungen, die sie selbst festsetzt“, agieren. Es dürften nur Ausführungsbefugnisse übertragen werden, die genau umgrenzt sind und deren Ausübung von der hohen Behörde in vollem Umfang beaufsichtigt werde – EuGH, Slg. 1958, 11 (43f.); 51 (81). In späteren Entscheidungen scheint der Gerichtshof die in den Meroni-Urteilen angelegte Linie sogar noch zu verschärfen. Zu der Verwaltungskommission für die soziale Sicherheit der Wanderarbeitnehmer s. EuGH, Slg. 1967, 461 (474); zum „Stilllegungsfonds“ Slg. 1977, 741 Rn. 16; zur Ermächtigung zu Rechtsakte mit normativem Charakter s. EuGH, Romano, Slg. 1981, 1241 Rn. 20.

44 Bezogen auf die Komitologie-Ausschüsse etwa *Roller* (Fn. 39), S. 260 ff.

Die zunächst verbreitete Zustimmung, die sowohl die Rechtsprechung des Bundesverfassungsgerichts[45] als auch diejenige des EuGH[46] gefunden hat, ist inzwischen allerdings verbreiteter Skepsis gewichen. Soweit diese Skepsis nicht – wie im europarechtlichen Schrifttum angesichts des unaufhaltsamen Vordringens unabhängiger Agenturen verbreitet anzutreffen – einem pragmatisch-resignativen Zurückweichen vor den tatsächlichen Entwicklungen geschuldet ist[47], kann sie sich auf die unübersehbaren Defizite der herrschenden „input"-orientierten[48], das Volk als alleinigen Legitimationsspender verabsolutierenden Demokratiekonzeption stützen. Diese Defizite liegen vor allem darin, dass die Konzeption auf Internationalisierungsprozesse, auf die zunehmende Inhomogenität moderner Gesellschaften und vor allem auf die sinkende Steuerungsfähigkeit zentraler politischer Institutionen keine Antwort zu geben vermag[49].

Für die Beurteilung unabhängiger Behörden unter dem Blickwinkel ihrer demokratischen Legitimation ist der dritte Gesichtspunkt von zentraler Bedeutung. Der für die „volksdemokratische" Theorie unverzichtbaren Annahme, dass sich alle wichtigen gesellschaftlichen oder ökonomischen Prozesse durch die zentralen Instanzen des politischen Systems steuern lassen, steht die Beobachtung zunehmender Aufgabenkomplexität der Politik und zunehmender gesellschaftlicher Differenzierung gegenüber, die als wesentliche Ursachen dafür ausgemacht worden sind, dass die legitimatorische Leistungsfähigkeit der repräsentativen Demokratie auf europäischer wie auf nationaler Ebene sinkt[50]. Die Menge und Komplexität des Regelungs- und Entscheidungsbedürftigen ist nach dieser Sichtweise weit über die Kapazität der Instanzen hinaus angewachsen, die zu politischer Entscheidung primär legitimiert sind. Das politische System kann darauf nur dadurch reagieren, dass es Entscheidungskompetenzen – formell oder informell – an mehr oder weniger verselbständigte (öffentliche oder private) Einrichtungen delegiert[51]. Das Modell der gleichen Input-Chance der Gesamtheit aller Bürger auf alle „politischen" Entscheidungen bildet deshalb die wirklichen Verhältnisse in stark idealisierter Weise ab[52]. Der postulierte ununterbrochene Verantwortungszusammenhang ist in vielfältiger Weise gelockert und partiell durchbrochen. Das traditionelle Legitimationsmodell muss deshalb die Augen davor verschließen, dass angesichts des offensichtlich unver-

45 Nachweise der deutschen Lit. bei *Dreier* (Fn. 41), Rn. 104 ff.

46 Die Forderung, wonach EU-Verwaltungseinrichtungen der Aufsicht von Rat oder Kommission unterstehen müssen, ist in der Literatur auf allgemeine Zustimmung gestoßen; s. etwa *Remmert* (Fn. 38), S. 141; *Everling*, Zur Errichtung nachgeordneter Behörden der Kommission der Europäischen Wirtschaftsgemeinschaft, in: Hallstein (Hg.), FS Carl Friedrich Ophüls, 1965, S. 33 (42); *Däubler*, Die Delegation von Rechtsetzungsbefugnissen im Recht der EWG, DVBl. 1966, S. 660 (662 f.).

47 Nachweise bei *Treeger*, Die Errichtung nachgeordneter Einrichtungen in der europäischen Gemeinschaft, Diss. Bonn 1998, S. 92 ff., 111 ff.

48 Grundlegend zur Unterscheidung zwischen input- und output-orientierten Demokratiekonzepten *Scharpf*, Demokratietheorie zwischen Utopie und Anpassung, 1970, S. 21 ff.; zusammenfassend *Denninger*, Staatsrecht I, 1973, S. 61 ff.

49 Prägnant und überzeugend dazu *Bryde* (Fn. 40), S. 305 ff.

50 Zusammenfassend m.w.N. *Lübbe-Wolff*, Europäisches und nationales Verfassungsrecht, VVDStRL 60 (2001), 246 (265 f.).

51 Klar zu dieser Diffusion der Verantwortungszusammenhänge durch den Externalisierungstrend *Lübbe-Wolff* (Fn. 50), S. 267.

52 Zum folgenden *Lübbe-Wolff* (Fn. 50), S. 280 ff.

meidbaren Externalisierungstrends eine Legitimation aller hoheitlich zu treffenden Entscheidungen durch die Gesamtheit der Bürger heute nicht mehr zu haben ist. „Nicht nur das Regieren (im Sinne von Gouvernement), sondern auch die Erzeugung demokratischer Legimitation dafür ist ein zu komplexes Geschäft geworden, als dass man dabei ganz ohne Arbeitsteilung auskommen könnte"[53].

3. Neue Formen und Verfahren demokratischer Legitimation von Verwaltungsentscheidungen

Wer derartige Beobachtungen und Analysen nicht ignorieren will, muss nach Formen und Verfahren suchen, demokratische Legitimation durch alternative oder zumindest ergänzende Formen und Verfahren zu begründen. Obwohl diese Suche noch keine geschlossene Konzeption der Legitimation eines demokratischen und pluralistischen Verwaltungsaufbaus[54] hervorgebracht hat, lassen sich eine Vielzahl von Ansätzen ausmachen, die zusammenfassend als output-orientierte Konzepte charakterisiert werden können. Zu nennen sind vor allem verschiedene Formen der Partizipation von Betroffenen und/oder die Organisation unabhängigen Sachverstandes (Professionalisierung). Allgemeinere Ansätze stellen Transparenz, Zurechenbarkeit und Verantwortlichkeit, die Selbststeuerung in Beziehungsnetzwerken oder die Funktionalität in den Mittelpunkt der Legitimationsanforderungen an eine moderne Verwaltung[55]. Soweit es um die Externalisierung im Sinne weitgehender Weisungsfreiheit und Unabhängigkeit von Verwaltungseinrichtungen geht, wird darauf hingewiesen, dass angesichts der „Verantwortungsverdünnung", die allein schon durch die Überfülle des politisch Entscheidungs- und Verantwortungsbedürftigen bedingt ist, solche Wege möglicherweise die ehrlicheren und sogar demokratischeren sind: Der erklärte Rückzug aus jederzeitiger aktueller Vollverantwortung für jedes inhaltliche Detail könne nämlich die Voraussetzung für einen effizienten Einsatz begrenzter Steuerungs-, Kontroll- und damit auch Verantwortungsfähigkeit sein[56]. Eine Gewähr für Gemeinwohlorientierung (output) könne auch in einer pluralistischen Zusammensetzung von Entscheidungs- oder Mitwirkungsgremien und in der Transparenz und Beteiligungsoffenheit der Entscheidungsverfahren liegen[57]. Die Überzeugungskraft solcher Überlegungen ist ersichtlich am größten, soweit sie die Defizite des herkömmlichen parlamentarisch-repräsentativen Legitimationskonzeptes kritisieren. Dagegen sehen sich die als Alternative vorgeschlagenen Legitimationsformen und -verfahren erheblichen Einwänden ausgesetzt. Diese betreffen insbesondere den vermeintlich „technokratischen" Charakter von Expertenentscheidungen, hinter denen sich bei näherem Hinsehen zumindest auch politische Dimen-

53 *Lübbe-Wolff* (Fn. 50), S. 281.
54 Formulierung von *Bryde* (Fn. 40), S. 315.
55 *Schmidt-Aßmann*, Verwaltungsorganisationsrecht als Steuerungsressource – Einleitende Problemskizze, in: ders./Hoffmann-Riem (Hg.), Verwaltungsorganisationsrecht als Steuerungsressource, 1997, S. 9 (39), etwa nennt – insoweit repräsentativ – Akzeptanz, Partizipation Betroffener, Transparenz und Öffentlichkeit.
56 Zutreffend *Lübbe-Wolff* (Fn. 50), S. 283 m. Verweis auf *Scharpf* (Fn. 48), S. 82 f.
57 *Lübbe-Wolff* (Fn.50), S. 284.

sionen verbergen können[58]. Soweit aber die politische Dimension solcher vermeintlich technokratischen Entscheidungen reicht, kann die daraus resultierende Koordinierungsaufgabe nur über politische Institutionen geleistet werden[59]. Dass unabhängige, mit Experten besetzte Einrichtungen solche politischen Koordinierungsleistungen nicht erbringen können, zeigt sich spätestens dann, wenn im Konfliktfall die nicht ausreichende Berücksichtigung bestimmter (Minderheits-)Interessen gerügt wird[60]. Abgesehen von weiteren Einwänden[61] gilt dies auch für Legitimationsstrategien, die mit der Begründung auf deliberative Verfahren setzen, dass die Problemlösungsfähigkeit hochgradig pluralisierter Gemeinwesen „sowohl normativ als auch analytisch nur als Verständigungsprozess zwischen gesellschaftlichen Akteuren"[62] gedacht werden könne[63]. Spätestens mit dem Aufbrechen grundsätzlicher politischer Konflikte über die Fragen, die sich hinter den von unabhängigen Experten zu treffenden Entscheidungen verbergen – erinnert sei in diesem Zusammenhang nur an Fragen der Kernenergienutzung oder der Lebensmittelsicherheit -, zeigt sich, dass die verschiedenen output-orientierten Ansätze die Antwort auf die Frage schuldig bleiben, nach welchem allgemeinen Prinzip die Verwaltung als Form der Herrschaft von Menschen über andere Menschen mit der „Idee der freien Selbstbestimmung aller Bürger"[64] in Einklang gebracht werden kann.

4. Demokratische Herrschaft als Problem der optimalen Verbindung von Quantität der Partizipation mit der Qualität der Entscheidungen

Ein realistisches Verständnis demokratischer Legitimation[65] staatlicher Gewalt im allgemeinen und exekutiver Entscheidungsbefugnisse im besonderen kann deshalb nur durch eine Kombination input- und output-orientierter Konzepte gewonnen werden. Das Problem freiheitlicher demokratischer Herrschaft ist das Problem einer optimalen Verbindung von Quantität der Partizipation mit der Qualität der Entscheidungen[66]. Das wechselseitige Abhängigkeitsverhältnis input- und output-orientierter Konzepte zeigt sich – bezogen auf das hier interessierende Problem der

58 Anschaulich *Shapiro* (Fn. 37), S. 283, der auch zutreffend darauf hinweist, dass die Abschirmung unabhängigen professionellen Sachverstandes gegenüber (partei-)politischem Einfluss auf der EU-Ebene kaum tragfähig ist. Jedenfalls dann, wenn man die Kommission als das „technokratische" (Exekutiv-)Organ und den Rat als das intergouvernemental-politische Organ ansieht, erscheint die Abschirmung unabhängigen Sachverstandes von der Kommission als „absurd" (S. 281).

59 Vor dem Hintergrund amerikanischer Erfahrungen *Shapiro* (Fn. 37), S. 282 f.

60 *Roller* (Fn. 39), S. 262 f.

61 Kritisch zur Transparenz und Legitimation durch Netzwerke von Experten etwa *Shapiro* (Fn. 37), S. 286 f.

62 *Neyer*, Risikoregulierung im Binnenmarkt: Zur Problemlösungsfähigkeit der europäischen politischen Verwaltung, in: Joerges/Falke (Hg.), Das Ausschußwesen der europäischen Union, 2000, S. 257 (299).

63 Darstellung und Kritik eines solchen an Habermas orientierten Legitimationskonzeptes bei *Roller* (Fn. 39), S. 263 ff.

64 BVerfGE 44, 125 (142).

65 Zur Notwendigkeit, sowohl den normativen Charakter als auch die realen Bedingungen der Begründung staatlicher Gewalt in das Verständnis der Demokratie einzubeziehen, s. nur *Hesse*, Grundzüge des Verfassungsrecht der Bundesrepublik Deutschland, 20. Aufl. 1995, Rn. 133.

66 So treffend *Denninger*, Staatsrecht I (Fn. 48), S. 64, der in dem tendenziellen Konflikt beider Anforderungen das „grundlegende Dilemma einer normativen Theorie freiheitlicher Demokratie" erkennt.

Legitimität von Entscheidungen unabhängiger Instanzen – insbesondere daran, dass die Einrichtung und das Verfahren „unabhängiger“ Organe der (verfassungs-) gesetzlichen Grundsatzentscheidung bedarf und dass deren Entscheidungen im Extremfall durch die politisch verantwortlichen Regierungen und Parlamente korrigierbar bleiben müssen. Zutreffend wird insbesondere auf der von Expertokratie und intergouvernementaler Verhandlung geprägten europäischen Ebene eben diese subsidiäre Interventionskompetenz einer vom Wähler majoritär legitimierten Legislative vermisst[67].

III. Die Offenheit des Demokratieprinzips für die Ausgestaltung unabhängiger Behörden

Eine Öffnung der starren „volksdemokratischen“ Konzeption erscheint also nicht nur vor dem Hintergrund ihrer bereits erwähnten theoretischen Schwächen, sondern auch angesichts der tatsächlichen Entwicklung der Verwaltungsstrukturen unabweisbar. Es geht darum, die normative Kraft des Demokratieprinzips dadurch zu erhalten, dass sein Inhalt im Hinblick auf die sich verändernden Realitäten moderner Verwaltung fortentwickelt wird. Über die bereits erwähnten demokratiekonzeptionellen Überlegungen hinaus lassen sich derartige Fortentwicklungen durchaus auch im engeren rechtswissenschaftlichen Kontext feststellen. Dies gilt sowohl für „immanente“ Modifikationen des input-orientierten Ansatzes als auch für Ergänzungen dieses Ansatzes um output-orientierte Formen und Verfahren zur Herstellung legitimer Entscheidungen.

1. Rechtswissenschaftliche Öffnungstendenzen

Zu den immanenten Modifikationen gehört etwa, dass die parlamentszentrierten Legitimationsvorstellungen zwischenzeitlich deutlicher durch eine Betonung der Eigenständigkeit der Exekutive ergänzt oder modifiziert werden[68]. Betont wird in diesem Zusammenhang, dass die Verwaltung über spezifische Bewirkungs- und Handlungsformen verfügt, die sie in besonderer Weise dazu befähigen, Prozesse des Interessenausgleichs aufgrund gesetzlicher Vorstrukturierung fortzusetzen. Die Organisation pluraler Interessenklärungsprozesse wird zur Aufgabe der Verwaltung und des Verwaltungsorganisationsrechts, was die Notwendigkeit einer aufgabengerechten Gestaltung von Verwaltungsverfahren und Verwaltungsorganisation nach sich zieht[69]. In eine ähnliche Richtung weisen Tendenzen in der europarechtlichen Literatur, die die ältere Meroni-Rechtsprechung des EuGH in dem Sinne interpretieren, dass sie die Einräumung von Ermessensspielräumen an verselbständigte Verwaltungsträger nicht generell ausschließe. Es bedürfe des steuernden Eingriffs im

67 *Scharpf*, Regieren in Europa, 1999, S. 29 f., der daraus den plausiblen Schluss zieht, dass die Effektivität der europäischen Politik von ihrer Fähigkeit abhängt, politische Opposition zu vermeiden, indem sie entweder unterhalb der Schwelle politischer Wahrnehmbarkeit bleibt, oder indem sie sich auf konfliktminimierende Lösungen beschränkt.

68 Dazu *Dreier*, Zur „Eigenständigkeit“ der Verwaltung, Die Verwaltung 25 (1992), S. 137 ff.

69 *Schneider* (Fn. 2), S. 539 m.w.N.

Einzelfall umso weniger, je stärker das Handeln einer Einrichtung durch die Gründungsverordnung oder andere Normen gebunden sei[70].

Die Variationsbreite der Modelle zur Verwirklichung einer Herrschaft „durch das Volk“ auch in Gestalt verselbständigter Verwaltungseinheiten vergrößert sich, wenn diese Unabhängigkeit nur auf die Regierung als die politische Spitze der Exekutive bezogen bleibt und eine politische Steuerung „unabhängiger“ Verwaltungseinrichtungen durch das Parlament in Betracht gezogen wird. Wie die amerikanische Praxis der begleitenden Kontrolle unabhängiger Agenturen durch das Parlament und seine spezialisierten (Unter-)Ausschüsse zeigt[71], muss Unabhängigkeit von der politischen Spitze der Exekutive keineswegs umfassende Unabhängigkeit von allen politischen Institutionen bedeuten. Weder auf europäischer noch auf nationaler Ebene sind Gesichtspunkte ersichtlich, die es ausschließen würden, die Unabhängigkeit von Verwaltungseinrichtungen von der Regierung durch verstärkte parlamentarische Kontrolle zu kompensieren[72].

Über solche Modifikationen der Organisationsformen und Verfahren, durch die eine Herrschaft „durch das Volk“ bewerkstelligt werden kann, hinaus setzt sich zunehmend auch im rechtswissenschaftlichen Kontext die Auffassung durch, dass den Anforderungen des Demokratieprinzips – als Alternative oder Ergänzung zu den traditionellen Formen – auch institutionelle Mechanismen zur Begründung outputorientierter Legitimation genügen können[73].

2. *Die Entscheidung des Bundesverfassungsgerichts zu den Wasserverbänden*

Diese Offenheit des Demokratieprinzips hat das Bundesverfassungsgericht in seinem Beschluss vom 5. Dezember 2002 zu den Wasserverbänden[74] erstmals explizit und mit weit reichenden Konsequenzen anerkannt[75]. Betont wird dort zunächst ausdrücklich der Prinzipiencharakter und die daraus folgende Entwicklungsoffenheit des Demokratieprinzips[76]. Außerhalb der unmittelbaren Staatsverwaltung und der kommunalen Selbstverwaltung sei das Demokratieprinzip „offen für andere, insbesondere vom Er-

70 So *Uerpmann*, Mittelbare Gemeinschaftsverwaltung durch gemeinschaftsgeschaffene juristische Personen des öffentlichen Rechts, AöR 2000, 551 (570) m.w.N.

71 Dazu *Shapiro* (Fn. 37), S. 287 f.; *Devins*, Congress, the FCC, and the Search for the Public Trustee, Law and Contemporary Problems 56 (1993), S. 145 ff.; *Kim*, Congressional Influence on the FCC, in: Communications and the Law 15 (1993), 37 ff.

72 *Schuppert*, Die Erfüllung öffentlicher Aufgaben durch verselbständigte Verwaltungseinheiten, 1981, S. 378 ff.; ausführliche Nachweise dazu bei *Oertel* (Fn. 25), S. 331 mit Fn. 795.

73 Grundlegend im Hinblick auf die Verwirklichung des Demokratieprinzips durch Formen der Selbstverwaltung *Emde*, Die demokratische Legitimation der funktionalen Selbstverwaltung, 1991, S. 382 ff.; weitere Optionen zur Entschärfung des aus der sinkenden Leistungsfähigkeit traditioneller parlamentarischer Legitimationsformen resultierenden Problems zusammenfassend *Lübbe-Wolff* (Fn. 50), S. 273 ff.

74 BVerfGE 107, 59 ff.

75 Wenn in der Literatur betont wird, der Zweite Senat habe in seiner Entscheidung vom Dezember 2002 an den bisherigen Aussagen zur erforderlichen sachlich-inhaltlichen demokratischen Legitimation festgehalten – so etwa *Mayen* (Fn. 31), S. 47 – so trifft dies nur in einem vordergründigen Sinne zu. Übersehen wird dabei, dass der Senat die bisherigen Aussagen zu den bekannten „Legitimationsketten“ in wesentlicher Hinsicht relativiert, modifiziert und ergänzt.

76 BVerfGE 107, 59 (91).

fordernis lückenloser personeller demokratischer Legitimation aller Entscheidungsbefugten abweichende Formen der Organisation und Ausübung von Staatsgewalt“[77].
Die demokratische Fundierung der Grundsätze der *Selbstverwaltung* und der *Autonomie* wird ebenso ausdrücklich anerkannt wie die Möglichkeit, „im Rahmen der repräsentativ verfassten Volksherrschaft“ auch „besondere Formen der Beteiligung von Betroffenen bei der Wahrnehmung öffentlicher Aufgaben“ vorzusehen[78]. Besondere Hervorhebung verdient in diesem Zusammenhang die Aussage des Gerichts, dass sowohl das Demokratieprinzip in seiner traditionellen Ausprägung als auch die „organisierte Beteiligung der sachnahen Betroffenen an den sie berührenden Entscheidungen“ die „sie verbindende Idee des sich selbst bestimmenden Menschen in einer freiheitlichen Ordnung“ verwirklichen. Hier hat sich offenbar ein grundlegender Wandel im verfassungsgerichtlichen Verständnis des Demokratieprinzips vollzogen, dessen Bezugspunkt nicht mehr nur das „Volk“ als Kollektiv, sondern auch und sogar primär der „Mensch“ ist[79].
Die auf dieser Grundlage vollzogene Öffnung für „besondere Organisationsformen der Selbstverwaltung“ ist offensichtlich in einem weiten Sinne zu verstehen. Denn als Ziele, die der Gesetzgeber mit solchen Formen verfolgen darf, werden nicht nur das Mitspracherecht der Betroffenen, sondern auch die Aktivierung verwaltungsexternen Sachverstandes sowie ein sachgerechter Interessenausgleich genannt. Durch diese drei zulässigen Ziele will das Bundesverfassungsgericht den Gesetzgeber insgesamt in die Lage versetzen, „die von ihm beschlossenen Zwecke und Ziele effektiver“ zu erreichen[80]. Zulässigkeit und Grenzen der konkreten Ausgestaltung von Organisationsformen und Verfahren der weit verstandenen Selbstverwaltung beurteilen sich letztlich also danach, ob der Gesetzgeber davon ausgehen darf, dass sie seine Ziele effektiver verwirklichen als die Instrumente des traditionellen Modells hierarchischer (Ministerial-)Verwaltung.
Die Bedeutung dieser Entscheidung dürfte also nicht überschätzt werden, wenn sie als prinzipielle Abkehr von der Exklusivität traditioneller parlamentarisch-repräsentativer Legitimationsvermittlung und zugleich als Öffnung gegenüber „neuen“ Formen output-orientierter Legitimation verstanden wird. Auf diese Weise erweist sich also nunmehr auch im juristischen Kontext die Diskussion um Organisationsformen und Verfahren zur Gewinnung demokratischer Legitimation offen für verschiedene institutionelle Mechanismen: Neben der Verantwortung gegenüber dem Wähler können auch die Einschaltung unabhängiger Experten, korporatistische und intergouvernementale Vereinbarungen sowie pluralistische Politiknetzwerke zur Herstellung „richtiger“ oder „problemadäquater“ Lösungen nach Maßgabe der Zielvorgaben repräsentativer Organe zur Legitimation beitragen[81].

77 BVerfGE 107, 59 (91).
78 BVerfGE 107, 59 (91 f.).
79 Die Dimension dieser „Wende“ in der Rechtsprechung des Bundesverfassungsgerichts wird spätestens dann klar, wenn man die beiden in dieser Urteilspassage zitierten Stellen – nämlich *Emde* (Anm. 73), S. 356 f., und *Maihofer*, in: Benda/Maihofer/Vogel (Hg.), Handbuch des Verfassungsrechts der Bundesrepublik Deutschland, 2. Aufl. Berlin 1994, S. 427 (Rn. 100 ff.) – hinzuzieht.
80 BVerfGE 107, 59 (92).
81 Zusammenfassend zu diesen vier institutionellen Mechanismen *Scharpf* (Fn. 67), S. 22 ff.

In das Blickfeld der Suche nach legitmationsbegründenden Instrumenten geraten dadurch insbesondere die innere *Organisation*sstruktur unabhängiger Behörden und Verfahrensfragen. Darüber hinaus kann dem Prinzip der Transparenz besondere Bedeutung zukommen[82]. Wenn auch die einzelnen Instrumente und Verfahren zur Herstellung output-orientierter Legitimation näher untersuchungs- und bereichsspezifisch konkretisierungsbedürftig sein mögen, so zeigen sich doch die Konturen, die sich hinter der stets hervorgehobenen Offenheit des verfassungsrechtlichen Demokratieprinzips verbergen. Dieses Prinzip erweist sich erst nach der nunmehr auch vom Bundesverfassungsgricht vollzogenen Wende der Konkretisierung durch Verfassung und durch Gesetz fähig und bedürftig. Maßgeblicher Orientierungspunkt für diese Konkretisierung ist nicht mehr, oder jedenfalls nicht mehr allein, die Konstruktion von „Legitimationsketten", sondern das Zusammenwirken von inhaltlicher Programmierung, Organisations- und Verfahrensstruktur sowie anderen Faktoren zur Ausrichtung des Verwaltungshandelns an den vom Gesetz definierten Zielen.

3. Grenzen: Normative Grundentscheidung für die Einrichtung unabhängiger Behörden und Kontrolle

Die zuletzt hervorgehobene Notwendigkeit, demokratische Legitimationsformen durch Verfassung oder durch Gesetz – bereichsspezifisch – zu konkretisieren, ist nicht nur praktische Folge der verschiedenen politischen Gestaltungsoptionen, sondern folgt insbesondere aus dem bereits hervorgehobenen Ergänzungsverhältnis zwischen den traditionellen input- und den neueren output-orientierten Formen und Verfahren zur Herstellung demokratisch legitimierter Entscheidungen. Wem, wenn nicht dem vom Volk gewählten Repräsentationsorgan, könnte die Entscheidung darüber zukommen, in welchen gesellschaftlichen Bereichen welche Entscheidungen aufgrund welcher materiellen, Organisations- und Verfahrensvorgaben als legitimiert anzusehen sind? Wenn grundsätzlich jede Auslagerung und Verselbständigung von Entscheidungsbefugnissen Gefahr läuft, die Grenze dezentralisierter Demokratie zu überschreiten, bedarf es der erforderlichen Abgrenzung im Wege traditioneller repräsentativ-demokratischer Verfahren: „Die Grenze zwischen dezentralisierter Demokratie und undemokratischem Korporatismus kann nicht mit dem Lineal, sondern nur mit Urteilskraft gezogen werden. Weil es sich dabei um eine primär politische Aufgabe handelt, die zugleich aber den Wesensgehalt der Demokratie betrifft, sollte diese Grenzziehung in abstracto durch die Verfassung selbst und in concreto durch demokratische .... einfache Gesetzgebung erfolgen"[83].
Für das Phänomen unabhängiger Behörden folgt daraus, dass deren zentrale Legitimationsanforderung – und zugleich ihre Grenze – darin liegt, dass es eines Gesetzes bedarf, welches die Aufgaben, die Organisationsstruktur, die Entscheidungsprozesse und ggf. die Entscheidungsbefugnisse solcher Behörden ausreichend präzise regelt[84]. Insoweit bedarf es einer Weiterentwicklung der „Wesentlichkeitslehre", die

82 Genauer dazu *Lübbe-Wolff* (Fn. 50), S. 277.
83 *Lübbe-Wolff* (Fn. 50), S. 285.
84 Deutlich BVerfGE 107, 59 (92, 94).

die (Zwischen-)Ergebnisse der verwaltungs(rechts)wissenschaftlichen Steuerungsdiskussion verarbeitet[85]. Die traditionelle deutsche Sicht bezieht den Vorbehalt des Gesetzes demgegenüber in erster Linie auf Umfang und Dichte der materiellen Programmierung. In diesem Sinne wird auch die „Meroni“-Doktrin als gemeinschaftsrechtliche „Wesentlichkeitsrechtsprechung“ verstanden, die verlangt, dass die wesentlichen Inhalte des von den Organen einer selbständigen Einrichtung zu vollziehenden Programms bereits im Einsetzungsakt oder in sonstigen normativen Vorgaben enthalten sind[86]. Im Gegensatz zu einer solchen Beschränkung auf das „materielle“ Programm ist erst eine genauere Analyse aller Faktoren, die das Handeln unabhängiger Behörden und die dadurch hervorgerufenen Wirkungen bestimmen, in der Lage, Auskunft darüber zu geben, ob ihnen ein maßgeblicher Einfluss auf das letztlich durch Gesetz vorgegebene Ziel zukommt und sie – als „wesentliche“ – deshalb ebenfalls durch Gesetz zu präzisieren sind.

Zu diesen grundlegenden gesetzlichen Rahmenbedingungen, die Aufgaben, Befugnisse, Organisationsstrukturen und Verfahren von unabhängigen Behörden betreffen, gehört dann auch die Frage, ob und ggf. in welchem Umfang solche Behörden der Aufsicht durch zentrale politische Organe unterstehen sollen. Zwar hat das Bundesverfassungsgericht in seiner jüngsten Entscheidung gemeint, dass – jedenfalls bei Einräumung der Befugnis zu „verbindlichem Handeln mit Entscheidungscharakter“ – das Volk maßgeblichen Einfluss auf das Handeln verselbständigter Verwaltungsträger behalten müsse[87]. Dabei hat es allerdings offen gelassen, wie das Verhältnis zwischen der gesetzlichen und der Steuerung durch Aufsicht genauer zu bestimmen ist. Insbesondere die Reichweite und konkrete Ausgestaltung der Aufsichtsbefugnisse hat es nicht ausdrücklich genauer bestimmt.

D. Fazit

Nicht nur dort, wo es um die Regulierung von Wirtschaftssektoren mit dominierenden „staatsnahen“ Unternehmen geht, kann die Einrichtung unabhängiger Behörden als ein zukunftsträchtiges verwaltungsorganisationsrechtliches Instrument zur Gewährleistung von Neutralität und anderen Qualitäten angesehen werden. Der Einsatz dieses Instruments kann prima facie weder als Verstoß gegen das Demokratieprinzip noch als eine prinzipiell rechtfertigungsbedürftige Ausnahme angesehen werden kann, sondern er gehört zu den institutionellen Arrangements, die aufgaben- und problemspezifisch zur Erreichung politisch vorgegebener Steuerungsziele eingesetzt werden können.

Die Kehrseite dieser Öffnung des Demokratieprinzips für die konkrete Gestaltung der Verwaltungsorganisation ist eine Stärkung des organisationsrechtlichen Aspekts des Vorbehalts des Gesetzes. Nicht nur die Formulierung der Steuerungsziele

85 Ähnlich *Schmidt-Aßmann*, Verwaltungsorganisationsrecht (Fn. 55), S. 61 ff.

86 *Nettesheim*, Kompetenzen, in: von Bogdandy (Hg.), Europäisches Verfassungsrecht, 2003, S. 415 (469 f.).

87 BVerfGE 107, 59 (94).

und die Bestimmung der Politikfelder, auf denen die Erreichung dieser Ziele mittels unabhängiger Verwaltungseinrichtungen Erfolg verspricht, sondern auch die Umschreibung der Aufgaben und Befugnisse sowie die institutionelle und verfahrensrechtlichen Ausgestaltung müssen Sache des zentralen politischen Repräsentationsorgans bleiben bzw. werden[88]. Vor diesem Hintergrund muss die Einrichtung unabhängiger Behörden dem „Kernbereich" der Organisationsentscheidungen zugeordnet werden, die einem organisationsrechtlichen Gesetzesvorbehalt unterworfen sind.

88 Traditionelle Auffassungen, die die „Organisationsgewalt" der Regierung und mit ihr weite Teile der Verwaltungsorganisation als einen Bereich exkutivischer Eigenverantwortung gegenüber parlamentarischem Zugriff abschirmen wollten – Nachweise dazu bei *Burmeister*, Herkunft, Inhalt, und Stellung des institutionellen Gesetzesvorbehaltes, 1991, S. 47 ff. – , können dort nicht mehr überzeugen, wo die Verwaltungsorganisation das „Internum" von Regierung und Verwaltung längst verlassen hat. Zutreffend ist darauf hingewiesen worden, dass das Wesentlichkeitskriterium insbesondere dort zur Begründung und zur Bestimmung der Reichweite eines organisationsrechtlichen Gesetzesvorbehalts eingesetzt werden kann, wo es um Entkoppelungen von Verwaltungseinheiten von ihrem bisherigen Steuerungszusammenhang, um Grenzverschiebungen bei der Erfüllung öffentlicher Aufgaben im Zuge von Privatisierungen und Reregulierungen oder um Formen gemeinschaftlicher Verantwortung geht: *Schmidt-Aßmann* (Fn. 55), S. 62.

Dienstleistungen von allgemeinem Interesse in der neueren Rechtsprechung des EuGH

Ninon Colneric

Das Lebenswerk *Manfred Zuleegs* spiegelt den hohen Stellenwert wider, den er der sozialen Dimension des europäischen Einigungsprozesses beimisst. Ein tragender Pfeiler der europäischen Sozialordnung sind Dienstleistungen, die im Allgemeininteresse erbracht werden.
Der EG-Vertrag kennt in Art. 86 Abs. 2 (vormals Art. 90 Abs. 2) einen besonderen Schutz für Dienstleistungen von allgemeinem wirtschaftlichem Interesse. In Anlehnung an diese Vorschrift wurde in der Praxis der EG der umfassendere Begriff der Dienstleistungen von allgemeinem Interesse gebildet. Er bezeichnet nach Mitteilungen der Kommission aus den Jahren 1996 und 2000 marktbezogene oder nichtmarktbezogene Tätigkeiten, die im Interesse der Allgemeinheit erbracht und daher von den Behörden mit spezifischen Gemeinwohlverpflichtungen verknüpft werden[1]. Dieser Begriff der Dienstleistungen von allgemeinem Interesse liegt den folgenden Ausführungen zugrunde. Er schließt sowohl wirtschaftliche Tätigkeiten als auch nicht wirtschaftliche Tätigkeiten ein.
Für Dienstleistungen von allgemeinem Interesse ist die Interpretation, die der EuGH den gemeinschaftsrechtlichen Wettbewerbsregeln gibt, von großer Bedeutung. Der vorliegende Beitrag will einen Einblick in die neuere Rechtsprechung zu dieser Thematik geben. Entsprechend der Zweiteilung des Kapitels „Wettbewerbsregeln" im EG-Vertrag ist der erste Abschnitt dem Unternehmensrecht und der zweite dem Beihilfenrecht gewidmet.
Der Einfachheit halber wird in den Entscheidungen des Gerichtshofs, die sich auf Fassungen des Vertrages mit der alten Nummerierung beziehen, durchgängig die neue Nummerierung verwendet.

A. Unternehmensrecht

Das Unternehmensrecht stand im Zentrum mehrerer Rechtsstreitigkeiten zwischen Pharma-Unternehmen einerseits und dem AOK Bundesverband und anderen Kassenverbänden der deutschen gesetzlichen Krankenversicherung andererseits. Sie betra-

1 ABl. 1996 C 281/3 und ABl. 2001 C 17/4. Während hier in der englischen Fassung von „services of general interest" und in der französischen von „services d'interêt général" die Rede ist, wird in der deutschen Fassung der Mitteilungen der traditionsreiche Begriff der „Daseinsvorsorge" verwandt. Der deutsche Titel des 2003 veröffentlichten Grünbuchs der Kommission zu der Materie benutzt dagegen den Terminus „Dienstleistungen von allgemeinem Interesse", s. KOM (2003) 270 endg.

fen die Festsetzung von Höchstbeträgen für die Kostenübernahme von Arzneimitteln. Die Kassenverbände sind gesetzlich dazu verpflichtet, solche Höchstbeträge für Gruppen von Arzneimitteln festzusetzen, die der Bundesausschuss für Ärzte und Krankenkassen ausgewählt hat. Mehrere Pharma-Unternehmen wollten die Anwendung der Höchstbeträge auf ihre Produkte verhindern. Sie beriefen sich auf das Kartellverbot des Art. 81 Abs. 1 EGV. Verboten sind danach unter anderem Vereinbarungen zwischen Unternehmen und Beschlüsse von Unternehmensvereinigungen, welche den Handel zwischen Mitgliedstaaten zu beeinträchtigen geeignet sind und eine Verhinderung, Einschränkung oder Verfälschung des Wettbewerbs innerhalb des Gemeinsamen Marktes bezwecken oder bewirken.
Das Oberlandesgericht Düsseldorf und der Bundesgerichtshof legten dem EuGH im Rahmen dieser Rechtsstreitigkeiten eine Reihe von Fragen vor. Es ging im Kern darum, ob die Wettbewerbsvorschriften des EG-Vertrages Zusammenschlüsse von Krankenkassen daran hindern, Festbeträge festzusetzen, bis zu deren Erreichen die Krankenkassen die Kosten von Arzneimitteln übernehmen.
Vorab war die Frage zu lösen, ob die Kassenverbände als Unternehmen oder Unternehmensvereinigungen im Sinne des Art. 81 EGV anzusehen sind, wenn sie die besagten Festbeträge festsetzen.
Nach der Rechtsprechung des EuGH umfasst der Begriff Unternehmen im Rahmen des Wettbewerbsrechts jede eine wirtschaftliche Tätigkeit ausübende Einheit unabhängig von ihrer Rechtsform und der Art ihrer Finanzierung. Hieran anknüpfend führte der Gerichtshof in dem Streit um die Höchstbeträge Folgendes aus:
Die Krankenkassen der gesetzlichen Krankenversicherung in Deutschland wirken an der Verwaltung des Systems der sozialen Sicherheit mit. Sie nehmen eine rein soziale Aufgabe wahr, die auf dem Grundsatz der Solidarität beruht und ohne Gewinnerzielungsabsicht ausgeübt wird. Die Krankenkassen sind gesetzlich verpflichtet, ihren Mitgliedern im Wesentlichen gleiche Pflichtleistungen anzubieten, die von der Beitragshöhe unabhängig sind. Außerdem sind sie zu einer Art Solidargemeinschaft zusammengeschlossen, die es ihnen ermöglicht, untereinander einen Kosten- und Risikoausgleich vorzunehmen. So erfolgt ein Ausgleich zwischen den Krankenkassen mit den niedrigsten Gesundheitsausgaben und den Krankenkassen mit höheren Ausgaben.
Der Gerichtshof folgerte hieraus, dass die Krankenkassen weder miteinander noch mit den privaten Einrichtungen hinsichtlich der Erbringung der im Bereich der Behandlung oder der Arzneimittel gesetzlich vorgeschriebenen Leistungen konkurrieren. Ihre Tätigkeit sei nicht wirtschaftlicher Art.
Der Spielraum, über den die Krankenkassen verfügen, um ihre Beitragssätze festzulegen und einander einen gewissen Wettbewerb um Mitglieder zu liefern, ändere nichts an dieser Feststellung.
Die Krankenkassen seien, da ihre Tätigkeit nicht wirtschaftlicher Art sei, keine Unternehmen im Sinne der Art. 81 und 82 EGV.
Es lasse sich jedoch nicht ausschließen, dass die Krankenkassen und die Kassenverbände außerhalb ihrer Aufgaben rein sozialer Art im Rahmen der Verwaltung des deutschen Systems der sozialen Sicherheit Geschäftstätigkeiten ausüben, die keinen sozialen, sondern einen wirtschaftlichen Zweck haben. In einem solchen Fall wären

die von ihnen zu treffenden Entscheidungen möglicherweise als Beschlüsse von Unternehmen oder Unternehmensvereinigungen anzusehen.

Der Gerichtshof prüfte deshalb, ob die Festsetzung der Festbeträge durch die Kassenverbände zu den von Krankenkassen wahrgenommen Aufgaben rein sozialer Art gehört oder ob sie über diesen Rahmen hinausgeht und eine Tätigkeit wirtschaftlicher Art darstellt.

Hierzu stellte er fest, dass die Kassenverbände bei der Festsetzung der Festbeträge nur einer Pflicht nachkommen, die ihnen das Gesetz auferlegt, um den Fortbestand des deutschen Systems der sozialen Sicherheit sicherzustellen. Die Kassenverbände verfolgten hierbei kein eigenes Interesse, das sich von der rein sozialen Aufgabe der Krankenkassen trennen ließe.

Der Gerichtshof gelangte daher zu dem Schluss, dass Zusammenschlüsse von Krankenkassen wie die deutschen Krankenkassenverbände keine Unternehmen oder Unternehmensvereinigungen im Sinne der gemeinschaftlichen Wettbewerbsvorschriften sind, wenn sie die Höchstbeträge festsetzen, bis zu deren Erreichen die Krankenkassen die Kosten von Arzneimitteln übernehmen.

Ein im Urteil nicht erwähntes Gegenbeispiel für eine unternehmerische Tätigkeit eines Kassenverbandes wäre etwa der Betrieb eines Cafés in dem Gebäude des Kassenverbandes.

Das Oberlandesgericht Düsseldorf und der Bundesgerichtshof hatten den EuGH auch zur Auslegung des Art. 86 Abs. 2 EGV befragt. Nach dieser Bestimmung gelten für Unternehmen, die mit Dienstleistungen von allgemeinem wirtschaftlichem Interesse betraut sind, die Vorschriften des EG-Vertrages, insbesondere die Wettbewerbsregeln, nur soweit die Anwendung dieser Vorschriften nicht die Erfüllung der ihnen übertragenen besonderen Aufgabe rechtlich oder tatsächlich verhindert. Da der EuGH schon die Unternehmenseigenschaft verneinte, musste er sich jedoch mit dieser Norm nicht auseinandersetzen.

Das Urteil des Gerichtshofs zu den Höchstbeträgen der Kostenübernahme wurde am 16. März 2004 verkündet[2]. Nahezu zeitgleich erging ein Beschluss, mit dem das Bundesverfassungsgericht die Verfassungsbeschwerde eines privaten Versicherers gegen die Erhöhung der Versicherungspflichtgrenze durch das Beitragssatzsicherungsgesetz nicht annahm.[3] In diesem Beschluss wird die These verworfen, dass zwischen gesetzlicher und privater Krankenversicherung ein Konkurrenzverhältnis besteht, in dem die Sozialversicherung einen Teil monopolisiert. Es heißt in der betreffenden Passage: „Von der privaten Versicherung, die auf dem Äquivalenzprinzip einerseits und dem Kapitaldeckungsprinzip andererseits sowie der Bildung altersabhängiger Risikogemeinschaften beruht, unterscheidet sich die Sozialversicherung ganz wesentlich durch das fehlende Gewinnstreben und die zahlreichen Komponenten des sozialen Ausgleichs, wie sie etwa in der beitragsfreien Mitversicherung von Familienmitgliedern, der Umlagefinanzierung und der Bemessung der Beiträge nach dem Entgelt zum Ausdruck kommen." Die Parallelität zwischen dieser Argumentation und der des EuGH ist so erstaunlich, dass ich gefragt worden bin, ob dem

2 AOK Bundesverband u.a., C-264/01, C-306/01, C-354/01 und C-355/01, noch nicht in Slg.
3 Beschluss v. 4. 2. 2004 – 1 BvR 1103/03.

EuGH der Beschluss des Bundesverfassungsgerichts vorlag. Die Beratung in der Sache AOK Bundesverband u.a. war jedoch schon abgeschlossen, als der Karlsruher Beschluss zur Versicherungspflichtgrenze bekannt begeben wurde.

B. Beihilfenrecht

Der Abschnitt des EG-Vertrages über Unternehmen und der über Beihilfen haben eine gemeinsame Schwäche: Es fehlt an einer Legaldefinition des zentralen Begriffs.
Gemäß Art. 87 Abs. 1 EGV sind, soweit nicht spezielle Vorschriften des EG-Vertrages eingreifen, staatliche oder aus staatlichen Mitteln gewährte Beihilfen gleich welcher Art, die durch die Begünstigung bestimmter Unternehmen oder Produktionszweige den Wettbewerb verfälschen oder zu verfälschen drohen, mit dem Gemeinsamen Markt unvereinbar, soweit sie den Handel zwischen den Mitgliedstaaten beeinträchtigen. Der Begriff der Beihilfe wird durch diese Vorschrift nicht definiert, sondern von ihr vorausgesetzt. Es wird eine Regelung für Beihilfen einer bestimmten Art getroffen. Was aber sind Beihilfen? Und umgekehrt: Wann liegt keine Beihilfe vor?
Die Frage ist von großer praktischer Tragweite: Nach Art. 88 Abs. 3 EGV sind die Mitgliedstaaten verpflichtet, der Kommission jede beabsichtigte Einführung oder Umgestaltung von Beihilfen zu notifizieren. Der betreffende Staat darf die beabsichtigte Maßnahme nicht durchführen, bevor die Kommission eine abschließende Entscheidung erlassen hat. Nach der Rechtsprechung des EuGH gilt dies auch dann, wenn es um eine Beihilfe für ein Unternehmen geht, das mit Dienstleistungen von allgemeinem wirtschaftlichem Interesse betraut ist[4].
Um die neuere Rechtsprechung des Gerichtshofs zum Beihilfebegriff zu verstehen, empfiehlt sich ein Blick in die Vergangenheit. Die Richtlinie über die Altölbeseitigung aus dem Jahre 1975[5] gestattet den Mitgliedstaaten, Unternehmen einen Zuschuss als Ausgleich für die ihnen auferlegte Verpflichtung zu gewähren, in bestimmten Bezirken von Altölbesitzern angebotene Altöle zu sammeln und/oder zu beseitigen. Dieser Zuschuss darf die ungedeckten, tatsächlich festgestellten jährlichen Kosten der Unternehmen unter Berücksichtigung eines angemessenen Gewinns nicht übersteigen. Im Fall ADBHU hatte der Gerichtshof darüber zu befinden, ob die betreffenden Bestimmungen der Richtlinie über die Altölbeseitigung mit den Wettbewerbsregeln des EWG-Vertrages vereinbar waren. Die Kommission stellte sich damals auf den Standpunkt, dass die Zuschüsse auf jeden Fall nur als Preis oder Gegenleistung für die von den Abhol- oder Beseitigungsunternehmen erbrachten Leistungen verstanden werden können. Der Gerichtshof griff diese These auf und entschied 1985, dass es sich bei den Zuschüssen nicht um Beihilfen im Sinne der Art. 87 ff. EGV handele, sondern um die Gegenleistung für die von den Unternehmen erbrachten Leistungen[6].

4 EuGH, Banco exterior de España, Slg. 1994, I-877, Rn. 17.
5 Richtlinie 75/439/EWG des Rates über die Altölbeseitigung v. 16. 6. 1975, ABl. L. 194/23.
6 EuGH, ADBHU, Slg. 1985, 531, Rn. 18.

Das Gericht erster Instanz folgte später in seinen Urteilen FFSA[7] und SIC[8] einer anderen Theorie. Danach hat der Umstand, dass die staatlichen Stellen einem Unternehmen einen finanziellen Vorteil zum Ausgleich für gemeinwirtschaftliche Verpflichtungen gewähren, keine Auswirkung auf die Qualifizierung der Maßnahme als Beihilfe. Er ist lediglich bei der Frage zu berücksichtigen, ob die Maßnahme wegen der Sonderregel für Unternehmen, die mit Dienstleistungen von allgemeinem wirtschaftlichem Interesse betraut sind, mit dem Gemeinsamen Markt vereinbar ist.

Der EuGH folgte dieser Auffassung nicht. Er legte im November 2001 bei der Entscheidung des Falls Ferring[9] erneut die Gegenleistungstheorie zugrunde. Es ging um eine steuerliche Vergünstigung für Arzneimittelgroßhändler in Frankreich. Nach französischem Recht sind diese verpflichtet, ständig ein dem Bedarf eines bestimmten geografischen Gebietes entsprechendes Sortiment von Arzneimitteln bereitzuhalten und die rasche Verfügbarkeit dieser Arzneimittel innerhalb dieses Gebietes zu gewährleisten. Für Pharmahersteller gelten solche Pflichten nicht. Um die Bedingungen des Wettbewerbs zwischen den Pharmaherstellern und den Arzneimittelgroßhändlern auszugleichen, wurde von den Pharmaherstellern eine Abgabe auf Direktverkäufe erhoben.

Der EuGH stellte fest, dass die Tatsache, dass die Großhändler der Direktverkaufsabgabe nicht unterliegen, einer Abgabenbefreiung zu ihren Gunsten gleichsteht. Sehe man von den gemeinwirtschaftlichen Pflichten ab, könne die Direktverkaufabgabe als solche, da sie bei den Großhändlern nicht erhoben wird, eine staatliche Beihilfe darstellen. Es sei jedoch zu prüfen, ob die Einstufung dieser Regelung als Beihilfe wegen der besonderen gemeinwirtschaftlichen Pflichten der Großhändler auszuschließen sei. Der EuGH rief den Fall ADBHU in Erinnerung und erklärte, soweit die Abgabe den tatsächlich den Großhändlern für die Erfüllung ihrer gemeinwirtschaftlichen Pflichten entstandenen zusätzlichen Kosten entspreche, könne die Nichterhebung der Abgabe bei ihnen als Gegenleistung für die erbrachten Leistungen und damit als Maßnahme betrachtet werden, die keine staatliche Beihilfe darstelle. Im Übrigen würden die Großhändler unter dieser Voraussetzung ja auch keinen Vorteil im Sinne des Art. 87 Abs. 1 EGV genießen. Soweit die Vergünstigung die sich aus der gemeinwirtschaftlichen Aufgabe ergebenden zusätzlichen Kosten übersteige, sei sie dagegen auch durch Art. 86 Abs. 2 EGV, die Sonderregelung für Unternehmen, die mit Dienstleistungen von allgemeinem wirtschaftlichem Interesse betraut sind, nicht gedeckt.

Das Urteil im Fall Ferring, das eine Kammerentscheidung war, erregte großes Aufsehen und löste heftige Kontroversen aus.

Wegweisend für die weitere Entwicklung waren die Schlussanträge des Generalanwalts *Jacobs* im Fall GEMO[10]. Diesmal ging es um die Tierkörperbeseitigung in Frankreich. Dort gab es einen öffentlichen Dienst der Sammlung und Verwertung von Tierkörpern und gefährlichen Schlachtabfällen. Er wurde von privaten Tierkör-

7 EuG, Slg. 1997, II-229.
8 EuG, Slg. 2000, II-2125.
9 EuGH, Slg. 2001, I-9067.
10 Schlussanträge v. 30. 4. 2002, Rs. C-126/01, noch nicht in Slg.

perverwertungsunternehmen durchgeführt, deren Dienstleistungen vom Staat nach öffentlicher Ausschreibung im Rahmen von Verträgen vergütet wurden. Die Finanzierung erfolgte durch eine Abgabe auf den Kauf von Fleisch, die hauptsächlich von Supermärkten im Fleischeinzelhandel erhoben wurde. Die Inanspruchnahme des Tierkörperbeseitigungsdienstes war für die Hauptbegünstigten, nämlich die Viehhalter und die Schlachthöfe, einerseits zwingend und andererseits unentgeltlich. Klägerin des Verfahrens war ein Supermarktunternehmen, das die Rückerstattung der Fleischkaufabgabe verlangte. Dem Gerichtshof wurde die Frage vorgelegt, ob diese Abgabe als Beihilfe angesehen werden kann.

Generalanwalt *Jacobs* prüfte vorab, ob eine staatliche Beihilfe zugunsten der Viehhalter und Schlachthofbetreiber vorliegt. Er bejahte dies. In zweiter Linie untersuchte er die Frage, ob die Zahlungen, die die Tierkörperverwertungsunternehmen für die Durchführung des Tierkörperbeseitigungsdienstes vom Staat erhalten, eine staatliche Beihilfe zu ihren Gunsten darstellen.

In diesem Rahmen listete er die Hauptargumente für und gegen die Gegenleistungstheorie auf, die er Ausgleichsansatz nennt. Für diesen Ansatz spricht beispielsweise, dass ja auch die Vergütung, die der Staat zahlt, wenn er für seinen Bedarf Waren kauft oder Dienstleistungen in Anspruch nimmt, nicht als Beihilfe betrachtet wird, soweit sie nicht über das angemessene Maß hinausgeht. Warum sollte etwas anderes gelten, wenn der Staat gegen Entgelt Dienstleistungen in Anspruch nimmt, die der Allgemeinheit gegenüber zu erbringen sind? Ein starkes Argument gegen den Ausgleichsansatz ist Art. 73 EGV, der sich in dem Titel des EG-Vertrages über den Verkehr befindet. Mit dem EG-Vertrag vereinbar sind nach dieser Vorschrift unter anderem „Beihilfen, die (...) der Abgeltung bestimmter, mit dem Begriff des öffentlichen Dienstes zusammenhängender Leistungen entsprechen". Dem liegt die Vorstellung zugrunde, dass die Abgeltung gemeinwirtschaftlicher Leistungen den Tatbestand der Beihilfe nicht entfallen lässt.

Jacobs zog aus der Gesamtschau der Argumente den Schluss, dass weder der Ausgleichsansatz noch die ihm entgegengesetzte Konzeption, die er als Beihilfenansatz bezeichnet, in allen Fällen eine ideale Lösung bietet. Es sei deshalb nach einer Lösung zu suchen, nach der der eine Ansatz für eine Kategorie von Fällen und der andere Ansatz für eine andere Kategorie gilt.

Die erste von *Jacobs* vorgeschlagene Kategorie umfasst Fälle, in denen die Finanzierungsmaßnahmen eindeutig eine Gegenleistung für klar definierte Gemeinwohlverpflichtungen darstellen sollen oder, anders gesagt, in denen der Zusammenhang zwischen der vom Mitgliedstaat gewährten Finanzierung und der auferlegten klar definierten Gemeinwohlverpflichtung unmittelbar und offensichtlich ist. Diese Fälle sollten nach dem Ausgleichsansatz beurteilt werden.

Die zweite von Jacobs gebildete Kategorie betrifft Fälle, in denen nicht von Anfang an klar ist, dass die Finanzierung durch den Mitgliedstaat eine Gegenleistung für genau definierte Gemeinwohlverpflichtungen darstellen soll. In diesen Fällen ist der Zusammenhang zwischen der staatlichen Finanzierung und den auferlegten Gemeinwohlverpflichtungen entweder nicht unmittelbar oder nicht offensichtlich, oder die Gemeinwohlverpflichtungen sind nicht klar definiert. Diese Fälle sollten nach dem Beihilfenansatz beurteilt werden.

Für die von ihm vorgeschlagene Unterscheidung führte *Jacobs* unter anderem ins Feld, dass sie der Bedeutung der Dienstleistungen von allgemeinem Interesse, wie sie in Art. 16 EGV und Art. 36 der EU-Grundrechtecharta anerkannt ist, angemessenes Gewicht verleiht und gleichzeitig die Gefahr einer Umgehung der Vorschriften über staatliche Beihilfen vermeidet.

Kurz vor der Verkündung der Schlussanträge im Fall GEMO hatte sich Generalanwalt *Léger* im Fall Altmark Trans nachdrücklich dafür eingesetzt, dem Urteil Ferring nicht zu folgen[11]. Diese Entwicklungen veranlassten das Plenum des Gerichtshofs, die Wiedereröffnung der mündlichen Verhandlung im Fall Altmark Trans anzuordnen. Die Parteien des Ausgangsverfahrens, die Mitgliedstaaten, die Kommission und der Rat wurden gebeten, sich zu der Frage zu äußern, ob – und nach welchen Kriterien – ein finanzieller Vorteil, den die Behörden eines Mitgliedstaats gewähren, um gemeinwirtschaftliche Verpflichtungen auszugleichen, die sie einem Unternehmen auferlegen, als staatliche Beihilfe zu qualifizieren ist.

Dem Fall Altmark Trans lag ein komplexer Rechtsstreit aus dem Bereich des öffentlichen Personennahverkehrs zugrunde, auf dessen Einzelheiten ich hier nicht eingehen möchte. Zum Ausgangsrechtsstreit nur so viel: Es ging um den Vorwurf eines Nahverkehrsunternehmens, dass die der konkurrierenden Firma Altmark Trans erteilten Genehmigungen für Liniendienste mit Bussen rechtswidrig seien, da Altmark Trans ohne öffentliche Zuschüsse nicht hätte überleben können.

Der Gerichtshof bestätigte in diesem Fall den Kurs, der mit den Rechtssachen ADBHU und Ferring eingeschlagen worden war[12]. Aus dieser Rechtsprechung folge, dass eine staatliche Maßnahme nicht unter Artikel [87 Absatz 1 EG] fällt, soweit sie als Ausgleich anzusehen ist, der die Gegenleistung für Leistungen bildet, die von den Unternehmen, denen sie zugute kommt, zur Erfüllung gemeinwirtschaftlicher Verpflichtungen erbracht werden, so dass diese Unternehmen in Wirklichkeit keinen finanziellen Vorteil erhalten.

Ein derartiger Ausgleich sei im konkreten Fall allerdings nur dann keine staatliche Beihilfe, wenn vier vom vorlegenden Gericht zu prüfende Voraussetzungen erfüllt seien:

Erstens müsse das begünstigte Unternehmen tatsächlich mit der Erfüllung gemeinwirtschaftlicher Verpflichtungen betraut sein, und diese Verpflichtungen müssten klar definiert sein.

Zweitens müssten die Parameter, anhand deren der Ausgleich berechnet werde, zuvor objektiv und transparent aufgestellt werden.

Drittens dürfe der Ausgleich nicht über das hinausgehen, was erforderlich sei, um die Kosten der Erfüllung der gemeinwirtschaftlichen Verpflichtungen unter Berücksichtigung der dabei erzielten Einnahmen und eines angemessenen Gewinns ganz oder teilweise zu decken.

Und viertens sei die Höhe des Ausgleichs, wenn die Wahl des Unternehmens nicht im Rahmen eines Verfahrens zur Vergabe öffentlicher Aufträge erfolge, auf der Grundlage einer Analyse der Kosten zu bestimmen, die ein durchschnittliches, gut

11 Schlussanträge v. 19. 3. 2002, Slg. 2003, I-7757, Rn. 73 ff.
12 EuGH, Slg. 2003, I-7747.

geführtes und angemessen ausgestattetes Unternehmen bei der Erfüllung der betreffenden Verpflichtungen hätte, wobei die dabei erzielten Einnahmen und ein angemessener Gewinn aus der Erfüllung dieser Verpflichtungen zu berücksichtigen seien.

Die vierte Voraussetzung ist gegenüber den Überlegungen, die *Jacobs* angestellt hatte, ein Novum. Sie erklärt sich aus der Überlegung, dass der Ausgleichsansatz keinen Freiraum für eine Bezuschussung ineffizienter Unternehmen schaffen soll, die sich notwendig verzerrend auf den Markt auswirkt.

So viel zum Fall Altmark Trans.

Der Fall GEMO, der durch die Schlussanträge des Generalanwalts Jacobs so wichtig für die Entwicklung des Beihilfenrechts gewesen war, wurde vom EuGH letztlich ohne Rückgriff auf den Ausgleichsgedanken entschieden[13]. Der Gerichtshof kam zu dem Schluss, dass eine Regelung wie die in Frankreich geltende, die die Sammlung und Beseitigung von Tierkörpern und Schlachthofabfällen ohne Kostenbelastung der Viehzüchter und Schlachthöfe vorsieht, als staatliche Beihilfe zu deren Gunsten anzusehen ist. Ob eine staatliche Beihilfe zugunsten der Tierkörperverwertungsunternehmen vorlag, musste deshalb nicht mehr geprüft werden.

Hinweise dazu, wie der EuGH die Kriterien der Altmark Trans-Entscheidung im Einzelfall beurteilt, sind der Entscheidung des Gerichtshofs im Fall Enirisorse[14] zu entnehmen. Es ging um den folgenden Sachverhalt: In fünf italienischen Häfen, darunter Cagliari, wurden durch Gesetz öffentliche Unternehmen errichtet, die dem Ministerium für die Handelsmarine unterstehen und unter anderem damit betraut sind, die technischen Einrichtungen für das Verladen und Entladen sowie die staatlichen Lagerhäuser zu verwalten. Das Aufkommen aus einer Hafenabgabe, die auf dort ver- und entladene Waren erhoben wird, steht zu zwei Dritteln diesen Unternehmen zu. Die Firma Enirisorse ver- und entlud im Hafen von Cagliari Waren, ohne die Leistungen des in diesem Hafen tätigen öffentlichen Unternehmens in Anspruch zu nehmen. Enirisorse lehnte die Zahlung der Hafenabgabe ab. Der Gerichtshof wurde in diesem Fall unter anderem dazu befragt, ob die Zuweisung eines erheblichen Teils der Hafenabgabe an die öffentlichen Hafenunternehmen als staatliche Beihilfe zu qualifizieren ist.

Der Gerichtshof stellte fest, dass der Betrieb eines Verkehrshafens nicht ohne weiteres die Erfüllung gemeinwirtschaftlicher Aufgaben umfasst. Aus den Akten sei nicht ersichtlich, dass die öffentlichen Hafenunternehmen mit einer gemeinwirtschaftlichen Aufgabe betraut worden wären und erst recht nicht, dass diese klar definiert worden wäre.

Zu den Ausgleichsparametern hatte die italienische Regierung vorgetragen, die Zuweisung eines erheblichen Teils der Hafenabgabe an die öffentlichen Hafenunternehmen zusätzlich zu den von diesen erhobenen Gebühren sei erforderlich, um diese Gebühren auf einer für die Wirtschaftsteilnehmer erträglichen Höhe zu halten. Außerdem ermögliche eine solche Zuweisung die Aufrechterhaltung des Betriebs der betreffenden Häfen.

13 Urteil v. 20. 11. 2003, Rs. C-126/01, noch nicht in Slg.
14 Urteil v. 27. 11. 2003, Rs. C-34/01 bis C-38/01, noch nicht in Slg.

Diese Angaben genügten nach Ansicht des Gerichtshofs nicht dem Erfordernis, dass die Parameter, anhand derer der Ausgleich berechnet wird, zuvor in objektiver und transparenter Weise festzulegen sind. Insbesondere gehe aus ihnen nicht hervor, worin genau die behauptete gemeinwirtschaftliche Dienstleistung besteht und ob ausschließlich die Ver- und Entladetätigkeiten in den betreffenden Häfen erfasst sind oder ob auch Leistungen wie die Sicherheit des Anlegevorgangs abgedeckt werden. Der Gerichtshof bemängelte außerdem das Fehlen von Angaben über die Kosten dieser Dienstleistungen und die Berechnung des angeblich erforderlichen Ausgleichs.

Aus dem Vorlagebeschluss ergebe sich vielmehr, dass der Betrag aus dem Aufkommen der Hafenabgabe, der den öffentlichen Hafenunternehmen zugewiesen wird, nicht den bei diesen tatsächlich anfallenden Kosten für die Erbringung der Ver- und Entladedienste entspreche. Eine solche Regelung entspreche jedoch nicht dem Erfordernis, dass der Ausgleich nicht über das hinausgehen darf, was erforderlich ist, um die Kosten der Erfüllung der gemeinwirtschaftlichen Verpflichtungen unter Berücksichtigung der dabei erzielten Einnahmen und eines angemessenen Gewinns aus der Erfüllung dieser Verpflichtung ganz oder teilweise zu decken.

Eine solche Maßnahme sei als staatliche Beihilfe im Sinne des Art. 87 Abs. 1 EGV zu qualifizieren, soweit sie den Handel zwischen den Mitgliedstaaten beeinträchtigt.

C. Ausblick

Man kann sich bei den geschilderten Entwicklungen im gemeinschaftlichen Unternehmens- und Beihilfenrecht fragen, welchen Nutzen nun eigentlich noch die Sondervorschrift hat, die Art. 86 Abs. 2 EGV für Unternehmen, die mit Dienstleistungen von allgemeinem wirtschaftlichem Interesse betraut sind, aufstellt. Sowohl im Bereich des Unternehmensrechts als auch im Bereich des Beihilfenrechts kommt dieser Vorschrift eine bescheidenere Rolle zu als bisweilen angenommen worden ist; denn Wertungen, die sie widerspiegelt, wird schon im Vorfeld Rechnung getragen, zum einen bei der Definition des Unternehmensbegriffs und zum anderen bei der Definition des Beihilfenbegriffs.

Manchmal stößt der Gerichtshof jedoch durchaus bis zu Art. 86 Abs. 2 EGV vor. Dies zeigt beispielsweise der 2001 entschiedene Fall Ambulanz Glöckner[15]. Auf dem Prüfstand befand sich eine rheinland-pfälzische Regelung, die vier Sanitätsorganisationen nach Auffassung des vorlegenden Gerichts auf dem Markt für die Leistungen des Notfall- und des Krankentransportes faktisch ein Monopol einräumt. Der Gerichtshof hielt es, abhängig vom Ergebnis verschiedener Vorfragen, für möglich, dass ein Verstoß gegen das Verbot des Missbrauchs einer marktbeherrschenden Stellung (Art. 82 EGV) vorlag, weil der Gesetzgeber den Sanitätsorganisationen mit den nicht durch Notfall veranlassten Leistungen des Krankentransportes eine Hilfstätigkeit vorbehalten hat, die von einem unabhängigen Unternehmen ausgeübt werden könnte. Eine solche Regelung sei jedoch nach Art. 86 Abs. 2 EGV gerecht-

15 EuGH, Slg. 2001, I-8089.

fertigt, soweit sie nicht ausschließt, dass unabhängigen Unternehmen eine Genehmigung erteilt wird, falls die mit dem Rettungsdienst betrauten Sanitätsorganisationen offensichtlich nicht in der Lage sind, die Nachfrage im Bereich der Leistungen des Notfall- und des Krankentransports zu decken. Besonderes Gewicht maß der Gerichtshof bei dieser Entscheidung dem Gesichtspunkt zu, dass es den Sanitätsorganisationen durch die Erstreckung ihrer ausschließlichen Rechte auf den Bereich des nicht durch Notfall veranlassten Krankentransports gerade ermöglicht wird, ihre im Allgemeininteresse liegende Aufgabe Notfalltransport unter wirtschaftlich ausgewogenen Bedingungen zu erfüllen.

Generell ist die Bedeutung des Art. 86 Abs. 2 EGV als Sicherheitsnetz für Dienstleistungen von allgemeinem wirtschaftlichem Interesse weiterhin nicht zu unterschätzen. Dies zeigt nicht zuletzt der Umstand, dass die Kommission als Reaktion auf das Altmark Trans-Urteil eine Entscheidung über die Anwendung dieses Artikels auf staatliche Beihilfen vorbereitet, die bestimmten Unternehmen als Ausgleich für die Erbringung von Dienstleistungen von allgemeinem wirtschaftlichem Interesse gewährt werden.

Das selektive Vertragshandeln der Krankenkassen und Leistungserbringer im Lichte europäischen Vergaberechts[1]

Ingwer Ebsen

A. Einleitung: Die gesetzliche Krankenversicherung zwischen nationalem Sozialrecht und europäischem Wirtschaftsrecht

Ein Spezifikum deutscher Sozialleistungen ist die Gewährung von Sach- oder Dienstleistungen öffentlicher Sozialleistungsträger durch private Dritte, die sogenannten „Leistungserbringer". Für das auf diese Weise zustande kommende leistungsrechtliche Dreieck, das häufig durch Einbeziehung von Verbänden in die Vertragsbeziehungen zum Vieleck mutiert, ist die gesetzliche Krankenversicherung (GKV) ein besonders ausgeprägtes Beispiel mit Modellcharakter und Ausstrahlungswirkung auf andere Sozialleistungsbereiche[2]. In diesem Modell ist typischerweise die Sachleistung zugleich Sozialleistung des Leistungsträgers gegenüber dem Leistungsempfänger und unternehmerische Tätigkeit des Leistungserbringers, die er dem Sozialleistungsträger erbringt.

Dieser Aspekt des Leistungserbringungsverhältnisses hat in der Vergangenheit zu einer Reihe rechtlicher Auseinandersetzungen geführt, welche sowohl um nationale als auch um europäische wirtschaftsrechtliche Streitpunkte geführt wurden und sogar zur Prägung des Begriffs eines „Wettbewerbssozialrechts" geführt haben[3]. Das trifft insbesondere auf das europäische Gemeinschaftsrecht zu. Neben der Dienstleistungsfreiheit und der Warenverkehrsfreiheit als Gewährleistungen für grenzüberschreitende Erbringung von Gesundheitsleistungen, welche mit Abschottungstendenzen der nationalen Gesundheitssysteme in Konflikt geraten[4], war

1 *Manfred Zuleeg* hat sich aus gemeinschaftsrechtlicher Perspektive mehrfach mit dem Sozialrecht und oder/sozialpolitischen Fragestellungen befaßt; vgl. *Zuleeg*, Die Europäische Gemeinschaft auf dem Weg zur Sozialgemeinschaft, NDV 1991, 20 ff.; Der Schutz sozialer Rechte in der Rechtsordnung der Europäischen Gemeinschaft, EuGRZ 1992, 329 ff.; Die Rechtsprechung des Europäischen Gerichtshofs zum Arbeits- und Sozialrecht im Streit, AuR 1994, 77 ff.; Eine neue Gemeinschaftscharta der sozialen Grundrechte? AuR 1995, 429 f.; Das Urteil Taflan-Met des Europäischen Gerichtshofs, ZAR 1997, 170 ff.; Die Einwirkung des Europäischen Gemeinschaftsrechts auf die deutsche Pflegeversicherung, DVBl 1997, 445 ff.; Europarechtliche Probleme der gesetzlichen Pflegeversicherung - Leistungsexporte, Einordnung in das europarechtliche Leistungssystem, Koordinationsprobleme, in: *Ebsen* (Hg.), Europarechtliche Gestaltungsvorgaben für das deutsche Sozialrecht, 2000, S. 103 ff. Und auch zum Vergaberecht hat er sich kürzlich geäußert; vgl. *Zuleeg*, Öffentliche Aufträge nach europäischem und deutschem Recht, ZEuP 2004, 636 ff. Die hier vorgelegten Überlegungen basieren auf und sind die Weiterführung von einem Rechtsgutachten, welches der Verfasser für einen Spitzenverband der GKV erstellt hat; siehe im übrigen auch schon *Ebsen*, KritV 2004, 95 ff.

2 Siehe dazu *Ebsen*, in: FS Ernst Krasney, 1997, S. 81 ff.

3 *Haverkate/Huster*, Europäisches Sozialrecht, 1999, S. 285 ff.

4 Dazu etwa *B. Schulte*, ASP 2001, Nr. 7/8, S. 36 ff., ASP 2002, Nr. 1/2, S. 43 ff; *Kingreen*, ZESAR 2003, 199 ff.; *Frenz*, MedR 2004, 296 ff.

es insbesondere das Wettbewerbsrecht der Art. 81 ff. EGV und hier insbesondere die Frage der Unternehmenseigenschaft von Krankenkassen, welche gerichtliche und literarische Auseinandersetzungen hervorgebracht hat[5].

Während es gemeinschaftsrechtlich nicht darauf ankommt, ob die Rechtsbeziehungen zwischen den Kassen und Leistungserbringern privatrechtlich oder öffentlich-rechtlich sind, ist dies im nationalen Recht sowohl für die Anwendbarkeit von materiellem Recht als auch typischerweise für den im Streitfall einzuhaltenden Rechtsweg von Bedeutung. Dies hat in der Vergangenheit insbesondere im Hinblick auf die Anwendbarkeit des UWG und des Kartellrechts eine Rolle gespielt[6]. Für das Leistungserbringungsrecht der GKV ist heute insofern die Rechtslage weitgehend klar, als nunmehr durch § 69 SGB V einfach bestimmt ist, daß die Rechtsbeziehungen der Krankenkassen und ihrer Verbände zu den Leistungserbringern und ihren Verbänden „ausschließlich" durch das Vierte Kapitel des SGB V und einige weitere öffentlich-rechtliche Vorschriften geregelt werden, und zwar auch soweit durch diese Rechtsbeziehungen Rechte Dritter betroffen werden. Damit hat der Gesetzgeber festgelegt, daß sämtliche Rechtsbeziehungen im Leistungserbringungsrecht der GKV öffentlich-rechtlich sind[7]. Dies und die parallele Gestaltung der Rechtswegbestimmung des § 51 SGG[8] haben dazu geführt, daß nationales Wettbewerbsrecht entgegen einschlägigen Bemühungen in der Rechtsprechung im Verhältnis zwischen Kassen und Leistungserbringern keine Rolle mehr spielt[9].

Ungefähr zeitgleich mit diesen Entwicklungen, aber in gewisser Weise „gegenläufig" hat der Gesetzgeber die Krankenkassen und die Rahmenbedingungen ihres Handelns zunehmend „unternehmerisch" ausgestaltet, was nicht nur den Wettbewerb um Mitglieder betrifft, in welche sie heute gestellt sind[10], sondern auch – so ganz besonders seit der letzten größeren Reform durch das GMG[11] – das Verhältnis zwischen Kassen und Leistungserbringern. Traditionell und als Grundstruktur auch heute noch herrscht in der GKV ein Modell vor, wonach Leistungserbringer durch hoheitliche Zulassungssysteme den Zugang zu einem Markt der GKV-Leistungen bekommen, auf dem sie dann zwar aufgrund der Wahlfreiheit der Versicherten untereinander um diese als Nachfrager konkurrieren, nicht aber um die Kassen, de-

5 Zur jüngsten einschlägigen Problematik, den Festbetragsfestsetzungen für Arzneimittel durch Krankenkassenverbände siehe EuGH, Urteil v. 16. 3. 2004, Rs. C-264/01, noch nicht in Slg., abgedr. EWS 2004, 256 ff. mit Anm. *Krajewsky*; aus der Literatur siehe etwa noch *Axer*, NZS 2002, 57 ff.; *Kingreen*, MedR 2004, 188 ff.

6 Dazu *Ebsen* ZSR, 2000, 298 ff.

7 Zu § 69 SGB V *Ebsen* ebd.; *Koenig/Engelmann*, WRP 2003, 831 ff.; *Diekmann/Wildberger*, NZS 2004, 15 ff.

8 Zu dieser Vorschrift und ihren „Entwicklungsstationen" *Engelmann*, NZS 2000, 213 ff.; *Knispel*, NZS 2001, 466 ff.; *Kummer*, SGb 2001, 138 ff.

9 Damit ist nicht ausgeschlossen, daß richterrechtliche Anforderungen in Anwendung allgemeiner Grundsätze entwickelt werden, die als funktionale Äquivalente zum Lauterkeits- und zum Mißbrauchswettbewerbsrecht auch Anleihen bei den hierzu entwickelten Standards machen; zu derartigen eventuellen Analogien siehe *Engelmann* (Fn. 8); *Diekmann/Wildberger* (Fn. 7).

10 Dazu *Müller/Schneider*, ASP 1997, Nr 3/4, 11 ff.; *Schlenker*, RPG 2000, 16 ff.; *Mühlhausen*, Der Mitgliederwettbewerb innerhalb der gesetzlichen Krankenversicherung, 2002.

11 GKV-Modernisierungsgesetz (GMG) vom 14. 11. 2003, BGBl. I S. 2190.

nen insoweit lediglich die Aufgabe bleibt, die vom Versicherten rechtmäßig nachgefragten Leistungen zu vergüten.

Diesem Grundmodell entspricht das Zulassungswesen für Vertragsärzte, Krankenhäuser, Heil- und Hilfsmittelerbringer und Apotheker. Und selbst da, wo die Zulassung nicht nur ein formaler Akt ist, auf den jeder, der bestimmte Anforderungen erfüllt einen Anspruch hat[12], sondern eine bedarfsgesteuerte Entscheidung wie bei Krankenhäusern und bei Vertragsärzten in Planbereichen mit Überversorgung, sind die Zulassungsverfahren so ausgestaltet, daß keine Rede davon sein kann, die Kassen würden sich „ihre" Leistungserbringer aussuchen. Jedenfalls sind die „gemeinsame Selbstverwaltung" der Kassenverbände auf Landesebene mit den Kassenärztlichen Vereinigungen bei der Zulassung von Vertragsärzten und das Zusammenwirken mit den Ländern bei der Zulassung von Krankenhäusern etwas ganz anderes als die Auswahl von Leistungserbringern durch die Kassen als „Zahler".

Gegenüber diesem Grundmodell, welches aus der Sicht der Kassen ein solches des "Kontrahierungszwangs" ist, hat das GMG Elemente im Leistungserbringungsrecht verstärkt, welche unter der Flagge des „Vertragswettbewerbs"[13] den Kassen ermöglichen, mit jeweiligen Leistungserbringern selektive Verträge zu schließen, welche dazu führen, daß jedenfalls teilweise die Möglichkeit zur Erbringung von entgeltlichen Leistungen vom Abschluß solcher Verträge abhängt. Damit kommt in das Leistungserbringungsrecht zusätzlich zum Wettbewerb um die Nachfrage von Versicherten auch ein Wettbewerb um solche Verträge in Betracht.

Diese neue Dimension wirtschaftlichen Handelns in der GKV wirft auch ein neues Problem auf, nämlich inwieweit für derartige selektive Verträge von Kassen oder Kassenverbänden mit Leistungserbringern das nationale und/oder das europäische Vergaberecht einschlägig ist. Dem soll in den folgenden Überlegungen nachgegangen werden. Doch zunächst soll das Konzept des Vertragswettbewerbs in seinen Grundzügen dargestellt werden.

B. Selektive Verträge in der GKV: Schaffung eines neuen Marktes im Leistungserbringungsverhältnis

Gerade in der Gegenübersetzung zum soeben sehr vereinfacht skizzierten Grundmodell zeichnen sich die Veränderungen ab, welche in größerem oder geringerem Maße den Kassen – teilweise auch den Verbänden auf Landesebene – einen Spielraum zur Auswahl von Leistungserbringern und zur Vereinbarung individueller Konditionen für die Leistungserbringung und ihre Honorierung eröffnen.

Solche Gestaltungen haben durchaus Tradition in der GKV, nämlich bei der Auswahl von Rehabilitationseinrichtungen nach § 40 Abs. 3 S. 1 SGB V und auch schon hinsichtlich des vorgelagerten Versorgungsvertrages mit solchen Einrichtungen nach § 111 SGB V, wo allerdings das Auswahlermessen von den Kassenverbänden

12 Wie bei den Apothekern und den Erbringern von Heil- oder Hilfsmitteln, dazu BSGE 77, 108; 79, 33.

13 *Ebsen/Greß/Jacobs/Szecsenyi/Wasem*, SozSich 2003, 128 ff.; Steinmeyer, GSP 2003, Nr 3/4, 9 ff.

auf Landesebene gemeinsam auszuüben ist. Auswahlspielräume gibt es auch für Modellvorhaben (§ 64 Abs. 1 SGB V), die Versorgung mit Haushaltshilfe (§ 132 SGB V), häuslicher Krankenpflege (§ 132a Abs. 2 SGB V) und Soziotherapie (§ 132b SGB V).

Im Jahre 2003 sind durch das GMG so viele weitere Möglichkeiten für individuelle Verträge hinzugekommen bzw. ausgebaut worden, daß nun wohl schon von einem die Struktur verändernden Schritt gesprochen werden kann.

Es handelt sich um die folgenden:

1. An der hausarztzentrierten Versorgung nach § 73b SGB V können nur solche Hausärzte teilnehmen, mit denen die Kassen ergänzend zur schon bestehenden Zulassung einen eigenen Vertrag geschlossen haben.
2. Für die Bereiche vertragsärztlicher Versorgung, deren Durchführung besondere qualitative oder organisatorische Anforderungen stellen, sieht § 73c Abs. 2 S. 2 SGB V hilfsweise zur Regelung durch Gesamtvertrag nach § 73c Abs. 2 S. 1 SGB V Verträge der Kassen mit entsprechenden Vertragsärzten vor.
3. Zur Durchführung strukturierter Behandlungsprogramme nach § 137f SGB V können Krankenkassen, Landesverbände der Krankenkassen oder Verbände de Ersatzkassen nach §116b Abs. 1 SGB V mit teilnehmenden Krankenhäusern Verträge über ambulante Behandlung schließen, soweit dies wegen der Anforderungen an die ambulante Leistungserbringung erforderlich ist.
4. Entsprechende Verträge können mit Krankenhäusern nach § 116b Abs. 2 SGB V zur Ergänzung der vertragsärztlichen Versorgung mit hochspezialisierten oder in sonstiger Weise besonderen ambulanten Leistungen geschlossen werden.
5. Für die Versorgung mit Hilfsmitteln können nach § 127 Abs. 2 SGB V Krankenkassen mit einzelnen Leistungserbringern Verträge über die Leistungserbringung mit niedrigeren Preisen als den nach § 127 Abs. 1 SGB V auf Landesverbandsebene vereinbarten Preisen schließen. Dies hat nach § 127 Abs. 3 i.V.m. § 33 Abs. 2 S. 3 und 4 SGB V Auswirkung auf den Leistungsanspruch des Versicherten und damit einen Lenkungseffekt auf dessen Nachfrageentscheidung.
6. Nach §§ 140a ff. SGB V können Krankenkassen mit den in § 140b SGB V aufgezählten möglichen Vertragspartnern Verträge über eine verschiedene Leistungssektoren übergreifende oder über eine interdisziplinär fachübergreifende Versorgung (integrierte Versorgung) schließen, wobei von den Vorschriften des Vierten Kapitels (§§ 69–140h SGB V), des KHG und des KHEntgG abgewichen werden kann, sofern die Abweichung dem Sinn und der Eigenart der integrierten Versorgung oder weiteren in § 140b Abs. 4 S. 1 SGB V genannten Kriterien entspricht. Die Möglichkeit zum Abschluß von Verträgen über integrierte Versorgung hat es zwar schon aufgrund des seit Anfang 2000 aufgrund des GKV-Gesundheitsreformgesetzes 2000 gegeben; sie ist aber durch das GMG erheblich erleichtert worden.
7. Durch Vertrag können an den hier aufgelisteten vertraglich vereinbarten Versorgungsformen nach § 129 Abs. 5b SGB V Apotheken beteiligt werden.

8. Zur Sachleistungserbringung durch geeignete (§ 13 Abs. 4 S. 2 SGB V) Leistungserbringer im EU- oder EWR-Ausland an Versicherte der GKV können die Krankenkassen nach § 140e SGB V Verträge mit solchen Leistungserbringern schließen.

Mit der Ausweitung solcher Möglichkeiten zur Auswahl von Leistungserbringern als – gegenüber anderen bevorzugten – Vertragspartnern verändert sich die Stellung der Leistungserbringer, der Kassen und der Versicherten. Die Leistungserbringer haben insoweit nicht mehr einen durch Zulassungsakt langfristig gesicherten Status, sondern erhalten Berechtigungen, welche stärker individualisiert und stärker zeitlich begrenzt auf Vertrag beruhen. Der Flexibilität beim Status der Leistungserbringer korrelieren eine Flexibilität und ein Gestaltungs- und Verhandlungsspielraum auf Seiten der Kassen.

Aus der Perspektive der Versicherten ist der Wandel komplex und nur in der Zusammenschau des Verhältnisses zu den Leistungserbringern und zu den Kassen angemessen zu verstehen. Im unmittelbaren Verhältnis zum Leistungserbringer reduzieren sich die Auswahlspielräume. Wer sich auf hausarztzentrierte Versorgung – vielleicht sogar eingebaut in Modelle integrierter Versorgung – einläßt, hat vordergründig einen geringeren Spielraum. Entsprechendes gilt, sofern die Kasse durch Verträge die Hilfsmittelversorgung so organisiert, daß die Nachfrage auf bestimmte Versorger kanalisiert wird.

Dies ist aber nur die eine Seite der Medaille. Durch die neuen Verträge wird zugleich die Möglichkeit individueller Gestaltungen im Verhältnis zwischen Kassen und Leistungserbringern, verbunden mit dem auf den Wahlrechten der Versicherten beruhenden Wettbewerb der Kassen um Versicherte, für diese zu einer größeren Bandbreite von Optionen führen – entweder indem die Kassen intern diese Optionen ermöglichen oder indem die Versicherten die Kassen wechseln können. Insofern führen die stärker differenzierbaren Gestaltungen selbst bei Beibehaltung eines einheitlichen gesetzlich vorgegebenen Leistungskatalogs zu einer gewissen Ausweitung des Kassenwettbewerbs, der derzeit ganz überwiegend ein „Preis"-, nämlich ein Beitragssatzwettbewerb ist, zu einem Leistungswettbewerb.

Schließlich ist zu beachten, daß wegen des Kassenwettbewerbs um Versicherte die Kassen darauf angewiesen sind, „gute" Leistungserbringer unter Vertrag zu haben, was diesen einen Wettbewerbsvorteil und eine größere Verhandlungsmacht gegenüber den Kassen schafft und sie motiviert, bei deren Versicherten „anerkannt" zu sein. Gemeinsames Element der Veränderungen hin zu einer durch selektive Verträge geprägten Landschaft der Sachleistung in der GKV ist insofern die Verstärkung von Wettbewerb auf allen drei Seiten des Leistungsdreiecks.

Neben der sich aufdrängenden Frage, ob nicht bei den selektiven Verträgen erneut über die Unternehmenseigenschaft von Krankenkassen nachgedacht werden muß, liegt jedenfalls auf den ersten Blick die Frage nahe, ob nicht derartige selektiven Verträge öffentliche Aufträge im Sinne des Vergaberechts sind und was bejahendenfalls hieraus folgt. Vergaberecht – national insbesondere in §§ 97 ff. GWB geregelt, gemeinschaftsrechtlich Gegenstand mehrerer EG-Richtlinien, welche der Verwirklichung des Binnenmarktes (Art. 14 EGV) dienen und insbesondere auf (heute) Art. 95 EGV gestützt sind – soll gleichermaßen wirtschaftliches Verhalten öffentlicher

Auftraggeber und fairen Wettbewerb um öffentliche Aufträge fördern, wobei es dem Gemeinschaftsrecht insbesondere um den grenzüberschreitenden Wettbewerb geht. Schon immer hatte das Haushaltsrecht bestimmte Vorgaben für öffentliche Aufträge gemacht, wodurch neben den Gesichtspunkten der Fairneß und Sauberkeit der öffentlichen Verwaltung insbesondere der Gedanke eine Rolle spielt, daß das Fehlen einer im allgemeinen Wirtschaftsverkehr quasi von selbst für wirtschaftliches Verhalten sorgenden Gewinnorientierung durch spezielle Regeln zu kompensieren ist. Insofern schützt das Vergaberecht neben dem Wettbewerb auch die öffentlichen Träger vor unwirtschaftlichem Verhalten ihres Personals. Daß solche Erwägungen auch für die Auswahl von Vertragspartnern für die genannten Formen selektiver Verträge nicht irrelevant sind, liegt auf der Hand.

C. Zur Anwendbarkeit nationalen Vergaberechts auf die selektiven Verträge in der GKV

In dem Maße, in welchem die selektiven Verträge zu einem relevanten Element in den Leistungserbringungsverhältnissen der GKV werden, gelangt auch das Vergaberecht[14] zunehmend in den Blick der beteiligten Interessen und der juristischen Betrachtung, wobei vereinzelt auch schon Leistungserbringungsverhältnisse außerhalb der GKV unter dem Aspekt vergaberechtlicher Anforderungen betrachtet worden sind[15]. Auch in diesem Rechtsbereich – wie im Kartellrecht – stellt sich zunächst die Auslegungsfrage, ob § 69 SGB V als „abschließende" Regelung das GWB-Vergaberecht der §§ 97 ff. GWB ausschließt. Diese – von *Koenig* verneinte – Frage läßt sich jedenfalls nicht so klar bejahen, wie es hinsichtlich des Kartellrechts der Fall ist. Zum einen ist der öffentlich-rechtliche Charakter der einschlägigen Verträge schon nach gemeinschaftsrechtskonform ausgelegtem deutschem Recht kein Argument gegen die Anwendbarkeit von Vergaberecht, da der Begriff des „öffentlichen Auftrags" nach seinem Wortlaut keinen Grund zum Ausschluß öffentlich-rechtlicher Verträge bietet und umgekehrt das einschlägige Gemeinschaftsrecht eine Einbeziehung auch öffentlich-rechtlicher Verträge verlangt, sofern nur die inhaltlichen Kriterien des öffentlichen Auftrags erfüllt sind[16].

Zum anderen ist auch für die Auslegung von § 69 SGB V das Verhältnis von nationalem und europäischem Vergaberecht zu beachten. Anders als im Wettbewerbsrecht kann die Lösung dieses Verhältnisses nicht schlicht im Vorrang des Gemein-

14 Hier wird nicht auf die haushaltsrechtlichen Vorgaben für öffentliche Aufträge eingegangen, sondern allein auf das europäische Vergaberecht sowie das nationale Recht zu seiner Umsetzung. Für die Anwendbarkeit dieser Vorschriften gelten unterschiedliche Schwellenwerte für die jeweiligen Aufträge, welche in § 2 VgV aufgeführt sind. Im hier betrachteten Bereich geht es immer um den Schwellenwert von 200 000 Euro nach § 2 Nr. 3 VgV.

15 Siehe schon *Neumann*, RsDE Nr. 43 (1999), 1 ff. zur Rehabilitation durch die gesetzliche Rentenversicherung und *Eichenhofer*, NZS 2002, 348 ff. generell zur Rehabilitation; siehe auch schon die Kontroverse zwischen *Krölls* und *Apitzsch* zur Jugendhilfe, NDV 2000, 56; 206; 209; dazu auch *Neumann/Bieritz-Harder*, RsDE 48 (2001), 1 ff.; zur Vergaberechtsproblematik unter den neuen Bedingungen der GKV siehe *Koenig*, ZESAR 2003, 98 ff., 150 ff; *Koenig/Busch*, NZS 2003, 461 ff.; *Koenig/Engelmann/Hentschel*, MedR 2003, 562 ff.

16 Dazu – unter Verweis auf den EuGH – BayObLG (Vergabesenat), ByObLGZ 2003, 129; siehe auch *Würfel/Butt*, NVwZ 2003, 153 ff.

schaftsrechts gesucht werden. Im Vergaberecht geht es nämlich darum, daß der nationale Gesetzgeber die einschlägigen Richtlinien[17], welche nach Art. 249 S. 3 EGV grundsätzlich nicht unmittelbar gelten, sondern zur Umsetzung an die Mitgliedstaaten gerichtet sind, durch eigenes Recht umsetzt. Soweit darum der Ausschluß des GWB-Vergaberechts durch § 69 SGB V bewirken würde, daß Deutschland seine Pflicht zur Umsetzung von Vergaberichtlinien verletzt, könnte der Grundsatz gemeinschaftsrechtskonformer Auslegung[18] des nationalen Rechts zu einer restriktiven Deutung von § 69 SGB V führen.

Auf der anderen Seite steht der klare Wortlaut des § 69 SGB V. Wenn die dort genannten Vorschriften die Rechtsbeziehungen in den Leistungserbringungsverhältnissen „abschließend" regeln, ist nicht ersichtlich, wie damit eine Geltung der § 97 ff. GWB mit dem hierauf (genauer: auf den Ermächtigungen in § 97 Abs. 6 und § 127 GWB) beruhenden untergesetzlichen Recht – Vergabe-Verordnung (VgV) und den durch statische Verweisung in die Geltung der VgV einbezogenen Verdingungsordnungen (hier relevant VOL und VOF) – in diesen Leistungserbringungsverhältnissen vereinbar sein sollte. Hinzu kommt – dies sei hier schon im Vorgriff auf alsbald zu Vertiefendes gesagt -, daß nach der gesetzgeberischen Konzeption die Verträge, um die es hier geht, allenfalls in Randbereichen und nur dann, wenn die Vertragsparteien ganz bestimmte Gestaltungen wählen, einmal das für die Anwendung von Vergaberecht erforderliche Merkmal des „öffentlichen Auftrags" (§ 99 GWB) erfüllen und daß, selbst wenn dies der Fall ist, jedenfalls im Bereich von Dienstleistungen das Gemeinschaftsrecht weitaus weniger Anforderungen stellt als die § 97 ff. GWB mit VgV und Verdingungsordnungen. Aus diesem Grunde ist auch nicht der Schluß gerechtfertigt, weil der Gesetzgeber mit den §§ 97 ff. GWB die einschlägigen gemeinschaftsrechtlichen Koordinierungsrichtlinien umfassend habe umsetzen wollen, sei trotz des Wortlautes von § 69 SGB V davon auszugehen, das Kartell-Vergaberecht sei vom dortigen Ausschluß nicht erfaßt[19].

Umgekehrt hat der Gesetzgeber in einer Reihe von Fällen, in denen das GWB-Vergaberecht nach seinen eigenen Voraussetzungen nicht anwendbar ist, im SGB V „Ausschreibungen" in untechnischem Sinne vorgesehen, für welche ganze eigene Regeln zu entwickeln sind. Es handelt sich dabei um

- die Auswahl von Ärzten für die hausarztzentrierte Versorgung nach § 73b Abs. 2 SGB V,
- die Auswahl von Ärzten für frei gewordene Vertragsarztsitze in Planbereichen mit Zulassungsbeschränkung nach § 103 Abs. 4 SGB V,
- die Auswahl von Hilfsmittelversorgern für besondere Verträge nach § 127 Abs. 2 SGB V und

17 Hier geht es vor allem um die Richtlinie 92/50/EWG über die Koordinierung der Verfahren zur Vergabe öffentlicher Dienstleistungsaufträge vom 18. 6. 1992 (DKR), ABl. L 209/1, die Richtlinie 93/36/EWG über die Koordinierung der Verfahren zur Vergabe öffentlicher Lieferaufträge v. 14. 6. 1993 (LKR), ABl. L 199/1 und die Richtlinie 89/665/EWG zur Koordinierung der Rechts – und Verwaltungsvorschriften für die Anwendung der Nachprüfungsverfahren im Rahmen der Vergabe öffentlicher Liefer- und Bauaufträge v. 21. 12. 1989 (RMR), ABl. L 395/33, welche jetzt auch für Dienstleistungen gilt.

18 Dazu etwa *Ehricke*, RabelsZ 59 (1995), 598 ff.; *Schoch*, VBlBW 1999, 241 ff.

19 So aber *Koenig/Engelmann/Hentschel*, MedR 2003, 562 (563).

- die Auswahl von Apotheken für die Einbeziehung in vertraglich vereinbarte Versorgungsformen nach § 129 Abs. 5b SGB V.

Hinsichtlich mancher dieser „Ausschreibungen" ist noch vieles klärungsbedürftig. Jedenfalls zeigt sich aber in Ansätzen ein eigenes vom GWB-Vergaberecht verschiedenes Regime mit eigenen auf die jeweiligen Konstellationen zugeschnittenen Anforderungen. Insgesamt sprechen insofern die besseren Gründe dafür, für die öffentlich-rechtlichen Verträge im GKV-Leistungserbringungsverhältnis grundsätzlich nicht auf das GWB-Vergaberecht zu rekurrieren. Das bedeutet zugleich, daß es auch keine Gründe gibt, die Rechtswegregelung des § 51 Abs. 1 Nr. 2 und Abs. 2 S. 1 SGG in Zweifel zu ziehen. Die Sozialgerichte und nicht die zuständigen Stellen für das Nachprüfungsverfahren nach §§ 102 ff. GWB (insbesondere die Vergabekammern nach § 104 GWB und die Vergabesenate bei den OLG nach § 116 GWB) sind insofern für Streitigkeiten um die Rechtmäßigkeit der Verfahren und Entscheidungen hinsichtlich der Auswahl von Vertragspartnern im Leistungserbringungsverhältnis der GKV zuständig.

Allenfalls für die kleinen Randbereiche, in denen, wie sich zeigen wird, der Ausschluß des GWB-Vergaberechts zu einer Umsetzungslücke hinsichtlich der einschlägigen Richtlinien führt, läßt sich an eine genau hierauf beschränkte teleologische Reduktion des § 69 SGB V, d.h. an eine Abweichung von seinem klaren Wortlaut denken. Um zu sehen, was das bedeutet, ist es aber nötig, das Gemeinschaftsvergaberecht selbst zu betrachten.

D. Zur Bedeutung europäischen Vergaberechts für die selektiven Verträge in der GKV

Das europäische Vergaberecht besteht aus mehreren Richtlinien, wobei die aktuelle Rechtslage dadurch etwas kompliziert ist, daß einerseits seit langem umzusetzende Richtlinien für verschiedene Aufgabenfelder existieren und andererseits im Jahre 2004 zwei das EG-Vergaberecht vereinheitlichende und modernisierende Richtlinien in Kraft gesetzt worden sind, welche aktuell allerdings lediglich eine Umsetzungspflicht der Mitgliedstaaten bis Ende Januar 2006 bestimmen. Im Einzelnen:

Aktuell sind folgende Rechtsakte zu berücksichtigen: a) die Rechtsmittelrichtlinie 89/665/EWG vom 21. Dezember 1989 (RMR); b) die Sektorenrechtsmittelrichtlinie 92/13/EWG vom 25. Februar 1992 (SRMR); c) die Dienstleistungskoordinierungsrichtlinie 92/50/EWG vom 18. Juni 1992 (DKR); d) die Lieferkoordinierungsrichtlinie 93/36/EWG vom 14. Juni 1993 (LKR); e) die Baukoordinierungsrichtlinie 93/37/EWG vom 14. Juni 1993 (BKR); f) die gegenüber den Koordinierungsrichtlinien speziellere Sektorenrichtlinie 93/38/EWG vom 14. Juni 1993, geändert durch die Richtlinie 98/4/EG vom 16. Februar 1998 (SKR); g) die Richtlinie 97/52/EG vom 13. Oktober 1997 zur Änderung der Dienstleistungs-, Lieferkoordinierungs-, Baukoordinierungsrichtlinie; h) die Richtlinie 2001/78/EG vom 13. September 2001 zur Änderung der Koordinierungs- und Sektorenrichtlinien. Von ihnen sind offensichtlich irrelevant für den hier zu betrachtenden Bereich die unter b), e) und f) genannten Richtlinien, so daß es hier von vornherein nur um die DKR und die

LKR[20] in der Fassung der sie betreffenden Änderungsrichtlinien und um die RMR geht.
Durch zwei Richtlinien vom 31. März 2004 wurden alle bisher erlassenen Vergaberichtlinien über die Koordinierung der Verfahren zur Vergabe öffentlicher Aufträge zusammengeführt. Öffentliche Bauaufträge, Lieferaufträge und Dienstleistungsaufträge sind in einem einzigen Text zusammengefaßt[21]. In einer weiteren Richtlinie vom selben Tage[22] sind die öffentlichen Aufträge in den so genannten Sektoren (Wasser-, Energie- und Verkehrsversorgung sowie Postdienste) geregelt, die hier nicht weiter interessieren. Die neue zusammenfassende Vergabekoordinierungsrichtlinie (VKR)[23] ist am Tage ihrer Veröffentlichung in Kraft getreten (Art. 83 VKR). Allerdings bindet sie, wie es für Richtlinien vorgesehen ist (Art. 249 EGV), allein die Mitgliedstaaten in dem Sinne, daß diese verpflichtet werden, die Richtlinie bis zum 31. Januar 2006 in innerstaatliches Recht umzusetzen (Art. 80 VKR). Mit diesem Datum treten die BKR, die LKR und die DKR außer Kraft (Art. 82 VKR).
Trotz der neuen VKR sind deshalb für die Anforderungen des Gemeinschaftsrechts an die Auswahl von Leistungserbringern durch selektive Verträge in der GKV weiterhin die DKR und die LKR das einschlägige Recht. Die RMR ist ohnehin kaum von der Umgestaltung des EG-Vergaberechts berührt. Auf sie wird in Art. 81 VKR bekräftigend verwiesen. Die folgende Betrachtung der einschlägigen Vorgaben des Gemeinschaftsvergaberechts orientiert sich insofern an den jetzt noch geltenden Richtlinien und bezieht die VKR lediglich ergänzend mit ein, sofern sie nicht ohnehin das bisherige Recht schlicht übernimmt. Schon hier sei darauf hingewiesen, daß die VKR für die Rechtsbeziehungen der Kassen zu den Leistungserbringern praktisch keine Veränderungen mit sich bringt, sondern lediglich in einigen Fällen zu Klarstellungen führt.
Ob die gemeinschaftsrechtlichen Vergaberichtlinien den Krankenkassen ein bestimmtes Vorgehen beim Abschluß von Verträgen mit den Leistungserbringern vorschreiben, hängt davon ab, ob die im Vierten Kapitel des SGB V vorgesehenen selektiven Verträge in den personellen und sachlichen Anwendungsbereich dieser Richtlinien fallen. Damit der personelle Anwendungsbereich der Vergaberichtlinien eröffnet ist, müßte es sich bei den Krankenkassen um „öffentliche Auftraggeber" handeln. Dies soll hier nicht weiter problematisiert werden. Trotz der wettbewerblichen Elemente in der GKV läßt sich – gerade wegen des erneut vom EuGH bestätigten Ausschlusses vom gemeinschaftsrechtlichen Unternehmensbegriff[24] – nicht ernsthaft bestreiten, daß die Kassen als öffentlich-rechtliche Körperschaften mit dem Allgemeinwohl dienenden Aufgaben nicht gewerblicher Art in den persönlichen Anwendungsbereich des EG-Vergaberechts fallen[25].

20 Beide zuletzt geändert durch Richtlinie 2001/78/EG, ABl. 2001 L 285/1.

21 Richtlinie des Europäischen Parlaments und des Rates über die Koordinierung der Verfahren zur Vergabe öffentlicher Bauaufträge, Lieferaufträge und Dienstleistungsaufträge v. 31. 3. 2004, ABl. L 134/114.

22 RL 2004/17/EG v. 31. 3. 2004, ABl. L 134/1.

23 Zur neuen Rechtslage siehe *Knauff*, EuZW 2004, 141 ff.; *ders.*, VergabeR 2004, 287 ff.; *Kullack/Terner*, ZfBR 2004, 244 ff.; 346 ff: *Leinemann/Maibaum*, VergabeR 2004, 275 ff.

24 Vgl. Fn. 5

Für die Frage, inwieweit die selektiven Verträge im Bereich der GKV in den sachlichen Anwendungsbereich der DKR oder der LKR fallen, sind zwei Unterscheidungen wichtig, nämlich diejenige zwischen Lieferungen und Dienstleistungen und im Hinblick auf Dienstleistungen diejenige zwischen öffentlichem Auftrag und Dienstleistungskonzession.

Für Lieferungen von Sachen gilt die LKR. Nach deren Art. 1 ist ein „öffentlicher Lieferauftrag" ein mit einem öffentlichen Auftraggeber geschlossener schriftlicher entgeltlicher Vertrag über Kauf, Leasing, Miete, Pacht oder Ratenkauf, mit oder ohne Kaufoption, von Waren. Diese Lieferung kann auch Nebenarbeiten wie das Verlegen und Anbringen umfassen. Nach Art. 1 Buchst a DKR ist „öffentlicher Dienstleistungsauftrag" ein Auffangbegriff, der alle zwischen einem Dienstleistungserbringer und einem öffentlichen Auftraggeber geschlossenen schriftlichen entgeltlichen Verträge umfaßt, sofern sie nicht in einem Ausnahmekatalog der dortigen Vorschrift erfaßt sind; dabei ist die hier allein relevante Ausnahme diejenige für öffentliche Lieferaufträge. Möglich sind auch gemischte Verträge, die neben den o.g. Lieferelementen auch Dienstleistungselemente enthalten. Die Abgrenzung entscheidet sich in diesem Fall nach Art. 2 DKR, der bestimmt, daß die DKR dann anwendbar ist, wenn „der Wert der betreffenden Dienstleistungen denjenigen der in den Auftrag einbezogenen Erzeugnisse übersteigt." Um einen Lieferauftrag handelt es sich daher nur, wenn die Dienstleistungselemente vom Wert her als Nebenarbeiten zu betrachten sind.

Eingeschränkt wird der sachliche Anwendungsbereich der LKR weiterhin durch die Festlegung von Schwellenwerten. Gem. Art. 5 Abs. 1 lit. a) (i) und lit. b) LKR findet diese Richtlinie grundsätzlich auf öffentliche Lieferaufträge Anwendung, wenn der geschätzte Auftragswert ohne Mehrwertsteuer zum Zeitpunkt der Veröffentlichung der Bekanntmachung gem. Art. 9 Abs. 2 LKR mindestens dem Gegenwert von 200.000 Sonderziehungsrechten (SZR, d.h. die Korbwährung der Weltbank) in ECU (1 ECU = 1 Euro) entspricht. Dabei gilt ab 1. Januar 2004 folgender Gegenwert: SZR 200 000 = 236 945 EUR[26]. Das ist mehr als der innerstaatlich in § 2 Nr. 3 VgV mit 200 000 Euro bestimmte Schwellenwert.

Offensichtlich kommt für die meisten selektiven Verträge im Leistungserbringungsverhältnis der GKV von vornherein allenfalls die Einordnung als öffentlicher Dienstleistungsauftrag in Betracht, da es zumeist nicht um die Lieferung von Waren, sondern um Dienste geht. Für öffentliche Lieferaufträge von Krankenkassen mit Leistungserbringern zur Versorgung der Versicherten kommt insbesondere der Hilfsmittelbereich in Betracht. Zwar werden auch während der Krankenhausbehandlung die notwendigen Sachmittel zur Arznei- und Hilfsmittelversorgung bereitgestellt, hier liegt aber der Schwerpunkt i.S.v. Art. 2 DKR auf den Handlungen des

25 Siehe auch Vergabekammer des Bundes, Beschluß v. 5. 9. 2001, VK 1 23/01. Dem widerspricht allerdings in einer jüngeren Entscheidung das BayObLG, VergabeR 2004, 687, mit der Begründung, wegen ihrer Selbstverwaltung seien die Krankenkassen staatsfern; das würde allerdings große Bereiche der mittelbaren Staatsverwaltung vom Anwendungsbereich des Vergaberechts ausschließen, obwohl die Gründe für di Existenz von Vergaberecht auch bei Selbstverwaltungskörperschaften gelten. Diese Entscheidung dürfte singulär bleiben.

26 Siehe ABl. 2003 C 309/14.

ärztlichen und pflegerischen Personals, die als Dienstleistungen anzusehen sind. Für die Arzneimittelversorgung als solche ist kaum vorstellbar, daß Kassen als Auftraggeber für Lieferverträge auftreten. Insbesondere die in § 130a Abs. 8 SGB V vorgesehenen Rabattvereinbarungen mit pharmazeutischen Unternehmen handeln zwar von der Möglichkeit, auch Umsatzvolumina zu vereinbaren. Angesichts der gesetzlich vorgesehenen Vertriebswege für die ambulante Arzneimittelversorgung ist aber nicht ersichtlich, wie die Kassen bestimmten Arzneimittelherstellern bestimmte Umsatzvolumina garantieren können sollten[27]. Insofern kommen auch diese Verträge von vornherein nicht als öffentliche Lieferaufträge in Betracht[28].

Als weiteres die Qualifikation als Lieferauftrag erschwerende und damit die Anwendbarkeit der LKR auf ganz atypische Fälle reduzierendes Erfordernis kommt hinzu, daß die Kassen selbst die Empfänger der jeweiligen Leistungen sein müßten, um diese dann an ihre Versicherten weiterzugeben. Das wäre etwa bei einem Hilfsmittelpool für hochwertige Hilfsmittel nur dann der Fall, wenn ihn die Kasse als Eigeneinrichtung mit eigenen Hilfsmitteln selbst betriebe. Dies ist ihr aber im Normalfall durch § 140 SGB V verboten.

Im übrigen geht es allein um Dienstleistungsaufträge. Der sachliche Anwendungsbereich der DKR wird auch hier durch die Festsetzung von Schwellenwerten eingeschränkt. Gem. Art. 7 Abs. 1 lit. a) 1. Spiegelstrich DKR gilt diese Richtlinie für öffentliche Dienstleistungsaufträge, deren „geschätzter Wert ohne Mehrwertsteuer mindestens 200 000 ECU beträgt“, wobei 1 ECU einem Euro entspricht. Die Schwellenwerte nach dem zweiten Spiegelstrich betreffen Dienstleistungen des Anhangs I Teil A, zu denen der Gesundheitsbereich nicht zählt. Im Recht der GKV ist also der Schwellenwert von 200 000 Euro anwendbar.

Die Unterscheidung zwischen beiden Auftragsarten ist im Bereich der GKV von großer Bedeutung, da hier für Dienstleistungsaufträge nur relativ unwesentliche Vorgaben bestehen. Während die „Allgemeinen Vorschriften” des ersten Abschnitts der DKR (Art. 1 – 7) allgemein gelten, aber für den hier interessierenden Bereich außer Begriffsbestimmungen nur in Art. 3 sehr pauschale Verhaltensanforderungen normieren[29], bestimmt Art. 9 DKR, daß für bestimmte Bereiche, welche in Anhang IB der Richtlinie aufgeführt sind, von den Bestimmungen über das Vergabeverfahren lediglich Art. 14 (Bestimmungen über die Verwendung technischer Spezifikationen) und Art. 16 (Bestimmungen über die nachträgliche Bekanntmachung erteilter

27 Vgl. auch *Hess*, KassKomm, § 130a SGB V Rn. 9.

28 So auch *Koenig/Engelmann/Hentschel*, MedR 2003, S. 566.

29 „Artikel 3: (1) Die Auftraggeber wenden bei der Vergabe ihrer öffentlichen Dienstleistungsaufträge und bei der Durchführung von Wettbewerben Verfahren an, die den Bestimmungen dieser Richtlinie angepaßt sind. (2) Die Auftraggeber sorgen dafür, daß keine Diskriminierung von Dienstleistungserbringern stattfindet. (3) Die Mitgliedstaaten treffen die erforderlichen Maßnahmen, damit die Auftraggeber die Bestimmungen dieser Richtlinie in den Fällen einhalten bzw. für ihre Einhaltung Sorge tragen, in denen sie einen von anderen Stellen in Verbindung mit einem Bauauftrag im Sinne des Artikels 1a Absatz 2 der Richtlinie 71/305/EWG vergebenen Dienstleistungsauftrag zu mehr als 50 v. H. direkt subventionieren.”

Aufträge an das Amt für amtliche Veröffentlichungen der Europäischen Gemeinschaften) zu beachten sind, während die übrigen Bestimmungen über Vergabeverfahren und Wettbewerbe, Bekanntmachungen und inhaltliche Anforderungen an die Vergabeentscheidung, also nahezu alle wesentlichen Bestimmungen für diese Bereiche, nicht anzuwenden sind.

Insofern kommt die Regelung für die in Anhang IB aufgelisteten Geschäftsfelder einer Bereichsausnahme sehr nahe. Grund für diese Zurückhaltung des europäischen Gesetzgebers ist die Absicht, die in Anhang IB aufgeführten Dienstleistungsaufträge zunächst nur zu beobachten. Darum sollte für diese lediglich das für die Gewinnung einschlägiger Information erforderliche Instrumentarium geschaffen werden[30]. In den Anhang IB fällt auch die Kategorie 25 „Gesundheits-, Veterinär- und Sozialwesen"[31]. Damit gelten für Dienstleistungsaufträge im Leistungserbringungsbereich der GKV[32] kaum relevante Anforderungen, die der nationale Gesetzgeber erfüllen muß, um hier das einschlägige sekundäre Gemeinschaftsrecht umzusetzen, zumal die allgemeinen Pflichten des Art. 3 DKR, soweit sie an öffentliche Auftraggeber adressiert sind, sich hier praktisch auf das Diskriminierungsverbot reduzieren, welches für Krankenkassen ohnehin auch aus Art. 3 Abs. 1 GG gilt.

Aber selbst die derart reduzierten Anforderungen bei Dienstleistungsaufträgen gelten nur, wenn der Vertrag inhaltlich ein solcher ist. Das wirft insbesondere die Frage einer Abgrenzung gegenüber sogenannten „Dienstleistungskonzessionen" auf. Während ein "öffentlicher Auftrag" ein "entgeltlicher" Vertrag ist, d.h. ein solcher, bei welchem der Auftraggeber den Auftragnehmer dafür bezahlt, daß dieser ihm eine Leistung erbringt, ist eine Dienstleistungskonzession ein Vertrag, aufgrund dessen der Konzessionär das Recht erhält, auf eigene Rechnung eine durch die Konzession gewährte exklusive Befugnis zur Erbringung einer Dienstleistung zu verwerten, also weiterhin das unternehmerische Risiko trägt, inwieweit sein Angebot auf eine Nachfrage bei den eigentlichen Abnehmern trifft[33]. Solche Dienstleistungskonzessionen sind – nicht unbedingt zwingend nach dem Wortlaut, wohl aber zweifelsfrei

30 Siehe die einschlägige Begründungserwägung der DKR: "Die volle Anwendung dieser Richtlinie muß für eine Übergangszeit auf die Vergabe von Aufträgen für solche Dienstleistungen beschränkt werden, bezüglich deren ihre Vorschriften dazu beitragen, das Potential für mehr grenzüberschreitende Geschäfte voll auszunutzen. Aufträge für andere Dienstleistungen müssen für eine gewisse Zeit beobachtet werden, bevor die volle Anwendung dieser Richtlinie beschlossen werden kann. Das notwendige Beobachtungsinstrument muß geschaffen werden. Es sollte gleichzeitig auch dazu genutzt werden, den interessierten Kreisen die einschlägigen Informationen zugänglich zu machen."

31 Dies wird definiert durch Bezugnahme auf die Gruppe 93 der „Central Product Classifications" der Vereinten Nationen, welche ihrerseits in den Untergruppen 931 „Human health services", 932 „Veterinary services" und 933 „Social services" genauer definiert ist. 931 teilt sich seinerseits auf in 9311 „Hospital services", 9312 „Medical and dental services" und 9319 „Other human health services". Diese Untergruppen sind dann ihrerseits inhaltlich definiert. Diese Referenz umfaßt nach der Verordnung des europäischen Parlaments und des Rates über das Gemeinsame Vokabular für öffentliche Aufträge (CPV) v. 5. 11. 2002 (ABl. L 340/1) alle möglichen Dienstleistungen im Gesundheitswesen.

32 Für Abgrenzungsprobleme- und Überlagerungsfelder ist die Entscheidung des EuGH, Tögel, Slg. 1998, I-5357; dazu auch *Benedict*, EuZW 1999, 77 ff.

33 Siehe auch *Stickler*, in: Reidt/Stickler/Glahs, Vergaberecht – Kommentar, 2. Aufl. 2003, § 99 GWB Rn. 27a.

aufgrund der Entstehungsgeschichte der DKR – aus dem Anwendungsbereich derselben auszuschließen[34].

Die selektiven Verträge, um welche es hier geht, können zwar so ausgestaltet sein, daß sie das Wahlrecht der Versicherten hinsichtlich der Leistungserbringer einschränken oder die Versicherten durch Einwirkung auf ihre Entscheidungsgrundlagen mehr oder minder intensiv lenken – als Beispiel mag die Auswahl von Vertragspartnern für die hausarztzentrierte Versorgung nach § 73b SGB V dienen, sofern dies mit Bonusregelungen für die Versicherten verbunden ist, daß aber weiterhin die Erbringung und die Bezahlung der Leistungen vom Nachfrageverhalten der Versicherten abhängt, die zum einen entscheiden können, ob sie für die hausarztzentrierte Versorgung optieren, und zum anderen zwischen den beteiligten Hausärzten wählen können.

Wäre eine solche Gestaltung mit einem Kostenerstattungssystem verknüpft, bei welchem die Kasse dem Versicherten das von ihm entrichtete Entgelt für die ärztliche Leistung erstattet oder bei dem sie ihn von seiner Schuld freistellt, gäbe es keinen Zweifel, daß diese Form der Auswahl der Ärzte durch die Kassen zu Dienstleistungskonzessionen und nicht zu öffentlichen Aufträgen führte: Die ausgewählten Ärzte erhielten lediglich das Privileg, an den Versicherten zu verdienen, die ihrerseits wieder versicherungsmäßig abgedeckt wären.

Hier haben wir allerdings ein Sachleistungssystem vor uns, bei welchem die reale Aktivität des Leistungserbringers rechtlich eine Leistung der Kasse an den Versicherten und zugleich eine Leistung des Leistungserbringers an die Kasse ist. Damit stellt sich die Frage, ob und eventuell unter welchen zusätzlichen Voraussetzungen ein Vertrag öffentlicher Dienstleistungsauftrag ist, bei welchem die Kasse durch ein vorgeschaltetes Selektionsverfahren den Kreis auswählt, aus welchem dann erst durch die Nachfrage der Versicherten diejenigen bestimmt werden, welche konkrete abrechnungsfähige Leistungen erbringen. Ausgehend davon, daß mit dem Auswählen einer Gruppe von „privilegierten" Leistungserbringern noch kein verbindlicher Auftrag verbunden ist und daß mit dem weiterhin bestehenden Auswahlspielraum der Versicherten es auch in dieser Konstellation diese sind, welche letztendlich über den wirtschaftlichen Erfolg des Leistungserbringers entscheiden, dürfte es grundsätzlich auch hier bei der Einordnung als Dienstleistungskonzession und damit auch beim Ausschluß des EG-Vergaberechts bleiben[35]. Lediglich wenn im Einzelfall aufgrund der Lenkungswirkung der Rahmenbedingungen für die Versicherten und/oder der geringen Menge von Leistungserbringern, unter denen auszuwählen ist, faktisch doch schon mit der Auswahlentscheidung durch die Kasse auch über die Menge der Dienstleistungen im wesentlichen entschieden ist, dürfte nach den allgemeinen Voraussetzungen des „Auftrags" ein solcher zu bejahen sein.

34 Siehe insbesondere EuGH, Teleaustria, Slg. 2000, I-10745 und Buchhändler-Vereinigung, Slg. 2002, I-4685; s. auch *Bayer/Franke/Opitz*, EU-Vergaberecht, 2001 S. 59; *Gröning*, VergabeR 2002, 24 ff.; kritisch *Enzian*, DVBl 2002, 235 ff. Die neue VKR schafft insofern absolute Klarheit, als für Dienstleistungskonzessionen in Art. 17 explizit die Anwendbarkeit der Richtlinie ausgeschlossen wird.

35 Siehe hierzu auch noch EuGH, Gemeente Arnhem, Slg. 1998 I, 6821; RI.SAN., Slg. 1999 I, 5219, insb. die Schlußanträge des Generalanwalts *Siegbert Alber* ebd.

Immerhin ist zu erwägen, ob nicht nach Sinn und Zweck für derartige, einen Kreis privilegierter Anbieter heraushebende Rahmenverträge der Begriff des „öffentlichen Dienstleistungsauftrags" nach Art. 1 DKR zu erweitern ist, um sie zur Verhinderung des Mißbrauchs auf der Vorstufe des eigentlichen Auftrags einzubeziehen. Dem steht allerdings das Kriterium entgegen, daß der Vertrag „entgeltlich" sein muß, um ein Auftrag zu sein. Und dieses Kriterium ist noch nicht durch einen Vertrag erfüllt, durch welchen weder konkrete Dienstleistungspflichten noch Entgeltpflichten begründet werden. Es kommt hinzu, daß der europäische Gesetzgeber das Problem sehr wohl gesehen hat. In der Richtlinie 93/38/EWG (Sektorenkoordinationsrichtlinie, SKR) wird der Begriff der „Rahmenübereinkunft" definiert[36] und werden dafür Sonderregelungen[37] getroffen, welche erkennen lassen, daß grundsätzlich solche Rahmenübereinkommen gerade nicht als öffentliche Aufträge anzusehen sind. Dies wird allerdings etwas anders mit der neuen vereinheitlichten VKR, welche in Art. 1 Abs. 5 generell die Rahmenvereinbarung definiert und in Art. 32 i.V.m. Art 53 für sie Anforderungen formuliert. Hier wird eine Abgrenzung zur Dienstleistungskonzession nötig werden. Es dürfte aber dabei bleiben, daß die Verträge über die Einbeziehung in einen Kreis privilegierter Anbieter für bestimmte von der Nachfrage der Versicherten abhängige Dienstleistungen nicht dem europäischen Vergaberecht unterliegen, wenn sie nicht faktisch bereits die definitive Entscheidung über ein bestimmtes Abrechnungsvolumen darstellen.

Zusammenfassend läßt sich feststellen, daß die im Vierten Kapitel des SGB V geregelten Rechtsbeziehungen zwischen Krankenkassen bzw. deren Verbänden und Leistungserbringern grundsätzlich keine Verträge darstellen, die in den sachlichen Anwendungsbereich der Vergaberichtlinien fallen. Sowohl im Bereich der Warenlieferung als auch im Dienstleistungsbereich hat aber der Gesetzgeber den Krankenkassen und ihren Verbänden gewisse Möglichkeiten eingeräumt, neben den klassischen Versorgungskonstellationen neue Modelle zu entwickeln und dabei die Verträge mit Leistungserbringern als öffentliche Aufträge, gegebenenfalls in Form von Rahmenvereinbarungen, zu gestalten. Es steht den Krankenkassen und deren Verbänden frei, davon Gebrauch zu machen. Wenn sie sich für den Abschluß solcher Verträge entscheiden, dann gelten für sie je nach Vertragsgegenstand und Auftragswert die Vorgaben der LKR und der DKR. Dies ist heute, nachdem die Fristen zur Umsetzung dieser Richtlinien längst verstrichen sind, unabhängig von der Anwendbarkeit des einschlägigen nationalen sogenannten GWB-Vergaberechts[38].

Für diese Randbereiche des Leistungserbringungsrechts der GKV stellt der Ausschluß des GWB-Vergaberechts eine Umsetzungslücke hinsichtlich der einschlägigen Richtlinien dar. Insofern könnte an eine genau hierauf beschränkte teleologi-

36 Art. 1 Nr. 5: „Rahmenübereinkunft: eine Übereinkunft zwischen einem Auftraggeber im Sinne des Artikels 2 und einem oder mehreren Lieferanten, Unternehmen oder Dienstleistungserbringern, die zum Ziel hat, die Bedingungen für die Aufträge, die im Laufe eines bestimmten Zeitraums vergeben werden sollen, festzulegen, insbesondere in bezug auf den in Aussicht genommenen Preis und gegebenenfalls die in Aussicht genommene Menge".

37 Art. 5 und Art. 20 Abs. 2 Buchst. i.

38 Zur unmittelbaren Geltung von Richtlinien und deren Voraussetzungen bei mangelhafter Umsetzung durch Mitgliedstaaten siehe etwa *Streinz*, Europarecht, 5. Aufl. 2001, Rn. 398 ff.

sche Reduktion des § 69 SGB V, d.h. eine Abweichung von seinem klaren Wortlaut gedacht werden. Das wäre identisch mit einer analogen Anwendung der entsprechenden Bestimmungen des GWB-Vergaberechts. Das sind für den Dienstleistungsbereich grundsätzlich die Pflichten zur Verwendung der entsprechenden Spezifikationen, d.h. Fachausdrücke, sowie die Pflicht zur nachträglichen Information der Kommission über Auftragsvergaben. Für Lieferaufträge – praktisch allein ganz atypische Sonderfälle bei Hilfsmittelpools – sind es weitere Pflichten hinsichtlich des Vergabeverfahrens, insbesondere der grundsätzliche Vorrang des offenen Verfahrens und weitergehende Informationspflichten. Rechtspolitisch bietet sich an, die aufgezeigten Lücken bei der Umsetzung des Gemeinschaftsvergaberechts zu schließen. Dies könnte z.B. besonders leicht durch eine umfassende Verweisung auf das GWB-Vergaberecht für Lieferaufträge (bei Wahrung der Rechtswegregelungen in § 51 Abs. 1 Nr. 2 und Abs. 2 SGG durch eine zusätzliche Klarstellung) und eine nur punktuelle Verweisung für Dienstleistungsaufträge erfolgen.

E. Rechtsschutzfragen

Schließlich soll noch kurz auf den Rechtsschutz in vergaberechtlichen Fragen eingegangen werden. Es wurde schon darauf hingewiesen, daß nach nationalem Recht, nämlich § 51 Abs. 1 Nr. 2 SGG , der Rechtsweg auch für solche Streitigkeiten den Sozialgerichten zugewiesen ist, in denen sich ein Kläger auf Vergaberecht beruft. Einer Auslegung, welche in allein nationalrechtlicher Perspektive die Spezialität der Rechtsschutz- und Rechtswegbestimmungen des GWB-Vergaberechts (§§ 102 – 124 GWB) mit dem rechtssystematischen Argument des Zusammenhangs von materiellem Vergaberecht und Rechtsschutz begründet[39], ist die Unanwendbarkeit auch des materiellen GWB-Vergaberechts für die Leistungserbringungsbeziehungen des 4. Kapitels SGB V entgegen zu halten.

Es bleibt aber die Frage, ob der Gesetzgeber für den Bereich der GKV die RKL angemessen umgesetzt hat oder ob auch hier gewisse Umsetzungsdefizite bestehen. Praktisch gilt das insbesondere für die seltenen Fälle, in denen im Hilfsmittelbereich öffentliche Aufträge zu bejahen sind und darum die LKR anzuwenden ist. Demgegenüber ist nicht ersichtlich, inwiefern bei Dienstleistungen, selbst wenn es sich einmal nicht um eine Dienstleistungskonzession, sondern um einen öffentlichen Auftrag handeln sollte, vergaberechtlicher Rechtsschutz eine Rolle spielen sollte. Die Pflichten zur Information der EG-Kommission und zur Verwendung der vorgegebenen technischen Spezifikationen (Art. 14 und 16 DKR) dienen nämlich ersichtlich nicht dem Interesse jeweiliger Konkurrenten sondern allein der Beobachtung des in Anhang IB bezeichneten Bereichs mit wettbewerbspolitischer Zielsetzung.

Für den Anwendungsbereich der LKR könnte es zu Rechtsschutzbedarf nicht berücksichtigter Wettbewerber kommen. Beispiel mag ein beabsichtigter oder abgeschlossener Vertrag nach § 127 Abs. 2 SGB V sein. Hier könnte sich ein nicht berücksichtigter Wettbewerber oder jemand, der sich gegen die Bedingungen der nach

39 Siehe *Koenig/Engelmann/Hentschel*, MedR 2003, 562 (564).

§ 127 Abs. 2 S. 2 SGB V stattfindenden Ausschreibung wenden will, zur Wehr setzen wollen. Nun ist nicht ersichtlich, inwiefern ein sozialgerichtlicher Rechtsschutz, nicht alle Anforderungen der RMR erfüllen sollte. Ein unabhängiges Gericht könnte ohne weiteres von jedem angerufen werden, der eine Betroffenheit in eigenen rechtlich geschützten Interessen geltend machen kann. Mit den seit Anfang 2002 geltenden Vorschriften des § 86b Abs. 2 SGG über die einstweilige Anordnung kann umfassend – auch schon vor Erhebung einer Klage in der Hauptsache – einstweiliger Rechtsschutz erlangt werden, der insbesondere auch die Aussetzung eines Vergabeverfahrens umfassen könnte. Rechtswidrige Entscheidungen in Vergabeverfahren könnten – wohl im Wege der Qualifikation als Verwaltungsakte – aufgehoben werden. Rechte von Wettbewerbern verletzende Verträge wären zumindest unter den gleichen Voraussetzungen nichtig wie zivilrechtliche Vergabeverträge (§ 58 SGB X). Die Entscheidungen der Sozialgerichte können im Wege der Vollstreckung durchgesetzt werden. Insgesamt ist insofern nicht ersichtlich, inwiefern der normale sozialverfahrensrechtliche und sozialgerichtliche Rechtsschutz in irgendeiner Weise hinter demjenigen nach dem GWB zurückbleiben sollte.

Es dürfte allerdings ein Desiderat bleiben, welches nicht mit der Gerichtsbarkeit zu tun hat, sondern ein materiell-rechtliches Gebot der RMR betrifft. Nach deren Art. 2 Abs. 1 Buchst. c muß das nationale Recht einen Schadensersatzanspruch derjenigen vorsehen, die durch einen Verstoß gegen Vergaberecht geschädigt wurden. Ein solcher spezifisch vergaberechtlicher, verschuldensunabhängiger Schadensersatzanspruch ist – beschränkt auf Vertrauensschaden – in § 126 GWB für den Fall vorgesehen, daß ein vergaberechtlicher Rechtsverstoß eine „echte Chance" auf den Zuschlag vereitelt hat. Etwas Entsprechendes fehlt für die in den Anwendungsbereich von § 69 SGB V fallenden Lieferaufträge. Hier käme aber – anstelle der unnötigen Mißachtung des Wortlautes von § 69 SGB V – eine punktuelle analoge Anwendung von § 126 GWB in Betracht. Sie wäre damit zu rechtfertigen, daß ein einschlägiger Sachverhalt in extremen Ausnahmefällen vorkommen kann und die Gesetzeslücke gemeinschaftsrechtskonform durch die Analogie geschlossen werden kann.

Insgesamt kann damit festgestellt werden, daß es durchaus einige Punkte gibt, in denen für die selektiven Verträge in der GKV durch Ausschluß des GWB-Vergaberechts Lücken bei der Umsetzung der einschlägigen EG-Richtlinien entstehen können. Dies ist aber nur dann der Fall, wenn – was vom Gesetz her nicht als Regel vorgesehen ist – die einschlägigen Verträge einmal die Kriterien des öffentlichen Auftrags erfüllen und nicht im Bereich der Konzession verbleiben. Und es betrifft für Dienstleistungen nur ganz marginale Vorschriften[40]. Lediglich für öffentliche Aufträge über Lieferungen von Waren – das betrifft praktisch nur ganz bestimmte Konstellationen bei Hilfsmitteln – gibt es ein größeres Lückenproblem. Dieses Ergebnis ist kaum geeignet, das obige Ergebnis der Nichtanwendbarkeit der §§ 97 ff. GWB in Frage zu stellen. Es könnte aber Anlaß für den Gesetzgeber sein, durch wenige Bestimmungen die aufgezeigten Lücken zu schließen. Dafür würde wohl genü-

40 Dies wird auf absehbare Zeit so bleiben, da auch die neue vereinheitlichende Richtlinie über öffentliche Aufträge (vgl. Fn. 29) die entsprechenden Einschränkungen vorsieht.

gen, bei § 127 SGB V einen Verweis auf das materielle GWB-Vergaberecht vorzusehen und an irgendeiner Stelle die Art. 14 und 16 der DKR umzusetzen.

Single European Sky: Gemeinschaftsrechtliche Regulierung im innerstaatlichen Bereich*

Joachim Scherer

A. Einleitung

Mit der Verabschiedung eines aus vier Verordnungen bestehenden Regelungspakets[1] haben das Europäische Parlament und der Rat im Mitentscheidungsverfahren die Grundlage für die Schaffung eines einheitlichen europäischen Luftraums gelegt. Das Regelungspaket vom 10. März 2004 geht auf Vorschläge der Europäischen Kommission aus dem Jahr 2001 zurück[2], die ihrerseits das Ergebnis der seit 1996 andauernden Bemühungen der Kommission um die Reorganisation des Luftraummanagements in Europa waren[3]. Ziel der Schaffung eines „Single European Sky“ ist es, die Schwierigkeiten zu überwinden, die aus der bestehenden Fragmentierung des bewirtschafteten Luftraums entlang nationaler Grenzen resultieren. Verspätungen, Warteschleifen und Ausfälle sind die offensichtlichsten Probleme. Das bisher weitestgehend national organisierte Luftraummanagement soll nun durch ein europäisches System zur regulierten Nutzung des Luftraums ersetzt werden, der zu einem „einheitlichen“ europäischen Luftraum umstrukturiert wird. Hierzu werden die nationalen durch funktionale Luftraumblöcke ersetzt, die Erbringung von Flugsicherungsdienstleistungen wird vereinheitlicht, so dass die Beauftragung von Dienstleistern über nationale Grenzen hinweg möglich wird, und das Flugverkehrsmanagement wird „interoperabel“ ausgestaltet, um einen nahtlosen und effizienten Betrieb der bordseitigen und bodenseitigen Funktionen (Flugverkehrsdienste, Luftraummanagement und Verkehrsflussregelung) zu ermöglichen, die für die sichere und effiziente Bewegung von Flugzeugen erforderlich sind.

* Der Verfasser dankt RA Hannes Schloemann, LL.M. für wertvolle Unterstützung bei den Vorarbeiten zu diesem Beitrag.

1 Verordnung (EG) Nr. 549/2000 des Europäischen Parlaments und des Rates zur Festlegung des Rahmens für die Schaffung eines einheitlichen europäischen Luftraums („Rahmenverordnung") v. 10. 3. 2004, ABl. L 96/1 (nachfolgend abgekürzt: "RahmenVO"); Verordnung (EG) Nr. 550/2000 des Europäischen Parlaments und des Rates über die Erbringung von Flugsicherungsdiensten im einheitlichen europäischen Luftraum ("Flugsicherungsdienste-Verordnung") v. 10. 3. 2004, ABl. L 96/10 (nachfolgend abgekürzt: "DiensteVO"); Verordnung (EG) Nr. 551/2000 des Europäischen Parlaments und des Rates über die Ordnung und Nutzung des Luftraums im einheitlichen europäischen Luftraum ("Luftraum-Verordnung") v. 10. März 2004, ABl. L 96/20 (nachfolgend abgekürzt: "LuftraumVO"); Verordnung (EG) Nr. 552/2000 des Europäischen Parlaments und des Rates über die Interoperabilität des europäischen Flugverkehrsmanagementnetzes („Interoperabilitäts-Verordnung") v. 10. 3. 2004, ABl. L 96/26 (nachfolgend abgekürzt: „InteroperabilitätsVO").

2 Europäische Kommission, Mitteilung an den Rat und das Europäische Parlament: Die Schaffung eines einheitlichen europäischen Luftraums, KOM (1999) 614 endg.

3 Europäische Kommission, Flugverkehrsmanagement – Für einen grenzenlosen Himmel über Europa, KOM (96) 57 endg.

Im folgenden werden die kompetenzrechtlichen Grundlagen des Single European Sky-Verordnungspakets („SES-Verordnungen") skizziert (B.), dessen zentralen Bestimmungen dargestellt (C.) und einige Strukturmerkmale aufgezeigt, die die Durchführung des Gemeinschaftsrechts[4] (auch) in diesem regulierten Wirtschaftssektor[5] kennzeichnen (D.).

B. Kompetenzrechtliche Grundlagen

Kompetenzrechtliche Grundlage des SES-Regelungspakets ist Art. 80 Abs. 2 EGV. Diese Bestimmung, deren eigentümliche Ausgestaltung entstehungsgeschichtlich begründet ist[6], eröffnet dem Rat eine weitreichende Entscheidungskompetenz im Bereich der „Luftfahrt". Im Vordergrund des Regelungsinteresses der sechs Gründungsmitgliedstaaten standen die Verkehrsträger Eisenbahn, Straße und Binnenschifffahrt, auf die Art. 70 bis 79 EGV zugeschnitten wurden. Für die Seeschifffahrt und die Luftfahrt beschränkte sich der Vertrag darauf, dem Rat eine – freilich sehr weit reichende – Kompetenz für spätere Entscheidungen einzuräumen[7]. Auf den Umfang der Rechtsetzungskompetenz des Rates hat die aus heutiger Sicht nicht mehr sinnvolle Unterscheidung von (Binnen-)Landverkehr einerseits und See- und Luftverkehr andererseits keine Auswirkung[8]. Insbesondere ist es dem Rat gestattet, zur Kompetenzausfüllung im Bereich der Luftfahrt auf Art. 70 ff. EGV zurückzugreifen, soweit nicht die dem Luftverkehr eigenen Besonderheiten etwas anderes erfordern[9].
Von der Regelungskompetenz (auch) für den Luftfahrtsektor sind u.a. „Maßnahmen zur Verbesserung der Verkehrssicherheit" (entsprechend Art. 71 Abs. 1 lit. c EGV) umfasst[10]. Die durch den EUV erfolgte Erweiterung des Maßnahmenkatalogs in Art. 71 Abs. 1 EGV war dazu bestimmt, „Klarheit zu schaffen, dass die Gemeinschaft Maßnahmen zur Verbesserung der Verkehrssicherheit generell und nicht nur im Zusammenhang mit der Verwirklichung wirtschaftspolitischer Ziele erlassen darf"[11]. Eine sachliche Begrenzung dahingehend, dass davon die Regelung der Flugsiche-

4 „Durchführung" von Gemeinschaftsrecht bezeichnet nach der von *Zuleeg* geprägten Begriffsbildung jede durch das Europäische Gemeinschaftsrecht veranlasste staatliche Tätigkeit, grundlegend: *Zuleeg*, Das Recht der Europäischen Gemeinschaften im innerstaatlichen Bereich, 1969, S. 48 und *ders.*, in: von der Groeben/Schwarze (Hg.), Kommentar zum Vertrag über die Europäische Union und zur Gründung der Europäischen Gemeinschaft, 6. Aufl. 2003, Art. 1 Rn. 28 f. EG.

5 „Regulierung" bezeichnet in diesem Beitrag hoheitliche Maßnahmen, die im Interesse der gemeinwohlorientierten Funktionsfähigkeit eines Wirtschaftsbereichs ergriffen werden, für den eine hoheitliche Gewährleistungsverantwortung besteht; vgl. *Wolff/Backof/Stober*, Verwaltungsrecht, Bd. 1, 11. Aufl. 1999, § 3 Rn. 6 m.w.N.; s. auch *Voßkuhle*, Beteiligung Privater an der Wahrnehmung öffentlicher Aufgaben und staatliche Verantwortung, VVDStRL 62 (2003), 266 ff. m.w.N. zur Begriffsbildung; zu differenzierten Konzepten von Regulierung und Selbstregulierung s. *Hoffmann-Riem*, Tendenzen in der Verwaltungsrechtsentwicklung, DÖV 1997, 433 (435 f.) m.w.N.

6 Zur Entstehungsgeschichte s. *Erdmenger*, in: von der Groeben/Schwarze (Fn. 4), Art. 80 EG Rn. 2.

7 *Erdmenger*, in: von der Groeben/Schwarze (Fn. 4), Vorbem. zu Art. 70 bis 80 EG Rn. 13.

8 H. M., s. nur ebd. Rn. 12 f.

9 EuGH, Kommission/Frankreich, Slg. 1974, 359 Rn. 29/33.

10 Vgl. *Erdmenger*, in: von der Groeben/Schwarze (Fn. 4), Art. 71 EG Rn. 1.

11 *Mückenhausen*, in: Lenz/Borchardt (Hg.), EGV-Kommentar, 3. Aufl. 2003, Art. 71 Rn. 12; ebenso *Erdmenger*, in: von der Groeben/Schwarze (Fn. 4), Art. 71 EG Rn. 40.

rung ganz oder teilweise, etwa hinsichtlich der Flugverkehrskontrolle, nicht erfasst wäre, ist nicht ersichtlich[12]. Zwar ließe sich die Auffassung vertreten, dass zu den „Maßnahmen zur Verbesserung der Verkehrssicherheit" im Sinne Art. 71 Abs. 1 lit. c EGV lediglich Vorschriften über die Zulassung von Personen zum Verkehr, fahrzeugtechnische Vorschriften, Kontrollvorschriften im Zusammenhang mit der technischen Überwachung sowie Verhaltensvorschriften für Verkehrsteilnehmer zählen[13], nicht aber Vorschriften, die die Organisation und die Aufgabenwahrnehmung der für die Verkehrssicherheit zuständigen Organisationen (hier: die Flugsicherungsunternehmen) betreffen. Selbst wenn man dieser restriktiven Auslegung der Kompetenznorm folgen wollte, könnte eine Rechtsetzungskompetenz des Rates jedoch auf Art. 71 Abs. 1 lit. d EGV gestützt werden, wonach der Rat zur Durchführung des Art. 70 EGV „alle sonstigen zweckdienlichen Vorschriften" erlassen kann. Dem Zweck der Schaffung einer einheitlichen Verkehrspolitik (Art. 3 lit. f EGV) jedoch dient auch die Harmonisierung der Rechtsregeln bezüglich der Erbringung von Dienstleistungen der Flugsicherheit, so dass eine Rechtsetzungskompetenz der EU bezüglich der Flugsicherung grundsätzlich besteht.

Die Bestimmungen des Titels V EGV über die Gemeinsame Verkehrspolitik gelten auch für die Schaffung des freien Dienstleistungsverkehrs in diesem Sektor[14], so dass die Vorschriften der Art. 49 ff EGV nicht anwendbar sind (Art. 51 Abs.1 EGV)[15]. Angesichts der Unbestimmtheit des in Art. 80 Abs. 2 EGV verwandten Begriffs der „Luftfahrt" in Art. 80 Abs. 2 EGV einerseits und der auf das „Gebiet des Verkehrs" begrenzten Ausnahmeregelung in Art. 51 Abs. 1 EGV andererseits könnte allenfalls fraglich sein, ob auch Hilfstätigkeiten der Luftfahrt von den speziellen Regelungen des Titels V oder ob sie von den allgemeinen Regeln der Art. 49 f EGV erfasst werden. Denn nach der Rechtsprechung des EuGH finden „dort, wo [durch die Bestimmungen des Titels über den Verkehr] keine Abweichungen vorgesehen sind, die allgemeinen Bestimmungen Anwendung"[16].

Dass für die Flugsicherung die speziellen Regelungen einschlägig sind, legt die Rechtsprechung des EuGH nahe, der im – mit der Flugsicherung vergleichbaren – Bereich der Lotsendienste in einem Seeschifffahrtshafen die Gewährung von Vorzugstarifen unter Bezugnahme auf Art. 51 Abs. 1 EGV (Art. 61 EWGV a.F.) nicht an der Dienstleistungsfreiheit gem. Art. 49 ff. EGV, sondern an den bereichspezifischen Sonderregelungen auf der Grundlage des Art. 80 Abs. 2 EGV gemessen hat[17].

12 Die Regelungstätigkeit der Gemeinschaft unter Art. 80 Abs. 2 (bzw. 84 Abs. 2 alt) EGV hat sich nicht nur auf die Harmonisierung von Standards beschränkt, sondern auch Verwaltungsverfahren erfasst. S. z.B. Verordnung (EWG) Nr. 3922/91 des Rates zur Harmonisierung der technischen Vorschriften und der Verwaltungsverfahren der Zivilluftfahrt vom 16. 12. 1991, modifiziert durch die Verordnung (EG) 2176/96 der Kommission vom 13. 11. 1996.

13 In diesem Sinne noch *Frohnmeyer*, in: Grabitz/Hilf (Hg.), EGV, Stand 2000, Art. 70 Rn. 5; weniger restriktiv jetzt *Boeing*, in: Grabitz/Hilf (Hg.), Das Recht der Europäischen Union, Stand 2004, Art. 71 Rn. 32.

14 EuGH, Corsica Ferries, Slg. 1994, I-1783 Rn. 24 m.w.N.; s. auch Kommission/Frankreich, Slg. 1974, 359 Rn. 24 ff.; *Erdmenger*, in: von der Groeben/Schwarze (Fn. 4), Vorbem. zu Art. 70 bis 80 EG Rn. 14 ff.

15 Das gilt auch für die Seeschifffahrt und die Luftfahrt, vgl. *Erdmenger*, in: von der Groeben/Schwarze (Fn. 4), Vorbem. zu Art. 70-80 EG Rn. 16 m.w.N.

16 EuGH, Kommission/Frankreich, Slg. 1974, 359 Rn. 27/28.

17 Vgl. EuGH, Corsica Ferries, Slg. 1994, I-1783 Rn. 23 ff., 37.

Das Subsidiaritätsprinzip (Art. 5 Abs. 2 EGV), dem insbesondere bei Maßnahmen zur Verbesserung der Verkehrssicherheit hohe Bedeutung zugewiesen wird[18], stand den Regeln zur Schaffung des einheitlichen europäischen Luftraums nicht entgegen: Zwar handelt es sich beim Subsidiaritätsprinzip – trotz der vor Art. 5 Abs. 2 EGV eröffneten Auslegungsspielräume[19] – nicht um eine bloße Programmvorschrift, sondern um eine Kompetenzausübungsregel[20]; sie wird durch das „Protokoll (Nr. 30) über die Anwendung der Grundsätze der Subsidiarität und der Verhältnismäßigkeit" konkretisiert. Danach ergeben sich drei Leitlinien für die Prüfung, ob und inwieweit die beiden Bedingungen des Subsidiaritätsprinzips vorliegen:

- Der betreffende Bereich weist transnationale Aspekte auf, die durch Maßnahmen der Mitgliedstaaten nicht ausreichend geregelt werden können;
- alleinige Maßnahmen der Mitgliedstaaten oder das Fehlen von Gemeinschaftsmaßnahmen würden gegen Anforderungen des Vertrages verstoßen oder auf sonstige Weise die Interessen der Mitgliedstaaten erheblich beeinträchtigen;
- Maßnahmen auf Gemeinschaftsebene würden wegen ihres Umfangs oder ihrer Wirkungen im Vergleich zu Maßnahmen auf der Ebene der Mitgliedstaaten deutliche Vorteile mit sich bringen.

Im Rahmen dieses „Mehrwerttests" lassen sich gute Gründe dafür finden, dass Regelungen der Flugsicherung wegen ihrer transnationalen Dimension (1), zur Vermeidung von Wettbewerbsverzerrungen und zur Optimierung der Qualität von Flugsicherungsdienstleistungen (2) sowie zur Schaffung eines einheitlichen europäischen Luftraums (3) besser auf europäischer Ebene erlassen werden[21].

C. Das EU-Verordnungspaket

I. Überblick

Ausgangspunkt der Bemühungen zur Schaffung eines einheitlichen europäischen Luftraums ist die Erkenntnis, dass es zur Verbesserung der Sicherheit sowie zur Reduzierung von Verspätungen im Luftverkehr und von Überlastungen des Luftraums geboten ist, den Luftraum nicht länger entlang nationaler Grenzen, sondern nach Maßgabe des Verkehrsflusses zu ordnen. Ziel des SES-Regelungspakets ist es dementsprechend, „die derzeitigen Sicherheitsstandards und die Gesamteffizienz des allgemeinen Flugverkehrs in Europa zu verbessern, die Kapazität so zu optimieren, dass den Anforderungen aller Luftraumnutzer entsprochen wird, und Verspätungen zu minimieren" (Artikel 1 I RahmenVO).

18 S. z.B. *Boeing*, in: Grabitz/Hilf (Fn. 13), Art. 71 EGV Rn. 32, *Mückenhausen* (Fn. 11), Art. 71 Rn. 12.

19 *Kenntner*, Das Subsidiaritätsprotokoll des Amsterdamer Vertrags, NJW 1998, 2871 (2875) spricht plastisch vom Versuch, „einen Pudding an die Wand zu nageln", siehe auch *Langguth*, in: Lenz/Borchard (Hg.), EUV/EGV, 3. Aufl., Art. 5, Rn. 3 ff.

20 So zutr. *Zuleeg*, in: von der Groeben/Schwarze (Fn. 4), Art. 5 EG Rn. 26.

21 Siehe die Begründungsansätze der Kommission in Mitteilung der Kommission an den Rat und das Europäische Parlament, Die Schaffung eines einheitlichen europäischen Luftraums, KOM (1999) 614 endg., Rn. 11 ff.

Das Regelungspaket besteht aus vier Verordnungen: Die RahmenVO enthält die organisations- und verfahrensrechtlichen Grundlagen für die Schaffung des einheitlichen europäischen Luftraums, für den bis zum 31. Dezember 2004 ein harmonisierter Rechtsrahmen etabliert werden soll[22]. Ergänzt wird die RahmenVO durch drei weitere Verordnungen, die die Ordnung und Nutzung des einheitlichen Luftraums, die Erbringung von Flugsicherungsbetriebsdiensten und die Interoperabilität des europäischen Flugverkehrsmanagementnetzes regeln.

Das Regelungspaket zielt in erster Linie auf die Reorganisation des europäischen Luftraums und des Luftraummanagement, betrifft also vorrangig den Marktplatz für Luftverkehrsdienstleistungen und deren Rahmenbedingungen; die Organisationsstruktur der Diensteanbieter, insbesondere der in zahlreichen Mitgliedstaaten noch als Teil der Staatsverwaltung organisierten Flugsicherungsorganisationen, bleibt weitgehend unberührt[23].

Zahlreiche Bestimmungen des SES-Verordnungspakets[24] bedürfen der Ausfüllung durch Vorschriften, die von der Kommission in Zusammenwirken mit dem neu geschaffenen „Ausschuss für den einheitlichen Luftraum“ und unter Einbeziehung der Eurocontrol[25] erarbeitet werden sollen. Wenngleich Rat und Parlament die ursprünglich angestrebte umfassende Regulierungszuständigkeit der Kommission deutlich eingeschränkt haben[26], verlagert das Regelungspaket doch weitreichende Kompetenzen zum Erlass von Durchführungsvorschriften auf die Kommission, die damit zur zentralen Regulierungsinstanz für den einheitlichen europäischen Luftraum wird[27].

II. Die Rahmenverordnung

Die RahmenVO[28] legt das Ziel der Schaffung eines einheitlichen europäischen Luftraums auf der Grundlage eines harmonisierten Rechtsrahmens bis zum 31. Dezember 2004 fest (Art. 1 Abs. 1 RahmenVO), statuiert inhaltliche Grundsätze für die Gestaltung des einheitlichen Luftraums und enthält organisations- und verfahrensrechtliche Regelungen für die Schaffung des „harmonisierten Rechtsrahmens“.

22 Zum Arbeitsprogramm der Kommission für 2004 und die folgenden Jahre *Van Houtte*, The Single European Sky, Skyway 32 (2004), S. 8 (14 f).

23 Siehe hierzu den in Art. 2 RahmenVO statuierten Grundsatz der Trennung von Aufsicht und Betrieb, dazu u. II. 2.

24 Dazu unten, II. sowie unten, Fn. 104 f.

25 Zur Rolle von Eurocontrol im Rahmen der "Single European Sky"-Regulierung s. *Van Dam*, The Single European Sky Framework Regulation, Skyway 32 (2004), S. 16 ff.

26 Siehe hierzu den Gemeinsamen Standpunkt des Rates EG Nr. 29-31/2003 vom 18. 3. 2003, ABl. C 129 E/ 1 ff.

27 Siehe dazu zusammenfassend u., D. III.

28 Siehe o., Fn. 1.

Die RahmenVO weist der Kommission die Rolle eines europäischen Regulierers zu[29]. Durch ein Geflecht organisations- und verfahrensrechtlicher Regelungen wurde die seit 1960 auf Grundlage eines völkerrechtlichen Vertrages bestehende Flugsicherungsorganisation Eurocontrol[30], der 34 europäische Staaten sowie jetzt auch die Europäische Gemeinschaft angehören[31], in die Regulierungsaufgaben der Kommission eingebunden[32]: Zur Ausarbeitung von Durchführungsvorschriften, die in die Zuständigkeit von Eurocontrol fallen, erteilt die Kommission Eurocontrol Aufträge zur Vorbereitung von Regelungen, die in europarechtlich verbindliche Durchführungsvorschriften transformiert werden (Art. 3 RahmenVO). Wenngleich die von Eurocontrol vorbereiteten und von der Kommission transformierten Durchführungsvorschriften für die nicht der EU angehörenden Eurocontrol-Mitgliedstaaten nicht rechtsverbindlich sind, kommt den Regulierungsmaßnahmen der Kommission aufgrund des Zusammenwirkens mit Eurocontrol pan-europäische Wirkung zu: „In this manner, a pan-European approach in the safety domain is ensured and the absence of any divergence between EU and non-EU members is guaranteed“[33].

Bei ihren Regulierungsaufgaben wird die Kommission von einem „Ausschuss für den einheitlichen Luftraum“ unterstützt, der zum Teil mitentscheidend (mit Letztentscheidungsbefugnis des Rates)[34], zum Teil beratend (mit Letztentscheidungsbefugnis der Kommission)[35] tätig wird (Art. 5 RahmenVO). Dem Ausschuss gehören unter dem Vorsitz eines Vertreters der Kommission jeweils zwei Vertreter jedes Mitgliedstaats an (Art. 5 Abs. 1 Satz 1 RahmenVO). Zur organisationsrechtlichen Absicherung der zivil-militärischen Kooperation bei der Luftraumsicherung soll jeweils einer der beiden Sitze der Mitgliedstaaten von einem Vertreter der militärischen Luftraumnutzer eingenommen werden[36]. Mit dieser auf Gemeinschaftsebene wohl einzigartigen institutionellen Einbindung militärischer Interessen soll dem Umstand Rechnung getragen werden, dass die Umsetzung des Konzepts der flexiblen Luftraumnutzung eine Verzahnung mit den nationalen militärischen Anforderungen erfordert[37].

Neben dem Ausschuss für den einheitlichen Luftraum wird ein „Industry Consultation Body“ eingerichtet, dem Flugsicherungsorganisationen, Verbände der Luftraumnutzer, Flughäfen, die Herstellerindustrie und Vertretungsorgane des Fachper-

29 Insbes. Art. 3 Abs. 1, 8 Abs. 1 RahmenVO.

30 Internationales Übereinkommen über Zusammenarbeit zur Sicherung der Luftfahrt „Eurocontrol“ vom 13. 12. 1960, BGBl. 1962 II S. 2273 („Eurocontrol-Abkommen“); zum Rechtsschutz gegen Gebührenforderungen von Eurocontrol BVerfGE 58, 1.

31 Die Europäische Gemeinschaft ist dem Eurocontrol-Abkommen am 8. Oktober 2002 beigetreten und arbeitet im Vorfeld des Abschlusses der Ratifikation in den Mitgliedstaaten bereits mit Eurocontrol zusammen; vgl. Beitrittsprotokoll, ABl. 2004 L 304/210.

32 Siehe EG 4, 14 und 15 RahmenVO.

33 *Van Dam* (Fn. 25), S. 17.

34 Das Regelungsverfahren gem. Art. 5 Abs. 3 RahmenVO i.V.m. Art. 5 und 7 des Ratsbeschlusses 1999/468/EG vom 17. 7. 1999, L 184/23 gilt u.a. für den Erlaß von Durchführungsvorschriften zur RahmenVO (Art. 8 Abs. 2, 3 und 4 RahmenVO). Siehe auch u. bei Fn. 63, 104.

35 Das Beratungsverfahren gem. Art. 5 Abs. 2 RahmenVO i.V.m. Art. 3 und 7 des Ratsbeschlusses 1999/468/EG vom 17. 7. 1999, ABl. L 184/23 gilt u.a. für die Erteilung von Aufträgen an Eurocontrol, Art. 8 Abs. 1 RahmenVO; s. auch u., Fn. 73, 105.

36 Art. 5 Abs. 1 RahmenVO; s. auch die Erklärung der Mitgliedstaaten, ABl. EG 2004 Nr. L 96/9.

37 Siehe in diesem Zusammenhang Erklärung der Mitgliedstaaten ebd.

sonals angehören. Dieses Gremium hat ausschließlich die Aufgabe, die Kommission hinsichtlich der technischen Aspekte der Schaffung eines einheitlichen europäischen Luftraums zu beraten (Art. 6 Satz 2 RahmenVO).
Die Mitgliedstaaten haben eine oder mehrere Stellen als nationale Aufsichtsbehörde zu benennen oder einzurichten, die für die Regulierung der Flugsicherungsorganisationen zuständig sind[38]. Diese Aufsichtsbehörden müssen von den Flugsicherungsorganisationen ausreichend – „zumindest auf funktionaler Ebene" – getrennt sein (Grundsatz der Trennung von Aufsicht und Betrieb, Art. 4 Satz 2 RahmenVO). Die Aufgaben der nationalen Aufsichtsbehörden werden weitgehend auf Genehmigungs- und Überwachungsfunktionen beschränkt: Zu ihren zentralen Aufgaben gehört es, die Tätigkeit der Flugsicherungsorganisationen zu zertifizieren (Art. 7 Abs. 3 DiensteVO) und zu beaufsichtigen (Art. 2 Abs. 1 DiensteVO).

III. Die Verordnung über die Ordnung und Nutzung des Luftraums

Die *LuftraumVO*[39] regelt die Ordnung und Nutzung des Luftraums, der als „gemeinsame Ressource für alle Kategorien und Nutzer" angesehen wird, „die von allen flexibel genutzt werden muß, wobei Fairness und Transparenz gewährleistet sein müssen, und den sicherheits- und verteidigungspolitischen Erfordernissen der Mitgliedstaaten und deren Verpflichtungen in internationalen Organisationen Rechnung zu tragen ist"[40]. Ziel der Verordnung ist einerseits die schrittweise Schaffung eines stärker integriert betriebenen Luftraums und andererseits die Festlegung gemeinsamer Gestaltungs-, Planungs- und Verwaltungsverfahren zur Sicherstellung eines effizienten und sicheren Flugverkehrsmanagements (Art. 1 Abs. 1 LuftraumVO). Nach dem Grundsatz des Art. 1 Abs. 2 LuftraumVO ist der Luftraum so zu nutzen, „dass die Erbringung von Flugsicherungsdiensten als kohärentes und konsistentes Ganzes" nach Maßgabe der DiensteVO[41] unterstützt wird.
Zur Erreichung dieses Ziels etabliert die Verordnung eine neue „Luftraumarchitektur"[42], spezifiziert den Grundsatz der flexiblen Luftraumnutzung durch zivile und militärische Nutzer[43] und definiert die Rahmenbedingungen für eine harmonisierte Verkehrsflussregelung[44].

38 Art. 4 Abs. 1 RahmenVO.
39 Siehe o. Fn. 1.
40 Erwägungsgrund 6 LuftraumVO.
41 Siehe hierzu unten IV.
42 So der Titel des zweiten Kapitels der LuftraumVO.
43 Art. 7 bis 8.
44 Verkehrsflussregelung bezeichnet gemäß Art. 2 Ziff. 9 RahmenVO eine Funktion, die mit dem Ziel eingerichtet wird, zu einem sicheren, geordneten und reibungslosen Verkehrsfluß beizutragen, indem sichergestellt wird, dass die Kapazität der Flugverkehrskontrolle soweit wie möglich ausgeschöpft wird und dass das Verkehrsaufkommen mit den Kapazitäten vereinbar ist, die die entsprechenden Flugsicherungsorganisationen angegeben haben.

1. Luftraumarchitektur

Die Verordnung legt die Flugfläche 285, d.h. die Flugfläche oberhalb von 28.000 Fuß (etwa 8690 m) als Trennfläche zwischen dem oberen und dem unteren Luftraum fest. In der ersten Phase soll ein europäisches Fluginformationsgebiet[45] für den oberen Luftraum (European Upper Flight Information Region – EUIR) geschaffen werden. Der einheitliche obere Luftraum soll umstrukturiert werden in „funktionale Luftraumblöcke“[46] (Sektoren), die sich nicht mehr wie bisher an Staatsgrenzen orientieren (nationale Luftraumblöcke), sondern an den Geboten von Sicherheit und Effizienz. Die Luftraumblöcke dienen als Verwaltungseinheiten für die Erbringung von Flugsicherungsdiensten.
Entgegen den ursprünglichen, ehrgeizigen Regulierungsabsichten der Kommission, deren Verordnungsentwurf noch die Einteilung der Blöcke durch die Kommission im Zusammenwirken mit dem „Ausschuss für den einheitlichen Luftraum“ vorgesehen hatte,[47] sind allein die jeweils betroffenen Mitgliedstaaten (nach Konsultation der Kommission und anderer Mitgliedstaaten) für die Einrichtung der funktionalen Luftraumblöcke zuständig (Art. 5 Abs. 4 LuftraumVO).
Die Einrichtung des einheitlichen oberen Luftraums ist jedoch nur der erste Schritt auf dem Weg zur Schaffung eines einheitlichen europäischen Luftraummanagements: Die Kommission wird in Art. 10 LuftraumVO beauftragt, eine Studie über die mögliche Ausdehnung der Anwendung der Vorschriften der Verordnung auf den unteren Luftraum zu erstellen und auf deren Basis ggf. bis zum 31.12.2006 dem Europäischen Parlament und dem Rat einen Vorschlag für die Ausweitung der Anwendung des Flugmanagementkonzepts auf den unteren Luftraum vorzulegen[48].

2. Flexible Luftraumnutzung: Zivil-militärische Kooperation

Ein bedeutsamer Baustein für ein effizientes Luftraummanagement ist das Prinzip der flexiblen Luftraumnutzung[49], das insbesondere auf eine optimierte Nutzung der Luftraumsektoren für den militärischen Einsatz– und Ausbildungsbetrieb einerseits und den allgemeinen Flugverkehr andererseits zielt[50]. Das Prinzip der flexiblen Luftraumnutzung, das auf Betreiben von Eurocontrol in den meisten europäischen Staaten eingeführt wurde[51], bedeutet eine Abkehr von dem Konzept starrer „reservierter“ Luftraumblöcke für die Militärluftfahrt. Die Mitgliedstaaten, die in einer der RahmenVO beigefügten „Erklärung zu militärischen Aspekten im Zusammenhang mit dem ein-

45 Art. 3 Abs. 1 LuftraumVO. Der in Art. 2 Ziff. 23 RahmenVO definierte Begriff bezeichnet einen Luftraum, in dem Fluginformationsdienste und Such- und Rettungsdienste angeboten werden. Die Zusammenfassung zu einem Fluginformationsgebiet bedeutet, dass diese Dienste zukünftig für das gesamte betroffene Gebiet geleistet werden, also Informationen den gesamten Luftraum betreffen werden. Dadurch entfällt für viele Flüge die Notwendigkeit, für mehrere Sektoren Informationen einzuholen und dabei Schnittstellen und Inkompatibilitäten zu überwinden. Ziel ist demgemäß u.a. auch die Realisierung einer einzigen Fluginformationspublikation für das Gebiet.
46 Art. 5 Abs. 1 LuftraumVO.
47 Art. 5 Absatz 2 i.V.m. Art. 16 Abs. 2 des Kommissionsentwurfs.
48 Art. 10 LuftraumVO, s. dazu *Van Houtte* (Fn. 22), S. 13.
49 Art. 7 LuftraumVO.
50 Siehe EG 14 LuftraumVO.
51 Hierzu Eurocontrol Handbook for Airspace Management, October 2003, insbes. Sect. 2.

heitlichen europäischen Luftraum“[52] ihre Absicht erklärt haben, „zusammen zu arbeiten und dabei den nationalen militärischen Anforderungen Rechnung zu tragen, damit das Konzept der flexiblen Luftraumnutzung in allen Mitgliedstaaten von sämtlichen Nutzern des Luftraums vollständig und einheitlich angewendet wird“ und „die Zusammenarbeit zwischen zivilen und militärischen Stellen zu verstärken“, haben sich allerdings gemeinschaftsrechtlich die Befugnis vorbehalten, die Anwendung der „flexiblen Luftraumnutzung“ zeitweilig auszusetzen[53].

3. Verkehrsflussregelung

Für die Verkehrsflussregelung[54] legt die Verordnung inhaltliche Grundsätze fest (Art. 9 I LuftraumVO) und ermächtigt die Kommission, in Zusammenarbeit mit Eurocontrol Durchführungsvorschriften zu erarbeiten mit dem Ziel, die verfügbaren Kapazitäten bei der Luftraumnutzung zu optimieren und die Verfahren der Verkehrsflussregelung zu verbessern[55]. Die Verordnung legt zwar nicht detailliert fest, wie die schon bisher weitgehend auf europäischer Ebene abgewickelte Verkehrsflussregelung durch die Eurocontrol-Einheit CFMU (Central Flow Management Unit – Zentrale Verkehrsflusssteuerung) in das System des europäischen Luftraummanagement eingefügt wird. Die Kommission hat jedoch klargestellt, dass die CFMU auch in Zukunft im einheitlichen Luftraum die Verkehrsflussregelung vornehmen und dementsprechend ggf. gestärkt werden soll[56].

IV. Verordnung über die Erbringung von Flugsicherungsdiensten

Die DiensteVO[57] legt gemeinsame Anforderungen für die sichere und effiziente Erbringung von Flugsicherungsdiensten in der Gemeinschaft fest (Art. 1 Abs. 1 Satz 2 DiensteVO).

- Flugsicherungsdienste sind[58]:
- Flugverkehrsdienste, d.h. Fluginformationsdienste, Flugalarmdienste, Flugverkehrsberatungsdienste und Flugverkehrskontrolldienste[59],

52 ABl. 2004 L 96/9.
53 Art. 8 LuftraumVO.
54 Zum Begriff s. o. Fn. 44.
55 Art. 9 Abs. 1 LuftraumVO: Zu den Regelungsgegenständen der Durchführungsvorschriften zählen Flugplanung, die Nutzung der verfügbaren Luftraumkapazität in den einzelnen Flugphasen sowie die Nutzung der Strecken durch den allgemeinen Flugverkehr.
56 KOM(2001) 123 endg/2, S. 17 (Anhang 2). Pointiert bezeichnet die Kommission in ihrem „Aufgabenkatalog“ die CFMU als „interessantes Mittel (...), das ausgebaut werden könnte, indem Mandat und Aufgaben (...) in die gemeinschaftliche Regelung einbezogen werden“ KOM(2001) 123 endg/2, S. 12 (Anhang 1, 2.2.). Siehe auch EG 18 LuftraumVO.
57 Fn. 1.
58 Vgl. Art. 2 Abs. 4 RahmenVO. Zu den einzelnen Flugsicherungsdiensten s. die Übersicht bei *van Antwerpen*, The Single European Sky, AIR & SPACE LAW, Volume XXVII/1 (February 2002), 3, 118. Für einen Überblick aus der Sicht der teilweise abweichenden Dienstekategorien des deutschen Luftverkehrsgesetzes siehe *Giemulla*, LuftVG, 1995, zu § 27c, sowie u. bei und in Fn. 72 f.
59 Gemäß Art. 2 Ziff. 1 RahmenVO bezeichnet “Flugverkehrskontrolldienst” einen Dienst, dessen Aufgabe es ist, Zusammenstöße zwischen Luftfahrzeugen untereinander und auf dem Rollfeld zwischen Luftfahrzeug und Hindernissen zu verhindern sowie einen raschen und geordneten Ablauf des Flugverkehrs zu gewährleisten.

- Flugwetterdienste sowie Flugberatungsdienste und
- „zugehörige Dienste" wie Kommunikations-, Navigations- und Überwachungsdienste.

Die DiensteVO weist den nationalen Aufsichtsbehörden[60] u.a. die Aufgabe zu, den sicheren und effizienten Betrieb von Flugsicherungsorganisationen zu beaufsichtigen (Art. 2 Abs. 1 DiensteVO), wobei sie sich der Dienste anerkannter Organisationen[61] bedienen können. Die Verordnung schafft den rechtlichen Rahmen für die Festlegung gemeinschaftsweit harmonisierter Anforderungen für die Erbringung von Flugsicherungsdiensten. Diese gemeinsamen Anforderungen[62] sollen im Regelungsverfahren festgelegt werden, bei dem der Rat die Letztentscheidungsbefugnis hat[63]. Auf der Grundlage der zu definierenden gemeinsamen Anforderungen bedarf die Erbringung sämtlicher Flugsicherungsdienste in der Gemeinschaft einer Zertifizierung durch die Mitgliedstaaten (Art. 7 Abs. 1 DiensteVO). Anträge auf Zertifizierung sind bei der nationalen Aufsichtsbehörde desjenigen Mitgliedstaats zu stellen, in dem der Antragsteller seine Hauptbetriebsstätte und ggf. seinen eingetragenen Sitz hat (Art. 7 Abs. 2 DiensteVO). Wenn eine Flugsicherungsorganisation die von der Kommission und dem Ausschuss für den einheitlichen Luftraum festgelegten gemeinsamen Anforderungen erfüllt, erteilt ihr die nationale Aufsichtsbehörde ein „Zeugnis". Dieses kann einzeln für jede Kategorie von Flugsicherungsdiensten oder für ein „Bündel" solcher Dienste erteilt werden. Die Zeugnisse unterliegen einer regelmäßigen Überprüfung, deren Intervalle aber in der Verordnung nicht festgelegt sind.

In den Zeugnissen sind die Rechte und Pflichten der Flugsicherungsorganisationen im einzelnen festzulegen. Ausdrücklich statuiert die DiensteVO eine Pflicht der Flugsicherungsorganisationen, Luftraumnutzern diskriminierungsfreien Zugang zu den Flugsicherungsdiensten zu gewähren (Art. 7 Abs. 4 S. 1 DiensteVO). Die Nebenbestimmungen, die den „Zeugnissen" beigefügt werden können, sind in einem Anhang zur DiensteVO abschließend aufgezählt[64]. Die Zertifizierung eines Flugsicherungsunternehmens durch einen Mitgliedstaat, die transparent und diskriminierungsfrei zu erfolgen hat[65], gilt in der ganzen Gemeinschaft[66]; das Zeugnis eröffnet also nach dem Grundsatz der gegenseitigen Anerkennung dem Flugsicherungsunternehmen den Marktzugang in der gesamten EU[67].

60 Dazu Art. 4 RahmenVO.

61 Art. 3 DiensteVO; s. auch Anhang I DiensteVO.

62 Sie betreffen u.a. die technischen und die betrieblichen Fähigkeiten und die Eignung, Systeme und Verfahren für das Sicherheits- und Qualitätsmanagement, Qualität der Dienste, Finanzkraft, Haftung und Versicherungsschutz, Eigentums- und Organisationsstruktur (einschließlich der Vermeidung von Interessenkonflikten, Personal sowie Personalplanung und Sicherheit).

63 Art. 6 DiensteVO i.V.m. Art. 5 Abs. 3 RahmenVO, Art. 5 des Beschlusses 1999/468/EG.

64 Anhang 2, der mißverständlich von "Bedingungen" für Zeugnisse spricht, gestattet u.a. die Auferlegung von Nebenbestimmungen mit denen der Betrieb der jeweiligen Dienste spezifiziert wird, Nebenbestimmungen zur betrieblichen Ausrüstung, die im Rahmen der jeweiligen Flugsicherungsdienste genutzt wird, Nebenbestimmungen zur Abtrennung oder Beschränkung flugsicherungsfremder Dienste sowie Nebenbestimmung zur Bereitstellung von Informationen, die zur Überprüfung der Einhaltung der gemeinsamen Anforderung durch Dienste erforderlich sind.

65 Art. 7 Abs. 4 DiensteVO.

66 Art. 7 Abs. 8 DiensteVO.

Hinsichtlich der Flugverkehrsdienste beruht die DiensteVO auf der Annahme, daß ein räumlich und zeitlich festgelegter „Luftraumblock" jeweils nur von einem Flugsicherer kontrolliert werden kann. Eine gleichzeitige, parallele Diensteerbringung im Wettbewerb ist hier nicht möglich[68]. Dementsprechend verpflichtet Art. 8 Abs. 1 DiensteVO die Mitgliedstaaten, für die Erbringung von Flugverkehrsdiensten „auf ausschließlicher Grundlage innerhalb bestimmter Luftraumblöcke in bezug auf den Luftraum in ihrem Zuständigkeitsbereich" zu sorgen. Hierzu haben sie einen Dienstleister für Flugverkehrsdienste zu benennen, der im Besitz eines in der Gemeinschaft gültigen Zeugnisses ist (Art. 8 Abs. 1 DiensteVO). Darüber hinaus *können* die Mitgliedstaaten einen Dienstleister für Wetterdienste benennen, der auf der Grundlage eines Alleinrechts die Gesamtheit oder einen Teil der Wetterdaten für den Luftraum des betreffenden Mitgliedstaates (oder einen Teil davon) bereitstellt (Art. 9 Abs. 1 DiensteVO). Alle anderen Flugsicherungsdienste werden künftig auf wettbewerblicher Grundlage erbracht; für sie bedarf es keiner ausdrücklichen Benennung, sondern lediglich der Erteilung des Zeugnisses.

Die Benennung von Dienstleistern für Flugverkehrsdienste erfolgt durch den Mitgliedstaat, in dessen Zuständigkeitsbereich sich der betreffende Luftraumblock befindet; für unterschiedliche Luftraumblöcke im Zuständigkeitsbereich eines Mitgliedstaates können ein oder mehrere Dienstleister benannt werden (arg Art. 8 Abs. 1); für funktionale Luftraumblöcke, die sich über den Luftraum im Zuständigkeitsbereich mehrerer Mitgliedstaaten erstrecken, haben die betreffenden Mitgliedstaaten gemeinsam einen oder mehrere Dienstleister für Flugverkehrsdienste zu benennen[69]. Die Auswahl des Dienstleisters liegt im Ermessen der Mitgliedstaaten[70]. Die Verordnung enthält inhaltliche Vorgaben für die Auswahlentscheidung: Danach muß der auszuwählende Dienstleister die in Art. 6 DiensteVO benannten und von der Kommission näher zu konkretisierenden „gemeinsamen Anforderungen" erfüllen[71] und zertifiziert sein (Art. 8 Abs. 3 DiensteVO). Verfahrensregeln für die Auswahl der Dienstleister enthält die Verordnung hingegen nicht. Inbesondere sind die gemeinschaftsrechtlichen Vergabevorschriften nicht anwendbar, was durch den 5. Erwägungsgrund der Diensteverordnung bestätigt wird, wonach „die Erbringung von Flugverkehrsdiensten gemäß dieser Verordnung mit der Ausübung von hoheitlichen Bedürfnissen zusammen (hängt), die keinen wirtschaftlichen Charakter aufweisen, der die Anwendung der Wettbewerbsregeln des Vertrags rechtfertigen würde"[72].
Unbestimmt bleibt die zeitliche Ausdehnung der Benennung; eine Maximalvorgabe fehlt.

Die Verordnung zielt darauf ab, die Zusammenarbeit der Flugsicherungsdienstleister untereinander sowie mit Nutzern und Flughäfen zu verbessern und zu formali-

67 Art. 7 Abs. 6 DiensteVO.
68 Siehe bereits hier Mitteilung der Kommission an den Rat und das Europäische Parlament, KOM (1999) 614 endg., Anlage 7, S. 43, und dazu noch u. D. I.
69 Art. 8 Abs. 4 DiensteVO.
70 Art. 8 Abs. 3 DiensteVO.
71 Dazu oben Fn. 62.
72 EG 5 zur DiensteVO; s. auch EG 15, wonach auch für die Benennung von Dienstleistern für Wetterdienste keine Ausschreibung durchgeführt werden muß.

sieren: Flugsicherungsorganisationen können die Dienste anderer in der Gemeinschaft zertifizierter Dienstleister in Anspruch nehmen (Art. 10 Abs. 1 DiensteVO); sie sind verpflichtet, ihre Arbeitsbeziehungen durch schriftliche Vereinbarungen oder gleichwertige rechtliche Abmachungen, in denen die jeweiligen Aufgaben und Funktionen festgelegt sind, die die einzelnen Dienstleister übernehmen und die einen Austausch von Betriebsdaten zwischen sämtlichen Dienstleistern im Hinblick auf den allgemeinen Flugverkehr ermöglichen, zu formalisieren und der nationalen Aufsichtsbehörde mitzuteilen (Art. 10 Abs. 2 DiensteVO). Die Mitgliedstaaten haben dafür zu sorgen, dass zwischen den zuständigen zivilen und militärischen Stellen schriftliche Vereinbarungen für die Verwaltung bestimmter Luftraumblöcke geschlossen werden (Art. 11 DiensteVO).

Um die Transparenz der Rechnungslegung aller Flugsicherungsorganisationen sicherzustellen, verpflichtet Art. 12 DiensteVO die Flugsicherer ungeachtet ihrer Eigentumsverhältnisse oder Rechtsform zur Veröffentlichung ihrer Rechnungslegung und deren Prüfung durch eine unabhängige Stelle; die Rechnungslegung muß den von der Gemeinschaft angenommenen internationalen Rechnungslegungsstandards entsprechen. Soweit Flugsicherungsorganisationen „Dienstebündel" erbringen, sind sie verpflichtet, die jeweiligen Kosten und Einnahmen für die einzelnen Flugsicherungsdienste separat auszuweisen (Art. 12 Abs. 3 DiensteVO).

Der Transparenz dienen auch die Gebührenregelungen der DiensteVO: Unter Mitwirkung von Eurocontrol soll die Kommission eine Gebührenregelung für Flugsicherungsdienste ausarbeiten[73], die mit dem Gebührensystem von Eurocontrol für Streckennavigationsgebühren in Einklang stehen muß (Art. 14 DiensteVO). Die DiensteVO legt den Inhalt der Gebührenregelung fest (Art. 15 Abs. 1)[74] und statuiert Grundsätze, die bei der Festlegung der Erhebungsgrundlage für Gebühren anzuwenden sind (Art. 15 Abs. 2 DiensteVO). Darüber hinaus verpflichtet sie die Mitgliedstaaten zur Beachtung bestimmter Gebührengrundsätze. Die Gebühren müssen u.a. nach den Grundsätzen der Nichtdiskriminierung[75], Transparenz und Kostenorientierung festgelegt werden. Quersubventionierungen zwischen einzelnen Diensten sind explizit erlaubt, müssen jedoch offen gelegt werden[76].

73 Hierfür gilt gem. Art. 15 Abs. 4 DiensteVO i.V.m. Art. 8 RahmenVO das Beratungsverfahren gem. Art. 3 des Ratsbeschlusses 1999/468 EG, wonach die Kommission die Letztentscheidungsbefugnis hat.

74 Die Gebührenregelung beinhaltet die Erfassung der Kosten von Flugsicherungsdiensten, die Flugsicherungsorganisationen bei ihrer Tätigkeit für Luftraumnutzer entstehen und ordnet diese Kosten den Nutzerkategorien zu.

75 Siehe bereits Art. 15 der Convention on International Civil Aviation von 1944 ("Chicago Convention").

76 Art. 15 Abs. 2 lit. d) DiensteVO.

V. Die Verordnung über die Interoperabilität des Flugverkehrsmanagementnetzes

Die InteroperabilitätsVO[77] zielt auf die Verwirklichung der Interoperabilität zwischen den verschiedenen Systemen, Komponenten und zugehörigen Verfahren des europäischen Flugverkehrsmanagementnetzes[78].

Die Nutzung des europäischen Luftraums leidet gegenwärtig unter der technischen und organisatorischen Fragmentierung in nationale Systeme, die auf die Ausrüstungsmärkte durchschlägt. Hierdurch wird die Entwicklung und Anwendung neuer Technologien erschwert[79]. Die Verordnung legt dementsprechend grundlegende Anforderungen fest, die das europäische Flugverkehrsmanagementnetz sowie dessen Systeme, Komponenten und zugehörige Verfahren erfüllen müssen[80], und die für alle an Entwicklung, Herstellung und Betrieb der Systeme Beteiligten gelten[81]. Soweit erforderlich sollen „Durchführungsvorschriften für die Interoperabilität“ hinzukommen[82], bei deren Ausarbeitung die Kommission auf die Expertise von Eurocontrol zurückgreifen wird.

Zur Gewährleistung von Sicherheits- und Interoperabilitätsvorgaben müssen die Hersteller von Komponenten[83] künftig eine Erklärung über die Einhaltung der grundlegenden Anforderungen und weitergehender Durchführungsvorschriften abgeben (Konformitäts- oder Gebrauchstauglichkeitserklärung)[84]. An der Bewertung von Konformität und Gebrauchstauglichkeit sollen nach Maßgabe von Durchführungsvorschriften staatlich benannte Stellen mitwirken[85].

Die Inbetriebnahme neuer Systeme[86] setzt eine „EG-Prüferklärung“ des Flugsicherungsdienstleisters voraus, mit der die Einhaltung der grundlegenden Anforderungen und der Durchführungsvorschriften für ihre Interoperabilität bestätigt wird[87].

Die grundlegenden Anforderungen gelten grundsätzlich ab Oktober 2005 für die Indienststellung von neuen Systemen und Komponenten des europäischen Flugverkehrsmanagementsnetzes und ab April 2010 für alle derzeit in Betrieb befindlichen Systeme und Komponenten (Art. 10 Abs. 1 und 2 InteroperabilitätsVO).

77 S.o. Fn. 1.
78 Der Begriff "Komponenten" bezeichnet sowohl materielle Objekte wie Geräte als auch immaterielle Objekte wie Software, von denen die Interoperabilität des europäischen Flugverkehrsmanagementnetzes abhängt (Art. 2 Ziff. 19 RahmenVO); der Begriff "System" bezeichnet die Zusammenfassung bord- und bodengestützter Komponenten sowie weltraumgestützte Ausrüstungen; Systeme bieten Unterstützung für Flugsicherungsdienste in allen Flugphasen (Art. 2 Ziff. 39 RahmenVO); "Verfahren" bezeichnen im Rahmen der InteroperabilitätsVO eine Standardmethode für den technischen oder betrieblichen Einsatz von Systemen im Zusammenhang mit vereinbarten und validierten Betriebskonzepten, die eine einheitliche Anwendung im gesamten europäischen Flugverkehrsmanagementnetz erfordern (Art. 2 Ziff. 32 RahmenVO).
79 EG (5)-(7) zur InteroperabilitätsVO.
80 EG 9, Art. 2 InteroperabilitätsVO.
81 Anhang II InteroperabilitätsVO i.V.m. dessen Art. 2.
82 Art. 3 Abs. 1 InteroperabilitätsVO.
83 Zum Begriff s. o. Fn. 78.
84 Vgl. Art. 5 und Annex III InteroperabilitätsVO.
85 Annex III InteroperabilitätsVO.
86 Siehe o. Fn. 78; s. auch Anhang I und IV InteroperabilitätsVO.
87 Vgl. Art. 6 i.V.m. Annex IV InteroperabilitätsVO.

D. Gemeinschaftsrechtliche Regulierung des Einheitlichen Europäischen Luftraums

Das SES-Verordnungspaket etabliert einen Regulierungsrahmen, der einerseits gekennzeichnet ist von „the traditional engineering–inspired and consensus–driven approach that prevails in this industry“[88] und der andererseits charakteristische Strukturmerkmale des neueren europäischen Wirtschaftsverwaltungsrechts in regulierten Sektoren aufweist: die Trennung von hoheitlichen und Dienstleistungsfunktionen (dazu I.), die organisations- und verfahrensrechtliche Verschränkung der Regulierung auf nationaler und auf Gemeinschaftsebene (dazu II.) sowie die Etablierung der Europäischen Kommission als Super-Regulierungsbehörde für die Europäische Union und über ihre Grenzen hinaus (dazu III.).

I. Trennung von hoheitlichen Funktionen und regulierten Dienstleistungen

Zu den zentralen Regelungszielen der Kommission zählte von Anfang an „die Trennung der Aufgaben des Regulierers und des Dienstebetreibers…sowohl in den Mitgliedstaaten als auch innerhalb von EUROCONTROL“; dabei orientierte sich die Kommission an den Leitbildern des Telekommunikations- und des Luftverkehrssektors[89].
In einer ersten Beschreibung des „Regulierungsumfangs“ benannte die Kommission die folgenden Gegenstandsbereiche[90]:

- das Luftraummanagement: Hierbei handele es sich um die Verwaltung eines knappen Gutes im bestmöglichen Interesse aller Beteiligter und damit um eine Regulierungsaufgabe,
- die Verkehrsflussregelung, für die fraglich sei, ob es sich „um eine Regulierungsaufgabe oder um das Betreiben eines Dienstes“ handele, wobei die Kommission der – durch das SES-Paket bekräftigten – Ansicht zuneigte, dass es sich um eine „Regulierungsaufgabe“ handele, die zentral für Gesamteuropa ausgeübt werden solle,
- der Luftfahrtbetrieb, dessen „Flugverkehrsmanagement-Aspekte“ staatlicher Regulierung unterliegen sollten, die von den „Flugverkehrsdienstebetreibern“ unabhängig sein müsse,
- die Flugverkehrsdienste, die traditionell von staatlichen Stellen betrieben wurden und deshalb keiner Regulierung unterlagen, deren Erbringung aber „mit der privatrechtlichen Organisation oder Privatisierung von Dienstebetreibern…reguliert werden sollte“. Eine solche Regulierung sollte nach den Vorstellungen der Kommission „auch die Befähigung der Betreiber und ihrer Mitarbeiter zur Bereitstellung sicherer und interoperabler Dienste abdecken [und] für Dienste mit Monopolcharakter beinhalten, dass – wie bei allen regulierten öffentlichen Versorgungsunternehmen – ein bestimmter Qualitätsstandard (ausgedrückt als bewältigtes Flugverkehrsaufkommen und durchschnittliche Verspätung) sowohl für normale als auch für Krisensituationen vorgeschrieben wird“;

88 *Van Houtte* (Fn. 22), S. 9.
89 KOM (1999) 614 endg., S. 6, Rn. 16.
90 KOM (1999) 614 endg., Anlage 5, S. 31 f., Rn. 9.

- Ausrüstungen und Systeme für das Flugverkehrsmanagement, für die (auch soweit sie von Betreibern von Flugverkehrsdiensten betrieben werden) Regulierungsvorschriften mit dem Ziel der Schaffung von Interoperabilität zu schaffen seien.

Speziell mit Blick auf die „Flugverkehrsdienste" prüfte die Kommission, ob eine „Aufgliederung" technisch und wirtschaftlich „machbar" ist[91]. Dabei ging es – ähnlich wie in anderen regulierten Sektoren – um die Ab- und Eingrenzung von „kommerziellen" Diensten, die wettbewerbsorientiert betrieben werden können, und solchen Diensten, für die Alleinrechte einzuräumen sind[92].

Für die Kommission stand „zweifelsfrei fest, dass Dienste in den Bereichen Kommunikation, Navigation, Überwachung, Flugberatung und Flugdatenverarbeitung wettbewerbsorientiert betrieben werden könnten. Mehrere Betreiber könnten auf dem Markt miteinander konkurrieren und dabei sogar unterschiedliche Technologien einsetzen, sofern diese interoperabel sind"[93].

Demgegenüber handele es sich bei der Flugverkehrskontrolle angesichts des derzeitigen Standes der Technik um ein natürliches Monopol, „da nur ein Fluglotse für die Staffelung aller in einem bestimmten Teil des Luftraums befindlichen Luftfahrzeuge sorgen kann. In diesem Fall sollten geeignete und kompetente Anbieter gleichermaßen zum Betreiben dieses Dienstes berechtigt sein. Dies gilt auch unbeschadet der Notwendigkeit, für solche Monopole wirtschaftliche Regulierungsmaßnahmen vorzusehen, durch die der Missbrauch ihrer marktbeherrschenden Stellung vermieden und sichergestellt wird, dass ein vereinbarter Umfang an Diensten zu einem erschwinglichen Preis bereitgestellt wird. Durch zeitlich begrenzte Konzessions-/ Franchisesysteme könnte die Wahrung des Grundsatzes der Dienstleistungsfreiheit gewährleistet werden"[94].

Das SES-Verordnungspaket setzt – wie oben[95] skizziert – diese Trennung von hoheitlichen Funktionen und (regulierten) Dienstleistungen um: nationale Aufsichtsbehörden müssen gem. Art. 4 Abs. 2 RahmenVO „zumindest auf funktionaler Ebene" – von den Flugsicherungsorganisationen getrennt sein. Die Dienstleistungen der Flugsicherungsorganisationen werden – mit eng begrenzten Ausnahmen – auf wettbewerblicher Grundlage erbracht[96].

II. Organisations- und verfahrensrechtliche Verschränkung der Regulierung

Das SES-Verordnungspaket etabliert eine duales Regulierungsregime: europäische und nationale Regulierung sind, ebenso wie in anderen regulierten Wirtschaftssektoren[97], organisations- und verfahrensrechtlich vielfältig verschränkt.

91 KOM (1999) 614 endg., Anlage 7, S. 43, Rn. 9 a.E.
92 Zur vergleichbaren Entwicklung im Telekommunikationssektor s. *Scherer*, in: ders. (Hg.) Telecommunications Laws in Europe, 4. Aufl. 1998, S. 3 ff.
93 KOM (1999) 614 endg., Anl. 7, S. 42 f., Rn. 42.
94 KOM (1999) 614 endg., Anl. 7, S. 43, Rn. 10.
95 C. III. a. E.
96 Siehe dazu o. C. IV.
97 Zu Parallelen im Telekommunikationssektor s. *Scherer*, Die Umgestaltung des europäischen und deutschen Telekommunikationsrechts, K & R 2002, 273 (275) und *ders.*, Die Überprüfung des europäischen Telekommunikationsrechts, 2000, S. 79 ff.

1. Organisationsrechtliche Verschränkung

Organisationsrechtlich verschränkt wird die Regulierung auf nationaler Ebene durch den „Ausschuss für den einheitlichen Luftraum“[98], der sich aus zwei Vertretern jedes Mitgliedstaats zusammensetzt und in dem ein Vertreter der Kommission den Vorsitz führt. Dieser Ausschuss wird – wie oben[99] beschrieben – teils als Beratender Ausschuss und teils als Regelungsausschuss tätig.

2. Verfahrensrechtliche Verschränkung

Verfahrensrechtlich verschränkt ist das Regulierungsregime durch vielfältige Informations-, Berichts- und Notifizierungspflichten der Mitgliedstaaten und ihrer nationalen Aufsichtsbehörden gegenüber der Kommission[100], durch Konsultationspflichten[101] und – zusätzlich zu der allgemeinen Kontrollfunktion der Kommission gem. Art. 226 EGV – durch spezifische Überwachungs- und Prüfungsbefugnisse der Kommission[102].

III. Die Kommission als europäischer Super-Regulierer

In dem dualen Regulierungsregime, das den nationalen Aufsichtsbehörden detaillierte Entscheidungsprogramme vorgibt[103], ist die Europäische Kommission der Super-Regulierer: Sie hat prägenden Einfluss auf die im Rahmen des Regelungsverfahrens zu erlassenden Durchführungsvorschriften[104] und ist im Beratungsverfahren (letzt)zuständig für den Erlass einer Vielzahl von Durchführungsvorschriften zum SES-Verordnungspaket[105], für die Leistungsüberprüfung und den Leistungsvergleich in der Flugsicherung[106], für die Überwachung, die Beobachtung und die Festlegung der Methoden zur Bewertung der Auswirkungen der Maßnahmen zur Schaffung des Einheitlichen Luftraums[107], für die Weiterentwicklung des Konzepts der

98 Dazu o. C. II.; allg. zu Beratenden und Regelungsausschüssen als „Formen einer gemeinschaftlich-mitgliedstaatlichen Mischverwaltung“ *Stettner*, in: Dauses (Hg.), Handbuch des EU-Wirtschaftsrechts, Stand 2003, B. III. Rn. 27 m.w.N.

99 Siehe o. C. II., bei Fn. 34 ff.

100 Siehe z.B. Art. 4 Abs. 3, 12 Abs. 1 RahmenVO; Art. 7 Abs. 2, LuftraumVO; Art. 7 Abs. 9, 8 Abs. 5, 9 Abs. 5 DiensteVO; Art. 7 Abs. 2, 8 Abs. 1 InteroperabilitätsVO

101 Siehe z.B. Art. 7 Abs. 3 InteroperabilitätsVO.

102 Siehe z.B. Art. 11 RahmenVO betr. die Befugnis der Kommission zur Leistungsüberprüfung und zum Leistungsvergleich in der Flugsicherung; Art. 12 RahmenVO betr. die Überwachung, Beobachtung und Festlegung der Methoden der Bewertung der RahmenVO und der Regulierungsmaßnahmen durch die Kommission; Art. 16 DiensteVO betr. Überprüfung der Grundsätze und Regeln für die Gebühren für Flugsicherungsdienste.

103 Siehe z.B. die Grundlegenden Anforderungen für das Flugverkehrsmanagementnetz gem. Art. 2, Anhang II InteroperabilitätsVO; s. auch die „Bedingungen für Zeugnisse“ im Rahmen der Zertifizierung von Flugsicherungsorganisationen nach Art. 7, Anhang II DiensteVO.

104 Dazu o., bei und in Fn. 34; dieses Verfahren gilt u.a. für den Erlaß von Durchführungsvorschriften Art. 8 Abs. 2-4 RahmenVO, Art. 4, 6, 13 Abs. 3, 17 Abs. 1 DiensteVO; Art. 2 LuftraumVO.

105 Siehe z.B. Art. 8 Abs. 1 RahmenVO, Art. 15 Abs. 4 DiensteVO; Art. 4 UAbs. 2, Art. 6 Abs. 2, Art. 7 Abs. 3, Art. 8 Abs. 2, Art. 9 Abs. 1 LuftraumVO, Art. 3 Abs. 5, Art 4 Abs. 6 und 7 InteroperabilitätsVO.

106 Art. 11 RahmenVO.

funktionellen Luftraumblöcke[108] und – gem. Art. 226 EGV – für die Überwachung der nationalen Aufsichtsbehörden.

Die Durchführung des Gemeinschaftsrechts im innerstaatlichen Bereich, deren Ausprägungen und Modalitäten *Manfred Zuleeg* aufgespürt, systematisiert und rechtsdogmatisch durchdrungen hat[109], wird in den regulierten Bereichen des Gemeinsamen Marktes ergänzt durch die gemeinschaftsrechtlich geprägte und bestimmte, von der Kommission gesteuerte und überwachte Regulierung im innerstaatlichen Bereich.

107 Art. 12 RahmenVO.

108 Vgl. Art. 10 LuftraumVO.

109 Grundlegend *Zuleeg*, Das Recht der Europäischen Gemeinschaften im innerstaatlichen Bereich, 1969.

Die Reform der Gemeinsamen Agrarpolitik Perspektiven und Herausforderungen für Landwirte und Juristen

Klaus-Dieter Borchardt

A. Bedeutung der Gemeinsamen Agrarpolitik

Die Landwirtschaft nimmt unter den Politiken der Europäischen Gemeinschaft nach wie vor eine Sonderstellung ein. Hieran hat vor allem auch die Tatsache nichts geändert, dass die Gemeinsame Agrarpolitik seit dem Vertrag von Amsterdam nicht mehr unter den „Grundlagen der Gemeinschaft“ eingeordnet ist, sondern sich nunmehr als Titel II im Kapitel über die Politiken der Gemeinschaft wieder findet. Die Gemeinsame Agrarpolitik war und ist bis heute ein wesentlicher Faktor der Integration, wie die Gemeinschaftspraxis nachdrücklich belegt: Fast die Hälfte des Gemeinschaftshaushalts wird für die Landwirtschaft ausgegeben (2004: 46% = 45,7 Mrd. €), und auch der weitaus überwiegende Teil der gemeinschaftlichen Rechtsetzung findet im Agrarbereich statt (ca. 65% der derzeit geltenden Gemeinschaftsrechtsregeln).

Der Beitrag, den die Agrarpolitik vor diesem Hintergrund zum Aufbau des europäischen Einigungswerkes geliefert hat, kann gar nicht hoch genug eingeschätzt werden.

Der Agrarbereich war nach der Vergemeinschaftung der Wirtschaftsbereiche Kohle und Stahl durch den EGKS-Vertrag[1] mit der Bildung eines Gemeinsamen Agrarmarktes und seiner Organisation im Jahre 1962 der erste Politikbereich des damaligen EWG-Vertrages, der unter Anwendung der Gemeinschaftsmethode die bis dahin nationalen Landwirtschaftspolitiken vergemeinschaftete und so die landwirtschaftliche Tätigkeit in der EG unmittelbar regelte.

Die Gemeinsame Agrarpolitik hat darüber hinaus aber auch Ausstrahlungswirkung weit über den Agrarbereich hinaus erzeugt. Aufgrund seiner Vergemeinschaftung hat der Agrarbereich dem Gerichtshof der Europäischen Gemeinschaften (EuGH) immer wieder die Gelegenheit gegeben, in agrarrechtlichen Streitfällen zu judizieren und dabei verfassungsrechtliche Grundentscheidungen der EG zu entwickeln und stetig zu präzisieren. So beruht die Rechtsprechung zum Grundrechtsschutz in der EG zum ganz überwiegenden Teil auf Entscheidungen zum Agrarrecht[2]. Auch die möglichen Einwirkungen des Gemeinschaftsrechts auf das nationale Recht sind weitestgehend im Agrarbereich geklärt worden[3]; das gleiche gilt im Übrigen für die

1 Der EGKS-Vertrag ist nach einer Laufzeit von 50 Jahren wie vorgesehen am 23. 7. 2002 außer Kraft getreten.

Einwirkungen des WTO-Rechts auf das Gemeinschaftsrecht[4]. Ganz allgemein kann in diesem Zusammenhang die These aufgestellt werden, dass die stetige Verfestigung der gemeinschaftlichen Rechtsordnung durch den EuGH ganz entscheidend durch die Gemeinsame Agrarpolitik mitgetragen worden ist. Unser Jubilar, *Manfred Zuleeg*, kann dies aus eigener Erfahrung und Anschauung bestätigen, da er selbst während seiner sechsjährigen Amtszeit als Richter am EuGH eine ganze Reihe landwirtschaftlicher Fälle, allen voran Fälle betreffend das Milchquotenregime, zu bearbeiten hatte und dabei federführend neue Rechtsentwicklungen eingeleitet und die Anerkennung neuer Grundrechte auf EG-Ebene vorangebracht hat.

Angesichts der großen Zahl an Agrarstreitfällen (im Durchschnitt 15% aller beim EuGH jährlich eingehenden Fälle) hat die Gemeinsame Agrarpolitik letztlich auch den Anwälten ein erträgliches Einkommen gesichert und den Richtern teilweise sehr komplexe und schwierige Rechtsfragen beschert. Dass dies auch weiterhin so sein wird, dafür dürfte die jüngste Agrarreform gesorgt haben, die geradezu eine Spielwiese für Anwälte und Richter sein wird[5].

Vor diesem Hintergrund stellt sich unweigerlich die Frage, wieso die Gemeinsame Agrarpolitik (in heutiger Zeit) im Bewusstsein der Öffentlichkeit eine derart negative Bewertung erfährt. Ein erster Grund hierfür ist sicherlich, dass allen voran die EG selbst, aber auch die Mitgliedstaaten so gut wie nichts unternommen haben, um das positive Wirken der Gemeinsamen Agrarpolitik der Öffentlichkeit deutlich zu machen. Ein zweiter eng damit verbundener Grund ist, dass nicht deutlich gemacht wurde, warum beinahe die Hälfte des EU-Haushalts für die Landwirtschaft ausgegeben wird; dieser große Anteil der Landwirtschaft an den EU-Ausgaben erklärt sich allein aus der Tatsache, dass die Gemeinsame Agrarpolitik, anders als alle anderen Gemeinschaftspolitiken, zentral über den EU-Haushalt finanziert wird, d.h. die nationalen Haushalte von diesen finanziellen Ausgaben weitestgehend entlastet worden sind. Stellt man die Agrarausgaben in den richtigen Zusammenhang, zeigt sich sehr schnell, dass diese Ausgaben gemessen am Bruttonationaleinkommen nur etwa 0,43% und bezogen auf alle Staatsausgaben nur 1% ausmachen. Ein dritter Grund ist schließlich, dass sich im Bewusstsein der Öffentlichkeit das Bild festgesetzt hat, dass die Gemeinsame Agrarpolitik über die letzten 40 Jahre lediglich Milchseen und Fleischberge hervorgebracht sowie Vernichtungsaktionen großen

2 Vgl. etwa EuGH, Stauder, Slg. 1969, 419 – Würde des Menschen; Luxlai/Hendel, Slg. 1993, I-6835 Rn. 19 – Freie Wahl des Arbeitgebers; Kühn, Slg. 1992, I-35 Rn. 17; Deutschland/Rat, Slg. 1994, I-5065 Rn. 78; Winzersekt, Slg. 1994, I-5555 – Berufsfreiheit; Hauer, Slg. 1979, 3727; Wachauf, Slg. 1989, 2609 Rn. 19; von Deetzen, Slg. 1991, I-5119; – Eigentum; Wuidard, Slg. 1990, I-435 Rn. 13; National Farmers Union, Slg. 1997, I-4559 Rn. 61; Deutschland/Rat, Slg. 1998, I-973 Rn. 82 – Gleichheitssatz; Wünsche, Slg. 1991, I-4961; Südzucker, Slg. 1998, I-281; EuG, Antillean Rice Mills/Kommission, Slg. 1995, II-2305 – Verhälnismäßigkeit; EuGH, von Deetzen, Slg. 1988, 2321; Sofrimport, Slg. 1990, 2477; Spagl, Slg. 1990, I-4574; Crispoltoni I, Slg. 1991, I-3715; The Irish Farmers Association, Slg. 1997, I-1808; – Vertrauensschutz.

3 Vgl. etwa EuGH, Deutsche Milchkontor, Slg. 1983, 2633; Peter, Slg. 1993, I-3002; Steff-Houlberg Export, Slg. 1998, I-2661; Hamburger Ölmühle, Slg. 1998, I-4767.

4 Vgl. etwa EuGH, OGT Fruchthandelsgesellschaft, Slg. 2001, I-3159; EuG, Bocchi Food Trade, Slg. 2001, II-913; Port/Kommission, Slg. 2001, II-981; Port/Rat, Slg. 2001, II-2093; Bananatrading, Slg. 2001, II-2123.

5 Vgl. hierzu noch näher unter D.

Stils im Bereich Obst und Gemüse durchgeführt hat; die Erkenntnis, dass diese Fehlentwicklungen bereits seit geraumer Zeit der Vergangenheit angehören, konnte sich ganz offensichtlich bis heute nicht durchsetzen.

Wie kann die Gemeinsame Agrarpolitik aus diesem Stimmungstief heraus kommen? Dazu muss die Gemeinsame Agrarpolitik auf die Fragen antworten können, die die Gesellschaft heute an die Landwirtschaft stellt:

- Wie sicher sind die Lebensmittel?
- Was für eine Qualität bekomme ich geboten?
- Schützt der Landwirt die Umwelt oder ruiniert er sie?
- Welche Leistungen bekomme ich für mein Steuergeld, das in der Landwirtschaft eingesetzt wird?

Das sind die Fragen, auf die die Unionsbürger heute eine Antwort wünschen, wie eine erst kürzlich durchgeführte europäische Meinungsumfrage bestätigt: Danach wollen

- 91% der Unionsbürger, dass die Agrarpolitik für sichere Lebensmittel sorgt (nach BSE und Dioxinskandal ist das auch leicht nachvollziehbar);
- 89% der Unionsbürger, dass die Agrarpolitik den Schutz der Umwelt garantiert;
- 83% der Unionsbürger, dass kleine und mittlere Landwirtschaftsbetriebe unterstützt werden und
- 79% der Unionsbürger wollen, dass die Gemeinsame Agrarpolitik stabile und angemessene Einkommen für die Landwirte sicherstellt.

Wenn diese Forderungen nach mehr Qualität, mehr Umweltschutz, mehr Wettbewerbsfähigkeit und mehr Unterstützung für die ländlichen Regionen und die bäuerlichen Familien in der EU erfüllt werden sollen, bedarf es einer Agrarpolitik, die ökologisch, ökonomisch und sozial nachhaltig ist, d.h.

- die Ressourcen müssen umweltschonend genützt werden;
- die landwirtschaftlichen Betriebe müssen wirtschaftlich überlebensfähig gemacht werden;
- und die Agrarpolitik muss sowohl für die Landwirte als auch für die gesamte Gesellschaft akzeptabel sein.

B. Entwicklung der Gemeinsamen Agrarpolitik

Die Entwicklung der Gemeinsamen Agrarpolitik über die letzten mehr als 40 Jahre kann im Wesentlichen in vier Phasen eingeteilt werden, die zugleich den Wandel von einer rein produktionsbezogen hin zu einer marktbezogenen Agrarpolitik markieren:

I. Die Politik der Selbstversorgung: Produktions- und Preisgarantien (1962 – bis Ende siebziger/Anfang achtziger Jahre)

In der ersten Phase war die Gemeinsame Agrarpolitik so gut wie ausschließlich auf die Produktion ausgerichtet, die die Selbstversorgung der EG mit landwirtschaftlichen Erzeugnissen sicherstellen und den Landwirten ein ausreichendes Einkommen garantieren sollte. Im Mittelpunkt dieser Politik stand eine von den tatsächlichen Marktgegebenheiten abgekoppelte (Hoch-)Preispolitik. Zur Durchsetzung dieser Politik waren neben den jährlichen (politischen) Preisbeschlüssen Sicherungen nach außen und nach innen erforderlich: Ein umfassender Außenschutz durch Zölle und variable Einfuhrabschöpfungen musste dafür sorgen, dass der Binnenmarkt gegen Drittlandsimporte weitestgehend geschützt ist; eine mengenmäßige Stabilisierung des Gemeinschaftsmarkts durch staatliche Intervention (z.B. durch unbeschränkten Aufkauf auf dem Markt nicht abzusetzender Produktionsmengen zu garantierten Preisen) und durch Ausfuhrförderung (in Gestalt von Ausfuhrerstattungen), die den Absatz der europäischen Erzeugnisse auf den Weltmarkt ermöglichte. Das Ergebnis dieser Politik war zunächst ein beachtliches wirtschaftliches Wachstum, sie führte jedoch nach relativ kurzer Zeit zur Erzeugung erheblicher Überschüsse und damit verbunden zu stetig steigenden Ausgaben für den Ankauf und die Lagerung bzw. Vernichtung der Überschussproduktion sowie zu unerwünschten ökologischen Auswirkungen.

II. Die Politik der Produktions- und Ausgabenkontrollen (achtziger Jahre)

In den achtziger Jahren unternahm man in einer Art Zwischenphase den Versuch, die Fehlentwicklungen durch Instrumente der Produktions- und Ausgabenkontrolle zu stabilisieren, ohne jedoch die Preisgarantien zurückfahren zu müssen. Dazu gehörten etwa die Einführung von Maßnahmen wie Garantieschwellen, Mitverantwortungsabgaben, Nichtvermarktungsprämien, Pflanzungsverboten und nicht zuletzt die unserem Jubilar, *Manfred Zuleeg*, nahe stehende Milchquotenregelung. Die Ausgabenkontrolle wurde durch die Schaffung einer Haushaltsdisziplin gesteuert. Sieht man einmal von der Milchquotenregelung ab, der man einen gewissen Erfolg nicht absprechen kann, haben diese Maßnahmen ihre Ziele nicht ausreichend erreicht oder waren zu komplex, um dauerhaft Anwendung zu finden.

III. Die Neuorientierung: direkte Einkommensbeihilfen und Errichtung der zweiten Säule der Agrarpolitik (Anfang der neunziger Jahre bis 2003)

Vor diesem Hintergrund wurde die GAP in einer dritten Phase einer ersten grundsätzlichen Neuorientierung unterzogen. In der sog. „MacSharry-Reform" (benannt nach dem damaligen irischen Agrarkommissar) von 1992 wurde in wichtigen Produktbereichen (Getreide, Ölsaaten, Rindfleisch, Tabak, später auch Reis) die Abkehr von der Markt- und Preispolitik zugunsten einer direkten Einkommensstützung mit Produktionsbezug eingeleitet. Diese Reform fand ihre Fortsetzung und Vertiefung vor allem im Maßnahmenpaket der Agenda 2000. Darüber hinaus fasste die Agenda 2000 die bis dahin relativ unkoordinierten strukturellen Maßnahmen in einer eigenständigen Politik der ländlichen Entwicklung als zweite Säule der Gemeinsamen Agrarpolitik zusammen. In diese dritte Phase fällt auch der Abschluss der Verhandlungen der Uruguay-Runde im Jahre 1994 mit dem Ergebnis der Errichtung einer Welthandelsorganisation und verschiedener Handelsabkommen, u.a. für die Landwirtschaft. Aufgrund der in der Uruguay-Runde übernommenen Verpflichtungen mussten der Europäische Markt für landwirtschaftliche Produkte aus Drittstaaten geöffnet und die Ausfuhrförderung für europäische Erzeugnisse erheblich eingeschränkt werden. Dies geschah durch die Abschaffung der variablen Einfuhrabschöpfungen, einen schrittweisen Zollabbau, die Garantie eines gewissen Mindestzugangs zum Gemeinschaftsmarkt sowie eine spürbare Begrenzung der Spielräume für die Gewährung von Ausfuhrerstattungen.

IV. Entkoppelung der direkten Einkommensbeihilfen: Die einheitliche Betriebsprämie

Einen vorläufigen Höhepunkt hat die Entwicklung der GAP mit der Agrarreform vom Herbst 2003/Frühjahr 2004 erreicht. Mit dieser Reform wird zwar der 1992 und 2000 eingeschlagene Reformkurs der direkten Einkommensbeihilfen fortgesetzt, diese Einkommensbeihilfen werden jedoch nunmehr von der tatsächlichen Produktion weitgehend entkoppelt und einer ganzen Reihe von übergeordneten Prinzipien unterstellt. Das Reformpaket setzt sich im Wesentlichen aus den folgenden Elementen zusammen[6]:

1. Die einheitliche Betriebsprämie

Im Mittelpunkt der jüngsten Reform steht die einheitliche Betriebsprämie, in der insgesamt 13 verschiedene Beihilfensysteme zusammengefasst werden. Darunter befinden sich etwa die Beihilfenregelungen für Kulturpflanzen, Milch, Tabak, Baumwolle, Hopfen oder Olivenöl sowie die Tierprämien, um nur die wichtigsten zu nennen. Das entscheidend Neue an der einheitlichen Betriebsprämie ist jedoch, dass ihre Zahlung an die Landwirte nicht mehr an eine bestimmte landwirtschaftliche Produktion gebunden ist oder anders ausgedrückt: Die Zahlung der einheitlichen Betriebsprämie ist von der landwirtschaftlichen Produktion *entkoppelt.* Die Landwirte sollen damit in die Lage versetzt werden, ihre Produktion stärker an den Gewinnchancen des Marktes und weniger an den Vorgaben und Anreizen eines gekoppelten Prämiensystems auszurichten. Im Ergebnis bewirkt die Entkoppelung, dass die Erzeuger hinsichtlich ihrer Produktionsentscheidungen an Flexibilität gewinnen und ihre Betriebe auf die Wettbewerbsbedingungen im Markt einstellen können, wodurch letztendlich die Wettbewerbsfähigkeit der europäischen Landwirtschaft insgesamt gestärkt wird.

6 Die rechtlichen Regelungen dieser Reform finden sich in: VO (EG) 1782/2003 des Rates mit gemeinsamen Regeln für Direktzahlungen im Rahmen der Gemeinsamen Agrarpolitik und mit bestimmten Stützungsregelungen für Inhaber landwirtschaftlicher Betriebe v. 23. 9. 2003, ABl. L 270; VO (EG) Nr. 795/2004 der Kommission mit Durchführungsregelungen zur Betriebsprämienregelung v. 21. 4. 2004, ABl. L 141/1; VO (EG) Nr. 796/2004 der Kommission mit Durchführungsbestimmungen zur Einhaltung anderweitiger Verpflichtungen, zur Modulation und zum Integrierten Verwaltungs- und Kontrollsystem v. 21. 4. 2004, ABl. L 141/18.

Im Hinblick auf die WTO erfüllt die einheitliche Betriebsprämie die Voraussetzungen der sog. Green Box und ist deshalb nicht von den im Rahmen des WTO-Landwirtschaftsabkommens geltenden Kürzungsverpflichtungen betroffen.

a) Entkoppelung als Prinzip

Vollständige Entkoppelung ist das allgemeine Prinzip der Reform mit Ausnahmen für einige wenige Produkte wie Reis, Olivenöl oder Energiepflanzen, deren Stützungsbeihilfen nur teilweise, aber immer noch erheblich von der Produktion entkoppelt sind. Daneben wurde den Mitgliedstaaten zur Vermeidung von Land- und Produktionsaufgabe oder im Hinblick auf besondere Produktionsstrukturen gestattet, in einem gemeinschaftlich festgelegten Rahmen für weitere Produkte einen bestimmten Anteil der bisherigen Stützungsbeihilfen weiterhin an die Produktion zu koppeln (z.B. bis zu 25% der gegenwärtigen Flächenprämien im Bereich der Ackerkulturen; 50% der Prämien für Schafe und Ziegen; bis zu 100% der Mutterkuhprämie; bis zu 40% der Schlachtprämie; bis zu 10% der nationalen/sektoriellen Obergrenze können für Maßnahmen der Qualitätsverbesserung und/oder der umweltgerechten Agrarproduktion eingesetzt werden). Von dieser Möglichkeit haben die Mitgliedstaaten nach dem derzeitigen Erkenntnisstand nur sehr behutsam Gebrauch gemacht. Nach den der Kommission gegenwärtig vorliegenden Informationen beträgt der Entkoppelungssatz nahezu 90%.

b) Zugang zur einheitlichen Betriebsprämie

Zugang zum System der einheitlichen Betriebsprämie haben *aktive Landwirte*. Es handelt sich daher nicht um ein System für „Sofabauern“, sondern um eine Stützungsregelung für aktive Landwirte, die außerdem offen ist für Neueinsteiger. Der Bezug von Leistungen ist auch *nicht an Landeigentum gebunden*, sondern an die Ausübung landwirtschaftlicher Tätigkeiten; die einheitliche Betriebsprämie ist deshalb auch nicht fester Bestandteil der Produktionseinheiten (z.B. landwirtschaftliche Nutzfläche oder Tiereinheiten), sondern besteht davon losgelöst in Form von Zahlungsansprüchen. Diese Zahlungsansprüche müssen zwar mit beihilfefähigen Flächen aktiviert werden, führen ansonsten jedoch ein Eigenleben. Sie können etwa auch ohne Land verkauft werden.

c) Zuweisung der Zahlungsansprüche

Im Hinblick auf die Zuweisung der Zahlungsansprüche an die Landwirte können die Mitgliedstaaten zwischen dem historischen Modell und dem Regionalmodell wählen[7]. Nach dem *historischen Modell* erfolgt die Zuweisung der einheitlichen Betriebsprämie an die Landwirte aufgrund der in den Referenzjahren 2000 bis 2002 jeweils erhaltenen Prämien und Beihilfen (sog. „Referenzbeträge“) sowie den für den Erhalt dieser Prämien und Beihilfen bewirtschafteten Flächen, einschließlich sämt-

7 Vgl. die Übersicht im Anhang.

licher Futterflächen (sog. „Referenzflächen"). In diesem Modell erhält jeder Landwirt gleichviel Förderungen wie bisher, aber er kann jetzt selber entscheiden, was er mit diesem Geld produziert, ohne dass er dadurch Fördergelder verliert. Für das historische Modell haben sich sieben Mitgliedstaaten entschieden.

Im *Regionalmodell* können zum einen die nationalen Referenzbeträge in regionale Referenzbeträge umgewandelt und dabei auch Umverteilungen zwischen Regionen vorgenommen werden. Zum anderen ist die Möglichkeit einer Umverteilung zwischen Landwirten innerhalb einer Region vorgesehen, wobei den Mitgliedstaaten die Entscheidung darüber freigestellt ist, ob sie die individuelle Zuteilung der Beträge ganz oder nur teilweise auf alle beihilfefähigen Flächen in der Region sie vornehmen wollen. Im Falle einer vollständig regionalisierten Betriebsprämie werden Zahlungsrechte geschaffen, die sich dergestalt errechnen, dass der regionale Referenzbetrag durch die regionale förderfähige Fläche dividiert wird. Jeder Landwirt in der Region erhält danach so viele Zahlungsansprüche wie er förderfähige Flächen besitzt. Der Wert dieser Zahlungsansprüche wäre innerhalb jeder Region derselbe. Im Falle einer nur teilweise regionalisierten Betriebsprämie wird aus dem regionalen Referenzbetrag ein Betrag ausgesondert, der „individuell" zugeteilt werden soll. Dieser ausgesonderte Betrag entspricht dem Volumen einer bestimmten im Referenzzeitraum 2000-2002 gezahlten Prämie; dieser Betrag wird auf diejenigen Landwirte in der Region verteilt, die während des Referenzzeitraums diese Prämien tatsächlich erhalten haben. Die Zuteilung erfolgt dabei in der Weise, dass die regionalisierten Zahlungsansprüche um den jeweiligen individuellen Betrag erhöht werden. Um abrupte Umverteilungen zwischen den einzelnen Landwirten bei Einführung einer regionalisierten Betriebsprämie abzufedern, ist zudem vorgesehen, dass in im Voraus festgelegten Etappen von einer teilweise regionalisierten Betriebsprämie zu einer vollständig regionalisierten Betriebsprämie übergegangen werden kann. Für dieses Regionalmodell haben sich acht Mitgliedstaaten entschieden, wobei die konkrete Zuweisung der Betriebsprämie in ganz unterschiedlicher Weise vorgenommen wird. Die zehn neuen Mitgliedstaaten werden auf das Regionalmodell mit einheitlicher, an die Fläche anknüpfender Betriebsprämie verpflichtet, da es für diese Mitgliedstaaten keine historischen Daten gibt.

Auch Deutschland hat sich für dieses Regionalmodell entschieden. Dabei wird mit einem Kombinationsmodell begonnen, in dem ein Teil des regionalen Referenzbetrages auf die beihilfefähige Fläche mit unterschiedlichen Werten für Ackerland einerseits und Dauergrünland andererseits umgelegt wird und ein anderer Teil betriebsindividuell nach Maßgabe der Zahlungen im Referenzzeitraum 2000-2002 zugeteilt wird. In den Jahren 2010 bis 2013 wird die Betriebsprämie dann schrittweise in eine vollständig regionalisierte Prämie überführt, so dass am Ende ein einheitliches Prämienrecht pro Hektar für alle Betriebe innerhalb einer Region besteht.

d) Zeitpunkt der Einführung der einheitlichen Betriebsprämie

Eine weitere Option für die Mitgliedstaaten betrifft schließlich den Zeitpunkt, zu dem das neue System der einheitlichen Betriebsprämie von den Mitgliedstaaten eingeführt wird. Die Mitgliedstaaten können zwischen den Jahren 2005, 2006 und 2007 wählen. Zehn Mitgliedstaaten haben das neue Direktzahlungssystem bereits zum 1. Januar 2005 eingeführt, während fünf Mitgliedstaaten (Frankreich, Finnland, Griechenland, Niederlande, Spanien) im Jahre 2006 beginnen werden. Die neuen Mitgliedstaaten, mit Ausnahme von Slowenien und Malta, wenden in einem Zeitraum von bis zu fünf Jahren zunächst das für sie eigens geschaffene „Vereinfachte Direktzahlungssystem“ an; erst danach werden sie ein auf dem Regionalmodell beruhendes System der Direktzahlungen einführen. Slowenien und Malta werden dies bereits im Jahre 2007 in Angriff nehmen.

e) Marktregulierungsinstrumente

Auch nach der Einführung der Einheitlichen Betriebsprämie werden die bewährten Instrumente zur Stabilisierung und Regulierung der Agrarmärkte weiterhin genutzt. So stabilisiert z.B. die Intervention weiterhin die internen Marktpreise, die Exporterstattungen tragen auch in Zukunft zur Stabilisierung der Märkte bei und die verpflichtende Flächenstilllegung stabilisiert die Produktion von Ackerkulturen.

2. Cross Compliance

Zweites Kernelement ist die verbindliche Einführung des Konzepts der Cross Compliance, mit Hilfe dessen die Agrarförderung – ob entkoppelt oder nicht – an die Beachtung wichtiger Belange des Gemeinwohls gebunden wird. Direktzahlungen verfolgen nunmehr auch das Ziel, die Landwirte für die Erbringung öffentlicher Leistungen zu entlohnen. Drei Elemente kommen dabei zum Tragen: Zunächst wird die entkoppelte Förderung nur für solche Flächen gewährt, die in einem guten landwirtschaftlichen und ökologischen Zustand gehalten werden. Die einschlägigen Verpflichtungen werden von den Mitgliedstaaten auf Grundlage gemeinschaftsrechtlicher Vorgaben bestimmt. Weiter müssen die Empfänger aller gemeinschaftlichen Direktzahlungen eine ganze Reihe von Anforderungen beachten, die sich aus Gemeinschaftsvorschriften in den Bereichen Umweltschutz, Gesundheitsschutz, Schutz der Tier- und Pflanzengesundheit sowie Tierschutz ergeben. Dazu gehören – um einige Beispiele zu nennen – die Nitrat- und Vogelschutzrichtlinie ebenso wie die Vorschriften über die Tierkennzeichnung, das Hormonverbot und die Bestimmungen über die Haltung von Kälbern oder Schweinen. Schließlich wurde ein spezieller Mechanismus zur Sicherung des Bestands an Dauergrünland eingeführt, um dem Umbruch solcher ökologisch wertvoller Flächen zu Ackerland vorzubeugen.
Die Agrarförderung gibt es folglich nicht gratis oder allein für die Produktion landwirtschaftlicher Güter, sondern sie ist mit der Erbringung grundlegender gesellschaftlicher Leistungen untrennbar verbunden.
Die im Rahmen der Cross Compliance zu beachtenden Standards sind allerdings keine neuen Fördervoraussetzungen für Direktzahlungen, sondern ihre Nichtbeachtung wird mit Sanktionen in Form von Kürzungen der Direktzahlungen geahndet, um auf diese Weise die Einhaltung bisher bereits verbindlicher Standards zu verbessern und ein ordnungsgemäßes Flächenmanagement sicher zu stellen.

3. *Stärkung der Politik der ländlichen Entwicklung*

Eine Stärkung erfährt daneben die zweite Säule der Agrarpolitik – die Politik der ländlichen Entwicklung. Für sie steht künftig mehr Geld zur Verfügung: pro Jahr werden für Dörfer und Regionen insgesamt rund 1,2 Milliarden € mehr bereitstehen. Im Wege der „*Modulation*“ werden von sämtlichen Direktzahlungen Mittel in Höhe von 3% im Jahre 2005, 4% im Jahre 2006 und 5% in den nachfolgenden Jahren in die ländliche Entwicklung transferiert werden. Die dafür erforderlichen entsprechenden Kürzungen aller Direktzahlungen werden allerdings nur bei landwirtschaftlichen Betrieben vorgenommen, die mehr als 5000 € an Direktzahlungen im jeweiligen Jahr erhalten. Allen anderen Betrieben mit weniger als 5000 € an Direktzahlungen werden die abgezogenen Beträge in Form einer zusätzlichen Beihilfe erstattet. Die Verteilung der Modulationsmittel auf die Mitgliedstaaten soll nach den folgenden Grundsätzen erfolgen: Ein Prozentpunkt der einbehaltenen Direktzahlungen verbleibt im jeweiligen Mitgliedstaat. Die verbleibenden Mittel werden nach den Kriterien der landwirtschaftlichen Fläche, der in der Landwirtschaft Beschäftigten und dem BIP verteilt, wobei allerdings sicher gestellt werden muss, dass mindestens 80% der im jeweiligen Mitgliedstaat aufgebrachten Modulationsmittel dort verbleiben. In Deutschland können zusätzlich weitere 10% der Mittel für die Entwicklung der Roggen erzeugenden Regionen beansprucht werden.
Für die Mittelverwendung gilt weiter der Grundsatz der Subsidiarität: Die EU gibt die Rahmenbedingungen für die ländliche Entwicklung vor, und der jeweilige Mitgliedstaat beziehungsweise die jeweilige Region kann dann selber entscheiden, wofür sie die Mittel verwenden.
Aber es steht nicht nur mehr Geld zur Verfügung, sondern auch die Palette von möglichen Maßnahmen wird noch weiter ausgeweitet: Mehr Fördermöglichkeiten von Qualität, neue Beihilfen zur Erreichung von EU-Standards, oder neue Investitionsbeihilfen für Junglandwirte.

4. *Finanzdisziplin*

Sinn und Zweck dieses neu geschaffenen Instruments ist die Gewährleistung einer ausgewogenen Mittelverwendung vor dem Hintergrund der durch den Europäischen Rat von Brüssel (2002) bis zum Jahre 2013 festgelegten Haushaltsobergrenze für Ausgaben in der ersten Säule der Gemeinsamen Agrarpolitik (Marktordnungsbereich) in Höhe von 45,3 Mrd. € (zuzüglich eines jährlichen Inflationsausgleichs von 1%).
Im Rahmen der Finanzdisziplin wird von 2007 an ein Korrekturmechanismus ausgelöst, wenn die Haushaltsvorausschau ergibt, dass die eingeführte Sicherheitsmarge von 300 Mio. € unterhalb der festgesetzten Obergrenze angegriffen wird. In diesem Fall passt der Rat auf Vorschlag der Kommission die Direktzahlungen so an, dass die Sicherheitsmarge in vollem Umfang erhalten bleibt. Konkret bedeutet dies, dass die Sicherheit der Landwirte auch bis 2013 nicht vollkommen ist, da jede zusätzliche Reform oder finanzwirksame Maßnahme im Marktordnungsbereich teil-

weise über Kürzungen im Bereich der den Landwirten gewährten Direktzahlungen finanziert werden muss.

5. Betriebsberatungssystem

Bei dem „Betriebsberatungssystem" handelt es sich ebenfalls um ein neues Instrument. Der Zweck dieses betrieblichen Beratungssystems besteht nicht darin, neue Standards oder neue hoheitliche Kontrollmechanismen einzuführen. Es geht vielmehr um die Bereitstellung eines Management-Instruments, das den Landwirt in die Lage versetzt, sich über die Auswirkungen seiner Produktionsabläufe auf die Umwelt, die Nahrungsmittelsicherheit, den Tierschutz und die Betriebssicherheit Rechenschaft abzulegen. Es soll ihn befähigen, verbesserte Betriebspraktiken zu entwickeln und anzuwenden, um den gesetzlichen Verpflichtungen in diesen Zielbereichen besser nachkommen zu können. Das Betriebsberatungssystem muss von den Mitgliedstaaten spätestens bis zum Jahre 2007 bereitgestellt werden, an dem alle Landwirte auf freiwilliger Basis teilnehmen können. Im Jahre 2010 wird die Kommission einen Bericht über die Funktionsweise des Betriebsberatungssystems erstellen und dabei insbes. der Frage nachgehen, ob das System für Betriebe von einer bestimmten Größe an verbindlich vorgeschrieben werden soll.

6. Integrierte Verwaltungs- und Kontrollsystem („Invekos")

Das bereits bestehende und erprobte Invekos bleibt quasi wie bisher für die noch an die Produktion gekoppelten Direktzahlungen in Anwendung. Anpassungen und Ergänzungen wurden an diesem System nur im Hinblick auf die neue, entkoppelte einheitliche Betriebsprämie sowie der Cross Compliance vorgenommen.

a) Einheitliche Betriebsprämie

Im Bereich der Tierprämien sind unter dem System der einheitlichen Betriebsprämie keine Kontrollen mehr erforderlich (z.B. entfallen Vor-Ort-Kontrollen zur Zählung und Präsenz der Tiere über einen bestimmten Zeitraum; Verwaltungskontrollen betreffend der Besatzdichte; maximale Zahl der Tiere auf Flächen). Allerdings ist ein Teil dieser Kontrollen im Rahmen der Cross Compliance durchzuführen (z.B. Besatzdichte; Identifizierung und Registrierung der Tiere), und andere Kontrollen bleiben im Rahmen der ländlichen Entwicklung von Bedeutung (Zählung der Tiere). Im Bereich der Flächenkontrollen geht es in Zukunft nicht mehr um die Verfolgung bestimmter Parzellen, sondern um die Überprüfung des Vorhandenseins einer ausreichenden Anzahl von Hektaren für die Auszahlung der Prämienrechte und um die Verwaltung von Übertragungen von Zahlungsansprüchen mit oder ohne Fläche. Hierzu sind eine Datenbank einzurichten oder bestehende Datenbanken entsprechend zu erweitern.

b) Kontrolle der Cross Compliance

Bei der Kontrolle der Cross Compliance können sich die Mitgliedstaaten auf die bereits für die einzelnen Standards bestehenden Kontrollsysteme stützen, die lediglich an das Invekos angeschlossen und auf dieses System abgestimmt werden müssen; umgekehrt können die spezifischen Kontrollsysteme die im Rahmen der Cross Compliance durchgeführten Kontrollen auf ihre Kontrollen anrechnen und die gewonnenen Ergebnisse für ihre Zwecke verwenden.
Die allg. Kontrollrate des Invekos von 5% aller Betriebe, die Direktzahlungen erhalten, gilt zwar grundsätzlich auch für die Kontrollen der Cross Compliance, allerdings mit der Maßgabe, dass die zuständigen Kontrollbehörden die ausgewählten Betriebe lediglich in ihre eigenen Risikoanalysen einbeziehen müssen und die danach ein Risiko darstellenden Betrieben vor Ort kontrollieren müssen; die Zahl der so ermittelten Betriebe muss mindestens 20 % der allgemeinen Kontrollrate von 5% (d.h. also 1%) ausmachen. Mitgliedstaaten, die nicht auf die über die allgemeine Kontrollrate des Invekos ermittelten Betriebe zurückgreifen wollen, können auch die Direktzahlungsempfänger unmittelbar der Risikoanalyse der jeweiligen zuständigen Fachkontrollbehörden unterstellen, wobei allerdings wiederum eine Mindestkontrollrate von 1% aller Direktzahlungsempfänger, auf die die jeweiligen Standards anzuwenden sind, erreicht werden muss.
Ein wesentlicher Vorteil des neuen Kontrollsystems liegt darin, dass nunmehr sämtliche Kontrollen der Direktzahlungen in einem globalen Kontrollsystem zusammen gefasst sind, das sich seinerseits auf die bereits bestehenden fachspezifischen Kontrollsysteme stützt.

c) Sanktionen

Die Sanktionen für Verstöße gegen die Cross Compliance Verpflichtungen erfolgen in Form von Kürzungen sämtlicher Direktzahlungen (gekoppelt und entkoppelt). Die Kürzungen haben sich an der Schwere, dem Ausmaß, der Dauer und der Häufigkeit zu orientieren. Die gemeinschaftsrechtlichen Vorgaben sehen im Falle von Fahrlässigkeit einen Regelkürzungssatz von 3% vor. Unter Anwendung der Kürzungskriterien kann dieser Regelsatz auf 1% heruntergesetzt oder auf 5% heraufgesetzt werden. Im Wiederholungsfall beträgt die Kürzung maximal 15%, wobei eine wiederholte Verletzung nur dann vorliegt, wenn ein und dieselbe Verpflichtung innerhalb eines der drei Cross Compliance Bereiche (Landmanagement, Regelungen in den Bereichen Umwelt, Gesundheit und Tierschutz, Umbruchverbot für Dauergrünland) mehrfach hintereinander nicht eingehalten wird. Bei vorsätzlichen Verstößen beträgt die Kürzung grundsätzlich mindestens 20% (in besonderen Ausnahmefällen 15%) und kann bis zum vollständigen Ausschluss von Direktzahlungen für ein oder mehrere Jahre gehen.

C. Rechtlicher Rahmen

Es ist erstaunlich, dass sich der dargestellte Entwicklungsprozess mit seiner tief greifenden Umgestaltung der Gemeinsamen Agrarpolitik ohne Änderungen des rechtlichen Rahmens im EG-Vertrag vollzogen hat. Bis auf wenige eher formale Anpassungen, insbesondere durch den Amsterdamer Vertrag, sind die der Landwirtschaft gewidmeten Artikel im EG-Vertrag seit Gründung der EWG so gut wie unverändert geblieben.

Dies gilt vor allem für den agrarpolitischen Zielkatalog in Artikel 33 EGV, der wichtige Anliegen moderner Agrarpolitik wie die Entwicklung des ländlichen Raums, den Schutz der Umwelt, die Erzeugung sicherer Lebensmittel oder den Tierschutz mit keinem Wort erwähnt. Diese Belange können zwar zum Teil über Querschnittsklauseln an anderer Stelle im EG-Vertrag fruchtbar gemacht werden; es ist allerdings zu bedauern, dass auch im Vertrag über eine Verfassung für Europa keine Aktualisierung des agrarpolitischen Zielkatalogs vorgenommen worden ist. Gerade hierdurch wäre der bereits eingeleitete Modernisierungsprozess der Gemeinsamen Agrarpolitik auch nach außen sichtbar geworden, was ganz sicher auch zum besseren Verständnis der neuen Gemeinsamen Agrarpolitik in der breiten Öffentlichkeit beigetragen hätte. In rechtlicher Hinsicht ist diese Unterlassung allerdings zu verschmerzen, da die Rechtsprechung des EuGH zum Zielkatalog von großer Flexibilität gekennzeichnet ist. Danach müssen zum einen nicht stets alle vertraglich fixierten Ziele gleichzeitig angestrebt werden; vielmehr kann einzelnen Zielen zeitweise Vorrang vor anderen eingeräumt werden. Zum anderen hat der EuGH dem Gemeinschaftsgesetzgeber bei der Gestaltung der Gemeinsamen Agrarpolitik von Anfang an einen weiten Ermessensspielraum zuerkannt.

Unverändert geblieben sind auch die Grundsätze der Agrargesetzgebung. Sie erfolgt auch heute noch im Wege des Anhörungsverfahrens, d.h. ohne das Europäische Parlament als Mitgesetzgeber. Die Kommission hatte in den Regierungskonferenzen von Amsterdam und Nizza jeweils vorgeschlagen, auch die Agrargesetzgebung dem Mitentscheidungsverfahren zu unterstellen, jedoch wurde dieser Vorschlag von den Mitgliedstaaten nicht aufgegriffen. Einzige Ausnahme blieb der vom Amsterdamer Vertrag mit Blick auf die BSE-Krise eingefügte Art. 152 Abs. 4 (b) EGV, der für sanitäre Maßnahmen, die „unmittelbar den Schutz der Gesundheit der Bevölkerung zum Ziel haben“, ausdrücklich von Art. 37 EGV abweicht und das Mitentscheidungsverfahren vorschreibt. Dieser Rechtszustand ist zu bedauern. Angesichts der finanziellen und rechtlichen Auswirkungen der Agrargesetzgebung ist eine Beteiligung des EP in Gestalt eines Mitgesetzgebers im Hinblick auf das Demokratieprinzip unverzichtbar. Auch der oft gehörte Hinweis, Rechtsakte im Agrarbereich müssten häufig mit besonderer Dringlichkeit beraten und erlassen werden, verfängt nicht. Diesem Bedürfnis kann dadurch Rechnung getragen werden, dass das Mitentscheidungsverfahren auf die Rahmengesetzgebung beschränkt wird und die Durchführungsregeln sowie das „laufende Geschäft“ dem Rat und/oder der Kommission vorbehalten bleibt. Es ist deshalb zu begrüßen, dass sich dieser Ansatz nun auch im Vertrag über eine Verfassung für Europa in Art. III-231 durchgesetzt hat. Danach sollen Marktordnungen zukünftig durch Europäische Gesetze oder Rahmengesetze geschaffen werden, bei deren Annahme das Europäische Parlament mitentscheidet. Die Durchführungsregeln werden in der Regel von der Kommission und in konkret aufgeführten Ausnahmefällen vom Rat auf Vorschlag der Kommission erlassen.

D. Herausforderungen und Perspektiven

Die Reform der Jahre 2003/2004 stellt einen qualitativen Sprung in der Entwicklung der Gemeinsamen Agrarpolitik dar, weil sie die Grundausrichtung der Gemeinsamen Agrarpolitik verändert. Ordnungspolitisch gesprochen geht es um den Ausstieg aus einem interventionistischen Modell und den Einstieg in ein Modell der Selbststeuerung, das sich an Belangen des Gemeinwohls orientiert.

War die Gemeinsame Agrarpolitik Anfang der neunziger Jahre noch geprägt von einer starren, produktionsorientierten Subventionspolitik, die mit Fleisch- und Getreidebergen zu kämpfen hatte, entspricht sie heute einem marktorientierten, umweltfreundlichen und leistungsbezogenen Fördersystem :

- In den neunziger Jahren wurden die Preise noch politisch fixiert, heute gelten die Marktpreise.
- Gab es vor zehn Jahren noch über 30 verschiedene Prämien, gibt es heute die einheitliche Betriebsprämie.
- Hat der Bauer bisher sein Einkommen durch Produktionssteigerung und Förderoptimierung gesteigert, ist er heute wieder Unternehmer, der sich am Markt orientiert und Anspruch auf eine faire Bezahlung der öffentlichen Dienstleistungen hat.
- Diese neue Agrarpolitik sichert den Landwirten Einkommensstabilität, gibt ihnen die Freiheit, das zu produzieren, was der Markt verlangt und bietet Verbrauchern und Steuerzahlern mehr Transparenz und mehr Qualität für ihr Geld.
- Wurde noch vor zehn Jahren fast ein Viertel aller Agrarausgaben für handelsverzerrende Exporterstattungen aufgewendet, sind es heute nur noch rund 9%.
- War 1994 der Großteil der EU-Agrarförderungen noch extrem handelsverzerrend, sind diese heute um 70% reduziert.
- War vor zehn Jahren die ländliche Entwicklungspolitik noch völlig unbedeutend, so werden heute dafür seitens der EU rund 7 Milliarden € pro Jahr bereit gestellt.
- Bis 1994 fraßen die Rinder noch Fleisch- und Knochenmehl, seitdem ist das längst verboten.
- War vor zehn Jahren der Ökolandbau noch ein Steckenpferd für Esoteriker, so sind heute Erzeugnisse aus biologischem Landbau im Vormarsch, EU-weit gefördert und zertifiziert.

Dem steht nicht entgegen, dass auch die reformierte Gemeinsame Agrarpolitik noch klassische marktpolitische Instrumente kennt wie etwa Interventionsmaßnahmen und Ausfuhrerstattungen. Sie haben jedenfalls dann ihre Berechtigung, wenn sie die Funktion eines Sicherheitsnetzes erfüllen, das nur in Situationen extremer Marktschwankungen zum Einsatz kommt.

Unter dem Strich profitieren alle von der neuen Agrarpolitik:
Die *Landwirte* profitieren, weil sie mehr Produktionsfreiheit haben. Sie sind nicht mehr gehalten, mit Verlusten zu produzieren; sie können vielmehr ihr Einkommen über Verkäufe am Markt erhöhen und dies unter Beibehaltung jährlicher Einkommensbeihilfen in Form der einheitlichen Betriebsprämie. Die Landwirte erhalten darüber hinaus auch Planungssicherheit bis in das Jahr 2013 und generell klare Perspektiven für die weitere Entwicklung der Gemeinsamen Agrarpolitik. Ein bewährtes Sicherheitsnetz sorgt auch in Krisenzeiten dafür, dass das landwirtschaftliche Einkommen auf ausreichendem Niveau garantiert bleibt.
Die *Konsumenten* und die *Steuerzahler* profitieren, weil sie mehr für ihr Geld bekommen. Die Landwirte werden nicht mehr für Überproduktionen bezahlt, sondern für das, was die Verbraucher erwarten: mehr Qualität und Sicherheit der Nahrungsmittel sowie mehr Umwelt- und mehr Tierschutz.
Die *Regionen* profitieren, weil sie mehr Geld für ihre ländliche Entwicklung erhalten.
Und nicht zuletzt werden auch die *Anwälte* profitieren. Je nach konkreter Umsetzung des entkoppelten Systems der Direktzahlungen kommt es zu mehr oder minder großen Umverteilungen. Hiergegen werden die Betroffenen möglicherweise vorgehen wollen. Auch die vielfältigen Bestimmungen zur Regelung von Härtefällen dürften einen fruchtbaren Nährboden für anwaltliche Tätigkeit abgeben. Zudem sind Probleme auf dem Pacht- und Bodenmarkt zu erwarten, da mit dem neuen Direktzahlungssystem die Prämien nicht mehr automatisch mit den Flächen übergehen. Dies hat bereits in der Praxis bei auslaufenden Pachtverträgen dazu geführt, dass eine Neuverpachtung durch den Grundeigentümer nur in Aussicht gestellt wird, wenn sich der Bewirtschafter vertraglich verpflichtet, nach Ablauf des Pachtvertrages eine entsprechende Anzahl von Zahlungsansprüchen (teilweise kostenlos!) auf den Grundeigentümer zu übertragen. Schließlich dürfte auch das neue Konzept der Cross Compliance sowohl im Hinblick auf die Feststellung von Verletzungen der einschlägigen Verpflichtungen als auch im Hinblick auf die Verhängung der Sanktionen Anlass zu einer ganzen Reihe von Rechtsstreitigkeiten geben.

ANHANG: Umsetzung der GAP-Reform in den verschiedenen Mitgliedstaaten
Stand 19. August 2004 basierend auf den offiziellen Mitteilungen der Mitgliedstaaten an die Kommission

	Start	Regionen	Modell	Koppelung
Österreich	2005		Historisches Modell	– Mutterkuhprämie 100% – Schlachtprämie männliche Rinder 40% – Schlachtprämie Kälber 100% – Hopfenprämie 25%
Belgien	2005	Zone Nord: Flandern + Brüssel	Regional-modell: historisch	– Mutterkuhprämie 100% – Schlachtprämie Kälber 100% – Saatgut (teilweise ausgenommen) – Milchprämie entkoppelt 2006
	2005	Zone Sud: Wallonien	Regional-modell: historisch	– Mutterkuhprämie 100% – Saatgut (teilweise ausgenommen) – Milchprämie entkoppelt 2006
Zypern	?		*Regional-modell: Flächen-prämie*	(*)
Tschechische Republik	2009		*Regional-modell: Flächen-prämie*	(*)
Dänemark	2005	eine Region	Regional-modell: – statisches Kombinati-onsmodell – Differenzie-rung für Dauergrün-land	– Sonderprämie männliche Rinder 75% – Mutterschafprämie 50% – Milchprämie progressive entkoppelt von 2005 an

Frankreich	2006		*Historisches Modell*	*(**)* – *Mutterkuhprämie 100%* – *Schlachtprämie Kälber 100%* – *Schlachtprämie männliche Rinder 40%* – *Mutterschafprämie 50%* – *Getreide 25%* – *Überseeische Gebiete und Territorien ausgenommen*
Finnland	2006		*Regionalmodell: Dynamisches Kombinationsmodell*	*(**)* – *Sonderprämie männliche Rinder 75%* – *Ackerkulturen 10%* – *Mutterschafprämie 50%* – *Saatgut vollständig ausgeschlossen* – *Art. 69: Rindersektor 10% (Qualitätsprämie)* – *Milchprämie progressiv entkoppelt beginnend in 2006*
Deutschland	2005	Bundesländer (Berlin einbezogen in Brandenburg, Bremen in Niedersachsen, und Hamburg in Schleswig-Holstein)	Regionalmodell: – dynamisches Kombinationsmodell mit Übergang zu regional einheitlichen pro Hektar Werten zwischen 2010 und 2013 – Differenzierung für Dauergrünland	– Hopfenprämie 25% – Tabakprämie (bis 2009) 60% – Milchprämie entkoppelt in 2005
Griechenland	2006		*Historisches Modell*	(**) – *Hartweizen 40%* – Mutterschafprämie 50% – Ägäische Inseln ausgenommen

Ungarn	?		*Regional-modell Flächen-prämie*	(*)
Irland	2005		Historisches Modell	Keine Milchprämie entkoppelt in 2005
Italien	2005		Historisches Modell	– Artikel 69 für Qualitäts-produktion (7% Acker-kulturen, 8% Rinder- und 5% Schaffleischsektor) – Milchprämie entkoppelt in 2006 – Saatgut vollständig ausgeschlossen
Lettland	?		*Regional-modell: Flächen-prämie*	(*)
Litauen	?		*Regional-modell: Flächen-prämie*	(*)
Luxemburg	2005	eine Region	Regional-modell – statisches Kombinati-onsmodell	Keine Milchprämie entkoppelt in 2005
Malta	2007		*Regional-modell: Flächen-prämie*	(**)
Niederlande	2006		*Historisches Modell*	*(**)* – *Schlachtprämie Kälber 100%* – *Schlachtprämie männliche Rinder 40%* – *Leinsamen 100%* – *Milchprämie entkoppelt in 2007*
Polen	?		*Regional-modell: Flächen-prämie*	(*)

Portugal	2005		Historisches Modell	– Mutterkuhprämie 100% – Schlachtprämie Kälber 100% – Schlachtprämie männliche Rinder 40% – Mutterschafprämie 50% – Art 69: 1% Ackerkulturen, Reis, Rinder- und Schaffleischsektor (für Bio-Produktion in diesen Sektoren) – Saatgut vollständig ausgeschlossen – Überseeische Gebiet ausgenommen – Milchprämie entkoppelt in 2007
Slowakei	?		*Regionalmodell: Flächenprämie*	(*)
Slovenien	2007		*Regionalmodell: Flächenprämie*	(**)
Spanien	2006		Historisches Modell	– Saatgut vollständig ausgeschlossen – Überseeische Gebiete ausgenommen
Schweden	2005	5 Regionen (nach Ertragsreferenzen)	Regionalmodell: – statisches Kombinationsmodell – Differenzierung für Dauergrünland	– Sonderprämie männliche Rinder 74.55% – Art 69: 0.45% von nationalem Plafond – Milchprämie progressive entkoppelt beginnend in 2005

Vereinigtes Königreich	2005	6 Regionen:	Regionalmodell and historisches Modell regionalisiert	– Milchprämie entkoppelt in 2005
		England: Nicht-SDA-Gebiete (Severely Disadvantaged Areas)	Dynamisches Kombinationsmodell mit einheitlichem pro Hektar Wert am Ende	Keine
		England: Moorland innerhalb der SDA-Gebiete	Dynamisches Kombinationsmodell mit einheitlichem pro Hektar Wert am Ende	Keine
		England: SDA-Gebiete ohne Moorland	Dynamisches Kombinationsmodell mit einheitlichem pro Hektar Wert am Ende	Keine
		Schottland	Historisches Modell	– Art. 69: Rindersektor 10% (Qualitätsprämie)
		Wales	Historisches Modell	Keine
		Nord Irland	Statisches Kombinationsmodell	Keine

Angaben in kursiv beruhen auf informellen Informationen.

(*) Die neuen Mitgliedstaaten, die zunächst dem "Vereinfachten Direktzahlungssystem" angeschlossen sind, haben ihre Mitteilungen erst ein Jahr vor Eintritt in das entkoppelte Betriebsprämiensystem zu machen.

(**)Mitgliedstaaten, die erst 2006 oder 2007 mit dem Betriebsprämiensystem beginnen haben ihre Mitteilung jeweils zum 1. August des Jahres vor Beginn des entkoppelten Systems an die Kommission zu senden.

Der Europäische Gerichtshof als Steuergesetzgeber?

Joachim Wieland

A. Das Problem

Der Europäische Gerichtshof hat seine Rolle im Institutionengefüge zunächst der Europäischen Gemeinschaften und dann der Europäischen Union stets als die eines Motors der Integration verstanden. Antriebsmittel für den Motor sind vor allem die Grundfreiheiten gewesen. Sie bilden seit 1957 eines der Kernstücke, wenn nicht den Kern der Integration. Ihre Interpretation hat es dem Gerichtshof ermöglicht, ohne eine vorherige Einigung der Mitgliedstaaten, die oft entweder nur schwer oder sogar überhaupt nicht zu erreichen gewesen wäre, das Recht in Europa zu harmonisieren. Nationale Rechtsvorschriften, die nach dem Verständnis des Europäischen Gerichtshofs einer weitergehenden Integration im Wege standen, wurden auf diese Weise weggeräumt. Dieses Vorgehen hat erst die Voraussetzungen für die Schaffung des Binnenmarktes durch eine Ergänzung zunächst des Primär- und dann des Sekundärrechts gelegt. Auch der vorliegende Entwurf einer Verfassung für Europa beruht ganz wesentlich auf den Vorarbeiten in der Rechtsprechung des Gerichtshofs. *Hjalte Rasmussen* hat den Gerichtshof deshalb zu Recht schon 1986 in seiner grundlegenden Studie „On Law and Policy in the European Court of Justice" als eine „policymaking institution" der Europäischen Gemeinschaft bezeichnet[1].

Gegenstand der Integrationsanstrengungen des Gerichtshofs waren lange Zeit hinweg vor allem die Rechtsbeziehungen zwischen den Bürgerinnen und Bürgern der Europäischen Union und zwischen Unternehmen. Entwickelt wurde auf diesem Wege ein einheitliches Recht eines gemeinsamen Wirtschaftsraumes. Da ein einheitlicher Wirtschaftsraum und ein Binnenmarkt aus ihrer Natur heraus auf eine einheitliche Rechtsordnung drängen, ist der Beitrag der Rechtsprechung zur Harmonisierung und Unitarisierung der Europäischen Rechtsordnung im Allgemeinen akzeptiert worden. Problematisch wird die Integration durch Rechtsprechung jedoch, seit der Gerichtshof seine Integrationsanstrengungen verstärkt auf das Gebiet der direkten Steuern verlagert hat. Das ist zwar aus der Sicht der Bürgerinnen und Bürger sowie der Unternehmen in Europa nur eine konsequente Fortsetzung der Interpretation der Grundfreiheiten. Da die steuerrechtlichen Rahmenbedingungen in einem Binnenmarkt ebenfalls auf Harmonisierung drängen und andernfalls Hindernisse für den freien Verkehr von Waren, Dienstleistungen, Kapital und Menschen darstellen, scheint ihre Harmonisierung nur folgerichtig. Unterschiedliche Steuerrechtsordnungen können die Verwirklichung der Grundfreiheiten zumindest erschweren, wenn nicht sogar verhindern.

1 *Rasmussen*, On Law and Policy in the European Court of Justice, 1986, S. VII, XIII und 229 ff.

Warum ruft dann die neuere Rechtsprechung zum Verhältnis zwischen Grundfreiheiten und direkten Steuern Bedenken hervor? Die Mitgliedstaaten haben nicht ohne Grund auf die Übertragung von Hoheitsrechten an die Gemeinschaft hinsichtlich direkter Steuern verzichtet. Die bislang vollständig bei den Mitgliedstaaten verbleibende Steuerhoheit und die damit korrespondierende Beitragsfinanzierung der Europäischen Union implizieren, dass auch die Verantwortung für die Finanzierung Europas bei den Mitgliedstaaten bleibt. Sie entscheiden in einem Eigenmittelbeschluss darüber, wie viel Geld der Gemeinschaft zur Verfügung steht[2]. Das Letztentscheidungsrecht der Mitgliedstaaten verdeutlicht deren Souveränitätsvorbehalte im Finanzbereich[3].

Insoweit unterscheidet sich die Europäische Union deutlich von einem Staat. Dort ist es seit dem 19. Jahrhundert vornehmste Aufgabe des Parlaments, über die Höhe der Steuern zu entscheiden und damit implizit das Volumen der staatlichen Ausgaben zu bestimmen, über die periodisch im Haushaltsgesetz befunden wird. Höhere Staatsaufgaben erfordern ein höheres Steueraufkommen. Werden die Steuern gesenkt und verringert sich das Steueraufkommen, muss auch das Haushaltsvolumen sinken, wenn nicht dauerhaft der Weg in die Staatsverschuldung beschritten werden soll, der letztlich die Handlungsfähigkeit des Staates beschränkt. Das richtige Maß zwischen einer noch tragbaren Steuerbelastung und einer vertretbaren Ausgabenstruktur zu finden, ist eine der schwierigsten Aufgaben, denen sich ein Parlament gegenübersieht. Aus der Sicht der Bürgerinnen und Bürger bedeutet das, dass sie idealtypisch ihre Wahlentscheidungen daran orientieren, ob ihre gewählten Repräsentanten aus ihrer Sicht das Verhältnis zwischen Abgaben und Leistungen des Staates angemessen ausgestalten. Dieses Konzept beruht allerdings auf dem lange Zeit selbstverständlichen Prinzip der geschlossenen Staatlichkeit. Nur wenn diejenigen, die von den Staatsleistungen profitieren, auch zu deren Finanzierung herangezogen werden können, ist ein sachgerechter Ausgleich von Ausgaben und Einnahmen im Staat möglich.

Dieser Zusammenhang wird gefährdet, wenn sich aufgrund einer zunehmend offenen Staatlichkeit, wie sie sich vor allem in der Europäischen Union mit jedem Integrationsschritt entwickelt, Möglichkeiten des „free riding" eröffnen. Soweit Gelegenheit besteht, sich der Belastung mit staatlichen Abgaben zu entziehen, wird der homo oeconomicus Ausweichstrategien entwickeln. Das ist Grundlage des Spannungsverhältnisses, das sich in der Europäischen Union in dem Maße verschärft, in dem die Grundfreiheiten so interpretiert werden, dass sie den Steuerbürgerinnen und -bürgern den Weg ebnen, sich der mitgliedstaatlichen Steuerbelastung zu entziehen. Es werden Anreize vor allem für das Kapital geschaffen, sich in einem „race to the bottom" der Steuerhoheit des jeweiligen Mitgliedstaates zu entziehen und in Mitgliedstaaten mit niedriger Steuerbelastung zu flüchten. Auf lange Sicht lässt sich dem nur durch eine Übertragung der Steuerhoheit auf die Europäische Union begeg-

2 Siehe zuletzt den Beschluss des Rates über das System der Eigenmittel der Europäischen Gemeinschaften v. 29. 9. 2000, ABl L 253/42.

3 *Waldhoff*, in: *Callies/Ruffert* (Hrsg.) Kommentar zu EU-Vertrag und EG-Vertrag, 2. Aufl. 2002, Art. 269 Rn. 3.

nen. Erst dann ist das Gleichgewicht zwischen der Verantwortung der europäischen Institutionen für die Ausgaben und Einnahmen der Gemeinschaft wieder hergestellt. So lange aber das Primärrecht die Finanzierungsverantwortung für die Union den Mitgliedstaaten zuweist, ist das im Wege der systematischen Interpretation bei der Auslegung der Grundfreiheiten zu berücksichtigen. Andernfalls droht die Gefahr, dass es zu unüberbrückbaren Widersprüchen zwischen den Grundfreiheiten und der Finanzverfassung der Europäischen Gemeinschaft kommt. Ich werde im Folgenden an Hand einer Analyse der einschlägigen Rechtsprechung untersuchen, ob der Europäische Gerichtshof den systematischen Zusammenhang zwischen den Grundfreiheiten und der Finanzverfassung der Europäischen Gemeinschaft beachtet (B.). Ausgehend von dieser Analyse werde ich Wege aufzeigen, auf denen sich die gebotene praktische Konkordanz bei der Auslegung des Gemeinschaftsrechts erreichen lässt (C.).

B. Die einschlägige Rechtsprechung

I. Die Anfänge der Rechtsprechung

Mit dem Verhältnis zwischen Grundfreiheiten und direkten Steuern hat sich der Gerichtshof zum ersten Mal Anfang 1986 in seinem Urteil „avoir fiscal" gründlicher beschäftigt[4].

Die Kommission der Europäischen Gemeinschaften hatte gegen Frankreich geklagt, weil nach dem französischen Körperschaftsteuerrecht in Frankreich gelegenen Zweigniederlassungen und Agenturen von in einem anderen Mitgliedstaat niedergelassenen Versicherungsgesellschaften nicht unter den gleichen Bedingungen wie französischen Gesellschaften ein Steuerguthaben zur Vermeidung einer kumulativen Besteuerung der von den Gesellschaften angeschütteten Gewinne gewährt wurde. Der Gerichtshof wendete auf diesen Sachverhalt ohne weiteres Art. 52 EWGV an, der seinerzeit die Niederlassungsfreiheit der Staatsangehörigen eines Mitgliedstaates im Hoheitsgebiet eines anderen Mitgliedstaates gewährleistete und unmittelbar anwendbar war. Der Gerichtshof stellte eine Ungleichbehandlung von Gesellschaften mit Sitz in einem anderen Mitgliedstaat, die ihre Tätigkeit in Frankreich durch Zweigniederlassungen oder Agenturen ausübten, gegenüber Versicherungsgesellschaften mit Sitz in Frankreich fest[5]. Er betonte allerdings, es sei nicht völlig auszuschließen „dass eine Unterscheidung je nach dem Sitz einer Gesellschaft oder eine Unterscheidung je nach dem Wohnsitz einer natürlichen Person unter bestimmten Voraussetzungen auf einem Gebiet wie dem des Steuerrechts gerechtfertigt sein kann". Die Ungleichbehandlung sei im konkreten Fall jedoch nicht gerechtfertigt, weil der französische Gesetzgeber die Niederlassungsformen nur im Rahmen der Besteuerung der von ihnen erzielten Gewinne, nicht jedoch bei den damit zusammenhängenden Vergünstigungen gleich behandle[6]. Das deutete daraufhin, dass der

4 EuGH, Slg. 1986, 273.
5 EuGH, avoir fiscal, Slg. 1986, 273 Rn. 13 ff.
6 EuGH, avoir fiscal, Slg. 1986, 273 Rn. 19.

Gerichtshof eine Unterscheidung nach dem Sitz einer Gesellschaft oder dem Wohnsitz einer natürlichen Person im Bereich des Steuerrechts für mit der Niederlassungsfreiheit vereinbar hielt, wenn die Unterscheidung systemgerecht war. Das Urteil stellte allerdings auch fest, dass Art. 52 EWGV keine Ausnahme vom Grundprinzip der Niederlassungsfreiheit wegen der Gefahr der Steuerflucht zulasse[7]. Diese relativ knappe Feststellung sollte ihre weitreichenden Konsequenzen erst in der künftigen Rechtsprechung entfalten.

Zunächst einmal schien es jedoch, als ob der Gerichtshof bei seiner Interpretation der Grundfreiheiten der nationalen Steuerhoheit hinreichendes Gewicht einräumen würde. In der Entscheidung „Daily Mail" aus dem Jahre 1988 entschied er zwar, die Niederlassungsfreiheit würde ihres Sinnes entleert, wenn der Herkunftsstaat Unternehmen verbieten könnte auszuwandern, um sich in einem anderen Mitgliedstaat niederzulassen; gleichzeitig sah er aber kein Problem darin, dass nach verschiedenen nationalen Rechtsordnungen die Verlegung der Geschäftsleitung einer Gesellschaft aus dem jeweiligen Hoheitsgebiet heraus deren Liquidierung mit allen Folgen voraussetzte, „die eine solche Liquidierung auf gesellschafts- und steuerrechtlichem Gebiet mit sich bringt." Eventuell entstehende Probleme seien „durch die Bestimmungen über die Niederlassungsfreiheit nicht gelöst"[8]. Aus dem Schlussantrag des Generalanwalts *Darmon* in dieser Rechtssache ergibt sich eindeutig, dass der damit verbundene Zwang zur Auflösung und Versteuerung stiller Reserven als vereinbar mit der Niederlassungsfreiheit angesehen wurde[9].

In die gleiche Rechtsprechungslinie fällt das Urteil in der Sache Bachmann vom Anfang 1992, in dem der Gerichtshof ausdrücklich die „Notwendigkeit, die Kohärenz der Steuerregelung zu wahren", als Rechtfertigung von Einschränkungen der Arbeitnehmerfreizügigkeit anerkannt hat. Zugleich hat er von der „Kohärenz einer solchen Steuerreglung, deren Gestaltung Sache des einzelnen Mitgliedstaates ist", gesprochen. Steuerrechtliche Regelungen durften folglich Grundfreiheiten einschränken, wenn sie zur Gewährleistung der Kohärenz des nationalen Steuersystems erforderlich waren[10]. Einige Zeit später fasste Generalanwalt *Léger* diese Rechtsprechung mit den Worten zusammen, der Gerichtshof erkenne an, „dass diskriminierende nationale Regelungen im steuerlichen Bereich durch andere als die im Vertrag genannten zwingenden Gründe des Allgemeininteresses und insbesondere unter Berufung auf die Kohärenz des Steuersystems gerechtfertigt werden können"[11].

Die Rechtsprechung des Europäischen Gerichtshofs hat sich also zunächst, als sie sich seit Mitte der achtziger Jahre des vorigen Jahrhunderts näher mit dem Verhältnis zwischen Grundfreiheiten und direkten Steuern befasste, um eine Konkordanz zwischen der Auslegung des Schutzumfangs der Grundfreiheiten und der Sicherung der nationalen Steuerhoheit bemüht. Maßnahmen, die zur Aufrechterhaltung der

7 EuGH, avoir fiscal, Slg. 1986, 273 Rn. 25.
8 EuGH, Daily Mail, 1988, 5483 Rn. 16, 20 und 23.
9 EuGH, Slg. 1988, 5500 Rn. S-11.
10 EuGH, Bachmann, Slg. 1992, I-249 Rn. 21, 23 und 27; ebenso EuGH, Kommission/Belgien, Slg. 1992, I-305 Rn. 14, 16 und 20.
11 EuGH, Wielockx, Slg. 1995, I-2493 Rn. S-31.

Kohärenz erforderlich waren, wurden in der Folge nicht als Verstoß gegen Grundfreiheiten bewertet.

II. Die Rechtsprechungswende

Eine Wende in der Rechtsprechung zeichnete sich jedoch zunächst kaum merklich seit den neunziger Jahren ab. Der Gerichtshof betont seit dieser Zeit verstärkt, „dass zwar der Bereich der direkten Steuern als solcher beim gegenwärtigen Stand des Gemeinschaftsrechts nicht in die Zuständigkeit der Gemeinschaft fällt, die Mitgliedstaaten ihre verbliebenen Befugnisse jedoch unter Wahrung des Gemeinschaftsrechts ausüben müssen“[12]. An dieser Formulierung fällt zunächst auf, dass der Gerichtshof offenbar davon ausgeht, dass nur beim gegenwärtigen Stand des Gemeinschaftsrechts die Hoheit über die Erhebung der direkten Steuern noch bei den Mitgliedstaaten „verbleibt“, das Verbleiben scheint jedoch in den Augen des Gerichtshofs zumindest nicht dauerhaft gesichert. Mit der harmlos klingenden Formulierung, dass die Mitgliedstaaten ihre „verbleibenden“ Befugnisse im Bereich der direkten Steuern unter Wahrung des Gemeinschaftsrechts ausüben müssen, ist das Verhältnis zwischen nationaler Steuerhoheit und Grundfreiheiten merklich zu Gunsten letzterer verschoben worden. Während bis dahin die Kohärenz des nationalen Steuerrechts im Ergebnis Vorrang vor dem Gemeinschaftsrecht beanspruchen konnte, weil sie gewichtig genug war, um Einschränkungen der Grundfreiheiten zu rechtfertigen, setzt sich nunmehr das Gemeinschaftsrecht in Form der Grundfreiheiten gegenüber den Erfordernissen einer systemgerechten Ausgestaltung des nationalen Steuerrechts durch. So ist es kein Zufall, sondern zwangsläufige Folge, dass seit dieser Zeit das Argument der Kohärenz des nationalen Steuerrechts in der gesamten Rechtsprechung nicht mehr ausgereicht hat, um eine Einschränkung der Grundfreiheiten im Bereich der direkten Steuern zu rechtfertigen.

Die Rechtsprechungswende ist durch grundlegende Beschlussanträge des Generalanwalts *Léger* eingeleitet worden. In diesen Schlussanträgen hat der Generalanwalt zwar zunächst betont, dass die Anwendung des Grundsatzes der Nichtdiskriminierung auf das Steuerrecht mit großer Behutsamkeit erfolgen „müsse“. Er hat sogar wörtlich entsprechende Warnungen in der Literatur zitiert: „To anyone, who is somewhat familiar with tax law, it is clear that the concept of de facto non-discrimination could very easily result in the *disintegration* of national tax systems. Even were the Court to limit itself to the elimination of the differences in tax treatment between tax-payers based on nationality or on residence, the resulting *chaos* in income tax would be considerable”[13]. Der Generalanwalt hielt dennoch eine steuerliche Vorschrift, die auf dem Kriterium der Gebietsansässigkeit beruht und diskriminierende Wirkungen hat, nur dann für zulässig, wenn sie zur Gewährleistung der Kohärenz der nationalen Steuerregelung „absolut notwendig ist“[14].

12 EuGH, Schumacker, Slg. 1995, I-225 Rn. 21.

13 *Vanistendael*, The Limits to the New Community Tax Order, CML Rev. 1994, 293 (310); die Hervorhebungen stammen von Generalanwalt *Léger*.

14 Schlussanträge des Generalanwalts *Léger*, EuGH, Schumacker, Slg. 1995, I-225 Rn. S-39 f. und 45.

Im weiteren Gedankengang räumte der Generalanwalt dann ein, dass die unterschiedliche Behandlung von in Deutschland unbeschränkt und nur beschränkt Steuerpflichtigen, insbesondere die Gewährung des Ehegattensplittings, kohärent sei. Für eine Diskriminierung von Grenzgängern, denen bei einem ausländischen Wohnsitz das Ehegattensplitting in Deutschland nicht gewährt wird, vermöge das Argument der Kohärenz jedoch keine rechtfertigende Wirkung zu entfalten, weil der Ausschluss vom Splitting nicht absolut notwendig sei[15]. Letztlich läuft diese Argumentation darauf hinaus, dass Erfordernisse der Kohärenz des Steuersystems in seiner Gesamtheit eine unterschiedliche Behandlung im Einzelfall nicht zu rechtfertigen vermögen. Zugleich wird noch einmal betont, dass übermäßige finanzielle Konsequenzen einer Gleichbehandlung, eine Diskriminierung nicht zu rechtfertigen vermöchten[16].

Der Gerichtshof ist der Argumentation des Generalanwalts gefolgt. Er hat das grundsätzlich anerkannte Prinzip der Kohärenz des Steuersystems nicht anerkannt, wenn im Einzelfall – hier aufgrund der besonderen Situation des Grenzgängers – eine Diskriminierung zu rechtfertigen war. Zwar sei es generell zulässig, Gebietsfremde, die in Deutschland nur beschränkt einkommensteuerpflichtig seien, vom Ehegattensplitting auszuschließen. Komme der Gebietsfremde aber in seinem Heimatstaat nicht in den Genuss vergleichbarer steuerlicher Vorteile, weil er den ganz überwiegenden Teil seiner Einkünfte in Deutschland erziele, „verlangt der Gemeinschaftsgrundsatz der Gleichbehandlung, dass die persönliche Lage und der Familienstand des gebietsfremden Ausländers in derselben Weise berücksichtigt werden wie bei gebietsansässigen Inländern und dass ihm dieselben Steuervergünstigungen gewährt werden“[17]. Wenige Monate später hat der Gerichtshof diese Grundsätze in seinem Urteil in der Rechtssache Wielockx nach entsprechenden Ausführungen des Generalanwalts *Léger* in seinen Schlussanträgen[18] bestätigt[19].

III. Die letzten Entscheidungen

Seit 1995 hat der Europäische Gerichtshof seine Rechtsprechung auf der Grundlage der Entscheidungen Schumacker und Wielockx zunächst allmählich und dann mit zunehmender Intensität weiter ausgebaut[20]. Er hat damit Schritt für Schritt den Vorrang der Grundfreiheiten vor dem mitgliedstaatlichen Recht der direkten Steuern durchgesetzt.

In der Folge droht einer größeren Zahl von Normen des deutschen Steuerrechts das Verdikt der Europarechtswidrigkeit. Den Stand der Dogmatik zum Verhältnis zwischen Grundfreiheiten und dem mitgliedstaatlichen Recht der direkten Steuern bringen besonders deutlich zwei Urteile des Europäischen Gerichtshofs aus dem Jahr

15 Ebd. Rn. S-57 ff.
16 Ebd. Rn. S-87.
17 EuGH, Schumacker, Slg. 1995, I-225 Rn. 41.
18 EuGH, Wielockx, Slg. 1995, I-2493 Rn. S-30 ff.
19 EuGH, Wielockx, Slg. 1995, I-2493 Rn. 16 ff.
20 Siehe dazu die Entscheidungsanalysen von *Cordewener*, Europäische Grundfreiheiten und nationales Steuerrecht, 2002, S. 480 ff. sowie *Schön*, IstR 2004, 289.

2004 zum Ausdruck. Es handelt sich um die Entscheidung de Lasteyrie du Saillant[21] und das Urteil in der Rechtssache Manninen[22]. Beide zeigen, in welchem Ausmaß der Gerichtshof den Grundfreiheiten Vorrang gegenüber den Bedürfnissen einer Kohärenz der nationalen Steuerrechtsordnungen einräumt.

In der Rechtssache de Lasteyrie war die Vereinbarkeit der Besteuerung noch nicht realisierter Wertsteigerungen von Wertpapieren in Frankreich mit den Grundfreiheiten zu klären; die Wertsteigerungen wurden besteuert, wenn ein Steuerpflichtiger seinen steuerlichen Wohnsitz ins Ausland verlegte[23]. Diese Form der Wegzugsbesteuerung ist in Europa verbreitet zu finden. Dementsprechend hatten sich auch mehrere Regierungen von Mitgliedstaaten zu dem Verfahren geäußert[24]. Der Gerichtshof prüfte, ob eine Besteuerung latenter Wertsteigerungen allein wegen der Verlegung des Wohnsitzes des Steuerpflichtigen ins Ausland die Ausübung der Niederlassungsfreiheit im Sinne von Art. 52 EGV beschränken könne[25]. Der Gerichtshof entfaltete zunächst den Gewährleistungsinhalt der Grundfreiheit: Art. 52 EGV, der unmittelbar anwendbar sei, sichere zwar seinem Wortlaut nach die Inländerbehandlung im Aufnahmemitgliedstaat; darüber hinaus verbiete er aber auch, dass der Herkunftsstaat die Niederlassung seiner Staatsangehörigen in einem anderen Mitgliedstaat behindere[26]. Das gelte auch für geringfügige oder unbedeutende Beschränkungen der Niederlassungsfreiheit[27]. Sodann wird der Standardsatz seit dem Urteil in der Rechtssache Schumacker wiederholt, dass der Bereich der direkten Steuern beim gegenwärtigen Stand des Gemeinschaftsrechts zwar nicht in die Zuständigkeit der Gemeinschaft falle, dass die Mitgliedstaaten aber die ihnen verbleibenden Befugnisse unter Wahrung des Gemeinschaftsrechts ausüben müssten[28]. Sodann stellt der Gerichtshof fest, dass das französische Steuerrecht den Steuerpflichtigen zwar nicht verbiete, von seinem Niederlassungsrecht Gebrauch zu machen, wegen seiner abschreckenden Wirkung jedoch geeignet sei, die Ausübung dieses Recht zu beschränken. Der Steuerpflichtige werde nämlich gegenüber Personen, die ihren Wohnsitz in Frankreich beibehielten, benachteiligt: „Dieser Steuerpflichtige wird allein wegen der Verlegung seines Wohnsitzes ins Ausland für ein Einkommen steuerpflichtig, das noch nicht realisiert ist und über das er somit nicht verfügt, während die Wertsteigerungen, wenn er in Frankreich bliebe, nur steuerpflichtig würden, wenn und soweit sie tatsächlich realisiert worden sind"[29]. Sodann weist der Gerichtshof darauf hin, dass die Besteuerung als die Niederlassungsfreiheit beschränkende Maßnahme nur zulässig sein könne, wenn mit ihr ein berechtigtes und

21 Siehe dazu aus der umfangreichen Literatur etwa *Schindler*, IStR 2004, 300.
22 Erste Reaktionen auf das Urteil in der Literatur bei *Balster/Petereit*, DStR 2004, 1985; *Gosch*, DStR 2004, 1988; *de Werth*, DStR 2004, 1992.
23 EuGH, Urteil v. 11. 3. 2004, Rs. C-9/02, de Lasteyrie, noch nicht in Slg., Rn. 2.
24 Ebd. Rn. 19 ff.
25 Ebd. Rn. 39 ff.
26 Ebd. Rn. 43 ff. unter Verweis auf EuGH, Baars, Slg. 2000, I-2787 Rn. 28.
27 EuGH, Urteil v. 11. 3. 2004, Rs. C-9/02, de Lasteyrie, Rn. 43 ff. unter Bezug auf EuGH, Kommission/Frankreich, Slg. 2000, I-1995 Rn. 49.
28 EuGH, Urteil v. 11. 3. 2004, Rs. C-9/02, de Lasteyrie, Rn. 44 ff. unter Verweis auf EuGH, Schumacker, Slg. 1995, I-225 Rn. 21.
29 EuGH, Urteil v. 11. 3. 2004, Rs. C-9/02, de Lasteyrie, Rn. 46 ff.

mit dem EG-Vertrag zu vereinbarendes Ziel verfolgt werde und sie durch zwingende Gründe des Allgemeininteresses gerechtfertigt sei; die Maßnahme müsse darüber hinaus zur Erreichung des mit ihr verfolgten Zieles geeignet und erforderlich sein[30]. Das Argument der Verhinderung von Steuerflucht oder Steuerhinterziehung hält der Gerichtshof für keine ausreichende Rechtfertigung, weil die Verlegung des Wohnsitzes aus dem Gebiet eines Mitgliedstaats für sich genommen keine Steuerflucht bedeute. Mit der Unterstellung, dass Steuerpflichtige, die ihren Wohnsitz ins Ausland verlegten, die Umgehung des französischen Steuerrechts beabsichtigten, ginge das französische Steuerrecht weit über das hinaus, was zu Erreichung des verfolgten Zieles erforderlich sei[31]. Steuerflucht lasse sich bereits dadurch verhindern, dass die Besteuerung nur auf Steuerpflichtige beschränkt werde, die nur vorübergehend ihren Wohnsitz verlegten, um die Besteuerung des Wertzuwachses zu vermeiden[32]. Weiterhin prüft der Gerichtshof das Vorbringen der dänischen Regierung, die Wertzuwachsbesteuerung solle die Erosion der Besteuerungsgrundlage des betroffenen Mitgliedstaats verhindern, damit Steuerpflichtige keinen Nutzen aus den Unterschieden zwischen den Steuerregelungen der Mitgliedstaaten ziehen könnten. Dieses Vorbringen wird lapidar mit dem Hinweis zurückgewiesen, „dass Steuermindereinnahmen nach ständiger Rechtsprechung nicht als zwingender Grund des Allgemeininteresses angesehen sind, der zur Rechtfertigung einer grundsätzlich gegen eine Grundfreiheit verstoßene Maßnahme angeführt werden kann“[33]. Mit ähnlichen Argumenten wird das Vorbringen der niederländischen Regierung verworfen, die Besteuerungsregelung sei notwendig, „um die Kohärenz des französischen Steuersystems zu wahren, da ein unmittelbarer Zusammenhang zwischen dem Aufschub der jährlichen Besteuerung des mit den Wertpapieren verbundenen Kapitalzuwachses und der tatsächlichen Erhebung der Steuer bei Verlegung des Wohnsitzes ins Ausland bestehe“[34]. Unter Bezugnahme auf Erklärungen der französischen Regierung stellt der Gerichtshof fest, die in Rede stehende Regelung verfolge offenbar nicht das Ziel, „allgemein in dem Fall, dass ein Steuerpflichtiger seinen Wohnsitz ins Ausland verlegt, die Besteuerung der Wertsteigerungen sicher zu stellen, die während seines Aufenthalts in Frankreich eingetreten sind“; vielmehr solle nur der Steuerflucht vorgebeugt werden[35].

Auf das Vorbringen der deutschen Regierung, dass die Aufteilung der Besteuerungsrechte zwischen den Wegzugsstaat und dem Aufnahmestaat zu berücksichtigen sei, antwortet der Gerichtshof lapidar, „dass es in dem Rechtstreit weder um die Aufteilung der Besteuerungsrechte zwischen den Mitgliedstaaten noch um das Recht der französischen Behörden geht, latente Wertsteigerungen zu besteuern, um auf künstliche Wohnsitzverlegungen zu reagieren, sondern um die Frage, ob die hier zu erlassenen Maßnahmen im Einklang mit der Niederlassungsfreiheit stehen“[36].

30 Ebd. Rn. 49 ff.
31 Ebd. Rn. 50 ff.
32 Ebd. Rn. 53 f.
33 Ebd. Rn. 60 ff.
34 Ebd. Rn. 61 ff.
35 Ebd. Rn. 64 ff.
36 Ebd. Rn. 68 ff.; kritisch zu Recht *Fischer*, FR 2004, 638.

Mit diesen Ausführungen verkennt der Europäische Gerichtshof die Bedeutung der nach dem Primärrecht der Gemeinschaft den Mitgliedstaaten vorbehaltenen Steuerhoheit. Da nicht die Europäische Union, sondern die Mitgliedstaaten über die Hoheit zur Erhebung direkter Steuern verfügen, ist deren Ausübung nicht vom Integrationsprozess erfasst, sondern verbleibt auf nationaler Ebene. Das Prinzip der Kohärenz der nationalen Steuerrechtsordnungen und damit zusammenhängend die Aufteilung der Besteuerungsrechte zwischen den Mitgliedstaaten bedingt aber zwingend, dass die Steuerhoheit jedes Mitgliedstaates, die räumlich gesehen an seinen Staatsgrenzen endet, innerhalb des Staatsgebiets effektiv geltend gemacht werden können muss. Wäre das Gemeinschaftsrecht tatsächlich so auszulegen, dass es den Mitgliedstaaten das Recht verwehrte, ihren Steueranspruch auch gegenüber Steuerpflichtigen durchzusetzen, die von den Grundfreiheiten Gebrauch machen und sich in der Folge der Zugriffsmöglichkeit des nationalen Fiskus entziehen wollen, verlöre die nationale Steuerhoheit ihre Grundlage. Sie basiert gerade auf dem normativen Prinzip der geschlossenen Staatlichkeit. Im Bereich der direkten Steuern sind die Mitgliedstaaten nach dem Regelungskonzept, das dem europäischen Primärrecht zugrunde liegt, dem Prinzip verpflichtet, dass steuerliche Leistungsfähigkeit in dem Staat zur Grundlage der Besteuerung gemacht werden muss, wo sie entsteht. Wertsteigerungen von Wertpapieren, wie sie im Fall de Lasteyrie besteuert wurden, sind aber in dem Staat entstanden, in dem der Steuerpflichtige während der Wertsteigerungen seinen Wohnsitz gehabt hat. Sie unterfallen der Steuerhoheit dieses Staates, die aus Gründen der Steuergerechtigkeit auch durchgesetzt werden muss. Bringt man wie der Europäische Gerichtshof die Grundfreiheiten des Gemeinschaftsrechts gegen die nationale Steuerhoheit in Stellung, unterminiert man deren Grundlagen. Grundfreiheiten können sich gegenüber der Steuerhoheit erst durchsetzen, wenn und soweit sie vergemeinschaftet ist. Solange das nicht der Fall ist, ist es nicht etwa gleichgültig, welcher Mitgliedstaat der Europäischen Union auf die steuerliche Leistungsfähigkeit der EU-Bürger zugreift.

Das ergibt sich schon daraus, dass die Beiträge der Mitgliedstaaten zur Finanzierung der Europäischen Union nach dem Eigenmittelbeschluss auf der Grundlage von Art. 269 EGV im Wesentlichen nach dem Bruttoinlandsprodukt bemessen werden. Das Bruttoinlandsprodukt steht in direkter Relation zur steuerlichen Leistungsfähigkeit der Bürgerinnen und Bürger eines Staates. Wollte man die Mitgliedsbeiträge eines Staates nach der Höhe seines Bruttoinlandsproduktes bemessen und ihn gleichzeitig in seinen Möglichkeiten beschränken, mit Hilfe der Steuererhebung auf die Leistungsfähigkeit zuzugreifen, die sich in seinem Bruttoinlandsprodukt widerspiegelt, begründete man einen unauflösbaren Widerspruch. Die Beitragsfinanzierung der Europäischen Union setzt vielmehr notwendig voraus, dass das Gemeinschaftsrecht den Mitgliedstaaten auch die Möglichkeit bewahrt, die steuerliche Leistungsfähigkeit ihrer Steuerpflichtigen zur Finanzierung des eigenen Staatshaushalts und des Haushalts der Union zu nutzen. Folgt man dagegen der neueren Rechtsprechung des Europäischen Gerichtshofs seit 1995, kommt der Tatsache, in welchem Mitgliedstaat eine steuerliche Leistungsfähigkeit abgeschöpft wird, keine Bedeutung mehr zu. Dann aber ist das Band zwischen dem Bruttoinlandsprodukt und der Höhe des Beitrags eines Mitgliedstaats zur Finanzierung der Gemeinschaft zerrissen. Zugleich verliert die nationale Steuerhoheit ihre Grundlage. Kann ein Mitgliedstaat seinen Steueranspruch gegenüber Steuerpflichtigen nicht mehr durchsetzen, weil sie sich unter Berufung auf Grundfreiheiten ihren Steuerpflichten entziehen können, verliert der Mitgliedstaat zugleich die Legitimation zu einer Belastung der anderen Steuerpflichtigen, die seiner Hoheit unterworfen bleiben. Es wird nicht nur die Finanzverfassung der Europäischen Union verletzt, sondern in den Mitgliedstaaten lässt sich auch die Steuergerechtigkeit nicht mehr herstellen. Die Grundfreiheiten können so verstanden zum „free riding" genutzt werden. Steuerpflichtige können die Infrastruktur und die sonstigen Leistungen eines Mitgliedstaates in Anspruch nehmen, sich aber den daraus erwachsenen Finanzierungslasten dadurch entziehen, dass sie ihren Wohnsitz oder ihren Gesellschaftssitz rechtzeitig in einen anderen Mitgliedstaat verlegen.

Die aufgezeigten Konsequenzen der neueren Rechtsprechung des Europäischen Gerichtshofs werden besonders deutlich in dem Urteil in der Rechtssache Manninen[37]. In dem Verfahren war die Frage zu klären, ob die Kapitalverkehrsfreiheit des Art. 56 EGV dahin auszulegen ist, dass sie es nicht zulasse, einer in Finnland unbeschränkt steuerpflichtigen Person für die Dividenden einer inländischen Aktiengesellschaft eine Steuergutschrift zu erteilen, nicht aber für die Dividenden einer Aktiengesellschaft, die in einem anderen Mitgliedstaat der Europäischen Union eingetragen ist. Herr Manninen war in Finnland unbeschränkt steuerpflichtig und besaß Aktien einer schwedischen Gesellschaft. Die von dieser Gesellschaft in Form von Dividenden an ihn ausgeschütteten Gewinne waren bereits in Schweden mit Körperschaftsteuer belegt worden. Sie wurden zudem in Schweden mit einer Quellensteuer auf Kapitaleinkünfte belastet. Da das finnische Recht für diese Konstellation keinen Anspruch auf eine Steuergutschrift gewährte, unterlag das Einkommen aus den Dividenden in Finnland ebenfalls der Einkommensteuer auf Kapitaleinkünfte. Nach einem Doppelbesteuerungsabkommen war jedoch die in Schweden erhobene Quellensteuer von der finnischen Steuer abziehbar[38].

Obwohl Art. 58 Abs. 1 Buchst. a EGV ausdrücklich festlegt, dass die in Art. 56 EGV normierte Kapitalverkehrsfreiheit nicht das Recht der Mitgliedstaaten berührt, „die einschlägigen Vorschriften ihres Steuerrechts anzuwenden, die Steuerpflichtige mit unterschiedlichem Wohnort oder Kapitalanlageort unterschiedlich behandeln", hatte der Gerichtshof im Wege einer teleologischen Reduktion des Art. 58 Abs. 1 Buchst. a EGV die Grundfreiheit durchgesetzt. Die nach dieser Vorschrift erlaubte Ungleichbehandlung sei von einer nach Art. 58 Abs. 3 EGV verbotenen willkürlichen Diskriminierung zu unterscheiden. Erlaubt sei aber nur die unterschiedliche Behandlung von Situationen, die nicht objektiv mit einander vergleichbar oder durch zwingende Gründe des Allgemeininteresses, insbesondere die Notwendigkeit, die Kohärenz des Steuersystems zu gewährleisten, gerechtfertigt seien[39]. Der Gerichtshof erkennt eine Rechtfertigung der Verweigerung der Steuergutschrift aus dem Territorialprinzip nicht an, weil es der Gewährung einer Steuergutschrift an

37 EuGH, Urteil v. 7. 9. 2004, Rs. C-319/02, Manninen.
38 Ebd. Rn. 12 ff.
39 Ebd. Rn. 29.

eine in Finnland unbeschränkt steuerpflichtige Person für von den anderen Mitgliedstaaten ansässigen Gesellschaften ausgeschüttete Dividenden nicht entgegenstehe[40].

Auch die Kohärenz des nationalen Steuersystems vermag nach Auffassung des Gerichtshofs keine rechtfertigende Wirkung zu entfalten. Eine solche Rechtfertigung könne nur in Betracht kommen, wenn ein unmittelbarer Zusammenhang zwischen der betreffenden Steuervergünstigung und dem Ausgleich dieser Vergünstigung durch eine bestimmte Abgabe dargetan sei. Das scheitere im vorliegenden Fall daran, dass nicht bei ein und demselben der Einkommensteuer unterliegenden Steuerpflichtigen ein unmittelbarer Zusammenhang zwischen der Steuerzahlung und der Steuergutschrift bestehe. Die Gewährung einer Steuergutschrift in Fallkonstellationen der vorliegenden Art stellt nach Auffassung des Gerichtshofs die Kohärenz des finnischen Steuersystems nicht in Frage und beschränkt den freien Kapitalverkehr weniger als die Verweigerung der Steuergutschrift[41]. Den naheliegenden Einwand, dass die Gewährung einer Steuergutschrift für in einem anderen Mitgliedstaat geschuldete Körperschaftsteuer dazu führt, dass die Steuereinnahmen der Republik Finnland im Bezug auf Dividenden, die von Gesellschaften mit Sitz in anderen Mitgliedstaaten gezahlt werden, verringert würden, lässt der Gerichtshof nicht gelten. Nach ständiger Rechtsprechung könne die Verringerung von Steuereinnahmen nicht als zwingender Grund des Allgemeininteresses betrachtet werden, der zur Rechtfertigung einer grundsätzlich gegen eine Grundfreiheit verstoßenen Maßnahme angeführt werden könne[42].
Damit verkennt der Europäische Gerichtshof erneut das Verhältnis zwischen der im Primärrecht der Europäischen Union normierten Finanzverfassung sowie der vom Primärrecht anerkannten Hoheit der Mitgliedstaaten in Bezug auf die Erhebung direkter Steuern auf der einen und den Grundfreiheiten auf der anderen Seite. Er leitet aus dem Gemeinschaftsrecht die Verpflichtung eines Mitgliedstaates zur Zahlung von Steuergutschriften ab, obwohl die Steuerzahlungen, die ausgeglichen werden sollen, einem anderen Mitgliedstaat zugute gekommen sind. Damit behandelt der Europäische Gerichtshof die Mitgliedstaaten im Gegensatz zum Primärrecht unter der Berufung auf die Grundfreiheiten steuerrechtlich als Einheit. Tatsächlich existiert aber nach dem Gemeinschaftsrecht keine einheitliche Steuerhoheit, die es gleichgültig machte, in welchem Mitgliedstaat Steuern anfallen und Steuergutschriften ausgezahlt werden. Vielmehr basiert das Gemeinschaftsrecht auf dem Prinzip der nationalen Steuerhoheit und der national fundierten Finanzierung des jeweiligen Staatshaushalts sowie des jeweiligen Beitrags zum Haushalt der Europäischen Union. Diese mitgliedstaatliche Regelungskompetenz der direkten Besteuerung schließt es aus, unter Berufung auf die Grundfreiheiten die Steuerbasis einzelner Mitgliedstaaten auszuhöhlen. Andernfalls verliert die nationale Steuerhoheit ihre Grundlage, Steuergerechtigkeit lässt sich in den Mitgliedstaaten nicht mehr

40 Ebd. Rn. 38.
41 Ebd. Rn. 45 f.
42 Ebd. Rn. 49.

durchsetzen. Vielmehr ermöglichen die Grundfreiheiten in der Auslegung des Gerichtshofs den Steuerpflichtigen, in einem Mitgliedstaat zwar Vorteile aus Staatsleistungen zu ziehen, sich deren Finanzierung jedoch zu entziehen.
Der Gerichtshof erkennt das Prinzip der Kohärenz des nationalen Steuersystems zwar weiterhin formal an, räumt ihm jedoch im Konflikt mit seiner Interpretation der Grundfreiheiten keinerlei normative Wirkungskraft mehr ein. Damit verkennt er den inneren Zusammenhang zwischen den einzelnen Normen des Primärrechts, insbesondere der Gewährung der Grundfreiheiten auf der einen und der mitgliedstaatlichen Steuerhoheit auf der anderen Seite. Das wird im Fall Manninen besonders deutlich, weil Art. 58 Abs. 1 Buchstabe a EGV jedenfalls seinem Wortlaut nach den Konflikt ausdrücklich zugunsten der mitgliedstaatlichen Steuerhoheit auflöst. Über diesen Wortlaut muss sich der Gerichtshof in einer sehr kühnen teleologischen Reduktion hinwegsetzen, um sein Konzept des unbedingten Vorrangs der Grundfreiheiten auch für die Kapitalverkehrsfreiheit durchzusetzen. Es stellt sich die Frage, wie eine Regelung des Primärrechts beschaffen sein müsste, damit der Gerichtshof die nationale Steuerhoheit respektierte, wie es dem Willen der Mitgliedstaaten entspricht.

C. Der Weg zur praktischen Konkordanz zwischen Grundfreiheiten und Finanzverfassung

Betrachtet man nicht nur die neuere Rechtsprechung des Europäischen Gerichtshofs seit 1995, sondern auch die früheren Entscheidungen bis 1992, ergibt sich zwanglos, wie der Weg zur praktischen Konkordanz zwischen Grundfreiheiten und Finanzverfassung des Gemeinschaftsrechts verläuft: Der Gerichtshof müsste nur der Steuerhoheit der Mitgliedstaaten und der Kohärenz der nationalen Steuersysteme die angemessene Bedeutung zumessen, wie er es bis 1992 getan hat. Dann läge es auf der Hand, dass nicht unter Berufung auf die Grundfreiheiten eine Bresche in die nationale Steuerhoheit geschlagen werden kann. Vielmehr verlangt die Kohärenz jeder mitgliedstaatlichen Steuerrechtsordnung gerade, dass der Mitgliedstaat seinen Steueranspruch auch dann durchzusetzen vermag, wenn Steuerpflichtige sich auf die Grundfreiheiten berufen. Die Grundfreiheiten schützen nämlich nicht gegen eine Belastung der steuerlichen Leistungsfähigkeit in dem Mitgliedstaat, in dem die Leistungsfähigkeit entsteht. Will der Steuerpflichtige den Geltungsbereich einer mitgliedstaatlichen Steuerordnung verlassen, steht ihm das unter die Berufung auf die Grundfreiheiten selbstverständlich frei. Das gilt für natürliche Personen nicht anders als für juristische Personen. Bevor die nationale Steuerhoheit jedoch ihre Geltungskraft verliert, weil ein Steuerpflichtiger von seinen Grundfreiheiten Gebrauch macht, muss er die Steueransprüche des Mitgliedstaates befriedigen, die seiner steuerlichen Leistungsfähigkeit entsprechen. Nur so kann der Mitgliedstaat Steuergerechtigkeit verwirklichen und die Finanzmittel einziehen, die er zur Finanzierung seines Staatshaushalts und des Haushalts der Europäischen Gemeinschaft benötigt. Wird ihm diese Möglichkeit genommen, wird letztlich die gesamte Finanzordnung der Europäischen Union in Frage gestellt.

Das Gleiche gilt, wenn aus dem Gemeinschaftsrecht eine Verpflichtung zur Zahlung von Steuergutschriften abgeleitet wird, obwohl der Mitgliedstaat die korrespondierende Steuerzahlung überhaupt nicht erhalten hat. Genau das soll Art. 58 Abs. 1 Buchst. a EGV verhindern. Diese Vorschrift sichert die Befugnis der Mitgliedstaaten, ihre Steuerhoheit auch wirksam ausüben zu können. Sie ist Ausdruck des labilen Gleichgewichts zwischen den Grundfreiheiten als wichtigsten Instrumenten der Integration Europas und der Steuerhoheit der Mitgliedstaaten, auf der die Finanzierung der Europäischen Union durch Beiträge beruht. Der Europäische Gerichtshof sollte erkennen, dass es nicht seine Aufgabe sein kann, sich im Wege der Interpretation der Grundfreiheiten zum Steuergesetzgeber in Europa zu machen. Die richterliche Steuergesetzgebung kann nur im Kassieren von mitgliedstaatlichen Steuerrechtsnormen bestehen. Eine eigenständige Gestaltung des Steuerrechts durch den Europäischen Gerichtshof ist nicht möglich, weil das Gemeinschaftsrecht im Bereich der direkten Steuern der Europäischen Gemeinschaft fast keine Kompetenzen einräumt.

Die Förderung der Integration Europas durch die Beseitigung von Normen des mitgliedstaatlichen Rechts, die an Grenzen der Mitgliedstaaten anknüpfen, hat sich zwar im Bereich des Wirtschaftsrechts mit Erfolg durchführen lassen. Sie lässt sich jedoch im Bereich des Rechts der direkten Steuern nicht wiederholen, weil ein Aufheben nationaler Steuerrechtsnormen nicht zu einem steuerlich integrierten Europa führen kann, sondern die finanzielle Basis der Mitgliedstaaten und der Europäischen Union gefährdet. Zielführend ist nur eine Auslegung des Gemeinschaftsrechts, die eine praktische Konkordanz zwischen Grundfreiheiten und Finanzverfassung ermöglicht und nicht einseitig den Grundfreiheiten Vorrang einräumt. Der Europäische Gerichtshof hat zwischen 1986 und 1992 gezeigt, dass er diesen Königsweg kennt. Er sollte sich auf seine eigene Rechtsprechung besinnen.

„Währungspolitik als Sozialpolitik“

Martin Seidel

A. Zum Thema

Die Abhandlung, die einem guten Studienfreund und langjährigen beruflichen Weggefährten gewidmet ist, geht der Frage nach, ob die Währungspolitik ein sozialpolitisches Anliegen verfolgt und der Sozialpolitik zuzuordnen ist. Die Frage wird nicht oft gestellt und erweckt daher nicht notwendig den Eindruck großer Aktualität. In einer vorrangig und strikt auf Preisstabilität ausgerichteten Geldpolitik wird von denjenigen, die mit der deutschen Wirtschafts- und Sozialgeschichte vertraut sind, angesichts der großen Geldentwertung in den zwanziger Jahren in Deutschland sehr wohl nicht selten auch eine sozialpolitische Zielsetzung erblickt. Andererseits wird gleichermaßen in einer „Politik des leichten Geldes“, die Inflation und Geldentwertung in Kauf nimmt, von berufener und weniger berufener Seite ein Instrument zur Förderung von Beschäftigung, und damit ebenfalls eine sozialpolitische Ausrichtung gesehen. In seiner Fernsehansprache zum Nationalfeiertag vergangenen Jahres hat der französische Staatspräsident *Jacques Chirac* – um eine der Stimmen im Chor der Befürworter einer Politik des leichten Geldes zu nennen – die Forderung nach einer Kursänderung der Politik der Europäischen Zentralbank (EZB) erhoben. Erklärtes Hauptziel der Geldpolitik der EZB ist nach wie vor die Preisstabilität und die Inflationsbekämpfung, nicht dagegen die Ankurbelung der Wirtschaft und die Schaffung von mehr Arbeitsplätzen durch die Abkehr von dieser Zielsetzung, die neben dem französischen Staatspräsidenten zeitgleich auch der italienische Regierungschef und der Gouverneur der französischen Nationalbank fordern[1].

B. Zur Sozialpolitik und zum Sozialrecht

Die Wirtschafts- und Gesellschaftswissenschaft unterscheidet zwischen der Sozialpolitik im engeren und einer Sozialpolitik im weiteren Sinn[2]. Die Sozialpolitik im

1 Siehe *Machold/Schmergal*, Angriff auf das geldpolitische Dogma der EZB, WamS v. 2. 8. 2004, abgedr. in: Auszüge aus Presseartikeln der Deutschen Bundesbank Nr. 33 v. 5. 8. 2004.

2 Die Literatur zur Sozialpolitik ist umfangreich; s. statt aller *Lampert*, Sozialpolitik, Überblick, *ders.*, Sozialpolitik, I: Staatliche, *Hax*, Sozialpolitik, II: betriebliche, *Henning*, Sozialpolitik III: Geschichte und *Albers*, Sozialpolitik IV: in der Bundesrepublik Deutschland, alle in: Albers u.a. (Hg.), Handwörterbuch der Wirtschaftswissenschaft (HdWW), Bd. 7, Sozialismus und technischer Fortschritt, 1977, S. 59 ff.; ferner Bundesministerium für Arbeit und Sozialordnung (Hg.), Sozialbericht 2001; Soziale Sicherung, in: Bundesministerium für Gesundheit und soziale Sicherung (Hg.), Deutschland im Überblick 2004; Bundesministerium für Gesundheit und soziale Sicherung (Hg.), Übersicht über das Sozialrecht, 2004.

weiteren Sinn zielt darauf ab, die Sicherheit und Gleichheit aller Bevölkerungsgruppen durch Eingriffe in die Verteilung von Lebenschancen, nicht nur wie die Sozialpolitik im engeren Sinne in den Bereichen Einkommen, Gesundheit, Wohnung und Bildung, zu wahren und zu mehren. Sozialpolitik im weiteren Sinn wird über die nachstehend skizzierten Leistungen des Staates, die als Sozialpolitik im engeren Sinn angesehen werden, hinaus durch politische Maßnahmen in nahezu allen Funktions- und Aufgabenbereichen des Staates, durch seine Gesellschafts- und Wirtschaftsverfassung sowie durch die Rechtsordnung in ihrer Gesamtheit gestaltet, die in allen ihren Bereichen mehr oder minder sozialen Anliegen verpflichtet ist. Sozialpolitik im weiteren Sinn wird zugleich von den Kirchen, den Wohlfahrtsverbänden, vor allem auch den Arbeitgebern, ferner den Familien und den privaten Haushalten verantwortet. Bei der Frage, ob die Währungspolitik der Sozialpolitik zuzuordnen ist, steht die Sozialpolitik im engeren Sinn im Mittelpunkt.

Die Sozialpolitik im engeren Sinn zielt auf die Unterstützung bestimmter Gruppen der Bevölkerung ab, die als sozial schwach und daher als besonders unterstützungsbedürftig angesehen werden. Sie betrifft nicht nur, obgleich sie bezogen auf diesen Kreis der Begünstigten entstanden ist, die Unterstützung der Arbeitnehmer, vielmehr alle Gruppen hilfsbedürftiger Personen, beispielsweise auch Mieter, Studenten, Asylanten und die große Gruppe der Personen, die mangels ausreichender Arbeitsplatzangebote am Erwerbsleben nicht teilnehmen können. Sozialpolitik im engeren Sinn wird in drei Formen der Begünstigung gestaltet. Ihre erste und bekannteste Ausprägung ist der Transfer von Einkommen über die öffentlichen Budgets an die Haushalte der betreffenden Bevölkerungsgruppen. Der Transfer vollzieht dabei wie bei der Sozialhilfe, dem wichtigsten Bereich, bei der Arbeitslosenhilfe, bei Mietbeihilfen, bei Studienbeihilfen sowie bei Ausbildungsbeihilfen in Form finanzieller Leistungen des Staates. Er wird aber auch über die Einnahmeseite der öffentlichen Haushalte in Form steuerlicher Erleichterungen, durch die Befreiung von sonstigen Abgaben oder durch die Freistellung von Gebühren für die Inanspruchnahme öffentlicher Dienstleistungsangebote gestaltet. Die Sozialpolitik umfaßt als zweites zugunsten bestimmter Bevölkerungsgruppen, die als sozial bedürftig gelten, die Vorhaltung eines Systems der Absicherung gegen Arbeitslosigkeit, Krankheit, Invalidität, altersbedingter Erwerbsunfähigkeit und Pflegebedürftigkeit. In Deutschland – und mit Abweichungen und in einer anderen Ausgestaltung in den anderen Mitgliedstaaten der Europäischen Union – besteht zugunsten der unteren Einkommensgruppen der Arbeitnehmerschaft eine gesetzliche Arbeitslosenversicherung, eine gesetzliche Rentenversicherung, einer gesetzliche Berufsunfallversicherung, eine gesetzliche Krankenversicherung und eine gesetzliche Pflegeversicherung, die nicht mehr nur durch Abgaben der Begünstigten und der Arbeitgeber, sondern zunehmend durch Steuern finanziert werden. Innerhalb der Versicherungssysteme vollzieht sich, jedenfalls in Deutschland, ein Einkommenstransfer von wohlhabenderen Teilnehmern an dem System auf weniger wohlhabende Teilnehmer. Als drittes umfaßt die Sozialpolitik, nicht erst die Sozialpolitik im weiteren Sinn, eine besondere gesetzliche Ausprägung des Dienst- und Arbeitsrechts für die unteren Gruppen der lohnabhängig Beschäftigten, die auch in den anderen Mitgliedstaaten der Europäischen Union festzustellen ist. Abweichend von den allgemeinen Regelungen besteht für lohnabhängig Beschäftigte ein persönlicher Schutz, namentlich vor Kündigungen, ein differenziert ausgestaltetes kollektives Arbeitsrecht in Form eines Tarifvertragsrechts, eines Betriebsverfassungsrechts sowie eines überbetrieblichen Mitbestimmungsrechts. Das an sich dispositive zivilrechtliche Arbeits- und Dienstrecht ist zu einem Arbeitnehmerschutzrecht umgestaltet.

Was das Kompetenzregime und das Recht der Europäischen Union anbetrifft, ist die Sozialpolitik nach der Wirtschafts- und Sozialverfassung der Europäischen Union primär ein Kompetenz-, Zuständigkeits- und Verantwortungsbereich der Mitgliedstaaten. Die Regelungen über die Freizügigkeit für Arbeitnehmer, deren Ausgestaltung der Europäischen Union obliegt, verfolgen – aus wirtschaftspolitischen Gründen – als rechtspolitisches Anliegen die bloße Gleichstellung von Wanderarbeitnehmern mit den Arbeitnehmern des Gastlandes. Sie begründen als solche zwar Vorgaben für die Ausgestaltung des Arbeitsrechts der Mitgliedstaaten, das Freizügigkeitsregime für Arbeitnehmer ist indes ungeachtet seiner faktischen Anpassungszwänge, die von ihm für die Arbeitsrechtsordnungen der Mitgliedstaaten ausgehen, kein eigenständiges europäisches Arbeitnehmerschutzrecht, das die Arbeitsrechtsordnungen der Mitgliedstaaten ersetzt. Die – zumeist nur – mittelbare Mitfinanzierung von Leistungen der Mitgliedstaaten im Bereich der Sozialpolitik durch die sog. Struktur- und Fondspolitik der Europäischen Union ist begrenzt. Sie ist wirtschaftspolitisch, insbesondere regionalpolitisch motiviert und stellt keine eigenständige Sozialpolitik der Europäischen Union dar. Über eine echte Sozialpolitik der Europäischen Union, die finanzielle Verpflichtungen der Mitgliedstaaten zugunsten der Europäischen Union begründen und in Form von Ausgleichsleistungen eine Beteiligung der Europäischen Union an der Arbeitslosenversicherung der Mitgliedstaaten vorsehen würde, würde sich zwischen den Mitgliedstaaten bzw. transnational zwischen bestimmten Bevölkerungsgruppen der Mitgliedstaaten ein Einkommenstransfer vollziehen. Ein derart weitreichender Einkommensausgleich ist nur unter den Bedingungen einer weitaus stärkeren Solidarität der Völker der Europäischen Union und vor allem nur nach vollzogener Umwandlung der Europäischen Union von einem Staatenbund in einen Bundesstaat mit einer eigenen Steuerhoheit vorstellbar. Bezeichnend ist, dass alle bisherigen Versuche und Anläufe, die Arbeitslosenversicherung der Mitgliedstaaten in die Zuständigkeit und Verantwortung der Europäischen Union zu überführen, gescheitert sind. Das Scheitern war darauf zurückzuführen, dass von keiner ausreichenden Solidarität der Arbeitnehmer und vor allem von keiner Bereitschaft der Mitgliedstaaten zur finanziellen Unterstützung arbeitsloser Arbeitnehmer anderer Mitgliedstaaten ausgegangen werden konnte.

Über die Gestaltung der Freizügigkeit für Arbeitnehmer und die Möglichkeiten der Mitfinanzierung bestimmter Leistungen der Mitgliedstaaten hinaus verfügt die Europäische Union nur über geringfügige Kompetenzen der Rechtsgestaltung im Bereich der Sozialpolitik. Insbesondere verfügt die Europäische Union entgegen einer weit verbreiteten Annahme nicht über eine allgemeine Befugnis zur Angleichung der Regelungssysteme der Mitgliedstaaten im Bereich der Sozialpolitik, insbesondere der Rechtssysteme der leistenden Sozialpolitik. Aus den Regelungskompetenzen zur Sicherung des Gemeinsamen Marktes läßt sich eine solche Kompetenz nicht herleiten. Lediglich im Bereich des Arbeitsrechts hat die Europäische Union in einem bestimmten Umfang eine Kompetenz zur Rechtsangleichung, und in diesem Zusammenhang, wenn auch beschränkt für Arbeitnehmer, auch die Befugnis zur einheitlichen Ausgestaltung auch des Sozialrechts. Gegenständlich ist die Rechtsangleichung dadurch eingeengt, als sie die „Grundprinzipien der Systeme der sozialen Sicherheit" der Mitgliedstaaten und das „finanzielle Gleichgewicht dieser Systeme" nicht erheblich beeinträchtigen darf. Der Rat entscheidet als Gemeinschaftsgesetzgeber im Bereich der „sozialen Sicherheit" und des „sozialen Schutzes der Arbeitnehmer" – nach Maßgabe des Mitentscheidungsverfahrens des Europäischen Parlaments – grundsätzlich einstimmig und kann auch nur Mindestvorschriften erlassen[3].

Gleichermaßen wie die Wirtschaftspolitik unterliegt indes die Sozialpolitik der Mitgliedstaaten – bereits seit der Gründung der Europäischen Wirtschaftsgemeinschaft – der Koordinierung im Rahmen des Rates der Europäischen Union. Nach dem von der Regierungskonferenz der Mitgliedstaaten inzwischen einstimmig verabschiedeten Entwurf eines Verfassungsvertrages, den der Konvent für Europa erarbeitet hat, gilt für die Sozialpolitik der Mitgliedstaaten – unter Ausschluß der Rechtsangleichung – das teilweise stringentere Verfahren der sogenannten offenen Koordinierung, das sich jedoch hinsichtlich seiner rechtlichen Verbindlichkeit von dem bislang geltenden Verfahren nicht abhebt[4].
Die Ausgestaltung des Sozialrechts wird ungeachtet von Vorgaben der Europäischen Union, die im Rahmen des Verfahrens der Koordinierung der Sozialpolitik der den Mitgliedstaaten möglich sind, und der begrenzten Rechtsangleichung von den Mitgliedstaaten autonom verantwortet. In Deutschland wird als Sozialrecht die Gesamtheit aller Regelungen verstanden, denen die Zielsetzung der Sozialpolitik im engeren Sinn als Regelungsanliegen zugrunde liegt. Das deutsche Sozialrecht umfaßt das Sozialgesetzbuch, zahlreiche Sondergesetze und vor allem auch das Verfassungs- und Verfahrensrecht sowohl der Sozialgerichtsbarkeit als auch der Arbeitsgerichtsbarkeit.

C. Beschäftigungspolitik

Verschiedentlich wird die Beschäftigungspolitik, in deren Dienst die Geldpolitik vornehmlich nach Auffassung mancher Kritiker ihrer vorrangigen Ausrichtung auf die Preispolitik gestellt werden könnte, der Sozialpolitik zugeordnet. Ziel und Funktion der Beschäftigungspolitik und gleichermaßen der Arbeitsmarktpolitik ist es, einen hohen Beschäftigungsstand zu gewährleisten. Die Mobilisierung aller wirtschaftlichen Ressourcen und damit auch die Eingliederung möglichst aller erwerbsfähigen Menschen in das Wirtschaftsleben ist als ein allgemeines gesellschaftspolitisches Ziel ein wirtschaftspolitisches und damit auch ein sozialpolitisches Anliegen. Die Beschäftigungspolitik und gleichermaßen die ihr verwandte Arbeitsmarktpolitik zielen indes nicht auf die Eingliederung bestimmter sozial bedürftiger Bevölkerungsgruppen, sondern konzeptionell auf die Eingliederung aller Bevölkerungsgruppen in das Erwerbs-

3 Art. 137 EGV.
4 Art. I-12, I-15 VV.

leben ab. Dementsprechend sind ihre Maßnahmen in der Regel global, zumindest nicht ausschließlich auf sozialschwache Bevölkerungsgruppen zugeschnitten und ausgerichtet. Die Beschäftigungspolitik und die Arbeitsmarktpolitik sind daher der Wirtschaftspolitik und mit dieser weniger der Sozialpolitik im engeren Sinn als der Sozialpolitik im weiteren Sinn zuzurechnen. Dieser Einschätzung entsprechend wird ihre Gestaltung bei einer Trennung der Ressorts nicht dem Arbeits- und Sozialministerium, sondern dem Wirtschaftsministerium federführend überantwortet.

D. Sozialpolitik im weiteren Sinn

Von der Wirtschaftspolitik der Mitgliedstaaten der Europäischen Union heißt es, dass eine gute und erfolgreiche Wirtschaftspolitik die beste Sozialpolitik ist. Die Bewertung ist insofern richtig, als der Einkommenstransfer, den der Staat als Träger der Sozialpolitik gestaltet, ein ausreichendes Steueraufkommen voraussetzt, das nur über eine gute Wirtschaftspolitik erzielt werden kann. Gegen die Zuordnung der Wirtschaftspolitik zur Sozialpolitik, zumindest in deren weiteren Sinn, kann daher nichts eingewandt werden.

Die Währungspolitik wird dagegen traditionell in keine entsprechende Beziehung zur Sozialpolitik gesetzt. Nur wenigen scheint bewußt zu sein, dass sich hinter der Gewährleistung eines stabilen Preisniveaus ein sozialpolitisches Anliegen verbergen kann. Anders als die Wirtschaftspolitik wird die Währungspolitik, obgleich sie dieser zugehörig, wenn nicht sogar deren Teil ist, nicht dahin eingeschätzt, dass sie dann, wenn sie erfolgreich ist, zugleich gute Sozialpolitik ist. Die Währungspolitik gilt stärker als die allgemeine Wirtschaftspolitik als ausschließlich der Wirtschaft verhaftet. Für eine der Wirtschaftspolitik vergleichbare Einschätzung im Bewußtsein der Bevölkerung ist die Zentralbank als Träger der Währungspolitik und als „Bank der Banken“ ersichtlich zu sehr in der Nähe der Finanzwelt sowie der privaten und öffentlichen Geschäftsbanken angesiedelt. Gestaltet wird die Währungspolitik von währungspolitischen Fachleuten im Dialog mit Fachleuten des Banken- und Börsensektors unter weitgehendem Ausschluss der parlamentarischen Körperschaften und damit ohne eine nennenswerte Beteiligung von Sozialpolitikern. Die Annahme eines sozialpolitischen Anliegens auch der Währungs- und Geldpolitik drängt sich daher im Rahmen der öffentlichen Meinungsbildung nicht gleichermaßen wie bei der Wirtschaftspolitik auf. Was die Rechtswissenschaft anbetrifft, hat sich bislang ein Währungs- und Zentralbankrecht als eigenständige rechtliche Disziplin nicht herausgebildet. Der rechtswissenschaftliche Disput über die Ausgestaltung und das Regelungsanliegen des Währungs- und Zentralbankwesens und die Zielsetzungen der Währungspolitik steckt noch weitgehend in den Anfängen. Das gilt vornehmlich auch von dem etwaigen Widerstreit der Ziele, die der Währungspolitik theoretisch gesetzt werden können. Auf der Regierungskonferenz von Maastricht 1991 wurde mit der Umwandlung der Europäischen Wirtschaftsgemeinschaft in eine Wirtschafts- und Währungsunion die Übertragung der Währungspolitik der Mitgliedstaaten auf die Europäische Gemeinschaft beschlossen. Mit der Errichtung der EZB und der Einführung des Euro als europäische Einheitswährung hat das wissenschaftliche und öffentliche Interesse an der Erfassung des nunmehr europäischen Zentralbankwesens, namentlich auch der Zielsetzungen der europäischen Währungspolitik begrüßenswerter Weise ersichtlich zugenommen. Nicht nur der Frage nach den Zielsetzungen der europäischen Währungspolitik, sondern auch der Frage nach der Stabilität des europäischen Zentralbankwesens und der dieses wie der Stabilitäts- und Wachstumspakt absichernden Regelungen wird zunehmend Aufmerksamkeit geschenkt. Dabei wird angesichts der wirtschaftlichen Situation in der Europäischen Gemeinschaft, insbesondere der unzureichenden Auslastung der Arbeitsmärkte in allen Mitgliedstaaten – wie eingangs angedeutet – zunehmend auch die Frage aufgeworfen, ob die Währungspolitik der Europäischen Gemeinschaft nicht im Sinne einer Politik des billigen Geldes infolge ihrer sozialpolitischen Verantwortung stärker in den Dienst der Beschäftigungspolitik gestellt werden sollte[5].

E. Zur Zielsetzung der Währungspolitik nach dem Europäischen Gemeinschaftsrecht

Das Europäische Gemeinschaftsrecht schreibt vor, dass die Währungspolitik der Europäischen Union als Ziel, und zwar als vorrangiges Ziel, die Preisstabilität zu gewährleisten hat. Die vorrangige Wahrung der Preisstabilität vor anderen Zielen ist aufgrund des Vertrages von Maastricht gleich mehrfach in vertragsrechtlichen Regelungen verankert. Art. 2 EGV legt fest, dass eines der grundlegenden Ziele der Europäischen Gemeinschaft das „beständige nicht-inflationäre Wachstum" der Wirtschaft ist. Art. 4 schreibt die Zielsetzung des Art. 2 EGV konkretisierend vor, dass die von der Europäischen Gemeinschaft festzulegende einheitliche Geld- und Wechselkurspolitik „beide vorrangig das Ziel der Preisstabilität verfolgen .... sollen". Nur – „unbeschadet dieses Ziels" sollen die Geldpolitik (innere Währungspolitik) und die Wechselkurspolitik (äußere Währungspolitik) „die allgemeine Wirtschaftspolitik in der Gemeinschaft unter Beachtung des Grundsatzes einer offenen Marktwirtschaft mit freiem Wettbewerb unterstützen"[6].
Aus der Festlegung auf dem „Vorrang" der Preisstabilität kann gefolgert werden, dass nach dem Verständnis der Vertragsgeber die Währungspolitik neben der Versorgung der Wirtschaft mit Geld und der Sicherung der Währung durchaus auch eine andere Zielsetzung verfolgen kann. Namentlich kann sie insbesondere die Wirtschaftspolitik in der Gemeinschaft, d.h. bei der bestehenden dezentralen Verantwortung die Wirtschaftspolitik der Mitgliedstaaten, zumindest mit verfolgen. Wenn die Geld- und Währungspolitik nicht erst in der Lage wäre, neben der Preisstabilität auch andere Zielsetzungen zu verfolgen, hätte es, von der ausdrücklich erklärten Einschränkung des uneingeschränkten Vorrangs der Preisstabilität als Zielsetzung abgesehen, einer

5 Siehe o. Fn. 2.
6 Art. 105 EGV und gleichlautend Art. 2 des Protokolls über die Satzung des Europäischen Systems der Zentralbanken und der Europäischen Zentralbank (Prot. EZBS) legen dem Europäischen System der Zentralbanken als dem Träger der Währungspolitik in der Gemeinschaft die „Gewährleistung der Preisstabilität" als „vorrangiges Ziel" auf und stellen klar, dass die Unterstützung der allgemeines Wirtschaftspolitik durch die Währungspolitik nur unter der Bedingung erfolgt, dass „dies ohne Beeinträchtigung des Ziels der Preisstabilität möglich ist". Art. 98 EGV bindet die Wirtschaftspolitik der Mitgliedstaaten an die Zielsetzungen des Art. 2 EGV, und damit an das Ziel der Wahrung der Preisstabilität.

vertraglichen Festlegung auf die vorrangige Verfolgung des Ziels der Preisstabilität nicht bedurft. Das deutsche Gesetz „zur Förderung der Stabilität und des Wachstums der Wirtschaft“ vom 8. Juni 1967[7] geht ebenfalls davon aus, dass neben der Preisstabilität auch andere Zielsetzungen verfolgt werden könnten. Das Gesetz verpflichtet den Bund und die Länder, zwecks Wahrung des gesamtwirtschaftlichen Gleichgewichts ihre finanz- und wirtschaftspolitischen Maßnahmen so zu treffen, dass sie im Rahmen der marktwirtschaftlichen Ordnung gleichzeitig „zur Stabilität des Preisniveaus, zu einem hohen Beschäftigungsstand und außenwirtschaftlichen Gleichgewichts bei einem stetigen und angemessenen Wirtschaftswachstum beitragen“[8]. Noch deutlicher als das Stabilitäts- und Wachstums-Gesetz ist das ältere deutsche Bundesbankgesetz vom 26. Juli 1957. Seiner – ehemaligen – Regelung des § 12 war nicht zu entnehmen, dass die Bundesbank bei geldpolitischen Maßnahmen uneingeschränkt den Vorrang der Preisstabilität zu wahren hatte, vielmehr hatte die Bundesbank im Gegenteil im Rahmen ihrer Geldpolitik die Zielsetzungen der allgemeinen Wirtschaftspolitik der Bundesregierung mit zu berücksichtigen[9].

Anlässlich der Aushandlung der europäischen Währungsunion auf der Konferenz von Maastricht, die zur Aufgabe der Deutschen Mark als nationale Währung führte, wurde argumentiert, dass die neuen vertraglichen Regelungen des Gemeinschaftsrechts über die Währungsunion angesichts der Hervorhebung ihrer vorrangigen Berücksichtigung die Währungs- und Preisstabilität wesentlich stärker als das deutsche Zentralbankrecht verankern würden.

Die Verpflichtung der Europäischen Gemeinschaft durch den Maastrichter Vertragsgesetzgeber auf den Vorrang der Preisstabilität läßt den Schluß zu, dass seiner Auffassung nach für den Fall, dass weitere Zielsetzungen der Wirtschaftspolitik berücksichtigt werden, die Währungs- und Preisstabilität nicht notwendigerweise ausreichend gesichert ist. Tatsächlich lehren die Wirtschaftswissenschaft und die Wirtschaftsgeschichte, dass es zu beträchtlichen Zielkonflikten zwischen der Sicherung der Preis- und Währungsstabilität und anderen Zielen staatlicher Politik, nicht nur der Beschäftigungspolitik und dem Ziel des Wachstums der Wirtschaft, sondern auch dem „Ziel“ der „Entlastung“ überschuldeter öffentlicher Haushalte durch Geldentwertung kommen kann.

F. Zum Vorrang der Preisstabilität

Preisstabilität bedeutet, dass die Währung vor einer Entwertung geschützt wird. Die Entwertung des Geldes, allgemein als Inflation bezeichnet, hat Auswirkungen, die zwar auch aus wirtschaftspolitischen Erwägungen, vor allem aber aus sozialpoliti-

7 BGBl. I, S. 582, mehrfach geändert, zuletzt durch Art. 12. Abs. 49 PostneuordnungsG v. 14. 9. 1994, BGBl. I, S. 2325 und Art. 123 Siebente ZuständigkeitsanpassungsVO v. 29. 10. 2001, BGBl. I, S. 2785 (BGBl. III/FNA 707-3).

8 Einen Vorrang des Ziels der Preisstabilität vor den anderen wirtschaftspolitischen Zielen schreibt das Stabilitäts- und Wachstumsgesetz anders als die Regelungen des Vertrages von Maastricht nicht fest.

9 Gesetz über die Deutsche Bundesbank v. 26. 7. 1957 (BGBl. I, S. 745) i. d. F. d. Bek. v. 22. 10. 1992 (BGBl. III/FNA 7620-1). Die Verpflichtung zur Unterstützung der allgemeinen Wirtschaftspolitik ergab sich aus § 12 Bundesbankgesetz ursprünglicher Fassung und gilt unter der Voraussetzung, dass die Unterstützung unter Wahrung der Aufgabe der Bundesbank als Bestandteil des ESZB möglich ist, in veränderter Form fort.

schen Gründen verhindert werden müssen. Die Geldentwertung führt dazu, dass bestimmte Gruppen und Kreise von Teilnehmern am Wirtschaftsleben begünstigt, andere Kreise und Gruppen von Teilnehmern am Wirtschaftsleben benachteiligt werden. Über die Inflation vollzieht sich ein Prozeß der Umverteilung von Einkommen, der umso vielgestaltiger und größer ausfällt, je höher und dauerhafter die Geldentwertung ist. Die Gruppen der Gewinner und die Kreise der Verlierer von Einkommen und Vermögen lassen sich im einzelnen nicht bestimmen, ebenso wenig läßt sich die Höhe der Gewinne und die Höhe der Verluste im Vorhinein genau errechnen. Im Prinzip werden unter marktwirtschaftlichen Bedingungen durch eine Entwertung des Geldes Schuldner geldwerter Verpflichtungen in Form von Inflationsgewinnen begünstigt und Gläubiger geldwerter Forderungen in Form von Inflationsverlusten benachteiligt. Die Vereinbarung hoher Zinsen zum Ausgleich von Inflationsverlusten und zur Vermeidung des Entstehens von Inflationsgewinnen stellt nach allen Erfahrungen keine ausreichende und im Vorhinein kalkulierbare Absicherung gegen die Umverteilung von Einkommen dar, zu der die Geldentwertung führt. Überdies kann die Vereinbarung hoher Zinsen durch wirtschafts- und durch geldpolitische Maßnahmen der Regierung und der Zentralbank verhindert werden. Das nationale Währungsrecht erklärt vielfach die Vereinbarung von Preisgleitklauseln oder Währungssicherungsklauseln in zivilrechtlichen Verträgen – im Interesse der Sicherung der Preis- und Währungsstabilität – für unwirksam bzw. für genehmigungsbedürftig[10]. Da einer der großen Schuldner die öffentliche Hand ist, entstehen bei einer Geldentwertung große Inflationsgewinne beim Staat. Gleichermaßen sind Gewinner der Geldentwertung alle Wirtschaftsteilnehmer, deren Investitionen durch Schulden in Form von festen Anleihen finanziert werden. Verlierer sind auf der anderen Seite die Gruppe der Gläubiger und Besitzer lang- und mittelfristiger Anleihen, durch die die Investitionen finanziert wurden. Grundstücksbesitzer und Besitzer von Sachkapital leiden unter einer Geldentwertung nicht in gleichem Maße wie die Bezieher von Einkommen aus lohnanhängiger Beschäftigung, die gegen eine Geldentwertung, beispielsweise durch die Lohnpolitik der Tarifvertragspartner oder durch andere währungsrechtlich zulässige Maßnahmen, zwar abgesichert sind, aber einer progressiven Besteuerung unterliegen. In besonders starkem Maße sind durch die Geldentwertung auch die Bezieher von Einkommen, die aus Leistungen der Sozialpolitik stammen, gefährdet. Die Bezieher von Einkommen aus einer unselbständigen Beschäftigung erlangen unter Umständen einen Ausgleich für die Entwertung ihrer Einkommen durch spätere Lohn- und Gehaltssteigerungen. Diese müssen allerdings kollektiv oder individuell nachträglich ausgehandelt, können aber durch die Androhung von Arbeitskämpfen erzwungen werden. Die Bezieher von Einkommen, die im Rahmen und nach Maßgabe der Sozialpolitik erzielt werden, sind auf nachträgliche Anpassung ihrer Einkommen durch den Sozialgesetzgeber unter den Bedingungen der Lage der öffentlichen Haushalte angewiesen.

Der Prozess der Umverteilung von Einkommen, der sich über die Geldentwertung vollzieht, ist unsichtbar und mangels Transparenz sowie infolge seiner diffusen Wir-

10 Vgl. § 3 des – aufgehobenen – Währungsgesetzes und § 2 des Preisangaben- und Preisklauselgesetzes.

kungen in höchstem Maße unsozial. In einem demokratisch und rechtsstaatlich verfaßten Gemeinwesen ist die Umverteilung von Einkommen dem öffentlichen politischen Diskurs und der Beschlußfassung in den parlamentarischen Körperschaften, gegebenenfalls unter einer nachträglichen Überprüfung durch die Gerichte vorbehalten. Eine Umverteilung von Einkommen über imaginäre „Marktstrukturen", wie sie durch die Geldentwertung stattfindet, ist mit den Grundsätzen von Demokratie und Rechtsstaat, ohne die der notwendige sozial- und gesellschaftspolitische Zusammenhalt der Bevölkerung nicht gesichert ist, unvereinbar. Ein Prozeß der Umverteilung von Einkommen und Vermögen über eine Geldentwertung läßt, wenn er dauerhaft und etabliert ist, seinerseits Strukturen seiner möglichen Beeinflussung, Steuerung und Verstärkung durch Interessen mit nicht zu kalkulierenden Auswirkungen auf den politischen und sozialen Frieden entstehen. Geldentwertung kann das Überleben einer Gesellschafts- und Staatsordnung gefährden. Die Sicherung der Währungs- und Preisstabilität stellt demnach ein sozialpolitisches Regelungsanliegen dar, dem als Aufgabe und Ziel eines Staates Verfassungsrang zukommt. Hierzu gehört auch, wie zu zeigen sein wird, die Sicherung zukünftiger Generationen der Bevölkerung vor einer Schuldenlast des Staates, die ihrerseits inflationstreibend und von späteren Generationen zu übernehmen ist. Die Festlegung des Vorrangs der Sicherung der Währungs- und Preisstabilität vor anderen Zielsetzungen durch den Vertrag von Maastricht zählt – neben einigen anderen Neuerungen des Wirtschaftsverfassungsrechts[11] – zu den herausragenden Leistungen des Verfassungsgebers der Europäischen Union. Das nationale Zentralbank- und Währungsrecht, auch das deutsche, sah den Vorrang der Preisstabilität bislang nicht gleichermaßen vor, wurde aber inzwischen angepasst[12].

In vielerlei Hinsicht bedauerlich ist, dass die auf der Konferenz von Maastricht verabschiedeten vertragsrechtlichen Regelungen, wie zu zeigen sein wird, das sozialpolitisches Anliegen einer vorrangig auf Preisstabilität ausgerichteten Geld- und Währungspolitik nicht stärker herauskehren.

G. Rechtliche Absicherung der Preisstabilität

Damit stellt sich die Frage, in welcher Weise die Preisstabilität als vorrangiges Ziel der Währungspolitik der Europäischen Gemeinschaft rechtlich abgesichert ist. Insbesondere stellt sich die Frage, ob bei einer Mißachtung oder Verletzung der Regelungen, die die Währungsstabilität sichern sollen, ausreichender Rechtsschutz gegeben ist.

11 Siehe hierzu *Seidel*, Die Auswirkungen des Europäischen Gemeinschaftsrechts auf das Wirtschaftsverfassungsrecht der Mitgliedstaaten, in: FS Ulrich Everling, 1995, Bd. 2, S 1393 ff.

12 Erst mit der Anpassung des Bundesbankgesetzes an die Regelungen des Maastrichter Vertrages hat der Vorrang der Preisstabilität Eingang in das deutsche Zentralbankrecht gefunden. Ursprünglich war die Bundesbank nur auf die Sicherung der Währung, nicht vorrangig auf die Sicherung der Preisstabilität verpflichtet.

I. Grundrecht auf Währungsstabilität

Ein Grundrecht auf Preis- und Währungsstabilität, das der einzelne Unionsbürger, sei es unmittelbar in Form eines Anspruchs auf Entschädigung, sei es mittelbar in Form eines Inflationsausgleichs bei der steuerlichen Veranlagung geltend machen könnte, kennt das europäische Gemeinschaftsrecht nicht. Weder hat der Europäische Gerichtshof (EuGH) ein solches Grundrecht im Zuge seiner Rechtsprechung zur Anerkennung von Grundfreiheiten und Grundrechten des Gemeinschaftsrechts entwickelt, noch weist die Grundrechte-Charta, die der sog. Grundrechte-Konvent der Europäischen Union erarbeitet und der spätere Konvent „für die Zukunft Europas" als zweiter Teil der vorgeschlagenen neuen „Verfassung für Europa" der Regierungskonferenz zur Verabschiedung als Verfassungsvertrag unterbreitet hat, – ungeachtet der Vielzahl der neuen Grundrechte – ein Grundrecht auf Preisstabilität auf. Auch aus der Philosophie und Konzeption der Grundrechte der Europäischen Union läßt sich ein Grundrecht auf Preisstabilität nicht herleiten. Die Verfassungen der Mitgliedstaaten, insbesondere auch das deutsche Grundgesetz[13], kennen durchgängig kein Grundrecht, mittels dessen der einzelne Staatsbürger den Staat auf Einhaltung und Gewährleistung der Preisstabilität gerichtlich anhalten oder im Falle der Verletzung einer dem Staat obliegenden rechtlichen Verpflichtung zur Gewährleistung der Währungsstabilität auf Schadensersatz oder einen Inflationsausgleich in Anspruch nehmen kann. Die Frage der grundrechtlichen Absicherung der Währungsstabilität ist anläßlich des Verfahrens vor dem Bundesverfassungsgericht, in dem es um die Vereinbarkeit des Vertrages von Maastricht, insbesondere auch seiner Regelungen über die Währungsunion ging, angesichts der Ersetzung der Deutschen Mark durch die für weniger stabil befürchtete neue europäische Einheitswährung aufgetaucht. Das Bundesverfassungsgericht brauchte sich allerdings zu der Frage nicht zu äußern[14]. Die im Stabilitäts- und Wachstumsgesetz verankerte rechtliche Verpflichtung zur Sicherung der Währungsstabilität wird wie die allgemeinen Staatsziele und andere konkrete Verpflichtungen des Staates als eine Verpflichtung erachtet, die dem Staat gegenüber der Allgemeinheit, nicht dagegen gegenüber jedem Einzelnen obliegt. Als eine der Allgemeinheit gegenüber bestehende Verpflichtung kann ihre Verletzung allenfalls dann, wenn eine weitere rechtliche Regelung zugunsten anderer Organe den Gerichtsweg eröffnet, von diesen als auserwählte Klageberechtigte gerichtlich geltend gemacht werden. Die Konzeption und das System der Grundrechte der Europäischen Union stützen sich nicht nur auf die allgemeinen Verfassungsüberlieferungen und Grundsätze der Verfassungen der Mitgliedstaaten, sondern auch auf die Straßburger Konvention zum Schutz der Menschenrechte und Grundfreiheiten. Die Straßburger Menschenrechts-Konvention kennt ebenfalls kein Grundrecht auf Preis- und Währungsstabilität.

13 Hans Hugo Klein, „Kein Grundrecht auf Preisstabilität" in Finanzen, 07. Juli 1997
14 BVerfGE 89, 155 (Maastricht).

II. Institutionelle Absicherung der Preis- und Währungsstabilität

Da ein Klagerecht der einzelnen Unionsbürger oder auch nur bestimmter Gruppen nach dem Modell der sog. Verbandsklage, etwa ein Klagerecht von europäisch organisierten Sparerschutzvereinigungen nicht besteht, gewinnt die Frage Bedeutung, inwieweit die Währungs- und Preisstabilität institutionell ausreichend abgesichert ist und anderen Organen wirksame Klagebefugnisse auf Einhaltung der Preisstabilität zugewiesen sind.

1. Das „Europäische System der Zentralbanken“ als Träger der Geldpolitik

Einer weit verbreiteten Meinung nach ist die Geldpolitik als sog. innere Währungspolitik der in Maastricht errichteten EZB überantwortet. Tatsächlich ist jedoch nicht die EZB, sondern das ebenfalls mit dem Vertrag von Maastricht errichtete Europäische System der Zentralbanken (ESZB) Träger der – inneren – Währungspolitik[15] und damit die eigentliche Währungsbehörde der Europäischen Gemeinschaft[16]. Das ESZB setzt sich aus den Zentralbanken der Mitgliedstaaten und der mit dem Vertrag von Maastricht als Tochterinstitut der nationalen Zentralbanken gegründeten EZB zusammen. Der Vertrag von Maastricht hat die nationalen Zentralbanken und die EZB zwar zu sog. „integralen Bestandteilen“ des ESZB erklärt, dabei aber nicht festgelegt, was unter einem „integralen Bestandteil“ im Sinne dieser Aussage zu verstehen ist. Das ESZB, das nicht rechtsfähig und damit keine eigenständige Institution der Europäischen Gemeinschaft ist, erweist sich als eine zwischenstaatliche Gruppierung bzw. als ein zwischenstaatlicher Zusammenschluß nationaler Institutionen, nämlich der nationalen Zentralbanken und der EZB als einer Institution der Europäischen Gemeinschaft. Organisationsrechtlich betrachtet wird die EZB als ihr gemeinsames Tochterinstitut von den nationalen Zentralbanken beherrscht, gemeinschaftsrechtlich betrachtet ist die EZB indes, ohne dass der Vertrag von Maastricht dies ausdrücklich festgelegt hat, eine – weitgehend selbständige und unabhängige – Einrichtung der Europäischen Gemeinschaft. Das ESZB ist demgegenüber als ein nicht rechtsfähiger Verbund von nationalen Einrichtungen und einer Einrichtung der Europäischen Gemeinschaft weder eine selbständige supranationale Organisation noch ein Organ der Europäischen Gemeinschaft. Die Einstufung des ESZB als Organ der Europäischen Gemeinschaft liefe dem erklärten Willen der Mitgliedstaaten als Vertragsgeber eindeutig zuwider[17]. Bei der Errichtung des ESZB als verantwortlicher Träger der Geldpolitik der Europäischen Gemeinschaft haben die Mitgliedstaaten auf die Unabhängigkeit der neuen europäischen Währungsbehörde entscheidenden Wert gelegt.

15 Die äußere Währungspolitik (Wechselkurspolitik) ist gemäß Art. 111 EGV dem Rat überantwortet.

16 Der Vertrag von Maastricht hat bei der Aufteilung der Kompetenzen auf die EZB und das ESZB die vier hauptsächlichen Aufgaben, die auf der nationalen Ebene traditionell von der jeweiligen Zentralbank wahrgenommen werden, nicht der EZB überantwortet. Art. 105 Abs. 2 EGV schreibt vor, dass für die „Festlegung und Ausführung der Geldpolitik für die Gemeinschaft“, für die „Durchführung der Devisengeschäfte“, für die „Haltung und Verwaltung der offiziellen Währungsreserven“ der Mitgliedstaaten und für die „Förderung des reibungslosen Funktionierens der Zahlungssysteme“ das ESZB zuständig ist.

Der rechtliche Status der nationalen Zentralbanken hat sich nicht dadurch geändert, dass sie zu „integralen Bestanteilen“ eines nicht rechtsfähigen zwischenstaatlichen „Systems“ erklärt worden sind. Auch hat die den Mitgliedstaaten auferlegte Verpflichtung, ihre Zentralbanken, soweit sie nicht schon wie die Deutsche Bundesbank unabhängig waren, in die Unabhängigkeit zu entlassen[18], die nationalen Zentralbanken nicht aus dem staatsrechtlichen Gefüge der Mitgliedstaaten herausgelöst und sie zu Institutionen der Europäischen Gemeinschaft werden lassen. Durch ihre Entlassung in die Unabhängigkeit hat sich – in Durchführung einer Verpflichtung des Gemeinschaftsrechts – lediglich innerstaatlich der rechtliche Status der nationalen Zentralbanken geändert[19].

Das ESZB wird von einem „Governing Council“, einem „Rat der Gouverneure“, geleitet. Dieser setzt sich aus den – derzeit zwölf – Präsidenten („Gouverneuren“) der nationalen Zentralbanken und den sechs Mitgliedern des Direktoriums der EZB zusammen. Anders als im Falle sog. unitarischer Organe der Europäischen Gemeinschaft, der Kommission oder des EuGH, gelangen bei der Bestellung der Mitglieder des Rates unterschiedliche Verfahren zur Anwendung. Für die größere Gruppe der Mitglieder des Rates, die nationalen Zentralbankpräsidenten, gilt, dass sie jeweils von den Mitgliedstaaten nach nationalem Recht und nationalen Gepflogenheiten bestellt werden. Einvernehmen zwischen den Mitgliedstaaten braucht dabei weder zu bestehen noch hergestellt zu werden. Das Gemeinschaftsrecht schreibt lediglich vor, dass die Amtsdauer der nationalen Zentralbankpräsidenten mindestens fünf Jahre beträgt und dass gegen die Abberufung eines Zentralbankpräsidenten durch den betreffenden Mitgliedstaat die Anrufung des EuGH gegeben ist[20]. Die sechs Mitglieder des Direktoriums der EZB, die zugleich Mitglieder des „Governing Council“ des ESZB sind, werden dagegen im Einvernehmen aller Regierungen gemäß dem Verfahren in ihr Amt berufen, das für die Bestellung von Mitgliedern sog. unitarischer

17 Siehe *Seidel*, Die Wirtschafts- und Währungsunion im rechtlichen und politischen Gefüge der Europäischen Union, in: Caesar/Scharrer (Hg.), Ökonomische und politische Dimensionen der Europäischen Wirtschafts- und Währungsunion, 1999, S. 215 ff.; *ders.*, European Economic and Monetary Union – Constitutional and Legal Aspects, in: Müller-Graff/Selvig (Hg.), Skriftserie for Tysk-Norsk Rett/Deutsch-Norwegisches Forum des Rechts, Bd. 3, 2001.

18 Art. 109 EGV verpflichtet die Mitgliedstaaten an sich lediglich, sicherzustellen, dass ihre innerstaatlichen Vorschriften, einschließlich der Satzungen der Zentralbanken, „mit diesem Vertrag sowie mit der Satzung des ESZB im Einklang stehen“.

19 Die Zentralbanken der Mitgliedstaaten haben innerhalb der Zentralbankorganisation der Europäischen Gemeinschaft keineswegs den gleichen Status, den die deutschen „Landeszentralbanken“ im Rahmen der Bundesbankorganisation innehaben. Die deutschen Landeszentralbanken sind seit jeher, nicht erst seit der jüngsten Reform des Bundesbankgesetzes, keine Institutionen der Bundesländer, sondern mit – regionalen Aufträgen betraute – unselbständige Abteilungen der Deutschen Bundesbank. Sie geben auch keine Banknoten aus und sind daher auch keine „Zentralbanken“. Der Status der nationalen Zentralbanken ist auch nicht mit dem rechtlichen Status vergleichbar, den die zwölf „Reserve Banks“ im Rahmen des US-amerikanischen Zentralbanksystems innehaben. Gleichermaßen wie in Deutschland sind in den USA die zwölf „Reserve Banks“ nicht Institutionen der 50 Bundesstaaten, sondern – ungeachtet einer historisch zu erklärenden eigenartigen Ausprägung – integraler Teil einer der zentralen staatlichen Ebene der USA als Bundesstaat zugeordneten Organisation. Siehe hierzu *C. Walter*, Das Federal Reserve System, die Deutsche Bundesbank und das Europäische System der Zentralbanken, 1993; *Ruckriegel/Seitz*, Zwei Währungsgebiete – Zwei Geldpolitiken – Ein Vergleich des Eurosystems mit dem Federal Reserve System, 2003.

20 Siehe Art. 14 Prot. EZBS.

Organe der Europäischen Gemeinschaft gilt[21]. Eine weitere Besonderheit des Verfahrens der Bestellung besteht darin, dass die nationalen Zentralbankpräsidenten, sofern das nationale Recht dies vorsieht, wiederwählbar sind, während die Wiederwahl der Mitglieder des Direktoriums der EZB, und damit auch ihre Neuwahl, nach dem Vertrag von Maastricht ausdrücklich ausgeschlossen ist. Für den Ausschluß der Wiederwahl dürfte die Sicherung der Rotation der Besetzung der sechs Direktorenstellen unter den Mitgliedstaaten bestimmend gewesen sein. Eine zusätzliche Sicherung der Unabhängigkeit der EZB, die verschiedentlich zur Begründung des Verbots der Wiederwahl angeführt wird, wäre eher durch die Möglichkeit der Wiederwahl zu erreichen gewesen.

Das Verfahren der Bestellung der Mitglieder des Hauptorgans der neuen europäischen Währungsbehörde reflektiert den zwischenstaatlichen Charakter des ESZB. Der „Governing Council“ entscheidet in geldpolitischen Fragen, namentlich bei Zinsbeschlüssen, mit einfacher Mehrheit. Die Mitglieder des Direktoriums, d.h. des vermeintlich „leitenden Organs“ des ESZB, können somit von einer Mehrheit, die durch die nationalen Zentralbankpräsidenten gebildet wird, jederzeit überstimmt werden. Die EZB hat im „Governing Council“ ungeachtet ihrer sechs Stimmen kein Übergewicht und damit nicht die Stellung einer Vormacht. Die Aufnahme neuer Mitgliedstaaten in das Eurosystem[22] stärkt die Stellung der nationalen Zentralbanken und mindert den Einfluß der EZB auf die Geldpolitik der Europäischen Gemeinschaft[23].

21 Bei genauerer Betrachtung reflektiert selbst dieses Verfahren die staatenbündische Struktur der Europäischen Gemeinschaft. Es ist nicht mit dem Verfahren vergleichbar, nach dem auf nationaler Ebene, beispielsweise in Deutschland oder in den USA, die Mitglieder des leitenden Gremiums der Zentralbank in ihr Amt berufen werden. In Deutschland werden alle Mitglieder des Zentralbankrates von Organen des Bundes in ihr Amt berufen. Die Mitglieder des Direktoriums der Bundesbank werden auf Vorschlag der Bundesregierung und die Präsidenten der Landeszentralbanken, die ebenfalls Mitglieder des Zentralbankrates sind, auf Vorschlag des Bundesrates vom Bundespräsidenten ernannt. Die Rechte der Landesregierungen sind auf Vorschläge an den Bundesrat beschränkt. In den USA werden die maßgeblichen Mitglieder der leitenden Organe des Federal Reserve System (Board of Governors und Federal Open Market Committee) vom Präsidenten der USA ernannt bzw. bestätigt; die Bestellung der Gouverneure der zwölf Reserve Banks unterliegt ebenfalls der Bestätigung durch die zentrale Ebene.

22 „Eurosystem“ nennt sich das ESZB in seiner derzeitigen Zusammensetzung von nur zwölf nationalen Zentralbanken. Die Bezeichnung bleibt solange beibehalten, bis die Mitglieder der Europäischen Union vollzählig dem Währungsverbund angehören.

23 Die Staats- und Regierungschefs haben erkannt, dass der „Governing Council“ kaum handlungsfähig wäre, wenn ihm neben den sechs Mitgliedern des Direktoriums der EZB unter Umständen bis zu 27 Gouverneure von nationalen Zentralbanken angehörten. Sie haben daher auf der Konferenz von Nizza vertraglich beschlossen, dass die Stimmberechtigung im ESZB/EZB-Rat – möglichst vor der bevorstehenden Erweiterung – neu geordnet werden sollte (Art. 5 des Vertrages von Nizza). Der ESZB/EZB-Rat – alternativ die Kommission – wurde gebeten, den Staats- und Regierungschefs möglichst bald einen Vorschlag für die Neuordnung zu unterbreiten. Der Vorschlag des ESZB/EZB-Rates, der inzwischen von den Staats- und Regierungschefs trotz Ablehnung durch das Europäische Parlament einstimmig gebilligt worden ist und nunmehr noch von den 15 Parlamenten der Mitgliedstaaten ratifiziert werden muss, sieht vor, dass die Zahl der im ESZB/EZB-Rat stimmberechtigten Mitglieder infolge einer als Neuordnung zu beschließenden Rotation der Stimmberechtigung der Gouverneure der nationalen Zentralbanken 21 nicht übersteigen wird. Dadurch wird zwar eine weitere Schwächung der Stellung der EZB verhindert, ihr Einfluss bei der Gestaltung der Geld- und Zinspolitik aber auch nicht gestärkt. Der Präsident der Deutschen Bundesbank wird im Zuge der Rotation der Stimmberechtigung sein Stimmrecht im ESZB/EZB-Rat temporär nicht ausüben dürfen.

Angesichts der besonderen Struktur der für die Geldpolitik verantwortlichen Europäischen Währungsbehörde stellt sich mit besonderem Gewicht die Frage, ob die im Vertrag vorgeschriebene Weisungsunabhängigkeit aller Mitglieder des Gouverneursrates sowie die ihnen auferlegte Verpflichtung zur vorrangigen Gewährleistung der Preisstabilität bei der Ausübung ihres Amtes ausreichend durch Klagemöglichkeiten und Klagebefugnisse anderer Organe wirksam abgesichert ist.

2. *Unabhängigkeit der Europäischen Zentralbank und der nationalen Zentralbanken von Weisungen*

Die EZB und die nationalen Zentralbanken, genauer die Mitglieder ihrer Organe, sind verpflichtet, Weisungen der nationalen Regierungen, der Organe der Europäischen Gemeinschaft, insbesondere Weisungen des Rates, des Parlaments oder der Kommission nicht entgegen zu nehmen. Die Regierungen der Mitgliedstaaten und die Organe der Europäischen Union verstoßen gegen Gemeinschaftsrecht, wenn sie den Mitgliedern der Organe des ESZB oder der EZB Weisungen erteilen. Eine Ausnahme besteht lediglich insofern, als die nationalen Zentralbanken intern, da das System der Zentralbanken andernfalls seine Funktion kaum erfüllen könnte, den Weisungen der EZB unterliegen[24].
Weit verbreiteter Meinung nach ist die Weisungsunabhängigkeit im ESZB inhaltlich und rechtlich besser als die Weisungsunabhängigkeit nationaler Zentralbanken, insbesondere der Deutschen Bundesbank, abgesichert. Art. 108 EGV, der die Weisungsunabhängigkeit des ESZB mit eindrucksvollen Worten vorschreibt, und Art. 7 der Satzung des ESZB und der EZB, der mit den gleichen Worten die Regelung des Art. 108 EGV wiederholt, können selbstverständlich als vertragliches Gemeinschaftsrecht nur über einen von den Mitgliedstaaten einvernehmlich auszuhandelnden gemeinschaftsrechtlichen (völkerrechtlichen) Vertrag mit anschließender Ratifizierung durch die Gesetzgebungskörperschaften der Mitgliedstaaten und erforderlichenfalls zusätzlicher Referenden in den Mitgliedstaaten geändert werden. Das Maastrichter Regelungswerk sieht indes entgegen einer weit verbreiteten Annahme nicht vor, dass die Mitgliedstaaten uneingeschränkt verpflichtet sind, ihren Zentralbanken einen – der Deutschen Bundesbank vergleichbaren – absolut selbständigen Status einzuräumen. Es beschränkt sich auf die Verpflichtung, den Zentralbanken keine Weisungen zu erteilen, und darüber hinaus nur auf die Verpflichtung, ihr Zentralbankrecht an die Regelungen des Vertrages von Maastricht, insbesondere an die Regelungen der Satzung des ESZB „anzupassen". Da nicht ausgeschlossen ist, dass die Weisungsunabhängigkeit der nationalen Zentralbanken zu-

24 Art. 108 EGV sieht folgendes vor: „Bei der Wahrnehmung der ihnen durch diesen Vertrag und die Satzung des ESZB übertragenen Befugnisse, Aufgaben und Pflichten darf weder die EZB noch eine nationale Zentralbank noch ein Mitglied ihrer Beschlußorgane Weisungen von Organen oder Einrichtungen der Gemeinschaft, Regierungen der Mitgliedstaaten oder anderen Stellen einholen oder entgegennehmen. Die Organe und Einrichtungen der Gemeinschaft sowie die Regierungen der Mitgliedstaaten verpflichten sich, diesen Grundsatz zu beachten und nicht zu versuchen, die Mitglieder der Beschlußorgane der EZB oder der nationalen Zentralbanken bei der Wahrnehmung ihrer Aufgaben zu beeinflussen".

sätzlich abgesichert werden muss, kann sich das schwerfällige Verfahren der Vertragsänderung zugleich als ein Reformhindernis erweisen.
Der Vertrag von Maastricht verhält sich auch nicht über die Weisungsunabhängigkeit der Mitglieder des (Minister-)Rates, dem die Wechselkurspolitik überantwortet ist. Es ist kaum anzunehmen, dass der Rat wechselkurspolitische Beschlüsse faßt, ohne dass seine Mitglieder dabei Weisungen ihrer Regierungen ausführen. Nach Art. 111 EGV unterliegen – mit dem Ministerrat als solchem – auch die Vertreter der Regierungen im Rat allerdings der Auflage, dass ihr Konsens „mit dem Ziel der Preisstabilität im Einklang zu stehen" habe. Vor dem EuGH dürfte indes diese Auflage nicht einklagbar sein.

3. Klagemöglichkeiten bei Missachtung der Weisungsunabhängigkeit

Die Verpflichtung der Organe und Amtsträger des ESZB, keine Weisungen entgegen zu nehmen, und die Verpflichtung der Mitgliedstaaten und der Organe der Europäischen Union, keine Weisungen zu erteilen, können nur sehr begrenzt gerichtlich eingeklagt werden. Die Weisungsunabhängigkeit hat im Großen und Ganzen nur appellativen Charakter.

a) Gerichtsbarkeit bei Vertragsverletzungen der nationalen Zentralbanken allgemein

Nach den Regelungen des Vertrages von Rom zur Rechtsaufsicht über die Mitgliedstaaten kann in allen Fällen, in denen eine Behörde eines Mitgliedstaats, in Deutschland auch eine Behörde der mittelbaren Staatsverwaltung, eines Bundeslandes oder einer Gemeinde eine Verpflichtung des Gemeinschaftsrechts verletzt, nur die Regierung des Mitgliedstaats vor dem EuGH wegen Vertragsverletzung belangt werden. Da die nationalen Zentralbanken als „integrale Bestandteile" des ESZB nach den Maastrichter Regelungen keinen Weisungen unterliegen, die Regierungen ihnen demnach, ohne dass dies als Weisung mißverstanden würde, selbst ein gemeinschaftsrechtskonformes Verhalten nicht auferlegen können, sieht der Vertrag von Maastricht vor, dass die nationalen Zentralbanken, falls sie einer ihnen nach dem Vertrag oder der Satzung über das ESZB und EZB auferlegten Verpflichtung, also auch der Verpflichtung, keine Weisungen entgegen zu nehmen, nicht nachkommen, als solche vor dem EuGH verklagt werden können. Zur Erhebung einer gegen eine nationale Zentralbank gerichteten Klage sind – im Einklang mit den Regelungen des „Gemeinschaftssystems" sowohl die Kommission als auch die anderen Mitgliedstaaten befugt. Die Durchführung des nach den Regelungen des Vertrages von Rom vorgesehenen obligatorischen Vorverfahrens, das Voraussetzung für die Erhebung einer Klage ist, nämlich als erstes die Abmahnung des vertragswidrigen Verhaltens und alsdann die Abgabe einer sogenannten „mit Gründen versehenen Stellungnahme", ist indes abweichend vom „Gemeinschaftssystem" nicht der Kommission, sondern dem Gouverneursrat der EZB überlassen[25]. Der Gouverneursrat beschließt über ein klageweises Vorgehen vor dem EuGH gegen eine nationale Zentralbank, die eine Verpflichtung des sekundären Gemein-

25 Art. 237 EGV.

schaftsrechts verletzt hat, mit qualifizierter Mehrheit. Das Erschwernis für eine Klageerhebung, das der Beschluß des Gouverneursrates darstellt, schützt die nationalen Zentralbanken vor einem gegen sie gerichteten gerichtlichen Vorgehen insbesondere in den kritischen Fällen, in denen mehrere nationale Zentralbanken gegen eine gemeinschaftsrechtliche Verpflichtung verstoßen haben. Das Erfordernis eines Beschlusses des Gouverneursrates entfaltet Sperrwirkung auch für alle anderen Verfahren vor dem EuGH, die das Rechtsschutzsystem des Vertrages von Rom vorhält. Bei Vertragsverletzungen durch die nationalen Zentralbanken ist der Rechtsschutz eingeschränkt, der nach der Rechtsprechung des EuGH Privaten unter bestimmten Bedingungen über die Anrufung der nationalen Gerichte und das Vorabentscheidungsverfahren zusteht. Abgesehen davon, dass den Privaten keine Rechte zustehen können, die der Kommission und den anderen Mitgliedstaaten versagt sind, sind auch die Voraussetzungen eines Rechtsschutzes Privater aufgrund der etwaigen Direkt- und Drittwirkung vertraglicher Verpflichtungen der Mitgliedstaaten nicht erfüllt. Erforderlich für die Anrufung des EuGH ist nicht nur die Verletzung einer Verpflichtung durch den Mitgliedstaat, sondern außerdem, dass der Private durch entgegenstehendes nationales Recht oder einen entgegenstehenden nationalen Verwaltungsakt infolge der Verletzung der Verpflichtung belastet wird.

b) Gerichtsbarkeit bei mangelnder Wahrung der Unabhängigkeit der nationalen Zentralbanken durch die Mitgliedstaaten

Die Verletzung der Verpflichtung der Mitgliedstaaten zur Wahrung der Weisungsunabhängigkeit der nationalen Zentralbanken kann dagegen nach den klassischen Regelungen seitens der Kommission und seitens der anderen Mitgliedstaaten vor dem EuGH geltend gemacht werden. Die Einschränkungen, die bei einem gerichtlichen Vorgehen gegen die nationalen Zentralbanken bestehen, gelangen bei Klagen gegen einen Mitgliedstaat nicht zum Tragen. Private können aus den vorstehend aufgezeigten Gründen auch in diesem Fall den EuGH – wie aufgezeigt – nicht über nationale Gerichte anrufen und die Verletzung der Verpflichtung zur Wahrung der Unabhängigkeit der nationalen Zentralbank durch den Mitgliedstaat geltend machen.

c) Gerichtsbarkeit bei Mißachtung der Unabhängigkeit durch die Organe der Europäischen Union

Die Missachtung der Unabhängigkeit der EZB und der nationalen Zentralbanken durch Weisungen der Organe der Europäischen Union kann dagegen nach den Regelungen, die der Vertrag von Rom vorsieht, vor dem EuGH geltend gemacht werden. Allerdings reichen die Klagemöglichkeiten nicht sehr weit, insbesondere stellt das Rechtsschutzsystem des Gemeinschaftsrechts den Organen nur die Anfechtungsklage, die einen anfechtbaren Rechtsakt voraussetzt, dagegen keine allgemeine Klagebefugnis wegen Vertragsverletzungen eines anderen Organs zur Verfügung. In der Regel dürften Verstöße gegen das Gemeinschaftsrecht der hier diskutierten Art nicht einklagbar sein, zumindest aufgrund politischer Rücksichtnahme nicht vor den EuGH gelangen.

Einem Ausbau der Weisungsunabhängigkeit über Rechtsprechung des EuGH, wie er für andere Regelungsbereiche des Gemeinschaftsrechts seit jeher erfolgt, sind Grenzen gesetzt. Von einer Direkt- und Drittwirkung der Verpflichtung der nationalen Zentralbanken zur Weisungsunabhängigkeit, die nach der bisherigen Rechtsprechung die maßgebliche Voraussetzung für ein ergänzendes Klagerecht der Privaten wäre, kann, wie aufgezeigt, nicht ausgegangen werden. Dass der EuGH in Fortentwicklung seiner Rechtsprechung Privaten weiterreichende Klagebefugnisse zuerkennen wird, ist nicht wahrscheinlich.

III. Weisungsmacht der Europäischen Zentralbank gegenüber den nationalen Zentralbanken

1. Zur Weisungsbefugnis

Die EZB, und zwar ihr Direktorium, ist befugt, den nationalen Zentralbanken alle zur Durchführung der geldpolitischen Leitlinien und Beschlüssen des Gouverneursrates erforderlichen „Weisungen“ zu erteilen[26]. Da „Weisungen“ nach dem Gemeinschaftsrecht ebensowenig wie nach nationalen Recht rechtlich bindende Wirkungen haben, ist die „Weisungsbefugnis“ der EZB indes entgegen einem weit verbreiteten Irrtum nur sehr begrenzt wirksam. Weisungen entfalten lediglich indirekt bindende Wirkungen unter der Voraussetzung, dass zwischen dem Weisungsgeber und dem „Angewiesenen“ ein rechtlich geordnetes und hierarchisch geschichtetes Verhältnis besteht, das durch Abhängigkeit des „Angewiesenen“ vom Weisungsgeber gekennzeichnet ist. Die Wirkung, die eine Weisung unter derartigen Bedingungen entfaltet, besteht darin, dass der „Angewiesene“ für den Fall, dass er die Weisung nicht befolgt, aufgrund seiner Abhängigkeit vom Weisungsgeber mit für ihn wie auch immer gearteten nachteiligen Folgen rechnen muss.
Innerhalb des ESZB besteht kein derart strukturiertes Verhältnis der Abhängigkeit der nationalen Zentralbanken von der EZB. Die Eingliederung der nationalen Zentralbanken in das ESZB hat mangels ihrer Ausgliederung aus dem staatsrechtlichen Gefüge der Mitgliedstaaten und Eingliederung in das institutionelle Gefüge der Europäischen Gemeinschaft nicht zur Folge, dass die nationalen Zentralbanken der EZB rechtlich untergeordnet sind. Ebensowenig hat ihre Eingliederung in das ESZB bewirkt, dass zwischen der Europäischen Gemeinschaft und den Mitgliedstaaten ein spezielles rechtliches Verhältnis der Abhängigkeit und Unterordnung entstanden ist. Die Europäische Gemeinschaft ihrerseits hat gegenüber den Mitgliedstaaten keine allgemeine Weisungsbefugnis, von der die Weisungshoheit der EZB gegenüber den nationalen Zentralbanken abgeleitet werden könnte. Die Regelungsmacht der Europäischen Gemeinschaft gründet sich auf das sogenannte Prinzip der begrenzten Einzelermächtigung, demzufolge Weisungsbefugnisse der Europäischen Gemeinschaft gleichermaßen wie Rechtsetzungsbefugnisse einer besonderen gesetzlichen Ermächtigung bedürfen. Der Kommission obliegt die Aufsicht über die sachgerechte Durchführung der politischen Maßnahmen und die Einhaltung des Rechts der Euro-

26 Art. 12.1 Abs. 2 Prot. EZBS.

päischen Gemeinschaft durch die Mitgliedstaaten. Als Mittel zur Durchführung ihrer Aufgabe steht der Kommission keine Weisungsbefugnis gegenüber den Mitgliedstaaten, vielmehr nur die Klage vor dem EuGH zur Verfügung.

2. *Klagebefugnis der Europäischen Zentralbank zur Durchsetzung von Weisungen*

Die Konferenz von Maastricht war sich bewußt, dass das Direktorium Weisungen an eine nationale Zentralbank im Streitfall mangels eines Unterordnungsverhältnisses der nationalen Zentralbanken nur über den EuGH durchsetzen kann. Sie hat daher der EZB für den Fall, dass eine nationale Zentralbank eine Weisung ihres Direktoriums nicht befolgt, ein Klagerecht vor dem EuGH zuerkannt[27].
Auch diese Klagebefugnis weicht indes von den Regelungen des Vertrages von Rom ab. Die Erhebung einer Klage gegen eine nationale Zentralbank liegt nicht im Ermessen des sechsköpfigen Direktoriums der EZB, sondern erfordert einen Beschluß des Gouverneursrates. Im Gouverneursrat kann das Direktorium, insbesondere auch der Präsident, jederzeit von einer Mehrheit der Präsidenten der nationalen Zentralbanken überstimmt werden.

H. Mitverantwortung der Mitgliedstaaten für die Währungsstabilität

In allen Mitgliedstaaten sind Träger der währungspolitischen Verantwortung neben den Zentralbanken auch die Regierungen und außerdem die Tarifvertragsparteien. Durch Maßnahmen der Haushaltspolitik und der Lohnpolitik kann die Geldpolitik der Zentralbank unterlaufen werden. Die drei Verantwortungsträger für die Währungsstabilität stehen auf der Ebene der Mitgliedstaaten zwar in keinem verfassungsrechtlichen Verbund, sind aber auf eine andere Weise wirksam miteinander verklammert. Ihre Verklammerung beruht auf einem gesellschaftspolitischen Grundkonsens, der die Währungsstabilität als ein hohes Allgemeingut einstuft. Grundlage des Konsenses ist ein zentral organisiertes gesellschaftspolitisches Abklärungssystem, das von den politischen Parteien, den relevanten gesellschaftlichen Gruppierungen, den Medien und durch die öffentliche Meinung gebildet wird. Die gesetzlich vorgeschriebene Unabhängigkeit der Zentralbanken wird dadurch verstärkt und legitimiert, dass innerhalb des zentralisierten Meinungsbildungsprozesses auf der Ebene der Gesellschaft und der Politik kaum divergierende regionale Einflußstrukturen zur Geltung gelangen.

I. Zur Verfassungsstruktur der Wirtschaftsunion

Die Verfassungsstruktur der Europäischen Währungsunion weist gegenüber den Verhältnissen in den Mitgliedstaaten die Besonderheit auf, dass die drei Träger währungspolitischer Verantwortung in einem anderen Verbund zueinander stehen. Dem ESZB steht auf der Ebene der Europäischen Gemeinschaft kein zentraler Träger der Wirtschafts- und Haushaltspolitik gegenüber, vielmehr ist der zweite Träger der

27 Art. 35 Abs. 5 Prot. ESZB.

Verantwortung für die Währungsstabilität auf der nationalen Ebene angesiedelt. Demzufolge sind die Mitgliedstaaten als Träger ihrer Haushaltspolitik neben dem ESZB für die Preis- und Währungsstabilität mit verantwortlich. Gleichermaßen hat der Vertrag von Maastricht die Einkommens- und Lohnpolitik nicht in Form eines integrierten Tarifvertragssystems in eine zentrale Zuständigkeit überführt. Dem auf der Ebene der Europäischen Gemeinschaft angesiedelten Träger der Währungspolitik stehen auf der dezentralen Ebene die nationalen Systeme der Lohn- und Einkommensgestaltung gegenüber.

Der Wirtschafts- und Währungsunion liegt ein differenziertes Verfassungsmodell zugrunde. Während die Währungspolitik der Europäischen Gemeinschaft zur ausschließlichen Zuständigkeit überantwortet worden ist, ist die Wirtschaftspolitik auch nach dem Vertrag von Maastricht weiterhin primär ein Verantwortungsbereich der Mitgliedstaaten. Im Bereich der Wirtschaftsunion beschränken sich die Kompetenzen der Europäischen Gemeinschaft unter Beibehaltung der mitgliedstaatlichen Verantwortung für die Wirtschaftspolitik auf deren Koordinierung durch die Organe der Gemeinschaft und auf bestimmte Mitzuständigkeiten. Der Grund für die „Zurückhaltung“ bei der Verfassungsschöpfung im Bereich der Wirtschaftsunion liegt darin, dass eine zentrale Gestaltung der Wirtschaftspolitik einen sogenannten dominanten Haushalt der Gemeinschaft voraussetzen würde. Ein solcher Haushalt als wirtschaftspolitisches Steuerungsinstrument würde bedeuten, dass die Mitgliedstaaten ihre Verteidigungspolitik, die Sozialpolitik, die Bildungspolitik und vor allem die Infrastrukturpolitik der Gemeinschaft überantworten müssten. Ohne eine Übertragung dieser staatlichen Aufgaben auf die Europäische Union sind Ausgaben, wie sie ein entsprechender Haushalt impliziert, nicht vorstellbar. Mit der Übertragung dieser Politikbereiche auf die Europäische Union müßten der Union die Gesetzgebungszuständigkeiten in allen wirtschafts-, sozial- und gesellschaftsrelevanten Bereichen überantwortet werden. Zur Finanzierung ihrer Staatsausgaben müßten außerdem der Europäischen Union – zu Lasten der Mitgliedstaaten – umfassende Besteuerungsbefugnisse übertragen werden. Die vielfach für unerläßlich gehaltene primäre Verantwortung der Europäischen Union für die Wirtschaftspolitik setzt einen beträchtlichen Souveränitätstransfer von den Mitgliedstaaten auf die Gemeinschaft voraus, der seinerseits die Umgestaltung der Europäischen Gemeinschaft in einen echten Staatsverband – föderativer Ausprägung – zwingend erfordert. Der Wirtschaftsunion liegt – mangels politischer Bereitschaft zu einer Umwandlung der Europäischen Union in einen Bundesstaat – als Verfassungsmodell zugrunde, dass die Verantwortung für die Wirtschaftspolitik bei den Mitgliedstaaten liegt, die Mitgliedstaaten für die Konvergenz der Wirtschaftspolitik – eigenverantwortlich – einzustehen haben und sich die Aufgabe und Zuständigkeit der Europäischen Union auf die Koordinierung der Wirtschaftspolitik der Mitgliedstaaten beschränkt. Die – rechtlich mehr oder minder unverbindliche – Koordinierung der Wirtschaftspolitik der Mitgliedstaaten ist bereits im Vertrag von Rom angelegt; die im Vertrag von Maastricht zusätzlich getroffenen Regelungen über die Koordinierung der Wirtschaftspolitik bedingen lediglich im Bereich der Überwachung der Haushaltspolitik der Mitgliedstaten – dies wiederum, wie zu zeigen sein wird, nur in beschränktem Ausmaß – rechtliche Bindungen.

II. Eigenverantwortlichkeit der Mitgliedstaaten

Die Mitgliedstaaten haben allen Verpflichtungen aus der Wirtschaftsunion in eigener Verantwortung zu entsprechen. Der Vertrag von Maastricht hat als Strukturprinzip der Wirtschaftsunion festgelegt, dass weder die Gemeinschaft noch die anderen Mitgliedstaaten für das wirtschaftspolitische Fehlverhalten eines Mitgliedstaats mit haften und dafür aufzukommen haben[28]. Finanzhilfen an Mitgliedstaaten erfolgen nur im Rahmen der Durchführung von Gemeinschaftsvorhaben im Rahmen der Politik des wirtschaftlichen und sozialen Zusammenhalts. Der Ausschluß der wechselseitigen Haftung für wirtschaftspolitisches Fehlverhalten unterscheidet sich von der Verantwortungsstruktur, wie sie in einem Bundesstaat gegeben ist. Grundlage der Verantwortung für die Wirtschaftspolitik in einem Bundesstaat ist, ebenso wie in einem Zentralstaat, die finanzielle Solidarität. Eine dem Bundesstaat vergleichbare Solidarhaftung für die wirtschaftliche Entwicklung in allen Mitgliedstaaten ließe sich innerhalb der Europäischen Gemeinschaft nur erreichen, wenn die Eigenverantwortung der Mitgliedstaaten durch einen beträchtlichen Ausbau des derzeitigen Ressourcentransfers korrigiert wird. Für einen entsprechenden Ausbau des Ressourcentransfers besteht indes wiederum keine ausreichende Solidarität der Mitgliedstaaten und ihrer Völker. Da eine Staatengemeinschaft nur in begrenztem Ausmaß einheitliche wirtschaftliche Verhältnisse zu gewährleisten in der Lage ist, kann ohne die Umwandlung der Europäischen Gemeinschaft in einen echten Bundesstaat, der eine zentrale Steuerung des wirtschaftlichen Geschehens in der Gemeinschaft gewährleisten würde, von der Eigenverantwortung der Mitgliedstaaten und dem Ausschluß der wechselseitigen Haftung nicht abgerückt werden.

III. Verpflichtungen der Mitgliedstaaten zur Sicherung der Währungsstabilität

Die Konferenz von Maastricht hat nicht verkannt, dass die Mitgliedstaaten, da sie als Träger der Wirtschafts- und vor allem der Haushaltspolitik die Geldpolitik der Europäischen Gemeinschaft unterminieren können, für die Währungs- und Preisstabilität gleichermaßen wie das ESZB verantwortlich sind.
Der EG-Vertrag erlegt den Mitgliedstaaten als erstes die Verpflichtung auf, ihre Wirtschaftspolitik so auszurichten, dass die Wirtschaftsentwicklung in den Mitgliedstaaten „konvergent“ verläuft[29]. Konvergenz der Wirtschaftspolitik bedeutet – ohne dass der Vertrag von Maastricht sie näher definiert –, dass die Mitgliedstaaten eigenverantwortlich ein kontinuierliches Wachstum ihrer Wirtschaft unter einem hohen Beschäftigungsstand zu gewährleisten haben, die Inflationsraten niedrig bleiben, das außenwirtschaftliche Gleichgewicht gewahrt ist, die Lohnpolitik sich an der Produktivität der Wirtschaft orientiert, die soziale und politische Stabilität gewahrt ist und der Wirtschaft eine wachstumsorientierte wirtschaftliche Infrastruktur zur Verfügung steht. Die „wirtschaftlichen Leistungen“ der Mitgliedstaaten müssen im Interesse der Europäischen Gemeinschaft einander in einer Weise entsprechen,

28 Art. 103 EGV.
29 Art. 98 ff. EGV.

dass der Binnenmarkt seine volle Wirkung entfalten kann und eine stabilitätsorientierte Währungspolitik der Europäischen Gemeinschaft möglich ist.
Neben der allgemeinen Konvergenzverpflichtung besteht für die Ausrichtung der Wirtschaftspolitik der Mitgliedstaaten die Verpflichtung zur Vermeidung übermäßiger Haushaltsdefizite. Die Regelungen der Maastrichter Wirtschafts- und Währungsunion sehen ein Verbot der monetären Finanzierung öffentlicher Budgets und sogenannte haushaltsrechtliche Gebotsnormen vor. Das Verbot der monetären Finanzierung öffentlicher Haushalte umfaßt das Verbot der Aufnahme von Notenbankkrediten durch den Staat und sämtliche staatliche Organisationen[30] und – bedeutsamer – das Verbot des bevorrechtigten Zugangs der öffentlichen Hand zu den Finanzinstituten. Alle Maßnahmen, die materiell die Wirkung einer monetären Finanzierung haben, nicht nur der zwangsweise Absatz staatlicher Anleihen, sondern auch die mittelbare Begünstigung des Absatzes staatlicher Anleihen sind den Mitgliedstaaten untersagt[31]. Die haushaltsrechtlichen Regelungen im engeren Sinn, bekannt als Regelungen der sogenannte „Haushaltsdisziplin“[32] verlangen eine Begrenzung der jährlichen Haushaltsverschuldung über Kapitalmarktanleihen sowie die Rückführung des öffentlichen Gesamtschuldenstandes. Maßgeblich für die Haushaltsdisziplin sind die Referenzwerte 3 % als Höchstbetrag der jährlichen Verschuldung und 60 % für den Gesamtschuldenstand, gemessen jeweils am Bruttoinlandsprodukt.

IV. Gerichtliche Durchsetzbarkeit der Verpflichtung der Mitgliedstaaten zur Sicherung der Währungsstabilität

Das Verbot der monetären Finanzierung und des bevorrechtigten Zugangs zu den Kapitalmärkten kann von der Kommission und den anderen Mittgliedstaaten nach den Regelungen des Vertrages von Rom, ohne dass der Vertrag von Maastricht Einschränkungen gebracht hat, vor dem EuGH durchgesetzt werden. Ob allerdings Private aufgrund der Direkt- und Drittwirkung der Verbote über nationale Gerichte und Vorabentscheidungsverfahren vor dem EuGH die Verletzung der Verbote rügen können, ist zweifelhaft. Sie müßten geltend machen können, dass sie durch nationales Recht belastet sind, das bei einer Einhaltung der Gebote aufzuheben wäre.
Die übrigen Verpflichtungen und Obliegenheiten der Mitgliedstaaten, die sich aus den Regelungen der Wirtschafts- und Währungsunion ergeben und auf ihre Mitwirkung bei der Gewährleistung von Preisstabilität abzielen, sind leges imperfectae. Sie werden nach Maßgabe und im Rahmen zweier Verfahren, nämlich einem Verfahren „der Koordinierung und Überwachung der Wirtschaftspolitik der Mitgliedstaaten“[33] und einem zweiten Verfahren „der Überwachung der Haushaltslage der Mitgliedstaaten“[34] näher konkretisiert und sind, soweit die Verfahrensregelungen dies vorsehen, erforderlichenfalls gerichtlich durchsetzbar. Das Verfahren der „Koordinierung

30 Art. 101 EGV.
31 Art. 102 EGV.
32 Art. 104 EGV.
33 Art. 99 EGV.
34 Art. 104 EGV.

und Überwachung der Wirtschaftspolitik der Mitgliedstaaten" tritt an die Stelle des Koordinierungsverfahrens des Vertrages von Rom, in dessen Rahmen sich bereits die Koordinierung der Wirtschaftspolitik der Mitgliedstaaten bis zur Umwandlung der Europäischen Gemeinschaft auf der Maastrichter Konferenz zu einer Wirtschafts- und Währungsunion vollzog[35]. Das Verfahren der „Überwachung der Haushaltslage der Mitgliedstaaten", das mit dem Vertrag von Maastricht neu eingerichtet wurde, soll die Mitwirkung der Mitgliedstaaten als Träger der Haushaltspolitik bei der Gewährleistung der Preisstabilität zusätzlich sichern.

1. Überwachung der Wirtschaftspolitik der Mitgliedstaaten

Das Verfahren der „Überwachung der Wirtschaftspolitik", das in Art. 99 EGV in seinen Einzelheiten geregelt ist, wird durch eine in Durchführung des – rechtlich unverbindlichen – Stabilitäts- und Wachstumspaktes des Europäischen Rates vom 17. Juni 1997[36] ergangene Verordnung maßgeblich ergänzt. Die Ausführungsverordnung regelt vor allem als drittes Aufsichtsverfahren das Verfahren der „Frühzeitigen Warnung"[37].

Das Verfahren der Überwachung der Wirtschaftspolitik ist wie das frühere Verfahren des Art. 105 EWGV ein Koordinierungsverfahren im Rahmen des Rates. Es soll die Einhaltung der den Mitgliedstaaten auferlegten Verpflichtungen sichern, insbesondere der Verpflichtung der Mitgliedstaaten, die Konvergenz der Wirtschaftsentwicklung zu gewährleisten, und ermöglicht zu diesem Zweck den Erlaß von „allgemeinen und besonderen Leitlinien" für die Wirtschaftspolitik der Mitgliedstaaten. Rechtlich verbindlich ist das Verfahren indes nur insoweit, als die Mitgliedstaaten an dem Verfahren teilzunehmen haben. Die vom Rat erlassenen „allgemeinen und besonderen Leitlinien" sowie die ebenfalls von ihm festgelegten „Grundzüge" für die Ausgestaltung der Wirtschaftspolitik sind dagegen als bloße Empfehlungen für die Mitgliedstaaten rechtlich nicht verbindlich.

Alle Beschlüsse, die im Rahmen des Überwachungsverfahrens ergehen, werden formell vom Rat getroffen. Grundlage der Beschlüsse des Rates, die mit qualifizierter Mehrheit gefasst werden, sind Empfehlungen – nicht förmliche und daher nur einstimmig abänderbare Vorschläge – der Kommission. Mitgliedstaaten, die von Beschlüssen des Rates „betroffen" sind, sind während der gesamten Dauer des Verfahrens von der Beschlußfassung nicht ausgenommen. Ungeachtet seiner formellen Beschlußhoheit ist der (Minister-)Rat in der Ausübung seiner Gestaltungshoheit nicht Herr des Verfahrens. Das Verfahren weist die für die weitere Entwicklung des gesamten Verfassungssystems der Europäischen Gemeinschaft möglicherweise be-

35 Art. 105 EWGV als Grundlage des alten Koordinierungsverfahrens verpflichtete bereits die Mitgliedstaaten, im Rahmen ihrer Wirtschaftspolitik die Währungsstabilität, wenn auch nicht mit Vorrang, zu sichern.

36 Entschließung des Europäischen Rates über den Stabilitäts- und Wachstumspakt v. 17. 6. 1997, ABl. C 236/01.

37 Verordnung (EG) Nr. 1466/97 über den Ausbau der haushaltspolitischen Überwachung und der Überwachung und Koordinierung der Wirtschaftspolitiken v. 7. 7. 1997, ABl. L 209/1.

deutsame Neuerung auf, dass die Beschlüsse des Rates der Billigung des Europäischen Rates bedürfen[38] [39].
Der Europäische Rat entscheidet nicht mit qualifizierter Mehrheit, sondern im „Konsens“, das heißt einstimmig. Er kann sich im Rahmen des Überwachungsverfahrens über die Wirtschaftspolitik – das auf Grund der oben erwähnten, in Durchführung des Stabilitäts- und Wachstumspaktes ergangenen Verordnung die Überprüfung der Stabilitäts- und Konvergenzprogramme der Mitgliedstaaten mit umfaßt – zu einer „Wirtschaftsregierung“ (Gouvernement Economique) entwickeln[40].
Wenn die „Grundzüge der Wirtschaftspolitik“ von einem Mitgliedstaat nicht befolgt werden, kann der Rat aufgrund einer Empfehlung der Kommission an den Mitgliedstaat eine – rechtlich nicht verbindliche – Empfehlung richten. Gleichermaßen kann der Rat in Form einer Empfehlung an einen Mitgliedstaat sodann eine „Warnung vor dem Entstehen eines Haushaltsdefizits“ und später – wiederum in Form einer Empfehlung – eine Aufforderung zur Korrektur des Haushalts richten. Voraussetzung dafür ist, dass der Rat ein erhebliches Abweichen der Haushaltslage des Mitgliedstaats von dem mittelfristigen Haushaltsziel feststellt bzw. das Abweichen von dem Haushaltsziel trotz der „Warnung“ anhält. Eingeschaltet in das „Abmahnverfahren“ der „Blauen Briefe“ sind die Kommission und der in Maastricht für die dritte Stufe der Wirtschafts- und Währungsunion errichtete „Wirtschafts- und Finanzausschuß“, der sich aus Mitgliedern der Mitgliedstaaten und der Kommission zusammensetzt[41].
Alle der Europäischen Gemeinschaft angehörenden, das heißt nicht nur die an der Währungsunion teilnehmenden, sondern auch die nicht teilnehmenden Staaten, vor allem aber auch die diejenigen Mitgliedstaaten, gegen die sich die Warnungen und

38 Art. 99 EGV sieht vor, dass zunächst der Rat – mit qualifizierter Mehrheit – auf Empfehlung der Kommission einen Entwurf für die Grundzüge der Wirtschaftspolitik der Mitgliedstaaten sowie der Gemeinschaft erstellt und dem Europäischen Rat hierüber Bericht erstattet. Der Europäische Rat „erörtert“ den Bericht des Rates, trifft eine „Schlußfolgerung zu den Grundzügen der Wirtschaftspolitik der Mitgliedstaaten und der Gemeinschaft“. Erst dann beschließt der Rat „auf der Grundlage dieser Schlußfolgerung“ die „Grundzüge der Wirtschaftspolitik“. Die „Schlußfolgerungen“ des Europäischen Rates sind für den Rat, ohne dass dies in Artikel 99 EGV ausdrücklich gesagt ist, zwar nicht rechtlich, jedoch politisch bindend.

39 Das Europäische Parlament ist in dem Verfahren der Überwachung der Wirtschaftspolitik nur in der Weise eingeschaltet, dass der Präsident des Rates und die Kommission dem Europäischen Parlament über die Ergebnisse der multilateralen Überwachung Bericht zu erstatten haben.

40 Das Verfahren des Artikels 99 EGV sieht vor, dass der Rat anhand von Berichten der Kommission die wirtschaftliche Entwicklung in jedem Mitgliedstaat und in der Gemeinschaft sowie deren Vereinbarkeit mit den von ihm verabschiedeten „Grundzügen“ laufend zu überwachen hat. Zu diesem Zweck haben die Mitgliedstaaten der Kommission Angaben zu allen wichtigen Maßnahmen auf dem Gebiet der Wirtschaftspolitik zu machen. Mitgliedstaaten, die an der Währungsunion teilnehmen, haben dem Rat und der Kommission aufgrund der genannten Ausführungsverordnung die „zur regelmäßigen multilateralen Überwachung erforderlichen Angaben“ in Form von „Stabilitätsprogrammen“ zu unterbreiten. Die Anforderungen an die Stabilitätsprogramme sind in der Ausführungsverordnung festgelegt; die Stabilitätsprogramme müssen so konzipiert sein, dass sie eine „wesentliche Grundlage für Preisstabilität und für ein starkes, nachhaltiges und der Schaffung von Arbeitsplätzen förderliches Wachstum bilden“. Diejenigen Mitgliedstaaten, die nicht an der Währungsunion teilnehmen, haben die zur regelmäßigen Überwachung ihrer Wirtschaftspolitik erforderlichen Angaben in Form von „Konvergenzprogrammen“ zu machen, für die die gleichen inhaltlichen Vorgaben gelten.

41 Bei der Überprüfung der „Konvergenzprogramme“ der nicht an der Währungsunion teilnehmenden Mitgliedstaaten, zu denen aller Voraussicht nach die in die Europäische Gemeinschaft neu aufgenommenen Länder Mittel- und Osteuropas, die baltischen Staaten, Slowenien, Zypern, Malta und gegebenenfalls die Türkei zählen werden, hat der Rat die gleichen Empfehlungsbefugnisse.

Abmahnungen richten, nehmen an der Beschlußfassung im Europäischen Rat, im Wirtschafts- und Finanzausschuss teil[42].

2. Verfahren der Überwachung der Haushaltslage der Mitgliedstaaten

Das Verfahren der Überwachung der Haushaltslage der Mitgliedstaaten entspricht in seiner Grundstruktur dem Verfahren der Überwachung der Wirtschaftspolitik. Es wird durch eine in Durchführung des Stabilitäts- und Wachstumspaktes des Europäischen Rates vom 17. Juni 1997 erlassene Verordnung des Rates „über die Beschleunigung und Klärung des Verfahrens bei einem übermäßigen Defizit" näher ausgestaltet[43]. Das Aufsichtsverfahren über die Haushaltslage der Mitgliedstaaten dient der Sicherung der Stabilität der europäischen Währung und ist für die Gestaltung der Währungspolitik der Europäischen Gemeinschaft sowie für die Sicherung der Preisstabilität von ausschlaggebender Bedeutung.

Auch im Rahmen des Überwachungsverfahrens liegt die Beschlußhoheit beim Rat, der auch in diesem Verfahren, ohne dass allerdings der Europäische Rat zwischengeschaltet ist, mit qualifizierter Mehrheit beschließt. Anders als in dem Verfahren der Überwachung der Wirtschaftspolitik ist indes ein Mitgliedstaat, der betroffen ist, zwar nicht schlechthin, jedoch ab einem bestimmten Stadium des Verfahrens nicht mehr stimmberechtigt[44].

Die Kommission hat in dem Verfahren der Überwachung der Haushaltslage – wie auch in dem Verfahren der Überwachung der Wirtschaftspolitik und in dem Verfahren der „Frühzeitigen Warnung" – nicht die Stellung, die ihr der Vertrag von Rom allgemein zuweist. Nach Art. 211 EGV obliegt der Kommission die Aufgabe, für die Anwendung des Gemeinschaftsrechts durch die Mitgliedstaaten Sorge zu tragen. Die Kommission kann aufgrund dieser Ermächtigung, ohne hierzu besonders legitimiert zu sein, Empfehlungen oder Stellungnahmen gegenüber den Mitgliedstaaten auf allen „in diesem Vertrag bezeichneten Gebieten" abgeben. Auf das Geschehen im Rat braucht die Kommission dabei keine Rücksicht zu nehmen; vor allem ist die Kommission, wenn sie an die Öffentlichkeit treten will, nicht an die Zustimmung des Rates gebunden. Voraussetzung für die Abgabe einer Stellungnahme oder Empfehlung ist lediglich, dass die Kommission die Empfehlung oder Stellungnahme für notwendig erachtet.

42 Das Verfahren der Überwachung und Koordinierung der Wirtschaftspolitik ist dem Verfahren der Überwachung ihrer Haushaltslage vorgelagert. Die Entscheidungen, die im Rahmen des Koordinierungsverfahrens getroffen werden, können Einfluß auf die Entscheidungen haben, zumindest politisch die Beschlüsse determinieren, die im Verfahren der Überwachung der Haushaltslage ergehen. Mittelbar wirkt der Europäische Rat daher auch im Rahmen des Verfahrens der Überwachung des Haushalts, obwohl seine Einschaltung in diesem Verfahren an sich nicht vorgesehen ist, als „Gouvernement Economique" mit.

43 Verordnung (EG) Nr. 1467/97 des Rates v. 7. 7. 1997, ABl. L 209/6.

44 Auch in diesem Verfahren beschließt der Rat nicht auf Grund eines Vorschlags der Kommission, sondern faßt er alle Beschlüsse – wie im Verfahren der Überwachung der Wirtschaftspolitik – auf Grund von Empfehlungen der Kommission. Das bedeutet, dass er anders als bei förmlichen Vorschlägen von den Vorstellungen der Kommission abweichen kann, ohne dass er an das Erfordernis der Einstimmigkeit gebunden ist.

Die Ausübung der Befugnisse der Kommission nach Art. 211 EGV bezieht sich auf den „Gemeinsamen Markt" und muss dem „ordnungsgemäßen Funktionieren und der Entwicklung des Gemeinsamen Marktes" dienen. Bei der Umwandlung der Europäischen Gemeinschaft in die Wirtschafts- und Währungsunion auf der Maastrichter Konferenz wurde Art. 211 EGV weder ausdrücklich auf die Wirtschafts- und Währungsunion erstreckt noch in geänderter Form in das Regelungswerk der Wirtschafts- und Währungsunion übernommen. Da das Verfahren der Überwachung der Haushaltslage der Mitgliedstaaten als Verfahren der Rechtsaufsicht ausgestaltet ist, zumindest starke Züge eines Verfahrens der Rechtsaufsicht aufweist, hätte es nahe gelegen, der Kommission die Befugnisse einzuräumen, die ihr als „geborener" Träger der Rechtsaufsicht nach dem Vertrag von Rom im Bereich des Gemeinsamen Marktes zustehen[45].

Die Zuweisung der Aufsichtsbefugnis an den Rat und die eingeschränkte Stellung der Kommission entsprechen der Konzeption der Wirtschafts- und Währungsunion. Der Wirtschafts- und Währungsunion liegt als Verfassungsmodell nicht die „quasi supranationale" Struktur der Europäischen Gemeinschaft, sondern die Grundkonzeption der Europäischen Union als Staatenverband zugrunde. Außer dem Vorschlagsverfahren und der Aufsichtsfunktion der Kommission nach Art. 211 EGV wurde eine weitere supranationale Ausprägung, die die Europäische Gemeinschaft im Bereich des Gemeinsamen Marktes kennzeichnet, von der Maastrichter Konferenz bei der Ausgestaltung der Wirtschafts- und Währungsunion nicht übernommen. Wie zu zeigen sein wird, ist die Befugnis der Kommission bzw. der Mitgliedstaaten zur Erhebung einer Klage vor dem EuGH gegen einen Mitgliedstaat wegen einer Vertragsverletzung im Bereich der Wirtschafts- und Währungsunion nicht gleichermaßen wie im Bereich des Gemeinsamen Marktes gegeben[46].

Was die Sicherung der Währungsstabilität anbetrifft, ist von Bedeutung, dass ein übermäßiges Haushaltsdefizit rechtlich nicht bereits dann besteht, wenn der Haushalt eines Mitgliedstaates die jährliche Höchstgrenze von 3 % nicht einhält. Vielmehr muss die defizitäre Haushaltslage durch einen Beschluß des Rates, der mit

45 In den Aufsichtsverfahren der Wirtschafts- und Währungsunion, insbesondere in dem Verfahren der Überwachung der Haushaltslage der Mitgliedstaaten hat die Konferenz von Maastricht zwar der Kommission umfassende interne Aufgaben zugewiesen, eine Erstreckung der Befugnisse, die der Kommission gemäß Art. 211 EGV zustehen, auf die Wirtschafts- und Währungsunion hat die Konferenz indes, wie sich aus der Ausgestaltung der Aufsichtsverfahren zwingend herleiten läßt, nicht verfügt. Die Funktion und die Mitwirkung der Kommission ist in den Verfahren der Wirtschafts- und Währungsunion rein intern auf die Zuarbeit gegenüber dem Rat, d. h. auf Sekretariatsarbeit beschränkt.

46 Obgleich die Überwachung der Haushaltslage der Mitgliedstaaten primär dem Rat obliegt, wirkt die Kommission bei der Vorbereitung der vom Rat zu treffenden Maßnahmen intern mit. Sie sichert die Einhaltung der Haushaltsdisziplin der Mitgliedstaaten, indem sie die Entwicklung der Haushaltslage und der Höhe des öffentlichen Schuldenstands der Mitgliedstaaten „im Hinblick auf die Feststellung schwerwiegender Fehler" laufend überwacht. Maßgeblich für die Bewertung der Haushaltslage der Mitgliedstaaten sind die beiden Haushaltskriterien einer nicht höheren jährlichen Verschuldung als in Höhe von 3 % und keine höhere Gesamtverschuldung als in Höhe von 60 % des Bruttoinlandsprodukts. Die Kommission ist zur Erstellung eines Berichts an den Rat verpflichtet, wenn sich in einem Mitgliedstaat ein übermäßiges Haushaltsdefizit abzeichnet. Die Stellungnahme des Wirtschafts- und Finanzausschusses, den die Kommission zu hören hat, und die Empfehlung der Kommission bilden die Grundlage für die vom Rat zu treffenden Entscheidungen.

qualifizierter Mehrheit – unter Beteiligung des betroffenen Mitgliedstaats – getroffen wird, ausdrücklich festgestellt werden[47]. Kommt es nicht zu diesem Beschluß, liegt – ungeachtet der Nichteinhaltung des Referenzwertes – ein übermäßiges Defizit nicht vor. Zur Feststellung des übermäßigen Defizits ist der Rat – gleichermaßen wie zur Durchführung der weiteren Stufen des Aufsichtsverfahrens – rechtlich nicht verpflichtet. Es liegt im pflichtgemäßen Ermessen des Rates, nach der Feststellung des Haushaltsdefizits eine Empfehlung an den betroffenen Mitgliedstaat mit der Aufforderung zu richten, „der Lage innerhalb einer bestimmten Frist abzuhelfen“[48]. Sofern der Mitgliedstaat innerhalb der ihm gesetzten Frist die defizitäre Haushaltslage nicht beseitigt hat, kann der Rat – auch hier wiederum, ohne hierzu verpflichtet zu sein – die Veröffentlichung der Empfehlung – mit qualifizierter Mehrheit – beschließen[49]. Bei den Beschlüssen, die nach der Feststellung des Haushaltsdefizits getroffen werden, also auch bei dem Veröffentlichungsbeschluß, wirkt der betroffenen Mitgliedstaaten nicht mehr mit[50].

Falls der Mitgliedstaat der Empfehlung weiterhin nicht nachkommt, kann der Rat dem Mitgliedstaat die Maßnahmen aufgeben, die seiner Auffassung nach zur Beseitigung des Haushaltsdefizits erforderlich sind, und den Mitgliedstaat unter Festsetzung einer Frist „in Verzug zu setzen“. Gegen einen Mitgliedstaat, der die ihm aufgegebene Abhilfe nicht leistet und in Verzug geraten ist, kann bekanntlich sodann der Rat – nach pflichtgemäßem Ermessen – mit qualifizierter Mehrheit unter Ausschluß des betroffenen Mitgliedstaats – Sanktionsmaßnahmen beschließen. Diese bestehen alternativ in Auflagen an den Mitgliedstaat, vor der Emission von Schuldverschreibungen und sonstigen Wertpapieren bestimmte Angaben zu veröffentlichen, in dem Ersuchen an die Europäische Investitionsbank um Überprüfung ihrer Darlehenspolitik gegenüber dem Mitgliedstaat, in dem Verlangen nach Hinterlegung einer unverzinslichen Einlage in angemessener Höhe bei der Gemeinschaft und in der Verhängung von Geldbußen in angemessener Höhe[51].

Durch die Verordnung des Rates „über die Beschleunigung und Klärung des Verfahrens bei einem übermäßigen Defizit“ wird das Verfahren insgesamt, vornehmlich hinsichtlich der Verhängung von Sanktionen straffer gefaßt. Dem Rat werden für die Beschlußfassung jeweils Fristen gesetzt, ohne dass allerdings die Beschlußfassung als solche dem Rat zur Pflicht gemacht wird. Auch bezüglich des Beschlusses über die Verhängung einer Sanktion wird das Ermessen des Rates, soweit nach dem Vertrag ein Ermessen besteht, nicht eingeschränkt. Die Ausführungsverordnung legt lediglich fest, dass der Rat, falls er in sachgerechter Ausübung seines Ermessens eine Sanktion beschließt, „in der Regel eine unverzinsliche Einlage verlangen“ muss. Die Höhe der Einlage ist festgelegt; ebenso wird die Umwandlung der Einlage in eine Geldbuße, die vom Rat „in der Regel“ zu verfügen ist, durch die Ausführungsverordnung verbindlich festgelegt. Aus der Entschließung des Rates über den Stabilitäts- und Wachstumspakt vom 17. Juni 1997 ergeben sich mangels rechtlicher Ver-

47 Art. 104 Abs. 6 EGV.
48 Art. 104 Abs. 7 EGV.
49 Art. 104 Abs. 8 EGV.
50 Art. 104 Abs. 13 EGV.
51 Art. 104 Abs. 11 EGV.

bindlichkeit weder für die Mitgliedstaaten noch für die Organe der Europäischen Gemeinschaft weitere rechtliche Verpflichtungen. Die in ihr enthaltenen Regelungen und Modalitäten der Durchführung des Verfahrens der Haushaltsüberwachung – gleiches gilt hinsichtlich des Überwachungsverfahrens für die Wirtschaftspolitik – haben allenfalls politisch gesehen bindende Wirkung.

Das Europäische Parlament ist in das Überwachungsverfahren über die Haushaltslage in der Weise eingeschaltet, dass der Präsident des Rates das Europäische Parlament über die vom Rat getroffenen Beschlüsse unterrichtet[52].

Das Verfahren der Haushaltsüberwachung ist bis zum Eintritt in die dritte Stufe der Wirtschafts- und Währungsunion auf die laufende Überwachung der Haushaltslage der Mitgliedstaaten, die Feststellung einer defizitären Haushaltslage und den Erlaß einer auf Abhilfe der defizitären Haushaltslage gerichteten Empfehlung des Rates sowie auf die Veröffentlichung dieser Empfehlung beschränkt. Die weitere Empfehlung, durch die der Mitgliedstaat in Verzug gesetzt wird, sowie die Verhängung der Sanktionsmaßnahmen sind vor dem Eintritt des Mitgliedstaats in die Währungsunion in ihrer Endstufe nicht möglich[53]. Bis zum Eintritt in die Endstufe der Wirtschafts- und Währungsunion ist das Verfahren der Überwachung der Haushaltslage der Mitgliedstaaten daher ein unverbindliches Abmahnverfahren, das sich auf „Blaue Briefe“ beschränkt. Ein – mehr oder minder – rechtlich stringentes Aufsichtsverfahren ist es erst ab der Endstufe der Währungsunion, und zwar auch nur für die an der Währungsunion teilnehmenden Mitgliedstaaten.

Die maßgebliche Verpflichtung der Mitgliedstaaten, übermäßige Defizite zu vermeiden[54], erlangt ebenfalls Wirksamkeit erst mit dem Eintritt in die Endstufe der Währungsunion. Im Stadium davor brauchen die Mitgliedstaaten lediglich „bemüht“ zu sein, übermäßige Defizite zu vermeiden[55].

Das Überwachungsverfahren der Haushaltspolitik und das in der Ausführungsverordnung zum Koordinierungsverfahren für die Wirtschaftspolitik geregelte Verfahren der „Frühzeitigen Warnung“ sind nicht-öffentliche Verfahren. Die Veröffentlichung einer Empfehlung, insbesondere einer Abmahnung („Blauer Brief“) bedarf jeweils eines besonderen Beschlusses des Rates. Nicht-öffentliches Verfahren bedeutet, dass alle Teilnehmer des Verfahrens grundsätzlich zur Verschwiegenheit verpflichtet sind. Die Verschwiegenheit dient dem Schutz der Währung; öffentliche Debatten und streitige Auseinandersetzungen über das wirtschafts- und haushaltspolitische Fehlverhalten eines Mitgliedstaates oder mehrerer Mitgliedstaaten können negative Auswirkungen auf den Außenwert der europäischen Währung haben und das Vertrauen in die Währungsunion schwächen. Was dem Rat und seinen Mitgliedern sowie dem Währungs- und Finanzausschuß nicht erlaubt ist, ist auch der Kommission nicht gestattet. Auch die Kommission ist daher zum Stillschweigen verpflichtet und darf nicht an die Öffentlichkeit treten[56].

52 Art. 104 Abs. 11 UAbs. 2 EGV.

53 Art. 116 Abs. 3 UAbs. 2 EGV.

54 Art. 104 Abs. 1 EGV.

55 Diese weitgehend unbekannte Begrenzung ihrer Verpflichtung im Vorstadium des Beitritts ergibt sich aus Art. 116 Abs. 4 EGV, demzufolge Art. 104 Abs. 1 EGV erst ab der dritten Stufe der Währungsunion zur Anwendung gelangt.

3. Gerichtsbarkeit im Rahmen der Aufsicht über die Wirtschafts- und Budgetpolitik der Mitgliedstaaten

Während die drei alten und die zehn neuen Mitgliedstaaten, die der Währungsunion in ihrer dritten Stufe noch nicht angehören, hiervon noch ausgenommen sind, sind die derzeit zwölf an der Währungsunion in ihrer dritten Stufe teilnehmenden Mitgliedstaaten nach dem Vertrag von Maastricht rechtlich verpflichtet, übermäßige Haushaltsdefizite zu vermeiden. Anders als im Falle der Mißachtung der Regelungen des Gemeinsamen Marktes, beispielsweise des Verbots der Wiedereinführung von Zöllen oder Kontingenten im innergemeinschaftlichen Handel, kann indes ein Mitgliedstaat für den Fall, dass er der Verpflichtung zur Vermeidung eines Haushaltsdefizits nicht nachkommt, nicht gleichermaßen wie bei der Verletzung anderer Verpflichtungen des Gemeinschaftsrechts vor dem EuGH verklagt werden. Die Klagebefugnis, die der Kommission und den Mitgliedstaaten nach dem Vertrag von Rom zusteht, wurde in Maastricht für die Währungsunion eingeschränkt[57]. Das Verfahren der Aufsicht ist so ausgestaltet, dass während seiner ersten Stadien die Anrufung des EuGH schlechthin ausgeschlossen und in den späteren Stadien wesentlich erschwert ist. Bis zur Verhängung von Sanktionen, die verschiedene Verfahrensschritte, insbesondere die Feststellung eines übermäßigen Haushaltsdefizits voraussetzt, können die Kommission und die anderen Mitgliedstaaten die Vertragsverletzungsklage nach den Regelungen des Vertrages von Rom gegen den betroffenen Mitgliedstaat grundsätzlich nicht erheben. Erst nachdem die ersten Verfahrensstadien durchlaufen sind, insbesondere der Rat förmlich festgestellt hat, dass in dem betreffenden Mitgliedstaat ein übermäßiges Haushaltsdefizit besteht, kann in einem späteren Stadium des Verfahrens seitens der Kommission oder eines anderen Mitgliedstaates gegen den betroffenen Mitgliedstaat eine Vertragsverletzungsklage erhoben werden. Daraus folgt, dass gegen einen Mitgliedstaat seitens der Kommission oder eines anderen Mitgliedstaates anders als bei der Verletzung anderer Verpflichtungen aus dem Gemeinschaftsrecht nicht bereits mit der Begründung Klage erhoben werden kann, dass er seiner Verpflichtung zur Vermeidung eines übermäßigen Defizits nicht nachgekommen ist. Da der betroffene Mitgliedstaat an der Beschlußfassung über die Feststellung seines Haushaltsdefizits, die Voraussetzung für die Erhebung einer Klage gegen ihn in den späteren Stadien des Verfahrens ist, teilnimmt, kann er die Feststellung des Defizits verhindern, indem er mit anderen Mitgliedstaaten politisch auf die Vermeidung einer Beschlußfassung des Rates hinwirkt. Der Mitgliedstaat kann einer Vertragsverletzungsklage besonders leicht entgehen, wenn zugleich andere Mitgliedstaaten den Referenzwert für die höchstzulässige jährliche Verschuldung von 3% überschritten haben. Die Klagebefugnis der Kommission und der anderen Mitgliedstaaten ist darüber hinaus zusätzlich indirekt eingeschränkt, soweit sie im Rahmen der späteren Verfahrensabschnitte besteht. Während nach den Regelungen des Vertrages von Rom Vorbedingung für eine Klageerhebung der

56 Hierzu *Seidel*, Publizitätsverbot für „Blauen Brief“ bei einem drohenden Haushaltsdefizit, EuZW 2002, 161.

57 Art. 104 Abs. 10 EGV.

Kommission oder eines anderen Mitgliedstaates lediglich die Durchführung eines zeitlich begrenzten Vorverfahrens in Form eines Abmahnschreibens und einer sog. „mit Gründen versehenen Stellungnahme“, insbesondere die Kommission nicht an die Auffassung oder gar Zustimmung des Rates gebunden ist, setzt die Erhebung einer Klage im Haushaltsverfahren zusätzlich die Einschaltung des Rates voraus. Da die Klage gegen einen Mitgliedstaat, der seiner Verpflichtung zur Vermeidung eines übermäßigen Haushaltsdefizits nicht nachgekommen ist, erst ausgeübt werden kann, wenn der Rat die defizitäre Haushaltslage mit qualifizierter Mehrheit festgestellt und den betroffenen Mitgliedstaat vergeblich zum Abbau des Haushaltsdefizits angemahnt hat, setzt die Klagebefugnis quasi eine Ermächtigung des Rates voraus. Ohne dass der Rat die Klageerhebung mehrheitlich billigt, kann weder die Kommission noch können die anderen Mitgliedstaaten einen Mitgliedstaat wegen Verletzung der Verpflichtung zur Vermeidung eines übermäßigen Defizits vor dem EuGH belangen. Zu einer Klageerhebung der Kommission oder eines anderen Mitgliedsstaat wird es nach allem nur in seltenen Fällen kommen.

Durch die vorstehend wiedergegebene Regelung des Art. 104 EGV wird zugleich die Anrufung des EuGH im Wege von Vorabentscheidungsverfahren seitens nationaler Gerichte ausgeschlossen. Wenn der Kommission und den anderen Mitgliedstaaten die Anrufung des EuGH untersagt ist, kann auch Privaten die Befugnis zur Anrufung des EuGH über nationale Gerichte im Wege von Vorabentscheidungsverfahren nicht zustehen.

4. Klagen gegen den Gouverneursrat und den Ministerrat wegen Mißachtung der Preisstabilität

Sehr zweifelhaft ist, ob Beschlüsse oder ein Unterlassen von Beschlüssen des Gouverneursrates des ESZB mit der Begründung, dass dadurch das Ziel der Preisstabilität verletzt würde, der gerichtlichen Kontrolle unterliegen. Beschlüsse des Gouverneursrates, durch die die Leitzinsen festgelegt werden, sind ungeachtet ihrer Bedeutung für die Wirtschaft keine Rechtsakte. Ihre Anfechtung und gerichtliche Überprüfung aufgrund von Anfechtungs- und Nichtigkeitsklagen anderer Organe der Europäischen Union – und durch Anfechtungsklagen Privater – scheidet daher aus. Unterlassungsklagen gegen den Gouverneursrat würden voraussetzen, dass das ESZB gegenüber den anderen Organen der Europäischen Union zur Sicherung der Preisstabilität rechtlich verpflichtet sein müßte. Von einer derartigen Verpflichtung, die mit der Unabhängigkeit des ESZB nicht vereinbar wäre, kann nicht ausgegangen werden. Die Organe der Europäischen Union sind zwar zur loyalen Zusammenarbeit, nicht jedoch wechselseitig zu einer bestimmten Ausübung der ihnen übertragenen Aufgaben und Kompetenzen verpflichtet.

Gleichermaßen kann nicht davon ausgegangen werden, dass Beschlüsse des Ministerrates, die die Wechselkurspolitik der Europäischen Gemeinschaft betreffen[58], wegen mangelnder Berücksichtigung des Ziels der Währungs- und Preisstabilität

58 Art. 111 EGV.

aufgrund zulässiger Anfechtungs- oder Unterlassungsklagen anderer Organe der Europäischen Union einer Kontrolle durch den EuGH unterliegen.

J. Bisherige Klärung der Rechtslage durch den Europäischen Gerichtshof

Eine Entscheidung des EuGH aus jüngster Zeit hat zur Klärung wesentlicher Fragen des Maastrichter Regelungssystems der Wirtschafts- und Währungsunion beigetragen[59]. Die Entscheidung hat nicht zu der Aussage geführt, dass die Preisstabilität – als sozialpolitischen Anliegen der Währungspolitik der Europäischen Gemeinschaft – nach Auffassung des Gerichtshofs unzulänglich abgesichert ist. Der Grad der Absicherung der Preisstabilität als sozialpolitisches Anliegen der Maastrichter Währungsverfassung bleibt späteren Entscheidungen vorbehalten. Aus der Entscheidung ergibt sich indes, dass sich aus dem Stabilitäts- und Wachstumspakt, der vom Europäischen Rat als eine rechtlich unverbindliche Entschließung verabschiedet worden ist[60], entgegen einem weit verbreiteten Irrtum, der den politischen Dialog zu beherrschen scheint, keine rechtlichen Argumente, insbesondere keine Befugnisse von Rat und Kommission und keine Verpflichtungen der Mitgliedstaaten herleiten lassen. Rechtliche Wirkungen haben lediglich einige – weniger bedeutsame – Teile der Entschließung, die aufgrund einer Ermächtigung des Vertrages im Wege der oben genannten Ausführungsverordnung zum Verfahren der Überwachung der Haushaltslage der Mitgliedstaaten in die Rechtsordnung übernommen werden konnten und übernommen worden sind. Die Entscheidung stellt sodann aber unmißverständlich klar, dass dem Verfahren der Überwachung der Haushaltslage der Mitgliedstaaten und der Ahndung übermäßige Defizite – wiederum entgegen einem weit verbreiteten Irrtum – keine Automatik in dem Sinne zugrunde liegt, dass der Rat zum Eintritt in die jeweiligen Verfahrensstufen rechtlich verpflichtet ist. Insbesondere ist der Rat nicht verpflichtet, nachdem er zuvor in dem Aufsichtsverfahren ein übermäßiges Haushaltsdefizit eines Mitgliedstaates oder mehrerer Mitgliedstaaten festgestellt hat, gegen die betreffenden Mitgliedstaaten Sanktionen zu verhängen. Der Gerichtshof folgt der Argumentation der Kommission lediglich insoweit, als er feststellt, dass der Rat in dem Fall, der zur Erhebung der Klage Anlaß gegeben hat, das Aufsichtsverfahren gegen die beiden betroffenen Mitgliedstaaten nicht hätte für beendet erklären dürfen, sondern sich ein weiteres Zusammentreten hätte vorbehalten müssen. Auch bei einer erneuten Einleitung des Verfahrensstadiums und einer erneuten Beschlußfassung darüber, ob das Verfahren fortgesetzt und Sanktionen verhängt werden sollten, die die vom Rat bei seinem gewählten eigenmächtigen Vorgehen „mißachtete“ Empfehlungsbefugnis der Kommission gewahrt hätte, hätte es – so ist die Entscheidung zu verstehen – im Ermessen des Rates gestanden, mangels Erreichen einer qualifizierten Mehrheit für ein Vorgehen gegen die beiden betroffenen Mitgliedstaaten zwar nicht das Aufsichtsverfahren als solches, wohl aber die Verfahrensstufe erneut für beendet zu erklären. Die Rechtslage ändert sich nicht dadurch,

59 Urteil vom 13. 7. 2004, Rs. C 27/04, noch nicht in Slg. abgedruckt in Europarecht, Heft 4, 2000, S. 738 ff.
60 Entschließung des Europäischen Rates über den Stabilitäts- und Wachstumspakt, o. Fn. 36.

dass nach dem inzwischen von den Regierungen der Mitgliedstaaten unterzeichneten Verfassungsvertrag die Kommission dem Rat in Zukunft nicht mehr nur Empfehlungen, sondern Vorschläge unterbreiten wird[61]. Das Vorschlagsverfahren erschwert dem Rat ein Abweichen von den Vorstellungen der Kommission insofern, als er Abänderungen von dem Vorschlag der Kommission, anders als ein Abweichen von einer Empfehlung der Kommission, einstimmig beschließen muss. Nicht dagegen kann davon ausgegangen werden, dass beim Ausbleiben einer Entscheidung des Rates der Vorschlag der Kommission die Beschlußfassung des Rates ersetzt. Damit würde das Aufsichtsverfahren als ein Verfahren unter der Herrschaft des Rates entgegen der Maastrichter Konzeption der Wirtschafts- und Währungsordnung zu einem Verfahren unter der Herrschaft der Kommission umgewandelt werden.

K. Aufweichung der Maastrichter Währungsordnung durch den Entwurf eines Verfassungsvertrages des Konvents für die Zukunft Europas

Der vom Konvent für die Zukunft Europas erarbeitete Entwurf eines Verfassungsvertrages sah eine nicht unbeträchtliche Aufweichung der Maastrichter Währungsordnung vor. Die Regierungskonferenz hat indes die Änderung nicht zuletzt aufgrund von Demarchen der Deutschen Bundesbank, der EZB und der Wissenschaft korrigiert[62]. Die vorgeschlagene Änderung verdeutlicht die Gefährdung, der die Währungs- und Preisstabilität ungeachtet ihrer sozialpolitischen Bedeutung ausgesetzt ist:

Bis zu seiner Änderung durch den Vertrag von Maastricht sah der Vertrag von Rom eine eindeutige rechtliche Verpflichtung auch der Mitgliedstaaten vor, im Rahmen ihrer Wirtschaftspolitik, wenn auch nicht vorrangig, die Währungsstabilität zu sichern[63]. Auf der Konferenz von Maastricht wurde die Verpflichtung auch der Mitgliedstaaten auf die Währungsstabilität – neben der Verpflichtung des ESZB und der EZB auf die Preisstabilität – dadurch aufrechterhalten, dass unter den Zielen der Europäischen Gemeinschaft – als Kopfartikel des Vertrages – das „nicht-inflationäre Wachstum" ausdrücklich genannt wurde[64]. Die einschlägige Vorschrift des durch den Maastrichter Vertrag abgeänderten EWG-Vertrages, die die Gestaltung der Wirtschaftspolitik der Mitgliedstaaten regelt, nimmt auf das Ziel der Sicherung eines „nicht-inflationären Wachstums" Bezug[65]. Der Bezug stellt sicher, dass die Ver-

61 Art. III-184 VV.

62 Siehe *Starbatty*, Menetekel über der Währungsunion, FAZ v. 3. 11. 2003, S. 15; *Zeitler*, Der Verfassungsentwurf verwässert die europäische Stabilitätsordnung, in: Ludwig Erhard Stiftung (Hg.), Orientierungen zur Wirtschafts- und Gesellschaftspolitik 98 (4/2003), S. 53 ff; *Kurm-Engels*, Die Unabhängigkeit der EZB ist bedroht, Handelsblatt v. 4. 12. 2003. Brief von EZB-Präsident *Wim Duisenberg* vom 5. 7. 2003 an den Konventspräsidenten *Valery Giscard d'Estaing*, zit. bei Zeitler, S. 53; Stellungnahme der Europäischen Zentralbank vom 18. 9. 2003 auf Ersuchen des Rates der Europäischen Union zum Entwurf eines Vertrages über die Verfassung für Europa (2003/C 229/04), ABl. 2003 C 297/8; Stellungnahme des Vorstands der Deutschen Bundesbank zum Entwurf eines EU-Verfassungsvertrags und zum Stabilitäts- und Wachstumspakt v. 10. 12. 2003, abgedruckt in Deutsche Bundesbank, Auszüge aus Presseartikeln, Nr. 53 v. 11. 12. 2003.

63 Art. 105 EWGV.

64 Art. 2 EGV.

pflichtung der Mitgliedstaaten zur Wahrung der Währungsstabilität auch nach Maastricht erhalten geblieben und damit nach wie vor geltendes Recht ist. Der Entwurf des Verfassungsvertrages sah indes unter den in dem Kopfartikel aufgeführten zahlreichen Zielen der Europäischen Union abweichend von der bisher geltenden Verfassungslage das „nicht-inflationäre" Wachstum nicht mehr vor, sondern benannte das entsprechende Ziel „ausgewogenes Wirtschaftswachstum". Die Änderung beruhte nicht auf einer redaktionellen Unachtsamkeit oder auf einem Redaktionsversehen, vielmehr verbargen sich hinter ihr nachweislich altbekannte divergierende Vorstellungen der Mitgliedstaaten über das Verhältnis der Geldpolitik zur Wirtschaftspolitik, insbesondere zur Beschäftigungspolitik[66]. Die neue Fassung der wirtschaftspolitischen Ziele der Europäischen Union, zu denen nunmehr auch die Vollbeschäftigung zählt, sollte ersichtlich der nach wie vor vertretene These Rechnung tragen, dass Stabilität und Wachstum in einem Zielkonflikt zueinander stünden und höhere Wachstumsraten mit einer etwas größeren Geldentwertung „eingekauft" werden könnten[67].

Durch die vorgeschlagene Änderung des Zielkatalogs wurde eine der Grundlagen der Maastrichter Währungsverfassung in Frage gestellt. Auf der Konferenz von Maastricht bestand zwischen den Mitgliedstaaten ein Konsens darüber, dass bei divergierenden Zielen die Preisstabilität als vorrangiges Ziel zur Geltung zu gelangen hat. Der zur Widerlegung der Abschwächung vorgebrachte Einwand, dass die Mitgliedstaaten nach dem Verfassungsentwurf gehalten seien, sich bei der Ausrichtung ihrer Wirtschaftspolitik unter anderem auch an die „Stabilität der Preise" als einen „richtungsweisenden Grundsatz" zu halten[68], verdeutlicht im Gegenteil, dass die Währungsstabilität im Sinne des Kopfartikels kein grundlegendes Ziel der Europäischen Union ist.

An der Eliminierung der Verpflichtung der Mitgliedstaaten zur Wahrung der Währungsstabilität aus dem Vertragswerk dürften diejenigen Mitgliedstaaten ein Interesse haben, die bereits seit längerer Zeit mit höheren Inflationsraten zu kämpfen haben. Die von der Kommission erhobene Klage gegen den Rat wegen angeblicher Verletzung des Stabilitätspaktes, genauer wegen Verletzung der Regelungen des Vertrages von Maastricht und einer zu dem Vertrag ergangenen Ausführungsverordnung des Rates hat, wie vorstehend erörtert, bestimmte konstitutionelle Schwächen der Maastrichter Währungsordnung transparent werden lassen. Als Folge der – inzwischen auf der Regierungskonferenz revidierten – Änderung der Währungsverfassung hätten hohe Inflationsraten der Mitgliedstaaten nicht mehr wie bislang als Verletzung einer gemeinschaftsrechtlichen Verpflichtung rechtlich aufgegriffen und geahndet werden können. Die „Neuordnung" hätte die Währungsverfassung beträchtlich geschwächt und zu einem Alibi in der politischen Auseinandersetzung über die Verantwortung für die Sicherung der Währungsstabilität in der Europäischen Union geführt. Nach wie vor ungeklärt ist, ob das Austrittsrecht aus der Eu-

65 Art. 98 EGV.

66 Die Abweichung von der geltenden Verfassungsrechtslage war im Präsidium des Konvents kontrovers erörtert worden. Siehe Bericht der Gruppe VI „Ordnungspolitik" v. 25. 7. 2002 (CONV 218/02).

67 Siehe *Zeitler* (Fn. 62).

68 Siehe Art. III-178 und III-179 VV.

ropäischen Union, das der Verfassungsvertrag statuiert, auch beschränkt auf den Austritt aus der Währungsunion in Anspruch genommen werden kann.

L. Schlussbemerkung

Die Preisstabilität ist nicht in jeder Hinsicht als vorrangige Zielsetzung der Währungspolitik im Gemeinschaftsrecht rechtlich abgesichert. Für relativ gesichert dürfte sie indes anzusehen sein, wenn die aufgezeigten Klagemöglichkeiten der Organe der Europäischen Union und der Mitgliedstaaten von diesen auch tatsächlich ausgeschöpft werden. Da für die Verfolgung von Verletzungen des Gemeinschaftsrechts für die Organe der Europäischen Union nicht der Legalitätsgrundsatz gilt, d.h. keine Verpflichtung besteht, sämtliche Vertragsverletzungen aufzugreifen und gerichtlich ahnden zu lassen, sind Zweifel gerechtfertigt, ob bei Verstößen gegen die einschlägigen Regelungen der Währungsordnung entsprechende gerichtliche Schritte unternommen werden. Die Befürchtung ist umso mehr gerechtfertigt, als nach den Vorstellungen mancher Beteiligter mit einer Politik des billigen Geldes auf Kosten der Preisstabilität Beschäftigungspolitik betrieben werden kann.

Das sozialpolitische Anliegen der Währungspolitik, die auf Preisstabilität ausgerichtet ist, kann nicht hoch genug veranschlagt werden. Insbesondere bedeutet eine übermäßige Verschuldung der öffentlichen Haushalte nicht nur, dass der privaten Nachfrage nach Kapital dieses entzogen wird, sondern dass öffentlichen Schulden von späteren Generationen der Bevölkerung auf Kosten ihrer Lebensqualität zurückgezahlt werden müssen. Die Maastrichter Währungsordnung sichert gegenwärtige und zukünftige Generationen keineswegs davor, dass die Mitgliedstaaten die öffentlichen Haushalte – in traditioneller Weise – durch Inflationierung entschulden. Mag zur Zeit auch die Inflationierung der Währung – aus sozial- und wirtschaftspolitischen Gründen – tabuisiert sein, der Rückgriff auf das traditionelle Mittel der Befreiung der überschuldeten öffentlichen Hand aus den Handlungszwängen, zu denen die Überschuldung der öffentlichen Haushalte führt, wird erleichtert, wenn die Währungspolitik unter Abkehr von ihrem vorrangigen Ziel der Preisstabilität zu beschäftigungs- oder gar handelspolitischen Zielsetzungen eingesetzt wird.

Ist der Stabilitäts- und Wachstumspakt rechtlich durchsetzbar? Anmerkungen zum Urteil des Gerichtshofes in der Rechtssache Kommission/Rat (C-27/04)

Rüdiger Bandilla

A. Das Verbot übermäßiger Defizite und der Stabilitäts- und Wachstumspakt

Die Vorschriften des Vertrags von Maastricht über die Wirtschafts- und Währungsunion (WWU) enthielten von Anfang an Zündstoff für einen tiefgehenden Konflikt zwischen zwei widerstreitenden Prinzipien. Mit der Einführung des Euro als einheitlicher Währung in den Teilnehmerstaaten und der Errichtung der Europäischen Zentralbank (EZB), deren primäre Aufgabe die Sicherung des Geldwertes der neuen Währung ist, wurde ein wesentlicher Teil der staatlichen Aufgaben in Gemeinschaftskompetenz überführt. In der Verfügungsgewalt der Mitgliedstaaten blieben jedoch die allgemeine Wirtschaftspolitik und die Haushaltspolitik. Die jährliche Entscheidung über den Haushalt und damit über die Prioritäten für das staatliche Handeln und dessen Finanzierung ist eine Kernkompetenz der nationalen Parlamente; die Väter des Vertrages von Maastricht wollten und konnten daran nicht rühren. Geldwertstabilität und Haushaltspolitik stehen aber in einem engen Zusammenhang. Mangelnde Haushaltsdisziplin von Mitgliedstaaten kann zu einer Gefahr für die Stabilität des Euro führen. Andererseits ist die Geldpolitik der Zentralbank eine wichtige Größe für das Wirtschaftsgeschehen, sie bestimmt das Zinsniveau, beeinflusst damit die Wachstumsaussichten und wirkt so auf die nationalen Wirtschaftspolitiken ein[1]. Es galt also, im Rahmen der WWU Regeln zu vereinbaren, die einerseits die Mitgliedstaaten veranlassten, übermäßige Haushaltsdefizite zu vermeiden, andererseits aber ihre Zuständigkeit und Verantwortung für die allgemeine Wirtschaftspolitik respektierten und das Haushaltsrecht der nationalen Parlamente nicht beeinträchtigten.

Zur Lösung dieses Konfliktes sieht der Vertrag drei Instrumente vor:

- Das erste sind die Konvergenzkriterien des Art. 121 EGV, die die Mitgliedstaaten erfüllen müssen, um überhaupt an der gemeinsamen Währung teilnehmen zu können. Eines ist „die auf Dauer tragbare Finanzlage der öffentlichen Hand, ersichtlich aus einer öffentlichen Haushaltslage ohne übermäßiges Defizit"[2]. Mit anderen Worten: Mitgliedstaaten, deren Haushaltsdefizit im Jahr vor der Entscheidung über die Zulassung über 3% des

1 Eine ausführliche Schilderung dieses Zusammenhangs findet sich bei *Konow*, Der Stabilitäts- und Wachstumspakt, ein Rechtsrahmen, 2002, S. 23 ff.
2 Art. 121 Abs. 1, 2. Anstrich EGV.

BIP lag[3], können an der Euro-Währung nicht teilnehmen. Diese Vorschriften führten vor Beginn der dritten Stufe der WWU am 1. Januar 1999 zu einer ausgeprägten Stabilitätspolitik in den meisten Mitgliedstaaten[4]. Sie konnten ihre Wirkung aber nur ein Mal entfalten, nämlich als Voraussetzung für die Teilnahme an der Euro-Währung, danach haben sie für die Teilnehmerstaaten keine Bedeutung mehr. Mit der Erweiterung der Union sind sie insofern wieder aktuell geworden, als sie die neuen Mitgliedstaaten, die möglichst bald an der Euro-Währung teilnehmen wollen, zu konsequenter Stabilitätspolitik anhalten.

- Das zweite Instrument ist die Koordinierung der Wirtschaftspolitik der Mitgliedstaaten und der Gemeinschaft, zu der Art. 99 EGV verpflichtet. Den Rahmen bilden die jährlichen Grundzüge der Wirtschaftspolitik, die nach einer Diskussion im Europäischen Rat vom Ecofin-Rat in der rechtlichen Form von Empfehlungen beschlossen werden. Der Rat überwacht anhand von Berichten der Kommission die wirtschaftliche Entwicklung in jedem Mitgliedstaat und die Vereinbarkeit der nationalen Politiken mit den Grundzügen (die multilaterale Überwachung des Art. 99 Abs. 3 EGV). Bei Abweichungen kann der Rat mit qualifizierter Mehrheit an den betreffenden Mitgliedstaat Empfehlungen richten, er kann ihn jedoch weder zu einer Änderung seiner Wirtschaftspolitik rechtlich verpflichten noch gar dazu zwingen. Die Grundzüge, die multilaterale Überwachung und die Empfehlungen des Rats können auch die Haushaltspolitik der Mitgliedstaaten erfassen. Bisher hat dies die Mitgliedstaaten aber nicht davon abgehalten, ihre Haushaltspolitik im wesentlichen nach nationalen Gesichtspunkten auszurichten.
- Das dritte und wichtigste Instrument ist die in Art. 104 Abs. 1 EGV niedergelegte rechtlich bindende Verpflichtung der Mitgliedstaaten, übermäßige, d. h. über 3 % des BIP hinausgehende Haushaltsdefizite zu vermeiden[5]. Der Durchsetzung dieses Verbots dient das sog. Defizitverfahren: Bei Überschreitung der Dreiprozentgrenze kann der Rat in einem mehrstufigen Verfahren auf Grund von Berichten und Empfehlungen der Kommission mit qualifizierter Mehrheit Verwarnungen aussprechen, rechtlich bindende Auflagen beschließen und bei Nichtbeachtung dieser Auflagen finanzielle Sanktionen verhängen (diese aber nur gegenüber Euro-Teilnehmerstaaten). Mit dieser Regelung war, zumindest aus der Sicht der meisten Verhandler des Vertrags von Maastricht, die Grenze dessen erreicht, was in einem politisch so sensiblen Gebiet wie der Haushaltspolitik der Mitgliedstaaten den Gemeinschaftsorganen an Einwirkungsmöglichkeiten zugestanden werden konnte.

3 Der Referenzwert von 3 % des BIP ergibt sich aus dem Protokoll über das Verfahren bei einem übermäßigen Defizit, Protokoll Nr. 5 zum Vertrag von Maastricht; mehr dazu bei *Bandilla*, in: Grabitz/Hilf (Hg.), Das Recht der Europäischen Union, Stand 24. Lfg. 2004, Art. 104 EGV Rn. 7 ff.

4 In den Entscheidungen vom 3./5. Mai 1998 über die ersten elf Teilnehmerstaaten konnte der Rat feststellen, dass in keinem dieser Staaten ein übermäßiges Defizit im Sinne von Art. 104 Abs. 6 EGV mehr bestand.

5 Siehe Fn. 3.

Noch vor Inkrafttreten dieser Bestimmungen bei Beginn der dritten Stufe der WWU entwickelte sich besonders in Deutschland eine lebhafte Debatte darüber, ob das Defizitverfahren ausreichen würde, um schnell und wirksam gegen Mitgliedstaaten vorgehen zu können, die mit zu hohem Haushaltsdefizit die Stabilität des Euro gefährdeten. Die deutsche Bundesregierung forderte ein präziseres Verfahren mit kürzeren Fristen und mehr Druck auf Kommission und Rat, um den Prozess zu beschleunigen und soweit möglich einen gewissen Automatismus in der Abfolge der Stufen und beim Beschluss über Sanktionen einzuführen[6]. Diese Initiative führte zu intensiven Verhandlungen, und die damals 15 Mitgliedstaaten einigten sich über eine Reihe von politischen Texten und Verordnungen, die unter dem Titel „Stabilitäts- und Wachstumspakt" zusammengefasst vom Europäischen Rat (Amsterdam, 17. Juni 1997) bzw. vom Ecofin-Rat am 7. Juli 1997 angenommen wurden. Es handelt sich um

- eine Entschließung des Europäischen Rates[7], die politische Leitlinien für die Anwendung des Art. 104 EGV und der beiden nachstehend aufgeführten Verordnungen definiert und der Kommission und dem Rat politische Verpflichtungen auferlegt. Die Mitgliedstaaten ihrerseits verpflichten sich, das mittelfristige Haushaltsziel eines nahezu ausgeglichenen oder einen Überschuss aufweisenden Haushalts einzuhalten und die notwendigen haushaltspolitischen Korrekturen vorzunehmen, wenn es Anzeichen für eine tatsächliche oder erwartete erhebliche Abweichung von diesem Ziel gibt;
- die VO Nr. 1466/97 über den Ausbau der haushaltspolitischen Überwachung und der Überwachung und Koordinierung der Wirtschaftspolitik. Sie enthält präzise Regeln für den Inhalt, die Vorlage und die Prüfung der Stabilitäts- bzw. Konvergenzprogramme der Mitgliedstaaten und für die Durchführung der multilateralen Überwachung des Art. 99 Abs. 3 EGV[8];
- die VO Nr. 1467/97 über die Beschleunigung und Klärung des Verfahrens bei einem übermäßigen Defizit. Sie enthält präzise Definitionen und Regeln für die Anwendung des Defizitverfahrens und des Sanktionsmechanismus des Art. 104 EGV[9].

Seit dem 1. Januar 1999, dem Beginn der dritten Stufe der WWU, sind die Bestimmungen des Art. 104 EGV und des Stabilitäts- und Wachstumspakts voll anwendbar. Alle Mitgliedstaaten, einschließlich derjenigen, die (noch) nicht an der Euro-Währung teilnehmen, sind zur Vermeidung übermäßiger Defizite rechtlich verpflichtet[10]. Die ersten Probleme zeigten sich bereits im Verlauf des Jahres 2001. Portugals Defizit stieg auf 4,1 % und konnte auch im darauf folgenden Jahr nicht wesentlich vermindert werden. Die Kommission leitete das Defizitverfahren ein und legte dem Rat

6 Mehr dazu bei *Hahn*, Der Stabilitätspakt für die Europäische Währungsunion, JZ 1997, 1133 ff., und bei *Konow* (Fn. 1), S. 36 ff.

7 ABl. 1997 C 236/1.

8 ABl. 1997 L 209/1.

9 ABl. 1997 L 209/6.

10 Siehe dazu *Bandilla* (Fn. 3), Art. 121 EGV Rn. 4. Die Mitgliedstaaten, die nicht an der Euro-Währung teilnehmen, sind jedoch vom Sanktionsverfahren des Art. 104 Abs. 9 und 11 EGV ausgenommen, s. Art. 122 Abs. 3 EGV. Das VK braucht sich auf Grund seines *opting out*-Protokolls (Protokoll Nr. 11 zum Vertrag von Maastricht) um die Vermeidung übermäßiger Defizite nur zu *bemühen*.

im September 2002 eine Empfehlung für eine Entscheidung nach Art. 104 Abs. 6 EGV vor. Der Rat folgte der Kommission, stellte mit qualifizierter Mehrheit das Bestehen eines übermäßigen Haushaltsdefizits fest und richtete an Portugal eine Empfehlung gem. Art. 104 Abs. 7 EGV, das Defizit so schnell wie möglich abzubauen und die dafür notwendigen Maßnahmen innerhalb von vier Monaten zu ergreifen[11]. Portugal folgte der Empfehlung des Rates und es gelang ihm, das Defizit unter 3 % zu drücken. Der Rat erkannte dies an und schloss das Verfahren im Mai 2004 ab[12]. In Deutschland näherte sich im Laufe von 2001 und 2002 das Haushaltsdefizit gefährlich der Dreiprozentgrenze, und die Kommission empfahl daher dem Rat im Rahmen der multilateralen Überwachung des Art. 99 Abs. 4 EGV, eine an Deutschland gerichtete sog. Frühwarnung („early warning") zu beschließen. Der deutsche Finanzminister konnte den Rat jedoch überzeugen, dass korrigierende Maßnahmen bereits getroffen wurden bzw. in Kürze ergriffen würden, und der Rat sah daraufhin von einer Beschlussfassung ab. Er beschränkte sich auf eine einstimmig angenommene „Erklärung zur Haushaltslage in Deutschland"[13]. Der Ausgang dieses Verfahrens hinterließ bei manchem Beobachter zwiespältige Gefühle hinsichtlich der Durchsetzbarkeit der gemeinschaftlichen Verfahren zur Sicherung der Haushaltsdisziplin[14]. Die weitere Entwicklung gab den Befürchtungen Recht. Im Jahr 2002 stieg das deutsche Haushaltsdefizit auf 3,8 % an. Die Kommission leitete das Defizitverfahren des Art. 104 EGV ein und auf ihre Empfehlung[15] nahm der Ecofin-Rat vom 21. Januar 2003 (mit den Stimmen aller 15 Mitgliedstaaten) eine Entscheidung gem. Art. 104 Abs. 6 EGV an, in der das Bestehen eines übermäßigen Haushaltsdefizits in Deutschland feststellt wurde[16]. Gleichzeitig verabschiedete er gem. Art. 104 Abs. 7 EGV eine an Deutschland gerichtete Empfehlung, die die zur Haushaltssanierung notwendigen Maßnahmen aufführte und eine Frist von vier Monaten setzte[17]. Gegenüber Frankreich verabschiedete der Ecofin-Rat am 3. Juni 2003 vergleichbare Entscheidungen, denn auch in diesem Land hatte das Defizit im Lauf von 2002 die Dreiprozentgrenze überschritten[18]. Im Sommer 2003 verschlechterte sich die wirtschaftliche und finanzielle Situation in beiden Ländern. In der Herbstvorausschau prognostizierte die Kommission für 2003 ein Haushaltsdefizit von 4,2 % für Deutschland und von 4 % für Frankreich. Die

11 ABl. 2002 L 322/30 und Pressemitteilung des Rates v. 5. 11. 2002, Rats-Dok. 13490/02.

12 Entscheidung gem. Art. 104 Abs. 12 EGV, s. Pressemitteilung des Rats vom 11. Mai 2004, Rats-Dok. 9063/04, S.10. Die Entscheidung ist nicht im ABl. veröffentlicht.

13 Pressemitteilung des Rates v. 12. 2. 2002, Rats-Dok. 6108/02, S. 9. Auch gegenüber Portugal hatte die Kommission ein „early warning" empfohlen, das ebenfalls nicht zur Abstimmung gestellt wurde, Pressemitteilung S. 22. Im November 2002 war das Defizit in Portugal dann aber auf 4,1 % gestiegen, was zu der Entscheidung gem. Art. 104 Abs. 6 EGV führte.

14 Vgl. *Nicolaysen*, Rechtliche Bindungen einer Stabilitätspolitik, in: FS Peter Selmer, 2004, S. 833 (845); s. auch *Bourrinet*, Quelle crédibilité peut-on accorder au Pacte de stabilité et de croissance?, RMCUE 2003, 571.

15 Im Defizitverfahren beschließt der Rat stets auf *Empfehlung* der Kommission, Art. 104 Abs. 13 EGV; s. auch Fn. 20.

16 ABl. 2003 L 34/16.

17 Diese Empfehlung wurde nicht im Amtsblatt veröffentlicht, sie wurde aber vom Finanzministerium in Berlin verbreitet.

18 ABl. 2003 L 165/29. Die Empfehlung des Rats wurde ebenfalls nicht im Amtsblatt veröffentlicht, wohl aber von der frz. Regierung.

Kommission hielt es daher für notwendig, den nächsten Schritt des Defizitverfahrens einzuleiten. Sie empfahl dem Rat[19],

- in Entscheidungen gem. Art. 104 Abs. 8 EGV festzustellen, dass die von Deutschland und Frankreich nach den Empfehlungen vom Januar bzw. Juni ergriffenen Maßnahmen unzureichend waren, um den übermäßigen Defiziten abzuhelfen;
- gem. Art. 104 Abs. 9 EGV beide Mitgliedstaaten mit der Maßgabe in Verzug zu setzen, innerhalb einer bestimmten Frist die im Einzelnen aufgeführten Maßnahmen zur Sanierung der Haushalte zu treffen (Abmahnung).

Die rechtliche und politische Brisanz dieser Initiative der Kommission ist leicht zu erkennen. Die Abmahnung des Art. 104 Abs. 9 EGV ist eine bindende Entscheidung, die den betroffenen Mitgliedstaat rechtlich verpflichtet, die vom Rat festgelegten Maßnahmen zur Haushaltssanierung innerhalb der festgesetzten Frist zu ergreifen. Sie ist Vorbedingung, aber auch der letzte Schritt vor der Einleitung des Sanktionsverfahrens des Art. 104 Abs. 11 EGV. Dort heißt es: „Solange ein Mitgliedstaat einen Beschluss nach Abs. 9 nicht befolgt, kann der Rat beschließen, ein oder mehrere der nachstehenden Maßnahmen anzuwenden oder gegebenenfalls zu verschärfen, nämlich ..." (es folgen die einzelnen Sanktionen, die bis zur Verhängung von „Geldbußen in angemessener Höhe" gehen können). Hätte der Rat entsprechend den Empfehlungen der Kommission entschieden – er hätte sie mit Zweidrittelmehrheit ändern oder abmildern können[20] –, dann wären Deutschland und Frankreich tatsächlich unter Zugzwang gekommen. Sie hätten die vom Rat vorgegebenen Maßnahmen ergreifen oder Sanktionen gewärtigen müssen.

Die Empfehlungen der Kommission wurden auf der Sitzung des Ecofin-Rats vom 25. November 2003[21] kurz diskutiert (die entscheidenden Gespräche hatten zuvor in der Euro-Gruppe stattgefunden) und unverändert zur Abstimmung gestellt. Für die Annahme der Entscheidungen gem. Art. 104 Abs. 8 EGV waren jeweils 52 Stimmen notwendig[22], es stimmten jedoch nur acht Mitgliedstaaten mit insgesamt 37 Stimmen für die Vorlage. Bei der Abstimmung über die Abmahnungen gem. Art. 104 Abs. 9 EGV waren nur die Euro-Mitgliedstaaten mit Ausnahme des betroffenen Mitgliedstaates stimmberechtigt. Die notwendige Zweidrittelmehrheit lag bei 40 Stimmen, aber nur jeweils sechs Mitgliedstaaten mit insgesamt 30 Stimmen stimmten für die Vorlagen. Im Ergebnis wurde also keine der von der Kommission vorgelegten Empfehlungen vom Rat angenommen.

Nach diesen Abstimmungen legte der Vorsitz dem Rat Entwürfe für zwei weitgehend gleich lautende „Schlussfolgerungen" vor, eine für Deutschland, die andere für Frankreich, die zuvor in der Euro-Gruppe ausgehandelt worden waren. Auch über diese Texte stimmte der Rat ab, und zwar nach den gleichen Abstimmungsregeln

19 Die von der Kommission dem Rat vorgelegten Empfehlungen sind nicht veröffentlicht worden.

20 Im Defizitverfahren beschließt der Rat mit einer Mehrheit von 2/3 der Stimmen, wobei die Stimmen des betroffenen Mitgliedstaats außer Betracht bleiben, Art. 104 Abs. 13 EGV; zu einer Änderung einer Empfehlung der Kommission bedarf es also nicht der Einstimmigkeit.

21 Siehe dazu die Pressemitteilung des Rates vom 25. 11. 2003, Rats-Dok. 14492/03, S. 15 ff. und das offizielle Protokoll in Rats-Dok. 15272/03 Ext. 3, das über die Web-Seite des Rates zugänglich ist.

22 Art. 104 Abs. 13 EGV.

wie für die Abmahnungen nach Art. 104 Abs. 9 EGV[23]. Jetzt stimmten jeweils sieben Mitgliedstaaten mit insgesamt 40 Stimmen für die Schlussfolgerungen, die also wenn auch mit ganz knapper Mehrheit, vom Rat angenommen wurden[24].

Die Kommission sah in diesem Ergebnis nicht nur einen politischen Rückschlag. Sie warf dem Rat auch vor, im Widerspruch zum Stabilitäts- und Wachstumspakt gehandelt und mit seinen Schlussfolgerungen in Wirklichkeit die Aussetzung des Pakts zu beschlossen zu haben[25]. Mit ihrer Klage vom 27. Januar 2004 beantragte sie[26]

- 1. die Nichtigerklärung der Entscheidungen des Rates, die in der Nichtannahme der von der Kommission vorgelegten Empfehlungen nach Art. 104 Abs. 8 und 9 EGV lagen;
- 2. die Schlussfolgerungen des Rates für nichtig zu erklären, soweit sie die Aussetzung des Defizitverfahrens gegenüber Deutschland und Frankreich, den Rückgriff auf im Vertrag nicht vorgesehene Rechtsinstrumente und die Änderung der vom Rat im Januar bzw. Juni beschlossenen Empfehlungen umfassten.

B. Das Urteil des EuGH

In seinem Urteil vom 13. Juli 2004[27] hat der EuGH den ersten Antrag als unzulässig abgewiesen und auf den zweiten Antrag hin die Schlussfolgerungen für nichtig erklärt, "soweit sie die Entscheidung enthalten, das Verfahren bei einem übermäßigen Defizit auszusetzen, und eine Entscheidung, mit der die zuvor vom Rat nach Art. 104 Abs. 7 EGV angenommenen Empfehlungen geändert werden". In den folgenden Anmerkungen soll nur auf die Teile der Urteilsgründe näher eingegangen werden, die nach Auffassung des Verfassers Anhaltspunkte für die zukünftige Anwendung des Stabilitäts- und Wachstumspakts enthalten oder jedenfalls so interpretiert werden können.

I. Die „Nichtannahme" der Empfehlungen der Kommission

Beim ersten Antrag der Kommission ging es um die Frage, ob der negative Ausgang der Abstimmungen im Rat über die vorgelegten Empfehlungen eine – negative – Entscheidung des Rates darstellt, die mit der Nichtigkeitsklage des Art. 230 EGV ange-

23 So ausdrücklich die Pressemitteilung des Rats, S.15 und 18. Rechtlich gesehen war eine formelle Abstimmung über diesen politisch gemeinten Text sicherlich nicht notwendig – oder sollten damit vielleicht die Nicht-Euro-Staaten von der Abstimmung ausgeschlossen werden?

24 Die Schlussfolgerungen sind in der Pressemitteilung des Rates abgedruckt (Fn. 21), S. 15 ff.

25 Erklärungen von Kommissar *Solbes* vor dem Plenum des Europäischen Parlaments (Sitzung vom 3. 12. 2003) und vor dem Ausschuss für Wirtschafts- und Finanzfragen (Sitzung vom 2. 12. 2003); ausführliche Kritik an den Ratsbeschlüssen bei *Palm,* Der Bruch des Stabilitäts- und Wachstumspakts, EuZW 2004, 71, und bei *Streinz/Ohler/Herrmann*, Totgesagte leben länger – oder doch nicht?, NJW 2004, 1555 (1556).

26 Rs. C – 27/04.

27 Das Urteil kann über die Web-Seite des EuGH (http://curia.eu.int) abgerufen werden; Auszüge abgedruckt in EuZW 2004, 465.

fochten werden konnte. Die Antwort des EuGH ist eindeutig: Wird im Rat die erforderliche Mehrheit für die Annahme von Entscheidungen gem. Art. 104 Abs. 8 und 9 EGV nicht erreicht, dann handelt es sich um eine Nichtannahme der von der Kommission empfohlenen Rechtsakte, die nicht zu anfechtbaren Handlungen im Sinne von Art. 230 EGV führt (Rn. 34)[28]. Die Kommission hatte sich in ihrem Vorbringen wesentlich auf das Urteil in der Rechtssache Eurocoton berufen[29], in dem der EuGH den negativen Ausgang einer Abstimmung über einen Vorschlag zur Einführung eines endgültigen Antidumpingzolls als eine Handlung mit verbindlicher Rechtswirkung gewertet hat, die der Kontrolle durch den Gerichtshof unterlag. Das entscheidende Argument war damals, dass die Antidumping-Grundverordnung für die Entscheidung des Rats eine Ausschlussfrist vorsieht[30]. Nach dem Wortlaut der Antidumping-Grundverordnung ist der Rat zudem gehalten, einen endgültigen Antidumpingzoll festzusetzen, wenn die Feststellung des Sachverhalts ergibt, dass Dumping und eine sich daraus ergebende Schädigung vorliegen und das Gemeinschaftsinteresse ein Eingreifen erfordert[31]; außerdem hatten der Gerichtshof und noch stärker der Generalanwalt in seinen Schlussanträgen auf das begründete Rechtsschutzinteresse der Kläger hingewiesen[32]. Im hier besprochenen Urteil geht der Gerichtshof auf dieses Vorbringen der Kommission nicht direkt ein, sondern stellt fest, dass es im Gemeinschaftsrecht keine Bestimmung gibt, die eine Frist vorsähe, nach deren Ablauf eine implizite Entscheidung gem. Art. 104 Abs. 8 und 9 EGV als ergangen gelten würde und die den Inhalt einer solchen Entscheidung festlegte (Rn. 32). Die in der VO 1467/97 gesetzten Fristen sollen eine zügige und wirksame Anwendung des Defizitverfahrens gewährleisten, und es würde diesem Ziel zuwiderlaufen, wenn aus dem Ablauf der Fristen geschlossen würde, dass die Befugnis des Rates zur Annahme der empfohlenen Rechtsakte erlischt (Rn. 33). Die Nichtannahme der Empfehlungen hat im vorliegenden Fall zu einem „tatsächlichen Ruhen“ des Verfahrens geführt (Rn. 47), einer Situation, die keinen Verstoß gegen das Gemeinschaftsrecht beinhaltet. Die Kommission hat den Rat also nicht zu einem strengeren Vorgehen gegen Deutschland und Frankreich zwingen können. Für den Rat (und natürlich auch für die betroffenen Mitgliedstaaten) ist dies ein entscheidender Punkt. Das Urteil hat im Grunde an der Rechtslage, die durch den negativen Ausgang der Abstimmungen entstanden war, nichts geändert. Man kann aus diesem ersten Teil des Urteils folgern: Wenn der Ecofin-Rat vom 25. November 2003 nach den negativ ausgegangenen Abstimmungen über die Empfehlungen der Kommission diesen Punkt der Tagesordnung für beendet erklärt oder sich in den Schlussfolgerungen auf einige allgemeine Formulierungen über die Wichtigkeit des Stabilitäts- und Wachstumspakts und die erforderliche Haushaltsdisziplin beschränkt hätte, wäre ihm aus juristischer Sicht nichts vorzuwerfen gewesen. Mit seinen Schlussfolgerungen, die als politischer Text gemeint waren (so das Vorbringen des

28 Im Urteil findet sich im Übrigen kein Hinweis darauf, dass der Rat eine solche Nichtannahme besonders begründen müsste.
29 EuGH, Eurocoton, Slg. 2003, I-10091.
30 Ebd. Rn. 65.
31 Ebd. Rn. 90.
32 Ebd. Rn. 66 ff.

Rates, Rn. 37), hatte dieser sich jedoch auf rechtlich gefährliches Terrain begeben, wie andere Teile der Urteilgründe zeigen, auf die im folgenden eingegangen werden soll.

II. Die Finalität des Defizitverfahrens

In seinen Ausführungen zum zweiten Antrag der Kommission stellt der Gerichtshof zunächst ausführlich die Systematik und Finalität des Defizitverfahrens dar (Rn. 68 – 74). Nach einer zusammenfassenden Wiedergabe des Inhalts der Art. 4 und 104 Abs. 1 EGV stellt er fest, dass es das Ziel dieses Verfahrens ist, „den betroffenen Mitgliedstaat zu veranlassen und, wenn nötig, zu zwingen, ein etwa festgestelltes Defizit abzubauen" (Rn. 70). Danach zitiert der Gerichtshof aus der Entschließung des Europäischen Rates von Amsterdam die Absätze, in denen die entscheidende Bedeutung der Haushaltsdisziplin hervorgehoben und der Rat ersucht wird, „sich zu einer strikten und rechtzeitigen Durchführung aller in seinen Zuständigkeitsbereich fallenden Bestandteile des Stabilitäts- und Wachstumspakt zu verpflichten und die Fristen für die Anwendung des Defizitverfahrens als Höchstgrenzen zu betrachten" (Rn. 72). Damit gibt der Gerichtshof zu erkennen, dass der Stabilitäts- und Wachstumspakt in allen seinen Bestandteilen – der Entschließung des Europäischen Rats und den beiden Verordnungen – die Richtschnur für das Handeln von Kommission und Rat sein muss und dass deren Verhalten auch an den Leitlinien und Verpflichtungen zu messen ist, zu denen sie sich zuvor auf höchster Ebene feierlich bekannt haben. Auslegung und Anwendung der Bestimmungen des Art. 104 EGV werden in den Rahmen des Stabilitäts- und Wachstumspakts gestellt, dem damit rechtliche Relevanz zugesprochen wird[33]. Das entspricht dem Grundsatz der Selbstbindung eines Gemeinschaftsorgans an seine vorausgegangenen Handlungen, im vorliegenden Fall in gewissem Sinne erweitert durch die Bezugnahme auf Verpflichtungen, die sich in einem politischen Text finden. Dies erscheint umso eher gerechtfertigt, als es sich beim Stabilitäts- und Wachstumspakt allein um die Beziehungen zwischen Organen der Gemeinschaft und Mitgliedstaaten handelt und Rechtspositionen des Einzelnen, im Gegensatz zum Eurocoton–Fall, in keiner Weise betroffen sind. Grosse Bedeutung misst der Gerichtshof schließlich den Erwägungsgründen der VO 1467/97 zu (Rn. 73). Er zitiert Nr. 8, wonach die Haushaltsdisziplin in der dritten Stufe der WWU eine Voraussetzung für die Sicherung der Preisstabilität ist, und Nr. 16, die hervorhebt, dass es der Ernst der Lage bei einem übermäßigen Defizit gebietet, dass alle Beteiligten umgehend handeln. Der Gerichtshof kommt damit zu dem Schluss, dass Art. 104 EGV und der VO 1467/97 eine Auslegung zugeben ist, die ihre volle praktische Wirksamkeit sichert um so das Ziel der Sicherung der Haushaltsdisziplin zu gewährleisten (Rn. 74). Darin liegt eine deutliche Botschaft: Die Kompetenzen der Kommission und des Rates in diesem Bereich sollen dem vorrangigen Ziel der Sicherung der Haushaltsdisziplin dienen, und auch die Mitgliedstaa-

33 *Konow* (Fn. 1), S. 68, und ihm zustimmend *Häde* in einer Besprechung der Arbeit von *Konow*, EuR 2004, 498 (499) haben die Entschließung des Europäischen Rates von Amsterdam als rechtlich unerheblich gewertet (*Häde* jedoch mit Nuancen); das Urteil des EuGH sollte zu einer Überprüfung dieser Auffassung führen.

ten dürfen die ihnen vom Gemeinschaftsrecht zugebilligten Handlungsspielräume nicht in einer Weise nutzen, die die Stabilität in Gefahr bringen könnte.

III. Der Gestaltungsspielraum des Rates

Der Gerichtshof stellt fest, dass, wie von der Kommission selbst anerkannt, die Verantwortung für die Wahrung der Haushaltsdisziplin durch die Mitgliedstaaten im wesentlichen beim Rat liegt, und er erwähnt, sozusagen als einen der Gründe für diese Feststellung, dass durch Art. 104 Abs. 10 EGV das Recht der Kommission und der Mitgliedstaaten, eine Vertragsverletzungsklage gegen einen defizitären Mitgliedstaat zu erheben, ausdrücklich ausgeschlossen ist (Rn. 80). Der Gerichtshof erkennt auch an, dass der Rat bei der Würdigung der von der Kommission vorgelegten Empfehlungen einen Ermessensspielraum hat, „insbesondere auf Grund einer abweichenden Beurteilung der einschlägigen Wirtschaftsdaten, der zu treffenden Maßnahmen und des von dem betroffenen Mitgliedstaat einzuhaltenden Zeitplans" (ebenfalls Rn. 80). Der Rat kann außerdem die empfohlenen Rechtsakte mit qualifizierter Mehrheit ändern, was die Entscheidungsfindung im Prinzip erleichtern sollte[34]. Nach diesen Feststellungen, die die zentrale Stellung des Rates im Defizitverfahren bestätigen, heißt es dann aber in Rn. 81:

> „Aus dem Wortlaut und der Systematik der durch den Vertrag geschaffenen Regelung ergibt sich jedoch, dass sich der Rat nicht von den Vorschriften in Art. 104 EGV und denjenigen, die er sich in der Verordnung Nr. 1467/97 selbst gesetzt hat, lösen darf. Somit kann er nicht auf ein alternatives Verfahren zurückgreifen, um z. B. einen anderen Rechtsakte als eben die auf einer bestimmten Stufe vorgesehene Entscheidung anzunehmen oder einen Rechtsakt unter anderen als den nach den anwendbaren Bestimmungen geltenden Voraussetzungen zu erlassen".

In konkreter Anwendung dieses Grundsatzes stellt der Gerichtshof fest (Rn. 83-85), dass ein Ruhen des Verfahrens nur in den in Art. 104 EGV und VO 1467/97 vorgesehen Fällen beschlossen werden kann, die hier aber nicht gegeben sind. Der Gerichtshof stellt vielmehr fest, dass der Rat die Bezugsparameter für die Fortsetzung des Defizitverfahrens geändert hat, weil nicht mehr die Empfehlungen vom Januar bzw. Juni 2003 die Grundlage für die spätere Entscheidung bilden sollten, sondern die einseitigen Verpflichtungen Deutschlands und Frankreichs, die in die Schlussfolgerungen aufgenommen wurden. Dadurch sind die Befugnisse des Rates bei der Fortführung des Verfahrens einschränkt worden (Rn. 87-89).

Das sind klare Absagen an das Vorbringen des Rates (Rn. 63), wonach derartige Entscheidungen (wenn sie überhaupt zustande gekommen sind, was der Rat ja bestreitet) nicht zu beanstanden wären, weil der Vertrag keine Bestimmung enthalte, die ein solches Vorgehen verbiete. Das Urteil macht deutlich: Der Gestaltungsspielraum des Rates geht nicht so weit, dass er andere als die in Art. 104 EGV und in der VO 1467/97 ausdrücklich vorgesehenen Instrumente beschließen dürfte. Die in Art. 104 EGV geregelte Abfolge der einzelnen Stufen, die jeweils strengere Maßnahmen vorsehen, ergänzt durch die VO 1467/97, die eine Beschleunigung des Verfahrens zum Ziel hat, dazu die politischen Leitlinien in der Entschließung des Europäischen Ra-

34 Siehe Fn. 20.

tes von Amsterdam verleihen, zusammen gesehen, dem Defizitverfahren eine besondere Dynamik, zumindest einen festen Rahmen, und nur innerhalb dieses Rahmens darf der Rat seinen Ermessenspielraum ausnutzen. Der Rat kann die Empfehlungen der Kommission annehmen oder auch nicht, und dabei hat er einen weiten Beurteilungsspielraum; er darf aber nicht zu Konstruktionen oder Rechtsinstrumenten greifen, die im Defizitverfahren so nicht vorgesehen sind. Im übrigen erscheint es im Rahmen dieser Anmerkungen nicht erforderlich, näher auf die Teile der Urteilsgründe einzugehen, in denen der Gerichtshof im einzelnen nachweist, warum die Schlussfolgerungen des Ecofin-Rates vom 25. November 2003 vom Gemeinschaftsrecht nicht gedeckte Aussetzungsentscheidungen enthalten und inwiefern der Rat der Sache nach die Empfehlungen vom Januar bzw. Juni 2003 geändert hat, ohne dass dafür die nach Art. 104 Abs. 7 EGV erforderlichen Empfehlungen der Kommission vorgelegen hätten, worin ein Verstoß gegen diese Verfahrensvorschrift lag (Rn. 91-96). Der Rat wird daraus sicherlich seine Lehren ziehen und in Zukunft bei der Formulierung von Schlussfolgerungen vorsichtiger sein, um zu vermeiden, dass in politisch gemeinten Texten Rechtsakte gesehen werden können.

IV. Rechtspflicht zum Handeln ?

Bereits das bisher Gesagte zeigt, dass dem Urteil einige Begrenzungen der Handlungsmöglichkeiten des Rates entnommen werden können. Andere Passagen öffnen noch weiter gehenden Überlegungen das Tor. Ein wichtiges Argument des Rates war, dass es sich bei Art. 104 Abs. 8 und 9 EGV um „Kann"-Vorschriften handelt und er daher zum Erlass der empfohlenen Rechtsakte unter keinen Umständen rechtlich verpflichtet war (Rn. 25). Der Gerichtshof geht darauf nicht ein, im Gegenteil, er weist (Rn. 35) die Kommission ausdrücklich auf die Möglichkeit einer Untätigkeitsklage gem. Art. 232 EGV hin. Warum dieser Hinweis? Der Kommission gegenüber ist eine solche Belehrung im Grunde unnötig, sie hatte im vorliegenden Fall nicht den Weg der Untätigkeitsklage gewählt, und dies sicherlich aus guten Gründen. Man muss daher annehmen, dass das Gericht mit diesem – sonst überflüssigen – Satz andeuten wollte, dass es Situationen geben kann, in denen im Rahmen des Defizitverfahrens aus der Gesamtheit der rechtlichen Bestimmungen und der vom Rat und den Mitgliedstaaten eingegangenen politischen Verpflichtungen eine Rechtspflicht zum Handeln entstehen kann, die dann die Grundlage für eine Untätigkeitsklage abgeben könnte[35].

In diese Richtung dürfte auch Rn. 90 weisen, die hier vollständig wiedergegeben werden soll:

„Hinzuzufügen ist, dass der Gerichtshof, indem er anerkennt, dass sich ein tatsächliches Ruhen des Verfahrens aus dem bloßen Umstand ergeben kann, dass es dem Rat nicht gelingt, eine von der Kommission empfohlene Entscheidung anzunehmen, nicht zu der Frage Stellung nimmt, ob der Rat nach Art. 104 Abs. 9 EGV verpflichtet sein könnte, eine Entscheidung anzunehmen, falls der Mitgliedstaat seinen Empfehlungen nach Art. 104 Abs. 7 EGV weiter-

35 Ähnliche Überlegungen finden sich bei *Streinz u.a.* (Fn. 25), S. 1556, die aus dem Stabilitäts- und Wachstumspakt eine gewisse Selbstbindung des Rates bei der Ausübung seines Ermessens ableiten.

hin nicht Folge leistet; zur Beantwortung dieser Frage ist der Gerichtshof im Rahmen des vorliegenden Verfahrens nicht aufgerufen."

Wenn der Gerichtshof selbst anerkennt, dass er mit dieser für die Wirksamkeit des Defizitverfahrens entscheidenden Frage in diesem Verfahren nicht befasst wurde, warum dann diese Passage? Aus dem Urteil in der Rechtssache Eurocoton[36] ergibt sich, dass unter besonderen Umständen für den Rat eine Rechtspflicht zum Handeln entstehen kann, auch wenn dies in den zugrunde liegenden Bestimmungen nicht ausdrücklich vorgesehen ist. Der Rat legte ausführlich dar, warum dieses Urteil für den vorliegenden Fall nicht relevant ist (Rn. 26), und der Gerichtshof widerspricht dem nicht. Wenn er trotzdem die Möglichkeit einer Rechtspflicht zum Handeln in diesem Zusammenhang überhaupt anspricht, dann kann darin für die zukünftige Handhabung des Defizitverfahrens ein wichtiger Fingerzeig gesehen werden. Der Rat sollte sich – so eine mögliche Interpretation – nicht allzu sehr darauf verlassen, dass es sich in Art. 104 Abs. 8, 9 und 11 EGV jeweils um "Kann"-Vorschriften handelt. Die Ausführungen des Gerichtshofes zur Finalität des Defizitverfahrens und seine ausführliche Bezugnahme auf die Verpflichtungen, die Rat und Mitgliedstaaten in der Entschließung des Europäischen Rates von Amsterdam übernommen haben, können so verstanden werden, dass in Zukunft bei einer schwerwiegenden Verletzung der Haushaltsdisziplin und mangelnder Bereitschaft des betroffenen Mitgliedstaates zu Sanierungsmaßnahmen eine Rechtspflicht des Rates zum Handeln entstehen kann.

C. Schlussbetrachtungen

Insgesamt ergibt sich aus dem Urteil eine Einengung der Entscheidungsmöglichkeiten des Rates im Defizitverfahren. Er ist strikt an die in Art. 104 EGV und VO 1467/97 festgelegten Verfahren und an die für die jeweilige Stufe vorgesehenen Rechtsinstrumente gebunden. Es bleibt dem Rat unbenommen, den von der Kommission empfohlenen Rechtsakten seine Zustimmung zu verweigern, die Nichtannahme ist eine legitime Antwort. Ein Rückgriff auf ausweichende Verfahrensentscheidungen oder im Vertrag nicht vorgesehene Instrumente ist jedoch unzulässig[37]. Der Rat darf nicht versuchen, auf andere („innovative") Weise in das Verfahren einzugreifen und z.B. die Bezugsparameter für die nächste Stufe indirekt ändern. Das Urteil enthält auch eine an den Rat und mehr noch an die Mitgliedstaaten gerichtete Warnung. Wie im vorigen Abschnitt ausgeführt, kann man ihm entnehmen, dass der Gerichtshof unter bestimmten Umständen (die er nicht weiter definiert) eine Rechtspflicht zum Handeln nicht ausschließt. Grundsätzlich können also Situationen entstehen, in denen der Rat rechtlich verpflichtet sein würde, die in Art. 104 EGV vorgesehenen Beschlüsse zum Eintritt in die jeweils nächste Stufe des Defizitverfahrens zu fassen[38].

36 Siehe Fn. 28.

37 Schon im Neuen Testament hieß es: „Eure Rede sei Ja, ja, nein, nein. Was darüber ist, das ist von Übel" (Mt. 5, 37).

38 Zu der grundsätzlichen Frage von Vor- und Nachteilen einer Verrechtlichung von wirtschaftspolitischen Entscheidungen in der EU kann in diesem Rahmen nicht Stellung genommen werden; s. dazu ausführlich *Nicolaysen* (Fn. 14), S. 850 ff.

Um auf die im Titel gestellte Frage zurück zu kommen, ob der Stabilitäts- und Wachstumspakt rechtlich durchsetzbar ist, kann eine erste Antwort lauten: Mit diesem Urteil sind die rechtlichen Mittel zur Durchsetzung des Stabilitäts- und Wachstumspakts geschärft worden. Der Rat muss eindeutig über die für die jeweilige Stufe vorgesehenen Instrumente entscheiden, ihm sind Ausflüchte verwehrt. Damit ist auch die Rolle der Kommission gestärkt worden. Sie kann auf Grund ihres Initiativrechts mit den entsprechenden Vorlagen den Rat zu einer eindeutigen Entscheidung zwingen und damit die Verantwortlichkeiten klarstellen. Andererseits aber – und das ist die zweite Antwort – bestätigt das Urteil, dass im Defizitverfahren der Rat die entscheidende Instanz ist. Die Rechtsinstrumente zur Durchsetzung des Pakts sind präziser und damit leichter anwendbar geworden, entscheidend bleibt aber, dass die Verantwortung für die Sicherung der Haushaltsdisziplin, also die Kontrolle über die Haushaltsdisziplin der Mitgliedstaaten und die Ahndung von Verstößen gegen das Verbot übermäßiger Defizite, in der Hand des Rates liegt, der zudem in diesem Bereich über einen großen Ermessenspielraum verfügt. Der Vertrag hat in Art. 104 EGV den Rat zum Wächter und Richter über vertragsgemäßes Verhalten einzelner Mitgliedstaaten bestellt – eine Aufgabe, die für die übrigen Politikbereiche des EG-Vertrags der Kommission und dem EuGH zugewiesen ist. Am Anfang dieses Beitrags wurde auf den Widerspruch hingewiesen zwischen der wirtschafts- und finanzpolitisch begründeten Forderung strikter Haushaltsdisziplin der Mitgliedstaaten und der Begrenzung der Handlungsfähigkeit der Gemeinschaft, die sich aus dem Postulat ergibt, dass die Verantwortung der Mitgliedstaaten für ihre Wirtschaftspolitik und die Haushaltsautonomie der nationalen Parlamente erhalten bleiben müssten. Die bisherigen Erfahrungen mit der Anwendung des Stabilitäts- und Wachstumspaktes zeigen, dass bei Konfliktsituationen eher das Stabilitätsziel vernachlässigt als dass der defizitäre Mitgliedstaat rechtlich in Zugzwang gesetzt wurde. Mit seinem Urteil vom 13. Juli 2004 macht der EuGH einen Schritt zu einer stärkeren Verrechtlichung des Verfahrens im Rat. Der Rat ist aber, bei aller Bindung an das Gemeinschaftsrecht, das politische Organ, in dem zu allererst die Interessen der Mitgliedstaaten zum Tragen kommen und in dem in politisch so sensiblen Fragen in aller Regel einvernehmliche Lösungen angestrebt werden, auch wenn, wie im Defizitverfahren, mit qualifizierter Mehrheit entschieden werden kann. Die Durchsetzbarkeit des Stabilitäts- und Wachstumspaktes ist daher nicht allein eine Frage der zur Verfügung stehenden Verfahren und Instrumente – insofern hat das Urteil einen Fortschritt gebracht -, hinzu kommen muss der politische Wille der Mehrheit der Mitgliedstaaten im Rat zur konsequenten Anwendung dieser Instrumente[39]. In dieser Hinsicht hat der Gerichtshof, von einigen warnenden Hinweisen abgesehen, die grundsätzliche Handlungsfreiheit des Rates bestätigt.

39 Die Prodi-Kommission hat noch im September 2004 (Dok. KOM (2004) 581 endg.) dem Rat Überlegungen über eine Anpassung einiger Elemente des Stabilitäts- und Wachstumspakts und eine Verbesserung der Verfahren vorgelegt. Man kann hoffen, dass solche Anpassungen, über die z.Z. im Ecofin-Rat verhandelt wird, seine wirtschaftspolitische Glaubwürdigkeit und damit auch die rechtliche Durchsetzbarkeit erhöhen.

Die Verfassung für Europa und das Europäische System der Zentralbanken

Charlotte Gaitanides

A. Einführung und Problemstellung

Am 29. Oktober diesen Jahres wurde in Rom der „Vertrag über eine Verfassung für Europa" unterzeichnet[1]. Dieser Vertrag ist das Ergebnis des im Jahre 2001 mit der Erklärung von Laeken eingeleiteten Reformprozesses[2]. Die Vertreter der Mitgliedstaaten hatten sich bereits im Juni 2004 auf diesen Vertrag geeinigt. Sie bauten dabei auf dem Verfassungsentwurf des Europäischen Konvents aus dem Jahre 2003[3] auf, nahmen aber einige wesentliche Änderungen am ursprünglichen Text vor[4]. Nach jahrzehntelanger Verfassungsdiskussion begründet der Vertrag über die Verfassung für Europa nunmehr die erste ausdrücklich als solche bezeichnete Verfassung der Europäischen Union. Damit einher geht die wohl bislang größte Unionsreform. Der Vertrag beinhaltet einen einheitlichen Verfassungstext, der die bestehenden Verträge konsolidiert und vereinfacht, und jedenfalls das Anliegen verfolgt, bisherige Errungenschaften zu stärken und die Organe und Einrichtungen der Union zu reformieren. Um in Kraft treten zu können, bedarf der Vertrag der Ratifikation in allen 25 Mitgliedstaaten. Für die Ratifikation gelten in den Mitgliedstaaten unterschiedliche Verfahren. In einigen Mitgliedstaaten fällen ausschließlich die Parlamente die Entscheidung darüber, ob die Ratifikation erfolgt, in anderen werden Referenden abgehalten. Das Inkrafttreten des Verfassungsvertrages ist für den 1. November 2006 vorgesehen. Diese zeitliche Vorgabe erscheint aber kaum realistisch. Für die Zukunft des europäischen Einigungsprozesses dürfte vielmehr entscheidend sein, ob die Ratifikation sämtlicher Mitgliedstaaten überhaupt erfolgen wird.

Hinsichtlich der europäischen Geldpolitik ist während der Beratungen im Verfassungskonvent immer wieder versichert worden, dass die mit dem Vertrag von Maastricht im EG-Vertrag fixierte europäische Geldordnung in der Substanz nicht ange-

1 Der Text mit Protokollen und Erklärungen ist abgedruckt in *K. H. Fischer,* Der Europäische Verfassungsvertrag, 2005, S. 109 ff.

2 Siehe das Mandat von Laeken vom 15. 12. 2001, SN 300/01.

3 Dokument CONV 850/03 vom 18. 7. 2003; zum Konventsentwurf siehe insbesondere die Übersichten von *Meyer/Hölscheidt,* Die Europäische Verfassung und der Europäische Konvent, EuZW 2003, 613; *Oppermann,* Eine Verfassung für die Europäische Union – Der Entwurf des Europäischen Konvents, DVBl. 2003, 1165 und 1234; *Ruffert,* Schlüsselfragen der Europäischen Verfassung der Zukunft. Grundrechte – Institutionen – Kompetenzen – Ratifizierung, EuR 2004, 165; *Schwarze,* Ein pragmatischer Verfassungsentwurf, EuR 2003, 535.

4 Siehe dazu den detaillierten Vergleich bei *Fischer* (Fn. 1), S. 109 ff.; sowie *W. Wessels,* Die institutionelle Architektur der EU nach der Europäischen Verfassung: Höhere Entscheidungsdynamik – neue Koalitionen?, integration 2004, 161.

tastet werde[5]. Bislang legt der EG-Vertrag die Rahmenbedingungen für das Handeln des Europäischen Systems der Zentralbanken (ESZB) fest. Das ESZB umfasst neben der EZB sämtliche nationale Zentralbanken als „integrale Bestandteile“[6]. Gleichwohl ist zu konstatieren, dass die Verfassung nur wenige Jahre nach Eintritt in die dritte Stufe der Europäischen Währungsunion und nur zwei Jahre nach Einführung des Euro-Bargeldes Änderungen an eben jener Geldordnung vorsieht.

Die zum Teil vehementen Kritiken am Verfassungsentwurf des Konvents sahen das Ziel der Preisstabilität und die Unabhängigkeit der EZB in dem vom Konvent im Juni 2003 angenommenen Verfassungstext deutlich schlechter abgesichert als das bislang im EG-Vertrag der Fall war. Sie konstatierten ein Abrücken vom strengen Maastrichter Regelwerk. Kritische Stimmen sahen die Unabhängigkeit der Europäischen Zentralbank sogar „durch die Hintertür zum Schafott geführt“[7]. „Hände weg von der EZB!“[8] lautete daher prägnant zusammengefasst die vielfach geäußerte Forderung.

Diese Kritik fordert dazu heraus, den nunmehr in Rom unterzeichneten Verfassungstext zu analysieren. Konkret stellt sich die Frage, inwieweit die bisherigen tragenden Elemente der Geldordnung, wie sie gegenwärtig noch im EG-Vertrag geregelt sind, in die Unionsverfassung übernommen und dadurch bekräftigt wurden. Angesprochen ist ein Thema von eminenter gesamtgesellschaftlicher Bedeutung. Gerade die deutsche Geschichte hat die destabilisierenden wirtschaftlichen, gesellschaftlichen und sozialen Folgen der Inflation vor Augen geführt. *John Maynard Keynes* beschrieb die Konsequenzen eindrücklich wie folgt: „Es gibt kein feineres und kein sichereres Mittel, die bestehenden Grundlagen für die Gesellschaft umzustürzen, als die Vernichtung der Währung!“[9]

Die Wahrung der Preisstabilität als vorrangiges Ziel des ESZB ist die Schlüsselkomponente der gegenwärtigen Geldverfassung[10]. Sie ist das Fundament, auf dem die Europäische Währungsunion errichtet wurde. Daher stellt sich die Frage, ob es Abweichungen zwischen dem geld- und währungsrechtlichen „Status Quo“ und den Vorgaben der Unionsverfassung gibt, und welche Auswirkungen diese Änderungen auf die europäische Geldordnung haben werden.

Die nachfolgende Betrachtung der Änderungen der europäischen Geldordnung in der Verfassung für Europa konzentriert sich auf drei Fragenkreise: Welchen Stellenwert hat das Ziel der Preisstabilität in der Unionsverfassung? Wie ist der institutionelle Status der EZB mit Blick auf die Unabhängigkeit der Zentralbank geregelt?

5 Vgl. *Belke/Baumgärtner/Kösters,* Was bleibt vom Maastrichter Stabilitätsversprechen?, Wirtschaftsdienst 2004, 1.

6 Art. 107 Abs. 1 EGV, Art. 14.3 ESZB-Satzung; vgl. auch *Seiler,* Das Europäische System der Zentralbanken (ESZB) als Verantwortungsverbund: Systemgebundene Aufgabenerfüllung durch eigenständige Kompetenzträger, EuR 2004 52 (55).

7 Dieses Zitat findet sich in dem Artikel „Die Unabhängigkeit der EZB ist bedroht“, Handelsblatt v. 4. 12. 2003, S. 25.

8 So die Überschrift des ökonomischen Gastkommentars von *J. Stark,* Handelsblatt v. 1. 9. 2003, S. 7.

9 *Keynes,* Die wirtschaftlichen Folgen des Friedensvertrages, 1920, S. 192.

10 Siehe im einzelnen *Gaitanides,* Das Recht der Europäischen Zentralbank – Unabhängigkeit und Kooperation in der Europäischen Währungsunion, 2005, S. 7 ff. (im Druck).

Bringt die im Verfassungsvertrag vorgesehene verfahrensrechtliche Erleichterung bei künftigen Verfassungsänderungen Gefahren für das Stabilitätsziel mit sich?

B. Änderungen der europäischen Geldordnung

I. Verpflichtung auf die Preisstabilität

Die Bestimmungen des EG-Vertrages beruhen auf der Überzeugung, dass eine stabile gemeinsame Währung nur durch die ausdrückliche Garantie einer vorrangigen Stellung der Preisstabilität gewährleistet werden kann. Daher wird die Gemeinschaft im EG-Vertrag gleich an drei Stellen auf die Verfolgung der Preisstabilität verpflichtet. Art. 2 EGV stellt auf „nichtinflationäres Wachstum“ ab, Art. 4 Abs. 2 EGV auf „Preisstabilität“. Art. 4 Abs. 3 EGV fordert „stabile Preise“. Mit der Sicherung der Preisstabilität ist die Europäische Zentralbank betraut. Nur die ausschließliche Verpflichtung auf das Stabilitätsziel vermag die weitgehende Unabhängigkeit der Zentralbank im Lichte des Prinzips demokratischer Kontrolle zu rechtfertigen[11].
Als erstes ist zu untersuchen, ob sich die herausragende Bedeutung des Zieles der Preisstabilität auch in der Unionsverfassung wieder findet. Im Verfassungskonvent standen hinsichtlich der Ausgestaltung der geldpolitischen Zielvorgaben zwei Fragen zur Diskussion, und zwar die Aufnahme gleichberechtigter wachstums- und beschäftigungspolitischer Ziele (unter 1.) und die Beibehaltung der Preisstabilität als Unionsziel (unter 2.).

1. Aufnahme gleichberechtigter wachstums- und beschäftigungspolitischer Ziele?

Zunächst stand zur Diskussion, ob die Förderung eines nachhaltigen Wachstums und hoher Beschäftigung dem vorrangigen Ziel der Preisstabilität als weitere gleichberechtigte Ziele hinzugefügt werden sollte. Die Ausweitung des vorrangigen Ziels der Preisstabilität um gleichberechtigte wachstums- und beschäftigungspolitische Ziele wurde zwar von einigen Konventsmitgliedern vorgeschlagen, die ganz überwiegende Mehrheit lehnte den Vorstoß jedoch ab. Mit deutschem Verfassungsrecht wäre dieser Vorschlag ohnehin nicht vereinbar gewesen, denn Art. 88 GG erlaubt eine Übertragung der Bundesbankbefugnisse auf die Europäische Zentralbank nur, wenn diese „unabhängig … und dem vorrangigen Ziel der Preisstabilität verpflichtet“ ist[12].
Die Mehrheit im Konvent vertrat zu Recht den Standpunkt, dass das gegenwärtige Mandat, d.h. die Gewährleistung von Preisstabilität als Primärziel, auf einer Ratio beruht, die schon im Vertrag von Maastricht ihren Niederschlag gefunden und sich auch bewährt hat. Danach trägt die Geldpolitik am besten zur Verwirklichung ande-

11 Ausführlich dazu *Gaitanides* (Fn. 10), S. 199 ff.
12 Siehe auch *Kämmerer,* in: von Münch/Kunig (Hg.), Grundgesetz, Bd. 3, 5. Aufl. 2003, Art. 88 Rn. 30; *Tettinger,* in: Sachs (Hg.), Grundgesetz, 3. Aufl. 2002, Art. 88 Rn. 4; *Endler,* Europäische Zentralbank und Preisstabilität, 1998, S. 271; *Geerlings,* Die neue Rolle der Bundesbank im Europäischen System der Zentralbanken, DÖV 2003, 322 (323).

rer wirtschaftlicher Ziele bei, indem sie Preisstabilität gewährleistet. Ein stabiles Preisniveau erlaubt niedrige und stabile Zinsen, die wiederum hohe Investitionen und letztendlich Wachstum und Beschäftigung fördern sollen.

Das im EG-Vertrag niedergelegte Primat der Preisstabilität soll die Glaubwürdigkeit der Geldpolitik der Zentralbank auch rechtlich untermauern[13]. Die einseitige Fixierung auf die Preisstabilität ist eine notwendige Bedingung für das Vertrauen der Wirtschaftssubjekte in die Geldpolitik der Zentralbank. Ohne dieses Vertrauen würden die Wirtschaftssubjekte Inflationserwartungen bilden und künftige Preissteigerungen, z.B. in Tarifverträgen oder in Preislisten, in ihren Plänen vorwegnehmen. Fehlende Glaubwürdigkeit der Zentralbank bringt damit fast zwangsläufig inflationäre Tendenzen mit sich. Funktion und Ratio der rechtlichen Rahmenbedingungen liegen somit darin, der EZB, die über keine geldpolitische Historie verfügte und damit bezüglich ihrer Entscheidungen von den Märkten nicht berechenbar war, durch verfassungsrechtliche Garantien Transparenz und Verlässlichkeit zu signalisieren.

Der Verfassungskonvent hat diesen Zusammenhängen Rechnung getragen und „Preisstabilität" im dritten Teil der Verfassung als geldpolitisches Primärziel beibehalten[14]. Bestätigt wurde auch die Bestimmung des Art. 4 Abs. 2 EGV, die vorsieht, dass das ESZB die allgemeine Wirtschaftspolitik in der Gemeinschaft unterstützen soll, soweit diese Unterstützung der Preisstabilität nicht abträglich ist[15]. Indem die Verfassung das Mandat des ESZB sowie die herausragende Bedeutung der Preisstabilität bekräftigt, erkennt sie den Erfolg der bestehenden Geldordnung an.

2. *Preisstabilität als Unionsziel*

Preisstabilität ist aber nicht lediglich ein operationelles Ziel der EZB und der nationalen Zentralbanken. Als zweite Frage wurde im Konvent diskutiert, ob Preisstabilität darüber hinaus, wie bisher auch, als Ziel der Mitgliedstaaten und der Union gelten sollte. Bislang bestimmt Art. 4 Abs. 3 EGV als Grundsatz der Tätigkeit der Mitgliedstaaten und der Gemeinschaft die Einhaltung „stabiler Preise". Im Gegensatz dazu fehlte im Verfassungsentwurf die Preisstabilität als Unionsziel zunächst gänzlich. Als Grund für die Nichtaufnahme in den Zielkatalog des Verfassungsentwurfs fand sich das Argument, dass der Bedeutung des Stabilitätszieles schon in Art. III-177 VV – hier wird sie als „richtungsweisender Grundsatz" bezeichnet[16] – hinreichend Rechnung getragen worden sei. Da das Stabilitätsziel auf diese Weise von einem Ziel der gesamten Gemeinschaft zu einem bloßen Partikularziel eines Politikbereichs, nämlich der Geldpolitik, herabgestuft wurde, ist die Nichtaufnahme von der Deutschen Bundesbank und der EZB als Abkehr von der Stabilitätsphilosophie scharf kritisiert worden[17]. Vor allem der große Einfluss, den die Mitgliedstaaten aufgrund ihrer finanzpolitischen Verantwortung und ihrer Verantwortung für die Fest-

13 Siehe im einzelnen *Gaitanides* (Fn. 10), S. 28 ff.
14 Art. III-177 Abs. 2, Art. III-185 Abs. 1 VV.
15 Siehe Art. III-177 Abs. 2 VV.
16 Siehe Art. III-177 Abs. 3 VV.
17 Siehe z.B. *Belke/Baumgärtner/Kösters,* Was bleibt vom Maastrichter Stabilitätsversprechen?, Wirtschaftsdienst 2004, 1 f.

legung der gesamtwirtschaftlichen Rahmenbedingungen auf die Preisstabilität haben[18], macht es notwendig, auch die Mitgliedstaaten im Rahmen der Unionsziele auf das Stabilitätsziel zu verpflichten.

Die besondere Rolle der Mitgliedstaaten verdeutlicht auch die aktuelle Diskussion um den Stabilitäts- und Wachstumspakt[19]. Charakteristisch für die Ausgestaltung der Wirtschafts- und Währungsunion ist das Auseinanderfallen der Kompetenzen im Bereich der Geldpolitik einerseits und der allgemeinen Wirtschaftspolitik, insbesondere der Fiskal- und Finanzpolitik, andererseits[20]. Der Pakt hat die Aufgabe, den aus der staatlichen Fiskal- und Finanzpolitik erwachsenden Gefahren für die Preisstabilität zu begegnen, indem er das Haushaltüberwachungsverfahren des Art. 104 EGV konkretisiert[21]. In diesem Zusammenhang sei auf die nicht rechtverbindliche Erklärung zum Stabilitäts- und Wachstumspakt hingewiesen, die von den Staats- und Regierungschefs auf der abschließenden Tagung der Regierungskonferenz im Juni 2004 verabschiedet wurde[22]. In dieser Erklärung findet sich ein erneutes Bekenntnis zum Stabilitäts- und Wachstumspakt. Die Mitgliedstaaten sollten „in wirtschaftlichen Erholungsphasen ihre öffentlichen Finanzen konsolidieren und ihre Haushaltslage verbessern".

Weiteres Argument für die Aufnahme der Preisstabilität in die Unionsziele sind die weitreichenden gesamtgesellschaftlichen Implikationen des Stabilitätszieles. Die Regierungskonferenz ist diesen Argumenten letztlich gefolgt und hat die Preisstabilität – wenngleich in quasi letzter Minute – in den Zielkatalog der Union aufgenommen. Der Verfassungstext, so wie er in Rom unterzeichnet wurde, ergibt folgenden Befund: Die Gewährleistung von Preisstabilität wird nunmehr in Art. I-30 Abs. 2 S. 2 VV, also im ersten Teil des Verfassungsvertrages, als vorrangiges Ziel des ESZB benannt. Sie wird zugleich in Art. I-3 Abs. 3 VV als eines der Ziele der Union festgeschrieben. Sie steht damit gleichberechtigt neben dem Ziel eines ausgewogenen Wirtschaftswachstums.

18 Vgl. EZB, Der Einfluss der Finanzpolitik auf die gesamtwirtschaftliche Stabilität und die Preise, in: Monatsbericht April 2004, S. 49 ff.

19 Der Pakt besteht aus mehreren Teilen, und zwar der Entschließung des Europäischen Rates über den Stabilitäts- und Wachstumspakt, ABl. 1997 C 236/1 sowie der Verordnung (EG) Nr. 1466/97 des Rates über den Ausbau der haushaltspolitischen Überwachung und der Überwachung und Koordinierung der Wirtschaftspolitiken v. 7. 7. 1997, ABl. 1997 L 209/1, und der Verordnung (EG) Nr. 1467/97 des Rates über die Beschleunigung und Klärung des Verfahrens bei einem übermäßigen Defizit v. 7. 7. 1997, ABl. 1997 L 209/6; zum Zustandekommen der sekundärrechtlichen Regelungen des Stabilitäts- und Wachstumspaktes siehe *Hahn,* Der Stabilitätspakt für die Europäische Wirtschafts- und Währungsunion, JZ 1997, 1133.

20 Siehe nur *Hahn/Häde,* in: Dolzer/Vogel/Graßhof, Bonner Kommentar zum Grundgesetz, Stand 107. Lfg. 2003, Art. 88 Rn. 374; *Seidel,* Probleme der Verfassung der Europäischen Gemeinschaft als Wirtschafts- und Währungsunion, in: FS Bodo Börner, 1992, S. 417.

21 Dazu beispielsweise *Gaitanides* (Fn. 10), S. 14 f.; *Häde,* Der EuGH und die Haushaltsdisziplin – Das Urteil vom 13. 7. 2004 zum Verfahren bei einem übermäßigen Defizit, EuR 2004, 750; *Hahn/Häde* (Fn. 20), Art. 88 Rn. 384 f.; *Streinz/Ohler/Herrmann,* Totgesagte leben länger – oder doch nicht?, NJW 2004, 1553 (1554) m.w.N.

22 Erklärung Nr. 17 zu Artikel III-184, abgedruckt bei *Fischer* (Fn. 1), S. 314.

II. Institutioneller Status der EZB in der Unionsverfassung

Eine weitere Aufgabe des Konvents und der Regierungskonferenz bestand darin, den institutionellen Rahmen der Union festzulegen. Bislang nennt der EG-Vertrag das ESZB und die EZB in Art. 8 und führt damit eine klare institutionelle Abgrenzung zu den in Art. 7 aufgezählten Gemeinschaftsorganen, also Parlament, Rat, Kommission, Gerichtshof und Rechnungshof, herbei. Vor diesem Hintergrund wurde in Bezug auf die Ein- und Zuordnung der EZB die These vertreten, die Zentralbank stelle eine „unabhängige spezialisierte Organisation" dar, die nicht im Rahmen der EG, sondern als Teil der ersten Säule der Union neben den Gemeinschaften, also EG und Euratom, stehe[23]. Diese These ist aber weder mit Wortlaut, noch mit Systematik und Telos des EG-Vertrages vereinbar[24]. Gegen die behauptete Rolle als eigenständige Organisation neben der EG spricht schon die Verankerung der EZB im EG-Vertrag. Auch vermag der Hinweis, die Mitgliedstaaten hätten die geldpolitische Hoheit nie der EG, sondern direkt der EZB übertragen, nicht zu überzeugen. Schon der Wortlaut des Art. 105 Abs. 2, 1. Spiegelstr. EGV spricht hier eine andere Sprache: „Die grundlegende Aufgabe des ESZB besteht darin, die Geldpolitik der Gemeinschaft festzulegen und durchzuführen." Nach dem Wortlaut geht es also allein um die Geldpolitik der Gemeinschaft.

Dass es zugegebenermaßen schwierig ist, die Zentralbank in das vorhandene Gerüst einzuordnen, ist vor allem ihrer Unabhängigkeit geschuldet. Die Unabhängigkeit soll die Zentralbank dem direkten Zugriff der Politik entziehen und damit die Preisstabilität sichern[25]. Auch wenn die Unabhängigkeit der EZB eine besondere Stellung einräumt, ist ihr Platz doch innerhalb der Gemeinschaft. Der beschriebenen Auffassung zur Zuordnung der Zentralbank hat der Europäische Gerichtshof daher in einer Entscheidung, in der es um die Untersuchungsbefugnisse der europäischen Anti-Betrugsbehörde OLAF bei der EZB ging, zu Recht eine klare Absage erteilt[26].

Auch in der neuen Verfassung verbleiben in Bezug auf die Einordnung der Zentralbank gewisse Interpretationsspielräume. Der Verfassungstext ist aber zumindest insoweit eindeutig, als die EZB nunmehr dem institutionellen Rahmen der Union zuzuordnen ist. Die Regelungen über den institutionellen Rahmen unterscheiden zwischen der Bestimmung des Art. I-19 Abs. 1 S. 2 VV, in der als Organe der Union Parlament, Europäischer Rat, Ministerrat, Kommission und Gerichtshof aufgelistet

23 *Zilioli/Selmayr,* The External Relations of the Euro Area: Legal Aspects, CML Rev. 36 (1999), 273 (285 f.); *dies.,* The European Central Bank: An Independent Specialized Organization of Community Law, CML Rev. 37 (2000), 591; *Selmayr,* Die Wirtschafts- und Währungsunion als Rechtsgemeinschaft, AöR 1999, 357 (373).

24 Ebenso mit unterschiedlichen Begründungen *Amtenbrink/de Haan,* The European Central Bank: An Independent Specialized Organization of Community Law – a Comment, CML Rev. 39 (2002), 65 ff.; *von Borries,* Die Europäische Zentralbank als Gemeinschaftsinstitution, ZEuS 1999, 281 (293); *Brentford,* Constitutional Aspects of the Independence of the European Central Bank, in: ICLQ 1998, 75 (113); *Dutzler,* Institutional Framework of the EMU – Is the ECB a Fourth Pillar?, in: Breuss/Fink/Griller, Institutional, Legal and Economic Aspects of the EMU, 2003, S. 3; *Torrent,* Whom is the European Central Bank the Central Bank of?, CML Rev. 36 (1999), 1229 (1231 ff.); *Smits,* The European Central Bank: Institutional Aspects, ICLQ 1996, 319 (327).

25 Vgl. *Endler* (Fn. 12), S. 405; *Gaitanides* (Fn. 10), S. 44 f.

26 EuGH, Kommission/EZB, Slg. 2003, I-7147 Rn. 135 f.

sind, und weiteren Bestimmungen, in denen u.a. die sonstigen Organe, nämlich EZB und Rechnungshof, genannt sind.

Angesichts der neuen Verfassungsregeln und der klarstellenden Entscheidung des Gerichtshofs beschreibt die EZB ihren institutionellen Status in einem ihrer jüngsten Monatsberichte als „Institution sui generis“[27]. Auch nach der neuen Verfassung, so wird ausgeführt, habe die Zentralbank einen Sonderstatus gegenüber den Organen der Union.

Diese Sichtweise entspricht der herrschenden Meinung zu der noch aktuellen Rechtslage. Nach künftigem Verfassungsrecht ist die Zentralbank damit allerdings nicht mehr hinreichend beschrieben. Mit Inkrafttreten des Verfassungsvertrages wird die EZB als Unionsorgan anzusehen sein, das sich, ähnlich dem Rechnungshof, durch die ihm gewährte Unabhängigkeit und seine spezifischen Befugnisse von den anderen Organen unterscheidet. Auch wenn die Beschreibung der Zentralbank als Institution sui generis von dem nachvollziehbaren Bemühen getragen ist, die Tätigkeit der EZB in möglichst großer institutioneller Distanz zu den politischen Akteuren der Union zu halten, Wortlaut und Systematik der neuen Verfassung stützen diesen Befund nicht mehr. Die einleitenden Bestimmungen über den institutionellen Rahmen, die zwischen „Organen“ des Art. I-19 Abs. 1 S. 2 VV und den „sonstigen Organen und beratenden Einrichtungen“ in Art. I-30 ff. VV unterscheiden, mögen in dieser Hinsicht noch weniger eindeutig sein. Deutliches Indiz für die Organeigenschaft im engeren Sinne ist aber eine Regelung, die im Verfassungsentwurf noch nicht enthalten war und die erst die Regierungskonferenz in den dritten Teil des Verfassungstexts eingefügt hat. Im ersten Abschnitt des Titels VI („Arbeitsweise der Union“) sind unter der Überschrift „Die Organe“ nunmehr auch die institutionellen Bestimmungen zur Arbeit der EZB niedergelegt worden[28]. Sie finden sich dort unmittelbar hinter den Bestimmungen über den Europäischen Gerichtshof, einer Institution an deren Eigenschaft als Unionsorgan es keinen Zweifel gibt. Die Differenzierung in „Organe“ und „sonstige Organe“ wurde gänzlich aufgehoben. Die neue Systematik spricht daher für eine Einordnung der EZB als Unionsorgan, nicht aber für die These von einer Institution sui generis. Schließlich bestimmt Art. I-30 Abs. 3 VV ausdrücklich: „Die Europäische Zentralbank ist ein Organ.“ Die Verfassung hat den institutionellen Status der EZB damit eindeutig festgeschrieben.

Daran schließt sich die für die Bewertung der neuen europäischen Geldordnung entscheidende Frage an, ob der Organstatus der EZB Gefahren für das Stabilitätsziel mit sich bringt. Als Organ unterliegt die EZB der Pflicht zur „loyalen Zusammenarbeit“ mit den anderen Organen. Das ergibt sich künftig aus Art. I-5 Abs. 2 S. 1 VV. Aus dieser Pflicht könnte man u.U. eine Schwächung der Unabhängigkeit ableiten. Mit Blick auf die Ratio der strikten Vorgaben der Geldverfassung sind derartige Folgen indessen kaum zu befürchten. Die EZB hat sich bereits in ihrer kurzen Historie als verlässliche geldpolitische Instanz profiliert. Ihr Status als Hüterin der Preissta-

27 EZB, Die Europäische Verfassung und die EZB, in: Monatsbericht August 2004, S. 55 (65 f.).

28 Art. III-382 und Art. III-383 VV. Der Konvent hatte diese beiden Artikel als Abschnitt 3 der Wirtschafts- und Währungsunion vorgeschlagen. Die Regierungskonferenz ist diesem Vorschlag nicht gefolgt, sondern bettete sie in den institutionellen Teil des Verfassungsvertrages ein.

bilität gilt als gefestigt. Je länger diese Glaubwürdigkeitstradition andauert und je verlässlicher die Zentralbank sich in der geldpolitischen Praxis erweist, desto weniger sind institutionelle Vorkehrungen notwendig, um das Vertrauen der Märkte in das geldpolitische Handeln der Zentralbank zu begründen und zu festigen.

III. Verfahrensrechtliche Erleichterung bei künftigen Verfassungsänderungen

Um eine höhere Flexibilität bei der Revision der Europäischen Verfassung zu gewährleisten, ist in Art. IV-445 VV ein sog. vereinfachtes Änderungsverfahren für die Bestimmungen des dritten Teiles über die internen Politikbereiche der Union vorgesehen. Dieses Verfahren betrifft auch die Bestimmungen über die europäische Geldpolitik. Änderungen werden durch einen einstimmig zu verabschiedenden „Europäischen Beschluss" des Europäischen Rates verabschiedet, ohne dass es der Einberufung einer Regierungskonferenz bedarf[29]. Das Europäische Parlament und die Kommission sind anzuhören[30]. Die beschlossenen Änderungen müssen von allen Mitgliedstaaten ratifiziert werden[31]. Der materielle Gehalt des dritten Teiles der Verfassung, wie etwa die Bestimmungen über die Aufgaben und die Beschlussfassungsregeln der Entscheidungsorgane des ESZB, kann also künftig von den Staats- und Regierungschefs ohne Einberufung der Regierungskonferenz einstimmig geändert werden[32]. Darin ist unmittelbar eine Schwächung der institutionellen Unabhängigkeit der Zentralbank zu sehen[33]. Mittelbar werden damit auch Eingriffe in andere Unabhängigkeitsdimensionen, wie die finanzielle, funktionelle, personelle und instrumentelle Unabhängigkeit, erleichtert. Anders als die EZB in ihrem Monatsbericht vom August 2004[34] wird man darin keinesfalls nur eine „geringfügige Änderung" des Status Quo erkennen können, denn die Hürde für Eingriffe in die Unabhängigkeitsgarantie ist deutlich niedriger geworden.

Wie schon mit Blick auf die künftige Organstellung der EZB ließe sich auch hier argumentieren, dass es sich um nichts anderes als einen gewissen „konstitutionellen Normalisierungsprozess" handelt. Obwohl die Verfassungsgrundlagen über die konkrete Ausgestaltung der Geldpolitik nun leichter änderbar sein werden, hat die Zentralbank in der Öffentlichkeit ohne Zweifel großes Ansehen gewonnen. Substantielle Eingriffe in die Verfassungsgrundlagen wären daher faktisch kaum durchsetzbar, wenn sie gegen den erklärten Willen der EZB stattfinden. Solche Änderungen würden nicht ohne „Sanktionen" der Märkte zu realisieren sein. Es sei zudem daran erinnert, dass die Unabhängigkeit der Deutschen Bundesbank keinen Verfassungsrang hatte, sondern auf einfachgesetzlicher Grundlage beruhte.

Gleichwohl ist bei der Bewertung der konstitutionellen Änderbarkeit der geldpolitischen Regeln deutlich mehr Skepsis als hinsichtlich der künftigen Organstellung der

29 Art. IV-445 Abs. 2 S. 1 VV.

30 Art. IV-445 Abs. 2 S. 2 VV.

31 Art. IV-445 Abs. 2 S. 3 VV.

32 Vgl. *Belke/Baumgärtner/Kösters*, Was bleibt vom Maastrichter Stabilitätsversprechen?, Wirtschaftsdienst 2004, 1 (25).

33 Zu den einzelnen Merkmalen der Unabhängigkeit siehe *Gaitanides* (Fn. 10), S. 44 ff.

34 EZB (Fn. 21), S. 55 (67).

EZB angebracht, denn hier geht es um die Festigkeit der konstitutionellen Grundlagen des Zentralbankhandelns. Diese Festigkeit war bislang das Fundament für die Glaubwürdigkeit der EZB. Vor allem deshalb wäre es wünschenswert gewesen, die Geldpolitik nicht den anderen Politikbereichen des dritten Teiles der Verfassung gleichzustellen, sondern sie mit Blick auf den „Glaubwürdigkeitsauftrag" vom vereinfachten Änderungsverfahren auszunehmen und dadurch konstitutionelle Kontinuität zu signalisieren. Auf diese Weise ließe sich die besondere Bedeutung der Geld- und Währungsverfassung als ein wichtiges „Vehikel" für eine glaubwürdige Geldpolitik hervorheben und nachdrücklich betonen.

C. Schlussfolgerung

Der im Verfassungsvertrag niedergelegte rechtliche Rahmen der Währungsunion steht in der Tradition des Vertrages von Maastricht. Die Vorgaben für eine stabile Geldpolitik wurden konsequent weiterentwickelt. Allenfalls können im vereinfachten Änderungsverfahren künftig einzelne Elemente der Unabhängigkeit der Zentralbank leichter novelliert werden. Solchen Verfahrenserleichterungen sind Gefahren für das Stabilitätsziel immanent. Die erfolgreiche Historie der EZB wird das Vertrauen der Märkte aber auch in Zukunft rechtfertigen. In dieser Tradition wird das ESZB stabilitätsgefährdende Ansinnen weiterhin erfolgreich abwehren können.

Die Transformation des Europäischen Gesellschaftsrechts

Friedrich Kübler

A. Das ursprüngliche Konzept

I. Der Grundriss

Im Laufe des 20. Jahrhunderts hat sich das Gesellschaftsrecht auf dem europäischen Kontinent grundlegend anders entwickelt als in den USA. Die nationalen Systeme weichen vielfältig voneinander ab, beruhen aber doch weithin auf übereinstimmenden Merkmalen. Dieses Grundmuster tritt in Deutschland besonders klar zutage; deshalb soll die deutsche Gesellschaftsrechtsordnung als Ausgangspunkt der folgenden Darlegungen dienen. Sie lässt sich durch drei Strukturmerkmale charakterisieren:

Deutschland bekennt sich seit langem zu einer „stakeholder philosophy". Vorrangiger Zweck des Gesellschaftsrechts ist nicht die Mehrung des investierten Kapitals, sondern die Schlichtung konfligierender Interessen, vor allem zwischen Gesellschaftern, Gläubigern und Arbeitnehmern. Den Beschäftigten stehen Rechte auf Mitbestimmung zu[1]; in Deutschland werden sie in dem vom Geschäftsführungsorgan (Vorstand) getrennten Aufsichtsrats verankert. Die Gläubiger sollen durch ein umfassend geregeltes Regime des gesetzlichen Nennkapitales geschützt werden. Es verlangt Mindesteinzahlung bei Gründung der Gesellschaft, erschwert Sacheinlagen durch komplizierte Verfahren und beschränkt Dividendenzahlungen und den Rückkauf eigener Aktien weit über das in anderen hochentwickelten Ländern, etwa den USA, festgelegte Maß hinaus. Das erschwert nicht nur die Gründung von Gesellschaften, sondern auch ihre spätere Eigenkapitalfinanzierung durch Ausgabe neuer Aktien.

Dieser Ansatz prägt Funktion und Struktur des Gesellschaftsrechts. Seine Regeln sind dazu bestimmt, das Verhältnis zwischen Anlegern, Managern, Gläubigern und Arbeitnehmern zu bestimmen. Das kann nicht der Satzungsregelung durch die Gesellschafter überlassen werden; deshalb sind die Vorschriften des Aktien- und Mitbestimmungsrechts grundsätzlich zwingend[2]; und das gilt nicht nur für das Organisationsrecht, sondern auch für die Bestimmungen, die die Finanzierung des Unternehmens regeln. Die Unternehmen werden in ein rigides und starres Gefüge gezwängt, das die Anpassung an sich ändernde Marktbedingungen erschwert und behindert.

1 Auch das ist nicht auf Deutschland beschränkt; vgl. die Beiträge in *Baums/Ulmer* (Hg.), Mitbestimmung in Europa, 2004.
2 § 23 Abs. 5 AktG.

Ein derartiges Regime lässt sich nur dadurch sichern, dass es den Unternehmen verwehrt wird, sich für sie unzweckmäßigen Regelungen durch Rechtswahl, den Umzug in eine andere Rechtsordnung, zu entziehen. Amerikanischen Gesellschaften ist das grundsätzlich erlaubt. Die meisten europäischen Staaten bekennen sich zur Sitztheorie, die die Unternehmen dazu zwingt, sich in dem Lande zu inkorporieren, in dem sich der Schwerpunkt ihrer geschäftlichen Aktivitäten befindet[3]. Der Wechsel über die Grenze verlangt Auflösung und Neugründung. Das ist umständlich und aufwendig; und es zwingt zur Auflösung und Versteuerung der stillen Reserven.

II. Der Europäische Ansatz

Die Europäische Gemeinschaft hat sich von Anfang an diesem Konzept verschrieben. Das amerikanische Modell, das auf Inkorporationsfreiheit, dem Vorherrschen nachgiebigen Rechts und dem Gesetzgebungswettbewerb zwischen den Staaten beruht, war wohlbekannt, und wurde generell verworfen: Es ermögliche Missbräuche und spekulative Auswüchse; der „Delaware effect" müsse unter allen Umständen verhindert werden[4]. Deshalb verlangte der EG-Vertrag die Harmonisierung der Schutzvorkehrungen des Gesellschaftsrechts[5] und ermächtigte die Mitgliedstaaten, die gegenseitige Anerkennung von Gesellschaften durch Vereinbarung zu regeln[6]. Beiden Bestimmungen war zu entnehmen, dass die Niederlassungsfreiheit[7] kein Recht auf freie Inkorporation im gemeinsamen Markt gewährte.

III. Anlass der Untersuchung

Die EG hat an diesem Ansatz lange Zeit festgehalten. Seit einiger Zeit sind indessen Auflösungserscheinungen zu beobachten, die sich zunehmend verdichtet haben und mit der Frage nach seiner Fortgeltung konfrontieren. Das soll in drei Schritten verdeutlicht werden. Zunächst ist die Krise der Harmonisierung zu erörtern (B.). Dann ist auf den Wandel der Rechtsprechung des Europäischen Gerichtshofs (EuGH) einzugehen (C.). Und daran anschließend ist die Bedeutung des kürzlich verabschiedeten Statuts einer Europäischen Gesellschaft, der Societas Europea (SE) zu ermitteln (D.). Abschließend ist nach den Gründen und den Kräften zu fragen, die den zu verzeichnenden Wandel bewirken und möglicherweise fortsetzen (E.).

3 Das gilt derzeit für Belgien, Deutschland, Frankreich, Griechenland, Luxemburg, Österreich, Portugal, Spanien und – mit Einschränkungen – Italien; vgl. *Damann*, Freedom of Choice in European Corporate Law, Yale Journal of International Law 29 (2004), 477 (479).

4 *Schmitthoff*, The Future of European Company Law, in *ders.*, (Hg.), The Future of European Company Law (2. Aufl. 1973), S. 3, 9; *Kolvenbach*, EEC Company Law Harmonization and Worker Participation, University of Pennsylvania Journal of International Business Law 11 (1990), 709 (711); *Cannon*, Business Law for the European Union: A Practice Guide, 1996, § 6.01 [1]. Aus amerikanischer Perspektive vgl. etwa *Stein*, Harmonization of European Company Law, Law and Contemporary Problems 39 (1972), 318 (324); *Romano*, The Genius of American Law, 1993, S. 129.

5 Art. 54 (3) (g) (heute: Art. 44 (3) (g)) EGV.

6 Art. 220 (heute: Art. 295) EGV.

7 Art. 52 – 58 (heute: Art. 43 – 48) EGV.

B. Die Krise der Gesellschaftsrechtsangleichung

I. Das Harmonisierungsprogramm

Die Kommission engagierte sich frühzeitig für ein Konzept der schrittweisen Rechtsangleichung, vorzugsweise durch das Instrument der Richtlinie. Das erwies sich im Kapitalmarktrecht als durchaus erfolgreich; die europäische Gesetzgebung orientierte sich an den Mustern der bundesstaatlichen securities regulation in den USA[8]. Die folgenden Ausführungen beziehen sich ausschließlich auf die Maßnahmen, die darauf abzielten, einen europäischen Gesetzgebungswettbewerb im materiellen Gesellschaftsrecht zu unterbinden[9]. Bislang sind neun Richtlinien zum Gesellschaftsrecht verabschiedet worden. Drei befassen sich mit der Rechnungslegung und sollten deshalb dem Kapitalmarktrecht zugeordnet werden[10]. Andere betreffen unstreitige Grundlagen des Kapitalgesellschaftsrechts, wie etwa die Publizität der Satzung[11] oder die Zulässigkeit der Einmanngesellschaft[12]. Die rechtspolitisch bei weitem interessanteste und gewichtigste Maßnahme ist die „Zweite" oder „Kapital-Richtlinie" von 1976[13]; auf sie ist unter II. einzugehen. Zudem sind Richtlinienvorschläge und –entwürfe zu verzeichnen, die bislang nicht verabschiedet worden sind. Das wichtigste Beispiel ist der Entwurf einer Fünften Richtlinie, deren erste Fassung aus dem Jahr 1972[14] eine rigide durchnormierte Unternehmensverfassung vorsah; auf sie ist unter III. zurückzukommen.

II. Die Kapital-Richtlinie

Die vor allem durch das deutsche Gesellschaftsrecht inspirierte Richtlinie schreibt ein weitreichendes Regime des gesetzlichen Kapitalschutzes vor. Sie gilt nur für Aktiengesellschaften[15], nicht für die GmbH und die ihr entsprechenden Rechtsformen. Aktiengesellschaften haben ein Mindestkapital von EUR 25.000,00 aufzubringen[16]; künftige Werk- oder Dienstleistungen sind nicht einlagefähig[17]. Sacheinlagen bedürften der Bewertung durch unabhängige Prüfer[18]. Aktienrückkäufe durch die Gesellschaft werden auf 10 vom Hundert des Nennkapitals beschränkt; und nur voll eingezahlte Aktien können zurückerworben werden[19]. Im Zuge jeder effektiven Kapitalerhöhung hat die Gesellschaft ihren Aktionären Bezugsrechte auf die neuen Aktien anzubieten[20].

8 *Buxbaum/Hopt*, Legal Harmonization and The Business Enterprise, 1988, S. 280 m.w.N.
9 *Romano* (Fn 4), S. 129.
10 Vierte Richtlinie 78/660 v. 25. 7. 1978, ABl. L 222/11; Siebte Richtlinie 83/349 v. 13. 6. 1983, ABl. L 193/1; Achte Richtlinie 84/253 v. 10. 4. 1984, ABl. L 126/20.
11 Erste Richtlinie 68/152 v. 9. 3. 1968, ABl. L 65/8.
12 Zwölfte Richtlinie 89/667 v. 22. 12. 1989, ABl. L 395/40.
13 Richtlinie 77/91 v. 13. 12. 1976, ABl. L 26/1 (im folgenden: Zweite Richtlinie).
14 ABl. L 131/49 (im folgenden: Fünfte Richtlinie).
15 Art. 1 Zweite Richtlinie.
16 Art. 6.
17 Art. 7.
18 Art. 10.
19 Art. 19.

Diese Regelung kontrastiert scharf mit einer im gleichen Zeitpunkt weitgehend abgeschlossenen Entwicklung des amerikanischen Rechts, die das Konzept eines gesetzlichen Kapitalschutzes weitgehend eliminiert[21]. Die – beträchtlichen – Vorzüge dieser Deregulierung sind in Europa – und vor allem in Deutschland – nur sehr verzögert zur Kenntnis genommen worden. Mittlerweile wächst die Unzufriedenheit mit dem rigiden Regime der Kapitalmarktrichtlinie; und es mehren sich die Bestrebungen, die auf seine Lockerung drängen. Dazu zählt die Slimmer Legislation for the Internal Market (SLIM)-Initiative der EG-Kommission; sie hat die einschlägigen Empfehlungen einer von ihr eingesetzten Kommission gebilligt und will sie in einen Entwurf einbringen[22]. Die SLIM-Vorschläge fanden zudem die Zustimmung der von der Kommission eingesetzten „High Level Group of Company Law Experts“, die der Kommission zudem die Untersuchung einer völligen Abschaffung des „Legal Capital“-Regimes empfahl[23]. Schließlich hat in Großbritannien eine vom Accounting Standards Board (ASB) und vom Company Law Center des British Institute of International and Comparative Law (BICL) berufene Arbeitsgruppe eine sehr grundlegende Untersuchung vorgelegt, die die Substanz der Zweiten Richtlinie als teuer und nutzlos diagnostiziert und für deren Aufhebung plädiert[24]. Es ist derzeit unklar, wann und in welchem Umfang es zu einer Novellierung der Kapitalrichtlinie kommen wird. Fest steht indessen, dass es für die Kapitalisierung der GmbH keine entsprechende europäische Regelung geben wird

III. Die Struktur-Richtlinie

Der 1972 vorgelegte Kommissionsvorschlag einer Fünften gesellschaftsrechtlichen Richtlinie zur Regelung der Struktur und der Organe der AG[25] übernahm das Modell der deutschen Unternehmensverfassung. Er verlangte die Trennung von Geschäftsführungs- und Aufsichtsorgan; für Gesellschaften mit mehr als 500 Arbeitnehmern wurde die drittelparitätische Zusammensetzung des Aufsichtsrats vorgeschrieben. Dieser Vorschlag stieß auf verbreitete Ablehnung[26]. Deshalb präsentierte die Kommission zehn Jahre später einen weitgehend veränderten Vorschlag[27]. Nunmehr wurde es den Mitgliedstaaten freigestellt, entweder das Trennsystem vorzuschreiben oder die Wahl zwischen „two-tier“ und „one-tier board“-Struktur zu eröffnen. Ähnliches sollte für die Mitbestimmung gelten; hier bot der Vorschlag nicht weniger als vier Alternativen an. Die Mitgliedstaaten konnten die drittel- oder halbparitätische

20 Art. 29.

21 Dazu im Einzelnen *Kübler*, Aktie, Unternehmensfinanzierung und Kapitalmarkt, 1989.

22 Vgl. den Bericht der Kommission an Rat und Parlament über die 4. SLIM-Phase vom Februar 2000 (COM 2000) 56/4.

23 Report of The High Level Group of Company Law Experts on a Modern Regulatory Framework for Company Law in Europe 3 (4. 11. 2002), abrufbar unter http://europa.eu.it/comm./international-market/eu/company/ modern/index.htm.

24 *Rickford*, Reforming Capital, Report of the Interdisciplinary Group on Capital Maintenance, European Business Law Review 15 (2004) 919, 921.

25 Vgl. o. Fn. 14.

26 *Buxbaum/Hopt* (Fn. 8), S. 299.

27 Veränderter Vorschlag einer Fünften Richtlinie gemäß Art. 54 (3) (g) EGV vom 9. 9. 1983, ABl. C 240/9.

Besetzung des Aufsichtsrats vorschreiben oder seine Ergänzung durch Kooptation vorsehen oder die Mitbestimmung der tarifvertraglichen Regelung überlassen oder sich mit einer betriebsratsähnlichen Lösung begnügen[28].

Diesem Vorschlag erging es nicht besser als seinem Vorgänger: er fand keine Mehrheit im Rat. Die Kommission stieß noch einmal mit Änderungen nach, die den Mitgliedstaaten weitere Optionen gewährten[29]; auch das erwies sich nicht als erfolgreich. Heute ist nicht mehr zu bezweifeln, dass sich der Vorschlag einer Fünften Richtlinie erledigt hat.

IV. Ein vorläufiges Resumée

Schon vor Jahren ist die Stagnation der Gesellschaftsrechtsangleichung beobachtet worden[30]. Die Entwicklung seither bestätigt diesen Befund. Das Schicksal der Fünften Richtlinie erlaubt den Schluss, dass es zu keiner Harmonisierung des Organisationsrechts der AG kommen wird. Und die anschwellende Kritik an der Zweiten Richtlinie legt die Vermutung nahe, dass es zur Umkehr des Harmonisierungsprozesses kommen wird. Auch wenn die völlige Aufhebung der Richtlinie (noch) nicht zu erwarten ist, dürfte es doch zu partiellen Lockerungen kommen. Und es erscheint gewiss, dass eine Harmonisierung der Kapitalvorschriften für die GmbH nicht mehr angestrebt wird.

C. Der EuGH: Die Ablösung der Sitztheorie

I. Das überlieferte Regime: Daily Mail

Lange Zeit hat es die EG ihren Mitgliedstaaten überlassen, die Bedingungen festzulegen, unter denen eine Gesellschaft von einer Rechtsordnung in eine andere überwechseln konnte. Dabei geht es um zwei zu trennende Fragen. Ein Mitgliedstaat kann den Wegzug einer Gesellschaft dadurch erschweren, dass er ihre Auflösung anordnet, die die Besteuerung ihrer stillen Reserven zur Folge hat. Der EuGH hat entschieden, dass die Ausübung dieser Befugnis durch den EGV nicht beseitigt wird: als die Daily Mail Company ihren Sitz in die Niederlande verlegen wollte, durfte Großbritannien den Verkauf ihres Gesellschaftsvermögens und die Versteuerung des erzielten Erlöses verlangen. Der EuGH befand, dass nationales Recht, das den Wegzug von Gesellschaften unterbindet, mit der Niederlassungsfreiheit vereinbar ist[31].

28 Art. 4 B., 4 C., 4 E., 4 D., 21 F. und 21 E des veränderten Vorschlags. Die Alternativen entsprachen im wesentlichen den deutschen, niederländischen, schwedischen und französischen Mitbestimmungsregelungen.

29 ABl. 1991 C 7/4 und C 321/9.

30 *Behrens*, Krisensymptome der Gesellschaftsrechtsangleichung, EuZW 1996, 193.

31 EuGH, Daily Mail, Slg. 1988, 5483.

II. Die neue Rechtsprechung

Der EGV hatte von Anfang an klargestellt, dass die Niederlassungsfreiheit nicht nur für natürliche Personen, sondern auch für die nach dem Recht eines anderen Mitgliedstaates gegründeten Gesellschaften gelten sollte[32]. Aber es wurde generell angenommen, dass dies nur für echte Auslandsgesellschaften und nicht für „pseudoforeign companies" gelten sollte, die im Ausland gegründet werden, um das am Ort ihrer Betätigung geltende Recht zu umgehen; und *Daily Mail* wurde als Bestätigung dieser Auffassung verstanden.

Sie erhielt ihren ersten Schlag durch die Entscheidung des EuGH im Fall *Centros*[33]. Dänemark weigerte sich, die Zweigniederlassung einer Gesellschaft in das Handelsregister einzutragen, die von einem dänischen Ehepaar in Großbritannien gegründet worden war und sich ausschließlich in Dänemark betätigen sollte; die Gründer wollten sich der in Dänemark geforderten Aufbringung eines Stammkapitals von EUR 25.000,00 entziehen. Die dänische Weigerung verletzt das Recht auf freie Niederlassung. Den Mitgliedstaaten ist es zwar gestattet, sich gegen unzulässige Umgehungen ihres nationalen Rechts zur Wehr zu setzen; die Gründung einer Gesellschaft in dem am wenigsten restriktiven Mitgliedstaat ist aber auch dann kein Missbrauch der Niederlassungsfreiheit, wenn die Geschäfte ausschließlich durch Zweigniederlassungen in anderen Mitgliedstaaten betrieben werden sollen[34].

Diese Entscheidung wurde im Fall Überseering bestätigt[35]. Ein deutsches Gericht hatte einer von Deutschen beherrschten niederländischen Gesellschaft, die sich überwiegend in Deutschland betätigt, die Rechts- und Parteifähigkeit abgesprochen. Die Verhandlung vor dem EuGH verdeutlichte die Fronten: Deutschland, Italien und Spanien plädierten für, Großbritannien und die Niederlande gegen die Vereinbarkeit der Sitztheorie mit der Niederlassungsfreiheit. Das Gericht entschied sich gegen die Sitztheorie. Daily Mail[36] wurde bestätigt, betraf aber den vom Zuzug einer ausländischen Gesellschaft zu unterscheidenden Fall des drohenden Wegzugs eines nach inländischem Recht verfassten Unternehmens[37]. Überseering wurde der Schutz durch Art. 43 und 48 EGV zugesprochen[38]. Zwar wird nicht ausgeschlossen, dass die Niederlassungsfreiheit eingeschränkt werden kann, um überwiegenden Schutzinteressen von Gläubigern, Minderheitsgesellschaftern, Beschäftigten oder des Fiskus Rechnung zu tragen; sie erlauben es aber nicht, einer nach dem Recht eines anderen Mitgliedstaats wirksam errichten Gesellschaft die Rechts- und Parteifähigkeit abzusprechen[39].

Weniger als ein Jahr später nutzte der EuGH die Gelegenheit, seine Judikatur einen Schritt weiterzuführen. Inspire Art[40] ist eine in Großbritannien gegründete und regi-

32 Art. 48 (früher: 58) EGV.
33 EuGH, Centros, Slg. 1999 I-1495.
34 Ebd. Rn. 24 und 27
35 EuGH, Überseering, Slg. 2002, I-1999.
36 Vgl. Fn. 31.
37 EuGH, Überseering, Slg. 2002, I-1999 Rn. 66.
38 Ebd. Rn. 88.
39 Ebd. Rn. 92 und 93.
40 EuGH, Inspire Art, Slg. 2003, I-10155.

strierte private company limited by shares, die als einzige Geschäftstätigkeit in Amsterdam eine Kunsthandlung betreibt. Dies geschieht in der Form einer eingetragenen Zweigniederlassung, von der aber in Anwendung eines niederländischen Gesetzes[41] verlangt wird, sich den für holländische Gesellschaften gültigen Kapitalisierungsvorschriften zu unterwerfen. In diesem Fall stritten die Niederlande an der Seite Deutschlands, Italiens und Österreichs gegen Großbritannien und befanden sich damit auf der Seite der Verlierer. Das Gericht bestätigte sein Urteil im Fall Centros und erstreckte die ratio decidendi auf die Regelung von Scheinauslandsgesellschaften. Die Anwendung des niederländischen Gesetzes beeinträchtigt die Niederlassungsfreiheit[42]. Und dafür gibt es keine Rechtfertigung. Innerhalb der EU darf sich jedes Unternehmen in dem Mitgliedstaat inkorporieren, dessen Rechtsordnung ihm am wenigsten restriktiv erscheint, um sich anschließend mittels Zweigniederlassung in den anderen Mitgliedstaaten zu betätigen; es ist nicht erforderlich, dass die Gesellschaft im Inkorporationsstaat geschäftlich tätig ist[43].

III. Noch ein Zwischenbefund

In Deutschland haben diese Entscheidungen eine lebhafte Diskussion darüber ausgelöst, inwieweit deutsches Recht auf die deutsche Geschäftstätigkeit im EG-Ausland inkorporierter Gesellschaften angewandt werden kann[44]. Für die Vorschriften über die Sicherung der Aufbringung und Erhaltung des Nennkapitals kann das jedenfalls nicht mehr gelten. Trotzdem kann nicht von einem völligen Sieg der Gründungstheorie gesprochen werden. Die Mitgliedstaaten sind nicht mehr befugt, es ihren Bürgern zu untersagen, sich in Luxemburg oder Großbritannien zu inkorporieren und ihre Geschäfte in dieser Form zu betreiben; unter der Daily Mail-Doktrin dürfen sie aber den nach ihrem Recht errichteten Gesellschaften weiterhin die Abwanderung erschweren.

D. Die Societas Europea: Ein neues Element des Wandels?

I. Eine lange Geschichte

Die Vorgeschichte der Europäischen Gesellschaft oder Societas Europea (im folgenden: SE) ähnelt der der Fünften Richtlinie. Die Kommission hatte 1970 einen ersten Entwurf[45] und 1975 eine erweiterte Fassung[46] vorgelegt. Beide Texte zielten auf eine umfassende und abschließende Kodifikation, die wiederum den Regelungsmustern

41 Wet op dem Formeel Buitenlandse Vennmootschappen (WFBV).
42 Rn. 95 – 104. Auch hier wird Daily Mail als eine einen anderen Sachverhalt betreffende Entscheidung bestätigt, Rn. 103.
43 Rn. 107 und 131 – 143.
44 *Sandrock*, Die Schrumpfung der Überlagerungstheorie, ZVerglRechtswiss. 2003, 447 ff.; *Ulmer*, Gläubigerschutz bei Scheinauslandsgesellschaften, NJW 2004, 97 ff.; *Eidenmüller*, Niederlassungsfreiheit versus Schutz des inländischen Rechtsverkehrs, ZGR 2004, 259 ff.
45 ABl. EG 1970 C/1 ff.
46 Bull EG, Beilage 4/1975, 1 ff.

des deutschen Unternehmensrechts folgen sollte. Zu den zwingend vorgeschriebenen Elementen zählten die strikte Trennung von Geschäftsleitung und Kontrolle (das „dualistische" System), ein gesondertes Konzernrecht, die nahezu paritätische Vertretung der Arbeitnehmer im Aufsichtsrat und zusätzlich die Einrichtung von Betriebsräten. Das war für andere Mitgliedstaaten nicht akzeptabel. Deshalb wurde 1989 ein weitgehend veränderter Vorschlag unterbreitet. Er trennte die Materie in eine Verordnung[47] und eine Richtlinie[48] und verzichtete nunmehr auf eine abschließende Regelung; vorgesehen war lediglich ein Rahmen, der durch zahlreiche Verweisungen auf das Recht der Mitgliedstaaten ausgefüllt werden sollte. Für die Mitbestimmung der Arbeitnehmer wurden mehrere Modelle zur Auswahl angeboten. Dieser Anlauf scheiterte am Widerstand vor allem Deutschlands, das den Fortbestand seines Mitbestimmungsregimes bedroht sah. Deshalb berief die Kommission 1996 eine Expertengruppe unter dem Vorsitz des früheren Kommissionspräsidenten *Davignon*. Ihr Bericht[49] empfahl eine Verhandlungslösung. Sie wurde in den sich anschließenden erneuten Erörterungen des Rats durch eine Auffanglösung ergänzt, für die nunmehr das „Vorher-Nachher-Prinzip" maßgeblich sein sollte, das es verbietet, Arbeitnehmern durch die Gründung einer SE gegen ihren Willen ihnen nach nationalem Recht zustehende Mitbestimmungsbefugnisse zu entziehen. Das war der Boden, auf dem sich Ende 2000 das „Wunder von Nizza" vollzog. Das Konzept wurde angenommen; ein Jahr später wurden Verordnung[50] und Richtlinie[51] vom Rat verabschiedet.

II. Die Verordnung über das Statut der Europäischen Gesellschaft

Die Verordnung umfasst nur noch 70 Artikel; sie ist wesentlich knapper als die früheren Entwürfe. Diese Kürze des Textes wird ermöglicht durch seinen fragmentarischen Charakter. Die Materie der Mitbestimmung ist in die Richtlinie ausgelagert worden. Noch wichtiger ist, dass die SE-VO nicht nur auf die Aktienrechte der Mitgliedstaaten, sondern auch auf die Rechtsvorschriften ausdrücklich Bezug nimmt, „die die Mitgliedstaaten in Anwendung der speziell die SE betreffenden Gemeinschaftsmaßnahmen erlassen"[52]. Daraus ergibt sich ein ungewöhnlich komplexes Regelungsmuster, das hier nur in den für das Thema dieses Beitrags maßgeblichen Grundzügen umrissen werden kann[53].

47 ABl. EG 1989 C 263/1 ff. und Bull EG, Beilage 5/89, 1 ff.
48 Bull EG, Beilage 5/89, 71 ff.
49 Europäische Kommission, Generaldirektion Beschäftigung, Arbeitsbeziehungen und soziale Angelegenheiten (Hg.), Abschlussbericht der Sachverständigengruppe „European System of Worker Involvement", 1997.
50 ABl. EG 2001 L 294/1 ff.; im folgenden SE-VO.
51 ABl. EG 2001 L 294/22 ff.; im folgenden SE-RL.
52 Art. 9 lit. (c) (i) und (ii) SE-VO.
53 Eingehende Darstellung m.w.N. bei *Kübler*, Die Europäische Aktiengesellschaft, in *Goette/Habersack* (Hg.), Münchner Komm. zum Aktienrecht Bd. 9 (erscheint demnächst).

Die SE ist juristische Person[54], Kapitalgesellschaft[55] und Handelsgesellschaft[56]. Sie muss ihren Sitz in einem Mitgliedstaat der EU haben[57]. Dieser Sitzstaat ist wichtig, da sein Recht für die in der SE-VO nicht geregelten Fragen maßgeblich ist[58]. Das hat zur Folge, dass die SE-VO nicht *einen* Typus der SE, sondern eine Vielzahl von Rechtsformen schafft. Das eröffnet die Möglichkeit der Auswahl zwischen unterschiedlichen Angeboten.

Dieser Wahl- und Gestaltungsspielraum wird freilich dadurch reduziert, dass die SE-VO den Anwendungsbereich der SE in mehrfacher Hinsicht begrenzt. Eine SE kann nicht durch natürliche, sondern nur durch juristische Personen begründet werden; und sie kann nur aus einer Verschmelzung[59] oder einer Umwandlung[60] hervorgehen oder als Tochter-SE[61] oder gemeinsame Holding-SE[62] gebildet werden. Alle an der Gründung beteiligten Gesellschaften müssen nach dem Recht eines Mitgliedstaates gebildet worden sein; und sie müssen dem Recht mehrerer Mitgliedstaaten unterliegen oder sich durch eine Tochter oder Zweigniederlassung auch in einem anderen Mitgliedstaat betätigen[63].

Zu den hervorstechenden Besonderheiten der SE zählt, dass ihre rechtliche Struktur durch eine Vielzahl unterschiedlicher Regelungen bestimmt wird; ihr Gefüge beruht auf einer tiefgestaffelten Hierarchie von Normen, die in Art. 9 SE-VO nicht erschöpfend wiedergegeben wird. Vielmehr sind neun Ebenen zu unterscheiden, auf denen jeweils andere Akteure die Organisationsstruktur eines Unternehmens beeinflussen können[64]. Auch insoweit weicht die SE signifikant von den bislang verfügbaren Formtypen ab; darauf ist zurückzukommen.

Im übrigen regelt die SE-VO vor allem die Gründung[65] und den Aufbau[66] bei der Europäischen Gesellschaft. Alle Mitgliedstaaten sind verpflichtet, den Gründern die Wahl zwischen dem „monistischen" (Verwaltungsrat) und dem „dualistischen" System (Geschäftsführungs- und Aufsichtsorgan) zu eröffnen[67]. Eine besonders wichtige – und gelegentlich übersehene – Vorschrift findet sich am Ende des Textes: eine SE kann zwei Jahre nach ihrer Eintragung in eine dem Recht ihres Sitzstaates unterliegende Aktiengesellschaft umgewandelt werden[68]. Auch darauf ist zurückzukommen.

54 Art. 1 Abs. 3 SE-VO.
55 Art. 4 Abs. 2 SE-VO.
56 Art. 1 Abs. 1 mit 11 Abs. 1 SE-VO.
57 Das ergibt sich aus Art. 7 und 8 Abs. 1 SE-VO: Der Sitz der SE kann (nur) in einen Mitgliedstaat, d.h. allein innerhalb der EU verlegt werden.
58 Art. 5, 9 und 18.
59 Art. 2 Abs. 1 SE-VO.
60 Art. 2 Abs. 4 SE-VO.
61 Art. 2 Abs. 3 SE-VO.
62 Art. 2 Abs. 2 SE-VO.
63 So übereinstimmend Art. 2 Abs. 1, 2, 3 und 4 SE-VO.
64 Dazu näher *Kübler* (Fn 52) Rn. 20 – 29 m.w.N.
65 Art. 15 – 37.
66 Art. 38 – 60.
67 Art. 38 lit. (b) SE-VO.
68 Art. 66 SE-VO.

III. Die Richtlinie zur Ergänzung des Statuts der SE hinsichtlich der Beteiligung der Arbeitnehmer

Die Regelung der Richtlinie ist nicht weniger kompliziert als die der Verordnung. Sie sieht im Kern ein „Verhandlungsverfahren" vor[69], das auf den Abschluss einer „Vereinbarung über die Beteiligung der Arbeitnehmer in der SE" gerichtet ist[70]. Der Abschluss einer derartigen Vereinbarung ist wichtig: ohne sie kann die SE nicht in das vom Sitzstaat bestimmte Register eingetragen werden[71] und damit nicht die Rechtsfähigkeit erlangen[72]. Die Vereinbarung ist zwischen den Geschäftsleitungen der an der Gründung beteiligten Unternehmen und einem „besonderem Verhandlungsgremium" zu treffen, das die Arbeitnehmer dieser Gesellschaften vertritt[73]. Sofern die Vereinbarung die Mitwirkungsrechte irgendwelcher Arbeitnehmer beschneidet, kann sie nur mit qualifizierter Mehrheit beschlossen werden[74]. Lässt sich eine Vereinbarung nicht erzielen, dann kommt die „Auffangregelung" zum Zuge[75], die im Anhang der Richtlinie geregelt ist. Teile 1 und 2 verlangen in jedem Fall die Bildung einer betriebsratsähnlichen Vertretung der Arbeitnehmer. Teil 3 ist dann anzuwenden, wenn für mindestens eine der beteiligten Gesellschaften eine Mitbestimmungsregelung bestand; trifft das auf mehr als eine Gesellschaft zu, dann ist maßgeblich das Regime, das den Arbeitnehmern die weitestgehenden Mitwirkungsrechte einräumt.

IV. Die Bedeutung der SE

Verordnung und Richtlinie konfrontieren mit einem ungewöhnlich komplexen Regelgefüge. Die Richtlinie war bis zum 8. Oktober 2004 umzusetzen[76]; nur fünf der 25 Mitgliedstaaten haben dieses Datum eingehalten[77]. Einige Unternehmen haben Interesse an der neuen Rechtsform bekundet; es ist derzeit aber völlig ungewiss, wann und in welchem Umfang sich die Praxis dieser Rechtsform bedienen wird. Trotzdem bedeutet die Verabschiedung des Statuts der SE eine wichtige Zäsur: sie ist ein weiteres Signal des institutionellen Wandels. Im Vergleich mit den überlieferten aktienrechtlichen Systemen gewährt die SE eine Fülle von Wahlmöglichkeiten und Handlungsalternativen, die den Unternehmen neue strategische Optionen eröffnen. Anleger und Manager sind nunmehr in der Lage, die für ihre Gesellschaft maßgebliche Rechtsordnung zu wechseln, wenn ihnen dieses tunlich erscheint. Daraus resultieren neue Herausforderungen der Rechtspolitik: sie steht nunmehr vor der Frage, inwieweit sie sich auf den legislatorischen Standortwettbewerb einlassen und den Zu- oder Wegzug von Unternehmen fördern oder behindern soll.

69 Titel II, Art. 4 – 7 SE-RL.
70 Art. 3 Abs. 1 SE-RL.
71 Art. 12 Abs. 2 SE.-RL.
72 Art. 16 Abs. 1 SE-VO.
73 Art. 3 SE-RL.
74 Art. 3 Abs. 4 SE-RL.
75 Art. 7 SE-RL.
76 Art. 14 Abs. 1 SE-RL.
77 Das sind Österreich, Belgien, Dänemark, Finnland und Schweden; vgl. FAZ v. 9. 10. 2004, S. 12.

Das lässt sich an einem Beispiel verdeutlichen. Wenn sich eine mittelständische Aktiengesellschaft dem deutschen Kapitalisierungs- und Mitbestimmungsregime entziehen möchte, dann kann sie sich mit einer kleinen britischen Gesellschaft, auch mit einer ihrer Konzerntöchter, zu einer in Großbritannien eingetragenen SE verschmelzen. Das wird sie nicht von der Mitbestimmung befreien. Sie muss mit ihren Arbeitnehmern und deren Gewerkschaft über eine einschlägige Vereinbarung verhandeln. Angesichts der im Anhang der Richtlinie vorgesehenen „Auffangregelung" ist nicht auszuschließen, dass das besondere Verhandlungsgremium der Beschäftigten auf dem deutschen Mitbestimmungsmodell beharren wird, das ohnehin gilt, wenn es zu keiner Vereinbarung kommt. Aber: zwei Jahre nach Eintragung der SE in Großbritannien kann die Gesellschaft zum nächsten Zug ansetzen und die SE in eine public company limited by shares (plc) umwandeln, für die es keine Mitbestimmung gibt. Auf diesem Wege kann sich eine deutsche AG in eine britische (oder niederländische oder französische) Gesellschaft umwandeln, ohne dass es einer Auflösung und Neugründung bedurfte. Damit wird das Tor eröffnet, das die Daily Mail-Entscheidung des EuGH[78] bislang verschlossen hielt. Nach dem 8. Oktober 2004 steht es nicht mehr in der Macht der Mitgliedstaaten, den Wegzug einer Aktiengesellschaft dadurch zu erschweren oder zu verhindern, dass sie zur Auflösung und damit zur Versteuerung ihrer stillen Reserven gezwungen wird.

Dieser Umzug ist gewiss nicht einfach: er wird nicht nur Zeit, sondern auch Geld kosten. Aber seine bloße Möglichkeit verstärkt einen Druck auf die Mitgliedstaaten, den die erörterte Judikatur des EuGH ausgelöst hat. Sie stehen nunmehr vor einer ebenso einfachen wie grundlegenden Entscheidung. Sie können entweder versuchen, ein für Anleger und Manager gesellschaftsrechtlich besonders attraktives Umfeld zu schaffen, um ihre Unternehmen im Lande zu halten und Gesellschaften aus anderen Mitgliedstaaten anzuziehen. Wenn sie sich dazu nicht in der Lage sehen, können sie den Wegzug erschweren. Die meisten Mitgliedstaaten haben, wie erwähnt, ihre Gesetze zur Einführung der SE noch nicht verabschiedet. Die vorliegenden Entwürfe lassen aber die rechtspolitische Ausrichtung deutlich erkennen; wiederum sind Großbritannien und Deutschland besonders aufschlussreich.

In Großbritannien will sich das mit der Vorbereitung des Gesetzgebungsverfahrens betraute Department of Trade mit dem unerlässlichen Regelungsminimum begnügen[79]. Für das „dualistische System" werden keine ergänzenden Vorschriften erlassen; den Unternehmen sollen alle durch die SE-VO eröffneten Gestaltungsfreiheiten erhalten bleiben[80]. Andererseits wird von der durch Art. 39 SE-VO eröffneten Möglichkeit Gebrauch gemacht, es den Gesellschaften, die sich für das „dualistische System" entscheiden, zu gestatten, die Berufung und Abberufung des Geschäftsführungsorgans der Hauptersammlung zu übertragen[81]. Dadurch lässt sich der Effekt der Aufsichtsratsmitbestimmung deutlich reduzieren; für die erwähnte deutsche Ak-

78 Vgl. oben zu Fn. 31 ff.

79 *Davies*, Implementation of the European Company (SE) in Great Britain, in *Baums/Cahn* (Hg.), Die Europäische Aktiengesellschaft – Umsetzungsfragen und Perspektiven (2004), 10, 13 und 39.

80 Ebd. S. 16.

81 Ebd. S. 22.

tiengesellschaft kann dies ein weiterer Grund sein, sich für eine britische SE zu entscheiden.

Deutschland wird keine derartige Regelung treffen[82]. Der Regierungsentwurf eines SE-Einführungsgesetzes hält an der Tradition zwingender Festlegung des Aktienrechts fest. Der Einführung des „monistischen Systems" werden nicht weniger als 30 Paragraphen gewidmet[83]. Dem Verwaltungsrat wird die Verpflichtung auferlegt, einen oder mehrere geschäftsführende Direktoren zu bestellen, denen die Geschäftsführung und – ausschließlich – die Vertretung der Gesellschaft übertragen wird[84]. Es wird mit guten Gründen bezweifelt, dass dies mit der SE-VO vereinbart ist[85]. Jedenfalls verrät der Entwurf die Absicht, das monistische System in ein dualistisches Korsett zu zwängen, das zwar der deutschen Tradition entspricht, aber das Interesse vor allem kleinerer Unternehmen an einer deutschen SE mit monistischer Struktur deutlich mindern wird. Besonders bemerkenswert ist, in welchem Maße der deutsche Entwurf die Gründung einer SE mit dem den opponierenden Aktionären eingeräumten Recht belastet, gegen Barabfindung aus der Gesellschaft auszuscheiden[86]. Das wird generell als rechtspolitisch verfehlt beanstandet[87]. Großbritannien denkt nicht daran, entsprechende Vorschriften zu schaffen[88]. Die jeweiligen Entwürfe beider Länder bestätigen die völlig konträre Grundhaltung, die schon in den Verfahren Überseering[89] und Inspire Art[90] zutage getreten ist. Großbritannien will und wird sich weiter öffnen; Deutschland igelt sich ein.

E. Zur Mechanik des Wandels: Akteure auf und hinter der Bühne

I. Die Richtung und die Geschwindigkeit des abfahrenden Zuges

Die in den Abschnitten B., C. und D. dargelegten Entwicklungen sind je für sich Gegenstand lebhafter Erörterungen. Werden sie im Zusammenhang gewürdigt, dann verstärkt sich der Eindruck eines Wandlungsprozesses, der eben erst begonnen hat und viel Zeit benötigen wird, bevor von einer wirklichen Annäherung an das amerikanische Modell gesprochen werden kann. Die Frage nach dem Verlauf dieser Transformation ist aber nicht nur theoretisch interessant; ihre wirtschaftlichen und politischen Implikationen liegen auf der Hand. Begründete Prognosen erscheinen derzeit kaum möglich; der Blick in die Zukunft gewinnt aber doch etwas schärfere

82 Die Bundesregierung hat im April 2004 den Regierungsentwurf für ein Gesetz zur Einführung der SE (RegE SEAG) vorgelegt; in diesem Entwurf ist keine solche Bestimmung vorgesehen.

83 §§ 20 – 49 RegESEAG; dazu begründete Kritik durch *Hoffmann-Becking*, Organe: Strukturen und Verantwortlichkeiten, ZGR 2004, 335 (377); *Forstmoser*, Monistische oder dualistische Unternehmensverfassung, ZGR 2004, 688 (718).

84 Art. 40 Abs. 1 und 41 Abs. 1 RegE SEAG.

85 *Hoffmann-Becking* (Fn. 83), S. 370.

86 Art. 8 Abs. 5, 24 Abs. 2 und 34 SE-VO.

87 Vgl. die Nachweise bei *Kübler* (Fn. 52) Rn. 51.

88 *Davies* (Fn. 78), S. 14.

89 Vgl. oben zu Fn. 35.

90 Vgl. oben zu Fn. 40.

Konturen, wenn die Kräfte, die den Wandel bewirken, einer genaueren Betrachtung unterzogen werden. Das kann hier nur in groben Umrissen geschehen; der Versuch, die verfügbaren Eindrücke zu einem Gesamtbild zusammenzufügen, bleibt derzeit notgedrungen spekulativ.

II. Gründe des Niedergangs der Gesellschaftsrechtsangleichung?

Für diesen Befund liegt eine Erklärung besonders nahe: im Gesellschaftsrecht waren und sind die Mitgliedsstaaten immer weniger in der Lage, sich zu einigen. Dafür könnte auf die Erweiterung der EU verwiesen werden: mit jedem neuen Mitglied wachsen die Schwierigkeiten der inhaltlichen Abstimmung der Standpunkte und Interessen. Bei näherem Zusehen erweist sich diese Deutung als wenig plausibel. Sie zieht nicht in Betracht, dass für die gesellschaftsrechtlichen Richtlinien das Erfordernis einstimmiger Beschlussfassung im Rat schon in den 80er Jahren durch komplexe Formeln des Entscheids kraft qualifizierter Mehrheit ersetzt worden ist[91]. Zudem wurden SE-VO und SE-RL einstimmig verabschiedet. Und die wachsende Kritik an der 2. Richtlinie[92] hat offensichtlich nichts mit den Mehrheitserfordernissen für die Abstimmung im Rat zu tun.
Bei näherer Betrachtung drängt sich vielmehr der Eindruck einer sehr viel komplexeren Geschichte auf. Sie zeigt mehrere Facetten, die gewiss zusammenwirken, aber doch unterschieden werden können. Das hat zunächst mit dem Einfluss des amerikanischen Rechts zu tun. Die europäische Haltung wurde ursprünglich allein durch die Äußerungen bestimmt, die im föderalen Gesetzgebungswettbewerb einen Wettlauf des Niedergangs sahen[93]. Die Veröffentlichungen, die die Vorzüge des Systems belegen[94], wurden erst sehr viel später zur Kenntnis genommen. Und als die EG-Kommission in den 60er Jahren begann, sich um die Harmonisierung des Gesellschaftsrechts zu bemühen, bot sich das deutsche System als Vorbild an. Großbritannien litt unter fortwährenden Streiks; wesentliche Teile der französischen und italienischen Gewerkschaften drängten weiterhin auf die Verstaatlichung der Schlüsselindustrien. In dieser Zeit wies das deutsche Recht den Vertretern der Arbeitnehmer ein Drittel der Sitze im Aufsichtsrat zu; Konflikte zwischen den Tarifvertragsparteien waren selten; die Wachstumsraten lagen über dem Durchschnitt der Nachbarländer. Auch die politischen Randbedingungen waren förderlich. Im Europäischen Parlament dominierten die Christ- und die Sozialdemokraten, die sich unschwer auf die „stakeholder philosophy“ einigen konnten. Und da das Parlament nur beratend mitwirken konnte, wurden die Vorschläge und Entwürfe im Vorfeld mit den Arbeitgeberverbänden und Gewerkschaften abgesprochen, die den korporatistischen Ansätzen des Modells mit Verständnis und Sympathie begegneten. Die ursprünglichen Entwürfe

91 Art. 94 (früher Art. 100 a) EGV.
92 Vgl. oben zu Fn. 21 ff.
93 Besonders einflussreich: *Cary*, Federalism and Corporate Law, Reflection Upon Delaware, Yale Law Journal 83 (1974), 663 ff.
94 *Winter*, State Law, Shareholder Protection, and the Theory of the Corporation, Journal of Legal Studies 6 (1977), 251 ff.; *Romano*, Law as a Product: Some Pieces of the Incorporation Puzzle, Journal of Law, Economics and Organization 1 (1985), 225 ff.

nicht nur der 5. Richtlinie, sondern auch des Statuts einer Europäischen Gesellschaft illustrieren nicht nur die Überzeugungen ihrer Urheber, sondern auch die damaligen Randbedingungen europäischer Gesetzgebung.

Die langsame Erosion dieser Vorstellungen und Bedingungen dürfte wiederum auf mehreren Umständen beruhen. Dazu zählt gewiß die verstärkte Mitwirkung des Vereinigten Königreiches, für das das starre Regime einer zwingend vorgeschriebenen Unternehmensverfassung nicht akzeptabel war. Und dann verlor das deutsche Modell an Glanz und Attraktivität. Die sich internationalisierenden Kapitalmärkte bevorzugen flexible Regimes, die es erlauben, die Organisationsstruktur der Unternehmen den sich wandelnden Randbedingungen anzupassen[95].

Und: die Verabschiedung des Statuts der Europäischen Gesellschaft kann nicht als später Erfolg der Gesellschaftsrechtsangleichung verbucht werden. Verordnung und Richtlinie harmonisieren nur scheinbar; ihre eigentliche Funktion liegt darin, die verkrusteten Systeme einer großen Zahl von Mitgliedsstaaten zu öffnen. Das entspricht den Interessen und Bedürfnissen der europäischen Industrien, die sich dem wachsenden Anpassungsdruck ihrer überseeischen Konkurrenten ausgesetzt sehen. Der in Nizza erzielte Kompromiss unterwirft sich diesen Anforderungen; und er soll zugleich das Gesicht der Mitgliedsstaaten wahren, die an ihren Mitbestimmungsmodellen festhalten wollen; das ist die Rolle des „Vorher-Nachher-Prinzips“[96]. Dabei droht den deutschen Gesellschaften, dass sie von der grenzüberschreitenden Neuordnung der europäischen Industrien ausgeschlossen bleiben[97]. Sie werden sich deshalb zunehmend genötigt sehen, Änderungen des nationalen Rechts einzufordern oder ins EU-Ausland abzuwandern. Wer an der überlieferten „Unternehmensverfassung“ festhalten möchte, hat allen Grund, die Verabschiedung des SE-Statuts als ein „Unglück“ zu bezeichnen[98].

III. Die Rolle des EuGH

Der EuGH hat sich frühzeitig zu der unmittelbaren Geltung und einer expansiven Auslegung der im EGV verankerten Grundfreiheiten bekannt; insoweit können die Centros-, Überseering- und Inspire Art-Entscheidungen als die konsequente Fortsetzung einer ständigen Judikatur verstanden werden. Es gibt freilich einen Aspekt, der sie von den meisten der übrigen Fälle unterscheidet. Dem EGV konnte unschwer entnommen werden, daß die Grundfragen des internationalen Gesellschaftsrechts, die Wahl zwischen Sitz- und Gründungstheorie, weiterhin bei den Mitgliedsstaaten verbleiben sollte[99]. Darüber hat sich das Gericht hinweggesetzt, ohne seine Gründe zu erläutern. Das ist kein Sonderfall; die „Golden Share“-Urteile[100] zeigen ein ver-

95 Dazu näher *Kübler*, The Impact of Equity Markets on Business Organization: Some Comparative Observations Regarding Differences in the Evolution of Corporate Systems, EBOR 2 (2001), 669 ff.

96 Vgl. oben zu Fn. 48.

97 *Hopt*, Europäische Aktiengesellschaft – per aspera ad astra? EuZW 2002, 1; *Hirte*, Die Europäische Aktiengesellschaft, NZG 2002, 1 (6).

98 *Lutter*, Europäische Aktiengesellschaft – Rechtsfigur mit Zukunft? BB 2002, 1 (5).

99 Vgl. oben zu Fn. 4 ff.

100 EuGH, Kommission/Portugal, Slg. 2002, I-4731; Kommission/Frankreich, Slg. 2002, I-4781; Kommission/Belgien, Slg. 2002, I-4809.

gleichbares Muster. Sie sind sich im entscheidenden Punkt sehr ähnlich: Portugal, Frankreich und Belgien privatisierten Staatsunternehmen und wollten sich dabei einige Einwirkungsmöglichkeiten vorbehalten. Portugal und Frankreich unterwarfen den Aktienerwerb einer behördlichen Zustimmung. Belgien begnügte sich mit einer Regelung, die dem Staat den Widerspruch gegen die Veräußerung strategisch wichtiger Aktiva ermöglicht. Die Kommission klagte u.a. wegen Verletzung der Kapitalverkehrsfreiheit. Generalanwalt *Ruiz-Jarabo Kolomer* verwies auf Art. 295 EGV: wenn es den Mitgliedsstaaten freisteht, Industrien zu verstaatlichen, müsse es ihnen – a maiore ad minus – auch erlaubt sein, durch weniger einschneidende Vorbehalte den nach ihrer Auffassung gebotenen Schutz öffentlicher Interessen zu gewährleisten[101]. Diese Argumentation ist plausibel; es ist anzunehmen, dass sie den Intentionen der Urheber des EGV entspricht. Das Gericht ist ihr nicht gefolgt; es hat die portugiesische und die französische Regelung als vertragswidrig verworfen[102]. Auch hier wird ein den Mitgliedsstaaten im EGV vorbehaltener Gestaltungs- und Entscheidungsraum zugunsten der Reichweite einer der Grundfreiheiten beschnitten. Diese Entsprechung der Fallgruppen legt den Schluss nahe, dass sich das Gericht für ein Modell entschieden hat, das die Organisationsstrukturen des Gesellschaftsrechts dem Einfluss von Marktkräften öffnet und am Ende unterwirft. Die Urteile sagen uns nicht, was die Richter zu dieser Wende bewogen hat. Ihre Entscheidungen entsprechen aber der Neuorientierung der Gesetzgebung. Dieser Gleichschritt lässt den Schluss zu, dass die geschilderte Transformation einem breiteren Wandel der Anschauungen und Einstellungen entspricht.

101 In EuGH, Kommission/Portugal, Slg. 2002, I-4731 Rn. 62.
102 EuGH, Kommission/Portugal, Slg. 2002, I-4731 Rn. 49; Kommission/Frankreich, Slg. 2002, I-4781 Rn. 44; anders Kommission/Belgien, Slg. 2002, I-4809 Rn. 46.

Droit communautaire et contrat d'assurance

José Carlos Moitinho de Almeida

1. Introduction

En application des programmes généraux, adoptés en 1961 en vue de la suppression des obstacles au droit d'établissement et à la libre prestation de services, sur la base, respectivement, des articles 54, paragraphe 1er et 63, paragraphe 1er du traité CEE[1], la Commission a présenté un projet de directive pour l'harmonisation des droits nationaux concernant le contrat d'assurance [2]. Les matières réglementées se limitaient à certains aspects (forme du contrat, déclaration du risque et de son aggravation, diminution du risque, conséquences du défaut de paiement de la prime, obligations en cas de sinistre, résiliation du contrat, cas où l'assuré qui n'est pas le preneur d'assurance peut être tenu par les obligations contractuelles), mais l'harmonisation visée était totale, les États membres n´étant pas autorisés à garder ou à adopter des dispositions plus favorables au preneur d'assurance. Seules les parties pourraient adopter de telles dispositions.
Comme il a été observé[3], cette approche n'avait pas été réaliste compte tenu des différentes options nationales dans un domaine social et économiquement très sensible.
Constatant que «l'harmonisation du droit du contrat d'assurance n'est pas une condition préalable de la réalisation du marché intérieur des assurances»[4], le Conseil a adopté des directives dites de première, deuxième et troisième générations, pour faciliter l'accès aux activités d'assurance et leur exercice, lesquelles contiennent, toutefois, des dispositions qui, le cas échéant, impliquent des modifications des légis-

1 JO, n°2 du 15 janvier 1962, respectivement, pages 19-27 et 32-35.

2 Proposition du 10 juillet 1979, JO C 192/2, postérieurement modifiée (JO C 355/30, du 31 décembre 1980).

3 *Morais*, Droit des assurances, l'intégration juridique dans l'espace de l'Union Européenne en matière d'assurances, Revista da Faculdade de Direito da Universidade de Lisboa, 2001.

4 Voir, notamment, le considérant 44 de la directive 2002/83/CE du 19 décembre 2002, concernant l'assurance directe vie, JO L 345, p. 192. Dans une Communication récente en matière du droit des contrats (2003/068, JO C 63, du 15 mars 2003, p. 1), la Commission constate que «Dans la pratique, il s'est avéré impossible d'établir une seule police d'assurance qui pourrait être commercialisée dans les mêmes conditions dans les différends marchés européens»(point 48), et indique qu'elle passera en revue les différentes dispositions nationales relatives aux contrats de services financiers, en particuliers la banque et les assurances et admet qu'une plus grande convergence de ces règles peut s'avérer nécessaire (point 74). *Basedow*, The Case for a European Insurance Contract Code, The Journal of Business Law, 2001, pp. 569 et ss. mentionne l'existence de facteurs favorables à la reprise de la procédure d'harmonisation ainsi que la nécessité de celle-ci. Postérieurement, le même auteur suggère l'adoption d'un règlement dont l'application dépendrait du choix des parties, lorsque ce choix est possible conformément aux directives communautaires et à la Convention de Rome (Insurance contract law as part of an optional European Contract Act, Lloyd's Maritime and Commercial Law Quartely, 2003, pp. 498 et ss.).

lations nationales relatives au contrat d'assurance[5]. Il s'agit de la langue à utiliser dans le contrat, de l'obligation pour l'assureur de fournir au preneur d'assurance un certain nombre d'informations, du droit de dénonciation reconnu à celui-ci dans les assurances sur la vie, et de la loi applicable au contrat d'assurance.

Mais une autre directive a des répercussions directes sur le droit du contrat d'assurance. En effet, la directive concernant la commercialisation à distance de services financiers auprès des consommateurs[6], dont le champ d'application inclut les contrats d'assurance, prévoit également l'obligation pour l'assureur de fournir au preneur d'assurance certaines informations et accorde à celui-ci un droit de rétractation. Enfin, le contrat d'assurance responsabilité civile automobile est largement pénétré par le droit communautaire.

Sans avoir une influence directe sur les lois nationales relatives au contrat d'assurance, quelques directives touchent les droits et obligations des parties à ce contrat et, notamment, le principe de liberté tarifaire, la protection des preneurs d'assurance en cas de liquidation d'une entreprise d'assurances et la réglementation des clauses contractuelles abusives n'ayant pas fait l'objet de négociation individuelle.

I. Le droit communautaire et lois nationales relatives au contrat d'assurance

2. La langue du contrat

L'annexe IV de la directive 2002/83/CE[7] exige que les informations qui doivent être communiquées au preneur d'assurance soit avant la conclusion du contrat, soit pendant la durée de celui-ci, soient formulées de manière claire et précise, par écrit, et être fournies dans une langue officielle de l'État membre de l'engagement. «Toutefois, ces informations peuvent être rédigées dans une autre langue si le preneur le demande et le droit de l'État membre le permet ou que le preneur a la liberté de choisir la loi applicable».

Transposant la précédente directive, qui contenait une disposition identique, la loi portugaise[8] établit que les documents relatifs au contrat d'assurance peuvent être rédigés dans une langue distincte du portugais, à la demande expresse du preneur d'assurance, dans le cas où les parties peuvent choisir la loi applicable au contrat. La loi luxembourgeoise[9] suit la même approche, tout en étant moins restrictive :les informations contractuelles doivent être fournies dans une des langues officielles du

5 Ainsi, dans le domaine «non-vie», les directives 73/239/CEE, du 24 juillet 1973, JO L 288/1, 88/357/CEE, du 22 juin 1988, JO L 172/1, 92/49/CEE, du 18 juin 1992, JO L 288/1. Dans le domaine assurances sur la vie, les directives 79/267/CEE du 5 mars 1979, JO L 63/1, 90/619/CEE du 8 novembre 1990, JO L 330/70, 92/96/CEE du 10 novembre 1992, JO L 360/1., et la directive 2002/83/CE précité (*supra*, note 4).

6 Directive 2002/65/CE du 23 septembre 2002, JO L 271/16.

7 *Supra*, nota 4.

8 Article 193-A, du Decreto-Lei n°94-B/98, du 17 avril, introduit par le Decreto-Lei n°251/2003, du 14 octobre.

9 Du 27 juillet 1997, in Journal Officiel du Grand-Duché du Luxembourg, n°65, du 3 septembre 1997, article 10,2.

Grand-Duché. Toutefois, ces informations doivent être rédigées dans une autre langue comprise par le preneur d'assurance, si celui-ci le demande ou s'il a la liberté de choisir la loi applicable. Et cette disposition n'est pas applicable dans les contrats portant sur la couverture des grands risques (article 3, paragraphe 3). L'article 112-3 du Code des Assurances français et l'article 8 de la loi sur le contrat d'assurance espagnole contiennent une disposition semblable.

En Allemagne, l'article 10a) da la VAG (loi relative à la surveillance de l'activité d'assurance) établit que les informations contractuelles doivent être fournies en langue allemande ou dans la langue maternelle du preneur d'assurance. Cette disposition n'est pas applicable aux grands risques (article 10 a) I 2)[10].

Cette dernière loi, qui correspond aux exigences de la Commission[11], est la seule des législations mentionnées qui respecte l'article 49 du traité CE.

En effet, la Cour de justice des CE considère que cet article exige non seulement l'élimination de toute discrimination à l'encontre du prestataire de services établi dans un autre État membre en raison de sa nationalité, mais également la suppression de toute restriction même si elle s'applique indistinctement aux prestataires nationaux et à ceux des autres États membres lorsqu'elle est de nature à prohiber, à gêner ou à rendre moins attrayantes les activités du prestataire établi dans un autre État membre, où il fournit légalement des services analogues[12]. Or, l'exigence de l'utilisation de la langue nationale constitue un obstacle à la libre prestation de services en matière d'assurances (l'assureur doit faire traduire ses contrats dans la langue de l'État où ils seront conclus) et aucune raison impérieuse d'intérêt général ne peut justifier une telle restriction lorsque que la langue mère du preneur d'assurance est la langue du contrat envisagé.

L'annexe III susmentionnée serait invalide dans le cas où elle devrait être interprété comme permettant aux États membres de restreindre l'utilisation d'une langue différente de celle de l 'État de l'engagement en l'absence de telles raisons d'intérêt général.

3. Le devoir d'informer le preneur d'assurance

La directive 92/94/CEE et la directive 2002/83/CE[13] imposent l'obligation pour l'assureur de fournir au preneur d'assurance, avant la conclusion du contrat, certaines informations . La première, de troisième génération, relative aux assurances autres que les assurances sur la vie, se réfère à l'information sur la loi applicable et sur l'existence d'éventuels moyens de résolution de conflits (article 31, paragraphe 1er), et la deuxième, à son annexe III, énumère un large nombre d'informations qui inclut

10 *Schimikowski*, Versicherungsvertragsrecht, 2001, p. 28.

11 Communication interprétative de la Commission, Liberté de prestation de services et intérêt général dans le secteur des assurances, du 16 février 2000, JO C 75.

12 Entre autres, les arrêts du 15 mars 2001, Mazzoleni e.a., C-165/98, Rec. p. I-2189, point 22 , du 25 octobre 2001, Finalarte Sociedade de Construção Civil Ld[a], C 49,50, 52 à 54 e 68 à 71/98, Rec.p.I-7831, point 28 et du 13 juillet 2004, Beccardi France SAS, non encore publié, point 31.

13 Supra, note 5.

les précédentes et des éléments considérés comme nécessaires pour l'identification de l'assureur et pour que le preneur d'assurance puisse se rendre compte des caractéristiques du produit proposé.

Cette obligation, limitée aux cas où le preneur d'assurance est une personne physique, a été considérée nécessaire pour permettre aux consommateurs de profiter de l'offre diversifiée des contrats ainsi que de la concurrence accrue[14]. S'agissant des assurances sur la vie elle est d'autant plus importante que la durée des engagements peut être très longue[15]. La transposition de ces dispositions dans les États membres suit des voies très différentes.

En Allemagne, deux modalités de conclusion du contrat d'assurance sont possibles: ou l'information est fournie au preneur d'assurance avant que sa proposition ne soit élaborée et, dans cas, le contrat est conclu par l'expédition de la police à la suite de la réception par l'assureur de la proposition (Antragsmodell), ou, en application de l'article 5 a) de la VVG (loi sur le contrat d'assurance), lorsque l'information est fournie après, le preneur a le droit de dénoncer le contrat, dans le délai de 14 jours a compter du moment où il a reçu ladite information (Policenmodell). Dans ce dernier cas, le fait que la dénonciation du contrat n'a pas eu lieu dans le délai mentionné rend le contrat valide *ex tunc* et la prestation de l'assureur est due si dans l'entretemps un sinistre a lieu[16]. La doctrine dominante considère que les assureurs peuvent opter pour l'une ou autre de ces modalités[17].En Autriche, l'article 5 b) de la VVG accorde au preneur d'assurance le droit de dénoncer le contrat dans le délai de deux semaines à compter du moment de sa conclusion (vom Vertrag)[18], s'il n'a pas reçu les informations en cause. Cependant le délai ne commence à courir qu'à partir de la réception de ces informations (article 5b), paragraphe 4). Cet article, considéré comme exerçant la même fonction que l'article 5 a) de la loi allemande[19], diffère de ce dernier dans la mesure où il admet la conclusion du contrat avant la transmission des informations au preneur d'assurance.

En France[20], en Italie[21], en Espagne[22],au Luxembourg[23] au Royaume-Uni[24] et au Portugal[25]les lois respectives ne prévoient aucun effet sur le contrat d'assurance du fait que l'assureur n'as pas respecté l'obligation d'informer . Dans certains

14 Considérants 20 et 21 de la première directive et 52 de la deuxième.

15 Considérant 52, précité.

16 *Römer/Langheid*, Vericherungsvertragsgesetz, Kommentar, 2003, p.169 ; *Schimikowski* (note 10), p. 33.

17 *Reiff*, Die Auswirkungen des Gemeinschaftsrechts auf das deutsche Vericherungsrecht, in Versicherungsrecht 1997, p. 269, *Römer/Langheid* (note 16), p. 166.

18 Ainsi qu'il a été observé (*Fenyves/Kronsteiner/Schauer*, VersVG-Novellen, Versicherungsvertragsgesetz, Die Novellen '92, '94 und '96, Kommentar, 1998, pp. 26 et 27) « personne ne peut dénoncer un «contrat» avant qu'il ne soit conclu ».

19 *Fenyves/Kronsteiner/Schauer*, *op.cit.* p. 29.

20 Article 112-2 du *Code des Assurances*. *Bigot*, Droit des Assurances, Tome III, Contrat d'assurance, 2002, p. 465, admet que le manque de sanction « fait cruellement défaut ».

21 Article 1469 *bis* du Code civil.

22 Articles 60 de la LOSSP et 104 et s., de la ROSSP. Voir Comentários a la Ley de Contrato de Seguro, coordonnés par *Boquera/Bataller/Olavaria Iglesia*, 2002, p. 554 à 557.

23 A l'article 10 de la loi luxembourgeoise rien est établi sur les conséquences de la violation de l'obligation pour l'assureur d'informer le preneur d'assurance.

États membres, cette violation de la loi entraîne punie avec une sanction administrative[26].

Il convient d'admettre que ces différentes lois se fondent sur des dispositions ambiguës des directives en cause qui laissent aux États membres le choix des modalités de leur transposition. Compte tenu de l'objectif poursuivi par l'obligation d'information, de permettre aux consommateurs un choix réfléchi du contrat qui le mieux correspond à leurs intérêts et de s'apercevoir de la nature et de la portée de leurs engagements, il s'avère résulter des directives qu'en l'absence de toute information aucune obligation contractuelle peut être imposée au preneur d'assurance[27].

L'obligation d'information a été également prévue dans la directive 2002/65/CE concernant la commercialisation à distance de services financiers auprès des consommateurs[28]. Cette directive, qui s'applique aux contrats d'assurance (article 2 b)), impose à l'assureur un large nombre d'informations qui doivent être fournies préalablement à la conclusion du contrat et qui s'ajoutent à celles résultant des directives assurance mentionnées (article 4, paragraphe1er).

24 Le Insurance Company Act de 1982, objet de postérieures modifications, notamment en 1994, distingue entre «long term insurance» et «general insurance». Dans le premier cas, qui concerne les assurances dont la durée est inférieure à un ans, l'absence d'informations est privée de conséquences; dans le deuxième cas, le preneur d'assurance peur résilier le contrat dans un délai de 14 jours, dès la réception d'une « statutory note » envoyée par l'assureur (7 jours'il s'agit d'une assurance qualifiée d' «investissement»). Le manque d'informations ne se répercute toutefois pas sur la validité du contrat : voir, *Haeberlin*, Der aktuelle Stand des Versicherungsnehmerschutzes im englischen und deutschen Versicherungsvertragsrecht vor dem Hintergrund der jüngsten EG-Rechtsentwicklung, 1998, pp. 172 à 174, et *MacGillivray*, On Insurance Law, 1997, pp. 111 et 112.

25 Articles 176 à 178 (assurances directes non- vie) et 179 à 184 (assurances sur la vie) du Decreto-Lei n°94-B/98, précité.

26 Notamment, au Portugal (article 212, a) du Decreto-Lei précité), en Italie (voir, *La Torre*, Assicurazioni, L'Assicurazione nei Codici, Le Assicurazioni Obbligatorie, 2000, p. 284) et en Espagne (voir *Pérez-Serrabona González*, La poliza y la documentación del contrato de seguro, 2003, p. 66).

27 *Prölss/Martin*, Versicherugnsvertraggesetz, 2004, p. 142, *Schimikowski* (note 10), Versicherungsvertragsrecht *cit.*p.32, *Haeberlin* (note 24), p. 174. Même l'article 5a de la VVG allemande est considéré par certains auteurs, comme incompatible avec le droit communautaire – *Schwintowski*, Das Transparenzgebot im Privatversicherungsrecht – Kriterien für verständliche und transparente Verbrauchsinformationen und Allgemeine Versicherungsbedingungen, in Transparenz und Verständlichkeit. Berufsunfähigkeitsversicherung und Unfallversicherung, Reform des Versicherungsvertragsgesetzes, 2000, p. 128. En Espagne certains auteurs considèrent que la sanction adéquate est la sanction administrative. En effet, l'invalidité du contrat pourrait causer des préjudices au preneur de l'assurance, en l'occurrence d'un sinistre (*Sanchez Calero/Tirado Suárez/Fernández Rozas*, Ley de Contrato de Seguro, Comentarios a la ley 50/1980, de 8 octubre, y sus modificationes, p. 152 et *Pérez-Serrabona González*, note 26, pp. 66 et 67). Mais, comme le démontre la loi allemande, il est possible d'exempter le preneur d'assurance de toute obligation contractuelle, en cas de violation de l'obligation d'information, sans qu'il doive subir de telles conséquences.

28 Supra, note 6.

Le seul arrêt de la Cour de justice dans ce domaine porte sur les «informations supplémentaires» que les États membres peuvent exiger conformément à l'article 31, paragraphe 3 de la directive 92/96/CEE[29].

4. Le droit de dénonciation du preneur d'assurance dans les assurances sur la vie et dans les assurances conclues à distance

L'article 35 de la directive 2002/83/CE, relative aux assurances sur la vie, exige que les États membres reconnaissent au preneur d' assurance sur la vie individuelle le droit de renoncer aux effets du contrat dans un délai compris entre quatorze et trente jours, à compter du moment à partir duquel le preneur est informé que le contrat est conclu. Ce droit peut être exclu s'agissant de contrats de durée inférieure à six mois ou lorsque «en raison de la situation du preneur d'assurance ou des conditions dans lesquelles le contrat est conclu, le preneur n'as pas besoin de cette protection spéciale» L'exercice du droit de renonciation libère de preneur d'assurance pour l'avenir de toute obligation découlant du contrat (article 35, paragraphes 1er et 2).
Cet article a été incorrectement transposé au Portugal. En effet, conformément à l'article 182° du Decreto-Lei n°94-B/98, du 17 avril, de droit de dénonciation de trente jours est compté à partir de la réception de la police, et l'article 184 exclut les assurances dont preneur est une personne morale, les assurances de groupe et celles d'une durée inférieure à six mois.
En premier lieu, à l'exemple des lois allemande[30], française[31], et espagnole[32], le délai pour l'exercice du droit de renonciation ne devrait commencer à courir qu'à compter du jour où le preneur d'assurance est informé par l'assureur de son droit. Certes la directive est ambiguë mais à la suite de l'adoption de la directive 2002/65/CE[33], aucun doute est possible quant au bien fondé de ces législations. Le délai de rétractation y prévu ne court qu'à compter du jour où le preneur reçoit les conditions contractuelles et les informations exigées par la directive (article 6, paragraphe 1er) et, parmi de telles informations se trouve celle relative au droit de rétractation (article 3, 3°a)).
En deuxième lieu, l'exclusion des contrats d'assurance sur la vie dont le preneur est une personne morale ne trouve pas de fondement dans la directive. Il s'agit d'une catégorie abstraite qui intègre des personnes exigeant la protection spéciale qui consiste dans l'attribution du droit de dénonciation.

29 Aujourd'hui article 36, paragraphe 3 de la directive 2002/83/CE, *supra* note 5. selon lequel les informations supplémentaires ne peuvent être exigées que si elles sont nécessaires à la compréhension effective par le preneur des éléments essentiels de l'engagement .Arrêt du 5 mars 2002, Axa Royale Belge, C-386/00, Rec.p.I-2209. qui a jugé comme incompatible avec cet article la réglementation nationale selon laquelle la proposition d'assurance sur la vie ou, à défaut de proposition, la police devait informer le preneur que la résiliation, la réduction ou le rachat d'un contrat d'assurance sur la vie en cours, en vue de la suscription d'un autre contrat d'assurance sur la vie, est généralement préjudiciable au preneur d'assurance.

30 Article 8,5 de la VVG.

31 Article 132-5-1 du *Code des Assurances*.

32 Articles 6 bis et 83 a) de la Loi sur le contrat d'assurance, respectivement introduit et modifié para la Loi n°34/2003, du 4 novembre.

33 *Supra*, note 5.

Ainsi qu'il a été relevé ci-dessus, la directive 2002/65/CE concernant la commercialisation à distance de services financiers auprès des consommateurs, accorde au preneur d'assurance un droit de rétractation. Le délai pour l'exercice de ce droit est de quatorze jours, en général, et de trente pour les assurances sur la vie (article 6, paragraphe 1). [34]Sont exclues les polices d'assurance de voyage ou de bagages ou d'assurances similaires, à court terme d'une durée inférieure à un mois (article 6, paragraphe 2 b)).

5. L 'assurance responsabilité civile automobile

Quatre directives communautaires ont été adoptées en matière d'assurance responsabilité civile automobile obligatoire qui tendent, d'une part, à assurer la libre circulation tant des véhicules stationnant habituellement sur le territoire de la Communauté que des personnes qui sont à leur bord, et, d'autre part, à garantir que les victimes des accidents causés par ces véhicules bénéficieront d'un traitement comparable, quel que soit le point du territoire de la Communauté où l'accident s'est produit[35]. La poursuite de ces objectifs se traduit dans des dispositions ayant une influence directe sur la réglementation du contrat d'assurance.
Ainsi, la première directive (72 /166/CEE) prévoit une assurance obligatoire de la responsabilité civile découlant de la circulation de véhicules ayant leur stationnement habituel sur le territoire d'un État membre (article 3 paragraphe 1er) et la deuxième directive (84/5/CEE) impose la couverture de tous les dommages corporels et matériels (article 1,1) et impose des montants minimaux de garantie (article 1, paragraphe 2). Selon la Cour de justice, le choix du régime de responsabilité civile applicable aux sinistres résultant de la circulation des véhicules relève, en principe, de la compétence des États membres; est toutefois, incompatible avec cette dernière disposition, la législation nationale qui, pour la responsabilité sans faute, prévoit des montants maximaux d'indemnisation qui sont inférieurs à ces montants minimaux[36]. .La même directive interdit l'exclusion des dommages causés aux membres de la famille du preneur, du conducteur ou de toute autre personne dont la responsabilité est engagée dans un sinistre et couverte par l'assurance (article 3), et détermine que ne sont pas opposables aux personnes lésées les clauses contractuelles et dispositions légales qui excluent de l'assurance la responsabilité civile résultant de l'utilisation ou de la conduite d'un véhicule par des personnes non autorisées, sans permis de conduire ou qui ne se sont pas conformées aux obligations légales d'ordre technique concernant l'état ou la sécurité du véhicule, à moins que la victime puisse obtenir l'indemnisation

34 Pour la manière dont le délai est compté, voir *supra,* dans cette même section.

35 C'est ainsi que la Cour de Justice résume l'objectif des directives en cause : arrêts du 28 mars 1996, Ruiz Bernáldez, C-129/94, Rec. p. I-1831, point 13 et du 14 septembre 2000, Mendes Ferreira et Delgado Correia Ferreira, C-348/98, Rec. p. I-6711, point 24. Il s'agit des directives 72/166/CEE, du 24 avril 1972 (JO L 103/1), 84/5/CEE, du 30 décembre 1983 (JO 1984 L 8/17), 90/232/CEE, du 14 mai 1990 (JO L 129/33) et 2000/26/CE (JO L 181/65).

36 Arrêt Mendes Ferreira et Delgado Correia Ferreira, précité et ordonnance du 24 juillet 2003, Messejana Viegas, C-166/02, Rec. p. I-7871.

de son préjudice d'un organisme de sécurité sociale (article 2, paragraphe 1er)[37]. S'agissant de dommages causés par un véhicule volé ou obtenu par la violence, les États membres peuvent prévoir que l'organisme chargé de réparer les dommages matériels ou corporels causés par les véhicules non identifiés ou non assurés intervient en lieu et place de l'assureur (article 2, paragraphe 2, deuxième alinéa).

La Cour de justice, dans l'arrêt Ruiz Bernáldez[38], s'est prononcée sur l'inopposabilité aux victimes des dispositions et clauses d'exclusion de risques. Elle considère, en suivant les conclusions de l'avocat général Lenz[39], que l'article 3, paragraphe 1er da la première directive et l'article 2, paragraphe 1er de la deuxième doivent être interprétés en ce sens que l'assurance automobile obligatoire doit permettre aux tiers victimes d'un accident causé par un véhicule d'être indemnisés de tous les dommages corporels et matériels qu'ils ont subis, à concurrence des montants fixés à l'article 1er, paragraphe 2, de la deuxième directive. Toute autre interprétation aurait pour conséquence de permettre aux États membres de limiter l'indemnisation des tiers victimes d'un accident de la circulation à certains types de dommages entraînant ainsi des disparités de traitement entre les victimes selon le lieu où est survenu l'accident, ce que les directives ont précisément pour objet d'éviter. Dès lors, le contrat d'assurance ne peut pas prévoir que, dans certains cas et, en particulier, dans le cas où le conducteur du véhicule était en état d'ivresse, l'assureur n'est pas tenu d'indemniser de tels dommages. Les exclusions de risques mentionnées à l'article 2,1 de la directive ne sont donc pas les seules inopposables aux victimes et, compte tenu de la motivation de l'arrêt il est légitime de considérer comme incompatible avec le droit communautaire l'exclusion des dommages intentionnellement causés[40] et même l'invalidité du contrat pour déclaration inexacte des circonstances du risque, ou abstention, commises de mauvaise foi[41].

37 De telles clauses ou dispositions peuvent être opposées aux personnes ayant de leur plein gré pris place dans le véhicule qui a causé le dommage, lorsque l'assureur peut prouver qu'elles savaient que le véhicule était volé (article 2,1, deuxième alinéa).

38 *Supra*, note 35.

39 Recueil cité, p. I-1841. L'avocat général mentionne à cet égard la finalité commune des directives, à savoir *la protection de la victime*. En revanche, la Commission considérait que les directives autorisent de telles clauses d'exclusion, y compris dans les rapports entre l'assureur et la victime, à condition que le véhicule soit alors assimilé à un véhicule non assuré et que l'organisme prévu à l'article 1er, paragraphe 4, de la deuxième directive assure l'indemnisation de la victime.

40 Cette exclusion existe, par exemple, dans le droit français. La jurisprudence considère applicable l'exclusion générale de la faute intentionnelle de l'assuré applicable à tous les contrats (voir, *Favre Rochex/Courtieu*, Le droit des assurances obligatoires, 2000 p. 70). En Italie, au contraire, la jurisprudence inclut dans la garantie les dommages intentionnellement causés, l'assureur étant subrogé dans les droits de la victime (voir, Trattato della Responsabilità Civile, dirigé par *Franzoni*, Responsabilità e Assicurazione, 2004, p. 315. Au Portugal, de tels dommages sont expressément inclus dans la garantie de l'assurance (article 8, paragraphe 2 du Decreto-Lei n°522/85, du 31 décembre).

41 Opposable aux victimes dans le droit français (voir, *Favre Rochex/Courtieu* (note 40) p. 91) mais inopposable en Italie (voir, *Giannini/Martini/Rodolfi*, L'Assicurazione Obbligatoria dei Veicoli e dei Natanti, 2003, p. 181). Au Portugal, la Cour suprême considère que le vice du contrat est l'annulabilité et que seule la nullité est opposable aux victimes, conformément à l'article 14 du Decreto-Lei n°522/85.

La troisième directive (90/232/CEE) a étendu la couverture obligatoire imposée par l'article 3, paragraphe 1, de première directive, ainsi que précisé et complété par la deuxième directive, aux dommages corporels causés aux passagers autres que conducteur (article 1er). Les autres dispositions des quatre directives visent soit à garantir l'indemnisation des victimes en ce qui concerne les dommages causés par des véhicules non identifiés ou non assurés, soit à faciliter l'exercice du droit à indemnisation.

6. La loi applicable au contrat d'assurance

La deuxième directive «non-vie» 88/357/CEE et la directive 2002/83/CE, relative aux assurances sur la vie[42],contiennent des dispositions sur la loi applicable aux contrats d'assurance. L'analyse de cette complexe réglementation est incompatible avec les limites de la présente contribution.

II. Droit communautaire ayant une influence sur les droits et obligations des parties au contrat d'assurance

7. Le principe de la liberté tarifaire

Les articles 6, 29, paragraphes 2 et 3 et 39, paragraphes 2 et 3 de la troisième directive «dommages» (92/49/CEE)[43] interdisent l'exigence d'approbation ou de communication préalable, notamment des tarifs, sauf dans le cadre d'un système général de contrôle des prix.

Le principe de la liberté tarifaire a d'abord été interprété par la Cour de Justice, dans un recours en manquement intenté par la Commission contre l'Italie[44]. Un décret-loi, relatif à certains contrats d'assurance, interdisait l'augmentation des tarifs lors de leur reconduction l'année qui suivait son entrée en vigueur. Et le même tarif devrait être appliqué aux contrats conclus au cours de cette dernière année. La Cour a d'abord exclu que des dispositions légales puissent, en application de l'article 28 de la même directive, limiter le principe de la liberté tarifaire. Ce principe ne peut faire l'objet de restrictions que dans le cadre d'un système général de contrôle des prix. Ce qui n'était pas le cas en l'espèce. Les primes des assurances dans le secteur concerné ne représentaient que 0,22% dans le panier des biens et services servant à calculer l'évolution de l'inflation en Italie, et les autres mesures invoquées par le gouvernement italien pour justifier l'existence d'un système général de contrôle des prix étaient des interventions très ponctuelles, non homogènes, en partie non contrai-

42 *Supra,* note 5.
43 *Supra* ,note 5.
44 Arrêt du 25 février 2003, Commission contre République italienne, C-59/01, Rec. p. I-1759. Dans un arrêt précédant (du 11 mai 2000, Commission contre France, C-296/98, Rec. p. I-3025) la Cour avait considéré comme incompatible les articles 6, 29 et 39 de la directive 92/49/CEE l'exigence de communication systématique de certains éléments relatifs aux caractéristiques des contrats, y inclues les primes relatives aux garanties principales et complémentaires.

gnantes et ne présentant aucun lien direct entre elles ni avec la réglementation tarifaire établie par le décret-loi[45].

Deux arrêts récents de la Cour ont précisé son interprétation des articles mentionnés. Dans deux recours en manquement intentés par la Commission contre le Grand-duché du Luxembourg et la France[46], elle a considéré que le système de bonus-malus, appliqué dans les deux États membres en matière d'assurances de véhicules automoteurs, était compatible avec le principe de la liberté tarifaire et ne contredisait pas l'objectif de la même directive, qui vise à réaliser la libre commercialisation des produits de l'assurance dans la Communauté.

D'après les législations nationales en cause les primes des assurances devraient être majorées ou bénéficier d'une réduction, en cas de sinistre ou d'absence de sinistres, et en fonction d'une échelle déterminée. Dans sa requête, la Commission considérait que, certes, les assureurs sont libres de définir le montant des primes de base, mais les systèmes en cause se répercutent automatiquement sur les tarifs qui pourraient varier de plus du simple au double. Le principe de la liberté tarifaire imposerait non seulement la liberté de fixer les primes de base mais aussi tous les éléments constitutifs de la prime d'assurance. La Cour n'as pas accepté cette interprétation. Elle a commencé par distinguer les législations en cause de la législation italienne qui impliquait la fixation directe des tarifs par l'État et souligna ensuite q'une «harmonisation complète du domaine tarifaire en matière d'assurance non-vie excluant toute mesure nationale susceptible d'avoir des répercussions sur les tarifs ne saurait être présumée en l'absence d'une volonté clairement exprimée en ce sens par le législateur communautaire» [47].

La directive 2002/83/CE, relative aux assurances sur la vie[48] contient des dispositions semblables sur le principe de liberté tarifaire (articles 6, paragraphe 5, 34 et 45). Mais aucune restriction à ce principe n'est prévue dans le cadre d'un système général de contrôle des prix.

8. Protection des droits des assurés en cas de liquidation d'une entreprise d'assurances

L'article 15 de la directive 73/239/CEE, tel que modifié par la directive 92/94/CEE, et l'article 20 de la directive 2002/83/CE[49] prévoient l'obligation pour les entreprises d'assurances de constituer des provisions techniques et une marge de solvabilité suf-

45 Dans le cadre d'un renvoi préjudiciel, le Juge de paix de Palerme avait demandé à la Cour si la même réglementation était compatible avec les articles 6, 29 et 39 de la directive 92/49/CEE. Par ordonnance du 24. 10. 2002 (RAS, C-233/01, Rec.p. I-9411) elle s'est limité à répondre « qu'une directive ne peut pas, par elle-même, créer d'obligations dans le chef d'un particulier et ne peut donc être invoquée en tant que telle à son encontre ». Dans cette ordonnance, la Cour a clairement pris position quant à la portée du principe selon lequel les directives ne peuvent créer des obligations pour les particuliers. Ce serait le cas si, en l' espèce, l'application droit italien contraire à la directive devrait être exclue et, en conséquence, le preneur de l'assurance en cause devrait payer une prime supérieure à celle qui était imposée par le décret-loi en cause.

46 Arrêts du 7 septembre 2004, C-346/02 et C-347/02, non encore publiés.

47 Points 23 et 24 de l'arrêt.

48 *Supra,* note 5.

49 *Supra,* note 5.

fisantes pour l'ensemble de leurs activités d'assurance. Cette exigence vise à assurer la protection adéquate des assurés ainsi que des bénéficiaires dans tout État membre de la Communauté[50].Mais, ces dispositions ne sauraient être interprétées en ce sens que, en cas de liquidation de l'entreprise d'assurances, les actifs représentatifs des provisions techniques doivent, en toutes circonstances, être affectés par priorité absolue au paiement des créances des assurés. Une telle interprétation serait contraire à l'article 10, paragraphe 1, de la directive 2001/17/CE concernant l'assainissement et la liquidation des entreprises d'assurances[51] qui, en vue « d'assurer un bon équilibre entre la protection des créanciers d'assurance e celle d'autres créanciers privilégiés qui sont protégés par la législation des États membres» (quatorzième considérant), permet aux États membres d'accorder à certaines catégories de créances, notamment aux créances détenues par le personnel salarié de l'entreprise d'assurances, un privilège de rang supérieur à celui des créances d'assurance, y compris sur les actifs représentatifs des provisions techniques, lorsque l'assiette du privilège des créances d'assurance n'est pas limitée à ces actifs représentatifs[52].

9. Les clauses contractuelles abusives

a) La directive communautaire

La directive 93/13/CEE[53] a comme objet le rapprochement des droits des États membres relatifs aux clauses abusives dans les contrats conclus entre un professionnel et un consommateur (article 1er, paragraphe 1er) et qui ne font pas l'objet d'une négociation individuelle (article 3). Outre les clauses de contrats conclus entre professionnels, la directive exclut le contrôle de celles qui reflètent des dispositions législatives ou réglementaires impératives ainsi que des dispositions ou principes des conventions internationales, dont les États membres ou la Communauté sont partis (article 1er, paragraphe 2).
La directive prévoit un double contrôle. L'un, au niveau de la transparence des clauses contractuelles écrites qui doivent être claires et compréhensibles. En cas de doute, l'interprétation la plus favorable au consommateur prévaut (article 5)[54]. L'autre, au niveau du contenu, une clause étant considérée comme abusive lorsque, en dépit de l'exigence de bonne foi, elle crée au détriment du consommateur un déséquilibre significatif entre les droits et obligations des parties découlant du contrat (article 3, paragraphe 1). Le caractère abusif d'une clause contractuelle est apprécié en tenant

50 Voir le deuxième considérant de la directive 73/239/CEE et le deuxième considérant de la directive 2002/83/CE.

51 Du 19 mars 2001 (JO L 110/28).

52 Arrêt de la Cour de Justice du 16 septembre 2004, C-28/03, Epikouriko kefalaio, pas encore publié.

53 Du 5 avril 1993 (JO L 95/29).

54 Cette règle d'interprétation n'est pas applicable dans le cadre des procédures prévues à l'article 7 paragraphe 2 (actions de groupe visant à faire cesser l'utilisation des clauses abusives). Dans un arrêt récent, du 9 septembre 2004, Commission contre Espagne, C-70/03, non encore publié et dans l'arrêt du 10 mai 2001, Commission contre Pays Bas, C-149/99, Rec. p. I-3541, la Cour a considéré que l'inapplication du principe *in dubio contra stipulatorum* aux actions de groupe doit clairement résulter des droits nationaux.

compte de la nature des biens et services qui font l'objet du contrat et en se référant, au moment de la conclusion du contrat, à toutes les circonstances, de même qu'à toutes les autres clauses du contrat, ou d'un autre contrat dont il dépend. Le seizième considérant, à propos de l'exigence de bonne foi, indique que, dans son appréciation, «il faut prêter une attention particulière à la force des positions respectives de négociation des parties, à la question de savoir si le consommateur a été encouragé par quelque moyen à donner son accord à la clause et si les biens ou services ont été vendus ou fournis sur commande spéciale du consommateur » et ajoute que cette exigence «peut être satisfaite par le professionnel en traitant de façon loyale et équitable avec l'autre partie dont il doit prendre en compte les intérêts légitimes».

Le contrôle du contenu des clauses contractuelles ne porte toutefois ni sur la définition de l'objet principal du contrat ni sur l'adéquation entre le prix et la rémunération, d'une part, et les services ou les biens à fournir en contrepartie, d'autre part. De telles clauses ne sont soumises qu'au contrôle de leur transparence (article 1er, paragraphe 2). Le dix-neuvième considérant se réfère à cette exclusion. En se référant aux contrats d'assurance, le législateur communautaire observe que « les clauses qui définissent ou délimitent clairement le risque assuré et l'engagement le l'assureur ne font pas l'objet d'une telle appréciation dès lors que ces limitations sont prises en compte dans le calcul de la prime payée par le consommateur...».

Les clauses abusives ne lient pas les consommateurs (article 6, paragraphe 1). Enfin, la directive laisse aux États membres la faculté d'adopter ou de maintenir des dispositions plus strictes, compatibles avec le traité, pour assurer un niveau de protection plus élevé au consommateur (article 8) et, dans une annexe, indique, de manière non exhaustive, des clauses qui peuvent être déclarée abusives. La Cour de justice considère que le caractère abusif d'une clause doit être apprécié d'office[55].

Le régime ainsi conçu du contrôle des clauses qui ne font pas l'objet de négociation individuelle revêt un intérêt spécial pour les contrats d'assurance[56]. Certains aspects de la transposition de la directive et quelques exemples de clauses non transparentes ou abusives en sont la preuve.

b) La transposition de la directive 93/13/CEE dans les États membres

Comme le législateur communautaire l'a observé, seule une harmonisation partielle des législations nationales a été possible[57]. Ceci explique que certaines législations nationales étendent le champ d'application des règles prévues dans la directive aux clauses de contrats conclus entre professionnels [58] et adoptent des dispositions plus

55 Arrêt du 27 juin 2000, Oceano Grupo Editorial SA, C-240/98 à C-244/98, Rec. p. I-4941. En l'espèce il s'agissait d'une question de compétence de la juridiction nationale. Cependant, il résulte de la motivation de l'arrêt que l'appréciation d'office doit être effectuée dans tous les cas.

56 En Espagne, on a constaté que le principe d'interprétation *in dubio contra stipulatorem* s'applique, dans presque la moitié des cas, aux contrats d'assurance- *Pérez-Serrabona González* (note 26), p. 114.

57 Douzième considérant de la directive.

58 Notamment la loi portugaise qui inclut dans les règles de contrôle en plus des clauses contractuelles générales celles conçues pour un contrat déterminé. Ces dernières clauses, insérés dans des contrats conclus entre professionnels, sont exclues en Allemagne (articles 305 et ss. de la BGB).

strictes, destinées à assurer un niveau de protection plus élevé au consommateur De particulière importance pour le droit des assurances est le contrôle du caractère abusif des clauses qui définissent l'objet principal du contrat.

En France, en Italie et au Royaume-Uni, la doctrine interprète largement la notion d'objet principal du contrat d'assurance, de manière à y inclure non seulement les clauses qui définissent positivement le risque mais aussi les exclusions de risques et limitations de garantie[59]. Tel n'est pas le cas en Allemagne où la doctrine dominante et la jurisprudence de la Cour suprême fédérale considèrent que seules échappent au contrôle du caractère abusif les clauses qui établissent les conditions et délimitent la prestation de l'assureur, sans lesquelles le contenu essentiel du contrat manquerait de précision et, en conséquence, le contrat ne pourrait être valide[60]. Cette définition du «noyau»(Kernbereich) des clauses contractuelles qui ne sont pas soumises au contrôle du caractère abusif de leur contenu comprend, notamment, les conditions minimales exigées par la mutualisation de risques homogènes[61].

Cette interprétation stricte est justifiée par des raisons tenant à la protection du preneur d'assurance. On observe que celui-ci, pour apprécier les avantages d'une assurance, doit comprendre l'ensemble des clauses qui délimitent le risque, ce qui n'est pas possible. Et souvent, parce qu'il ignore si les risques qu'il porte relèvent vraisemblablement du champ d'application de telles clauses, le preneur d'assurance ne peut pas évaluer l'intérêt que pour lui représentent les limitations du risque. Un contrôle de qualité s'impose[62].

La loi portugaise n'exclut pas les clauses qui définissent l'objet principal du contrat. Or, la Cour de justice a considéré comme nécessaire la transposition de l'article 4, paragraphe 2 de la directive[63] sans toutefois préciser si les États membres sont autorisés à restreindre la définition de l'objet principal du contrat en vue d'assurer une protection plus élevée du consommateur[64].Mais,dans le domaine du droit des assurances, les clauses correspondantes au «noyau» du contrat devraient, en tout état de cause, échapper au contrôle de leur contenu, au sens de la jurisprudence et de la doctrine dominante en Allemagne. Un contrôle sans limites de telles clauses constituerait une entrave au droit d'établissement et à la libre prestation de services que la

59 Ainsi, en France, *Bigot* (note 20), p. 256, en Italie, *Romeo*, La Tutela dell «Consumatore» nel Contratto di Assicurazione Danni, 2004, p. 158 et *Gaggero*, Le Clausule Abusive nei Contratti stipulati con i Consumatori, 1996, p. 499, et, au Royaume Uni, *Clark*, The Law of Insurance Contracts, 1997, p. 513. et MacGillivray (note 24), p. 220.

60 Prölss/Martin (note 27), p. 19.

61 Prölss/Martin (note 27), p. 20 à titre d'exemples ces auteurs mentionnent l'exclusion des risques inhérents à l'utilisation de véhicules automobiles dans l'assurance générale de responsabilité civile.

62 Prölss/Martin (note 27), p. 19.

63 Arrêt du 10 mai 2001, Commission contre Pays Bas précité (*supra*, note 56). Comme le Portugal, Les Pays Bas n'avaient pas transposé l'article 4, paragraphe 2 de la directive.

64 La doctrine, en Allemagne, est partagée sur ce point : *Fausten*, Grenzen der Inhaltskontrolle Allgemeiner Versicherungsbedingungen, Eine Betrachtung zu § 8 AGBG unter Berücksichtigung der EG-Richtlinien über missbräuchliche Klauseln in Verbraucherverträgen, Versicherungsrecht 1999, pp. 413 et ss. considère que les clauses de délimitation du risque ayant une influence dans le calcul de la prime sont exclues du contrôle de leur contenu abusif par la directive .Les États membres ne sont pas autorisés à soumettre à un tel contrôle une partie du contrat exclue par la directive et la loi allemande, ainsi qu'elle est interprétée par le BGH, constitue une entrave injustifiée à la libre prestation de services. Cette doctrine est critiquée par Prölss/Martin (note 27), p. 21.

protection des preneurs d'assurance ne saurait pas justifier, et donc incompatible avec les articles 43 et 49 du traité[65]. L'existence d'une entrave, provenant des disparités des législations nationales, est reconnue par le législateur communautaire[66]et un tel contrôle ne s'accorde pas avec l'importance de l'objectif poursuivi[67].À cet égard il importe de relever que le preneur bénéficie de l'exigence de transparence et que pour l'assureur les clauses en question sont indispensables à l'homogénéité des risques qu'il assume.

c) Les clauses abusives dans le contrat d'assurance

La jurisprudence et la doctrine s'occupent souvent de l'appréciation de la nature abusive de clauses insérées dans des contrats d'assurance.
La clause de résiliation après sinistre est controversée. Elle se trouve expressément admise dans plusieurs lois[68] et, en principe, est justifiée dès lors que le sinistre peut compromettre la relation de confiance établie entre l'assureur et l'assuré et révéler un comportement atypique du risque, non conforme aux données statistiques le concernant[69]. Dans le domaine «non vie» et à l'exception de l'assurance maladie[70] une telle clause ne devrait pas être considérée comme abusive, mais cette opinion n'est pas unanimement admise[71].Des doutes sont également permis quant à la clause d'après laquelle, en cas de résiliation, l'assureur garde une partie de la prime afférente à la période d'assurance postérieure. Cette clause ne devrait pas être admise,[72] à moins que le preneur d'assurance n'ait agit abusivement[73].

65 Voir la jurisprudence de la Cour de Justice citée *supra,*point 3.

66 Deuxième et septième considérants de la directive.

67 Conformément à la jurisprudence de la Cour de Justice, les restrictions aux libertés fondamentales doivent être justifiées par des raisons d'intérèt général et être proportionnelles à l'objectif poursuivi. Le principe de proportionnalité implique, notamment, que les mesures restrictives s'accordent avec l'objectif poursuivi: voir, entre autres, les arrêts du 1er octobre 1985, Corman, 125/83, Rec. p. 3039, point 39 et du 13 décembre 1990, Pall Corp., C-238/89, Rec.p. I-4827, point 19. Même si la jurisprudence Keck et Mithouard (arrêt du 24 novembre 1993, C-267/91 et C-268/91, Rec.p-I-6097) doit être appliquée dans le domaine de la libre prestation de services et que les modalités de vente ne sont pas susceptibles d'entraver le commerce entre États membres, il semble clair que le droit du contrat d'assurance concerne le produit et non les modalités de sa vente : voir en ce sens, *Cousy*, European Private Insurance Law, in Europäisches Privatversicherungsrecht, Steuerrechtliche Rahmenbedingungen im Versicherungswesen, Perspektiven und Entwicklungslinien im Versicherungsvertrieb, 2002, p. 19 et *Basedow* (note 4), p. 574.

68 Articles 31 de la loi belge et 41 de la loi luxembourgeoise, qui excluent les assurances vie et maladie et article R.113-10 du Code des Assurances français. Dans le droit portugais admet également la clause de résiliation après sinistre, ce qui résulterait *a contrario* de l'article 21 du Decreto-Lei n°176/95, du 26 juillet, disposition qui exclut cette clause pour les seules assurances maladie: *de Oliveira*, Dois exemplos portugueses da resistência material do contrato de seguro ao direito das clásulas contratuais gerais, 1998, p. 21.

69 *Favre Rochex/Courtieu*, Le Droit du Contrat d'Assurance Terrestre, 1998, p. 172.

70 Dans cette assurance, après la résiliation l'assuré peut avoir des difficultés pour trouver une assurance adéquate: *Romeo* (note 59), p. 193; *Balzano*, Il contratto di assicurazione alla luce dei decreti legislativi nn.174 e 175 del 17 marzo 1995, in Contratto e Impresa, 1997, p. 796.

71 Voir notamment, *Romeo* (note 59), p. 196, selon lequel la légitimité de la résiliation ne peut être justifiée que dans le cas où l'existence d'un risque plus grave que celui sur la base duquel le contrat a été conclu soit attribuée à un comportement dolosif de l'assuré. La jurisprudence italienne est partagée: *loc.ult.cit.*

D'autres clauses semblent clairement violer le principe de la bonne foi. Ainsi, la clause insérée dans une assurance incendie qui soumet le paiement de l'indemnisation par l'assureur à la production par l'assuré de la « nécessaire documentation »[74] ; les clauses qui imposent la juridiction du siège de l'entreprise d'assurance et l'arbitrage ou qui soumettent à une expertise la détermination de la valeur de l'indemnisation dans le cas où le recours postérieur aux tribunaux est exclu[75], ainsi que les clauses qui exigent du preneur de l'assurance l'opposition à la tacite reconduction dans un délai trop éloigné de l'expiration du contrat[76].

Cette contribution aux Mélanges en honneur du Professeur *Manfred Zuleeg* est déjà longue. Il n'est donc pas possible de la compléter avec une section concernant la conclusion du contrat d'assurance par voie télématique[77].

72 Ainsi, la clause, insérée dans un contrat d'assurance « récoltes et incendie », qui permettait à l'assureur de garder 50% de la prime correspondante à la période contractuelle postérieure à la résiliation : *de Oliveira* (note 68), pp 30 et ss. La loi française (article R.113-10, dernier alinéa du Code des Assurances) et luxembourgeoise (article 40, premier alinéa) établissent le principe de la divisibilité de la prime en cas de résiliation de la part de preneur d'assurance ou de l'assureur.

73 *R. Schmidt*, Gedanken zu einer Reform des Versicherungsvertragsgesetzes, in: Transparenz und Verständlichkeit (note 27). pp.266 et 267, considère que ce principe devrait être clairement établi par la loi, en cas de résiliation par l'assureur.

74 Cette clause est ambiguë et rend aléatoire le droit à l'indemnisation: *Romeo* (note 59), p. 168. Une clause semblable, qui donnait à l'assureur la faculté unilatérale de modifier de contrat, sans fixer les conditions et champ d'application, a été considérée para la Cour suprême fédérale allemande comme violant le principe de transparence. Mais, en réalité, il s'agit d'un déficit de contenu: *Basedow*, Transparenz als Prinzip des (Vericherungs-) Vertragsrechts, in : Transparenz und Verständlichkeit (note 27), p. 22.

75 *Romeo* (note 59), p. 201.

76 *Gaggero* (note 59), p. 514. La Cour d'Appel de Rome a considéré comme excessifs les délais de 90 ou 60 jours: *Romeo* (note 59), p. 188. Dans son avis (point 3.7.3) sur «Les consommateurs dans le marché des assurances», le Comité économique et social mentionne un ensemble de clauses considérées comme abusives (JO 1998 C 95/72).

77 Voir les directives 95/7/CE du 20 mai 1997, concernant la protection des consommateurs en matière de contrats à distance (JO L 144, du 4 juin 1997, p.19) , 2000/31/CE, du 8 juin 2000, relative à certains aspects juridiques de la société de l'information, et notamment du commerce électronique, dans le marché intérieur (JO L 178, du 17 juillet 2000, p.1) et 2002/65/CE (*supra* note 6).

Die Europäisierung des Arbeitsrechts

Manfred Weiss

A. Einleitung

Wie sehr der Völker- und Europarechtler *Manfred Zuleeg* sich auch für das Arbeitsrecht begeistern kann, durfte ich in einem gemeinsam mit ihm in den achtziger Jahren veranstalteten Seminar über den Zusammenhang von Ausländer- und Arbeitsrecht erfahren. Und bekanntlich hat der Europäische Gerichtshof gerade in der Zeit, als er dort Richter war, wichtige Weichenstellungen gerade im Arbeitsrecht vorgenommen. Es erscheint mir deshalb durchaus legitim, wenn ich mich mit einem immerhin europarechtlich orientierten arbeitsrechtlichen Beitrag in die Schar der Gratulanten einreihe.

Ich möchte einige Gedanken zu der Frage beisteuern, wie sich das Arbeitsrecht der Mitgliedstaaten der Europäischen Union durch die Einbindung in diese supranationale Struktur verändert hat, ob und inwieweit von einer Europäisierung gesprochen werden kann und worin sie besteht. Dabei versteht sich von selbst, dass die bloße Sicht auf die Normstrukturen den Blick allzu sehr verengen würde. In die Analyse mit einzubeziehen sind die sich durch die Europäisierung wandelnden Systeme der Arbeitsbeziehungen. Und nicht nur das „Recht" im eigentlichen Sinne, das sog. „hard law", verdient Beachtung, sondern auch das gerade im europäischen Kontext immer wichtiger werdende „soft law" ist zu berücksichtigen. Schließlich ist auf Veränderungsprozesse im Tarifvertragsbereich einzugehen, für die bislang noch jede normative Vorgabe fehlt. Oder um es pointierter auszudrücken: mit den Mitteln traditioneller Jurisprudenz allein ist die Dynamik der Europäisierung des Arbeitsrechts nicht zu erfassen.

Die Bemühungen um universell geltende Regeln im Arbeitsrecht sind nicht neu. Die Wurzeln reichen zurück bis in das 19. Jahrhundert. Die 1919 gegründete Internationale Arbeitsorganisation hat mit dem Ziel der Schaffung weltweit geltender Mindestbedingungen eine rege Normsetzungstätigkeit entwickelt[1]. Doch hat dies nicht verhindert, dass sich das Arbeitsrecht auf jeweils nationaler Ebene in höchst unterschiedlicher Weise ausgeprägt hat. Das gilt auch für die Mitgliedstaaten der EU. Grundverschieden sind nicht nur die jeweiligen verfassungsrechtlichen Vorgaben und die gesetzlichen Regelungen. Anders sind auch von Land zu Land die gerichtlichen und außergerichtlichen Konfliktlösungsstrukturen. So ist die Existenz einer eigenständigen Arbeitsgerichtsbarkeit im europäischen Kontext noch immer eher die Ausnahme als die Regel. Ganz und gar verschieden sind die administrativen Überwachungssysteme, man denke etwa nur an die weit über den Bereich des bloßen

1 *Wisskirchen*, Die normensetzende und normenüberwachende Tätigkeit der Internationalen Arbeitsorganisation (IAO), ZfA 2003, 691 ff.

Arbeitsschutzes hinausreichenden Befugnisse der inspection du travail in Frankreich, für die es in Deutschland keine Entsprechung gibt. Kaum vergleichbar sind im übrigen die kollektiven Strukturen. Das gilt schon für die Akteure: Beherrschen etwa in Skandinavien ebenso wie hierzulande Einheitsgewerkschaften das Bild, setzen Länder wie Frankreich oder Italien nach wie vor entschieden auf Gewerkschaftspluralität, die sich noch immer an unterschiedlichen ideologischen Konzepten orientiert. Auch Arbeitgeberverbände sind alles andere als einheitlich organisiert. Sind in Deutschland die Unternehmen ungeachtet der Unternehmensgröße in ein und demselben Arbeitgeberverband organisiert, kennt man anderswo – so etwa in Frankreich – besondere Verbände für die großen und für die kleinen bzw. mittleren Unternehmen. Kaum vergleichbar sind die Tarifvertragsstrukturen der verschiedenen Mitgliedstaaten. Das gilt etwa für die Aushandlungsebenen und deren Verhältnis zueinander. Höchst unterschiedlich ist die Wirkung von Tarifverträgen. Ist hierzulande die normative Wirkung eine Selbstverständlichkeit, ist dies etwa in Großbritannien, wo der Tarifvertrag lediglich als rechtlich unverbindliches gentlemen's agreement begriffen wird, ganz anders. In den Ländern, die von normativer Wirkung ausgehen, liegt wiederum ein entscheidender Unterschied im Geltungsbereich: Sind etwa hierzulande nur die Mitglieder der tarifschließenden Parteien tarifgebunden, kennen die meisten anderen Länder den sog. erga omnes-Effekt, also eine automatische Geltungserstreckung, die in Deutschland nur mittels Allgemeinverbindlicherklärung zu erreichen ist. Gravierend sind die Unterschiede bei der Konfliktaustragung. Ist in Deutschland der Arbeitskampf nur als Annex zum Tarifvertrag akzeptiert, ist es in anderen Ländern selbstverständlich, dass auch andere Ziele erkämpfbar sind. Wird in anderen Ländern – wie etwa Frankreich oder Italien – das Streikrecht als Individualrecht begriffen, steht es in Deutschland bekanntlich nur den Gewerkschaften zu. Höchst unterschiedlich sind die in den einzelnen Ländern angewandten Schlichtungsmechanismen. Und geradezu eklatant ist die Unterschiedlichkeit im Bereich der Arbeitnehmermitwirkung. Hier reicht die Palette von Ländern, die bis vor kurzem solche kooperativen Strukturen noch a limine abgelehnt und mit ihrem auf kraftvolle Konfliktaustragung angelegten System für unvereinbar erachtet haben – so etwa Großbritannien – bis zu Ländern mit ausgebauten Mitbestimmungssystemen wie vor allem Deutschland, Holland oder Österreich. Und wo es so etwas wie eine institutionalisierte Arbeitnehmermitwirkung gibt, unterscheidet sie sich von Land zu Land wiederum erheblich. Das gilt etwa für die Zusammensetzung der jeweiligen Gremien, für deren Verhältnis zu den Gewerkschaften, für die Intensität der Mitwirkungsrechte, für die Gegenstandsbereiche der Arbeitnehmermitwirkung oder für das Verhältnis von Arbeitnehmermitwirkung und Tarifvertragsrecht.

Diese wenigen Hinweise auf die Unterschiede zwischen den Arbeitsrechtssystemen mögen genügen, um das plausibel zu machen, was am Anfang jeder Beschäftigung mit der Europäisierung des Arbeitsrechts festgehalten werden muss, dass nämlich eine auf Uniformität angelegte europäische Harmonisierung in hohem Maße naiv und weltfremd wäre. Zu sehr sind die skizzierten Unterschiede in der Tradition der jeweiligen Mitgliedstaaten verwurzelt, als dass sie einfach über einen Kamm geschert werden könnten. Es kann deshalb nur um Annäherung und um Stimulierung besserer zwischenstaatlicher Koordination gehen.

B. Von sozialpolitischer Abstinenz zu sozialpolitischem Engagement

Die Möglichkeit der Gemeinschaft zu arbeitsrechtlicher Regelung hat sich nur ganz allmählich durchgesetzt[2]. Der ursprüngliche EWG-Vertrag war gekennzeichnet von sozialpolitischem Minimalismus. Arbeitnehmerfreizügigkeit und Lohngleichheit für Mann und Frau waren sozialpolitisch anmutende Einsprengsel, die aber nur einer ökonomischen Logik folgten: optimale Allokation des Faktors Arbeit und Verhinderung von Wettbewerbsverzerrung durch social dumping. Prosperiert die Gemeinschaft erst einmal als Wirtschaftsraum – so meinte man –, stellt sich das angemessene Sozialniveau von selbst ein. Dass dieser Automatismus in der Realität so nicht funktioniert, wurde bald erkannt. Deshalb verwundert es nicht, dass beim berühmten Gipfel in Paris im Jahre 1972 die Kommission zu sozialpolitischer Aktivität aufgefordert wurde. Dieser Appell mündete nicht nur in das erste sozialpolitische Aktionsprogramm der Kommission im Jahre 1974, sondern in eine ganze Reihe von (inzwischen novellierten) Richtlinien (u.a. zum Schutz der Arbeitnehmer bei Massenentlassung[3], beim Betriebsübergang[4] und im Falle der Insolvenz des Arbeitgebers[5] sowie zur Gleichbehandlung von Mann und Frau[6]), die wegen Fehlens spezifischer arbeitsrechtlicher Ermächtigungen auf die damaligen Artikel 100 (Beseitigung von Wettbewerbsverzerrungen) und 235 (Annexkompetenz) gestützt werden mussten, was bekanntlich Einstimmigkeit im Rat verlangte. Die Aufbruchstimmung der siebziger Jahre hatte vergessen lassen, welch kärgliche Kompetenzen im Bereich des Arbeitsrechts der Gemeinschaft eingeräumt waren. Doch das zeitweilige Ausbrechen aus dem engen Kompetenzrahmen erwies sich als Strohfeuer. Es konnte nur Erfolg haben, so lange alle Mitgliedstaaten sich einig waren. Der Thatcherismus bereitete der sozialpolitischen Euphorie ein jähes Ende: das britische Veto verhinderte die Einstimmigkeit im Rat. Dank der Motivationskunst von *Jacques Delors* gelang eine Renaissance. Die soziale Dimension Europas wurde zum Schlüsselbegriff, der seit Mitte der achtziger Jahre neue Impulse freisetzte. *Delors* wollte nichts mehr dem Zufall überlassen. Er setzte zum einen auf die Unterstützung durch die europäischen Sozialpartner und machte sich im Übrigen stark für eine Erweiterung der Kompetenzausstattung der Gemeinschaft im sozialpolitischen Bereich. Dies führte zur Institutionalisierung und Aufwertung des sozialen Dialogs sowie zur Ausweitung der das Arbeitsrecht betreffenden Befugnisse in der Einheitlichen Europäi-

2 Zu dieser Entwicklung *M. Schmidt*, Europäisches Arbeitsrecht, in: Haverkate/Weiss/Huster/Schmidt (Hg.), Casebook zum Arbeits- und Sozialrecht der EU, 1999, S. 15 ff.

3 Richtlinie 75/129/EWG zur Angleichung der Rechtsvorschriften der Mitgliedstaaten über Massenentlassungen v. 17. 2. 1975, ABl. L 48/29; geändert durch Richtlinie 92/56/EWG v. 24. 6. 1992, ABl. L 245/3 und durch Richtlinie 98/59/EG v. 20. 7. 1998, ABl. L 225/16.

4 Richtlinie 77/187/EWG zur Angleichung der Rechtsvorschriften der Mitgliedstaaten über die Wahrung von Ansprüchen der Arbeitnehmer beim Übergang von Unternehmen, Betrieben oder Betriebsteilen v. 14. 2. 1977, ABl. L 61/26; geändert durch Richtlinie 98/50/EG v. 29. 6. 1998, ABl. L 201/98.

5 Richtlinie 80/987/EWG zur Angleichung der Rechtsvorschriften der Mitgliedstaaten über den Schutz der Arbeitnehmer bei Zahlungsunfähigkeit des Arbeitgebers v. 20. 10. 1980, ABl. L 283/23.

6 Richtlinie 76/207/EWG zur Verwirklichung des Grundsatzes der Gleichbehandlung von Männern und Frauen hinsichtlich des Zugangs zur Beschäftigung, zur Berufsausbildung und zum beruflichen Aufstieg sowie in Bezug auf die Arbeitsbedingungen v. 9. 2. 1976, ABl. L 39; geändert durch Richtlinie 2002/73/EG v. 23. 9. 2002, ABl. L 269/15.

schen Akte von 1987 und in dem Sozialprotokoll des Maastrichter Vertrags von 1992. Gleichzeitig wurde in weiten Teilen vom Einstimmigkeitserfordernis Abschied genommen und Gesetzgebung mit qualifizierter Mehrheit ermöglicht. Die – mit Ausnahme von Großbritannien – im Jahre 1989 als politische Erklärung verabschiedete Charta der sozialen Grundrechte der Arbeitnehmer war eine Zwischenetappe, die – wie die ausdrückliche Bezugnahme zeigt – das Sozialprotokoll von Maastricht vorbereitete. Diese Entwicklung mündete schließlich 1998 in den Amsterdamer Vertrag, in den das Sozialprotokoll integriert und damit für alle Mitgliedstaaten verbindlich gemacht wurde. Die arbeitsrechtlich relevanten Vorschriften des Amsterdamer Vertrags sind nunmehr auch in den inzwischen unterzeichneten, jedoch noch nicht ratifizierten Vertrag über eine Verfassung für Europa nahezu unverändert übernommen. Zwischenzeitlich hat die Sozialpolitik durch die Aufnahme sozialer Grundrechte in die im Jahre 2000 als rechtlich noch unverbindliche Erklärung verabschiedete, inzwischen in den Verfassungsvertrag übernommene und damit auf den Weg zur Rechtsverbindlichkeit gebrachte Charta der Grundrechte der Europäischen Union eine entscheidende Aufwertung erfahren.

Diese knappen und zugegebenermaßen holzschnittartig vergröbernden Hinweise zur Entwicklung der sozialpolitischen Dimension in der Europäischen Union sollen lediglich andeuten, wie dornenreich der Weg zu einer arbeitsrechtliche Intervention erst ermöglichenden Kompetenzausstattung des europäischen Gesetzgebers gewesen ist. Für die Beurteilung des Stands der Europäisierung des Arbeitsrechts ist damit natürlich noch nichts gewonnen. Deshalb soll nun der Versuch unternommen werden, die einzelnen Elemente des Prozesses der Europäisierung des Arbeitsrechts zu identifizieren und deren jeweilige Tragweite einzuschätzen.

C. Die Elemente des Europäisierungsprozesses

I. Orientierung an Grundwerten

Wie bereits angedeutet, enthält die nunmehr in den Verfassungsvertrag integrierte Charta der Grundrechte nach heftigen Auseinandersetzungen in dem den Text der Charta ausarbeitenden Konvent auch soziale Grundrechte. Der Widerstand gegen die Aufnahme sozialer Grundrechte stützte sich vor allem auf die Überlegung, ihnen fehle die Normqualität, weil sie nicht ohne weiteres in die Form subjektiver Rechte gebracht werden könnten. Sie formulierten überwiegend lediglich Politikziele und könnten so zum trojanischen Pferd für die gesamte Charta werden und zur Delegitimation der klassischen bürgerlich-liberalen Grundrechte führen[7]. Doch schließlich hat sich die Auffassung durchgesetzt, dass es hier wie dort um die Gewährleistung von Grundwerten geht. Im Übrigen wurde sehr schnell deutlich, dass die Grenzen zwischen klassisch-bürgerlichen Grundrechten und sozialen Grundrechten fließend

7 Vgl. zu dieser Sichtweise *Merten*, Entwicklungsperspektiven der sozialen Dimension in der EG: Funktionen sozialer Grundrechte, in: Merten/Pitschas (Hg.), Der europäische Sozialstaat und seine Institutionen, 1993, S. 63, der in diesem Zusammenhang von „Sozialverheißungen“ (S. 73) spricht.

sind. So werden in der Charta außerhalb des für soziale Grundrechte einschlägigen Kapitels „Solidarität" viele Bereiche angesprochen, die für die Regelung des Arbeitslebens zentral sind und deshalb durchaus auch hätten als soziale Grundrechte rubriziert werden können (Verbot der Zwangsarbeit in Art. 5, Garantie der Koalitionsfreiheit in Art. 12, Grundrecht auf berufliche Aus- und Weiterbildung in Art 14 oder das Grundrecht Behinderter auf Integration in Art. 26, um nur einige Beispiele zu nennen).

Der Kern der sozialen Grundrechte ist – wie bereits angedeutet – in dem mit „Solidarität" betitelten Abschnitt zusammengefasst. Dort findet sich etwa das Recht auf Unterrichtung und Anhörung der Arbeitnehmer im Unternehmen (Art. 27), das Recht auf Kollektivverhandlungen und Kollektivmaßnahmen einschließlich des Streikrechts (Art. 28), das Recht auf Zugang zum Arbeitsvermittlungsdienst (Art. 29), das Recht auf Schutz vor ungerechtfertigter Entlassung (Art. 30), das Recht auf angemessene Arbeitsbedingungen (Art. 31), das Verbot der Kinderarbeit und der Schutz Jugendlicher am Arbeitsplatz (Art. 32), der Schutz der Familie einschließlich des Rechts auf Gewährleistung der Vereinbarkeit von Familien- und Berufsleben (Art. 33) und das Recht auf soziale Sicherheit und auf Sozialleistungen (Art. 34).

Statt den Katalog vollständig aufzuzählen oder gar die Diskussion aufzunehmen, welche dieser Grundrechte unmittelbar anwendbares Recht oder nur Gemeinschaftszielbestimmungen sind[8], kommt es hier nur darauf an, dass die Charta die für das arbeitsrechtliche Tätigwerden der Gemeinschaft und die justizielle Kontrolle durch den Europäischen Gerichtshof relevanten Orientierungspunkte und Wertmuster enthält. Das bedeutet eine Festlegung auf ein Arbeitsrechtsmodell, in dem Arbeitnehmermitwirkung, Kollektivvertragsstrukturen und Arbeitnehmerschutzbestimmungen ihren festen Platz haben[9]. Einer Deregulierungspolitik sind damit enge Grenzen gezogen.

Die Aufnahme sozialer Grundrechte in die Charta bedeutet aber auch, dass Wirtschaftspolitik und Sozialpolitik nun im Vertragsgefüge auf gleicher Augenhöhe angesiedelt sind, mithin im Konfliktfall beide Bereiche zu einem angemessenen Ausgleich gebracht werden müssen (etwa wenn arbeitsmarktpolitisch motivierte arbeitsrechtliche Regelungen mit Vorschriften zum Subventionsverbot kollidieren) und nicht einfach vernünftige Sozialpolitik dem am gemeinsamen Markt orientierten wirtschaftspolitischen Kalkül weichen muss[10]. Wie ein solcher Ausgleich angelegt werden kann, lässt sich beispielhaft an der erst jüngst verabschiedeten Vergaberichtlinie[11] demonstrieren. Die vier allein auf die Wirtschaftspolitik programmierten Grundfreiheiten stehen nicht mehr als unantastbare Säulen im Raum, sie müssen

8 Zu dieser Diskussion vgl. *Weiss*, Grundrechte-Charta der EU auch für Arbeitnehmer?, AuR 2001, 375 (376 f.).

9 Vgl. dazu *Weiss*, The Politics of the EU Charter of Fundamental Rights, in: Hepple (Hg.), Social and Labour Rights in a Global Context, 2002, S. 73 (89).

10 Dies zeichnet sich in der neueren Rechtsprechung des EuGH seit der Entscheidung Albany International (EuGH, Slg. 1999, I-5863 ff.) bereits deutlich ab.

11 Vgl. die Art. 19 und 26 der Richtlinie 2004/18/EG des Europäischen Parlaments und des Rates über die Koordinierung der Verfahren zur Vergabe öffentlicher Bauaufträge, Lieferaufträge und Dienstleistungsaufträge v. 31. 3. 2004, ABl. L 134/114.

sich Einschränkungen durch sozialpolitisch motivierte, nunmehr grundrechtlich abgestützte Erwägungen gefallen lassen.

II. Mindestbedingungen und andere rechtliche Vorgaben

Sieht man davon ab, dass die Gemeinschaft „für das Arbeitsentgelt, das Koalitionsrecht, das Streikrecht sowie das Aussperrungsrecht" (Art. 137 EG-Vertrag) noch immer über keine Gesetzgebungskompetenz verfügt, hat sie inzwischen eine umfassende Befugnis zur Gesetzgebung für alle nur denkbaren arbeitsrechtlichen Fragen. Für einen Großteil der Materien genügt dabei die qualifizierte Mehrheit im Rat. Vor einer überbordenden Gesetzgebung durch die Gemeinschaft schützen indessen die im EG-Vertrag verankerten Prinzipien der Subsidiarität und der Verhältnismäßigkeit, die durch ein dem Verfassungsvertrag angefügtes Protokoll[12] noch stärker ausgebaut worden sind, und die Begrenzung der Gesetzgebungsbefugnis auf Festlegung von Mindestbedingungen. Dadurch bleibt es für die Mitgliedstaaten bei der Gestaltungsfreiheit im Günstigkeitsbereich.
Trotz der umfassenden Gesetzgebungskompetenz kann bislang von einer systematisch angelegten Gesamtkonzeption des europäischen Arbeitsrechts keine Rede sein. Vielmehr werden Einzelfragen herausgegriffen und isoliert geregelt. Damit bleiben die Eingriffe in nationales Arbeitsrecht punktuell und fragmentarisch.
Hier sollen nun nicht die bislang geregelten Gegenstände aufgelistet, sondern es soll auf zwei herausragende Regelungsbereiche hingewiesen werden.
Den bislang größten Einfluss auf das nationale Arbeitsrecht hat die Gemeinschaft durch die der Gleichstellung von Mann und Frau gewidmeten Richtlinien[13] erreicht. Die Rechtsprechung des Europäischen Gerichtshofs, insbesondere zum Problembereich der sog. mittelbaren Diskriminierung und zur Frage der Zulässigkeit Frauen fördernder Maßnahmen, hat das nationale Arbeitsrecht der Mitgliedstaaten in vielfacher Hinsicht umgestaltet. Eine ähnliche Wirkung ist von den Diskriminierungsrichtlinien des Jahres 2000 zu erwarten, die Diskriminierung wegen der Rasse, der ethnischen Zugehörigkeit, der Religion bzw. Weltanschauung, des Alters und der sexuellen Orientierung verbieten und faktische Gleichstellung Behinderter am Arbeitsmarkt[14] einfordern. Hier ergeben sich weitgreifende Auswirkungen auf alle Teile des Arbeitsrechts, was die zögerliche Haltung der Mitgliedstatten bei der – mit Ausnahme der Diskriminierung wegen des Alters, wo ein Aufschub bis Ende 2006 gewährt ist – längst überfälligen Umsetzung dieser Richtlinien erklären (aber nicht entschuldigen !) mag.

12 Protokoll über die Anwendung der Grundsätze der Subsidiarität und der Verhältnismäßigkeit.

13 Neben der bereits in Fn. 6 genannten Richtlinie vor allem auch Richtlinie 75/117/EWG zur Angleichung der Rechtsvorschriften der Mitgliedstaaten über die Anwendung des Grundsatzes des gleichen Entgelts für Männer und Frauen v. 10. 2. 1975, ABl. L 1/489, und Richtlinie 86/378/EWG zur Verwirklichung des Grundsatzes der Gleichbehandlung von Männern und Frauen bei den betrieblichen Systemen der sozialen Sicherheit v. 24. 7. 1986, ABl L 225/40.

14 Richtlinie 2000/43/EG des Rates zur Anwendung des Gleichbehandlungsgrundsatzes ohne Unterschied der Rasse oder der ethnischen Herkunft v. 29. 6. 2000, ABl. L 180/22, und Richtlinie 2000/78/EG des Rates zur Festlegung eines allgemeinen Rahmens für die Verwirklichung der Gleichbehandlung in Beschäftigung und Beruf v. 27. 11.2000, ABl. L 303/16.

Die strukturpolitisch wichtigste Weichenstellung bilden indessen die Richtlinien zur Arbeitnehmermitwirkung[15]. Neben den Einzelfragen betreffenden Regelungen zur Information und Konsultation aus den siebziger und achtziger Jahren geht es dabei vor allem um drei Richtlinien aus jüngster Zeit, die alle weitgreifende Auswirkungen für die Struktur der Arbeitsbeziehungen in Europa haben dürften: die Richtlinie über Europäische Betriebsräte[16] von 1994, die Richtlinie zur Ergänzung des Statuts der Europäischen Gesellschaft[17] hinsichtlich der Beteiligung der Arbeitnehmer von 2001 und die Richtlinie zur Festlegung eines allgemeinen Rahmens für die Unterrichtung und Anhörung der Arbeitnehmer in der EG[18] von 2002.

Das innovative Potential der Richtlinie über Europäische Betriebsräte (EBR) lässt sich nur erfassen, wenn man sie mit dem ihr vorangegangenen Regelungsentwurf, dem nach dem damals für die Sozialpolitik der Gemeinschaft zuständigen Kommissar *Henk Vredeling* benannten Vorschlag[19] kontrastiert. Dieser verfolgte ebenso wie die spätere Richtlinie das Ziel, Arbeitnehmermitwirkung auch dort zum Zuge kommen zu lassen, wo Entscheidungen in transnational agierenden Konzernen auf einer Ebene getroffen werden, an die nationale Arbeitnehmermitwirkungssysteme nicht heranreichen. Im Vredeling-Vorschlag wurde auf eine im transnationalen Entscheidungszentrum angesiedelte Arbeitnehmervertretung verzichtet. Träger der Informations- und Konsultationsrechte sollten ausschließlich die Arbeitnehmervertreter im jeweiligen nationalen Kontext sein. Konsequenterweise war im Konzernverbund nicht das Mutter-, sondern das Tochterunternehmen als Gesprächspartner der Arbeitnehmervertreter vorgesehen. Das Mutterunternehmen hatte lediglich dafür zu sorgen, dass dem Tochterunternehmen die für die Erfüllung der in dem Vorschlag enthaltenen Unterrichtungs- und Konsultationspflichten erforderlichen Informationen gegeben wurden. Wichtig ist nun, dass der Gegenstandsbereich der Unterrichtung und Anhörung in dem Vorschlag ebenso detailliert umschrieben war wie das dabei einzuhaltende Verfahren.

Der Vorschlag erwies sich gerade deswegen politisch als chancenlos. Hauptangriffspunkt war die Rigidität und Schwerfälligkeit des von der Kommission vorgeschlagenen Verfahrens[20]. Nachdem der Entwurf der immer stärker werdenden Ablehnungsfront zum Opfer gefallen war, musste bei dem erneuten Versuch, zu einer Richtlinie zu kommen, zwangsläufig ein neuer Weg eingeschlagen werden, um nicht

15 Zur Einschätzung dieser Richtlinien im Einzelnen vgl. *Weiss*, Arbeitnehmermitwirkung in Europa, NZA 2003, 177 ff.

16 Richtlinie 94/45/EG des Rates über die Einsetzung eines Europäischen Betriebsrats oder die Schaffung eines Verfahrens zur Unterrichtung und Anhörung der Arbeitnehmer in gemeinschaftsweit operierenden Unternehmen und Unternehmensgruppen v. 22. 9. 1994, ABl. L 254/64, geändert durch Richtlinie 97/74/EG v. 15. 12. 1997, ABl. 1998 L 10/20.

17 Richtlinie 2001/86/EG des Rates zur Ergänzung des Statuts der Europäischen Gesellschaft hinsichtlich der Beteiligung der Arbeitnehmer vom 8. 10. 2001, ABl L 294/22.

18 Richtlinie 2002/14/EG des Europäischen Parlaments und des Rates zur Festlegung eines allgemeinen Rahmens für die Unterrichtung und Anhörung der Arbeitnehmer in der Europäischen Gemeinschaft v. 11. 3. 2002, ABl. L 80/29.

19 ABl. 1980 C/297.

20 Zu dieser Entwicklung *Weiss*, Arbeitnehmermitwirkung in der europäischen Gemeinschaft, in: Fahrtmann/Hanau/Isenhardt/Preis (Hg.), Arbeitsgesetzgebung und Arbeitsrechtsprechung, 1995, S. 657 (667).

das politische Scheitern wieder vorzuprogrammieren. Und dieser neue Weg ist das eigentlich Spannende der EBR-Richtlinie: das Umschalten von substantieller, für alle Anwendungsfälle gleichlautender Regelung zur bloßen Etablierung einer Verfahrensstruktur, in der die Akteure sich auf das für ihre Situation adäquate Modell verständigen können[21]. Vorgegeben werden lediglich die Gegenstandsbereiche, über die zwischen dem auf Arbeitnehmerseite zu bildenden besonderen Verhandlungsgremium und der Leitung des herrschenden Unternehmens eine Vereinbarung zu treffen ist. Nur für den Fall des Scheiterns dieser Verhandlungen werden Mindestvorschriften vorgesehen, für die der Anhang der Richtlinie den Mitgliedstaaten relativ detaillierte Eckdaten vorgibt. Um die Akzeptanz der Richtlinie zu verstärken, hat es zudem die Richtlinie ermöglicht, bis zum Zeitpunkt der Umsetzung in nationales Recht freiwillige Vereinbarungen zu treffen, bei denen nicht einmal die Verfahrensregularien der Richtlinie (z.B. Bildung des überaus umständlich organisierten besonderen Verhandlungsgremiums etc.) zu beachten waren. Kurzum: die Richtlinie bedeutet einen Paradigmenwechsel, eine Abkehr von der Vorstellung, durch inhaltliche Vorgaben im Bereich der Arbeitnehmermitwirkung gemeinschaftsweit einheitliche Strukturen zu schaffen. Statt dessen setzt sie auf Vielfalt, auf die Gestaltungsphantasie der am Verfahren beteiligten Akteure und zieht lediglich die Notbremse, wenn diese Akteure versagen. Dieses flexible neue Konzept sollte auch zum Erfolgsgeheimnis für die nachfolgenden Richtlinien zur Arbeitnehmermitwirkung werden.

Die Euphorie über das Zustandekommen der Richtlinie zu den Europäischen Betriebsräten hat die Kommission der Europäischen Gemeinschaften ermutigt, ein bereits totgeglaubtes Projekt wieder aufzunehmen: die Arbeitnehmermitwirkung in den Unternehmensorganen der Europäischen Aktiengesellschaft. Am deutschen und niederländischen Modell orientierte Regelungsversuche der frühen siebziger Jahre hatten sich als ebenso unrealisierbar erwiesen wie die späteren Entwürfe, die mehrere – immer noch als zu rigide und unflexibel empfundene – Optionen offerierten[22]. Die Kommission beauftragte im Jahre 1996 eine Expertengruppe mit der Erarbeitung eines Konzepts. Wie erwartet orientierte sich der 1997 präsentierte Vorschlag dieser nach ihrem Vorsitzenden benannten Davignon-Gruppe ganz am Modell der Richtlinie über Europäische Betriebsräte: Nur eine Verhandlungsstruktur sollte vorgegeben werden und im übrigen alles den Verhandlungen überlassen bleiben. Lediglich für den Fall des Scheiterns der Verhandlungen sollte ein Sicherheitsnetz eingezogen werden: Mindestens ein Fünftel der Sitze sollten der Arbeitnehmerseite im mitbestimmten Unternehmensorgan garantiert werden. Um die Gefahr einer Flucht vor der Mitbestimmung auszuschließen, beschränkte der Davignon-Bericht die Möglichkeit der Gründung einer Europäischen Aktiengesellschaft auf drei Fälle: eine gemeinsame Holding-Gesellschaft für Unternehmen mit Sitz in verschiedenen Mitgliedsländern der EU, eine Verschmelzung mehrerer Unternehmen mit Sitz in verschiedenen Mitgliedsländern der EU und eine gemeinsame Tochter von Unternehmen mit Sitz in verschiedenen Mitgliedsländern der EU. Ausgeschlossen bleiben

21 Zu diesem Paradigmenwechsel *Weiss*, Europäische Betriebsräte, ZRP 1992, 422 (424).
22 Zu dieser Vorgeschichte *Weiss* (Fn. 20), S. 667 ff.

sollte die Umwandlung eines Unternehmens in eine Europäische Aktiengesellschaft ebenso wie die Neugründung: Hier wurde die Gefahr der Flucht der Mitbestimmung als zu groß erachtet.

Das Echo auf den Bericht der Davignon-Gruppe war bemerkenswert positiv. Dennoch sollte sich herausstellen, dass der Weg bis zur Richtlinie noch dornenreich war. Vor allem zwei Punkte waren kontrovers: das Niveau der Arbeitnehmerbeteiligung im Falle des Scheiterns der Verhandlungen und die Konstellationen, für die die Europäische Aktiengesellschaft als Möglichkeit vorzusehen war. Was den letztgenannten Streit angeht, ging es um die Einbeziehung der Umwandlung, auf die man sich schließlich als vierte Variante einigte und gleichzeitig strenge Vorkehrungen traf, um die Gefahr einer Flucht aus der Mitbestimmung zu bannen. Schwieriger gestaltete sich die Auseinandersetzung um das zu garantierende Niveau der Arbeitnehmerbeteiligung im Falle des Scheiterns der Verhandlungen. Mitgliedstaaten mit einem höheren Anteil an Arbeitnehmervertretern – wie etwa Deutschland – waren wenig geneigt, sich mit einem so niedrigen Prozentsatz zufrieden zu geben. Vor allem in Fällen der Verschmelzung befürchtete man die Absenkung des im nationalen Bereich erreichten Mitbestimmungsniveaus. So scheiterte denn auch im ersten Anlauf das Richtlinienvorhaben am deutschen und österreichischen Widerstand. Allerdings gab es auch Opposition von anderer Seite: Mitgliedsländer, die eine Arbeitnehmermitwirkung in Unternehmensorganen bislang nicht eingeführt haben, mochten sich nicht damit anfreunden, nun ein Mindestmaß von einem Fünftel der Sitze an die Arbeitnehmer abtreten zu müssen. In dieser verfahrenen Situation präsentierte Großbritannien während seiner Präsidentschaft im ersten Halbjahr 1998 einen Kompromissvorschlag[23], der beiden Seiten Rechnung tragen sollte. Die magische Formel war die Perspektive des „vorher und nachher“: Wenn vorher ein gewisser Prozentsatz der fusionierenden Unternehmen ein bestimmtes Mitbestimmungsniveau hatten, wird dies auch in der Europäischen Aktiengesellschaft aufrecht erhalten. Wenn umgekehrt die fusionierenden Unternehmen bislang keinerlei Mitwirkung in Unternehmensorganen kannten, können sie es auch in der Europäischen Aktiengesellschaft dabei belassen. Die Null-Lösung war der Preis für die Bestandsgarantie. Dieser Kompromiss hat sich letztlich durchgesetzt.

Für den hier interessierenden Zusammenhang ist wichtig, dass eine Europäische Aktiengesellschaft nur eingetragen werden kann, wenn die Anforderungen der Richtlinie erfüllt sind. Dadurch wird garantiert, dass die Bestimmungen über Arbeitnehmermitwirkung nicht ignoriert werden können.

Wie bereits angedeutet, ist die Struktur der Richtlinie nahezu dieselbe wie bei der Richtlinie über Europäische Betriebsräte: Sie sieht ein besonderes Verhandlungsgremium vor, enthält einen Katalog der in der zu schließenden Vereinbarung zu beachtenden Punkte und überlässt im Übrigen alles den Verhandlungen. Für den Fall des Scheiterns der Verhandlungen gibt es eine Auffangregelung .

Die Richtlinie regelt zwei Gegenstandsbereiche, die scharf voneinander unterschieden werden müssen: zum einen Information und Konsultation und zum anderen

23 Abgedruckt in RdA 1998, 233 ff.; vgl. dazu *Hanau*, Neuer Anlauf zur mitbestimmten SE, RdA 1998, 231 ff.

Mitbestimmung in Unternehmensorganen. Was den Bereich der Information und Konsultation angeht, sind die Regelungen[24] sehr an das angelehnt, was sich in der Richtlinie über Europäische Betriebsräte schon findet, deren Anwendung für die Europäische Aktiengesellschaft explizit ausgeschlossen ist.

Interessant ist die Richtlinie indessen wegen der Vorschriften zur Mitbestimmung in Unternehmensorganen. Darunter versteht der europäische Gesetzgeber „die Einflussnahme des Organs zur Vertretung der Arbeitnehmer und/oder Arbeitnehmervertreter auf die Angelegenheiten einer Gesellschaft durch die Wahrnehmung des Rechts, einen Teil der Mitglieder des Aufsichts- oder Verwaltungsorgans der Gesellschaft zu wählen oder zu bestellen, oder die Wahrnehmung des Rechts, die Bestellung eines Teils der oder aller Mitglieder des Aufsichts- oder des Verwaltungsorgans der Gesellschaft zu empfehlen und/oder abzulehnen" (Art. 2 lit. k). Im Normalfall sind die Verhandlungspartner frei, insoweit ein System nach ihrem Gutdünken zu entwickeln. Wenn das Verhandlungsergebnis allerdings Reduktion des bestehenden Mitbestimmungsniveaus bedeutet, bedarf es im besonderen Verhandlungsgremium qualifizierter Mehrheiten, die für die einzelnen Gründungskonstellationen unterschiedlich ausgelegt sind. Nur im Falle der Umwandlung besteht kein Verhandlungsspielraum für eine Absenkung: Dort muss in der Vereinbarung „in Bezug auf alle Komponenten der Arbeitnehmerbeteiligung zumindest das gleiche Ausmaß gewährleistet werden, das in der Gesellschaft besteht, die in eine Europäische Aktiengesellschaft umgewandelt werden soll" (Art. 4 Abs. 4).

Die Auffangregelung ist – wie bereits angedeutet – auf Fortführung des status quo ante angelegt. Zum Bestandsschutz bestehender Mitbestimmung kommt es allerdings nur dann, wenn vor der Gründung der Europäischen Aktiengesellschaft die Mitbestimmung einen bestimmten Prozentsatz der Arbeitnehmer der Europäischen Aktiengesellschaft erfasst hat. Nur in dem Fall, dass in keiner der fusionierenden Gesellschaften eine Mitbestimmungsregelung bestanden hat, bedarf es ausnahmsweise keiner Vereinbarung.

Der letzte Mosaikstein des europäischen Arbeitnehmermitwirkungskonzepts ist die Rahmenrichtlinie für die Unterrichtung und Anhörung der Arbeitnehmer in der EG. Sie hat „die Festlegung eines allgemeinen Rahmens mit Mindestvorschriften für das Recht auf Unterrichtung und Anhörung der Arbeitnehmer von in der Gemeinschaft ansässigen Unternehmen und Betrieben" (Art. 1 Abs. 1) zum Ziel.

Die Richtlinie erfasst Unternehmen mit mindestens 50 und Betriebe mit mindesten 20 Arbeitnehmern. Zu Gesprächspartnern des Arbeitgebers werden die einzelstaatlich etablierten Arbeitnehmervertreter erkoren. Die Gegenstandsbereiche und die Grundlinien der Unterrichtung und Anhörung der Arbeitnehmer werden abgesteckt. Über die Entwicklung der wirtschaftlichen Situation des Unternehmens und der Betriebe muss lediglich unterrichtet werden, während im Hinblick auf die Beschäftigungssituation, die Beschäftigungsstruktur und die wahrscheinliche Beschäftigungsentwicklung im Unternehmen oder Betrieb sowie zu gegebenenfalls geplanten antizipativen Maßnahmen, insbesondere bei Bedrohung der Beschäftigung, eine

24 Für einen erläuternden Überblick *Herfs-Röttgen*, Probleme der Arbeitnehmerbeteiligung in der Europäischen Aktiengesellschaft, NZA 2002, 358 ff.

Anhörung erfolgen muss. Bei Entscheidungen, die wesentliche Veränderungen der Arbeitsorganisation oder der Arbeitsverträge mit sich bringen können, wozu auch Massenentlassungen und Betriebsübergang gehören, muss die Anhörung mit dem Ziel durchgeführt werden, eine Vereinbarung über diese Entscheidungen (oder im deutschen Sprachgebrauch: einen Interessenausgleich) zu erreichen. Was die Modalitäten der Anhörung und Unterrichtung angeht, macht die Richtlinie keine weiteren Vorgaben, sondern überlässt alles den Mitgliedstaaten, die diese Befugnis auch auf die Sozialpartner delegieren können. Damit ist die Möglichkeit eröffnet, die Richtlinie in jeweils vorhandene Strukturen bestmöglich einzupassen.

Die Richtlinie muss bis zum 23. März 2005 umgesetzt sein. Mitgliedstaaten (wie etwa Irland oder Großbritannien), die bislang weder allgemeine gesetzliche Regelungen für die Unterrichtung und Anhörung von Arbeitnehmern bzw. allgemeine gesetzliche Regelungen über eine Arbeitnehmervertretung im Betrieb kennen, haben sich mit Erfolg dagegen gewehrt, schon so früh flächendeckend die Richtlinie umsetzen zu müssen. Ihr Widerstand führte zu einem Kompromiss, der nun so aussieht, dass sie in den ersten zwei Jahren nach dem Umsetzungszeitpunkt, also bis zum 23. März 2007, die Anwendung auf Unternehmen mit mindestens 150 Arbeitnehmern und auf Betriebe mit mindestens 50 Arbeitnehmern sowie während eines weiteren Jahres, also bis zum 23. März 2008, auf Unternehmen mit 100 Arbeitnehmern und auf Betriebe mit 50 Arbeitnehmern beschränken dürfen. Erst danach sind sie zur vollen Umsetzung der Richtlinie gezwungen. Das Ringen um diese Übergangsregelung zeigt deutlich, welch tiefen Einschnitt die Etablierung flächendeckender Unterrichtungs- und Konsultationsstrukturen in einer Reihe von Mitgliedsstaaten bedeutet. Erst recht gilt das für manche Beitrittsländer, die durch diese abgestufte Übergangsregelung von einer Schocktherapie verschont bleiben.

Diese Richtlinien verzichten alle auf institutionelle Vorgaben, setzen Prozeduralisierung an Stelle von substantieller Regelung, Flexibilität an Stelle von Starrheit und Vielfalt an Stelle von Uniformität. Aber alle lassen keinen Zweifel daran, dass die Idee der Arbeitnehmermitwirkung sich gemeinschaftsweit ausbreitet, dass sie ein Grundelement des europäischen Arbeitsrechts bildet und den Mitgliedstaaten keine Möglichkeit lässt, ausschließlich auf Konflikt statt auf Kooperation zu setzen. Damit werden kooperative Arrangements zu einem wesentlichen Strukturmerkmal des sich entwickelnden und viel beschworenen „europäischen Sozialmodells".

III. Der branchenübergreifende soziale Dialog

Schon lange bevor er im Rahmen der Einheitlichen Europäischen Akte im Jahre 1986 Eingang in den EG-Vertrag gefunden hat, gab es den sozialen Dialog als informelle Einrichtung[25]. Der Europäische Gewerkschaftsbund (EGB) und die europäischen Arbeitgebervereinigungen UNICE und CEEP hatten sich in regelmäßigen Abständen mit Vertretern der Kommission getroffen, um zu jeweils aktuellen sozi-

25 Zur Entstehungsgeschichte und zur Funktion des branchenübergreifenden sozialen Dialogs vgl. *Weiss,* Der soziale Dialog als Katalysator koordinierter Tarifpolitik in der EG, in: Heinze/Söllner (Hg.), Arbeitsrecht in der Bewährung, FS Otto Rudolf Kissel, 1994, S. 1253 ff.

alpolitischen Fragen gemeinsame Resolutionen zu erarbeiten und zu verabschieden. Inzwischen hat dieser branchenübergreifende soziale Dialog im EG-Vertrag eine erhebliche Aufwertung erfahren.

Die im sozialen Dialog vertretenen europäischen Sozialpartner sind nunmehr in den Entstehungsprozess der arbeitsrechtlichen Gesetzgebung fest integriert. Sie können der über das ausschließliche Recht zur Gesetzgebungsinitiative verfügenden Kommission ein Gesetzgebungsvorhaben entziehen und selbst eine Vereinbarung treffen, die dann vom Rat in eine Richtlinie überführt werden kann (vgl. im einzelnen Art. 138, 139 EGV). Dies ist inzwischen bereits mehrfach gelungen, so bei den Richtlinien zum Elternurlaub, zu den befristeten Arbeitsverträgen und zur Teilzeitbeschäftigung.

Wichtig im hier gegebenen Kontext ist nicht der Inhalt dieser Richtlinien, sondern dass bei deren Erarbeitung spill over-Effekte auftraten, die für die Europäisierung des Arbeitsrechts von kaum zu überschätzender Bedeutung sind. So waren die europäischen Verbände auf beiden Seiten gezwungen, sich erst einmal bei ihren nationalen Mitgliedern zu vergewissern, ob sie überhaupt ein Mandat für solche weit reichenden Vereinbarungen haben. Dies hat zu einer zuvor nie gekannten Intensivierung der Kommunikation zwischen europäischen und nationalen Akteuren und zu einer weit greifenden Reformulierung von deren Verhältnis zueinander geführt, was letztlich eine Stärkung der Position der europäischen Verbände bewirkt hat. Gleichzeitig wurde das Problem der Repräsentativität der europäischen Verbände aufgeworfen, insbesondere die Forderung erhoben, dass auch noch weitere auf europäischer Ebene organisierte Gewerkschaftsbünde und Arbeitgeberverbände mit am Tisch sitzen sollten. Eine Reihe solcher nach bestimmten Kriterien ausgewählter Verbände wird inzwischen im schriftlichen Verfahren beteiligt. Wie lange dieser modus vivendi halten und wohin er sich letztendlich auswachsen wird, ist derzeit noch nicht abzusehen.

Auf den ersten Blick mag es scheinen, dass der EGB im sozialen Dialog keinerlei Druckmittel in der Hand hat, um die Gegenseite zu einer Vereinbarung zu bewegen. Doch sollte man die Drohung mit dem Hinweis, dass sonst die Kommission ohne weitere Mitwirkung der Sozialpartner voranschreitet, nicht unterschätzen. Sie greift vor allem dann, wenn sich abzeichnet, dass ein Kommissionsvorschlag im Parlament und im Rat Chancen auf Verabschiedung haben würde.

Neben der Mitwirkung an der Gesetzgebung ist es aber noch ein anderer Mechanismus, der den Sozialpartnern im branchenübergreifenden sozialen Dialog zur Verfügung steht: der Abschluss von Vereinbarungen, die „nach den jeweiligen Verfahren und Gepflogenheiten der Sozialpartner und der Mitgliedstaaten“ (Art. 139 Abs. 2 EGV) durchgeführt werden. Solche Vereinbarungen sind lediglich als Angebote an die nationalen Akteure zu verstehen, von ihnen Gebrauch zu machen und sie in ihr Gesetzgebungs- oder Kollektivvertragsprogramm zu integrieren. Ein rechtlicher Zwang geht von ihnen nicht aus. Als Beispiel mag die im Jahre 2002 getroffene Vereinbarung zur Telearbeit dienen, über deren Umsetzung im nationalen Rahmen in den Mitgliedsstaaten jetzt allenthalben heftig diskutiert wird. Solche nicht in Richtlinien einmündenden Vereinbarungen zwingen die europäischen Akteure dazu, nicht nur vor dem Zustandekommen eines solchen Abschlusses, sondern vor allem danach intensive Kommunikation mit den nationalen Akteuren zu pflegen, um die Wirkung solcher Vereinbarungen nicht einfach verpuffen zu lassen.

IV. Der sektorale soziale Dialog

Neben dem branchenübergreifenden sozialen Dialog haben sich wildwüchsig seit den sechziger Jahren des vergangenen Jahrhunderts für inzwischen 26 Branchen auf europäischer Ebene sog. sektorale soziale Dialoge herausgebildet[26]. Die europäischen Dachverbände der jeweiligen Branchengewerkschaften und der korrespondierenden Arbeitgeberverbände haben Ausschüsse gebildet, die ursprünglich als reine Gesprächsforen gedacht waren. Inzwischen haben diese Ausschüsse ähnlich wie der branchenübergreifende soziale Dialog eine erhebliche Aufwertung erfahren. Durch die Kommissionsentscheidung vom 20. Mai 1998 zur Förderung des sektoralen sozialen Dialogs zwischen den Sozialpartnern auf Europäischer Ebene[27] wird die Einrichtung solcher Ausschüsse formalisiert. Voraussetzung für ihre Anerkennung ist, dass Gewerkschafts- und Arbeitgeberseite in einen Dialog auf europäischer Ebene eintreten wollen. Dabei müssen verschiedene Kriterien erfüllt werden: die daran teilnehmenden Verbände müssen auf europäischer Ebene die jeweilige Branche vertreten, sie müssen Mitgliedsorganisationen haben, die ihrerseits in den Mitgliedstaaten als Tarifparteien anerkannt und tariffähig sind, und sie müssen schließlich über organisatorische Strukturen verfügen, die sie zu effizienter Mitarbeit in den Ausschüssen befähigen. Im Übrigen stellt die Kommissionsentscheidung Rahmenregeln für die Arbeitsweise der Ausschüsse auf. Sind diese Ausschüsse einmal von der Kommission anerkannt, sollen sie zum einen zu Maßnahmen angehört werden, die für die spezifische Branche besondere Auswirkungen haben, und zum anderen den branchenspezifischen sozialen Dialog – nicht zuletzt durch den Abschluss branchenspezifischer Vereinbarungen – entwickeln und befördern. Diese Intervention der Kommission hat zwar über alle betroffenen Branchen hinweg zu einheitlicheren Strukturen geführt und deren Arbeitskapazität gestärkt. Rahmenvereinbarungen, die auf nationaler Ebene von den dort zuständigen Akteuren umgesetzt und konkretisiert werden könnten, sind aber noch immer eine Rarität. Allerdings sollte nicht übersehen werden, dass die Kommission nach ihrer 1998 getroffenen Entscheidung gehalten ist, die Funktionsweise der sektoralen Ausschüsse kritisch zu begleiten und auf Effizienzsteigerung hinzuarbeiten. Dies entfaltet zweifellos Druck, dem sich die Akteure immer schwerer entziehen können. So erscheint die Hoffnung nicht unberechtigt, dass künftig Rahmenvereinbarungen in größerer Zahl entwickelt werden. Im Übrigen darf nicht unerwähnt bleiben, dass sich zwischenzeitlich informell eine rege Interaktion zwischen branchenübergreifendem und sektoralem sozialen Dialog herausgebildet hat. Man kann insoweit bereits von einem gut funktionierenden Netzwerk sprechen.

26 Zur Entstehung und Weiterentwicklung des sektoralen sozialen Dialogs vgl. *B. Keller*, Social Dialogues at Sectoral Level – The Neglected Ingredient of European Industrial Relations, in: Keller/Platzer (Hg.), Industrial Relations and European Integration, 2003, S. 30 ff.

27 KOM (98) 322 endg. mit Anhang I.

V. Koordinierung der Tarifvertragspolitik

Die in vor allem den sechziger und siebziger Jahren des vergangenen Jahrhunderts kultivierte Vorstellung eines europäischen Tarifvertragssystems hat sich als naiv und illusorisch erwiesen. Längst ist sie ad acta gelegt. Tarifvertragrecht und Tarifvertragspolitik ist derzeit noch immer ausschließliche Angelegenheit der einzelnen Mitgliedstaaten. Dies wird auch auf absehbare Zeit so bleiben. Dennoch ist ein Prozess der Europäisierung der Tarifvertragspolitik zu beobachten. Dabei geht es nicht um juristisch bindende Vorgaben oder gar um eine auf Uniformität angelegte Harmonisierung. Ganz im Gegenteil: Die eingangs skizzierte Unterschiedlichkeit wird zunehmend eher als Vorteil, als Möglichkeit zu einem impulsgebenden Systemwettbewerb, begriffen, in welchem dem „benchmarking“ und der Suche nach der „best practice“ entscheidender Stellenwert zukommt. Europäisierung in diesem Kontext meint etwas ganz anderes: bessere Koordinierung der Tarifvertragspolitik der verschiedenen Mitgliedstaaten.

Die Notwendigkeit besserer Koordinierung der Tarifvertragspolitik in der Gemeinschaft ist durch die Währungsunion dringender geworden als je zuvor[28]. Zum einen führt die einheitliche Währung zu größerer Transparenz: Preise und Löhne können leichter verglichen werden. Die insoweit bestehenden Unterschiede zwischen den Mitgliedsstaaten treten deutlicher hervor und bewirken einen zunehmenden Druck auf die Gewerkschaften, für zumindest eine Annäherung der Bedingungen zueinander zu sorgen, wenn auch von Angleichung angesichts des ökonomischen Gefälles noch lange keine Rede sein kann. Wichtiger ist aber ein zweiter Aspekt. Vor der Einführung der Währungsunion lag die Geldpolitik in den Händen der nationalen Zentralbanken. Zwischen der Geld- und Tarifvertragspolitik war im nationalen Rahmen eine Interaktion möglich, mittels derer die Tarifparteien arbeitsmarktpolitische Effekte der Geldpolitik kompensieren konnten. Seit die Geldpolitik durch die Europäische Zentralbank zentral gesteuert wird, fehlt auf der tarifpolitischen Seite ein entsprechendes Reaktionssystem. Mithin geht es darum, durch Koordinierung der Tarifpolitik die Entsprechung herzustellen wie sie zuvor im nationalen Rahmen bestand.

Was nun diese transnationale Koordinierung angeht, sind in den letzten sechzehn Jahren durchaus beachtliche Fortschritte erzielt worden. Der erste wichtige Schritt in diese Richtung war die – nach der holländischen Stadt, in der sie unterzeichnet wurde, benannte – sog. Doorn-Erklärung von 1988. Darin einigten sich Gewerkschaften Belgiens, Hollands, Luxemburgs und Deutschlands auf drei Kerngrundsätze, die überall von der Tarifpolitik in der Gemeinschaft beachtet werden sollten: (a) Tarifvertragliche Lohnerhöhungen sollten der Summe der Inflationsrate und des Produktivitätsanstiegs entsprechen; (b) Tarifverträge sollten darauf abzielen, die Massenkaufkraft zu stärken und beschäftigungsfördernde Maßnahmen vorzusehen; (c) zwischen den am Tarifgeschehen beteiligten Gewerkschaften sollte ein reger Informations- und Gedankenaustausch stattfinden. Kurzum: Abgezielt wurde auf in-

28 Zu diesem Zusammenhang vgl. *Traxler*, European Monetary Union and Collective Bargaining, in: Keller/Platzer (Fn. 26), S. 85 ff.

haltliche Beeinflussung der Tarifverträge durch die ersten beiden Grundsätze und auf die Stärkung der transnationalen Kommunikation durch den dritten. Zwischenzeitlich wurden die Grundsätze reformuliert und durch nicht lohnbezogene Fragen – wie etwa lebenslanges Lernen – bereichert. Und aus der ständigen Kommunikation wurde inzwischen eine ständige Evaluation.

Seither hat es eine ganze Reihe ähnlicher Aktivitäten auf Branchenebene gegeben. Die wohl am weitesten reichende Initiative wurde vom Europäischen Metallarbeiterbund (EMB) in den späten neunziger Jahren gestartet. Der EMB entwickelte Richtlinien für Tarifverträge, um einen Unterbietungswettbewerb zu verhindern, und erarbeitete Grundsätze für bestimmte Gegenstandsbereiche: Löhne, Arbeitszeit und Weiterbildung. Diese Initiative wurde begleitet vom Aufbau spezifischer Institutionen, so etwa dem EMB-Tarifausschuss, der die Einhaltung der Vorgaben befördern soll, und das Europäische Netzwerk für Tarifverträge (EUCOB), eine vorzügliche Datenbank zu neuesten Tarifentwicklungen im Metallbereich. Andere Branchen folgten inzwischen diesem Beispiel. Und in den Jahren 1999 und 2000 fügte der EGB diesen Initiativen branchenübergreifende Richtlinien hinzu.

Die Erwähnung all dieser Initiativen[29] soll nur illustrieren, dass zumindest auf Gewerkschaftsseite die Notwendigkeit tarifpolitischer Koordination nicht nur gesehen wird, sondern dass auch in immer größerem Ausmaß Umsetzungsschritte versucht werden. Leider finden diese Aktivitäten bislang auf Arbeitgeberseite noch keine Entsprechung. Hier läge eine große Aufgabe der für den sektoralen sozialen Dialog zuständigen Ausschüsse, die durch entsprechende Rahmenvorgaben diesen Koordinierungsprozess stimulieren und befördern könnten, wobei sich allerdings von selbst versteht, dass es letztendlich bei der vollen Autonomie der jeweiligen Tarifparteien bleibt, die lediglich mit einem Koordinationsangebot konfrontiert werden.

VI. Beschäftigungspolitik

Der Amsterdamer Vertrag hat bekanntlich eine „koordinierte Beschäftigungsstrategie“ (Art. 125 EGV) etabliert, ohne die Regelungskompetenz der Mitgliedstaaten in diesem Bereich anzutasten. Die Gemeinschaft soll lediglich „die Zusammenarbeit der Mitgliedstaaten“ fördern, unterstützen und erforderlichenfalls ergänzen (Art. 127 Abs. 1 EGV). Um dieses Ziel zu erreichen, wurden verschiedene institutionelle Vorkehrungen getroffen: Ein aus Vertretern der Mitgliedstaaten und der Kommission zusammengesetzter Beschäftigungsausschuss hat im Zusammenwirken mit den Mitgliedstaaten – und dort nicht nur der Regierungen sondern auch der Sozialpartner – die jeweilige nationale Beschäftigungspolitik zu analysieren und zu bewerten sowie den jährlich von der Kommission und dem Rat zu erstellenden Bericht vorzubereiten. Dieser Bericht bildet die Basis für die vom Rat mit qualifizierter Mehrheit alljährlich verabschiedeten „Leitlinien“ (Art. 128 Abs. 2 EGV), die zwar nicht rechtsverbindlich sind, aber auf die Beschäftigungspolitik der einzelnen Mitglied-

29 Für eine umfassende Darstellung all dieser Initiativen *Schulten*, Europeanisation of Collective Bargaining: Trade Union Initiatives for the Transnational Coordination of Collective Bargaining, in: Keller/Platzer (Fn. 26), S. 58 ff.

staaten sanften Druck ausüben. Dieses „soft law“ hat inzwischen bereits zu vielfältigen Maßnahmen geführt und die zwischenstaatliche Kommunikation in diesem Bereich signifikant erhöht. Auf den Gipfeltreffen in Luxemburg, Köln und vor allem Lissabon wurden Kriterien für die Beschäftigungspolitik erarbeitet und mittelfristige Zielvorgaben gemacht, was den bereits angedeuteten Erwartungsdruck erhöht, dem kein Mitgliedstaat mehr entrinnen kann[30]. So kommt es unter der Hand zu einer graduellen Europäisierung der Beschäftigungspolitik.

D. Einschätzung

Die Europäisierung des Arbeitsrechts erweist sich als höchst komplexer und vielschichtiger Prozess, in dem Akteure auf verschiedenen Ebenen miteinander interagieren. Durch die sozialen Grundrechte wird die Zielorientierung vorgegeben. Nationales Arbeitsrecht wird durch gemeinschaftsweit geltende Mindestbedingungen punktuell verändert. Arbeitnehmermitwirkung ist ein herausragendes Element europäischen Arbeitsrechts, dessen Konturen allerdings nur vage vorgegeben, in ihrer institutionellen Ausgestaltung den in Verhandlungsarrangements eingebunden Akteuren bzw. den Mitgliedstaaten überlassen werden. Bei der Genesis des Rechts wirken Sozialpartner und Kommission zusammen. Der branchenübergreifende und der sektorale soziale Dialog auf europäischer Ebene und die Akteure der Tarifpolitik in den Mitgliedstaaten stehen in einem hochkomplexen, sich ständig verändernden, auf Koordination angelegten und auf mehreren Ebenen angesiedelten Kommunikationssystem, in dem „soft law“ – wie etwa bei den im sozialen Dialog entwickelten Rahmenvereinbarungen und in der Beschäftigungspolitik – eine immer wichtigere Rolle spielt. Die Europäisierung des Arbeitsrechts erweist sich so als ein weithin offener Prozess, in dem Akteure auf europäischer und nationaler Ebene zusammenwirken und zumindest die Chance erhalten, gegenseitig voneinander zu lernen.

30 Zur Entwicklung der europäischen Beschäftigungspolitik *Goetschy*, European Employment Policy since the 1990s, in: Keller/Platzer (Fn. 26), S. 137 ff.

Der „Raum der Freiheit, der Sicherheit und des Rechts" im neuen Verfassungsvertrag für Europa-Neuerungen und Notwendigkeit seiner Rekonstruktion

Peter-Christian Müller-Graff

Der primärrechtlich seit dem Reformvertrag von Amsterdam begrifflich so genannte „Raum der Freiheit, der Sicherheit und des Rechts"[1] nimmt im neuen Verfassungsvertrag für Europa (VV), will man dessen Zielformulierungen in Art. 3 glauben und legt man die von *Manfred Zuleeg* stets betonte zentrale, weil teleologisch wirkende Rechtsbedeutung primärrechtlicher Zielbestimmungen[2], auch ohne Kompetenznormen zu sein[3], zugrunde, eine herausgehobene eigenständige Stellung ein. Nicht mehr stellt er, wie im gegenwärtigen EG-Vertrag, ein nachgeordnetes, im wesentlichen den binnenmarktlichen Personenfreiverkehr flankierendes Ziel dar[4]. Auch erscheint er nicht mehr, wie im derzeitigen EU-Vertrag, als ein den wirtschaftlich-sozialen Zielen deutlich nachgeordnetes Ziel[5]. Vielmehr wird er in Art. 3 VV dem als Binnenmarkt intensivierten gegenwärtigen Hauptverwirklichungsweg der Ziele der EG, der Errichtung eines Gemeinsamen

1 Vgl. Art. 61 EGV und Art. 29 EUV. Der Text dieses Beitrags beruht auf einem Vortrag, den *Verf.* auf dem Symposion „Die neue Verfassung für die Europäische Union" an der Leopold Franzens Universität Innsbruck am 22. 11. 2004 gehalten hat.

2 Vgl. nur *Zuleeg*, in: von der Groeben/Schwarze (Hg.), Vertrag über die Europäische Union und Vertrag zur Gründung der Europäischen Gemeinschaft, Kommentar, 6. Aufl. 2003, Art. 2 EG Rn. 1 ff. mit sinnfälliger Gleichsetzung der „Aufgabe" des Art. 2 EGV mit den Vertragszielen unter Berufung auf *H.P. Ipsen*, Europäisches Gemeinschaftsrecht 1972, S. 556 und EuGH, Giménez Zaera/Instituto Nacional de la Seguridad Social, Slg. 1987, 3697 (3715). Namentlich zu der Bedeutung der Entscheidung der Zielbestimmung des Art. 2 EG(W)V für den Gemeinsamen Markt als grundsätzlicher Entscheidung für die Marktwirtschaft und die Wirtschaftsverfassung vgl. *Zuleeg*, Die Wirtschaftsverfassung der Europäischen Gemeinschaften, in: Wirtschafts- und gesellschaftspolitische Ordnungsprobleme der Europäischen Gemeinschaften (hg. vom Arbeitskreis Europäische Integration), 1978, S. 73 (76 ff.) im Gleichklang namentlich zu *Müller-Armack*, Die Wirtschaftsordnung des Gemeinsamen Marktes, in: Wirtschaftsordnung und Wirtschaftspolitik, 1966, S. 401, 402 ff. und zu *von Simson*, Die Marktwirtschaft als Verfassungsprinzip in den Europäischen Gemeinschaften, in: Zur Einheit der Rechts- und Staatswissenschaften (hg. von der Rechts- und Staatswissenschaftlichen Fakultät der Universität Freiburg/Br.), 1967, S. 55, 67; Bedeutung des Art. 2 EWGV in dieser Hinsicht aufgenommen etwa von *Oppermann*, Europäische Wirtschaftsverfassung nach der Einheitlichen Europäischen Akte, in: Müller-Graff/Zuleeg (Hg.), Staat und Wirtschaft in der EG – Kolloquium zum 65. Geburtstag von Bodo Börner, 1987, S. 53, 55, 57 f.; s.auch *von der Groeben*, Probleme einer europäischen Wirtschaftsordnung, in: Europarecht, Energierecht, Wirtschaftsrecht – Festschrift für Bodo Börner (hrsg. von Baur/Müller-Graff/Zuleeg), 1992, S. 99 (100 ff.); zu den Rechtswirkungen der primärrechtlichen Ziele vgl. auch *Müller-Graff*, Verfassungsziele der EG/EU, in: Handbuch des EU-Wirtschaftsrechts, 8. EL 2000, A I Rn.176ff.; *ders.*, Unternehmensinvestitionen und Investitionssteuerung im Marktrecht, 1984, S.280ff.

3 Vgl. *Zuleeg* (Fn.2), Art. 2 EG Rn. 5 f.

4 Vgl. die Reihung in Art. 3 Abs. 1 EGV als lit. d in Nachstellung zum freien Warenverkehr (lit.a), der gemeinsamen Handelspolitik (lit. b) und dem Binnenmarkt (lit. c).

Marktes[6], sogar noch vorangestellt, indem für die operativen Hauptziele zuallererst gesagt wird: „Die Union bietet ihren Bürgerinnen und Bürgern einen Raum der Freiheit, der Sicherheit und des Rechts ohne Binnengrenzen und einen Binnenmarkt mit freiem und unverfälschtem Wettbewerb." Ob dieser exponierten Voranstellung im ersten profilbildenden Teil des Vertrages, die im rechtlich maßgeblichen Feinwerk des dritten Teils allerdings nicht parallelisiert wird, indes eine dem Binnenmarkt rechtlich und tatsächlich vergleichbare oder gar voranzustellende Bedeutung zukommt, ob diesem Raum ein vergleichbar fundiertes Konzept entspricht und ob seine Grundnormen vergleichbar unmittelbar anwendbare Rechtswirkung zeitigen, ist eine andere Frage. Nachfolgend soll diesen Fragen mittels eines Vergleichs der projektierten mit der gegenwärtigen Primärrechtslage in drei Stufen nachgegangen werden. Zunächst ist die normative inhaltliche Konzeptentwicklung des „Raums der Freiheit, der Sicherheit und des Rechts" zu überprüfen (A) und sodann sind die Konsequenzen der Zusammenziehung von EG-Vertrag und EU-Vertrag zu einem einheitlichen Verfassungsvertrag für das Recht des sacheinschlägigen Raums zu erörtern (B), ehe die Neuerungen abschließend unter dem Gesichtspunkt der Spannung zwischen zunehmender Verdichtung des transnationalen europäischen Gemeinwesens und der Zukunft der einzelstaatlichen Gestaltungsautonomie zu betrachten sind (C).

A. Konzeptentwicklung?

Was damit zunächst die primärrechtliche *inhaltliche Konzeptentwicklung* angeht, so ist vorweg die derzeitige Rechtslage zu erinnern, anhand deren der neue Text zu messen ist.

5 Vgl. die Reihung in Art. 2 EUV als vierte Zielgruppe („Erhaltung und Weiterentwicklung der Union als Raum der Freiheit, der Sicherheit und des Rechts") nach den wirtschaftlich-sozialen Zielen, der Behauptung der Identität der Union auf internationaler Ebene und der Unionsbürgerschaft.

6 So ausweislich Art. 2 EGV, der sprachlich noch vor den Zielkranz die drei allein dafür kraft Gemeinschaftsrechts verbindlichen Verwirklichungswege stellt: Errichtung eines Gemeinsamen Marktes, Errichtung einer Wirtschafts- und Währungsunion, Durchführung der in den Artikeln 3 und 4 genannten gemeinsamen Politiken und Maßnahmen. Das Binnenmarktziel der Art. 3 Abs. 1 lit. c, 14 Abs. 2 EGV ist demgegenüber inhaltlich nach vorzugswürdiger Ansicht als intensivierte Form des Gemeinsamen Marktes anzusehen: wegen der Hinzufügung des marktintegrativen Teilziels „ohne Binnengrenzen" im Sinne des Fehlens von Binnengrenzkontrollen (so die der Einfügung des Binnenmarktziels durch die Einheitliche Europäische Akte vorausgehende klare Zielrichtung des Weißbuchs der Kommission zur Vollendung des Binnenmarkts von 1985); zur (kontroversen) Diskussion um das Verhältnis der Begriffe „Gemeinsamer Markt" und „Binnenmarkt" vgl. namentlich *Pescatore*, Die „Einheitliche Europäische Akte" – Eine ernste Gefahr für für den Gemeinsamen Markt, EuR 1986, 153 (157); *Everling*, Zur Funktion der Rechtsangleichung in der Europäischen Gemeinschaft – Vom Abbau der Verzerrungen zur Schaffung des Binnenmarktes, in: Du droit international au droit de l´intégration, Liber amicorum Pierre Pescatore, 1987, S. 227 (237 ff.); *Müller-Graff*, Die Rechtsangleichung zur Verwirklichung des Binnenmarktes, EuR 1989, 107 (122 ff.).

I. Gegenwärtige Primärrechtslage

Die *gegenwärtige* Primärrechtslage des „Raums der Freiheit, der Sicherheit und des Rechts" ist bekanntlich von einer vielfältigen Fragmentierung gekennzeichnet[7]: nicht nur in der Rechtsnatur der Bestimmungen, der Kompetenzlage, der Rechtsetzung, der Bindungswirkung von Maßnahmen, der Jurisdiktion und des räumlichen Geltungsbereichs, sondern gerade auch in der normativen Lokation (1) und in der konzeptionellen und inhaltlichen Ausprägung (2).

1. Normative Lokation

In der normativen Lokation wurzelt der „Raum der Freiheit, der Sicherheit und des Rechts" derzeit in den Art. 61 ff. EGV als seinem Gravitationszentrum, doch wird dieses primäre Gemeinschaftsrecht zu den Zugangspolitiken (Grenzkontrollen, Asyl, Einwanderung)[8] und der ziviljustitiellen Zusammenarbeit[9] ergänzt vom primären Unionsrecht der Art. 29 ff. EUV zur polizeilichen und justitiellen Zusammenarbeit in Strafsachen. Schon die asymmetrische Verweisungstechnik der Bezugnahme des gemeinschaftsrechtlichen Teils auf den unionsrechtlichen Teil (aber nicht umgekehrt) weist den unionsrechtlichen Teil in seiner sachgegenständlichen Funktion als einen Ausläufer des Gemeinschaftsrechts in den intergouvernementalen Bereich aus. Das übergreifende, als „Raum der Freiheit, der Sicherheit und des Rechts" formulierte Thema und dessen Aufteilung zwischen Gemeinschaftsrecht und qualifiziertem Unionsrecht war bekanntlich eine Schöpfung des am 1. Mai 1999 in Kraft getretenen Reformvertrages von Amsterdam von 1997. Zuvor waren seine Einzelthemen allesamt in der sog. dritten Säule des Unionsvertrages von Maastricht als neun Gegenstände von gemeinsamem Interesse der Mitgliedstaaten gebündelt und der intergouvernementalen Kooperation überlassen worden[10]. Der Reformvertrag von Amsterdam überführte konzeptionsstimmig zur Binnenmarktintegration fünf der neun Gegenstände (nämlich Außengrenzkontrolle, Einwanderung, Asyl als Zugangspolitiken, des weiteren die ziviljustitielle Zusammenarbeit in Zivilsachen und die Zusammenarbeit im Zollwesen) von der dritten Säule in den EG-Vertrag und in dessen supranationale Verfahren und Instrumente, wohingegen die polizeiliche und justitielle Zusammenarbeit in Strafsachen im EU-Vertrag verblieb, allerdings in rechtlich verdichteter Form[11].

7 Vgl. dazu *Müller-Graff*, Der Raum der Freiheit, der Sicherheit und des Rechts, in: ders., (Hg.), Der Raum der Freiheit, der Sicherheit und des Rechts, 2005, S. 11 ff.

8 Art. 61 ff. EGV.

9 Art. 65 EGV.

10 Vgl. dazu *Müller-Graff*, Die Europäische Zusammenarbeit in den Bereichen Justiz und Inneres (JIZ) – Verbindungen und Spannungen zwischen dem dritten Pfeiler der Europäischen Union und der Europäischen Gemeinschaft, in: Festschrift für Ulrich Everling (hrsg. von Due/Lutter/Schwarze), 1995, S. 925 (927 ff.); *ders.*, Europäische Zusammenarbeit in den Bereichen Justiz und Inneres – Funktion, Ausgestaltung und Entwicklungsoptionen des dritten Pfeilers der Europäischen Union, in: ders. (Hg.), Europäische Zusammenarbeit in den Bereichen Justiz und Inneres, 1996, S. 11 (14 ff.).

2. Konzept

Die mit diesem Begriff erreichte terminologisch-thematische Überwölbung der verschiedenen Normen des Acquis fußt jedoch nicht auf einem kohärenten Zielkonzept. Anders als beim Binnenmarktkonzept des Art.14 Abs.2 EGV mit seinen Grundfreiheiten[12] und der zugrundeliegenden Lehre vom komparativen Kostenvorteil[13] fehlen für den „Raum der Freiheit, der Sicherheit und des Rechts“ sowohl eine Definition als auch eine eigenständige dogmatische oder integrationspolitische Begründung. Für die Praxis wird sogar eine Schlagseite in Richtung innerer Sicherheit registriert[14]. Immerhin zeigt sich der „Raum der Freiheit, der Sicherheit und des Rechts“ gegenwärtig aber als ein integrationspolitisches Subkonzept zur Verwirklichung des binnenmarktlichen Raums ohne Binnengrenzkontrollen[15]. Denn die in Art. 61 EGV aufgeführten Maßnahmegruppen sind positivistisch-primärrechtlich sinnfälliges Thema gemeinschaftlicher bzw. unionaler Tätigkeit im Grunde nur insoweit, als sie dem binnenmarktlichen Teilelement des freien Personenverkehrs ohne Binnengrenzkontrollen[16] oder (im Bereich der ziviljustitiellen Zusammenarbeit) dem reibungslosen Funktionieren des Binnenmarkts insgesamt[17] dienen. Integrationstheoretisch erweist sich der „Raum der Freiheit, der Sicherheit und des Rechts“ daher als eine Bestätigung der funktionalen Integrationstheorie, wonach die transnationale Integration in einem wirtschaftlichen Teilbereich zum Zweck deren Funktionsfähigkeit dazu tendiert, funktional auf den integrierten Teilbereich bezogene, umliegende Sachgegenstände in die Integration miteinzubeziehen[18]. Im Ergebnis ist aber zugleich zu erkennen, daß der „Raum der Freiheit, der Sicherheit und des Rechts“ derzeit einen über das Binnenmarktkonzept hinausgehenden übergreifenden Leitgedanken nicht enthält.

Die Begriffe „Freiheit“, „Sicherheit“ und „Recht“ sind Abstrakta, deren Inhalt sich keineswegs aus sich selbst versteht, und die im Kontext einer auf transnationalen Marktgrundfreiheiten beruhenden Rechtsgemeinschaft im Sinne von *Walter Hallstein*[19] sogar mißverständlich verengend wirken. Denn die Umrisse des in Art. 61

11 Vgl. dazu *Müller-Graff*, Institutionelle und materielle Reformen in der Zusammenarbeit in den Bereichen Justiz und Inneres, in: Hummer (Hg.), Die Europäische Union nach dem Vertrag von Amsterdam, 1998, S. 259 (261 ff.); *ders.*, Justiz und Inneres nach Amsterdam – Die Neuerungen in erster und dritter Säule, integration 1997, 271 ff.

12 Vgl. dazu aus der jüngeren Literatur namentlich *Eilmansberger*, Zur Reichweite der Grundfreiheiten des Binnenmarktes, JBl. 1999, 345 ff., 434 ff.; *Jarass*, Elemente einer Dogmatik der Grundfreiheiten, EuR 1995, 202 ff. und EuR 2000, 705 ff.; *Müller-Graff*, Die Verdichtung des Binnenmarktrechts zwischen Handlungsfreiheiten und Sozialgestaltung, EuR Beiheft 1/2002, 7 (36 ff.).

13 Vgl. dazu *Molle*, The Economis of European Integration, 1990, S. 9 ff.; Zur Begründung und historischen Entwicklung der ökonomischen Lehre vgl. *Weiß/Herrmann*, Welthandelsrecht 2003, S. 10 ff.

14 Vgl. *Monar*, Auf dem Weg zu einem Verfassungsvertrag: Der Reformbedarf der Innen- und Justizpolitik der Union, integration 2003, 31 (32).

15 Fn.10.

16 Vgl. dazu Art. 61, 14 Abs. 2 EGV.

17 Vgl. Art. 65 EGV.

18 Dies galt bereits sowohl für die Thematisierung der Bereiche „Justiz und Inneres“ durch den Vertrag von Maastricht als auch für die einschlägigen Reformen des Vertrages von Amsterdam; vgl. Fn. 9 und 10.

19 Vgl. *Hallstein*, Die Europäische Gemeinschaft, 5. Aufl. 1979, S. 51 ff.

EGV Gemeinten erschließen sich erst aus der daran anschließenden, konglomeraten und sprachlich umständlich gefaßten Auflistung der zum schrittweisen Aufbau des gemeinten Raums vom Rat zu erlassenden fünf Gruppen von Maßnahmen: Kontrollen an Außengrenzen, Asyl, Einwanderung; sonstige zugangspolitische Maßnahmen; ziviljustitielle Zusammenarbeit; Verwaltungszusammenarbeit; Zusammenarbeit in der Bekämpfung von Strafsachen. Dies zeigt auch, daß mit „Recht“ in diesem Kontext im Schwerpunkt „Justiz“ gemeint ist.

II. Die vom Verfassungsvertrag projektierte Rechtslage

Der neue Verfassungsvertragstext gibt Anlaß zu der Frage, ob er im Vergleich zu der gegenwärtig zerklüfteten Landschaft einen konzeptionellen Neuentwurf beinhaltet.

1. Normlokation

Betrachtet man den neuen Text allein aus der äußeren Gestaltung der Normlokation, will es so scheinen.

Die derzeitige Fragmentierung wird im rechtlich überwiegend maßgeblichen dritten Teil des neuen Textes überwunden. In einer methodisch sowohl dem pandektistischen Bemühen um allgemeine Begriffe als auch dem Kodifikationsbemühen um systematisierte und abschließend legitimierende Texte nahestehender Manier wird der „Raum der Freiheit, der Sicherheit und des Rechts“ systematisch in einem einzigen Kapitel zusammengefaßt: Art. III-257 bis III-277 VV, aufgegliedert in fünf Abschnitte, die vom Allgemeinen zum Besonderen geordnet sind. Vorangestellt sind allgemeine Bestimmungen (Art. III-257 bis III-264 VV) und sodann erfolgt eine Ausfaltung in die vier tradierten Themenbereiche von Grenzkontrollen, Asyl und Einwanderung (Art. III-265 bis III-268 VV mit thematisch wenig Änderungen), ziviljustitielle Zusammenarbeit (Art. III-269 VV mit thematisch wenig Änderungen), strafjustitielle Zusammenarbeit (Art. III-270 bis III-274 VV mit den vergleichsweise meisten Neuerungen) und polizeiliche Zusammenarbeit (Art. III-275 bis III-277 VV mit thematisch wenig Änderungen). Ausgelagerte Sonderbestimmungen zur Jurisdiktion des Gerichtshofs sind in Art. III-377 VV enthalten.

In einer (wegen der Vierteilung des Vertrages unvermeidbaren) Streuung finden sich einige wenige ausdrückliche Elemente auch im profilbildenden ersten Teil unter den Zielen (Art. I-3 Abs. 2 VV), der Kompetenzzuordnung bei den geteilten Kompetenzen (Art. I-14 Abs. 2 lit. e VV) und (normlokativ nicht zwingend) bei der Ausübung der Zuständigkeit mit Sonderbestimmungen (Art. I-42 VV); ferner im grundrechtsmarkierenden zweiten Teil in dessen eigener Präambel mit der Aussage, die Union stelle den Menschen in den Mittelpunkt ihres Handelns, indem sie die Unionsbürgerschaft und einen Raum der Freiheit, der Sicherheit und des Rechts begründe (eine terminologisch merkwürdig verkürzte Form des Acquis, falls man den Raum nicht teilübergreifend neu konstruiert) sowie in Art. II-66 VV mit dem Recht jedes Menschen auf Freiheit und Sicherheit.

2. Konzeption

Die Normlokation beantwortet allerdings naturgemäß noch nicht die Frage, ob dieses systematische Zusammenziehen auch zu einer konzeptionellen Überwindung der inhaltlichen Fragmentierung durch eine übergreifende eigenständige Konzeption führt.

Daran mag man zunächst denken, da einerseits derzeitig, wie gezeigt, ein nicht geringer Teil der Ermächtigungsgrundlagen die Voraussetzung enthält, Maßnahmen müßten binnenmarktlich personenfreiverkehrsförderlich oder allgemein binnenmarkterforderlich[20] sein, wohingegen der neue Vertrag eine derartige Voraussetzung nicht mehr enthält. Indes wird damit nur eine Ermächtigungsgrenze aufgegeben, ohne sie durch einen substantiiert überwölbenden eigenständigen Gedanken zu ersetzen. Art. III-257 Abs. 1 VV bleibt, im Vergleich zur Binnenmarktdefinition, der er nachgebildet ist, hoch abstrakt mit seiner Formulierung: „Die Union bildet einen Raum der Freiheit, der Sicherheit und des Rechts, in dem die Grundrechte und die verschiedenen Rechtsordnungen und -traditionen der Mitgliedstaaten geachtet werden.“ Die eigentlich gemeinte Teilmenge eines solchen, zu gedanklich und gestalterisch kreativer Ausfüllung hingegebenen Raums wird erst aus den nachfolgenden drei Absätzen erkennbar, die die schon genannten Sachgegenstände konkretisierend punktiert: *erstens* die Sicherstellung der Binnengrenzkontrollosigkeit von Personen mittels kompensierender gemeinsamer Politik in den Bereichen Asyl, Einwanderung und Kontrollen an den Außengrenzen; *zweitens* das Hinwirken auf ein hohes Maß an Sicherheit mittels bestimmter Maßnahmen, insbesondere u.a. zur Verhütung und Bekämpfung von Kriminalität sowie von Rassismus und Fremdenfeindlichkeit und zur zielführenden Vernetzung von Polizeibehörden und Organen der Strafrechtspflege; und *drittens* die Erleichterung des sog. Zugangs zum Recht, insbesondere durch den Grundsatz der gegenseitigen Anerkennung gerichtlicher und außergerichtlicher Entscheidungen in Zivilsachen. Daß der derzeitige konglomerate Zielbefund nicht überwunden, sondern fortgesetzt wird, zeigt sich auch in den nachfolgenden Einzelbestimmungen, in denen die jeweils sachgegenständlichen Einzelziele weiter konkretisiert und aufgegliedert werden (Art. III-265 ff. VV)

Ein konzeptionell zusammenhängender Sinn wird sich daher dem „Raum der Freiheit, der Sicherheit und des Rechts“ innerhalb der neu projektierten Union nur verleihen lassen, wenn man ihn nicht, wie namentlich in der Politikwissenschaft bislang üblich, als einen sachgegenständlich isoliert definierten Politikgedanken versteht[21], sondern unter Einbeziehung des binnenmarktlichen Raumgedankens neu konstruiert[22]. Genau in diese Richtung läßt sich die Formulierung des Art. I-3 Abs. 2 VV verstehen, hinter dessen potentieller Einsicht die Präambel der Grundrechtecharta zurückbleibt. Denn die sprachlich kumulierende Verbindung der beiden

20 S.o. A I 2.

21 So namentlich *Monar* (Fn.14); s. auch *ders.*, Der Raum der Freiheit, der Sicherheit und des Rechts im Verfassungsentwurf des Konvents, integration 2003, 536 ff.

22 Vgl. dazu *Müller-Graff*, Die ziviljustitielle Zusammenarbeit im „Raum der Freiheit, der Sicherheit und des Rechts“ im System des Europäischen Verfassungsvertrags, in: Festschrift Erik Jayme, 2004, S. 1306 (1315 ff.).

„Raum“-Konzepte im Zielteil des Vertrages (also des „Raums der Freiheit, der Sicherheit und des Rechts ohne Binnengrenzen“ und des Raums ohne Binnengrenzen, in dem der freie Verkehr von Personen, Dienstleistungen, Waren und Kapital gewährleistet ist) ermöglicht das Verständnis eines übergreifenden Zielgedankens. Er läßt sich formulieren als die Schaffung eines staatsähnlich befriedeten Freiheitsraums des transnationalen unionalen Gemeinwesens, in dem sich der tradierte wirtschaftliche Marktfreiheitsraum mit einem darüberhinausgehenden allgemeinen Bewegungsfreiheitsraum verbindet. In einem derartigen Verständnis können sich dann auch die genannten Einzelbestimmungen wiederfinden.

Die hierfür weiterhin tragende Aufgabe des binnenmarktrechtlichen Raums kommt in der Reihung des dritten Teils (den Kompositeuren wohl nicht unbewußt) zum Ausdruck. Dort sind die vier spezifischen Politikbereiche in Art. III-257 ff. VV deutlich nachgereiht zum Binnenmarkt der Art. III-130 ff. VV: zwar nicht mehr im unmittelbaren funktionalen Anschluß an die Grundfreiheiten wie derzeit in den Art. 61 ff. EGV, wohl aber unverändert als Ausdruck ihrer Ergänzungsfunktion. Denn *erstens* sind insbesondere „transnationale Freiheit“[23] und „Recht“[24] seit Gründung der EWG das breit entfaltete Kernthema des primär marktintegrativ orientierten Gemeinschaftsrechts; *zweitens* ändern allein neue normpositive Einkleidungen nichts an der genetischen Entstehungseigenheit des europäischen Themas der Zusammenarbeit in den Bereichen Justiz und Inneres als funktional-flankierendes Konzept zur Verwirklichung der binnenmarktlichen Grundfreiheiten[25]; und *drittens* bleiben die transnationalen Marktgrundfreiheiten die feste, weil mitgliedstaatlich konsentierte und gerichtlicher Gewährleistung überantwortete Basis unmittelbar anwendbarer Freiheitsrechte[26]. Sie sind deshalb auch zu Recht exponiert in den Kopfartikeln des neuen Vertrages nach Gründung, Werten und Zielen in Art. I-4 VV herausgehoben. Demgegenüber enthalten die Bestimmungen über den „Raum der Freiheit, der Sicherheit und des Rechts“ im dritten Teil keine vergleichbar unmittelbar anwendbaren subjektiven Rechte, sondern lediglich Ermächtigungen, auf Grund deren die Ausgestaltung subjektiver Rechte der politischen Diskretion unionaler Organe, also einer politischen Ebene anheimgegeben ist, die, in der (etwas merkwürdigen) Sprache des Art. I-3 Abs. 2 VV den Unionsbürgerinnen und Unionsbürgern etwas „bietet“. Diese Lage wird lediglich gemildert durch das allgemeine Bewegungs- und Aufenhaltsrecht der Unionsbürgerschaft in Art. I-10 Abs. 2 VV und das Grundrecht auf Freiheit und Sicherheit in Art. II-66 VV. Insgesamt wird damit aber auch deutlich, daß die Sprache des neuen Vertrages in seinen politischen Signalvorschriften zum „Raum der Freiheit, der Sicherheit und des Rechts“ eine öffentliche Verkennung, weil Unterschätzung der wirtschaftlichen Freiheitsrechte für die Selbstverwirklichung eines freiheitlichen, friedlichen und rechtsgebundenen unionalen Gemeinwesens[27] fördern könnte.

23 Vgl. Fn. 12.
24 Vgl. Fn. 19.
25 Vgl. Fn. 9 und 10.
26 Grundlegend EuGH, van Gend & Loos, Slg.1963, 1.

B. Konsequenzen der Zusammenziehung

Wendet man sich nun der zweiten Hauptfrage, derjenigen nach den Konsequenzen der Zusammenziehung von EG-Vertrag und EU-Vertrag für die Bestimmungen des „Raums der Freiheit, der Sicherheit und des Rechts" zu, so läßt sich jenseits der soeben behandelten normlokativen und konzeptionellen Aussagen der Vergleich des Entwicklungsgangs des Primärrechts vor allem auf sieben Merkmale konzentrieren: die Zurechnung von Maßnahmen (I), die Rechtsnatur (II), die Zuständigkeiten (III), zugängliche Maßnahmetypen (IV), das Beschlußverfahren (V), den Rechtsschutz (VI) und den räumlichen Geltungsbereich (VII).

I. Zurechnung von Maßnahmen

Während gegenwärtig zwar Maßnahmen im Bereich der Zugangspolitiken und der ziviljustitiellen Zusammenarbeit auf europäischer Ebene der rechtspersonalen Europäischen Gemeinschaft als Träger zugeordnet werden können[28], gilt gleiches nicht für Maßnahmen der polizeilichen und strafjustitiellen Zusammenarbeit, die im Rahmen der dritten Säule der nicht-rechtspersonalen Europäischen Union ergriffen werden[29]. Sie finden derzeit kein europäisches rechtspersonales Zurechnungssubjekt, sondern sind letztlich Ergebnis des intergouvernementaken Zusammenwirkens der Mitgliedstaaten.
Als Konsequenz der Zuerkennung ungeteilter Rechtspersönlichkeit an die projektierte neue Union (Art. I-7 VV) schafft der Vertrag in Überwindung der gegenwärtigen dritten Säule nunmehr ein europäisches Zurechnungssubjekt auch für diesen Politikbereich.

II. Rechtsnatur

Wie bereits gesehen, ist die gegenwärtige Primärrechtslage des „Raums der Freiheit, der Sicherheit und des Rechts" neben ihrer grundsätzlichen Aufspaltung in supranationales Gemeinschaftsrecht und intergouvernementales Unionsrecht vor allem auch dadurch gekennzeichnet, daß sie anders als das Recht des binnenmarktrechtlichen Raums keine unmittelbar anwendbaren Vorschriften enthält. Der neue Vertragstext ändert daran, wie gezeigt[30], nichts. Die Art. III-257 ff. VV enthalten ausnahmslos lediglich Ziel- und Programmsätze sowie Ermächtigungsgrundlagen.

27 Zum Potential der transnationalen Marktgrundfreiheiten für eine transnationale Privatrechtsgesellschaft vgl. *Müller-Graff*, Die Europäische Privatrechtsgesellschaft in der Verfassung der Europäischen Union, in: Recht und Rechtswissenschaft – Signaturen und Herausforderungen zum Jahrtausendbeginn (hg. von Müller-Graff/Roth), 2000, S. 271 ff.

28 Vgl. Art. 281 EGV.

29 Nach teils bestrittener, aber h.L. verfügt die Union über keine Rechtspersönlichkeit; vgl. nur *Oppermann*, Europarecht, 2. Aufl. 1999, Rn. 151.

30 S.o. A II 2.

III. Zuständigkeiten

In den Zuständigkeitsnormen vollzieht sich (abgesehen von deren Rechtsnatur in der polizeilichen und strafjustitiellen Zusammenarbeit) in deren tatbestandlichen Voraussetzungen ein wesentlicher konzeptioneller Wandel (1) sowie teilweise eine Erweiterung der Auflistung der davon erfaßten Subthemen (2).

1. Konzeptioneller Wandel in den tatbestandlichen Voraussetzungen der Ermächtigungsnormen

Die derzeitigen Kompetenzen der EG im sachgegenständlichen Raum sind, wie gezeigt[31], in ihren Voraussetzungen größtenteils daran gebunden, daß die jeweils vorgenommene Maßnahme zum binnenmarktlich personenfreiverkehrsförderlichen bzw. zum reibungslosen Funktionieren des Binnenmarktes erforderlich sein muß. Dies besagt für Maßnahmen im Bereich der ziviljustitiellen Zusammenarbeit ausdrücklich Art. 65 EGV sowie für die Zugangspolitiken und die transnationale Kriminalitätsbekämpfung Art. 61 lit. a EGV mit seinem Zuschnitt auf „Maßnahmen zur Gewährleistung des freien Personenverkehrs nach Artikel 14 in Verbindung mit unmittelbar damit zusammenhängenden flankierenden Maßnahmen in Bezug auf die Kontrollen an den Außengrenzen, Asyl und Einwanderung nach Artikel 62 Nummer 2 und 3, Artikel 63 Nummer 1 Buchstabe a und Nummer 2 Buchstabe a, sowie Maßnahmen zur Verhütung und Bekämpfung der Kriminalität nach Artikel 31 Buchstabe e des Vertrages über die Europäische Union.“

In einem bemerkenswerten (und vielleicht nicht zu Ende gedachten) Schritt entkoppelt der neue Vertragstext die Voraussetzungen der Handlungsermächtigungen von der Binnenmarkt-Erforderlichkeit. Allerdings gibt das Ziel des reibungslosen Funktionierens des Binnenmarktes der unionalen Legislation speziell für Maßnahmen zur ziviljustititiellen Zusammenarbeit eine verfassungsvertraglich ausdrücklich hervorgehobene Regellegitimation ihrer Erforderlichkeit[32]. Dies belegt einmal mehr, daß diese Ermächtigung im Grunde funktionsstimmiger zur binnenmarktfinalen Angleichungskompetenz des Art. III-172 VV (gegenwärtig Art. 95 EGV) paßt. Im Grundsatz nimmt der neue Text jedoch einen Wechsel zu einem System binnenmarktunabhängiger Ermächtigungsgrundlagen vor. Sie werden von Art. I-14 lit. e VV pauschal der vom Verfassungsvertrag neu gebildeten Kategorie der geteilten Zuständigkeit zugewiesen, wogegen wegen der Binnenmarktentkoppelung jedenfalls aus binnenmarktrechtlicher Sicht keine Einwände zu erheben sind[33].

Allerdings wirft diese Entkoppelung die Frage der Begrenzung der geteilten Unionszuständigkeit in voller Schärfe auf. Eine die binnenmarktlichen Rechtsanglei-

31 S.o. A I 2.

32 Vgl. Art.III-269 Abs. 2 VV.

33 Zur verfassungsvertraglichen Ambivalenz und darin liegender Abgrenzungsfragen der kategorialen Aufteilung binnenmarktpolitischer Handlungskompetenzen vgl. einerseits Art.I-13 Abs. 1 lit. a und b VV und andererseits Art. I-14 Abs.2 lit. a VV. Insbesondere die kompetenzkategoriale Zuordnung der binnenmarktintegrativen Rechtsangleichungskompetenz im Blick auf Art. 5 Abs. 2 EGV ist seit jeher umstritten.

chung (trotz aller Randunschärfen) vergleichbar substantiiert ermöglichende und begrenzende[34] Formulierung wie im gegenwärtigen Art. 95 Abs.1 EGV (und im projektierten Art. III-172 VV) kann für den „Raum der Freiheit, der Sicherheit und des Rechts“ wegen dessen potentieller staatsanalogisierender Konzeptweite des rechtlich befriedeten Freiheitsraums nicht gelingen. Die Bändigung der Konsequenzen dieses konzeptionellen Dilemmas kommt kompetentiell darin zum Ausdruck, daß die Zuständigkeitskerne in den vier Sachbereichen im wesentlichen nach aufgelisteten Unterthemen (teilweise mit Erweiterungen zu den gegenwärtigen Formulierungen) abgesteckt werden, doch kann dies jedenfalls für die Asylpolitik wegen der Wortwahl („umfasst“) nicht als abschließend verstanden werden. In den anderen Ermächtigungsgrundlagen ist die Abgrenzungsleistung der Unterthemen im einzelnen noch zu klären. Diese weit geschnittene Verbandskompetenz kann aus der Sicht mitgliedstaatlicher Handlungsoptionen durchaus beunruhigen: so etwa im Hinblick auf Themen wie die (in der Vorbereitungsphase des Europäischen Rates von Tampere erörterte) Bekämpfung der Jugendkriminalität[35] oder die Integration von Einwanderern[36], die offensichtlich ganz unterschiedliche gesellschaftliche Rahmenbedingungen vorfinden kann. Daher kann von den neuen Ermächtigungsgrundlagen das Subsidiaritätsprinzip (Art. I-11 Abs. 3 VV) in besonderem Maße auf seine Leistungsfähigkeit herausgefordert sein und wird für den Kontext der strafjustitiellen und polizeilichen Zusammenarbeit von Art. III-259 VV bemerkenswerterweise ausdrücklich erinnert.

3. Erweiterungen der ausdrücklichen Subthemen

Die erwähnten Erweiterungen der ausdrücklichen Unterthemen betreffen vor allem die strafjustitielle Zusammenarbeit, hingegen lediglich spurenweise oder überhaupt nicht die anderen drei Sachbereiche.
a) Zugangspolitiken. So kommt es bei den Zugangspolitiken, abgesehen von der Binnenmarktentkoppelung der unionalen Ermächtigungen, zu keinen thematischen Erweiterungen, sondern sogar eher zu Begrenzungen in zweifacher Hinsicht. Ausdrücklich wird das Recht der Mitgliedstaaten fixiert, festzulegen, wieviele Drittstaatsangehörige aus Drittländern in ihr Hoheitsgebiet einreisen dürfen, um dort Arbeit zu suchen (Art. III-267 Abs. 5 VV). Zum zweiten wird unionalen Rechtsakten – mit vermutlich potentiell handlungsdämpfender Wirkung – aufgegeben, im Junktim Maßnahmen vorzusehen für die Anwendung des neu aufgenommenen „Grundsatz(es) der Solidarität und der gerechten Aufteilung der Verantwortlichkeiten unter den Mitgliedstaaten, und zwar auch in finanzieller Hinsicht“ (Art. III-268 VV). Damit sind unionale Maßnahmen, die einzelne Mitgliedstaaten unproportional belasten (so z.B. die effektive Kontrolle langer Land- oder Seegrenzen oder der Zu-

34 Zur Bestimmung der Grenzen des Art. 95 EGV vgl. EuGH, Deutschland/Europäisches Parlament und Rat, Slg. 2000, I-8419 Rn. 83; vgl. auch *Müller-Graff* (Fn. 12), S. 58 ff.
35 Vgl. *Monar* (Fn.14) S. 37.
36 Ebd.

strom von Asylbewerbern) nicht ohne Festlegung eines gleichzeitigen Lastenverteilungsschlüssels möglich.

b) Ziviljustitielle Zusammenarbeit. In der ziviljustitiellen Zusammenarbeit mit grenzüberschreitenden Bezügen bleibt, abgesehen von der Binnenmarktentkoppelung der unionalen Handlungsermächtigung, der Umfang der ausdrücklichen Erweiterungen gering oder unklar. Aufgenommen ist die für die Entwicklung des Zivilverfahrensrechts potentiell uferlose Sicherstellung des „effektiven Zugangs zum Recht“ (Art. III-269 Abs. 2 lit. e VV), ferner (etwas dem Zeitgeist[37] huldigend) die Entwicklung von alternativen Modellen zur Beilegung von Streitigkeiten (Art. III-269 Abs. 2 lit. g VV) sowie die (stets löbliche) Förderung der Weiterbildung von Richtern und Justizbediensteten (Art. III-269 Abs. 2 lit. b). Markant wirkt die ausdrückliche Hervorhebung von Maßnahmen zum Familienrecht mit grenzüberschreitenden Bezügen (Art. III-269 Abs. 2 VV), womit der zweifelhaften Praxis, die binnenmarktgebundene Ermächtigungsnorm des Art. 65 EGV heranzuziehen[38], perspektivisch eine andere und sichere Grundlage in Aussicht gestellt wird.

Ausdrücklich hervorgehoben wird die Zielorientierung der einschlägigen Maßnahmen auf den Grundsatz der gegenseitigen Anerkennung gerichtlicher und außergerichtlicher Entscheidungen. Dies spannt freilich den hohen Vertrauenshorizont in die Gleichwertigkeit gelebter Rechtsstaatlichkeit in allen Mitgliedstaaten auf und dürfte als generelle Linie wohl noch manche Anstrengungen im Blick auf Probleme in der sogenannten „justitiellen Kapazität“ in den einzelnen Mitgliedstaaten abverlangen[39].

c) Strafjustitielle Zusammenarbeit. Wesentliche thematische Erweiterungen sind in der strafjustitiellen Zusammenarbeit im Vergleich zum gegenwärtigen Art. 31 EUV vorgesehen. Neben die allgemeine Zuständigkeitsnorm (Art. III-270 Abs. 1 VV) treten spezielle Rechtsgrundlagen für Maßnahmen im Strafverfahrensrecht (Art. III-20 Abs. 2 VV), für die Harmonisierung des materiellen Strafrechts (Art. III-271 VV) sowie für die Kriminalprävention (Art. III-272 VV).

aa) Auch hier wird der Leitpunkt des Grundsatzes der *gegenseitigen Anerkennung* gerichtlicher Urteile und Entscheidungen hervorgehoben (Art. III-270 Abs. 1 VV). Er ist im strafrechtlichen Kontext noch anspruchsvoller als in der ziviljustitiellen Zusammenarbeit. Dies läßt ein Verfahren vor dem Bundesverfassungsgericht aus jüngerer Zeit erahnen, in dem sich ein Serbe gegen seine Auslieferung von Deutschland nach Italien erfolgreich zur Wehr setzte, weil das Strafverfahren vor einem italienischen Strafgericht nach Ansicht des Bundesverfassungsgerichts elementaren rechtsstaatlichen Grundsätzen nicht entsprochen hatte[40].

37 Zur normativen Bedeutung des Zeitgeistes vgl. *Würtenberger,* Zeitgeist und Recht, 1987.

38 Vgl. dazu *Müller-Graff/Kainer*, Die justitielle Zusammenarbeit in Zivilsachen in der Europäischen Union, DRiZ 2000, 350 ff.

39 Speziell zu den hartnäckigen Problemen in der „justitiellen Kapazität“ in den mittelosteuropäischen Staaten vgl. die alljährlichen sogenannten Fortschrittsberichte der Kommission über die Beitrittskandidaten bis zum Jahre 2003.

40 Vgl. den plastischen Bericht von *Reinhard Müller*, Raum der Sicherheit und des Rechts?, in: FAZ v. 22. 3. 2004, S. 10.

bb) Die ausdrücklichen thematischen Erweiterungen des Verfassungsvertrages für die Agenda der strafjustitiellen Zusammenarbeit sind zahlreich.
Gemäß der *allgemeinen Zuständigkeitsnorm* des Art.III-270 Abs.1 VV kann die Union neben Maßnahmen zur Verwirklichung des Grundsatzes der gegenseitigen Anerkennung[41] und der Zusammenarbeit zwischen den einschlägigen mitgliedstaatlichen Behörden[42] auch tätig werden, nicht nur um Kompetenzkonflikte zwischen Mitgliedstaaten zu verhindern, sondern auch um sie beizulegen[43]. Auch in der strafjustitiellen Zusammenarbeit kann sie die Weiterbildung fördern[44].
Speziell für die *strafverfahrensrechtliche Agenda* des Art. III-270 Abs. 2 und 3 VV sind im Interesse gegenseitiger Anerkennung justitieller Entscheidungen nunmehr, wiewohl ohne materielle Änderung im Vergleich zur themenoffenen Formulierung des derzeitigen Art. 31 EUV, ausdrücklich thematisiert: die Zulässigkeit von Beweismitteln auf gegeneitiger Basis zwischen den Mitgliedstaaten, die Rechte der Einzelnen im Strafverfahren, die Rechte der Opfer von Straftaten sowie sonstige spezifische Aspekte von Strafverfahren, die zuvor vom Rat durch einen einstimmigen Europäischen Beschluß nach Zustimmung des Europäischen Parlaments bestimmt worden sind. Dies Erfordernis deutet auf eine abschließende Funktion der Unterthemen für den Ermächtigungsumfang in diesem Bereich.
Speziell im *materiellen* Strafrecht mischen sich Bestätigungen und Konkretisierungen des Status Quo mit Ermächtigungserweiterungen.
Zur *ersten* Gruppe zählt vor allem die explizite Festlegung einer strafrechtlichen Annexkompetenz zum Erlaß von Mindestvorschriften für die Festlegung von Straftaten und Strafen durch Europäischen Rahmenbeschluß (Art. III-271 Abs. 2 VV) für den Fall, daß sich die Angleichung von strafrechtlichen Vorschriften als unerläßlich für die wirksame Durchführung unionaler Politik auf einem Gebiet, auf dem Harmonisierungsmaßnahmen erfolgt sind. Darin liegt inhaltlich keine Neuerung, sondern lediglich die Kodifizierung einer bereits gegenwärtig der Gemeinschaft implizit zustehenden Angleichungskompetenz[45]. Die genaue Kennzeichnung der Aufgaben von Eurojust in Art. III-273 VV wird man im Vergleich zu Art. 31 Abs. 2 EUV als bloße Konkretisierung rubrizieren können.
Ermächtigungserweiterungen sind in thematischer und organisationeller Hinsicht zu erkennen. Thematisch hervorhebenswert ist namentlich die Befugnis des Rates, in erweiterter Weise Mindestvorschriften zur Festlegung von Straftaten und Strafen in Bereichen besonders schwerer Kriminalität festzulegen, die eine grenzüberschreitende Dimension haben (Art. III-271 VV). In deutlicher Erweiterung des derzeitigen Art. 31 EUV werden als derartige Kriminalitätsbereiche zusätzlich zur organisierten Kriminalität, zu Terrorrismus und illegalem Drogenhandel festgelegt:

41 Art. III-270 Abs.1 lit. a VV.
42 Art. III-270 Abs.1 lit. d VV.
43 Art. III-270 Abs.1 lit. b VV.
44 Art. III-270 Abs.1 lit. c VV.
45 So namentlich in Art. 95 EGV, vgl. dazu *Müller-Graff*, The European Treaty Framework and the Criminal Law: EC Competences in Criminal Law, in: The David Hume Institute, Crime sans Frontières: International and European Legal Approaches, Hume Papers on Public Policy, Vol. 6 Nos.1 & 2 (ed. by Cullen/Gilmore), 1998, 100 (105 f.); *Böse*, Strafen und Sanktionen im Europäischen Gemeinschaftsrecht, 1996, S. 68; *Sevenster*, Criminal Law and EC Law, CML Rev. 29 (1992), 29 (67).

„...Menschenhandel und sexuelle Ausbeutung von Frauen und Kindern, ... , illegaler Waffenhandel, Geldwäsche, Korruption, Fälschung von Zahlungsmitteln, Computerkriminalität...“[46]. Auch dieser Kreis kann „je nach den Entwicklungen der Kriminalität“ durch einstimmigen Europäischen Beschluß des Rates nach Zustimmung des Europäischen Parlaments erweitert werden[47]. Thematisch neu als unionale Angelegenheit ist auch die Handlungsermächtigung zur Förderung und Unterstützung der mitgliedstaatlichen Kriminalprävention unter Ausschluß jeglicher Rechtsharmonisierung (Art. III-272 VV). Organisatorisches Neuland wird mit der Ermächtigung zur Errichtung einer Europäischen Staatsanwaltschaft betreten (Art. III-274 VV)[48]. Ihre Einrichtung erfordert ein einstimmig vom Rat verabschiedetes Europäisches Gesetz nach Zustimmung des Europäischen Parlaments[49]. Die Aufgaben der solcherart projektierten Europäischen Staatsanwaltschaft sind begrenzt auf die Bekämpfung von Straftaten zum Nachteil der finanziellen Interessen der Union. Allerdings ist eine Befugnisausdehnung auf die Bekämpfung von schwerer Kriminalität mit grenzüberschreitender Dimension durch einstimmig zu fassenden Europäischen Beschluß des Rates nach Zustimmung des Europäischen Parlaments und nach Anhörung der Kommission möglich[50]. Die operative Zuständigkeit umfaßt die strafrechtliche Untersuchung, Verfolgung sowie Anklageerhebung[51]. In genial anmutender Einfachheit wird der Europäischen Staatsanwaltschaft hierbei die Aufgabe zugewiesen, bei den erfaßten Straftaten vor den zuständigen mitgliedstaatlichen Gerichten die (nach nationalem Verfahrensrecht vorgesehenen) Aufgaben der Staatsanwaltschaft wahrzunehmen.

d) Polizeiliche Zusammenarbeit. Anders als bei der strafjustitiellen Zusammenarbeit bleiben die thematischen Neuerungen bei der polizeilichen Zusammenarbeit gering. Der Aktionskatalog des Art.30 EUV ist nach Art.III-275 VVE überführt. Lediglich für Europol ergibt sich eine Erweiterung dadurch, daß neben die schon derzeitige Befugnis zur unterstützenden und koordinierenden Mitwirkung am operativen Zusammenwirken der mitgliedstaatlichen Polizeibehörden[52] nunmehr auch die Möglichkeit operativer Maßnahmen tritt, allerdings, wie der Text ausführt, „nur in Verbindung und in Absprache mit den Behörden des Mitgliedstaats oder der Mitgliedstaaten, deren Hoheitsgebiet betroffen ist.“[53].

46 Art. III-271 Abs. 1 UAbs. 2 VV.
47 Art. III-271 Abs. 1 UAbs. 3 VV.
48 Die Bestimmung zählte zu den umstrittendsten des neuen Textes; vgl. *Monar* (Fn.21), S. 542.
49 Art. III-274 Abs. 1 VV.
50 Art. III-274 Abs. 4 VV.
51 Art. III-274 Abs. 2 VV.
52 Art. 30 Abs. 2 lit. a EUV; Art. III-276 Abs. 1 VV.
53 Art. III-276 Abs. 3 VV.

IV. Zugängliche Maßnahmetypen

Nach gegenwärtigem Recht sind im „Raum der Freiheit, der Sicherheit und des Rechts" die zugänglichen Maßnahmetypen bekanntlich fragmentiert. Während im gemeinschaftsrechtlichen Teil die supranationalen Rechtsakttypen des Art. 249 EGV eingesetzt werden können (Verordnung, Richtlinie, Entscheidung), bleiben Maßnahmen im unionsrechtlichen Teil auf die intergouvernementalen Formen des Art. 34 EUV beschränkt (gemeinsamer Standpunkt, Rahmenbeschluß, Beschluß, Erstellung eines Übereinkommens). Die Zusammenziehung von EGV und EUV führt folgerichtig dazu, daß für den „Raum der Freiheit, der Sicherheit und des Rechts" grundsätzlich in seiner gesamten Breite das einheitliche unionale Handlungsinstrumentarium der Art. I-33 ff. VV projektiert wird, darunter namentlich die supranationalen Handlungsformen „Europäisches Gesetz" und „Europäisches Rahmengesetz" sowie der „Europäische Beschluß". Ausnahmen von der Verfügbarkeit dieses Spektrums[54] bestätigen die Regel.

V. Beschlußverfahren

Auch das Beschlußverfahren für den „Raum der Freiheit, der Sicherheit und des Rechts" folgt in der Zusammenziehung von EG-Vertrag und EU-Vertrag grundsätzlich dem Transfer des gemeinschaftsrechtlichen Musters auf die neue Union. Dies bedeutet für den „Raum der Freiheit, der Sicherheit und des Rechts" die Überwindung der gegenwärtig auch insoweit fragmentierten Rechtslage in – in sich auch noch differenzierte – gemeinschaftsrechtliche Beschlußverfahren[55] und das unionsrechtliche Verfahren des Art. 34 EUV. Stattdessen ist für den gesamte Bereich des „Raums der Freiheit, der Sicherheit und des Rechts" grundsätzlich die Geltung des derzeitigen gemeinschaftsrechtlichen Mitentscheidungsverfahrens des Art. 251 EGV als nunmehr so bezeichnetes ordentliches Gesetzgebungsverfahren gemäß Art. III-396 VV projektiert: mit Initiativbefugnis der Kommission, Ratsentscheidung mit qualifizierter Mehrheit und Mitentscheidung des Europäischen Parlaments. Einzelne Einschränkungen und Abweichungen davon (so namentlich hinsichtlich Initiativbefugnis, der Entscheidungsregeln im Rat und der Beteiligungsform des Europäischen Parlaments)[56] bestätigen die Geltung der Regel im allgemeinen.

VI. Rechtsschutz

Auch im Rechtsschutz und in der Rechtskontrolle manifestiert sich die Zusammenziehung von EG-Vertrag und EU-Vertrag für den sachgegenständlichen Bereich im Muster der grundsätzlichen Übertragung des gemeinschaftsrechtlichen Modells für die projektierte neue Union. Die gegenwärtige Fragmentierung in die die allgemeine gemeinschaftsrechtliche Jurisdiktion des EuGH gemäß Art. 220 ff. EGV mit den

54 S. u. C II 2 a.
55 Art. 67 EGV.
56 Im einzelnen s.u. C II 2 a.

Besonderheiten des Art. 68 EGV im gemeinschaftsrechtlichen Teil des „Raums der Freiheit, der Sicherheit und des Rechts“ (keine Vorlagemöglichkeit nicht-letztinstanzlicher mitgliedstaatlicher Gerichte; Jurisdiktionsausschluß des EuGH in bestimmten Fragen[57]) einerseits und die spezifischen unionsrechtlichen Regeln des Art. 35 EUV andererseits wird überwunden. Der neue Vertrag unterwirft den gesamten „Raum der Freiheit, der Sicherheit und des Rechts“ den aus den Art. 220 ff. EGV tradierten Regeln der Art. III-353 ff. VV. Er übernimmt lediglich den Jurisdiktionsausschluß des Art. 35 Abs. 4 EUV in der strafjustitiellen und polizeilichen Zusammenarbeit für die Überprüfung der Gültigkeit oder Verhältnismäßigkeit von Maßnahmen der Polizei oder anderer Strafverfolgungsbehörden eines Mitgliedstaats oder der Wahrnehmung der Zuständigkeiten der Mitgliedstaaten für die Aufrechterhaltung der öffentlichen Ordnung und den Schutz der inneren Sicherheit (Art. III-377 VV).

VII. Räumlicher Geltungsbereich

Die Frage der räumlichen Erstreckung des „Raums der Freiheit, der Sicherheit und des Rechts“ liegt quer zur Zusammenziehung von EG-Vertrag und EU-Vertrag. Zwar erhebt der neue Vertrag den „Raum der Freiheit, der Sicherheit und des Rechts“ zu einem operativen unionalen Haupttziel für *alle* Mitgliedstaaten[58]. Aber die derzeitigen Protokolle, die Britannien, Irland und Dänemark insoweit Ausnahmen, Einscherrechte und Ausscherrechte geben[59], sind als Protokolle Nr. 17 bis 20 übernommen[60]. Diese geltungsräumliche Verkürzung aber dämpft schon im Ansatz den mit dem „Raum der Freiheit, der Sicherheit und des Rechts“ verbundenen Anspruch, eine dem Binnenmarktrecht vergleichbar umfassende unionsräumliche Grundlage für die Rechtsgemeinschaft der gesamten Union zu sein.

57 Mit der Formulierung „In jedem Fall ist der Gerichtshof nicht für Entscheidungen über Maßnahmen oder Beschlüsse nach Artikel 62 Nummer 1 zuständig, die die Aufrechterhaltung der öffentlichen Ordnung und den Schutz der inneren Sicherheit betreffen.“ Dazu *Classen*, Die Jurisdiktion des Gerichtshofs der Europäischen Gemeinschaften nach Amsterdam, in: Müller-Graff/Schwarze (Hg.), Rechtsschutz und Rechtskontrolle nach Amsterdam, EuR Beiheft 1/1999, 73 (76 f.). Keine Neuerungen ergaben sich insoweit durch die Reform von Nizza; vgl. zu deren Inhalt für die europäische Jurisdiktion *Everling*, Grundlagen der Reform der Gerichtsbarkeit der Europäischen Union und ihres Verfahrens durch den Vertrag von Nizza, in: Everling/Müller-Graff/Schwarze (Hg.), Die Zukunft der Europäischen Gerichtsbarkeit nach Nizza, EuR Beiheft 1/2003, 7 ff.

58 Art. I-3 Abs. 2 VV.

59 Protokolle zum Vertrag über die Europäische Union und zum Vertrag zur Gründung der Europäischen Gemeinschaft; abgedruckt in der Nomos-Textsammlung zum Europarecht, 16. Aufl. 2004, S. 42ff.

60 Protokoll über den in den Rahmen der Europäischen Union einbezogenen Schengen-Besitzstand; Protokoll über die Anwendung bestimmter Aspekte des Artikels III-130 der Verfassung auf das Vereinigte Königreich und auf Irland; Protokoll über die Position des Vereinigten Königreichs und Irlands hinsichtlich der Politik betreffend Grenzkontrollen, Asyl und Einwanderung sowie hinsichtlich der justitiellen Zusammenarbeit in Zivilsachen und der polizeilichen Zusammenarbeit; Protokoll über die Position Dänemarks.

C. Transnationale Gemeinwesenverdichtung vs. mitgliedstaatliche Gestaltungsautonomie

Damit ist abschließend der Blick auf die dritte Hauptfrage im Bereich des „Raums der Freiheit, der Sicherheit und des Rechts“ zu richten: die Entwicklung der Spannung zwischen der Verdichtung des transnationalen europäischen Gemeinwesens einerseits (I) und der Zukunft der mitgliedstaatlichen Gestaltungsfreiheit andererseits (II).

I. Verdichtung des transnationalen europäischen Gemeinwesens

Eine Verdichtung des transnationalen europäischen Gemeinwesens[61] ist in der Perspektive des neuen Textes für den sachgegenständlichen Bereich in zweierlei Hinsicht zu registrieren: in Gestalt supranationaler Verstärkung (1) und in Form sonstiger Verdichtungselemente (2).

1. Supranationale Verstärkung

Auch der mit dem neuen Vertragstext projektierte zweite Reformschritt des einstigen Maastricht-Bereichs „Justiz und Inneres“ beinhaltet, wie schon der Reformschritt von Amsterdam[62], eine sachbereichliche Verstärkung der Supranationalität. Dies kommt in mehreren bereits angesprochenen Elementen zum Ausdruck, in denen nunmehr auch die strafjustitielle und polizeiliche Zusammenarbeit von den zu neuem Unionsrecht geformten, gemeinschaftsrechtlich entwickelten Regeln erfaßt wird. Erinnerende einschlägige Stichworte sind: die Zuordnung von Maßnahmen zu einem europäischen Zurechnungssubjekt, die teilweise thematische Erweiterung der Ermächtigungsgrundlage, die grundsätzliche Anwendbarkeit des Mitentscheidungsverfahrens, die grundsätzliche Anwendbarkeit des derzeitigen gemeinschaftsrechtlichen Instrumentariums und die grundsätzliche Ausweitung der allgemeinen gemeinschaftsrechtlichen Jurisdiktion des EuGH.

2. Sonstige Verdichtungselemente

Sonstige Verdichtungen des transnationalen Gemeinwesen-Charakters sind gleichfalls in mehreren Elementen sichtbar: im Versuch der inhaltlichen Auffüllung der Definition des „Raums der Freiheit, der Sicherheit und des Rechts“ durch die Achtung auch der (unionalen) Grundrechte, vor allem aber in der höchst anspruchsvollen Ausrichtung auf den Grundsatz der gegenseitigen Anerkennung zivil- und strafjustitieller Entscheidungen[63] und in der Anerkennung des Grundsatzes der auch

61 Zu diesem Begriff vgl. *Müller-Graff*, Verfassungsziele der EG/EU, in: Handbuch des EU-Wirtschaftsrechts, 8. EL 2000, A I Rn. 72 (1993, A I Rn.59).

62 S. o. A I 1.

63 Art. III-257 Abs. 3, III-270 Abs. 1 VV.

finanzwirksamen Solidarität mit Lasten, die einen Mitgliedstaat infolge einer unionalen Maßnahme im Bereich der Zugangspolitiken treffen[64].

II. Zukunft der mitgliedstaatlichen Gestaltungsautonomie

Diese das unionale Gemeinwesen verdichtende Entwicklung wirft zwangsläufig die Frage nach der Zukunft der rechtlich gesicherten mitgliedstaatlichen Handlungs- und Gestaltungsautonomie in den sachgegenständlich erfaßten Bereichen auf. Denn auch die neu projektierte Union ist nicht als Einheitsgebilde konzipiert[65], sondern achtet gemäß der realitätsverständigen Formulierung des Art. I-5 VV die nationale Identität der Mitgliedstaaten und die grundlegenden Funktionen des Staates, insbesondere die Aufrechterhaltung der öffentlichen Ordnung und den Schutz der inneren Sicherheit. Letzteres wird für den „Raum der Freiheit, der Sicherheit und des Rechts" ausdrücklich von Art. III-262 VV mit den Worten aufgenommen, dieses Kapitel berühre nicht die diesbezüglichen Zuständigkeiten der Mitgliedstaaten. Art. III-267 Abs. 5 VV fixiert sogar zusätzlich als domaine reservé das Recht der Mitgliedstaaten, über die Zahl einreisebefugter arbeitssuchender Drittstaatsangehöriger zu entscheiden.
Angesichts des ansonsten jedoch thematisch potentiell breiten Aktionsspektrums der Ermächtigungsnormen sind Vorkehrungen zugunsten der Handlungsautonomie der Mitgliedstaaten aber vor allem auf prozeduraler Ebene zu suchen. Dies geschieht einerseits durch die Einschaltung des Europäischen Rates (1) und andererseits durch Beschränkungen in der Übernahme des gemeinschaftsrechtlichen Modells (2).

1. Europäischer Rat

Konzeptionsstimmig wird zuallererst der intergouvernemental höchstrangig besetzte Europäische Rat aktiviert. Ohne wirkliche Neuerung zur gegenwärtigen Funktionsbeschreibung wird in Art. III-258 VV gesagt, daß der Europäische Rat „die strategischen Leitlinien" für die gesetzgeberische und operative Programmplanung im sachgegenständlichen Raum festlegt. In der strafjustitiellen Zusammenarbeit wird ihm darüberhinaus eine Appellationsfunktion im ordentlichen Gesetzgebungsverfahren mit automatischer Aussetzungswirkung verliehen. Dies betrifft den Fall, daß ein Ratsmitglied der Auffassung ist, daß der Entwurf eines Europäischen Rahmengesetzes zum Strafverfahrensrecht oder Strafrecht grundlegende Aspekte seiner Strafrechtsordnung berühren würde (Art. III-270 Abs. 3, 271 Abs. 3 VV).

64 Art. III-268 VV.
65 Dies läßt sich auch dem in Art. I-8 VV niedergelegten Leitspruch der Union „In Vielfalt geeint" entnehmen.

2. Einschränkungen gemeinschaftsrechtlicher Muster

Daneben unterliegt das grundsätzlich auf die neue Union übertragene gemeinschaftsrechtliche Handlungsmodell einigen Einschränkungen zur Wahrung der Handlungsautonomie der Mitgliedstaaten.
a) Ordentliches Gesetzgebungsverfahren. Dies gilt insbesondere für das ordentliche Gesetzgebungsverfahren.
So hat im Hinblick auf die *Initiative* zu einem unionalen Legislativverfahren die Kommission in der strafjustitiellen und polizeilichen Zusammenarbeit weiterhin kein Monopol. Allerdings wird die Position der Mitgliedstaaten im Vergleich zur derzeitigen Rechtslage insoweit beschränkt, als nicht jeder Mitgliedstaat wie derzeit nach Art. 34 Abs. 2 S. 2 EUV allein ein Rechtsetzungsverfahren auslösen kann, sondern sich ein Viertel der Mitgliedstaaten zu einer Initiative zusammenfinden muß (Art. III-264 lit. b VV). Des weiteren hebt der Text problembewußt ausdrücklich die Verantwortung der *nationalen* Parlamente für die Achtung des Subsidiaritätsprinzips nach dem Subsidiaritätsprotokoll in diesen Bereichen hervor (Art. III-259 VV). Inwieweit dies freilich unnötiger unionaler Unitarisierung Einhalt gebieten kann, ist spekulativ.
Im Rat ist das Prinzip der qualifizierten Mehrheitsentscheidung zugunsten des politisch (wenn auch nicht verbandskompetentiell) souveränitätswahrenden Einstimmigkeitsprinzips für verschiedene, genau definierte Sachgegenstände festgeschrieben, darunter beispielsweise für Maßnahmen im Familienrecht[66] (wie gegenwärtig[67]), die Harmonisierung sonstiger Aspekte des Strafverfahrensrechts[68], die Harmonisierung anderer Kriminalitätsbereiche[69], die Errichtung einer Europäischen Staatsanwaltschaft[70], Maßnahmen operativer polizeilicher Zusammenarbeit[71] und die Festlegung der Bedingungen hoheitlichen Tätigwerdens von Polizeibehörden in einem anderen Mitgliedstaat[72].
Auch eine Beschränkung des potentiell intergouvernemental gegenläufig wirkenden Einflusses des *Europäischen* Parlaments ist verschiedentlich durch dessen Beschränkung auf eine bloße Anhörung vorgesehen, so beispielsweise bei der Gewährleistung der Verwaltungszusammenarbeit[73], bei vorläufigen Maßnahmen in der Notlage eines plötzlichen Zustroms von Drittstaatsangehörigen[74], bei Maßnahmen zum Familienrecht[75], bei der Festlegung operativer polizeilicher Zusammenarbeit[76] und bei der Festlegung der Bedingungen des hoheitlichen Tätigwerdens von Behörden in einem anderen Mitgliedstaat[77].

66 Art. III-269 Abs. 3 VV.
67 Art. 67 Abs. 5 EGV.
68 Art. III-270 lit. d VV.
69 Art. III-271 Abs.1 UAbs.3 VV.
70 Art. III-274 Abs.1 VV.
71 Art. III-275 Abs.3 VV.
72 Art. III-277 VV.
73 Art. III-263 VV.
74 Art. III-266 VV.
75 Art. III-269 VV.
76 Art. III-275 Abs. 3 VV.
77 Art. III-277 VV.

b) Instrumentarium. In instrumenteller Hinsicht gilt eine potentiell souveränitätsschonende Beschränkung des allgemeinen Handlungsinstrumentariums auf das Europäische Rahmengesetz für die Harmonisierung des Strafverfahrensrechts[78] und des Strafrechts[79].
c) Jurisdiktion. Schließlich steht im Kontext der Souveränitätsschonung der Mitgliedstaaten auch die bereits erwähnte, aus Art. 35 EUV übernommene Begrenzung der Jurisdiktion des EuGH in der polizeilichen und strafjustitiellen Zusammenarbeit[80]. Nicht weitergeführt ist demgegenüber die parallele Beschränkung des Art. 68 Abs. 2 EGV.

D. Zusammenfassung

Zusammenfassend läßt sich festhalten, daß der sogenannte „Raum der Freiheit, der Sicherheit und des Rechts“ eine sinnfällige konzeptionelle Geschlossenheit im neuen Text nur über eine Rekonstruktion in Zusammenschau mit dem Binnenmarkt zu einem rechtlich befriedeten unionalen Freiheitsbinnenraum gewinnen kann. Wegen der unmittelbaren Anwendbarkeit der binnenmarktlichen Grundfreiheiten einerseits und dem Mangel an unionalen polizeilichen, strafjustitiellen, exekutiven und sonstigen administrativen Befugnissen andererseits wird seine Grundstabilität in dem Maße gesichert, in dem einerseits der Binnenmarkt seine gerichtsfeste unionale Klammerfunktion erfüllt und andererseits die Mitgliedstaaten folgebereit zu unionalen Maßnahmen sind. Unionale rechtspolitische Maßnahmen der Art. III-257 ff. VV können den unionalen Freiheitsraum im wesentlichen nur dadurch ergänzen, daß die behördlichen, polizeilichen und justitiellen Einrichtungen der Mitgliedstaaten mitziehen. Die Zusammenziehung der derzeitigen Europäischen Gemeinschaft mit der derzeitigen Europäischen Union zu einer neuen Union steigert Kohärenz und Supranationalität des „Raums der Freiheit, der Sicherheit und des Rechts“, doch verbleiben wesentliche Handlungsspielräume für die Mitgliedstaaten (namentlich auch im Rahmen der Reichweite des Einstimmigkeitsprinzips). Darin und auch in der beschränkten Teilnahme einiger Mitgliedstaaten an dem angestrebten unionalen Raums spiegeln sich nicht nur Vorbehalte gegen einen ungegliederten unionalen Sicherheitsraum, sondern letztlich auch das positive Verständnis für die Primärverantwortung der Mitgliedstaaten für die öffentliche Ordung und Sicherheit, wie sie von Art. I-5 VV und Art. III-262 VV ausdrücklich ausgesprochen wird. Dies reflektiert eine realitätsverständige Wahrnehmung der Grenzen der unionalen Leistungskraft im intensitätsoffenen „Raum der Freiheit, der Sicherheit und des Rechts“, die der gedeihlichen Zukunft der Union langfristig dienlich sein kann.

78 Art. III-270 Abs. 4 VV.
79 Art. III-271 Abs. 1 VV.
80 Art. III-377 VV.

Der Beitrag des Europäischen Gerichtshofes zum Schutz der Umwelt

*Gil Carlos Rodríguez Iglesias und Kurt Riechenberg**

Seit langem hat sich der Jubilar mit dem Umweltrecht in der Europäischen Gemeinschaft befasst, so bereits im Jahre 1993 mit einer Untersuchung über die Auswirkungen der Rechtsprechung des Gerichtshofes auf die Politik und die Integration in diesem Bereich[1]. Auch hat *Manfred Zuleeg* in den vergangenen Jahren auf die Herausbildung von Rechtsgrundsätzen auf dem Gebiet des gemeinschaftlichen Umweltschutzes hingewiesen. Dazu zählt zunächst der Grundsatz des bestmöglichen Umweltschutzes, aus dem Lehre und Rechtsprechung weitere Prinzipien abgeleitet haben, wie das Vorsorge- und Vorbeugeprinzip sowie das Ursprungs- und Verursacherprinzip[2].
Erinnert sei auch daran, dass *Manfred Zuleeg* Berichterstatter in dem wohlbekannten Urteil Tschernobyl war[3]. In dieser Rechtsache, in der es um gemeinschaftliche Maßnahmen zur Nuklearsicherheit ging, hatte das Parlament gegen eine Verordnung des Rates Nichtigkeitsklage erhoben. In seinem Urteil anerkannte der Gerichtshof über den Wortlaut von Art. 173 EWGV hinaus eine Klagebefugnis des Parlaments zum Schutze seiner eigenen Vorrechte. Die Akzeptanz dieser besonders „aktivistischen", weil vom Wortlaut des Vertrags abweichenden, Rechtsprechung wurde allerdings offensichtlich, als sie durch den Vertrag von Maastricht in das Primärrecht übernommen wurde (heute Art. 230 EGV).
Mit ihrem Beitrag zur Festschrift wollen die Autoren einen Überblick über die wichtigsten Urteile des Gerichtshofes zur Problematik des Umweltschutzes in der Europäischen Gemeinschaft geben.

* Die Verfasser danken Frau Belén Basterra Tur für die Betreuung des Manuskriptes.

1 *Zuleeg*, Umweltschutz in der Rechtsprechung des Europäischen Gerichtshofs, NJW 1993, 31 ff. Vgl. auch *Zuleeg*, Vorbehaltene Kompetenzen der Mitgliedstaaten der Europäischen Gemeinschaft auf dem Gebiet des Umweltschutzes, NVwZ 1987, 280, 283 ff.
2 *Zuleeg*, Der rechtliche Zusammenhalt der Europäischen Union, 2004, S. 163 f.
3 EuGH, Slg. 1990, I- 2041.

A. Einführung

Gemäß Art. 3 EUV setzt sich die Europäische Union u.a. das Ziel der Herbeiführung einer ausgewogenen und nachhaltigen Entwicklung. Art. 3 EGV sieht als Tätigkeitsgebiet der Gemeinschaft u.a. auch eine Politik auf dem Gebiet der Umwelt vor. Die Umweltziele der Gemeinschaft und die dafür erforderlichen Instrumente werden in den Art. 174 bis 176 EGV definiert. Dieser Titel wurde durch die Einheitliche Europäische Akte mit Wirkung von 1987 in das Vertragswerk eingefügt. Es sei aber daran erinnert, dass die Gemeinschaft bereits seit den siebziger Jahren auf dem Gebiet des Umweltschutzes gesetzgeberisch tätig gewesen ist. Nach nunmehr 30 Jahren umfasst das gemeinschaftliche Instrumentarium Richtlinien und Verordnungen, die alle Politikfelder des Umweltschutzes betreffen und sich nicht nur auf Umweltfragen beschränken, die grenzüberschreitende Probleme betreffen. Insgesamt kann festgestellt werden, dass die Gemeinschaft dem Umweltschutz eine wichtige Rolle zugemessen und diesen Politikbereich fest im Bewusstsein der Bürger verankert hat.
Auch der Europäische Gerichtshof ist seit den achtziger Jahren in zunehmendem Maße mit Rechtsfragen aus dem Umweltbereich befasst worden. Im Wesentlichen waren es das Vorabentscheidungsverfahren sowie das Vertragsverletzungsverfahren, durch die der Gerichtshof wegweisende Aussagen zur Bedeutung des Umweltschutzes im Gemeinschaftsrecht vornehmen konnte.
Die nachfolgend aufgeführten Themenbereiche stellen allerdings nur eine Auswahl dar und erheben keinen Anspruch auf Vollständigkeit.

B. Freier Warenverkehr und nationale Schutzmaßnahmen

Gemäß Art. 28 EGV sind mengenmäßige Einfuhrbeschränkungen sowie alle Maßnahmen gleicher Wirkung zwischen den Mitgliedstaaten verboten. Letztere Maßnahmen sind vom Gerichtshof als Handelsregelungen bezeichnet worden, die in der Lage sind, den innergemeinschaftlichen Handel direkt oder indirekt, aktuell oder potenziell zu beeinträchtigen. Art. 30 EGV stellt eine Ausnahmeregelung dar, die es den Mitgliedstaaten ermöglicht, aus bestimmten Gründen des öffentlichen Interesses den freien Warenverkehr zu beschränken. Der Umweltschutz findet sich allerdings nicht unter den in dieser Vorschrift aufgezählten Ausnahmetatbeständen.
Der erste Fall, in dem vor dem Gerichtshof die Frage aufgeworfen wurde, ob Überlegungen des Umweltschutzes Beschränkungen des innergemeinschaftlichen Warenverkehrs rechtfertigen können, stellte sich im Jahre 1986. Es war die Europäische Kommission, die im Rahmen eines Vertragsverletzungsverfahrens die Feststellung begehrte, dass ein in Dänemark eingeführtes obligatorisches System für Pfandflaschen mit Art. 28 EGV nicht vereinbar war. Die fragliche nationale Regelung sah vor, dass die Hersteller von Bier und anderen Getränken diese nur in Behältern vermarkten durften, die von den zuständigen Stellen zugelassen waren. Sinn dieser Regelung war es, ein effizientes Pfand- und Rückkehrsystem zu etablieren und damit die Menge von Hausmüll zu reduzieren.

Die dänische Regierung hatte deshalb die Ansicht vertreten, dass die betreffende Regelung ein „zwingendes Erfordernis" im Sinne der Cassis de Dijon-Rechtsprechung[4] darstellte und somit als eine gerechtfertigte Ausnahme vom Grundsatz des freien Warenverkehrs anzusehen war.

Dazu betonte der Gerichtshof unter Bezugnahme auf ein Urteil vom 7. Februar 1985 zur Altölrichtlinie, dass der „Grundsatz der Handelsfreiheit" nicht absolut gelte, sondern Beschränkungen unterliege, „die durch die von der Gemeinschaft verfolgten, im Allgemeininteresse liegenden Ziele gerechtfertigt sind". Konkret hatte der Gerichtshof im Altölurteil festgestellt, dass der Umweltschutz „eines der wesentlichen Ziele der Gemeinschaft" ist[5]. Diese Aussagen wiederholte der Gerichtshof im Urteil Kommission/Dänemark. Er anerkannte ausdrücklich den Umweltschutz als „zwingendes Erfordernis", das Beschränkungen des freien Warenverkehrs rechtfertigen kann[6]. Er hob auch hervor, dass diese Auslegung durch die Entscheidung, den Umweltschutz durch die Einheitliche Europäische Akte im gemeinschaftlichen Primärrecht zu verankern, bestätigt werde. Gleichzeitig betonte der Gerichtshof, dass aufgrund des Verhältnismäßigkeitsprinzips die diesbezüglichen Beschränkungen nicht über das Maß hinausgehen dürfen, das erforderlich ist, um diesem Anliegen Rechnung zu tragen.

Zwei Jahre nach diesem Urteil erhob die Kommission wiederum Klage wegen Vertragsverletzung auf Grund einer nationalen Umweltschutzregelung und zwar gegen Belgien wegen eines in Wallonien geltenden Verbotes, Abfälle in diesen Landesteil einzuführen und dort zu lagern. Auch hier war Hintergrund der Maßnahme die Befürchtung einer Umweltverschlechterung durch die mit der Abfallverbringung verbundenen vielfältigen Beeinträchtigungen.

In seinem Urteil stellte der Gerichtshof zunächst fest, dass Abfall unabhängig von seiner Eigenschaft als eine Ware anzusehen ist, die vom Grundsatz des freien Warenverkehrs erfasst ist. Dies gilt laut Gerichtshof auch für nicht wieder verwendbare Abfälle. Er hob hervor, dass die Unterscheidung zwischen rückführbaren und nicht wieder verwendbaren Abfällen aus praktischer Sicht sehr schwierig sei und sich oft auf ungewisse Kriterien stütze, die sich im Laufe der Zeit nach Maßgabe des technischen Fortschritts ändern können. Zudem hänge die Rückführbarkeit von Abfall auch von den damit verbundenen Kosten und der Rentabilität der beabsichtigten Wiederverwendung ab.

Zur Rechtfertigung der von ihm geschaffenen Beeinträchtigungen des Verkehrs mit Abfällen hatte Belgien geltend gemacht, die streitige Regelung entspreche zum einen zwingenden Erfordernissen des Umweltschutzes und dem Ziel des Gesundheitsschutzes, das dem Grundsatz des freien Warenverkehrs vorgehe, und stelle zum anderen eine zeitlich begrenzte und außerordentliche Schutzmaßnahme angesichts des Zustroms von Abfällen aus Nachbarländern nach Wallonien dar.

Dazu bemerkte der Gerichtshof, dass die Verbringung von Abfall besonderen Beschränkungen unterliegen kann und dass Abfälle Gegenstände besonderer Art sind,

4 EuGH, Rewe-Zentral, Slg. 1979, 649 Rn. 14.
5 EuGH, ADBHU, Slg. 1985, 531.
6 EuGH, Slg. 1988, 4607 Rn. 7 ff.

die grundsätzlich eine Gefahr für die Umwelt darstellen. Wörtlich führte der Gerichtshof aus:

„Der für die Umweltpolitik der Gemeinschaft in Artikel 174 Absatz 2 des Vertrags aufgestellte Grundsatz, Umweltbeeinträchtigungen nach Möglichkeit an ihrem Ursprung zu bekämpfen, bedeutet nämlich, dass es Sache jeder Region, Gemeinde oder anderen Gebietskörperschaft ist, die geeigneten Maßnahmen zu treffen, um Aufnahme, Behandlung und Beseitigung ihrer eigenen Abfälle sicherzustellen; diese sind daher möglichst nah am Ort ihrer Erzeugung zu beseitigen, um ihre Verbringung soweit wie möglich einzuschränken.

Dieser Grundsatz steht im übrigen mit den Grundsätzen der Entsorgungsautarkie und der Entsorgungsnähe im Einklang, die in der von der Gemeinschaft unterzeichneten Baseler Konvention vom 22. März 1989 über die Kontrolle des grenzüberschreitenden Verkehrs mit Sonderabfällen und ihrer Beseitigung aufgestellt werden.“

In Ergebnis wies der Gerichtshof die Klage der Kommission ab. Interessant ist auch die Bezugnahme des Gerichtshofs auf die Baseler Konvention, eines der wichtigsten internationalen Instrumente auf dem Gebiet des Umweltschutzes[7].

Als drittes Urteil aus dem Komplex freier Warenverkehr und nationale Maßnahmen des Umweltschutzes sollte das Urteil in der Rechtssache PreussenElektra vom 13. März 2001 erwähnt werden[8].

In diesem Vorabentscheidungsverfahren ging es unter anderem um die Frage, ob die bestimmten Unternehmen durch Gesetz auferlegte Verpflichtung, aus erneuerbaren Energien gewonnene Elektrizität in Deutschland zu einem Festpreis abzunehmen, eine nicht gerechtfertigte Beschränkung des freien Warenverkehrs darstellen kann. Zunächst bejahte der Gerichtshof die Möglichkeit einer Behinderung des freien Warenverkehrs durch die allein auf inländisch erzeugte erneuerbare Energien beschränkten Abnahme- und Vergütungspflichten.

Maßnahmen gleicher Wirkung wie mengenmäßige Einfuhrbeschränkungen sind nach ständiger Rechtsprechung alle Handelsregelungen, die geeignet sind, den innergemeinschaftlichen Handel unmittelbar, mittelbar, tatsächlich oder potentiell zu behindern[9]. Solche Maßnahmen können durch die im Vertrag genannten Gemeinwohlgesichtspunkte gerechtfertigt sein. Hierbei kommt es nicht darauf an, ob die einzelne Maßnahme diskriminierende Wirkung hat oder nicht. Für den Bereich der unterschiedslos wirkenden Maßnahmen kommt darüber hinaus eine Rechtfertigung aber auch noch nach der sog. Cassis-Formel in Betracht: Derartige beschränkende Maßnahmen können durch „zwingende Erfordernisse“ gerechtfertigt sein, wozu auch der Umweltschutz gehört. Dies würde bedeuten, dass Maßnahmen, die nicht unterschiedslos anwendbar sind, nicht durch Umweltschutzgesichtspunkte gerechtfertigt werden können.

Im Urteil PreussenElektra hat der Gerichtshof nicht diese Methode angewendet. Obwohl er feststellte, dass die nationale Regelung nicht unterschiedslos anwendbar war, indem sie als Folge der Abnahmepflicht eine faktische Behinderung des Stromimports zur Folge hatte, hielt er diese Beeinträchtigung für gerechtfertigt.

7 EuGH, Slg. 1992, I-4431.
8 EuGH, Slg. 2001, I-2099.
9 EuGH, Dassonville, Slg. 1974, 837.

Zu dieser Frage hob der Gerichtshof zunächst die besonderen Eigenschaften des Strommarktes hervor, der zurzeit noch durch eine fehlende Harmonisierung der nationalen Gesetzgebung charakterisiert ist. Außerdem anerkannte der Gerichtshof, dass die fragliche nationale Regelung dem Ziel dient, erneuerbare Energien zu fördern und damit eine Reduzierung des Ausstoßes von Treibhausgasen zu erreichen. Der Gerichtshof wies auch darauf hin, dass sich die Europäische Union und alle Mitgliedstaaten verpflichtet haben, den Klimawandel zu bekämpfen und die Ziele der diesbezüglichen Rahmenkonvention der Vereinten Nationen zu erreichen. Auch hier kam der Gerichtshof somit zu dem Ergebnis, dass die nationale Regelung durch Überlegungen des Umweltschutzes gerechtfertigt war.

Die Bedeutung des Urteils für die Gestaltung des energiepolitischen und energierechtlichen Ordnungsrahmens in Europa liegt auf der Hand. Die Energiepolitik ist bislang nicht umfassend vergemeinschaftet. Zwar hat das Gemeinschaftsrecht über dessen Kompetenz vor allem auf den Gebieten der Rechtsangleichung, des Wettbewerbsrechts und in neuerer Zeit zunehmend des Umweltschutzes ganz wesentlich auf die Energiemärkte eingewirkt. Gleichwohl verbleibt den Mitgliedstaaten in Teilbereichen einstweilen noch ein beachtlicher Regelungsspielraum. Dies betrifft namentlich auf die Berücksichtigung des Umwelt- und Ressourcenschutzes in der Energiewirtschaft zu.

Dies zeigt insbesondere der Hinweis des Gerichtshofes auf das von der Kommission angeregte System von Herkunftszertifikaten für Strom aus erneuerbaren Energiequellen, das einen Handel mit diesem Strom ermöglichen soll. Insofern bestätigt der Gerichtshof die Ansätze zu einer umfassenden Energiepolitik der Union.

Zum Komplex freier Warenverkehr und Umweltschutz sollte abschließend noch auf ein Urteil des Gerichthofes vom 12. Juni 2003 verwiesen werden[10]. In einem Vorabentscheidungsersuchen hatte ein österreichisches Gericht im Rahmen einer Schadensersatzklage eines Transportunternehmens wegen einer Autobahnblockade u.a. die Frage aufgeworfen, ob die Mitgliedstaaten aufgrund von Art. 28 EGV verpflichtet sind, dem freien Warenverkehr Vorrang vor dem Grundsatz der Versammlungsfreiheit einzuräumen. Hintergrund der genehmigten Demonstration, die zu der Autobahnblockade geführt hatte, war das Anliegen, auf die Umweltbeeinträchtigungen aufmerksam zu machen, die mit dem Transitverkehr durch die Alpen verbunden sind. Hierzu hob der Gerichtshof im Rahmen seiner Erwägungen zur Bedeutung der Versammlungsfreiheit als Grundrecht hervor, dass es sich um ein Anliegen handelte, das für die betroffenen Bürger von erheblicher Bedeutung ist.

C. Habitatschutz

Eines der wichtigsten Instrumente des gemeinschaftlichen Umweltschutzes ist die im Jahre 1979 verabschiedete Richtlinie 79/409/EWG zum Schutz wildlebender Vogelarten[11]. Diese Richtlinie ist seit 1985 Gegenstand zahlreicher Verfahren vor dem

10 EuGH, Schmidberger, Slg. 2003-I-5659.
11 ABl. 1979 L 103/1.

Gerichtshof gewesen. Artikel 4 dieser Richtlinie verlangt von den Mitgliedstaaten, besondere Schutzmaßnahmen hinsichtlich der Lebensräume der in Anhang I aufgeführten Vogelarten zu ergreifen, insbesondere Schutzgebiete auszuweisen und spezifische Schutzmaßnahmen für diese Gebiete vorzusehen.

In einem wegweisenden Urteil stellte der Gerichtshof am 28. Februar 1991 fest, dass die Mitgliedstaaten im Rahmen von Art. 4 Abs. 4 dieser Richtlinie die Fläche eines bereits ausgewiesenen besonderen Schutzgebietes nur dann verkleinern dürfen, wenn dafür außerordentliche Gründe vorliegen, und zwar nur solche, die Vorrang vor den in der Richtlinie verfolgten Umweltbelangen haben. Wirtschaftliche Interessen können in diesem Zusammenhang keine Berücksichtigung finden[12]. Diese wichtige Aussage ist vom Gerichtshof zwei Jahre später bestätigt worden[13]. In diesem Urteil hob der Gerichtshof hervor, dass die Verpflichtung zur Ausweisung von besonderen Schutzgebieten sich ausschließlich nach ökologischen Kriterien bestimmt.

In diesem Urteil hatte sich der Gerichtshof auch mit der rechtlichen Beurteilung zahlreicher bereits vorgenommener oder geplanter Eingriffe in das betreffende Schutzgebiet auseinanderzusetzen.

Ganz eindeutig hat der Gerichtshof nochmals im Jahr 1996 im Rahmen eines britischen Vorabentscheidungsverfahrens den Prozess der Klassifizierung von besonderen Schutzgebieten auch im Geltungsbereich der in 1992 verabschiedeten Habitatrichtlinie[14] in der Weise definiert, dass ausschließlich Kriterien zu Grunde zu legen sind, die nach Art. 4 Abs. 1 und 2 der Vogelschutzrichtlinie gelten. Eine Abwägung mit anderweitigen Interessen ist also nicht zulässig.

Auch diese grundlegende Aussage ist vom Gerichtshof in den folgenden Jahren bestätigt worden[15].

In den folgenden Jahren hatte der Gerichtshof außerdem die Gelegenheit, die konkreten Schutzverpflichtungen der Mitgliedstaaten aufgrund der beiden genannten Richtlinien zu präzisieren. Hervorzuheben ist in diesem Zusammenhang vor allem der Umstand, dass die gemeinschaftsrechtlichen Schutzverpflichtungen nicht nur für den nationalen Gesetzgeber gelten, sondern auch präzise Handlungs- und Unterlassungsgebote für regionale und lokale Behörden beinhalten.

Damit hat der Gerichtshof die Wirkung des gemeinschaftlichen Umweltrechts auf allen Ebenen der Mitgliedstaaten verdeutlicht[16].

D. Prüfung der Umweltverträglichkeit bestimmter Vorhaben und nationales Verwaltungsrecht

Die am 27. Juni 1985 vom Rat verabschiedete Richtlinie zur Umweltverträglichkeitsprüfung[17] ist nicht nur eines der wichtigsten gesetzgeberischen Akte im Bereich

12 EuGH, Kommission/Deutschland, Slg. 1991, I-883.
13 EuGH, Kommission/Spanien, Slg. 1993, I-4221.
14 ABl. 1992 L 206/ 7.
15 EuGH, First Corporate Shipping, Slg. 2000, I-9235.
16 EuGH, Kommission/Griechenland, Slg. 2002, I-1147.
17 ABl. 1985 L 175/40.

des gemeinschaftlichen Umweltrechtes, sondern auch ein Instrument, das das Verwaltungsrecht der Mitgliedstaaten in tiefgehender Weise beeinflusst hat.

Die Richtlinie enthält keine materiellen Umweltstandards, sondern ist dazu bestimmt, die Beteiligung der Öffentlichkeit an wichtigen Planungsentscheidungen, die Auswirkungen auf die Umwelt haben können, zu verstärken. Es liegt auf der Hand, dass die Bestimmungen dieser Richtlinie die Verwaltungspraxis in den Mitgliedstaaten auf allen Ebenen stark beeinflusst haben.

Zur Frage der Bindungswirkung der Richtlinienbestimmungen im Hinblick auf regionale oder lokale Gebietskörperschaften stellte der Gerichtshof im Rahmen eines Vertragsverletzungsverfahrens der Kommission gegen die Bundesrepublik Deutschland am 11. August 1995 fest, dass konkrete Verpflichtungen von Verwaltungsbehörden im Hinblick auf die Umsetzung dieser Richtlinie nicht von der Frage abhängig sind, ob die betreffenden Bestimmungen möglicherweise auch individuelle Rechte betreffen[18]. Im Anschluss an dieses Urteil des Gerichtshofes hat auch das Bundesverwaltungsgericht die Anwendbarkeit der Richtlinien in denjenigen Fällen anerkannt, wenn diese den nationalen Behörden präzise und unbedingte Verpflichtungen auferlegen und zwar unabhängig von möglicherweise bestehenden subjektiven Rechten. Unter Bezugnahme auf die Rechtsprechung des Gerichtshofes bekräftigte das Bundesverwaltungsgericht gleichzeitig die Befugnis des nationalen Richters, die Vereinbarkeit einer nationalen Regelung mit präzisen und unbedingten Bestimmungen einer Richtlinie, deren Umsetzungsfrist abgelaufen ist, zu überprüfen. Diese Wirkung des Gemeinschaftsrechts ist vom Bundesverwaltungsgericht als „objektivrechtliche Geltung“ beschrieben worden[19].

In einem Urteil vom 24. Oktober 1996 grenzte der Gerichtshof den den Mitgliedstaaten durch die Art. 2 und 4 der Richtlinie eingeräumten Ermessensspielraum in der Weise ein, dass er den betroffenen Bürgern die Befugnis zusprach, vor den nationalen Gerichten die Frage der Einhaltung eben dieses Ermessensspielraums überprüfen zu lassen[20]. Diese wichtige Aussage ist später vom Gerichtshof bestätigt worden[21].

Der Gerichtshof präzisierte, dass sich Bürger immer dann, wenn Gesetzgeber oder Verwaltung eines Mitgliedstaats das ihnen durch die Art. 2 und 4 der Richtlinie eingeräumte Ermessen überschritten haben, vor einem innerstaatlichen Gericht gegenüber den verantwortlichen Stellen auf diese Bestimmungen berufen und dadurch erreichen können, dass die mit der Richtlinie unvereinbaren Vorschriften oder Maßnahmen außer Betracht zu lassen sind. In einem solchen Fall obliegt es den zuständigen Trägern öffentlicher Gewalt, alle erforderlichen Maßnahmen zu treffen, um Projekte im Hinblick darauf zu überprüfen, ob erhebliche Auswirkungen auf die Umwelt zu erwarten sind und diese gegebenenfalls der von der Richtlinie vorgeschriebenen Verträglichkeitsprüfung zu unterziehen.

18 EuGH, Slg. 1995, I-2189.
19 BVerwGE 100, 238 (242).
20 EuGH, Kraaijeveld, Slg. 1996, I-5403, Rn. 50.
21 EuGH, WWF Bozen, Slg. 1999, I-5613.

Eine vergleichbare Aussage zu den Bindungswirkungen der Habitatrichtlinie findet sich in einem Urteil des Gerichtshofes vom 7. September 2004 im Hinblick auf die Auslegung von Art. 6 Abs. 3 dieser Richtlinie[22].

Zu den Grenzen des Ermessensspielraums gemäß dieser Vorschrift, bemerkte der Gerichtshof, dass die zuständigen nationalen Behörden unter Berücksichtigung der Ergebnisse der Prüfung eines Vorhabens auf Verträglichkeit mit den für das betreffende Gebiet festgelegten Erhaltungszielen diese Tätigkeit nur dann genehmigen dürfen, wenn sie Gewissheit darüber erlangt haben, dass keine nachteiligen Auswirkungen auf dieses Gebiet vorliegen. Eine solche Gewissheit liegt dann vor, wenn aus wissenschaftlicher Sicht kein vernünftiger Zweifel besteht.

Bemerkenswert ist, dass der Gerichtshof die Beweislast zur Frage nachteiliger Auswirkungen von Projekten eindeutig den nationalen Behörden zuweist.

Daraus ergibt sich auch, dass die Klagebefugnis der interessierten Bürger im Rahmen des nationalen Verfahrensrechts in der Weise gemeinschaftsfreundlich auszulegen ist, dass ein auf die Richtlinie gestütztes Begehren vom zuständigen Gericht einer rechtlichen Prüfung unterworfen werden kann.

In diesem Rahmen ist seit langem die Frage diskutiert worden, in wie weit die unmittelbare Wirkung von Richtlinien im innerstaatlichen Bereich auch dann zu bejahen ist, wenn Rechte Dritter betroffen sind. In ständiger Rechtsprechung hat der Gerichtshof betont, dass der Grundsatz der Rechtsicherheit der Begründung von Verpflichtungen für den Einzelnen durch Richtlinien entgegen steht und dass gegenüber dem Einzelnen die Bestimmungen einer Richtlinie nur Rechte begründen können.

Der Gerichtshof hat diesen Grundsatz aber in der Weise eingeschränkt und dies am 7. Januar 2004 im Hinblick auf die Umweltverträglichkeitsprüfung in der Weise präzisiert, dass lediglich negative Auswirkungen auf die Rechte Dritter, selbst wenn sie eindeutig bestimmbar sind, es nicht rechtfertigen, dem Einzelnen das Recht auf die Berufung auf die Bestimmungen einer Richtlinie gegenüber dem betreffenden Mitgliedstaat zu versagen[23].

E. Ausblick

Die Rechtsprechung zum letztgenannten Problembereich zeigt, dass die tatsächliche Umsetzung und Anwendung des gemeinschaftlichen Umweltrechtes nach wie vor eine herausragende Rolle spielt. Auch zeigt sie den Einfluss des Gemeinschaftsrechts auf das nationale Verfahrensrecht und die Bedeutung der Rechtsprechung des Gerichtshofes für die wirksame Umsetzung der einschlägigen Richtlinien.

Natürlich kommt auch dem Vertragsverletzungsverfahren und der seit dem Vertrag von Maastricht bestehenden Möglichkeit, Zwangsgelder gegen Mitgliedstaaten zu verhängen, die Urteilen des Gerichtshofes nicht nachkommen, eine große Bedeutung zu. Was dem Umweltschutz angeht sei nur daran erinnert, dass es in den beiden

22 Rs. C-127/02, Waddenzee, noch nicht in Slg.
23 Rs. 201/02, Delena Wells, noch nicht in Slg.

bislang gemäß Art. 228 EGV ergangenen Urteilen gegen Griechenland[24] und Spanien[25] um die Einhaltung von Umweltrichtlinien (Abfallbeseitigung bzw. Wasserqualität) ging.

Gleichwohl sind es in erster Linie die nationalen Gerichte, denen die Aufgabe obliegt, dem Gemeinschaftsrecht in ihrem Zuständigkeitsbereich Geltung zu verschaffen. Wie die Rechtsprechung des Gerichtshofes gezeigt hat, sind Nationalrichter dazu berufen, das gemeinschaftliche Umweltrecht anzuwenden und zwar nicht nur dann wenn subjektive Rechte betroffen sind.

Soweit es Zweifel über die Auslegung des Gemeinschaftsrechts und die Reichweite seiner Bestimmungen gibt, steht den nationalen Gerichten das Vorabentscheidungsverfahren zur Verfügung. Dieses Instrument hat einen ganz entscheidenden Beitrag zur europäischen Integration im Allgemeinen und zum Umweltschutz in der Gemeinschaft im Besonderen geleistet. Das Vorabentscheidungsverfahren bleibt auch in einer erweiterten Union ein unverzichtbares Instrument für den Zusammenhalt und Fortentwicklung des Rechtes.

Abschließend sollte auch erwähnt werden, dass laut Art. II-97 des Vertrages über eine Verfassung für Europa „ein hohes Umweltschutzniveau und die Verbesserung der Umweltqualität … in die Politik der Union einbezogen und nach dem Grundsatz der nachhaltigen Entwicklung sichergestellt werden [müssen]".

Auch diese Bestimmung der Grundrechtecharta zeigt die Verankerung des Umweltschutzes im gemeinschaftlichen Primärrecht. Dazu hat die Rechtsprechung des Gerichtshofes einen wichtigen Beitrag geleistet. Darüber hinausgehend hat der Gerichtshof deutlich gemacht, dass der Prozess der europäischen Integration sich nicht auf den Wirtschaftsbereich beschränkt, sondern auch andere Zielsetzungen umfasst. Damit hat der Gerichtshof auch einen Beitrag zur politischen Akzeptanz dieses Prozesses geleistet.

24 EuGH, Slg. 2000, I-5047.
25 Urteil v. 25.11.2003, Rs. C-278/01, noch nicht in Slg.

Zur Bindungswirkung der gemeinschaftsrechtlichen „Umweltprinzipien“ für die Mitgliedstaaten

Astrid Epiney

A. *Problemstellung*

Der EG-Vertrag formuliert eine Reihe inhaltlicher Vorgaben – die im Folgenden mit dem Begriff „Umweltprinzipien“ bezeichnet werden sollen – für die gemeinschaftliche Umweltpolitik, die von den Zielen und Aufgaben (Art. 174 Abs. 1 EGV) über umweltpolitische Leitlinien und Abwägungskriterien (Art. 174 Abs. 3 EGV[1]) bis hin zu sog. umweltrechtlichen Handlungsprinzipien (Art. 6[2], 174 Abs. 2 EGV[3]) gehen[4]. Dabei ist zwar im genannten Sinn eine gewisse „Kategorisierung“ dieser Vorgaben in Abhängigkeit von ihrer materiellen Tragweite grundsätzlich möglich; gleichwohl ist zu beachten, dass sich diese verschiedenen Kategorien auch zumindest teilweise überschneiden, so dass eine trennscharfe Grenzziehung nicht immer möglich ist.

1 Zu diesen etwa *Epiney*, Umweltrecht in der Europäischen Union, 2. Aufl., im Erscheinen (2005), S. 113 f. m.w.N.

2 Spezifisch zu dieser sog. „Querschnittsklausel“ etwa *Calliess*, Die neue Querschnittsklausel des Art. 6 ex 3c EGV als Instrument zur Umsetzung des Grundsatzes der Nachhaltigen Entwicklung, DVBl. 1998, 559 ff.; *Dhondt*, Integration of Environmental Protection into other EC Policies. Legal Theory and Practice, 2003, S. 15 ff.

3 Hier werden verschiedene Grundsätze aufgeführt. Im Einzelnen geht es um den Grundsatz der Anlegung eines hohen Schutzniveaus (hierzu etwa *Schroeder*, Die Sicherung eines hohen Schutzniveaus für Gesundheits-, Umwelt- und Verbraucherschutz im europäischen Binnenmarkt, DVBl. 2002, 213 ff.; *Krämer*, Das „hohe Schutzniveau“ für die Umwelt im EG-Vertrag – Industrielle Norm oder politische Vorgabe?, ZUR 1997, 303 ff.), das Vorsorgeprinzip (hierzu *Icard*, Le principe de précaution: exception à l'application du droit communautaire?, RTDE 2002, 471 ff.; *Lübbe-Wolff*, IVU-Richtlinie und Europäisches Vorsorgeprinzip, NVwZ 1998, 777 ff.; *Stokes*, Precautionary steps: the development of the precautionary principle in EU jurisprudence, Environmental Law & Management 2003, 8 ff.; *Calliess*, Zur Maßstabswirkung des Vorsorgeprinzips im Recht – Dargestellt am Beispiel der geplanten Reform des europäischen Chemikalienrechts durch das Weißbuch der EU-Kommission zur zukünftigen Chemikalienpolitik, VerwArch 2003, 389 ff.; *Ladeur*, The Introduction of the Precautionary Principle into EU Law: a Pyrrhic Victory for Environmental and Public Health Law? Decision Making under Conditions of Complexity in Multi-Level Political Systems, CMLRev 2004, 1455 ff.), das Verursacherprinzip (hierzu *Purps*, Umweltpolitik und Verursacherprinzip im europäischen Gemeinschaftsrecht, 1991) und das Ursprungsprinzip (hierzu *Burgi*, Das Schutz- und Ursprungsprinzip im europäischen Umweltrecht, NuR 1995, 11 ff.).

4 Vgl. den Überblick über die verschiedenen inhaltlichen Vorgaben bei *Krämer*, EC Environmental Law, 5nd ed., 2003, S. 7 ff.; *Epiney*, Umweltrecht (Fn. 1), S. 101 ff.; *Jans/von der Heide*, Europäisches Umweltrecht, 2003, S. 18 ff., 27 ff.; *Schröder*, Umweltschutz als Gemeinschaftsziel und Grundsätze des Umweltschutzes, in: Rengeling (Hg.), Handbuch zum europäischen und deutschen Umweltrecht, 2. Aufl. 2003, § 9 Rn. 15 ff., jeweils m.w.N.

So umschreibt Art. 174 Abs. 1 EGV sicherlich in erster Linie die der gemeinschaftlichen Umweltpolitik zugrunde zu legenden Ziele und bestimmt damit insbesondere die Reichweite der entsprechenden gemeinschaftlichen Kompetenz (Art. 175 Abs. 1 EGV)[5]; gleichzeitig aber kann diese Bestimmung auch insofern als Handlungsprinzip angesehen werden, als ihr die Zielrichtung und damit die inhaltliche Orientierung der gemeinschaftlichen Aktivitäten zu entnehmen ist[6].

Im Hinblick auf die rechtliche Tragweite dieser Prinzipien ist inzwischen weitgehend anerkannt, dass sie grundsätzlich rechtlich verbindlich sind und ihnen damit auch rechtlich relevante Vorgaben zu entnehmen sind[7]. Weiter haben Literatur und Rechtsprechung die inhaltliche Tragweite dieser Vorgaben (etwas) präzisiert[8], wobei allerdings zu bemerken bleibt, dass sie – wenn auch in unterschiedlichem Maß – nach wie vor eine beachtliche inhaltliche Offenheit aufweisen, so dass gerade dem Gemeinschaftsgesetzgeber ein großer Gestaltungsspielraum zusteht und ein Verstoß gegen diese Vorgaben nur in Ausnahmefällen anzunehmen sein dürfte[9].

Schon der Wortlaut sowohl des Art. 6 EGV als auch der Art. 174 Abs. 1-3 EGV[10] lassen erkennen, dass sich diese im Vertrag formulierten umweltpolitischen Vorgaben zweifellos in erster Linie an den Gemeinschaftsgesetzgeber richten; dessen umweltpolitisches Verhalten soll mit diesen in Einklang stehen bzw. zu ihrer Verwirklichung beitragen. Darüber hinaus fragt es sich aber, ob und inwieweit sich aus diesen zunächst im Hinblick auf die inhaltliche Ausgestaltung der gemeinschaftlichen Umweltpolitik formulierten Grundsätzen auch Vorgaben für die Mitgliedstaaten ableiten lassen. Der Rechtsprechung sind bislang nur wenige und zudem eher punktuelle und nicht ganz klare Anhaltspunkte zur Beantwortung dieser Frage zu entnehmen[11], und die Literatur hat sich bislang – wenn überhaupt – nur eher am

5 Hierzu etwa *Epiney*, Division of Competences between Member States and the EC, in: Jans (Hg.), The European Convention and the Future of European Environmental Law, 2003, S. 43 ff.

6 Vgl. *Winter*, Umweltrechtliche Prinzipien des Gemeinschaftsrechts, ZUR 2003, 137; *Winter*, Environmental Principles in Community Law, in: Jans (Hg.), The European Convention and the Future of European Environmental Law, 2003, S. 1 (3).

7 Vgl. aus der Rechtsprechung insbesondere EuGH, Safety Hitech, Slg. 1998, I-4301; Lirussi, Slg. 1999, I-6881; Fornasar, Slg. 2000, I-4785; EuG, Pfizer, Slg. 2002, II-3305; Alpharma, Slg. 2002, II-3495; National Farmer's Union, Slg. 1998, I-2211; Großbritannien/Kommission, Slg. 1998, I-2265 (BSE). Aus der Literatur *Winter*, in: European Convention (Fn. 6), S. 1 ff.; *Winter*, ZUR 2003 (Fn. 6), 137 (139 f.); *de Sadeleer*, Environmental Principles, 2002, 322 ff.; *Calliess*, in: Calliess/Ruffert (Hg.), Kommentar zu EU-Vertrag und EG-Vertrag, 2. Aufl. 2002, Art. 174 Rn. 43 ff.; *Kahl*, in: Streinz (Hg.), EUV/EGV, Vertrag über die Europäische Union und Vertrag zur Gründung der Europäischen Gemeinschaft, 2003, Art. 174 Rn. 64; *Schröder* (Fn. 4), § 9 Rn. 46. A.A. aber etwa *Breier*, Umweltschutz in der Europäischen Gemeinschaft – eine Bestandsaufnahme nach Maastricht, NuR 1993, 457 (458), der die Umweltprinzipien allgemein offenbar nur als Orientierungsrahmen für die Organe der Gemeinschaft ansieht.

8 Vgl. die Nachweise in Fn. 3.

9 Vgl. hierzu unter Berücksichtigung der Rechtsprechung des EuGH, insbesondere in EuGH, Safety Hitech, Slg. 1998, I-4301 *Epiney*, Die umweltpolitischen Handlungsprinzipien in Art. 130r EGV: politische Leitlinien oder rechtsverbindliche Vorgaben? Zu den Urteilen des EuGH in den Rs. C-284/95, C-341/95 (Safety Hi-Tech) vom 14.7.1998, NuR 1999, 181 ff.

10 In Art. 6 EGV ist von „Gemeinschaftspolitiken und -maßnahmen" die Rede, und Art. 174 Abs. 1 bis 3 EGV nehmen jeweils Bezug auf die Umweltpolitik der Gemeinschaft.

11 Vgl. aus der Rechtsprechung insbesondere EuGH, Kommission/Belgien, Slg. 1992, I-4431; Kommission/Deutschland, Slg. 1995, I-1097; Peralta, Slg. 1994, I-3453; PreussenElektra, Slg. 2001, I-2099.

Rande und kaum vertieft mit ihr befasst[12]. Dabei dürfte sie von durchaus grundsätzlicher Bedeutung sein, da eine wie auch immer ausgestaltete Bindungswirkung der genannten Grundsätze für die Mitgliedstaaten beachtliche Implikationen entfaltete: So hätten die Grundsätze dann auch Teil an den besonderen Charakteristika des Gemeinschaftsrechts (in unserem Zusammenhang insbesondere dem Vorrang des Gemeinschaftsrechts) und könnten (zumindest) potenziell weitreichende Auswirkungen für die mitgliedstaatliche Umweltpolitik und damit den den Mitgliedstaaten zustehenden Gestaltungsspielraum entfalten.

Von besonderer Bedeutung dürfte die Fragestellung im Übrigen sicherlich für diejenigen Grundsätze sein, die in der Regel unter der Bezeichnung „Handlungsprinzipien“ zusammengefasst werden und vergleichsweise präzisierbare Vorgaben enthalten, also in erster Linie die sog. Querschnittsklausel (Art. 6 EGV) und die in Art. 174 Abs. 2 S. 2 EGV enthaltenen Handlungsprinzipien[13]. Sie stellt sich aber grundsätzlich parallel auch bei den übrigen Umweltprinzipien, wenn hier auch die konkreten Implikationen aufgrund der weiten Formulierung (insbesondere des Art. 174 Abs. 1 sowie des Art. 174 Abs. 2 S. 1 EGV in Bezug auf die Anlegung eines „hohen“ Schutzniveaus) bzw. der Begrenzung der rechtlichen Tragweite auf eine „Berücksichtigungspflicht“ (vgl. Art. 174 Abs. 3 EGV) insgesamt weniger ins Gewicht fallen dürften.

Vor diesem Hintergrund soll im Folgenden – unter Berücksichtigung der Rechtsprechung des EuGH und der bestehenden Ansätze in der Literatur – die Frage der rechtlichen Tragweite der vertraglichen Umweltprinzipien für die Mitgliedstaaten auf der Grundlage der hier maßgeblichen dogmatischen Grundsätze analysiert werden. Ausgangspunkt der folgenden Betrachtungen ist dabei, dass die Umweltprinzipien jedenfalls einer gewissen, je nach Grundsatz differierenden inhaltlichen Präzisierung zugänglich sind und dass ihnen grundsätzlich eine rechtliche Verbindlichkeit zukommt[14]. Deutlich wird damit auch, um was es im vorliegenden Beitrag nicht geht: Die inhaltliche Tragweite der verschiedenen Grundsätze bleibt ausgespart, ebenso wie die grundsätzliche Frage der rechtlichen Verbindlichkeit der Handlungsgrundsätze – die, wie erwähnt, vorausgesetzt wird – und ihre Bedeutung für den Gemeinschaftsgesetzgeber[15].

12 Ausführlich und spezifisch mit dem Thema auseinander gesetzt hat sich – soweit ersichtlich – bislang im Wesentlichen *Schröder*, Beachtung gemeinschaftsrechtlicher Grundsätze für den Umweltschutz bei nationalen Maßnahmen, in: Rengeling (Fn. 4), § 31, der im Ergebnis eine Bindungswirkung der Umweltprinzipien für die Mitgliedstaaten jedoch allgemein ablehnt. Weiter weisen einige Autoren relativ knapp auf diesen Aspekt hin, wobei entweder eine Bindungswirkung der Mitgliedstaaten grundsätzlich in Betracht gezogen wird oder eine solche eher verneint wird. Vgl. etwa *Winter*, in: Jans (Fn. 6), S. 17; *Macrory*, Environmental integration and the European Charter of Fundamental Rights, Paper presented to the Avosetta Group, 12/13 january 2001, www.avosetta.org; *de Sadeleer*, Les fondements de l'action communautaire en matière d'environnement, in: le Hardy de Beaulieu (Hg.), L'Europe et ses citoyens, 2000, 112; *Calliess*, in: Calliess/Ruffert (Fn. 7), Art. 6 EGV Rn. 12 (eher für eine grundsätzliche Bindungswirkung); *Dhondt* (Fn. 2), 48 f. (eher dagegen).

13 Vgl. für eine gewisse „Kategorisierung“ der Art der rechtlichen Verbindlichkeit der Umweltprinzipien *Epiney*, Environmental Principles, FS Ludwig Krämer, im Erscheinen.

14 Vgl. die Nachweise in Fn. 7.

15 Vgl. in diesem Zusammenhang die instruktive Darstellung der verschiedenen Arten von Rechtswirkungen der Umweltprinzipien bei *Winter*, ZUR 2003 (Fn. 6), S. 137 ff.

B. *Die Relevanz der umweltrechtlichen Handlungsprinzipien für die Mitgliedstaaten*

Eine Bindungswirkung der in Art. 174, 6 EGV verankerten Umweltprinzipien (auch) für die Mitgliedstaaten kommt in verschiedenen Konstellationen in Betracht[16], wobei – neben dem hier nicht erörterten, da sehr spezifisch gelagerten gemeinschaftlichen Beihilferecht – grundsätzlich zwischen dem sog. nicht harmonisierten Bereich (II.), also dem Bereich, in dem keine sekundärrechtlichen Vorgaben bestehen, und dem harmonisierten Bereich (III.), bei dem dies gerade der Fall ist, zu unterscheiden ist. Bevor allerdings auf die (möglichen) Wirkungen der Umweltprinzipien bei diesen Konstellationen eingegangen werden kann, ist in einem ersten Schritt zu fragen, ob und inwieweit eine Bindungswirkung der Umweltprinzipien für die Mitgliedstaaten grundsätzlich in Frage kommt oder ob einem solchen Grundsatz prinzipielle Erwägungen entgegenstehen (I.).

I. *Grundsatz*

Der Relevanz der Umweltprinzipien für die Mitgliedstaaten könnten – letztlich unabhängig von der in Frage stehenden (möglichen) Konstellation der Einwirkung – grundsätzliche Bedenken entgegenstehen[17]: Denn die Umweltprinzipien – jedenfalls soweit Art. 174 EGV betroffen ist – richten sich (wie bereits eingangs erwähnt) nach dem Wortlaut des Art. 174 Abs. 2 („Die Umweltpolitik der Gemeinschaft…") ausdrücklich an den Gemeinschaftsgesetzgeber; auch ihre Zielsetzung geht zweifellos in diese Richtung. Art. 174 EGV und letztlich auch Art. 6 EGV zielen damit in erster Linie darauf ab, die inhaltliche Ausrichtung der gemeinschaftlichen Umweltpolitik entsprechend der dort formulierten Grundsätze (teilweise) zu determinieren, was gegen eine irgendwie geartete rechtliche Relevanz für die Mitgliedstaaten angeführt werden könnte. Weiter könnte einer solchen Relevanz – in Anknüpfung an diese prinzipielle Ausrichtung der Umweltprinzipien auf den Gemeinschaftsgesetzgeber – der Grundsatz der begrenzten Einzelermächtigung entgegen stehen, da es dieser Grundsatz verbiete, aus lediglich an die Gemeinschaft gerichteten Bestimmungen auch Pflichten der Mitgliedstaaten abzuleiten[18]. Auch könnte der allgemeine Grundsatz des Gemeinschaftsrechts, wonach die mitgliedstaatliche Durchführung der gemeinschaftlichen Umweltpolitik grundsätzlich nach dem Recht der Mitgliedstaaten erfolgt[19], der Maßgeblichkeit der Umweltprinzipien für die Mitgliedstaaten entgegenstehen. Spezifisch in Bezug auf die (mögliche) rechtliche Relevanz der Umweltprinzipien bei der Durchführung anderer Politiken in den Mitgliedstaaten (in Anknüpfung an Art. 6 EGV) wäre auf der Grundlage der Sicht, dass sich Art. 174 EGV ausschließlich an den Gemeinschaftsgesetzgeber richtete, zu be-

16 Vgl. insoweit auch *Schröder*, in: Rengeling (Fn. 4), § 9 Rn. 10.

17 Vgl. denn auch in diese Richtung *Schröder*, in: Rengeling (Fn. 4), § 31 Rn. 12 ff.

18 So *Bleckmann/Koch*, Das Verhältnis zwischen dem Beihilfeverbot und den Umweltbestimmungen des EG-Vertrages, FS Ulrich Everling, 1995, 113 (117).

19 Vgl. allgemein zu den im Rahmen der Durchführung des Gemeinschaftsrechts anwendbaren Grundsätzen *Epiney*, Rechtsanwendung und europäisches Verwaltungsrecht, in: Bieber/Epiney/Haag, Die Europäische Union, 2005, § 8 Rn. 11 ff.

achten, dass es jedenfalls inkohärent wäre, die Mitgliedstaaten bei der Durchführung der eigentlichen (gemeinschaftlichen) Umweltpolitik nicht an die Grundsätze des Art. 174 EGV zu binden, bei anderen Politiken aber – in Anknüpfung an den Wortlaut des Art. 6 EGV – eine solche Bindung anzunehmen[20]. Schließlich könnte auch noch von Bedeutung sein, dass dem Vertrag wohl keine Pflicht für die Mitgliedstaaten entnommen werden kann, über die Vorgaben der gemeinschaftlichen Umweltpolitik hinaus eine eigene nationale Umweltpolitik zu betreiben[21], so dass eine Bindung der Mitgliedstaaten an die Umweltprinzipien im nationalen Bereich widersinnig sein könnte.

Versucht man eine Analyse und Bewertung dieser Erwägungen, so ist zwischen der rein nationalen (Umwelt-) Politik (1.) und der Durchführung und Anwendung von Gemeinschaftsrecht auf nationaler Ebene zu unterscheiden (2.).

1. Im „autonomen“ nationalen Bereich

Soweit es um den rein nationalen Bereich in dem Sinn geht, dass die Mitgliedstaaten unabhängig von jeglichen gemeinschaftsrechtlichen Vorgaben (primär- oder sekundärrechtlicher Natur) tätig werden, ist eine Bindung der Mitgliedstaaten an die im Vertrag formulierten Umweltprinzipien auszuschließen[22], dies auch auf der Grundlage einiger der soeben skizzierten Überlegungen, die in Bezug auf diese Fallkonstellation vollumfänglich zu überzeugen vermögen: Es ist in diesem Bereich nämlich keinerlei Anknüpfungspunkt für eine Bindungswirkung der Umweltprinzipien ersichtlich, die ja gerade Vorgaben für das (sekundäre) Gemeinschaftsrecht enthalten. Eine Ausdehnung der Bindungswirkung umfassend auf die Mitgliedstaaten im Sinne ihrer Maßgeblichkeit als allgemeine umweltrechtliche Grundsätze wäre auch insofern kaum vertretbar, als gemeinschaftsrechtliche Vorgaben dann auch allgemein in Bereichen Rechtswirkungen entfalten könnten, in denen die Gemeinschaft noch nicht in irgendeiner Form tätig geworden ist und gemeinschaftsrechtliche Grundsätze auch sonst keine Rolle spielen. Eine solche allgemeine Bindungswirkung hätte sogar zur Folge, dass sie auch in Gebieten zum Tragen käme, in denen die Gemeinschaft über keinerlei Kompetenzen verfügt (dies gilt insbesondere, soweit an die Querschnittsklausel des Art. 6 EGV angeknüpft wird); eine solche Konsequenz stünde aber in klarem Widerspruch zum Prinzip der begrenzten Einzeler-

20 So ausdrücklich *Schröder*, in: Rengeling (Fn. 4), § 31 Rn. 16 f.

21 Vgl. m.w.N. *Epiney,* Umweltrecht (Fn. 1), S. 20. Siehe in diesem Zusammenhang auch EuGH, Peralta, Slg. 1994, I-3453 Rn. 57, wo der EuGH klarstellt, dass ein nationales Gesetz nicht schon deshalb gegen Gemeinschaftsrecht verstoßen könne, weil es mit den in Art. 174 EGV formulierten Zielsetzungen nicht in Einklang steht, sei diese Vorschrift doch darauf beschränkt, die allgemeinen Zielsetzungen der Gemeinschaft in der Umweltpolitik zu definieren.

22 I. Erg. ebenso etwa *Jans/von der Heide* (Fn. 4), S. 23; in diesem Punkt wie hier auch *Schröder*, in: Rengeling (Fn. 4), § 31 Rn. 18 ff.; so sodann *Rengeling*, Zum Umweltverfassungsrecht der Europäischen Union, FS Carl Heymanns Verlag, 1995, 469 (473 f.), dessen Ablehnung der Bindungswirkung der Umweltprinzipien für die Mitgliedstaaten sich denn auch nur auf diese Konstellation beziehen dürfte; er nimmt keine Stellung zur Frage der Bindungswirkung der Umweltprinzipien für die Mitgliedstaaten im Rahmen der Anwendung und Umsetzung des Gemeinschaftsrechts; vielmehr deutet die von ihm gezogene Parallele zu den Grundrechten darauf hin, dass er dem hier vertretenen Ansatz (vgl. noch sogleich im Text) folgt.

mächtigung. Im Übrigen ist zu beachten, dass die Mitgliedstaaten nicht verpflichtet sind, eine eigenständige Umweltpolitik (unabhängig von gemeinschaftlichen Vorgaben) zu entwickeln[23], so dass es widersinnig wäre, eine Bindung der Mitgliedstaaten an die Umweltprinzipien anzunehmen, wenn sie eine eigene Umweltpolitik unabhängig von gemeinschaftsrechtlichen Vorgaben betreiben.
Gerade diese Konstellation der (möglichen) Maßgeblichkeit der Umweltprinzipien im „autonomen" nationalen Bereich – nicht hingegen die nachfolgend zu erörternde Maßgeblichkeit der Umweltprinzipien bei Durchführung und Anwendung des Gemeinschaftsrechts – betraf die Rs. C-379/92[24]: Hier ging es u.a. um die Vereinbarkeit einer nationalen Regelung mit dem Vorsorgeprinzip, die für die unter nationaler Flagge fahrenden Schiffe ein absolutes Verbot vorsah, Kohlenwasserstoffe und ähnlich schädliche Stoffe in extraterritoriale Meeresgewässer zu leiten, so dass diese Schiffe letztlich verpflichtet waren, auf andere Beseitigungssysteme, die möglicherweise ineffizient waren, zurückzugreifen. Der EuGH lehnte es hier von Vornherein ab, Art. 174 EGV als Maßstab zur Beurteilung der Rechtmäßigkeit der in Frage stehenden Regelung heranzuziehen, da diese Bestimmung nur die inhaltliche Ausgestaltung der gemeinschaftlichen Umweltpolitik betreffe. Damit geht der EuGH also davon aus, dass Art. 174 EGV keine Vorgaben für die Ausgestaltung der rein nationalen umweltpolitischen Maßnahmen zu entnehmen sind, wobei sich das Urteil lediglich auf rein autonome nationale Maßnahmen bezieht, die nicht in Durchführung oder Anwendung des Gemeinschaftsrechts ergangen sind.

2. *In Umsetzung, Durchführung und Anwendung von Gemeinschaftsrecht*

Soweit aber die nationale Rechtsetzung und Rechtsanwendung betroffen ist, die entweder in Durchführung (einschließlich der Umsetzung von Richtlinien) des Gemeinschaftsrechts oder aber in seiner Anwendung (wie etwa bei den Grundfreiheiten) erfolgt, vermögen die skizzierten Gründe[25] gegen eine rechtliche Relevanz der Umweltprinzipien auch für die Mitgliedstaaten nicht zu überzeugen: Soweit die Mitgliedstaaten Gemeinschaftsrecht umsetzen, durchführen oder anwenden, sind sie nämlich an die einschlägigen gemeinschaftsrechtlichen Vorgaben gebunden. Diese umfassen sicherlich und unbestrittenermaßen die „direkt" maßgeblichen Vorschriften, etwa die umzusetzende Richtlinie oder die durchzuführende Verordnung. Darüber hinaus ist hier aber auch den sonstigen einschlägigen primärrechtlichen Vorgaben, die der Gemeinschaftsgesetzgeber selbst zu beachten hat, im Rahmen der Umsetzung oder Durchführung Rechnung zu tragen. M.a.W.: Führen die Mitgliedstaaten das Gemeinschaftsrecht durch, setzen sie eine Richtlinie um oder wenden sie ganz allgemein gemeinschaftsrechtliche Vorschriften an, so haben sie grundsätzlich dies so zu tun, dass auch die dem Primärrecht allgemein zu entnehmenden Anforderungen beachtet werden. Denn diese haben sozusagen Teil an den maßgeblichen gemeinschaftsrechtlichen Vorgaben bzw. sind Bestandteil derselben, da der Gemein-

23 Hierzu *Epiney*, Umweltrecht (Fn. 1), 20.
24 EuGH, Peralta, Slg. 1994, I-3453 Rn. 55 ff.
25 S.o. unter B., am Anfang.

schaftsgesetzgeber sie ja beachten muss. Daher sind sie nicht nur bei der Auslegung des Gemeinschaftsrechts selbst zu beachten (was wohl unbestritten sein dürfte), sondern als (ggf. ungeschriebener) Teil der gemeinschaftsrechtlichen Vorgaben von den Mitgliedstaaten bei Umsetzung, Durchführung und Anwendung des Gemeinschaftsrechts zu verwirklichen. Der entgegengesetzte Ansatz – also die Unverbindlichkeit der Umweltprinzipien auch bei Umsetzung, Durchsetzung und Anwendung des Gemeinschaftsrechts – zöge letztlich die Konsequenz nach sich, dass es den Mitgliedstaaten unbenommen wäre, bei entsprechender Offenheit des Gemeinschaftsrechts z.B. eine Richtlinie im Widerspruch zum Verursacherprinzip oder im Widerspruch zum Ursprungsprinzip umzusetzen. Damit aber wäre die effektive Wirksamkeit der Umweltprinzipien als Maßstab für das sekundäre Gemeinschaftsrecht – was sie ja tatsächlich in erster Linie sind – in Frage gestellt, könnten doch gemeinschaftliche Rechtsakte gerade so angewandt oder umgesetzt werden, dass den Umweltprinzipien eben nicht Rechnung getragen wird. Diese Konsequenz trägt aber der Maßgeblichkeit der Umweltprinzipien für das sekundäre Gemeinschaftsrecht gerade nicht Rechnung, womit auch deutlich wird, dass der Einwand, die Umweltprinzipien richteten sich ja „nur“ an den Gemeinschaftsgesetzgeber, hier nicht zu überzeugen vermag.

Bestätigt wird diese Sicht durch Art. 10 EGV[26]: Danach haben die Mitgliedstaaten im Verhältnis zur Gemeinschaft sicherzustellen, dass ihr Verhalten gemeinschaftsrechtlichen Zielsetzungen oder Regelungen nicht entgegenläuft. Sie haben alles zu unterlassen, was die Verwirklichung gemeinschaftlicher Ziele oder die Durchsetzung gemeinschaftlicher Regelungen gefährden könnte, und alles zu tun, was hierfür erforderlich ist. Zieht man diesen Gedanken im Zusammenhang mit der Frage der Relevanz bzw. der Bindungswirkung der Umweltprinzipien für die Mitgliedstaaten heran, so bleibt festzuhalten, dass im Falle ihrer völligen Unbeachtlichkeit im Rahmen von Umsetzung, Durchführung und Anwendung gemeinschaftlicher Vorschriften ihre effektive Verwirklichung gerade im Zusammenhang mit gemeinschaftsrechtlichen Vorgaben, die ja ihrerseits diese Grundsätze zugrundezulegen haben, vereitelt würde, so dass ihre Bindungswirkung insoweit auch eine Konsequenz des Art. 10 EGV darstellt.

Schließlich ist daran zu erinnern, dass der hier in Bezug auf die Umweltprinzipien vertretene Ansatz vom EuGH im Zusammenhang mit Anwendungsbereich und Bindungswirkung der gemeinschaftlichen Grundrechte ebenfalls zugrundegelegt wird: Die gemeinschaftlichen Grundrechte sind nach der jedenfalls inzwischen gefestigten Rechtsprechung des Gerichtshofs zwar primär an den Gemeinschaftsgesetzgeber gerichtet, der sie beim Erlass des Sekundärrechts zu beachten hat; die Mitgliedstaaten sind aber ebenfalls insoweit an sie gebunden, als sie Gemeinschaftsrecht durchführen, umsetzen oder anwenden[27]. Dieser Grundsatz ist nunmehr auch in Art.

26 Vgl. zu dieser Bestimmung im Zusammenhang mit ihrer Bedeutung für das Umweltrecht *Epiney,* Grundlagen und Überblick, in: Rengeling (Fn. 4), § 30 Rn. 14 ff., m.w.N.

27 Aus der Rechtsprechung insbesondere EuGH, Wachauf, Slg. 1989, 2609; ERT, Slg. 1991, I-2925; Familiapress, Slg. 1997, I-3689; ausführlich zur Problematik *Epiney,* Umgekehrte Diskriminierungen, 1995, S. 125 ff.; *Wallrab,* Die Verpflichteten der Gemeinschaftsgrundrechte, 2004, S. 43 ff., 90 ff., jeweils m.w.N.

51 der Grundrechtecharta niedergelegt. Aus dogmatischer Sicht ist die Frage der Bindungswirkung für die Mitgliedstaaten bei den gemeinschaftlichen Grundrechten einerseits und den Umweltprinzipien andererseits aber parallel gelagert: In beiden Fallgestaltungen geht es um Vorgaben, die sich von der Zielsetzung und Konzeption her an den Gemeinschaftsgesetzgeber richten und daher als solche nicht für die Mitgliedstaaten relevant sind, würden doch ansonsten auf diesem „Umweg" über die Maßgeblichkeit gemeinschaftlicher Grundsätze (auch) in Bereichen gemeinschaftsrechtliche Vorgaben für die Mitgliedstaaten formuliert, die gänzlich außerhalb der gemeinschaftlichen Kompetenz liegen. Soweit allerdings die Durchführung des Gemeinschaftsrechts in Frage steht, müssen Grundrechte und Umweltprinzipien eben auch für die Mitgliedstaaten verbindlich sein, sind sie doch – wie dargelegt – Bestandteil der jedenfalls inhärent zu beachteten gemeinschaftlichen Vorgaben. Inwiefern sich die Grundrechte von Umweltprinzipien in Bezug auf die hier relevante Fragestellung unterschieden (sollen), ist nicht ersichtlich; jedenfalls wird von den Gegnern einer Bindungswirkung der Umweltprinzipien für die Mitgliedstaaten bei Anwendung und Durchführung des Gemeinschaftsrechts die Konsequenz einer Verneinung der erwähnten Bindung der Mitgliedstaaten an die gemeinschaftlichen Grundrechte nicht gezogen; auf der anderen Seite wird auch nicht auf die möglichen Unterschiede zwischen beiden Fallkonstellationen eingegangen[28].

Damit kann zusammenfassend festgehalten werden, dass die Umweltprinzipien des Art. 174 und des Art. 6 EGV insofern und insoweit auch durch die Mitgliedstaaten zu beachten sind, als diese Gemeinschaftsrecht umsetzen, durchführen oder anwenden[29]. Im Folgenden sollen die Implikationen dieses Grundsatzes für den harmonisierten und den nicht harmonisierten Bereich im Einzelnen aufgezeigt werden.

II. Zum nicht harmonisierten Bereich unter besonderer Berücksichtigung der Grundfreiheiten

Soweit keine sekundärrechtlichen Vorgaben bestehen, können die Umweltprinzipien (strukturell ähnlich wie die Grundrechte) immer dann relevant werden, wenn es um die Reichweite primärrechtlicher Vorgaben für die Mitgliedstaaten geht. Von besonderer Bedeutung sind hier zweifellos – sieht man einmal von dem hier ausgesparten Beihilfenrecht und Art. 90 EGV ab – die gemeinschaftlichen Grundfreiheiten: Soweit die Mitgliedstaaten sich im Zusammenhang mit der Rechtfertigung nationaler Maßnahmen, die die Grundfreiheiten einschränken, auf das zwingende Erfordernis des Umweltschutzes berufen, kommt eine Rechtfertigung i.Erg. – neben den übrigen zu beachtenden Anforderungen – nur dann in Betracht, wenn die entsprechenden nationalen

28 Vgl. *Schröder*, in: Rengeling (Fn. 4), § 31 Rn. 12 ff.; in Bezug auf Art. 6 EGV auch *Dhondt* (Fn. 2), 48 f.

29 I. Erg. ebenso *Winter*, ZUR 2003 (Fn. 6), S. 142; *de Sadeleer* (Fn. 7), S. 326 ff.; *Winter*, in: Jans (Fn. 6), S. 17; wohl auch *Rengeling*, FS Heymanns (Fn. 22), S. 473 f.; *Jans/von der Heide* (Fn. 4), S. 23, wobei die dogmatische Konzeption der bei letzteren erwähnten „indirekten Wirkungen" der Umweltprinzipien etwas unklar bleibt; in Bezug auf Art. 6 *Calliess*, in: Calliess/Ruffert (Fn. 7), Art. 6 EGV Rn. 12; *Kahl*, in: Streinz (Fn. 7), Art. 6 EGV Rn. 12; a.A. *Schröder*, in: Rengeling (Fn. 4), § 31 Rn. 12 ff.; in Bezug auf Art. 6 EGV a.A. auch *Dhondt* (Fn. 2), 48 f.

Maßnahmen nicht im Widerspruch zu den durch den Vertrag formulierten Umweltprinzipien stehen. Denn nur unter dieser Voraussetzung können die nationalen Maßnahmen als „zwingendes Erfordernis“ – ein gemeinschaftsrechtlicher Begriff – angesehen werden. Es widerspräche der Funktion der Grundfreiheiten sowie dem Hintergrund der Rechtfertigungsmöglichkeiten im Falle der Einschränkung der Grundfreiheiten, wenn grundlegende gemeinschaftsrechtliche Garantien, wie eben die Grundfreiheiten, durch Maßnahmen eingeschränkt werden könnten, die nicht den ebenfalls gemeinschaftsrechtlich vorgesehenen inhaltlichen Vorgaben entsprechen. Deutlich wird damit, dass die Umweltprinzipien bei dieser Fallkonstellation über die Auslegung des Begriffs der zwingenden Erfordernisse eine Bindungswirkung für die Mitgliedstaaten entfalten, insofern im Ansatz und der Konzeption parallel zu den Rechtswirkungen der Grundrechte, die ebenfalls durch die Mitgliedstaaten bei der Geltendmachung der zwingenden Erfordernisse zu beachten sind[30]: Berufen sich die Mitgliedstaaten auf die zwingenden Erfordernisse, so haben sie die Umweltprinzipien von Vornherein zu beachten[31]. Deutlich wird damit auch, dass es hier tatsächlich um die Bindungswirkung der Umweltprinzipien bei der Anwendung gemeinschaftsrechtlicher Bestimmungen, nicht „nur“ um eine Interpretation der Vorschriften des Vertrages als Einheit geht[32]: Denn eine nationale Maßnahme kann nur unter der Voraussetzung durch das zwingende Erfordernis des Umweltschutzes gerechtfertigt werden, dass sie den im Vertrag verankerten Umweltprinzipien jedenfalls nicht widerspricht, so dass die Umweltprinzipien insoweit auch die Mitgliedstaaten binden.

Aus dogmatischer Sicht kommt damit die hier vertretene Bindungswirkung der Umweltprinzipien in erster Linie bei der Frage zum Zuge, ob und inwieweit die geltend gemachten Rechtfertigungsgründe tatsächlich zwingende Erfordernisse darstellen, also m.a.W. bei der Feststellung des Vorliegens zwingender Erfordernisse selbst. Hingegen dürften die Umweltprinzipien im Rahmen der Prüfung der Verhältnismäßigkeit allenfalls eine untergeordnete Rolle spielen, da es bei dieser ja in erster Linie um eine Zweck-Mittel-Relation geht – also m.a.W. um die Frage, ob das eingesetzte Mittel (die in Frage stehende, in der Regel staatliche Maßnahme) geeignet und erforderlich zum Erreichen des vorher definierten Ziels (dessen gemeinschaftsrechtliche „Anerkennung“ eben auch unter Rückgriff auf die Umweltprinzipien zu eruieren ist) ist. Insofern besteht also ein gewisser Unterschied zur Relevanz der Grundrechte im Rahmen der Grundfreiheiten, die auch und gerade im Rahmen der Verhältnismäßigkeitsprüfung zu berücksichtigen sind[33].

30 Hierzu EuGH, Familiapress, Slg. 1997, I-3689; Schmidberger, Slg. 2003, I-5659.

31 Insoweit im Ergebnis ähnlich *Schröder*, in: Rengeling (Fn. 4), § 31 Rn. 22 f. Ausführlich zum Problemkreis *Alemanno,* Le principe de précaution en droit communautaire. Stratégie de gestion des risques ou risque d'atteinte au Marché intérieur?, RDUE 2001, 917 (937 ff.); s. in Bezug auf das Vorsorgeprinzip auch die Ausführungen von *Icard,* Le principe de précaution: exception à l'application du droit communautaire?, RTDE 2002, 471 (486 ff.), der ausführlich auf die entsprechenden, meist impliziten Ansätze in der Rechtsprechung eingeht.

32 So aber *Schröder*, in: Rengeling (Fn. 4), § 31 Rn. 22. Wie hier wohl *Zuleeg,* Umweltschutz in der Rechtsprechung des Europäischen Gerichtshofs, NJW 1993, 31 (34); nicht ganz klar *von Wilmowsky,* Waste Disposal in the Internal Market: The State of Play After the ECJ's Ruling on the Walloon Import Ban, CMLRev. 1993, 541 (542 ff.).

33 Hierzu m.w.N. *Wallrab* (Fn. 27), S. 43 ff., 90 ff.

Der EuGH dürfte dem hier entwickelten Ansatz im Ergebnis in der Rs. C-2/90[34] gefolgt sein, wenn auch dieses Urteil nicht ganz klar ist. Zur Debatte stand im Urteil in erster Linie die Vereinbarkeit des durch die Region Wallonien erlassenen generellen Verbots der Einfuhr von Abfällen zu ihrer Behandlung in dieser Region mit Art. 28 EGV. Der EuGH griff hier auf das Ursprungsprinzip zurück, um den diskriminierenden Charakter der fraglichen Maßnahme zu verneinen. Letztlich handelt es sich hierbei – über die Berücksichtigung umweltpolitischer Prinzipien bei der Auslegung hinaus – um eine tatbestandliche Einschränkung der Verbotswirkung des Art. 28 EGV, da auch die Heranziehung des Ursprungsprinzips nichts an dem diskriminierenden Charakter des Einfuhrverbots zu ändern vermag. Trotz einiger Unstimmigkeiten in der Begründung vermag das Urteil im Ergebnis zu überzeugen[35] und belegt insbesondere den Ansatz, dass die Umweltprinzipien bei der Frage, ob und inwieweit ein zwingendes Erfordernis aus Gründen des Umweltschutzes vorliegen kann, heranzuziehen sind[36], war die Beachtung des Ursprungsprinzips doch entscheidend für die Möglichkeit, die fragliche nationale Maßnahme zu rechtfertigen. Eine andere Frage ist aber diejenige danach, ob es wirklich zu überzeugen vermag, bereits den diskriminierenden Charakter der Maßnahme – der doch danach zu bestimmen ist, ob eine Unterscheidung zwischen in- und ausländischen Produkten vorgenommen wird – zu verneinen oder ob hier nicht ein Umdenken in der Dogmatik des Art. 28 EGV bzw. des Anwendungsbereichs der zwingenden Erfordernisse in dem Sinn, dass auch diskriminierende Maßnahmen jedenfalls durch Gründe des Umweltschutzes gerechtfertigt werden können, sachgerechter gewesen wäre[37].

Die neuere Rechtsprechung legt denn auch nunmehr nahe, dass aufgrund der Besonderheiten des Umweltschutzes und seiner bedeutenden Rolle im Vertrag auch diskriminierende Maßnahmen durch Erfordernisse des Umweltschutzes grundsätzlich gerechtfertigt werden können und der diskriminierende Charakter lediglich im

34 EuGH, Kommission/Belgien, Slg. 1992, I-4431. Zu der diesbezüglichen Bedeutung des Urteils ausführlich *Epiney,* Einbeziehung gemeinschaftlicher Umweltschutzprinzipien in die Bestimmung mitgliedstatlichen Handlungsspielraums, DVBl. 1993, 93 ff.; i.Erg. ebenso *Wasmeier,* Umweltabgaben und Europarecht, 1995, S. 79 ff. Aus der Rechtsprechung in Bezug auf verstärkte Schutzmaßnahmen auch EuGH, Fornasar, Slg. 2000, I-4785; zur Berücksichtigung des Vorsorgeprinzips bei der Prüfung der Zulässigkeit mitgliedstaatlicher Maßnahmen nach Art. 28, 30 EGV EuGH, Kemikalieinspektionen, Slg. 2000, I-5681 Rn. 43 ff.

35 Siehe die ausführliche Begründung bei *Epiney* (Fn. 34), S. 99.

36 Aus dogmatischer Sicht wird hier aber auch der Ansatz vertreten werden, der EuGH habe hier eigentlich nur eine Auslegung des Vertrages als Einheit vorgenommen, da er die Frage des Vorliegens einer Diskriminierung unter Rückgriff auf das Ursprungsprinzip beantwortete, was nicht wirklich eine Bindung der Mitgliedstaaten an die Prinzipien voraussetzt. So denn auch *Schröder*, in: Rengeling (Fn. 4), § 31 Rn. 22. Festzuhalten bleibt aber jedenfalls, dass für den EuGH die Beachtung des Ursprungsprinzips durch die fragliche nationale Maßnahme entscheidend war für die Anerkennung der Rechtfertigungsmöglichkeit durch das zwingende Erfordernis des Umweltschutzes.

37 In diese Richtung *Epiney,* in: Bieber/Epiney/Haag, Die Europäische Union 2005, § 13, Rn. 72 f.; wohl auch *von Wilmowsky* (Fn. 32), S. 543 f. A.A. *Schröder*, in: Rengeling (Fn. 4), § 31 Rn. 23 f. Siehe im Übrigen auch *Winter,* ZUR 2003 (Fn. 6), S. 141, dem zufolge der EuGH jedenfalls teilweise – in EuGH, Bluhme, Slg. 1998, I-8033 sowie in PreussenElektra, Slg. 2001, I-2099 – davon ausgeht, dass es um den Schutz der Gesundheit und des Lebens von Menschen, Tieren und Pflanzen gehe, so dass der Anwendungsbereich des Art. 30 EGV eröffnet wäre und diskriminierende Maßnahmen zulässig seien. Siehe aber auch die Bemerkungen von GA Jacobs in EuGH, PreussenElektra, Slg. 2001, I-2099 Rn. 225, der das Vorgehen des Gerichtshofs in der Rs. Kommission/Belgien (Fn. 34) als „fehlerbehaftet" bezeichnet.

Rahmen der Verhältnismäßigkeitsprüfung zu berücksichtigen ist: In der Rs. C-379/98[38], in der es in der Sache um die Rechtmäßigkeit gewisser Aspekte des (deutschen) Stromeinspeisungsgesetzes ging, hatte der EuGH u.a. die Frage zu beantworten, ob die Pflicht privater Elektrizitätsversorgungsunternehmen, den in ihrem Versorgungsgebiet aus erneuerbaren Energiequellen erzeugten Strom zu (möglicherweise nicht dem wirtschaftlichen Wert entsprechenden) Mindestpreisen abzunehmen, gegen Art. 28 EGV verstößt. Nachdem der EuGH zunächst das Vorliegen einer Maßnahme gleicher Wirkung wie eine Einfuhrbeschränkung bejahte, nahm er aber eine Rechtfertigung aus Gründen des Umweltschutzes an, u.a. unter Hinweis auf die Querschnittsklausel (Art. 6 EGV) und die Besonderheiten der „Aufgabe Umweltschutz"[39].

Der hier vertretene Ansatz bedeutet allerdings nicht, dass jede nationale Maßnahme, die einen Beitrag zur Verwirklichung eines Umweltprinzips leistet, deswegen quasi „automatisch" gerechtfertigt wäre; vielmehr richten sich die Umweltprinzipien auf der Grundlage der dogmatischen Grundlegung ihrer hier entwickelten Bindungswirkung nur insoweit an die Mitgliedstaaten, als es um die grundsätzliche Existenz bzw. Anerkennung eines zwingenden Erfordernisses geht. Nicht beantwortet ist damit allerdings die Frage, ob und inwieweit die Maßnahme dann tatsächlich gerechtfertigt werden kann, was unter Heranziehung des Grundsatzes der Verhältnismäßigkeit dann entsprechend zu untersuchen ist. Im Übrigen können die Umweltprinzipien nicht selbst als Rechtfertigungsgründe für die Einschränkung der Grundfreiheiten angesehen werden, sondern sie setzen vielmehr (nur, aber immerhin) der Anerkennung solcher Rechtfertigungsgründe im Zusammenhang mit demjenigen des Umweltschutzes insofern eine Grenze, als dieser eben von Vornherein nur unter der Voraussetzung geltend gemacht werden kann, dass die Umweltprinzipien beachtet sind. Der Umkehrschluss dahingehend, dass die Umweltprinzipien sozusagen als Selbstzweck solche Rechtfertigungsgründe darstellen, ergibt sich damit gerade nicht aus dem hier vertretenen Ansatz, ginge er doch über den entwickelten Grundsatz, dass die Umweltprinzipien nur (aber immerhin) bei der Durchführung und Anwendung des Gemeinschaftsrechts zu beachten sind, weit hinaus.

Insofern ist im Ergebnis auch das Urteil des EuGH in der Rs. C-209/98 i. Erg. überzeugend: Hier stellte der EuGH in Bezug auf ein allgemeines Ausfuhrverbot (auch) für zur Verwertung bestimmter Abfälle fest, dass der Umweltschutz – trotz des in Art. 174 Abs. 2 EGV verankerten Ursprungsprinzips – nicht jede Ausfuhrbeschränkung rechtfertigen könne. Vielmehr müsse im konkreten Fall dargelegt werden, dass die Verbringung der Abfälle eine Gefahr für die Umwelt darstellte[40]; deutlich wird damit auch und gerade, dass der eigentliche Rechtfertigungsgrund eben der Umweltschutz ist und eine Gefährdung der Umwelt geltend gemacht werden muss. Zu bedauern ist allerdings, dass der EuGH die dogmatische Grundlage der Heranzie-

38 EuGH, PreussenElektra, Slg. 2001, I-2099.

39 Zur Bedeutung des Urteils in diesem Zusammenhang etwa *Scheuing*, Europäisches Umweltverfassungsrecht im Spiegel der Rechtsprechung des EuGH, in: Gesellschaft für Umweltrecht (Hg.), Umweltrecht im Wandel. Bilanz und Perspektiven aus Anlass des 25-jährigen Bestehens der Gesellschaft für Umweltrecht, 2001, 129 (156 ff.).

40 EuGH, Sydhavens, Slg. 2000, I-3743 Rn. 48 f.

hung des Ursprungsprinzips in diesem Fall nicht wirklich verdeutlicht hat; er nimmt vielmehr allgemein auf den „Rechtfertigungsgrund des Umweltschutzes, insbesondere des Grundsatzes nach Art. 130r (jetzt Art. 174) Abs. 2 EGV, Umweltbeeinträchtigungen mit Vorrang an ihrem Ursprung zu bekämpfen“ Bezug, ohne zu verdeutlichen, warum er sich genau auf Art. 174 Abs. 2 EGV bezieht, so dass zumindest die Formulierung hier missverständlich ist, auch wenn dann im weiteren Verlauf des Urteils deutlich wird, dass er jedenfalls (zutreffenderweise) das Vorliegen einer Umweltgefahr oder -beeinträchtigung für ausschlaggebend erachtet.

In diesem Zusammenhang ist (ergänzend) noch darauf hinzuweisen, dass die Heranziehung der Umweltprinzipien auch zu einer Erweiterung der Rechtfertigungsmöglichkeiten von Einschränkungen der Grundfreiheiten durch die Mitgliedstaaten führen kann. So kann etwa vor dem Hintergrund des Vorsorgeprinzips das Vorliegen einer abstrakten Gefahr[41] einer Umweltbeeinträchtigung für die Bejahung des Vorliegens einer Gefahr für die Umwelt und damit eines zwingenden Erfordernisses ausreichen[42]. Bei dieser Fallkonstellation handelt es sich aber nicht um einen Anwendungsfall der Bindungswirkung der Umweltprinzipien, geht es doch gerade nicht um die Pflicht, die Prinzipien hier zu beachten; vielmehr geht es bei dieser Fallgestaltung um eine Auslegung des Vertrages – hier der Frage des Vorliegens einer Umwelt- oder Gesundheitsgefährdung – im Lichte anderer vertraglicher Vorschriften.

III. Zum harmonisierten Bereich

Im harmonisierten Bereich geht es im Zusammenhang mit der Bindung der Mitgliedstaaten an die Umweltprinzipien im Wesentlichen um die Pflicht der Mitgliedstaaten zur Beachtung der Umweltprinzipien im Rahmen der Umsetzung von Richtlinien und der verwaltungsmäßigen Anwendung des in Umsetzung der Richtlinien erlassenen nationalen Rechts sowie des sekundären Gemeinschaftsrechts. Wie bereits erläutert[43], beruht die Bindungswirkung der Umweltprinzipien hier auf dem Umstand, dass diese ja für das sekundäre Gemeinschaftsrecht verbindlich sind (und zwar sowohl für das Umweltrecht i.e.S. als auch, auf der Grundlage des Art. 6 EGV, für das in anderen Politikbereichen erlassene Recht), so dass das gemeinschaftliche Sekundärrecht also immer auch die Umweltprinzipien zugrunde legt bzw. zugrunde legen sollte, womit diese bei Umsetzung und Anwendung des Sekundärrechts zu beachten sind.

Deutlich wird damit auch, dass gegen diesen Ansatz gerade nicht geltend gemacht werden kann, er beachte das Prinzip begrenzter Einzelermächtigung nicht und laufe auf eine Ausdehnung gemeinschaftlicher Kompetenzen hinaus: Denn es geht ja um die effektive Umsetzung bzw. Anwendung eines gemeinschaftlichen Rechtsaktes,

41 Die dann gegeben ist, wenn die Beeinträchtigung eines Umweltguts möglich ist, ohne dass jedoch eine irgendwie geartete konkrete Gefahrenlage vorliegen muss, vgl. *Epiney/Möllers,* Freier Warenverkehr und nationaler Umweltschutz, 1992, 75 f.

42 Vgl. die Fallkonstellation in EuGH, Toolex Alpha, Slg. 2000, I-5681 Rn. 43 ff., wo es allerdings um den Gesundheitsschutz ging.

43 Oben B.I.

der seinerseits auf der Grundlage der vertraglichen Kompetenzen erlassen wurde. Weiter steht außer Zweifel, dass die Gemeinschaft jeweils auch die Pflicht zur Beachtung der Umweltprinzipien bei der Umsetzung und Anwendung des Sekundärrechts explizit hätte formulieren können. Schließlich ist daran zu erinnern, dass auch die an sich an die Gemeinschaft adressierten Grundrechte bei Anwendung und Durchführung des Gemeinschaftsrechts auch für die Mitgliedstaaten maßgeblich sind. Insgesamt können damit dem Prinzip begrenzter Einzelermächtigung keine Aussagen über die hier diskutierte Problematik entnommen werden, geht es doch gerade nicht um eine Bindungswirkung der Mitgliedstaaten in nicht durch das Gemeinschaftsrecht geregelten Bereichen, sondern lediglich um die Pflicht zur Beachtung der Umweltprinzipien durch die Mitgliedstaaten in Fällen der Umsetzung, Anwendung und Durchführung des Gemeinschaftsrechts; in diesem Rahmen aber die Mitgliedstaaten an für den Gemeinschaftsgesetzgeber maßgebliche Grundsätze zu binden, ist letztlich Ausfluss der Einheit der Unionsrechtsordnung. Im Übrigen sprechen auch die Effektivität der Umweltprinzipien in Verbindung mit dem Grundsatz des Vorrangs des Gemeinschaftsrechts für diese Sicht: Verneinte man nämlich eine Bindung der Mitgliedstaaten an die Umweltprinzipien bei Umsetzung und Durchführung des Gemeinschaftsrechts, so könnten diese Prinzipien ihrer praktischen Wirksamkeit beraubt werden, da es den Mitgliedstaaten unbenommen bliebe, Gemeinschaftsrecht in einer Weise durchzuführen und umzusetzen, die im Widerspruch zu den genannten Prinzipien steht. Damit aber würde die Bindung des Gemeinschaftsgesetzgebers an die Umweltprinzipien unterlaufen.

Irrelevant ist in diesem Zusammenhang, dass Art. 175 Abs. 4 EGV die Durchführung der gemeinschaftlichen Umweltpolitik ausdrücklich den Mitgliedstaaten aufgibt: Denn dieser Bestimmung kann nur – aber immerhin – entnommen werden, dass die Zuständigkeit zur Durchführung der gemeinschaftlichen Umweltpolitik (wie in vielen anderen Politikbereichen auch) bei den Mitgliedstaaten liegt; die Frage, welche Rechtsvorschriften hierbei aber zu beachten sind, wird durch diese Kompetenzverteilungsregel in Bezug auf die Durchführung nicht geregelt. Vielmehr ist dieser Problemkreis auf der Grundlage der auch sonst in diesem Zusammenhang maßgeblichen Grundsätze zu beantworten, die eben – wie dargelegt[44] – dahin gehen, dass hier zwar grundsätzlich das mitgliedstaatliche Recht anwendbar ist, was jedoch nichts daran ändert, dass dem Gemeinschaftsrecht gewisse (Rahmen-) Vorgaben zu entnehmen sein können, die eben auch und gerade die Relevanz der Umweltprinzipien umfassen.

Der Rechtsprechung des EuGH sind bislang keine ganz eindeutigen Stellungnahmen in Bezug auf die Frage, ob und inwieweit die Mitgliedstaaten bei Umsetzung und Anwendung des Sekundärrechts die Umweltprinzipien zu beachten haben, zu entnehmen. Allerdings dürfte die Rechtsprechung den Schluss nahe legen, dass der EuGH im hier vertretenen Sinn eine solche Bindungswirkung im Ergebnis bejaht; zumindest lassen sich gewisse Ausführungen und/oder Schlussfolgerungen des Gerichtshofs dogmatisch durch einen solchen Ansatz erklären bzw. begründen.

44 Oben B.I.

Hinzuweisen ist zunächst auf die Rs. C-422/92[45]. Hier stand u.a.[46] die Vereinbarkeit des (damals) in §§ 2, 13, 13c AbfG verankerten Grundsatzes der Inlandentsorgung mit der Richtlinie 84/631[47] zur Debatte. Der Gerichtshof kam hier zum Schluss, dass dieser Grundsatz der Inlandentsorgung, der insbesondere auch implizierte, dass die grenzüberschreitende Verbringung gefährlicher Abfälle einer Genehmigungspflicht unterworfen war, nicht gegen die gemeinschaftsrechtlichen Vorgaben verstoße, da es nur um eine bloße Genehmigungspflicht gehe und kein „absolutes" Ausfuhrverbot vorgesehen sei. Im Übrigen entspreche die deutsche Regelung dem (heute) in Art. 174 Abs. 2 EGV niedergelegten Ursprungsprinzip. Unklar bleibt bei dieser Argumentation des Gerichtshofs, ob diese Aussagen lediglich als eine Art „Interpretationshilfe bei der Bestimmung des einzuhaltenden sekundärrechtlichen Standards" anzusehen sind[48], womit die Aussagen des EuGH eine Art obiter dictum darstellten, oder ob der EuGH (weitergehend) davon ausgeht, dass in jedem Fall den Anforderungen des Ursprungsprinzips Rechnung zu tragen ist. Geht man von der zweiten Alternative aus, wäre eine Umsetzung unter Verstoß gegen die Umweltprinzipien nicht gemeinschaftsrechtskonform und die Prüfung der Vereinbarkeit der Umsetzungsmaßnahmen mit diesen stellte eine zusätzliche Anforderung neben den ausdrücklich in den einschlägigen sekundärrechtlichen Vorgaben formulierten Vorgaben dar. M.E. ergibt letztlich nur die zuletzt genannte Auslegung des Urteils Sinn, wäre doch ansonsten die Bezugnahme auf das Ursprungsprinzip überflüssig gewesen. Hiergegen kann sicherlich nicht vorgebracht werden, dass der EuGH ja primär auf die Vereinbarkeit mit dem Sekundärrecht abstelle. Dies ist zwar zutreffend und auch nachvollziehbar, ist doch das Sekundärrecht der zunächst primär zu berücksichtigende Prüfungsmaßstab. Ausgeschlossen wird damit jedoch eine zusätzliche Maßgeblichkeit der Umweltprinzipien nicht. Festzuhalten bleibt gleichwohl, dass die Formulierungen des EuGH hier nicht wirklich klar und eindeutig sind.

Ähnliches gilt auch für die Aussagen des Gerichtshofs in der Rs. C-293/97[49]: Der Gerichtshof prüfte hier die Vereinbarkeit der RL 91/676[50] mit dem Verursacher- und dem Ursprungsprinzip (Art. 174 Abs. 2 EGV), so dass es hier also primär um die eigentliche Stoßrichtung der Umweltprinzipien – nämlich die Formulierung rechtlicher Vorgaben für den Gemeinschaftsgesetzgeber – ging. Bei dieser Prüfung weist der EuGH aber auch darauf hin, dass die RL 91/676 einer nationalen Umsetzung im Einklang mit den genannten Prinzipien gerade nicht entgegenstehe. Der EuGH geht also offenbar davon aus, dass es den vertraglichen Anforderungen genügt, wenn eine

45 EuGH, Kommission/Deutschland, Slg. 1995, I-1097.

46 Neben Fragen der Reichweite des gemeinschaftlichen Abfallbegriffs, die in unserem Zusammenhang nicht relevant sind.

47 Richtlinie 84/631/EWG des Rates über die Überwachung und Kontrolle – in der Gemeinschaft – der grenzüberschreitenden Verbringung gefährlicher Abfälle v. 6. 12. 1984, ABl. L 326/31, inzwischen aufgehoben.

48 So *Schröder*, in: Rengeling (Fn. 4), § 31 Rn. 13. Etwas im Dunkeln bleibt hier allerdings, inwiefern von einer „Interpretationshilfe" im Zusammenhang mit dem einzuhaltenden sekundärrechtlichen Standard gesprochen werden kann, ohne dass damit im Ergebnis impliziert wird, dass die Umweltprinzipien bei der Umsetzung zu beachten sind.

49 EuGH, Standley, Slg. 1999, I-2603.

50 Richtlinie 91/676/EWG des Rates zum Schutz der Gewässer vor Verunreinigungen durch Nitrat aus landwirtschaftlichen Quellen v. 12. 12. 1991, ABl. L 375/1.

primärrechtskonforme Umsetzung möglich ist, so dass der Gemeinschaftsgesetzgeber nicht verpflichtet wäre, selbst bereits alle für die Verwirklichung der Umweltprinzipien notwendigen Vorgaben in den jeweiligen Sekundärrechtsakt aufzunehmen[51]. Allerdings betont der Gerichtshof nicht ausdrücklich, dass die Mitgliedstaaten auch verpflichtet seien, die Umweltprinzipien bei der Umsetzung dann auch tatsächlich zu beachten. Seine Argumentation dürfte einen solchen Ansatz aber nahe legen: Wenn die Primärrechtskonformität der RL 91/676 u.a. deshalb angenommen wird, weil eine den Umweltprinzipien entsprechende Umsetzung durch diese nicht ausgeschlossen wird, impliziert diese Aussage letztlich eine Pflicht zur Beachtung eben dieser Grundsätze, bestünde doch ansonsten die Gefahr, dass gerade die Umsetzung einer gemeinschaftlichen Richtlinie zu einem Konflikt mit den Umweltprinzipien führte, was der EuGH offenbar vermeiden wollte.

Hinzuweisen ist schließlich noch auf die Rs. C-175, 177/98[52]: Der EuGH erstreckte hier die in der Richtlinie 75/442 (Abfallrahmenrichtlinie[53]) verankerte Verpflichtung zur Sicherstellung umweltunschädlicher Abfallverwertung und -beseitigung auch auf die zeitweilige Lagerung von Abfällen, dies unter Rückgriff auf die Grundsätze der Vorbeugung und der Vorsorge. Wenn es hier auch vordergründig um die Auslegung des Sekundärrechts im Lichte des Primärrechts geht und man diesem Urteil sicherlich nicht entnehmen kann, dass der EuGH sich klar für eine Bindungswirkung der Umweltprinzipien bei Durchführung und Umsetzung von Sekundärrecht ausgesprochen habe, so dürften die Erwägungen des Gerichtshofs es nahe legen, dass er von einer entsprechenden Bindung der Mitgliedstaaten ausgeht, wäre es doch widersinnig, unter Rückgriff auf das Vorsorgeprinzip auch die zeitweilige Lagerung von Abfall einzubeziehen, gleichzeitig aber die Mitgliedstaaten bei der Umsetzung und Durchführung dieser Verpflichtungen nicht auch an das Vorsorgeprinzip zu binden.

Zur Klarstellung sei noch darauf hingewiesen, dass die hier diskutierte Konstellation der Bindungswirkung der Umweltprinzipien bei Umsetzung und Anwendung des Gemeinschaftsrechts von der den Mitgliedstaaten nach Art. 10 EGV obliegenden Pflicht, die Verwirklichung der Umweltprinzipien durch die Gemeinschaft nicht zu vereiteln, zu unterscheiden ist: Bei letzterer geht es nicht um eine Bindung der Mitgliedstaaten an Umweltprinzipien bei ihrem Verhalten, sondern um die Pflicht, die Verwirklichung gemeinschaftlicher Zielsetzungen (durch die Gemeinschaft bzw. Gemeinschaftsrecht) nicht zu unterminieren[54]. Die Frage, ob und inwieweit diese Pflicht verletzt ist, kann nur unter Berücksichtigung aller Umstände des Einzelfalls entschieden werden, wobei aber die in anderen Bereichen im Zusammenhang mit der Reichweite des Art. 10 EGV entwickelten Grundsätze herangezogen werden können. Insgesamt dürfte es allerdings in der Praxis – auch und gerade aufgrund der relativen Offenheit der Umwelt-

51 Fraglich ist allerdings, ob dieser Ansatz zu überzeugen vermag (was nicht Gegenstand des vorliegenden Beitrags ist). Hierzu *Epiney* (Fn. 13), S. 16. Siehe auch *Winter,* ZUR 2003 (Fn. 6), S. 139.

52 EuGH, Lirussi, Slg. 1999, I-6881 Rn. 50 ff. Siehe in diesem Zusammenhang auch EuGH, ARCO, Slg. 2000, I-4475 Rn. 39 f.; Kommission/Spanien, Slg. 1993, I-4221 Rn. 15 (Santona).

53 Richtlinie 75/442/EWG des Rates über Abfälle v. 15. 7. 1975, ABl. L 194/47.

54 Zu dieser etwa die Schlussanträge von GA Lenz zu EuGH, Peralta, Slg. 1994, I-3453 Rn. 32 ff. Siehe auch *Jans/von der Heide* (Fn. 4), S. 23; *Rengeling,* FS Heymanns (Fn. 22), S. 474; *Kahl*, Umweltprinzip und Gemeinschaftsrecht, 1993, 135 f.; *Schröder*, in: Rengeling (Fn. 4), § 31 Rn. 20.

prinzipien – nur schwer vorstellbar, wenn auch in Ausnahmefällen möglich sein, dass das Verhalten eines Mitgliedstaates es der Gemeinschaft verunmöglichte oder spürbar erschwerte, die Umweltprinzipien zu verwirklichen.

Schließlich sei noch auf eine Sonderkonstellation aufmerksam gemacht, die zwar den harmonisierten Bereich betrifft, letztlich aber zahlreiche Ähnlichkeiten zum nicht harmonisierten Bereich aufweist: Berufen sich die Mitgliedstaaten auf Art. 95 Abs. 4-6 oder Art. 176 EGV, um die Überschreitung des in einem gemeinschaftlichen Rechtsakt festgelegten Schutzniveaus zu rechtfertigen, haben sie – da sie sich auf ein gemeinschaftsrechtlich gewährleistetes Recht berufen und hier also die Anwendung von Gemeinschaftsrecht vorliegt – die Umweltprinzipien zu beachten, so dass eine Maßnahme, die gegen diese Prinzipien verstößt (was allerdings in der Praxis nur schwer vorstellbar erscheint) nicht auf diese Bestimmungen gestützt werden könnte[55]. Auch hier ist es im Übrigen – parallel zur Rechtslage im Rahmen des nicht harmonisierten Bereichs – möglich, dass der Handlungsspielraum der Mitgliedstaaten aufgrund der Heranziehung der Umweltprinzipien erweitert wird, wobei insbesondere das Vorsorgeprinzip von Bedeutung sein kann[56].

C. Zusammenfassende Schlussbetrachtung

Zusammenfassend lässt sich damit festhalten, dass sich im Gemeinschaftsrecht – trotz der primären Bindung der Gemeinschaft an die Umweltprinzipien – ein Grundsatz der (rechtlichen) Bindung der Mitgliedstaaten an die Umweltprinzipien nachweisen lässt, dies allerdings nur im Rahmen von Umsetzung, Durchführung und Anwendung von Gemeinschaftsrecht. Damit ist diese Bindungswirkung entsprechend begrenzt, so dass sie insbesondere keine allgemeine Bindung aller nationaler Maßnahmen an die Umweltprinzipien impliziert und auch nicht zu einer Erweiterung der Rechtfertigungsgründe für Einschränkungen von Grundfreiheiten führt. Insofern und insoweit sind die Rechtswirkungen der Umweltprinzipien weitgehend mit denjenigen der gemeinschaftlichen Grundrechte vergleichbar.

Allerdings fehlt bislang eine klare Stellungnahme des EuGH zu dieser Frage. Zwar dürfte er im Ergebnis von dem hier vertretenen Ansatz ausgehen; die hier einschlägigen Urteile erscheinen aber jeweils eher ergebnisbezogen und lassen gelegentlich die genaue Grundlage für das Heranziehen der Umweltprinzipien vermissen. Insofern wäre es tatsächlich wünschenswert gewesen, wenn die europäische Verfassung – parallel zu der Regelung in Bezug auf den Anwendungsbereich der Grundrechte – den Anwendungsbereich der Umweltprinzipien klargestellt hätte[57]. Da dies nicht ge-

55 I. Erg. wie hier *Winter,* ZUR 2003 (Fn. 6), S. 141 f.

56 In der bislang zu Art. 95 Abs. 4 EGV ersten Entscheidung in EuGH, Dänemark/Kommission, Slg. 2003, I-2643, nahm der EuGH jedoch keinen Bezug auf das Vorsorgeprinzip, was sich wohl durch die konkrete Fallgestaltung erklären lässt. Siehe in diesem Zusammenhang im Übrigen EuGH, Fornasar, Slg. 2000, I-4785: Hier zog der EuGH im Zusammenhang mit der Frage der Abgeschlossenheit einer sekundärrechtlichen Regelung die Umweltprinzipien heran, so dass Umweltprinzipien offenbar bei der Legitimierung einer nationalen Schutzverstärkung relevant werden können.

57 Siehe die diesbezügliche Stellungnahme bei *Winter,* ZUR 2003 (Fn. 6), S. 142.

schehen ist, bleibt zu hoffen, dass die Rechtsprechung bald zu einer entsprechenden Klarstellung des Umfangs der Bindungswirkungen der Umweltprinzipien für die Mitgliedstaaten veranlasst wird.

Rechtsschutz gegen Handlungen und Unterlassungen der Organe und Einrichtungen der Europäischen Gemeinschaft im Lichte der Aarhus-Konvention

Eckard Rehbinder

A. Ausgangslage: Überblick über die Aarhus-Konvention

Das Übereinkommen über den Zugang zu Informationen, die Öffentlichkeitsbeteiligung an Entscheidungsverfahren und den Zugang zu Gerichten in Umweltsachen von Juni 1998 (Aarhus-Konvention – AK) ist am 30. 9. 2001 in Kraft getreten. Von den alten EG-Mitgliedstaaten haben bisher lediglich Belgien, Dänemark, Frankreich, Italien und Portugal die Konvention ratifiziert. Hinzukommen sieben neue Mitgliedstaaten. Die anderen Mitgliedstaaten werden die Ratifizierung wohl erst nach der Umsetzung aller Richtlinien vornehmen, die die EG zur Harmonisierung der Umsetzung bereits verabschiedet hat oder in naher Zukunft verabschieden wird. Die Aarhus-Konvention zielt darauf ab, die Idee der Partizipation im umfassenden Sinne durchzusetzen. Hierdurch soll nicht nur die Rationalität der Entscheidungsverfahren verbessert werden, vielmehr sieht die Konvention Informationszugang, Öffentlichkeitsbeteiligung und gerichtliche Kontrolle auch als Elemente einer lebendigen Demokratie und als Mittel zur Verwirklichung eines von der Konvention vorausgesetzten, allerdings nicht geregelten Grundrechts auf angemessene Umwelt an. Die Konvention beruht auf drei „Säulen“. Grob gesprochen geht es um die folgenden Regelungskomplexe:

- Gewährung des Zugangs zu Umweltinformationen in der Hand der Behörden unabhängig von der Geltendmachung eines Interesses (Art. 4 AK);
- Öffentlichkeitsbeteiligung an Genehmigungsverfahren über Tätigkeiten (in der Regel Anlagen), die in einer Liste aufgeführt sind, nach Maßgabe nationalen Rechts auch über Genehmigungsverfahren für sonstige Tätigkeiten, die erhebliche Auswirkungen auf die Umwelt haben können, sowie Anlagen, die nach nationalem Recht einer Umweltverträglichkeitsprüfung unterliegen (Art. 6 AK); daneben sieht die Aarhus-Konvention in schwächerer Verpflichtungsform auch eine Öffentlichkeitsbeteiligung vor in Verfahren über umweltbezogene Pläne und Programme (Art. 7 S. 1, 2 AK), über umweltbezogene Politiken (Art. 7 S. 3 AK) und die behördliche Vorbereitung rechtsverbindlicher exekutivischer Vorschriften, die eine erhebliche Auswirkung auf die Umwelt haben können (Art. 8 AK);
- Zugang zu Gerichten (oder einer anderen gesetzlich vorgesehenen unabhängigen und unparteiischen Stelle) wegen Versagung von Informationszugang (Art. 9 Abs. 1 AK), zur materiell- und verfahrensrechtlichen Überprüfung der Recht-

mäßigkeit von Entscheidungen, Handlungen und Unterlassungen, für die im Rahmen der zweiten Säule der Konvention Öffentlichkeitsbeteiligung vorgeschrieben ist (Art. 9 Abs. 2 AK), und schließlich nach Maßgabe des nationalen Rechts in bezug auf andere Handlungen und Unterlassungen von Privatpersonen und Behörden, die gegen Verpflichtungen des innerstaatlichen Rechts verstoßen (Art. 9 Abs. 3 AK).

Bedeutsam ist dabei, daß die Aarhus-Konvention den Umweltverbänden weitreichende Rechte einräumt. Solche Verbände zählen grundsätzlich zur Öffentlichkeit im Sinne des Informationszugangs (Art. 2 Nr. 4 AK), zur betroffenen Öffentlichkeit im Rahmen der Öffentlichkeitsbeteiligung (Art. 2 Nr. 5 AK) und zu den klageberechtigten Personen (Art. 9 Abs. 2 S. 2 AK). Die nach der Konvention vielfach vorgesehene abgestufte Relativierung der Verpflichtungswirkung für die Vertragsstaaten nach Maßgabe ihrer Möglichkeiten oder des innerstaatlichen Rechts gilt für die Umweltverbände nur in eingeschränktem Umfang.

Bei der Umsetzung der Aarhus-Konvention – sei es unmittelbar oder mittelbar nach Maßgabe von EG-Richtlinien – stehen die Behördenaktivitäten der Mitgliedstaaten und damit die Umsetzung durch nationales Recht im Vordergrund des Interesses. Die Konvention hat jedoch auch Bedeutung für die Organe und Einrichtungen der EG selbst[1]. Die EG hat die Konvention am 25.6.1998 gezeichnet[2]. Eine Ratifizierung des Übereinkommens soll erfolgen, wenn seine Bestimmungen in bezug auf die Mitgliedstaaten und die EG selbst umgesetzt worden sind. Die EG ist nicht nur Vertragspartei in dem Sinne, daß sie für die Ratifizierung und Umsetzung der Mitgliedstaaten zu sorgen hat. Es gibt vielmehr eine Erklärung der EG anläßlich der Unterzeichnung, sie werde die Konvention auch auf ihre eigenen Organe anwenden und bei der weiteren Rechtsetzung berücksichtigen[3]. Daß eine solche Bindung der EG auch vom Standpunkt der Konvention möglich ist, zeigt die Definition des Behördenbegriffs in Art. 2 Nr. 2 Buchst. d AK, wo die Einrichtungen aller im Artikel näher bestimmten Organisationen der regionalen Wirtschaftsintegration, die Vertragsparteien des Übereinkommens sind, als Behörden gelten.

Im Jahre 2003 hat die Europäische Kommission einen Verordnungsvorschlag über die Anwendung der Aarhus-Konvention auf Organe und Einrichtungen der EG vorgelegt[4]. Dieser Vorschlag – beschränkt auf die Problematik des gerichtlichen Rechtsschutzes – soll Gegenstand der nachfolgenden Überlegungen sein.

B. Rechtsschutz wegen Verweigerung des Informationszugangs

Informationsansprüche der Öffentlichkeit gegenüber der EG werden – abgesehen von der Grundnorm des Art. 255 EGV – bisher in der VO Nr. 1049/2001 geregelt. Der dort vorgesehene Informationszugang beschränkt sich allerdings auf Zugang zu

1 Vgl. *Epiney*, Zu den Anforderungen der Aarhus-Konvention an das europäische Gemeinschaftsrecht, ZUR 2003, 176 (180).
2 http://www.unece.org/env/ppp/c/treaty.htm.
3 Ebd.
4 KOM (2003) 622 endg.

Dokumenten der Organe der EG. Nach dem VO-Vorschlag soll die VO Nr. 1049/2001 für Anträge auf Zugang zu Umweltinformationen gelten, die sich im Besitz von Organen und Einrichtungen der EG befinden oder für sie bereitgehalten werden. Ferner soll die bisherige Unterscheidung nach Staatsbürgerschaft, Nationalität oder Wohnsitz sowie bei juristischen Personen nach eingetragenem Standort oder tatsächlichem Zentrum ihrer Tätigkeit aufgegeben werden[5]. Hinsichtlich des Rechtsschutzes sieht der VO-Vorschlag ein obligatorisches verwaltungsinternes Überprüfungsverfahren bei Verweigerung oder unzulänglicher Information vor (Art. 7 Abs. 2, 4, Art. 8). Wird der – „Zweitantrag“ genannte – Antrag auf Überprüfung abgelehnt oder binnen der im Regelfall vorgesehenen Frist von 15 Arbeitstagen nicht beschieden, so kann der Antragsteller nach Maßgabe der einschlägigen Bestimmungen des EG-Vertrages (Art. 230 Abs. 4, 232 EGV) Klage erheben (Art. 8 Abs. 1, 2 VO-Vorschlag). Diese Regelung entspricht der Aarhus-Konvention, die in Art. 9 Abs. 1 bestimmt, daß, wenn eine Partei ein Überprüfungsverfahren vor einem Gericht – und nicht vor einer anderen unparteiischen Stelle – vorsieht, auch Zugang zu einem schnellen, gesetzlich festgelegten Überprüfungsverfahren durch eine Behörde oder eine unabhängige und unparteiische Stelle, die kein Gericht ist, gewährt werden muß.

Der Regelungsvorschlag geht davon aus, daß mit einer Verletzung des Verfahrensrechts auf Umweltinformation eine unmittelbare Betroffenheit im Sinne von Art. 230 Abs. 4 EGV gegeben ist. Dies entspricht der bisherigen Rechtsprechung. Im Carvel-Fall[6] hat das Gericht erster Instanz erstmalig eine durch einen Journalisten und einen Zeitungsverleger erhobene Klage auf Zugang zu Informationen zugelassen, der durch ein spezielles Transparenzverfahren nach der Entscheidung 91/371 gewährt worden war. Diese Rechtsauffassung ist in weiteren Entscheidungen bestätigt worden[7]. Auch der Europäische Gerichtshof[8] hat wiederholt Klagen auf Informationszugang bei Einräumung eines Informationsrechts als zulässig angesehen. Dies ist mittlerweile so selbstverständlich, daß die Zulässigkeit solcher Klagen vor Gericht nicht mehr im Streit ist. Diese Fälle stehen für die Doktrin, daß, wenn das Gemeinschaftsrecht prozedurale Informationsrechte verleiht, ihre Verletzung auch erzwungen werden kann[9]. Die Frage, ob nicht bereits durch Zwischenschaltung des Überprüfungsverfahrens eine unmittelbare Betroffenheit notwendigerweise deshalb vorliegt, weil der Widerspruchsbescheid an den Antragsteller adressiert werden muß, kann an dieser Stelle noch dahinstehen.

5 Vgl. *Epiney* (Fn. 1), S. 180 f.

6 Slg. 1995, II-2765 Rn. 62 f.

7 EuG, WWF UK, Slg. 1997, II-313 Rn. 53 ff.; Rothmann, Slg. 1999, II-2463 Rn. 62; British American Tobacco International, Slg. 2001, II-2997 Rn. 35 ff.

8 Urteil v. 22.1.2004, C-353/01 P, Mattila, noch nicht in Slg., abgedr. EuZW 2004, 350; van der Wal, Slg. 2000, I-1 Rn. 27; vgl. schon BEUC, Slg. 1991, I-5709 Rn. 13.

9 Vgl. *Gaitanides*, in: von der Groeben/Schwarze, Kommentar zum Vertrag über die Europäische Union und zur Gründung der Europäischen Gemeinschaft, 6. Aufl. 2004, Art. 230 Rn. 75; *Reich*, Public Interest Litigation before European Jurisdictions, in: Micklitz/Reich (Hg.), Public Interest Litigation before European Courts, 1996, S. 3, 12 f.; *Stotz*, Rechtsschutz vor europäischen Gerichten, in: Rengeling (Hg.), Handbuch zum europäischen und deutschen Umweltrecht, 2. Aufl. 2003, § 45 Rn. 92.

C. Rechtsschutz gegen Entscheidungen mit konventionsrechtlicher Öffentlichkeitsbeteiligung

I. Einzelentscheidungen

Art. 9 Abs. 2 AK knüpft die Klagebefugnis an die nach Art. 6 AK vorgeschriebene Öffentlichkeitsbeteiligung, wobei zu unterscheiden ist zwischen Genehmigungen für Anlagen nach der Liste I (Art. 6 Abs. 1 Buchst. a; einschließlich nicht aufgeführter Anlagen, für die eine UVP-Pflicht besteht) und für sonstige Tätigkeiten, die eine erhebliche Auswirkung auf die Umwelt haben können (Art. 6 Abs. 1 Buchst. b AK). Die Akzessorietät der Klagebefugnis zur Öffentlichkeitsbeteiligung bedeutet aber nicht, daß die Klagebefugnis durch die Verletzung des Beteiligungsrechts begründet wird und sich das Rügerecht (der Umfang der Nachprüfung) hierauf beschränkt; vielmehr wird mit der Bezugnahme auf Art. 6 AK nur der Typus von Entscheidungen bezeichnet, gegen die der Kläger vorgehen kann, und dieser kann umfassend die materiellrechtliche und verfahrensrechtliche Rechtmäßigkeit der Entscheidung zur Überprüfung stellen[10]. Ferner können ggf. die Beteiligungsrechte nach Art. 7 und 8 AK eine Klagebefugnis nach Art. 9 Abs. 2 AK (sog. Opt-in-Klausel) begründen. Die Vorschriften der Aarhus-Konvention über die Öffentlichkeitsbeteiligung (Art. 6-8 AK) haben aber für die Organe und Einrichtungen der EG nur eine begrenzte Bedeutung.

Dies gilt insbesondere für die Öffentlichkeitsbeteiligung bei Genehmigungsverfahren über Anlagen der Liste 1 nach Art. 6 Abs. 1 Buchst. a AK, für deren Zulassung nach den einschlägigen Richtlinien die Mitgliedstaaten und nicht die Gemeinschaftsorgane zuständig sind. Dies erklärt, weshalb der Verordnungsvorschlag in diesem Bereich keinerlei Regelung trifft. Gleichwohl gibt es Ansatzpunkte für EG-Regelungen.

Dies gilt zunächst für Art. 6 Abs. 11 AK, der eine Öffentlichkeitsbeteiligung auch bei der Zulassung der Freisetzung gentechnisch veränderter Organismen (GVO) in die Umwelt vorsieht, allerdings nur nach Maßgabe des innerstaatlichen Rechts im machbaren und angemessenen Umfang[11]. Nach Art. 18 der Richtlinie 2001/18 erfolgt die Entscheidung über die Zulassung von GVO unter bestimmten Voraussetzungen durch die Kommission im Regelungsausschußverfahren. Dabei handelt es sich in der Sache um einen Einzelakt. Daß die Entscheidung im Regelungsausschußverfahren, in dem ggf. auch Rechtsetzungsakte beschlossen werden können, getroffen wird, macht die Entscheidung noch nicht zu einem Rechtsetzungsakt. Art. 24 RL 2001/18 sieht im Gemeinschaftsverfahren eine Öffentlichkeitsbeteiligung vor, die zwar inhaltlich hinter den Anforderungen der Aarhus-Konvention (Art. 6 Abs. 2-9) zurückbleibt, aber doch als Ansatz für die Eröffnung von Klagerechten hätte dienen können. Allerdings ist zu berücksichtigen, daß die Entscheidung über

10 *Fisahn*, Effektive Beteiligung solange noch alle Optionen offen sind – Öffentlichkeitsbeteiligung nach der Aarhus-Konvention, ZUR 2004, 136 (140); mißverständlich *von Danwitz*, Aarhus-Konvention: Umweltinformation, Öffentlichkeitsbeteiligung, Zugang zu den Gerichten, NVwZ 2004, 272 (276, 278 f.) („Verletzung des Beteiligungsrechts").

11 Vgl. VO-Vorschlag, Begr. S. 13 f.

die Zulassung der Vermarktung von GVO im Regelungsausschußverfahren nach Art. 18 RL 2001/18 zwar inhaltlich die eigentliche Zulassung vorwegnimmt, diese jedoch formal – mit absoluter Bindung an die Kommissions- bzw. Ratsentscheidung – vom betreffenden Mitgliedstaat erteilt wird. Zur Annahme einer unmittelbaren Betroffenheit im Sinne von Art. 230 Abs. 4 EGV käme man daher nur, wenn man in Parallele zu einer für EG-Verordnungen vertretenen Auffassung Unmittelbarkeit bejaht, weil sich die Handlung des Mitgliedstaats auf den technischen Vollzug beschränkt[12]. Dieses Problem besteht aber nicht in Bezug auf die VO Nr. 1829/2003 über genetisch veränderte Lebens- und Futtermittel, die ein gemeinschaftsrechtliches Zulassungsverfahren mit Öffentlichkeitsbeteiligung vorsieht (Art. 7). Da auch die Vermarktung von GVO-Lebensmitteln eine Freisetzung darstellt (oder jedenfalls darstellen kann), wäre auch hier Art. 6 Abs. 11 in Vbg. mit Art. 9 Abs. 2 AK anwendbar. Allerdings ist einzuräumen, daß Art. 6 Abs. 11 AK den Vertragsstaaten einen weiten Spielraum („nach ihrem innerstaatlichen Recht im machbaren und angemessenen Umfang"!) gewährt und die Haltung der Kommission, insoweit die internationale Entwicklung abwarten zu wollen[13], verständlich erscheint.

Es hätte auch Anlaß bestanden, zu prüfen, ob nicht hinsichtlich anderer stoffrechtlicher Zulassungsverfahren, für die die Kommission zuständig ist – gegenwärtig die Wirkstoffzulassung nach den Richtlinien über Pflanzenschutzmittel (RL 91/414, Art. 6 Abs. 1) und Biozide (RL 98/8, Art. 11 Abs. 4) –, eine Öffentlichkeitsbeteiligung nach Maßgabe von Art. 6 Abs. 1 Buchst. b AK und entsprechende Klagerechte nach Art. 9 Abs. 2 AK hätten vorgesehen werden sollen. Allerdings handelt es sich hier um Einzelentscheidungen in Form einer Richtlinie, so daß das Merkmal der Unmittelbarkeit (und individuellen Betroffenheit) wiederum Probleme aufwirft. Richtlinien sind jedoch wie Entscheidungen anfechtbar, wenn sie in der Sache Entscheidungen darstellen und die Mitgliedstaaten keinen Entscheidungsspielraum besitzen[14]. Folgerichtig stellt sich dann auch die Frage nach der Einräumung von Öffentlichkeitsbeteiligung und Klagerechten. Dies ist nach der Aarhus-Konvention davon abhängig, ob Inverkehrbringen und Verwendung von Pflanzenschutzmitteln und Bioziden mit erheblichen Auswirkungen auf die Umwelt verbunden sind. Wenngleich die Vertragsstaaten hier einen weiten Ermessensspielraum besitzen, wäre ein völliger Ausschluß der Öffentlichkeitsbeteiligung (und damit auch des Klagerechts) im Anwendungsbereich des Art. 6 Abs. 1 Buchst. b AK unzulässig[15].

Es ist allerdings alles andere als klar, daß es sich überhaupt um „Tätigkeiten" im Sinne des Art. 6 AK handelt. Hiergegen läßt sich in systematischer Sicht einwenden, daß die Bezugnahme auf „nicht in Anhang I aufgeführte geplante Tätigkeiten" anlagenbezogen zu verstehen sei. In der Tat beschränkt sich die Liste des Anhangs I

12 EuGH, Dreyfus, Slg. 1998, I-2309 Rn. 43; EuG, Rica Foods, Slg. 2002, II-113 Rn. 37; Antillean Rice Mills, Slg. 1995, II-2305 Rn. 63; *Schwarze*, in: ders. (Hg.), EU-Kommentar, 2000, Art. 230 Rn. 35.

13 VO-Vorschlag, Begr. S. 14.

14 EuGH, Asocarne, Slg. 1995, I-4149 Rn. 29 ff.; EuG, Salamander, Slg. 2000, II-2487 Rn. 27 ff.; EuG, Pfizer Animal Health, Slg. 2002, II-3305 Rn. 84, 86-106; *Rengeling*, Beteiligungsrechte bei Entscheidungen zu stoffbezogenen Regelungen auf EU-Ebene, 2002, S. 29, 81 f., 89; *Cremer*, Individualrechtsschutz gegen Richtlinien, EuZW 2001, 453 (454).

15 Vgl. *Stec/Casey-Lefkowitz*, The Aarhus Convention: An Implementation Guide, United Nations, 2000, S. 93; *Epiney* (Fn. 1), S. 178.

auf industrielle Anlagen, Abfallbeseitigungsanlagen und bestimmte Infrastrukturanlagen. Jedoch dürfte sich aus Art. 9 Abs. 11 AK, der die Freisetzung gentechnisch veränderter Organismen erfaßt, ergeben, daß der Tätigkeitsbegriff der Konvention nicht notwendig anlagenbezogen ist[16]. Die Einbeziehung solcher Tätigkeiten in die Öffentlichkeitsbeteiligung würde zur Eröffnung der Klagemöglichkeit nach Art. 9 Abs. 2 AK führen, sofern dies nach EG-Recht vorgesehen ist. Nach der vertretbaren Auffassung der Europäischen Kommission[17] kommt allerdings die Anwendung der Art. 6 Abs. 1 Buchst. b, 9 Abs. 2 AK schon deshalb nicht in Betracht, weil Wirkstoffzulassungen für sich keine erheblichen schädlichen Umweltauswirkungen haben können; erst die Zulassung des formulierten Pflanzenschutzmittels oder Biozids ermöglicht eine Anwendung im offenen System Umwelt.
Ein weiteres Anwendungsfeld für Art. 6 Abs. 1 Buchst. b, 9 Abs. 2 AK dürfte sich eröffnen, wenn die geplante grundlegende Reform des Chemikalienrechts der EG durch die Verordnung über die Registrierung, Bewertung, Zulassung und Beschränkung chemischer Stoffe (REACH-Verordnung)[18], die gegenwärtig von den Organen der EG beraten wird, in Kraft tritt. Der VO-Vorschlag sieht in bezug auf wichtige Einzelentscheidungen der EG-Organe wie die Aufnahme von Stoffen in die Liste des Anhang XIII zur Auslösung der Zulassungspflicht und die Entscheidung über die Zulassung selbst eine Öffentlichkeitsbeteiligung vor (Art. 55 Abs. 4, Art. 61 Abs. 2, 3) vor. Jedenfalls die Zulassung von gefährlichen Stoffen könnte eine Entscheidung über eine Tätigkeit mit erheblichen Umweltauswirkungen darstellen, so daß die Öffentlichkeitsbeteiligung durch Art. 6 Abs. 1 Buchst. b AK geboten und sodann auch zu prüfen wäre, ob ein Klagerecht nach Art. 9 Abs. 2 AK in Betracht kommt.

II. Pläne und Programme

Die Regelungen über die Öffentlichkeitsbeteiligung hinsichtlich Plänen und Programmen (Art. 7 Abs. 1-3 AK) sollen durch Art. 8 VO-Vorschlag – mit einer eigenen Definition, die Finanzierungsprogramme ausschließt – umgesetzt werden. Entsprechende Regelungen für den Rechtsschutz fehlen im VO-Vorschlag. Art. 9 Abs. 2 VO-Vorschlag bezieht sich ausdrücklich nur auf Verwaltungsakte und deren Unterlassung. Es ist allerdings von vornherein zweifelhaft, ob die Aarhus-Konvention in Anknüpfung an Art. 7 unmittelbaren Rechtsschutz gegen Pläne und Programme fordert. Zum Teil wird die Auffassung vertreten, daß auch Pläne und Programme von Art. 9 Abs. 2 AK erfaßt seien, weil Entscheidungen im Sinne dieser Vorschrift auch solche genereller Natur seien und die Vorschrift auch auf Entscheidungen Bezug nehme, für die „sonstige einschlägige Bestimmungen" der Konvention, nämlich Art. 7 und 8 AK, gelten. Insoweit würde allerdings, wenn Rechtsschutz nicht bereits nach innerstaatlichem Recht vorgesehen ist, nur das Opt-in-Verfahren in Betracht kommen[19]. Diese Frage kann aber offen bleiben, weil es sich bei den in der Praxis

16 Vgl. *Stec/Casey-Lefkowitz* (Fn. 15), S. 112.
17 VO-Vorschlag, Begr. S. 14.
18 KOM (2003) 644 endg.

der Umweltpolitik erheblichen Plänen und Programmen regelmäßig um rein behördeninterne Akte handelt (z.B. die Umweltaktionsprogramme und spezielle Fachprogramme der Kommission). Nach der Natur der Sache kommt verwaltungsgerichtlicher Rechtsschutz nur bei Plänen und Programmen in Betracht, die gegenüber Dritten verbindlich sind. Jedenfalls zwingt die Aarhus-Konvention nicht zu weitergehendem Rechtsschutz.

III. Exekutivische Rechtsvorschriften

Darüber hinaus lässt sich die Frage stellen, ob die Aarhus-Konvention auch die Begründung von Klagerechten gegen umweltrechtliche Entscheidungen der Kommission im Regelungsausschußverfahren im Wege delegierter Gesetzgebung gebietet. Hier kommt wiederum die Opt-in-Klausel nach Art. 9 Abs. 2 AK in Betracht. Alternativ gilt Art. 9 Abs. 3 AK. Diese „Auffangnorm" soll – allerdings mit schwachem, in einzelnen strittigen Verbindlichkeitsgrad – der Öffentlichkeit über Art. 9 Abs. 1, 2 AK hinaus Zugang zu den Gerichten eröffnen. Ob exekutivische Rechtsvorschriften aber überhaupt Entscheidungen bzw. Handlungen und Unterlassungen im Sinne dieser Vorschriften sein können, läßt sich aus dem Wortlaut des Art. 9 Abs. 2 AK nicht ohne weiteres entnehmen. Systematisch könnte man argumentieren, daß Art. 9 Abs. 2 AK den Begriff „Entscheidungen, Handlungen und Unterlassungen" für Einzelfallentscheidungen reserviere. Im Hinblick darauf, daß die Signatarstaaten in Art. 8 AK ohnehin keine strikte Verpflichtung eingegangen sind, erscheint dieses Ergebnis auf den ersten Blick auch bei wertender Betrachtung sachgerecht. Diese Interpretation ist jedoch nicht überzeugend, weil sonst die Bezugnahme auf Entscheidungen, für die „sonstige einschlägige Bestimmungen" der Konvention gelten, jeden Sinn verlöre. Art. 9 Abs. 2 AK muß auch für exekutivische Rechtsvorschriften sowie Pläne und Programme gelten, weil die sonstigen einschlägigen Bestimmungen der Konvention nur solche sein können, die nicht in Art. 6 AK in bezug auf Einzelentscheidungen niedergelegt sind. Auf der Grundlage von Art. 9 Abs. 2 AK ist allerdings nur die dort geregelte Opt-in-Klausel anwendbar, so daß die Auslegung des Vorbehalts des innerstaatlichen Rechts entscheidend ist.

Nach Art. 8 AK bemüht sich jede Vertragspartei, eine effektive Öffentlichkeitsbeteiligung während der durch Behörden erfolgenden Vorbereitung exekutivischer Vorschriften und sonstiger allgemein anwendbarer rechtsverbindlicher Bestimmungen, die eine erhebliche Auswirkung auf die Umwelt haben, zu fördern. Die sich aus Art. 8 AK ergebenden Verpflichtungen sind jedoch so weich formuliert, daß sich aus ihnen keine Rechtsverbindlichkeit ergibt. Solange Rechtsakte der EG keine Öffentlichkeitsbeteiligung vorsehen, kann Art. 9 Abs. 2 AK überhaupt nicht eingreifen. Bisher ist eine Öffentlichkeitsbeteiligung bei exekutivischer Rechtssetzung im EG-Umweltrecht in der Regel nicht vorgesehen. Das hier anwendbare Komitologieverfahren (Ratsbeschluß 1999/468) folgt dem Expertenmodell und ist daher grundsätzlich partizipationsfeindlich, mögen auch in der Praxis gewisse tatsächliche Möglichkeiten der Einwirkung der Verbände auf die Meinungs- und Willensbildung

19 Vgl. *Stec/Casey-Lefkowitz* (Fn. 15), S. 115.

des Regelungsausschusses bestehen[20]. Es ist aber darauf hinzuweisen, daß nach dem Vorschlag der REACH-Verordnung bei Verboten und Beschränkungen von gefährlichen Stoffen, die durch Verordnungen der Kommission im Regelungsausschußverfahren ergehen, nunmehr eine Öffentlichkeitsbeteiligung vorgesehen ist (Art. 66 Abs. 3). Daher wird künftig zu prüfen sein, ob auch Klagemöglichkeiten vorzusehen sind.

D. Rechtsschutz bei Verletzung von EG-Umweltrecht

I. Der Verordnungsvorschlag der Kommission

Art. 9 Abs. 3 AK enthält eine weitere Vorschrift über den Zugang der Öffentlichkeit, insbesondere der Umweltverbände, zu den Gerichten zum Zwecke der Überprüfung von umweltrelevanten Entscheidungen und deren Unterlassung. Diese Regelung knüpft nicht an die Gewährung von Öffentlichkeitsbeteiligung nach der Konvention, also insbesondere Art. 6 oder ggf. auch Art. 7 und 8 AK an, sondern zielt allgemein auf eine gerichtliche Kontrolle von Entscheidungen auf ihre Vereinbarkeit mit dem nationalen Umweltrecht ab. Nach den obigen Darlegungen ist für die Organe und Einrichtungen der EG in erster Linie, wenngleich nicht ausschließlich, diese Vorschrift und nicht Art. 9 Abs. 2 AK erheblich[21].

Die einschlägigen Regelungen der Aarhus-Konvention sollen in Art. 9-13 des VO-Vorschlags umgesetzt werden. Art. 9 Abs. 1 VO-Vorschlag sieht ein verwaltungsinternes Überprüfungsverfahren (Widerspruchsverfahren) vor, das von qualifizierten Einrichtungen, d.h. anerkannten Umweltverbänden in Gang gesetzt werden kann. Die Widerspruchsbefugnis setzt nicht die Geltendmachung eines ausreichenden Interesses oder der Beeinträchtigung eines Rechts voraus; erforderlich ist vielmehr nur, daß der Umweltverband anerkannt worden ist und der Gegenstand, für den eine Überprüfung beantragt wird, in den Tätigkeitsbereich des Verbandes fällt (Art. 10 VO-Vorschlag). Art. 12 und 13 VO-Vorschlag stellen inhaltliche Anforderungen an die Anerkennung und das Verfahren der Anerkennung. Insbesondere muß es sich um unabhängige und gemeinnützige juristische Personen handeln, die innerhalb eines Zeitraums von mehr als zwei Jahren satzungsgemäß auf EG-Ebene aktiv für den Umweltschutz eingetreten sind. Die Rügebefugnis (der Umfang der Nachprüfbarkeit) ist weit. Nach Art. 11 VO-Vorschlag kann die anerkannte Umweltorganisation gegen die Widerspruchsentscheidung gemäß Art. 230 Abs. 4 EGV Klage beim Europäischen Gerichtshof erheben, um die materiellrechtliche und verfahrensrechtliche Rechtmäßigkeit der Widerspruchsentscheidung überprüfen zu lassen. Ferner erkennt der VO-Vorschlag eine Unterlassungsbeschwerde gemäß Art. 232 Abs. 3 EGV an (Art. 11 Abs. 2).

20 Vgl. *Joerges*, Zusammenfassung und Perspektiven: „Gutes Regieren im Binnenmarkt“, in: Joerges/Falke (Hg.), Das Ausschußwesen der Europäischen Union, 2000, S. 349 (359 ff.); *Rengeling* (Fn. 14), S. 24; Kommission, Weißbuch „Europäisches Regieren“, KOM (2001) 448, S. 5 ff., 13 ff.

21 Vgl. VO-Vorschlag, Begr. S. 16 f.

Die Abstützung auf Art. 9 Abs. 3 AK[22] erscheint – vorbehaltlich der Ausführungen zu III 2 – zutreffend. In bezug auf supranationale Organisationen als Vertragsparteien wie die EG muß die Bezugnahme von Art. 9 Abs. 3 AK auf das innerstaatliche Recht als Bezugnahme auf das EG-Recht verstanden werden. Die EG hat nach Art. 9 Abs. 3 AK die Befugnis, die Voraussetzungen für die Klagebefugnis zu definieren. Im übrigen räumt Art. 2 Nr. 5 AK den Vertragsparteien auch einen Definitionsspielraum für den Begriff der betroffenen Öffentlichkeit ein. Andererseits geht die Regelung des VO-Vorschlags über das nach Art. 9 Abs. 3 AK Gebotene hinaus, weil diese Vorschrift – im Gegensatz zu Art. 9 Abs. 1 AK – die Vorschaltung eines Widerspruchsverfahrens nicht gebietet.

Was die vom VO-Vorschlag betroffenen Entscheidungen der Organe und Einrichtungen der EG angeht, beschränkt sich der Vorschlag auf Verwaltungsakte. In Betracht kommen Verwaltungsakte im Bereich des Rechts der gefährlichen Stoffe und GMO, wie z.B. über die Einstufung gefährlicher Stoffe, die Zulassung von Wirkstoffen[23] und die Zulassung von Lebensmitteln und Futtermitteln, die GMO enthalten oder unter Verwendung von GMO hergestellt sind. Die Einführung eines gemeinschaftsrechtlichen Zulassungsverfahrens für gefährliche Stoffe nach dem Vorschlag der REACH-Verordnung (Art. 52 ff.) wird den Anwendungsbereich der Widerspruchs- und Klagerechte der Verbände erheblich ausweiten. Der Entwurf der REACH-Verordnung enthält in den Art. 85 ff. Regelungen über die Einrichtung eines Widerspruchsverfahrens gegen im einzelnen genannte Entscheidungen (Entscheidungen im Rahmen der Forschungsausnahme, über den Zugang zu den Daten eines Erstanmelders, über die Verpflichtung zur Durchführung von Versuchen und zu weiteren Informationen während der Bewertung und über Informationszugang). Für Zulassungsentscheidungen soll das Widerspruchsverfahren nicht gelten. Die Widerspruchsbefugnis wird auf Adressaten beschränkt (Art. 88 Vorschlag der REACH-Verordnung). Hinsichtlich der Klagebefugnis wird deklaratorisch auf Art. 230, 232 EGV verwiesen. Diese Regelung ist noch nicht mit dem VO-Vorschlag zur Umsetzung der Aarhus-Konvention abgestimmt. Bemerkenswert ist, daß die Widerspruchs- und Klagerechte der Verbände nach dem VO-Vorschlag über die Rechte hinausgehen würden, die der Entwurf der REACH-Verordnung den direkt betroffenen Unternehmen einräumt[24].

II. Vereinbarkeit mit Art. 230 Abs. 4 EGV

Die eigentlich kritische Frage geht dahin, ob die vorgesehene Neuregelung einer Beschwerde- und Klagebefugnis der Verbände mit der primärrechtlichen Verankerung der Klagebefugnis einzelner gegen Rechtsakte der EG mit Art. 230 Abs. 4 EGV vereinbar ist. Es kommt dabei insbesondere darauf an, ob die Festlegung der Vor-

22 VO-Vorschlag, Begr. S. 16 f.

23 Vgl. oben III 1 mit Fn. 14.

24 Zu den Rechtsschutzproblemen aus der Sicht der betroffenen Unternehmen s. *von Holleben/Scheidmann*, Rechtsschutz im Europäischen Chemikalienrecht – Ein Beitrag zur geplanten Chemikalienverordnung der EU, EuZW 2004, 262.

aussetzungen der Verbandsklage über die bisherige Rechtsprechung des EuGH zur Interpretation der Vorschrift hinausgeht.

Nach Art. 130 Abs. 4 EGV kann jede natürliche oder juristische Person gegen einen Verwaltungsakt der Gemeinschaftsorgane Klage erheben, der sie unmittelbar und individuell betrifft. Die hier maßgeblichen Kriterien sind vom Europäischen Gerichtshof in der Plaumann-Entscheidung aus dem Jahre 1963[25] entwickelt worden, die trotz mancher Verfeinerung auch heute maßgeblich ist. Eine unmittelbare Betroffenheit liegt danach vor, wenn die beanstandete Maßnahme der Gemeinschaft sich auf die Rechtsstellung des Klägers unmittelbar auswirkt, d.h. keiner Umsetzungsmaßnahme mehr bedarf. Individuelle Betroffenheit ist dann gegeben, wenn der Verwaltungsakt an den Kläger adressiert ist oder wenn er ihn aufgrund bestimmter persönlicher Eigenschaften oder besonderer ihn aus dem Kreis aller übrigen Personen heraushebender Umstände berührt und daher in ähnlicher Weise individualisiert wie einen Adressaten[26]. Dabei spielt das Merkmal der individuellen Betroffenheit eine weitaus wichtigere Rolle als das der Unmittelbarkeit. Es ist auch das bei Verbandsklagen in der Auslegung umstrittene, so daß im folgenden insbesondere auf dieses Merkmal einzugehen ist. In der Rechtsprechung des Europäischen Gerichtshofs und des Gerichts erster Instanz wird eine individuelle Betroffenheit von Verbänden im Bereich des Umweltschutzes im Grundsatz verneint, da im Rechtsschutzsystem des EG-Vertrages für Klagerechte einzelner oder von Verbänden im öffentlichen Interesse kein Platz ist[27].

Der Europäische Gerichtshof hat eine Abkehr von der engen Konzeption der Klagebefugnis im Gemeinschaftsrecht im Fall Greenpeace[28] ausdrücklich abgelehnt. In diesem Fall ging es um die Klage von Greenpeace und verschiedener natürlicher Personen aus Großbritannien gegen eine Entscheidung der Kommission, Spanien eine finanzielle Unterstützung aus dem Europäischen Regionalfonds zum Bau von Elektrizitätswerken auf den Kanarischen Inseln zu gewähren. Die Kläger hielten die Entscheidung über die Mittelgewährung für rechtswidrig, da zum Zeitpunkt der Gewährung der Mittel die Umweltverträglichkeit des Projekts von den zuständigen Behörden noch nicht festgestellt worden war. Das Gericht erster Instanz[29] wandte entgegen der Auffassung der Kläger die Plaumann-Formel auch auf nichtwirtschaftliche Sachverhalte an. Eine individuelle Betroffenheit der Kläger wurde daher mangels eigener Beteiligtenstellung im Verfahren und eines eigenen Interesses im Sinne der Rechtsprechung abgelehnt.

Generalanwalt *Cosmas* plädierte in seinen Schlußanträgen im Rechtsmittelverfahren[30] zwar für eine Auflockerung der Rechtsprechung zur individuellen Betroffenheit bei umweltbezogenen Klagen von Einzelpersonen, lehnte aber eine Abkehr von

25 EuGH, Plaumann, Slg. 1963, 211 (238).
26 Vgl. EuGH, Unión de Pequeños Agricultores, Slg. 2002, I-6677 Rn. 36; Greenpeace, Slg. 1998, I-1651 Rn. 28.
27 EuG, Federolio, Slg. 1997, II-1559 Rn. 69; Greenpeace, Slg. 1995, II-2205 Rn. 27 ff.; *Ahrens*, Die Klagebefugnis von Verbänden im Europäischen Gemeinschaftsrecht, 2002, S. 205 ff.
28 Slg. 1998, I-1651 Rn. 27 ff.
29 Slg. 1995, II-2205 Rn. 51 ff., 59 ff.
30 Slg. 1998, I-1651 Rn. 99 ff., 114 ff.

der bisherigen Rechtsprechung bei Verbandsklagen unter Hinweis auf die Grenzen richterlicher Rechtsfortbildung ab. Der Europäische Gerichtshof[31] wies das Rechtsmittel unter Bezugnahme auf die erstinstanzliche Entscheidung und damit auf die herkömmlichen Kriterien der Klagebefugnis nach Art. 230 Abs. 4 EGV zurück. Mit den Folgerungen, die die Kläger aus der kollektiven Natur des Umweltschutzes für die Klagebefugnis gezogen hatten, setzte er sich im einzelnen nicht auseinander, wies aber darauf hin, daß die Beschwer der Kläger nicht so sehr in der Finanzierungsentscheidung, sondern im Unterlassen der Durchführung einer UVP liege; hiergegen könne Rechtsschutz vor den nationalen Gerichten in Anspruch genommen werden. Im Gegensatz zu den Klägern bejahte er also die Möglichkeit jedenfalls mittelbaren Rechtsschutzes gegen die Genehmigungsentscheidung der Kommission vor nationalen Gerichten. Die spätere Rechtsprechung des Europäischen Gerichtshofs zeigt, daß insoweit jegliche Möglichkeit eines nationalen Rechtsschutzes, auch eines solchen mittelbarer Art gemeint ist, im übrigen aber die mangelnde Verfügbarkeit nationalen Rechtsschutzes ohnehin nicht geeignet ist, die Klagebefugnis nach Art 230 Abs. 4 EGV zu erweitern[32].

Die Entscheidung hat viel Kritik hervorgerufen[33]. Die Rechtsprechung hat in der Tat zur Folge, daß die Aussichten auf Zulässigkeit einer Nichtigkeitsklage sinken, je mehr Personen von der Gemeinschaftsentscheidung betroffen sind. Auch macht sie deutlich, daß es verschiedene Standards für die rechtliche Kontrolle von Umweltverstößen der EG und der Mitgliedstaaten gibt, wobei an die Mitgliedstaaten weit strengere Maßstäbe angelegt werden. Die vom Europäischen Gerichtshof zugrunde gelegten unmittelbaren und mittelbaren Rechtsschutzmöglichkeiten erscheinen jedenfalls bei umweltbezogenen Finanzentscheidungen der EG lückenhaft. Nichtigkeitsklagen der Mitgliedstaaten, die nach Art. 230 Abs. 2 EGV an sich zulässig sind, dürften mangels wirtschaftlichen Interesses an einem solchen Vorgehen nicht zu erwarten sind. Für Klagen von einzelnen und Verbänden kommt theoretisch ein mittelbarer Rechtsschutz, etwa in Form einer Konkurrentenklage oder einer Klage des Empfängers einer Beihilfe gegen Sanktionen wegen Verletzung der Beihilfevorschriften, in Betracht. Hierbei handelt es sich jedoch nur um eine entfernte Möglichkeit. All dies hat zur Folge, daß ihrer Natur nach kollektive Interessen wie der Umweltschutz regelmäßig nicht im Wege der Nichtigkeitsklage geltend gemacht werden können.

31 Slg. 1998, I-1651 Rn. 27 ff.

32 EuGH, Ueil v. 1. 4. 2004, Rs. C-263/02 P, Jego Queré, noch nicht in Slg., abgedr. EuZW 2004, 343 Rn. 43 f.; Unión de Pequeños Agricultores, Slg. 2002, I-6677 Rn. 44.

33 *Wegener,* Keine Klagebefugnis für Greenpeace und 18 andere, ZUR 1998, 131; *ders.*, Gemeinwohl und Gemeinschaftsgerichtsbarkeit -Überlegungen zur gerichtlichen Verteidigung von Gemeininteressen im ius commune, ZEuS 1998, 183 (195 ff.); *Arnull*, Private applicants and the action for annulment since Codorniu, 38 CML Rev. 2001, 7 (48 ff.); *ders.*, Challenging Community Acts – An Introduction, in: Reich/Micklitz (Fn. 9), S. 39; *Gérard*, JEL 1996, 149; *Deimann*, ELNI News 1998/1, 39; *Jans/von der Heide*, Lückenhafter Individualrechtsschutz im Europäischen Umweltrecht – Eine Bestandsaufnahme der Rechtsprechung des EuGH, ZUR 2003, 390; *Ehlers*, Die Klagebefugnis nach deutschem, europäischem Gemeinschafts- und U.S.-amerikanischem Recht, VerwA 1993, 139 (153).

Daß der Europäische Gerichtshof seine Rechtsprechung zur Auslegung von Art. 230 Abs. 4 EGV in absehbarer Zukunft ändern wird, ist nicht zu erwarten[34]. Die viel diskutierte Kontroverse zwischen dem Gericht erster Instanz und dem Europäischen Gerichtshof in den Rechtssachen Jego-Queré und Union de Pequeños Agricultures[35] über die Klagebefugnis von Personen, die durch eine EG-Verordnung direkt betroffen sind, endete mit einer Bestätigung der Plaumann-Formel durch den Europäischen Gerichtshof und einer Rückkehr des Gerichts erster Instanz zu dieser Rechtsprechung. Allerdings war vor Ratifizierung der Aarhus-Konvention durch die EU auch nicht damit zu rechnen, daß die Konvention Einfluß auf die Rechtsprechung haben könnte. Es ist sicherlich auch richtig, daß das Rechtsschutzsystem der EG in seiner Gesamtheit, d.h. mit den beiden Komponenten europäische Gerichtsbarkeit und nationale Gerichtsbarkeit, gesehen werden muß. Ein Gleichklang hinsichtlich des Gerichtszugangs erscheint nicht zwingend, wenn nur der Rechtsschutz in seiner Gesamtheit den Anforderungen der Konvention entspricht.

Auch von der Neufassung des Art. 230 Abs. 4 EGV durch den Vertrag über eine Verfassung für Europa in Art. III-365 Abs. 4 und 5 ist keine erhebliche Änderung der Rechtslage zugunsten der Umweltverbände zu erwarten, da am Erfordernis der unmittelbaren und individuellen Betroffenheit festgehalten wird und nur eine Klarstellung, vielleicht auch gewisse Ausweitung beim Rechtsschutz gegen Verordnungen erfolgt[36].

Im Ergebnis ist daher festzustellen, daß nach gegenwärtiger Auslegung des Art. 230 Abs. 4 EGV Umweltverbände allein wegen Verletzung von Umweltinteressen nicht klagebefugt sind. Gleichwohl bedeutet dies nicht, daß die Umsetzung des Verbandsklagemodells der Aarhus-Konvention im EG-Recht ausgeschlossen ist. Es sind nämlich in der Rechtsprechung besondere Fallgestaltungen anerkannt, in denen eine Verbandsklage zugelassen wird.

Zum einen erkennt die Europäische Rechtsprechung die egoistische Verbandsklage grundsätzlich an. Wenn ein Verband an die Stelle eigenständig klagebefugter Mitglieder tritt (ohne daß es darauf ankommt, daß alle Mitglieder klagebefugt sind), wird die Klagebefugnis des Verbandes ohne weiteres bejaht[37]. Eine solche Prozeßstandschaft dürfte allerdings bei Umweltverbänden in der Regel daran scheitern, daß kein einzelnes Verbandsmitglied die Voraussetzungen der Klagebefugnis erfüllt. Zum anderen lässt sich die Klagebefugnis nach der Rechtsprechung aus einem eigenen Klageinteresse bzw. der Rolle der Vereinigung im Verwaltungsverfahren ablei-

34 So aber *Wegener*, Ein Silberstreif für die Verbandsklage am Horizont des europäischen Rechts, in: Cremer/Fisahn (Hg.), Jenseits der marktregulierten Selbststeuerung – Perspektiven des Umweltrechts, 1997, S. 183, 196 f.; *Lindner*, Zur Klagebefugnis natürlicher und juristischer Personen für Nichtigkeitsklagen gem. Art. 230 IV EG gegen EG-Verordnungen, NVwZ 2003, 569 (572); *Beckmann*, Rechtsschutz Drittbetroffener bei der Umweltverträglichkeitsprüfung, DVBl. 1991, 358 (364); a.M. *Ruffert*, Subjektive Rechte im Umweltrecht der Europäischen Gemeinschaft, 1996, S. 216 ff.

35 EuG, Unión de Pequeños Agricultores, Slg. 1999, II-3357; Jego Queré, Slg. 2001, II-585; EuGH, Unión de Pequeños Agricultores, Slg. 2002, I-6677; Jego Queré (Fn. 32).

36 Vgl. *Mayer*, Individualrechtsschutz im Europäischen Verfassungsrecht, DVBl. 2004, 606 (610 f.).

37 Vgl. *Epiney*, Gemeinschaftsrecht und Verbandsklage, NVwZ 1999, 485 (490); *Cremer*, in: Calliess/Ruffert (Hg.), EU-Vertrag und EG-Vertrag, 2. Aufl. 2002, Art. 230 Rn. 14; eingehend *Ahrens* (Fn. 27), S. 205 ff.

ten.[38] Eine klare Abgrenzung dieser beiden Aspekte zueinander besteht in der Rechtsprechung nicht. Man wird vielmehr davon ausgehen müssen, daß sich ein eigenes Interesse im Sinne der Rechtsprechung aus einer Verfahrensbeteiligung ergeben kann, so daß beide zum Teil als getrennte Fallgruppen angesehene Prüfungspunkte zusammenfallen[39]. Einzelne Entscheidungen lassen sich dahin verstehen, daß die Einräumung eines eigentlichen Beteiligungsrechts nicht erforderlich ist, es vielmehr ausreicht, wenn der Verband sich rein faktisch intensiv am Verfahren beteiligt hat. Nach anderen, insbesondere neueren Entscheidungen kommt es jedoch darauf an, daß dem klagenden Verband entweder durch eine Rechtsnorm ein qualifiziertes Beteiligungsrecht eingeräumt worden ist oder die Kommission ihn von sich aus beteiligt hat und er das Recht oder die Möglichkeit der Beteiligung substantiell wahrgenommen hat[40]. Im einzelnen lassen sich in der Rechtsprechung weitere Differenzierungen je nach Rechtsbereich und Art der Rechtsbeziehungen des Verbands zu den EG-Organen, insbesondere der Art des Verfahrensrechts (Antrags- oder Anhörungsrecht) und dessen Zweck, ausmachen[41]. So wird im Beihilfenrecht neuerdings zum Teil zusätzlich ein materielles Interesse des Klägers verlangt, während andererseits auch Klagerechte aufgrund Verfahrensbeteiligung im öffentlichen Interesse anerkannt werden[42]. Beteiligungsrechte, die zur Begründung von Klagerechten führen können, gibt es im gemeinschaftlichen Verwaltungsverfahrensrecht insbesondere im Bereich des Subventions-, Antidumping- und Wettbewerbsrechts, selten jedoch im Bereich des Umweltrechts, auch nicht bei den im Schrifttum diskutierten umweltbezogenen Subventionsentscheidungen. Zu nennen ist bisher eigentlich nur das Gentechnikrecht.

III. Grenzen für die sekundärrechtliche Begründung von Adressaten- und Beteiligungsklagen?

Die Kommission scheint der Auffassung zu sein, daß ein allgemeines Recht auf Zugang zur europäischen Gerichtsbarkeit in Umweltangelegenheiten für jede natürliche oder juristische Person eine Änderung der Art. 230 und 232 EGV erfordere, die nicht durch sekundäres Recht erfolgen kann, daß die Schaffung eines begrenzten Zugangsrechts für bestimmte Umweltorganisationen aber zulässig sei. Die Lösung des VO-Vorschlags läuft dabei darauf hinaus, durch Einrichtung des Widerspruchsverfahrens und Begründung von Widerspruchsbefugnissen bestimmter Umweltver-

38 Vgl. *Cremer*, in: Calliess/Ruffert (Fn. 37), Art. 230 Rn. 15; *Gaitanides*, in: von der Groeben/Schwarze (Fn. 9), Art. 230 Rn. 75, 94; *Booß*, in: Grabitz/Hilf (Hg.), Das Recht der Europäischen Union, Stand 23. Lfg. 2004, Art. 230 Rn. 71 ff.; *Stotz* (Fn. 9), Rn. 84, 92.

39 Vgl. EuG, Urteil v. 25. 5. 2004, Rs. T-264/03, Schmoldt, noch nicht in Slg., Rn. 131 f.

40 EuGH, van der Kooy, Slg. 1988, 219 Rn. 21; CIFRS, Slg. 1993, I-1125 Rn. 29 f.; EuG, BEMIM, Slg. 1995, II-147 Rn. 38 (tatsächliche Beteiligung); EuGH, FEDIOL, Slg. 1983, 2913 Rn. 28, 31; Rovigo, Slg. 1996, I-6664 Rn. 27 ff.; Jego Queré (Fn. 32), Rn. 47; EuG, Greenpeace, Slg. 1995, II-2205 Rn. 56, 63; Sociedade Agrícola dos Arinhos, Slg. 2001, II-585 Rn. 46; Rica Foods, Slg. 2002, II-113 Rn. 55 f.; Schmoldt (Fn. 39), Rn. 100, 134, 136 (Beteiligungsrecht erforderlich).

41 Dazu insbesondere *Ahrens* (Fn. 27), S. 112 ff., 149 ff., 164 ff., 208 ff.

42 EuGH, Comité d'entreprises de la Société française de production, Slg. 2000, I-3659 Rn. 41, 59 ff. einerseits; EuG, CCE de Vittel, Slg. 1995, II-1247 Rn. 43 ff. andererseits; vgl. *Ahrens* (Fn. 27), S. 188 ff., 193 f., 211 f.; *Stotz* (Fn. 9), Rn. 95.

bände eine Adressateneigenschaft dieser Verbände zu schaffen und damit die Vereinbarkeit mit Art. 230, 232 EGV zu wahren[43]. Die Frage ist, ob dies nicht eine Umgehung der genannten Vorschriften darstellt, die als typisierter Ausdruck unmittelbarer und individualisierbarer Betroffenheit auf die Adressateneigenschaft abstellen. Theoretisch könnte im „Adressatenmodell" das Sekundärrecht auf allen Gebieten des Gemeinschaftsrechts durch Einrichtung eines Widerspruchsverfahrens für jede natürliche und juristische Person eine umfassende Klagebefugnis nach Art. 230 und 232 EGV begründen. Im Lichte dieser Überlegungen liegt die Annahme nahe, daß das „Adressatenmodell" als alleiniger Ansatzpunkt vielleicht doch zu formal ist, um die sekundärrechtliche Verschaffung von Klagerechten zu legitimieren[44].

Das gleiche Problem stellt sich, wenn man nicht so sehr auf die Adressateneigenschaft der anerkannten Umweltverbände, sondern darauf abstellt, daß das Widerspruchsverfahren als eine Art nachgeschaltetes Verwaltungsverfahren mit partieller Öffentlichkeitsbeteiligung anzusehen ist. In der Tat sind qualitative Unterschiede zwischen der Zubilligung der Klagebefugnis bei Einräumung von Beteiligungsrechten im Verwaltungsverfahren und Einräumung einer Widerspruchsbefugnis kaum ersichtlich. Letztlich geht es in beiden Fällen um die Verbesserung der Qualität der Kommissionsentscheidung. Ob dies im eigentlichen Verwaltungsverfahren erfolgt oder ob den Verbänden zwar kein Beteiligungsrecht in diesem Verfahren, dafür aber ein Widerspruchsrecht in einem nachgeschalteten Überprüfungsverfahren eingeräumt wird, macht wohl keinen Unterschied. Das Widerspruchsverfahren gehört noch zum Verwaltungsverfahren, mag seine Durchführung auch Voraussetzung für das Klagerecht sein. Auch im letzteren Fall geht es nicht in erster Linie um die Begründung von Klagerechten über eine Hintertür, sondern darum, das Interesse und den Sachverstand der Verbände für eine Korrektur der Verwaltungsentscheidung einzusetzen. Auch aus der Aussage des Gerichts erster Instanz im Fall Greenpeace[45], daß Stellungnahmen eines Umweltverbandes zur Korrektur einer Entscheidung nach deren Erlaß keine Klagebefugnis begründeten, lassen sich keine gegenteiligen Schlüsse ziehen, da es dort an einem geregelten Widerspruchsverfahren fehlte.

Wie im Fall der Adressatentheorie läßt sich aber auch hinsichtlich der Begründung von Klagerechten über die Einräumung von Beteiligungs- oder Widerspruchsrechten die Frage stellen, ob dies nicht auf eine Popularbeteiligung hinausläuft, die die Begrenzungen des Gerichtszugangs in Art. 230 Abs. 4 EGV sekundärrechtlich aushebelt. Wie Art. 55 IV, 61 II, III des Vorschlags zur REACH-Verordnung zeigen, ist es nicht ausgeschlossen, im Bereich der Öffentlichkeitsbeteiligung an europäischen Verwaltungsverfahren Jedermannrechte zu begründen. Wenngleich hier das zusätzliche Erfordernis einer tatsächlichen Beteiligung als Filter für den Gerichtszugang wirkt, mag man bezweifeln, ob es im freien politischen Ermessen der Gemeinschaftsorgane steht, über die voraussetzungslose Einräumung von Beteiligungsrechten durch Sekundärrecht einen derart weitgehenden Zugang zur europäischen

43 Vgl. VO-Vorschlag, Begr. S. 16, 17.

44 Für unproblematisch hält dies *Dette*, ELNI News 2004/1, 21, 24 ff.; in der Tendenz wohl auch *Ahrens* (Fn. 27), S. 177 ff., 201, 209, 211.

45 Slg. 1995, II-2205 Rn. 61 ff.

Gerichtsbarkeit zu schaffen[46]. Entsprechendes muß folgerichtig für Widerspruchsverfahren gelten. Die Gerichte der EG hatten bisher noch keine Gelegenheit, zu diesem Fragenkomplex Stellung zu nehmen, da die bisher im Gemeinschaftsrecht niedergelegten Antrags- und Beteiligungsrechte diese Grundsatzfrage nicht aufgeworfen haben.

Es bedarf nach der hier vertretenen Auffassung – unter Anerkennung eines grundsätzlichen Ermessensspielraums der EG-Organe – materieller Kriterien zur Begrenzung des Klagerechts. Ansatzpunkte hierfür können die Komplexität der anstehenden Probleme, die Art des zu schützenden Interesses und die Verfügbarkeit von individuellem Rechtsschutz einerseits, die Legitimation der Personen, denen Verfahrensrechte eingeräumt werden, andererseits sein. Verfahrensbeteiligungen können, wie überwiegend im Bereich des Subventions-, Antidumping- und Wettbewerbsrechts, dem Schutz wirtschaftlicher Interessen dienen und in gedanklicher Nähe zur egoistischen Verbandsklage liegen. Sie können aber auch darauf abzielen, bei diffusen Interessen wie dem Umwelt- und Verbraucherschutz im Gemeinschaftsinteresse die Rationalität behördlicher Entscheidungen zu verbessern und zur Korrektur rechtswidriger Entscheidungen beizutragen[47]. Im letzteren Fall sind besondere Anforderungen an die Legitimation der Träger des Verfahrensrechts zu stellen; von diesen muß erwartet werden können, daß sie die ihnen zugedachte Funktion als Verwaltungshelfer zur Wahrung des Gemeinschaftsinteresses sachgerecht erfüllen. Solange die Verfahrensrechte nach sachlichen Kriterien sinnvoll begrenzt sind, wird man gegen die Lösung des VO-Vorschlags nichts einwenden können.

Festzuhalten bleibt, daß, auch wenn man der Adressatentheorie nicht folgt, sich der VO-Vorschlag mit der Parallelität der Einräumung von Klagerechten über Beteiligungsrechte und tatsächliche Beteiligung und solchen über den Zugang zum Widerspruchsverfahren begründen läßt. Durch Beschränkung des Widerspruchsrechts und demzufolge auch des Klagerechts auf in bestimmter Weise legitimierte Verbände erfolgt eine Eingrenzung der klageberechtigten Personen, die eine Aushöhlung des Art. 230 Abs. 4 EGV durch Quasi-Popularklagen vermeidet, aber auch der notwendigen Fortentwicklung des individuellen Rechtsschutzes im EG-Recht nicht im Wege steht[48].

46 Für unproblematisch halten dies *Ahrens* (Fn. 27), S. 210; *Schikhof*, Direct and Individual Concern in Environmental Cases, EELR 1998, 276 (280 f.); *Weatherill*, Public Interest Litigation in EC Competition Law, in: Micklitz/Reich (Fn. 9), S. 169, 176 ff.; a.M. wohl *Booß*, in: Grabitz/Hilf (Fn. 39), Art. 230 Rn. 75; vgl. auch *Schwarze*, Der Rechtsschutz Privater vor dem Europäischen Gerichtshof: Grundlagen, Entwicklungen und Perspektiven des Individualrechtsschutzes im Gemeinschaftsrecht, DVBl. 2002, 1297 (1307 ff.).

47 Vgl. *Ahrens* (Fn. 27), S. 188 ff.; *Pernice/Kadelbach*, Verfahren und Sanktionen im Wirtschaftsverwaltungsrecht, DVBl. 1996, 1100 (1103).

48 Vgl. *Cremer*, in: Callies/Ruffert (Fn. 37), Art. 230 Rn. 60, 60a; *Wegener*, ZeuS 1998 (Fn. 33), S. 83; *ders.*, ZUR 1998 (Fn. 33), S. 131; *Stotz* (Fn. 9), Rn. 95 ff.

IV. Vereinbarkeit mit Art. 9 Abs. 3 AK

Zweifelhaft könnte noch sein, ob die von der Kommission gewählte Kanalisierungslösung auch mit Art. 9 Abs. 3 AK vereinbar ist. Art. 9 Abs. 3 AK verpflichtet die Mitgliedstaaten, sicherzustellen, daß Mitglieder der Öffentlichkeit, sofern sie „etwaige, in ihrem innerstaatlichen Recht festgelegte Kriterien erfüllen", Zugang zu verwaltungsbehördlichen oder gerichtlichen Verfahren haben, um u.a. die von den Behörden vorgenommenen Handlungen und begangenen Unterlassungen anzufechten, die gegen umweltbezogene Bestimmungen des innerstaatlichen Rechts verstoßen. Die Tragweite dieser Vorschrift ist alles andere als klar, und dementsprechend herrscht über deren Auslegung erheblicher Streit. Während die einen die Bedeutung dieser Vorschrift herunterspielen und der Auffassung sind, daß Art. 9 Abs. 3 AK gänzlich zur Disposition der Vertragsparteien stehe und der im nationalen und europäischen Recht geregelte Gerichtszugang in Umweltangelegenheiten den Anforderungen der Aarhus-Konvention entspreche, sehen andere in Art. 9 Abs. 3 AK eine Regelung von besonderer Tragweite, die den Vertragsstaaten nur ein gewisses Ermessen hinsichtlich der Festlegung der Kriterien der Klagebefugnis einräume und zu einer Veränderung der Regeln des europäischen Rechts über die Klagebefugnis nötige; insbesondere wird der praktische Ausschluß von Verbandsklagen in Umweltangelegenheiten nach europäischem Recht für unvereinbar mit Art. 9 Abs. 3 AK angesehen[49].

Nun kann man sicherlich nicht in Abrede stellen, daß die „Auffangvorschrift" des Art. 9 Abs. 3 AK die Anforderungen an den Gerichtszugang weicher formuliert als etwa Art. 9 Abs. 2 AK. Während dort alternativ an das ausreichende Interesse oder die – allerdings weit zu verstehende – Rechtsverletzung angeknüpft wird, geht Art. 9 Abs. 3 AK davon aus, daß Mitglieder der Öffentlichkeit der Vertragsstaaten Gerichtszugang nur haben, „sofern sie etwaige in ihrem innerstaatlichen Recht festgelegte Kriterien erfüllen". Man kann hieraus nur folgern, daß die weiterreichenden Voraussetzungen, unter denen die Vertragsstaaten nach Art. 9 Abs. 2 Buchst. a AK Klagerechte begründen müssen, im Rahmen des Art. 9 Abs. 3 AK nicht gelten können. Andererseits sind der Zweck der Konvention, der Öffentlichkeit weitreichenden Gerichtszugang einzuräumen, sowie die Anerkennung der besonderen Rolle der Verbände als Teile der Öffentlichkeit bzw. der betroffenen Öffentlichkeit (Art. 2 Nr. 4, 5 AK) zu respektieren. Es muß daher Grenzen für das den Vertragsstaaten in Art. 9 Abs. 3 AK eingeräumte Ermessen geben. Diese kann man dahin kennzeichnen, daß eine Beschränkung der Klagebefugnis auf Adressaten von Verwaltungsakten sowie auf Personen oder Verbände, die von einem diskretionär eingeräumten Beteiligungsrecht Gebrauch machen, für sich nicht ausreicht, jedenfalls dann nicht, wenn die Beteiligungsrechte den Anforderungen des Art. 6 Abs. 1 Buchst. b AK nicht ent-

49 Im ersteren Sinne etwa *Epiney* (Fn. 1), S. 179 f.; *von Danwitz* (Fn. 10), S. 279; *Seelig/Gündling*, Die Verbandsklage im Umweltrecht – Aktuelle Entwicklungen und Zukunftsperspektiven im Hinblick auf die Novelle des Bundesnaturschutzgesetzes und supranationale und internationale rechtliche Vorgaben, NVwZ 2002, 1033 (1040); im letzteren Sinne *Dette*, ELNI News 2004/1, 21.

sprechen. Der VO-Vorschlag füllt allerdings – zumindest größtenteils – diese Lücke des europäischen Rechts aus.

Ob die EG darüber hinaus auch Individuen Beteiligungs- und/oder Klagerechte bei den oben genannten Entscheidungen einräumen muß, erscheint völlig offen. Das Europäische Parlament[50] hat vorgeschlagen, den VO-Vorschlag – abgesehen von der Einführung von Beteiligungsrechten mit Anhörungen im eigentlichen Verwaltungsverfahren – durch Widerspruchsrechte von Einzelpersonen anzureichern, die ein hinreichendes Interesse besitzen oder eine Rechtsverletzung geltend machen können. Eine Abgrenzung und Beschränkung des Kreises der Beteiligungs- und Klagebefugten läßt sich aber z.B. im Fall stoffrechtlicher Zulassungen dadurch kaum treffen. Dies gilt darüber hinaus allgemein im Bereich des Gesundheitsschutzes, wo der Vorschlag des Parlaments zum Tragen kommen würde[51]. Daher gibt es jedenfalls nach der Aarhus-Konvention m. E. keine durchschlagenden Einwände gegen die Beschränkung auf anerkannte Verbände im VO-Vorschlag.

V. Umfang der Nachprüfbarkeit

Die Lösung des VO-Vorschlags, die Klagebefugnis akzessorisch zum Widerspruchsverfahren auszugestalten, wirft allerdings Probleme hinsichtlich des Umfangs der Nachprüfbarkeit auf. Nach dem VO-Vorschlag bezieht sich das Rügerecht im gerichtlichen Verfahren auf die materiellrechtliche und verfahrensrechtliche Rechtmäßigkeit nicht der Ausgangsentscheidung, sondern der Überprüfungsentscheidung (Art. 11 Abs. 1). Über die Befugnisse der Überprüfungsbehörde wird nichts gesagt. Ob sie, wie dies Art. 89 Abs. 2 des Vorschlags der REACH-Verordnung ausdrücklich vorsieht, alle Befugnisse der Ausgangsbehörde besitzt oder nicht, bleibt unklar. Allerdings wird man davon ausgehen können, daß, wenn bestimmte Aspekte der Ausgangsentscheidung übergangen werden, auch insoweit eine Nichtigkeitsklage nach Art. 230 Abs. 4 EGV gemäß Art. 11 Abs. 1 VO-Vorschlag in Betracht kommt, weil und soweit eine Verletzung des sekundären EG-Rechts vorliegt. Das Problem liegt aber darin, daß der Europäische Gerichtshof im Hinblick auf die besondere Legitimation des Überprüfungsverfahrens die Kontrolldichte reduzieren könnte, woraus sich eine Art trichterförmiger Verengung des Umfangs der Nachprüfbarkeit ergeben könnte. Allerdings wird man dies nicht schon aus der Praxis schließen können, die sich bei der Überprüfung von Entscheidungen des Gerichts erster Instanz durch den Europäischen Gerichtshof herausgebildet hat. Erfahrungen mit der gerichtlichen Kontrolldichte bei Zwischenschaltung eines verwaltungsinternen Widerspruchsverfahrens gibt es bisher nur in begrenztem Umfang, insbesondere in bezug auf Entscheidungen ohne Ermessensspielraum der Agentur[52]. Sinnvoll wäre es bei dieser Sachlage, jedenfalls eine Art. 89 Abs. 2 REACH-Verordnung entsprechende Regelung in den VO-Vorschlag einzufügen, um klarzustellen, daß die

50 Beschluß vom 31. 3. 2004, PE TS-0238/2004, Art. 8-8b.
51 Vgl. EuG, Atomtest Muroroa, Slg 1995, II-3051 Rn. 74 f.
52 Vgl. *Dammann*, Die Beschwerdekammern der europäischen Agenturen, 2004, S. 41 ff., 119 ff., 127 ff.

Überprüfungsentscheidung in vollem Umfang an die Stelle der Ausgangsentscheidung tritt.

VI. Rechtsschutz gegen exekutivische Rechtsvorschriften

Nach der hier vertretenen Auffassung bezieht sich Art. 9 Abs. 2 AK auch auf den Rechtsschutz gegen umweltrechtliche Entscheidungen der Kommission im Regelungsausschußverfahren im Wege delegierter Gesetzgebung (oben III 3). Auch der Begriff der von Behörden „vorgenommenen Handlungen und begangenen Unterlassungen" in Art. 9 Abs. 3 AK kann nicht abweichend verstanden werden. Die Weglassung der „Entscheidungen" dürfte darauf beruhen, daß in Art. 9 Abs. 3 AK auch Private erfaßt sind. Es erscheint daher systematisch zwingend, auch Art. 9 Abs. 3 AK auf den Rechtsschutz hinsichtlich exekutivischer Rechtsvorschriften anzuwenden[53]. Sofern Klagerechte nicht in Anknüpfung an die Öffentlichkeitsbeteiligung im Opt-in-Verfahren nach Art. 9 Abs. 2 AK begründet werden, ist Art. 9 Abs. 3 AK maßgeblich. Wiederum ist dann die Einschränkung, daß der Vertragsstaat Kriterien für die Klagebefugnis im innerstaatlichen Recht festlegen kann, von entscheidender Bedeutung. Eine allgemeine Verpflichtung, gegen jede exekutivische Rechtsnorm eine Normenkontrollklage, insbesondere für Umweltverbände, zu eröffnen, wird man aus der Aarhus-Konvention nicht entnehmen können. Es muß grundsätzlich lediglich gewährleistet sein, daß die Verbände in der Lage sind, die materiellrechtliche und verfahrensrechtliche Rechtmäßigkeit von Verordnungen und ggf. auch Richtlinien der Kommission mittelbar geltend zu machen, indem sie die betreffenden Vollzugsakte anfechten. Hierbei dürfte auch Rechtsschutz vor den nationalen Gerichten ausreichen, soweit nicht die Kommission, sondern die Mitgliedstaaten zum Vollzug ermächtigt sind. Bei Verordnungen, die eines eigentlichen Vollzugs nicht bedürfen, widerspricht es allerdings dem in der Aarhus-Konvention angelegten Gebot effektiven Rechtsschutzes (Art. 9 Abs. 4), den Kläger auf die Anfechtung von Entscheidungen über die Verhängung von Sanktionen gegen Zuwiderhandlungen zu verweisen[54] – ganz abgesehen davon, daß man sich insoweit schwer eine Verbandsklage vorstellen kann. Hier könnte die Aarhus-Konvention in der Tat zu einer Ausweitung der strengen Anforderungen an die Zulässigkeit von Nichtigkeitsklagen direkt gegen Verordnungen nötigen.

53 Vgl. *Stec/Casey-Lefkowitz* (Fn. 15), S. 122, 128.
54 Vgl. aber EuGH, Safalero, Slg. 2003, I-8679 Rn. 54 f.

Die EU in internationalen Umweltabkommen

Michael Bothe

Für den europäischen Umweltschutz hat sich *Manfred Zuleeg* schon früh engagiert, noch bevor eine ausdrückliche Umweltkompetenz Bestandteil der Gemeinschaftsverträge wurde[1]. In dem Bemühen um die Förderung des Umweltschutzes haben sich Jubilar und Verfasser dieser Zeilen stets einig gewusst. Deswegen seien dem Jubilar heute einige neuere Überlegungen aus diesem Problemkreis gewidmet, nämlich zu den von der Gemeinschaft abgeschlossenen Umweltabkommen.

A. *Die EWG/EG/EU in internationalen Abkommen – die Kompetenzfrage*

Schon seit Schaffung der EWG war klar, dass sie sich am internationalen Rechtsverkehr dadurch würde beteiligen können und müssen, dass sie Verträge mit anderen Völkerrechtsubjekten schließt[2]. Das ist eine zwingende Folge der weitreichenden Kompetenzen, mit denen die Mitglieder sie ausgestattet haben. Sie kann diese nicht wirksam ausüben, ohne sich mit anderen Völkerrechtssubjekten darüber in rechtlich verbindlicher Form zu verständigen. Deshalb hat der EuGH neben den ausdrücklich der Gemeinschaft zuerkannten Außenkompetenzen[3] auch solche anerkannt, die sich aus den Innenkompetenzen ergeben. Das klar formuliert zu haben, ist das Verdienst des AETR-Urteils[4] und der Folgerechtsprechung[5]. Die Gemeinschaft hat die Kompetenz, völkerrechtliche Verträge in den Bereichen abzuschließen, in denen sie eine interne Regelungsbefugnis besitzt und wahrgenommen hat. U.U. besitzt sie diese Außenkompetenz sogar dort, wo sie ihre interne Kompetenz noch nicht wahrgenommen hat[6].
Folgt in dieser Weise die Außenkompetenz der Innenkompetenz, so hat dies eine positive und eine negative Konsequenz: Positiv wird der EG eine Außenkompetenz gewährt, negativ eine solche ausgeschlossen, nämlich für diejenige Ebene, die die Innenkompetenz über einen Vertragsgegenstand nicht (mehr) hat. Letzteres ist der Fall, wenn und soweit

1 *Zuleeg*, Vorbehaltene Kompetenzen der Mitgliedstaaten der Europäischen Gemeinschaft auf dem Gebiet des Umweltschutzes, Dokumentation zur 10. wissenschaftlichen Fachtagung der Gesellschaft für Umweltrecht, Berlin 1986, S. 121 ff.

2 Knappe Übersicht bei *Oppermann*, Europarecht, 2. Aufl. 1999, Rn. 1674 ff.; s. schon *Bothe*, Die Stellung der EG im Völkerrecht, ZaöRV 1977, 122 ff.

3 Das ist insbesondere die gemeinsame Handelspolitik, Art. 133 (ex 113) EGV.

4 EuGH, Slg. 1971, 263; dazu *Krück*, Völkerrechtliche Verträge im Recht der Europäischen Gemeinschaften, 1977, S. 40 ff.; *Dauses*, Die Beteiligung der Europäischen Gemeinschaften an multilateralen Völkerrechtsabkommen, EuR 1979, 138 (142).

5 EuGH, Biologische Schätze des Meeres – Kramer, Slg. 1976, 1279; Stilllegungsfonds für die Binnenschifffahrt, Slg. 1977, 741.

6 EuGH, Stilllegungsfonds für die Binnenschifffahrt, Slg. 1977, 741 Rn. 4.

die EG von ihrer Innenkompetenz in abschließender Weise Gebrauch gemacht hat[7]. Dann verlieren die Mitgliedstaaten insoweit auch ihre Außenkompetenz.

Dieser Zusammenhang zwischen internen und externen Kompetenzen, so zwingend er ist, wirft Folgeprobleme hinsichtlich der Kompetenzabgrenzung und ihrer Außenwirkungen auf. Die Trennungslinien der internen Kompetenzen zwischen der Gemeinschaft und den Mitgliedstaaten sind ja nicht scharf. Auch bei den ausschließlichen Kompetenzen stellt sich die Frage, was eigentlich noch dazu gehört und was nicht, und noch undeutlicher wird die Abgrenzung bei den konkurrierenden Kompetenzen. Denn konkurrierende Kompetenzen sind dynamisch. Macht die Gemeinschaft von einer konkurrierenden Innen-Kompetenz Gebrauch, entfällt insoweit die bis dahin bestehende Kompetenz der Mitgliedstaaten. Dem folgt dann die Außenkompetenz, die dann eine ausschließliche werden kann[8]. Das bedeutet, dass die Frage der Vertragskompetenz zwar als Momentaufnahme in einem bestimmten Zeitpunkt einigermaßen klar beantwortet werden kann. Diese Momentaufnahme bietet aber keine Gewähr für Dauer. Die Außenkompetenzen ändern sich, in aller Regel wachsen sie mit dem Anwachsen der internen Rechtsetzung der Gemeinschaft[9].

Dieser Zusammenhang zwischen interner Rechtssetzung und Außenkompetenz wirft ein weiteres Problem auf: Der Inhalt völkerrechtlicher Verträge ist ja nicht oder jedenfalls nicht notwendig auf die interne Kompetenzordnung der EG abgestimmt. Wenn sich ein völkerrechtlicher Vertrag auf ein bestimmtes innerstaatliches Verhalten bezieht, dann lässt sich noch, vorbehaltlich der dargestellten Dynamik, ein Bezug zwischen der Kompetenz zur Innenregelung und der zur Außenregelung herstellen. So lag der vom EuGH entschiedene Fall der ILO-Konvention 170, in dem das Gericht die von der Konvention geregelten Sachverhalte in solche aufteilte, die bereits gemeinschaftsrechtlich geregelt waren, und in solche, wo das nicht der Fall war[10]. Wenn hingegen die völkerrechtliche Verpflichtung auf ein bestimmtes Ergebnis gerichtet ist, das innerstaatlich/innergemeinschaftlich mit unterschiedlichen Maßnahmen erreicht werden kann, die teilweise in die Zuständigkeit der Gemeinschaft, teilweise in die der Mitgliedstaaten fallen, und gibt der völkerrechtliche Vertrag diese Maßnahmen nicht im Einzelnen vor, dann ist es aus der Sicht der anderen Vertragspartner eigentlich nur sinnvoll, sowohl Gemeinschaft als auch Mitgliedstaaten auf dieses Ergebnis zu verpflichten. Offen bleibt dann, welche der beiden Ebenen die internen Maßnahmen trifft, die das gemäß der völkerrechtlichen Verpflichtung zu erreichende Ergebnis gewährleisten. Das sei an einem Beispiel verdeutlicht.

7 EuGH, ILO-Konvention Nr. 170, Slg. 1993, I-1061, Rn. 9.

8 Ebd.

9 Gemeinschaftsrechtlich hat die noch nicht ausgeübte Innen-Kompetenz jedenfalls die Folge, dass die vorläufig noch bestehende Außenkompetenz der Mitgliedstaaten in einer Weise ausgeübt werden muss, die eine Gemeinschaftsregelung nicht präkludiert, EuGH, Biologische Schätze des Meeres – Kramer, Slg. 1976, 1279 Rn. 44 f.

10 EuGH, ILO-Konvention Nr. 170, Slg. 1993, I -1061.

Die Aarhus-Konvention[11] enthält Vorschriften über die Gestaltung innerstaatlichen Verwaltungsverfahrens in Umweltsachen: Zugang zu Informationen, Beteiligung an Verwaltungsverfahren, Zugang zu Rechtsschutz. In diesen Fragen ist die Gemeinschaft ausschließlich zuständig, soweit es sich um von ihr selbst durchgeführte Verfahren handelt[12]. Hinsichtlich der in den Mitgliedstaaten durchgeführten Verfahren besitzt die Gemeinschaft eine konkurrierende Zuständigkeit aufgrund Art. 175 EGV[13]. Insofern ist zwischen dem Zeitpunkt der Unterzeichnung des Abkommens und der weiteren Entwicklung zu unterscheiden. Die genannte Kompetenz war zum Zeitpunkt der Unterzeichnung des Übereinkommens hinsichtlich des Zugangs zu Umweltinformationen von der EG weitgehend ausgeübt, und zwar durch eine Richtlinie hoher Regelungsdichte[14]. Diese Materie ist also auf die Gemeinschaft übergegangen, die Mitgliedstaaten haben keine wesentlichen Freiheiten mehr. Die Frage der Beteiligung an Verwaltungsverfahren im Umweltbereich ist gemeinschaftsrechtlich nur für wichtige Teilbereiche geregelt, nämlich einmal für die Umweltverträglichkeitsprüfung[15], zum andern bei der Anlagengenehmigung nach der sog. IVU-Richtlinie[16]. Soweit diese Vorschriften die Fragen der Beteiligung regeln, stehen den Mitgliedstaaten keine nennenswerten Freiräume mehr zu, denn beide Richtlinien zeichnen sich durch hohe Regelungsdichte aus. Auch in diesen beiden Bereichen kommt es aber zu Neuregelungen aus Anlass der Aarhus-Konvention[17]. Die Regelung der Beteiligung im übrigen ist aber bislang Sache der Mitgliedstaaten geblieben. Das Gleiche galt bislang für den gerichtlichen Rechtsschutz. Insofern haben die Mitgliedstaaten also zunächst ihre Zuständigkeit zum Abschluss von Verträgen behalten. Allerdings hat die Gemeinschaft das Aarhus-Übereinkommen zum Anlass genommen, die Gemeinschaftszuständigkeit auch in Bezug auf das innerstaatliche gerichtliche Verfahren weitergehend auszuschöpfen[18]. Es ist zwar schwierig, aber immerhin noch möglich, Regelungsgegenstände des Vertrages zu unterscheiden, die

11 Convention on Access to Information, Public Participation in decision-Making and Access to Justice in Environmental Matters v. 25. 6. 1998, ILM 38 (1999), 517; vgl. dazu *Beyerlin*, Umweltvölkerrecht, 2000, 303. Das Abkommen wurde von der EG unterzeichnet, ist aber für die EG noch nicht in Kraft.

12 Zur Kritik an der bisherigen diesbezüglichen Situation vgl. *Dette*, Access to Justice in Environmental Matters – Present Situation and Recent Developments, ELNI-Review 2/2004, 20 ff. Insofern besteht also Handlungsbedarf. Dieser soll durch zusätzliche Rechtsakte erfüllt werden, vgl. Vorschlag für eine Verordnung des Europäischen Parlaments und des Rates über die Anwendung der Bestimmungen des Aarhus-Übereinkommens über den Zugang zu Informationen, die Öffentlichkeitsbeteiligung an Entscheidungsverfahren und den Zugang zu Gerichten in Umweltangelegenheiten auf Organe und Einrichtungen der Europäischen Gemeinschaft, KOM(2003) 622 vom 24. 10. 2003.

13 Zu den unterschiedlichen Dimensionen der Aarhus-Konvention vgl. *Schlacke*, Aarhus-Konvention – quo vadis?, ZUR 2004, 129 f.

14 Richtlinie 90/313/EWG des Rates über den freien Zugang zu Informationen über die Umwelt v. 7. 6. 1990, ABl. L 158/56, zur Ausführung des Aarhus-Abkommens ersetzt durch die Richtlinie 2003/4/EG des europäischen Parlaments und des Rates über den Zugang der Öffentlichkeit zu Umweltinformationen und zur Aufhebung der Richtlinie 90/313/EWG des Rates v. 28. 1. 2003, ABl. L Nr. 41/26.

15 Art. 6 der Richtlinie 85/337/EWG des Rates über die Umweltverträglichkeitsprüfung bei bestimmten öffentlichen und privaten Projekten v. 27. 6. 1985, ABl. L 175/40.

16 RL 96/61/EG des Rates über die integrierte Vermeidung und Verminderung der Umweltverschmutzung v. 24. 9. 1996, ABl. L 257/26.

17 Nachweise bei *Schlacke* (Fn. 13), 129.

18 Vorschlag für eine Richtlinie des Europäischen Parlaments und des Rates über den Zugang zu Gerichten in Umweltangelegenheiten, KOM (2003) 6234 endg.

in die Zuständigkeit der Mitgliedstaaten oder in die der EG fallen. Allerdings unterliegt die Grenzlinie einem ständigen Wandel.
Ganz anders bei einem Vertrag wie der Klima-Rahmenkonvention[19] und dem Kyoto-Protokoll[20]. Hier ist die völkerrechtliche Verpflichtung auf ein bestimmtes Ergebnis, nämlich die Verringerung des Ausstoßes von Treibhausgasen gerichtet. Diese ist innerstaatlich/innergemeinschaftlich durch sehr unterschiedliche Maßnahmen zu erreichen. Für diese gibt es teilweise Gemeinschaftszuständigkeiten, die auch ausgeübt sind, insbesondere für verschiedene Bereiche der Luftverschmutzung[21]. Für den hier gleichfalls wichtigen Bereich der Energie-Politik bestehen aber nur teilweise Gemeinschaftskompetenzen. Für den Bereich der Klima-Politik können also sinnvoll die Gemeinschaft und ihre Mitgliedstaaten nur zusammen betrachtet werden.
Aus alledem folgt: Wollte man die Frage der Außenkompetenzen bei jeder Vertragsmaterie mit einem klaren „entweder-oder“ beantworten, d.h. die Kompetenz entweder der Gemeinschaft oder den Mitgliedstaaten zuordnen, so wäre man in einer großen Verlegenheit. Die Praxis antwortet auf dieses Problem darum in der Tat mit einem „sowohl-als-auch“. Wenn die Vertragmaterie sowohl in die Zuständigkeit der Mitgliedstaaten als auch in die der Gemeinschaft fällt, können sowohl die Gemeinschaft als auch die Mitgliedstaaten Vertragsparteien sein. Das ist der Fall der sog. gemischten Verträge.
Auch dies hat Folgeprobleme. Einmal ist die Kompetenzfrage damit nicht vom Tisch. Denn es stellt sich die Frage, ob denn eine bestimmte Regelungsfrage *auch* in die Zuständigkeit der Gemeinschaft oder in die der Mitgliedstaaten fällt. Bei Materien, die klar in den ausschließlichen Zuständigkeitsbereich der einen oder anderen Ebene fallen, ist der Anschluss eines gemischten Vertrages nicht rechtmäßig. Das ergibt sich aus der negativen Seite des Parallelismus von Außen- und Innenkompetenz.
All dies ist durch das Hinzutreten der EU seit dem Maastricht-Vertrag noch unübersichtlicher geworden. Die Praxis und ein großer Teil der Lehre haben zunächst die Rechtsfähigkeit und damit die Vertragsfähigkeit der Union verneint[22]. Eine Änderung trat durch den Vertrag von Amsterdam insofern ein (Art. 24 EUV), als nunmehr der völkerrechtliche Vertrag als ein Instrument der GASP und der polizeilichen und justiziellen Zusammenarbeit vorgesehen wurde. Will man weiterhin die Völkerrechtsfähigkeit der Union verneinen[23], muss man insoweit den Rat, der die Abkommen abschließt, als gemeinsames Organ der Mitgliedstaaten ansehen und die Mitgliedstaaten als die Adressaten der einschlägigen völkerrechtlichen Verpflichtungen, eine Konstruktion, die nicht gerade durch ihre juristische Praktikabilität besticht. Nach der weiteren Änderung des Art. 24 EUV durch den Vertrag von Nizza lässt

19 BGBl. 1993 II, 1784.
20 BGBl. 2002 II, 966; ILM 37 (1998), 22. Das Protokoll tritt am 16. 2. 2005 in Kraft.
21 Siehe insbesondere die Luftqualitätsrahmenrichtlinie RL 96/62/EG des Rates über die Beurteilung und die Kontrolle der Luftqualität v. 27. 9. 1996, ABl. L 296/55 mit Tochterrichtlinien, für die anlagenbezogene Luftverschmutzung die sog. IVU-Richtlinie (Fn. 16) sowie für Kfz.-Abgase (insbesondere RL 98/69 EG über Maßnahmen gegen die Verunreinigung der Luft durch Emissionen von Kraftfahrzeugen v. 13. Oktober 1998, ABl. 76/1).
22 *Oppermann* (Fn. 2), Rn. 1681, str.
23 *Krück*, in: Schwarze (Hg.), EU-Kommentar, 2000, Art. 11-28 EUV, Rn. 20.

sich diese Konstruktion kaum mehr aufrechterhalten, wenn es in Art. 24 nunmehr heißt: „Die nach Maßgabe dieses Artikels geschlossenen Übereinkünfte binden die Organe der Union.“ Mit dem Verfassungsvertrag wird das Problem allerdings entfallen, da dann nur noch die Union als Völkerrechtssubjekt besteht. An den sogleich noch zu behandelnden Fragen wird sich allerdings dadurch, dass nun nicht mehr die Gemeinschaft, sondern die Union Vertragspartei sein wird, nichts ändern.

B. Die EWG/EG/EU in internationalen Abkommen – die Sicht dritter Staaten

Die Kompetenzfrage hat Außenwirkungen für das Verhältnis zu dritten Staaten. Denn die dritten Staaten müssen sich irgendwie auf die EG-Kompetenzfrage einlassen. Wollen sie einen Vertrag mit einem oder mehreren Mitgliedstaaten abschließen, dann können entweder diese oder die EG geltend machen, die Staaten seien gar nicht mehr zuständig. Ein Mitgliedstaat, der einen Vertrag abschließt, für dessen Materie er nach EG-Recht nicht zuständig ist, macht sich einer Verletzung des EGV schuldig. Der dritte Staat hat das Problem, dass sein Vertragspartner u.U. rechtlich gar nicht in der Lage ist, seinen Vertragspflichten nachzukommen. Kontrahiert er mit der EG, stellen sich die gleichen Fragen umgekehrt. Das erzeugt erhebliche Rechtsunsicherheit für Drittstaaten. Auch von daher bietet sich das gemischte Abkommen als eine praktische Lösung an.
Auch diese kumulative Beteiligung von Gemeinschaft und Mitgliedstaaten an völkerrechtlichen Abkommen hat Folgeprobleme. Es stellt sich einmal die Frage, welche Folge die parallele Mitgliedschaft von EG und Mitgliedstaaten für das Funktionieren der Vertragsinstitutionen hat. Zum andern entstehen Probleme bei der völkerrechtlichen Verantwortlichkeit, und zwar in beide Richtungen. Auf Seiten der EG: Welche Ebene haftet dritten Staaten gegenüber für welche Vertragsverletzung? Auf Seiten der Drittstaaten: Gegenüber welcher Ebene haften sie für welche Rechtsverletzungen?

C. Umweltabkommen in der Praxis

Das Konzept der gemischten Verträge hat sich in der Praxis seit den 70er Jahren durchgesetzt. Das Bewusstsein von der Notwendigkeit einer Umweltpolitik auf nationaler und internationaler Ebene entstand Ende der 60er Jahre und führte in vielen Staaten der Welt zu einer Welle von Umweltgesetzgebung und auf internationaler Ebene zu einer ständigen Verdichtung der Vertragsregime. Zugleich begann auch die EWG, sich dem Umweltschutz zu widmen, zunächst auf der Grundlage ihrer Kompetenz für Rechtsangleichung und der allgemeinen Kompetenz nach Art. 235 (nunmehr Art. 308). Damit ergab sich zwangläufig, dass die Mitgliedstaaten der EWG Vertragsverhandlungen in Bereichen führten, in denen die EWG immer mehr Zuständigkeiten in Anspruch nahm. Daraus entwickelte sich seit Beginn der 70er Jahre die Praxis, dass an solchen Verträgen neben den Mitgliedstaaten auch die EWG als Vertragspartei beteiligt wurde.

Eine typische Klausel findet sich etwa schon in Art. des Pariser Abkommens von 1974 über Meeresverschmutzung von Land aus:

The present Convention shall be open … for signature by the States … and by the European Economic Community.

Das etwa gleichzeitig geschlossene Abkommen von Helsinki über den Schutz der Meeresumwelt in der Ostsee enthält eine solche Klausel nicht. Sie sieht allein Staaten als Vertragsparteien vor. Hier zeigen sich noch die Vorbehalte der sozialistischen Staaten gegen eine Anerkennung der EWG als vollem Partner in den internationalen Beziehungen. Die Konvention über den Schutz der Umwelt des Mittelmeers (Barcelona 1976) enthält dagegen eine EWG-Klausel nach dem Vorbild der Pariser Konvention von 1974, die jedoch für andere regionale Organisationen der Wirtschaftsintegration geöffnet wird (Art. 24):

This Convention … shall also be open … for signature by the European Economic Community and by any similar regional economic grouping at least one member of which is a coastal State of the Mediterranean Sea Area and which exercise competences in fields covered by this Convention …

Die Formulierung reflektiert die oben dargestellte Parallelität von Innen- und Außenkompetenzen.
Die Abkommen, die im Rahmen der UN-Wirtschaftskommission für Europa geschlossen wurden, reflektieren auch – im Umweltbereich spätestens seit 1979 – die Kompetenzen der EWG und sehen demgemäß eine Beteiligung der Gemeinschaft vor. Das Genfer Übereinkommen von 1979 über weiträumige Luftverschmutzung in Europa sieht vor (Art. 14):

The present Convention shall be open for signature … by member States of the Economic Commission for Europe … and by regional economic integration organizations, constituted by sovereign States members of the Economic Commission for Europe, which have competence in respect of the negotiation, conclusion and application of international agreements in matters covered by the present Convention.

Was die weltweiten Abkommen angeht, so stellt für eine Beteiligung der EWG das Seerechtsübereinkommen der Vereinten Nationen (UNCLOS) von 1982 eine umfassende Regelung dar. Dessen Art. 305 sieht „internationale Organisationen" als Vertragsparteien vor, was in einem eigenen Anhang IX geregelt wird. Nach dessen Art. 1 gilt dies für Organisationen,

to which member States have transferred competence over matters governed by this Convention, including the competence to enter into treaties in respect of those matters.

Der Anhang IX bietet dann eine eingehende Regelung der Folgefragen einer parallelen Beteiligung von Organisation und Mitgliedstaaten, auf die noch zurückzukommen ist.
Eine Beteiligung regionaler Wirtschaftorganisationen hatten zuvor bereits Umweltabkommen vorgesehen, so vor allem das Bonner Abkommen von 1979 über wandernde Arten. Dies prägte die ständige Praxis der weiteren Umweltabkommen. Das

Wiener Übereinkommen von 1985 über ozonschädigende Stoffe, die Klimarahmenkonvention von 1992 sowie die Konvention über biologische Vielfalt sehen „regional economic integration organizations" als Vertragsparteien vor[24]. Diese werden definiert als (Art. 1 Klima-Rahmenkonvention)

> … organization constituted by sovereign States of a given region which has competence in respect of matters governed by this Convention or its protocols and has been duly authorized, in accordance with its internal procedures, to sign, ratify accept approve or accede to the instrument concerned.

Damit ist für das moderne multilaterale Umweltabkommen (MEA) der gemischte Vertrag die typische Vertragsform geworden. Beispiele aus jüngster Zeit sind die Abkommen über persistente organische Schadstoffe („POPs"), nämlich das Zusatzprotokoll zum UNECE-Abkommen über weiträumige Luftverschmutzung[25] und das weltweite Stockholmer Abkommen über den gleichen Gegenstand[26].
Nur wenige umweltrelevante Abkommen, so zum Beispiel Fischereiabkommen, fallen in den ausschließlichen Zuständigkeitsbereich der EG und werden demgemäß nur von ihr abgeschlossen[27].

D. Multilaterale Umweltabkommen und die Kompetenzfrage in der EG

Die Vertragsschlusskompetenz der Gemeinschaft im Umweltbereich folgt ihren erheblichen Zuständigkeiten zur diesbezüglichen innergemeinschaftlichen Regelung Art. 174-176 EGV). Das wird in Art. 174 Abs. 4 EGV ausdrücklich bestimmt:

> Die Gemeinschaft und die Mitgliedstaaten arbeiten *im Rahmen ihrer jeweiligen Befugnisse* mit dritten Ländern und den zuständigen internationalen Organisationen zusammen. Die Einzelheiten der Zusammenarbeit der Gemeinschaft können Gegenstand von Abkommen zwischen dieser und den betreffenden dritten Parteien sein, die nach Artikel 300 ausgehandelt und geschlossen werden.

Neben dieser ausdrücklichen Umweltkompetenz ist aber für den Umweltschutz gleichfalls wichtig die Rechtsangleichung (Art. 95 EGV) sowie die Zuständigkeit für Landwirtschaft einschließlich Fischerei (Art. 32 ff. EGV), wo eine entsprechende Bestimmung über die Außenkompetenz fehlt. Von den einschlägigen Innenzuständigkeiten hat die Gemeinschaft auch weitgehend Gebrauch gemacht. Für die Bereiche Energie und Gesundheit, die gleichfalls umweltrelevant sind, ist die Gemeinschaftszuständigkeit dagegen begrenzt. Die Zuständigkeit für Gesundheit wird

24 Artikel 12 Ozon-Übereinkommen, Artikel 20 Klima-Rahmenkonvention, Art. 34 Konvention über biologische Vielfalt, Art. 34 Wüstenübereinkommen.

25 Protokoll vom 24. 3. 1998, in Kraft getreten am 23. 10. 2003, Zustimmung der Gemeinschaft am 30. 4. 2004.

26 Nachweise bei *Falke*, Neueste Entwicklungen im europäischen Umweltrecht, ZUR 2004, 307 (307).

27 So z.B. das Übereinkommen über die künftige multilaterale Zusammenarbeit auf dem Gebiet der Fischerei im Nordostatlantik, Beschluss 81/608/EWG des Rates vom 13. 7. 1981, ABl. L 227/21. Zur Entwicklung vgl. *Dross/Bloch*, The Reform of the EU Common Fisheries Policy – A Step Towards Greater Precaution in the Conservation of Fishery Resources, ELNI-Review 1/2004, 17 (20).

in Art. 152 EGV inhaltlich beschränkt. Für das Energiewesen besitzt die Gemeinschaft eine ausdrückliche Kompetenz nur im Rahmen der Zuständigkeit für gesamteuropäische Netze (Art. 154 EGV). Im übrigen werden andere Kompetenztitel als Grundlagen für energiepolitische Maßnahmen genutzt, so insbesondere das Wettbewerbsrecht (Art. 86 EGV), Rechtsangleichung (Art. 95 EGV), Forschung und Technologie (Art. 164 EGV) und eben auch der Umweltschutz. Für dritte Staaten ist damit die Kompetenzlage hinsichtlich der Durchführung von Umwelt-Abkommen ausgesprochen undurchsichtig. Die Gemeinschaft ist kein einfacher Vertragspartner[28].

Die Kompetenzfrage wurde, soweit ersichtlich, zuerst ausführlich im Rahmen der Verhandlungen der Seerechtskonferenz aufgeworfen. Der bereits erwähnte Anhang IX des Seerechtsübereinkommens sieht die Beteiligung einer internationalen Organisation als Vertragspartei nur als gemischten Vertrag vor. Eine Organisation darf erst ratifizieren, wenn die Mehrheit ihrer Mitglieder ratifiziert hat (Art. 3 Anhang IX). Hinsichtlich der Kompetenzen geht Art. 4 von einer strikten Trennung der Kompetenzsphären von Organisation und Mitgliedstaaten aus:

> (2) An international organization shall be a Party to this Convention to the extent it has competence …
>
> (3) Such an organization shall exercise the rights and perform the obligations which its member States which are Parties would otherwise have under this Convention, on matters relating to which competence has been transferred to it by those member States. The member States of that international organization shall not exercise competence which they have transferred to it.

Dies wird ergänzt durch Erklärungspflichten betreffend die Kompetenzübertragung an die Organisation, die sowohl der Organisation als auch ihren Mitgliedstaaten obliegen (Art. 5). Es besteht eine Vermutung, dass die Mitgliedstaaten keine Kompetenzen übertragen haben, die sie nicht auf diese Weise erklärt haben.

So ausführliche Regelungen sind in den Umweltabkommen selten. Das Kyoto-Protokoll mit seinen komplexen Mechanismen wirft hinsichtlich der Kompetenzfrage besondere Probleme auf. Die anderen Vertragsparteien fühlen offenbar ein besonderes Schutz- und Klärungsbedürfnis, dem in dem Protokoll in einer besonderen Bestimmung Rechnung getragen wird, die in wesentlichen Teilen von Anhang IX des Seerechtsübereinkommens inspiriert ist. Art. 24 KP lautet in den hier interessierenden Absätzen:

> (2) Any regional economic integration organization which becomes a party to this Protocol without any of its member States being a Party shall be bound by all the obligations under this Protocol. In the case of such organization, one or more of whose member States is a Party to this Protocol, the organization and its member States shall decide on their respective responsibilities for the performance of their obligations under this Protocol. In such cases, the organization and the member States shall not be entitled to exercise rights under this Protocol concurrently.

28 *Jacquemont*, The EU and Climate Change: Is a Clarification of EU Legal Competence Possible?, ELNI-Review 1/2001, 30 (31) spricht etwas ungeschickt von einer “misleading entity”.

(3) In their instruments of ratification, acceptance, approval or accession, regional economic integration organizations shall declare the extent of their competence with respect to the matters governed by this Protocol. These organizations shall also inform the Depositary, who shall in turn inform the Parties, of any substantial modification in the extent of their competence.

Abs. 2 Satz 1 behandelt den relativ unproblematischen Fall der alleinigen Mitgliedschaft einer Organisation, wie das z.B. bei den Fischereiabkommen der Fall ist, was freilich das Seerechtsübereinkommen ausschließt. Das Kyoto-Protokoll wurde von der Gemeinschaft und den Mitgliedstaaten aber als gemischter Vertrag abgeschlossen. Die darauf anwendbaren Sätze 2 und 3 gehen von einer Trennung der Kompetenzen aus. Dass dies Schwierigkeiten bereitet, wurde bereits oben dargestellt. Dass sich die Kompetenzlage auch ändern kann, wird jedenfalls durch Abs. 3 a.E. in Rechnung gestellt. Angesichts der bestehenden Schwierigkeiten nimmt es allerdings nicht wunder, dass die EG mit ihrer Erklärung nach Abs. 3 unpräzis und nichtssagend ist[29]:

The following States are presently members of the European Community: …

The European Community declares that, in accordance with the Treaty establishing the European Community, and in particular its Article 174(4), it is competent for entering into international agreements, and for implementing the obligations resulting therefrom, which contribute to the pursuit of the following perspectives:

- preserving, protecting and improving the quality of the environment;
- protecting human health;
- prudent and rational utilisation of natural resources;
- promoting measures at international level to deal with regional or world wide environmental problems.

Moreover, the European Community declares that it has already adopted legal instruments, binding on its Member States, covering matters governed by this Protocol.

Eine Antwort auf die Frage, ob und ggf. welche Kompetenzen der Umsetzung des Kyoto-Protokolls noch den Mitgliedstaaten verblieben sind, lässt sich aus dieser Erklärung nicht einmal erahnen.

E. Funktionsfragen des Vertragsregimes bei gemischten Abkommen im Umweltbereich

Schon frühzeitig in der Entwicklung der Teilnahme der EWG an multilateralen Verträgen war es eine wesentliche Sorge der Drittstaaten, dass durch die Mitgliedschaft der Organisation keine Erhöhung des Einflusses der Gruppe der Mitgliedstaaten der Organisation stattfindet. Deshalb stellen alle Regelungen bezüglich der Vertrags-

29 Entscheidung des Rates 2002/358/EG über die Genehmigung des Protokolls von Kyoto zum Rahmenübereinkommen über Klimaänderungen im Namen der Europäischen Gemeinschaft sowie die gemeinsame Erfüllung der daraus erwachsenden Verpflichtungen v. 25. 4. 2002, ABl. L 130/1.

rechte internationaler Organisationen auf ein „entweder-oder“ ab[30]. In der gleichen Materie dürfen Mitgliedstaaten der Organisation und Organisation nicht gleichzeitig Rechte ausüben. Schon in Art. 14 Abs. 2 der Genfer Konvention von 1979 über weiträumige Luftverschmutzung in Europa heißt es:

In matters within their competence, such regional economic integration organizations shall, on their own behalf, exercise the rights and fulfil the responsibilities which the present Convention attributes to their member States. In such cases, the member States of these organizations shall not be entitled to exercise such rights individually.

Dem entsprechen dann die bereits zitierten Bestimmungen des Art. 4 Anhang IX zum Seerechtsübereinkommen und des Art. 24 Abs. 2 Satz 3 Kyoto-Protokoll.
Die Frage ist, was alles unter die Ausübung von Rechten fällt, die nicht parallel ausgeübt werden dürfen. Dazu gehört sicher die Stimmabgabe in den Vertragsgremien. Es gibt aber eine Reihe weiterer Verfahrensrechte, bei denen das Prinzip Schwierigkeiten bereiten kann. Dies betrifft etwa die Beteiligung an einem compliance mechanism, wie es ihn nach der Konvention über weiträumige Luftverschmutzung[31], nach dem Montreal-Protokoll über ozonschädigende Stoffe[32] oder nach dem Kyoto-Protokoll[33] gibt. Das Verfahren nach dem Kyoto-Protokoll sieht z.B. bestimmte Verfahrensrechte und -pflichten vor. Jede Vertragspartei kann dem Compliance Committee „questions of implementation“ vorlegen (submission), und zwar in Bezug auf sich selbst als auch in Bezug auf jede andere Vertragspartei. Umgekehrt heißt das, dass jede Vertragspartei eine „Party concerned“ sein kann, auf die das Verfahren bezogen ist. Was bedeutet das für die EG und die Mitgliedstaaten? Kann man Fälle unterscheiden, in denen nur die EG oder nur die Mitgliedstaaten „submissions“ vorbringen können? Das Problem besteht nicht nur darin, dass non-compliance nicht ohne weiteres bestimmten Kompetenzbereichen der innerstaatlichen Durchsetzung zugeordnet werden kann. Selbst wenn man das könnte, lässt sich die Exklusivität der EG oder der Mitgliedstaaten hinsichtlich der submissions schwer begründen. Denn die Partei, die submissions vorbringt, braucht kein besonderes Sachinteresse nach Art einer Beschwerdebefugnis, eines „intérêt à agir“ geltend zu machen. Warum sollte dann zwischen EG und Mitgliedstaaten nach Maßgabe eines solchen Sachinteresses, das an den jeweiligen Kompetenzen festzumachen wäre, unterschieden werden? Das spricht dafür, dass sowohl EG als auch Mitgliedstaaten das Recht haben, submissions vorzubringen, gegebenenfalls auch kumulativ.
Probleme bestehen auch auf der „Passivseite“, bei der „Party concerned“. Hier ist es wohl so, dass die EG immer auch „concerned“ ist, wenn eine submission wegen eines Mitgliedstaates vorgebracht wird. Davon wird sogleich noch zu reden sein.
Besondere Probleme bestehen auch in bezug auf Streitregelungsverfahren. Bestimmte Verfahren wie die Anrufung des IGH sind internationalen Organisationen verschlossen, da vor dem IGH nur Staaten als Prozessparteien auftreten können. Art.

30 Vgl. dazu schon *Dauses* (Fn. 4), 157 ff.
31 Abgedruckt in: *Sands/Galizzi* (Hg.), Documents in International Environmental Law, 2. Aufl. 2004, S. 59.
32 *Sands/Galizzi* (Fn. 31), S. 125.
33 *Sands/Galizzi* (Fn. 31), S. 220.

7 Anhang IX zum Seerechtsübereinkommen verweist für diesen Fall den Streit an ein Schiedsverfahren. Das gleiche gilt für das UN-Übereinkommen von 1997 über die Nutzung internationaler Wasserläufe zu anderen Zwecken als Schifffahrt (Art. 33). Bei der Konvention über biologische Vielfalt, die eine solche Bestimmung in der entsprechenden Vorschrift über das Streitverfahren (Art. 27) nicht enthält, stellt sich die Frage, inwieweit in einem Streitfall dann die Mitgliedstaaten der EU statt der EU vor dem IGH auftreten könnten.

Neben den Verfahrensrechten gibt es eine ganze Reihe materielle Rechte, deren Ausübung Problem bereiten kann. Ein komplexer und wohl immer noch streitiger Fall sind die sog. flexiblen Mechanismen nach dem Kyoto-Protokoll: Joint Implementation, Clean Development Mechanism, emissions trading. Das Wesentliche dieser Mechanismen besteht darin, dass einer Vertragspartei im Austausch gegen eine finanzielle Leistung Reduktionen des Ausstoßes von Treibhausgasen gutgeschrieben, d.h. zur Vertragserfüllung angerechnet werden, die in einem anderen Staat erreicht wurden. Da sowohl die EG als auch die Mitgliedstaaten Vertragsparteien des Protokolls sind, dürfte wohl nichts dagegen sprechen, dass sich sowohl die EG als auch ihre Mitgliedstaaten mit eigenen Aufwendungen an solchen Transaktionen beteiligen. Zwar ist die Reduktionsverpflichtung der EG nichts anderes als die Summe der Verpflichtungen der Mitgliedstaaten. Es besteht aber ein erhebliches Interesse daran, dass die EG selbst durch den Gebrauch der flexiblen Mechanismen dafür sorgen kann, dass der Gesamtverband seine Verpflichtungen erfüllt und dass sie nicht untätig abwarten muss, ob denn wirklich alle Mitgliedstaaten ihre Verpflichtungen erfüllen. Ein Problem kann dann aber dadurch entstehen, dass die EG durch ein eigenes Auftreten am Markt der Reduktionsgutschriften in Konkurrenz zu den Mitgliedstaaten die Preise in die Höhe treibt. Insofern wird man dann in analoger Anwendung zu Art. 10 EGV von der Gemeinschaft verlangen müssen, dass sie bei eigener Nachfrage am Markt (oder, weniger wahrscheinlich, bei eigenen Angeboten am Markt) auf die Interessen der Mitgliedstaaten gebührend Rücksicht nimmt.

F. Haftungsfragen bei gemischten Abkommen im Umweltbereich

Bei der Haftung stellt sich vor allem die Frage, ob die Organisation und die Mitgliedstaaten je getrennt für die Verletzungen haften, die ihrem jeweiligen Kompetenzbereich zuzuordnen sind, oder ob bei Vertragsverletzungen Staaten und Organisation ohne Rücksicht auf die Frage, in wessen Kompetenzbereich eigentlich eine Verletzung fällt, gesamtschuldnerisch haften[34].

Art. 6 Anhang IX des Seerechtsübereinkommens sieht als Regel erstere Lösung vor, die letztere nur als subsidiäre Lösung, wenn sich die Kompetenzfrage nicht binnen einer vernünftigen Frist klären lässt. Die getrennte Haftung, bei der die Organisation bzw. die Mitgliedstaaten jeweils für die Sachkomplexe haften, für die sie zuständig sind, ist eigentlich eine logische Konsequenz der Parallelität von Außen- und Innen-

34 Die Frage wird bereits von *Krück* (Fn. 4), S. 141 f. aufgeworfen, aber nicht klar beantwortet.

kompetenz. Wie bereits oben dargelegt, gibt es allerdings völkerrechtliche Verträge, deren Verpflichtungen sich nicht inhaltlich dem einen oder anderen Kompetenzbereich zuordnen lassen. Dann kann der Sache nach auch nur eine gesamtschuldnerische Haftung beider Ebenen in Betracht kommen.

Allerdings kommt auch dies auf die Art der völkerrechtlichen Verpflichtung im Einzelfall an. Das sei am Beispiel des Kyoto-Protokolls gezeigt, das wie dargelegt als gemischtes Abkommen abgeschlossen wurde. Das Protokoll sieht prozedurale und materielle Pflichten vor. Als erstere sind vor allen zu nennen Tatsachenfeststellung (Inventare von Emissionen und Emissionsquellen) und Berichtspflichten. Diese erfüllt jeder Mitgliedstaat für seinen Bereich und die EG für ihren Gesamtbereich parallel. Dem entspricht eine getrennte Haftung. Das ist für das Kyoto-Protokoll von besonderer praktischer Bedeutung, da die Verletzung der Inventars- und Berichtspflichten mit einer besonderen Sanktion bewehrt ist. Werden diese Pflichten nicht erfüllt, so darf die betreffende Vertragspartei nicht an den sog. flexiblen Instrumenten teilnehmen[35], woran aber u.U. ein ganz erhebliches Interesse bestehen kann. Diese Folge trifft bei einer Verletzung entweder nur die EG oder nur den jeweils pflichtverletzenden Mitgliedstaat. Allerdings besteht faktisch doch eine Verbindung zwischen EG und Mitgliedstaaten. Die EG kann praktisch ihre Inventar- und Berichtspflichten nicht erfüllen, wenn nicht alle Mitgliedstaaten ihre Angaben korrekt liefern. Die EG hat keine Möglichkeit, die Daten unabhängig von den Mitgliedstaaten zu erheben. Eine Pflichtverletzung durch einen Mitgliedstaat führt insoweit automatisch zu einer Pflichtverletzung der EG. Dann haften sowohl der betreffende Mitgliedstaat als auch die EG, nicht jedoch die anderen Mitgliedstaaten. Auf Folgen dieses Befundes für den innergemeinschaftlichen Bereich ist sogleich noch zurück zu kommen.

Die materielle Hauptpflicht besteht in der Reduktion des Ausstoßes von Treibhausgasen in dem Umfang, wie dies für jede Vertragspartei, die nicht Entwicklungsland ist (sog. Annex I-Vertragspartei) als Prozentsatz des Ausstoßes eines Referenzjahres vorgeschrieben ist. Die EG-Verpflichtung ist die Summe der Verpflichtung der Mitgliedstaaten. Das ist zunächst kalkulatorisch sehr einfach gestaltet, da nach Annex B des Kyoto-Protokolls sowohl die EG als auch alle damaligen Mitgliedstaaten um den gleichen Prozentsatz, nämlich um 8% auf 92% reduzieren müssen. Insoweit muss das Gleiche gelten wie für die Verfahrenspflichten entwickelt: Die Mitgliedstaaten haften getrennt jeweils für ihren Teil, aber bei einer nicht hinreichenden Reduktion eines Mitgliedstaates haftet auch die EG, weil sie ihrerseits ihre Verpflichtung zur Reduktion des Gesamtausstoßes auf dem EG-Gebiet nicht mehr erfüllen kann.

In Wahrheit ist die Lage komplizierter, und zwar aus mehreren Gründen. Der erste liegt in der Existenz der sog. flexiblen Mechanismen. Erfüllen einzelne Mitgliedstaaten ihre Reduktionspflichten nicht, dann kann die EG immer noch durch Einsatz eigener Mittel, wie oben dargelegt, Reduktionsgutschriften erwerben. Dann würde

35 Art. 6 (1)(c); Modalities and Procedures for a Clean Development Mechanism, Punkt 31, Annex to Decision 17/CP 7, *Sands/Galizzi* (Fn. 31), S. 193; Modalities, Rules and Procedures for Emissions Trading, Punkt 2, ebd., *Sands/Galizzi* (Fn. 31), S. 217.

sie ihre Gesamtverpflichtung erfüllen, obwohl einzelne Staaten nicht in dem erforderlichen Umfang reduziert haben.

Die Lage wird dadurch rechnerisch komplexer, dass die EG und ihre Mitgliedstaaten von der ihnen durch Art. 4 KP eingeräumten Möglichkeit Gebrauch gemacht haben, die Reduktionsverpflichtung gemeinsam zu erfüllen und dabei die Lasten anders zu verteilen, als dies im Kyoto-Protokoll selbst vorgesehen ist. Dies ist durch das sog. Burden-Sharing Agreement geschehen[36]. Damit sind nicht mehr die Prozentsätze des Kyoto-Protokolls relevant, sondern die des Burden Sharing Agreement[37]. Eine Vertragsverletzung liegt aber nur vor, wenn die Gesamtverpflichtung der EG verfehlt wird. Auf die Reduktionserfolge der Mitgliedstaaten kommt es dann im Außenverhältnis nicht mehr an. Das ergibt sich eindeutig aus Art. 4 KP:

> Any Parties included in Annex I that have reached an agreement to fulfil their commitments under Article 3 jointly, shall be deemed to have met those commitments provided that their *total combined aggregate* anthropogenic ... emissions ... do not exceed their assigned amounts calculated pursuant to their quantified emission limitation and reduction commitments inscribed in Annex B ...[38]

Das bedeutet, dass in der Tat die EG durch Zukauf von Emissionsgutschriften in der Lage wäre, nicht nur eine eigene Haftung auszuschließen, sondern auch die des pflichtverletzenden Mitgliedstaates. Das stellt natürlich die Frage innergemeinschaftlicher Ausgleichsansprüche, auf die sogleich noch zurückzukommen ist.

Wird jedoch auch das Gesamtreduktionsziel der EG verfehlt, so enthält Art. 4 Abs. 6 KP eine besondere Haftungsregelung:

> ...each Member State of that regional economic integration organization individually, and together with the regional economic integration organization ... shall, in the event of a failure to achieve the total combined level of emission reductions, be responsible for its level of emissions as notified in accordance with this Article.

Das bedeutet im Ergebnis, dass das oben schon ohne Rücksicht auf die Besonderheiten des Art. 4 KP entwickelte Haftungsregime gilt: Es haftet die Organisation für die verfehlte Gesamtreduktion zusammen mit dem oder den Mitgliedstaaten, die ihre (durch das Burden Sharing Agreement modifizierte) Reduktionsverpflichtung verletzt haben. Die Mitgliedstaaten, die die modifizierte Verpflichtung erfüllen, haften nicht.

Diese partielle Verschränkung der Haftung führt, das wurde schon mehrfach angedeutet, zu innergemeinschaftlichen Unterstützungs- und Ausgleichsansprüchen. Zunächst ist es eine Frage des gemeinschaftsrechtlichen Sekundärrechts, darüber zu

36 Formalisiert durch den Ratsbeschluss über den Abschluss des Kyoto-Protokolls durch die Gemeinschaft.

37 Statt der einheitlichen Pflicht zur Reduktion um 8% gelten nach dem Burden Sharing Agreement folgende Reduktions- bzw. Begrenzungspflichten: Österreich –13%, Belgien –7%, Dänemark –21%, Finnland 0%, Frankreich 0%, Deutschland –21%, Griechenland +25%, Irland +13%, Italien –6%, Luxemburg –28%; Niederlande –6%, Portugal +27%, Spanien +15%, Schweden +4%. Vereinigtes Königreich –12%.

38 Hervorhebung des Verfassers.

entscheiden, wie denn die völkervertraglichen Pflichten der Gemeinschaft innergemeinschaftlich durchzusetzen ist. Die Beschlüsse über die Ratifikation völkerrechtlicher Verträge durch die Gemeinschaft pflegen dazu Regeln zu enthalten. Hinzu kommen allgemeine Grundsätze des Gemeinschaftsrechts. Macht etwa die Gemeinschaft eigene Aufwendungen, um trotz der Pflichtverletzung eines Mitgliedstaates die Erfüllung der Gesamtverpflichtung sicherzustellen, so kann es nicht anders sein, als dass dieser Mitgliedstaat der Gemeinschaft diese Aufwendungen ersetzt. Als Grundlage hierfür kommt Art. 10 EGV in Betracht. Ebenso ist es, wenn die Gemeinschaft Haftungsfolgen in einer Situation zu tragen hat, in der es ihr nicht möglich ist, die Pflichtverletzung des Mitgliedstaates auszugleichen.

H. Schlussfolgerung und Ausblick

Umweltabkommen als gemischte Verträge schaffen ein komplexes Geflecht völker- und gemeinschaftsrechtlicher Verpflichtungen, das in mancher Beziehung klärungsbedürftig ist. Nicht nur bei der Haftungsfrage zeigt sich, dass die Parallelität von Außen- und Innenkompetenzen nicht das letzte Wort sein kann. Vielmehr sind die Kompetenzen von Gemeinschaft und Mitgliedstaaten miteinander verschränkt, sodass gemeinschaftsrechtlich zu verlangen ist, dass jede Ebene ihre Kompetenzen in einer Weise ausübt, dass die jeweils andere keinen Schaden nimmt, d.h. dass die jeweils andere Ebene auch ihre völkerrechtlichen Verpflichtungen erfüllen kann.
Völkerrechtlich ist eine Trennung der Vertragsrechte und -pflichten zwischen Organisation und Mitgliedstaaten nach Kompetenzbereichen, wie das einige vertragliche Regelungen noch vorsehen, wenig praktikabel. Das Kumulationsverbot bei den Vertragsrechten kann nur so funktionieren, dass es allein der Gemeinschaft überlassen bleiben muss, ob sie oder ein oder mehrere Mitgliedstaaten das betreffende Recht ausüben. Was die Haftung angeht, scheint eine vernünftige Tendenz zur Gesamtschuld (joint and several responsibility) zu bestehen. Der Ausgleich hat dann innerhalb der Organisation zu erfolgen.

Schriftenverzeichnis Manfred Zuleeg (Auswahl)

I. Monographien und andere selbständige Schriften

1. Bürgerlichrechtliche Schuldverhältnisse zwischen Hoheitsträger und Staatsbürger auf Grund Verwaltungsakts?, Diss. Erlangen 1959.
2. Die Rechtsform der Subventionen, Berlin 1965.
3. Das Recht der Europäischen Gemeinschaften im innerstaatlichen Bereich, Köln – Berlin – Bonn – München 1969.
4. Subventionskontrolle durch Konkurrentenklage, Frankfurt am Main 1974.
5. Fälle zum Allgemeinen Verwaltungsrecht, München 1977; 2. Aufl. 1991; 3. Aufl. 2001.
6. Gutachten zur Förderung bundeszentraler Jugendverbände, Deutscher Bundesjugendring Bonn (Hg.), Neuwied o.J. (1978).
7. Arbeitseinsatz von Asylbewerbern, Deutscher Caritas-Verband (Hg.), Freiburg 1982.
8. Gleicher Zugang von Mann und Frau zum Arbeitsleben als europarechtliches Problem, Vortrag vor dem Europa- Institut der Universität des Saarlandes, in: Georg Ress/Michael R. Will (Hg.), Vorträge, Reden und Berichte aus dem Europa-Institut, Nr. 50, Saarbrücken 1985.
9. Europa und der Nationalstaat, in: Dian Schefold (Hg.), Vorträge und Diskussionsbeiträge des Zentrums für Europäische Rechtspolitik an der Universität Bremen, ZERP DB 2/86, 1986.
10. Zur Ausgliederung der Sozialhilfeleistungen an Asylbewerber und andere Ausländergruppen aus dem Bundessozialhilfegesetz, Gutachten, in: Zentrale Dokumentationsstelle der Freien Wohlfahrtspflege für Flüchtlinge e.V. (Hg.), ZDWF-Schriftenreihe Nr. 28, Bonn 1988.
11. Der Umweltschutz in der Rechtsprechung des Gerichtshofs der Europäischen Gemeinschaften, in: Zentrum für Europäisches Wirtschaftsrecht Bonn, Vorträge und Berichte Nr. 22, 1992.
12. Der rechtliche Zusammenhalt der Europäischen Union, Baden-Baden 2004.

II. Beiträge zu Sammelveröffentlichungen

1. Der Aufbau der Europäischen Gemeinschaften, die Rechtsakte ihrer Organe und die Souveränität der Mitgliedstaaten, in: Gustav-Stresemann-Institut (Hg.), Einführung in die Rechtsfragen der Europäischen Integration, Köln 1969, S. 33–41; 2. Aufl. 1972, S. 35–43.
2. EWG-Vertrag und Rheinregime, in: Verkehr und Gemeinschaftsrecht, Kölner Schriften zum Europarecht, Bd. 18, Köln 1972, S. 25–44.
3. Les répartitions de compétences entre la Communauté et ses Etats membres, in: Faculté de Droit de Liège (Hg.), La Communauté et ses Etats membres,

Actes du sixième Colloque de l' I. E. J. E. sur les Communautés européennes, organisé á Liège les 10, 11 et 12 janvier 1973, Lüttich – Den Haag 1973, S. 23–59; 277–285.

4. The Parliamentary System and the European Communities, in: P.D. Dagtoglou (Hg.), Basic Problems of the European Community, Oxford 1975, S. 110–126.
5. Die Wirtschaftsverfassung der Europäischen Gemeinschaften, in: Wirtschafts- und gesellschaftspolitische Ordnungsprobleme der Europäischen Gemeinschaften, Baden-Baden 1978, S. 73–100.
6. Nationales Subventionsrecht als Wirkungsfeld und Wirkungsfaktor des Europäischen Subventionsrechts, Landesbericht Bundesrepublik Deutschland, in: B. Börner/M. Bullinger (Hg.), Subventionen im Gemeinsamen Markt, Köln 1978, S. 7–55.
7. Die Rolle des Europäischen Parlaments vor und nach der Direktwahl, FS Bernhard Aubin, Kehl – Straßburg 1979, S. 361–371.
8. Kommunalwahlrecht für Ausländer und das Verfassungsrecht, in: Dokumentation des Evangelischen Pressedienstes Nr. 4/80 über die 34. Konferenz für Ausländerfragen am 6. Juni 1979 im Kirchlichen Außenamt der EDK Frankfurt: „Kommunalwahlrecht für Ausländer", S. 6–13.
9. Die Zweistufenlehre: Ausgestaltung, Abwandlungen, Alternativen, FS Ludwig Fröhler, Berlin 1980, S. 275–296.
10. Die Charta der Rechte des Bürgers der Europäischen Gemeinschaft, FS Hans Jürgen Schlochauer, Berlin – New York 1981, S. 983–997.
11. Die Umformung der Handelsmonopole, in: E.-W. Fuß (Hg.), Der Beitrag des Gerichtshofes der Europäischen Gemeinschaften zur Verwirklichung des Gemeinsamen Marktes, Baden-Baden 1981, S. 29–50.
12. Der Bestand der Europäischen Gemeinschaft, in: Das Europa der zweiten Generation, GS Christoph Sasse, Bd. I, Baden-Baden 1981, S. 55–72.
13. Ausländerwahlrecht ohne Verfassungsänderung?, in: U. Sievering (Hg.), Integration ohne Partizipation? Ausländerwahlrecht in der Bundesrepublik Deutschland zwischen (verfassungs-) rechtlicher Möglichkeit und politischer Notwendigkeit, Frankfurt am Main 1981, S. 113–121.
14. Die Fraktionen in den kommunalen Vertretungskörperschaften, in: G. Püttner (Hg.), Handbuch der kommunalen Wissenschaft und Praxis, Bd. 2, Berlin – Heidelberg 1982, S. 145–164.
15. Subventionsrecht zur Schaffung und Erhaltung von Arbeitsplätzen, in: M. Kittner (Hg.), Arbeitsmarkt – ökonomische, soziale und rechtliche Grundlagen, Heidelberg 1982, S. 155–186.
16. Die literarische Fundierung eines neuen Rechtsgebiets: ein Wissenschaftsbericht in: P. Häberle (Hg.), Rezensierte Verfassungsrechtswissenschaft, Berlin 1982, S. 396–407.
17. Stichworte „Marktordnungsrecht der EG" und „Niederlassungsfreiheit in der EG", in: V. Götz u.a. (Hg.), Handwörterbuch des Agrarrechts, Bd. II, Berlin 1982, Sp. 433–440, bzw. 575–578.

18. Umweltschutzrecht, in: H. Meyer/M. Stolleis (Hg.), Hessisches Staats- und Verfassungsrecht, Frankfurt am Main 1983, S. 281–291.
19. Öffentliches Wirtschaftsrecht, ebd., S. 292–303.
20. Selbstverwaltung und europäisches Gemeinschaftsrecht, FG Georg Christoph von Unruh, Heidelberg 1983, S. 91–110.
21. Rechtsgutachten zur Regelung der Zweitanmelderfrage, in: M. Zuleeg/D. Schefold, Die Zweitanmelderfrage, Berichte des Bundesgesundheitsamts 2/1983, Bonn 1983.
22. Kommentierung der Art. 1–3, 6, 103, 105–109, in: H. von der Groeben/H. von Boeckh/J. Thiesing/C.-D. Ehlermann (Hg.), Kommentar zum EWG-Vertrag, Bd. 1, 3. Aufl. Baden-Baden 1983.
23. Straffällig gewordene Ausländer: Eine Herausforderung für die Gesetzgebung und Rechtsprechung, in: K.-H. Schäfer/U. Sievering (Hg.), Ausländerrecht contra Resozialisierung? Beiträge zur Problematik straffällig gewordener Ausländer in der Bundesrepublik Deutschland, Arnoldshainer Texte, Bd. 21, Frankfurt am Main 1984, S. 151–162.
24. Rechtslage Deutschlands (S. 131–165), Kommentierung der Präambel und der Art. 23, 120, 134, 144 Abs. 2, 146); Die Bundesrepublik und die internationale Ordnung (S. 166–243, Kommentierung der Art. 24 Abs. 1, Abs. 3, 25, 32, 59 unter Berücksichtigung der Art. 45a und 79 Abs. 1 S. 2); Kommentierung des Art. 16 Abs. 2 GG (S. 1132–1150), sämtlich in: R. Wassermann (Hg.), Kommentar zum Grundgesetz für die Bundesrepublik Deutschland, Bd. 1, Baden-Baden 1984.
25. Arbeitseinsatz von Asylbewerbern, in: U. Sievering, (Hg.), Politisches Asyl und Einwanderung, Arnoldshainer Texte, Bd. 22, Frankfurt am Main 1984, S. 205–226.
26. Europäische Grundrechtspolitik, in: W. Woyke (Hg.), Europäische Gemeinschaft. Problemfelder – Institutionen – Politik, München – Zürich 1984, S. 169-176.
27. Die Europäische Gemeinschaft als Integrationsverband, FS Karl Carstens, Bd. 1, Köln – Berlin – Bonn – München 1984, S. 289–303.
28. Probleme der Koordinierung der Strukturpolitik der EG und der Politiken auf der nationalen Ebene, in: A. Stepniak /M. Will (Hg.), Structural Changes in the European Community/ Strukturwandel in der Europäischen Gemeinschaft, Internationale Tagung Sopot/Polen (15.–18. 11. 1984), Saarbrücken 1985, S. 43–60.
29. Politik der Armut und Ausländer, in: S. Leibfried/F. Tennstedt (Hg.), Politik der Armut und die Spaltung des Sozialstaats, Frankfurt am Main 1985, S. 295–308.
30. Zur Wirkungsgeschichte des Subsidaritätsbegriffes, in: Evangelische Akademie Bad Boll, Protokolldienst Nr. 12/85: 3. Bad Boller Kolloquium Jugendpolitik: Zankapfel Subsidiarität, 1985, S. 3–10.
31. International Organizations, Implied Powers, in: R. Bernhardt (ed.), Encyclopedia of Public International Law, Instalment 7, Den Haag 1984, 312.

32. Innerstaatliche Verbindlichkeit völkerrechtlicher Vereinbarungen, in: K. Barwig/K. Lörcher/C. Schumacher (Hg.), Familiennachzug von Ausländern auf dem Hintergrund völkerrechtlicher Verträge, Baden-Baden 1985, S. 13–26.
33. Europäische Sozialcharta und Familiennachzug, ebd., S. 53–65.
34. Rechtsgutachten zum Nachzug von Ehegatten türkischer Arbeitnehmer, ebd., S. 121–188.
35. Stichworte: EAG, EGKS und EWG, in: I. Seidl-Hohenveldern (Hg.), Lexikon des Rechts: Völkerrecht, Neuwied – Darmstadt 1985, S. 59, bzw. 60 f., 74–76; 2. Aufl. 1992.
36. Straßenrecht, in: H. Meyer/M. Stolleis (Hg.), Hessisches Staats- und Verwaltungsrecht, 2. Aufl. Frankfurt am Main 1986, S. 330–357.
37. Öffentliches Wirtschaftsrecht, ebd. S. 390–403.
38. Kommunalwahlrecht für Ausländer und das Verfassungsrecht, in: Dokumentation des Evangelischen Pressedienstes Nr. 30/86 (epd) über die Konferenz in der Evangelischen Akademie Mülheim an der Ruhr am 27./28. 04. 1986 über das Thema „Kommunalwahlrecht auch für Ausländer?“, 1986, S. 20–29.
39. Kommunalwahlrecht für Ausländer und das Verfassungsrecht, in: Politische Mitbestimmungsrechte für Ausländer, Evangelische Akademie Mülheim an der Ruhr, Begegnungen 3/86, 1986, S. 60–68.
40. Die Auswirkungen von sozialrechtlichen Tatbeständen auf ausländerrechtliche Entscheidungen, in: K. Barwig/K. Lörcher/C. Schumacher (Hg.), Soziale Sicherung und Aufenthaltsrecht, Baden-Baden 1986, S. 91–109.
41. Verkehrspolitische Außenbeziehungen der Europäischen Gemeinschaft, in: J. Basedow (Hg.), Europäische Verkehrspolitik, Tübingen 1987, S. 59- 82.
42. Zur Bedeutung des Ausländerrechts. Verhindert das Ausländerrecht die Integration?, in: K. Barwig/D. Mieth (Hg.), Migration und Menschenwürde. Fakten, Analysen und ethische Kriterien, Mainz 1987, S. 100–113.
43. Asylrecht und Asylpraxis in der Bundesrepublik Deutschland, in: Th. Stammen (Hg.), Vertreibung und Exil. Lebensformen – Lebenserfahrungen, München – Zürich 1987, S. 36–44.
44. Die Vereinbarkeit des Kommunalwahlrechts für Ausländer mit dem deutschen Verfassungsrecht, in: M. Zuleeg (Hg.), Ausländerrecht und Ausländerpolitik in Europa, Baden-Baden 1987, S. 153–196.
45. Doppelte Staatsangehörigkeit – ein gangbarer Weg? in: K. Barwig/K. Lörcher/ C. Schuhmacher (Hg.), Aufenthalt – Niederlassung – Einbürgerung, Baden-Baden 1987, S. 225–267.
46. Le Parlement face à la Cour, in: J.-V. Louis/D. Waelbroeck (Hg.), Le Parlement Européen dans l‘ évolution institutionnelle, Brüssel 1988, S. 177–193.
47. Arbeitsmigration und Asylantenprobleme, in: K.-H. Kleber (Hg.), Migration und Menschenwürde, 23. Internationaler Kongreß der deutschsprachigen Moraltheologen und Sozialethiker 1987, Passau 1988, S. 70–89.
48. Probleme der Koordinierung der Strukturpolitik der EG und der Politiken auf der Nationalen Ebene, in: Zeszyty Naukowe, Wydzialu Ekonomiki Transpotu, Prace i Materialy Instytutu Ekonomii Politycziney, 14, Zmiany Strukuralne W Krajach EWG, Danzig 1985, S. 17–24.

49. Ehegattennachzug und Familienzusammenführung im Lichte des Urteils des Bundesverfassungsgerichts unter Berücksichtigung europarechtlicher Aspekte, in: G. Ress/M. Will (Hg.), EG – Türkei: Kolloquium über Freizügigkeit und Familiennachzug, Vorträge, Reden und Berichte aus dem Europa-Institut Nr. 150, Saarbrücken 1988, S. 123-134.
50. Kommentierung der Präambel und der Art. 16 Abs. 2, 23, 24 Abs. 1, 24 Abs. 3, 25, 32, 59, 134, 135, 135a, 144, 146, in: R. Wassermann (Hg.), Alternativkommentar zum Grundgesetz für die Bundesrepublik Deutschland, Bd. 1 und 2, 2. Aufl. Neuwied 1989.
51. Mißbrauch von Grundrechten vor dem Hintergrund demokratischer Strukturen in Europa, in: J. Iliopoulos-Strangas (Hg.), Der Mißbrauch von Grundrechten in der Demokratie, Baden-Baden 1989, S. 41–59.
52. Asylrecht und Asylpraxis in der Bundesrepublik Deutschland, in: Dietmar Bader (Hg.), Freiburger Akademiearbeiten 1979-1989, Schriftenreihe der Katholischen Akademie der Erzdiözese Freiburg, München – Zürich 1989.
53. Stellung und Kompetenzen des Europäischen Gerichtshofs, in: Die soziale Dimension des Europäischen Binnenmarktes – Bestandsaufnahme und Perspektiven – Köln 1990, S. 15-29.
54. Die Rechtsprechung des Europäischen Gerichtshofs zum Europarecht im Lichte des Grundgesetzes und seiner Dogmatik, in: U. Battis/E.-G. Mahrenholz/D. Tsatsos (Hg.), Das Grundgesetz im internationalen Wirkungszusammenhang der Verfassungen, 40 Jahre Grundgesetz, Berlin 1990, S. 227-245.
55. Communautés européennes et réparation des dommages catastrophiques, in: La réparation des dommages catastrophiques, Travaux des XIII Journées d' études juridiques J. Dabin, Bibliothèque de la faculté de droit de l ' université catholique de Louvain XIX, Brüssel 1990, S. 353–375.
56. Stärken und Schwächen der Position des Europäischen Gerichtshofs, in: Kommission der Europäischen Gemeinschaften (Vertretung der Bundesrepublik Deutschland) (Hg.), Europäische Gespräche, Heft 5, 1991, S. 37–56.
57. Verwaltungsgerichtsbarkeit, in: M. Schweitzer (Hg.), Europäisches Verwaltungsrecht, Wien 1991, S. 197-240 (mit J. Scherer).
58. Europa auf dem Weg zur Sozialgemeinschaft, in: Teresa Bock (Hg.), Die soziale Arbeit in den 90er Jahren, Neue Herausforderungen bei offenen Grenzen in Europa, Schriften des Deutschen Vereins für öffentliche und private Fürsorge Nr. 268, Frankfurt am Main 1991, S. 31–57.
59. Kommentierung der Präambel und der Art. 1, 2, 3, 5 und 7 (Band 1), in: H. von der Groeben /J. Thiesing/C.-D. Ehlermann (Hg.), Kommentar zum EWG-Vertrag, Bd. 1-4, 4. Aufl. Baden-Baden 1991.
60. Betrachtungen zum Gleichheitssatz im Europäischen Gemeinschaftsrecht, FS Bodo Börner, Köln 1992, S. 473-483.
61. Die Europäische Gemeinschaft als Rechtsgemeinschaft, in: Estudios en homenaje – Festschrift Manuel Diez de Velasco, Madrid 1993, S. 1317-1325.
62. Bundesfinanzhof und Gemeinschaftsrecht, in: Festschrift 75 Jahre Reichsfinanzhof – Bundesfinanzhof, Bonn 1993, S. 115-129.

63. Der Sport im europäischen Gemeinschaftsrecht, in: M. Will (Hg.), Sportrecht in Europa, Heidelberg 1993, S. 1-10.
64. Die Haltung der nationalen Gerichtsbarkeit und der nationalen Lehre zum Schutz der Menschenrechte im Gemeinschaftsrecht und in der Rechtsprechung des Gerichtshofs der Europäischen Gemeinschaften, in: J. Iliopoulos-Strangas (Hg.), Grundrechtsschutz im Europäischen Raum, Baden-Baden 1993, S. 231–247.
65. Der Beitrag des Strafrechts zur Europäischen Integration, in: U. Sieber (Hg.), Europäische Einigung und Europäisches Strafrecht, Köln – Berlin – Bonn – München 1993, S. 41–60.
66. Kommunen – Länder – Regionen – Europa (Streitgespräch), in: Hessischer Landtag (Hg.), Europa – Ende des Föderalismus? Wiesbaden 1993, S. 137–144; 185–189.
67. Deutsches und europäisches Verwaltungsrecht – Wechselseitige Einwirkungen, Veröffentlichungen der Vereinigung der Deutschen Staatsrechtslehrer, Heft 53, Berlin – New York 1994, S. 154–201.
68. Die Rechtsprechung des Europäischen Gerichtshofs zur Stellung der Staatsangehörigen von Drittstaaten in der Europäischen Gemeinschaft, in: K. Barwig (Hg.), Vom Ausländer zum Bürger. Zum Status der eingewanderten Minderheiten in Deutschland, FS Fritz Franz und Gert Müller, Baden- Baden 1994, S. 448–456.
69. Der rechtliche Zusammenhalt der Europäischen Gemeinschaft, in: W. Blomeyer/K.A. Schachtschneider (Hg.), Die Europäische Union als Rechtsgemeinschaft, Berlin 1995, S. 9–36.
70. Die Grundfreiheiten des gemeinsamen Markts im Wandel, FS Ulrich Everling, Bd. II, Baden-Baden 1995, S. 1717–1727.
71. Die Verfassung der Europäischen Gemeinschaft in der Rechtsprechung des Europäischen Gerichtshofs, in: Marktwirtschaft und Wettbewerb im sich erweiternden europäischen Raum, Forschungsinstitut für Wirtschaftsverfassung und Wettbewerb: Köln – Berlin – Bonn – München 1994.
72. Ausweisung von Türken und Assoziationsvertrag EG-Türkei, in: K. Barwig u.a. (Hg.), Ausweisung im demokratischen Rechtsstaat, Baden-Baden 1996, S. 193–202.
73. Social Rights in the European Community, in: B. von Maydell/A. Nußberger (Hg.), Social Protection by Way of International Law, Berlin 1996, S. 59–68.
74. Die Rechtsprechung des Europäischen Gerichtshofs zur Chancengleichheit: Rückschritt für die Frauen oder Fortschritt für die Frauen in der EU?, in: Schriftenreihe des Arbeitskreises Europäische Integration, in: M. Piepenschneider, (Hg.), Frauenpolitik in der Europäischen Union, Baden-Baden 1996, S. 31–37.
75. Public Interest Litigation before European Courts, in: H.W. Micklitz/N. Reich (Hg.), Public Interest Litigation before European Courts, Baden-Baden 1996, S. 439–445.

76. Die Stellung des Landes Hessen in der Europäischen Union, in: H. Eichel/K.P. Möller (Hg.), FS 50 Jahre Verfassung des Landes Hessen, Wiesbaden 1997, S. 383–399.
77. Die Regierungskonferenz aus juristischer Sicht, in: R. Hrbek (Hg.), Die Reform der Europäischen Union, Schriftenreihe des Arbeitskreises Europäische Integration, Bd. 41, Baden-Baden 1997, S. 23–30.
78. Justiziabilität des Subsidiaritätsprinzips, in: K.W. Nörr/T. Oppermann (Hg.), Subsidiarität: Idee und Wirklichkeit, Tübingen 1997, S. 185–204.
79. Kommentierung Präambel, Art. 1, 2, 3, 3 b, 5, 6, in: H. von der Groeben/J. Thiesing/C.-D. Ehlermann (Hg.), Kommentar zum EU-/EG-Vertrag, 5. Aufl. Baden-Baden 1997.
80. Demokratie durch Rechtsprechung, Liber amicorum Norbert Reich, Baden-Baden 1997, S. 1–10.
81. Wandlungen des Begriffs der Supranationalität in: R. Hrbek u.a. (Hg.), Die Europäische Union als Prozeß, Bonn 1998, S. 291-301.
82. Die Einwirkung des Europäischen Gemeinschaftsrechts auf die deutsche Pflegeversicherung, in: K. Sieveking (Hg.), Soziale Sicherung bei Pflegebedürftigkeit in der Europäischen Union, Baden-Baden 1998, S. 159–177.
83. Die Organisationsstruktur der Europäischen Union – Eine Analyse der Klammerbestimmungen des Vertrages von Amsterdam; EuR Beiheft 2/1998, S. 151–163.
84. National Parliamentary Control and European Integration in: Ton Heukels u.a. (Hg.), The European Union after Amsterdam. A Legal Analysis, Den Haag 1998, S. 295- 305.
85. Die Einheit des Gemeinschaftsrechts steht auf dem Spiel, Liber amicorum Günther Jaenicke, Berlin u.a. 1998, S. 899-914.
86. The Content of Article 13 of the Treaty establishing the European Community as amended by the Treaty of Amsterdam/Der Inhalt des Artikels 13 EGV in der Fassung des Vertrags von Amsterdam/Le contenu de article 13 TCE dans la version du Traité d'Amsterdam in: Europaforum Wien (Hg.), Anti-discrimination: The way forward/Bekämpfung der Diskriminierungen: Orientierungen für die Zukunft/Combattre les discriminations: orientations futures, Conference Documentation/Konferenzdokumentation/Documentation de conférence, European Union/Europäische Union/Union européenne, 3./4. December 1998, Wien 1999.
87. Demokratiefähigkeit der Europäischen Union; in: J. Drexl/K. F. Kreuzer/D. H. Scheuing/U. Sieber (Hg.), Europäische Demokratie, Baden-Baden 1999, S. 11–25.
88. Enforcement of Community Law: Administrative and Criminal Sanctions in a European Setting, in: J.A.E. Vervaele (Hg.), Compliance and Enforcement of European Community Law, Den Haag 1999, S. 349-358.
89. Die gemeinschaftskonforme Auslegung und Fortbildung mitgliedstaatlichen Rechts in: R. Schulze (Hg.), Auslegung europäischen Privatrechts und angeglichenen Rechts, Baden-Baden 1999, S. 163-177.

90. Das Subsidiaritätsprinzip im Europarecht – Inhalt, Justiziabilität, Entwicklung – in: G.C. Rodríguez Iglesias u.a. (Hg.), Mélanges en hommage à Fernand Schockweiler, Baden-Baden 1999, S. 635-649.
91. La démocratie dans la Communauté européennes, in "Charmossynon" – FS Aristovoulos Manessis, Bd. III, Athen 1999, S. 699–712.
92. Federalization Through Law – An Evergreen, Liber Amicorum Richard M. Buxbaum, London – Den Haag – Boston 2000, S. 669–678.
93. Europarechtliche Probleme der gesetzlichen Pflegeversicherung – Leistungsexporte, Einordnung in das europarechtliche Leistungssystem, Koordinationsprobleme –, in: I. Ebsen (Hg.), Europarechtliche Gestaltungsvorgaben für das deutsche Sozialrecht. Freizügigkeit, wirtschaftliche Grundfreiheiten und europäisches Wettbewerbsrecht als Grenzen sozialstaatlicher Souveränität, Baden-Baden 2000, S. 103–118.
94. Ordre juridique communautaire, in: J. Iliopoulos-Strangas (Hg.), La protection des droits sociaux fondamentaux dans les Etats membres de l'Union européenne, Baden-Baden 2000, S. 27–46.
95. Kommunalwahlrecht für Unionsbürger, FS Dian Schefold, Baden-Baden 2001, S. 117–127.
96. Die bestehende und die zukünftige Verfassung der Europäischen Union, in: Magda Schirm (Hg.), Eine Verfassung für Europa?, Frankfurt am Main 2001, S. 22–27; 42–44; 51–55.
97. Supranationales Recht und supranationale Verfahren der Europäischen Union, in: W. Loth/W. Wessels (Hg.), Theorien europäischer Integration, Opladen 2001, S. 205–217.
98. Öffentliches Kollisionsrecht tut Not, FS Hartmut Maurer, München 2001, S. 1067–1075.
99. Kommentierung der Präambel und der Art. 16, Art. 24 Abs. 1–1a und 3, 25, 32, 59, 116, 134, 135, 135a, 144, 146, in: R. Wassermann (Hg.), Kommentar zum Grundgesetz, 3. Aufl. Neuwied 2001.
100. Beschränkung gerichtlicher Kontrolldichte durch das Gemeinschaftsrecht, in: S. Magiera/K.-P. Sommermann (Hg.), Verwaltung in der Europäischen Union, Berlin 2001, S. 223–237.
101. Zum Verhältnis nationaler und europäischer Grundrechte – aus nationaler Sicht, in: Bundesministerium für Arbeit und Sozialordnung, Max-Planck-Institut für ausländisches und internationales Sozialrecht, Akademie der Diözese Rottenburg Stuttgart (Hg.), Soziale Grundrechte in der Europäischen Union, Baden-Baden 2000/2001, S. 57-69.
102. Die Auswirkung der Assoziation der Türkei mit der Europäischen Union auf türkische Staatsangehörige, in: H. Gümrükçü u.a. (Hg.), Europarecht für türkische Staatsangehörige – 20 Jahre Assoziationsratsbeschlüsse, ITES-Jahrbuch 2001-2002, Hamburg 2001
103. The Evolution of Fundamental Rights and its Influence on the Drafting of Fundamental Rights Instruments; The Territorial and Personal Scope of Fundamental Rights; Concretization of and Limitations on Fundamental Rights; in:

A. Weber (Hg.), Fundamental Rights in Europe and North America, Den Haag 2001, EC 7-11, 27-29, 31-36.

104. Die Wirksamkeit des Europarechts, FS Gil Carlos Rodríguez Iglesias, Berlin 2003, S. 221–233.
105. Die Vorzüge der Europäischen Verfassung, in: A. von Bogdandy (Hg.), Europäisches Verfassungsrecht. Theoretische und dogmatische Grundzüge, Springer Verlag, Berlin Heidelberg New York 2003, S. 931-957.
106. Der unvollendete Bundesstaat – Vision oder Realität?, in: M. Zuleeg (Hg.), Der Beitrag Walter Hallsteins zur Zukunft Europas, Baden-Baden 2003, S. 97-103.
107. Braucht Europa eine Verfassung?, in: M. Haedrich/E. Eichenhofer (Hg.), Staatswissenschaften im Dialog Schillerhausgespräche 2000/2001, Berlin 2003, S. 45-55.
108. Criminal Sanctions to Be Imposed on Individuals as Enforcement Instruments in European Competition Law, in: C.-D. Ehlermann/I. Atanasiu (Hg.), European Competition Law Annual: 2001, Effective Private Enforcement of EC Antitrust Law, Oxford – Portland Oregon 2003, S.453-462.
109. H. von der Groeben/J. Schwarze (Hg.), Kommentar zum Vertrag über die Europäische Union und zur Gründung der Europäischen Gemeinschaft (EU-/EG-Kommentar), 6. Aufl., Baden-Baden 2003, 1. Band, Erl. zur EU-Präambel, Art. 1, 2, 3, 5, 10, 12, 13 EG.

III. Aufsätze

1. Der Rechtsschutz bei den Wahlen zum Bayerischen Landtag, BayVBl 1962, 335 ff.
2. Zweistufige Rechtsverhältnisse bei der Vergabe öffentlicher Aufträge, NJW 1962, 2231 ff.
3. Die Gesetzgebungsbefugnis des Bundes und der Länder im Recht der Enteignung und Aufopferung, DVBl 1963, 320 ff.
4. Group Defamation in West Germany, Cleveland-Marshall L. Rev. 13 (1964), 52 ff.
5. Verfahrensfragen und Interessenschutz bei der Ausübung des Vorkaufrechts nach § 24 ff. BBauG, DVBl 1966, 233 ff.
6. Zur Rechtsnatur der Ausübung des gemeindlichen Vorkaufrechts, DVBl 1967, 266 ff.
7. Die Auslegung des europäischen Gemeinschaftsrechts, EuR 1969, 97 ff.
8. Die Oder-Neiße-Grenze aus der völkerrechtlichen Sicht von heute, ZRP 1969, 226 ff.
9. Die Ermessensfreiheit des Verordnungsgebers, DVBl 1970, 157 ff.
10. Beleihung mit Hoheitsgewalt, Verwaltungshilfe und privatrechtliches Handeln bei Schülern, DÖV 1970, 627 ff.
11. Der praktische Fall. Öffentliches Recht: Die Kommune Alpha, JuS 1971, 250 ff.

12. Die Kompetenzen der Europäischen Gemeinschaften gegenüber den Mitgliedstaaten, JöR n.F. 20 (1971), 1 ff.
13. Fundamental Rights and the Law of the European Communities, CML Rev. 8 (1971), 446 ff.
14. Die Anwendbarkeit des parlamentarischen Systems auf die Europäischen Gemeinschaften, EuR 1972, 1 ff.
15. West Germany's Eastern Policy: Legal Claims and Political Realities, The Gerorgia Journal of International and Comparative Law 3 (1973), 124 ff.
16. Die Reform des Grundgesetzes und die Europäischen Gemeinschaften, JIR 16 (1973), 60 ff.
17. Gesetz- und Vertragsentwürfe in juristischen Übungsarbeiten: Die Badeordnung, JuS 1973, 34 ff.
18. Zur staatlichen Stellung der Ausländer in der Bundesrepublik Deutschland: Menschen zweiter Klasse?, DÖV 1973, 361 ff.
19. Grundvertrag und EWG-Protokoll über den innerdeutschen Handel, EuR 1973, 209 ff.
20. Das Verhältnis des Gemeinschaftsrechts zum nationalen Recht, JR 1973, 441 ff.
21. Grundrechte für Ausländer: Bewährungsprobe des Verfassungsrechts, DVBI 1974, 341 ff.
22. Der Internationale Pakt über wirtschaftliche, soziale und kulturelle Rechte, RdA 1974, 321 ff.
23. Die Währungspolitik im Lichte der Rechtsprechung des Europäischen Gerichtshofs, EuR 1975, 196 ff.
24. Freizügigkeit für Ausländer?, RdA 1975, 221 ff.
25. Die innerstaatliche Anwendbarkeit völkerrechtlicher Verträge am Beispiel des GATT und der Europäischen Sozialcharta, ZaöRV 35 (1975), 341 ff.
26. Die Ausübung der Lufthoheit über der Bundesrepublik Deutschland, Zeitschrift für Luft- und Weltraumrecht 24 (1975), 189 ff.
27. EG-Richtlinien auf dem Gebiete des Wasserrechts und ihre innerstaatlichen Auswirkungen, Zeitschrift für Wasserrecht 14 (1975), 133 ff.
28. Gedanken zu einer Europäischen Union, ZRP 1976, 118 ff.
29. Hat das subjektive öffentliche Recht noch eine Daseinsberechtigung?, DVBl 1976, 509 ff.
30. Die Gestalt der Europäischen Union im Tindemanns-Bericht, EA 31 (1976), 549 ff.
31. The Relationship of Community Law to National Law, International Journal of Law Libraries Bd. 5 (1977), 5 ff.
32. Zum Standort des Verfassungsstaates im Geflecht der internationalen Beziehungen, DÖV 1977, 27 ff.
33. Der Verfassungsgrundsatz der Demokratie und die Europäischen Gemeinschaften, DSt 17 (1978), 27 ff.
34. Die Förderung von Jugendverbänden durch den Bund, Recht der Jugend und des Bildungswesens (RdJB) 1978, 93 ff.

35. Vertragskonkurrenz im Völkerrecht, Teil I: Verträge zwischen souveränen Staaten, German Yearbook of International Law 20 (1977), 246 ff.
36. Unternehmerische Mitbestimmung und Demokratie, RdA 1978, 223 ff.
37. Eingriffe in Gewerbebetriebe durch verwaltungspolizeiliche Maßnahmen, WiVerw. 1978, 208 ff.
38. Familienpolitik und Verfassungsrecht, FamRZ 1980, 210 ff.
39. Einwanderungsland Bundesrepublik Deutschland, JZ 1980, 425 ff.
40. Verfassungs- und verwaltungsrechtliche Probleme national gemischter Ehen, NJW 1980, 1185 ff.
41. Problemfeld Ausländerrecht, JuS 1980, 621 ff.
42. Die Rechtswirkung europäischer Richtlinien, Zeitschrift für Unternehmens- und Gesellschaftsrecht (ZRG) 1980, 466 ff.
43. Der Beitritt Griechenlands in ausländerrechtlichen Verwaltungsvorschriften, Informationsbrief Ausländerrecht 1981, 130 f.
44. Der Beitritt Griechenlands zur Europäischen Gemeinschaft – politische und rechtliche Probleme –, Hellenic Review of International Relations 1 (1980/81), 357 ff.
45. Demokratie und Wirtschaftsverfassung in der Rechtsprechung des Europäischen Gerichtshofs, EuR 1982, 21 ff.
46. Stand und Entwicklung des Ausländerrechts in der Bundesrepublik Deutschland, ZAR 1982, S. 120 ff.
47. Die Anwendungsbereiche des öffentlichen Rechts und des Privatrechts, VerwArch 73 (1982), 384 ff.
48. Abschluß und Rechtswirkung völkerrechtlicher Verträge in der Bundesrepublik Deutschland, JA 1983, 1 ff.
49. Neue rechtliche Entwicklungen für Ausländer und deutsch-ausländische Familien im Spiegel Europas, Das Standesamt (Zeitschrift für Standesamtswesen) 1983, 7 ff.
50. Rechtsschutz für Unternehmen nach europäischem Gemeinschaftsrecht, WiVerw. 1983, 40 ff.
51. Die deutsche Nation im Spiegel des Rechts, DVBl 1983, 486 ff.
52. Von den Grenzen nationaler Souveränität und der Begrenzung europäischer Macht, Das Parlament, 33. Jahrgang, Heft Nr. 23- 33 v. 20. 8. 1983, S. 6.
53. Gemeinnützige Arbeit und Sozialhilfe vor der Verfassung, ZAR 1983, 188 ff.
54. Zuständigkeit und Tagesordnung des Rates, Städte- und Gemeindebund 1984, 91 ff.
55. Rechtsschutz und Grundrechtsbindung bei der Vergabe öffentlicher Aufträge, WiVerw. 1984, 112 ff.
56. Entwicklung und Stand des Ausländerrechts in der Bundesrepublik Deutschland, ZAR 1984, 80 ff.
57. Der Jugendwohlfahrtsausschuß im Gefüge der Kommunalverfassung, BayVBl 1984, 353 ff.
58. Zur künftigen Entwicklung des Subventionsrechts, DÖV 1984, 733 ff.
59. Subsidiaritätsprinzip im Jugendhilferecht, Recht der Jugend und des Bildungswesens 1984, S. 365 ff.

60. Gleicher Zugang von Männern und Frauen zu beruflicher Tätigkeit, RdA 1984, S. 325 ff.
61. Vertragskonkurrenz im Völkerrecht. Teil II: Verträge zwischen beliebigen Völkerrechtssubjekten, German Yearbook of International Law 27 (1984), 367 ff.
62. Dreijähriger Ehebestand als Nachzugsvoraussetzung verfassungswidrig, InfAuslR 1985, 193 f.
63. Grundzüge des Ausländerrechts, Jura 1986, 410 ff.
64. Verfassungsgarantie und sozialer Wandel – das Beispiel von Ehe und Familie, NVwZ 1986, 800 ff.
65. Querverbindungen des Sozialrechts zum öffentlichen Wirtschaftsrecht, GewArch 1986, 313 ff.
66. Vorbehaltene Kompetenzen der Mitgliedstaaten der Europäischen Gemeinschaft auf dem Gebiete des Umweltschutzes, NVwZ 1987, 280 ff.
67. Der unvollkommene Nationalstaat als Einwanderungsland, ZRP 1987, 188 ff.
68. Die Bedeutung des europäischen Gemeinschaftsrechts für das Ausländerrecht, NJW 1987, 2193 ff.
69. Zur Verfassungsmäßigkeit der Einführung des Kommunalwahlrechts für Ausländer in Nordrhein-Westfalen, KritV 1987, 322 ff.
70. Juristische Streitpunkte zum Kommunalwahlrecht für Ausländer, ZAR 1988, 13 ff.
71. Wandlungen des Begriffs der Supranationalität, integration 1988, 103 ff.
72. Die Zahlung von Ausgleichszulagen über die Binnengrenzen der Europäischen Gemeinschaft, DRV 1988, 621 ff.
73. Ausländer und Deutsche – Rechtliche Voraussetzungen und soziale Bedingungen für ein Zusammenleben in der Bundesrepublik Deutschland, NDV 1988, 325 ff.
74. Öffentliches Recht: Die abgelehnte Einbürgerung, JuS 1989, 922 ff. (zusammen mit S. Kadelbach).
75. Die Europäische Gemeinschaft auf dem Weg zur Sozialgemeinschaft, NDV 1991, 20 ff. 29 ff. = ZfSH/SGB 1990, 561 ff., 618 ff.
76. Rechtsstaatliche Rahmenbedingungen des Binnenmarktes Europa aus Gemeinschaftssicht in: Bitburger Gespräche, Jahrbuch 1990, S. 13 ff.
77. Die Rolle des Arbeitsrechts in der europäischen Integration, RdA 1992, 133 ff.
78. Der Beitrag des Strafrechts zur europäischen Integration, JZ 1992, 761 ff.
79. Der Schutz sozialer Rechte in der Rechtsordnung der Europäischen Gemeinschaft, EuGRZ 1992, 329 ff.
80. Der Schutz der Menschenrechte im Gemeinschaftsrecht, DÖV 1992, 937 ff.
81. Die Stellung der Länder und Regionen im europäischen Integrationsprozeß, DVBl 1992, 1329 ff.
82. Umweltschutz in der Rechtsprechung des Europäischen Gerichtshofs, NJW 1993, 31 ff.
83. Demokratie in der Europäischen Gemeinschaft, JZ 1993, 1069 ff.

84. Die Rolle der rechtsprechenden Gewalt in der europäischen Integration, JZ 1994, 1 ff.
85. Der rechtliche Zusammenhalt der Europäischen Gemeinschaft, ZEuP 1 (1993), 475 ff.
86. Die Rechtsprechung des Europäischen Gerichtshofs zum Arbeits- und Sozialrecht im Streit, AuR 1994, 77 ff.
87. Die Europäische Gemeinschaft als Rechtsgemeinschaft, NJW 1994, 545 ff.
88. Die Verfassung der Europäischen Gemeinschaft in der Rechtsprechung des Europäischen Gerichtshofs, BB 1994, 581 ff.
89. Wege der Einwirkung des Gemeinschaftsrechts auf das Privatrecht, Versicherungsrecht 1995, 861 ff.
90. Ist der Standard des deutschen Arbeitsrechts durch europäische Rechtsprechung bedroht? Bemerkungen zum Urteil Christel Schmidt des EuGH, in: Das AdG 32 (1995), 41 ff.
91. Europäischer Gerichtshof und nationale Arbeitsgerichte aus europarechtlicher Sicht, RdA 1996, 71 ff.
92. The European Constitution under Constitutional Constraints: The German Scenario, ELR 22 (1997), 19 ff.
93. Die Einwirkung des Europäischen Gemeinschaftsrechts auf die deutsche Pflegeversicherung, DVBl 1997, S. 445 ff.
94. Bananen und Grundrechte – Anlaß zum Konflikt zwischen europäischer und deutscher Gerichtsbarkeit, NJW 1997, 1201 ff.
95. Ansätze zu einer Verfassungsgeschichte der Europäischen Union, ZNR 19 (1997), 270 ff.
96. A Community of Law: Legal Cohesion in the European Union, Fordham International Law Journal 20 (1997), 623 ff.
97. Die Medienfreiheit und ihre Grenzen in Europa, ZUM 1997, 778 ff.
98. Das Urteil Taflan-Met des Europäischen Gerichtshofs, ZAR 1997, 170 ff.
99. Frauen in die Bundeswehr, DÖV 1997, 1017 ff.
100. What holds a Nation together? Cohesion and Democracy in the United States of America and in the European Union, The American Journal of Comparative Law 45 (1997), 505 ff.
101. Rechtsangleichung innerhalb und außerhalb der Europäischen Gemeinschaft, ZEuP 6 (1998), 506 ff.
102. Gender Equality and Affirmative Action under the Law of the European Union, Columbia Journal of European Law 5 (1999), 319 ff.
103. Zum Verhältnis nationaler und europäischer Grundrechte, EuGRZ 2000, 511 ff.
104. Ausländer in Deutschland (BVerfGE 83, 37 ff.), KritV 83 (2000), 419 ff.
105. Die föderativen Grundsätze der Europäischen Union, NJW 2000, 2846 ff.
106. Der Wandel der deutschen Judikative in Zeiten knapper Mittel, ZRP 2000, S. 483 ff.
107. Öffentliches Recht und Privatrecht im Europarecht, ZEuP 9 (2001), S. 533 ff.
108. Fällt die Wehrpflicht in Deutschland durch Richterspruch?, EuZW 2002, 545.
109. Die Vorzüge der europäischen Verfassung, Der Staat 41 (2002), S. 359 ff. (= II. 105).

110. Europäisches Aufenthaltsrecht, InfAuslR 2004, 12 ff.

IV. Anmerkungen zu Gerichtsentscheidungen

1. Anmerkungen zum Zwischenurteil des Verwaltungsgerichts Neustadt an der Weinstraße vom 7. 8. 1962, DVBl 1963, 34 ff.
2. Anmerkungen zum Urteil des BFH vom 10. 7. 1968, EuR 1969, 262 ff.
3. Das Bundesverfassungsgericht als Hüter der Grundrechte gegenüber der Gemeinschaftsgewalt. Anmerkung zum Beschluß des BVerfG vom 29. 5. 1974, DÖV 1975, 44 ff.
4. Partei, Fraktion und Abgeordnete in den Kommunalvertretungen – VG Schleswig, SchlHA 1977, 105, Besprechung des Beschlusses vom 1. 3. 1977, JuS 1978, 240 ff.
5. Jugendverbände und Verfassungsgewähr. Anmerkung zum Urteil des Bundesverwaltungsgerichts vom 16. 2. 1978, Az. 5 C 33.76; JZ 1979, 294 ff.
6. Anmerkung zum Urteil des Gerichtshofs der Europäischen Gemeinschaften vom 25. 10. 1978, Rs. 103 und 145/77, EuR 1979, 191 ff.
7. Einbürgerung von ausländischen Ehegatten Deutscher, Anmerkung zum Urteil des OVG Münster vom 28. 10. 1980 (NJW 1981, 1920), NJW 1981, 1878 f.
8. Öffentlichrechtliche Bürgschaften? – BGH, NJW 1984, 1622, und LG Frankfurt, NVwZ 1984, 267; JuS 1985, 106 ff.
9. Anmerkung zum Urteil des Bundesarbeitsgerichts vom 13.11. 1985, Arbeitsrechtliche Praxis 1986, Heft 19 – 24, Nr. 136 zu Art. 3 GG.
10 Öffentliche Interessen gegen Familiennachzug – Anmerkung zum Beschluß des Bundesverfassungsgerichts vom 12. 5. 1987 – 2 BvR 1226/83 u.a. –, DÖV 1988, 587 ff.
11. Anmerkung zum Urt. des BVerfG v. 22. 3. 1995, JZ 1995, 673 ff.
12. Court of Justice, Case C – 355/93, Eroglu v. Land Baden-Württemberg, Judgment of 5 October 1994, ECR (1994) I-5113; CML Rev. 33 (1996), 93 ff.

VI. Herausgeberschaft

1. Krisenvorsorge und Krisenmanagement in der Europäischen Gemeinschaft, Schriftenreihe des Arbeitskreises Europäische Integration, Bd. 18, Baden-Baden, 1984.
2. Ausländerrecht und Ausländerpolitik in Europa, Schriftenreihe des Arbeitskreises Europäische Integration, Bd. 26, Baden-Baden 1987.
3. Staat und Wirtschaft in der EG, Kolloquium zum 65. Geburtstag von Bodo Börner, Baden-Baden 1987 (mit P.-C. Müller-Graff).
4. Europarecht – Energierecht – Wirtschaftsrecht, FS Bodo Börner, Köln 1992.
5. Die Rechtsprechung zum Arbeits- und Sozialrecht im Streit, Schriftenreihe der Europäischen Rechtsakademie Trier, Bd. 9, Verlag Bundesanzeiger, Köln 1995 (mit E. Eichenhofer).

6. Sanktionen als Mittel zur Durchsetzung des Gemeinschaftsrechts, Schriftenreihe der Europäischen Rechtsakademie Trier Bd. 12, Köln 1996 (mit W. van Gerven).
7. Der Beitrag Walter Hallsteins zur Zukunft Europas, Baden-Baden 2003.

VII. Anhörungen und Stellungnahmen

1. Anhörung des Hessischen Landtags, 9. Wahlperiode (Innenausschuß und Sozialpolitischer Ausschuß) am 7. Mai 1980, Stenografischer Bericht S. 57 ff., 87 ff.; Schriftliche Stellungnahme, Anlage zum Stenografischen Bericht: Kommunalwahlrecht für Ausländer.
2. Anhörung zu den Gesetzentwürfen über das Asylverfahren am 17. März 1986 zur schriftlichen Stellungnahme am 24. Februar 1986 im Innenausschuß des Deutschen Bundestages.
3. Schriftliche Stellungnahme vor dem Ausschuß für Recht und Bürgerrechte des Europäischen Parlaments am 25./26. September 1986 über Probleme des Asylrechts.
4. Anhörung Gesetzentwurf der Fraktionen der CDU/CDU und der FDP eines Gesetzes zur Änderung des Gesetzes über die Internationale Rechtshilfe in Strafsachen und des Asylverfahrensgesetzes am 5. 11. 1986.
5. Anhörung im Landtag Nordrhein-Westfalen, Kommunalpolitischer Ausschuß, zum Thema „Kommunalwahlrecht für Ausländer“ am 11.11. 1987.
6. Anhörung im Ausschuß für Kommunalpolitik des Landtags Nordrhein-Westfalen als Sachverständiger zu der Frage, ob eine Verfassungsänderung notwendig ist, damit das Land Nordrhein-Westfalen das Kommunalwahlrecht für Ausländer einführen kann, Ausschußprotokoll 10/744 vom 11.11. 1987.
7. Anhörung als Sachverständiger zu Gesetzentwürfen zum kommunalen Wahlrecht für Bürger der Europäischen Union, Sächsischer Landtag, Öffentliche Sitzung des Europaausschusses zusammen mit dem Innen- und Rechtsausschuß am 26.10.1995, mit schriftlicher Stellungnahme.

Autorenverzeichnis

Dr. *Rüdiger Bandilla*, ehem. Direktor im Juristischen Dienst des Rates der Europäischen Union, Brüssel

Prof. Dr. *Armin von Bogdandy*, M.A., Direktor, und *Stephan Bitter*, wissenschaftlicher Mitarbeiter, Max-Planck-Institut für ausländisches öffentliches Recht und Völkerrecht, Heidelberg

Prof. Dr. *Klaus-Dieter Borchardt*, Abteilungsleiter im Juristischen Dienst der Europäischen Kommission, Brüssel; Honorarprofessor für Europarecht, Bayerische Julius-Maximilians Universität Würzburg

Prof. em. Dr. *Michael Bothe*, ehem. Professur für Öffentliches Recht, Völkerrecht und Europarecht, Universität Frankfurt am Main; Leiter der Forschungsgruppe „Internationale Organisationen“, Hessische Stiftung für Friedens- und Konfliktsforschung (HSFK), Frankfurt am Main

Prof. Dr. *Brun-Otto Bryde*, Richter des Bundesverfassungsgerichts, Karlsruhe; Professur für Öffentliches Recht und Wissenschaft von der Politik, Justus-Liebig-Universität Gießen

Prof. Dr. *Ninon Colneric*, Richterin am Gerichtshof der Europäischen Gemeinschaften, Luxemburg

Prof. Dr. *Ingwer Ebsen*, Professur für Öffentliches Recht, insbesondere Sozialrecht, Universität Frankfurt am Main; geschäftsführender Direktor des Instituts für Europäische Gesundheitspolitik und Sozialrecht der Universität Frankfurt am Main

Prof. Dr. *Astrid Epiney*, Professur für Völkerrecht, Europarecht und schweizerisches öffentliches Recht Universität Fribourg; geschäftsführende Direktorin des Instituts für Europarecht der Universität Fribourg

Prof. Dr. Dr. h.c. *Ulrich Everling*, ehem. Richter am Gerichtshof der Europäischen Gemeinschaften, Luxemburg; Leiter des Instituts für Europäisches Wirtschaftsrecht der Universität Bonn

PD Dr. *Charlotte Gaitanides*, LL.M., Institut für Öffentliches Recht, Helmut-Schmidt-Universität/Universität der Bundeswehr Hamburg

Prof. em. Dr. Dr. h.c. *Peter Häberle*, ehem. Professur für Öffentliches Recht, Rechtsphilosophie und Kirchenrecht, Universität Bayreuth

Prof. Dr. *Klaus Hänsch*. MdEP, Mitglied des Präsidiums des Konvents zur Zukunft Europas, Präsident des Europäischen Parlaments a.D., Straßburg/Düsseldorf

Prof. Dr. *Georg Hermes*, Professur für Öffentliches Recht, Universität Frankfurt am Main

Prof. Dr. *Rudolf Hrbek*, Jean Monnet-Professor, Institut für Politikwissenschaft, Professur für Innen- und EU-Politik, Universität Tübingen; Sprecher des Europäischen Zentrums für Föderalismus-Forschung an der Universität Tübingen; Präsident des Arbeitskreises Europäische Integration e.V. (AEI), Berlin

Prof. *Francis G. Jacobs*, Generalanwalt beim Gerichtshof der Europäischen Gemeinschaften, Luxemburg

Prof. Dr. *Stefan Kadelbach*, LL.M., Professur für Öffentliches Recht, Europa- und Völkerrecht, Direktor des Wilhelm-Merton-Zentrums für Europäische Integration und internationale Wirtschaftsordnung, Universität Frankfurt am Main

Prof. Dr. *Doris König*, M.C.L., Professur für Öffentliches Recht, Allgemeine Staatslehre, Völker- und Europarecht, Bucerius Law School, Hamburg

Prof. em. Dr. *Friedrich Kübler*, Institut für In- und Ausländisches Medienrecht, ehem. Professur für Wirtschaftsrecht und Bürgerliches Recht, insbes. Bankrecht und Medienrecht, Universität Frankfurt am Main, University of Pennsylvania, Rechtsanwalt

Prof. Dr. *Carl Otto Lenz*, ehem. Generalanwalt beim Gerichtshof der Europäischen Gemeinschaften, Luxemburg, Rechtsanwalt, Brüssel

PD Prof. Dr. *Anne Lenze*, LL.M.Eur., Institut für Öffentliches Recht, Universität Frankfurt am Main

Prof. Dr. *Wilfried Loth*, Professur für Neuere und Neueste Geschichte, Universität Duisburg-Essen; Vorsitzender der Verbindungsgruppe der Historiker bei der Kommission der Europäischen Gemeinschaften

Prof. Dr. Dr. h.c. *Ernst-Joachim Mestmäcker*, ehem. Direktor am Max-Plank-Institut für ausländisches und internationales Privatrecht, Hamburg

Dr. *José Carlos Moitinho de Almeida*, ehem. Richter am Gerichtshof der Europäischen Gemeinschaften, Luxemburg; Supremo Tribunal de Justeca, Lissabon

Prof. Dr. Dr. h.c. *Peter-Christian Müller-Graff*, Professur für Bürgerliches Recht, Handels-, Gesellschafts- und Wirtschaftsrecht, Europarecht und Rechtsvergleichung, Universität Heidelberg; Direktor des Instituts für deutsches und europäisches Gesellschafts- und Wirtschaftsrecht an der Universität Heidelberg; Vorsitzender des Vorstands des Arbeitskreises Europäische Integration e.V. (AEI), Berlin

Prof. Dr. Dres. h.c. *Thomas Oppermann*, ehem. Professur für Staats- und Verwaltungsrecht, Völkerrecht, Europarecht, Auswärtige Politik, Universität Tübingen

Prof. Dr. *Ingolf Pernice*, Professur für öffentliches Recht, Völker- und Europarecht, Humboldt-Universität zu Berlin; geschäftsführender Direktor des Walter Hallstein-Instituts für Europäisches Verfassungsrecht der Humboldt-Universität zu Berlin

Prof. Dr. *Ernst-Ulrich Petersmann*, Professur für Völkerrecht und Europarecht, Europäisches Hochschulinstitut, Florenz; Joint Chair des Robert Schuman Centers for Advanced Studies, Florenz

Prof. Dr. *Hans-Jürgen Rabe*, Rechtsanwalt, Berlin; ehem. Präsident des Deutschen Anwaltvereins; Präsident des Ersten Europäischen Juristentages

Prof. Dr. *Eckard Rehbinder*, Professur für Wirtschaftsrecht, Umweltrecht und Rechtsvergleichung, Universität Frankfurt am Main

Prof. Dr. *Gil Carlos Rodríguez Iglesias*, ehem. Richter am Gerichtshof der Europäischen Gemeinschaften, Luxemburg; Universidad Complutense de Madrid, und *Kurt Riechenberg*, Gerichtshof der Europäischen Gemeinschaften, Luxemburg

Prof. Dr. *Ute Sacksofsky*, M.P.A., Professur für Öffentliches Recht und Rechtsvergleichung, Universität Frankfurt am Main; Landesanwältin beim Staatsgerichtshof des Landes Hessen, Wiesbaden

Prof. Dr. *Dian Schefold*, ehem. Professur für Öffentliches Recht, einschl. allgemeine Staatslehre und neuere Verfassungsgeschichte, mit dem Schwerpunkt Verwaltungsrecht, Universität Bremen

Prof. Dr. *Joachim Scherer*, LL.M., Rechtsanwalt, Frankfurt am Main

Prof. Dr. *Walter Schmidt*, ehem. Professur für Öffentliches Recht, Universität Frankfurt am Main

Prof. Dr. *Rupert Scholz*, Professur für Öffentliches Recht, insbes. Verwaltungslehre und Finanzrecht, Ludwigs-Maximilians-Universität München; Bundesminister der Verteidigung a.D.; ehem. Mitglied des Deutschen Bundestages

Prof. Dr. *Martin Seidel*, ehem. Angehöriger des Bundesministeriums für Wirtschaft; Forschungsprofessor am Zentrum für Europäische Integrationsforschung an der Rheinischen Friedrich-Wilhelms-Universität; Rechtsanwalt, Bonn

Prof. Dr. *Klaus Sieveking*, Professur für Öffentliches Recht, Sozialrecht, Europarecht, Universität Bremen; wissenschaftlicher Referent am Zentrum für Europäische Rechtspolitik an der Universität Bremen (ZERP)

Prof. Dr. *Ilse Staff*, ehem. Professur für Staats- und Verwaltungsrecht, Universität Frankfurt am Main

Prof. Dr. Dr. h.c.mult. *Michael Stolleis*, Direktor am Max-Planck-Institut für Europäische Rechtsgeschichte; Professur für Öffentliches Recht und Neuere Rechtsgeschichte, Universität Frankfurt am Main

Prof. Dr. *Rudolf Streinz*, Professur für Öffentliches Recht und Europarecht, Ludwig-Maximilians-Universität München

Prof. Dr. *Manfred Weiss*, Professur für Arbeitsrecht und Bürgerliches Recht, Universität Frankfurt am Main; Gründungsmitglied des Séminaire International de Droit Comparé du Travail, des Relations Professionnelles et de la Sécurité Sociale, Bordeaux

Prof. Dr. *Joachim Wieland*, Professur für Öffentliches Recht, Finanz- und Steuerrecht, Universität Frankfurt am Main

Prof. Dr. *Rüdiger Wolfrum*, Direktor am Max-Planck-Institut für ausländisches öffentliches Recht und Völkerrecht, Heidelberg; Richter am Internationalen Seegerichtshof, Hamburg